Die Rechtsgrundsätze

des

Königl. Preußischen

Ober-Verwaltungsgerichts.

Nach den gedruckten Entscheidungen Band I—XII zusammengestellt und mit Rücksicht auf die fortschreitende und auf die neuen Provinzen ausgedehnte Verwaltungs-Gesetzgebung erläutert

von

K. Parey,

Königl. Verwaltungsgerichts-Direktor a. D.

Berlin

J. J. Heines Verlag

1887

Vorwort.

Die in den bis jetzt vorliegenden zwölf Bänden der gedruckten „Entscheidungen des Königl. Ober-Verwaltungsgerichts" enthaltenen Rechtsgrundsätze haben infolge der mehrfach umgestalteten Verwaltungsgesetzgebung mancherlei Schicksale gehabt. Denn viele von ihnen sind vollständig gegenstandslos geworden, viele sind nur teilweise abgeändert, viele sind aber auch ungeachtet aller Abänderungen der sie beherrschenden Gesetzgebung unverändert geblieben.

Das Bedürfnis nach Aussonderung dieser letzteren war die erste Veranlassung zu dieser schon vor einer Reihe von Jahren begonnenen Sammlung, welche keineswegs dazu bestimmt ist, die gedruckten Entscheidungen vollständig und für jedermann entbehrlich zu machen oder in ihrem Gesamtinhalte zu ersetzen, sondern in erster Linie dazu, dieselben zu erläutern, kritisch zu beleuchten und in die Sprache der jetzt geltenden Gesetzgebung zu übersetzen.

Dies konnte selbstredend nur in der Weise geschehen, daß neben den früher geltenden gesetzlichen Bestimmungen, auf welche sich die älteren Rechtsgrundsätze stützen, die jetzt geltenden Vorschriften angeführt wurden, wobei es in manchen Fällen dem eigenen Nachdenken des Lesers überlassen bleiben mußte, ob der betreffende Grundsatz bei etwa verändertem Wortlaute des Gesetzes nach aufrecht zu erhalten ist oder nicht.

In derselben Weise ist Rücksicht genommen auf die Bestimmungen der Provinzial- und Kreisordnungen für Hannover, Hessen-Nassau und Westfalen, um dem Leser die Möglichkeit zu gewähren, selbst zu prüfen, ob die für die altländische Provinzial- und Kreisordnung aufgestellten Rechtsgrundsätze auch auf die heimischen Verhältnisse anwendbar erscheinen.

Weiter glaubte der Verfasser mit seinen Erläuterungen nicht gehen zu sollen, um der Judikatur des höchsten Verwaltungs-Gerichtshofes nicht vorzugreifen, es dürfte aber auch diese Privatsammlung manchem Freunde des Verwaltungsrechtes in der jetzt vorliegenden Gestalt willkommen sein und einen Überblick gewähren über die segensreiche und fruchtbare Thätigkeit des Königlichen Ober-Verwaltungsgerichtes, welches am 20. November d. J. seinen zwölften Geburtstag feiert.

Wesentlich erleichtert wird dieser Überblick durch die systematische Ordnung des Stoffes und durch die am Schlusse des Werkes gegebenen umfangreichen und mit äußerster Sorgfalt gearbeiteten chronologischen und alphabetischen Register.

Berlin am 4. Oktober 1886.

Der Verfasser.

Inhalt.

Erste Abteilung.

Angelegenheiten der Kommunal- und staatlichen Verwaltungs-Bezirke.

I. Provinzialverbände. Seite
A. Wahlangelegenheiten 1
B. Zwangsetatisierungen 4
C. Dotationsangelegenheiten 7
D. Provinzialabgaben 7
II. Kreise.
A. Wahlangelegenheiten 12
B. Kreisabgaben 25
C. Veränderungen der Kreisgrenzen und Bildung neuer Kreise 68
D. Disziplinarsachen 72
E. Besondere Befugnisse der Kreisorgane 76
F. Zwangsetatisierungen 79
III. Städte.
A. Städtische Gemeindeabgaben 81
B. Zwangsetatisierungen 91
C. Verhältnisse der städtischen Kommunalbeamten 92
IV. Amtsverbände.
V. Landgemeinden und Gutsbezirke 104
A. Gemeindeabgaben und -Dienste, Gemeindevermögen 105
B. Disziplinarangelegenheiten der Gemeindebeamten 143
C. Grenzen der Gemeinden und Gutsbezirke, Angelegenheiten der letzteren . 145
D. Dienstunkostenentschädigungen 158
E. Gemeindewahlen 159
F. Rechte und Pflichten des Gemeindevorstehers und der Schöppen . . 167
VI. Gemeindeholzungen 168

Zweite Abteilung.

Kultus, Schule und Personenstand.

VII. Die evangelische und die katholische Kirche 170
VIII. Die Synagogengemeinden 177
IX. Die Schule.
A. Feststellung des Geldwertes der Naturalien und des Ertrages der Ländereien bei amtlicher Festsetzung des Einkommens der Elementarlehrer . 180
B. Die Heranziehung zu Abgaben und sonstigen nach öffentlichem Rechte zu fordernden Leistungen für Schulen, welche der allgemeinen Schulpflicht dienen 185
C. Schulbauten 207
X. Zwangserziehung verwahrloster Kinder 210
XI. Standesamt und Personenstand 211

Dritte Abteilung.

Polizeiliche Angelegenheiten.

		Seite
XII.	Polizeiliche Verfügungen im allgemeinen, auch Zwangsmittel	213
XIII.	Die Jagd.	
	A. Jagdscheine	256
	B. Jadbezirke und Jagdverpachtung	259
XIV.	Der Waldschutz	264
XV.	Die Fischerei	266
XVI.	Das Wasser	268
XVII.	Die Deiche	291
XVIII.	Die Wege	292
XIX.	Das Gewerbe	348
	A. Die Gast- und Schankwirtschaft	348
	B. Schauspielunternehmer	375
	C. Straßengewerbe und Geschäftsvermittler	377
	D. Erfindungspatente	380
	E. Hebammen und Entbindungsanstalten	380
	F. Apotheker	381
	G. Privat-Irrenanstalten	382
	H. Wander-Gewerbescheine	382
	J. Gewerbliche Anlagen	383
	K. Marktverkehr	386
	L. Innungen	387
	M. Zwangs- und Bannrechte	389
	N. Pfandleiher und Rückkaufshändler	389
XX.	Hilfskassen (eingeschriebene)	390
XXI.	Das Bauwesen	392
XXII.	Ansiedelungen und Kolonien	421
XXIII.	Versicherungen	429
XXIV.	Die Handelskammern	435
XXV.	Veterinärangelegenheiten	436

Vierte Abteilung.

Der Verwaltungsprozeß.

XXVI.	Das Streitverfahren	437
XXVII.	Instruktionelle Verfügungen über das Streitverfahren	448
XXVIII.	Das Verfahren in Disziplinarsachen	456
XXIX.	Konflikte	458
	Chronologisches Register	468
	Alphabetisches Register	488

Erste Abteilung.

Angelegenheiten der Kommunal- und staatlichen Verwaltungsbezirke.

I.

Provinzialverbände.

A. Wahlangelegenheiten.

Nr. 1.

Endurteil vom 25. April 1876 (Entsch. Bd. I. S. 15).

1) Nach §. 17 der altländischen Provinzialordnung vom $\frac{\text{29. Juni 1875}}{\text{22. März 1881}}$ (Hannoversche Provinzialordnung vom 7. Mai 1884 §. 17, Hessen-Nassauische Provinzialordnung vom 8. Juni 1885 §. 14, Westfälische Provinzialordnung vom 31. Juli 1886 §. 17) wird für die Wählbarkeit zum Provinziallandtage nicht etwa einjähriger Grundbesitz oder einjähriger Wohnsitz, sondern einjährige Angehörigkeit an die Provinz bis zur Wahl gefordert. Diese Angehörigkeit sollen sowohl Wohnsitz, als Grundbesitz gleichmäßig begründen können, so daß dieselbe so lange nicht unterbrochen wird, als nicht beide Beziehungen zur Provinz gleichmäßig fehlen. (Vergl. dagegen altländische Kreisordnung vom $\frac{\text{31. Dezember 1872}}{\text{19. März 1881}}$ §. 106 Nr. 2, Hannoversche Kreisordnung vom 6. Mai 1884 §. 62, Hessen-Nassauische Kreisordnung vom 7. Juni 1885 §. 63, Westfälische Kreisordnung vom 31. Juli 1886 §. 50.

2) Zulässig würde der Einwand der simulierten Erwerbung von Grundbesitz sein, wenn nachgewiesen werden könnte, daß, falls die Auflassung thatsächlich simuliert wäre, trotz der auf Grund derselben im Grundbuche erfolgten Eigentumsübertragung das Eigentum an dem Grundstuae auf den Gewählten nicht übergegangen wäre und somit der Nachweis seiner durch Grundbesitz fortgesetzten Angehörigkeit an der Provinz mangeln würde. (§. 9 des Gesetzes vom 5. Mai 1872, G.-S. S. 433.)

Nr. 2.

Endurteil vom 2. Mai 1876 (Entsch. Bd. I. S. 8).

1) Das Verfahren bei der Wahl der Provinziallandtagsabgeordneten regelt sich nach den den Provinzialordnungen angehängten Wahlreglements.

2) Die Bestimmung im §. 6 Nr. 2 dieses Reglements, nach welchem Stimmzettel ungültig sind, aus welchen die Person des Gewählten nicht unzweifelhaft zu erkennen ist, hat nicht den Sinn, daß der Wahlvorstand unter allen Umständen verpflichtet sein soll, alle Stimmzettel, deren Fassung zu Zweifeln über die Person des Gewählten auch nur eine entfernte Möglichkeit geben könnte, unbedingt für ungültig zu erklären. Auf die Prüfung der rein thatsächlichen, nach §. 7 a. a. O. vorläufig von dem Wahlvorstande zu entscheidenden Frage, ob sich die Person des Gewählten aus den Stimmzetteln mit Sicherheit erkennen läßt, hat der Provinziallandtag (§. 23 der Provinzialordnung) oder das Ober-Verwaltungsgericht (§. 24 a. a. O.) besonderes Gewicht zu legen, sofern sich nicht etwa dieses Urteil als ein irrtümliches herausstellen sollte.

Diese beiden Bestimmungen sind nur hinsichtlich der Fristen geändert, welche jetzt überall zwei Wochen betragen. Vergl. Hannoversche Provinzialordnung §§. 23, 24, Hessen-Nassauische Provinzialordnung §§. 20, 21, Westfälische Provinzialordnung §§. 23, 24.

3) Bei der Anwendung des §. 8 des Wahlreglements kommt es nicht darauf an, ob überhaupt nur zwei oder ob noch mehrere Personen im ersten Wahlgange Stimmzettel erhalten haben. Die Vornahme einer sogenannten engeren Wahl muß in allen Fällen stattfinden, wo der erste Wahlgang eine absolute Stimmenmehrheit nicht ergeben hat.

4) Die Entscheidung durch das Los tritt nur ein:

a. behufs Entscheidung der Frage, wer von mehreren aus dem ersten Skrutinium mit einer gleichen Stimmenzahl hervorgegangenen Personen auf die engere Wahl zu bringen ist, und

b. behufs Entscheidung der Frage, wer von den auf die engere Wahl gebrachten Personen bei Stimmengleichheit als schließlich, d. h. als im zweiten Wahlgange gewählt, zu betrachten ist.

5) Der Provinziallandtag wird bei Klagen gegen Beschlüsse desselben über die Gültigkeit der Wahlen seiner Mitglieder durch den Provinzialausschuß vertreten (§. 58 der Provinzialordnung, Hessen-Nassauische Provinzialordnung §. 56), sofern der Provinziallandtag nicht ein besonderes Organ zur Vertretung jenes seines Beschlusses eingesetzt hat. Der Vorsitzende des Provinzialausschusses ist als solcher zu einer derartigen Vertretung ebensowenig legitimiert als der Landesdirektor. (§§. 87 und 90 a. a. O., Hessen-Nassau §§. 60 und 63.)

6) Demjenigen, dessen Wahl nach §. 24 a. a. O. angegriffen wird, ist durch Beiladung zum Streitverfahren die Möglichkeit zu gewähren, sein Interesse an der Aufrechterhaltung der Wahl zu wahren. (§. 40 des Gesetzes vom 3. Juli 1875, jetzt L.-V.-G. §. 70.) Das Gericht „kann" die Beiladung verfügen.

Nr. 3.

Endurteil vom 16. Mai 1882 (Entsch. Bd. VIII. S. 11).

1) Bei der Wahl der Provinziallandtagsabgeordneten durch die Kreistage ist es zulässig, die Wahl einer Mehrzahl von Abgeordneten in einem Wahlakte vorzunehmen. (§§. 14 und 16 der Provinzialordnung vom $\frac{\text{29. Juni 1875}}{\text{22. März 1881}}$, Hessen-Nassau §§. 11 und 13; §§ 3, 6 und 8 des Wahlreglements.) Anders ist dies bei den Kreistagswahlen. (§. 4 des der Kreisordnung angehängten Wahlreglements.)

2) Für den Fall, daß bei diesem Wahlmodus eine größere als überhaupt zu wählende Zahl von Personen die absolute Stimmenmehrheit erhalten, gibt es bis jetzt keine ausdrückliche Vorschrift, aus welcher Verhaltungsmaßregeln zu entnehmen wären.

Nr. 4.

Endurteil vom 31. Mai 1883, II. Senat (Entsch. Bd. X. S. 1).

1) Über den §. 17 der Provinzialordnung vergl. O.-V.-G.-E. vom 25. April 1876 (Entsch. Bd. I. S. 15) oben Nr. 1.

2) Ein fest angestellter Beamter kann auch an dem Orte seiner nur kommissarischen Beschäftigung einen „Wohnsitz" begründen. Abgesehen von der speziellen Vorschrift im §. 8 des Gesetzes vom 11. Juli 1822*), welcher durch §. 12 des Gesetzes vom 27. Juli 1885 (G.-S. S. 327) aufgehoben ist (G.-S. S. 184), ist ein Domizil für den Beamten nur dann begründet, wenn das Amt die beständige Gegenwart des Beamten an dem Orte erfordert, und weiter ist weder nach gemeinem noch nach preußischem Rechte ausgeschlossen, daß ein Beamter neben dem durch seine Anstellung begründeten Wohnsitze noch einen zweiten habe. Vergl. Verordnung vom 23. September 1867 (G.-S. S. 1648).

3) Mit der Auflösung des Haushaltes in dem einen Orte und der Übersiedelung mit dem ganzen Hauswesen in einen andern Ort in der Absicht, daselbst einen bleibenden Aufenthalt zu nehmen, sowie mit der häuslichen Niederlassung und Einrichtung daselbst sind die Voraussetzungen für die Begründung eines Wohnsitzes in dem anderen Orte vollständig gegeben. Die Entrichtung der öffentlichen Abgaben am Orte der Niederlassung bildet keine Vorbedingung der Erwerbung des Wohnsitzes, wohl aber findet in dem Umstande, daß ein Übersiedelnder seine Staats- und Kommunalabgaben sogleich mit dem Zeitpunkte des Umzuges an dem neuen Wohnorte entrichtet hat, die Absicht, daselbst einen Wohnsitz zu nehmen, noch eine weitere Bestätigung.

4) Die Frage der Begründung eines Wohnsitzes liegt wesentlich auf thatsächlichem Gebiete und ist, je nach den gesamten Umständen des einzelnen Falles, einer sehr verschiedenen Beantwortung selbst da fähig, wo in der einen oder anderen Richtung die Umstände dieselben sind. So z. B. könnten zwei Beamte derselben Stellung an demselben Orte gleichzeitig ein amtliches Domizil haben.

Nr. 5.

Endurteil des II. Senats vom 26. November 1885 (Entsch. Bd. XII. S. 1).

Das Rechtsmittel des Einspruchs gegen die Provinziallandtagswahlen, wie solches im §. 23 der altländischen Provinzialordnung vom 29. Juni 1875 (Hessen-Nassau §. 20) beschrieben worden ist, kann nur gegen ein bereits „stattgehabtes" Wahlverfahren zur Anwendung gebracht werden. Etwaige vor diesem Zeitpunkte abgegebene Erklärungen der Wahlberechtigten können als Einsprüche im Sinne des Gesetzes nicht gelten. Der Einspruch kann sich nur gegen das im Wahlverfahren gewonnene Ergebnis richten, dieses soll beseitigt werden. Soweit Mängel des Wahlverfahrens darauf

---

*) In den Entscheidungen des Ober-Verwaltungsgerichts Bd. X. S. 8 steht „1882" (Druckfehler).

ohne Einfluß geblieben sind, können sie zu einer Berücksichtigung des Einspruches nicht führen; ein Resultat des Wahlverfahrens muß daher vorliegen, wenn es mit dem Rechtsmittel des Einspruches soll angefochten werden können, und so lange das Wahlverfahren nicht zum Abschluß gelangt ist, fehlt es überhaupt an der rechtlichen Möglichkeit, Einspruch zu erheben. In dem gegebenen Falle hatte eine Anzahl von Wählern gegen das Verfahren schon protestiert, als seitens des Wahlkommissars erst die einleitenden Schritte zur Wahl gethan waren, und sich nachher der Wahl enthalten; wenn sie später nach der Vollziehung der Wahl durch die übrigen Wähler darauf hinwiesen, daß sie den Protest durch die Enthaltung von der Wahl und durch Nichtanerkennung der Wahl als Einspruch „aufrecht erhalten" bezw. „bekräftigt und bestätigt" hätten, so kann ihre Nichtbeteiligung an der Wahl jedenfalls einer Einlegung des Einspruchs nach stattgehabtem Wahlverfahren nicht gleichgestellt werden.

Soll also der Einspruch aufrecht erhalten werden, so ist es erforderlich, ihn nach Vollziehung der Wahl ausdrücklich noch einmal zu erheben, enthalten sich aber die Wahlberechtigten nach beendigter Wahl jedes Aktes, der als Einspruch gedeutet werden könnte, und geben sie erst später durch Erhebung der Klage zu erkennen, daß sie den Protest als Einspruch behandelt wissen und die Wahl selbst anfechten wollen, so mangelt es der Klage an der rechtlichen Grundlage, als welche der Einspruch gesetzlich angesehen werden muß. (Also: nicht zu voreilig mit dem Einspruch.)

B. Zwangsetatisierungen.

Nr. 1.

Endurteil vom 14. Februar 1881, II. Senat (Entsch. Bd. VII. S. 1).

1) Wenn zwischen dem Staate und einem Provinzialverbande Streit darüber entsteht, ob in Gemäßheit des §. 18 Abs. 2 des Dotationsgesetzes vom 8. Juli 1875 (G.=S. S. 497) mit dem Eigentume an den bereits ausgebauten Staatschausseen auch die Verwaltung und Unterhaltung der im Zuge derselben belegenen Brückenbauwerke auf die Provinzialverbände übergegangen ist, so konnte früher der Oberpräsident nach §. 121 der Provinzialordnung (Hessen=Nassau §. 94) in die Lage kommen, den Provinzialverband wegen Verweigerung der ihm gesetzlich obliegenden Leistungen beim Oberverwaltungsgericht verklagen zu müssen. Dies hat sich nach der neuen Fassung jenes §. 121 dahin geändert, daß der Oberpräsident die Einstellung in den Etat verfügt (Zwangsetatisierung) und daß der Provinzialverband dann gegen diese Verfügung binnen zwei Wochen die Klage anstellen kann. Zur Ausführung der Rechte des Provinzialverbandes kann der Provinziallandtag einen besonderen Vertreter bestellen. (cf. Entsch. vom 2. Mai 1876 oben I Nr. 2.)

2) Durch den vorgedachten §. 18 sollten nur diejenigen Brücken den Provinzialverbänden übertragen werden, welche seither aus dem Chausseebau=Unterhaltungsfonds unterhalten waren, nicht auch diejenigen, welche aus anderen Fonds, z. B. aus dem Wasserbaufonds, unterhalten waren. Daß hierbei ein „Versehen" seitens der Königlichen Staatsregierung vorgekommen sein sollte, läßt sich nicht annehmen, wenn die Thatsachen dagegen sprechen.

Nr. 2.

Endurteil vom 24. Februar 1881 (Entsch. Bd. VII. S. 12).

1) Über den §. 121 der Provinzialordnung in früherer und jetziger Fassung vergl. Nr. 1 in dem O.-V.-G.-E. vom 14. Februar 1881.

2) Die Zuständigkeit des Ober-Verwaltungsgerichts im Sinne des §. 121 (auch in jetziger Fassung) ist für diejenigen Fälle außer Zweifel gestellt, wo der Oberpräsident als Aufsichtsbehörde (§. 114 der Provinzialordnung, Hessen-Nassau §. 87) eine vom Provinzialverbande zu übernehmende Leistung festgestellt hat, und der Verband die Erfüllung verweigert.

3) Handelt es sich dabei um die Verpflichtung eines Landarmen- bezw. Provinzialverbandes zur Unterstützung eines Hilfsbedürftigen, so ist die Frage über die Zuständigkeit des Gerichtes von der davon völlig verschiedenen Frage der Passivlegitimation des Beklagten (nach jetziger Fassung des §. 121 der Aktivlegitimation des Klägers) zu unterscheiden.

4) In der Provinz Sachsen gibt es seit der Verordnung vom 16. März 1878 (G.-S. S. 127) nur einen Landarmenverband, welcher von dem Provinzialverbande der Provinz Sachsen verwaltet wird, und letzterer ist demnach, wo eine auf dem Gebiete des Landarmenwesens liegende Leistung in Betracht kommt, ebenso (jetzt durch Zwangsetatisierungsverfügung des Oberpräsidenten) in Anspruch zu nehmen, wie wenn etwa eine Forderung in Beziehung auf das Chausseebauwesen (§. 18 des Dotationsgesetzes vom 8. Juli 1875) an ihn gestellt wird.

5) Hat ein Hilfsbedürftiger (siehe oben Nr. 3) aus dem Auslande (hier Bayern) auf Grund des §. 1 des Gothaer Vertrages vom 15. Juli 1851 (G.-S. S. 711) und in Gemäßheit des §. 37 des Gesetzes vom 8. März 1871 nach der Verfügung des Oberpräsidenten übernommen werden müssen, so hat der betroffene Armenverband die Befreiung von der ihm angesonnenen Leistung nicht etwa auf dem in §§. 34 ff. des Reichsgesetzes vom 6. Juni 1870 und §§. 40 ff. des Ausführungsgesetzes vom 8. März 1871 vorgezeichneten Wege anzustreben oder, soweit es sich um die vom Auslande geforderten Kosten handelt, den Austrag der Sache der Entscheidung des ordentlichen Richters zu überlassen, sondern er könnte jetzt gegen die Zwangsetatisierungsverfügung des Oberpräsidenten bei dem Ober-Verwaltungsgericht selbst in dem Falle klagen, wenn dem Oberpräsidenten die Befugnis zu jener Feststellung gefehlt hätte, was aber nicht zutrifft (siehe oben Nr. 4).

6) Die Klage (jetzt die Verfügung des Oberpräsidenten) aus §. 121 der Provinzialordnung (Hessen-Nassau §. 94) ist kein höchst subsidiäres Mittel der Rechtsverfolgung, welches überall da ausgeschlossen erscheint, wo für einen Anspruch gegen den Provinzialverband die Verfolgung im Rechtswege oder in einem Verwaltungsstreitverfahren offen steht, vielmehr ist das Recht des Oberpräsidenten lediglich aus dessen Aufsichtsrecht (§. 114 a. a. O., Hessen-Nassau §. 87) abzuleiten und auch aus dem öffentlichen Interesse, daß irgend ein Armenverband die vorläufige Fürsorge für den betreffenden Hilfsbedürftigen mit allen nach dem Gesetze daraus entspringenden Verpflichtungen übernimmt. Bedenken hinsichtlich der Handhabung des Aufsichtsrechtes würden sich nur nach der Richtung hin erheben lassen, wenn etwa für den Hilfsbedürftigen thatsächlich und vorläufig bereits gesorgt wäre, und es sich lediglich um die im öffentlichen Interesse nicht liegende Erstattung der von seiten des auswärtigen Staates gemachten Auslagen handelte.

7) Mag es auch zutreffen, daß die Landarmenverbände niemals zu einer vorläufigen Fürsorge für einen Hilfsbedürftigen, sondern lediglich zur

Erstattung der von den Ortsarmenverbänden für die vorläufige Unterstützung aufgewendeten Kosten, sowie zur definitiven Übernahme des Armen angehalten werden können, so steht doch darüber, ob die angesonnene Leistung dem Provinzialverbande gesetzlich obliegt, nach §. 121 der Provinzialordnung (auch in jetziger Fassung; Hessen-Nassau §. 94) die Entscheidung dem Ober-Verwaltungsgericht zu, und der Ansicht, daß die Frage, welchem Armenverbande die vorläufige Unterstützung zur Last falle, als eine das Armenrecht betreffende ausschließlich vor den Spruchbehörden in Armenstreitsachen auszutragen sei, kann nicht beigetreten werden.

8) Wenn das Bundesamt für das Heimatwesen Klagen eines Armenverbandes gegen einen anderen Armenverband auf Übernahme der vorläufigen Fürsorge für zulässig erklärt hat (Wohlers, Reichsgesetz S. 27, 70), so wird damit eine ausschließliche Zuständigkeit der Spruchbehörden in Armenstreitsachen nur für diejenigen Fälle begründet, wo zwei Armenverbände untereinander streiten; wo dagegen ein Armenverband von der Aufsichtsbehörde — sei dies nun die Polizeibehörde, deren Einschreiten in dringenden Fällen keinen Bedenken unterliegt, oder die Kommunalaufsichtsbehörde — zur Übung der Armenpflege angehalten wird, ist die Zuständigkeit der Behörden bei Beschwerden des Armenverbandes anderweit geordnet (jetzt §§. 127 ff. des Landesverwaltungsgesetzes und §. 41 des Zuständigkeitsgesetzes vom 1. August 1883). Ebenso wie hier die zur Entscheidung berufenen Behörden eintretenden Falls auch darüber urteilen müssen, ob dem betreffenden Armenverbande die Fürsorge für den Hilfsbedürftigen überhaupt obliegt, kann sich das Ober-Verwaltungsgericht auch gegenüber einer (jetzt von dem Armenverbande anzustellenden) Klage einem Ausspruche darüber nicht entziehen, ob dem Armenverbande (jetzt dem Kläger) die vorläufige Unterstützung obliegt.

9) Bayern ist in Armensachen als Ausland zu betrachten. (Entsch. Band VII. S. 21.)

10) Der §. 37 des Gesetzes vom 8. März 1871 enthält über die vorläufige Unterstützungspflicht keine Bestimmungen, derselbe ist nur eine Ausführung des §. 33 des Reichsgesetzes vom 6. Juni 1870 und in dem letzteren ist nur von der endgültigen Fürsorgepflicht die Rede. (Darstellung des Systems des Reichsgesetzes. Entsch. Bd. VII. S. 22 ff.) Die im §. 28 a. a. O. festgestellte vorläufige Unterstützungspflicht bildet eine ausnahmslose Regel.

11) Dem §. 37 a. a. O. liegt der Gedanke zu Grunde: Hat der (aus dem Auslande übernommene) Arme einen Unterstützungswohnsitz im Inlande, so ist der Armenverband desselben der definitiv verpflichtete; hat er keinen Unterstützungswohnsitz im Inlande, so wird nicht der Landarmenverband (hier der Provinzialverband, siehe oben Nr. 4) des Grenzübertrittes herangezogen, sondern es lebt der letzte (durch Abwesenheit verlorene) Unterstützungswohnsitz gleichsam wieder auf und wird für die Frage, welcher Verband der unterstützungspflichtige ist, maßgebend. Nur wo ein letzter Unterstützungswohnsitz nicht zu ermitteln ist (um diesen Fall handelte es sich), soll der Verband, in welchem die Hilfsbedürftigkeit hervorgetreten ist, verpflichtet sein — aber offenbar in derselben rechtlichen Stellung, wie der Verband des Hilfsdomizils, welcher auch nur zur definitiven Übernahme der Fürsorge verpflichtet ist.

12) Die Erstattung der Kosten, welche die ausländische (in diesem Falle die bayrische) Regierung berechnet hat, kann von dem Provinzialverbande nicht verlangt werden; dazu fehlt es, wenn diesem Verbande die vorläufige Unterstützungspflicht nicht obliegt, an jedem Rechtsgrunde.

C. Dotationsangelegenheiten.

Endurteil vom 23. Januar 1882, II. Senat (Entsch. Bd. VIII. S. 1).

1) Streitigkeiten zwischen einem Provinzialverbande und einer Stadtgemeinde über die Höhe der jährlichen Geldrente, welche der letzteren in dem Falle des §. 9 der Verordnung vom 16. Juni 1838, die Kommunikationsabgaben betreffend (G.-S. S. 353), und des §. 18 des Dotationsgesetzes vom 8. Juli 1875 (G.-S. S. 497) aus der Provinzialdotation zu gewähren ist.

2) Die letzten Worte in dem vorstehend gedachten §. 18 des Dotationsgesetzes „nach Verhältnis der aufzuwendenden Kosten" können nicht anders ausgelegt werden, als daß diejenigen Kosten entscheidend sein sollen, welche der klagenden Stadtgemeinde durch die Unterhaltung und Verwaltung der zu übernehmenden Chausseestrecke erwachsen werden. Es hat aber mit dem Ausdrucke „Anteil an der Provinzialdotation" nicht gesagt werden sollen, daß die Rente nach ähnlichen Grundsätzen wie die Provinzialdotation selbst zu ermitteln sei. Als Grundlage für die Berechnung der Rente haben diejenigen Kosten zu dienen, welche die Stadtgemeinde in Zukunft für Unterhaltung und Verwaltung der Strecken aufwenden muß, nicht also derjenige Betrag, welcher bisher — sei es in letzter Zeit, sei es während eines länger zurückliegenden Zeitraumes nach dem Durchschnitte — von dem Unterhaltungspflichtigen verausgabt worden ist.

Behufs der Ermittelung der künftig aufzuwendenden Kosten kann man nur von den zur Zeit bestehenden Verhältnissen (Preise der Materialien, Arbeitslöhne u. s. w.) ausgehen, selbst auf die nach Lage der Gesetzgebung unvermeidliche Gefahr hin, daß die unveränderliche Rente mit den veränderlichen Verhältnissen später vielleicht nicht mehr im Einklange stehen dürfte. Die Möglichkeit eines Gewinnes muß hier die Gefahr eines Verlustes aufwiegen. Bei der Berechnung kommt es darauf an, was die Stadtgemeinde bei ordnungsmäßiger Unterhaltung zu leisten hat, nicht darauf, was die Provinz etwa bisher erspart hat.

3) Die Regel, daß allein die gegenwärtig bestehenden Verhältnisse zu berücksichtigen sind, erscheint jedoch dann nicht anwendbar, wenn die Verhältnisse auf einer in sich selbst und von vornherein zeitlich — durch einen bestimmten Endtermin — begrenzten Basis beruhen. Ein solcher Fall liegt vor, wenn eine Pferdebahngesellschaft laut der ihr erteilten Konzession und auf Grund eines Kontraktes auf eine bestimmte Reihe von Jahren einen Teil der betreffenden Chausseen unterhalten muß. Darin liegt eine thatsächliche Verminderung der Unterhaltungskosten für den Verpflichteten.

4) Infolge des Betriebes der Pferdebahn werden die neben der letzteren belegenen Flächen in bedeutend erhöhtem Maße abgenutzt.

D. Provinzialabgaben.

(Vergl. hierzu §. 18 des Gesetzes vom 27. Juli 1885, G.-S. S. 327.)

Nr. 1.

Endurteil vom 9. Oktober 1882, II. Senat (Entsch. Bd. IX. S. 1).

1) Wenn im §. 106 der altländischen Provinzialordnung (Hessen-N. §. 79) gesagt ist, die Verteilung der Provinzialabgaben erfolge auf die einzelnen Land- und Stadtkreise nach dem Maßstabe der in ihnen auf-

kommenden direkten Staatssteuern mit Ausschluß der Gewerbesteuer vom Hausiergewerbe, so sind damit nur die Steuern des laufenden Jahres gemeint, denn die Vermutung spricht dagegen, daß der Gesetzgeber eine Verteilung nach den Steuern des Vorjahres im Auge gehabt habe. Ein Antrag, von den zu belastenden Staatssteuerbeiträgen diejenigen Beträge zurückzurechnen, welche im Vorjahre an Klassen- und Einkommensteuer infolge von Reklamationen, Rekursen und Remonstrationen abgesetzt, sowie als unbeitreibbar ausgefallen sind, ist hiernach nicht gerechtfertigt. Maßgebend ist also das Steuersoll des laufenden Jahres, nicht das Steuerist des Vorjahres. Vergl. unten das ergänzende Erkenntnis vom 20. Dezember 1885.

2) Ebensowenig dürfen aber auch diejenigen Minderbeträge zurückgerechnet werden, welche sich „im Laufe des Rechnungsjahres" ergeben. Denn der Ausdruck „Aufkommen" bedeutet sowohl das Soll- als das Ist-Aufkommen, er hat aber im §. 106 nur die Bedeutung des „Soll-Aufkommens".

3) Ordnungsmäßig muß die Verteilung und Einforderung der Provinzialabgaben womöglich im Anfange, mindestens aber doch im Laufe des Etatsjahres erfolgen, eine Abrechnung mit den Kreisen nach Ablauf des Jahres ist gesetzlich unzulässig.

4) Bedingte Urteile sind im Verwaltungsstreitverfahren ausgeschlossen (Entsch. Bd. IX. S. 10). Deshalb muß in Kommunalabgabenangelegenheiten eine Entscheidung gefällt werden, welche entweder auf Abweisung der Klage oder Freilassung des Klägers oder Feststellung des Abgabenbetrages lautet, zum mindesten aber eine derartige Feststellung enthält, daß sich der Abgabenbetrag ohne weiteres, vermöge einer einfachen Rechnungsoperation ergibt. Es muß deshalb bei behaupteter Überbürdung schon in der Reklamation, jedenfalls aber in der Klage eine ziffernmäßige Begründung des Anspruches auf Ermäßigung der streitigen Abgabe beigebracht werden. Der Pflichtige muß dem ihm abgeforderten Betrage denjenigen, bis zu welchem er Herabsetzung beansprucht, ziffernmäßig gegenüberstellen, also entweder diese Berechnung selbst aufmachen oder die hierzu erforderlichen Unterlagen so vollständig beschaffen, daß der Verwaltungsrichter in die Lage versetzt wird, seinerseits die nötige Berechnung sofort eintreten zu lassen.

5) Die in der Berufungsinstanz etwa angebrachten Klageanträge, entweder das ganze Ausschreiben der Provinzialabgaben durch den Provinzialausschuß als nicht gesetzmäßig für aufgehoben oder die Provinz für schuldig zu erklären, nach dem Ist-Aufkommen Abrechnung mit dem Kreise zu halten, sind unzulässig nach §. 62 des Verwaltungsgerichtsgesetzes vom 3. Juli 1875 (jetzt §. 92 des L.-V.-G. vom 30. Juli 1883).

6) Die im §. 3 des Gesetzes, betreffend den dauernden Erlaß an Klassen- und klassifizierter Einkommensteuer u. s. w., vom 10. März 1881 (G.-S. S. 126) enthaltenen Worte „in den Gesetzen über die Klassen- und klassifizierte Einkommensteuer vorgeschriebenen Steuersätzen" sind dahin auszulegen, daß sich damit nicht wohl die Steuersätze mitbegreifen lassen, welche infolge der Kontingentierung alljährlich in wechselnder Höhe für die wirkliche Erhebung vom Finanzminister berechnet und durch denselben öffentlich bekannt gemacht werden. Erfolgt auch die etwa erforderliche Herabminderung der Veranlagungssätze in Gemäßheit eines Gesetzes, so sind doch die sich daraus ergebenden, lediglich aus einer Ministerialbekanntmachung zu entnehmenden Beträge keine „in den Gesetzen vorgeschriebenen Steuersätze". Hierunter können füglich nur diejenigen Steuersätze verstanden werden, welche unmittelbar vom Gesetze selbst aufgestellt sind. Daß dies die richtige Deutung

ist, zeigt auch der zweite Absatz des §. 3, welcher das Wort „Steuersätze“ mit dem Ausdrucke „Veranlagungs-Soll“ vertauscht. Beide Ausdrücke sind hier gleichbedeutend.

7) Bei Steuerreklamationen ist das Fundament des Anspruches auf Freilassung oder Herabminderung des Abgabenbetrages etwas derart Wesentliches, daß der Versuch, den erhobenen Anspruch ganz oder teilweise vermittelst eines neuen Fundamentes aufrecht zu erhalten, im Sinne des §. 41 des Gesetzes vom 3. Juli 1875 (jetzt §. 71 des L.-V.-G. vom 30. Juli 1883) nicht als eine Ergänzung oder Berichtigung der thatsächlichen und rechtlichen Anführungen betrachtet werden kann, sondern unter den Begriff einer Klageabänderung (siehe oben Nr. 5) fallen würde.

Nr. 2.

Endurteil vom 20. Dezember 1883, II. Senat (Entsch. Bd. X. S. 4).

1) Über den §. 106 der Provinzialordnung vergl. O.-V.-G.-E. vom 9. Oktober 1882.

2) In diesem Endurteil ist die Frage nicht zum Austrag gebracht worden,

ob derjenige Kreis, dessen bei der Verteilung der Provinzialabgaben zu Grunde gelegtes Staatssteuer-Sollaufkommen infolge von Reklamationen u. s. w. sich demnächst mindert, ohne Rücksicht auf den etwa eingetretenen Ablauf der Reklamationsfrist, eine entsprechende Herabsetzung seines Abgabenbeitrages zu beanspruchen hat.

Diese Frage ist dahin zu bejahen, daß sich die Beitragspflicht des Kreises nicht nach dem zuerst veranlagten, sondern nach dem später berichtigten Staatssteuersoll richtet. Es würde den Anforderungen der Billigkeit und Gerechtigkeit nicht entsprechen, wenn der Pflichtige gehalten sein sollte, die Fehler, welche sich die Staatssteuerbehörden haben zu schulden kommen lassen, seinerseits damit zu büßen, daß er zu Kreis-, Gemeinde- und ähnlichen Lasten Beiträge leisten müßte, deren ungerechtfertigte Höhe durch die spätere Ermäßigung der Staatssteuern dargethan wird.

Vergl. auch das Endurteil vom 9. Oktober 1884.

Nr. 3.

Endurteil vom 9. Oktober 1884, II. Senat (Entsch. Bd. XI. S. 1).

1) Über den §. 106*) (Hessen-Nassau §. 79) der Provinzialordnung vergl. die Endurtheile vom 9. Oktober 1882 und vom 20. Dezember 1883.

2) In dem §. 106 läßt sich nicht die Bestimmung finden, daß eine Verteilung der Provinzialabgaben — elektiv — sowohl nach dem ursprünglich veranlagten, wie auch nach dem berichtigten Soll der direkten Staatssteuern vorgenommen werden dürfe. Es muß deshalb an der Deutung in dem Endurteile vom 20. Dezember 1883 festgehalten werden.

3) Bei den diese Entscheidung begründenden Erwägungen ist auch nicht übersehen worden, daß es sich im §. 106 um eine Verteilung der Provinzialabgaben auf die Kreise handelt, nicht aber um eine solche auf die Einzelnen, welche letztere erst demnächst in einem zweiten Stadium des Verfahrens von seiten der Kreise vorgenommen werden. Nach dem Wortlaute des §. 106 könnte die Verteilung auf die Kreise sowohl nach dem

*) Im Jahrgang XI. S. 8 der Entscheidungen steht „§ 108“ (Druckfehler).

ursprünglichen, als nach dem berichtigten Soll vorgenommen werden, es streitet aber eine entschiedene Vermutung dafür, daß der Gesetzgeber eine Verteilung nach dem berichtigten Soll im Auge gehabt hat, umgekehrt hat der Gesetzgeber für die Kreisabgaben, deren Aufbringung mit der Verteilung der Provinzialabgaben im engsten Zusammenhange steht, festgestellt, daß eine solche Anordnung nicht für nötig zu erachten sei, weil die Berichtigung der Staatssteuer von selbst die Berichtigung der danach umgelegten Kreisabgaben nach sich ziehen muß. Die Verteilung der Provinzialabgaben gemäß §. 106 enthält keine Repartition auf die einzelnen Pflichtigen.

4) Wenn im §. 106 von der „Verteilung", im §. 108 aber von der „Aufbringung" der Provinzialabgaben die Rede ist, so folgt daraus nicht, daß die Reklamation der Kreise einen anderen Charakter an sich trage als die der einzelnen Pflichtigen. Statt des Wortes „Aufbringung" könnte im §. 108 ebensogut das Wort „Unterverteilung" stehen, wie das im §. 11 der Kreisordnung der Fall ist. Die „Verteilung" der Provinzialabgaben in Gemäßheit des §. 106 wirkt nicht in der Weise auf das Wesen der dagegen zugelassenen Reklamation ein, daß dieselbe einen eigentümlichen Charakter annähme. Allerdings kann auf seiten der Kreise nicht füglich ein Einspruch gegen die Heranziehung als solche, gegen die Auflage überhaupt vorkommen, da der Provinzialausschuß niemals von einem fremden Kreise Abgaben fordern und folglich die Verpflichtung zur Abführung eines Anteiles an den Provinzialabgaben schwerlich jemals streitig werden kann (d. h. mit anderen Worten: die steuerpflichtigen Kreise innerhalb einer Provinz stehen ein für allemal fest, es ist jeder Irrtum darüber ausgeschlossen, welche Kreise zur Provinz gehören, während Zweifel darüber möglich sind, welche Einzelne der Provinz oder dem Kreise angehören, denn die Kreise können nicht hin und her wandern wie die Einzelnen). Abgesehen davon aber stehen die Reklamationen der Kreise und die der einzelnen Pflichtigen im wesentlichen gleich. Ihrem Begriffe gemäß muß sich eine Reklamation stets sowohl gegen die Veranlagungsgrundsätze, wie gegen die eigentliche rechnerische Ausführung der Veranlagung richten können.

5) Eine Aufbringung „nach dem Maßstabe der aufkommenden, direkten Staatssteuern" steht zu der Aufbringung „durch Zuschläge zu den direkten Staatssteuern" in keinem Gegensatze; ihrer Wirkung nach kommen vielmehr beide Arten der Aufbringung im wesentlichen auf dasselbe hinaus. Wenn Abgaben als Zuschläge verteilt oder erhoben werden sollen, so bedeutet dies nicht, daß jedesmal mit der Staatssteuer zugleich der betreffende Prozentsatz als die zugeschlagene Abgabe entrichtet werden müsse, daß folglich die Zahlung der Abgabe notwendig mit der Zahlung der Staatssteuer zusammenfalle und daß alle im Laufe des Jahres an der Staatssteuer sich ergebenden Zu- und Abgänge von selbst auf die Abgabe zurückwirkten. Dies möchte dem Ausdruck „Zuschlag" im engsten Sinne entsprechen; in dieser Bedeutung wird der Ausdruck indes in der preußischen Gesetzgebung regelmäßig nicht gebraucht. Namentlich nach der Kreisordnung wird der Zuschlag nur einmal bei der Veranlagung berechnet, und er bleibt zu dem ermittelten Betrage für das ganze Jahr bestehen. Von einem „Zuschlage" läßt sich füglich nur da reden, wo die Abgabe in direkte Verbindung mit dem Steuerzahlenden gebracht wird; der Ausdruck paßte deshalb zu dem §. 106 nicht, nachdem die Heranziehung und Veranlagung der einzelnen Provinzialangehörigen zu den Provinzialabgaben aufgegeben war (d. h. mit anderen Worten: nachdem beschlossen war, die einzelnen Kreise, welche an

sich keine Staatssteuern bezahlen, als die Steuerpflichtigen anzusehen; dieselben konnten mithin nicht in der Form von „Zuschlägen“, sondern nur „nach Maßgabe“ der Staatssteuern herangezogen werden, was aber begrifflich dasselbe ist).

6) Unter der „Kontingentierung“ der Provinzialabgaben kann nichts weiter verstanden werden, als daß den Kreisen bestimmte, demnächst auf die Pflichtigen zu verteilende Summen nach dem gesetzlichen Maßstabe auferlegt werden. Durch diese Kontingentierung, welche auf das Reklamations- und Klagerecht der Kreise einen Einfluß nicht weiter zu üben vermag, sollen alle Streitigkeiten über den Maßstab bei Erhebung der Provinzialabgaben aus der Verwaltung des Provinzialverbandes ausgeschieden werden, andererseits sind dadurch die sehr bedeutenden Weitläufigkeiten beseitigt worden, welche mit der Veranlagung aller einzelnen Provinzialangehörigen und dem dann notwendig werdenden Reklamations- und Klagerechte jedes einzelnen Pflichtigen der Provinz gegenüber unvermeidlich gewesen sein würde. Auch diese sogenannten „Kreiskontingente“ sind nicht unabänderlich, sondern sind ebenfalls der Änderung infolge der Reklamation unterworfen.

7) Hat nun ein Kreis, dessen bei der Verteilung der Provinzialabgaben zu Grunde gelegtes Staatssteuersollaufkommen infolge von Reklamationen u. s. w. sich demnächst mindert, eine entsprechende Herabsetzung seines Abgabenbeitrages zu beanspruchen, so ließe sich dieser Anspruch leicht berechnen, wenn die Provinz von jedem Kreise einen bestimmten Prozentsatz der Staatssteuern forderte. Das Abgabensoll des reklamierenden Kreises ermäßigt sich dann um den Betrag, welcher sich ergibt, wenn von der an dem ursprünglichen Steuersoll nachträglich in Abgang gestellten Summe der angegebene Prozentsatz berechnet wird. Nach Abschluß des Staatssteuer-Reklamationsverfahrens braucht keine völlig neue Verteilung der Provinzialabgaben stattzufinden, sondern von dem Abgabensoll jedes einzelnen Kreises wird, nachdem der Kreis das berichtigte Staatssteuersoll klargestellt hat, die nach dem Vorstehenden zu berechnende Summe abgesetzt, und dies ist ohne Bedenken auch dann ausführbar, wenn die im §. 112 der Provinzialordnung (jetzt auch §. 1 des Zuständigkeitsgesetzes vom 1. August 1883) bestimmte Reklamationsfrist bereits abgelaufen ist. Eine nachträgliche Erhöhung des Abgabensolls kann sich hier für keinen Kreis ergeben; der durch die Ermäßigung bewirkte Ausfall muß in anderer Weise gedeckt werden.

8) Wie bei jeder größeren Steuerverwaltung läßt es sich auch bei den Provinzialabgaben nicht vermeiden, daß das etatsmäßige Einnahmesoll entweder überschritten oder nicht erreicht wird (siehe in der Abteilung „Angelegenheiten der Kreise“ des O.-V.-G.-E. vom 9. Dezember 1878). Ein Beschluß des Provinziallandtages, welcher absolute Übereinstimmung des bewilligten Betrages mit der erhobenen Summe (weder mehr, noch weniger) verlangte, würde nicht bloß Unmögliches, sondern auch*) mit dem gesetzlichen Reklamationsrechte Unvereinbares fordern. Thatsächlich wird auch jetzt von jedem Kreise seitens der Provinz ein Prozentsatz eingefordert; wenn bei dieser Behandlung der Sache Ausfälle entstehen sollten, so wird das Fehlende bei der Ausschreibung der folgenden Jahre mit einzuziehen sein. Um dies zu vermeiden, ist zu empfehlen, daß von vornherein ein etwas höherer Prozentsatz als gerade dringend nötig, eingefordert wird. Dadurch wird es auch dann möglich, lediglich mit runden Summen anstatt womöglich mit Brüchen zu rechnen.

---

*) In den Entscheidungen Bd. XI. S. 12 steht „nach“ (Druckfehler).

9) Es ist nicht zulässig, dem klagenden Kreise den Nachweis desjenigen Betrages aufzubürden, auf welchen das berichtigte Steuersoll der übrigen Kreise in der Provinz sich beziffere, denn es widerspricht allgemeinen Rechtsgrundsätzen, für die Begründung eines vom Gesetze durch das Klagerecht geschützten Anspruches Anforderungen zu stellen, welche die klagende Partei nach der bestehenden Gesetzgebung zu erfüllen außer stande ist.

10) Wenn jeder Kreis die ihm zukommende Ermäßigung seines Anteils in der Art berechnete, daß er sowohl das Gesamtsteuersoll der ganzen Provinz wie sein eignes Steuersoll um die betreffende, in Abgang gestellte Summe verminderte, so würde regelmäßig jeder Kreis von seinem Steuersoll einen verschiedenen Prozentsatz zahlen, was dem §. 106 der Provinzialordnung direkt zuwiderliefe.

11) Ultra petitum kann nicht erkannt werden. (§. 49 des Gesetzes vom 3. Juli 1875, jetzt §. 79 [am Schlusse] des Landesverwaltungsgesetzes vom 30. Juli 1883.)

II.

Kreise.

A. Wahlangelegenheiten.

Nr. 1.

Endurteil vom 13. Oktober 1876 (Entsch. Bd. I. S. 102).

Vorbemerkung.

Es handelt sich um die Anfechtung der Aufstellung von Verzeichnissen der zur Wahl der Kreistagsabgeordneten Berechtigten in Gemäßheit des §. 110 Ziffer 2 der Kreisordnung vom 13. Dezember 1872 (vergl. Hannoversche Kreisordnung §. 66, Hessen-nassauische §. 67, Westfälische §. 54). Wegen des Verfahrens war früher der §. 63 des Zuständigkeitsgesetzes vom 26. Juli 1876, jetzt ist der §. 112a der Kreisordnung in der neuesten Fassung maßgebend. (Hannover §. 69, Hessen-Nassau §. 70, Westfalen §. 57). Vergl. dazu §. 28 des Landes-Verwaltungsgesetzes vom 30. Juli 1883.

1) Der Einwand der rechtskräftig entschiedenen Sache (res judicata) kann hier niemals Platz greifen, weil das zu berichtigende Verzeichnis stets nur für die bevorstehenden Wahl der Kreistagsabgeordneten, für welche es angefertigt und publiziert ist, die Unterlage bilden soll und nur für diese Gültigkeit hat. Die auf Grund früherer Verzeichnisse etwa ergangenen Entscheidungen sind nicht maßgebend.

2) „Selbständige Güter" im Sinne des §. 98 der Altländischen (§. 54 der Hannoverschen, §. 55 der Hessen-nassauischen, §§. 46—47 der Westfälischen) Kreisordnung. Der Ausdruck steht schon im §. 87 Nr. 2 (bezw. 43, 44, 36) a. a. O. und soll nicht solche thatsächlich geschlossene und wirtschaftlich selbständige Güter treffen, welche sich in dem kommunalen Verbande der Landgemeinden befinden. Selbständige Güter bilden also den Gegensatz zu den Landgemeinden. (§. 87 Nr. 1 a. a. O.) Die Eigentümer sogenannter „kommunalfreier" Grundstücke, welche es eigentlich gar nicht mehr geben sollte (§. 8 des Gesetzes vom 31. Dezember 1842 —

G.=S. 1843 S. 8, §. 4 des Gesetzes vom 6. Juni 1870 — B.=G.=Bl. S. 360 § 1 al. 2 des Gesetzes vom 14. April 1856 — G.=S. S 359), und die Besitzer solcher Güter, welche zu ländlichen Gutsbezirken als Absplisse derselben gehören, sind mit einem persönlichen Stimmrechte von der Teilnahme an den Wahlen zu den Kreistagen ausgeschlossen.

3) Die Frage, ob ein Besitztum einen kommunalrechtlich selbständigen Gutsbezirk bildet oder nicht, wird in den Gesetzen ausdrücklich nicht beantwortet. Dieselbe erledigt sich zunächst durch den Nachweis der besonderen Verleihung der Eigenschaft eines Gutsbezirkes durch einen Akt der Staatshoheit.

4) Aus der (öffentlich) rechtlichen Natur des Gutsbezirkes als eines kommunalen Verbandes folgt, daß seine Grenzen durch privatrechtliche Verfügungen des Gutsbesitzers über einzelne Teile desselben nicht geändert werden können.

5) Ohne entscheidende Bedeutung für die Eigenschaft eines Gutsbezirkes sind die Größe und der Wert desselben; ein gleiches gilt von dem Umstande, daß weder die Gerichtsbarkeit noch die Polizeigewalt, noch ständische Rechte oder ein Patronat mit dem Besitze verbunden gewesen sind, da keins dieser Rechte ein notwendiges Attribut eines selbständigen Gutsbezirkes darstellt. Maßgebend ist auch nicht, daß ein Gut seit lange als ein geschlossenes besessen, veräußert und im Hypothekenbuche eingetragen worden ist, da diese rechtliche Qualität keine den kommunalrechtlich selbständigen Gütern ausschließlich eigentümliche ist.

6) Wesentlich kommt es aber bei der Bestimmung der Eigenschaft als selbständiger Gutsbezirk darauf an, ob ein Gut früher scharwerkspflichtige Hintersassen gehabt hat und ob bei der Zersplitterung eines ehemaligen Gutes ein Zusammenhang der einzelnen Teile in kommunaler Beziehung aufrecht erhalten worden ist.

7) Für die Zeit nach der Einführung des A. L.=R. muß der Erwerb der rechtlichen Selbständigkeit als Gutsbezirk durch landesherrliche Verleihung nachgewiesen werden.

Nr. 2.

Endurteil vom 8. November 1876 (Entsch. Bd. I. S. 113).

Die Eigentümer einzelner selbständiger Güter können um deswillen, weil die letzteren zusammen einen (zersplitterten) Gutsbezirk bilden, bei der Wahl der Kreistagsabgeordneten im Wahlverbande der größeren ländlichen Grundbesitzer eine Stimme durch einen Mitbesitzer nicht führen, wenn auch von den Gütern zusammen mehr als 225 ℳ an Grund= und Gebäudesteuern entrichtet wird. Denn die Kreisordnung hat weder diese Rechte und Pflichten für sich, noch auch in ihrer Beziehung zum Grundeigentum zum Träger des Wahlrechtes im Wahlverbande der größeren ländlichen Grundbesitzer gemacht, sondern das Grundeigentum allein. (§§. 86 und 97 der Altländischen, §§. 42 und 53 der Hannoverschen, §§. 43 und 54 der Hessen=nassauischen, §§ 35 und 45 der Westfälischen Kreisordnung).

Nr. 3.

Endurteil vom 13. Oktober 1877 (Entsch. Bd. III. S. 6).

[Die Entscheidung beruht auf den unveränderten §§. 95 und 97 der Altländischen (§§. 51 und 53 der Hannoverschen, §§. 52 und 54 der Hessen=nassauischen, §§. 43 und 45 der Westfälischen Kreisordnung und auf §. 64

des Zuständigkeitsgesetzes vom 26. Juli 1876, an dessen Stelle der (abgesehen von den Fristen und den Behörden) gleichlautende §. 113 der Kreisordnung in neuester Fassung (für Hannover §. 70, für Hessen-Nassau §. 71, für Westfalen § 53) getreten ist.]

1) Es ist hier zu unterscheiden zwischen den Klagen im Verwaltungsstreitverfahren infolge

a. eines seitens eines Mitgliedes der Wahlversammlung bei dem Vorsitzenden erhobenen Einspruchs gegen das Wahlverfahren (Abs. 1 des §. 113),

b. der von Amts wegen seitens des Kreistages erfolgten Prüfung der Legitimation seiner Mitglieder (Abs. 2 des §. 113).

2) Handelt es sich um den Fall b., so läßt sich aus dem Gesetze nicht schließen, daß den in der Minorität verbliebenen Mitgliedern des Kreistages als solchen ein Klagerecht gegen die Majorität zusteht. Derartige Majoritätsbeschlüsse lassen sich nur auf Grund des §. 69 des Gesetzes vom 26. Juli 1876 (jetzt §. 178 der Kreisordnung in neuester Fassung — Hannover §. 106, Hessen-Nassau §. 107, Westfalen §. 94) anfechten.

3) Es liegt im Begriffe der „Gerichtsbarkeit in streitigen Verwaltungssachen" (§. 1 des Gesetzes vom 3. Juli 1875, jetzt §§. 7 des Landes-Verwaltungsgesetzes vom 30. Juli 1883) begründet, daß einerseits zur Fürsorge für das öffentliche Interesse nicht der Einzelne, sondern nach wie vor nur die Verwaltungsbehörde berufen ist, in deren Aufgabe diese Fürsorge bisher lag, und daß anderseits die Interessen des Einzelnen auf rechtlichen Schutz im Verwaltungsstreitverfahren nur in soweit Anspruch haben, als das Gesetz ihnen einen solchen zugesteht, sie als subjektive Rechte anerkennt.

Nr. 4.

Endurteil vom 10. November 1877 (Entsch. Bd. III. S. 16).

[Die Entscheidung beruht auf den §§. 64 und 69 des Zuständigkeitsgesetzes vom 26. Juli 1876, an deren Stelle die §§. 113 und 178 der Kreisordnung in neuester Fassung (Hannover §§. 70 und 106, Hessen-Nassau §§. 71 und 107, Westfalen §§. 58 und 94) getreten sind. Abänderungen sind dabei hinsichtlich des §. 113, abgesehen von den Fristen und den entscheidenden Behörden, nicht vorgekommen. Dagegen unterscheidet sich die nunmehrige Fassung des §. 178 der neuesten Kreisordnung von der des §. 69 des Gesetzes vom 26. Juli 1876 insofern, als fortan der Landrat gesetzwidrige und die Befugnisse des Kreisausschusses überschreitende Beschlüsse nicht mittels der Klage bei dem Bezirksausschusse anzufechten, sondern mittels Verfügung zu beanstanden hat, indem er die Ausführung solcher Beschlüsse versagt bezw. untersagt und es dem zuständigen Organe des Kreises überläßt, dagegen im Verwaltungsstreitverfahren zu klagen. (Vergl. wegen der analogen Vorschriften Bild 10 der Pareyschen Zuständigkeitsbilder.)]

1) Unter den „Mitgliedern des Kreistages", deren Legitimation der Kreistag von Amts wegen zu prüfen hat, können nur diejenigen verstanden werden, welche bis zur Prüfung ihrer Legitimation als einstweilen berechtigt zu Sitz und Stimme im Kreistage anzusehen sind.

2) Im allgemeinen unterliegen dem Beanstandungsrechte des Landrates auch ablehnende Beschlüsse des Kreistages, allein ein Beschluß des Kreistages auf Ablehnung eines Antrages, daß nach der Ungültigkeitserklärung der Wahl des von der Majorität Gewählten und vom Wahlvorstande für ge-

wählt Erklärten der von der Minorität Gewählte als gewählt erklärt werde, enthält keine Gesetzverletzung. Die Beanstandung würde mithin infolge einer Klage des Kreisausschusses nicht aufrecht zu erhalten sein.

Nr. 5.

Endurteil vom 14. November 1877 (Entsch. Band III. S. 18).

[Wegen der §§. 64 und 69 des Zuständigkeitsgesetzes vom 26. Juli 1876 vergl. das vorhergehende Endurteil vom 10. November 1877. Der in Bezug genommene §. 5 Abs. 3 des Wahlreglements zur Kreisordnung enthält jetzt in sofern eine von der früheren abweichende Fassung, als nunmehr der Vorsitzende die Stimmen einzeln aus der Wahlurne nimmt und die darauf verzeichneten, von einem Beisitzer, welchen der Vorsitzende ernennt, laut zu zählenden Namen verliest. Der ebenfalls angezogene §. 7 des früheren Wahlreglements bildet jetzt den §. 8 des neuen in etwas veränderter Fassung. Das Los wird jetzt nicht mehr durch die Hand des Wahlvorstehers, sondern durch die des Vorsitzenden gezogen; an Stelle der Worte „Stimmen für sich haben" steht jetzt „Stimmen erhalten haben".]

1) Der Kreistag kann die Wahl eines Kreistagsmitgliedes nur für ungültig erklären, nicht aber „beanstanden". Dieser Ausdruck ist aus dem §. 113 der Kreisordnung in ursprünglicher Fassung bereits durch §. 64 des Zuständigkeitsgesetzes vom 26. Juli 1876 beseitigt, und es bleibt für ein Beanstandungsrecht auch kein Raum in dem §. 113 Abs. 2 der Kreisordnung neuester Fassung. (Vergl. §. 70 der Hannoverschen, §. 71 der Hessen-nassauischen, §. 58 der Westfälischen Kreisordnung.) Der Beschluß über die Ungültigkeitserklärung ist dem Beteiligten zuzufertigen und diesem die Erhebung einer förmlichen Klage innerhalb der gesetzlichen Frist (jetzt zwei Wochen) zu überlassen.

2) Die Klagefrist ist für gewahrt zu erachten, wenn der, dessen Wahl für ungültig erklärt wird, sofort im Kreistage die Erklärung abgibt, daß er gegen den Beschluß die Entscheidung des Verwaltungsgerichtes (jetzt des Bezirksausschusses) provoziere, und wenn diese Erklärung fristzeitig an das Gericht gelangt.

3) Über Unregelmäßigkeiten bei der Wahlmännerwahl kann hinweggegangen werden, wenn über die Absichten der Wählerschaft, namentlich bei Stimmengleichheit, kein Zweifel besteht und wenn gegen diese Wahlmännerwahlen aus dem Schoße der Wählerschaft ein Protest nicht erhoben worden ist.

4) Wenn nach Beendigung der ersten Abstimmung nicht sofort die Entscheidung durch das Los zwischen den beiden mit Stimmengleichheit gewählten Personen, sondern zunächst eine engere Wahl herbeigeführt worden ist, so widerspricht das nicht dem §. 7 (jetzt 8) des Reglements. Vergl. das Endurteil vom 2. Mai 1876 bei den „Angelegenheiten der Provinzialverbände".

5) Zu einer engeren Wahl dürfen auch Wähler zugelassen werden, welche sich bei der ersten Abstimmung noch nicht beteiligt hatten. Aus §. 5 Abs. 3 (jetzt Abs. 2) des Wahlreglements ist zu folgern, daß, nachdem der Wahlvorstand die erste Abstimmung für geschlossen erklärt hat, die inzwischen erschienenen Wahlmänner nicht noch nachträglich ihre Stimmen abgeben durften. Mit der notwendig gewordenen engeren Wahl beginnt ein neuer Wahlakt, an welchem die inzwischen Erschienenen sich zu beteiligen berechtigt sind.

Nr. 6.

Endurteil vom 28. November 1877 (Entsch. Band III. S. 21).

Die Bestimmung im §. 106 der Altländischen (§. 62 Nr. 2 der Hannoverschen, §. 63 der Hessen-nassauischen, § 50 der Westfälischen) Kreisordnung bezieht sich auf die im §. 97 (bezw. §§. 53, 54 und 45 a. a. O. zugelassenen Vertreter, welche als solche ein Wahlrecht ausüben und für den bestimmten Wahltermin mit Vollmacht versehen sind.

Nr. 7.

Endurteil vom 19. Dezember 1877 (Entsch. Band III. S. 32).

1) Der hier in Bezug genommene §. 29 Abs. 3 des Zuständigkeitsgesetzes vom 26. Juli 1876, betreffend Fristversäumnisse wegen irriger Belehrungen, ist fortgefallen und findet jetzt in gewisser Hinsicht Ersatz in den §§. 52 und 112 des Landesverwaltungsgesetzes vom 30. Juli 1883 (unverschuldete Fristversäumnis, Wiedereinsetzung in den vorigen Stand). Hieraus folgt auch, daß der Grundsatz, die fakultative Belehrung könne auch in mündlicher Form stattfinden, gegenstandslos geworden ist.

2) Im §. 113 Abs. 2 der Altländischen (§. 70 der Hannoverschen, §. 71 der Hessen-nassauischen, §. 58 der Westfälischen) Kreisordnung wird nicht ein „alter" und ein „neuer" Kreistag, welcher die Legitimationen der Mitglieder zu prüfen hat, unterschieden. Es kann deshalb auch ein vorschriftsmäßig einberufener Kreistag die Legitimation der in Gemäßheit des §. 108 (bezw. §§. 64, 65 und 52) der Kreisordnung aus den regelmäßigen Ergänzungswahlen hervorgegangenen Mitglieder vor seiner Ergänzung durch deren Eintritt prüfen.

3) Nach §. 106 Nr. 2 (bezw. §§. 62, 63 und 52) der Kreisordnung verlangt das Gesetz als Bedingung der Wählbarkeit nicht einjährigen Grundbesitz und Wohnsitz, sondern entweder einen mindestens einjährigen Besitz von Grundeigenthum oder die Ausübung eines Wahlrechtes in einer Versammlung der dort verzeichneten Verbände, verbunden mit einjährigem Wohnsitz im Kreise. Vergl. das Endurteil vom 25. April 1876 bei „Angelegenheiten der Provinzialverbände".

Nr. 8.

Endurteil vom 22. Dezember 1877 (Entsch. Band III. S. 36).

1) Anhängigkeit einer Verwaltungsstreitsache im Sinne des §. 173 des Zuständigkeitsgesetzes vom 26. Juli 1876 (jetzt §. 163 des Zuständigkeitsgesetzes vom 1. August 1883). Bei der Feststellung derselben kommt es darauf an, ob ein entstandener Streit zum Zwecke der Entscheidung bereits vor dem Inkrafttreten des betreffenden Gesetzes an das bis dahin berufene Organ gebracht worden ist.

2) Die nach §. 107 Abs. 2 der Kreisordnung in ursprünglicher Fassung, später §. 64 Abs. 3 des Zuständigkeitsgesetzes vom 26. Juli 1876, jetzt §. 113 Abs. 3 der Kreisordnung in neuester Fassung (Hannover §. 70, Hessen-Nassau §. 71, Westfalen §. 58):

„Jede Wahl verliert ihre Wirkung u. s. w."

erforderliche Feststellung über den Verlust der Wählbarkeit gehört mit zur Prüfung der Legitimation der Mitglieder, und es ist dazu nur der Kreistag berufen, also nicht der Landrat (§. 118 bezw. §. 75 Hannover, §. 76

Hessen-Nassau, §. 62 Westfalen oder der Kreisausschuß (§. 134 Nr. 1, bezw. §. 91 H., §. 92 H.-N., §. 72 W.).

3) In der Anerkennung richtig erfolgter Vorladung zum Kreistage kann ein jene Feststellung enthaltender oder ersetzender Beschluß nicht gefunden werden.

4) Wenn die Wahl eines Kreistagsmitgliedes mit dem Aufhören der in seiner eignen Person mittels Grundbesitzes begründeten Bedingung der Wählbarkeit an sich wirkungslos geworden ist, so wird die fernere Wirkung auf Grund der Eigenschaft des ehemaligen Kreistagsmitgliedes als Vertreters seiner Ehefrau (als Besitznachfolgerin) nur in dem Falle gesichert, wenn in eben jenem Zeitpunkte (des Aufhörens der eignen Wählbarkeit) die anderweiten Voraussetzungen der Wählbarkeit in der Person des Klägers zu- und zusammentreffen. Dazu gehört ein seit einem Jahre festgehaltener Wohnsitz im Kreise (§. 106 Nr. 2, H. §. 62, H.-N. §. 63, Westfalen §. 50 der Kreisordnung) und es genügt keineswegs die fortdauernde Reichsangehörigkeit (§. 97 bezw. H. §. 53, H.-N. § 54, Westf. § 45 a. a. O.).

5) Für das Aufgeben des bisherigen Wohnsitzes spricht die auch durch eine Willenserklärung entgegengesetzten Inhalts (z. B. vor Gericht) nicht ausgeschlossene Vermutung bei einer „Übersiedelung" mit der Familie und dem gesamten Hausrat, zumal wenn die begleitenden Umstände die fernere Beibehaltung des bisherigen Wohnsitzes gar nicht einmal thunlich erscheinen lassen.

6) Insofern das Zust.-Ges. für gewisse Materien nur die Entscheidung von Streitigkeiten neu ordnet, begründet nicht schon irgend eine außer Zusammenhang mit einer solchen Entscheidung stehende Thätigkeit der früher zuständigen Organe die Voraussetzung der Anhängigkeit, vielmehr kommt es darauf an, ob ein entstandener Streit zum Zwecke der Entscheidung bereits vor dem 1. Oktober 1876 an das bis dahin berufene Organ gebracht worden ist.

Nr. 9.

Endurteil vom 23. Januar 1878 (Entsch. Band III. S. 60).

1) Die Leitung der Wahlen der Kreistagsabgeordneten in den Städtewahlbezirken (§. 104 der Kreisordnung, in Hannover §. 60, in Hessen-Nassau §. 61, in Westf. §. 48) steht nach §. 2 des der Kreisordnung angehängten Wahlreglements dem Landrate zu, und zwar auch nach der neuen Fassung dieses §. 2, denn derselbe und sein gesetzlicher Vertreter sind die zur Leitung des Wahlaktes nach den bestehenden Vorschriften berufenen Beamten.

2) Die Vertretung des Landrates hierbei durch andere als diejenigen Personen, welche gesetzlich zur Vertretung des Landrates als solchen (§. 75 der Kreisordnung, im Gegensatz zu dem Landrate als Vorsitzenden des Kreistages — §. 118 — und des Kreisausschusses — §. 136, Hannover §§. 23, 74 und 92, Hessen-Nassau §§. 25, 75 und 93, Westfalen §§. 31, 62 und 80) in Behinderungsfälleu berufen sind, ist unzulässig. Deshalb zieht diese Leitung durch einen vom Landrate beauftragten Bürgermeister die Ungültigkeit des Wahlaktes nach sich.

Nr. 10.

Endurteil vom 16. Februar 1878 (Entsch. Band III. S. 64).

1) In Ansehung staatsbürgerlicher Rechte ist eine Übertragung auf Dritte, sei es auch nur auf die Ausübung, nicht gestattet. (A. L.-R. Einleitung §§ 99, 102ff., Teil I. Tit. 11 §. 382, Tit. 13 §§. 18, 31.)

2) Wenn nach §. 97 Nr. 3 (Hannover §. 53, Hessen-Nassau §. 54, Westf. §. 45) der Kreisordnung sich Eltern durch ihre Söhne, welchen sie die Verwaltung selbständiger Güter dauernd übertragen haben, bei den Kreistagswahlen vertreten lassen können, so findet dies keine Anwendung auf solche Söhne, denen die Eltern ihre Güter verpachtet haben. Denn die Begriffe von „Verwaltung" und „Pacht" sind schon dadurch (abgesehen von den rein privatrechtlichen Gesichtspunkten) voneinander verschieden, daß jenes Rechtsverhältnis auf Vertrauen begründet ist, dieses aber auf dem Buchstaben eines Vertrages. Die vorgedachte Bestimmung ist zu Gunsten der Eltern geschaffen, wie die Allerh. Kabinetsordre vom 21. März 1831 (v. Kamptz Annalen Band XV. S. 10) bestätigt.

Nr. 11.

Endurteil vom 1. Juli 1878 (Entsch. Band IV. S. 1).

1) Der §. 118 (Hannover §. 74, Hessen-Nassau §. 75, Westfalen §. 62) der Kreisordnung enthält keine Regel über das Recht, den Ort der Kreistagsversammlungen zu bestimmen. Denn in dem Rechte des Landrates, die Abgeordneten zum Kreistage zu berufen, liegt nicht zugleich die Bestimmung des Versammlungsortes, weil von der gesetzlichen Regelung eines Gegenstandes nur so weit die Rede sein kann, als sich diese Regel aus dem Inhalte der betreffenden Vorschrift unmittelbar ergibt.

2) Deshalb überschreitet der Erlaß einer statutarischen Anordnung über den Ort der Kreistagsversammlungen die dem Kreistage nach §. 20 a. a. O. eingeräumten Befugnisse nicht, der Landrat kann also einen solchen Beschluß nicht beanstanden (§. 178 a. a. O. Hannover §. 106, Hessen-Nassau §. 107, Westf. §. 94), früher „anfechten" (§. 69 des Zuständigkeitsgesetzes von 1876).

Nr. 12.

Endurteil vom 5. September 1878 (Entsch. Band IV. S. 5).

1) Aus Abs. 1 und 4 im §. 64 des Zuständigkeitsgesetzes vom 26. Juli 1876 (jetzt §. 113 der Kreisordnung in neuester Fassung, für Hannover §. 70, für Hessen-Nassau §. 71, Westfalen §. 58) ergibt sich für jedes Mitglied des Kreistages — unter der Voraussetzung rechtzeitigen Einspruches — ein Recht, einen Beschluß des Kreistages, betreffend die Wahlen von Kreistagsabgeordneten, mittels Klage anzugreifen.

2) Die den Kreisordnungen angehängten Wahlreglements und die dazu erteilte ministerielle Instruktion vom 10. März 1873 (Min.-Bl. d. i. V. S. 87ff.) enthalten die bei der gesetzlichen Regelung des Wahlverfahrens eingeführten Formen und Förmlichkeiten. Dieselben haben, je nach der Verschiedenheit ihres Inhaltes und des durch sie betroffenen Gegenstandes, eine wesentlich verschiedene Bedeutung. Sie sind entweder unerläßliche Bedingung der Gültigkeit der danach vorzunehmenden Rechtshandlung, dergestalt daß die letztere ohne Beobachtung der Form überhaupt nicht zur rechtlichen Existenz gelangt, die Verletzung der bezüglichen Vorschrift für das Wahlverfahren unter allen Umständen die Ungültigkeit der Wahlhandlung zur Folge hat und für das richterliche Ermessen kein Raum bleibt, oder die Einführung einer Förmlichkeit erstrebt nur die besondere Klarlegung und Feststellung des Inhaltes einer Willenserklärung; sie soll als Sicherungsmittel insbesondere für den Einzelnen gegen Benachteiligungen durch die Mehrheit dienen; sie verfolgt den Zweck mehrerer Beglaubigung des unter

ihren Schutz gestellten Aktes. Bei Förmlichkeiten der letzteren Art ist dem Verwaltungsrichter, wenn anders überhaupt eine sachgemäße Handhabung des Gesetzes ermöglicht werden soll, die Befugnis nicht zu versagen, je nach der Lage des gegebenen Falles über die Bedeutung der Nichtbeachtung derselben frei zu befinden.

3) Zu der letzteren Art der Förmlichkeiten gehört die im Art. 12 unter Nr. 11 der Instruktion vom 10. März 1873 angeordnete Verpflichtung der Beisitzer, des Protokollführers und der Stimmzähler. (§. 2 des Wahlreglements in neuester Fassung nennt den Stimmzähler ausdrücklich nicht mehr, vergl. aber §. 6 a. a. O.)

4) Die wesentlichen Elemente des Wahlvorstandes sind der Vorsitzende und der Beisitzer; die Verpflichtung der letzteren durch Handschlag an Eidesstatt kann, wenn etwa versäumt, auch nachgeholt werden, namentlich, wenn die Thätigkeit der einzelnen Mitglieder des Wahlvorstandes von keiner Seite bemängelt worden ist.

Nr. 13.

Endurteil vom 23. Januar 1879 (Entsch. Band V. S. 1).

1) Unter einem „größeren Gute" im Sinne des §. 97 Nr. 2 der Kreisordnung (Hannover §. 53, Hessen-Nassau §. 54, Westfalen §. 45) ist nicht etwa ein Gut zu verstehen, welches in kommunaler (politischer) Hinsicht für ein selbständiges zu erachten ist. Anderseits läßt sich auch der Ansicht nicht beipflichten, daß ein „größeres Gut" nur ein solches Gut sei, welches zur Teilnahme an dem Wahlverbande der größeren Grundbesitzer berechtige (§§. 86 und 183 der Kr.-O. — Hannover §§. 42 und 111 ff., Hessen-Nassau §§. 43 und 112 ff., Westfalen §§. 35 und 56), vielmehr kann darunter nur ein größeres Besitztum verstanden werden, welches sich thatsächlich als ein wirtschaftlich selbständiges, geschlossenes darstellt und um dieser Eigenschaft willen im Sprachgebrauche des gewöhnlichen Lebens ein „Gut" genannt wird.

2) Zuverlässige Merkmale für die Charakterisierung einer Besitzung als „Gut" lassen sich nicht angeben, es muß dies der Beurteilung der thatsächlichen Verhältnisse seitens des Kreistages überlassen werden.

3) Kostenpunkt. An die Stelle des §. 72 des Gesetzes vom 3. Juli 1875 ist der §. 103 des Landesverwaltungsgesetzes vom 30. Juli 1883 getreten.

Nr. 14.

Endurteil des II. Senats vom 17. Februar 1879 (Entsch. Band V. S. 11).

1) Der Besitz des Bürgerrechtes gilt als besondere Voraussetzung der Wählbarkeit zum Mitgliede des Kreistages im Wahlverbande der Städte auch für den auf Grund der Städteordnung vom 30. Mai 1853 bestellten Bürgermeister. (§§. 104 und 106 der Kreisordnung, Hannover §§. 60 und 62, Hessen-Nassau §§. 61 und 63, Westfalen §§. 48 und 50.) Entscheidend ist jetzt nicht mehr der Umstand, ob jemand ein städtisches Amt bekleidet, sondern lediglich der Besitz des Bürgerrechtes.

2) Wert des Streitgegenstandes. An die Stelle des Tarifs vom 8. November 1876 ist der vom 27. Februar 1884 (Min.-Bl. d. i. V. S. 30) getreten.

Nr. 15.

Endurteil des II. Senats vom 7. April 1879 (Entsch. Band V. S. 20).

1) Der Kreistag ist nicht berechtigt, bei Prüfung der Legitimation seiner Mitglieder auch noch die dem eigentlichen Wahlverfahren vorangehenden,

dasselbe vorbereitenden Akte, insbesondere die Verteilung der städtischen Kreistagsabgeordneten auf die einzelnen Städte, nachdem diese Akte einmal bereits früher zu formell korrektem Abschlusse gelangt sind, in sachlicher Beziehung zu prüfen und darüber Beschluß zu fassen.

Kreisordnung §§. 92, 108, 111, 112, 113*) (Hannover §§. 48, 64, 67—70, Hessen-Nassau §§. 49, 65, 68—71, Westfalen §§. 40, 55, 56, 58). Zuständigkeitsgesetz vom 26. Juli 1876 §§. 63, 64 (jetzt §. 112a und §. 113 der Kreisordnung in neuester Fassung — Hannover §§. 69, 70, Hessen-Nassau §§. 70 und 71, Westfalen §§. 56 und 57).

2) Zur Vollziehung von Ergänzungs- oder Neuwahlen darf erst dann geschritten werden, wenn entweder die Fristen zur Anbringung von Berichtigungsanträgen, ohne daß solche eingegangen, abgelaufen, oder die angebrachten berücksichtigt, oder auf die entsprechenden Klagen und Berufungen endgültige Entscheidungen der Verwaltungsgerichte ergangen sind, oder endlich mit Rücksicht auf die Art der Klageanträge der Kreisausschuß zu der Ansicht gelangt ist, daß die Entscheidungen des Bezirksausschusses oder des Ober-Verwaltungsgerichtes, auch wenn sie den Klageanträgen entsprechen sollten, die Verteilung der Abgeordneten auf die Wahlverbände, Wahlbezirke und Städte nicht beeinflussen würden.

Nr. 16.

Endurteil vom 14. Juni 1880 (Entsch. Band VI. S. 71).

1) Der §. 69 des Zuständigkeitsgesetzes von 1876 ist ersetzt durch §. 178 der Kreisordnung in neuester Fassung (Hannover §. 106, Hessen-Nassau §. 107, Westfalen §. 94). Durch den hiermit verbundenen Wechsel der Parteirollen erledigen sich die wegen der Klageanträge des Landrates hier aufgestellten Grundsätze.

2) Der §. 107 der Kreisordnung (Hannover §. 63, Hessen-Nassau §. 64, Westfalen §. 51) enthält in Abs. 2 (früher in der alten Fassung Abs. 3, denn der Abs. 2 ist jetzt im §. 113 Abs. 3 der Kreisordnung in neuester Fassung — Hannover §. 70, Hessen-Nassau §. 71, Westfalen §. 58 — zu suchen) eine positive Vorschrift, aus welcher folgt, daß, wenn z. B. die Zahl der Kreistagsabgeordneten aus dem Wahlverbande der Städte acht beträgt, alle drei Jahre vier von denselben auszuscheiden haben, um durch neue ersetzt zu werden.

3) Im übrigen findet die Vorschrift, wonach alle drei Jahre die Hälfte beziehungsweise die der Hälfte am nächsten kommende Zahl der Abgeordneten eines Kreistagswahlverbandes ausscheidet und durch neue zu ersetzen ist, auch dann Anwendung, wenn sich nicht eine dem entsprechende Anzahl durch Ablauf der sechsjährigen Wahlperiode erlöschender Mandate innerhalb des Wahlverbandes vorfindet.

4) Dabei kann es dann nicht darauf ankommen, ob sich unter den Auszulosenden solche befinden, die noch nicht sechs Jahre im Amte gewesen sind (Zirkularverfügung vom 21. Juli 1876 — Min.-Bl. d. i. V. S. 223 — unter II. 5 und 6).

Nr. 17.

Endurteil des II. Senats vom 11. November 1880 (Entsch. Band VII. S. 54).

1) Wenn bei der Wahl der Wahlmänner der Landgemeinden zu den Kreistagsabgeordnetenwahlen der Inhaber mehrerer Vertretungsvollmachten

*) §. 113 in alter Fassung war in Verbindung mit §. 107 Abs. 2 beseitigt durch §. 64 des Zust.-Ges. von 1876 und ist jetzt in §. 113 neuester Fassung zu suchen.

mit einer derselben — zu Unrecht — zurückgewiesen wird und deshalb die Vorlegung der übrigen, lediglich demselben Zurückweisungsgrunde unterliegenden Vollmachten unterläßt, so wird dadurch das Wahlergebnis in dem Falle nicht berührt, wenn jene eine zu Unrecht zurückgewiesene Stimme für den Ausfall der Wahl nichts austrägt. Andernfalls würde hier der §. 100 der Kreisordnung (Hannover §. 56, Hessen-Nassau § 57, Westfalen §. 46) Platz greifen.

2) Den Wahlmännern steht gegen einen in Bezug auf ihre eigne Wahl — neben derjenigen der Kreistagsabgeordneten — die Ungültigkeit aussprechenden Kreistagsbeschluß ein Klagerecht zu. (§. 64 des Zust.-Ges. von 1876, jetzt §. 113 der Kreisordung in neuester Fassung — Hannover §. 70, Hessen-Nassau § 71, Westfalen §. 58; §. 108 der altländischen Kreisordnung — Hannover §. 64, Hessen-Nassau §. 65, Westfalen §. 52; §. 6 des Gesetzes vom 14. April 1856 — G.-S. S. 359, Art. 12 Nr. 8 der Instruktion vom 10. März 1873 — Min.-Bl. d. i. V. S. 98.)*)

Nr. 18.

Endurteil des II. Senats vom 24. Februar 1881 (Entsch. Band VII. S. 94).

1) Der §. 113 der Kreisordnung in der ursprünglichen Fassung wurde schon durch §. 64 des Zuständigkeitsgesetzes von 1876 abgeändert, letzterer dann aber aufgehoben und ersetzt durch den §. 113 der Kreisordnung in neuester Fassung (Hannover §. 70, Hessen-Nassau §. 71, Westfalen §. 58). An die Stelle des §. 6 des früheren Wahlreglements sind jetzt die §§. 6 und 7 des neuen Reglements getreten. Der §. 69 des Zuständigkeitsgesetzes von 1876 ist durch §. 178 der Kreisordnung in neuester Fassung (Hannover §. 106, Hessen-Nassau §. 107, Westfalen §. 94) grundsätzlich abgeändert hinsichtlich des dem Streitverfahren vorausgehenden Beschlußverfahrens und der sich daraus ergebenden Umkehrung der Parteirollen. Der §. 23. der Provinzialordnung (Hessen-Nassau §. 20) ist bis auf die Fristbestimmung (zwei Wochen statt zehn Tage) unverändert geblieben.

2) Wegen der Prüfung der Legitimation der Mitglieder des Kreistages vergl. Endurteil vom 10. November 1877 (oben Nr. 4). Danach können unter den „Mitgliedern" des Kreistages nur diejenigen verstanden werden, welche bis zur Prüfung ihrer Legitimation als einstweilen berechtigt zu Sitz und Stimme im Kreistage anzusehen sind.

3) An der Feststellung, daß die Wahl ein Ergebnis gehabt habe und wie dasselbe ausgefallen sei, darf es nicht fehlen, es bedarf aber dazu nicht einer — auch im Gesetze nicht ausdrücklich vorgesehenen — förmlichen „Verkündigung" des Wahlresultates.

4) Die Kreisversammlung hat nicht das Recht, einen ihrer Meinung nach Gewählten aus eigner Initiative einzuberufen. Ist also der Wahlvorstand seiner Verpflichtung, das Ergebnis der Wahl alsbald ohne Vorbehalt festzustellen, nicht nachgekommen, so hat die Wahl ein Resultat überhaupt nicht gehabt, d. h. aus der Wahlverhandlung ist ein Mitglied des Kreistages nicht hervorgegangen und der Kreistag kann gar nicht in die Lage kommen, die Legitimation dieses Mitgliedes zu prüfen. Geschieht dies dennoch, so liegt darin eine Überschreitung der Befugnisse des Kreistages, welcher durch die Beanstandung des betreffenden Beschlusses durch den Landrat entgegengetreten werden kann.

---

*) In den Entscheidungen Bd. VII. S. 54 und 57 steht „121" (Druckfehler).

Nr. 19.

Endurteil des II. Senats vom 13. Februar 1882 (Entsch. Bd. VIII. S. 42).

1) Nach §. 103 der Kreisordnung (Hannover §. 59, Hessen-Nassau §. 60, Westfalen §. 46) müssen die Wahlen unter der Leitung des Landrates oder des daselbst bezeichneten Stellvertreters vorgenommen werden. Wird dazu ein anderer Stellvertreter, als der im Gesetze bezeichnete, genommen, so ist die Wahl ungültig. Siehe das Endurteil vom 23. Januar 1878 (oben Nr. 9). Dies bezieht sich auch auf Ersatzwahlen.

2) Wenn jemand sein Amt als Kreistagsabgeordneter niederlegt, so folgt daraus nicht, daß sein gleichzeitig bekleidetes Amt als Wahlmann damit erloschen ist.

3) Dauernde unheilbare (Geistes-) Krankheit bewirkt ein Ausscheiden des so erkrankten Wahlmannes nur in dem Falle, wenn etwa dem Betreffenden wegen Geistesschwäche u. s. w. die Verfügung über sein Vermögen durch gerichtliche Anordnung entzogen worden wäre (§. 106 Schlußsatz in Verbindung mit §. 96 lit. a und Abs. 2 — Hannover §§. 62 und 52, Hessen-Nassau §§. 63 und 53, Westfalen §§. 50 und 44).

4) Wenn der Landrat in die Wählerliste als Besitzer selbständiger Güter Personen aufgenommen hat, welche sich in dem nach §. 110 der Kreisordnung (Hannover §. 66, Hessen-Nassau §. 67, Westfalen §. 54) aufgestellten Verzeichnisse (2) nicht befanden, so ist dies Verfahren unstatthaft, denn die Aufnahme in das alle drei Jahre — und zwar für den ganzen Kreis — aufzustellende Verzeichnis der zum Wahlverbande der Landgemeinden gehörigen Besitzer selbständiger Güter u. s. w. ist die Vorbedingung der Aufnahme in die Wählerliste für die im Laufe der dreijährigen Periode neu eintretenden Besitzer.

5) Daß die öffentlich ausgelegte Wählerliste keinen Widerspruch erfahren habe, ist hierbei ohne Wert.

6) Der Schlußsatz im §. 110 der Kreisordnung ist durch die Novelle von 1881 im §. 110 (Hannover §. 66, Hessen Nassau §. 67, Westfalen §. 54) abgeändert. Das hier in betreff der Berichtigung der Verzeichnisse vorgeschriebene Verfahren kann sich an Einwendungen gegen die Wählerliste nicht anschließen.

7) Die Wahlberechtigung beruht nicht auf den Gütern, sondern sie kommt den Besitzern persönlich zu und wird diesen nur, sofern sie bestimmten Erfordernissen entsprechen, gewährt.

Nr. 20.

Endurteil des II. Senats vom 4. September 1882 (Entsch. Bd. IX. S. 15).

1) Der §. 113 der Kreisordnung in jetziger Fassung (Hannover §. 70, Hessen-Nassau §. 71, Westfalen §. 58) eröffnet dem vom Kreistage Ausgeschlossenen durch die ihm gewährte Klage in gewissem Sinne eine weitere, das Wahlprüfungsverfahren erst definitiv abschließende Instanz zur Führung seiner bemängelten Legitimaton, und der Zweck dieses Rechtsmittels ist regelmäßig kein anderer, als daß durch den Richter die von dem Kreistage verworfene Wahl als gültig und geeignet anerkannt werde, den Beteiligten zum Mitgliede des Kreistages zu machen — ein Ergebnis, zu welchem der Verwaltungsrichter nur dann gelangen kann, wenn, auch abgesehen von den seitens des Kreistages etwa als maßgebend angesehenen, jedoch unhaltbar befundenen Momenten, das Wahlverfahren überall frei von Mängeln ist

und somit der Zulassung des Gewählten ein Hindernis überhaupt nicht im Wege steht.

2) Ein derartiger Mangel liegt vor, wenn der Name des Klägers in das Verzeichnis (§. 110 der Kr.=O. — Hannover §. 66, Hessen=Nassau §. 67, Westfalen §. 54) nicht aufgenommen war. (Vergl. das vorhergehende Endurteil Nr. 19.)

3) An die Stelle des §. 49 des Gesetzes vom 3. Juli 1875 ist der §. 79 des Landesverwaltungsgesetzes vom 30. Juli 1883 getreten.

Nr. 21.

Endurteil des II. Senats vom 17. Mai 1883 (Entsch. Bd. X. S. 24).

1) An die Stelle des §. 61 des Gesetzes vom 3. Juli 1875 ist der §. 91 des Landesverwaltungsgesetzes vom 30. Juli 1883 getreten. Das öffentliche Interesse ist für beteiligt zu erachten, wenn es sich um die Frage handelt, ob (bei den Wahlen der Kreistagsabgeordneten) die Stellvertretung des Landrates nur einem der Kreisdeputierten oder auch einem Königlichen Beamten übertragen werden dürfe. (§. 75 der Kr.=O. — Hannover §. 23, Hessen=Nassau §. 25, Westfalen § 31.)

2) Das Recht zur Anfechtung eines Kreistagsbeschlusses nach §. 113 der Kr.=O. (Hannover §. 70, Hessen=Nassau §. 71, Westfalen §. 58) wird dadurch nicht beeinträchtigt, daß die Kläger zuerst die Wahl angenommen, dann selbst für die Ungültigkeit und schließlich wieder für die Gültigkeit gestimmt haben.

3) Vergl. das Endurteil oben Nr. 9. An die Stelle des §. 53a des Gesetzes vom 3. Juli 1875 (2. August 1880) ist der §. 84 des Landesverwaltungsgesetzes vom 30. Juli 1883 getreten, an die Stelle des §. 3 des Gesetzes von 1875 der §. 7 bezw. §. 50 des Landesverwaltungsgesetzes.

4) Die sub 1 bereits berührte Frage kann als Präjudizial= und Inzidentpunkt sehr wohl im Verwaltungsstreitverfahren erörtert werden, dieselbe ist aber dahin zu beantworten, daß die Vertretung des Landrates auch einem Königlichen Beamten mit Übergehung des Kreisdeputierten übertragen werden kann.

5) Dem steht auch der §. 75 der Kr.=O. (Hannover §. 23, Hessen=Nassau §. 25, Westfalen §. 31) nicht entgegen. Derselbe kommt bei einer Erledigung des Landratsamtes nicht zur Anwendung, auch enthält er keine Vorschrift darüber, von wem die Stellvertretung angeordnet werden soll und wer insbesondere darüber zu befinden hat, ob es sich um eine kürzere oder längere Behinderung handelt. Ferner ist die Frage offen gelassen, in welchem Verhältnisse die beiden Kreisdeputierten zu einander stehen, und endlich fehlte es an einer Anordnung, wie es in dem Falle gehalten werden soll, wenn die Kreisdeputierten nicht herangezogen werden können. Hieraus schon ergibt sich die Zulässigkeit einer kommissarischen Vertretung des Landrates, auch wenn Kreisdeputierte vorhanden und zur Übernahme der Vertretung bereit sind.

6) Landtagsabschieden kann die Eigenschaft eines Gesetzes nicht beigelegt werden, sofern es an der gehörigen Publikation fehlt. Dasselbe gilt von Ministerialbeschlüssen und Verfügungen.

Nr. 22.

Endurteil des II. Senats vom 11. Juni 1883 (Entsch. Bd. X. S. 44).

1) Beschlüsse des Kreisausschusses über Anträge auf Berichtigung von Verzeichnissen der Wahlberechtigten (§. 110 der Kr.=O., Hannover §. 66,

Hessen-Nassau §. 67, Westfalen §. 54) gehören zu den „in Kommunalangelegenheiten des Kreises" gefaßten Beschlüssen (§. 178 der Kr.-O., Hannover §. 106, Hessen-Nassau §. 107, Westf. §. 94), denn es handelt sich dabei um die eignen Anlegenheiten der Kreiskorporation.

2) Der §. 62 des Zuständigkeitsgesetzes vom 26. Juli 1876 ist jetzt weggefallen (vergl. §§. 103 und 104 der Kr.-O. — Hannover §§. 59, 60, Hessen-Nassau §§. 60, 61, Westfalen §. 48), wegen der §§. 63 und 65 des Zust.-Ges. vom 26. Juli 1876 vergl. Kr.-O. in neuester Fassung §§. 110 und 19. (Hannover §. 66, Hessen-Nassau §. 67, Westfalen §. 54.)

3) An die Stelle der §§. 55, 57 und 60 des Organisationsgesetzes vom 26. Juli 1880 sind die §§. 121, 123 und 126 des Landesverwaltungsgesetzes vom 30. Juli 1883 getreten.

4) Gegen Beschlüsse des Kreisausschusses, betreffend die Vereinigung der Besitzer mehrerer kleiner Güter, oder der Einwohner mehrerer kleiner Gemeinden zu Kollektivstimmen und betreffend die Bestimmung des Wahlortes in den Wahlbezirken des Verbandes der Landgemeinden, den Städten und den Städtewahlbezirken (§§. 99 und 101 der Kreisordnung — Hannover §§. 55 und 57, Hessen-Nassau §§. 56 und 58), findet ein ordentliches Rechtsmittel, insbesondere eine Beschwerde an den Bezirksausschuß nicht statt, dieselben können vielmehr nur beanstandet werden.

Nr. 23.

Endurteil des II. Senats vom 11. Mai 1885 (Entsch. Bd. XII. S. 11).

1) Nach §. 103 der Kreisordnung (Hannover §. 59, Hessen-Nassau §. 60, Westfalen § 46) gebührt die Bestimmung des Wahlortes für die Wahl der Kreistagsabgeordneten in den Wahlbezirken des Verbandes der Landgemeinden dem Kreisausschusse. Diese positive Vorschrift gehört zu denjenigen Förmlichkeiten, ohne deren Beobachtung die Wahlhandlung überhaupt nicht zur rechtlichen Existenz gelangt.

2) Ein für die regelmäßigen Ergänzungswahlen von dem Kreisausschusse im voraus bestimmter Wahlort ist auch für die Ersatzwahlen maßgebend.

3) Mit den Schlußworten des §. 96 der Kreisordnung (Hannover §. 52, Hessen-Nassau §. 53, Westfalen §. 44), „wenn die gerichtliche Haft verfügt ist", ist nur die gerichtliche Untersuchungshaft gemeint.

4) Wenn also z. B. ein Kreistagsmitglied wegen Majestätsbeleidigung zu einer mehrmonatlichen Freiheitsstrafe verurteilt und dabei zugleich der aus seiner Wahl hervorgegangenen Rechte für verlustig erklärt worden ist, so kann er, während er die Strafe verbüßt, doch als sein eigner Ersatzmann wieder gewählt werden.

Nr. 24.

Endurteil des II. Senats vom 14. Dezember 1885 (Entsch. Bd. XII. S. 19).

1) Die Prüfung der Legitimation der Kreistagsmitglieder nach §. 113 Abs. 2 der Kreisordnung (Hannover §. 70, Hessen-Nassau §. 71, Westfalen §. 58) hängt nicht ab von einem gegen das stattgehabte Wahlverfahren erhobenen Einspruche, sondern erfolgt von Amts wegen. Daraus, daß jemand eine Zeitlang bereits dem Kreistage unbeanstandet angehört und an mehreren Kreistagen teilgenommen hat, folgt keineswegs, daß seine Legitimation bereits geprüft und durch Beschluß des Kreistages für beschafft erklärt worden sei.

Ein bestimmter Zeitpunkt, bis zu welchem die Wahlen beanstandet werden müssen, ist in den jetzigen Kreisordnungen nicht mehr enthalten.

2) In der Provinz Hannover sind die Forensen der Landgemeinden befugt, an dem Stimmrecht bei der Wahl der Wahlmänner in den Wahlbezirken des Verbandes der Landgemeinden teilzunehmen. §. 56 der Hannoverschen Kreisordnung. Ministerialinstruktion vom 11. Mai 1884, Art. 1 Nr. 1, Gesetz vom 28. April 1859 (Hannoversche G.-S. S. 393).

B. Kreisabgaben.

(Vergl. das Buch: „Die Kreisabgaben im Geltungsbereiche der Kreisordnung vom 13. Dezember 1872" von R. Friedrichs, Ober-Verwaltungs-Gerichtsrat. Berlin 1882.)

Vorbemerkung.

Der §. 19 der Kreisordnung vom 13. Dezember 1872, welcher in der ursprünglichen Fassung mit der Überschrift lautete:

„Beschwerden wegen der Veranlagung der Kreisabgaben.

Beschwerden der Gemeinden und einzelner Kreisangehörigen wegen ihrer Heranziehung oder Veranlagung zu den Kreisabgaben unterliegen, mit Vorbehalt der Bestimmungen der §§. 78 und 79 Tit. 14 Teil II. des Allgemeinen Landrechtes und des Gesetzes vom 24. Mai 1861, betreffend die Erweiterung des Rechtsweges (Ges.-S. von 1861 S. 241 ff.), der Entscheidung des Verwaltungsgerichtes; jedoch sind Beschwerden wegen Überbürdung zuvor beim Kreisausschusse (§§. 130 ff.) zur nochmaligen Prüfung und Entscheidung anzubringen."

hat später mancherlei Wandlungen erfahren.

Zunächst wurde derselbe aus der Kreisordnung gänzlich entfernt und durch den § 65 des Zuständigkeitsgesetzes vom 26. Juli 1876 in folgender Fassung ersetzt:

„Der Kreisausschuß beschließt über Reklamationen gegen die Heranziehung oder Veranlagung der Gemeinden und einzelner Kreisangehöriger, sowie der Forensen, juristischen Personen, Kommanditgesellschaften auf Aktien, Aktiengesellschaften und Berggewerkschaften zu den Kreisabgaben.

Gegen den Beschluß findet innerhalb einundzwanzig Tagen die Klage bei dem Bezirks-Verwaltungsgerichte statt.

Die Reklamation und die Klage halten die Vollstreckung bis zum Erlaß einer rechtskräftigen Entscheidung nicht auf."

Durch das Gesetz vom 19. März 1881 wurde die Bestimmung wieder als §. 19 in die Kreisordnung aufgenommen und lautete nunmehr:

„Beschwerden wegen der Veranlagung der Kreisabgaben.

§. 19.

Auf Beschwerden und Einsprüche, betreffend:

1) das Recht zur Mitbenutzung der öffentlichen Einrichtungen und Anstalten des Kreises,
2) die Heranziehung oder die Veranlagung zu den Kreisabgaben,

beschließt der Kreisausschuß.

Beschwerden und Einsprüche der zu 2) gedachten Art sind innerhalb einer Frist von zwei Monaten nach erfolgter Bekanntmachung der Abgabebeträge bei dem Kreisausschusse anzubringen.

Einsprüche gegen die Höhe von Kreiszuschlägen zu den direkten Staatssteuern, welche sich gegen den Prinzipalsatz der letzteren richten, sind unzulässig.

Gegen den Beschluß des Kreisausschusses findet innerhalb zwei Wochen die Klage bei dem Bezirks-Verwaltungsgerichte statt. Hierbei ist die Zuständigkeit der Verwaltungsgerichte auch insoweit begründet, als bisher durch §. 79 Tit. 14 Teil II. A. L.-R., beziehungsweise §§. 9, 10 des Gesetzes über die Erweiterung des Rechtsweges vom 24. Mai 1861 (Ges.-S. S. 241) oder sonstige bestehende Vorschriften der ordentliche Rechtsweg für zulässig erklärt war.

Die Beschwerden und die Einsprüche sowie die Klage haben keine aufschiebende Wirkung."

Nach der Aufhebung der Bezirks-Verwaltungsgerichte und Ersetzung derselben durch die Bezirksausschüsse (§. 28 des Landesverwaltungsgesetzes vom 30. August 1883) erfuhr jener §. 19 abermals in dieser Beziehung eine Abänderung, und endlich erhielt derselbe durch §. 3 des Zuständigkeitsgesetzes vom 1. August 1883 (G.-S. S. 237) noch folgenden Zusatz:

„Gegen die Entscheidung des Bezirksausschusses, betreffend die Heranziehung oder die Veranlagung zu den Kreisabgaben, ist nur das Rechtsmittel der Revision zulässig."

Diese Vorgänge muß man sich vergegenwärtigen, wenn man die unter der Herrschaft der früheren Fassungen des Gesetzes ergangenen Entscheidungen richtig verstehen und die darin enthaltenen Rechtsgrundsätze auf ihre heutige Anwendbarkeit prüfen will.

Dabei ist zunächst zu beachten, daß das Zuständigkeitsgesetz vom 26. Juli 1876 am 1. Oktober 1876, das Gesetz vom 19. März 1881 am 1. April 1881, das Landesverwaltungsgesetz vom 30. Juli 1883 und das neue Zuständigkeitsgesetz vom 1. Juli 1883 am 1. April 1883 in Kraft getreten sind. Je nachdem die betreffenden Verwaltungsstreitsachen vor oder nach diesen Terminen anhängig geworden sind, gelangen auch die bezüglichen Rechtsgrundsätze zur Anwendung.

Zu beachten ist durchweg für diesen Abschnitt §. 13 des Gesetzes vom 27. Juli 1885 (G.-S. S. 327).

Nr. 1.

Endurteil vom 23. Mai 1876 (Entsch. Bd. I. S. 19).

1) Der in dieser Entscheidung erwähnte, die Anhängigkeit betreffende §. 82 des Gesetzes vom 3. Juli 1875 hat später als §. 80 Abs. 2 des Gesetzes vom 2. August 1880 und schließlich als §. 154 Abs. 3 des Landesverwaltungsgesetzes vom 30. Juli 1883 eine andere Fassung erhalten. Hierdurch wird aber doch der damals aufgestellte Grundsatz nicht berührt, daß ein bei dem Kreisausschusse angebrachter Antrag auf nochmalige Prüfung und Entscheidung (?) bei Beschwerden wegen Überbürdung mit Kreisabgaben (jetzt der Einspruch) nicht als eine den Termin der Anhängigkeit der Sache bestimmende Klage, sondern nur als eine Remonstration anzusehen ist. Hiermit ist aber das Endurteil vom 12. Januar 1885 (Wochenschrift „Selbstverwaltung" Jahrg. XII. S. 44) zu vergleichen.

2) Die nach der ursprünglichen Fassung des §. 19 erforderliche Unterscheidung zwischen Beschwerden wegen der „Heranziehung" und der „Überbürdung" dergestalt, daß nur für die letztere Art eine nochmalige Prü-

fung vorgeschrieben war, ist später fortgefallen, denn jetzt ist ein vorausgehender Beschluß des Kreisausschusses bei Beschwerden und Einsprüchen sowohl hinsichtlich der Heranziehung, als auch der Veranlagung in Bezug auf die Höhe der Einschätzung obligatorisch. In dem damaligen Falle würde mithin heute auch in Bezug auf die Heranziehung die Unzuständigkeit des Verwaltungsgerichtes auszusprechen sein.

3) Nach dem §. 1 des Gesetzes vom 18. Juni 1840 — G.-S. S. 140 — (in Schleswig-Holstein, Hannover und Hessen-Nassau Gesetz vom 12. April 1882 — G.-S. S. 297) sind Reklamationen binnen drei Monaten, jetzt aber bei Kreisabgaben nach § 19 in neuester Fassung binnen zwei Monaten anzubringen und zwar jetzt bei dem Kreisausschusse.

Nr. 2.

Endurteil vom 2. Mai 1876 (Entsch. Bd. I. S. 27).

1) Bei der Berechnung des den Gemeinden nach §. 11 der Kreisordnung zur Einziehung und Abführung an die Kreiskommunalkasse zu überweisenden Kreisabgabensolles sind die nach dem Gesetze vom 11. Juli 1822 — G.-S. S. 184 — (in den neu erworbenen Landesteilen vom 23. September 1867 — G.-S. S. 1648) zulässigen Befreiungen von den Kreisabgaben in der Art zu berücksichtigen, daß die Steuer einer Stadt, insoweit sie auf die unmittelbaren und mittelbaren Staatsbeamten entfällt, nicht zum ganzen, sondern nur bis zum Betrage des nach §. 18 der Kreisordnung beitragspflichtigen Prozentsatzes in Anrechnung gebracht werden darf. Der entgegenstehenden Ansicht, wonach der Wortlaut der §§. 10 und 11 der Kreisordnung die Berücksichtigung der im §. 18 a. a. O. angeordneten Befreiungen bei der Berechnung des Kreisabgabensolles der Gemeinde ausschließe und die letztere zur Übernahme der danach ausfallenden Abgabebeträge verpflichte, ist nicht beizutreten.

2) Diese Befreiungen sind nicht gleichbedeutend mit den Abgängen und Ausfällen, welche nach der Feststellung des Solles gegen dasselbe durch Veränderungen in den steuerpflichtigen Personen oder Objekten eintreten und deren Deckung den Gemeinden dem Kreise gegenüber ebenso obliegt, wie ihnen die gegen das Soll entstehenden Zugänge zu gute kommen. Das System der Kreisbesteuerung hält die Mitte zwischen den Systemen der Kontingentierung und der Individualbesteuerung.

Nr. 3.

Endurteil vom 9. Mai 1876 (Entsch. Bd. I. S. 33).

Zu den im §. 14 der Kreisordnung bezeichneten physischen Personen, welche, ohne im Kreise zu den persönlichen Staatssteuern veranlagt zu sein, in demselben Grundeigenthum besitzen u. s. w., gehören auch die von den Staatssteuern befreiten Standesherren. Denn das Kreisabgabensystem der Kreisordnung ist kein reines Staatssteuerzuschlagssystem; es durchbricht letzteres vielmehr durch die vollständig selbständigen Grundsätze der forensischen Real- und Personalbesteuerung, welche zwar hinsichtlich der Einschätzungsnormen (§. 15), nicht aber hinsichtlich der Steuerpflicht dem Staatssteuersysteme angepaßt ist. Der §. 14 kann daher in keiner Weise aus den Vorschriften des §. 10 interpretiert werden, soweit die forensische Beitragspflicht als solche in Frage steht. Jene Standesherren werden in Bezug auf die Kreisbesteuerung ebenso behandelt wie die

Kreisforensen, mithin nach §. 15 a. a. O. nach Maßgabe einer fingierten Staatssteuer eingeschätzt.

Nr. 4.

Endurteil vom 30. Mai 1876 (Entsch. Bd. I. S. 40).

Der §. 3 Nr. 2 des Gesetzes vom 21. Mai 1861 (G.=S. S. 317), für Hannover vergl. V. vom 28. April 1867 (G.=S. S. 533), für einzelne Teile von Hessen=Nassau V. vom 11. Mai 1867 (G.=S. S. 593) und vom 4. Juni 1867 (G.=S. S. 761), erklärt die dem Staate und den daselbst namhaft gemachten kommunalen Verbänden gehörigen Gebäude für steuerfrei, „insofern sie zu einem öffentlichen Dienste oder Gebrauche bestimmt sind, insonderheit also die zum Gebrauche öffentlicher Behörden oder zu Dienstwohnungen für Beamte bestimmten Gebäude". Die fiskalischen Forstbediensteten sind Beamte (A. L.=R. II. 10, §§. 1 ff. und §. 68). Deshalb sind die dem Staate gehörigen, zu Dienstwohnungen für die Königlichen Forstbeamten bestimmten Gebäude nach §. 17 der Kreisordnung von den Kreisabgaben befreit.

Nr. 5.

Endurteil vom 27. Juni 1876 (Entsch. Bd. I. S. 43).

1) Die Abgabenpflichtigkeit des Fiskus gegenüber den Kreisen ist im Gebiete der Kreisordnung nicht ausschließlich durch §. 14 Abs. 3 derselben geregelt und somit derartig begrenzt worden, daß derselbe nur mit Zuschlägen zur Grund= und Gebäudesteuer belastet werden könnte, sondern es sind durch diese Bestimmung die in den beiden vorausgehenden Sätzen des §. 14 enthaltenen, die Beitragspflicht der juristischen Personen normierenden Vorschriften bezüglich des Fiskus nur in sofern geändert worden, als letzterer zwar zu keinen Kreiseinkommensteuern, vielmehr statt dessen mit erhöhten Zuschlägen zur Grund= und Gebäudesteuer heranzuziehen, im übrigen aber als juristische Person gleich diesen zu besteuern ist.

2) Diese Gleichstellung des Fiskus bezieht sich auch auf dessen Kreisbesteuerung des Grundbesitzes und des stehenden Gewerbes, denn aus der Befreiung des Fiskus von den Kreiseinkommensteuern läßt sich auf eine Beschränkung der fiskalischen Beitragspflicht bezüglich der auf die Einkommensquellen selbst gelegten Steuern nicht schließen. Fiskus ist also zu den Kreisabgaben, welche auf das Gewerbe oder den Bergbau gelegt werden, z. B. auf den Betrieb von Salzbergwerken, heranzuziehen.

3) Die Reklamationsfrist beträgt jetzt zwei Monate. Siehe das O.=V.=G.=E. vom 23. Mai 1876.

Nr. 6.

Endurteil vom 8. September 1876 (Entsch. Bd. I. S. 59).

Das Einkommen aus einer Fabrik (Bierbrauerei), deren zum kaufmännischen Betriebe ihres Fabrikates bestimmtes Kontor außerhalb des Kreises liegt, wird in diesem Kreise voll herangezogen, sofern nicht bei der Reklamation Anträge gestellt werden mit der Behauptung, daß das Einkommen aus der Fabrikation im Kreise deshalb nicht richtig berechnet sei, weil von dem ganzen Nettoertrage des Unternehmens mit Rücksicht auf dessen zum Teil außerhalb des Kreises stattfindenden Betrieb die deshalb gerechtfertigten Abzüge nicht gemacht worden seien. (§. 14 der Kreisordnung.) Vergl. jetzt das Gesetz vom 27. Juli 1885.

Nr. 7.

Endurteil vom 12. September 1876 (Entsch. Bd. I. S. 62).
(Vergl. die Endurteile unter Nr. 30 und 31.)

Ein Kreisausschuß verfährt unrichtig, wenn er das Beitragssoll der Gemeinden ohne Zurechnung der auf die Forensen und juristischen Personen entfallenden Abgabenbeträge feststellt (§. 11 der Kreisordnung) und erst längere Zeit später mit der Veranlagung der letztbezeichneten Abgaben vorgeht. (§. 14 a. a. O.) Es müssen vielmehr die Ergebnisse beider Feststellungen gleichzeitig zur Kenntnis der sämtlichen Gemeinden des Kreises gebracht werden, um dieselben durchweg in den Stand zu setzen, einerseits die Berechnung der Anteile im ganzen zu prüfen und nötigenfalls deren Korrektur in dem ihnen nach §. 19 a. a. O. offen stehenden Wege zu verlangen, anderseits die ihren Bezirken angehörenden Forensen und juristischen Personen von den auf dieselben entfallenden Individualabgabenbeträgen behufs des hierauf bezüglichen Einziehungs- und Reklamationsverfahrens zu benachrichtigen.

2) Die nach §. 11 Abs. 1 a. a. O. für die Landgemeinden und selbständigen Gutsbezirke berechneten Anteile sind in jedem Falle unter Anwendung des allgemeinen Kreisabgabenmaßstabes auf die einzelnen Steuerpflichtigen zu verteilen; es werden also die auf die letzteren nach Vorschrift der §§. 14, 15 a. a. O. veranlagten Individualbeträge unmittelbar in und mit dem Gemeindesoll festgestellt und gelangen mithin ohne jede Veränderung zur Einziehung. Die Reklamationsbefugnis dieser Abgabenpflichtigen richtet sich aus diesem Grunde auch unmittelbar gegen den Kreis. Ganz dasselbe gilt von den Forensen und juristischen Personen in denjenigen Stadtgemeinden, welche von der ihnen nach §. 11 Abs. 2 eingeräumten Befugnis keinen Gebrauch machen.

Geschieht das letztere, so können die Stadtbewohner nur gegen die betreffende Stadtgemeinde vorgehen und zwar nach Maßgabe derjenigen Bestimmungen, welche für die Erhebung von Gemeindesteuerreklamation gelten, während das Recht, gegen das Veranlagungsresultat dem Kreise gegenüber Einspruch zu erheben, nur einerseits der beteiligten Stadt, anderseits den übrigen Gemeinden des Kreises zusteht. Hat also eine Stadt von der obigen Befugnis keinen Gebrauch gemacht, so ist der Kreis auch nicht befugt, die in derselben vorhandenen Forensen und juristischen Personen unmittelbar heranzuziehen.

Nr. 8.

Endurteil vom 19. September 1876 (Entsch. Bd. I. S. 67).

1) Bei der Berechnung des Anteils einer Stadtgemeinde an den für das betreffende Jahr ausgeschriebenen Kreisabgaben wird das Einkommen, welches städtische Einwohner aus ihren nicht innerhalb des Weichbildes der Stadt, sondern in anderen Gemeinden desselben Kreises belegenen Grundstücken beziehen, bezw. die darauf treffende fingierte Staats-, Klassen- oder Einkommensteuer nicht von dem Veranlagungssoll der Stadt abgesetzt und dem Veranlagungssoll der betreffenden Landgemeinden, in denen die Grundstücke städtischer Einwohner liegen, zugesetzt. Dies gilt auch von Landgemeinden, denn:

2) die Kreisordnung kennt nur Kreisforensen und keine Gemeindeforensen (§. 16 der Kr.-O.), deshalb wird die Klassen- und Einkommen-

steuer eines Zensiten in ihrem vollen Betrage bei der Berechnung des Kreisabgabensolles derjenigen Gemeinde in Ansatz gebracht, in welcher er wohnt, bezw. zu den persönlichen Staatssteuern veranlagt ist, auch wenn er sein steuerpflichtiges Einkommen oder einen Teil desselben aus Grundbesitz bezieht, welcher in einer anderen Gemeinde desselben Kreises belegen ist.

3) Stadtgemeinden, welche von der ihnen durch §. 11 Abs. 2 a. a. O. eingeräumten Befugnis Gebrauch machen, können hierdurch wohl Nachteile haben, weil bei den Kommunalzuschlägen zur klassifizierten Einkommensteuer und bei besonderen Kommunaleinkommensteuern nach §. 53 der Städteordnung vom 30. Mai 1853 das außerhalb der Gemeinde belegene Grundeigentum jedenfalls außer Berechnung bleiben muß, allein dieser Nachteil ist unvermeidlich. (Vergl. jetzt das Gesetz vom 27. Juli 1885.)

4) Von einer minutiösen Ausgleichung entgegenstehender finanzieller Interessen ist in der Kreisordnung überhaupt Abstand genommen worden. Beispiele:

a. Nach §. 11 a. a. O. wird das Kreisabgabensoll für die einzelnen Gemeinden und selbständigen Gutsbezirke unter Anwendung des Kreisabgabenverteilungsmaßstabes im ganzen berechnet und denselben zur Unterverteilung auf die einzelnen Steuerpflichtigen nach demselben Maßstabe, zur Einziehung sowie zur Abführung im ganzen an die Kreiskommunalkasse, überwiesen. Hieraus ergibt sich die Konsequenz, daß, wie den einzelnen Gemeinden und Gutsbezirken die gegen das Soll entstehenden Zugänge zu gute kommen, ihnen anderseits dem Kreise gegenüber auch die Deckung der Abgänge und Ausfälle obliegt. Wenn auch die Ab- und Zugänge sich der Regel nach im Laufe der Zeit ausgleichen, so können doch auch bisweilen einzelne Fälle vorkommen, in denen ein sehr erheblicher Abgang stattfindet, welcher durch entsprechende Zugänge seine Ausgleichung nicht findet. Gleichwohl sollen diese Nachteile durch eine mit praktischen Schwierigkeiten verbundene Führung von Ab- und Zugangslisten nicht beseitigt werden.

b. Im §. 14 a. a. O. ist bestimmt, daß nicht nur juristische Personen, sondern auch Kommanditgesellschaften auf Aktien u. s. w. zu den auf das Einkommen aus Grundbesitz oder Gewerbebetrieb gelegten Kreisabgaben beizutragen haben, während der §. 4 Abs. 3 der Städteordnung vom 30. Mai 1853 hinsichtlich der gleichartigen Ortskommunalabgaben nur die juristischen Personen erwähnt. Demgemäß müssen die in dem Kreisabgabensoll einer Stadt mit in Anrechnung gebrachten Steuerbeträge der Kommanditgesellschaften u. s. w. von den Einwohnern der Stadt und den daselbst domizilierenden juristischen Personen gleichfalls mit übertragen werden. (Vergl. jetzt das Gesetz vom 27. Juli 1885.)

Auch dies ist eine Unzuträglichkeit, welche sich nur dadurch vermeiden läßt, daß eine Stadt von der ihr nach §. 11 Abs. 2 der Kreisordnung eingeräumten Befugnis keinen Gebrauch macht.

Nr. 9.

Endurteil vom 18. Oktober 1876 (Entsch. Bd. I. S. 74).

1) Die im §. 19 (jetziger Fassung) der Kreisordnung vorgesehene Bekanntmachung der Abgabenbeträge nebst der Repartition durch das Kreisblatt ist zwar an sich und im Sinne des §. 1 des Gesetzes vom 18. Juni 1840 (vergl. das Endurteil vom 23. Mai 1876) als eine „Heberolle" für die Gemeinden und Gutsbezirke anzusehen, nicht aber kann die

Repartition als Heberolle den einzelnen Kreisangehörigen gegenüber gelten, sofern nicht aus der Heberolle die von den einzelnen Steuerpflichtigen zu entrichtenden Abgabenbeträge ohne weiteres ersehen werden können.

2) Zu den nicht angesessenen, servisberechtigten Militärpersonen (§. 6 der Kreisordnung) gehören auch solche, welche zwar im Kreise Grundbesitz haben und denselben verwalten lassen, gleichwohl aber daselbst nicht wohnen.

3) Nicht zutreffend ist die Annahme, der §. 9 der Kreisordnung sei nicht dahin zu verstehen, daß zu den Kreisabgaben nur Kreisangehörige beitragspflichtig seien. Zwar dürfen außer den Kreisangehörigen auch die im §. 14 a. a. O. genannten Forensen, juristischen Personen u. s. w. zu den Kreisabgaben herangezogen werden, es folgt aber daraus nicht, daß zu den Kreisabgaben auch diejenigen Einwohner einer Gemeinde beitragspflichtig seien, welche, ohne in derselben einen Wohnsitz zu haben, wegen ihres zeitigen Aufenthaltes daselbst zu den persönlichen Staatssteuern veranlagt sind. Der Kreissteuerpflicht sind vielmehr nur die in den §§. 9 und 14 der Kreisordnung genannten Personen mit den im §. 18 gedachten Ausnahmen unterworfen; deshalb heißt es auch im §. 10 a. a. O., die von den Kreisangehörigen zu entrichtenden direkten Staatssteuern. Eine dem §. 4 Abs. 4 der Städteordnung vom 30. Mai 1853 analoge Vorschrift gibt es in der Kreisordnung nicht.

4) Ist jemand in einem Kreise wegen seines Wohnsitzes und nicht wegen seines zeitigen Aufenthaltes daselbst zur Staatseinkommensteuer veranlagt, so folgt daraus nicht dessen Heranziehung zu den Kreisabgaben.

5) Sind die geforderten Kreisabgaben freiwillig und ohne jeden Vorbehalt bezahlt, so können Einwendungen gegen die Zahlungsverbindlichkeiten (für das laufende Jahr) im Verwaltungsstreitverfahren nachträglich (innerhalb der Reklamationsfrist) wohl geltend gemacht werden, denn die Annahme einer „freiwilligen" Zahlung wird überhaupt schon dadurch ausgeschlossen, daß letztere im Exekutionswege erzwungen werden konnte.

Nr. 10.

Endurteil vom 11. November 1876 (Entsch. Band I. S. 81).

1) Der §. 14 Abs. 2 der Kreisordnung unterscheidet nicht zwischen solchen juristischen Personen, deren Einkommen öffentlichen Zwecken, und solchen, deren Einkommen privaten Zwecken dient. Demgemäß ist das Einkommen der juristischen Personen (mit Ausnahme des Fiskus) aus Grundbesitz und Gewerbebetrieb ohne Unterschied der Zweckbestimmung der Kreisbesteuerung unterworfen, und es sind hinsichtlich der Einschätzung (§. 15 a. a. O.) des Einkommens der juristischen Personen aus Grundvermögen zu den Kreisabgaben lediglich die Bestimmungen des §. 28 des Gesetzes vom 1. Mai 1851 maßgebend. Vergl. Fischer, Preußische Klassensteuer S. 48.

2) Hiernach ist als steuerpflichtiges Reineinkommen, welches ein Provinzialverband aus einem ihm gehörigen Landgute bezieht, der Pachtzins des letzteren nach Abzug der etwa dem Verpächter verbliebenen, darauf ruhenden Lasten und Steuern, sowie der Schulden zu betrachten. Eine dem Provinzialverbande durch Gesetz auferlegte Verpflichtung, das Landgut bezw. das Einkommen aus demselben für Waisenerziehung zu verwenden, charakterisiert sich im rechtlichen Sinne weder als eine auf dem gedachten Gute ruhende Last, noch als eine privatrechtliche Schuldverbindlichkeit

des Provinzialverbandes; sie ist vielmehr lediglich als eine gesetzliche Zweckbestimmung für die Verwendung des dem Provinzialverbande übereigneten Vermögensstückes anzusehen, welche mit der in den Gesetzen vorgeschriebenen Verwendung des Vermögens kommunaler Korporationen auf gleicher Stufe steht. Zu einer Unterscheidung zwischen „Brutto-Revenue" und „Einkommen" einer juristischen Person bieten weder die Kreisordnung noch das Gesetz vom 1. Mai 1851 einen Anhalt.

3) Auch Kirchen und Schulen haben von ihrem Einkommen aus Grundbesitz zu den Kreisabgaben beizutragen. Vergl. Gesetz vom 27. Juli 1885.

Nr. 11.

Endurteil vom 9. Dezember 1876 (Entsch. Band I. S. 87).

1) Der Einwand der rechtskräftig entschiedenen Sache (res judicata) im Verwaltungsstreitverfahren: Die Art und Weise, wie der den dispositiven Ausspruch des Richters über das streitige Rechtsverhältnis enthaltende Teil eines Erkenntnisses — der sogenannte Tenor — abgegrenzt zu werden pflegt, gestattet im allgemeinen überhaupt nicht, jenen Einwand ausschließlich auf Grund des Tenors zu beurteilen und von einem Zurückgehen auf den zweiten Teil — die sogenannten „Gründe" — dabei ganz abzusehen. Dies ist namentlich dann unzulässig, wenn der im Tenor der früheren Entscheidung als unbegründet zurückgewiesene Anspruch nicht in genauer Übereinstimmung mit dem zunächst maßgebenden Klageantrage steht.

2) Der §. 19 der Kreisordnung (auch in jetziger Fassung) eröffnet das Verwaltungsstreitverfahren keineswegs etwa für eine Erörterung und Feststellung der Abgabenpflichtigkeit im Prinzip, sondern lediglich für den einzelnen Fall der Heranziehung und Veranlagung. Ein Verstoß hiergegen darf ebensowenig vermutet werden wie ein Hinausgehen des Richters über den vor ihn gebrachten Gegenstand (ultra petitum).

3) Bedeutung der Worte im §. 17 der Kreisordnung „zu einem öffentlichen Dienste oder Gebrauche bestimmten": Mit dem Worte „bestimmt" ist nicht lediglich eine etwa vom Eigentümer oder von sonst verfügungsberechtigten Subjekten ausgegangene Bestimmung gemeint, denn diese Bestimmung kann an sich unmittelbar auf dem Gesetze beruhen, auch kann man jenem Ausdrucke eine über das objektive Moment hinausreichende, überhaupt eine selbständige und entscheidende Bedeutung kaum zugestehen; jedenfalls aber darf jene Bestimmung keine lediglich zufällige, keine im Verhältnis zu den sonstigen Beziehungen mehr oder minder untergeordnete sein. Mit den Worten „öffentlicher Dienst oder Gebrauch" kann kein anderer als derjenige Sinn verbunden werden, welchen mit ihnen das Grundsteuergesetz vom 21. Mai 1861 (G.-S. S. 253) im §. 4e verbindet.

4) Fiskalische Weidenanpflanzungen an Strömen — sogenannte Kämpen — gehören nicht zu den „zum öffentlichen Dienste oder Gebrauche bestimmten" Liegenschaften. Dieselben liefern in sofern einen „Reinertrag", als dem Fiskus infolge des Gewinnes von Materialien zu den Strombauten aus diesen Kämpen die Ausgaben wegen anderweiten Ankaufes dieses Materials erspart werden.

5) Baumschulen unterscheiden sich von derartigen Weidenkämpen dadurch, daß das Baumschulenterrain an sich in der Regel auch die verschiedensten sonstigen Arten der Nutzbarmachung gestattet, während auf den Kämpen nach Lage und Beschaffenheit derselben meist nur die Weidenzucht thatsächlich

oder wirtschaftlich möglich ist, anderseits steht der Verpflichtung des Staates, für die zur Sicherheit und Bequemlichkeit der Schiffahrt nötigen Anstalten in schiffbaren Strömen zu sorgen, der Anspruch auf die Nutzungen dieser Ströme gegenüber (A. L.-R. II. 15 §. 79), während die Eigentümer der zur Bepflanzung öffentlicher Plätze u. s. w. bestimmten Baumschulen ein dem gleichzustellendes Äquivalent nicht genießen.

In betreff des Zusammenhanges der Kämpen mit den künstlich angelegten Stromwerken ist nicht anzuerkennen, daß, indem jene diese befestigen, zum Teil auch ergänzen und ersetzen, die sich darbietenden Nutzungen an Weiden u. s. w. nur etwas Nebensächliches seien, wie etwa das von Rasenplätzen auf öffentlichen Spaziergängen, an den Böschungen der Chausseen und Eisenbahnen gewonnene Gras und Obst. Denn hier handelt es sich nicht um Bodenprodukte einer lediglich öffentlichen Zwecken dienenden Anlage. Die Kämpen sind keine Teile der Strombauwerke, stehen vielmehr selbständig diesen gegenüber. Sie sind auch nicht erst dazu bestimmt, den letzteren als Halt oder Ergänzung zu dienen, leisten vielmehr — wenn und insoweit überhaupt — doch ohne besondere Bestimmung, gleichviel wem sie eigentlich gehören, diesen Dienst. Ihre natürliche Lage und Beschaffenheit bringt es nicht mehr und nicht minder, wie etwa die eines in den Strom hinein vorspringenden Felsens, von selbst mit sich, daß sie sich auch nach dieser Richtung hin förderlich und dienstlich erweisen.

7) Wenn die Kosten der zum Schutze und zur Erhaltung der Kämpen dienenden künstlich angelegten Werke den Ertrag aus den Weidenpflanzungen übersteigen, so folgt daraus nicht, daß der aus der Nutzung der Kämpen sich ergebende Reinertrag seine Bedeutung verlöre und die Voraussetzung einer Bestimmung zum öffentlichen Dienste oder Gebrauche herzustellen geeignet wäre. Die Stromwerke mögen nach der Richtung der Erhaltung der Kämpen hin günstig wirken, ihr Hauptzweck ist aber die Regulierung des Stromes, eine Leistung, zu deren Erfüllung im öffentlichen Interesse der Staat kraft Gesetzes verpflichtet ist.

8) Wenn immerhin auch Deiche wie Kämpen zum öffentlichen Nutzen dienen mögen, so wird allein noch keineswegs die nach dem Gesetze erforderliche Bestimmung zu einem öffentlichen Dienste oder Gebrauche hergestellt, zumal wenn der Eigentümer in der Lage ist, jeden Dritten von der Benutzung dieser Liegenschaften auszuschließen.

9) Kostenpunkt. Wenn der Fiskus reklamiert, so steht ihm Kostenfreiheit zu (§. 163*) der Kreisordnung in ursprünglicher Fassung, §§. 16 und 78 des Gesetzes vom 3. Juli 1875, jetzt §. 34 Abs. 2 und §. 109 des Landesverwaltungsgesetzes vom 30. Juli 1883), jedoch sind auch in diesem Falle die baren Auslagen des Verfahrens und des obsiegenden Teiles dem unterliegenden Teile zur Last zu legen (§. 72 des Gesetzes vom 3. Juli 1875, jetzt §. 103 des Landesverwaltungsgesetzes).

Nr. 12.

Endurteil vom 3. Januar 1877 (Entsch. Bd. II. S. 23).

1) Fiskalische Exerzierplätze und Artillerieschießplätze sind von den Kreisabgaben befreit. Das Gesetz will nur die Hauptbestimmung derartiger Liegenschaften als maßgebend angesehen wissen. Unterliegt in dieser das Grundstück dem öffentlichen Dienste oder Gebrauche, so wird die

---

*) In den Entscheidungen Bd. I. S. 101 steht „§. 164" (Druckfehler).

hierdurch einmal begründete Befreiung nicht dadurch wieder ausgeschlossen, daß nebenher noch eine gewisse anderweite Nutzung stattfindet und solche dem Besitzer auch einen mäßigen Reinertrag abwirft (§. 17 der Kreisordnung, §. 4 des Grundsteuergesetzes vom 21. Mai 1861 — G.-S. S. 253). Vergl. auch Gesetz vom 27. Juli 1885 (G.-S. S. 327).

2) Die Befreiung steht auch dem Reichsfiskus zu (Gesetz vom 25. Mai 1873 — R.-G.-Bl. S. 113).

Nr. 13.

Endurteil vom 31. Januar 1877 (Entsch. Bd. II. S. 33).

1) Der Pächter eines Landgutes, welcher seinen Wohnsitz in einem anderen als demjenigen Kreise hat, in welchem das Pachtgut liegt, ist wegen seines aus der Pachtung fließenden Einkommens zu den Kreisabgaben in seinem Wohnsitzkreise nicht heranzuziehen.

2) Der Absatz 1 des §. 14 der Kreisordnung unterscheidet für den Fall, daß ein Forense sein Grundeigentum durch Selbstbewirtschaftung nutzt, nicht zwischen demjenigen Gewinne, welchen das Eigentum als solches und ohne die industrielle Thätigkeit des Landwirtes in der Pachtrente gewährt einerseits und anderseits dem aus dieser Thätigkeit fließenden Gewinne.

3) Die Pächter von Landgütern sind im Sinne des §. 14 nicht sowohl zu den Grundbesitzern als zu den Gewerbetreibenden zu rechnen.

Unter „Gewerbe" ist jede Art erwerbender Thätigkeit, insbesondere auch Handel und Pachtung, zu verstehen. Die Reichs-Gewerbeordnung definiert diesen Begriff nicht, weil sie nicht alle Arten von Gewerbe umfaßt. Zur Erläuterung des Begriffes „Gewerbe" im Sinne des §. 14 ist auf die Staatssteuergesetzgebung zurückzugehen (§§. 19 und 30 des Gesetzes vom 1. Mai 1851 — G.-S. S. 193).

Nr. 14.

Endurteil vom 10. Februar 1877 (Entsch. Bd. II. S. 38).

Ein Anspruch auf Ermäßigung der veranlagten Kreiseinkommensteuer im Falle der Verminderung des veranschlagten Gesamteinkommens durch den Verlust einzelner Einnahmequellen ist z. B. bei Bergwerken nur infolge gänzlichen Aufhörens des Bergbaubetriebes gerechtfertigt, nicht auch schon infolge des gegen die Vorjahre verringerten Reinertrages der Grube (Kreisordnung §. 15). Der Absatz 4 des ebenfalls in Bezug genommenen §. 36 des Gesetzes vom 1. Mai 1851 (G.-S. S. 193) ist inzwischen durch Art. IV. des Gesetzes vom 12. März 1877 (G.-S. S. 19) abgeändert, auch ist das Gesetz vom 27. Juli 1885 (G.-S. S. 327) zu beachten.

Nr. 15.

Endurteil vom 14. März 1877 (Entsch. Bd. II. S. 42).
(Vergl. später Nr. 34 und 37.)

1) Für den Durchschnitt der „letzten drei Jahre" (§. 28 Abs. 3 des Gesetzes vom 1. Mai 1851 — G.-S. S. 193) sind von dem Zeitpunkte der Reklamationserörterung aus, welcher in das Steuerjahr selbst fällt, zu berechnen. Es sind mithin darunter nicht die drei Jahre zu verstehen, welche dem Jahre der Veranlagung, also dem Vorjahre des Steuerjahres, vorausgingen (cf. Kreisordnung §§. 14 und 15).

2) Ob die Kosten der auf der Kohlengrube einer Aktiengesellschaft ausgeführten Reparaturen und Tiefbauten von dem nach Nr. 1 festgestellten Reineinkommen abgezogen werden können, hängt nach §. 30 Abs. 2 a. a. O. lediglich von dem Gegenstande der Ausgabe ab, und wenn sich findet, daß die Anlage nicht eine Erweiterung des Betriebes, sondern nur die Fortführung desselben in dem bisherigen Umfange bezweckt und erreicht hat, so kommt es darauf, wie die dafür geleisteten Ausgaben von dem Bergbautreibenden gebucht worden sind, nicht weiter an. Insbesondere erscheint die Aufstellung der Bilanz über das Gesamtunternehmen der reklamierenden Aktiengesellschaft behufs der Feststellung der an die Aktionäre zu zahlenden Dividende für die Berechnung des steuerbaren Einkommens aus den einzelnen Etablissements der Gesellschft nicht maßgebend.

Über die Frage der Notwendigkeit des Tiefbaues behufs Fortführung des Gewerbebetriebes muß besonderer Beweis erhoben werden. Vergl. Gesetz vom 27. Juli 1885 (G.=S. S. 327).

Nr. 16.

Endurteil vom 16. Mai 1877 (Entsch. Bd. II. S. 47).

1) Als Einkommen aus Grundstücken, welche verpachtet sind, ist der jeweilige Pachtzins, einerseits unter Heranziehung etwaiger Natural= oder sonstiger Nebenleistungen, sowie der dem Verpächter etwa vorbehaltenen Nutzungen, anderseits unter Abrechnung der dem Verpächter verbleibenden Lasten zu berechnen. (§. 15 der Kreisordnung, §. 28 des Gesetzes vom 1. Mai 1851 — G.=S. S. 193.)

2) Nicht dasjenige Einkommen unterliegt der Einkommenbesteuerung, welches von dem Eigentümer aus der Benutzung seines Grundstückes gewonnen werden *könnte*, sondern dasjenige, welches thatsächlich von ihm bezogen *wird*. Mag also ein Gut aus persönlichen Rücksichten unter besonderen, dem Pächter ungewöhnlich vorteilhaften Bedingungen verpachtet werden, immer kann der dadurch dem Pächter erwachsende Vermögensgewinn nur bei *dessen* Einkommenbesteuerung, nicht aber bei der des Verpächters zur Rechnung gezogen werden.

3) Bei der letzteren würde die vertragsmäßig bedungene Summe der bar zu zahlenden Pacht allerdings dann nicht maßgebend sein, wenn der Vertrag in dieser Beziehung simuliert und das dem Verpächter aus dem Pachtverhältnisse thatsächlich zufließende Einkommen ein höheres wäre; ferner auch dann nicht ausschließlich, wenn der Pächter vermögensrechtliche Leistungen für die Pachtgegenstände übernommen hätte, welche nicht sowohl auf Erhaltung der letzteren als vielmehr auf *Meliorationen* derselben abzielten. In allen diesen Fällen bedarf es aber, um das Einkommen aus verpachtetem Grundbesitz, abweichend von der Höhe des bedungenen Pachtzinses zum Zwecke der Besteuerung zu berechnen, des Nachweises entsprechender thatsächlicher Verhältnisse.

4) Wenn sich der durchschnittliche Reinertrag der letzten drei Jahre (§. 28 des Gesetzes vom 1. Mai 1851) beim Mangel ordnungsmäßig geführter Wirtschaftsbücher nicht ermitteln läßt, es also auf eine mehr *arbiträre* Schätzung des Einkommens aus nicht erpachtetem Grundbesitz ankomnt, so *kann* die besteuernde Behörde zwar eine Einschätzung nach dem Vorbilde ähnlicher Grundstücke vornehmen, keinesfalls aber darf es dem Eigentümer verwehrt werden, sein *wirkliches* Einkommen rechnungsmäßig nachzuweisen.

5) Die Zinsen von den auf den Gütern des Steuerpflichtigen haftenden Hypothekenschulden (Grundbuchschulden), insbesondere von den darauf haftenden Pfandbriefen, welche als auf dem gesamten Vermögen des Steuerpflichtigen lastend angesehen werden (d. h. excl. der Amortisationsquote), sind bei Berechnung des Reineinkommens von den Bruttoerträgen der Güter in Abzug zu bringen (Ministerialerlaß vom 29. September 1853*), Sentrup S. 30).

Dem gegenüber stehen aber solche Lasten und Schulden, welche der einzelnen Einkommensquelle anhaften, lediglich mit Bezug auf diese übernommen und eingegangen und daher auch zunächst aus den Erträgen zu bestreiten sind, so daß immer nur nach Abzug derselben von einem Reinertrage der einzelnen Einnahmequelle die Rede sein kann.

6) Der zur Entscheidung über Reklamationen berufene Verwaltungsrichter darf sich nicht darauf beschränken, die Grundsätze anzugeben, nach welchen das Reineinkommen des Reklamanten aus dem Grundbesitze berechnet werden soll, sondern er muß die Höhe dieses Einkommens und damit den Betrag der zu zahlenden Steuer gleichzeitig festsetzen.

Nr. 17.

Endurteil vom 16. Mai 1877 (Entsch. Bd. II. S. 56).

Für die Berechnung des aus Grundbesitz fließenden Einkommens der Gemeinden und anderer juristischer Personen gelten folgende Grundsätze: (Vergl. dazu Gesetz vom 27. Juli 1885 — G.-S. S. 327.)

1) Der Anspruch einer Stadtgemeinde, sie in Ermangelung eines steuerpflichtigen Einkommens von den Kreisabgaben freizulassen, mag de lege ferenda wohl gerechtfertigt sein, nach den Bestimmungen der Kreisordnung kann demselben aber nicht entsprochen werden.

2) Der im §. 14 Abs. 1 a. a. O. gebrauchte Ausdruck „das aus diesen Quellen fließende Einkommen" ist hinsichtlich derjenigen Forensen, welche in einem anderen Kreise nach ihrem Einkommen abgabenpflichtig sind, nicht im objektiven Sinne, sondern als ein Teil des persönlichen freien Einkommens aufzufassen.

3) Der Ertrag, welchen das Unternehmen einer Aktiengesellschaft abwirft, kommt seiner Natur nach als solcher, nicht als Teil des Einkommens der Aktionäre in Betracht; das gewerbliche Unternehmen mit seinen Einkünften, Lasten und Schulden ist ausschließlich in Rechnung zu ziehen und der Reinertrag als „das aus dieser Quelle fließende Einkommen" ganz nach denjenigen Vorschriften festzustellen, welche der §. 30 des Gesetzes vom 1. Mai 1851 (G.-S. S. 193) für die Ermittelung des Einkommens aus Handel und Gewerbe enthält. Hierbei ergibt sich der Abzug der Schuldenzinsen als eine notwendige Konsequenz der Einheit des Veranlagungsobjektes und Subjektes. Einkommen der Gesellschaft und Reinertrag fallen zusammen.

4) Dagegen läßt sich die Gemeinde in Bezug auf die Veranlagung der nach dem Einkommen umgelegten Kreisabgaben weder dem Forensen noch der Erwerbsgesellschaft gleichstellen. Denn sie bezieht weder, wie der Forense, ein steuerbares Gesamteinkommen, welches sich nach seinen einzelnen Quellen fordern läßt, noch stellt sie sich, wie das Aktienunternehmen, als eine Einnahmequelle für ihre Angehörigen dar. Die Reinerträge ihrer Grundstücke und gewerblichen Unternehmungen erscheinen vielmehr nur als Einnahmeposten des Gemeindehaushaltes, dessen Be-

---

*) In den Entscheidungen Bd. II. S. 52 steht „1753" (Druckfehler).

dürfnisse, soweit jene nicht zu ihrer Deckung hinreichen, im Wege der Besteuerung (der Gemeindemitglieder) bestritten werden. Die auf diesem Wege erzielten Geldmittel ergänzen zwar die notwendigen Einnahmen des Gemeindeärars, haben aber nicht die Natur dessen, was die Steuergesetzgebung unter „Einkommen" versteht. Eine Einschätzung dieser Einnahmen nach den für die Veranlagung der klassifizierten Einkommensteuer (§. 15 a. a. O.) ist daher überhaupt nicht ausführbar.

Das aus Grundbesitz, Gewerbebetrieb und Bergbau fließende Einkommen der Gemeinde kommt demgemäß nicht als Teil eines steuerpflichtigen Gesamteinkommens, sondern lediglich als der denselben aus diesen Quellen zufließende Reinertrag in Betracht, bei dessen Berechnung folgeweise, neben den dinglichen Lasten und Abgaben, andere als solche Schulden, welche diesen Ertrag schmälern, nicht in Rechnung zu ziehen sind.

5) Zu den abzugsfähigen Schulden gehören die eigentlichen Betriebsschulden und die Zinsen der (auf dem städtischen Grundeigentum ruhenden) Hypothekenschulden (vergl. das Endurteil vom 16. Mai 1877, oben Nr. 16), dagegen belasten alle weiteren Verpflichtungen der Gemeinde, z. B. die Verzinsung und Tilgung einer Stadtanleihe, zwar den städtischen Haushalt, nicht aber die im Kreise belegenen Grundstücke der Gemeinde.

Nr. 18.

Endurteil vom 16. Mai 1877 (Entsch. Band II. S. 62).

Für die Berechnung des steuerbaren Reineinkommens eines Eisenbahnunternehmens auf einer einzelnen Station gelten folgende Grundsätze: (Vergl. Gesetz vom 27. Juli 1885 — G.=S. S. 327.)

1) Aus dem §. 16 der Kreisordnung läßt sich ein Anspruch der Aktionäre einer Eisenbahngesellschaft nicht herleiten, nach welchem die Berechnung des steuerbaren Einkommens aus dem Eisenbahnbetriebe nach der in den Vorjahren zur Verteilung gelangten Dividende anzulegen wäre, wobei davon auszugehen sei, daß diese dasjenige Einkommen der Aktionäre darstelle, welches bei deren persönlicher Heranziehung zu den Kreisabgaben außer Berechnung bleiben müsse. Denn wenn auch das Eisenbahnunternehmen selbst als ein Gewerbe anzusehen ist, so geht doch der Betrieb desselben nicht von den einzelnen Aktionären, sondern von der Aktiengesellschaft als selbständigem Rechtssubjekte beziehungsweise von deren verfassungsmäßiger Vertretung aus, und der durch diesen Betrieb erzielte Gewinn fließt zunächst und unmittelbar nicht den Aktionären, sondern der Gesellschaft zu.

2) Für die bei Ermittelung des Einkommens der Eisenbahngesellschaften anzuwendenden Grundsätze ist nicht der §. 16 der Kreisordnung und nicht die Eisenbahnabgabe (Gesetze vom 30. Mai 1853 — G.=S. S. 449 — und vom 16. März 1867 — G.=S. S. 465) maßgebend, sondern der §. 15 der Kreisordnung und §. 30 des Einkommensteuergesetzes vom 1. Mai 1851.

3) Ausgaben für die Tilgung von Anleihen sind nicht abzugsfähig.

4) Dagegen ist abzugsfähig die Eisenbahnabgabe, und ebenso sind abzugsfähig

5) die von der Gesellschaft zu zahlenden Kommunalsteuern, welche für Rechnung der Staatskasse oder der beteiligten Kommunalverbände von dem Grundbesitze der Gesellschaft erhoben werden.

Dagegen können nicht in Betracht gezogen werden

6) solche Gemeindeabgaben, welche, sei es für Rechnung anderer Kreise oder der betreffenden Stadtgemeinden, nach den für die Staatseinkommensteuer bestehenden Grundsätzen von dem der Gesellschaft aus dem Eisenbahngewerbe zufließenden Einkommen erhoben werden, denn diese charakterisieren sich nicht als Ertrags-, sondern als Einkommensteuer (§. 14 der Kreisordnung und §. 4 Abs. 3 der Städteordnung vom 30. Mai 1853).

Nr. 19.

Endurteil vom 23. Juni 1877 (Entsch. Band II. S. 69).

Grundsätze wegen der Kreisabgaben vom Bergbau. (Vergl. Gesetz vom 27. Juli 1885 — G.-S. S. 327.)

1) Bei der Berechnung des aus dem Bergbau fließenden Einkommens sind Rücklagen zur Amortisation des Anlagekapitals nicht in Abzug zu bringen.

2) Bei der nach §. 30 des Gesetzes vom 1. Mai 1851 abzugsfähigen Absetzung für die jährliche Abnutzung von Gebäuden und Utensilien handelt es sich nicht um die Erneuerung des verauslagten Anlagekapitals, sondern um die Erneuerung des zu dem Betriebe erforderlichen Inventars, durch dessen Vorhandensein die Fortsetzung dieses Betriebes in dem bisherigen Umfange bedingt wird.

3) Der Abzug von Renten, zu deren Zahlung als Entgelt für die Förderung diejenigen Bergbautreibenden verbunden sind, welche nicht Eigentümer des Feldes oder der Oberfläche desselben sind, ist lediglich die Folge des allgemeinen Grundsatzes, daß die auf dem Grundbesitze oder Gewerbe lastenden Schulden den Betriebsausgaben beizuzählen sind.

Nr. 20.

Endurteil vom 8. September 1877 (Entsch. Bd. III. S. 1).

Die Entscheidung beruht auf dem §. 8 des Gesetzes vom 11. Juli 1822 (G.-S. S. 184), welcher vom 1. April 1886 ab durch §. 12 des Gesetzes vom 27. Juli 1885 (G.-S. S. 327) aufgehoben ist.

Nr. 21.

Endurteil vom 3. November 1877 (Entsch. Bd. III. S. 11).

1) Nach §§. 10 ff. der Kreisordnung können als Abgaben (§. 9) erhoben werden:

a. eine nach der Klassen- und der klassifizierten Einkommensteuer,
b. eine nach der Grund- und Gebäudesteuer,
c. eine nach der Gewerbesteuer bemessene Abgabe.

Jede dieser Abgaben folgt besonderen Regeln und ist deshalb, wie die ihr zu Grunde liegenden Staatssteuern, als eine besondere Steuer im Sinne des Gesetzes vom 18. Juni 1840 (G.-S. S. 140) anzusehen.

Es ist deshalb nicht zutreffend, daß ein Steuerpflichtiger, welcher gegen die nach der Grundsteuer bemessene Kreisabgabe reklamiert hat, verpflichtet gewesen wäre, sich event. zu erbieten, zu der nach dem Einkommen bemessenen Abgabe beizutragen, denn es ist lediglich Sache des Kreisausschusses, seinerseits, wenn er findet, daß ein Steuerpflichtiger bei der letzteren Abgabe zu Unrecht übergangen sei, die Veranlagung desselben nachträglich zu bewirken.

Handelt es sich um eine nach dem Maßstabe der Grundsteuer umgelegte

Kreisabgabe, so ist ein Erkennen des Verwaltungsrichters über die Grundsätze der Veranlagung weder nach dem Gesetze vom 18. Juni 1840, noch nach §. 65 des Gesetzes vom 26. Juli 1876 (jetzt §. 19 der Kreisordnung in neuester Fassung) zulässig.

3) Gymnasien sind juristische Personen (A. L.=R. II. 12 §. 54, §. 14 der Kreisordnung), die Grundstücke Königlicher Gymnasien sind aber nicht fiskalische Grundstücke. Die Gymnasien sind also in Bezug auf ihre Kreisabgabenpflicht als Grundbesitzer nicht wie der Fiskus, sondern wie die juristischen Personen zu behandeln. (§§. 4 und 10 des Grundsteuergesetzes vom 21. Mai 1861 — G.=S. S. 253.)

Nr. 22.

Endurteil vom 15. Dezember 1877 (Entsch. Bd. III. S. 25).

1) Die Haffe sind als im Eigentume des Staates befindliche und auch zu einem öffentlichen Gebrauche bestimmte Liegenschaften von der Beitragspflicht zu den Kreisabgaben befreit (§. 17 der Kreisordnung).

2) Es macht keinen Unterschied, ob dies Eigentum „gemeines" (A. L. R. II. 14 §. 21) oder besonderes ist. (§. 17 der Kr.=O. §. 4 c. d. des Grundsteuergesetzes vom 21. Mai 1861 — G.=S. S. 253.)

3) Für die Bestimmung zu einem öffentlichen (Dienste oder) Gebrauche ist nur die Hauptbestimmung maßgebend. Unterliegt in dieser das Grundstück dem öffentlichen Dienste oder Gebrauche, so steht der hierdurch einmal begründeten Befreiung nicht wieder entgegen, daß nebenher noch eine anderweite Nutzung stattfindet und diese dem Besitzer auch einen mäßigen Reinertrag gewährt, z. B. schiffbare Kanäle mit ihren Böschungen, Spaziergänge mit ihren Rasenplätzen, Lustgärten mit ihren Obstbäumen, öffentliche Parks mit ihren Gras= und Holznutzungen.

4) Haffe sind bis zu einem gewissen Grade nicht nur zu einem öffentlichen Gebrauche — zur Schiffahrt — bestimmt, sondern dienen auch thatsächlich dazu. Ob gerade Dampfschiffe oder Frachtschiffe darauf verkehren, ist unerheblich. Selbst der Verkehr der Fischer ist ein solcher Gebrauch, da auch seitens der Fischer das Recht zum Befahren des Haffs an sich keineswegs erst aus den mit dem Fiskus abgeschlossenen Fischereipachtverträgen abgeleitet wird. Nicht minder ist es unerheblich, ob sich der Gebrauch zur Schiffahrt thatsächlich auf das ganze Haff oder auf jeden einzelnen Teil desselben erstreckt.

5) Die Annahme der zur Ermittelung des Reinertrages des grundsteuerpflichtigen Grundeigentums berufenen Staatsbehörde, daß eine bestimmte Liegenschaft von jener Ermittelung ausgeschlossen und im Grundsteuerkataster als ein „wegen der Benutzung zu öffentlichen Zwecken ertragloses Grundstück" nachzuweisen sei (Anweisung vom 21. Mai 1861, §. 2a und §. 5, Muster 1, 3 und 7, Anlage C. §. 13, Anlage D. — G.=S. S. 257), steht der Heranziehung zu den Kreisabgaben nicht entgegen, vielmehr hat in diesem Falle die Einschätzung nach den für die Veranlagung der Staatssteuer bestehenden gesetzlichen Vorschriften seitens des Kreisausschusses zu erfolgen. (§. 15 der Kr.=O.)

Nr. 23.

Endurteil vom 5. Januar 1878 (Entsch. Band III. S. 42).

1) Eine Steuerüberbürdungsklage kann zwar darauf gestützt werden, daß die nach §. 13 der Kreisordnung (Mehr= oder Minderbelastung einzelner

Kreisteile) an sich zulässige Ungleichheit der Besteuerung gesetzwidrig eingeführt sei, niemals aber darauf, daß der Kreistag dieselbe zu Unrecht nicht beschlossen habe, so daß der Verwaltungsrichter den fehlenden Kreistagsbeschluß durch seinen Spruch zu ergänzen habe.

2) Wird mit einer Klage die Streichung einer Position aus dem Etat gefordert, so stellt sie sich überhaupt nicht als eine Klage wegen Veranlagung zu den Kreisabgaben dar; sie ist vielmehr gegen die Feststellung des Etats durch den Kreistag gerichtet und als solche nicht statthaft.

Vergl. §. 127 (H. §. 83, H.=N. §. 84, Westfalen §. 71 der Kr.=O., desgl. §. 177 a. a. O. (später §. 71 des Zust.=Ges. vom 26. Juli 1876, jetzt wieder §. 177 der Kr.=O.), §. 178 a. a. O. (später §. 69 des Zust.=Ges. von 1876, jetzt wieder §. 178 der Kr.=O., aber mit umgekehrtem Parteienverhältnis, H. §. 106, H.=N. §. 107, Westf. §. 93).

3) Gegenstand des durch den (jetzigen) §. 19 der Kr.=O. eingeführten Streitverfahrens ist lediglich das Besteuerungsrecht der Kreiskorporationen, nicht deren gesamtes Verwaltungsrecht, insbesondere nicht deren Etatsrecht. Beschwerden in dieser Beziehung sind lediglich an die Aufsichtsbehörde zu richten.

Nr. 24.

Endurteil vom 16. Februar 1878 (Entsch. Bd. IV. S. 11).

1) An sich sind die zu den Staatsbahnen gehörigen Gebäude als „zu einem öffentlichen Dienste oder Gebrauche bestimmt" im Sinne des §. 17 der Kreisordnung nicht anzusehen (siehe unter „Angelegenheiten der Landgemeinden und Gutsbezirke" das Endurteil vom 24. März 1887).

2) Der postalische Transportbetrieb ist Gegenstand eines Regals, welches durch den Postzwang die Konkurrenz des Privatgewerbes wesentlich beschränkt (A. L.=R. II. 15, §§. 141 ff., Reichs=Postgesetz vom 28. Oktober 1871 — R.=G.=Bl. S. 347). Dieser Betrieb findet durch die dazu angestellten Beamten an erster Stelle „zum gemeinen Besten" statt (A. L.=R. II. 15 §. 142) und ist um der dabei vorwiegend maßgebenden öffentlichen Interessen willen in allen einzelnen Beziehungen im direkten Gegensatze zu einem Gewerbebetriebe als öffentlicher Dienst durch das Gesetz geregelt. Gerade entgegengesetzt hat in Preußen das Transportgeschäft der Eisenbahnen geschichtlich von dem Privatgewerbe seinen Ausgang genommen. Auch der Staat ist in dieser Beziehung zunächst Privattransportunternehmer.

3) Nur insoweit als die diesem Gewerbebetriebe dienenden fiskalischen Gebäude ganz oder überwiegend dazu dienen, Staatsbeamten Dienstwohnungen zu gewähren, sind dieselben nach §. 17 der Kreisordnung von Kreisabgaben frei.

4) Wegen des Systems der Kreisbesteuerung vergl. das Endurteil oben Nr. 5.

5) Eine teilweise Befreiung der Gebäude von der Gebäudesteuer kennt das Gesetz vom 21. Mai 1861 nicht, die Gebäude sind entweder ganz steuerfrei oder ganz steuerpflichtig; ersteres auch dann, wenn sie überwiegend und der Hauptsache nach Zwecken gewidmet sind, welche die Steuerfreiheit bedingen.

6) Der Umstand, ob und wie weit Gebäude zu Dienstwohnungen von Staatsbeamten dienen, ist allein entscheidend für die Steuerfreiheit und Steuerpflichtigkeit der Gebäude. Ist diese Frage für die Steuerpflichtigkeit entschieden, so ist die weitere Frage, ob die Steuer 2 oder 4 % des Nutzungswertes beträgt, davon, ob die Wohnungsräume des Gebäudes Beamten zu Dienstwohnungen dienen oder nicht, ganz unabhängig und nach §. 5 des

Gebäudesteuergesetzes vom 21. Mai 1861 allein von der rein thatsächlichen Frage abhängig, ob das Gebäude vorzugsweise zum Bewohnen und zu sonstigen persönlichen Bedürfnissen der Menschen dient oder aber im Gegensatze hierzu zum Gewerbebetriebe, d. h. zur Anfertigung, Zubereitung und Verwertung von Sachen oder zur Beförderung des Verkehrs, und es kommt hierbei in Betracht, daß Wohngebäude um deswillen nicht diesen thatsächlichen Charakter verlieren, weil sie als solche gewerbsmäßig verwertet werden oder einem Gewerbebetriebe dienen. Demgemäß werden auch die Stationsgebäude der Privatbahnen, soweit sie überwiegend zu Dienstwohnungen, Restaurationslokalen, Wartesalons und dergl. bestimmt sind, mit 4 % zur Staatsgebäudesteuer herangezogen.

7) Ob ein Gebäude, welches gleichzeitig Übernachtungsgebäude und Wasserhebewerk ist, mit einem Gebäude für Dienstwohnungen in Parallele zu stellen ist, bleibt besonders nachzuweisen.

Nr. 25.

Endurteil vom 20. Juni 1878 (Entsch. Bd. IV. S. 19).

1) Fiskalische Güterschuppen sind unbedingt als kreissteuerpflichtig zu erachten.

2) Ein zweistöckiges Stationsgebäude, in dessen oberem Stockwerke die Dienstwohnungen für den Stationsvorsteher und den Assistenten, in dessen unterem Stockwerke dagegen außer dem Vestibül und einer Portierstube zwei Empfangszimmer mit Büffetraum, die Räumlichkeiten zur Billetausgabe und zur Abfertigung des Passagiergepäcks und das Zimmer des Stationsvorstehers, in einem Anbau ein Büreau für den Eisenbahntelegraphendienst sich befinden, ist kreissteuerpflichtig. Der Maßstab des Flächeninhalts ist allein nicht maßgebend.

3) Eisenbahntelegraphenbüreaus dienen Zwecken des Transportgewerbes, wenn an demselben Orte eine Reichs-Telegraphenanstalt besteht (§. 2 des Reglements vom 7. März 1876 — R.-Z.-Bl. S. 156, auch Bekanntmachung des Generalpostmeisters vom 13. März 1876 — Wochenschrift „Selbstverwaltung" Jahrgang 4 S. 316).

Nr. 26.

Endurteil vom 1. Mai 1878 (Entsch. Bd. IV. S. 22).

1) Bei der Berechnung des „Durchschnittes der letzten drei Jahre" zum Zwecke des Einkommens aus Bergbaubetrieb (oder Handel u. s. w.) zu den Kreisabgaben sind die Zubußen abzugsfähig, welche dem Steuerpflichtigen nicht infolge von Kapitalanlagen zur Erweiterung des Betriebes oder zu sonstigen Verbesserungen, sondern lediglich behufs Fortsetzung des Betriebes im bisherigen Umfange erwachsen sind.

2) Unter „dreijährigem Durchschnitt" im Sinne der §§. 28 und 30 des Gesetzes vom 1. Mai 1851 (G.-S. S. 193) ist nichts anderes zu verstehen, als das mittlere Verhältnis zwischen Gewinn und Verlust während dreier Jahre. Um dasselbe zu finden, können nur entweder die Einnahmen aller drei in Betracht kommenden Jahre den Ausgaben desselben Zeitraumes gegenübergestellt und das danach berechnete Ergebnis — möge es nun mit Gewinn oder Verlust abschließen — durch drei geteilt werden, oder es können auch dieser Teilung durch drei die zusammengerechneten Überschüsse der beiden anderen Jahre — nach Abzug dieses Verlustes — unterworfen werden.

Der Reingewinn eines Jahres, auf drei Jahre gleichmäßig verteilt, ergibt keinen dreijährigen Durchschnitt. (Vergl. Gesetz vom 27. Juli 1885 — G.-S. S. 327.)

Nr. 27.

Endurteil des II. Senats vom 24. Juni 1878 (Entsch. Bd. IV. S. 26).

1) Nach §. 14 der Kreisordnung sind die Bergwerksbesitzer, welche in dem Umfange ihres Bergwerksbetriebes den in Klasse A. I. der Gewerbesteuer veranlagten Gewerbetreibenden gleichstehen, zu denselben Steuersätzen wie diese Gewerbetreibenden einzuschätzen. Es ist nicht beabsichtigt gewesen, die Veranlagung der Bergwerksbesitzer zu einer fingierten Gewerbesteuer ausnahmslos nach einem für den ganzen Gewerbesteuerbezirk überall gleichmäßig feststehenden Mittelsatze stattfinden zu lassen. Für die gegenteilige Ansicht sprechen auch nicht die §§. 86 und 87 der Kreisordnung (Hannover §§. 42, 43, Hessen-Nassau §§. 43, 44, Westfalen §§. 35, 36), vielmehr führen die Vorschriften der Kreisordnungen zu dem Ergebnisse, daß die Einschätzung der Bergwerksbesitzer zu einer fingierten Gewerbesteuer — sei es zum Zweck der Heranziehung zu den Kreisabgaben, sei es zu dem der Beteiligung an den Kreistagswahlen — nach höheren Sätzen als nach dem Mittelsatze erfolgen darf. Ebensowenig spricht hiergegen der Inhalt des Gesetzes vom 19. Juli 1861 (G.-S. S. 697).

2) Das preußische Gewerbesteuersystem (Ediktvom 2. November 1810, Gesetz vom 30. Mai 1820 — G.-S. S. 147) geht von dem Grundsatze aus, daß die Gewerbetreibenden, soweit sie überhaupt steuerpflichtig sind, zur Gewerbesteuer nach Maßgabe des Umfanges ihres Gewerbebetriebes herangezogen werden sollen. Behufs Durchführung dieses Grundsatzes sind im Gesetze von 1820 die steuerpflichtigen Gewerbetreibenden in verschiedene, durch spätere Gesetze mehrfach veränderte Gattungen (A.—L.) und die Ortschaften des Staates in vier Abteilungen geteilt, sowie für die einzelnen Gewerbegattungen oder Abteilungen oder für beide kombiniert (A. bis E., H.) Mittelsätze und Minimalsätze, für andere Gewerbegattungen dagegen anderweite Abstufungsmerkmale festgesetzt worden. Die Regeln, nach welchen die Sätze der Gewerbesteuer ausgemittelt, verteilt und eingezogen werden sollen (§. 25 des Gesetzes von 1820), sind in der Anlage B. zum Gesetze zusammengestellt (cf. Nr. 8 und 9 dieser Zusammenstellung). Hieran hat auch das Gesetz vom 19. Juli 1861 im wesentlichen nichts geändert, vielmehr ist der Grundsatz von der Besteuerung der Gewerbetreibenden nach dem Umfange ihres Gewerbebetriebes nur weiter ausgeführt.

Demnach kann die Einschätzung der Bergwerksbesitzer zu einer fingierten Gewerbesteuer nur nach Maßgabe derjenigen Steuersätze, welche bei der Veranlagung der Gewerbesteuer von Handel in der Klasse A. I. für einen Gewerbebetrieb von entsprechendem Umfange zur Hebung kommen, erfolgen und der Regel nach nur durch Vergleichung mit den in der Klasse A. I. veranlagten Gewerbetreibenden desselben Steuer-(Regierungs-)Bezirks bewirkt werden.

3) Dem Reklamanten, welcher eine Ermäßigung der Steuer beansprucht, liegt es ob, dem Verwaltungsrichter die geeigneten Unterlagen an die Hand zu geben.

Nr. 28.

Endurteil vom 27. Juni 1878 (Entsch. Bd. IV. S. 37).

1) Wegen der Einschätzung der Bergwerksbesitzer zu den Kreisabgaben nach einer fingierten Gewerbesteuer vergl. das vorhergehende Endurteil.

2) Wo das Recht zur Gewinnung verschiedener Mineralien innerhalb derselben Feldesgrenzen verschiedenen Bergwerkseigentümern zusteht, sind die Mineralien des einen Teiles, welche von dem anderen bei planmäßiger Gewinnung seines Minerals zwar, weil beide nicht getrennt gewonnen werden können, mitgewonnen werden dürfen, jenem aber herausgegeben werden müssen, bei der Bestimmung des Umfanges des Bergwerksbetriebes des ersteren nicht mit zu berücksichtigen. (Kreisordnung §§. 14, 15, Allgem. Berggesetz vom 24. Juni 1865 §. 56, G.-S. S. 705, Gesetz vom 22. Februar 1867 (G.-S. S. 237 und 242), vom 8. Mai 1867 (G.-S. S. 601), vom 1. Januar 1869 (G.-S. S. 78), vom 12. März 1869 (G.-S. S. 453), betreffend die Einführung der berggesetzlichen Bestimmungen in den neu erworbenen Landesteilen.)

3) Nach §. 15 der Kreisordnung fällt dem Kreisausschusse eine doppelte Aufgabe zu:

a. Die prozentuale Heranziehung der Forensen, juristischen Personen u. s. w. zu den Kreisabgaben nach Maßgabe der, der Verteilung der letzteren zu Grunde gelegten Staatssteuern, sofern die gedachten Kreisabgabenpflichtigen zu solchen veranlagt sind.

b. Falls letztere Voraussetzung*) nicht zutrifft, auch die Einschätzung der betreffenden Abgabenpflichtigen zu den Prinzipalsteuersätzen nach den für die Veranlagung dieser Staatssteuern bestehenden gesetzlichen Vorschriften oder, wie der §. 10 der Kreisordnung im ersten Absatze sich ausdrückt, die Ermittelung der „fingierten" Steuersätze der Forensen, juristischen Personen u. s. w. Bei dieser Einschätzung zu fingierten Prinzipalsteuersätzen fallen dem Kreisausschusse alle diejenigen Funktionen zu, welche für die Veranlagung der entsprechenden Staatssteuern den staatlichen Veranlagungsorganen zuzuweisen sind, mögen diese ganz oder teilweise aus Staatsbeamten bestehen oder aus der Wahl seitens kommunaler Vertretungen oder seitens der Steuerpflichtigen selbst hervorgegangen sein.

Wie dem Kreisausschusse — als dem mit der Verwaltung der Kreisangelegenheiten betrauten Organe (§. 134 Nr. 2 der Kreisordnung, Hannover §. 91, Hessen-Nassau §. 92, Westfalen §. 79) — die Heranziehung der Forensen u. s. w. zu den Kreisabgaben, ohne daß es dieserhalb einer ausdrücklichen gesetzlichen Vorschrift bedurft hätte, schon vermöge seiner Stellung in der Organisation der Kreisverwaltung zukommt, so ist eben hierin auch seine — in dieser Beziehung den Rechten der Magistrate entsprechende — Befugnis begründet, in dem vorgedachten Umfange die Veranlagung von Abgabenpflichtigen zu fingierten Steuersätzen zu bewirken.

4) Bergwerksbesitzer können nach §. 14 Abs. 4 der Kreisordnung zu einer fingierten Gewerbesteuer überhaupt nur dann eingeschätzt werden, wenn diejenigen Gewerbetreibenden, welchen sie im Umfange ihres Gewerbebetriebes gleichstehen, zur Klasse A. I. veranlagt sind.

5) Wenn die Bergwerksbesitzer eingeschätzt werden, so erfolgt ihre Veranlagung zu denselben Steuersätzen, zu welchen die Einschätzung der Gewerbetreibenden von gleichem Betriebsumfange stattgefunden hat.

6) Weist das Gesetz darauf hin, daß die Einschätzung der Bergwerksbesitzer wesentlich im Wege der Vergleichung mit dem zur Staatsgewerbesteuer veranlagten Gewerbetreibenden zu bewirken ist, so läßt sich doch dafür, welcher Gewerbebetrieb sich zum Vergleiche mit dem Bergwerks-

*) In den Entscheidungen Bd. IV. S. 41 steht „Vorsetzung" (Druckfehler).

betriebe vorzugsweise eignet, eine allgemeine Regel nicht aufstellen, obschon es nahe liegen mag, eine Erzgrube mit einem Hammerwerke oder einem Hüttenwerke, also mit Anlagen zu vergleichen, welche früher gleichfalls der Gewerbesteuer unterworfen waren, vielmehr erst nach Erlaß der Allerhöchsten Kabinetsordre vom 17. Dezember 1833 (G.-S. 1834 S. 5), bezw. vom 20. Oktober 1862 §. 5 (G.-S. S. 351), betreffend die Bergwerksabgabe, zur Gewerbesteuer vom Handel herangezogen sind. Auch lassen sich durchaus sichere Merkmale, nach welchen ein Bergwerksbetrieb seinem Umfange nach mit einem zur Staatsgewerbesteuer veranlagten Gewerbebetriebe verglichen oder in Ermangelung geeigneter Vergleichungsobjekte zur fingierten Gewerbesteuer eingeschätzt werden könnte, kaum finden, wenngleich die behufs Abgrenzung der Klassen A. I. und A. II. vom Finanzminister aufgestellten Grundsätze, welche in den zur Ausführung der Gewerbesteuergesetze erlassenen Vorschriften, insbesondere in der Anweisung vom 12. August 1861 und 28. Mai 1867 (Min.-Bl. d. i. V. S. 207 bezw. S. 164) enthalten sind, im großen und ganzen einen genügenden Anhalt darbieten.

Nr. 29.

Endurteil vom 26. September 1878 (Entsch. Bd. IV. S. 48).

1) Als eine unzulässige Doppelbesteuerung ist es nicht anzusehen, wenn neben dem Einkommen einer im Kreise Bergbau betreibenden Gewerkschaft auch noch das Einkommen eines einzelnen Kreisangehörigen aus Kuxen eben dieser Gewerkschaft herangezogen wird. (Kreisordnung §§. 10, 14, 16.) Vergl. das Gesetz vom 27. Juli 1885 (G.-S. S. 327).

Der §. 16. der Kreisordnung spricht nur von einem außerhalb des Kreises gezogenen Einkommen.

2) Dergleichen Doppelbesteuerungen sind unvermeidlich, sind auch nach jenem §. 16 keineswegs grundsätzlich ausgeschlossen.

Nr. 30.

Endurteil vom 7. Oktober 1878 (Entsch. Bd. IV. S. 52).

1) An die Stelle des §. 65 des Zuständigkeitsgesetzes vom 26. Juli 1876 ist der §. 19 der Kreisordnung in neuester Fassung getreten. Gleichwohl bleibt der Grundsatz bestehen, daß ein Reklamant, welcher gegen den seine Reklamation zurückweisenden Beschluß noch einmal remostriert und dann erst gegen den darauf ergehenden ferneren Bescheid, ohne daß der Kreisausschuß die Remonstration nicht weiter zur Erörterung zieht, sondern dieselbe lediglich mit der Aufforderung zur Zahlung unter Androhung von Zwangsmitteln beantwortet, binnen der gesetzlichen Frist (vom Tage des zweiten Bescheides an gerechnet) die Klage erhebt, die Klagefrist nicht wahrt, sofern die Klage nicht binnen zwei Wochen (vom Tage des ersten Bescheides an gerechnet) angebracht worden ist.

2) Wenngleich in dem Endurteile vom 12. September 1876 (oben sub Nr. 7) es als das den Vorschriften der Kreisordnung entsprechende Verfahren bezeichnet worden ist, daß das Kreisabgabensoll der Gemeinden unter Zurechnung der auf die Forensen, juristischen Personen u. s. w. entfallenden Abgabenbeträge festzusetzen und zur Hebung zu stellen ist, so ist doch daneben die Auffassung statthaft, daß der Kreisausschuß wohl berechtigt ist, gegen eine Stadtgemeinde, welche den ihr zur Abführung im ganzen überwiesenen Anteil an den Kreisabgaben auf den Kämmereifonds übernommen hat (§. 11

Abs. 2 der Kreisordnung) demnächst noch eine Nachforderung, betreffend einzelne bei jener früheren Überweisung ergangene Zensiten (Forensen u. s. w.) des Stadtbezirkes, zu erheben. Dies folgt aus §§. 5, 6 und 14 des Gesetzes vom 18. Juni 1840 (G.=S. S. 140) hinsichtlich des Kalenderjahres, worin die Nachforderung geltend gemacht wird. Vergl. auch Gesetz vom 12. April 1882 (G.=S. S. 297), betreffend die Einführung des vorstehenden Gesetzes in neu erworbenen Landesteilen.

3) Diesem Nachforderungsrechte des Kreises steht der §. 11 Abs. 2 der Kreisordnung nicht entgegen, da dieses Recht die Befugnisse der Städte, über die Aufbringung ihrer Anteile zu beschließen, unberührt läßt.

4) Ein Beschluß der städtischen Behörden, den Anteil an Kreisabgaben auf die Kämmereikasse zu übernehmen, deckt dem Kreise gegenüber auch dasjenige, was etwa nachgefordert wird, und die Stadtgemeinde kann über die Aufbringung des nachgeforderten Betrages nicht etwa einen von dem Beschluß über die Aufbringung der Hauptsumme abweichenden Beschluß fassen.

5) Der Kreis ist berechtigt, gegen eine Stadtgemeinde, welche den ihr zur Abführung im ganzen überwiesenen Anteil an den Kreisabgaben auf den städtischen Etat übernommen hat, zur Berichtigung von Nachforderungen hinsichtlich der Kreisabgaben etwa mit der Steuer übergangener Forensen und juristischer Personen zu verpflichten. Der Kreis kann wohl die Stadt, nicht aber den einzelnen Stadtbewohnern gegenüber Ansprüche auf Nachzahlungen erheben.

Nr. 31.

Endurteil vom 9. Dezember 1878 (Entsch. Bd. IV. S. 55).

1) Wegen des Nachforderungsrechtes vergl. das vorhergehende Endurteil, auch oben Nr. 7, 8 und 9.

2) Aus dem Umstande, daß der Kreisausschuß bei der Berechnung und Ausschreibung der Kreisabgaben an die von der Kreisversammlung gefaßten Beschlüsse gebunden ist (§§. 116 und 134 Nr. 1 der Kreisordnung, Hannover §§. 73 und 91, Hessen=Nassau §§. 74 und 92, Westfalen §§. 61 und 79), folgt nicht, daß die berechneten und ausgeschriebenen Kreisabgaben in dem von der Kreisvertretung bewilligten Betrage rechnungsmäßig absolut übereinstimmen müssen. Wie bei jeder Steuerverwaltung, läßt es sich auch bei der Ausschreibung der Kreisabgaben nicht vermeiden, daß das etatsmäßige Einnahmesoll entweder überschritten oder nicht erreicht wird, ohne daß in solchen Abweichungen irgendwie eine Beeinträchtigung des Abgabenbewilligungsrechtes erblickt werden kann. Ist durch ein Versehen des Kreisausschusses das vom Kreistage beschlossene Abgabensoll in unzulässiger Weise überschritten, so mag für den Kreistag oder die Aufsichtsbehörde ein genügender Anlaß gegeben sein, den Maßnahmen des Kreisausschusses entgegenzutreten. Keinesfalls aber kann der einzelne Kreisabgabenpflichtige oder die einzelne Gemeinde aus der Überschreitung des gesamten Kreisabgabensolles ein Recht ableiten, sich der Abgabenpflicht zu entziehen.

3) Aus dem Grundsatze, daß eine Stadtgemeinde, nachdem sie von dem im §. 11 Abs. 2 der bezeichneten Rechte Gebrauch gemacht hat, dem Kreise gegenüber die Abgabenpflicht unmittelbar übernommen hat, läßt sich auch auf Grund des §. 36 Abs. 3 des Gesetzes vom 1. Mai 1851 nicht folgern, daß hiermit die Stadtgemeinde an Stelle der zu ihr gehörigen Kreisabgabenpflichtigen als alleinige Zensitin getreten sei. Nicht die Stadt wird wegen ihres Einkommens zu den Kreisabgaben veranlagt und herangezogen, wenn von ihr Kreisabgaben nach dem Maßstabe der

Klassen- und klassifizierten Einkommensteuer verlangt werden, sondern es werden ihr nur die nach diesem Maßstabe auf die zu ihr gehörigen Kreisabgabenpflichtigen entfallenden Kreisabgabenbeträge zur Abführung im ganzen überwiesen. Auch im Falle des §. 11 Abs. 2 bleiben die einzelnen Kreisabgabenpflichtigen die Zensiten und, wenn der §. 36 Abs. 3 des Gesetzes vom 1. Mai 1851 die Berücksichtigung von Ab- und Zugängen an dem Einkommen während des Jahres bezüglich der Einkommensteuer der Regel nach untersagt, so hat diese Vorschrift hinsichtlich der Zensiten ihre volle Bedeutung, nicht aber hinsichtlich der Stadt, welche die auf die Zensiten verteilten Abgaben zur Bezahlung an den Kreis aus Gemeindemitteln übernommen hat.

Nr. 32.

Endurteil vom 28. Oktober 1878 (Entsch. Bd. IV. S. 60).

1) In dem Satze des §. 14 der Kreisordnung: „welche auf den Grundbesitz, das Gewerbe, den Bergbau oder das aus diesen Quellen fließende Einkommen gelegt werden", soll das Wort „oder" nicht die Alternative („entweder-oder") bedeuten, dasselbe stellt vielmehr nur selbständige Begriffe gleichberechtig nebeneinander.

2) Die Kreisabgaben sind in Form von Zuschlägen zu allen direkten Staatssteuern, sei es zu den staatlicherseits veralangten, sei es zu den von den Kreisen fingiert zu veranlagenden Präzipualsteuern aufzubringen (§§. 10, 14 und 15 der Kreisordnung).

3) Die Forensen, juristischen Personen (Kirchen) u. s. w. sind außer wegen ihres Grundbesitzes, Gewerbe- und Bergbaubetriebes, auch noch wegen ihres Einkommens aus diesen Quellen (vergl. Gesetz vom 27. Juli 1885 — G.-S. S. 327) zu den Kreisabgaben heranzuziehen. Deshalb sind die Worte: „oder — Einkommen" gewählt.

4) Wenn es richtig ist, daß die Grundsteuerzuschläge nicht aus der Substanz, sondern aus dem dem Grundbesitze entfließenden Einkommen entnommen werden und daß deshalb in der Veranlagung einer Einkommensteuer wegen des Einkommens aus Grund und Boden eine „Doppelbesteuerung" liege, so trifft diese Bemerkung nicht die Veranlagung der Forensen, juristischen Personen u. s. w. zu einer fingierten Einkommensteuer, sondern überhaupt das Staatssteuersystem. Eine Doppelbesteuerung im Sinne des §. 16 der Kreisordnung („in verschiedenen Kreisen") braucht deshalb nicht vorzuliegen.

5) Das aus Grundbesitz fließende Einkommen der juristischen Personen kommt bei der Veranlagung zu einer fingierten Einkommensteuer nicht als Teil eines steuerpflichtigen Gesamteinkommens, sondern lediglich als der aus dieser Quelle fließende Reinertrag in Betracht, bei dessen Berechnung folgeweise neben den dinglichen Lasten und Abgaben andere als solche Schulden, welche diesen Ertrag schmälern, nicht in Rechnung zu ziehen sind, und zu solchen Schulden gehören die Ausgaben, zu deren Leistung der Steuerpflichtige (in diesem Falle eine Kirche) lediglich auf Grund eines seitens der Aufsichtsbehörde festgestellten Etats verpflichtet ist, an sich nicht. Auch die Thatsache, daß ein Steuerpflichtiger gewisse Ausgaben observanzmäßig bestritten hat, würde eine abzugsfähige Schuld nicht begründen, vielmehr nur erkennen lassen, daß der Zweck dieser Einnahme — wenigstens teilweise — in der Bestreitung gewisser Ausgaben besteht. Die nicht auf der einzelnen Einkommensquelle haftenden Schuldverbindlichkeiten können — insoweit

überhaupt — jedenfalls nur dann berücksichtigt werden, wenn der Gegenstand der Veranlagung nicht der Ertrag einer einzelnen Einkommensquelle, sondern das persönlich freie Gesamteinkommen eines Steuerpflichtigen bildet. (Siehe die Endurteile oben Nr. 10, 16 und 17.)

Nr. 33.

Endurteil des II. Senats vom 4. November 1878 (Entsch. Bd. IV. S. 63).

1) Der §. 29 des Zuständigkeitsgesetzes vom 26. Juli 1876 ist jetzt vollständig beseitigt, auch eine ähnliche Bestimmung hat in den neuen Verwaltungsgesetzen von 1883 nicht Aufnahme gefunden. An die Stelle des §. 65 desselben Gesetzes ist jetzt der §. 19 der Kreisordnung neuester Fassung getreten, an die Stelle des §. 35 des Gesetzes vom 3. Juli 1875 aber der §. 63 des Landesverwaltungsgesetzes vom 30. Juli 1883.

2) Auch Klagen sind Rechtsmittel.

3) Über die Kreisabgabenpflicht im allgemeinen (in abstracto) und abgesehen von dem einzelnen Falle der Hebung (in concreto) findet eine Entscheidung im Verwaltungsstreitverfahren überhaupt nicht statt.

4) Die den Landgestüten gehörenden Marställe, Reitbahnen und Krankenställe sind im Sinne des §. 17 der Kreisordnung als „dem Staate gehörige, zu einem öffentlichen Dienste oder Gebrauche bestimmte Gebäude" anzusehen. Die im §. 3 Nr. 2 des Gebäudesteuergesetzes vom 21. Mai 1861 — G.-S. S. 317 — gebrauchten Worte „insonderheit also die zum Gebrauche" haben nicht die Bedeutung, daß damit ein erschöpfendes Verzeichnis aller einzelnen, unter den Begriff der Bestimmung für den öffentlichen Dienst oder Gebrauch fallenden Gebäude gegeben sei, es handelt sich dabei nur um Beispiele.

5) Die der Gestütverwaltung zunächst zu gewöhnlicher, landwirtschaftlicher Nutzung überwiesenen, auch thatsächlich als solche genutzten, sogenannten Gestütvorwerke sind zu einem öffentlichen Dienste oder Gebrauche nicht bestimmt und deshalb von den Kreisabgaben nicht befreit. (Erkenntnis vom 16. Mai 1878 — Entsch. Bd. IV. S. 67, 68 in der Anmerkung.)

Nr. 34.

Endurteil des II. Senats vom 21. November 1878 (Entsch. Bd. IV. S. 69).

1) Vergl. das Endurteil vom 14. März 1877 (oben Nr. 15). Dort hing die Entscheidung von der unter den Parteien streitigen Frage ab, welche Jahre bei der Berechnung des dreijährigen Durchschnittes im Sinne des §. 30 des Gesetzes vom 1. Mai 1851 (G.-S. S. 193) behufs Veranlagung zu den Kreisabgaben nach §§. 14, 15 der Kreisordnung in Betracht kommen. Ist diese Frage nicht streitig, so liegt auch für den Verwaltungsrichter keine Veranlassung vor, wider den Willen der Parteien eine Berichtigung der Veranlagung vorzunehmen, wenn etwa andere Durchschnittsjahre zu Grunde gelegt worden sind.

2) Die zu dem Klassen- und Einkommensteuergesetze erlassenen Ausführungsinstruktionen sind, wenn auch nicht nach §. 200 der Kreisordnung (Hannover §. 122, Hessen-Nassau §. 121, Westfalen §. 104), maßgebend, wenn ein Kreisausschuß — in ihrer Befolgung — dieselben der Veranlagung einer Eisenbahngesellschaft zu den Kreisabgaben ausdrücklich zu Grunde gelegt hat. Vergl. Gesetz vom 27. Juli 1885 (G.-S. S. 327).

Nr. 35.

Endurteil vom 12. Dezember 1878 (Entsch. Bd. IV. S. 72).

1) Die Entscheidung der Frage, wie weit die Grenzen des Besteuerungsrechtes der Kreiskorporationen überhaupt reichen, kann nicht aus dem Kreissteuerstatut, sondern aus dem Gesetze entnommen werden. Sollte etwa mit ersterem eine Belastung der Kreisangehörigen über die durch das letztere festgestellten Grenzen hinaus bezweckt oder bestimmt werden, so stände gleichwohl jedem davon Betroffenen das Recht zu, dieselbe in jedem einzelnen Falle der Heranziehung auf das gesetzlich allein statthafte Maße zurückgeführt zu sehen (vergl. „Angelegenheiten der Landgemeinden" Endurteil vom 3. März 1877).

2) Fiskus kann, nach §. 14 Abs. 3 der Kreisordnung, wenn die übrigen Abgabenpflichtigen 100 % der Klassen- u. s. w., und 50 % der Grund- u. s. w. Steuer zu entrichten haben, nicht mit 150 %, sondern nur mit 100 % der letzteren Steuer zu den Kreisabgaben herangezogen werden.

3) Die Satzung für die Besteuerung des Fiskus ist nicht lediglich im Absatz 3, sondern auch in den beiden ersten Absätzen des §. 14 zu suchen. Daraus ergibt sich die Verpflichtung des Fiskus, Kreisabgaben vom Grundbesitze und vom Gewerbe zu bezahlen, ohne weiteres, der dritte Absatz hat nur den Zweck, für das bei anderen Kreisangehörigen besteuerbare **Einkommen** in einer über den allgemein zu zahlenden Satz erhöhten Heranziehung des Fiskus nach Maßgabe der Grundsteuer um deshalb Ersatz zu schaffen, weil das **Einkommen** des Fiskus einer Besteuerung nicht unterliegt. Vergl. Gesetz vom 27. Juli 1885 (G.-S. S. 327).

Nr. 36.

Endurteil vom 17. Februar 1879 (Entsch. Bd. V. S. 5).

1) Eine Eisenbahngesellschaft, deren Etatsjahr mit dem Kalenderjahr zusammenfällt und deren steuerpflichtiges Einkommen von dem Eisenbahnkommissariat alljährlich für das Kalenderjahr festgestellt wird, kann von dem Kreise, welcher sein Etatsjahr in Gemäßheit des §. 1 des Gesetzes vom 29. Juni 1876 (G.-S. S. 127) festgestellt hat, nicht verlangen, daß für das hiernach überschießende Quartal des Kreissteuerjahres eine neue, besondere, dem Einkommensergebnisse des Vorjahres entsprechende Veranlagung zu erfolgen habe (§§. 116 Nr. 3 und 127 der Kreisordnung — Hannover §§. 73 und 83, Hessen-Nassau §§. 74 und 84, Westfalen §§. 61 und 71).

2) Das Einkommen einer Aktiengesellschaft kommt hinsichtlich der Kreisbesteuerung nicht als Gesamteinkommen in Betracht — weder überhaupt, noch innerhalb des einzelnen Kreises. Das Einkommen aus dem Gewerbebetriebe derselben bildet das Objekt der Besteuerung, und der Gewerbebetrieb einer Eisenbahngesellschaft vollzieht sich an den einzelnen Eisenbahnstationen; dieselbe kann also verlangen, daß sie nach dem für jede einzelne Station besonders berechneten Einkommen zu den Kreisabgaben veranlagt und herangezogen werde. Vergl. Gesetz vom 27. Juli 1885 (G.-S. S. 327).

3) Vergl. oben Endurteil Nr. 7 wegen §. 11 Abs. 2 der Kr.-O.

Nr. 37.

Endurteil des II. Senats vom 6. März 1879 (Entsch. Bd. V. S. 15).

1) Wegen des „Durchschnittes der letzten drei Jahre" für die Berechnung der von den Eisenbahngesellschaften zu zahlenden Kreisabgaben

vergl. oben Nr. 15 und 34; wenn aber der Kreisausschuß die Rechnung nach dem ersten, zweiten, dritten rückwärts liegenden Jahre angelegt hat, so mögen zwar dem Verlangen des Steuerpflichtigen, einen anderen Durchschnitt für maßgebend zu erachten, praktische Erwägungen zur Seite stehen, ein Recht darauf läßt sich jedoch nicht anerkennen.

2) Wenn durch Beschluß des Kreistages das Etatsjahr des Kreises in Gemäßheit des Gesetzes vom 29. Juni 1876 §. 1 (G.=S. S. 177) mit dem Anfangszeitpunkte des 1. April verlegt wird, und der Kreisausschuß dann hinsichtlich der Veranlagung einer Eisenbahnstation eine Teilung in der Art vornimmt, daß er wegen des durch die Ausdehnung des Jahres hinzutretenden Quartals andere Jahre für die Berechnung des dreijährigen Durchschnittes zu Grunde legt, so kann der Verwaltungsrichter nach §. 1 Abs. 2 des Gesetzes vom 29. Juni 1876 hieran nichts ändern, sofern der Streit der Parteien sich nur darum dreht, welche Vorjahre als Durchschnittsjahre gelten sollen.

3) Wenn die Parteien darüber einig sind, daß das Einkommen der Eisenbahngesellschaft nach Maßgabe der mit den Kalenderjahren zusammenfallenden Betriebsjahre zu berechnen sei, so ist der Verwaltungsrichter nicht genötigt, den in den Betriebs(Kalender)jahren erzielten wirklichen Erträgen andere, für die Etatsjahre geschätzte Erträge zu substituieren. Für diese Anschauung spricht auch nicht §. 2 lit. b. des Gesetzes vom 12. Juli 1876 (G.=S. S. 288), denn das kreisabgabenpflichtige Einkommen wird nicht nach Maßgabe des Eisenbahn=Abgabengesetzes vom 30. Mai 1853 (G.=S. S. 449) berechnet, sondern in Gemäßheit des §. 15 der Kreisordnung vornehmlich nach dem Gesetze vom 1. Mai 1851 (25. Mai 1873). Die Grundlage für die Entscheidung des Verwaltungsrichters bildet vielmehr die Übereinstimmung der Parteien bezüglich der Berechnung des kreisabgabenpflichtigen Einkommens des Steuerpflichtigen nach Maßgabe der Betriebsjahre, sowie der Umstand, daß der Berücksichtigung dieses wechselseitigen Einverständnisses der §. 30 des Gesetzes vom 1. Mai 1851 und die dazu ergangene Instruktion vom 3. Januar 1877 nicht entgegensteht.

Nr. 38.

Endurteil des II. Senats vom 19. Mai 1879 (Entsch. Bd. V. S. 52).

1) Nach §. 11 in Verbindung mit §. 10 der Kreisordnung sind nicht allein die Kreisabgaben der Kreisangehörigen, sondern auch die der Forensen, juristischen Personen u. s. w. (§. 14 a. a. O.) für die einzelnen Gemeinden und Gutsbezirke im ganzen berechnet und diesen zur Unterverteilung auf die einzelnen Steuerpflichtigen nach demselben Maßstabe zur Einziehung sowie zur Abführung im ganzen an die Kreiskommunalkasse zu überweisen. Unrichtig ist dagegen die Annahme, daß der §. 11 sich nur auf die von den Kreisangehörigen zu entrichtenden Kreisabgaben beziehe, daß dagegen die auf die Forensen, juristischen Personen u. s. w. entfallenden Kreisabgaben unmittelbar von diesen im §. 14 bezeichneten Abgabenpflichtigen seitens der Kreise aufgefordert werden müßten.

2) Die unmittelbare Einforderung der Kreisabgaben von den Forensen u. s. w. ist zwar formell nicht richtig, aber materiell unschädlich, soweit es sich um das platte Land handelt. (Wegen der Städte vergl. §. 11 Abs. 2 der Kr.=O.) Zu beachten ist hier auch die Eigentümlichkeit der Westfälischen Kr.=O.

3) Sind die Kreisabgaben gleichwohl unmittelbar von einem Forensen eingefordert, so kommt in Frage, ob dieser zur Zeit der Ausschreibung der

Kreisabgaben noch Forense, mithin noch kreisabgabenpflichtig war. Hat ein Forense **vor** diesem Zeitpunkte seinen forensalischen Besitz im Kreise veräußert, so war er auch nicht mehr Forense, mithin dem Besteuerungsrechte des Kreises nicht mehr unterworfen.

4) In Kreisabgabensachen hat der Verwaltungsrichter nicht die Reklamationsbescheide der Kreisausschüsse zu bestätigen, aufzuheben und abzuändern, sondern seine Entscheidung auf Abweisung der Klage, Freilassung des Klägers oder Feststellung des Kreisabgabenbetrages, zum mindesten des Prinzipalsteuersatzes zu richten. Hiernach ist auch der Tenor der Entscheidungen zu fassen. Vergl. Gesetz vom 27. Juli 1885 (G.=S. S. 327).

Nr. 39.

Endurteil des II. Senats vom 23. Mai 1879 (Entsch. Bd. V. S. 56).

1) An die Stelle der §§. 41 und 62 des Gesetzes vom 3. Juli 1875 sind die §§. 71 und 92 des Landesverwaltungsgesetzes vom 30. Juli 1883 getreten.

2) Ein auf Grund des §. 13 und 176 Nr. 2 der Kreis=Ordnung (Hannover §. 103, Hessen=Nassau §. 104, Westfalen §. 91) gefaßter und bestätigter Kreistagsbeschluß, betreffend die Mehr= oder Minderbelastung einzelner Kreisteile, ist im Verwaltungsstreitverfahren nicht mit der Behauptung angreifbar, daß es in anbetracht der konkreten Verhältnisse angemessen und billig gewesen wäre, wenn der Kreistag ein Gut in eine niedrigere Interessentenklasse, als geschehen, eingeschätzt hätte.

3) Der Stellung des Kreistages würde es entsprechen, wenn er nicht selbst die Einschätzung sämtlicher Ortschaften zu den verschiedenen Interessentenklassen bewirkte, sondern, unter Aufstellung der maßgebenden Grundsätze, dies dem Kreisausschusse überließe. Indessen dies ist gesetzlich nicht vorgeschrieben (Kreisordnung §§. 10—12 116 Nr. 3 und 6 — Hannover §. 73, Hessen=Nassau §. 74, Westfalen § 61).

4) Behufs Tilgung einer zum Kreischausseebau aufgenommenen Kreisschuld beschloß ein Kreistag bis zur gänzlichen Rückzahlung der Schuld eine Mehrbelastung der bevorzugten Gemeinde= und Gutsbezirke, sowie eine Neubelastung aller übrigen Gemeinde= und Gutsbezirke. Sämtliche Bezirke sollten in 4 Klassen eingeteilt werden, von denen die vierte Klasse 75, die dritte $56^1/_4$, die zweite $37^1/_2$ und die erste $18^3/_4$ vom 100 der Staatssteuern zu zahlen habe.

Zu der ersten Klasse sollten alle diejenigen Gemeinden und Gutsbezirke gerechnet werden, welche nicht zu einer der drei anderen Klassen gehörten. Auf Grund dieses Beschlusses wurde ein „Interessententableau" aufgestellt, vom Kreistage angenommen, vom Minister bestätigt und im Kreisblatte mit der Aufforderung an die Gemeinden und Gutsbezirke bekannt gemacht, die für jede Ortschaft berechneten Raten einzuzahlen. Hiergegen reklamierte und klagte ein Gutsbesitzer mit dem Antrage, aus der dritten Klasse in die zweite oder in eine andere, schließlich in die erste versetzt zu werden, allein dieser Antrag wurde zurückgewiesen, weil eine solche Klage überhaupt nicht zulässig sei. Denn der §. 13 übertrage dem Kreistage das Recht, zu „beschließen". Grundsätze, nach welchen das Maß der den einzelnen Kreisteilen aus der betreffenden Kreiseinrichtung erwachsenden Vorteile bemessen werden soll, sind im Gesetze nicht vorgesehen, vielmehr ist die Ermittelung und Festsetzung angemessener Abstufungen dem pflichtmäßigen Ermessen der Kreisvertretung überlassen und der nach den Gesichtspunkten administrativer Zweckmäßigkeit zu beurteilende **Kreistagsbeschluß** in seiner Gültigkeit von der Bestätigung des Ministers des Innern abhängig gemacht.

Die von dem Kreistage selbst in der Bekanntmachung durch das Kreisblatt als zulässig bezeichnete Reklamation wäre wohl nur mit der Behauptung zu begründen gewesen, daß der auf die einzelnen Steuerpflichtigen entfallende Beitrag dem bestätigten Kreistagsbeschlusse nicht entspreche.

Nr. 40.

Endurteil des II. Senats vom 17. November 1879 (Entsch. Bd. VI. S. 1).

1) Voraussetzung des Besteuerungsrechtes des Kreises wie der Abgabenpflicht der Forensen (§. 14 der Kreisordnung) ist der Betrieb des Gewerbes seitens des letzteren zu der Zeit, zu welcher die Veranlagung zu den Kreisabgaben erfolgt. Ist also die Veranlagung im Laufe des Etatsjahres erfolgt und der Gewerbebetrieb schon vorher eingestellt worden, so kann gegen den Gewerbetreibenden für die Folgezeit ein Besteuerungsrecht nicht mehr geltend gemacht werden.

2) Besteht das Gewerbe in dem Betriebe eines Holzhandels aus einem Walde, so ist die Quelle des dem Gewerbetreibenden zufließenden Einkommens nicht der Wald, sondern das von dem Waldeigentümer mittels Verkaufs der Produkte dieses Waldes betriebene Gewerbe. Vergl. Gesetz vom 27. Juli 1885 (G.-S. S. 327).

Nr. 41.

Endurteil des II. Senats vom 20. November 1879 (Entsch. Bd. VI. S. 5).

1) Bei der Anwendung des §. 16 der Kreisordnung, betreffend die Doppelbesteuerung, kann, um zunächst den Hauptfaktor der hier vorgeschriebenen Berechnung, „das zur Staatssteuer veranlagte Gesammteinkommen", zu finden, es nicht auf die — eine größere Gruppe von Einkommen mehr oder minder weit auseinanderliegender Beträge umfassende — **Steuerstufe**, in welche der Pflichtige steuert, sondern nur auf das in bestimmten Zahlen ausgedrückte **Einkommen**, welches die Lozierung in der fraglichen Stufe zur Folge hat, ankommen. Demnächst handelt es sich um die Ermittelung „der bezüglichen Einkommenssteuerquote", d. h. desjenigen Bruchteiles des Gesamteinkommens, welchen die außerhalb des Domizilkreises belegenen Einnahmequellen liefern, und endlich um eine verhältnismäßige Herabsetzung des festgestellten, d. i. des von dem Gesamteinkommen zu entrichtenden „Steuersatzes", um eine Anrechnung*) jenes Bruchteiles auf diesen Steuersatz. In dieser Weise muß ein Reklamant, welcher ein aus verschiedenen Kreisen herrührendes Einkommen bezieht und dieserhalb in seinem Domizilkreise veranlagt ist, den Nachweis einer Mehrbelastung antreten, auch muß er die Frage klarstellen, ob und inwieweit etwa der erforderte Abgabenbetrag den gesetzlich zulässigen überschreite.

2) Der veranlagende Kreisausschuß befindet sich hierbei nicht in Übereinstimmung mit den gesetzlichen Bestimmungen, wenn er bei der Veranlagung — statt von einem Gesamteinkommen — vielmehr lediglich von einem bestimmten Einkommen aus einem der anderen Kreise ausgeht, wobei es jedoch nur auf das praktische Endergebnis ankommt, ob der Reklamant durch Einforderung des thatsächlich auf ihn verteilten Abgabenbetrages überbürdet ist.

---

*) In den Entscheidungen Bd. VI. S. 7 steht „Anwendung" (Druckfehler).

Nr. 42.

Endurteil des II. Senats vom 11. Dezember 1879 (Entsch. Band VI. S. 28).

1) Eine Fabrik, (in diesem Falle eine Aktien-Bierbrauerei) deren zur kaufmännischen Vertretung, insbesondere zum Vertriebe des Fabrikates bestimmtes Kontor außerhalb des Kreises liegt, muß hinsichtlich der Heranziehung ihres Einkommens zu den Kreisabgaben als ein Gewerbeunternehmen angesehen werden, welches sich aus zwei verschiedenen, teils hier, teils dort betriebenen Geschäftszweigen — Fabrikation und Handel — zusammensetzt, aus deren Verbindung die Reineinahme hervorgeht. Es muß also behufs der Kreisbesteuerung eine Verteilung des Gesamteinkommens auf beide Geschäftszweige vorgenommen werden, und der Kreis, in welchem die Fabrik liegt, kann nur denjenigen Teil zur Besteuerung heranziehen, welcher auf die innerhalb seines Gebietes betriebene Fabrikation zu rechnen ist. (§. 14 der Kr.-O.)

2) Die Entscheidung darüber, wie das Gesamteinkommen auf beide Geschäftszweige zu verteilen ist, kann nur aus dem Wesen der Sache und aus den besonderen Verhältnissen des einzelnen Falles entnommen werden. Der Gewinn der Fabrik ohne kaufmännischen Betrieb läßt sich nicht berechnen, es handelt sich also um eine arbiträre, approximative Schätzung. Diese richtet sich nach dem Verhältnis, in welchem die beiden Geschäftszweige thatsächlich zu einander stehen. Insbesondere ist zu untersuchen, ob sie vollständig voneinander getrennt sind, oder ob etwa der Vertrieb der Ware zum Teil auch von der Fabrikationsstätte aus erfolgt. Es kommt darauf an, ob es sich um ein Unternehmen von bedeutendem Umfange handelt, bei welchem die kaufmännische Leitung naturgemäß schwerer ins Gewicht fällt, oder ob das Gewerbe wegen seiner geringeren Ausdehnung der Handelsthätigkeit weniger Raum läßt. Es ist die Art des Fabrikates ins Auge zu fassen, welches, je nachdem es einen Absatz nur in eng begrenztem Kreise oder vielleicht als einen Artikel des Weltmarktes bis auf die weitesten Entfernungen gestattet, einen eigentlichen Handelsbetrieb kaum nötig macht oder umgekehrt in hervorragender Weise erfordert u. s. w.

3) Dem Gesichtspunkte, daß Rechte und Pflichten gegeneinander abgewogen und folglich die den einzelnen Gemeinden oder Kreisen aus dem Gewerbebetriebe erwachsenden Lasten mitberücksichtigt werden, ist eine Berechtigung nicht einzuräumen.

4) Der §. 16 der Kreisordnung (Doppelbesteuerung) kommt hier nicht zur Anwendung. Derselbe bezieht sich nach §. 169 Abs. 2 der Kr.-O. (Hannover §. 101, Hessen-Nassau §. 102, Westfalen §. 89) nicht auf die (in diesem Falle in Betracht kommenden) Stadtkreise, handelt auch nur von der Besteuerung im Domizilkreise, während hier die Besteuerung im Forensenkreise in Frage steht und dem letzteren das Recht selbständiger Veranlagung der Forensen ohne Rüsichtnahme auf die Einschätzung derselben im Domizilkreise nach §§. 14, 15 der Kreisordnung nicht abgesprochen werden kann. Vergl. Gesetz vom 27. Juli 1885 (G.-S. S. 327).

Nr. 43.

Endurteil des II. Senats vom 19. Januar 1880 (Entsch. Bd. VI. S. 33).

1) Der §. 4 Abs. 2 des Zust.-Ges. vom 26. Juli 1876, betreffend die Zulässigkeit des ordentlichen Rechtsweges, ist durch den §. 19 Abs. 3 der Kr.-O. in neuester Fassung beseitigt.

2) Ältere Privilegien, betreffend die Befreiung von Kreisabgaben, haben gegenüber den die Kreisabgabenpflicht neu regelnden Bestimmungen der Kreisordnung keine Geltung mehr (Vertrag, betreffend die Thüringische Eisenbahn vom 19. April 1844, Art. 15 — G.=S. S. 444; Vertrag mit derselben Eisenbahn vom 12. Januar 1866 §. 19 — G.=S. S. 484; Kreisordnung §§. 14, 15, 19, 199 — Hannover §. 121, Hessen=Nassau §. 120).

3) Dagegen sprechen auch nicht die §§. 21 und 61 der Einleitung zum A. L.=R. „lex generalis non derogat legi speciali priori“. Vergl. Endurteil vom 17. April 1879 (Besondere Befugnisse des Kreistages) über §. 199 der Kr.=O.

4) Niemand kann sich der Befolgung eines Gesetzes durch die Behauptung entziehen, das Gesetz habe nicht erlassen werden dürfen, und der Richter ist nicht berechtigt, aus diesem Grunde die Anwendung eines Gesetzes abzulehnen.

5) Ein Staat mag dem andern völkerrechtlich verbunden sein, einer Eisenbahngesellschaft die Befreiung von allen Kommunalabgaben fortdauernd zu gewähren; staatsrechtlich ist er aber unbehindert, ein derartiges Privilegium wieder aufzuheben (§. 70 der Einleitung zum A. L.=R.).

Nr. 44.

Endurteil des II. Senats vom 5. Februar 1880 (Entsch. Bd. VI. S. 41).

1) Aus den im §. 11 der Kr.=O. enthaltenen Worten „im ganzen“ kann in Bezug auf die Frage, zu welchem Zeitpunkte die Kreisabgaben entrichtet werden müssen, nichts gefolgert werden. Über die Bedeutung dieser Worte vergl. das Endurteil vom 19. September 1876, oben Nr. 8. Die Einzelnen müssen ihre Beiträge zu einem Zeitpunkte entrichten, welcher die — zur Vorschußleistung nicht verpflichtete — Gemeinde in den Stand setzt, das Soll im ganzen zu berichtigen, d. h. vor den Terminen zur Abführung an die Kreiskommunalkasse.

2) Der Kreis kann nicht verpflichtet werden, von den Gemeinden und damit auch von den Einzelnen die Entrichtung der Kreisabgaben nicht auf einmal zum vollen Jahresbetrage zu fordern, vielmehr ist die Zahlung in Raten sowohl üblich, als auch stillschweigend als zuläsig anerkannnt. Deshalb gerade die Bestimmung im §. 11 der Kr.=O. wegen der Ab= und Zugänge. Es ist aber den Kreisen unbenommen, die Entrichtung des ganzen Jahresbeitrages auf einmal zu verlangen, und dies kann er in jedem Jahre besonders regeln.

3) Darüber, in welchen Terminen die Kreisabgaben erhoben werden sollen, gibt es keine gesetzliche Vorschrift. Aus §. 10 a. a. O. läßt sich die Bestimmung monatlicher Termine nicht herleiten, denn derselbe bezieht sich lediglich auf die Verteilung, nicht auf die Einziehung der Kreisabgaben. Anordnungen, welche in den einzelnen, die Staatssteuern regelnden Gesetzen über die Hebung für jede Steuer besonders getroffen werden, lassen sich nicht ohne weiteres auf die Abgaben der Kommunalverbände ausdehnen. Auch aus dem §. 6 des Gesetzes vom 11. Juli 1822 §. 6 — G.=S. S. 184 — (für die neuen Landesteile V. vom 23. September 1867 — G.=S. S. 1648 —) läßt sich darüber nichts entnehmen, in welchen Terminen die Kommunalabgaben von den Staatsdienern erhoben werden sollen.

4) Wenn ein Beamter im Laufe des Steuerjahres aus dem Kreisverbande ausscheidet, so wird das Besteuerungsrecht des Kreises dadurch

nicht berührt. Etwaige Ansprüche des Beamten sind nicht gegen den Kreis, sondern gegen die Gemeinde zu richten (§. 11 der Kr.=O.).

5) Eventuelle Klagen, in Ansehung deren die Partei den Entschluß wegen der Einleitung der Klage von sich ab= und dem Richter zu= schiebt, sind im Verwaltungsstreitverfahren nicht zulässig.

6) Die §§. 49 und 65 des Zust.=Ges. von 1876 (§. 34 des Zust.=Ges. vom 1. August 1883 und §. 19 der Kr.=O. in neuester Fassung) gewähren in diesem Falle keine Klage gegen die Gemeinde. Nur die Aufsichts= behörden würden behufs Verfolgung eines Anspruches gegen die Ge= meinde angerufen werden können (§§. 7 und 24 des Zust.=Ges. vom 1. August 1883).

Nr. 45.

Endurteil des II. Senats vom 13. Dezember 1880 (Entsch. Bd. VII. S. 27).

1) Die Annahme idealer Rechtssubjekte (juristischer Personen) mit privatrechtlicher Rechtsfähigkeit ist ein unabweisliches Bedürfnis jedes Ver= kehrslebens. Die Erfordernisse und Vorbedingungen aber, unter welchen ein Rechtssubjekt, wenn es nicht aus einer physischen Person besteht, als solches gelten darf, und der Umfang und die Wirkung dieser Geltung sind nicht aus allgemeinen Begriffen abzuleiten, sie beruhen vielmehr lediglich in dem possitiven Rechte eines jeden Staates und müssen nach dessen Satzungen bemessen werden. Nach preußischem Rechte A. L.=R. II. Tit. 6.

2) Eingetragene Genossenschaften gehören nicht zu den juristischen Personen (Gesetz, betreffend die privatrechtliche Stellung der Er= werbs= und Wirtschaftsgenossenschaften, vom 4. Juli 1868 — B.=G.=Bl. S. 415 — Deklaration vom 19. Mai 1871 — R.=G.=Bl. S. 101 —) im Sinne des §. 14 der Kr.=O., denn sie sind weder durch Gesetz, noch durch besondere Verleihung (in diesem Falle) dazu erklärt worden, sondern man hat sich darauf beschränkt, sie mit denjenigen Rechten auszustatten, welche in jedem einzelnen Falle zur Erreichung ihrer Zwecke erforderlich und genügend erscheinen.

3) Ebenso verhält es sich mit den im Deutschen Handelsgesetzbuche ge= dachten Handelsgesellschaften, sie werden auch im §. 10 der Grund= buchordnung vom 5. Mai 1872 neben den juristischen Personen besonders aufgeführt.

4) Deshalb unterliegt auch das Einkommen der Vorschußvereine (eingetragene Genossenschaften) aus dem Grundbesitze oder dem Gewerbe= betriebe der Heranziehung zu den Kreisabgaben nicht. Vergl. Gesetz vom 27. Juli 1885 (G.=S. S. 327).

Nr. 46.

Endurteil des II. Senats vom 16. September 1880 (Entsch. Bd. VII. S. 34).

1) Eine Gewerkschaft (Bergbau), welche von ihrem gesamten, über mehrere Kreise sich erstreckenden Hüttenbetriebe nur in einem derselben zur Staatssteuer veranlagt ist, kann doch zu den in diesem Kreise auf das Ge= werbe gelegten Kreisabgaben nur in soweit herangezogen werden, als das Gewerbe innerhalb seiner Grenzen betrieben wird (§. 14 der Kr.=O.).

2) Der staatlichen Besteuerung des Gewerbes liegt das Prinzip zu Grunde, daß derjenige, welcher innerhalb des Staatsgebietes unter dem Schutze des Staates und im Mitgenusse der staatlichen Einrichtungen eine gewisse wirtschaftliche Thätigkeit entfaltet, dafür ein Äquivalent an den=

jenigen zahlen muß, der ihm diesen Betrieb gewährleistet. Liegt die Betriebsstätte nur zum Teil unter dem Schutze des diesseitigen Staates, so wird die Abgabe — Gewerbesteuer — nur nach Maßgabe des im Inlande stattfindenden Betriebes erhoben (§. 15 der Anweisung vom 20. Mai 1876) Das Objekt der Besteuerung ist die wirtschaftliche, lokalisierte Thätigkeit, das sich innerhalb des geographischen Bezirkes des Steuerberechtigten entwickelnde Gewerbe. Auf demselben Prinzip beruht das Besteuerungsrecht der Kreise.

3) Der die Aufbringung der Kreisabgaben betreffende §. 10 der Kreisordnung ist nicht dazu bestimmt und danach angethan, den Umfang der der Kreisbesteuerung unterworfenen Objekte zu erweitern; derselbe will nur regeln, wie der Kreis die seinem Besteuerungsrechte unterworfenen Gegenstände besteuern soll. Keineswegs läßt sich aus dem Veranlagungs- und Aufbringungsmodus ableiten, daß, wenn etwa der Staat die in mehreren Kreisen betriebenen Gewerbe mit einem Steuersatze umfaßt, dann auch der Kreis den in fremden Kreisen belegenen Grundbesitz oder das in fremden Kreisen betriebene Gewerbe besteuern dürfte. Nicht die Staatssteuer, welche in einem Kreise zur Hebung gelangt, sondern der im Kreise belegene Grundbesitz, das im Kreise belegene Gewerbe ist das Objekt der Besteuerung.

Nr. 47.

Endurteil des II. Senats vom 4. Oktober 1880 (Entsch. Bd. VII. S. 38).

1) Wenn jemand in dem einen Kreise eine Ziegelei, in dem anderen einen für jene das Rohmaterial liefernden Erdstich betreibt, so ist er von seinem Einkommen aus dem Gewerbebetriebe dem letzteren Kreise als Forense nur in dem Falle nicht abgabenpflichtig, wenn der Gesamtbetrieb in beiden Kreisen kein Reineinkommen abwirft.

2) Für sich allein gewährt ein Erdstich einen Reinertrag dem Ziegeleibesitzer nicht, sofern es feststeht, daß die Ausnutzung des Erdstichlandes lediglich zu dem Zwecke erfolgt, daß die gewonnene Erde auf der Ziegelei in dem Nachbarkreise, dem Domizilkreise des Gewerbetreibenden, ihre Verwendung finde.

3) Deshalb darf auch der Gewerbetreibende wegen dieses außerhalb seines Domizilkreises, d. h. im Forensalkreise, betriebenen Erdstiches nicht in der Weise eingeschätzt werden, daß dabei der Wert der gestochenen Erde unter Zugrundelegung des gewöhnlichen Verkaufswertes dortiger Ziegelerde berechnet wird, denn die Erde wird nicht verkauft. Es darf bei der Veranlagung nicht ein Einkommen in Betracht gezogen werden, wie es vielleicht erzielt werden könne, vielmehr unterliegt der Besteuerung nur dasjenige Einkommen, welches wirklich erzielt worden ist.

4) Im übrigen stellt sich die Gewinnung der Ziegelerde als ein Gewerbebetrieb dar, ebenso wie die Ausbeutung eines Steinbruches, eines Torf-, Kreide- u. s. w. Lagers. Im vorliegenden Falle ist aber der Erdstich nur ein Teil des Gesamtbetriebes, es könnte also auch die Heranziehung des Gewerbetreibenden in dem Forensalkreise nur von einem verhältnismäßigen Teile desjenigen Einkommens geschehen, welches aus dem Gesamtbetriebe bezogen wird.

5) Wenn ein Holzhändler außerhalb seines Domizilkreises das Holz einer angekauften Forst abtreibt, um dasselbe nachher außerhalb des Forensalkreises zu veräußern, so kann in dem Abtreiben des Waldes und in der Zubereitung der geschlagenen Hölzer zur Verkaufsware sehr wohl die Ausübung eines stehenden Gewerbes gefunden werden, welcher auch hier wieder

als ein Teil des Gesamtbetriebes des Holzhändlers, nämlich als die Produktion oder Fabrikation gegenüber dem Verkaufe, erscheinen würde.

Nr. 48.

Endurteil des II. Senats vom 8. Oktober 1880 (Entsch. Bd. VII. S. 42).

1) Wenn es sich bei der Heranziehung zu den Kreisabgaben darum handelt, das Einkommen aus Holzungen (Waldungen) festzustellen, so ist dabei der von dem Waldeigentümer nachgewiesene, thatsächlich erzielte Ertrag der Forst und nicht eine annähernde Schätzung zu Grunde zu legen. Dem steht auch der Absatz 3 des §. 28 des Klassen- und Einkommensteuergesetzes vom 1. Mai 1851, welcher einen Durchschnitt der letzten drei Jahre zu Grunde gelegt wissen will, nicht entgegen. (Instruktion vom 3. Januar 1877 — Min.-Bl. d. i. V. S. 44.)

2) Von dem Einkommen aus größerem Grundbesitze (es handelte sich um Königliche Familiengüter), insbesondere auch bei dessen Verpachtung, kommen die Generalverwaltungskosten in Abzug.

3) Dazu gehören (in diesem Falle) die Kosten für die Unterhaltung der Hofkammer, welche nicht zum Hofstaate gehört, sondern nur die Verwaltung der Königlichen Fideikommiß- u. s. w. Güter zu führen hat.

4) Nur dasjenige Einkommen unterliegt nach dem Gesetze vom 1. Mai 1851 der Besteuerung, welches nach Abzug aller zur Erzielung der Einnahmen aufgewendeten Ausgaben übrig bleibt. „Einkommen" heißt hier soviel als Reineinkommen".

5) Die Ausgaben für die Hofkammer fallen nicht in die Klasse der Ausgaben für das Hauswesen oder der persönlichen Dienstleistungen, sondern sie stehen im Gegenteil ihrem Wesen nach den Ausgaben für den Wirtschaftsbetrieb ganz gleich. (§. 4 der Instr.)

6) Nach §. 7 der Instruktion vom 3. Januar 1877 (Min.-Bl. d. i. V. S. 44) soll als Einkommen aus Holzungen in der Regel der nach dem landesüblichen Wirtschaftsplane sich ergebende Jahresertrag in Ansatz gebracht werden, ohne Rücksicht darauf, daß vielleicht in dem einen Jahre die zulässige Holzfällung ausgesetzt wird. Allein selbst wenn der §. 7 in einem Falle, wo eine annähernde Abschätzung nicht eintritt, anzuwenden sein sollte, so müßte doch der Kreis nachweisen, daß die Bewirtschaftung der qu. Forst in den letzten drei Jahren abweichend von dem landesüblichen Wirtschaftsplane erfolgt sei und daß namentlich etwa die Forstverwaltung den Holzwert habe anwachsen lassen, statt den haubaren Bestand zu schlagen.

Nr. 49.

Endurteil des II. Senats vom 25. Oktober 1880 (Entsch. Bd. VII. S. 49).

1) Die Verbindlichkeit von Kreistagsbeschlüssen über die Beitragspflicht zu den Kreisabgaben ist durch die Veröffentlichung ihres Inhaltes bezw. der etwa erforderlichen ministeriellen Bestätigung nicht bedingt. (Kr.-O. §§. 12, 13, 125, 176 — Hannover §§. 81 und 103, Hessen-Nassau §§. 82 und 104, Westfalen §§. 69 und 91.)

2) Aus §. 12 Abs. 4 der Kr.-O. folgt nicht, daß ein Kreistagsbeschluß ungültig ist, weil er nicht bis zum Schlusse des dort bezeichneten Jahres die höhere Bestätigung erhalten habe. Die sich aus §. 13 a. a. O. ergebende, von §. 12 unabhängige Befugnis, die Kreisangehörigen einzelner Kreisteile unter Umständen höher zu belasten, ist an eine Frist nicht gebunden.

Nr. 50.

Endurteil des II. Senats vom 2. Dezember 1880 (Entsch. Bd. VII. S. 77).

1) Der zu einer „Nachforderung" im Laufe des Etatsjahres berechtigende Fall einer „gänzlichen Übergehung" liegt auch vor, wenn die Verteilung der Kreisabgaben nach dem Verhältnisse aller direkten Staatssteuern zu erfolgen hatte und hierbei nur die Gewerbesteuer der sämtlichen Gewerbetreibenden einer Gemeinde übergangen ist. §§. 5, 6 und 14 des Gesetzes über die Verjährungsfristen bei öffentlichen Abgaben vom 18. Juni 1840 — G.=S. S. 140 (für die neuen Landesteile Gesetz vom 12. April 1882 — G.=S. S. 297).

2) Die staatlichen Grundsteuern können sowohl bei gänzlicher Übergehung als bei zu geringem Ansatze nachträglich verlangt werden, bei allen anderen Steuern nur bei gänzlicher Übergehung. Derselbe Grundsatz gilt für die Kreisabgaben, weil diese durch Zuschläge zu den direkten Staatssteuern — seien dieselben unmittelbar aus den Steuerrollen hergenommen oder durch besondere Einschätzung (§§. 14, 15, 16 der Kr.=O.) ermittelt — erhoben werden. (§. 10 a. a. O.)

3) Die von den einzelnen Kreisabgabenpflichtigen zu entrichtenden Kreisabgaben setzen sich zusammen aus den Zuschlägen zu den verschiedenen direkten Staatssteuern; der Zuschlag zu einer jeden Steuer bildet einen für sich bestehenden Teil des ganzen Betrages und läßt sich als eine besondere Kreisabgabe ansehen. Denn als Kreisabgaben=Verteilungsmaßstab brauchen weder die sämtlichen direkten Staatssteuern noch die gleichen Prozentsätze der heranzuziehenden Staatssteuern zu Grunde gelegt zu werden, und in einem Falle, wo nicht sämtliche direkte Staatssteuern mit denselben Prozentsätzen zur Grundlage für die Kreisabgaben dienen, muß sowohl bei Veranlagung des Abgabenpflichtigen von seiten des Kreisausschusses wie bei Unterverteilung des für die Gemeinden u. s. w. berechneten Kreisabgabensolls auf die einzelnen Pflichtigen der Zuschlag für jede direkte Staatssteuer besonders ausgeworfen werden (§. 11 a. a. O.). Wenn dann aus Zweckmäßigkeitsgründen die Beträge der einzelnen Zuschläge zusammengerechnet und in einer Summe erhoben werden, so ändert das an dem rechtlichen Charakter der Zuschläge nichts.

4) Wenn der Anspruch auf Unterlassung der Nachforderung event. auf die Behauptung gestützt wird, daß der Kreisausschuß zu viel nacherhoben habe, weil das Bedürfnis durch einen geringeren Prozentsatz zu decken gewesen wäre, so unterliegt dies nicht der Erörterung im Verwaltungsstreitverfahren, sondern hier wäre nur eine Beschwerde an den Kreistag oder an die Aufsichtsbehörde am Platze. Vergl. Endurteil vom 7. Oktober 1878 (oben Nr. 30, Rechtsgrundsatz 4).

Nr. 51.

Endurteil des II. Senats vom 2. Dezember 1880 (Entsch. Bd. VII. S. 81).

1) Wenn es sich in betreff der Beitragspflicht zu den Kreisabgaben darum handelt, das Einkommen aus Grundbesitz festzustellen, so sind die außerordentlichen, zur Amortisation von Deichverbandschulden bestimmten Beiträge als abzugsfähige Lasten anzusehen (§§. 14, 15 der Kr.=O., §. 28 des Gesetzes vom 1. Mai 1851 — G.=S. S. 193, Instruktion vom 3. Januar 1877 §. 3 — Min.=Bl. d. i. V. S. 44).

Der vorgedachte §. 28 gilt zwar nur für nicht verpachtete Besitzungen, aber in Beziehung auf den Abzug von Lasten, welche auf dem Grundbesitze ruhen, stehen verpachtete und selbstbewirtschaftete Güter, sofern die Lasten bei ersteren dem Verpächter verblieben sind, einander gleich.

2) Wenn das Gesetz vom $\frac{\text{1. Mai 1851}}{\text{25. Mai 1873}}$*) im §. 28 Abs. 2 den Abzug der dem Verpächter bleibenden Lasten gestattet, so wird dies in der vorgedachten Instruktion dahin erläutert, es gehörten zu jenen Lasten auch die notwendigen Unterhaltungskosten der Gebäude (ebenso für selbstbewirtschaftete Besitzungen, §. 4 II a. der Instruktion). Aus §. 30 Abs. 2 des Gesetzes (§. 10 der Instruktion) ergibt sich, daß die Kosten der infolge von Brandfällen notwendig gewordenen Neubauten nicht als abzugsfähige Ausgaben zu betrachten sind, wohl aber die für Errichtung von Notställen und für die Aufräumung der Brandstätte.

3) Eine juristische Person darf das ihr aus einer von mehreren Einkommensquellen (Grundstücken) erwachsene Defizit von dem Gesamtertrage des übrigen nicht abrechnen. Endurteil vom 19. Mai 1879 (oben Nr. 38), vom 16. Mai 1877 (oben Nr. 17), vom 17. Februar 1879 (oben Nr. 36). Gegenstand der Besteuerung ist nur der Reinertrag aus der einzelnen Einkommensquelle. Bei Ermittelung desselben dürfen neben den dinglichen Lasten und Abgaben nur solche Schuldenzinsen abgezogen werden, welche diesen Reinertrag schmälern. Dahin gehören zwar auch Zinsen von Hypothekenschulden und Pfandbriefen, aber doch nur unter der Voraussetzung, daß sie das betreffende Grundstück belasten. Übersteigen sie den Ertrag dieses Grundstückes, so wirft dasselbe ein Einkommen nicht ab und fällt demnach bei der Veranlaguug zur Kreissteuer aus.

Nr. 52.

Endurteil des II. Senats vom 17. März 1881 (Entsch. Bd. VII. S. 104).

1) Das den Geistlichen in betreff der Befreiung von Kreisabgaben zustehende Sonderrecht (nicht Privilegium) kommt auch den zum Gnadenjahr berechtigten Hinterbliebenen hinsichtlich der während des Gnadenjahres bezogenen Einkünfte aus der Pfarre zu statten (§. 18 der Kr.-O., Gesetz vom 11. Juli 1822 §. 10 — G.-S. S. 184 —, V. vom 23. September 1867 — G.-S. S. 1648 —, Allerh. Kab.-O. vom 14. Mai 1832 — G.-S. S. 145 —).

2) Der §. 8 der vorstehenden Gesetze von 1822 und 1867 ist inzwischen durch §. 12 des Gesetzes vom 27. Juli 1885 (G.-S. S. 331) vom 1. April 1886 ab aufgehoben worden.

Nr. 53.

Endurteil des II. Senats vom 4. April 1881 (Entsch. Bd. VII. S. 108).

1) Der §. 8 des Gesetzes vom 20. Dezember 1879 (G.-S. S. 365), der §. 9 des Gesetzes vom 14. Februar 1880 (G.-S. S. 20) und andere den Erwerb der Privateisenbahnen für den Staat betreffende Vorschriften treten nach §. 14 des Gesetzes vom 27. Juli 1885 (G.-S. S. 327) mit dem 1. April 1886 außer Kraft, insoweit sie die Erhebung von Gemeindeabgaben betreffen. Hiernach beantwortet sich fortan die Frage, inwieweit die Berlin-Potsdam-Magdeburger Eisenbahngesellschaft auch noch nach den Bestimmungen, betreffend den Übergang ihres

*) In den Entscheidungen Bd. VII. S. 85 steht „1875“ (Druckfehler).

Unternehmens auf den Staat, von dem aus dem Betrieb fließenden Einkommen beitragspflichtig ist.

2) Hiernach sind auch die Vorschriften des Vertrages vom 24. Dezember 1879 (G.=S. S. 36) zu beurteilen.

3) Vergl. auch §. 14 der Kr.=O.

Nr. 54.

Endurteil des II. Senats vom 19. Mai 1881 (Entsch. Bd. VII. S. 115).

1) Bei der Auslegung des § 69 des Zust.=Ges. von 1876 (jetzt §. 178 der Kreisordnung in neuester Fassung — Hannover §. 106, Hessen=Nassau §. 107, Westfalen §. 94) ist eine Unterscheidung zwischen „Gesetzesverletzung" einerseits und „unrichtiger Auslegung des Gesetzes" oder „Nichtanwendung bezw. unrichtiger Anwendung des Gesetzes" anderseits für gerechtfertigt nicht zu erachten, denn ein solcher Gegensatz besteht in Beziehung auf die Anfechtung (jetzt Beanstandung) von Kreistagsbeschlüssen über die Beitragspflicht zu den Kreisabgaben nicht.

2) Die Bestimmungen der Kr.=O. (§§. 10, 11, 14, 15) über die Veranlagung zu den Kreisabgaben können nicht anders aufgefaßt werden, als daß die Verteilung der Kreisabgaben nach dem Soll der Staatssteuern des vorhergehenden Jahres ausgeschlossen ist, die Kreisabgaben dürfen also nicht nach dem Verhältnisse des Staatssteuersolles eines früheren als des betreffenden Etatsjahres verteilt werden. Das betreffende Etatsjahr ist dasjenige, für welches die Kreisabgaben erhoben werden und für welches sie zu zahlen sind.

3) Ein Zuschlag zu einer Steuer ist streng genommen ein Beitrag, der mit der Steuer zugleich erhoben wird.

Nr. 55.

Endurteil des II. Senats vom 4. April 1881 (Entsch. Bd. VIII. S. 17).

1) Die Provinzialabgaben nehmen nach §§. 106 und 108 der Provinzialordnung vom 29. Juni 1875 (Hessen=Nassau §§. 79, 80) den einzelnen Pflichten gegenüber die Natur der Kreis= bezw. Gemeindeabgaben an. Denn die Verteilung derselben erfolgt nicht auf die Provinzialangehörigen, sondern auf die Stadt= und Landkreise (Kontingente), und innerhalb der letzteren werden sie gleich den übrigen Kreis= bezw. Gemeindebedürfnissen nach den Vorschriften der Kreisordnung bezw. der Städteordnung aufgebracht. Gegen die Verteilung der Provinzialabgaben seitens der Organe der Provinzialverwaltung gibt das Gesetz deshalb auch nur den Kreisen ein Reklamationsrecht (§. 112 a. a. O.), während das Verfahren bei Reklamationen der einzelnen Beitragspflichtigen sich nach §. 65 des Zust.=Ges. (jetzt §. 19 der Kreisordnungsnovelle) bezw. nach den in den Stadtkreisen geltenden Bestimmungen über Reklamationen gegen Heranziehung zu den Kommunalsteuern richtet. Fr. S. 11.

2) Nicht zutreffend ist die Annahme, daß jemand schon deshalb zu den Kreisabgaben herangezogen werden könne, weil er in diesem Kreise zu den persönlichen direkten Staatssteuern veranlagt sei. Vergl. Endurteil vom 18. Oktober 1876 (oben Nr. 9), denn kreisabgabenpflichtig sind nur die Kreisangehörigen und die im §. 14 der Kr.=O. genannten Forensen u. s. w.

3) Über die Bedeutung der Worte im §. 14 „ohne in dem Kreise zu

persönlichen Staatssteuern veranlagt zu sein" vergl. das Endurteil vom 9. Mai 1876 (oben Nr. 3).

4) Die Kreisabgabenpflicht bestimmt sich auch nicht danach, wo dasjenige Gericht seinen Sitz hat, bei welchem die Vormundschaft über den zu den Kreisabgaben Heranzuziehenden geführt wird. (A. L.-R. II. 18 §. 56, §§. 2 und 4 der Vormundschaftsordnung vom 5. Juli 1875.)

5) Über den accessorischen Anspruch eines obsiegenden Reklamanten auf Prozeßzinsen (Zögerungszinsen) könnte der Verwaltungsrichter wohl mit entscheiden, ein solcher Anspruch ist aber niemals gerechtfertigt, weil die Beschwerden und die Einsprüche, sowie die Klage in diesen Angelegenheiten keine aufschiebende Wirkung haben, der Zensit sich also selbst einer Versäumnis schuldig machte, wenn er nicht sofort zahlte. (§. 65 Absatz 3 des Zuständigkeitsgesetzes von 1876, jetzt letzter Absatz im §. 19 der Kr.-O. in neuester Fassung.)

6) Auf eine angebrachte Reklamation (Einspruch) hat man einen endgültigen Beschluß des Kreisausschusses zu beanspruchen, die Klagefrist beginnt erst von dem Tage der Behändigung des letzteren und nicht etwa erst von dem eines vorläufigen Zwischenbescheides.

Nr. 56.

Endurteil des II. Senats vom 21. April 1881 (Entsch. Bd. VIII. S. 23).

1) Die Befreiung der Dienstgrundstücke der Geistlichen erstreckt sich auch auf die innerhalb der Pfarrländereien belegenen, von den Pfarrpächtern und deren ländlichem Gesinde bewohnten sogenannten Pfarr-Insthäuser. (Kr.-O. §§. 17, 18, Gesetz vom 24. Februar 1850 §. 2 — G.-S. S. 62, Grundsteuergesetz vom 21. Mai 1861 §. 4e — G.-S. 253, Gebäudesteuergesetz von demselben Tage §. 3 — G.-S. S. 317.)

2) Unter „Grundstück" versteht man nicht bloß den Grund und Boden mit Ausschluß der darauf befindlichen Gebäude, sondern der Ausdruck umfaßt beides. Folglich sind mit den „Dienstgrundstücken" die auf denselben vorhandenen Baulichkeiten von den Kreislasten befreit. Dagegen spricht auch nicht die Fassung des §. 17 der Kr.-O.

3) Die Grundstücke, welche zur Dotation der Geistlichen gehören, sind von der Staatsgrundsteuer nur in soweit frei, als ihnen bisher eine Grundsteuerfreiheit zustand (siehe die Belagsstellen sub. 1).

Nr. 57.

Endurteil des II. Senats vom 23. Juni 1881 (Entsch. Bd. VIII. S. 27).

Die Annahme ist nicht zutreffend, daß unter den im §. 14 Absatz 2 der Kr.-O. erwähnten „Berggewerkschaften" nicht nur eigentliche Berggewerkschaften, sondern auch Bergwerksgesellschaften, überhaupt alle Bergwerksbesitzer, soweit sie nicht Einzelbesitzer, zu verstehen seien. Die Gewerkschaften stehen den Aktiengesellschaften ganz gleich. Vergl. auch Kr.-O. §. 15, Allgemeines Berggesetz vom 24. Juni 1865 §§. 65ff., §§ 94ff., 212 (G.-S. S. 705), Gesetz vom 22. Februar 1869 (G.-S. S. 401), Gesetz vom 27. Juli 1885 (G.-S. S. 327).

Nr. 58.

Endurteil des II. Senats vom 12. September 1881 (Entsch. Bd. VIII. S. 30).

1) Das Einkommen eines Gewerbetreibenden (Eisenbahnunternehmers), dessen Betriebsstätte (Eisenbahnstation) sich über mehrere Gemeindebezirke

erstreckt, kann nicht zu den Kreisabgaben unmittelbar herangezogen werden, vielmehr sind die auf den Gewerbetreibenden entfallenden Beträge dem Kreisabgabensoll der betreffenden Gemeinden hinzuzurechnen und diesen im ganzen zu überweisen. (§§. 11, 14, 15 der Kr.-O.) Ein entgegengesetztes Verfahren kann zu Gesetzwidrigkeiten führen, wenn es sich um Stadtgemeinden handelt, welche von dem ihr nach §. 11 Absatz 2 der Kr.-O. zustehenden Rechte Gebrauch macht. Vergl. die Endurteile vom 12. September 1876 (oben Nr. 7) und vom 17. Februar 1879 (oben Nr. 36).

2) Läßt ein Gewerbetreibender sich die direkte Besteuerung gefallen, so unterliegen nur die übrigen gegen die Heranziehung oder Einschätzung vorgebrachten Einwendungen der verwaltungsrichterlichen Entscheidung.

3) Liegt eine Eisenbahnstation nur teilweise auf dem Gebiete der besteuernden Gemeinde, so ist die letztere nicht berechtigt, bei Berechnung der von dem Reklamanten direkt einzuziehenden Kreisabgabe ohne weiteres das gesamte Einkommen aus der ganzen Station in Ansatz zu bringen. (Vergl. jetzt Gesetz vom 27. Juli 1885 — G.-S. S. 327.)

4) Wenn der beklagte Kreisausschuß nicht bloß den ihm vorgelegten Auszug aus der Gemarkungskarte, wonach der betreffende Bahnhof teils auf dem Gebiete der Stadt, teils in einer anderen Feldmark belegen ist, anerkannt hat, sondern auch gegen die Richtigkeit der Auszüge aus den Grundsteuermutterrollen bestimmte Einwendungen nicht erhoben hat, so darf der Verwaltungsrichter, obwohl die Grundsteuermutterrollen keineswegs für die kommunale Eigenschaft ohne weiteres maßgebend sind, sofern der Kreisausschuß nicht bestreitet, daß der Bahnhof zum Teil dem städtischen Weichbilde angehört, und anderweite Momente für die Abgrenzung der beiden Feldmarken vollständig fehlen, zunächst bei jenen Angaben stehen bleiben.

5) Befinden sich (unbestritten) auf dem städtischen Gebiete der Lokomotivschuppen und die Beamtenwohnungen, beides Gebäude, welche für den Bahnhofsbetrieb unentbehrlich sind, so muß angenommen werden, daß der die Einnahmequelle bildende Gewerbebetrieb auf der betreffenden Station innerhalb der beiden benachbarten Gemeinden geführt wird, und daß demgemäß ein Teil des Einkommens innerhalb der Stadt gewonnen wird. (Vergl. Ministerialerlaß vom 30. Dezember 1872 — Min.-Bl. d. i. V. 1873 S. 27, auch Gesetz vom 27. Juli 1885 — G.-S. S. 327.)

6) Wegen der Schätzung der Höhe dieses Einkommensteiles bleibt es ohne Einfluß, welches Einkommen thatsächlich die Stadt zur Kommunalsteuer herangezogen hat. Die Verteilung des Einkommens muß durch den Kreisausschuß vorgenommen werden und wird hierin durch die Veranlagung der Gemeindeeinkommensteuer seitens der städtischen Behörden nach keiner Richtung hin gebunden.

7) Die Grundsätze, nach denen der Grundsteuerreinertrag ermittelt wird, entbehren jedes Zusammenhanges mit denjenigen, nach denen das zu besteuernde Einkommen zu veranschlagen ist.

Nr. 59.

Endurteil des II. Senats vom 24. November 1881 (Entsch. Bd. VIII. S. 34).

1) Der §. 18 der Kreisordnung hat durch die Novelle vom 19. März 1881 eine etwas andere Fassung erhalten. Früher hieß es:

„Die Besteuerung des Diensteinkommens der unmittelbaren und mittelbaren Staatsbeamten ist nur in soweit zulässig, als die Beiträge derselben zu den Bedürfnissen der Gemeinde ihres Wohnortes nicht bereits das in Gemäßheit der §§. 2 und 3 des Gesetzes vom 11. Juli 1822 (G.-S. S. 184) bestimmte Maximum erreichen und auch dann nur innerhalb der Grenzen des im §. 3 a. a. O. bestimmten höchsten Satzes."

Jetzt heißt es:

„Die Besteuerung 2c. ist nur nach Maßgabe der §§. 2 und 3 des Gesetzes vom 11. Juli 1822 und nur so weit zulässig, als 2c."

Jener ersten Fassung gegenüber hielt sich das Ober-Verwaltungsgericht anfangs nicht für berechtigt, den Beamten auch die Wohlthat des §. 2 des Gesetzes vom 11. Juli 1822 (für die neuen Landesteile vergl. V. vom 23. September 1867 — G.-S. S. 1648) zuzuerkennen.

2) Ob und in welchem Maße die Beamten von ihrem Diensteinkommen besteuert werden dürfen, richtet sich nach dem Umfange der ihnen auferlegten Gemeindeabgaben. Erreichen diese Gemeindeabgaben bereits die in den §§. 2 und 3 a. a. O. bezeichnete Grenze, so findet eine Heranziehung der Beamten zu den Kreissteuern überhaupt nicht statt. Erreichen sie jene Grenze nicht, so findet nur noch bis zu dieser die Heranziehung statt.

3) In Städten, welche von der ihnen nach §. 11 Absatz 2 der Kr.-O. (vergl. die Abweichung in der Westfälischen Kreis-O.) eingeräumten Befugnis Gebrauch machen, bedarf es hiernach erst einer näheren Ermittelung dessen, was die Beamten als Beiträge zu den Gemeindebedürfnissen — im Sinne des §. 68 der Kr.-O. — entrichten, denn hierunter können nicht die Gemeindeabgaben verstanden werden, wie sie für die eigentlichen Gemeindebedürfnisse und für die Kreissteuern zusammen erhoben werden. Vergl. Endurteil vom 2. Mai 1876 (oben Nr. 2).

4) Ob und inwieweit das gesetzliche Maximum der Beamtenbeiträge bereits von der Stadt in Anspruch genommen ist, bestimmt sich lediglich nach demjenigen Gemeindebeitrage, welchen die Stadt zur Deckung ihrer eigentlichen Gemeindebedürfnisse, also mit Ausschluß des darin enthaltenen Kreissteuersolls, thatsächlich ausschreibt, nicht nach demjenigen, welchen sie auszuschreiben berechtigt oder genötigt sein würde, falls andere Deckungsmittel fehlen sollten.

5) Die Städte können sich durch den Beschluß, das Kreissteuersoll auf die Stadtkasse zu übernehmen (§. 11 Abs. 2 der Kr.-O.), keine Bevorzugung vor den anderen Gemeinden im Kreise verschaffen.

6) Wenn eine Stadtgemeinde eine Beschwerde wegen Überbürdung mit Kreisabgaben führen will, so muß sie den Betrag dieser Überbürdung ziffermäßig feststellen.

7) Vergl. übrigens für künftige Fälle (vom 1. April 1886 ab) den §. 12 des Gesetzes vom 27. Juli 1885 (G.-S. S. 327).

Nr. 60.

Endurteil des II. Senats vom 27. März 1882 (Entsch. Bd. VIII. S. 57, 58).

1) Landbildungen (Anlandungen) zwischen Strombauten (Buhnenwerken) in öffentlichen Flüssen (A. L.-R. I. 9 §§. 263, 264) gehen nicht ohne weiteres in das Eigentum dessen über, der die sie herbeiführenden Anstalten getroffen hat; sie werden — wenigstens nach Altpreußischem Recht — nicht ohne weiteres Eigentum des Staates, vielmehr haben die Adjazenten des Flusses das nächste Recht, sich den solchergestalt gewonnenen Grund und Boden durch Besitznahme zuzueignen, wobei demjenigen, welcher die frag-

lichen Anstalten hergestellt hat, falls er sich im Besitz der Anlandungen befindet, ein Retentionsrecht auf so lange zukommen mag, bis er wegen seiner Anforderungen auf Ersatz der aufgewendeten Kosten befriedigt ist. Aus dem §. 45 des Gesetzes vom 8. Februar 1867 (G.-S. S. 185) läßt sich das Gegenteil nicht folgern.

2) Nach §. 14 der Kreis.-O. ist aber der Begriff „des Besitzes von Grundeigentum innerhalb des Kreises" die Quelle der Kreisabgabenpflicht. Vergl. Endurteil vom 12. Dezember 1878 (oben Nr. 35). Wo in §. 14 von dem „Besitz von Grundeigentum" die Rede ist, ist immer nur der Eigentümer gemeint. Dies wird auch durch den §. 16 a. a. O. bestätigt, denn „Grundeigentum" (§. 16) deckt sich mit dem „Besitzen von Grundeigentum" und „Grundbesitz" vollkommen. Demgemäß ist der Stromfiskus wegen der oben gedachten Anlandungen nicht kreissteuerpflichtig.

Nr. 61.

Endurteil des II. Senats vom 7. April 1881 (Entsch. Bd. VIII. S. 64).

1) Handelt es sich um die Ermittelung des Hauptfaktors der in §. 16 der Kreis-O. vorgeschriebenen Berechnung, um das „zur Staatssteuer veranlagte Gesamteinkommen", so muß als Grundlage ein in bestimmten Zahlen ausgedrücktes Einkommen angenommen werden, und es genügt nicht, die Berechnung auf die Steuerstufe, welche mehr oder minder weit auseinandergehende Beträge umfaßt, zu bauen. Vergl. das Endurteil vom 20. November 1879 (oben Nr. 41).

2) Wenn der Kreisausschuß von der auf diese Weise ermittelten Steuerstufe einen Mittelsatz nimmt und dies als Gesamteinkommen eines Steuerpflichtigen, welcher außerhalb des Kreises ein Gewerbe betreibt, betrachtet, so kann hierin ein Anlaß zur Beschwerde um so weniger erblickt werden, als es dem Kreisausschusse unbenommen ist, von dem höchsten Satze innerhalb der betreffenden Steuerstufe auszugehen.

3) Wenn der Kreisausschuß des Domizilkreises die obige Berechnung anzustellen hat, so muß ihm auch das Recht beiwohnen, „die bezügliche Einkommensquote", das aus dem auswärtigen Gewerbebetriebe (auch event. Grundbesitze und Bergbaubetriebe) fließende Einkommen des Steuerpflichtigen, sofern es nicht bereits anderweit feststeht, seinerseits selbständig zu ermitteln. Dabei ist er nicht an die von den auswärtigen Behörden erfolgte Abschätzung gebunden.

4) Der Forensalkreis kann aber gleichfalls das Einkommen aus dem in ihm betriebenen Gewerbe u. s. w. abschätzen. Die sich daraus ergebenden Verschiedenheiten werden dadurch behoben, daß der Steuerpflichtige in beiden Kreisen das Reklamationsrecht hat. Durch die Möglichkeit, daß auf diese Weise ein Steuerpflichtiger in den verschiedenen Kreisen zusammengenommen von einer höheren, als dem zur Staatssteuer veranlagten Gesamteinkommen herangezogen wird, kann das Einschätzungsrecht der beiderseitigen Veranlagungsbehörden nicht beeinträchtigt werden.

Nr. 62.

Endurteil des II. Senats vom 22. September 1881 (Entsch. Bd. VIII. S. 68).

1) Bei der Berechnung des der Kreisbesteuerung unterliegenden Einkommens aus einem Eisenbahnunternehmen kommen die Rücklagen in den Reservefonds als Ausgaben nicht in Abzug, wohl aber die Rücklagen in den Erneuerungsfonds. (Kreis-O. §§. 14, 15.)

2) Eine von dem Gewerbeunternehmer aus dem Jahresertrage seines Betriebes entnommene und zu einem bestimmten Zwecke beiseite gelegte Summe stellt an sich keine Ausgabe dar, und wenn die Summe etwa zum Ankauf zinstragender Wertpapiere verwendet oder auf Hypothek u. s. w. untergebracht wird, so findet die Verausgabung unzweifelhaft behufs einer Kapitalansammlung statt, die möglicherweise im Interesse des Gewerbebetriebes geschieht, aber nach ausdrücklicher Vorschrift des Gesetzes (§. 30 Abs. 2 des Gesetzes vom 1. Mai 1853 — G.-S. S. 193 —) bei der Steuerveranlagung nicht in Abzug gebracht werden darf.

3) Ist der Reservefonds statutenmäßig bestimmt zur Deckung der in außerordentlichen Fällen eintretenden ungewöhnlichen größeren Betriebsausgaben, insbesondere solcher, die durch außerordentliche Elementarereignisse oder Unfälle im Betriebe verursacht werden, oder ist bei dem Reservefonds eine eigne Abteilung zur Deckung von persönlichen Kosten der Unfälle mit Rücksicht auf das Haftpflichtgesetz vom 7. Juni 1871 gebildet, so werden diese in den Reservefonds fließenden Gelder zu einem Kapital in der Absicht angesammelt, damit unvorhergesehene, von Zeit zu Zeit eintretende Ausgaben höheren Betrages nicht aus den Einnahmen des laufenden Jahres, denen sie eigentlich zur Last fallen würden, gedeckt zu werden brauchen, sondern gewissermaßen auf eine Reihe von Jahren verteilt werden. Da nun aber das Gesetz anordnet, daß die steuerpflichtige Summe nach dem Reinertrage der drei letzten Jahre berechnet werden soll, so kann hierbei nicht der Betrag der (ganzen) Rücklagen, sondern nur der Betrag der in den letzten drei Jahren wirklich aus dem Reservefonds geleisteten Ausgaben zu Grunde gelegt werden.

4) Die gesetzliche Grundlage für die Abzugsfähigkeit der Rücklagen in den Erneuerungsfonds ist in dem §. 30 Abs. 2 des Gesetzes vom 1. Mai 1851 zu suchen und zwar in der Bestimmung, wodurch die „übliche Absetzung für jährliche Abnutzung von Gebäuden und Utensilien" gestattet wird. Sie sind den Ausgaben gleichgestellt, welche behufs Fortführung des Gewerbebetriebes in dem bisherigen Umfange gemacht werden.

5) Für die Höhe dieses Erneuerungsfonds ist die Bestimmung in §. 19b. der Instruktion vom 3. Januar 1877 maßgebend, sofern nicht in dieser Beziehung in autoritativer Weise etwas Bestimmtes festgesetzt ist.

6) Die bei dem Reservefonds aufkommenden Zinsen, sowie die Einnahmen aus dem Verkaufe des bei der Erneuerung gewonnenen alten Materials werden den Betriebseinnahmen zugeschlagen, nachdem der Reservefonds sein Maximum erreicht hat.

Nr. 63.

Endurteil des II. Senats vom 12. Oktober 1882 (Entsch. Bd. IX. S. 20).

1) Bei der Berechnung des Kreisabgaben-Solls einer Gemeinde kommt die klassifizierte Einkommensteuer eines zwar erst nach der Veranlagung dieser Steuer, jedoch vor Beginn des Steuerjahres aus dem Kreise verziehenden Zensiten nicht mehr in Ansatz, insbesondere aber dann nicht, wenn die Überweisung in die Steuerliste des neuen Domizils erst später erfolgt. (§. 11 der Kreis-O.) Vergl. die Endurteile oben Nr. 2, 7, 8, 9 und 32.

2) Von Zu- und Abgängen läßt sich nur gegenüber dem festgestellten Kreisabgaben-Soll reden.

Nr. 64.

Endurteil des II. Senats vom 27. Oktober 1882 (Entsch. Bd. IX. S. 23).

Von dem Einkommen einer zu den Kreisabgaben herangezogenen Gemeinde aus Grundbesitz kommen die Zinsen des bestimmungsmäßig zur Rückzahlung der konnexen Hypothekenschulden verwendeten Teiles einer auf dem gesamten Gemeindevermögen ruhenden Anleiheschuld nicht in Abzug. (Kreis-O. §§. 14, 15; §. 28 des Gesetzes vom 1. Mai 1851 — G.-S. S. 193. —). Vergl. Endurteil oben Nr. 17.

Nr. 65.

Endurteil des II. Senats vom 6. November 1882 (Entsch. Bd. IX. S. 26).

Einsprüche und Klagen gegen die Heranziehung zu den Kreisabgaben können auch auf die Behauptung der Rechtsungültigkeit eines der Abgabenforderung zu Grunde liegenden, von der Aufsichtsbehörde bestätigten Kreistagsbeschlusses gestützt werden. (Kreis-O. §§. 19 und 176 — Hannover §. 103, Hessen-Nassau §. 104, Westfalen §. 91).

Nr. 66.

Endurteil des II. Senats vom 13. November 1882 (Entsch. Bd. IX. S. 30).

1) Der Schlußsatz im §. 8 des Gesetzes vom 11. Juli 1822 (G.-S. S. 184) und der Verordnung vom 23. September 1867 (G.-S. S. 1648) ist durch §. 12 des Gesetzes vom 27. Juli 1885 (G.-S. S. 327) vom 1. April 1886 ab aufgehoben.

2) Die §§. 1—3 des Gesetzes von 1822 (der V. v. 1867) einerseits und der §. 8 andererseits stehen in sofern unter sich in einem inneren und untrennbaren Zusammenhange, als der §. 8 einmal diejenigen Beamten, auf welche die Bestimmungen der §§. 1—3 überhaupt Anwendung finden sollen, bezeichnet und weiter im zweiten (aufgehobenen) Satze insbesondere vorschreibt, als Einwohner welcher Gemeinde — §. 1 — derjenige Beamte anzusehen ist, „welcher einer Behörde angehört und bei derselben seinen beständigen Wohnsitz haben muß". Der §. 8 bildet eine notwendige Ergänzung der drei ersten Paragraphen; eine Anwendung dieser ohne Berücksichtigung jenes ist unzulässig. Danach ist auch der §. 18 der Kreisordnung auszulegen.

3) Vergl. auch §§. 6 und 9 der Kreisordnung und §. 19 des Reichsbeamtengesetzes vom 31. März 1873 (R.-G.-Bl. S. 61). Dazu die Motive in der Turnauschen Ausgabe S. 24.

Nr. 67.

Endurteil des II. Senats vom 10. Mai 1883 (Entsch. Bd. X. S. 51, 52).

1) Ein Kreissteuerpflichtiger, welcher aus einem außerhalb seines Domizilkreises betriebenen Gewerbe ein Einkommen bezieht, wird von der im §. 19 der Kreisordnung festgesetzten Reklamationsfrist nicht entbunden, wenn der Domizilkreis ihn von seinem ganzen Einkommen heranzieht und ihm die Nachricht, daß er auch im Forensalkreise besteuert sei, erst nach Ablauf der obigen Frist zugeht. Es erfolgt also die Heranziehung im Domizilkreise unabhängig davon, ob auch der auswärtige Kreis ein Besteuerungsrecht jenem Einkommen gegenüber zur Geltung bringt.

2) Zweck des §. 16 der Kreis-O. ist, gegenüber der durch §§. 14, 15 geregelten forensischen Besteuerung eine doppelte Besteuerung desselben Ein-

kommens in derselben Person auszuschließen (Satz 1). Das aus dem auswärtigen Kreise stammende Einkommen ist von vornherein außer Berechnung zu lassen (Satz 2). Wie solches durch Absetzung der bezüglichen Einkommensquote von dem zur Staatssteuer veranlagten Gesamteinkommen und durch verhältnismäßige Herabsetzung des festgestellten Steuersatzes zu geschehen habe, ist genau erläutert (Satz 3). Vergl. §§. 7 ff. des Gesetzes vom 27. Juli 1885 (G.-S. S. 327).

Nr. 68.

Endurteil des II. Senats vom 13. September 1883 (Entsch. Bd. X. S. 56).

Der §. 10 des Gesetzes vom 28. März 1882 (G.-S. S. 21) ist mit allen gleichlautenden Bestimmungen vom 1. April 1886 an durch §. 14 des Gesetzes vom 27. Juli 1885 (G.-S. S. 327) aufgehoben.

Nr. 69.

Endurteil des II. Senats vom 11. Oktober 1883 (Entsch. Bd. X. S. 61).

1) Der §. 17 der Kreis-O. statuiert lediglich eine dingliche Befreiung von der Kreisabgabenpflicht, schließt mithin eine (persönliche) Besteuerung der Besitzer von dem Einkommen aus dem auf jenen Grundstücken betriebenen Gewerbe und von dem Gewerbe selbst nicht aus. Die Gewerbesteuer ruht nicht auf den zum Gewerbe dienenden Grundstücken, sondern auf dem Gewerbe selbst, und von einer Befreiung des letzteren handelt der §. 17 nicht.

2) Wenn nach den Finanz-Ministerialerlassen vom 22. Juli und 11. November 1882 (Min.-Bl. d. i. V. S. 272) die städtischen Wasserwerke zur staatlichen Gewerbesteuer nicht mehr herangezogen werden sollen, so folgt daraus nicht die Befreiung dieser Wasserwerke von den Kreisabgaben, vielmehr behalten die Forensalkreise das Besteuerungsrecht nach einer fingierten Gewerbesteuer (Kreis-O. §§. 6, 10, 14, 15).

3) Die Produktion und der Verkauf von filtriertem Wasser ist gewerbesteuerpflichtig (§. 2 des Gesetzes vom 30. Mai 1820). Die Behauptung, daß der Unternehmer aus diesem Gewerbebetriebe keinen Gewinn erzielen wolle, ist allein nicht ausreichend, um die Steuerfreiheit zu begründen, namentlich wenn Thatsachen dagegen sprechen.

4) Für die Höhe der Abschreibungen (Absetzungen) kann immer nur der wirkliche Wert des Unternehmens, nicht der Buchwert desselben in Frage kommen, es ist deshalb unzulässig, das für den Erwerb eines Privilegs eines anderen Unternehmers angelegte Kapital mit zu amortisieren und die Amortisationsrente den Abschreibungen hinzuzuzählen.

5) Die Differenz zwischen dem taxmäßigen Werte und dem Kaufwerte soll nicht durch Abschreibungen gedeckt, d. h. amortisiert werden, und vom Zins und Zinseszins kann keine Rede sein, weil die Zinsen jener Differenz, wie alle Zinsen, bei Berechnung der Reineinnahme abgesetzt werden.

6) Unzutreffend ist es, nicht bloß die „gewöhnliche" Abnutzung, sondern auch außergewöhnliche Vorkommnisse — Unglücksfälle, Umbauten u. s. w. — bei Feststellung der Höhe der Absetzung zu berücksichtigen. (Vergl. das Endurteil, oben Nr. 62.)

7) Durch die unentgeltliche Entnahme des Wassers seitens der Stadtgemeinde für eigne kommunale Zwecke erzielt dieselbe einen Gewinn, welcher bei der Berechnung des Ertrages mit berücksichtigt werden muß.

Nr. 70.

Endurteil des II. Senats vom 12. November 1883 (Entsch. Bd. X. S. 73).

Nicht der Buchwert eines gewerblichen Unternehmens, sondern nur der wahre Wert gewährt einen sichern Anhaltspunkt für die Berechnung der Abschreibungen an jährlicher Abnutzung.

Nr. 71.

Endurteil des II. Senats vom 19. November 1883 (Entsch. Bd. X. S. 75).

1) Handelt es sich um die „letzten drei Jahre" (Gesetz vom 1. Mai 1851 §§. 28, 30 — G.-S. S. 193 —), nach deren Durchschnitt der Reinertrag aus nicht verpachteten Besitzungen oder der Gewinn aus Handel u. s. w. zu berechnen ist, so ist es dem wegen der Höhe der Kreisabgaben Reklamierenden und Klagenden wohl gestattet, bei der Einreichung der Klage von denjenigen Jahren wieder abzugehen, auf welche die erste, dem Kreisausschusse vor der Veranlagung gemachte Mitteilung über die Ergebnisse der Steuerobjekte gebaut war. Der Steuerpflichtige kann sogar noch in der Berufungsinstanz (vergl. jetzt §. 3 des Zust.-Ges. vom 30. Juli 1883) die Feststellung des steuerpflichtigen Einkommens nach den in den Gesetzen vorgesehenen Jahren verlangen.

2) Die drei Durchschnittsjahre sollen mit dem Steuerjahre zusammen einen ununterbrochenen Zeitraum von vier hintereinander liegenden Jahren bilden. Dies gilt auch, wenn inzwischen in Gemäßheit des Gesetzes vom 12. Juli 1876 §. 1 (G.-S. S. 288) eine Verlegung des Etatsjahres stattgefunden hat (§. 15 der Kreis-O.).

Nr. 72.

Endurteil des II. Senats vom 9. Februar 1885 (Entsch. Bd. XI. S. 22).

1) Wenn jemand wegen eines außerhalb seines Domizilkreises belegenen Grundbesitzes, aus welchem er sein gesamtes Einkommen bezieht, zur Staatssteuer mit einer bestimmten Stufe herangezogen ist, so hat der Forensalkreis bei der Heranziehung zu den Kreisabgaben nicht das Recht, für die Besteuerung des Zensiten einen selbständig gefundenen (fingierten) Staatssteuersatz zu Grunde zu legen (§. 15 der Kreis-O.).

2) Mögen auch Forensen, welche die fraglichen Steuern (insbesondere Grund-, Gebäude- und Gewerbesteuern) innerhalb des Kreises entrichten, in Beziehung auf die Veranlagung den Kreisangehörigen gleich zu behandeln sein, so ist damit doch noch keineswegs ausgemacht, daß das Gesetz auch solche Forensen, welche zu den fraglichen Steuern auswärts veranlagt sind und dieselben auswärts entrichten, dem Kreisangehörigen gleichgestellt hat.

3) Bei der Verteilung der Kreisabgaben ist ein möglichst enger Anschluß an die Staatssteuern zu erstreben. Die Verteilung soll als Regel nur durch Zuschläge zu den direkten Staatssteuern erfolgen (§. 10 der Kreis-O.). Hiervon macht das Gesetz eine Ausnahme lediglich insoweit, als dazu eine unabweisbare Notwendigkeit vorliegt, nämlich in denjenigen Fällen, wo beim Mangel einer unmittelbar verwertbaren staatlichen Veranlagung eine anderweite Einschätzung unentbehrlich ist.

4) Andere Grundsätze würden Platz greifen, sofern es sich bei der Heranziehung zu den Kreisabgaben nur um ein Teileinkommen handelte.

Nr. 73.

Endurteil des I. Senats vom 22. April 1885 (Entsch. Bd. XII. S. 27).

1) Der Ausdruck „Kreiseinrichtung" im §. 13 der Kreisordnung bezieht sich auch auf solche Fälle, wo der Kreis eine Anlage oder eine Anstalt nicht selbst ins Leben ruft, sondern nur das Unternehmen eines andern, z. B. die Erbauung einer Staatseisenbahn, durch unentgeltliche Hergabe des Grund und Bodens fördert.

2) Dadurch, daß der §. 13 der Kreisordnung nur eine Bemessung der Mehrbelastung „nach Quoten der Kreisabgaben" verlangt, wird eine Erhebung der Mehrbelastung „nach Quoten der allgemeinen Kreisabgaben" nicht ausgeschlossen. Eine gelegentlich der betreffenden Bestätigung getroffene Anordnung des Ministers des Innern, daß die Mehrbelastung der betreffenden Kreisangehörigen auch bei einem Anwachsen der Kreisabgaben den aus dem Verhältnisse des Kreisabgabensolls für das betreffende (gegenwärtige) Steuerjahr sich ergebenden Betrag nicht übersteigen darf, ist im Verwaltungsstreitverfahren nicht angreifbar.

3) Wenn in einem und demselben Kreistagsbeschlusse mehrere der im §. 176 der Kreisordnung (Hannover §. 103, Hessen-N. §. 104, Westfalen §. 91) aufgeführten Angelegenheiten zur Erledigung gelangen, dergestalt, daß zu der einen Art von Beschlüssen eine $^2/_3$ Majorität, zu anderen nur eine einfache Majorität erforderlich ist (z. B. die *Vorsteuer* nach §. 13), so läßt sich nicht behaupten, daß hier eine Trennung unthunlich und deshalb zu *sämtlichen* Beschlüssen eine $^2/_3$ Majorität erforderlich wäre.

C. Veränderung der Kreisgrenzen und Bildung neuer Kreise.

Nr. 1.

Endurteil vom 28. Februar 1877 (Entsch. Bd. II. S. 1).

1) Bei den infolge Veränderung bestehender Kreisgrenzen notwendig werdenden Auseinandersetzungen (§. 3 der Kreisordnung, §. 2 des Zuständigkeitsgesetzes vom 1. August 1883) werden die beiden Gegensätze, Wahrnehmung und Festhalten des Rechtsstandspunktes auf der einen Seite und die Wahrnehmung des Standpunktes der Zweckmäßigkeit und Billigkeit anderseits, in dem Verwaltungsgerichte (Klage der beteiligten Kreise gegeneinander, Frist 2 Wochen) die glücklichste Lösung finden. Die Entscheidung des Verwaltungsrichters erfolgt deshalb nach Recht und Billigkeit in einem schiedsrichterlichen Verfahren.

2) Abgesehen von den Fällen der Kreisteilungen und Abzweigungen größerer Distrikte (Ausscheiden größerer Städte), wobei die Erhaltung der Leistungsfähigkeit des Restkreises und die Sicherung der Kreisgläubiger in Betracht kommen, gilt als Grundsatz, daß eine im öffentlichen Interesse als notwendiges Bedürfnis erkannte Bezirksveränderung niemals zu einem Entschädigungsanspruch — sei es der verkleinerten Korporation wegen Verminderung der Steuerkraft oder der vergrößerten wegen Vermehrung ihrer Bedürfnisse — führen kann, weil das Anerkenntnis der Notwendigkeit der Veränderung auf der Voraussetzung beruht, daß das bisherige rechtliche Verhältnis zwischen den beteiligten Korporationen und Grundstücken hinsichtlich der kommunalen Bedürfnisse und Pflichten ein unrichtiges war, welches aber durch die Veränderung den realen Verhältnissen entsprechend berichtigt werden soll.

3) Nach diesem Grundsatze sind etwaige Entschädigungsansprüche des verkleinerten Kreises gegen den vergrößerten wegen früher gemachter Chaussee- oder Eisenbahnschulden nicht gerechtfertigt.

Nr. 2.

Endurteil vom 27. Juni 1877 (Entsch. Bd. II. S. 15).

Bei dem Ausscheiden einer Stadt aus dem Kreise (§. 4 der Kreisordnung und §. 2 des Zuständigkeitsgesetzes vom 1. August 1883) und bei der dem Ausscheiden vorausgehenden Auseinandersetzung gelten hinsichtlich der Regelung der Last zur Unterhaltung der Kreischausseen folgende Grundsätze:

1) Die Chausseen werden vom Kreise wie von der Provinz und bisher vom Staate lediglich zu öffentlichem Gebrauche im öffentlichen Verkehrsinteresse gebaut, und die Kreischausseen haben dem entsprechend im wesentlichen auch den rechtlichen Charakter der Staatsstraßen, welche als öffentliche Sachen (res publicae) außer Verkehr sind. Ihrer Bestimmung gemäß sind sie also nicht Erwerbsquelle der Kreise, vielmehr belasten sie diese regelmäßig mit so hohen, durch die Unterhaltung bedingten Ausgaben, daß die Einnahmen aus den Nutzungen weit dagegen zurückbleiben. Hiernach gehören die Kreischausseen nicht zum „Aktivvermögen" der Kreise.

2) Ebensowenig fällt die Unterhaltungslast der Kreischausseen unter das „Passivvermögen" der Kreise, denn dieselbe fällt nicht unter den Begriff der „Schulden".

3) Es hieße den Zweck des Ausscheidens einer Stadt aus dem Verbande eines Landkreises zum Zwecke der Bildung eines Stadtkreises vereiteln, wenn man die Bilanz zwischen den Einkünften des Korporationsvermögens und den Gesamtabgaben des Kreises ziehen und der Stadt einen verhältnismäßigen Anteil an der Minusdifferenz auferlegen wollte, den sie nach wie vor — anstatt im Wege der Kreisbesteuerung, in dem der Gemeindebesteuerung — aufzubringen hätte.

4) Hierdurch ist aber doch die Möglichkeit einer Auseinandersetzung bezüglich der Chausseeunterhaltungslast nicht ausgeschlossen, denn, abgesehen von den aus dem Chausseebau den Kreisen erwachsenden Schulden, kommt der Umstand in Betracht, daß die großen Städte meist Verkehrsmittelpunkte der ländlichen Kreise bilden, so daß regelmäßig die Kreischausseen dazu dienen, den Verkehr des platten Landes mit denselben und dieser mit jenem zu verbinden. Dies trifft zu, wenn eine Kreischaussee durch die städtische Feldmark in die Stadt hineinführt oder wenn ein Netz von Kreischausseen die Interessen der ausscheidenden Stadt in gleicher Weise fördert, ohne gerade die Stadt oder ihre Feldmark zu berühren, wo also z. B. die Kreischaussee in eine Provinzial- (Staats-) Straße vor dem Eintritt der letzteren in den Stadtbezirk mündet. Dienen in solchen Fällen die Kreischausseen auch nach dem Ausscheiden der Stadt gemeinsamen Zwecken der beiden Kreise (des Land- und des neuen Stadtkreises), so hat der Stadkreis auch fortdauernd zu der Unterhaltung beizutragen. Die Gemeinsamkeit der Zweckbestimmung soll die Voraussetzung fortdauernder Leistungen der aus dem Kreisverbande ausscheidenden Stadt zur Unterhaltung der Kreischausseen sein.

Nr. 3.

Endurteil des II. Senats vom 6. Dezember 1879 (Entsch. Bd. VI. S. 9).

1) Zu §§. 3 und 4 der Kreisordnung vergl. §. 2 des Zuständigkeitsgesetzes vom 1. August 1883. Dadurch ist auch der §. 3 des Gesetzes vom

9. Juni 1874, betreffend die Vereinigung mehrerer bis dahin zu Neuvorpommern gehöriger Distrikte mit den altpommerschen Kreisen Anklam und Demmin (G.-S. S. 242), dahin abgeändert, daß die bei den Auseinandersetzungen entstehenden Streitigkeiten nicht mehr der Entscheidung des Verwaltungsgerichts, sondern der Beschlußfassung des Bezirksausschusses unterliegen, und daß sich gegen diesen Beschluß die Kreise untereinander binnen 2 Wochen bei dem Bezirksausschusse verklagen können.

Damit wird auch hier der Hinweis auf den §. 3 des Gesetzes vom 3. Juli 1875 (§§. 7 und 50 des L.-V.-G. vom 30. Juli 1883) gegenstandslos.

2) Eine Auseinandersetzung zwischen den beteiligten Verbänden wird immer dann erforderlich, wenn der eine Verband Ansprüche gegen den andern erhebt. Die dabei entstehenden Streitigkeiten sind nach Recht und Billigkeit in einem schiedsrichterlichen Verfahren zuerst durch Beschluß und dann event. durch Entscheidung zum Austrag zu bringen.

3) Hier folgt eine sehr instruktive Darstellung der Entwickelung des Chausseebauwesens in Altpommern und Neuvorpommern.

4) Wenn ein Verband innerhalb seines Gebietes Chausseen baut oder zu unterhalten übernimmt, so thut er dies als kommunaler Organismus zunächst in Fürsorge für die von der Chaussee berührten Bezirke. Der Natur der Sache nach kommen Chausseen in erster Reihe derjenigen Gegend zu gute, welche davon örtlich berührt wird; Grundwert und Ertragsfähigkeit steigen daselbst. Es kann Fälle geben, wo das Interesse des ganzen Gebiets oder einzelner Teile den Verband veranlaßt, Chausseen auch über sein Territorium hinaus anzulegen und zu unterhalten. Zunächst und regelmäßig beschränkt sich aber die Thätigkeit eines Wegeverbandes auf Schaffung angemessener Wegeverbindungen innerhalb seines Bezirks, wie es überhaupt die nächstliegende Aufgabe jedes Verbandes ist, Einrichtungen gemeinnütziger Art nur innerhalb seines Gebietes zu treffen; und jedenfalls muß da, wo ein Verband auf seinem eignen Gebiete solche Einrichtungen ins Leben ruft, namentlich also Chausseen baut und unterhält, vorausgesetzt werden, daß dies eben um deswillen geschieht, weil die Teile, welche hauptsächlich Nutzen davon haben, ihm gehören. Daraus erfolgt, daß bei Abtrennung dieser Teile dem Verbande Pflichten nicht ohne Unbilligkeit belassen werden dürfen, welche er im Interesse jener Teile und aus dem Grunde, weil sie Glieder seines Organismus waren, auf sich genommen hat.

Nr. 4.

Endurteil des II. Senats vom 22. November 1880 (Entsch. Bd. VII. S. 57).

1) Bei den infolge des Gesetzes, betreffend die Veränderungen einiger Kreise in den Provinzen Preußen, Pommern und Sachsen, vom 8. Februar 1878 (G.-S. S. 93) erfolgten Zuschlagungen einzelner Ortschaften von dem einen Kreise an einen andern hat der letztere keinen Anspruch auf verhältnismäßige Anteile an dem nach den Gesetzen vom 30. April 1873 (G.-S. S. 187) und vom 8. Juli 1875 (G.-S. S. 497) den Kreisverbänden gewährten Dotationsfonds.

2) Wegen der Rechtsgrundsätze vergl. das Endurteil vom 28. Februar 1877 (oben Nr. 1). Zu §. 3 der Kr.-O. vergl. jetzt §. 2 des Zust.-Ges. vom 1. August 1883.

Nr. 5.

Endurteil vom 25. November 1880 (Entsch. Bd. VII. S. 61).

1) Die Auseinandersetzung, welche nach §. 4 der Kr.=O. (siehe dazu jetzt auch den §. 2 des Zust.=Ges. vom 1. August 1883) getroffen werden muß, bevor eine Stadt für ausgeschieden aus dem Kreise erklärt werden kann, hat sich zu erstrecken:

1. auf das gemeinsame Aktivvermögen (im vorliegenden Falle der allgemeine Kreiskommunalfonds, der Kreisordnungsfonds, der Chausseebaufonds, das vorhandene Chausseebaumaterial);
2. auf das gemeinsame Passivvermögen (hier die Chausseebauschulden und angeblich die Unterhaltungslast der Kreischausseen);

außerdem ist zu untersuchen,

3. ob der Stadt etwa eine Teilnahme an fortdauernden Leistungen zu gemeinsamen Zwecken der beiden neuen Kreise aufzuerlegen ist.

Wegen der Chausseebauunterhaltungslast vergl. das Endurteil vom 27. Juni 1877 (oben Nr. 2), wobei nur an Verpflichtungen privatrechtlichen Charakters gedacht sein kann. Die Verbindlichkeit des Kreises zur Instandhaltung der Chausseen kann von dem Staate oder der Provinz nur auf Grund des öffentlichen Rechtes in Anspruch genommen werden und bildet unter allen Umständen weder für den Staat noch für die Provinz einen Gegenstand, der sich als Aktivvermögen bezeichnen läßt. Da nun der Begriff „Passivvermögen" aus dem Gegensatze zum „Aktivvermögen" entwickelt wird, so kann bei dem Nichtvorhandensein des letzteren auch von dem ersteren nicht die Rede sein. Jede andere Auffassung würde zu dem unannehmbaren Resultate führen, daß sämtliche etatsmäßige Ausgaben der Kreise, welche auf einer rechtlichen Verbindlichkeit beruhen, unter dem Passivvermögen zu begreifen seien.

2) Über die Frage, welchen Kreisteilen die Kreischausseen zu gute kommen, vergl. das Endurteil vom 28. Februar 1877 (oben Nr. 1). Es ist nach §. 13 der Kreis.=O. zu unterscheiden zwischen dem unmittelbaren Interesse an einzelnen Chausseestrecken, wie solches das reisende Publikum überhaupt hat, und dem mittelbaren Interesse der einzelnen Glieder des kommunalen Organismus, welches mit dem Ausscheiden aus dem Kreisverbande aufhört. Auf das bloße Vorhandensein eines „Chaussee=Netzes" kommt es nicht an, sondern nur darauf, ob durch das Ineinandergreifen der mehreren Linien Verhältnisse entstanden sind, welche die Annahme rechtfertigen, das Interesse des Ausscheidenden werde auch durch die entfernter gelegenen Strecken in unmittelbarer Weise gefördert.

3) Das Auseinandersetzungs=Verfahren darf nicht dazu benutzt werden, um etwaige in der Vergangenheit liegende Überbürdungen des Ausscheidenden auszugleichen, vielmehr soll nach dem Gesetze nur der Anteil bestimmt werden, welchen der Ausscheidende an den Lasten, die auch demnächst noch als gemeinsame betrachtet werden müssen, in Zukunft zu übernehmen hat.

4) Bei der Bestimmung, wie die Kosten für die Chaussee=Instandhaltung, welche letztere gewissermaßen eine gemeinsame bleiben soll, auf die Stadt und den Kreis zu verteilen sind, ist davon auszugehen, daß das Gesetz in seinen Vorschriften über die Aufbringung der Kreisabgaben richtige Grundsätze aufgestellt hat. (§§. 10 und 12 der Kr.=O.)

5) Die Chausseebauschuld gehört zu dem Passivvermögen des Kreises.

Eine Unterscheidung zwischen den Summen, welche auf diese oder jene Chaussee-Strecke verwendet worden sind, ist nicht statthaft.

6) Wenn ein Kreistag bestimmte Kapitalien dem Kreiskommunalfonds entnommen hat, welche dann als besonderer Kreisordnungsfonds behufs Bestreitung der Ausgaben für die Kreisausschuß- und die Amtsverwaltung verwaltet werden sollen, so unterliegt auch dieser sogenannte Kreisordnungsfonds der Auseinandersetzung, es sei denn, daß es sich um Kapitalien handelte, deren Verwendung einer freien Entschließung der Kreisorgane entzogen und durch anderweite Anordnung, insbesondere etwa durch Gesetz, auf einen bestimmten Zweck beschränkt wäre. Eine derartige Beschränkung ist in den Worten „für Durchführung der Kreisordnung, insbesondere zur Bestreitung der Kosten des Kreisausschusses und der Amtsverwaltung" (Gesetze vom 30. April 1873 und 8. Juli 1875) nicht enthalten, denn die Kreise sind in Beziehung auf die Verwendung von Ersparnissen aus diesen Geldern nicht gebunden.

Nr. 6.

Endurteil des II. Senats vom 28. Juni 1883 (Entsch. Bd. X. S. 10).

1) Der die Auseinandersetzung beim Ausscheiden einer großen Stadt aus dem Kreisverbande betreffende §. 4 der Kr.-O. hat durch §. 2 des Zust.-Ges. vom 1. August 1883 eine Änderung dahin erfahren, daß der Bezirksausschuß nicht mehr entscheidet, sondern zunächst beschließt.

2) Gegenüber dem Kapitalbesitz des Kreises einerseits und den Schulden desselben anderseits müssen bei der Auseinandersetzung dieselben Grundsätze zur Anwendung gebracht werden. Wegen des Teilungsmaßstabes nach Recht und Billigkeit vergl. das Endurteil oben Nr. 1.

3) Ein in diesem Falle in der ausscheidenden Stadt belegenes Ständehaus wurde dem Landkreise gegen Übernahme der Schulden zugesprochen.

4) Desgleichen wurde die Sparkasse, welche als gemeinsames Institut nicht fortbestehen sollte, dem Landkreise allein vorbehalten. Der Reservefonds dieser Kasse gehört nicht zu dem Aktivvermögen des bisherigen Kreises, welches einer Teilung unterworfen werden könnte. Damit fällt auch jeder Anspruch der ausscheidenden Stadt auf künftige mögliche Überschüsse aus der Sparkasse.

D. Disziplinarsachen.

Nr. 1.

Endurteil vom 12. Januar 1878 (Entsch. Bd. III. S. 47).

1) Der Schlußsatz des hier in Bezug genommenen §. 8 der Kreisordnung hat in der neuesten Fassung dahin eine wesentliche Änderung erfahren, daß ein Kreisangehöriger wegen ungerechtfertigter Ablehnung oder Niederlegung eines unbesoldeten Amtes in der Verwaltung und Vertretung des Kreises nicht mehr, wie ein Angeklagter, „verfolgt" wird, sondern daß nunmehr der Kreistag über die nach dem Gesetze zu verhängenden Nachteile beschließt und daß es dem Ablehnenden überlassen bleibt, die Strafe zu tragen, oder mittels Klage dagegen anzukämpfen. (Klagefrist 2 Wochen.) Damit ist der Charakter des Strafverfahrens beseitigt.

2) Voraussetzung der Anwendbarkeit des §. 13 des Zust.-Ges. von 1876 (jetzt §. 59 des Landesverwaltungsgesetzes vom 30. Juli 1883) ist, daß die

Kreiskorporation **als solche**, d. h. der Kreiskommunalverband in der Selbstverwaltung seiner Angelegenheiten, für welche derselbe durch das Gesetz mit den Rechten der Korporation ausgestattet ist (§. 2 der Kreisordnung) Partei im Streitverfahren ist, daß es sich um die Rechte und Pflichten der Kommune **als solcher**, welche Gegenstand eines Streitverfahrens sein **können**, handelt. Dieser Fall liegt im §. 8 nicht vor, denn es handelt sich dabei nicht um Angelegenheiten des Kreises, sondern um solche der allgemeinen Landesverwaltung. Der **Staat** hat ein Interesse daran, daß die Kreisangehörigen die Pflicht zur Übernahme und Führung jener im Kreise geordneten Ämter erfüllen.

3) Infolge der Abänderung des Gesetzes (sub 1) wird die Frage über die Befugnis zur Ablehnung der im Kreisausschusse sitzenden Richter (§. 34 des Gesetzes vom 3. Juli 1875, jetzt §. 62 des Landesverwaltungsgesetzes vom 30. Juli 1883) für den betreffenden Fall gegenstandslos, indessen sind doch folgende Grundsätze für andere Fälle zu erwähnen:

a. die Mitglieder eines Verwaltungsgerichts, denen etwa die Fähigkeit zur Teilnahme an der Entscheidung der Sache durch persönliche Verhältnisse nach Maßgabe des Gesetzes entzogen ist, haben sich zwar auch ohne den Anlaß eines Ablehnungsgesuches jeder Teilnahme zu enthalten, allein, wenn auch gegen diesen Grundsatz gefehlt sein sollte, so folgt hieraus doch keineswegs für den Berufungsrichter die **Notwendigkeit**, dies nachträglich zu prüfen, um event. die Sache zur nochmaligen Entscheidung in die Vorinstanz zu verweisen;

b. das Gesetz vom 3. Juli 1875 kennt keine absoluten **Nichtigkeiten** der Endurteile im Streitverfahren. Jetzt vergl. §. 100 des Landesverwaltungsgesetzes vom 30. Juli 1883;

c. der Berufungsrichter ist, obwohl das Gesetz die Möglichkeit einer **Zurückweisung in die Vorinstanz** nicht ausdrücklich erwähnt, doch dazu **befugt**, wenn auch nicht verpflichtet, selbst wenn das Verfahren in der Vorinstanz an wesentlichen Mängeln leidet;

d. das Rechtsmittel der Revision kann auf die Behauptung von Rechtsirrtümern in der Prüfung von Fragen, von welchen die Vorentscheidung nicht abhängig ist, nicht gestützt werden.

4) Die Nichtbeteiligung des Landrates an dem nach §. 8 der Kr.-O. zu fassenden Beschlusse läßt sich nur im Wege der vorherigen Beschwerde an die Aufsichtsbehörde durchsetzen.

5) An Stelle des §. 64 des Gesetzes vom 3. Juli 1875 ist der §. 94 des Landesverwaltungsgesetzes vom 30. Juli 1883 getreten.

Nr. 2.

Endurteil vom 23. Januar 1878 (Entsch. Bd. III. S. 55).

1) Der Beschluß des Kreisausschusses über die Verhängung einer Ordnungsstrafe gegen **Kreisbeamte** war nach §. 61 Nr. 3 in Verbindung mit §. 70 des Zuständigkeitsgesetzes von 1876 mit der Klage seitens des der Disziplin unterstehenden Beamten anfechtbar, also nicht **endgültig** und daher eine Klage des Landrates nach §. 18 a. a. O. nicht zulässig. Der letztere betraf nur allgemeine Landesangelegenheiten, also nicht Kommunalangelegenheiten (L.-V.-G. §. 126). Dasselbe gilt noch heute: denn nach §. 134 Nr. 3 in Verbindung mit §. 68 der Kreisordnung in der neuesten Fassung (Hannover §. 91, Hessen-Nassau §. 92, Westfalen §. 79) findet gegen denselben Beschluß des Kreisausschusses die Beschwerde an den Bezirks-

ausschuß und schließlich die Klage an das Ober-Verwaltungsgericht statt, er ist also ebenfalls nicht endgültig und deshalb nach §. 126 des Landesverwaltungsgesetzes vom 30. Juli 1883 nicht anfechtbar.

2) Nach §. 69 des Zust.-Ges. von 1876 konnten die in Kommunalangelegenheiten des Kreises geführten, gesetzwidrigen und die Befugnisse überschreitenden Beschlüsse des Kreisausschusses mit einer Klage des Landrates „angefochten" werden, jetzt steht aber dem Landrate hinsichtlich dieser Beschlüsse nach §. 178 der Kreisordnung in neuester Fassung (Hannover §. 106, Hessen-N. §. 107, Westfalen §. 94) nur ein „Beanstandungsrecht" zu.

3) Die Übung der Disziplin über die Kreisbeamten durch den Kreisausschuß gehört nicht zu den Kommunalangelegenheiten des Kreises im Sinne des §. 178 (bezw. 106, 107 und 94) der Kreisordnung, die dieserhalb gefaßten Beschlüsse des Kreisausschusses können also auch seitens des Landrates nicht „beanstandet" werden. Die Handhabung des Disziplinarstrafrechtes über die Kreisbeamten als mittelbare Staatsbeamten ist stets, auch wenn sie durch Organe der Kommunen erfolgt, ein Akt der Staatshoheit und vollzieht sich lediglich in Ausübung eines Staatshoheitsrechtes. (A. L.-R. II. 6 §§. 171—173, II. 10 §§. 68, 69, 98—100.)

4) Die rechtliche Grundlage und Natur des Disziplinarstrafrechtes ist stets dieselbe, mögen die verhängten Strafen härtere (Amtsentsetzung) oder mildere (Ordnungsstrafen) sein. Unterschieden wird zwischen beiden Arten nur hinsichtlich des Verfahrens. Während auf Entfernung aus dem Amte nur im förmlichen Disziplinarverfahren von bestimmten Behörden erkannt werden kann, ist jeder Dienstvorgesetzte zu Warnungen und Verweisen gegen seine Untergebenen befugt.

Nr. 3.

Endurteil des I. Senats vom 3. Mai 1879 (Entsch. Bd. V. S. 41).

1) An die Stelle des 61 des Gesetzes vom 3. Juli 1875 ist der inhaltlich unveränderte §. 91 des Landesverwaltungsgesetzes vom 30. Juli 1883 getreten. Im Sinne dieser Bestimmungen ist das öffentliche Interesse für beteiligt zu erachten, wenn es sich um die Frage handelt, ob ein Kreisausschuß zur Übung der Disziplin gegen einen durch sein Hauptamt in unmittelbarem Staatsdienst stehenden Kreiskommunalbeamten (im Nebendienste) befugt ist.

2) Der Abs. 2 im §. 44 des Gesetzes vom 3. Juli 1875 ist durch den Abs. 2 des §. 74 des Landesverwaltungsgesetzes vom 30. Juli 1883 unverändert ersetzt worden, dagegen ist der Abs. 4 des §. 83 des Gesetzes vom 3. Juli 1875 durch den Abs. 4 des §. 113 des L.-V.-G. in sofern abgeändert, als es jetzt lediglich in das Ermessen des Richters gestellt ist, ob er über den Einwand der Unzuständigkeit vorab entscheiden will. Im übrigen hat mit jener Bestimmung lediglich eine Abkürzung des ordentlichen Streitganges erzielt werden sollen.

3) Wegen des §. 61 des Zuständigkeitsgesetzes von 1876 siehe das vorhergehende Endurteil vom 23. Januar 1878. Nur mit den Maßgaben, welche sich aus den daselbst angeführten Bestimmungen ergeben, findet das Gesetz vom 21. Juli 1852 (G.-S. S. 465) Anwendung. Dadurch ist die Anwendbarkeit des §. 28 dieses Gesetzes auf Fälle der vorliegenden Art ausgeschlossen.

4) Der Ministerialerlaß vom 12. April 1875 (Min.-Bl. d. i. V. S. 122)

hat eine wesentliche Ergänzung durch §. 26 des Zuständigkeitsgesetzes vom 30. Juli 1883 erfahren (früher §. 41 des Zust.-Ges. von 1876).

5) Klagen, welche nicht gegen eine polizeiliche Verfügung gerichtet sind, hat man bei dem zuständigen Gerichte einzureichen (§. 35 des Gesetzes vom 3. Juli 1875, jetzt §. 63 des Landesverwaltungsgesetzes vom 30. Juli 1883). Der §. 29 des Gesetzes vom 3. Juli 1875 ist fortgefallen.

6) Die Übung der Disziplin über die Beamten hat lediglich die relative Bedeutung, die öffentliche Dienstordnung in dem gesetzmäßigen Wirkungskreise der Beamten sicherzustellen. Dieselbe ist daher nicht abhängig von der Organisation der Ämter und des Dienstes, welche von einer und derselben Person bekleidet werden können, und demgemäß hat die Einheitlichkeit in der Ausübung der Disziplin von jeher in mannigfachen Beziehungen zurücktreten müssen. Deshalb wird die Disziplin über viele Kategorien von Beamten, je nach den verschiedenen Seiten ihrer amtlichen Thätigkeit, verschiedenen Behörden zugestanden. Beispiele: A. K.-O. vom 30. Juli 1842 (Min.-Bl. d. i. V. 303), betreffend rheinische Verwaltungsbeamte, welche zugleich gerichtliche Polizeibeamte sind; Gesetz vom 11. Juli 1849, betreffend die vereinigten Küster- und Schulämter; §. 43 des Gesetzes vom 8. März 1871 (G.-S. S. 130); §. 12 des Gesetzes vom 3. Juli 1875 (jetzt §. 32 des Landesverwaltungsgesetzes vom 30. Juli 1883); Kreisordnung: §§. 35, 68, 133, 134 Nr. 3 (Hannover §§. 90, 91, Hessen-N. §§. 91, 92, Westfalen §§. 78, 79); Provinzialordnung: §§. 51, 62, 67, 98 (Hessen-N. §§. 49, 59, 71); Zust.-Ges. von 1876: §§. 11, 61, 70 (jetzt Landesverwaltungsgesetz vom 30. Juli 1883 §. 39, Zust.-Ges. von 1883 §. 36, Kreisordnung in neuester Fassung §. 134 Nr. 3).

7) Hiernach wird die Disziplinargewalt über Kreiskommunalbeamte, welche das Kreiskommunalamt als Nebenamt bekleiden und vermöge ihres Hauptamtes unmittelbare Staatsbeamte sind, auch von den Kreis-Kommunal-Disziplinarbehörden geübt. —

8) Die Entscheidung über den Einwand, daß ein Kreisausschuß zur Übung der Disziplin unzuständig sei, steht dem Verwaltungsrichter zu.

Nr. 4.

Endurteil des II. Senats vom 29. Juni 1885 (Entsch. Bd. XII. S. 6).

1) Zu den in §. 8 der Kreisordnung gedachten „unbesoldeten Ämtern in der Verwaltung und Vertretung des Kreises" gehört auch das Amt des Amtsvorstehers und des Amtsvorsteher-Stellvertreters.

2) Der Thatbestand der Weigerung eines Kreisangehörigen, ein Amt zu übernehmen, kann überhaupt erst da als gegeben angesehen werden, wo bereits eine bestimmte Willensäußerung der zur Übertragung des Amtes berufenen Stelle vorliegt. (§. 56 der Kreisordnung.) Deshalb berechtigt eine Ablehnung während der die Vorschläge des Kreistages zur Ernennung des Amtsvorstehers oder des Amtsvorstehers-Stellvertreters erst vorbereitenden Verhandlungen noch nicht zur Verhängung der Folgen einer ungerechtfertigten Ablehnung.

3) Das Vorschlagsrecht des Kreistages (§. 56 a. a. O.) ist kein Wahlrecht. Erst wenn der Oberpräsident auf Grund dieser Vorschläge eine Entscheidung getroffen hat, können die Folgen der Wahlablehnung eintreten.

E. Besondere Befugnisse der Kreisorgane.

Nr. 1.

Endurteil des II. Senats vom 17. April 1879 (Entsch. Bd. V. S. 28).

1) Das dem Landrate im §. 69 des Zuständigkeitsgesetzes vom 26. Juli 1876 gewährte Anfechtungsrecht ist durch den §. 178 der Kreisordnung in neuester Fassung (Hannover §. 106, Hessen-N. §. 107, Westfalen §. 94) in ein Beanstandungsrecht umgewandelt und dadurch das Parteienverhältnis in der Art geändert, daß der Landrat nicht mehr in die Rolle des Klägers kommen kann.

2) Der Kreistag ist befugt, über den Fortbestand und die Zusammensetzung einer kreisständischen (Armen-) Kommission insbesondere dahin Beschluß zu fassen, daß nach Einführung der Kreisordnung die mittels älterer Bestimmungen einer solchen Kommission überwiesenen kreiskommunalen Geschäfte fortan von dem Kreisausschusse wahrgenommen werden sollen.

3) Dergleichen Kommissionen beruhen in Ostpreußen auf dem Reglement vom 26. September 1864 (G.-S. S. 621 ff.) und dem §. 37 des Gesetzes vom 31. Dezember 1842 (G.-S. 1843 S. 8). Dieselben sind aber durch den §. 199 der Kreisordnung (Hannover Art. II (am Schlusse der Kreisordnung), Hessen-N. §. 120, Westfalen §. 103) aufgehoben.

4) In dem §. 199 ist eine „ausdrückliche" Aufhebung aller zuwiderlaufenden Bestimmungen zu erblicken.

5) Die „ausdrückliche" und „deutliche" Aufhebung der Gesetze (§§. 59 und 61 der Einleitung zum A. L.-R.) früherer Gesetze setzt keineswegs voraus, daß in dem neueren Gesetze die aufzuhebenden Gesetze als solche mittels besonderer, etwa gar jedes einzelne Gesetz für sich umfassender Bezeichnung aufgeführt werden, vielmehr genügt es im allgemeinen schon, wenn das neuere Gesetz eine entgegenstehende, mit der alten nicht vereinbare Rechtsregel einführt, und in allen Fällen, wenn, wie dies in der neuen Gesetzgebung immer mehr und mehr in Übung gekommen ist, das neuere Gesetz die Aufhebung der zuwiderlaufenden (entgegenstehenden, widersprechenden, unvereinbaren u. s. w.) Bestimmungen ausdrücklich bezeichnet. In seiner eigentlichen Bedeutung wird das im §. 59 a. a. O. gebrauchte Wort „ausdrücklich" erst durch den Gegensatz zum §. 60 klargestellt, welcher letztere, abweichend vom gemeinem Recht, die Aufhebung der Gesetze durch Nichtanwendung (desuetudo) verwirft.

6) Unter die im §. 199 der Kreis-O. (Hannover Art. II, Hessen-N. §. 120, Westfalen. §. 103) gebrauchte allgemeine Bezeichnung „Bestimmungen" fallen auch Königliche Verordnungen und Verwaltungsvorschriften aller Art. (cf. §. 61 der Einleitung zum A. L.-R., §. 28 des Gesetzes vom 8. März 1871 — G.-S. S. 130 —, Art. 45 der Verfassung vom 31. Januar 1850.)

7) Die Verwaltung der Landarmenangelegenheiten in den ostpreußischen Kreisen ist eine Kreisangelegenheit und nicht eine Angelegenheit der allgemeinen Landesverwaltung.

8) Aus den Vorschriften der Kreis-O. §§. 115, 116 Nr. 8, 130, 134 Nr. 1 und 2 und 167 (Hannover §§. 72, 73, 87, 91 und 99, Hessen-N. §§. 73, 74, 88, 92 und 100, Westfalen §§. 60, 61, 75, 79, 87) erhellt, daß, unbeschadet des staatlichen Aufsichtsrechtes, dem Kreistage auf dem Gebiete der Kreiskommunalverwaltung das Recht der freien Organisation zusteht, das als der eigentliche Träger der Kreisverwaltung der Kreisausschuß anzusehen ist, daß aber der Kreistag unter gewissen Voraus-

setzungen auf dem Gebiete der Kreisverwaltung besondere Kommissionen oder Kommissare bestellen kann und daß, wenn er solche einsetzt, er in dieser Organisation nicht, wie dies in Betreff der für die Zwecke der allgemeinen Landesverwaltung angeordneten Kommissionen der Fall ist, Beschränkungen unterliegt.

Nr. 2.

Endurteil des II. Senats vom 5. April 1880 (Entsch. Bd. VI. S. 52).

1) Der §. 69 des Zust.-Ges. von 1876 ist ersetzt durch §. 178 der Kreis-O. in neuester Fassung (Hannover §. 106, Hessen-N. §. 107, Westfalen §. 95). Vergl. das vorhergehende Endurteil und das vom 23. Januar 1878 unter „D. Disziplinarsachen" Nr. 2.

2) Es ist die Ansicht nicht zutreffend, daß Beschlüsse des Kreistages nur so lange nicht angefochten (jetzt beanstandet) werden können, als sie noch nicht ausgeführt sind. Die Worte „aufschiebende Wirkung" haben nur die Bedeutung, daß die Ausführung, wenn sie noch nicht erfolgt ist, bis nach ausgemachter Sache zu unterbleiben hat.

3) Aus Beschlüssen, welche die Befugnisse der beschließenden Behörde überschreiten oder die Gesetze verletzen, kann der Regel nach niemand Rechte erwerben, die ihm nicht — wenn auch nur unter Vorbehalt seiner Ansprüche gegen die Behörde — wieder entzogen werden dürften. Der Umstand, daß der Landrat in die Lage kommen kann, Beschlüsse nachträglich zu beanstanden, die er selbst ausgeführt hat, fällt nicht ins Gewicht.

4) Das Anfechtungs- (jetzt Beanstandungs-) Recht ist an eine Frist nicht gebunden.

5) Das Recht, Titel zu verleihen, gehört an sich zu den Hoheitsrechten der Krone (A. L.-R. II. 13 §. 7, V. vom 27. Oktober 1810 Nr. 6 — G.-S. S. 9 —, Regierungs-Instruktion vom 23. Oktober 1817 §. 15 — G.-S. S. 248, Art. 50 der Verfassung vom 31. Januar 1850 —). Es bezieht sich dies jedoch nur auf Titel, welche „von Staatswegen" verliehen werden. Aber auch Privatpersonen, Vereine und Korporationen, die in keinem Zusammenhange mit dem Staatsorganismus stehen, können ihren Angestellten Titel im weitesten Sinne beilegen. Dies gilt auch von den mittelbaren Staatsdienern, den Beamten der Gemeinden, z. B. den städtischen Beamten. Die in dieser Beziehung in den Gesetzen enthaltenen Vorschriften sind nicht unbedingt bindend. Nur das Prädikat „Königlich" darf derartigen Titeln nicht vorgesetzt werden.

Nr. 3.

Endurteil des I. Senats vom 12. Mai 1880 (Entsch. Bd. VI. S. 66).

1) Die §§. 18, 69 und 74 des Zust.-Ges. von 1876 sind ersetzt durch §. 126 des L.-V.-G. vom 30. Juli 1873, §. 178 der Kreisordnung in neuester Fassung (Hannover §. 106, Hessen-N. § 107, Westfalen §. 94) und §. 40 des Zuständigkeitsgesetzes vom 1. August 1883. Danach ist an die Stelle der Anfechtung die Beanstandung getreten und das Parteienverhältnis ist umgekehrt.

2) Es liegt in dem Wesen gerichtlicher Entscheidungen und somit auch der Rechtskontrolle, wie sie im §. 69 des Zust.-Ges. von 1876 (jetzt §. 178 der Kr.-O.) durch die Möglichkeit, Entscheidungen über Beschlüsse der Kreistage u. s. w. herbeizuführen, gegeben worden ist, daß diese letzteren nur ergehen können, wo ein solcher Beschluß unangefochten (jetzt unbeanstandet)

rechtliche Wirkungen äußert, und zwar der Art, daß dieselben durch die Aufhebung des Beschlusses beseitigt werden. Dem entspricht es, daß der Anfechtung (jetzt Beanstandung) der Beschlüsse, um dieselbe (d. h. jetzt die Beanstandung) nicht etwa thatsächlich bedeutungslos werden zu lassen, durch das Gesetz aufschiebende Wirkung beigelegt worden ist.

3) Ein auf Grund des §. 8 des Gesetzes vom 8. März*) 1871 (G.-S. S. 130) gefaßter Beschluß eines Kreistages, durch welchen Statuten zur Regelung der Armenpflege in den nicht ausschließlich im Eigentume des Gutsbesitzers stehenden Gutsbezirken aufgestellt werden, können nicht um deswillen der Beanstandung unterliegen, weil sie gesetzwidrig in die bestehende Verfassung des Gutsbezirks eingriffen, da die Beschlüsse ohne die Bestätigung des Bezirksausschusses (§. 40 des Zust.-Ges. vom 1. August 1883) rechtsunwirksam sind. Nur diese Bestätigung unterliegt wegen etwaiger Gesetzwidrigkeit der Anfechtung nach §. 126 des Landesverwaltungsgesetzes vom 30. Juli 1883 (früher §. 118 der Provinzialordnung, weil der Provinzialrat jene Beschlüsse zu bestätigen hatte).

4) Die Wirkung richterlicher Erkenntnisse beruht in der Vollstreckbarkeit der rechtskräftigen Entscheidung, nicht in der mehr oder minder autoritativen, aber nicht zwingenden Bedeutung der Gründe.

5) Die Beanstandung eines Kreistagsbeschlusses zu dem Zwecke, daß durch die Verwerfung dieses Beschlusses das von dem Kreisausschusse dem Kreistage vorgelegte und von diesem abgelehnte Statut hergestellt werden solle, ist unzulässig.

6) Durch richterliche Erkenntnisse lassen sich dergleichen Statuten nicht aufstellen.

7) Weder dem Gutsherrn, noch dem Bezirksausschusse steht ein erzwingbares Recht auf die Annahme eines bestimmten Statuts durch den Kreistag zu, so daß die Aufhebung des ein solches Statut ablehnenden Beschlusses dieses in Kraft treten ließe. Der Bezirksausschuß kann durch sein Bestätigungsrecht die Beschlußfassung des Kreistags nicht ersetzen.

Nr. 4.

Endurteil des II. Senats vom 3. Januar 1881 (Entsch. Bd. VII. S. 88).

1) An die Stelle des §. 67 des Zust.-Ges. von 1876 ist der §. 180 der Kreis-O. in neuester Fassung getreten (Hannover §. 108, Hessen-N. §. 109, Westfalen §. 96), an die Stelle des §. 69 des Zust.-Ges. von 1876 der §. 178 der Kreis-O. in neuester Fassung (Hannover §. 106, Hessen-Nassau §. 107, Westfalen §. 94), an die Stelle des § 76 Nr. 1 des Gesetzes vom 3. Juli 1875 der §. 107 des Landesverwaltungsgesetzes vom 30. Juli 1883 (G.-S. S. 220). Dadurch ist das Endurteil im wesentlichen gegenstandslos geworden, gleichwohl bleibt folgender Rechtsgrundsatz bestehen:

2) Bei der Ausübung des Anfechtungs- (jetzt Beanstandungs-) Rechtes handelt der Landrat nicht als Organ des Kreisverbandes, sondern als durch Gesetz berufener Vertreter der Aufsichtsbehörde.

Nr. 5.

Endurteil des II. Senats vom 23. Juni 1884 (Entsch. Bd. XI. S. 15).

1) Verfügungen des Regierungspräsidenten, betreffend die Zwangsetatisierung gesetzlicher Leistungen des Kreises (§. 180 der Kreis-O. — mit

*) In den Entscheidungen Bd. VI. S. 66 steht „Mai“ (Druckfehler).

§. 4 des Zust.-Ges. vom 1. August 1883 — Hannover §. 108, Hessen-Nassau §. 109, Westfalen §. 96) mit der Wirkung, daß von da ab die Klagefrist beginnt, brauchen nicht notwendig an diejenigen Organe erlassen zu werden, welche endgültig über die Leistung und Flüssigmachung der erforderlichen Gelder zu beschließen haben; es genügt, wenn die Aufforderung an ein zur Vertretung der Korporation berufenes Organ ergeht. Dies ist der Kreisausschuß, welcher dafür zu sorgen hat, daß die Angelegenheit auf ordnungsmäßigem Wege erledigt und zu dem Ende den für die Beschlußfassung zuständigen Organen vorgelegt wird. In dringenden Fällen hat der Kreisausschuß für den Kreistag einstweilen einzutreten.

2) Dasselbe gilt von dem Provinzialausschusse hinsichtlich der Zwangsetatisierungen gegen die Provinz. (§. 121 der Prov.-O. — Hessen-Nassau §. 94.)

3) Wenn ein Amtsvorsteher in Gemäßheit des §. 61 der Kreis-O. einen sich über mehrere Amtsbezirke erstreckenden Auftrag ausgeführt hat und es sich um die Aufbringung der dem Amtsvorsteher in den fremden Amtsbezirken erwachsenen Kosten handelt, so sind gegen die Auffassung, daß der Kreis als „Auftraggeber" oder „Mandant" für die aus der Anwendung des §. 61 hervorgehenden besonderen Kosten des mit der Erledigung des Amtsgeschäftes betrauten Amtsvorstehers aufzukommen habe, erhebliche Bedenken geltend zu machen.

F. Zwangsetatisierungen.

Nr. 1.

Endurteil des II. Senats vom 8. Dezember 1879 (Entsch. Bd. VI. S. 24).

Der in dieser Entscheidung behandelte Fall kann in derselben Weise nicht wieder vorkommen. Denn:

a. der §. 69 des Zust.-Ges. von 1876 ist fortgefallen und ersetzt durch den §. 178 der Kreisordnung in neuester Fassung (Hannover §. 106, Hessen-N. §. 107, Westfalen §. 94). Damit ist das Recht des Landrates, Beschlüsse der Kreisbehörden mit der Klage anzufechten, beseitigt und an dessen Stelle ein Beanstandungsrecht gesetzt worden, so daß nunmehr die Kreisbehörden in die Rolle der Kläger kommen, der Landrat aber als Beklagter auftritt;

b. der §. 76 Nr. 1 des Gesetzes vom 3. Juli 1875 erscheint jetzt als §. 107 Nr. 1 des Landesverwaltungsgesetzes vom 30. Juli 1883 mit der wesentlichen Änderung, daß die baaren Auslagen des Verfahrens und des obsiegenden Teiles nicht mehr demjenigen Kommunalverbande zur Last fallen, als dessen Organ die Behörde gehandelt hat, sondern demjenigen, der nach gesetzlicher Bestimmung die Amtsunkosten der Behörde zu tragen hat (also dem Staate, wenn kein Kommunalverband verpflichtet ist. Cf. §. 3 des Polizeiverwaltungsgesetzes vom 11. März 1850);

c. die §§. 51 und 67 des Zust.-Ges. von 1876 sind ersetzt durch den §. 180 der Kreisordnung in neuester Fassung (Hannover §. 108, Hessen-Nassau §. 109, Westfalen §. 96). Auch hier sind die Rollen der Parteien in der Art vertauscht, daß früher die Behörde, jetzt aber der Kreis als Kläger aufzutreten hat (vergl. auch §. 4 des Zust.-Ges. vom 1. August 1883);

d. der §. 121 der Provinzialordnung (Hessen=N. §. 94) ist ebenfalls in entsprechender Weise abgeändert worden;

e. an die Stelle des §. 71 des Zust.=Ges. von 1876 ist der §. 177 der Kreis=O. in neuester Fassung getreten (Hannover §. 104, Hessen=N. §. 105, Westfalen §. 92), so daß nunmehr auch die Kreisaufsichtsbehörden andere geworden sind.

Nr. 2.

Endurteil des II. Senats vom 6. März 1882 (Entsch. Bd. VIII. S. 49).

1) Die Anwendung des §. 180 der Kreisordnung vom 19. März 1881 (Hannover §. 108, Hessen=N. §. 109, Westfalen §. 96) ist auch zulässig, wenn nicht der Kreistag, sondern der Kreisausschuß eine Leistung verweigert oder unterlassen hat. Es muß aber in letzterem Falle ein gewisser Zeitraum zwischen Feststellung der Leistung und Zwangsetatisierung freibleiben, um den zuständigen Organen des Kreises die Möglichkeit einer Entschließung zu lassen. Die Feststellung der Leistung und die Anordnung der Eintragung in den Etat können nicht miteinander verbunden werden.

2) Die Rechtskontrolle in Gemäßheit des §. 180 a. a. O. erstreckt sich auch darauf, ob die Leistung eine dem Kreise gesetzlich obliegende und die Feststellung von der zuständigen Behörde ausgegangen ist. Der §. 177 der Kr.=O. (Hannover §. 104, Hessen=N. §. 105, Westfalen §. 92) steht dem nicht entgegen.

3) Das Einschreiten der Aufsichtsbehörde in diesen Fällen erfordert stets, daß ein von der Behörde wahrzunehmendes öffentliches Interesse obwalte. Die staatliche Aufsicht kann mithin in dieser Beziehung nicht so weit reichen, daß den Kommunalverbänden die Verwendung der ihnen vom Staate gegebenen Dotationsmittel (Gesetz vom 8. Juli 1875 §§. 18, 22 — G.=S. S. 497 —) im einzelnen vorgeschrieben werden dürfte. Damit wäre der Begriff der Selbstverwaltung nicht vereinbar.

4) Verwaltungsbeamte — im Gegensatze zu den richterlichen Beamten — besitzen keinen Anspruch auf Gehaltsverbesserung. Demgemäß hatten auch die Chausseeaufseher der vormaligen Staatschausseen, insoweit deren Besoldung in Gemäßheit eines nach einem Durchschnittssatze abgestuften Spezialetats und bestimmter, das Aufrücken in die höheren Gehaltsklassen regelnder Grundsätze erfolgte, gegebenen Falles keinen Rechtsanspruch auf ein solches Aufrücken, so daß nunmehr eine entsprechende Verpflichtung der inzwischen in die Verwaltung jener Chausseen eingetretenen Kommunalverbände bestände.

Eine entgegenstehende Ansicht läßt sich auch aus §. 19 des Gesetzes vom 27. März 1872 betreffend die Einrichtung und die Befugnisse der Oberrechnungskammer (G.=S. S. 278) nicht begründen.

III.

Städte.

A. Städtische Gemeindeabgaben.

Nr. 1.

Endurteil des II. Senats vom 20. November 1884 (Entsch. Bd. XI. S. 54).

1) In betreff der Verpflichtung zur Teilnahme an den städtischen Gemeindelasten im Geltungsbereiche der Städte-Ordnung vom 30. Mai 1853 sind die vorhandenen oder in Gemäßheit des §. 53 a. a. O. ergänzten Kommunalsteuer-Regulative zunächst dergestalt maßgebend, daß, wo dasselbe eine solche Verpflichtung überhaupt nicht vorgesehen hat, eine Kommunalbesteuerung ausgeschlossen bleibt.

2) Statuiert ein derartiges Regulativ eine Abgabenpflicht juristischer Personen nur in Ansehung ihres Einkommens aus Grundbesitz, während das Einkommen aus dem Gewerbebetriebe freigelassen ist, so kann z. B. eine im Orte verwaltete Kreissparkasse — selbst die Eigenschaft der juristischen Persönlichkeit vorausgesetzt — zu den städtischen Kommunalsteuern nicht herangezogen werden.

3) Den Kreissparkassen gehen die wesentlichsten Merkmale des „Gewerbes“ als einer berufsmäßigen, erlaubten, auf Erzielung eines Erwerbes gerichteten Thätigkeit mehr oder minder vollständig ab. Der Gewinnzweck ist das Kriterium der Gewerblichkeit eines Unternehmens, das objektive Ergebnis von Überschüssen ist für sich allein in keiner Weise entscheidend, und es kann von einem Gewerbebetriebe überall da keine Rede sein, wo jede Gewinn-Absicht erkennbar fehlt. Wo eine derartige Absicht aus dem Statut nicht erkennbar ist, da kann dieselbe auch nicht als vorhanden vorausgesetzt werden.

4) Vergl. Gesetz vom 27. Juli 1885 (G.-S. S. 327).

Nr. 2.

Endurteil des II. Senats vom 8. Dezember 1884 (Entsch. Bd. XI. S. 58).

1) Der Übergang eines Grundstückes von der einen fiskalischen Station auf eine andere kann nicht als eine „Erwerbung“ behandelt werden, sie stellt vielmehr nur einen Verwaltungsakt dar, denn der Fiskus bildet nur Eine juristische Person.

2) Nach §. 4 Abs. 7 der Städte-O. vom 30. Mai 1853 hat eine Befreiung der fiskalischen und anderer hierher gehöriger Grundstücke von den städtischen Kommunalabgaben nur dann einzutreten, wenn die beiden Voraussetzungen zutreffen, daß

a. die Grundstücke unter die im §. 2 des Gesetzes vom 24. Februar 1850 (G.-S. S. 62) bezeichneten Grundstücke fallen, und
b. nach Maßgabe der Kabinetts-Ordre vom 8. Juni 1834 (G.-S. S. 87) befreit sind.

Ist ihnen hier eine Steuerfreiheit nicht zugesichert, so sind sie steuerpflichtig.

3) Die Königliche Porzellan-Manufaktur zu Berlin ist in Hinsicht auf ihre Steuerpflicht lediglich als ein gewerbliches Etablissement

des Staates zu betrachten und nicht zu öffentlichen oder gemeinnützigen Zwecken bestimmt.

4) Solche im §. 2 des Gesetzes vom 24. Februar 1850 bezeichnete Grundstücke, welche, obschon zunächst nicht zum öffentlichen Dienste oder Gebrauche erworben, doch später dazu bestimmt werden, sind zur Teilnahme an den städtischen Gemeindelasten verpflichtet.

Nr. 3.

Endurteil des II. Senats vom 5. Februar 1885 (Entsch. Bd. XI. S. 67).

1) Wo ein an sich unter das Gesetz vom 11. Juli 1822 — G.=S. S. 184 (in den neuen Landesteilen V. vom 23. September 1867 — G.=S. S. 1648 —) fallender Staatsbeamter neben seinem Diensteinkommen noch ein Privateinkommen bezieht, und wo weiter die städtische Gemeindesteuer nach Prozentsätzen der in verschiedene Klassen einzureihenden Einkommensbeträge erhoben wird, da ist nicht für jede der beiden genannten Einkommensquellen eine besondere Klasse der ferneren Berechnung zu Grunde zu legen, sondern das Privateinkommen und die zu besteuernde Quote des Diensteinkommens sind zusammenzurechnen, und die Steuerklasse wird dann durch dieses so gefundene Gesamteinkommen bestimmt. Dem steht auch der Inhalt des §. 7 a. a. O. nicht entgegen.

2) Ist die Steuerstufe auf diese Weise ermittelt worden, so ist die so festgestellte Abgabe auf das halbe Diensteinkommen und auf das Privateinkommen nach Verhältnis beider Beträge zu verteilen und der auf das Diensteinkommen entfallende Abgabenteil entsprechend herabzusetzen, sofern der für direkte Beiträge gesetzlich (§. 3 a. a. O.) zugelassene höchste Prozentsatz des vollen Diensteinkommens überschritten wird.

Nr. 4.

Endurteil des II. Senats vom 5. Februar 1885 (Entsch. Bd. XI. S. 71).

1) Geschäftsführer (Betriebskommissarien) der öffentlichen Provinzial-Feuersozietäten sind im Sinne des Gesetzes vom 11. Juli 1822 — G.=S. S. 184 — und der Kabinets-Ordre vom 14. Mai 1832 (G.=S. S. 145) (in den neuen Provinzen V. vom 23. September 1867 — G.=S. S. 1648 —) als mittelbare Beamte anzusehen und danach zu den städtischen Gemeinde-Einkommensteuern heranzuziehen.

2) Die Frage wegen der Beamtenqualität liegt auf rechtlichem Gebiete, sie kann also auch in der Revisionsinstanz geprüft werden. (§. 94 des Landesverwaltungsgesetzes vom 30. Juli 1883 — G.=S. S. 218 —).

3) Vergl. A. L.=R. II. 10 §. 69.

Nr. 5.

Endurteil des II. Senats vom 12. Februar 1885 (Entsch. Bd. XI. S. 77).

1) Wenn in dem staatlich genehmigten Statut einer in Gestalt einer Aktiengesellschaft begründeten Feuerversicherungsgesellschaft bestimmt ist, daß von dem verbleibenden Nettoüberschusse nur die eine Hälfte den zur Verteilung an die Aktionäre bestimmten Gewinn bildet, dagegen die andere in einen bestimmten Fonds fließt, welcher unter Genehmigung des Verwaltungsrates zu gemeinnützigen Zwecken innerhalb des Geschäftskreises der Gesellschaft verwandt wird, so unterliegt die letztere Hälfte der Steuerpflicht

in den Städten nicht, denn nur die erstere Hälfte stellt das zu besteuernde Reineinkommen dar.

2) Die Verwendung der fraglichen Gewinnhälfte zu gemeinnützigen Zwecken geschieht nicht im Interesse einer Erweiterung des Geschäftsbetriebes.

3) Von einem Haushalte und Unterhalt der Angehörigen im Sinne des §. 30 des Gesetzes vom 1. Mai 1851 kann bei einer Aktiengesellschaft nicht die Rede sein.

4) Auch unter den Begriff der „Geschäftsunkosten" fällt jene Ausgabe nicht. Denn Geschäftsunkosten sind solche Ausgaben, welche bei dem Betriebe aufgewandt werden müssen, um einen Gewinn zu erzielen.

5) Das Reineinkommen, welches von der Einkommensteuer betroffen wird, ist dasjenige Einkommen, welches nach Abzug aller zur Erzielung der Einnahmen und Erfüllung rechtlicher Verpflichtungen erforderlichen Ausgaben übrig bleibt. Von den „rechtlichen Verpflichtungen" scheiden jedoch diejenigen aus, zu deren Erfüllung das Einkommen seiner Zweckbestimmung nach **von vornherein** dienen soll. Wie das Einkommen einer physischen Person in erster Linie zum Unterhalte nicht bloß der Person selbst, sondern auch ihrer Angehörigen bestimmt ist und wie deshalb die Kosten für den Unterhalt des Zensiten und seiner Angehörigen der Steuerpflicht nicht entzogen werden dürfen, so befreit auch die gesetzliche Zweckbestimmung der Einnahmen kommunaler Korporationen, milder Stiftungen und ähnlicher Anstalten das Einkommen derselben von der Steuerzahlung nicht.

6) Um eine derartige gesetzliche Verpflichtung handelt es sich im vorliegenden Falle nicht. Denn die Versicherungsgesellschaft ist der Hauptsache nach zu Zwecken des Erwerbes gegründet; der Betrieb wird geführt, um den Aktionären einen Gewinn zu verschaffen, und wenn auch ein sehr erheblicher Teil des Verdienstes statutenmäßig zu gemeinnützigen Zwecken verwendet werden muß, so erleidet doch dadurch der Charakter der Gesellschaft als einer Erwerbsgesellschaft keine Umgestaltung. Demnach läßt sich nicht behaupten, daß ihr Einkommen seiner Zweckbestimmung nach von vornherein gemeinnützigen Zwecken diene, vielmehr kann das Verhältnis nur dahin aufgefaßt werden, daß die Gesellschaft eine Verpflichtung übernommen hat, durch welche das an sich zur Verteilung an die Aktionäre bestimmte Einkommen geschmälert wird. Eine solche Verpflichtung kann bei der Ermittelung des Reineinkommens nicht unberücksichtigt bleiben, auch wenn sie ursprünglich aus reiner Liberalität übernommen ist. An sich steht dem Pflichtigen die Verfügung über sein Vermögen frei; entäußert er sich eines Teiles freiwillig — sei es durch Kapitalzahlung, sei es durch Übernahme einer fortdauernden Leistung —, so verringert er sein Einkommen und kann nur noch von dem verbleibenden Reste herangezogen werden. Erfolgt die Verwendung eines Einkommens in einer Weise, daß das künftige Einkommen vermöge eines rechtlich wirksamen Aktes mit einer notwendigen Ausgabe belastet wird, so kann das Reineinkommen nur nach Abzug dieser Ausgabe gefunden werden. Nur mit dieser Einschränkung ist der Satz zutreffend, daß es für die Steuerpflicht ohne Einfluß bleibe, wozu der Pflichtige sein Einkommen verwende.

7) Die Zinsen der vorhandenen Schulden werden deshalb überall von dem Einkommen abgesetzt, ohne Nachfrage, aus welchem Grunde und zu welchem Zweck die Schuld eingegangen ist.

8) Deshalb sind auch beim Einkommen aus Grundvermögen alle

auf dem Grundbesitze ruhenden Lasten ohne Unterschied abzugsfähig (§. 28 des Gesetzes vom 1. Mai 1851).

9) Ebenso ist es selbstverständlich, daß von dem Einkommen aus Kapitalvermögen der Betrag der dauernden, auf rechtlicher Verpflichtung beruhenden Lasten abzurechnen ist.

10) Dabei müssen nicht bloß Ansprüche, welche vor dem Zivilrichter verfolgbar sind, sondern ebensowohl Forderungen, welche dem Gebiet des öffentlichen Rechts entstammen, in Betracht gezogen werden, denn es fragt sich nur, ob die Leistung notwendig ist und ob sie das Einkommen schmälert.

11) Die Befugnis der Aufsichtsbehörden, die Erfüllung der statutarisch übernommenen Verpflichtungen zu erzwingen, beruht auf §. 2 Nr. 5 der Regierungs-Instruktion vom 23. Oktober 1817 und auf §. 6 des Landesverwaltungsgesetzes vom 30. Juli 1883.

12) Für das Konzessions-Entziehungs-Verfahren bei Gesellschaften der hier besprochenen Art sind nicht die Vorschriften der Reichs-Gewerbeordnung, sondern das Gesetz vom 17. Mai 1853 (G.-S. S. 253) bezw. der §. 71 der Gewerbeordnung vom 17. Januar 1845 in der Fassung des Gesetzes vom 22. Juni 1861 (G.-S. S. 441) maßgebend.

13) Die ministerielle Genehmigung der Statuten ist nicht als eine Konzession für den Betrieb der Gesellschaft aufzufassen. Dadurch ist die Änderung der Statuten dem freien Belieben der Gesellschaft entrückt, und die zur Zeit bestehende Verpflichtung der Gesellschaft ist als eine rechtlich bindende anzusehen.

Nr. 6.

Endurteil des II. Senats vom 8. Oktober 1885 (Entsch. Bd. XII. S. 59).

Eine auf Reklamation eintretende Ermäßigung der Staatssteuer desjenigen Pflichtigen, der regulativmäßig lediglich mit dem dieser staatlichen Besteuerung zu Grunde gelegten Steuersatze in die Gemeindesteuerrolle übernommen worden ist, zieht nicht von selbst und ohne weiteres auch eine entsprechende Ermäßigung der Gemeindesteuer nach sich, sondern der Steuerpflichtige muß auch gegen die Veranlagung zu der Gemeindesteuer rechtzeitig Einspruch erhoben haben (§. 18 des Zuständigkeitsgesetzes vom 1. August 1883).

Nr. 7.

Endurteil des II. Senats vom 7. September 1885 (Entsch. Bd. XII. S. 63).

1) Bei Reklamationen gegen städtische Gemeindelasten darf der Verwaltungsrichter die streitige Höhe des steuerpflichtigen Einkommens, entgegen den Ergebnissen der selbständigen Schätzung seitens der berufenen Gemeindeorgane, lediglich und allein aus dem Grunde, weil bei der Veranlagung zur Staatssteuer andere Ergebnisse gewonnen sind, nicht nach diesen bemessen. Denn es ist unrichtig, auf die Veranlagung zur Staatssteuer zur Vermeidung einer „besonderen" Schätzung der Gemeindesteuer zurückzugreifen (vergl. §. 3 Abs. 3 des Kommunalsteuer-Notgesetzes vom 27. Juli 1885 — G.-S. S. 327 —).

2) Die durch §. 67 des Landesverwaltungsgesetzes vom 30. Juli 1883 dem Verwaltungsrichter eingeräumte Befugnis, beim Fehlen eines Antrages auf Anberaumung eines Termins zur mündlichen Verhandlung auch ohne eine derartige Verhandlung schon auf Grund der Erklärung der Parteien mittels eines Vorbescheides zu entscheiden, entbindet den Richter nicht von

der Pflicht, die Parteien über das vorliegende thatsächliche Material zu hören; den Parteien muß Gelegenheit gegeben werden, sich über die in der Entscheidung zu verwertenden Beweismittel zu erklären. Es ist ein fundamentaler, aus dem Verteidigungsrechte der Partei folgender Prozeßgrundsatz, daß dieselbe nicht auf einer Grundlage verurteilt werden darf, zu deren Anfechtung sie überhaupt nicht in der Lage gewesen ist.

Nr. 8.

Endurteil des II. Senats vom 11. Juni 1885 (Entsch. Bd. XII. S. 66).

1) Bei Streitigkeiten über die Heranziehung oder die Veranlagung zu den städtischen Gemeindelasten muß der Grundsatz Anwendung finden, daß die vor den Verwaltungsrichter gebrachte Angelegenheit durch Ein Streitverfahren zum Austrage zu bringen ist, daß mithin ein Ausspruch zu erfolgen hat, welcher den vorliegenden Streit endgültig abschließt. Deshalb muß ein Reklamant, welcher mit seinem Einspruche wegen Fristversäumnis oder aus sonstigen formellen Gründen endgültig abgewiesen ist, in der anzustellenden Klage den Nachweis führen, daß sowohl die Begründung des Einspruchbescheides unzutreffend, als auch sachlich die Heranziehung zur Steuer ungerechtfertigt ist. Er darf sich aber nicht allein auf den ersteren Nachweis beschränken.

2) Gegen Beschlüsse des Gemeindevorstandes auf Beschwerden betreffend die Veranlagung und Heranziehung zu den städtischen Gemeindelasten findet auch noch gegen eine erst im Laufe des Steuerjahres erfolgte Berichtigung der ersten Veranlagung die Klage statt.

Nr. 9.

Endurteil des II. Senats vom 30. April 1885 (Entsch. Bd. XII. S. 70).

1) Bei Streitigkeiten über die Heranziehung oder die Veranlagung zu den Gemeindeabgaben dürfen in der Entscheidung nicht bloß die Grundsätze für die Veranlagung, über deren Anwendung demnächst von neuem Streit unter den Parteien entstehen könnte, festgestellt werden, sondern es muß ein Ausspruch erfolgen, welcher den vorliegenden Streit endgültig abschließt. Soweit daher auf eine Ermäßigung der Steuerpflicht erkannt wird, muß der Betrag der von den Pflichtigen zu zahlenden Steuer entweder unmittelbar aus dem Urteile hervorgehen oder sich wenigstens aus den richterlich festgesetzten Zahlen ohne weiteres vermöge einer bloßen Rechenoperation ermitteln lassen (§. 18 des Zuständigkeitsgesetzes vom 1. August 1883).

2) Der §. 6 des Gesetzes vom 11. Juli 1822 (vergl. V. vom 23. September 1867 — G.-S. S. 1648 —) bezieht sich lediglich auf diejenigen Fälle, wo ein Beamter seinen Wohnsitz verlegt, in eine Stadt neu einzieht oder eine Stadt verläßt. Das ist aber ein anderer Fall, als wenn ein Steuerpflichtiger Staatsbeamter wird (z. B. gelegentlich der Verstaatlichung von Eisenbahnen). Der §. 6 handelt ausschließlich davon, welche Bedürfnisse der Stadtgemeinde von den Staatsdienern nicht zu decken sind und zu welchen Gemeindesteuern sie demgemäß beizutragen haben; dafür soll der Augenblick der Verteilung und Fälligkeit der Steuern maßgebend sein.

3) Der §. 1 Abs. 4 des Gesetzes über die Verjährungsfristen bei öffentlichen Abgaben vom 18. Juni 1840 regelt nicht die Fälle, wo die Steuerzahlung wegen Aufhörens der Steuerpflicht überhaupt hinwegfällt, vielmehr wird die Aufhebung der Steuerverpflichtung vorausgesetzt und dahin Anordnung

getroffen, daß infolgedessen die Steuer von einem näher bezeichneten Zeitpunkte ab nicht mehr entrichtet zu werden braucht. Von einer bloßen Ermäßigung der Steuer findet sich keine Andeutung; damit ist aber von selbst gegeben, daß nicht an Fälle gedacht sein kann, wo die Steuerpflicht nur teilweise erlischt, die Steuer also zu einem geringeren Betrage weitergezahlt werden müßte (z. B. wenn eine Eisenbahn während des Steuerjahres verstaatlicht wird, so daß die Beamten mitten im Jahre Staatsbeamte werden und dadurch einen Anspruch auf die Vorteile aus dem Gesetze vom 11. Juli 1822 erhalten).

4) Anderseits darf ein Staatsdiener, welcher die Beamteneigenschaft verliert, im Laufe des Steuerjahres nicht einer neuen Einschätzung und schärferen Heranziehung unterworfen werden.

Nr. 10.

Endurteil des II. Senats vom 18. Mai 1885 (Entsch. Bd. XII. S. 78).

1) „Abgang am Einkommen" ist gleichbedeutend mit einer Verringerung oder Verminderung desselben bei Konserierung eines Restes; ihm steht der Totalverlust des gesamten Einkommens als ein davon essentiell Verschiedenes gegenüber. Ebenso behandelt der §. 36 des Gesetzes vom 1. Mai 1851 in seinen letzten Worten das gänzliche Erlöschen eines steuerpflichtigen Einkommens nicht als einen gesteigerten „Abgang", sondern er stellt beides einander gegenüber.

2) Auf dem Gebiete der Staatssteuer ist in dem §. 36 a. a. O. der Grundsatz anerkannt, daß mit dem gänzlichen Verluste des Steuerobjektes auch das darauf basierte Besteuerungsrecht in Fortfall kommt.

Nr. 11.

Endurteil des II. Senats vom 19. Februar 1885 (Entsch. Bd. XII. S. 83).

1) Der Grundsatz, daß der Steuerpflichtige nur dasjenige Einkommen zu versteuern habe, welches er thatsächlich hat, und nicht, was er haben könnte, entspricht den für die Veranlagung zur Staats-Einkommensteuer maßgebenden Normen. Erst, wo es an zuverlässigen Unterlagen für eine genaue Ermittelung des wirklich erzielten Reinertrages fehlt, soll eine annähernde Schätzung stattfinden. Dasselbe gilt von der Kommunalbesteuerung, wo nicht positiv und in formell zulänglicher Weise Abweichendes vorgeschrieben ist.

2) Handelt es sich um die Besteuerung eines Einkommens aus selbstbewirtschaftetem Grundbesitz (im vorliegenden Falle um den von den Häuslingen bearbeiteten Grundbesitz einer Provinzial-Korrektions- und Landarmenanstalt), so kommen bei Aufmachung der abzugsfähigen Betriebsunkosten Leistungen solcher Arbeitskräfte, die von dem Besteuerten ohnehin zu unterhalten, thatsächlich aber nicht bezahlt sind, nicht in Betracht.

3) Über die Gesichtspunkte für die Ermittelung des Reineinkommens im Wege der Schätzung gibt eine Instruktion vom 3. Januar 1877 Aufschluß. Dieselbe ist überall in den Amtsblättern veröffentlicht.

Nr. 12.

Endurteil des II. Senats vom 16. November 1885 (Entsch. Bd. XII. S. 90).

1) Durch die Bestimmung, daß bei der Einschätzung zu den städtischen Gemeindelasten der Gewinn aus Handel u. s. w. nach dem Durchschnitte der

letzten drei Etats-Jahre — sofern das Geschäft schon so lange betrieben wird — zu berechnen ist, wird die rechtliche Möglichkeit nicht ausgeschlossen, daß unter besonderen, dieser Berechnungsweise entgegenstehenden Umständen der Durchschnitt einer anderen dreijährigen Periode zu Grunde gelegt wird. (§. 30 des Gesetzes vom 1. Mai 1851). In dieser Beziehung sind Vereinbarungen der Parteien statthaft und zwar sowohl stillschweigende, als ausdrückliche.

2) Auf „Willkür" könnte das, worüber die Parteien einverstanden sind, nur dann zurückgeführt werden, wenn zugleich Einverständnis darüber bestände oder doch aus der gesamten Sachlage es klar erhellte, daß die Vorschrift des Gesetzes, obschon sie im gegebenen Falle an sich sachgemäß ausführbar, auch sonst alle Voraussetzungen ihrer Anwendbarkeit gegeben seien, gleichwohl ohne jeden anderen als den eben im subjektiven Belieben der Parteien beruhenden Grund ausgeschlossen bleiben solle. Es muß also an inneren sachlichen Gründen für die Abweichung von den gesetzlichen Vorschriften fehlen.

Nr. 13.

Endurteil des II. Senats vom 30. November 1885 (Entsch. Bd. XII. S. 99).

1) Eine wegen Überbürdung mit Gemeindeabgaben angestellte Klage darf mit ihren Anträgen nicht weiter gehen, als der voraufgegangene Einspruch.

2) Bei der kommunalen Besteuerung eines Bankgeschäftes bezweckt die Berechnung des Gewinnes nach dem Durchschnitt der letzten drei Jahre aus Handel, Gewerbe, Pachtungen oder irgend einer Art gewinnbringender Beschäftigung (§. 30 Abs. 2 des Gesetzes vom 1. Mai 1851 — G.-S. S. 193 —) die Ausgleichung der innerhalb der angenommenen Wirtschaftsperiode vorgekommenen Gewinne und Verluste und will für das Steuerjahr einen dem so gewonnenen Ergebnisse gleichkommenden Reingewinn zu Grunde gelegt wissen, hat aber vor allem zur Voraussetzung, daß der Charakter und der Umfang des Geschäftes in den beiden der Vergangenheit und der Zukunft angehörenden Zeitabschnitten nicht wesentlich ungleichartige sind.

3) An diesen Voraussetzungen fehlt es bei einem Bankgeschäfte, bei welchem in der Regel der gesamte Betrieb im ganzen und einzelnen, nach Art, Umfang und Rentabilität auf das allerwesentlichste von der Höhe des Betriebskapitals dergestalt beeinflußt wird, daß vielfach unter fortgesetzter Umgestaltung der Einkommensquelle früher ein Kapital thätig gewesen und in dem betreffenden Steuerjahre thätig geblieben war, welches das ursprüngliche Betriebskapital bei weitem übersteigt, von dem durchschnittlichen Ertrage eines in einem Triennium betriebenen und nunmehr weiter zu betreibenden Gewerbes im Sinne des §. 30 a. a. O. überhaupt nicht mehr die Rede sein kann, vielmehr der ganze Fall des Gesetzes gegeben erscheint, daß das für das laufende Steuerjahr zu besteuernde Gewerbe so lange, als dies das Gesetz für die dreijährige Durchschnittsberechnung voraussetzt, noch nicht gedauert hat.

4) Anderseits gibt es einen wirtschaftlichen Grundsatz nicht, daß, wenn ein bestimmtes Kapital innerhalb einer gewissen, in der Vergangenheit liegenden Periode einen ziffermäßig bekannten Ertrag ergeben hat, das vervielfachte Anlagekapital auch den verhältnismäßig gesteigerten Gewinn abgeworfen haben müsse. Derartige Fiktionen sind unzulässig.

5) Soweit als thunlich ist der Reingewinn des Steuerjahres nach den Ergebnissen des ihm unmittelbar vorausgegangenen Zeitraums, innerhalb dessen des qu. Gewerbe unter wesentlich gleichartigen, für seine Eigenschaft bestimmenden Umständen betrieben worden ist, zu bemessen. Fehlt es an jedem

Anhalt, daß unmittelbar nach dem Ablaufe des Vorjahres die Verhältnisse des Steuerpflichtigen sich in irgend erheblicher Weise geändert haben, so ist es gestattet, den Reingewinn des Steuerjahres nach dem des Vorjahres festzusetzen.

6) Der Agiogewinn eines Bankgeschäftes bildet einen an sich der Besteuerung mit unterliegenden Teil des Gesamt-Reineinkommens einer Bank, deren Gewerbebetrieb sich über mehrere Gemeinden erstreckt. Will aber eine Filialgemeinde eine Zweigniederlassung zur Kommunalsteuer heranziehen, so muß sie von dem Gesamt-Reineinkommen des ganzen Unternehmens ausgehen und für sich durchweg einen quotativen Anteil an diesem Gesamteinkommen beanspruchen, wobei dann selbstredend auch der Agiogewinn als Teil des besteuerten Gesamteinkommens zur Berücksichtigung gelangt. (§. 18 des Zust.-Ges. vom 1. August 1883.)

Nr. 14.

Endurteil des II. Senats vom 30. November 1885 (Entsch. Bd. XII. S. 106).

1) Stille Gesellschafter einer Handelsgesellschaft sind als Gewerbetreibende im Sinne des §. 4 Abs. 3 der Städte-Ordnung vom 30. Mai 1853 nicht zu betrachten und deshalb auch nicht zu den städtischen Gemeindelasten heranzuziehen, wenn sie außerhalb der Stadt, in welcher sich die Handelsgesellschaft befindet, ihren Wohnsitz haben. Mit anderen Worten: Sie sind ungeachtet ihrer Beteiligung an dem Handelsgewerbe in Ansehung des ihnen hieraus zufließenden Einkommens der Forensalbesteuerung nicht unterworfen.

2) Auch Aktionäre einer Aktiengesellschaft gehören wegen dieser Beteiligung nicht zu den Gewerbetreibenden. Vergl. §§. 250 ff. des Deutschen Handelsgesetzbuches in der Fassung vom 18. Juli 1884, Kommunalsteuer-Notgesetz vom 27. Juli 1885 (Irrtum bei Herrfurt und Nöll auf S. 53, Note 33), Ministerialerlaß vom 17. Januar 1884 (widerlegt).

3) Die in §. 18 des Gesetzes vom 1. Mai 1851 aufgestellten Grundsätze über die Staatssteuerpflicht der Ausländer fallen mit den Normen der Städte-Ordnung vom 30. Mai 1853 über die Steuerpflicht der Forensen nicht zusammen.

Nr. 15.

Endurteil des II. Senats vom 1. Juni 1885 (Entsch. Bd. XII. S. 113).

1) Zu dem der Forensalbesteuerung unterliegenden Einkommen eines auf eigener oder gepachteter Besitzung wohnenden, bei einer auswärtigen Fabrik als Gesellschafter beteiligten Unternehmers gehört nicht die Gegenleistung für die der Fabrik auf Grund des Gesellschaftsvertrages gelieferten Rohprodukte der Besitzung.

2) Dagegen bilden die Zinsen der ganzen Summe, welche die Teilnehmer als wirkliches Anlage- oder Betriebskapital in die offene Handelsgesellschaft eingeschossen haben, einen Teil des aus dem Gewerbebetriebe bezogenen Einkommens und unterliegen deshalb der Forensalbesteuerung. Einnahmen aus Kapitalvermögen werden freilich an sich nicht von der Forensalbesteuerung ergriffen; wird aber das Kapital in einem Gewerbe angelegt, so stellen sich die Zinsen in steuerlicher Hinsicht nicht mehr als Einnahmen aus Kapitalvermögen, sondern als Einnahmen aus Handel und Gewerbe dar.

3) Wenn ein Dritter die Einlage bei der Gesellschaft für den Teilhaber

bewirkt und dann seinerseits die Zinsen zu empfangen hat, so muß auch hier der Gesellschafter die in den Dividenden enthaltene Verzinsung des für ihn eingezahlten und als seine eigne Einlage zu behandelnden Anlagekapitals versteuern, und es bleibt ihm nur überlassen, die Zinsen der Anleihe, welche er bei dem Dritten gemacht hat, um die Einzahlung leisten zu können, als Schuld von seinen Einnahmen abzurechnen. Für die Forensalbesteuerung kann aus derartigen Verhältnissen ein von der Regel abweichendes Prinzip nicht hergeleitet werden.

Nr. 16.

Endurteil des II. Senats vom 7. September 1886 (Entsch. Bd. XII. S. 118).

Zu dem der Forensalbesteuerung unterliegenden Einkommen eines auf eigner oder gepachteter Besitzung wohnenden, bei einer auswärtigen Fabrik als Gesellschafter beteiligten Unternehmers gehört auch der zufolge besonderen Übereinkommens mit dem Verpächter von dem Pächter einem bei dem Fabrikgeschäfte nicht beteiligten Dritten gewährte Anteil an dem Gewinn der Fabrik.

Nr. 17.

Endurteil des II. Senats vom 28. Mai 1885 (Entsch. Bd. XII. S. 120).

1) Wenn in Gemäßheit der §§. 5 und 6 des Gesetzes über die Verjährungsfristen bei öffentlichen Abgaben vom 18. Juni 1840 (vergl. Gesetz vom 12. April 1882, G.-S. S. 297) eine Veranlagung während des Steuerjahres zu erfolgen hat, so hat sich die veranlagende Behörde nach dem dermals geltenden Rechte zu richten, denn die Veranlagung kann im allgemeinen und soweit nicht besondere Normen eine Abweichung begründen, nur in Gemäßheit des zur Zeit der Veranlagung geltenden Rechtes bewirkt werden. Dies bezieht sich namentlich auf die im Laufe des Steuerjahres abgeänderten Gemeinde-Steuer-Regulative.

2) Die auf dem öffentlichen Rechte basierende Verpflichtung zur Teilnahme an den städtischen Gemeindelasten kann nur durch einen öffentlich rechtlichen Akt, niemals dagegen durch privatrechtliche Verträge mit einzelnen Steuerpflichtigen abgeändert werden. Dergleichen Verträge, soweit dadurch Befreiungen von der allgemeinen Steuerpflicht begründet werden sollen, sind in öffentlich rechtlicher Beziehung nichtig. Die Entscheidung über die Frage, ob ein derartiger Vergleich oder oneroser Vertrag durch einseitigen Rücktritt eines Kontrahenten gelöst werden könne, gebührt den Zivilgerichten.

Nr. 18.

Endurteil des II. Senats vom 2. November 1885 (Entsch. Bd. XII. S. 126).

Hinsichtlich solcher Kosten, welche einer Gemeinde durch die Herstellung einer unbebauten Straße erwachsen (§. 15 des Gesetzes vom 2. Juli 1875 — G.-S. S. 561 —) und ihr von den angrenzenden Eigentümern, *sobald sie Gebäude an der neuen Straße errichten*, zu erstatten sind, kann seitens des Magistrates die Repartition und Feststellung der Erstattungsverbindlichkeit nach Grund und Umfang gegenüber den Eigentümern der noch *unbebauten* Grundstücke nicht erfolgen. Geschieht dies dennoch, so haben die Betroffenen ein Einspruchs- und Klagerecht aus §. 18 des Zust.-Ges. vom 1. August 1883.

Nr. 19.

Endurteil des II. Senats vom 9. April 1885 (Entsch. Bd. XII. S. 130).

Die Verlegung des „Sitzes" einer Reichs- oder Staatsbehörde, z. B. eines Postamtes, aus einer Stadt in einen benachbarten Kommunalbezirk hat für die Frage, als Einwohner welches Ortes die Beamten der Behörde zu gelten haben, die Bedeutung, daß dieselben an dem Orte kommunalsteuerpflichtig seien, an welchem sie thatsächlich amtlich wirken. Ist dies von dem Verwaltungsrichter in der Vorinstanz einmal festgestellt worden, so läßt sich in der Revisionsinstanz an diesem Ergebnisse nichts ändern, es sei denn, daß vorher der Nachweis einer ausdrücklichen Anordnung der zuständigen Postbehörde geführt sei, daß der „Sitz" des Amtes in der Stadt sei. §. 8 des Gesetzes vom 11. Juli 1822. (Vergl. V. v. 23. September 1867, auch Gesetz vom 27. Juli 1885 — G.-S. S. 327 —).

Nr. 20.

Endurteil des II. Senats vom 30. November 1885 (Entsch. Bd. XII. S. 134).

1) Wenn ein Geistlicher von dem Vorstande eines Evangelischen Vereinshauses berufen und diese Berufung von dem Provinzialkonsistorium bestätigt worden ist, so sind ihm seine Amtsbefugnisse durch einen Akt übertragen, welcher nur unter Mitwirkung der kirchlichen Oberbehörde zustande gekommen ist. Deshalb ermangelt derselbe auch nicht, „der Vozierung durch die Kirche"; es steht mit ihm rechtlich nicht anders, als mit der Vokation eines jeden, durch einen Privatpatron oder eine Gemeinde gewählten, Pfarrgeistlichen, denn auch hier wirkt die Kirche bei der Berufung in das Amt nur durch die Bestätigung der Vokation mit. Aus diesem Grunde und wenn der Geistliche außerdem die Nachweise führt, daß er Mitglied des Gemeindekirchenrates und der Kreissynode ist, daß ihm einzelne Amtshandlungen an einer Kirche eingeräumt sind, daß das hierfür bezogene Diensteinkommen die rechtliche Natur eines Diensteinkommens im Sinne des Ministerialerlasses vom 22. Januar 1864 (Min.-Bl. d. i. V. S. 121) annimmt, daß er vorschriftsmäßig in sein Amt eingeführt, seine Dienstinstruktion durch den städtischen Kircheninspektor genehmigt und er der Aufsicht der regelmäßig zuständigen Kirchenbehörden unterstellt ist, kann dem Geistlichen ein Anspruch auf Kommunalsteuerfreiheit aus §. 4 der Städte-Ordnung vom 30. Mai 1853 und aus §. 10 des Gesetzes vom 11. Juli 1822 (V. v. 23. September 1867) nicht versagt werden.

2) Die Begriffsbestimmung eines „Geistlichen" ergibt sich nicht aus dem vorstehend gedachten Ministerialerlasse vom 22. Januar 1864, sondern zunächst aus dem §. 59 Tit. 11 Teil II. A. L.R.s, sodann aber hinsichtlich der Natur des Diensteinkommens aus dem Steuerregulative der betreffenden Stadt und aus der Auffassung, welche das Kirchenrecht bezw. die Verfassung der Kirche, welcher der Betreffende angehört mit dem Worte „Geistlicher" verbindet. Unter diesen Umständen können auch Geistliche der sogenannten innern Mission und der blos geduldeten Religionsgesellschaften in den Genuß der Steuerfreiheit gelangen.

Nr. 21.

Endurteil des II. Senats vom 14. September 1885 (Entsch. Bd. XII. S. 142).

1) In den östlichen Provinzen sind die Geistlichen auch hinsichtlich ihres Ruhegehaltes von den direkten persönlichen städtischen Kommunalabgaben

befreit. (§§. 9 und 10 des Gesetzes vom 11. Juli 1822, §. 1 der V. vom 23. September 1867, §. 4 der Städte=Ordnung vom 30. Mai 1853)

2) Unter den „Geistlichen“ im Sinne des vorstehend angezogenen Gesetzes vom 11. Juli 1822 sind auch die „emeritierten Geistlichen“ zu verstehen, und unter dem „Diensteinkommen“ auch das Emeritengehalt.

Nr. 22.

Endurteil des II. Senats vom 10. September 1885 (Entsch. Bd. XII. S. 147).

Wenn in einem städtischen Regulativ betreffend die Besteuerung von Lustbarkeiten (A. L.=R. II. 19 §. 27, Städte=Ordnung vom 30. Mai 1853 §. 53, Gesetz vom 8. März 1871 §. 74) in der Überschrift nur von „öffentlichen“ Lustbarkeiten die Rede ist, dann aber in einem folgenden Paragraphen von Besteuerung der Bälle der Ressourcen, Vereine und Gesellschaften jeder Art u. s. w., so ist das statthaft, denn es können in derselben Weise auch „nicht öffentliche“ Lustbarkeiten besteuert werden.

B. Zwangsetatisierung.

Nr. 1.

Endurteil des II. Senats vom 2. Oktober 1884 (Entsch. Bd. XI. S. 35).

1) Die Stadtgemeinden unterliegen der Oberaufsicht des Staates, wenn indes eine Materie, z. B. die der Organisation und Besetzung der städtischen Ämter und die der Stellvertretung des Bürgermeisters, eine besondere, gesetzliche Regelung erfahren hat, so beschränkt sich, soweit diese Regelung reicht, die Übung der Aufsicht — in Ermangelung weiter gehender besonderer Ermächtigungen — darauf, es zu überwachen, daß die bestehenden Vorschriften eingehalten werden (siehe §. 29 der Städte=O. vom 30. Mai 1853).

2) Deshalb darf die Aufsichtsbehörde bei Behinderung des Bürgermeisters die Stelle nicht nach freiem Ermessen — unter Übergehung des Beigeordneten — auf Kosten der Stadt kommissarisch verwalten lassen. (folgt aus §. 33 a. a. O.)

Dem stehen auch nicht entgegen die §§. 64 und 81 a. a. O., noch Nr. 12 der Instruktion vom 25. Mai 1835 (v. Kamptz, Ann. XIX. S. 733), Nr. XIII 2 der Instruktion vom 20. Juni 1853 (Min.=Bl. d. i. V. S. 138).

3) Eine im entgegengesetzten Sinne ergangene Zwangsetatisierungs=Verfügung des Regierungspräsidenten wäre nicht aufrecht zu erhalten (§. 19 des Zust.=Ges. vom 1. August 1883).

4) Über einen Antrag auf Rückerstattung des in Folge dieser Zwangsverfügung bereits Gezahlten kann der Verwaltungsrichter nicht entscheiden.

5) Kostenpunkt: §§. 103, 107 des Landesverwaltungsgesetzes vom 30. Juli 1883.

Nr. 2.

Endurteil des II. Senats vom 17. November 1884 (Entsch. Bd. XI. S. 47).

1) Wenn seitens der Schulabteilung einer Regierung auf Grund des §. 19*) des Zust.=Ges. vom 1. August 1883 gegenüber einer Stadtgemeinde eine Zwangs=Etatisierungs=Verfügung betreffend das Ruhegehalt eines

---

*) In den Entscheidungen Bd. XI. S. 47 steht „§. 15“, was hier nicht passen dürfte.

Elementarlehrers erlassen wird, so befindet sich die Behörde hierbei innerhalb der Grenzen ihrer Zuständigkeit. (§. 18 der Regierungs-Instruktion vom 23. Oktober 1817.) Der Inhalt des Ministerialerlasses vom 30. November 1881 (Centralbl. d. U.-V. S. 668), nach welchem das Plenum der Bezirks-Regierung über diese Angelegenheit zu befinden haben soll, steht diesem Grundsatze insofern nicht entgegen, als die Stadtgemeinde daraus die Unzuständigkeit der Schulabteilung nicht ableiten kann.

2) Zu der Gewährung des qu. Ruhegehaltes ist die Stadtgemeinde gesetzlich verpflichtet, obwohl es an einer gesetzlichen Bestimmung über die Höhe dieses Ruhegehaltes fehlt. (A. L.-R. II. 12 §. 28 und 11 §. 529 sind hier nicht maßgebend). Diesem Mangel gegenüber und sofern auch provinzialrechtliche Bestimmungen nicht vorhanden sind, steht es den Regierungen frei, die Höhe des Ruhegehaltes nach ihrem pflichtmäßigen Ermessen zu bestimmen. (§. 18 der vorgedachten Instruktion). Die solchergestalt festgestellte Pension muß, soweit sie nicht aus dem Diensteinkommen der Stelle oder anderweiten Schulfonds genommen werden kann, von Schulunterhaltungspflichtigen aufgebracht werden und bildet also für dieselben eine ihnen gesetzlich obliegende Last.

Nr. 3.

Endurteil des I. Senats vom 26. September 1885 (Entsch. Bd. XII. S. 38).

1) Die Gemeinden sind verpflichtet, die Kosten einer im dienstlichen Interesse getroffenen Einrichtung, nach welcher den Beamten der exekutiven örtlichen Polizei die Dienstkleidung und Waffen zum Gebrauch unter der Verpflichtung zur Rückgabe nach erfolgter Abnutzung unentgeltlich geliefert werden, zu bestreiten.

2) Die Pensionen und die Kosten zur Beschaffung von Dienstwohnungen werden zu den Gehältern gerechnet, die Fuhr- und Büreaukosten (Equipagen- und Pferdegelder u. s. w.) aber nicht.

3) Die Kosten für gewisse dienstliche Einrichtungen, z. B. für die von den Beamten benutzten, geheizten und erleuchteten Diensträume, die Gewährung von Dienstpferden, Pferde- und Equipagengeldern und dergl. gehören zu den sächlichen Kosten der Polizeiverwaltung, ebenso alle übrigen Ausgaben für den Geschäftsbetrieb der Polizeibeamten, z. B. Schreibmaterialien, Dienstbekleidung u. s. w. (§§. 2 und 3 des Polizeiverwaltungsgesetzes vom 11. März 1850).

C. Verhältnisse der städtischen Kommunalbeamten.

Nr. 1.

Endurteil des I. Senats vom 26. September 1885 (Entsch. Bd. XII. S. 48).

1) Die Anstellung der nicht zu mechanischen Dienstleistungen bestimmten städtischen Beamten auf Kündigung anstatt auf Probe ist nach §. 56 der Städte-Ordnung vom 30. Mai 1853 unzulässig.

2) Die gesetzwidrig erfolgte Anstellung auf Kündigung berechtigt den Magistrat nicht zur Entlassung der Beamten.

3) Der Regierungspräsident ist kraft des Gesetzes von der Ausübung des Richteramtes im Verwaltungsstreitverfahren nicht ausgeschlossen, wenn eine, zwar nicht von ihm selbst, aber doch auf seine Anweisung, von einer

ihm nachgeordneten Behörde erlassene Verfügung Gegenstand des Streites ist. (§. 61 des L.-V.-G. vom 30. Juli 1883, §. 41 Nr. 1 und 6 der Zivilprozeß-Ordnung vom 30. Januar 1877).

Nr. 2.

Endurteil des I. Senats vom 28. Oktober 1885 (Entsch. Bd. XII. S. 52).

1) Ein Ortssteuererheber, welchem auf Grund einer von der Stadt vorgenommenen Wahl von dem Magistrate die Erhebung der direkten Staatssteuern im Stadtbezirke gegen den Bezug der vom Staate für die Erhebung zu zahlenden Tantiemen übertragen worden ist, ohne daß demselben der Diensteid abgenommen ist, gehört zu den besoldeten Gemeindebeamten, welche nicht Stadtverordnete sein können. (§. 17 Nr. 2 der Städte-Ordnung vom 30. Mai 1853).

2) Die den Gemeindesteuererhebern gezahlten Tantiemen gehören zu den Besoldungen, sofern nicht der Steuererheber sein Amt als Ehrenamt bekleidet und sein Einkommen sich nur als Dienstkosten-Entschädigung darstellt.

3) Für den Begriff des Staatsdienstes, des Beamtentums, ist es nicht wesentlich, daß der Dienst die volle Thätigkeit des Dieners in Anspruch nimmt, denn es haben sich die Verhältnisse des Staats- und Gemeindedienstes vielfach so gestaltet, daß zahlreiche Ämter geschaffen sind, welche nicht die volle Kraft und Zeit des Inhabers erheischen, und daher oft in einer Person mehrere Ämter oder Thätigkeiten verbunden werden.

4) Dem §. 17 Nr. 2 a. a. O. liegt der Gedanke zu Grunde, daß der Charakter der Stadtverordneten-Versammlung als des die Verwaltung kontrollierenden Organs diejenigen von derselben ausschließt, welche diese Verwaltung führen und welche als Unterbeamte von der verwaltenden Instanz abhängig sind, die letzteren wenigstens dann, wenn ihr Abhängigkeitsverhältnis dadurch verschärft wird, daß sie auf ihr Amt zum Zwecke des Broterwerbes hingewiesen sind.

5) Ein Beamter kann ein besoldeter sein, ohne daß sein Einkommen in den Haushaltsetat aufgenommen worden ist, und ohne daß ihm eine Pension zugesichert worden ist.

IV.

Amtsverbände

in den Provinzen Ost- und Westpreußen, Brandenburg, Pommern, Schlesien und Sachsen.

Nr. 1.

Endurteil vom 13. Oktober 1876 (Entsch. Bd. I. S. 119).

1) Die Rechtsauffassung, daß ein in Gemäßheit des Absatz 2 des §. 53 der Kreis-Ordnung vom 13. Dezember 1872 (Novelle vom 19. März 1881 — G.-S. S. 155 und 180 —) gefaßter Beschluß, nach welchem die Kosten gewisser dem Amtsverbande überwiesener Kommunalangelegenheiten nach dem für die Kreisabgaben geltenden Maßstabe verteilt werden sollen, den einzelnen

von dem Kreisabgaben-System der Kreisordnung Betroffenen dem Amtsverbande gegenüber steuerpflichtig mache, würde sich aus dem §. 55 der Kr.-O., wonach dem Amtsverbande für die nach Vorschrift des Gesetzes den Gemeinden und Gutsbezirken gemeinsamen Angelegenheiten die Rechte einer Korporation zustehen, nur dann herleiten lassen, wenn die einzelnen Angehörigen des Amtsbezirks die abgabenpflichtigen Glieder desselben wären. Letzteres ist aber nicht der Fall; vielmehr ergibt sich aus den gesamten, auf die Organisation der Amtsbezirke bezüglichen Bestimmungen der Kr.-O. und insbesondere aus dem §. 53 a. a. O. derselben, daß das Gesetz als jene Glieder des Amtsverbandes die denselben bildenden Gemeinden und Gutsbezirke ansieht. Wer also thatsächlich in der Gemeinde von Abgaben frei ist, kann durch einen Beschluß der zum Amtsbezirke gehörenden Gemeinden bezw. Gutsbezirke dem Amtsbezirke gegenüber nicht unmittelbar abgabenpflichtig werden. Eine andere Frage ist die, ob ein einzelner bisher von Abgaben in der Gemeinde Befreiter in derselben nicht steuerpflichtig werden kann. Dieselbe Bewandtnis hat es mit den Gesamtarmenverbänden nach §. 10 des Gesetzes vom 8. März 1871 (G.-S. S. 130).

2) Die Stellung der juristischen Personen im Abgabensystem der Amtsbezirke ist dieselbe wie die jeder physischen Person, welche Mitglied der Gemeinde ist, die Amtslasten können also von ihnen nicht direkt eingezogen werden, vielmehr bezahlen sie ihren Anteil an die Gemeinde, welche ein Glied des Amtsbezirks ist.

3) Unter den Beteiligten, welche sich über den Aufbringungsmaßstab einigen sollen, können nur die zum Amtsverbande gehörenden Gemeinden und Gutsbezirke verstanden werden. Ihre Vereinbarung soll sich auf den Maßstab, nach welchem sie zu den Abgaben des Amtsbezirks beizutragen haben, erstrecken; dieselbe kann also nur die Umlage dieser Abgaben auf die einzelnen Gemeinden und Gutsbezirke regeln und läßt die Rechtsverhältnisse, nach welchen innerhalb der letzteren diese Abgaben als Lasten der Gemeinden und des Gutsbezirks aufzubringen sind, völlig unberührt.

4) Steuerbefreiungen, welche dem Einzelnen innerhalb der Gemeinde oder des Gutsbezirks zustehen, gelten auch gegenüber dem Amts-Kommunalverbande.

Nr. 2.

Endurteil vom 30. Juni 1877 (Entsch. Bd. II. S. 72).

1) Die Bildung der Amtsbezirke ist kein Akt der Gesetzgebung, sondern der Verwaltung, und es bedurfte daher einer besonderen gesetzlichen Bestimmung über die Bekanntmachung derselben. Eine solche ist zu dem Zwecke, um den Zeitpunkt des Inkrafttretens der rücksichtlich der örtlichen Polizeiverwaltung in der Kr.-O. enthaltenen Vorschriften zu bestimmen und zur öffentlichen Kenntnis zu bringen, in dem §. 185 der Kr.-O. (vergl. auch §. 62 a. a. O.) gegeben worden. In dieser Bestimmung ist aber keineswegs vorgeschrieben, daß die Bekanntmachung alle einzelnen Grundstücke, aus denen sich ein Amtsbezirk zusammensetzt, enthalten solle.

2) Dem Zwecke, zu welchem jene Bekanntmachungen zu erfolgen haben, entspricht es vollständig, wenn dieselben die Grenzen der einzelnen Amtsbezirke, sei es durch Angabe der einzelnen zu den Amtsbezirken gehörenden Gemeinden und Gutsbezirke, sei es, wo es sich um Teile solcher handelt, durch die Bezeichnung sonst bekannter Örtlichkeiten, Kolonien, Abbauten, gewerblicher Etablissements und dergl., so wie durch die Abgrenzung der

benachbarten Amtsbezirke erkennen lassen. Etwaige Zweifel muß der Verwaltungsrichter durch besondere Feststellungen beseitigen.

3) Unter dem nach dem Schlußsatze des §. 70 der Kr.-O. in Ermangelung einer Vereinbarung für die Verteilung der Amtsunkosten zur Anwendung kommenden Maßstabe ist keineswegs nur derjenige Maßstab für die Kreisabgaben zu verstehen, welcher nach §. 12 der Feststellung des Kreistages unterliegt, sondern derjenige, welcher einer solchen Feststellung nicht unterworfen und durch die §§. 14 und 15 allgemein feststehend geregelt ist.

4) Das Kreissteuersystem der Kr.-O. ist lediglich ein System von Zuschlagssteuern und zwar setzt sich der Kreissteuer-Verteilungsmaßstab, auf welchen der §. 70 a. a. O. verweist, aus zwei Faktoren, den Prinzipalsteuersätzen, nach welchen zu verteilen ist, und der Quote, mit welcher dieselben dabei zum Ansatz kommen, zusammen. Erstere ergibt das Gesetz, bezw. die auf Grund desselben (§§. 14, 15 der Kr.-O.) erfolgende Einschätzung; letztere stellt innerhalb gewisser, durch das Gesetz gezogener Grenzen der Kreistag fest. Keiner dieser beiden Faktoren kann modifiziert werden, ohne damit den Kreissteuer-Verteilungsmaßstab aufzugeben und an Stelle desselben einen neuen, eigentümlichen Maßstab zu setzen.

5) Den Gemeinden steht ein Besteuerungsrecht, wenn auch nicht den juristischen Personen, so doch den Forensen gegenüber zu. Hiernach wird unter Umständen allerdings auch für die Verteilung der Amtslasten eine besondere Einschätzung des Einkommens der Forensen, Bergwerksbesitzer u. s. w. nach §. 15 der Kr.-O. erforderlich werden. Die Kr.-O. hat hierfür ein Organ und ein Verfahren geschaffen (§. 57 Nr. 3 des Zuständigkeitsgesetzes, §. 70a. der Kr.-O.-N.).

6) In Amtsbezirken, welche nur aus Teilen von Gemeinden und Gutsbezirken zusammengesetzt sind, sind die Amtsunkosten in Ermangelung einer Vereinbarung zwischen den beteiligten Gemeinden und Gutsbezirken auf deren Teile ganz ebenso, als wenn dieselben selbständige Gemeinden bezw. Gutsbezirke bildeten, unter Anwendung des Kreisabgaben-Verteilungsmaßstabes zu repartieren, und die so bestimmten Quoten der Amtsunkosten sind von den Gemeinden und Gutsbezirken, deren Teile in Betracht kommen, einzuziehen. Diesen Gemeinden bezw. dem Besitzer des Gutes, dem Gutsherrn in den Gutsbezirken (§. 31 Abs. 1 der Kr.-O.) liegt es ob, die auf sie entfallenden Amtsunkosten nach Maßgabe der bestehenden Vorschriften in derselben Weise aufzubringen, wie diejenigen Amtsunkosten, welche auf ihre zu einem anderen Amtsbezirke gehörigen Restteile repartiert werden.

Nr. 3.

Endurteil vom 9. Februar 1878 (Entsch. Bd. IV. S. 77).

1) Nach §. 69 der Kreisordnung in Verbindung mit §. 56 des Zuständigkeitsgesetzes vom 26. Juli 1876 konnte früher gegen einen Beschluß des Kreisausschusses, durch welchen die Amtsunkostenentschädigung für einen Amtsvorsteher oder die Remuneration für einen kommissarischen Amtsvorsteher festgesetzt wurde, seitens der Beteiligten der Antrag auf mündliche Verhandlung im Streitverfahren gestellt werden. Dies hat sich jetzt geändert, denn jener §. 56 ist durch Artikel VI. der Kr.-O.-N. aufgehoben, und es muß nunmehr die allgemeine Bestimmung im §. 55 des Organisationsgesetzes vom 26. Juli 1880 (jetzt §. 121 des L.-V.-G. von 1883), nach welchem gegen die Beschlüsse des Kreis- (Stadt-) Ausschusses in der Regel die Beschwerde an den Bezirksrat (jetzt Bezirksausschuß) gegeben ist, Platz greifen.

An die Stelle des Verwaltungsstreitverfahrens ist also für die Fälle, welche am 1. April 1881 oder später an den Kreisausschuß gebracht sind, das Beschlußverfahren getreten (§§. 45—61 des Organisationsgesetzes, vergl. §. 32 des Zust.-Ges. vom 1. August 1883 und §§. 48, 49, 55, 56, 57—59, 115 bis 119, 121—123 und 126 des L.-V.-G. von 1883). Da indessen nach §. 52 Abs. 2 l. c. die (Beschluß-) Behörden befugt sind, auch in anderen als im Gesetz ausdrücklich bezeichneten Angelegenheiten die Beteiligten beziehungsweise deren mit Vollmacht versehene Vertreter behufs Aufklärung des Sachverhalts zur mündlichen Verhandlung vorzuladen, so behalten die für das Streitverfahren aufgestellten Grundsätze auch einen bedingten Wert für das Beschlußverfahren. In dieser Beziehung ist zunächst das Parteienverhältnis zu beachten: Nach dem vorliegenden Endurteil ist in dem Falle, wenn das Diensteinkommen des Amtsvorstehers durch Beschluß des Kreisausschusses herabgesetzt ist, der Amtsvorsteher, welcher hiergegen den Einspruch auf mündliche Verhandlung erhoben hat, der Kläger und der Amtsbezirk, welcher die verlangte Amtsunkostenentschädigung aufzubringen hat, der Beklagte.

2) Die Annahme, daß der Kreisausschuß befugt sei, die auf Grund des §. 69 der Kr.-O. durch ihre erfolgte Festsetzung der einem Amtsvorsteher im Ehrenamte zu gewährende Amtsunkostenentschädigung wieder herabzusetzen, wenn im Laufe der Jahre Umstände eintreten, welche eine Veränderung des Bedarfs mit sich führen, ist in dieser Allgemeinheit für zutreffend nicht zu erachten. Denn wenn auch die Amtsunkostenentschädigung im Gegensatze zu der einem kommissarischen Amtsvorsteher zu gewährenden Remuneration kein Entgelt für persönliche Mühewaltung in sich schließt, sondern nur dazu bestimmt ist, dem Amtsvorsteher die erforderlichen sachlichen Mittel zur Führung der ihm übertragenen Geschäfte zu überweisen, so begründet doch der §. 69 der Kr.-O., indem derselbe dem Amtsvorsteher die Berechtigung verleiht, eine Amtsunkostenentschädigung zu beanspruchen — und zwar als ein Pauschquantum, d. h. ohne Verpflichtung, darüber Rechnung zu legen — ein Recht des Amtsvorstehers auf den Bezug der einmal festgesetzten Amtsunkostenentschädigung während der ganzen Dauer seiner Amtsperiode, *sofern nicht etwa bei der Festsetzung in letzterer Beziehung ein besonderer Vorbehalt* (vergl. Min.-R. vom 10. Juni 1873 — Min.-Bl. d. i. V. S. 137 —) *gemacht worden ist*. Ohne einen solchen würde eine Herabsetzung des Pauschquantums im Laufe der Amtsperiode auch gegen den Willen des Amtsvorstehers nur dann erfolgen dürfen, wenn eine Änderung in den von der Willensbestimmung des Amtsvorstehers unabhängigen objektiven Verhältnissen des Amtes, wie beispielsweise eine erhebliche Verkleinerung des Amtsbezirks, eingetreten ist, da die Bewilligung der Amtsunkostenentschädigung in allen Fällen unter der stillschweigenden Voraussetzung erfolgt, daß die für die Bemessung des Pauschquantums maßgebend gewesenen objektiven Verhältnisse des Amtes während der Dauer der Amtsperiode eine Änderung nicht erfahren.

3) Nach Ablauf der Amtsperiode erlischt mit dem Amte auch das Recht auf die Amtsunkostenentschädigung; bei der Wiederbesetzung der Stelle steht demgemäß auch einer anderweiten Festsetzung des Pauschquantums ein rechtliches Hindernis nicht entgegen.

4) Der §. 56 des Zust.-Gesetzes von 1876 ist also jetzt gänzlich fortgefallen, es findet der Antrag auf mündliche Verhandlung im Verwaltungsstreitverfahren nicht mehr statt, sondern lediglich die Beschwerde an den Bezirksausschuß in Gemäßheit des §. 121 des Landesverwaltungsgesetzes vom

30. Juli 1883, **wenn es sich um Beschwerden über die Festsetzung der Amtsunkostenentschädigung durch den Kreisausschuß handelt.** (§. 69 der Kr.-O.)

5) Das Recht der Beschwerde (früher der Klage) steht auch dem Kreisausschusse zu, wenn er Veranlassung zu haben glaubt, die einmal festgesetzte Amtsunkostenentschädigung wegen gewisser im Laufe der Jahre eingetretener, die Veränderung des Bedarfs mit sich führender Umstände wieder herabzusetzen.

Nr. 4.

Endurteil des I. Senats vom 18. September 1878 (Entsch. Bd. IV. S. 82).

1) Wenn der Amtsausschuß im Beschlußverfahren den Antrag auf mündliche Verhandlung gestellt hat, so sind die Parteien einerseits der Amtsausschuß, welcher dann von einem durch den Kreisausschuß zu ernennenden Stellvertreter des Amtsvorstehers zu repräsentieren ist, und anderseits der zur Sache persönlich beteiligte Amtsvorsteher.

2) Soweit die Kosten der Amtsverwaltung durch die vom Staate überwiesenen Beträge ihre Deckung nicht finden, trägt dieselbe das Amt.

3) Dem Amte, d. h. dem Amtsverbande, stehen in den nach der Kr.-O. den Gemeinden und Gutsbezirken desselben gemeinsamen Angelegenheiten die Rechte einer Korporation zu. Die Organe der Amtsverwaltung in diesen Korporationen sind der Amtsvorsteher und der Amtsausschuß.

4) Zu den Befugnissen des Amtsausschusses gehört insbesondere die Kontrolle sämtlicher und die Bewilligung derjenigen Ausgaben der Amtsverwaltung, welche vom Amtsbezirke aufgebracht werden.

5) Nach außen wird die Korporation des Amtsverbandes durch den Amtsvorsteher vertreten. (§§. 50, 52, 55, 70 Absatz 4 d. Kr.-O.)

Nr. 5.

Endurteile des I. Senats vom 14. Mai 1879 (Entsch. Bd. V. S. 60), vom 2. Juli 1879 (Entsch. Bd. V. S. 77) und vom 9. Juni 1879 (Entsch. Bd. II. S. 424).

1) An die Stelle der §§. 4, 40 und 83 des Gesetzes vom 3. Juli 1875 sind die §§. 7, 70 und 82 bezw. 113 des Landesverwaltungsgesetzes vom 30. Juli 1883 getreten; die §§. 13, 51, 57 Nr. 5 und 67 des Zust.-Ges. von 1876 sind ersetzt durch den §. 59 desselben Landesverwaltungsgesetzes vom 30. Juli 1883 bezw. durch §. 35 des Zust.-Ges. von 1883, §. 72 und 180 der Kreisordnungs-Novelle vom 19. März 1881.

2) Voraussetzung der Substituierung eines anderen Kreisausschusses gemäß §. 59 des Landesverwaltungsgesetzes vom 30. Juli 1883 ist die, daß die Kreiskorporation als solche Partei ist.

3) Die Amtsbezirke sind verpflichtet, die Kosten der örtlichen Polizeiverwaltung, z. B. die Kosten der Konstatierung des Ausbruchs ansteckender Krankheiten und die durch Zuziehung der Aichmeister zu den Maß- und Gewichtsrevisionen entstandenen Kosten zu tragen.

4) Wenn es sich um die Kosten einer Maßnahme handelt, welche die Ortspolizeibehörde zu treffen hat, so kann die Frage, wem diese Kosten zur Last fallen, nur nach denjenigen Bestimmungen beantwortet werden, welche die Organisation der Ortspolizeiverwaltung und zwar insbesondere bezüglich der Kostenlast dieser Verwaltung regeln. Dies sind die §§. 47, 59, 69—72 der Kr.-O., insbesondere der §. 70 Abs. 4, nach denen das Amt die Kosten

der Amtsverwaltung und somit nach §§. 47 und 59 an erster Stelle die der Polizeiverwaltung zu tragen hat.

5) Für die Verbindlichkeit des Staates, einzelne dieser Kosten zu tragen, bietet diese Gesetzgebung keinen Anhalt. Lediglich die Ausstattung der Amtsbezirke mit Mitteln zur Bestreitung der ihnen auferlegten Kosten der örtlichen Polizeiverwaltung hat der Staat in gewissem Umfange nach §. 70 a. a. O. und den Ausführungsgesetzen vom 30. April 1873 (G.-S. S. 187) und vom 8. Juli 1875 (G.-S. S. 497) (Dotationsgesetze) übernommen und durchgeführt.

6) Der Träger jener Last ist der Amtsbezirk, wie nach §. 3 des Gesetzes über die Polizeiverwaltung vom 11. März 1850 (G.-S. S. 265).

7) Auch die Kreiskorporation ist zur Übernahme dieser Kosten nicht verpflichtet, wenn auch der Staat die Mittel zur Durchführung der Kreisordnung, insbesondere für die Kosten des Kreisausschusses und der Amtsverwaltung den Kreisen überwiesen hat (§. 70 der Kr.-O., §. 3 des Gesetzes vom 30. April 1873, §. 5 des Gesetzes vom 8. Juli 1875). Denn die Kreise haben durch ihre Vertretung über die ihnen so gewährten Mittel zu Gunsten des Kreises und der einzelnen Amtsverbände zu verfügen. Geschähe dies im einzelnen Falle gesetzwidrig, so könnten solche Beschlüsse nach §. 178 der Kreisordnungs-Novelle Hannover §. 106, Hessen-N. §. 107, Westfalen §. 94) beanstandet werden. Niemals aber kann ein Amtsbezirk die Aufsichtsbehörde mit der Forderung, die Kosten der örtlichen Polizeiverwaltung zu tragen, um deswillen an den Kreis verweisen, weil derselbe Mittel besitze, die für die Bestreitung solcher Kosten vom Staate und der Provinz hergegeben und verfügbar seien.

8) Die Organisation der Ortspolizeiverwaltung durch die Kreisordnungs-Novelle (insbesondere §. 70) ist nicht die, daß der Kreis die Kosten der örtlichen Polizeiverwaltungen seiner Amtsbezirke zu tragen und diese demselben hierzu Beihilfe zu leisten hätten, soweit die vom Staate und der Provinz gewährten Dotationen nicht ausreichen, sondern umgekehrt die, daß jeder Amtsverband die Kosten der örtlichen Polizeiverwaltung in demselben bestreiten muß und ihm zu diesem Zwecke vom Kreise aus jenen Dotationen Mittel gewährt werden.

9) Die Ortspolizeibehörden unterstehen der Aufsicht der Regierungspräsidenten. Diese Aufsichtsbefugnis ist inhaltlich bei der auch gesetzlich (§§. 1 und 3 Titel 17 Teil II. A. L.-R.) ausdrücklich anerkannten Einheitlichkeit der Polizeigewalt als der des Staates nur nach zwei Seiten hin beschränkt, nämlich einerseits durch die gesetzlichen Ziele, welche die Polizei und insbesondere die Ortspolizei überhaupt zu verfolgen hat, und anderseits durch die Organisation der Polizeigewalt, welche diese zwischen verwaltenden und Aufsicht führenden Organen derartig teilt, daß die letzteren sich nicht willkürlich an die Stelle der ersteren als ausführende Organe setzen dürfen (Min.-R. vom 15. September 1875). Hiernach bildet es die wichtigste Aufsichtsbefugnis der Regierungspräsidenten, die unterstellten Polizeibehörden für deren ordnungsmäßige, regelmäßige, laufende Amtsführung mit Anweisungen zu versehen. Dieselbe müßte gesetzlich ausdrücklich ausgeschlossen sein, wenn sie den Regierungen nicht zustehen sollte; dies ist aber nicht der Fall, vielmehr statuiert der §. 6 der Regierungsinstruktion vom 23. Oktober 1817, welcher von dem Verhältnisse der Regierungen zu den Unterbehörden handelt, keine solche Ausnahme. Es bedarf daher nicht des Hinweises auf den §. 1 Abs. 2 des Gesetzes über die Polizeiverwaltung vom 11. März 1850

oder den §. 39 des Zuständigkeitsgesetzes vom 26. Juli 1876 (§. 41 Abs. 3 des Organisationsgesetzes vom 26. Juli 1880, jetzt §. 50 des L.-V.-G. von 1883). Beide Bestimmungen schaffen nicht neues Recht. Auch die von den Aufsichtsbehörden erlassenen Polizeiverordnungen enthalten zugleich Anweisungen der höheren Instanz an die ausführenden Polizeibehörden zur Handhabung der Polizei. Aus diesem Aufsichtsrechte ergibt sich auch die Befugnis, anzuordnen, welcher Mittel sich die Ortspolizei bedienen solle, um ihre Aufgabe ordnungsmäßig zu erfüllen, z. B. die Heranziehung technischer Kräfte für besondere Fälle, wenn nicht bereits, wie in größeren Bezirken, für die betreffenden Zwecke ein für allemal Beamte angestellt sind. Die hieraus dem Polizeibezirk (Amtsbezirk) erwachsenden Kosten hat dieser aus eignen Mitteln zu bestreiten (§. 3 des Gesetzes vom 11. März 1850, §. 70 der Kr.-O.).

10) Das für die Kostenfrage Entscheidende ist allein dies, ob es nach Lage der die ortspolizeilichen und landespolizeilichen Funktionen scheidenden Gesetzgebung ein ortspolizeilicher Akt sein kann und thatsächlich ist, welcher dieselben verursacht, nicht aber dies, ob derselbe sich mit oder ohne Anweisung der Aufsichtsbehörde vollzieht (O.-T.-E. vom 11. November 1856, Strieth. XXIII. S. 40).

11) Maß- und Gewichtsrevisionen sind Sache der Ortspolizeibehörden. Demgemäß ist die Polizeiaufsichtsbehörde befugt, dem Amtsvorsteher die Zuziehung technischer Beihilfe bei Erledigung ortspolizeilicher Geschäfte aufzugeben, z. B. der Aichmeister bei der Revision der Maße und Gewichte der Gewerbetreibenden.

12) Der Antrag des Beklagten auf Beiladung einer Kreiskorporation macht den Kreisausschuß des betreffenden Kreises nicht unzuständig zur Entscheidung der Sache zwischen dem Kläger und dem Beklagten.

13) Voraussetzung der Substituierung eines andern Kreisausschusses gemäß §. 13 des Zust.-Gesetzes (§. 34 a. des Verwaltungsgerichtsgesetzes, jetzt §. 59 des L.-V.-G. von 1883) ist die, daß die Kreiskorporation als solche Partei ist. Mag nun auch, wenn ein drittes Rechtssubjekt beigeladen worden ist, dieses dadurch die prozessualische Stellung einer Partei im Sinne des §. 13 (34 a. bezw. §. 59) erlangen, so folgt doch daraus nicht, daß dem bloßen Antrage auf Beiladung, über welchen der Richter im Streitverfahren nach freiem Ermessen zu befinden hat (§. 40 l. c., jetzt §. 70 des L.-V.-G. von 1883), die Wirkung der erfolgten Beiladung für die Anwendung des §. 13 (34 a.) beizumessen sei. Andernfalls würde, was nicht wohl die Absicht des Gesetzgebers gewesen sein kann, es in das Belieben der Parteien gestellt sein, jede Sache durch einen auch noch so unhaltbaren Antrag auf Beiladung der Kreiskorporation der Entscheidung des ordentlichen Gerichts zu entziehen. Ausgeschlossen ist nicht, daß sich eine Partei wegen Versagung der Beiladung der Kreiskorporation gemäß dem §. 4 Absatz 2 des V.-G.-G. (§§. 7 und 82 des L.-V.-G. von 1883) bei dem Bezirks-Verwaltungsgerichte (jetzt dem Bezirksausschusse) beschwert und dieses dann unter Anerkennung der Beschwerde gemäß §. 13 verfährt, oder daß dies in geeigneten Fällen auch noch durch Erkenntnis des Berufungsrichters geschieht, keinesfalls aber wird dadurch, daß dies nicht geschieht, eine wesentliche Vorschrift des Verfahrens verletzt, da die Beiladung in das freie Ermessen des Richters gestellt ist. Dabei ist aber auch der §. 67 des Zust.-Ges. (jetzt §. 180 der Kreisordnungs-Novelle (Hannover §. 108, Hessen-N. §. 109, Westfalen §. 96) zu berücksichtigen.

Nr. 6.

Endurteil des II. Senats vom 2. Juli 1879 (Entsch. Bd. V. S. 68).

1) Der §. 4 des Zust.-Ges. von 1876 ist aufgehoben und ersetzt durch die grundsätzlich abweichenden §. 7 des Landesverwaltungsgesetzes vom 30. Juli 1883 und §. 160 des Zust.-Ges. von 1883.

2) Alle die zahlreichen Vorschriften, welche in der Form von Polizeiverordnungen, Baupolizeiordnungen, Wegepolizeiordnungen, Schauordnungen und dergl. über die polizeilichen Anforderungen an Bauten, an die Befriedigung des Verkehrsinteresses durch den Wegebau, an Grabenräumungen u. s. w. ergangen, sind zugleich Anweisungen der höheren Instanz an die ausführenden Polizeibehörden zur Handhabung der Polizei.

3) Die Aufsicht ist auch bezüglich der Frage, welcher Mittel sich eine Polizeibehörde bedienen solle, um ihre Aufgabe ordnungsmäßig zu erfüllen, nicht ausgeschlossen, deshalb kann auch die Aufsichtsbehörde in bestimmten Fällen die Zuziehung eines technischen Beirates fordern, z. B. auf dem Gebiete der Bau-, Wege-, Gesundheits-, Versicherungs- u. s. w. Polizei. Wo es in den ortspolizeilichen Bezirken an dergleichen Organen fehlt, da kann auch die Zuziehung staatlicher Organe angeordnet werden, z. B. bei den Maß- und Gewichtsrevisionen. Die hieraus erwachsenden Kosten trägt nicht der Staat, sondern der Polizeibezirk, ebenso wie der letztere die erforderlichen Porti, Schreibmaterialien, Botenlöhne u. s. w. tragen muß.

4) Die Maß- und Gewichtsrevision ist in den einzelnen Polizeibezirken ein ortspolizeilicher Akt, auch wenn ein staatlicher Aichmeister der Ortspolizeibehörde technische Assistenz leistet und wenn auch die Zuziehung dieses Beamten für alle Polizeibehörden eines Aufsichtsbezirkes angeordnet worden ist, oder wenn in einzelnen Fällen Ausnahmen zugelassen sind. Remedur hiergegen würde nur im Wege der Beschwerde und nicht im Verwaltungsstreitverfahren zu erlangen sein.

5) Bei der Zuziehung der Aichmeister handelt es sich nicht um die Revision der amtlichen Wirksamkeit der Amtsvorsteher, sondern um eine technische Hilfeleistung bei den Gewichtsrevisionen. Die Kosten, welche aus dieser Assistenz erwachsen, sind danach Kosten der Ortspolizeiverwaltung und fallen als solche nach §. 70 der Kr.-O. dem Amtsbezirke zur Last.

6) Die Zuständigkeiten zwischen Orts-, Landes- und Reichspolizei sind gesetzlich geschieden, und dem entsprechend ist auch die Kostenlast gesetzlich geregelt, z. B. hinsichtlich der Maßregeln gegen die Verbreitung der Coloradokäfer und der Rinderpest (§. 14 des Gesetzes vom 7. April 1869 — B.-G.-Bl. S. 107 —).

Nr. 7.

Endurteil des I. Senats vom 22. Februar 1879 (Entsch. Bd. V. S. 83).

1) An die Stelle des §. 61 des Zust.-Ges. von 1876, soweit derselbe von den Ordnungsstrafen gegen die Amtsvorsteher handelt, ist der §. 68 der Kr.-O. in der Fassung vom 19. März 1881 getreten, die Beschwerdebehörde ist jetzt der Bezirksausschuß bezw. der Oberpräsident, gegen deren Beschlüsse die Klage an den Bezirksausschuß bezw. das Ober-Verwaltungsgericht gegeben ist.

2) Die §§. 33 und 36 des Zust.-Ges. von 1876 sind ersetzt durch §§. 132 bezw. 53 und 133 Abs. 2 des L.-V.-Gesetzes vom 30. Juli 1883.

3) Zwangsvollstreckungen gegen den Fiskus und gegen die unter Staatsaufsicht stehenden juristischen Personen, Gemeinden u. s. w. haben der Regel nach durch Vermittelung der einer zunächst beteiligten nachgeordneten fiskalischen Station vorgesetzten Finanzbehörde bezw. der Staatsaufsichtsbehörde zu erfolgen. A. Gerichts-Ordnung, Anhangs-§. 153 bei Teil I Tit. 24 §. 45 und Teil I Tit. 35 §. 33, §. 15 Nr. 4 des Einführungs-Gesetzes zur Zivil-Prozeß-O. vom 30. Januar 1877 (R.-G.-Bl. S. 244), Allgemeine Verfügung des Justizministers vom 24. Mai 1882 (Justiz-Min.-Bl. S. 59), §. 33 Nr. 4 des Zust.-Ges. von 1883, §. 55b der Kreis-O. in der Fassung vom 19. März 1881, §. 18 des Landes-Verwaltungsgesetzes vom 30. Juli 1883. Dies alles gilt, soweit es sich um Geldforderungen handelt, hinsichtlich des unbeweglichen Vermögens, vergl. §. 6 des Gesetzes vom 4. März 1879 (G.-S. S. 102); Erkenntnis des Kammergerichts vom 9. Juli 1881 (J. u. K. I. S. 119). Diese Vorschriften gelten auch für die administrative Exekution, deshalb darf der Amtsvorsteher fiskalische Wegebaumaterialien nicht ohne weiteres in Beschlag nehmen und verwenden.

Nr. 8.

Endurteil des I. Senats vom 15. Oktober 1879 (Entsch. Bd. VI. S. 77).

1) Den Amtsvorstehern liegt nicht die Führung der Aufsicht über die Kommunalangelegenheiten der Landgemeinden und Gutsbezirke ob*), sondern nach §. 24 des Zust.-Ges. von 1883 dem Landrate (früher nach §. 60 des Zust.-Ges. von 1876 dem Kreisausschusse). Der Amtsvorsteher kann somit auch nicht definitive Entscheidungen und Anordnungen in den jene Angelegenheiten betreffenden Beschwerden und dergl. erlassen. Dagegen kann der Landrat bei der Übung der Aufsicht sich der Amtsvorsteher als Mittelspersonen zur Ausführung einzelner Aufträge in ihren Amtsbezirken bedienen und dieselben z. B. auch mit der Revision von Gemeindekassen beauftragen, sofern dazu nicht besondere technische Kenntnisse erforderlich sind.

2) Die Anordnung einer derartigen Revision wie die Verfügung nach Maßgabe des Befundes sind Aufsichtsakte, welche einen Beschluß der Kommunalaufsichtsbehörde erfordern, also nicht vom Amtsvorsteher ausgehen können. Der letztere kann nur im Auftrage einen Thatbestand konstatieren.

3) Wollte man den Amtsvorsteher lediglich zur Entbindung der landrätlichen und der Kreisausschußverwaltungen mit laufenden, namentlich büreaumäßigen Arbeiten betrauen, welche ohne sachlichen Nachteil auch von diesen Stellen selbst oder von anderen Organen derselben versehen werden können, so würde dies ein Mißbrauch sein. (Überbürdung der Amtsvorsteher.)

Nr. 9.

Endurteil des I. Senats vom 8. Januar 1881 (Entsch. Bd. VII. S. 121).

1) Wegen der Zuständigkeiten in Sachen der Festsetzung der Amtsunkostenentschädigung für die Amtsvorsteher vergl. oben das Endurteil Nr. 3 sub 1.

2) Die Ansicht, daß der Kreisausschuß zu einer Festsetzung der Amtsunkostenentschädigung in dem Falle nicht zuständig sei, wenn der Amtsvor-

---

*) Bd. VI. S. 79 der Entscheidungen Zeile 17 von oben muß das Wort „zu“ vor „vergl.“ gestrichen werden. Zeile 6 von unten ist statt „a. a. O.“ zu lesen „der Kreis-Ordnung“.

steher eine solche nicht beantragt hatte, ist dann nicht zutreffend, wenn der Amtsausschuß die Amtsunkostenentschädigung in den Amtsetat aufgenommen hat. Diesen Etat hat der Kreisausschuß festzusetzen (§. 69 der Kr.-O.).

3) Unter den Kosten der Amtsverwaltung, von denen die §§. 69—72 der Kr.-O. handeln, sind an erster Stelle die Unkosten verstanden, welche aus der Thätigkeit des Verwaltungsorganismus erwachsen, nicht Aufwendungen zur Erfüllung derjenigen materiellen Aufgaben, deren Pflege und Obhut der Polizei anvertraut ist. Bezüglich der letzteren ist die Verpflichtung der Gemeinden, Gutsbezirke u. s. w. durch die Organisation der Amtsverbände nicht berührt worden (cf. stenographischen Bericht vom 19. März 1872 S. 1395, „Selbstverwaltung" Jahrg. III. S. 365 ff.).

4) Um nicht dem Amtsvorsteher die Pflicht aufzuerlegen, sämtliche Kosten der Amtsverwaltung aus seinem Pauschquantum zu bestreiten, ist ein Amtsetat aufzustellen. Der wesentliche Unterschied zwischen den so etatsmäßig zu leistenden Ausgaben und denjenigen, welche der Amtsvorsteher aus der ihm als Pauschquantum (§. 69) bewilligten Amtsunkostenentschädigung bestreitet, ist der, daß über die ersteren dem Amtsausschuß von Amts wegen Rechnung zu legen ist (§. 52), über die letzteren nicht.

5) Welche Ausgaben der etatsmäßigen Verwaltung zu überweisen und welche dem Amtsvorsteher zur Deckung aus der Amtsunkostenentschädigung zu überweisen sind, darüber enthält das Gesetz keine Norm (d. Min.-R. vom 10. Juni 1873 ist kein Gesetz).

6) Im allgemeinen wird in zweifelhaften oder streitigen Fällen zu berücksichtigen sein, daß der Amtsvorsteher nach dem dem §. 69 zu Grunde liegenden Gedanken zwar für seine Mühewaltung nicht entschädigt, anderseits aber auch durch die Gewährung der Amtsunkostenentschädigung als Pauschquantum namentlich hinsichtlich der arbiträren, laufenden Ausgaben vom Amtsausschuß unabhängig gestellt werden soll.

7) Welche Ausgaben der Amtsvorsteher auf die Amtsunkostenentschädigung übernehmen soll, hat der Kreisausschuß anzuordnen (§. 69). Weitere Befugnisse in betreff der Aufstellung und Bestätigung der Amtsetats stehen dem Kreisausschuß nicht zu, es schließt dies aber nicht aus, daß derselbe als Aufsichtsbehörde (§. 60 des Zust.-Ges., jetzt §. 55 c. der Kreisordnungs-Novelle) die ordnungsmäßige Aufstellung der Etats überwacht und nötigenfalls den Amtsausschuß zur Bewilligung der Mittel zwecks Erfüllung gesetzlicher Leistungen (§§. 51 und 57 Nr. 5 des Zust.-Ges. von 1876, jetzt §. 72 der Kreisordnungs-Novelle) anhält. Diese Thätigkeit der Aufsichtsbehörde fällt aber nicht mit der ihr in §. 69 der Kr.-O. und §. 56 des Zust.-Ges. von 1876 (jetzt fortgefallen) überwiesenen Feststellung der Amtsunkostenentschädigung zusammen und ist namentlich nicht als Gegenstand des kontradiktorischen Verfahrens von den Beschlußbehörden bezeichnet.

8) Hiernach fehlt jeder Anhalt dafür, daß es nach dem Gesetze keine anderen Kosten der Amtsverwaltung geben könne, als die Amtsunkostenentschädigung des Amtsvorstehers oder die Remuneration des kommissarischen Amtsvorstehers, daß der Amtsvorsteher notwendig alle Kosten gegen Gewährung der Unkostenentschädigung bezw. der Remuneration übernehmen müßte.

9) Wegen der §§. 51, 56, 57, 60 des Zust.-Ges. von 1876 vergl. jetzt §§. 55c., 69, 70, 72 der Kreisordnung in der Fassung vom 19. März 1881.

Nr. 10.

Endurteil des I. Senats vom 7. Dezember 1881 (Entsch. Bd. VIII. S. 74).

1) Der Verwaltungsrichter darf einer gegen die von zuständiger Stelle ausgegangene Veranlagung angestellten, auf Ermäßigung der Beiträge zu den Kosten der Amtsverwaltung gerichteten Klage den Erfolg lediglich um deshalb nicht versagen, weil bei Anwendung anderer, von ihm für richtig erachteter Veranlagungsgrundsätze sich eine Überbürdung nicht ergeben würde; damit würde sich derselbe an die Stelle der veranlagenden Behörde setzen.

2) Zu einer Klage, deren Gegenstand lediglich die Frage ist, ob der Prinzipal-Einkommensteuersatz des Klägers bei der Veranlagung zu den Amtsunkosten richtig festgestellt ist, ist der Kläger aktiv legitimiert, ohne daß es dabei weiter darauf ankommt, ob von dem Amtsausschusse außer dem klagenden Gutsherrn, welcher als solcher die Beiträge des Gutsbezirks zu den Amtsunkosten zu tragen hat, auch noch andere Gutseingesessene zu den letzteren herangezogen sind.

3) Die Thätigkeit des über einen derartigen Anspruch erkennenden Richters hat sich auf die Entscheidung der Frage zu beschränken, ob die streitige Forderung an sich rechtlich begründet und nach Maßgabe der gesetzlichen Vorschriften richtig bemessen ist.

4) Hiernach darf der Verwaltungsrichter einer gegen die von zuständiger Stelle ausgegangene Veranlagung angestellten, auf Ermäßigung der Beiträge gerichteten Klage schon um deshalb den Erfolg nicht versagen, weil bei Anwendung anderer, von ihm für richtig erachteter Veranlagungsgrundsätze sich eine Überbürdung nicht ergeben würde. Die Entscheidung des Verwaltungsrichters würde damit an die Stelle der Veranlagung treten, und das ist nicht zulässig. (Gesetze vom 18. Juni 1840 und vom 12. April 1882 — G.-S. S. 297 —).

Nr. 11.

Endurteil des I. Senats vom 29. November 1884 (Entsch. Bd. XI. S. 28).

1) Ist eine Landgemeinde auf Grund des (früher geltenden) §. 65 der Provinzialordnung vom 29. Juni 1875 (jetzt §. 49a der Kreisordnungs-Novelle vom 19. März 1881) in polizeilicher Beziehung mit einer benachbarten Stadtgemeinde vereinigt worden und demgemäß auf Grund jenes §. 49a. (vergl. auch §. 6 des Zuständigkeitsgesetzes vom 1. August 1883) aus dem bisherigen Amtsbezirke vollständig ausgeschieden, so hat, wenn es sich darum handelt, den Beitrag der Landgemeinde zu den Kosten der städtischen Polizeiverwaltung festzusetzen, der Bezirksausschuß sich dieser Festsetzung zu unterziehen (§. 49 Abs. 2 a. a. O.) und nicht der Kreisausschuß. Denn diese Festsetzung ist etwas anderes, als die im §. 49a. Absatz 3 vorgesehene Auseinandersetzung zwischen der Landgemeinde und dem Amtsbezirke, welchem sie früher angehörte.

2) In Streitfällen hat eventl. der Magistrat als Vertreter desjenigen Kommunalverbandes, welcher für Mehraufwendungen zu entschädigen ist, die Rolle des Beklagten zu übernehmen, und nicht die Polizeiverwaltung.

3) Die Vereinigung einer Landgemeinde mit einer Stadtgemeinde bezüglich der Polizeiverwaltung und das gänzliche Ausscheiden der ersteren aus dem Amtsbezirke erfolgt gleichzeitig. Den Beitrag der Landgemeinde zu den Kosten der städtischen Polizeiverwaltung stellt dann in Streitfällen der Bezirksausschuß nach §. 49a. Abs. 2 fest.

4) Die aus §. 66 der Kr.-O. erwachsenden Kosten gehören zu den

Kosten der Polizeiverwaltung, über deren Höhe der Bezirksausschuß ebenfalls zu entscheiden hat, wenn das Ausscheiden erst später erfolgt.

Nr. 12.

Endurteil des I. Senats vom 22. April 1885 (Entsch. Bd. XII. S. 35).

1) Wenn einem Amtsvorsteher oder Bürgermeister in Gemäßheit des §. 57 Abs. 5 der Kreisordnung vom 19. März 1881 von dem Kreisausschuß die Vertretung des Amtsvorstehers eines benachbarten Amtsbezirks übertragen worden ist, so haben diese Stellvertreter gegen den Amtsbezirk, in welchem sie vertretungsweise fungieren, keinen Anspruch auf Vergütigung für die ihnen aus der Stellvertretung erwachsende Mühewaltung, sondern nur einen solchen auf Entschädigung für wirkliche vermögensrechtliche Aufwendungen.

2) Der §. 8 Abs. 2 des Gesetzes vom 24. März 1873 (G.-S. S. 122) findet auf Amtsvorsteher keine Anwendung.

3) Ob der ordentliche Amtsvorsteher dem Amtsverbande wegen der Auslagen für die Stellvertretung zur Erstattung verpflichtet wäre, würde zwischen diesen beiden unter Berücksichtigung derjenigen Bedingungen, unter welchen das Pauschquantum als Amtsunkostenentschädigung in Gemäßheit des §. 69 der Kr.-O. festgesetzt worden ist, zum Austrage zu bringen sein.

4) Auf Diäten und Reisekosten neben den baren Auslagen hat der stellvertretende Amtsvorsteher oder Bürgermeister keinen Anspruch, auch nicht nach ermäßigten Sätzen.

5) Das Amt des Amtsvorstehers ist ein unbesoldetes Ehrenamt im Sinne des §. 8 der Kr.-O., deshalb ist der Inhaber desselben im Gegensatz zu dem kommissarischen Amtsvorsteher, welchem eine Remuneration, eine Vergütung für seine Mühewaltung gebührt, nach §. 69 a. a. O. nur berechtigt, eine in der Gestalt eines Pauschquantums zu gewährende Amtsunkostenentschädigung zu beanspruchen, bei deren Berechnung allerdings auch Dienstreisen in Betracht zu ziehen sind.

V.

Landgemeinden und Gutsbezirke.

Vorbemerkung.

Wegen der neuerworbenen Provinzen vergl. §. 38 des Zuständigkeitsgesetzes vom 1. August 1883, wegen der Provinz Westfalen den zweiten Abschnitt der Kreisordnung vom 31. Juli 1886 (G.-S. S. 217), namentlich die von Braunbehrens kommentierte Landgemeinde-Ordnung für die Provinz Westfalen vom 19. März 1856 (G.-S. S. 265).

Inwiefern die nachstehend mitgeteilten Rechtsgrundsätze auf die etwa korrespondierenden Vorschriften jener Provinzialgesetze anwendbar erscheinen, konnte hier unmöglich ausgeführt werden, man mußte sich deshalb auf die einfache Anführung der analogen Bestimmungen der Provinzial- und Kreisordnungen beschränken.

A. Gemeindeabgaben und Dienste, Gemeindevermögen.

Nr. 1.

Endurteil vom 30. Juni 1876 (Entsch. Bd. I. S. 126).

1) Unter „Forensen" im Sinne des § 5. Nr. 2 des Landgemeinde-Verfassungsgesetzes vom 14. April 1856 (G.-S. S. 359) sind nur physische (also nicht juristische) Personen verstanden, welche, ohne Einwohner des Gemeindebezirks zu sein, in demselben Grundeigentum besitzen. Ebenso werden in Abs. 1 des von der Heranziehung der Forensen, juristischen Personen u. s. w. zu den Kreisabgaben handelnden §. 14 Abs. 1 der Kreis-O. diejenigen physischen Personen „Forensen" genannt, welche, ohne in dem Kreise einen Wohnsitz zu haben u. s. w., in demselben Grundeigentum besitzen, während im §. 14 Abs. 2 von den juristischen Personen besonders die Rede ist.

Dieselben Grundsätze wie für die Landgemeinde- und Kreisforensen gelten hinsichtlich der Stadtforensen.

2) Deshalb werden durch das Statut einer Landgemeinde, welches die Forensen der Gemeindesteuer unterwirft, niemals juristische Personen, z. B. eine Eisenbahngesellschaft, betroffen. Vergl. jedoch das Gesetz vom 27. Juli 1885 (G.-S. S. 327).

Nr. 2.

Endurteil vom 29. September 1876 (Entsch. Bd. I. S. 131).

1) Die Gewerbetreibenden in einer Landgemeinde bilden nicht eine besondere Klasse der Gemeindemitglieder im Sinne des A. L.-R.s Teil II Tit. 7 §. 23.

2) Ein Gemeindebeschluß, nach welchem die Aufbringung der baren Gemeindeabgaben nach dem Verhältnisse der landesherrlichen Steuern, mithin auch der Gewerbesteuern zu erfolgen hat, entspricht dem §. 43 Tit. 7 Teil II A. L.-R.s

3) Der §. 309 Tit. 9 Teil I A. L.-R.s bezieht sich nur auf die Verjährung von Privatlasten. Die Freiheit von Gemeindeabgaben kann überhaupt, abgesehen von dem im Gesetze vom 18. Juni 1840 — G.-S. S. 140 — (wegen der neuen Landesteile vergl. Gesetz vom 12. April 1882 — G.-S. S. 297 —) nicht durch erlöschende, sondern nur durch erwerbende Verjährung erlangt werden. Es muß behufs Erlangung dieser Befreiung der Beweis geführt werden, daß in betreff jedes einzelnen zur Gemeindesteuer Herangezogenen diejenigen thatsächlichen Voraussetzungen vorliegen, von denen das Gesetz die Erwerbung des Rechtes der Freiheit von Gemeindeabgaben abhängig macht. (A. L.-R. I. Tit. 7 §. 126, Tit. 9 §§. 576, 577).

Nr. 3.

Endurteil vom 2. Dezember 1876 (Entsch. Bd. I. S. 141).

Juristische Personen unterliegen auch auf Grund statutarischer Festsetzung nach Lage der Gesetzgebung (§. 13 des Gesetzes vom 30. Mai 1820 — G.-S. S. 134 —, §§. 11 und 12 des Gesetzes vom 14. April 1856 — G.-S. S. 359 —) nicht der Kommunal-Einkommenbesteuerung der Landgemeinden in den sechs östlichen Provinzen der Monarchie, vergl. jedoch das Gesetz vom 27. Juli 1855 (G.-S. S. 327).

Es handelte sich um die Heranziehung einer Eisenbahngesellschaft.

Nr. 4.

Endurteil vom 17. Januar 1877 (Entsch. Bd. II. S. 89).

1) Die Landgemeinden sind nicht berechtigt, die nach dem Verhältnis der Grundsteuer umgelegten Gemeindeabgaben auch von den Pächtern — statt von den Eigentümern — der mit solchen Abgaben belasteten Grundstücke zu fordern.

2) Der Ausdruck „Besitzer" im A. L.=R. II. 7 §§. 18, 40, 41, 48 und im Landgemeindeverfassungsgesetz vom 14. April 1856 (G.=S. S. 359), ebenso „Ackerbesitzer" und „Besitz" ist zwar untechnisch (A. L.=R. I. 7 §. 6, Tit. 21 §§. 2 ff.), er bedeutet hier aber soviel als „Eigentümer" bezw. „Eigentum".

3) Nach öffentlichem Rechte (§§. 18 ff. Tit. 7 Teil II A. L.=R.) sind dem Besteuerungsrechte der Landgemeinden die angesessenen Wirte, d. h. die Besitzer der in einem Dorfe oder in dessen Feldmark gelegenen bäuerlichen Grundstücke, sowie die unangesessenen Dorfeinwohner unterworfen. Die nach dem Verhältnisse der Grundsteuer umgelegten Gemeindeabgaben können hiernach nur von den Eigentümern der mit Grundsteuer belasteten Grundstücke, nicht von den Pächtern derselben gefordert werden.

Hiergegen spricht auch nicht die exzeptionelle Vorschrift des §. 45 Abs. 3 des Gesetzes, betreffend die definitive Unterverteilung und Erhebung der Grundsteuer vom 8. Februar 1867. (G.=S. S. 185 ff.) Ebenso spricht nicht dagegen die Thatsache der jahrelangen unweigerlichen Zahlung der qu. Steuer seitens eines Pächters, wenn daraus nicht das Bestehen einer Observanz nachgewiesen werden kann.

4) Begriff „des Besitzes von Grundeigentum innerhalb des Kreises" als Quelle der Kreisabgabenpflicht (O.=V.=G.=E. vom 27. März 1882 — Entsch. VIII. S. 63 —). Überall, wo im §. 14 der Kr.=O. davon die Rede ist, daß der „Besitz von Grundeigentum" oder Grundbesitz die Verpflichtung nach sich zieht, die auf diesen Besitz gelegten Abgaben zu zahlen, ist nur der Eigentümer der Verpflichtete, und es bildet nur das Eigentum den obligierenden Grund, und zwar das Eigentum überhaupt, mithin das beschränkte und geteilte ebenso wie das uneingeschränkte und ausschließliche.

Nr. 5.

Endurteil vom 20. Januar 1877 (Entsch. Bd. II. S. 92.)*)

1) Die Landgemeinden sind berechtigt, juristische Personen, insbesondere den Fiskus (hier den Domänenfiskus) zu Kommunal=(Real=)Steuern heranzuziehen.

2) Der Begriff der „Nachforderung" im Sinne des §. 5 des Gesetzes vom 18. Juni 1840 (G.=S. S. 140), vergl. für die neuen Landesteile das Gesetz vom 12. April 1882 (G.=S. S. 297):

Wenn in dem §. 6 des Gesetzes vom 18. Juni 1840 (G.=S. S. 140) von einer Nachforderung von Steuern (bei denen die Zahlungsverbindlichkeit des einzelnen Pflichtigen mit dem Eintritte einer Thatsache entsteht, an welche — als an ihre Voraussetzung — die Besteuerung sich knüpft, im Gegensatz zu allgemeinen Umlagen, deren Erhebung von den

---

*) In den Entscheidungen Bd. II. S. 93 ist in den angeführten Gesetzesstellen zu lesen: Grundsteuergesetz vom 21. Mai 1861 „§. 4a", statt „§. 14a".

Steuerpflichtigen nach Jahresrollen erfolgt) gesprochen wird, so kann dies nur dahin verstanden werden, daß in dem betreffenden Kalenderjahre eine Forderung überhaupt bereits geltend gemacht, eine Ausschreibung erfolgt ist und hierbei einzelne Steuerpflichtige ganz übergangen oder doch zu niedrig angesetzt sind. Auf die Umlagen bezieht sich der §. 6; von den Steuern handeln die §§. 2 und 7, und dazu gehört unter anderm das städtische Einkaufs-, Bürgerrechts- und Einzugsgeld. Vergl. die Gesetze vom 14. Mai 1860 (G.-S. S. 237) und vom 2. März 1867 (G.-S. S. 361).

3) Bei den Umlagen entsteht die Zahlungsverbindlichkeit des Steuerpflichtigen erst mit der Bekanntmachung der erforderlichen Veranlagung; eine früher eintretende Verpflichtung ist nicht vorhanden, auch überhaupt nicht denkbar.

4) Die Zahlung von Steuern kann um deswillen, weil eine frühere Ausschreibung unterblieben ist, von den Pflichtigen nicht verweigert werden. (Vergl. dazu §. 9 des Ges. v. 14. Mai 1860 und vom 2. März 1867 — G.-S. S. 361 —).

Nr. 6.

Endurteil vom 3. März 1877 (Entsch. Bd. II. S. 108).

1) Die §§. 135 IX. 9 und 10 der Kreisordnung vom 13. Dezember 1872 sind jetzt ersetzt durch §. 31 bezw. §. 27 Nr. 1 und §. 34 des Zust.-Gesetzes von 1883, die §§. 140 ff. desselben Gesetzes durch das L.-V.-Gesetz vom 30. Juli 1883.

2) Die Bedeutung der hier vorgesehenen Bestätigung von Gemeindebeschlüssen wird durch die lediglich das Verfahren betreffenden Vorschriften nicht berührt.

Sie ist — gleichviel ob die Angelegenheit als streitige oder nicht streitige Verwaltungssache ihre Erledigung findet — eine zwiefache. Es handelt sich einmal darum,

ob der Beschluß dem bestehenden Rechte, vor allem in materieller wie formeller Beziehung dem Gesetze entspricht,

und anderseits darum,

ob in den hiervon unabhängigen Fragen des Bedürfnisses, der Billigkeit, Angemessenheit und Zweckmäßigkeit das Richtige getroffen ist.

3) Die in dem Falle des §. 34 ergehenden Entscheidungen treffen lediglich die Beziehungen des einzelnen Klägers und ferner das Verhältnis des nach §. 31 bestätigten Beschlusses zu dem bestehenden Rechte, die Fälle des §. 31 dagegen den Beschluß in seiner gesamten Wirksamkeit gegen jedermann, und sodann nicht nur das Verhältnis zu dem bestehenden Rechte, sondern auch das zum Bedürfnisse und zu anderen verwandten Fragen.

4) Das Besteuerungsrecht der ländlichen Gemeinden, wie es bis zum Erlasse des Gesetzes vom 14. April 1856 (G.-S. S. 359) und der Kreisordnung bestand, hat keine Erweiterung erfahren, und ebensowenig ist die Geltendmachung von Einwendungen gegen eine demselben zuwiderlaufende Besteuerung dahin beschränkt worden, daß sie nur noch bei Gelegenheit der Bestätigung in dem hierauf sich beziehenden Verfahren erfolgen dürfe, auch findet sich eine solche Beschränkung in dem das Beschwerderecht regelnden §. 34 — wo man dieselbe noch eher erwarten dürfte — nicht.

5) Will man den bestätigten Beschluß (in beschränktem Sinne) als

Rechtsquelle gelten lassen, so ist er dies doch nur in ähnlicher Art, wie etwa eine Polizeiverordnung. Beide finden, vorausgesetzt daß sie formell vorschriftsmäßig ergangen sind, unbeschränkte Anwendung gegen jeden Beteiligten und stehen insoweit dem Gesetze nicht nach. Findet aber im einzelnen Falle — gleichviel zu welcher Zeit und bei welcher Gelegenheit — der Richter, daß sie mit den Gesetzen im Widerspruch stehen, so hat derselbe lediglich nach diesen zu entscheiden und den abweichenden besonderen Satzungen ohne Rücksicht auf die ihnen sonst an sich zukommende Bedeutung die Anerkennung zu versagen.

6) Die Bestätigung der Gemeindebeschlüsse erfolgt, wo sie vorgeschrieben ist, im Aufsichtswege, als ein Ausfluß des allgemein begründeten Aufsichtsrechtes, und dieses Recht kann nicht so weit reichen und reicht nicht so weit, daß, wo in Ausübung desselben ein dem Gesetze zuwiderlaufendes Vorgehen formell sanktioniert wird, damit auch neues materielles Recht an die Stelle des Gesetzes träte und dem davon Betroffenen versagt wäre, seine Einwendungen im geordneten Wege anderweit zu verfolgen. (Vergl. auch E. vom 21. November 1877 (Entsch. III. S. 97), ferner vom 12. Oktober 1878 (Entsch. VI. S. 115).

7) Das Besteuerungsrecht der Landgemeinden gegenüber den Forensen unterliegt, ungeachtet eines vorhandenen bestätigten Gemeindebeschlusses, der verwaltungsrichterlichen Prüfung. Vergl. Endurteil vom 14. September 1878 (Entsch. Bd. IV. S. 145).

Nr. 7.

Endurteil vom 3. März 1877 (Entsch. Bd. II. S. 113).

Die Landgemeinden der östlichen Provinzen sind durch das Gesetz vom 14. April 1856 (G.-S. S. 359) darauf hingewiesen, die Lücken ihrer Steuerverfassung durch Autonomie unter geordneter Mitwirkung der Kommunalaufsichtsbehörden auszufüllen. Wenn nun dem gegenüber der Art. I. §. 9a des Gesetzes vom 25. Mai 1873 (G.-S. S. 215) bestimmt, daß zu den nach dem Klassensteuerfuße aufzubringenden Lasten der kommunalen Verbände auch diejenigen Personen, deren jährliches Einkommen unter 140 Thaler (420 ℳ) beträgt, herangezogen werden können, und zwar nach einem fingierten Klassensteuersatze von $\frac{1}{2}$ Thaler (1.50 ℳ), so weist schon der Wortlaut des Gesetzes darauf hin, daß dasselbe den Gemeinden nur die Möglichkeit gewähren will, das Staatsklassensteuersystem für ihre Zwecke in der angedeuteten Weise autonomisch zu ergänzen — eine Befugnis, welche nicht durch die zur Einziehung der Steuern bestellten Organe, sondern nur durch Beschluß der Gemeinde oder deren Vertretung geübt werden kann.

Nr. 8.

Endurteil vom 17. März 1877 (Entsch. Bd. II. S. 124).

Grundstücke können zu den Lasten der Gemeinde, zu denen sie gehören, nach dem Maßstabe der Staatsgrundsteuer nicht herangezogen werden, wenn dieselben zu der Staatsgrundsteuer nicht bei dieser Gemeinde, sondern bei einer Nachbargemeinde (Gutsbezirk) veranlagt sind, und zwar ungetrennt von anderen, der letzteren zugehörigen Grundstücken. Sache der Gemeinde bleibt es, das Hindernis, welches der Ausübung ihres Besteuerungsrechtes aus der fehlenden Bezeichnung der Grundstücke in dem Grundsteuerkataster erwächst, für die Zukunft zu beseitigen. Dies kann geschehen entweder durch Antrag auf Berichtigung des Katasters, oder, wenn eine solche nicht zu er-

langen ist, durch Beschlußfassung der Gemeinde über eine anderweite Aufbringung der Gemeindeabgaben in der Art, daß der Erhebung der Grundsteuerzuschläge zwar durchweg die gegenwärtige Staatsgrundsteuer der zum Gemeindebezirke gehörenden Liegenschaften zu Grunde gelegt, diese Steuer aber für die im Grundsteuerkataster nach ihren örtlichen Grenzen nicht speziell nachgewiesenen Grundstücke unter Zugrundelegung der von denselben vor und bis zum 1. Januar 1865 entrichteten alten Grundsteuer nach demjenigen Verhältnisse ermittelt würde, in welchem die Grundsteuer der übrigen, im Kataster nachgewiesenen, zur Gemeinde gehörenden Liegenschaften zu der von diesen seit dem 1. Januar 1865 zu entrichtenden neuen Grundsteuer steht. (Grundsteuererhebungsgesetz vom 8. Februar 1867 (G.=S. S. 185) §§. 2a und 32i.

Nr. 9.

Endurteil vom 24. März 1877 (Entsch. Bd. II. S. 129).

Die zu den Eisenbahnen und Bahnhofsanlagen des Fiskus verwandten Grundstücke sind von den Gemeindelasten, welche mit Rücksicht auf ihren Besitz zu leisten sind, nur in dem Umfange befreit, als sie zu „öffentlichen oder gemeinnützigen Zwecken" dienen (Kab.=O. vom 8. Juni 1834 — G.=S. S. 87 —). Dies gilt nur von dem Schienenwege und den Gebäuden, welche zu Beamtenwohnungen bestimmt sind, ein gleiches ist dagegen von den Bahnhofsgebäuden, welche im wesentlichen dem Transportgewerbe dienen, nicht anzunehmen, auch wenn dieselben in einzelnen Räumen zum Gebrauche von Behörden, bezw. Staatsbeamten bestimmt sind. (Z. B. die Eisenbahn=Telegraphenbüreaus.) (A. K.=O. vom 8. Juni 1834 — G.=S. S. 87 —; Grundsteuergesetze vom 21. Mai 1861 — G.=S. S. 253 und 317. — Vergl. auch Gesetz vom 27. Juli 1885 — G.=S. S. 327 —).

Nr. 10.

Endurteil vom 4. April 1877 (Entsch. Bd. II. S. 137).

1) Für Schlesien ist durch §. 6 der Konstitution vom 14. Juli 1749 (Korn, Ediktensammlung, Bd. III. S. 517 ff.) anerkannt, daß von den damals zu den Gütern eingezogenen Bauerhöfen auch fernerhin die Rustikal=Onera getragen werden müssen, und zwar nicht, obwohl dieselben durch die Einziehung Teile des Vorwerkes geworden, sondern weil dieselben trotz der Einziehung Bauerhufen bezw. Höfe geblieben seien. Als solche gehören sie zur Dorffeldmark, zum Bezirke der Landgemeinde und unterliegen eben um dieser Zugehörigkeit willen der Beitragspflicht zu den „sogenannten Gemeindeanlagen", welche jene Konstitution neben den „Rustical-Oneribus" erwähnt. Hieran hat weder der §. 1 des Gesetzes vom 14. April 1856 noch die Kreisordnung etwas geändert. §§. 21 und 31 (Hannover §. 36, Hessen=N. §. 37, Westfalen §§. 23 und 26).

2) Diese Gesetze haben früher wiederholt den bezüglich der Grenzen zwischen Landgemeinden und Gutsbezirken nur thatsächlich bestehenden Zustand sanktioniert und zu einem rechtlich bestehenden umgewandelt, so auch namentlich der §. 6 Nr. 3 des Gesetzes über die Verpflichtung zur Armenpflege vom 31. Dezember 1842 (G.=S. 1843 S. 8).

3) **Das privatrechtliche Eigentumsverhältnis an eingezogenen (wüsten) Hufen bestimmt deren kommunale Zugehörigkeit keineswegs, und dasselbe gilt von der älteren und neueren Staatsgrundsteuer=Gesetzgebung.**

4) **Der anomale Zustand, daß die Grenzen der eingezogenen Hufen**

nicht mehr erkennbar sind, ist bedeutungslos, sofern nur die Zahl derselben feststeht.

Nr. 11.

Endurteil vom 18. April 1877 (Entsch. Bd. II. S. 146).

1) Ausführungen des Vorderrichters, welche auf der Auslegung von Verträgen oder auf der Würdigung thatsächlicher Vorgänge beruhen, sind in der Revisionsinstanz nicht anfechtbar.

Es handelte sich bei dieser Entscheidung noch um eine Verwaltungsstreitsache im Sinne des §. 135 IX. 9 (Gemeindebeschlüsse über anderweite Aufbringung von Gemeindeabgaben), an dessen Stelle jetzt der §. 31 des Zuständigkeitsgesetzes von 1883 getreten ist, wodurch diese Angelegenheiten zu Beschlußsachen wurden. Soweit es sich also um verwaltungsprozessualische Angelegenheiten handelt, ist diese Entscheidung jetzt gegenstandslos. Folgende Grundsätze mögen aber noch daraus entnommen werden:

2) Wenn die Beitragspflicht eines in einer Gemeinde gelegenen Gutes, welches nicht zu den Domänen und nicht zu den Rittergütern gehört, in früherer Zeit vertragsmäßig (gerichtlich) geregelt worden wäre, so würde dieser Umstand gleichwohl nicht die den Kommunalaufsichtsbehörden in dem §. 11 des Gesetzes vom 14. April 1856 (G.=S. S. 359) gewährte Befugnis, eine Änderung der Ortsverfassung in Ansehung der Verteilung der Abgaben und Dienste unbedingt ausschließen.

3) Der §. 11 schreibt die fragliche Regulierung allgemein vor, wo die Ortsverfassung in Ansehung des Verteilungsmaßstabes „dunkel, zweifelhaft oder nicht mehr passend ist". Als die Grundlage der Ortsverfassung „in Ansehung der gemeinen Lasten" bezeichnet das Gesetz (§. 31 Tit. 7 Teil II A. L.=R.) „Verträge und hergebrachte Gewohnheiten", und dem entsprechend und offenbar mit Rücksicht darauf, daß gerade das nichtgeschriebene Recht, von alters überlieferte Gewohnheiten am meisten Anlaß zu einer Revision der Ortsverfassung geben, fügt der §. 11 der am Eingang gegebenen Weisung die Worte hinzu: „insbesondere hergebrachte Gewohnheit" (§§. 31, 39 Tit. 7 Teil II A. L.=R.) „dabei keinen sicheren Anhalt gewährt oder zu erheblichen Mißverhältnissen führt". Dieser Zusatz dient lediglich zur Erläuterung der vorangegangenen allgemeinen Bestimmung; die Worte „keinen sicheren Anhalt gewährt" entsprechen der vorausgegangenen Bezeichnung des Maßstabes als „dunkel und zweifelhaft", die Worte „zu erheblichen Mißverhältnissen führt" den Worten „nicht mehr passend".

4) Es ist daher, wenn die Gemeinde unter Zustimmung des Kreisausschusses das Abgabenwesen neu regeln will, (früher von dem Verwaltungsrichter, jetzt von der Beschlußbehörde) auf Anrufen zu prüfen, ob der bis dahin in Übung stehende Abgabenverteilungsmaßstab zu erheblichen Mißverhältnissen geführt hat und aus diesem Grunde nicht mehr passend ist. Hierin sind aber dem Ermessen der zuständigen Behörden durch das Gesetz bestimmte Schranken nicht gezogen; insbesondere unterliegt es ihrer freien Würdigung, welche Rücksichten auf die in dieser Beziehung bestehenden Verträge und deren Anlässe zu nehmen seien, und ebensowenig sind sie bei der Beurteilung des Sachverhalts daran gebunden, daß der bestehende Zustand früher die ausdrückliche Billigung oder Duldung der Aufsichtsbehörden gefunden hat.

5) Die **Kommunalaufsichtsbehörden** sollen die Beseitigung erheblicher **Mißverhältnisse der in Rede stehenden Art nicht bis dahin aussetzen, wo eine Gefährdung einzelner Steuerpflichtiger in ihrem Nahrungszustande und**

in ihrer Leistungsfähigkeit thatsächlich bereits eingetreten ist. Was hier von gerichtlichen Verträgen gesagt ist, gilt auch von älteren Bestimmungen der Auseinandersetzungsrezesse.

Nr. 12.

Endurteil vom 30. April 1877 (Entsch. Bd. II. S. 167).

1) Vergl. das Endurteil vom 7. März 1877 unter C. Gutsbezirke Nr. 2.

2) Pfarrländereien sind an sich von Kommunalabgaben befreit (§§. 775, 776 Titel 11 Teil II A. L.-R.), sie bleiben auch befreit, solange sie vererbpachtet sind, also sich noch im Eigentum der Pfarren befinden. Sobald sie aber in das Eigentum der Erbpächter übergegangen sind, so daß den Pfarrern nur das Eigentum der Erbpachtsabgabe (des Kanons) verbleibt, so hört die Kommunalsteuerfreiheit auf, und die Grundstücke treten in die Reihe der kommunalsteuerpflichtigen bäuerlichen.

Nr. 13.

Endurteile vom 9. Mai 1877 (Entsch. Bd. II. S. 167) und vom 5. März 1881 (Entsch. Bd. VII. S. 170).

1) Nach den A. K.-O. vom 29. April 1829 (Ministerialblatt der inneren Verwaltung 1849 S. 243) und vom 18. Oktober 1834 (v. Kamptz, Annalen S. 1093) können in Stadt und Land unter gewissen Bedingungen Hundesteuern erhoben werden. Von diesem Rechte hatte eine Landgemeinde Gebrauch gemacht und in dem §. 7 des betreffenden Regulativs bestimmt, daß darüber, ob jemand zur Bewachung oder zum Gewerbe einen Hund bedarf und deshalb auf Befreiung von der Hundesteuer Anspruch macht, der Amtsvorsteher und in zweiter Instanz der Landrat entscheiden solle.

Diese Bestimmung ist unzulässig, weil nach der A. K.-O. vom 18. Oktober 1834 zur Entscheidung jener Frage gesetzlich der Landrat zuständig ist und die Gemeinde nicht das Recht hat, durch Ortssteuerstatut hiervon abweichende Bestimmungen zu treffen.

2) Es handelte sich in dem betreffenden Falle um die Frage, ob der Hund eines isoliert wohnenden Bahnwärters von der Hundesteuer frei zu lassen sei, und das Oberverwaltungsgericht bejahte diese Frage, da der Bahnwärter zu den öffentlichen Aufsichtsbeamten gehöre. Der Kreisausschuß war in der Sache zuständig nach §. 135 IX. 10 der Kreisordnung, später §. 49 des Zuständigkeitsgesetzes von 1876, jetzt §. 34 des Zust.-Ges. von 1883. (Reklamationen gegen Veranlagung zu den Gemeindesteuern.)

3) Die vorstehend mitgeteilten Bestimmungen ergeben, daß zur Entscheidung von Streitigkeiten über die Verpflichtung zur Entrichtung der Hundesteuer die Verwaltungsgerichte zuständig sind, daß dagegen der Landrat zuständig ist, die für die Landgemeinden ergehenden Hundesteuerregulative ohne die Zustimmung des Kreisausschusses zu bestätigen, und daß endlich die zum Handel mit Hunden oder zur gewerbsmäßig betriebenen Hundezüchterei gehaltenen Hunde keineswegs steuerfrei gelassen werden *müssen*.

Nr. 14.

Endurteil vom 6. Juni 1877 (Entsch. Bd. II. S. 175).

1) Den Beamten der *Privat*eisenbahngesellschaften, insbesondere auch denjenigen, welche die *Bahnpolizei* auszuüben haben, stehen bezüglich der Kommunalsteuerpflichtigkeit die Rechte der mittelbaren Staatsbeamten

nicht zu. Die Kab.-O. vom 14. Mai 1832 (G.-S. S. 145) hat das Vorzugsrecht der unmittelbaren Staatsbeamten aus dem Gesetze vom 11. Juni 1822 (in den neuen Landesteilen V. vom 23. September 1867 — G.-S. S. 1648 —) keineswegs nur auf gewisse Kategorien der mittelbaren Staatsdiener, insbesondere die Gemeinde- und landschaftlichen Beamten, sondern auf alle Beamte der dem Staate untergeordneten Korporationen ausgedehnt. Zu den letzteren gehören aber die Privateisenbahngesellschaften nicht, sondern zu den Aktiengesellschaften, deren Beamte mithin nicht als mittelbare Staatsbeamte, sondern als Privatbeamte anzusehen sind.

2) Insoweit diese Beamten mit der Ausübung der Bahnpolizei betraut sind, treten dieselben dem Publikum gegenüber in die rechtliche Stellung der staatlichen Polizeibeamten und stehen in geordneter Beziehung zu den sonstigen Organen der Polizei; mit Rücksicht auf ihre polizeilichen Funktionen ist für dieselben eine bestimmte persönliche Qualifikation vorgeschrieben, sie werden vereidigt, haben die vorgeschriebene Uniform zu tragen, sind der Disziplin der staatlichen Aufsichtsbehörde unterworfen und gehören zu den Beamten im Sinne des Strafgesetzbuches. (Ähnlich wie die vereidigten Amtssekretäre.)

3) Diese rechtliche Stellung nehmen jene Beamten jedoch nur insoweit und nicht weiter ein, als sie Funktionen der Bahnpolizei ausüben. Diese Stellung ist aber immer nur eine Nebenstellung, und im wesentlichen und an erster Stelle gilt ihre Thätigkeit dem gewerblichen Unternehmen der Gesellschaft, dem Transportgewerbe.

4) Das neueste Eisenbahn-Polizei-Reglement datiert vom 30. November 1885 und ist allen Amtsblättern als Extrabeilage beigefügt.

Nr. 15.

Endurteil vom 13. Juni 1877 (Entsch. Bd. II. S. 179).

1) Viehverstellungsverträge sind Rechtsgeschäfte, vermittelst welcher Haustiere einem anderen zur Einstellung, Wartung und Fütterung gegen irgend einen Vorteil auf längere Zeit übertragen werden. Unter den vielen Variationen dieses Vertrages kommt häufig unter der Benennung: „Teilvieh, Halbvieh, Vieh auf halben Gewinn u. s. w." der Vertrag vor, wodurch Muttervieh zur Einstellung, Wartung und Fütterung gegen die Hälfte des Nutzens, insbesondere der Nachzucht, eingestellt wird. (Vergl. die kurfürstlich Mainzische, für die Erfurter Amtsortschaften erlassene Viehordnung vom 22. Juli 1756: Annahme von Vieh „um die Hälfte".)

2) An die Stelle des §. 135 IX. Nr. 10 der Kreisordnung von 1872 ist der §. 134 Nr. 1 des Zust.-Ges. von 1883 getreten.

Nr. 16.

Endurteile vom 23. Juni 1877 (Entsch. Bd. II. S. 184) und vom 19. Januar 1878 (Entsch. Bd. III. S. 103) cf. unten Nr. 24.

1) Durch das bestehende Recht wird die Möglichkeit, daß jemand einen mehrfachen Wohnsitz habe, anerkannt. Dem steht auch die Thatsache nicht entgegen, daß jemand sich in dem einen Orte abmeldet und nun abwechselnd bald in der einen, bald in der andern eingerichteten Wirtschaft wohnt.

2) Der Wohnsitz, d. h. der dauernde Mittelpunkt der Lebensverhältnisse und Rechtshandlungen, einer Person wird durch bloße Willenserklärungen sowenig begründet wie aufgehoben, hierzu ist vielmehr erforderlich, daß der Willenserklärung auch die thatsächlichen Verhältnisse, das Begründen

bezw. das Aufgeben eines Wohnsitzes, entsprechen. Wer einen solchen doppelten Wohnsitz hat, muß auch in den beiden betreffenden Gemeinden die Gemeindesteuern bezahlen, und die gegenwärtige Gesetzgebung enthält keine Bestimmung, welche eine derartige Doppelbesteuerung durch die Gemeinden ausschlösse.

3) (§. 8 des Freizügigkeitsgesetzes vom 1. November 1867, B.-G.-Bl. S. 55.) Landgemeinden sind befugt, sogenannte Sommergäste bei nur vorübergehendem Aufenthalte zu den Gemeindelasten heranzuziehen, auch eine solche Doppelbesteuerung ist durch das Gesetz nicht ausgeschlossen.

4) Vergl. jetzt das Gesetz vom 27. Juli 1885 (G.-S. S. 327).

Nr. 17.

Endurteil vom 23. Juni 1877 (Entsch. Bd. II. S. 184).

1) Die Annahme ist nicht haltbar, daß Mehrheitsbeschlüsse einer Gemeinde über zu leistende Beiträge nur dann die Minderheit verpflichten, wenn der Gegenstand der Geldausgabe durch ein ausdrückliches Gesetz oder eine besondere Rechtsnorm als innerhalb der Gemeindezwecke liegend anerkannt sei.

2) In Preußen sind die Gemeinden berechtigt, für den Bau von Kunststraßen, welche den Gemeindebezirk durchschneiden oder berühren, oder von denen — selbst wenn dies nicht der Fall ist — die Gemeinde doch Vorteile hat, indem die Straßen den Verkehr nach außen erleichtern, Beiträge durch Mehrheitsbeschlüsse mit Genehmigung der zuständigen Aufsichtsbehörde zu bewilligen. (Dies ist nachgewiesen aus der Geschichte der Entstehung der deutschen Dorfgemeinde).

3) In dem §. 64 Tit. 6 Teil II A. L.-R.'s ist von Stiftungsverfassung die Rede. Dabei ist nur an solche Korporationen gedacht, welche durch schriftliche Verträge errichtet, bezw. durch landesherrliche Stiftungsbriefe ins Leben gerufen sind.

Nr. 18.

Endurteile vom 10. März 1877 und 30. Januar 1878 (Entsch. Bd. III. S. 70).

1) Das Gesetz vom 18. Juni 1840 (Ges. vom 12. April 1882 — G.-S. S. 297 —) erfordert ausdrücklich: „Bekanntmachung der Heberolle oder Benachrichtigung von dem Steuerbetrage" und sieht von diesen Erfordernissen nur für den Fall ab, daß eine periodische Veranlagung und Anfertigung von Heberollen nicht stattfindet. Der Zensit kann verlangen, daß die Bekanntmachung — in welcher Form sie auch erfolge — ihm über diesen Jahresbetrag Auskunft gewähre, so daß er in den Stand gesetzt wird, den Umfang der ihm angesonnenen Leistung genau zu übersehen und über den dagegen etwa zu erhebenden Einspruch innerhalb der ihm offenstehenden Reklamationsfrist sich schlüssig zu machen. Die Annahme, daß eine stattgehabte Exekution zum Nachweise der Bekanntmachung genüge, erscheint in dieser Allgemeinheit nicht zutreffend, wenn nicht feststeht, in welchen Formen die Zwangseinziehung angedroht und vollstreckt worden ist, bezw. ob aus dem Mahnzettel oder Pfändungsbefehle der veranlagte Jahresbetrag der fraglichen Gemeindeabgabe erhelle.

2) Für die Kenntnisgabe (Bekanntmachung) genügt es vollkommen, wenn etwa in dem den Steuerpflichtigen im Januar behändigten Quittungsbuche die auf den Monat Januar fallende Steuerquote verzeichnet ist, da

hiernach der Jahresbetrag der Steuer leicht entnommen werden kann. Cf. auch E. vom 20. November 1880 (Entsch. VII. S. 151).

3) In diesem letzteren Erkenntnisse (S. 149) ist auch ausgeführt, daß mündliche Reklamationen an sich nicht unstatthaft sind, da die schriftliche Form ausdrücklich nicht vorgeschrieben ist.

4) Anderseits ist der Gemeindevorsteher nicht verpflichtet, mündliche Reklamationen anzunehmen; lehnt er die Annahme (direkt oder indirekt) ab, so ist der Form des §. 1 des Ges. vom 18. Juni 1840 nicht genügt.

Nr. 19.

Endurteil vom 12. September 1877 (Entsch. Bd. II. S. 77).

Wenn einer innerhalb der Gemeinde bestehenden Genossenschaft von Grundbesitzern zur Unterhaltung des Samenviehs (einer Bullengenossenschaft) gelegentlich der Separation oder eines Forstservituten-Ablösungs-Verfahrens die Nutzung gewisser Grundstücke überwiesen worden ist, so kann von einer Klage der außerhalb dieser Sozietät stehenden Gemeindemitglieder auf Grund des §. 135 X. Nr. 10 der Kreisordnung von 1872 (jetzt §. 34 Nr. 1 und §. 160 des Zust.-Ges. von 1883) nicht die Rede sein.

Nr. 20.

Endurteil vom 20. Oktober 1877 (Entsch. Bd. III. S. 78).

Die Verpflichtung zur Leistung von Gemeindeabgaben ist nicht davon abhängig, daß jemand von einer zur Beförderung der Wohlfahrt einer ganzen Gemeinde dienenden Einrichtung, für welche eine allgemeine Abgabe erhoben wird, persönlichen Vorteil hat, z. B. die Unterhaltung des Nachtwächters für einen Ausgebauten, cf. auch E. vom 1. März 1879 (Entsch. V. S. 101), Unterhaltung der Dorfstraße für einen Forensen.

Nr. 21.

Endurteil vom 17. November 1877 (Entsch. Bd. III. S. 82).

1) Der in der Ministerial-Verfügung vom 11. Dezember 1840 (Min.-Bl. d. i. V. S. 146) enthaltenen Rechtsauffassung, daß die von den Büdnern in manchen Orten in Anspruch genommene observanzmäßige gänzliche Befreiung von allen Kommunallasten gar keine rechtliche Wirkung habe, da eine Befreiung von öffentlichen Lasten nach §§. 655 ff. Tit. 9 Teil I A. L.-R.'s nur im Wege der qualifizierten Verjährung erlangt werden könne, ist nicht beizupflichten. Denn ganz abgesehen davon, ob sich jene landrechtlichen Bestimmungen überhaupt auf Gemeindelasten beziehen, handelt es sich in den Fällen der fraglichen Art nicht um die Erwerbung der Freiheit von Gemeindelasten gegen die Ortsverfassung für einzelne Rechtssubjekte, wobei allein die Verjährung in Betracht kommen kann, sondern um die rechtliche Stellung einer ganzen Klasse von Gemeindeangehörigen in Ansehung ihrer Abgabenpflichtigkeit nach Maßgabe der Ortsverfassung. Hierfür ist aber nach §. 31 Tit. 7 Teil II A. L.-R.'s die hergebrachte Gewohnheit allerdings bestimmend.

2) Das Bestehen derartiger Observanzen kann nachgewiesen werden aus älteren Gemeinheitsteilungs-Rezessen. Gelingt dies, so ist damit erwiesen, daß die Observanz sich nicht auf einen bestimmten Kreis von Gemeindelasten nach Maßgabe des zu einem bestimmten Zeitpunkte (z. B. dem

des Rezeßabschlusses) thatsächlich bestehenden Zustandes, sondern auf die Gemeindelasten überhaupt erstreckt, soweit die Verpflichtung zur Zahlung einzelner derselben nicht anerkannt worden ist.

3) Zu den Gemeindelasten, auf welche sich eine Observanz erstrecken kann, gehören die sachlichen Ausgaben und die Dienstunkostenentschädigung des Gemeindevorstehers.

4) Dasselbe gilt von den Amtsunkosten und von den Kosten der Standesamtsführung.

Die aus der Standesamtsführung erwachsenden Kosten sind, soweit dieselben nicht ausnahmsweise der Staatskasse zur Last fallen, gemäß §§. 4—10 des Reichsgesetzes vom 6. Februar 1875 (R.-G.-Bl. S. 23) von den politischen Gemeinden zu tragen und folgeweise zu den Gemeindelasten zu rechnen.

5) Über die streitige Beitragspflicht zu den Gemeindelasten im allgemeinen — ohne Beziehung auf den einzelnen Fall der Hebung — kann im Verwaltungsstreitverfahren nicht erkannt werden, die Klage ist nur über eine einzelne bereits erforderte Gemeindeabgabe gestattet. Denn das Streitverfahren über Beschwerden wegen „Heranziehung zu den Gemeindelasten" (§.135 IX. Nr. 10 der Kreisordnung von 1872) oder über die Verpflichtung oder die Veranlagung zu den Gemeindelasten (§. 49 des Zust.-Ges. von 1876, jetzt §. 34 Nr. 2 des Zust.-Ges. von 1883) ist an die Stelle des Reklamations- bezw. Rekursverfahrens getreten. Wie in diesem, so ist auch in jenem lediglich über thatsächlich erhobene und rechtzeitig bestrittene Abgabenforderungen, nicht aber über die Steuerpflicht im allgemeinen und über deren Maß zu entscheiden. Cf. auch O.-V.-G.-E. vom 22. und 26. Juni, 12. Oktober 1878 (Entsch. IV. S. 107, 112, 117).

6) Auch darüber, daß jemand zu gewissen Kommunallasten, zu andern aber nicht heranzuziehen sei, oder daß jemand nur nach Maßgabe seiner im Gemeindebezirke zu zahlenden Grund- und Gebäudesteuer heranzuziehen sei, kann in diesem Reklamationsverfahren nicht erkannt werden, dagegen kann in einem solchen allgemeinen Antrage auch ein besonderer auf Ermäßigung eines bestimmten für einen gewissen Zeitraum geforderten Abgabenbetrages mit enthalten sein, und dann hat sich der Verwaltungsrichter auf diesen Teil des Antrages einzulassen. Cf. auch O.-V.-G.-E. vom 17. September 1879 (Entsch. V. S. 145) und vom 2. Juli 1880 (Entsch. VI. S. 126).

7) Ergibt sich aus dem Zusammenhange, daß ein Reklamant, obwohl er einen solchen Antrag im allgemeinen gestellt hat, damit zugleich die Berechtigung einer thatsächlich erhobenen Steuer hat bestreiten wollen, so hat der Verwaltungsrichter auch in zweiter Instanz die Verpflichtung, den eigentlichen streitigen Betrag und, wenn dies erforderlich ist, die Frage, ob die Fristen innegehalten sind, welche Ortsverfassung besteht u. s. w., festzustellen, und dann auf Grund dieser Ermittelungen zu entscheiden.

8) Die nach §. 11 des Jagdpolizeigesetzes zu verteilenden Jagdpachtgelder sind Interessentenvermögen der Besitzer derjenigen Grundstücke, auf welchen die gemeinschaftliche Ausübung des Jagdrechtes stattfindet. Zu den Gemeindenutzungen gehören sie nicht, daher die Spezialvorschrift im §. 92 des Zust.-Ges. von 1876, jetzt §. 106 des Zust.-Ges. von 1883.

9) Streitigkeiten über die sonstigen aus den Rezessen hergeleiteten Rechte der Separationsinteressenten betreffend die Nutzungen von gemeinsamen Sand-, Lehm- und Mergelgruben, Viehtränken u. s. w. unterliegen lediglich der Rechtsprechung im Zivilprozesse.

Nr. 22.

Endurteil vom 21. November 1877 (Entsch. Bd. III S. 92).

Nach §. 41 des Zust.-Ges. von 1876, welcher nur von Grenzstreitigkeiten zwischen ländlichen Gemeinden handelte, war das Verwaltungsstreitverfahren über eine Klage, in welcher gegen eine Stadtgemeinde auf Anerkennung einer Ortschaft als Gemeinde bezw. eines Gutes als selbständigen Gutsbezirks oder auf Anerkennung der Grenzen desselben geklagt wurde, unstatthaft. Dies hat sich aber durch die §§. 9 und 26 des Zust.-Ges. von 1883 geändert.

Nr. 23.

Endurteil vom 21. November 1877 (Entsch. Bd. III. S. 96).

1) Sogenannte Vermietungs- oder Stubensteuern sind als Kommunalsteuern für die Landgemeinden der sechs östlichen Provinzen nicht zulässig, auch wenn das Recht zur Erhebung derselben auf einem von der zuständigen Kommunalaufsichtsbehörde bestätigten Gemeindebeschlusse beruht.

2) Dergleichen Gemeindebeschlüsse unterliegen hinsichtlich der rechtlichen Zulässigkeit und Verbindlichkeit der Prüfung des Verwaltungsrichters, sobald eine auf Grund derselben geforderte Abgabe im Verwaltungsstreitverfahren durch den dazu Herangezogenen angefochten wird. (Vergl. Endurteil vom 3. März 1877 — Entsch. Bd. II. S. 108 —).

3) Der Revisionsrichter ist gemäß §. 67 des Gesetzes vom 3. Juli 1875 (jetzt §. 97 des L.-V.-Gesetzes vom 30. Juli 1883) an diejenigen Gründe nicht gebunden, welche vom Kläger zur Rechtfertigung seiner Anträge geltend gemacht werden.

4) Die nach der Emanation des Abgabengesetzes vom 30. Mai 1820 (G.-S. S. 134) eingeführten Gemeindeabgaben dürfen den allgemeinen Staatssteuergesetzen nicht entgegenstehen, müssen sich vielmehr mit diesen grundsätzlich im Einklang befinden. Vergl. die Endurteile vom 2. Dezember 1876 (Entsch. Bd. I. S. 143), vom 9. Mai 1879 (Entsch. Bd. V. S. 132), vom 4. Februar 1880 (Entsch. Bd. VI. S. 110).

Nr. 24.

Endurteil vom 19. Januar 1879 (Entsch. Bd. III. S. 102).

1) Vergl. oben das Endurteil Nr. 16.

2) Unter den Neuanziehenden im Sinne des Gesetzes über die Freizügigkeit vom 1. November 1867 (B.-G.-Bl. S. 55) ist ein jeder zu verstehen, der an einem Orte neu ankommt und daselbst — sei es auch nur besuchsweise, als Sommergast, zur Kur, zur Abwickelung einzelner Geschäfte oder sonst vorübergehend — seinen Aufenthalt nimmt. Nach §. 8 a. a. O. ist aber ein jeder, welcher an einem Orte neu ankommt, ohne weiteres und sofort kommunalsteuerpflichtig; diese Steuerpflicht wird aber nicht realisiert, wenn der Betreffende schon vor Ablauf von drei Monaten den Ort wieder verläßt. Die betreffenden Gemeinden sind befugt, die Neuankommenden auch schon im ersten, zweiten, dritten Monate ihres Aufenthaltes zu besteuern; sie müssen nur später die bereits erhobenen Steuern wieder herauszahlen, wenn der Neubesteuerte seinen Aufenthaltsort bereits vor Ablauf eines dreimonatlichen Zeitraumes wieder aufgibt und fortgeht. Nur aus diesem Grunde warten die Gemeinden immer erst einen dreimonatlichen Zeitraum ab, ehe sie mit der Besteuerung vorgehen. Vergl. Endurteil vom 11. Dezember 1880 (Entsch. Bd. VII. S. 383).

3) Die Beiladung (§. 70 des L.-V.-Gesetzes vom 30. Juli 1883) hängt lediglich von dem Ermessen des erkennenden Gerichts ab und die Unterlassung derselben stellt niemals einen wesentlichen Mangel des Verfahrens dar. Dieselbe hat nur die Folge, daß die Entscheidung den Nichtbeigeladenen gegenüber keine Geltung erlangt. Vergl. die Endurteile vom 19. Juni 1878 (Entsch. Bd. IV. S. 178) und vom 14. Mai 1879 (Entsch. Bd. V. S. 63).

Nr. 25.

Endurteil des I. Senats vom 1. Februar 1879 (Entsch. Bd. V. S. 88).

Der §. 34 des Zuständigkeitsgesetzes von 1876 hatte nur die Zwangsmittel im Auge, welche zur Durchführung einer polizeilichen Anordnung dienen sollten. Weder die Veranlagung zu den Gemeindelasten, noch deren Beitreibung ist eine polizeiliche Aktion. Für sie war der §. 49 des Zuständigkeitsgesetzes von 1876 maßgebend. Unter „Veranlagung zu den Gemeindelasten" fiel nicht nur die Bestimmung des Maßes, sondern auch die Art und Weise, wie die Last zu tragen ist, und namentlich die Zeit, wann die Leistung zu erfolgen hat. Der §. 49 war daher auch auf Fälle anwendbar, wo der zur Tragung der Gemeindelasten Verpflichtete bestritt, die Gemeindelast zu der ihm aufgegebenen Zeit leisten zu müssen. Dem Gemeindevorsteher lag es ob, wenn die Gemeinde über den Beginn einer Gemeindearbeit nicht einen förmlichen Beschluß gefaßt hatte, seinerseits zu bestimmen, wann die Verpflichteten mit der betreffenden Leistung beginnen sollen; er konnte auch unter Umständen den vorher festgesetzten Zeitpunkt ändern, und dem Verpflichteten stand ein im Verwaltungsstreitverfahren zu verfolgendes Widerspruchsrecht hiergegen nicht zu, höchstens konnte er seine Einwendungen der Aufsichtsbehörde zur Prüfung vorlegen, und die letztere, nicht das Verwaltungsgericht, hatte über die Zweckmäßigkeit der getroffenen Anordnung zu befinden.

Diese Grundsätze gelten im wesentlichen noch heute, obschon der an die Stelle des §. 34 des Zust.-Ges. von 1876 getretene §. 133 des L.-V.-Gesetzes vom 30. Juli 1883 insofern eine weitere Fassung erfahren hat, als sich derselbe nicht lediglich auf polizeiliche Angelegenheiten bezieht, sondern auf die gesamte obrigkeitliche Gewalt. An die Stelle des §. 49 des Zust.-Ges. von 1876 ist der §. 34 des Zust.-Ges. von 1883 getreten.

Nr. 26.

Endurteil des I. Senats vom 15. Februar 1879 (Entsch. Bd. V. S. 94).

1) Vergl. das Endurteil vom 20. Januar 1877 (oben Nr. 5).

2) Auch eingetragene Genossenschaften können, wenn statutarisch Ausnahmen nicht gemacht worden sind, nach Maßgabe der Staatssteuern, mithin auch der Gewerbe-Steuer zu den Kommunalabgaben herangezogen werden.

3) Die praktische Bedeutung des Abs. 4 im §. 4 der westfälischen Städte-Ordnung vom 19. März 1856 (G.-S. S. 237) ist lediglich die, daß nach demselben die juristischen Personen den Stadtgemeinden gegenüber einkommensteuerpflichtig sind, und zwar im Gegensatze zu den Staatssteuergesetzen.

4) Vergl. Gesetz vom 27. Juli 1885 (G.-S. S. 327).

Nr. 27.

Endurteil vom 17. Oktober 1877 (Entsch. Bd. IV. S. 87).

Das Recht der Gemeinde, in Gemäßheit der §§. 11 und 12 des Gesetzes vom 14. April 1856 (G.=S. S. 359), eine Ergänzung oder Abänderung der Ortsverfassung zu beschließen, umfaßt nicht die Befugnis, die in Ansehung des Maßstabes der Verteilung der Gemeinde=Abgaben und Dienste bestehende Ortsverfassung für eine einzelne, von der Gemeinde zu leistende Ausgabe oder Arbeit (z. B. die Herstellung oder Pflasterung eines bestimmten Weges) durch einen jenen Verteilungsmaßstab für diesen Fall (zeitweilig, vorübergehend) abändernden Gemeindebeschluß außer Kraft zu setzen.

Nr. 28.

Endurteil des I. Senats vom 22. Juni 1878 (Entsch. Bd. IV. S. 105).

1) Die Kabinetsordre vom 8. Juni 1834 (G.=S. S. 87) hat den Zweck, die Gleichheit der Kommunalbesteuerung mit der Staatsbesteuerung bezüglich der zu öffentlichen und gemeinnützigen Zwecken bestimmten Grundstücke zu sichern. Wo solche Grundstücke zur Zeit der Emanation jener Ordre um deswillen von Gemeindeabgaben befreit waren, weil ihnen die Befreiung von den Staatssteuern zustand, sollte es dabei bewenden. Mit dem Wegfall dieser Voraussetzung fällt auch die daran geknüpfte Folgerung weg. Nach dem Gesetze vom 21. Mai 1861 (G.=S. S. 253) sind die Deichanlagen der Staatsgrundsteuer unterworfen, das Gesetz vom 12. März 1877 (G.=S. S. 19) hat dies bestätigt. Ebenso unterliegen die Wachtbuden der Staatsgebäudesteuer.

2) Die Befreiung der zu öffentlichen oder gemeinnützigen Zwecken dienenden Grundstücke von den Staatssteuern ist die Voraussetzung ihrer Befreiung von den Gemeindeabgaben. Vergl. auch das Endurteil vom 5. Februar 1881 (Entsch. Band VII. S. 163).

3) An die Stelle des §. 49 des Zust.=Ges. von 1876 ist der §. 34 des Zust.=Ges. von 1883 getreten.

Nr. 29a.

Endurteil des I. Senats vom 26. Juni 1878 (Entsch. Bd. IV. S. 109).

1) Wenn bei der Parzellierung eines Gutes zwischen dem Verkäufer und den Käufern der einzelnen Teile bestimmt wurde, daß alle auf dem Gute haftenden oder mit Rücksicht auf dessen Besitz zu entrichtenden gewöhnlichen Kommunalabgaben und Leistungen von einer einzelnen Restparzelle bezw. deren Besitzer fernerhin getragen werden sollen, so kann dies zunächst lediglich privatrechtliche, die Kontrahenten des Vertrages allein bindende Abkommen allerdings durch die Zustimmung der Gemeinde bezw. die Genehmigung der Kommunalaufsichtsbehörde auch für die erstere derartig bindend werden, daß die Gemeindeabgaben nur nach Maßgabe des Vertrages gefordert werden dürfen. Der letztere wird dann in jenen Punkten Teil des öffentlichen Rechts der Gemeindeverfassung, ebenso wie die auf Grund der Gesetze vom 3. Januar 1845 und 25. August 1876 aufgestellten Abgaben=Regulierungspläne oder die auf die Regulierung der Abgabenverhältnisse bezüglichen Festsetzungen, welche bei gutsherrlich=bäuerlichen Regulierungen, Gemeinheitsteilungen und Ablösungen unter Genehmigung der die Funktionen der Kommunalaufsichtsbehörden hierbei wahrnehmenden Auseinandersetzungs=

behörden (Generalkommissionen, Regierungen) getroffen werden (Separationsrezesse).

2) Alle derartigen öffentlich-rechtlichen Festsetzungen beschränken aber nicht die Autonomie der Gemeinden zur Neuregulierung ihrer Abgabenverfassung und das Recht der Behörden, diese Neuregulierung von Aufsichtswegen durchzuführen. Die §§. 11 und 12 des Gesetzes vom 14. April 1856 (G.-S. S. 359) erkennen diese Befugnisse ganz allgemein an, ohne dieselben mit Rücksicht auf einzelne Teile der bestehenden Gemeindeverfassungen, dieselben mögen auf Herkommen, Statut oder Vertrag beruhen (§. 31 Tit. 7 Teil II A. L.-R.'s), zu beschränken.

3) Die zur Genehmigung der vorgedachten Rezesse berufene Kommunalaufsichtsbehörde ist die frühere Abteilung des Innern der Bezirksregierungen (jetzt der Regierungspräsident), nicht etwa die Finanzabteilung, welche allerdings hinsichtlich der auf den parzellierten Grundstücken ruhenden Staatsprästationen außerdem die Genehmigung zu erteilen hat.

4) Der §. 49 des Zuständigkeitsgesetzes von 1876 (jetzt §. 34 des Zust.-Ges. von 1883) gestattet nur eine Klage im Verwaltungsstreitverfahren über einzelne bereits erhobene Steuerforderungen, nicht aber die Klage über die Verpflichtung zur Leistung von Gemeindeabgaben überhaupt, also auch nicht darüber, ob ein Steuerpflichtiger zu gewissen Kommunalabgaben heranzuziehen sei, zu andern aber nicht.

Nr. 29 b.

Endurteile des I. Senats vom 12. Oktober 1878 (Entsch. Bd. IV. S. 115) und vom 17. September 1879 (Entsch. Bd. V. S. 141).

1) Forensen können zu den nach der Klassen- bezw. klassifizierten Einkommensteuer veranlagten Gemeindeabgaben herangezogen werden. (§. 43 Titel 7 Teil II A. L.-R.). Der §. 18 a. a. O. macht keinen Unterschied zwischen Eingesessenen und Forensen, folglich unterliegen auch die letzteren dem Besteuerungsrechte der Gemeinde. Nach §. 18 des Gesetzes vom 1. Mai 1851 ist der Staatssteuergesetzgebung neben der Besteuerung des gesamten Einkommens einer physischen Person als Regel die des Einkommens derselben aus einzelnen Einnahmequellen nicht fremd. In derselben Lage, in welcher Ausländer sich dem preußischen Staate gegenüber befinden, wenn sie innerhalb desselben Grundbesitz haben, sind die Forensen im Verhältnisse zu der Landgemeinde, welche dieselben nach dem Einkommen aus ihrem in der Gemeindefeldmark belegenen Grundbesitze zu den auf das Einkommen gelegten Gemeindeabgaben heranzieht.

2) Unzulässig ist es, wenn ein Gemeindebeschluß, betreffend die forensalische Einkommenbesteuerung, lediglich dahin geht, daß die Gemeindeabgaben nach Maßgabe der Staats-, Grund-, Gebäude-, Klassen- und Einkommensteuer aufgebracht werden sollen, denn dazu bedarf es noch einer besonderen autonomischen Bestimmung. Der §. 18 des Gesetzes vom 18. Mai 1851 reicht hier nicht aus, denn er bezieht sich nur auf Staatsforensen, und der Gemeindebeschluß muß erst in Gemäßheit des §. 12 des Gesetzes vom 14. April 1856 ergänzt werden.

Vergl. Gesetz vom 27. Juli 1885 (G.-S. S. 327).

Nr. 30.

Endurteil des I. Senats vom 14. Dezember 1878 (Entsch. Bd. IV. S. 135).

1) Die in dem Reichsgesetze über die Naturalleistungen für die bewaffnete Macht im Frieden vom 13. Februar 1875 (R.-G.-Bl. S. 52) be-

zeichneten Leistungen sind keine Gemeindelasten. Denn die Pflichtigen sind weder die Gemeinden, noch die nach der Gemeindeverfassung Spanndienstpflichtigen, noch die Mitglieder der Gemeinden, sondern alle Besitzer von Zugtieren und Wagen. Wenn also jemand, der von dem Schulzen zur Vorspannleistung herangezogen wird, sich dadurch beschwert fühlt, so kann er deshalb nicht aus §. 49 des Zuständigkeitsgesetzes von 1876 (jetzt §. 34 Nr. 2 des Zust.-Ges. von 1883) wegen Überbürdung mit Gemeindelasten klagen, auch kann er überhaupt im Verwaltungs streit verfahren seine Ansprüche auf Ermäßigung nicht verfolgen.

Ein Statut oder Gemeindebeschluß im Sinne des §. 7 des Gesetzes vom 13. Februar 1875 war im vorliegenden Falle nicht vorhanden. (Vergl. auch §. 18 des Zust.-Ges. von 1883).

2) An die Stelle des §. 80 des Zust.-Ges. von 1876 ist §. 50 des Zust.-Ges. von 1883 getreten.

Nr. 31.

Endurteil des I. Senats vom 14. September 1878 (Entsch. Bd. IV. S. 144).

Eine einzelne Klasse von Gemeindegliedern hat kein Recht zum Widerspruch gegen die Abänderung der bezüglich des Abgabenverteilungsmaßstabes bestehenden Ortsverfassung durch Gemeindebeschluß oder Anordnung der Kommunalaufsichtsbehörde.

Nr. 32.

Endurteil des I. Senats vom 1. März 1879 (Entsch. Bd. V. S. 99).

1) Die auf Reklamationen gegen direkte Steuern bezüglichen Vorschriften des Gesetzes vom 18. Juni 1840 (G.-S. S. 140) finden auf die Gemeindedienste (Hand- und Spanndienste) keine Anwendung, weil dieselben nicht zu den wirklichen Steuern oder den steuerartigen Abgaben gehören. Sie sind nicht fungible Sachen, aber fungible Handlungen. Wegen der neuen Landesteile vergl. Gesetz vom 12. April 1882 (G.-S. S. 297).

2) Die Wahrung der Reklamationsfrist ist vom Verwaltungsrichter bei Entscheidung der Klage über die Verpflichtung oder Veranlagung zu den Gemeindeabgaben von Amts wegen zu prüfen. Cf. auch E. v. 7. Februar 1880 (Entsch. VI. S. 130, 131).

Nr. 33.

Endurteil des I. Senats vom 25. März 1879 (Entsch. Bd. V. S. 102).

1) Reklamationen und Bescheide sollen keineswegs lediglich dazu dienen, den vorhandenen Widerstreit zwischen den Parteien und die Art derselben festzustellen, vielmehr gehören beide thatsächlichen Momente zu den notwendigen Bedingungen für das Entstehen desjenigen Rechtsverhältnisses, welches den Grund zur Klage abgibt — zu dem eigentlichen Klagefundamente. Beide Thatsachen sind Voraussetzungen, ohne welche das klagbare Recht auf Steuerbefreiung oder Ermäßigung gar nicht in die Erscheinung tritt. Daher kann auch nicht die Reklamation erst durch die Klage und der Bescheid des Gemeindevorstehers durch die Klagebeantwortung ersetzt werden. Cf. auch E. v. 8. Dezember 1877 (Schulbeiträge) (Entsch. III. S. 130), vom 1. Februar 1879 (Entsch. V. S. 90), vom 25. März 1879 (Armenpflege) (Entsch. V. S. 105), vom 17. September 1879 (Entsch. V. S. 145).

2) Bei einer Klage gegen den nach §. 49 des Zust.=Ges. v. 1876 (jetzt §. 34 Nr. 2 des Zust.=Ges. von 1883) von dem Gemeindevorsteher zu erteilenden Bescheid hat der Verwaltungsrichter nicht nur den Inhalt oder die Begründung desselben, sondern auch die Rechtmäßigkeit der Heranziehung und der Veranlagung seinerseits zu prüfen und darüber zu entscheiden.

3) Die Abgaben und Lasten, welche in der Gemeinde von den Besitzern der im Gemeindebezirke belegenen Grundstücke in Rücksicht auf deren Besitz entrichtet werden müssen, hat jeder Besitzer ohne weiteres zu leisten, mag er in der Gemeinde seinen Wohnsitz haben oder nicht. Es ist deshalb der Satz, daß Forensen nur dann zu den Lasten der Armenpflege herangezogen werden können, wenn dies in der Ortsverfassung ausdrücklich bestimmt ist, in dieser Allgemeinheit nicht begründet.

4) Der in dem §. 49 des Zuständigkeitsgesetzes von 1876 (jetzt §. 34 Nr. 2 des Zust.=Ges. von 1883) vorgesehene Bescheid des Gemeindevorstehers ist im Sinne des Gesetzes vom 18. Juni 1840 (cf. auch Gesetz vom 12. April 1882 — G.=S. S. 297 —) ein Reklamationsbescheid.

5) Ein Gemeindebeschluß, nach welchem die Leistung der öffentlichen Armenpflege durch Gewährung von Wohnung und Verpflegung an den Hilfsbedürftigen seitens der einzelnen abgabenpflichtigen Gemeindemitglieder im Reihenzuge zu erfolgen hat, ist zulässig.

Nr. 34.

Endurteil des I. Senats vom 26. März 1879 (Entsch. Bd. V. S. 108.)

1) Nach §. 1 des Reichs=Gesetzes vom 25. Juni 1868, betreffend die Quartierleistung für die bewaffnete Macht während des Friedenszustandes, ist die Fürsorge für die Unterbringung der bewaffneten Macht in Friedenszeiten eine Last des Reiches, deren Naturalleistung nur gegen Entschädigung gefordert werden kann. Nach §. 4 a. a. O. ist das Reich berechtigt, gegen die im Tarife bestimmte Entschädigung mit einer im Gesetze bestimmten Einschränkung alle benutzbaren Baulichkeiten in Anspruch zu nehmen, und wenn im §. 5 die örtliche Verteilung der Quartierleistung auf die Gemeinde= bezw. selbständigen Gutsbezirke im ganzen, die Unterverteilung durch die Gemeindevorstände und die Besitzer der selbständigen Gutsbezirke erfolgen soll, so folgt daraus nicht, daß die Quartierleistung eine Last der Gemeinden und der Gutsbezirke ist, vielmehr ist dadurch nur ein Verteilungsbezirk geschaffen, in welchem die Gemeinde= beziehungsweise Gutsvorsteher kraft und nach den Bestimmungen des Gesetzes die Leistungen auf die einzelnen Pflichtigen zu verteilen haben. Hieraus folgt (wie dies schon in dem O.=V.=G.=E. vom 14. Dezember 1878 — Entsch. Bd. IV. S. 135 — ausgeführt war), daß einzelne Hausbesitzer, die sich durch ihre Heranziehung zu den Quartierleistungen seitens des Gemeinde= oder Gutsvorstehers beschwert fühlen, nicht auf Grund des §. 49 des Zuständigkeitsgesetzes von 1849 (jetzt §. 134 des Zust.=Ges. von 1883) wegen Überbürdung mit Gemeindelasten klagen können, und daß derartige Ansprüche auf Befreiung oder Ermäßigung im Verwaltungsstreitverfahren überhaupt nicht verfolgt werden können.

2) Ganz anders liegen die Fälle, von denen der §. 81 des Zuständigkeitsgesetzes von 1876 (jetzt §. 51 des Zust.=Ges. von 1883) handelt, denn hier wird das Vorhandensein eines Katasters vorausgesetzt.

Nr. 35.

Endurteil des I. Senats vom 9. Mai 1879 (Entsch. Bd. V. S. 126).

1) Kirchengüter als solche sind im allgemeinen der Kommunal-Realsteuer unterworfen. Denn der §. 174 Tit. 11 Teil II. A. L.-R.'s erklärt nur die Kirchengebäude für steuerfrei und gestattet keine analoge Anwendung auf Kirchengüter, und zwar um so weniger, als die §§. 165, 166 a. a. O. die Steuerpflicht der liegenden Gründe der Kirchengesellschaften ausdrücklich aussprechen bezw. voraussetzen. (Cf. auch §. 23 des Westpreußischen Provinzialrechts.) Die Kirchengesellschaften stehen in betreff ihrer liegenden Gründe im allgemeinen nicht anders als alle sonstigen juristischen Personen.

2) Pfarrgüter (das dem Pfarrer zur Nutzung überwiesene Land) unterliegen der Kommunalsteuer.

3) Begräbnisplätze (Kirchhöfe, Friedhöfe), auch die der Juden:

Die den Kirchengemeinden gehörigen Begräbnisplätze sind von den Kommunal-Realgaben der Landgemeinden befreit. Dies folgt aus §. 4 IV. c. des Gesetzes vom 21. Mai 1861 (G.-S. S. 253) und aus dem Grundsatze, daß das Besteuerungsrecht der Gemeinden nicht weiter geht als das des Staates, daß Objekte, welche nach den allgemeinen Staatssteuergesetzen der Besteuerung des Staates nicht unterliegen, auch von den Landgemeinden der sechs östlichen Provinzen zu einer Gemeindesteuer nicht veranlagt werden dürfen. (O.-V.-G.-E. vom 2. Dezember 1876 — Entsch. I. S. 141). Begräbnisplätze stehen in der Regel nicht im Eigentum politischer Korporationen. Ihre Aufführung unter Lit. c. deutet also darauf hin, daß im Eingange zu dieser Lit. öffentliche Korporationen gemeint sind im Gegensatze zu den in Lit. d. genannten „Privatpersonen oder Aktiengesellschaften".

4) Nur wegen der Gemeindeabgaben kann man nach §. 49 des Zust.-Ges. von 1876 (jetzt §. 34 des Zust.-Ges. von 1883) reklamieren und dieserhalb gegen die Gemeindebehörde klagen, dagegen sind die Gemeindevorsteher im Streitverfahren wegen der Veranlagung zu den Kreisabgaben passiv nicht legitimiert.

Nr. 36.

Endurteil des I. Senats vom 7. Juni 1879 (Entsch. Bd. V. S. 138.)

Gemeindebeschlüsse, durch welche die Gemeinden mit neuen durch Gesetz oder Gemeindeverfassung nicht vorgesehenen Ausgaben belastet werden, bedürfen zu ihrer Verbindlichkeit der Genehmigung der Kommunalaufsichtsbehörde. Dies folgt aus §§. 64—66 Tit. 6 Teil II. A. L.-R.'s.

An die Stelle des §. 60 des Zust.-Ges. von 1876 ist der §. 24 des Zust.-Ges. von 1883 getreten.

Nr. 37.

Endurteil des I. Senats vom 17. September 1879 (Entsch. Bd. V. S. 141).

1) An sich ist die forensalische Einkommenbesteuerung für die Landgemeinden der sechs östlichen Provinzen rechtlich nicht ausgeschlossen (vergl. Endurteil vom 12. Oktober 1878 — Entsch. Bd. IV. S. 115), wenn aber in einer Landgemeinde das Kommunalsteuersystem der Zuschläge zu gewissen Staatssteuern eingeführt worden ist, so ist damit doch keineswegs die Forensal-Einkommenbesteuerung vorgeschrieben, denn für diese

gewährt die Staatsbesteuerung keine Prinzipalsteuersätze. Es bedarf also zu dieser forensalischen Besteuerung einer autonomischen Bestimmung, wonach dieselbe in die Abgabenverfassung der Gemeinde eingeführt wird, sei es observanzmäßig oder durch Beschluß. (Vergl. das Endurteil vom 22. Juni 1878 — Entsch. Bd. IV. S. 105 —).

2) Der Reklamationsantrag kann nur auf Herabsetzung der eingeschätzten Summe nach einem bestimmten Betrage gerichtet werden. (Vergl. Endurteil vom 3. November 1877 — Entsch. Bd. III. S. 11 —).

Siehe auch §. 1 Abs. 3 des Gesetzes vom 27. Juli 1885 (G.=S. S. 327).

Nr. 38.

Endurteil des I. Senats vom 29. Januar 1879 (Entsch. Bd. V. S. 156).

1) Wenn in einer Landgemeinde seit einer Reihe von Jahren (10) die Einrichtung besteht, daß den angestellten Nachtwächter während der Wintermonate ein Gemeindemitglied begleitet, so kann ein nicht angesessener Einwohner, welcher diesen Gemeindedienst auf Grund des §. 44 Tit. 7 Teil II A. L.=R.'s zu leisten verweigert, dieserhalb auch die Gemeinde statt des Gemeindevorstehers verklagen. (§. 34 des Zust.=Ges. von 1883.)

2) Nach der Emanation des Allgemeinen Landrechts können sich in Gemäßheit der Vorschriften in §§. 3 und 4 der Einleitung daselbst Gewohnheitsrechte und Observanzen, sofern sie nicht den Provinzialgesetzbüchern einverleibt sind, niemals contra legem, sondern nur praeter legem bilden, mithin können durch Observanzen nur solche Gegenstände geregelt werden, welche die Gesetze entweder unentschieden gelassen, oder für welche sie selbst auf Gewohnheit und Observanz hingewiesen haben. Zu den Gegenständen der letzteren Art gehört unzweifelhaft nach §. 31 Tit. 7 Teil II A. L.=R.'s und §. 11 des Gesetzes vom 14. April 1856 die Teilnahme der nicht mit Grundbesitz angesessenen Einwohner der Landgemeinden an den Lasten der Gemeinde. Die hiergegen durch §. 44 I. c. gezogene Schranke trifft im vorliegenden Falle nicht zu, weil der hier eingeführte Nachtwachtdienst den Eigentümern und Mietern in gleicher Weise zu gute kommt.

3) Der Nachweis einer bestimmten Reihe von Jahren ist für das Bestehen einer Observanz nicht erforderlich, vielmehr hängt die Frage, welcher Zeitraum zur Begründung einer Gewohnheit oder Observanz notwendig sei, von dem durch die Einzelheiten des konkreten Falles bestimmten richterlichen Ermessen ab, wobei namentlich von Bedeutung erscheint, daß eine Reihe gleichmäßiger Handlungen während eines längeren Zeitraums (longum tempus) vorgenommen worden ist, und daß die betreffenden Handlungen ein Ausfluß des Bewußtseins der rechtlichen Notwendigkeit gewesen sind.

Nr. 39.

Endurteil des I. Senats vom 12. März 1879 (Entsch. Bd. V. S. 160).

Vergl. auch Endurteil vom 29. September 1876 — Entsch. Bd. I. S. 133 —).

1) Unter den „verschiedenen Klassen der Gemeindeglieder", von deren Rechten und Leistungen im §. 23 Tit. 7 Teil II A. L.=R.'s die Rede ist, sind keine anderen als solche zu verstehen, welche ihrem Wesen nach in den damaligen Verhältnissen des platten Landes bezw. der Dorfgemeinden begründet waren. Ist aber der Begriff der letzteren nach §. 18 an den bäuerlichen Grundbesitz geknüpft, so können auch nur hieraus die Unterscheidungsmerkmale für die einzelnen Klassen der Gemeindeglieder entnommen, nicht

aber Gesichtspunkte in deren Bildung hineingetragen werden, welche der landrechtlichen Auffassung und Regelung der Dorfgemeindeverhältnisse völlig fremd sind. Dies gilt ganz besonders von dem Gewerbebetriebe, welcher bekanntlich zur Zeit der Emanation des A. L.-R.s und bis zu dem Edikte vom 2. November 1810 fast ausschließlich auf die Städte beschränkt war. Auch das Gesetz vom 14. April 1856 (G.-S. S. 359) knüpft die darin enthaltenen Bestimmungen bezüglich der verschiedenen Klassen von Gemeindegliedern überall an den Grundbesitz und dessen Abstufungen an (§. 5 Nr. 1, 4, §. 12).

2) Das Streitverfahren gemäß §. 49 Abs. 1 des Zuständigkeits-Gesetzes von 1876 (jetzt §. 34 des Zust.-Ges. von 1883) findet nur dann statt, wenn es sich um Nutzungen am Gemeindevermögen handelt, welche den Beteiligten in ihrer Eigenschaft als Gemeindeglieder zustehen, so daß also die Gemeindemitgliedschaft das Fundament der Berechtigung ist, nicht dagegen, wenn Nutzungen in Frage stehen, welche, lediglich auf privatrechtlichen Titeln beruhend, freies Privateigentum des Einzelnen sind. (Gemeindegliedervermögen im Gegensatze zu dem sogenannten Interessentenvermögen.)

3) Bei der Feststellung des Begriffes der im A. L.-R. Teil II Tit. 7 §§. 23, 31, 39, 41 gedachten „Klassen" von Einwohnern ist überall auf die höchst mannigfaltigen lokalen Rechte zurückzugehen. Wo nach diesen die Gemeinderechte und Gemeindepflichten unter verschiedenen Kategorien der Gemeindeglieder derartig verschieden verteilt sind, daß dadurch diese Kategorien als solche gemeinsame Angelegenheiten betreiben oder zu einander in rechtliche Beziehungen treten (§§. 23—27 a. a. O.), da bilden dieselben jene „Klassen" im Sinne des Allgemeinen Landrechts. Das für dieselben unterscheidende Merkmal ist je nach örtlichem Rechte mannigfach verschieden. Der Umstand, daß gewisse Gemeindeglieder „Kühe halten", macht sie noch nicht zu einer „Klasse" in der Gemeinde, es ist aber doch nicht ausgeschlossen, daß sie einer Klasse im Sinne des §. 31 a. a. O. angehören und in dieser Eigenschaft ihre Rechte als einzelne auf Grund des §. 31 geltend machen können. Das Recht, welches das einzelne Gemeindemitglied als solches auf die Nutzung des Gemeindevermögens hat, bildet ein besonderes Recht dieses Gemeindemitgliedes, welches dasselbe im Streitverfahren zu verfolgen befugt ist.

4) Ganz ebenso ist das einzelne Mitglied einer Klasse von Gemeindemitgliedern berechtigt, den Anspruch auf Nutzung des Gemeindevermögens nach Maßgabe des Rechtszustandes der Klasse, welcher dasselbe innerhalb der Gemeinde angehört, geltend zu machen.

5) Das Recht auf die Nutzungen des Gemeindevermögens ist keineswegs immer nach dem Klassenverhältnis der Gemeinde abgestuft.

6) Der Richter im Verwaltungsstreitverfahren ist an die Rechtsauffassungen der Parteien auch da nicht gebunden, wo dieselben übereinstimmen, es kann mithin sehr wohl angezeigt erscheinen, festzustellen, ob Rechte in Frage stehen, welche aus der Gemeindemitgliedschaft originieren, insbesondere ob es sich im gegebenen Streitfalle um auf der Gemeindeverfassung beruhende Nutzungsrechte der Gemeindeglieder als solcher (Gemeindegliedervermögen) oder einer Klasse derselben (Interessentenvermögen) handelt.

Nr. 40.

Endurteil des I. Senats vom 4. Februar 1880 (Entsch. Bd. VI. S. 104).

Die nach der Emanation des Abgabengesetzes vom 30. Mai 1820 (G.-S. S. 134) eingeführten Gemeindeabgaben dürfen den allgemeinen Staatssteuergesetzen nicht entgegen-, müssen vielmehr mit diesen grundsätzlich im Einklange stehen. Deshalb kann eine Gemeinde keine Miets- oder Stubensteuer, keine sogenannten Prozentgelder oder Zählgelder bei Grundstücksverkäufen erheben und staatssteuerfreie Grundstücke nicht zu den Gemeindelasten heranziehen.

Nr. 41.

Endurteil des I. Senats vom 7. Februar 1880 (Entsch. Bd. VI. S. 111).

Die Voraussetzung der Zulässigkeit einer Gemeindeumlage ist ein Gemeindebeschluß. Dies folgt aus der rechtlichen Natur der Gemeinden als Korporationen. Wenn eine Klage aus §. 49 des Zust.-Ges. von 1876 (jetzt §. 34 des Zust.-Ges. von 1883) die rechtlichen Voraussetzungen für die Zulässigkeit einer Umlage bestreitet, wenn somit das Klagfundament dem Steuerrechte der Gemeinde entnommen wird, so muß sie für zulässig erachtet werden.

Nr. 42.

Endurteil des I. Senats vom 2. Juni 1880 (Entsch. Bd. VI. S. 119).

1) Solange der §. 4 des Zust.-Ges. von 1876 bestand, erschien der ordentliche Rechtsweg über die Ansprüche der Staatsdiener aus dem Gesetze über die Heranziehung derselben zu den Gemeindelasten vom 11. Juli 1822 (für die neuen Provinzen V. vom 23. September 1867 — G.-S. S. 1648 —) unzulässig; vergl. jetzt §. 160 des Zust.-Ges. von 1883.

2) Anträge auf Befreiung von Gemeindeabgaben im allgemeinen (in abstracto) und ohne Beziehung auf den einzelnen Fall der Hebung (in concreto) sind unzulässig. (Vergl. O.-V.-G.-E. vom 17. November 1877 — Entsch. III. S. 82; — desgl. vom 26. Juni 1878 — Entsch. IV. S. 109.)

3) Bezüge für die Stellvertretung eines Gutsvorstehers können ein Diensteinkommen im Sinne des Gesetzes vom 11. Juli 1822 (V. vom 23. September 1867 — G.-S. S. 1648 —) nicht darstellen. Mag der Gutsvorsteher immerhin in vielfachen Beziehungen als Beamter anzusehen sein, so mangelt ihm doch die Besoldung. Der Besitzer des Gutes hat die ihm zustehenden obrigkeitlichen Befugnisse und Pflichten entweder in Person oder durch einen von ihm zu bestellenden Stellvertreter unentgeltlich auszuüben (§. 31 der Kreisordnung vom 31. Dezember 1872, Hannover §. 36, Hessen-N. §. 37, Westfalen §§. 23, 26.) Wird dem stellvertretenden Gutsvorsteher eine Entschädigung gewährt, so erhält er dieselbe doch nicht als Beamter, sondern als Vertreter des Besitzers des Gutes von dem letzteren. Dies Verhältnis gehört dem Privat-, nicht dem öffentlichen Rechte an und wird hierin auch durch die Bestimmungen des §. 29 der Kreisordnung vom 13. Dezember 1872 und §. 47 des Zust.-Gesetzes vom 26. Juli 1876 (§. 34 a. der Kreisordnungs-Novelle) nichts geändert. Der Kläger ist daher von den Bezügen, welche er als stellvertretender Gutsvorsteher empfängt, nach ihrem ganzen Betrage kommunalsteuerpflichtig. Nicht so einfach liegt die Sache bei dem Einkommen, welches dem Kläger angeblich als Amtssekretär zufließt.

4) Der sogenannte Amtssekretär wird einfach von dem Amtsvorsteher auf Grund eines Privatvertrages angenommen und erhält für seine Dienstleistungen aus der Amtsunkostenentschädigung des letzteren Bezahlung. Er ist in einem solchen Falle Privatbediensteter des Amtsvorstehers, worin selbstverständlich nichts darin geändert wird, daß die Zahlung der dem Sekretär vom Amtsvorsteher verheißenen Remuneration zwar direkt aus der Amtskasse, aber aus der Amtsunkostenentschädigung des letzteren erfolgt. Das Ein-

kommen eines derartigen Privatsekretärs unterliegt voll der Kommunalbesteuerung.

5) Anders verhält es sich, wenn der Amtsausschuß die Kreierung der Stelle des Amtssekretärs beschlossen und die zur Besoldung desselben erforderlichen Mittel im Etat bewilligt hat. Daß der Amtsausschuß dies zu thun berechtigt ist, unterliegt keinem Zweifel. (Min.-R. vom 20. März 1874 — Min.-Bl. d. i. V. S. 99; Decker, Kreisordnung, S. 235; auch Wochenschrift „Selbstverwaltung" Jahrgang I. S. 121 —). Eine Berufung zu der Beamtenstelle bedarf jedoch nach §. 160 Tit. 6 Teil II A. L.-R.s der Genehmigung der Aufsichtsbehörde. Erst durch die von dieser erteilte Genehmigung erhält die Anstellung Rechtsgültigkeit und der Angestellte — dessen Sache es ist, die etwa aus Gründen, die in seiner Person liegen, erforderliche Erlaubnis zur Übernahme des Amtes sich zu beschaffen — nach §. 69 Tit. 10 Teil II A. L.-R.'s die Eigenschaft eines mittelbaren Staatsbeamten und damit für sein Diensteinkommen in Gemäßheit der A. K.-O. vom 14. Mai 1832 die den Staatsdienern durch das Gesetz vom 11. Juli 1822 zugestandenen Vorrechte.

Nr. 43.

Endurteil des I. Senats vom 7. Februar 1880 (Entsch. Bd. VI. S. 129).

Bei Streitigkeiten über Gemeindelasten nach §. 49 des Zust.-Ges. von 1876 (jetzt §§. 18 und 34 des Zust.-Ges. von 1883) sind die Beschwerde bei dem Gemeinde- (Guts-) Vorsteher und der abweisende Bescheid desselben als die unerläßlichen Voraussetzungen der Klage im Verwaltungsstreitverfahren anzusehen, selbst wenn der beklagte Gemeinde- (Guts-) Vorstand diesen Formmangel nicht gerügt hat. Vergl. jedoch das Endurteil oben Nr. 38.

Nr. 44.

Endurteil des I. Senats vom 9. Februar 1880 (Entsch. Bd. VI. S. 132).

1) Lehrer, welche etatsmäßige Lehrerstellen an der Landwirtschaftsschule einer Stadtgemeinde kommissarisch verwalten, sind als Staatsdiener im Sinne der die Kommunalbesteuerung der letzteren betreffenden Gesetzgebung anzusehen. Der §. 44 des Zust.Ges. von 1876 ist aufgehoben und die hieran sich knüpfenden Schlußfolgerungen sind jetzt nicht mehr zutreffend. (Vergl. jetzt §. 160 des Zust.-Ges. von 1883.)

2) Ist eine Abgabe zur Ungebühr eingefordert und zwangsweise eingezogen, so muß der Empfangsberechtigte dieselbe zurückzahlen, nicht aber auch die Exekutionskosten, weil die Zahlung und Beitreibung veranlagter Abgaben durch die Reklamation und die Klage nicht aufgehalten werden. Dieser Grundsatz ist für eine geordnete Führung des Kommunalhaushaltes von besonderer Wichtigkeit, und der Abgabenpflichtige muß die von ihm geforderten Abgaben unter Vorbehalt der Rückzahlung entrichten, darf es auch nicht auf die Exekutionskosten ankommen lassen, so begründet auch seine Einwendungen gegen die erfolgte Heranziehung sein mochten. Hat er es dennoch gethan und dadurch Kosten verursacht, so hat er dies seiner eignen Verschuldung beizumessen; die Erstattung dieser Kosten kann er nicht verlangen.

3) Der §. 8 des Gesetzes vom 11. Juli 1822 (V. vom 23. September 1867 — G.-S. S. 1648 —) ist aufgehoben durch §. 12 des Gesetzes vom 27. Juli 1885 (G.-S. S. 331).

Nr. 45.

Endurteil des I. Senats vom 18. Februar 1880 (Entsch. Bd. VI. S. 142).

Wenn in dem Gesetze vom 14. April 1856 §. 5 Nr. 5 von „einem Grundstück, welches zu seiner Bewirtschaftung Zugvieh erfordert," gesprochen wird, so ist hierbei nicht der Gesichtspunkt maßgebend, ob zur rationellen Bewirtschaftung eines Grundstückes die Dingung einer Zugkraft für gewisse Arbeiten nötig ist, auch nicht der, ob der Besitzer eines Grundstücks thatsächlich Zugvieh hält, sondern es kommt allein darauf an, ob das Grundstück nach Umfang und Beschaffenheit zu seiner landwirtschaftlichen Benutzung Zugvieh erfordert, d. h. ob nach landwirtschaftlichen Grundsätzen das Halten von solchem auf dem Grundstücke möglich und zweckmäßig ist. In der Regel sind in der Praxis Besitzer von Grundstücken mit einem Flächeninhalte bis zu 15 Morgen zu Kollektivstimmen verbunden.

Nr. 46.

Endurteil des I. Senats vom 20. Oktober 1880 (Entsch. Bd. VII. S. 137).

1) Durch die Bestätigung der Aufsichtsbehörde werden die Bestimmungen der Gemeinheitsteilungs-Rezesse Teile der Ortsverfassung, des örtlichen Rechts.

2) Wenn ein Gemeinheitsteilungs-Rezeß für eine Landgemeinde hinsichtlich des dem Schullehrer zu gewährenden Holzes bestimmt, daß der zu dessen Ankauf erforderliche Geldbetrag von der Schulgemeinde aufzubringen, die Anfuhr aber von den Bauern, dem Schulzen, dem Hauptparzellenbesitzer und von dem Kossäten in der Art zu besorgen sei, daß der Kossät den vierten Teil dessen leiste, was einem Bauern obliegt, so ist die Annahme des Gemeindevorstehers, es müsse als Einheit bei den fraglichen Spanndiensten eine zwei Raummeter umfassende Holzfuhre angesehen werden, und das Verlangen einer solchen Leistung von dem Kossäten gerechtfertigt, denn die Anfuhr des Schulholzes war nach dem örtlichen Rechte jener Dorfschaft eine Last der politischen Gemeinde. Der Gemeinheitsteilungs-Rezeß stellte den Mitgliedern der Schulgemeinde einerseits die Mitglieder der politischen Gemeinde anderseits gegenüber. Die ersteren sollten das Schulholz ankaufen, die letzteren dasselbe anfahren. Durch die Bestätigung der Aufsichtsbehörde ist diese Bestimmung Teil der Ortsverfassung geworden. Der Streit über die in Abrede gestellte Verpflichtung das Kossäten war also nicht nach §. 77, sondern nach §. 49 des Zust.-Ges. von 1876 (jetzt §. 47 bezw. §. 34 des Zust.-Ges. von 1883) zu beurteilen. Der Gemeindevorsteher und nicht der Schulvorstand war berechtigt und verpflichtet, die Anfuhre zu ordnen und die Leistung auf die Pflichtigen zu verteilen.

3) Wenn bei dieser Verteilung als Einheit die F u h r e angenommen wurde, so entsprach dies vollkommen der Übung in den Landgemeinden und wirtschaftlichen Grundsätzen. Bei Transportierung von Gegenständen durch die Gemeindespannpflichtigen ist eine andere Einheit, als die Fuhre, nicht wohl denkbar. Jede Teilung derselben müßte zu einer ungerechten Mehrbelastung der Gemeindemitglieder führen. Wenn die Bauern 4 Fuhren zu leisten hatten, so mußte der Kossät deren e i n e leisten.

Nr. 47.

Endurteil des I. Senats vom 6. November 1880 (Entsch. Bd. VII. S. 140).

1) Wenn ein Gemeindevorsteher die Verpflichteten auffordert, die zur Unterhaltung der Kommunalwege ortsüblichen, erforderlichen Fuhren zu leisten,

und wenn dabei über die Verteilung dieser Leistungen Streit entsteht, so ist der letztere nach Maßgabe des §. 49 des Zust.-Ges. von 1876 (jetzt §. 34 des Zust.-Ges. von 1883) als ein Streit über Gemeindelasten zu beurteilen, sobald es feststeht, daß die Unterhaltung des betreffenden Weges nach Separationsrezessen oder anderen Festsetzungen als eine Gemeindelast angesehen werden muß. Sache des Schulzen ist es, das bestehende Recht zur Geltung zu bringen, und es kann ihm nicht der Einwand entgegengestellt werden, daß er als Landbesitzer im Dorfe oder als Mitverpflichteter bei der Wegebesserung zur Sache interessiert sei, weil er bei der Wahrnehmung des öffentlichen Interesses nicht seinen eignen Vorteil, sondern den der Korporation, der Gemeinde, im Auge hat und auch nur haben kann.

2) Rechtlich zulässig ist die Bildung von Observanzen bezüglich des Verhältnisses, nach welchem die Pflichtigen zu Spanndiensten bei der Unterhaltung von Vizinalwegen im ehemaligen Herzogtum Magdeburg (Provinz Sachsen) heranzuziehen sind.

3) Das Recht des Gemeindevorstehers, zur Erfüllung der aus der Kommunalzubehörigkeit herrührenden Verpflichtungen gegen die Mitglieder der Gemeinde Zwang zu üben, ist ein in der Verwaltungspraxis stets anerkannter natürlicher Ausfluß derjenigen Stellung, welche demselben als Ortsobrigkeit und Verwalter des Kommunalvermögens in den §§. 46, 57 Tit. 7 Teil II A. L.-R.s, §. 29 der Kreisordnung zugewiesen ist und hat überdies in dem letzten Absatze des §. 49 des Zust.Ges. von 1876 (jetzt Abs. 5 in §. 34 des Zust.-Ges. von 1883) seine gesetzliche Sanktion empfangen. Der §. 68 des Organisationsgesetzes (jetzt §. 132 des L.-V.-G. vom 30. Juli 1883) spricht nur von den Zwangsbefugnissen, welche dem Gemeindevorsteher in Ausübung der „obrigkeitlichen" Gewalt zustehen, derselbe kann hier nicht als Belag angeführt werden (cf. die Anmerkung auf S. 147 in Bd. VII. der Entscheidungen).

4) Die Berufspflichten des Gemeindevorstehers bei Verteilung der Kommunallasten bestehen nicht in der Ausübung eines sich in weitgezogenen Grenzen bewegenden administrativen Ermessens (wie z. B. bei gewerblichen Konzessionen), sondern vorwiegend in Wahrnehmung korporativer Interessen, welche die amtliche Thätigkeit auf gewisse, im voraus bestimmte Normen verweisen, bei denen ein ganz willkürliches Abweichen der Natur der Sache nach ausgeschlossen ist und event. sofort zu Tage treten würde. Es läßt sich deshalb eine persönliche Beteiligung des Gemeindevorstehers allein aus der Thatsache nicht herleiten, daß derselbe als Gemeindemitglied bei der Verteilung der Kommunallasten interessiert sei.

Nr. 48.

Endurteil des I. Senats vom 20. November 1880 (Entsch. Bd. VII. S. 148).

1) Das Gesetz über die Verjährungsfristen bei öffentlichen Abgaben vom 18. Juni 1840 (G.-S. S. 140) (vergl. auch Gesetz vom 12. April 1884 — G.-S. S. 297 —) bestimmt in

„§. 3. Wendet sich der Reklamant an eine inkompetente Behörde, so hat diese das Rekursgesuch an die kompetente Behörde abzugeben, ohne daß dem Reklamanten die Zwischenzeit auf die Frist anzurechnen ist."

Diese Bestimmung findet nur Anwendung auf die in dieser Weise verspäteten Rekursgesuche, nicht aber auf die Klage- oder Reklamationsfristen. Jetzt vergl. §. 112 des L.-V.-G. vom 30. Juli 1883.

2) **Mündliche Reklamationen sind an sich nicht unstatthaft, da die schriftliche Form ausdrücklich nicht vorgeschrieben ist. Läßt sich also der Gemeindevorsteher auf eine mündliche Reklamation ein und erteilt er hierauf — sei es mündlich oder schriftlich — einen sachlichen Bescheid, so wird er gegen die rechtzeitig angestellte Klage nicht den Einwand erheben können, daß es an einer schriftlichen Reklamation fehle. Anderseits ist der Gemeindevorsteher nicht verpflichtet, mündliche Reklamationen anzunehmen; lehnt er die Annahme ab, so ist der gesetzlichen Vorschrift nicht genügt.**

Nr. 49.

Endurteil des I. Senats vom 19. Januar 1881 (Entsch. Bd. VII. S. 152).

1) Innerhalb der Landgemeinden der sechs östlichen Provinzen können sich — und zwar auch nach Erlaß des Gesetzes vom 14. April 1856 — noch Observanzen bilden, durch welche die Teilnahme an dem Stimmrechte oder die Art der Ausübung desselben in der Gemeindeversammlung geregelt wird. Der §. 22 Tit. 7 Teil II. A. L.-R.'s hat nur eine subsidiäre Bedeutung. Das Gesetz vom 14. April 1856 beabsichtigte nicht, eine vollständige Landgemeindeordnung zu schaffen; der Zweck desselben war vielmehr nur dahin gerichtet, die geltenden Gesetze über die Gemeindeverfassungen in den ländlichen Ortschaften der östlichen Provinzen zu ergänzen und insbesondere das Verfahren festzustellen, mittels dessen eine den Bedürfnissen entsprechende Umgestaltung der bestehenden Ortsverfassungen zu ermöglichen ist. Der Ausdruck „bestehende Ortsverfassung" im §. 3 a. a. O. begreift unzweifelhaft nicht nur das geschriebene, sondern auch das ungeschriebene öffentliche Recht, also nicht nur Verträge, Korporationsbeschlüsse u. s. w., sondern auch Ortsobservanzen, und zwar auch solche, welche sich *nach* dem Gesetze vom 14. April 1856 gebildet haben.

2) Was in betreff der auf die Gemeindelasten bezüglichen Observanzen gilt, muß auch von den Observanzen in Ansehung der Stimmrechte gelten. Zur Bildung einer Observanz gehört eine ununterbrochene gleichförmige Übung, welche auf der Überzeugung einer rechtlichen Notwendigkeit beruht. Daß in der betreffenden Zeit andere Fälle von Gemeindebeschlüssen nicht vorgekommen seien, muß derjenige nachweisen, welcher dies behauptet. Verhandlungen und Schriftstücke, aus denen der Beweis für die Observanz entnommen worden, müssen der Gegenpartei vorgelegt werden, es kann dies aber auch nachträglich in der mündlichen Verhandlung geschehen.

Nr. 50.

Endurteil des I. Senats vom 22. Januar 1881 (Entsch. Bd. VII. S. 159).

Die zufolge §. 57 Titel 6 Teil II. A. L.-R.'s regelmäßig auch für das Gemeinderecht in Kraft stehenden, die Insinuation (Behändigung) von Einladungen betreffenden allgemeinen Vorschriften der Prozeßordnung (Ziv.-Proz.-O. §§. 152 ff., Preuß. Ausf.-Ges. vom 24. März 1879 — G.-S. S. 281 — §. 1) brauchen da nicht zur Anwendung zu kommen, wo Statut oder bisherige Gewohnheit — die geschriebene oder ungeschriebene Ortsverfassung — einen besonderen Insinuationsmodus eingeführt haben (A. L.-R. II. 6 §§. 26 und 33). Ein solcher ist z. B. das Herumschicken der Einladung von Haus zu Haus (der sogenannte Knüppel). Diese Art der Einladung bezweckt der Natur der Sache nach nicht sowohl, jedem *einzelnen* Mitgliede *persönlich* den Termin bekannt zu machen, als sie vielmehr darauf hinausgeht, der Kenntnis von demselben durch die allgemeine Ansage innerhalb der Gemeinde eine solche Verbreitung zu verschaffen, daß mutmaßlich das einzelne Mitglied sich dieser Kenntnis füglich nicht ohne eigne Schuld entziehen kann. Abwesende haben sich danach die Folgen ihrer Nichtkenntnis nur selbst zuzuschreiben. Eigentümliche Organisationen, z. B. die der Staatseisenbahnverwaltung, deren Vertretung im Sitze der Verwaltung stattfindet, können die Gemeindebehörde nicht verbinden, abweichend von dem auf der Ortsverfassung beruhenden Gebrauche sich speziell einem Mitgliede gegenüber einer anderen Behändigungsart zu bedienen.

Nr. 51.

Endurteil des I. Senats vom 5. Februar 1881 (Entsch. Bd. VII. S. 162).

1) Baumschulen sind frei von Gemeindeabgaben. Denn das Besteuerungsrecht der Gemeinden ist — insofern nicht besondere Gesetze Abweichungen gestatten — auf dieselben Grenzen beschränkt, wie dasjenige des Staates (Entsch. I. S. 144). Baumschulen sind nach §. 4 c. des Gesetzes vom 21. Mai 1861 (G.-S. S. 253) steuerfrei. Als ein „besonderes Gesetz" im vorstehenden Sinne kann nur die A. K.-O. vom 8. Juni 1834 (G.-S. S. 87) in Betracht kommen. Diese bestimmt aber ausdrücklich, daß diejenigen Grundstücke, welche bereits damals öffentlichen oder gemeinnützigen Zwecken dienten, wegen ihrer Befreiung von den Staatssteuern zu den Kommunalsteuern nicht herangezogen werden. Es handelte sich um eine Baumschule, welche in dem Garten eines ehemals fiskalischen Chausseehauses, dessen Unterhaltung später auf den Provinzialverband überging, angelegt war.

2) Ehemalige fiskalische, in das Eigentum des Provinzialverbandes übergegangene Chausseewärterhäuser sind, wenn sie überwiegend und der Hauptsache nach als Dienstwohnung für den Chausseeaufseher dienen und als solche auch thatsächlich benutzt werden, von der Gemeindesteuer befreit. Eine Ausnahme könnte nur aus der Kab.-O. vom 8. Juni 1834 (G.-S. S. 87) hergeleitet werden.

Nr. 52.

Endurteil des I. Senats vom 5. März 1881 (Entsch. Bd. VII. S. 170).

Zur Entscheidung von Streitigkeiten über die Verpflichtung zur Entrichtung der Hundesteuer sind die Verwaltungsgerichte zuständig. Dagegen gebührt dem Landrat die Bestätigung der für die Landgemeinden ergehenden Hundesteuer-Regulative. Die zum Handel mit Hunden oder zur gewerbsmäßig betriebenen Hundezüchterei gehaltenen Hunde sind nicht steuerfrei.

Nr. 53.

Endurteil des I. Senats vom 9. Juni 1880 (Entsch. Bd. VII. S. 187).

Vergl. oben das Endurteil sub Nr. 29a. Was dort von den Abgaben-Verteilungsplänen gesagt worden ist, gilt auch von den Separationsrezessen.

Nr. 54.

Endurteile des I. Senats vom 12. Juni und 3. November 1880 (Entsch. Bd. VII. S. 190 und 194).

1) Die in den auf Grund des Gesetzes vom 3. Januar 1845 (G.-S. S. 25) aufgestellten, von den Interessenten vollzogenen und von der Re-

gierung bestätigten Abgabenregulierungsplänen getroffenen Festsetzungen sind öffentlich-rechtlicher Natur und werden ein Teil der Ortsverfassung. Sie binden die Gemeinde und deren Vorsteher in gleicher Weise wie die sonstigen Interessenten und unterscheiden sich wesentlich von den bei Parzellierung einer Besitzung zwischen dem Verkäufer und den Käufern bezw. von den letzteren unter sich getroffenen Abmachungen über Tragung und Teilung der öffentlichen Lasten. Diese letzteren Abmachungen sind privatrechtlicher Natur und daher für die Gemeinde bezw. den Gemeindevorsteher nicht verbindlich.

2) Die durch den Regulierungsplan geschaffene Ortsverfassung kann nur in den von dem Gesetze vorgeschriebenen Fällen und Formen geändert werden, nicht aber z. B. durch einen Schuldotationsplan.

3) Die Bestimmung im §. 38 Titel 7 Teil II. A. L.-R.s ist abgeändert durch die §§. 12—14 des Gesetzes vom 3. Januar 1845. O.-V.-G.-E. vom 26. Juni 1878 (Entsch. IV. S. 109), desgl. vom 9. Juni 1880 (Entsch. VII. S. 187).

4) Die in einem Abgabenregulierungsplan nicht berücksichtigten und nicht zur Verteilung gelangten Lasten bleiben keineswegs auf dem Stammhofe haften, sondern es bleiben nach §. 24 des Gesetzes vom 3. Januar 1845 und §. 2 letzter Absatz des Gesetzes vom 25. August 1876 (G.-S. S. 45), solange eine Regulierung noch nicht erfolgt ist, alle Trennstücke für sämtliche Abgaben und Leistungen, und zwar sowohl für die eigentlichen Reallasten, als für die mit Rücksicht auf den Grundbesitz entrichteten Lasten solidarisch verhaftet, welche dem ganzen (ungeteilten) Grundbesitz oblagen oder mit Rücksicht auf dessen Besitz entrichtet werden mußten. Immerhin erwächst indes dem für eine solche Last in Anspruch Genommenen aus der Mithaft der übrigen Parzellenbesitzer der Gemeinde gegenüber kein Recht auf Befreiung nach Maßgabe seines Minderbesitzes.

5) Der Umfang der in der Gemeinde ausgeübten Rechte, namentlich das Stimmrecht, ist dabei von gar keiner Bedeutung. Dagegen besteht zweifelsfrei für den Gemeindevorsteher nach wie vor die Pflicht, zufolge §. 7 des zuletzt gedachten Gesetzes die Verteilung der in den Dismembrationsplan übergegangenen Abgaben und Leistungen noch nachträglich zu bewirken. Hierzu kann er durch die Aufsichtsbehörde angehalten werden (§. 11 des Gesetzes vom 14. April 1856 (G.-S. S. 359), §. 42 Nr. 4 des Zuständigkeitsgesetzes von 1876, jetzt §. 31 des Zust.-Ges. von 1883).

Nr. 55.

Endurteil des I. Senats vom 26. April 1882 (Entsch. Bd. VIII. S. 109).

1) Über die Entstehungsgeschichte des §. 6 Nr. 3 des Gesetzes über die Armenpflege vom 31. Dezember 1842 (G.-S. 1843 S. 8) vergleiche Entsch. Bd. II. S. 119, und V. S. 120. Diese Bestimmung bezieht sich ausschließlich auf die vom Gute abverkauften Parzellen und sanktioniert hinsichtlich letzterer den damals bestehenden thatsächlichen Zustand. Ein gleicher Grund bestand für die bäuerlichen im Besitze des Gutsherrn befindlichen Grundstücke nicht. Diese blieben der Gemeinde steuerpflichtig, falls sie nicht unter Zustimmung der zuständigen Staatsbehörden zu Vorwerksland gemacht, für kommunalfrei erklärt und damit dem Gute — dem Gutsbezirke des neueren Rechts — einverleibt worden waren, auch kann die Freiheit von Gemeindeabgaben nicht durch erlöschende, sondern nur durch erwerbende Verjährung erworben werden.

2) Anderseits erfuhren diese Verhältnisse eine besondere Regelung

durch die §§. 6 und 7 des Edikts vom 9. Oktober 1807, die auf Grund derselben ergangenen Instruktionen, das Edikt vom 14. September 1811 (§§. 13 und 16), die Deklaration vom 29. Mai 1816 (Art. 78) und durch die Verordnung vom 20. Juni 1817 wegen Organisation der Generalkommissionen. Diesen Behörden wurde über ihren nächsten Wirkungskreis der gutsherrlich bäuerlichen Auseinandersetzungen, Gemeinheitsteilungen und Ablösungen hinaus auch die Festsetzung und Regulierung der öffentlich-rechtlichen Verhältnisse der beteiligten Korporationen, darunter der Kommunen, übertragen (§§. 3, 4, 43 Nr. 4, 95 und 159 a. a. O.), und sie traten in dieser Beziehung an die Stelle der Regierungen bezw. der sonst zuständigen staatlichen Aufsichtsbehörden.

3) Die auf Veranlassung dieser Behörden errichteten und von der Generalkommission bestätigten Rezesse sind demnächst maßgebend für die Frage, ob die bei einem Rittergute vorhandenen, von dem Gutsbesitzer erworbenen Bauernhöfe auch jetzt noch kommunalsteuerpflichtig sind.

Nr. 56.

Endurteil des I. Senats vom 24. Juni 1881 (Entsch. Bd. VIII. S. 136).

1) Die Umwandlung von Gemeindegliedervermögen in sogenanntes Kämmereivermögen der Landgemeinden ist zwar zulässig, jedoch bedürfen die zu dem Zwecke gefaßten Gemeindebeschlüsse zu ihrer Rechtsverbindlichkeit der Genehmigung der Kommunalaufsichtsbehörde. (§§. 7 und 24 des Zust.-Ges. von 1883.) Gewisse Grundstücke (Forsten, Wiesen) können die Eigenschaft des Kämmereivermögens (Eigentum der politischen Gemeinde) haben, während bestimmte Nutzungsrechte an denselben (Hütung) zu dem Gemeindegliedervermögen gehören. Unter diesen Voraussetzungen ist auch eine Klage auf Grund des §. 49 des Zuständigkeitsgesetzes von 1876 (jetzt §§. 34 und 160 des Zust.-Ges. von 1883) über den Umfang des Rechtes zur Teilnahme an den Nutzungen des Gemeindevermögens zulässig.

2) Durch den §. 3 der Deklaration vom 26. Juli 1847 (G.-S. S. 327) soll außer Zweifel gestellt werden, daß sich die nach den Regeln des gemeinsamen Eigentums zu beurteilenden Befugnisse der nutzungsberechtigten Gemeindemitglieder bei dem eigentlichen Gemeindegliedervermögen nur auf die Verwaltung der Nutzungen beschränken und nicht hierüber hinaus in die Rechte des Eigentümers der Gemeinde übergreifen. Diese Vorschrift und die daselbst angezogene des §. 72 Tit. 6 Teil II A. L.-Rs. kann für die Beantwortung der Frage nicht verwertet werden, ob und unter welchen Voraussetzungen die Gemeinde als Eigentümerin des Gemeindegliedervermögens die Gemeindeglieder in den Nutzungen desselben einschränken kann.

3) Ein Anspruch der Gemeindeglieder aus §. 16 Tit. 17 Teil I A. L.-Rs. würde nur dann begründet sein, wenn die betreffenden Nutzungen nach der Verfassung der Gemeinde nur einzelnen Gemeindegliedern oder einer bestimmten Klasse derselben zuständen.

4) Die Thatsache des Kuhhaltens kann nicht das Kriterium einer besonderen Klasse der angesessenen Wirte im Sinne des §. 31 Tit. 7 Teil II A. L.-Rs. abgeben. (O.-V.-G.-E. vom 12. März 1879.)

Nr. 57.

Endurteil des I. Senats vom 24. Juni 1881 (Entsch. Bd. VIII. S. 143).

1) Für die Annahme, daß den Staatsdienern ganz allgemein und unbedingt die Befreiung von Gemeindediensten zugesichert sei, liefert das

Gesetz vom 11. Juli 1822 (V. v. 23. September 1867 — G.=S. S. 1648 —) keinen Belag.

2) Der §. 14 des Gesetzes vom 14. April 1856 (G.=S. S. 359) fand einen Rechtszustand vor, nach welchem die Steuerpflicht der Beamten auf dem platten Lande sowie in den Städten die Regel bildete und Ausnahmen nur da eintraten, wo bezw. insoweit Befreiungen durch positive gemein= oder partikulargesetzliche Bestimmungen besonders eingeführt waren. Eine Befreiung der Beamten von ländlichen Gemeindelasten (vergl. Gesetz vom 27. Juli 1885 — G.=S. S. 327 —) kann nur so weit beansprucht werden, als sie sich des Schutzes einer besonderen gesetzlichen Vorschrift erfreut. Die persönlichen Dienstleistungen sind hiervon nicht betroffen. Die Beamten in den Landgemeinden der sechs östlichen Provinzen sind einer solchen Vergünstigung nicht teilhaftig geworden, wohl aber die in den Städten, und in der Provinz Westfalen auch die auf dem platten Lande.

3) Was die Bedenken anlangt, welche aus der Kollision der Berufspflichten der Beamten mit deren Dienstleistung in Person entnommen werden könnten, so werden dieselben regelmäßig durch die Möglichkeit einer Stellvertretung beseitigt.

Nr. 58.

Endurteil des I. Senats vom 14. Januar 1882 (Entsch. Bd. VIII. S. 150).

Wenn Grundstücke zur Verwendung für öffentliche, die Steuerfreiheit bedingende Zwecke (z. B. zur Anlage eines reichsfiskalischen Exerzierplatzes) erworben werden (A. K.=O. vom 8. Januar 1834 — G.=S. S. 87 —), so begründen die Festsetzungen der Abgabenverteilungspläne keinen von jener Allerh. Kab.=O. abweichenden Rechtszustand. Fiskus bleibt also steuerfrei.

Nr. 59.

Endurteil des I. Senats vom 21. Januar 1882 (Entsch. Bd. VIII. S. 154).

1) Eine besondere Form ist für den im §. 49 des Zuständigkeitsgesetzes von 1876 (jetzt §. 34 des Zust.=Ges. von 1883) gedachten Bescheid nicht vorgeschrieben. Es kommt vielmehr nur auf den Nachweis an, daß der Bescheid wirklich von zuständiger Stelle, d. h. vom Gemeindevorsteher — sei es schriftlich oder selbst auch nur mündlich — erteilt worden ist. Selbst die fehlende Unterschrift involviert bei diesem Nachweise keinen Mangel.

2) Eine Partei kann die Abänderung eines ihr teilweise ungünstigen, in der Berufungsinstanz nicht angefochtenen erstinstanzlichen Endurteils nicht noch dadurch erlangen, daß sie sich, nachdem die Gegenpartei die Berufung und demnächst die Revision eingelegt hat, in der Revisionsinstanz beiden Rechtsmitteln anschließt. Das Anschließungsrecht findet darin seine Begründung, daß von der Einlegung eines Rechtsmittels in der Erwartung, der Gegner werde sich ebenfalls bei dem ergangenen Erkenntnisse beruhigen, oft kein Gebrauch gemacht wird, und daß deshalb, wenn diese Erwartung getäuscht wird, die nachträgliche Zulassung des Rechtsmittels der Billigkeit entspricht. Diese Rechtswohlthat kann aber der betreffenden Partei nur im Laufe der Instruktion des Rechtsmittels zu statten kommen; zögert sie bis zum nächsten Endurteil, so ist das gedachte Neurecht definitiv erloschen.

Vergl. §§. 56 und 65 des Gesetzes vom 3. Juli 1875, jetzt §§. 87 und 95 des L.=V.=G. vom 30. Juli 1883.

Nr. 60.

Endurteil des I. Senats vom 22. Februar 1882 (Entsch. Bd. VIII. S. 157).

Der Kreisausschuß hat, um die von den Landgemeinden über eine anderweite Regelung des Stimmrechts und der Beitragspflicht zu den Gemeindelasten gefaßten Beschlüsse abändern zu können, zuvor die Gemeinde über die für nötig erachteten Abänderungen nicht nochmals zu hören, es genügt nach dem Gesetz (§. 11 Abs. 2 des Gesetzes vom 14. April 1856, §. 42 Nr. 2 und 4 des Zust.-Ges. von 1876, jetzt §. 31 des Zust.-Ges. von 1883), daß die Gemeinde überhaupt gehört ist, um die Behörde zu berechtigen, ihrerseits die erforderlichen Anordnungen zu treffen.

Nr. 61.

Endurteil des I. Senats vom 20. Mai 1882 (Entsch. Bd. VIII. S. 161).

1) Zu den mit Gespann zu verrichtenden Gemeindediensten, welche ortsverfassungsmäßig oder gesetzlich den mit Gespann versehenen Mitgliedern einer Landgemeinde obliegen, sind solche Gemeindeangehörige nicht heranzuziehen, welche ihr Gespann ausschließlich zu gewerblichen Zwecken halten.

2) Wenn der §. 41 Tit. 7 Teil 2 A. L.-R.'s die Leistung der gemeinen Spanndienste nach Verhältnis der „Klassen", in welche die bespannten Ackerbesitzer als Vier-, Drei-, Zweispänner u. s. w. an jedem Orte eingeteilt werden, für die Unterverteilung grundsätzlich vorschreibt, so sind für diese Klassifikation augenscheinlich die Abstufungen des Grundbesitzes, wie sie sich zur Zeit der Entstehung des Allgemeinen Landrechts auf dem platten Lande regelmäßig vorfanden, bestimmend gewesen. Auf keinen Fall kann etwa die Verschiedenheit, welche eine ganz außerhalb der ländlichen Lebensordnung liegende Beschäftigung und Berufsthätigkeit zu begründen geeignet ist, ein kritisches Kennzeichen für jene den eigentümlichen Verhältnissen des platten Landes angepaßte Klasseneinteilung abgeben. Eine solche mit dem Begriffe der „Bevölkerungsklassen" im üblichen modernen Sprachgebrauche sonst wohl verbundene Auffassung war der Anschauung von dem ländlichen Leben, wie es die Gesetzgeber jener Zeit vor Augen hatten, sicherlich ganz und gar fremd.

Nr. 62.

Endurteil des I. Senats vom 20. Mai 1882 (Entsch. Bd. IX. S. 34).

1) An die Stelle des §. 44 Abs. 2 des Gesetzes vom 3. Juli 1875 ist der §. 74 des L.-V.-G. vom 30. Juli 1883 getreten.

2) Die Folge eines Vertrages, welchen der Staat mit einer Eisenbahn-Aktien-Gesellschaft behufs weiterer Ausführung des Baues und Übernahme der Verwaltung und des Betriebes für Rechnung der Gesellschaft abgeschlossen hat, ist allerdings nur die Möglichkeit, zum Betriebe des Unternehmens Beamte der Gesellschaft, für welche er verwaltet, anzustellen. Keinesfalls folgt aber aus den vertragsmäßig geschaffenen Verhältnissen, daß der Betrieb nur durch solche Beamte erfolgen solle und könne. Der Staat ist durch den Vertrag keineswegs nur in die Stellung eines Mandatars der Gesellschaft getreten.

3) Die vom Staate angestellten Beamten haben hinsichtlich der Kommunalsteuerpflicht die Rechte der Königl. Beamten. Eine Unterscheidung hinsichtlich der letzteren in Aufsichts- und Betriebsbeamte ist ohne rechtliche Grundlage.

4) Diensteinkommen der Beamten im Sinne des Gesetzes vom 11. Juli 1822 (V. vom 23. September 1867 — G.=S. S. 1648 —) ist keineswegs nur das aus Staatskassen zahlbare Einkommen.

Nr. 63.

Endurteil des I. Senats vom 24. Juni 1882 (Entsch. Bd. IX. S. 42).

1) An die Stelle der §§. 68, 69, 70 (ältere Fassung) des Gesetzes vom 3. Juli 1875 und der §§. 69 und 70a. des Gesetzes vom 2. August 1880 sind die §§. 98—101 des L.=V.=G. vom 30. Juli 1883 getreten. Die Vorschrift im §. 70a. (beziehungsweise 101) hat keine andere Bedeutung, als die Bestimmung im Art. 11 der Deklaration vom 6. April 1839 (G.=S. S. 126) bezw. im §. 3 des Gesetzes vom 20. März 1854 (G.=S. S. 115), nach welchen der Instanzrichter, an den eine Sache zurückgewiesen wird, bei dem Verfahren und bei der anderweiten Entscheidung sich nach den durch das Erkenntnis des Nichtigkeits= bezw. Revisionsrichters festgestellten Rechtsgrundsätzen und Normen zu achten hat. Dies gilt auch bezüglich derjenigen Grundsätze, welche dahin geführt haben, die Sache für nicht spruchreif und die angeordnete Instruktion für erforderlich zu erklären.

2) Eine in Gemäßheit des §. 10 Nr. 1 des Gesetzes vom 14. April 1856 (G.=S. S. 359) aufzunehmende Verhandlung ist nicht die unerläßliche Voraussetzung des Zustandekommens der Rechtsbeständigkeit eines Gemeindebeschlusses.

3) Die Genehmigung von Gemeindebeschlüssen seitens der Aufsichtsbehörden kann auch durch stillschweigende Willensäußerungen, insbesondere durch anderweite, die thatsächliche Zustimmung in sich schließende und für deren Bestehen konkludente Erklärungen und Handlungen der Aufsichtsbehörde erfolgen.

Nr. 64.

Endurteil des I. Senats vom 14. Oktober 1882 (Entsch. Bd. IX. S. 58).

Die §§. 68, 69 des Organisationsgesetzes vom 26. Juli 1880 (jetzt §§. 132, 133 des L.=V.=G. vom 30. Juli 1883) betreffend die Zwangsbefugnisse der Gemeindevorsteher finden auf die Zwangsvollstreckungen wegen verweigerter Gemeindedienste keine Anwendung.

Nr. 65.

Endurteil des I. Senats vom 7. Februar 1883 (Entsch. Bd. IX. S. 70).

1) Ein die Gemeindeverfassung beweisendes, ordnungsmäßig bestätigtes Urbarium schließt keineswegs die rechtliche Möglichkeit der Abänderung und Fortbildung dieser so außer Zweifel gestellten Verfassung je nach den sich ändernden Verhältnissen der Gemeinde und der sich aus diesen ergebenden Bedürfnisse aus. Diese Abänderung und Fortbildung ist Gegenstand der Autonomie der Gemeinden, welche sich in Verträgen, Beschlüssen und in „hergebrachten Gewohnheiten", in der gleichmäßigen und andauernden Handhabung von Rechtsnormen auf Grund der Überzeugung der rechtlichen Notwendigkeit, in Observanzen bethätigt.

2) Nach §§. 31 und 39 Tit. 7 Teil II A. L.=R.s wird insbesondere zur Regelung der Rechtsverhältnisse hinsichtlich der kommunalen Lasten der Mitglieder der Landgemeinden und ihrer Klassen die hergebrachte Gewohnheit den Verträgen (Beschlüssen) als Rechtsquelle völlig ebenbürtig zur Seite gestellt.

3) Hiernach bestimmt sich auch der Maßstab der einer Gemeinde nach schlesischem Provinzialrecht obliegenden Wegebaulast unter die Gemeindemitglieder durch Observanz.

Nr. 66.

Endurteil des I. Senats vom 14. Februar 1883 (Entsch. Bd. IX. S. 78).

1) An die Stelle des §. 42 Nr. 4 des Zust.-Ges. von 1876 ist der §. 31 Abs. 1 des Zust.-Ges. von 1883 getreten.

2) Die Verpflichtung zur Unterhaltung der öffentlichen Wege bildet im Herzogtum Pommern (Wegereglement vom 25. Juni 1752 — N. C. C. Tom. I. S. 335 N. 35, Rabe Bd. I. S. 310 —) keine den Landgemeinden als solchen gesetzlich obliegende Last, vielmehr ist dieselbe allen Grundbesitzern als solchen auferlegt und namentlich dem Gutsherrn, welcher nicht Mitglied der Dorfgemeinde ist. Sie entspringt allein aus dem Grundbesitze und ist allen Grundbesitzern in der Feldmark (dem Gemeindebezirke und dem Gutsbezirke) gemeinsam. Sie ist unabhängig von dem Gemeindeverbande und der Organisation der Gemeinde.

3) Es ist zulässig, daß die Gemeinde eine Last, welche nicht ihr, sondern einzelnen ihrer Mitglieder obliegt, übernimmt, es müssen jedoch in diesem Falle die Voraussetzungen des §. 64 bezw. des §. 65 Tit. 6 Teil II A. L.-R.s vorliegen, und der desfallsige Beschluß bedarf zu seiner Gültigkeit nach §. 66 a. a. O. der staatlichen Aufsichtsbehörde, welche nach §. 60 des Zust.-Ges. von 1876 der Kreisausschuß war, nunmehr aber nach §. 24 des Zust.-Ges. von 1883 der Landrat ist. Dies hat sich aber in der neuesten Gesetzgebung in sofern geändert, als die der staatlichen Genehmigung unterliegenden Gemeindebeschlüsse jetzt allgemein vom Kreisausschusse zu bestätigen sind, und daß in Bezug hierauf jetzt lediglich die allgemeine Beschwerde in Gemäßheit des §. 121 des L.-V.-G. vom 30. Juli 1883 stattfindet.

Nr. 67.

Endurteil des I. Senats vom 20. Mai 1882 (Entsch. Bd. XI. S. 82).

1) Wenn in der Gemeinde des Wohnortes die Staats-Klassensteuer den Maßstab für die Verteilung der Gemeindeabgaben bildet, so folgt doch aus dem Umstande, daß der Steuerpflichtige in anderen Gemeinden von dem Einkommen aus seinem in dem Bezirke desselben belegenen Grundbesitze nach einer fingierten Klassensteuer zu Beiträgen für die Gemeindebedürfnisse herangezogen wird, noch keineswegs ohne weiteres, daß diese fingierten Klassensteuersätze von dem Betrage des Gesamtsolles der von dem Steuerpflichtigen am Wohnorte entrichteten Klassensteuer als der Prinzipalsteuer für Berechnung seiner Gemeindeabgaben an dem letzteren Orte in Abrechnung zu bringen sind, sondern es bedarf zunächst der Feststellung, ob die am Wohnorte bestehende Ortsverfassung eine solche Abrechnung vorschreibt, und weiter, wenn das der Fall, ob nach dem geltenden Gemeinderechte die in anderen Gemeinden für den Steuerpflichtigen fingiert veranlagten Klassensteuersätze bei dieser Abrechnung für den Wohnort maßgebend sind, oder ob nicht vielmehr in letzterer Gemeinde eine selbständige Einschätzung des Einkommens, welches der Steuerpflichtige aus seinem Grundbesitze in fremden Gemeindebezirken bezieht, zu einer fingierten Klassensteuer vorzunehmen und danach von der Gemeindesteuer festzustellen ist, welche Beträge von der Prinzipalklassensteuer für den Wohnort abzusetzen sind.

2) Ein Verwaltungsstreitverfahren kann auch eingeleitet werden auf eine Klage, welche den Erfordernissen des §. 35 des Gesetzes vom 3. Juli 1875 (jetzt §. 63 des L.=V.=G. vom 30. Juli 1883) nicht entspricht, die entgegenstehende Ansicht wäre mit dem §. 41 (bezw. §. 71) a. a. O. nicht zu vereinigen.

3) Parteien=Eide sind kein zulässiges Beweismittel im Verwaltungsstreitverfahren.

4) Wenn der Verwaltungsrichter findet, daß eine Steuer=Überbürdung zwar nicht um den behaupteten, sondern um einen gewissen minderen Betrag vorliegt, so ist es seine Aufgabe, diesen letzteren, soweit hierfür die Erklärungen der Parteien und der event. nach Maßgabe derselben erhobene Beweis die erforderlichen Grundlagen gewähren, festzustellen und demgemäß über den erhobenen Anspruch auf Herabsetzung der veranlagten Gemeinde-Abgaben Entscheidung zu treffen.

Nr. 68.

Endurteile des I. Senats vom 25. Oktober 1882 und 6. Juni 1883 (Entsch. Bd. X. S. 79 und 80).

1) Die Benachrichtigung von dem Betrage der an eine Landgemeinde zu zahlenden Abgabe kann, sofern der Beginn der Reklamationsfrist davon abhängig gemacht wird, mit Rechtswirkung für den Steuerpflichtigen an einen Dritten, welcher mit dem Auftrage versehen ist, die zur Hebung gelangenden Gemeindeabgaben für den Pflichtigen zu bezahlen, nur in dem Falle erfolgen, wenn jener Auftrag nicht bloß mündlich, sondern in der Form einer schriftlichen Vollmacht erfolgt ist, sofern nicht nachgewiesen wird, daß für die mündliche Form eine Observanz spricht.

2) Das Gemeinderecht bindet nur die Gemeinde und diejenigen, welche ihr vermöge ihres Wohnsitzes, Grundbesitzes oder Erwerbes angehören.

Nr. 69.

Endurteil des I. Senats vom 20. Juni 1883 (Entsch. Bd. X. S. 83).

1) Die Verteilung und Ausschreibung der Gemeindelasten ist ein ortsobrigkeitlicher Akt, dessen Vertretung im Streitverfahren dem entsprechend ausschließlich der Gemeindebehörde, dem Gemeindevorstande übertragen ist (§. 49 des Zust.=Ges. von 1876, jetzt §§. 34 und 160 des Zust.=Ges. von 1883). Neben dem Gemeindevorsteher dürfen nicht noch einzelne Gemeindemitglieder zu gleichem Zwecke beigeladen werden, auch wenn die ortspolizeiliche Verfügung, welche Gegenstand des Streites ist, ihr Interesse berührt.*)

2) Ein Verwaltungsstreit der einzelnen Gemeindeglieder untereinander über die Verteilung der Gemeindelasten gehörte früher vor die ordentlichen Gerichte. (A. L.=R. II. 14 §§. 9 und 79, vergl. jetzt §. 34 Abs. 3 und §. 160 des Zust.=Ges. von 1883.)

Nr. 70.

Endurteil des I. Senats vom 6. Oktober 1883 (Entsch. Bd. X. S. 101).

1) Wo die vor dem Gesetze vom 25. August 1876 bestätigten Abgaben-Regulierungspläne Lücken oder Mängel aufweisen, da ist eine Nachtrags=

---

*) In den Entscheidungen Bd. X. S. 87 Zeile 6 von oben steht „§. 49 a. a. O." statt „§. 49 des Zust.=Ges. von 1876". Zeile 8 lies „Verfügung" statt „Verwaltung".

regulierung nicht ausgeschlossen, vielmehr wird zur vollständigen Lösung der von den Gesetzen gestellten Aufgabe eine solche erforderlich für Abgaben und Leistungen, welche in dem bestehenden Plane keine Berücksichtigung gefunden haben. Die Länge der inzwischen verflossenen Zeit, während welcher man mit dem unvollständigen Plane ausgekommen ist, ändert hierin nichts.*)

2) Abgaben-Verteilungs-Plänen wohnt nach §. 23 des Gesetzes vom 3. Januar 1845 die Kraft einer gerichtlich bestätigten und vollstreckbaren Urkunde nur so weit bei, als der Inhalt der Urkunde reicht.

3) Privatabreden bei der Verteilung der Lasten sind für sich allein ohne Wert, solange sie nicht die öffentliche Sanktion gefunden haben, sei es in Auseinandersetzungsrezessen, sei es in Gemeindebeschlüssen.

4) Für die künftige Verteilung neu entstehender Leistungen (Staats-, Kriegs-, Gemeindelasten) im voraus Bedacht zu nehmen ist zulässig und möglich durch die Einreihung der Parzellenerwerber in das betreffende Klassenverhältnis und durch Aufstellung eines allgemeinen Repartitionsmaßstabes.

Nr. 71.

Endurteil des I. Senats vom 14. November 1883 (Entsch. Bd. X. S. 107).

1) Die Worte „Recht zur Teilnahme an den Nutzungen des Gemeindevermögens" in §. 49 des Zust.-Ges. von 1876 (jetzt §. 34 Nr. 1 des Zust.-Ges. von 1883) werden in folgender Weise erläutert:

Dies Teilnahmerecht des einzelnen Gemeindemitgliedes kann auf die mannigfachste Weise streitig werden, sei es, daß das Gemeindevermögen der Nutzung unmittelbar durch die Gemeindeglieder überlassen wird und der Einzelne behauptet, hierbei zu Unrecht ausgeschlossen oder in dem Maß der Nutzungen beschränkt zu sein, sei es, daß es zwischen der Gemeindeverwaltung und dem Einzelnen streitig wird, ob und in welchem Umfange Gemeindevermögen der Nutzung unmittelbar durch die einzelnen Gemeindeglieder überlassen werden muß, ortsverfassungsmäßig sog. Kämmereivermögen oder Gemeindevermögen ist, oder ob dasselbe aus letzterem in ersteres verwandelt werden kann.

Hiernach sind die Voraussetzungen eines Verwaltungsstreites über das Recht zur Teilnahme an den Nutzungen und Erträgen des Gemeindevermögens zu beurteilen.

2) Wie die Nutzung des Gemeindevermögens durch die Gemeindeglieder, so sind die Besteuerung der Gemeindeglieder zu Gemeindezwecken und die Ausübung des Stimmrechtes durch dieselben in der Gemeindeversammlung innere Angelegenheiten der Korporation. Lediglich in diesen, nicht in ihren Beziehungen zu außer ihr stehenden Rechtssubjekten, welche sich meist nach Privatrecht ordnen, greift neben der Thätigkeit der Aufsichtsbehörden die Zuständigkeit der Verwaltungsgerichte Platz, nämlich regelmäßig da, wo die Rechtsverhältnisse der einzelnen Gemeindeglieder als solcher streitig sind, und zwar, eben weil es sich hierbei um innere Angelegenheiten der Korporation als solcher, um Verwaltungssachen derselben, handelt, im Streit nicht mit anderen Gemeindegliedern, sondern mit der Gemeinde-Verwaltungsbehörde, dem Gemeindevorsteher oder der Gemeindevertretung.

3) Ursprünglich war das Verwaltungsstreitverfahren für das Abgabenwesen der Kommunalverbände verschieden geregelt, je nachdem die Beschwerde

---

*) Vergl. den Aufsatz im Jahrgang X. S. 1 der Wochenschrift: „Selbstverwaltung".

die Heranziehung zu den Abgaben überhaupt oder die Veranlagung durch die Behauptung der Überbürdung betraf (§. 19 der Kr.-O. in der ursprünglichen Fassung). Der Entscheidung über die letztere mußte ein Reklamationsverfahren bei dem Kreisausschuß vorangehen. Im Gegensatze hierzu wurde in §. 135 Nr. 60 derselben (alten) Kreisordnung die Beschwerde wegen Heranziehung zu den Gemeindelasten, mochte dieselbe auf gänzliche Befreiung oder Ermäßigung gerichtet sein, in einem und demselben Verfahren zur Entscheidung der Verwaltungsgerichte gewiesen. Deshalb unterliegt auch jetzt nicht nur die Rechtsfrage der Steuerpflicht, sondern auch die thatsächliche Frage der Vermögensschätzung dem Verwaltungsstreitverfahren.

4) Die Verwaltungsgerichte sind auch zur Entscheidung der Frage berufen, ob eine Anordnung der Kommunalaufsichtsbehörde unanfechtbares Gemeinderecht schafft oder nicht, und letzteren Falles, ob sie materiell zu Recht besteht oder zu Unrecht in das ortsverfassungsmäßige Recht der Beteiligten eingreift. Es sind dies Fragen des öffentlichen Rechtes.

Nr. 72.

Endurteil des I. Senats vom 23. April 1884 (Entsch. Bd. X. S. 112).

1) Wenn in einer Landgemeinde das Geld zu einem Kommunalbau aus der Gemeindekasse entnommen, dabei aber bestimmt wird, daß die Spanndienste von den gespannhaltenden Wirten in natura zu leisten sind, während die kleinen Leute für die zu leistenden Handdienste Geld geben sollen, und wenn dann diese letztere Leistung unter dem Vorgeben verweigert wird, daß die Leistung der Handdienste von einer bestimmten Klasse von Einwohnern der Ortsverfassung nicht entspreche, so finden die §§. 5, 6 und 14 des Gesetzes vom 18. Juni 1840 (Gesetz vom 12. April 1882 — G.-S. S. 297 —) auf derartige Streitfälle keine Anwendung.

2) Von der Verpflichtung der Landgemeinden, die zur Erhaltung der Wirtschaftsordnung erforderlichen Mittel zu verschaffen, handelt das A. L.-R. Teil II Tit. 7 §§. 29, 31, 37, 39 ff. — Verschieden hiervon ist die Verbindlichkeit zu denjenigen einzelnen Leistungen, welche der Erfüllung jener Verbindlichkeit dienen. Erstere Pflicht besteht für den Einzelnen fortdauernd, solange seine Gemeindemitgliedschaft währt, letztere tritt nur in's Leben, falls und soweit Aufwendungen für öffentliche Zwecke erfordert werden.

3) Das Gesetz vom 18. Juni 1840 (12. April 1882) enthält keine Bestimmung über die allgemeine Verbindlichkeit zur Tragung der Staats- und Gemeindelasten, sowie der Kosten der Unterhaltung öffentlicher Anstalten, es spricht in den §§. 5 und 6 von einigen der zur Deckung der Staatsbedürfnisse dienenden Steuern und in §. 14 von den „Abgaben", welche als Gemeindelasten oder zur Unterhaltung öffentlicher Anstalten aufzubringen sind. Der Zweck der Vorschriften in den §§ 5 und 6 geht lediglich dahin, für den Fall der bereits bewirkten Ausschreibung einer der hier bezeichneten Steuern die nachträgliche Korrektur der Individualrepartition nach Ablauf des Kalenderjahres zu verbieten und damit dem Steuerpflichtigen die Sicherung gegen fortgesetzte Beunruhigung zu gewähren.

4) Nachforderungen einer veranlagten Abgabe und Einforderung von Rückständen einer bereits zur Hebung gestellten Steuer sind verschieden von der neuen Ausschreibung der zur Deckung eines Defizits in der Gemeindekasse bestimmten Abgabe.

5) Die Substituierung eines Geldäquivalentes kann die rechtliche Natur

einer schuldigen Leistung (hier der Handdienste) nicht derart ändern, daß die bisherige Verbindlichkeit der eigentlich Verpflichteten erlischt und auf die Gemeinde übergeht.

Nr. 73.

Endurteil des I. Senats vom 26. April 1884 (Entsch. Bd. XI. S. 92).

Diese Entscheidung handelt von der Nichtbefugnis der Landgemeinden der östlichen Provinzen, das Einkommen, welches außerhalb des Gemeindebezirks wohnende Aktionäre einer in der Gemeinde von einer Aktiengesellschaft betriebenen Zuckerfabrik als Dividende aus dem Aktienunternehmen beziehen, zu besteuern. Vergl. hierzu jetzt das Gesetz vom 27. Juli 1885 (G.=S. S. 327).

Nr. 74.

Endurteil des I. Senats vom 22. Oktober 1884 (Entsch. Bd. XI. S. 102).

1) Sonderrechte einzelner Klassen in der Gemeinde unterliegen der Aufhebung weder durch Gemeindebeschluß noch auch durch Akte der Aufsichtsinstanz. Der letzteren steht es nicht zu, die Rechte einer einzelnen Klasse als einen Mangel der inneren Verfassung zu kassieren, da diese Rechte das auch für die Handhabung der Aufsicht maßgebende Gesetz anerkannt hat. Die Aufsichtsbehörde kann hier ebensowenig Remedur schaffen, als sie die sonst durch Gesetz geregelte Verfassung der Landgemeinden, ihre gesetzliche Ordnung der Gemeindeämter, der Vertretung, des Haushaltes u. dergl. nach Gesichtspunkten der Zweckmäßigkeit umzuändern befugt ist. Es würde die Regelung der Gemeindenutzungen ohne Rücksicht auf die etwaigen Rechte von Klassen einer besonderen gesetzlichen Bestimmung bedürfen. (Ges. vom 14. April 1856 — G.=S. S. 359 —).

2) Demgemäß haben die Aufsichtsbehörden kein Recht, die Umwandlung des Gemeindegliedervermögens der Landgemeinden in sogenanntes Kämmereivermögen anzuordnen.

3) Bei Streitigkeiten zwischen einzelnen Klassen der Gemeinde und der letzteren selbst hat der Richter die Entscheidung davon abhängig zu machen, ob eine Klasse von Gemeindemitgliedern vorhanden ist, welcher gewisse Rechte ausschließlich zustehen. Derartige Klassenrechte können sich auch durch Observanz bilden.

4) Die zuständige Aufsichtsbehörde über die Landgemeinde ist jetzt in der Regel wieder der Landrat (§. 24 des Zust.=Ges. von 1883, ursprünglich §. 36 der V. vom 30. April 1815 — G.=S. S. 85 —).

Nr. 75.

Endurteil des I. Senats vom 3. November 1884 (Entsch. Bd. XI. S. 111).

Das Besteuerungsrecht der Landgemeinden darf nicht auf das Gebiet der indirekten Steuern hinübergreifen. Deshalb ist die Erhebung einer Gemeindeabgabe vom Braumalzschrot und von Braumalz=Surrogaten und von Bier zollvereinsländischen Ursprungs selbst dann unstatthaft, wenn auch das betreffende Regulativ die Bestätigung der Aufsichtsbehörden erhalten hat. (§. 13 des Gesetzes vom 30. Mai 1820 — G.=S. S. 134 —, §§. 11—13 des Gesetzes vom 14. April 1856 — G.=S. S. 359 —, §. 49 des Zust.=Ges. von 1876, jetzt §. 34 des Zust.=Ges. von 1883.)

Nr. 76.

Endurteil des I. Senats vom 30. Dezember 1884 (Entsch. Bd. XI. S. 124).

Der Besitzer einer Rustikalstelle in Schlesien kann sich der Teilnahme an den Gemeindelasten nicht schon deshalb entziehen, weil die Gutsherrschaft bei der Neubegründung der Stelle (im Jahre 1756) dem ersten Erwerber das Freibleiben von allen Gemeindeabgaben vertragsmäßig zugesichert hat. Dagegen kann die Befreiung von den nicht persönlichen Kommunallasten innerhalb einer schlesischen Landgemeinde auf Grund der Verjährung mit Erfolg nachgewiesen werden, und zwar in Gemäßheit der §§. 625—628 (nicht §§. 656 ff.) Tit. 9 Teil I. A. L.-R.'s. Vergl. §. 18 des Gesetzes vom 14. April 1856 (G.-S. S. 359) und Art. 1 der dazu ergangenen Instruktion vom 14. Juli 1856 (Min.Bl. d. i. V. S. 180).

Nr. 77.

Endurteil des I. Senats vom 17. Juni 1885 (Entsch. Bd. XII. S. 151).

1) Die Landgemeinden sind befugt, in Gemäßheit des §. 27 Tit. 19 Teil II A. L.-R.'s und §. 74 des Gesetzes vom 8. März 1871 (G.-S. S. 130) eine Abgabe von öffentlichen Tanzlustbarkeiten zu Armenzwecken, insbesondere zur Besteuerung aller solcher Lustbarkeiten, nicht nur der für die „wohlhabenden Einwohner" zu erheben. Zu diesem Behuf ist ein von dem Kreisausschuß zu bestätigendes Ortsstatut zu erlassen.

2) Unter den „gemäßigten Taxen" ist keine feste, von dem Richter im Verwaltungsstreitverfahren zu hütende gesetzliche Schranke zu verstehen, vielmehr ist dadurch für die Bemessung der Steuer (Taxe) eine Weisung gegeben, welche die Gemeinden in der Übung der Autonomie und die staatlichen Aufsichtsbehörden, denen die Überwachung und Regelung dieser Autonomie obliegt, nach freiem pflichtmäßigen Ermessen zu beobachten haben. Der Verwaltungsrichter hat nur die Rechtsverbindlichkeit des Statuts zu prüfen, nicht die Höhe der Taxe.

3) Mit den Worten „ihrer wohlhabenden Einwohner" weist das Gesetz für die Besteuerung auf solche öffentliche Belustigungen hin, die nicht ein Bedürfnis aller Einwohner sind, deren Kosten sich vielmehr als Luxusausgaben darstellen und daher regelmäßig von den Vermögenden getragen werden. Jene Worte enthalten kein rechtliches, sondern ein steuerpolitisches Element. Das Statut kann alle öffentlichen Lustbarkeiten als entbehrlich, als Gegenstände des Luxus behandeln.

4) Die Steuererhebung kann derartig reguliert werden, daß die Steuer von dem Wirt, welcher die Tanzlustbarkeit veranstaltet oder in seinen Räumen abhalten läßt, erhoben wird. Eine diese Modalität der Erhebung ausschließende, die Kommune mit der Steuerforderung lediglich an die Teilnehmer der Lustbarkeiten verweisende, rechtliche Norm besteht nicht.

5) Die Frage, ob es in dem betreffenden Orte an anderweiten Mitteln zur Armenpflege fehle, und ferner ob, in welchem Umfange und wie lange die fragliche Steuer erforderlich sei, hat nicht der Verwaltungsrichter zu entscheiden, sondern dies ist Sache der Aufstellung des Gemeindehaushaltsetats durch die Gemeinde und der Kontrolle durch die Kommunalaufsichtsbehörde und wird durch diese Organe endgültig erledigt.

6) Die Bekanntmachung des Statuts in der Gemeindeversammlung genügt zur „Publikation" derselben; wenn unter der Abschrift des Statutes die Genehmigungsklausel des Kreisausschusses fehlt, so ist das bedeutungslos, wenn nur sonst der Nachweis der erfolgten Genehmigung geführt werden kann.

Nr. 78.

Endurteil des I. Senats vom 25. Februar 1885 (Entsch. Bd. XII. S. 155).

1) An die Stelle der §§. 49 und 78 des Zuständigkeitsgesetzes vom 26. Juli 1876 sind die §§. 34 und 47 des Zuständigkeitsgesetzes vom 1. August 1883 getreten.

2) Wenn eine Gemeinde mit Genehmigung der Aufsichtsbehörde beschließt, sämtliche für Kirchen- und Schulzwecke innerhalb dieser Gemeinde aufzubringenden baren Abgaben und Leistungen, einschließlich der Hand- und Spanndienste, die in Zukunft gegen Barzahlung verdungen werden sollen, als Gemeindelast zu übernehmen; wenn später von den Vertretern der Kirchengemeinde und von denen der Schulgemeinde, ebenfalls mit Genehmigung der Aufsichtsbehörde, beschlossen wird, das Küster- und Schulhaus neu zu bauen und die Baukosten nach Abzug der Patronatslasten zur Hälfte von der Kirchengemeinde und zur Hälfte auf die Schulgemeinde zu übernehmen, und wenn dann endlich der Gemeindevorstand später auf einen im Gemeindebezirk mit Acker und Wiesen angesessenen Rittergutsbesitzer Gemeindesteuern ausschreibt, von deren Betrage ein Teil auf die Kosten zu dem Neubau des Schul- und Küsterhauses entfällt, so handelt es sich, wenn der Rittergutsbesitzer hiergegen reklamiert, nicht um einen Streit zwischen den zum Bau und zur Unterhaltung der Schule und der Küsterei Verpflichteten (§. 78, jetzt § 47 des Zust.-Ges.), sondern um die Veranlagung eines Gemeindemitgliedes zu den Gemeindeabgaben, es findet deshalb der §. 49 (jetzt 34) des Zust.-Ges. Anwendung. Denn hat die Gemeinde neue Lasten übernommen und schreibt sie zur Erfüllung der übernommenen Verpflichtung Steuern aus, so haben diese die Natur wirklicher Gemeindesteuern.

3) Das preußische Recht gibt keine Definition des Begriffes der „Gemeinde" und ihrer Aufgaben. Dasselbe läßt es in dieser Beziehung bei den gemeinen Rechten bewenden. Nach gemeinem Rechte verfolgt aber die Gemeinde (vergl. die Entscheidung vom 30. Juni 1877 — Band II. S. 190 —) nicht einen mehr oder weniger vereinzelten Zweck, sondern sie hat die Bestimmung, alle Beziehungen des öffentlichen Lebens in sich aufzunehmen. Die Gemeinde kann hiernach Alles in den Bereich ihrer Wirksamkeit ziehen, was die Wohlfahrt des Ganzen, die materiellen Interessen und die geistige Entwickelung des Einzelnen fördert. Sie kann gemeinnützige Anstalten, welche hierzu dienen, einrichten, übernehmen und unterstützen. Die Autonomie der Gemeinde wird auf allen diesen Gebieten nur durch das staatliche Aufsichtsrecht begrenzt. Deshalb liegt es in der Befugnis der Gemeinde, Schulen zu errichten, zu übernehmen, zn unterstützen, Lasten ihrer Angehörigen für die Schule auf sich zu nehmen (Entsch. Band III. S. 125). Ein gleiches gilt hinsichtlich der Kirchen und der kirchlichen Lasten, denn die kirchlichen Institutionen fördern die Wohlfahrt der Gemeinden und ihrer Angehörigen gewiß in nicht minderem Maße als Volks- und gelehrte Schulen. Auch hier haben die Aufsichtsbehörden nur die Angemessenheit der Zuwendungen zu prüfen.

4) Beschlüsse der bürgerlichen Gemeinden, Lasten ihrer Angehörigen für kirchliche oder Schulzwecke mit Genehmigung der Kommunalaufsichtsbehörden übernehmen zu wollen, bedürfen, wenn es sich darum handelt, bestehende kirchliche oder Schulanstalten zu solchen der bürgerlichen Gemeinde zu machen, zu ihrer Rechtsverbindlichkeit für die Mitglieder der letzteren weder der Zustimmung der Kirchen- oder der Schulgemeinde, noch der der kirchlichen oder Schulaufsichtsbehörden.

Nr. 79.

Endurteil des I. Senats vom 23. September 1885 (Entsch. Bd. XII. S. 160).

1) Der in dem §. 8 des Freizügigkeitsgesetzes vom 1. November 1867 (B.-G.-Bl. S. 55) vorausgesetzte, mehr als dreimonatliche Aufenthalt verlangt im wesentlichen eine ununterbrochene Anwesenheit am Orte und verträgt zum mindesten nicht eine mehrwöchentliche Unterbrechung. Von welcher Dauer die Entfernung sein muß, um als eine Unterbrechung des Aufenthaltes zu gelten, ist eine Frage rein thatsächlicher Natur. Ein Spaziergang über die Weichbildgrenze oder die Feldflur hinaus, ein bloßer Besuch nach außerhalb und eine kurze Geschäftsreise an einen andern Ort mit der Absicht direkter Rückkehr sind nicht geeignet, den Aufenthalt zu unterbrechen. Wann mit Rücksicht auf etwaige zeitweilige Unterbrechungen der thatsächlichen körperlichen Anwesenheit am Orte der dreimonatliche Aufenthalt daselbst als vollendet anzunehmen ist, untersteht in jedem Falle der verständigen Beurteilung nach den obwaltenden Verhältnissen. Die Entscheidung in diesem Punkte entzieht sich der Revision.

2) Die Grundlagen der zur Erörterung stehenden Abgabenforderung dürfen seitens des Hebungsberechtigten im Laufe des Streitverfahrens nicht geändert werden.

Nr. 80.

Endurteil des I. Senats vom 27. Juni 1885 (Entsch. Bd. XII. S. 174).

1) Die nach Maßgabe des Gesetzes vom 3. Januar 1845 (G.-S. S. 25) aufgestellten und bestätigten Abgabenregulierungspläne, welche die Verteilung der Kommunallasten innerhalb eines Gutsbezirkes zum Gegenstande haben, begründen keine öffentlich-rechtlich erzwingbare Beitragspflicht der Angehörigen des Gutsbezirkes zu Gunsten des Gutsherrn, sind auch in Ansehung der Armenlasten nicht geeignet, das im §. 8 des Gesetzes vom 8. März 1871 (G.-S. S. 130) vorgesehene Statut zu ersetzen.

2) Vergl. den Aufsatz im Jahrgang X. S. 1 der Wochenschrift „Selbstverwaltung").

3) Nach prozessualischen Grundsätzen darf aus dem Nichtbestreiten einer gar nicht zur Verhandlung gekommenen Thatsache ein präjudizierlicher Schluß nicht gezogen werden.

4) Der Mangel der Unterschrift eines der Beteiligten wird gehoben, wenn der Landrat nach Ausweis der Akten diesem Beteiligten den Abgabenregulierungsplan mitgeteilt hat, und zwar mit dem ausdrücklichen Bemerken, daß dies „wegen der Gemeindeabgaben" geschehe. Bei dem Mangel eines Einspruches von dieser Seite ist damit das gesetzliche Präjudiz des Einverständnisses mit der im Plane vorgesehenen Festsetzung in Kraft getreten. (Vergl. das Endurteil vom 22. November 1876 — Entsch. Band I. S. 147 —).

B. Disziplinarangelegenheiten der Gemeindebeamten.

Nr. 1.

Endurteil vom 21. Oktober 1876 (Entsch. Bd. I. S. 135).

1) Die Frage, ob jemand gesetzliche Entschuldigungsgründe zur Seite stehen, welche ihn zur Ablehnung des Amtes eines Waisenrates (§. 52 der Vormundschafts-Ordnung vom 5. Juli 1875 — G.-S.

S. 431 —) berechtigen, gebührt in erster Instanz dem Kreisausschusse, welcher aber darüber als Aufsichtsbehörde zu beschließen hat (§. 135 IX. der Kreis-O. vom 13. Dezember 1872 im Eingange, §. 60 des Zust.-Ges. von 1876, vergl. dagegen jetzt §. 24 des Zust.-Ges. von 1883, nach welchem an die Stelle des Kreisausschusses als Aufsichtsbehörde in der Regel der Landrat getreten ist).

2) Die Bestimmungen der §§. 8 und 25 der Kreis-O. finden in Fällen dieser Art auf das Verfahren keine Anwendung.

3) An die Stelle des §. 3 des Gesetzes vom 3. Juli 1875 sind die Vorschriften in §§. 7 und 50 des L.-V.-G. vom 30. Juli 1883 getreten. Der §. 46 des Zust.-Ges. von 1876 ist ersetzt durch §. 26a der Kreis-O.-Novelle vom 19. März 1881 (Hannover §. 31, Hessen-N. §§. 34—35, Westfalen §. 25).

4) Beschwerden über Disziplinarverfügungen des Landrates, welche nicht die ländlichen Gemeindevorsteher, Schöffen und Gutsvorsteher betreffen, sind nach §. 21 des Gesetzes vom 21. Juni 1852 (nunmehr) von dem Regierungspräsidenten zu prüfen (§. 18 des L.-V.-Gesetzes vom 30. Juli 1883).

5) Das Amt eines Waisenrates ist nach §. 52 der Vormundschaftsordnung vom 5. Juli 1875 ein Gemeindeamt, welches nach §§. 161, 162 Tit. 6 Thl. II A. L.-R.'s nur aus Gründen abgelehnt werden darf, welche die Ablehnung einer Vormundschaft rechtfertigen.

Nr. 2.

Endurteil vom 6. Juni 1877 (Entsch. Bd. II. S. 86).

Der Amtsvorsteher handelt innerhalb seiner gesetzlichen Befugnisse, wenn er dem Gemeindevorsteher die Behändigung polizeilicher Strafverfügungen aufträgt, und der Gemeindevorsteher macht sich disziplinarisch strafbar, wenn er die Ausführung eines derartigen Auftrages verweigert (§. 29 der Kr.-O.). Es werden hiermit den Gemeinde- und Gutsvorständen keineswegs niedere Botendienste angesonnen, denn ein derartiger Auftrag des Amtsvorstehers ist vielmehr nur dahin aufzufassen, daß die Gemeinde- bezw. Gutsvorstände die Behändigung durch diejenigen Organe vornehmen lassen, welcher sie sich selbst bedienen, wenn sie in ihrer Eigenschaft als „Obrigkeit" an die Gemeinde- bezw. Gutseingesessenen Vorladungen u. s. w. ergehen lassen.

Allerdings wird der Amtsvorsteher in der Regel diese Behändigung am zweckmäßigsten und sichersten durch den Amtsdiener oder durch die Post bewirken lassen.

Nr. 3.

Endurteil des I. Senats vom 29. März 1879 (Entsch. Bd. V. S. 110).

Das in der Kreisordnung §. 8 Abs. 5 vorgesehene Verfahren (jetzt Beschluß des Kreistages) wegen ungerechtfertigter Ablehnung oder Niederlegung unbesoldeter Ämter in der Verwaltung und Vertretung des Kreises findet gegen Gutsvorsteher als solche nicht statt, denn die Verpflichtung zur Verwaltung des Amtes eines Gutsvorstehers folgt nicht sowohl aus der Kreisangehörigkeit, als aus dem privatrechtlichen Eigentum am Gutsbezirke. Diese Verpflichtung geht auch nicht auf die persönliche Verwaltung des Amtes, sondern auf Fürsorge für die Verwaltung; der Verpflichtete hat die Wahl, das Amt in Person zu verwalten oder durch Stellvertreter auszuüben. Mit solchem Inhalte ist die Pflicht weder an eine bestimmte Zeitdauer geknüpft, sondern an den Besitz des Gutes, noch können die Entschuldigungsgründe des §. 8 a. a. O. von derselben entbinden.

Nr. 4.

Endurteil des I. Senats vom 25. Juni 1879 (Entsch. Bd. V. S. 146).

1) An die Stelle des §. 61 des Zust.-Ges. von 1876 ist der §. 36 des Zust.-Ges. von 1883 getreten. Danach ist der folgende Rechtsgrundsatz zu beurteilen:

2) Gegen den Beschluß eines Kreisausschusses, durch welchen derselbe mit Überschreitung seiner Zuständigkeit gegen einen seinem Ordnungsstrafrechte nicht unterstellten Beamten der Selbstverwaltung eine Ordnungsstrafe verhängt, ist die Klage im Verwaltungsstreitverfahren zulässig.

Nr. 5.

Endurteil des I. Senats vom 23. April 1881 (Entsch. Bd. VII. S. 183).

1) Wie für den Gutsvorsteher der Besitz des Gutes, so ist für den stellvertretenden Gutsvorsteher der Auftrag (die Bestellung) seitens des Gutsbesitzers oder im Falle des §. 34 der Kreisordnung (Hannover §. 39, Hessen-N. §. 40, Westf. §. 26) der Auftrag (die Ernennung) seitens des Landrats die notwendige Voraussetzung für die rechtliche Existenz seiner amtlichen Stellung. Mit dem Wegfalle dieses Mandats enden die Rechte und Pflichten, die Gutsvorstehergeschäfte wahrzunehmen, von selbst. Die Vorschrift des §. 61 a. a. O. leidet nur Anwendung für den Fall, daß von der Aufsichtsbehörde wider den Willen des Auftraggebers die Entfernung des stellvertretenden Gutsvorstehers aus dem Amte herbeigeführt werden soll.

2) Ist jemand stellvertretender Gutsvorsteher vermöge Auftrag des Gutsbesitzers, so ist die Festsetzung der ihm gebührenden Dienstunkostenentschädigung lediglich Privatsache der Beteiligten; ist er es vermöge Auftrag des Landrats gemäß §. 34 der Kreisordnung, so findet im Mangel gütlicher Einigung unter den Beteiligten auf Anrufen eines derselben die Festsetzung der Entschädigung nach §. 47 des Zuständigkeitsgesetzes (jetzt K.-O.-N. §. 34a) statt. Die nachträgliche Gutheißung einer ohne Auftrag geführten Verwaltung durch den Landrat ist nicht eine Ernennung unter der Voraussetzung des §. 34 (Hannover §. 39, Hessen-N. §. 40, Westf. §. 26).

3) Die Frage, auf welche Weise der Beklagte für seine Geschäftsführung ohne Auftrag Entschädigung findet, ist nach dem bestehenden Rechte nicht öffentlich-rechtlicher, sondern privatrechtlicher Natur.

C. Grenzen der Gemeinden und Gutsbezirke, Angelegenheiten der letzteren.

Nr. 1.

Endurteil vom 22. November 1876 (Entsch. Bd. I. S. 147).

1) Die durch die Landeskulturgesetzgebung eingeführte freie Teilbarkeit des Grund und Bodens, die gesetzlich erfolgte Regulierung der gutsherrlichen und bäuerlichen Verhältnisse behufs der Eigentumsverleihung an die bäuerlichen Besitzer und die Aufhebung des Obereigentums der Guts- und Grundherren und der Erbzinsherren, sowie des Eigentums der Erbverpächter haben

die Rechtsverhältnisse vieler Gutsbezirke in der Weise umgestaltet, daß die gutsherrlichen Rechte und Pflichten mit dem Eigentum eines verhältnismäßig geringfügigen Teiles eines Gutes oder nur mit Rechten verknüpft sind, welche ablösbar oder durch Vermittelung der Rentenbanken bereits abgelöst sind, ohne daß durch derartige Umgestaltungen der ursprünglichen Gutsverhältnisse allein der kommunalrechtliche Bestand der Gutsbezirke beseitigt und die gutsherrlichen Pflichten derer, auf welche die Gutsherrschaft übergekommen ist, aufgehoben werden könnten.

2) Letzteres gilt insbesondere auch von der dem Gutsherrn obliegenden Last der Armenpflege. Die Kosten der letzteren sind keineswegs nur solchen Gutsherrschaften auferlegt, welche das Eigentum am Grund und Boden des Gutsbezirks oder doch an einem Teile desselben, an einem „Gute", hätten. Der Träger der gutsherrlichen Rechte und Pflichten im Gutsbezirke ist der Gutsherr, die Gutsherrschaft, wofür auch der Ausdruck „Gutsbesitzer" gebraucht wird. Gegen diese Auffassung spricht auch nicht der §. 8 des Gesetzes vom 8. März 1871 (G.-S. S. 130). Vergleiche dazu §. 31 der Kreis-O. (Hannover §. 36, Hessen-N. §. 37, Westfalen §§. 23 und 26).

3) Das kommunalrechtliche Bestehen der Gutsbezirke ist von den privatrechtlichen Dispositionen des Eigentümers am Grund und Boden über diesen unabhängig; es können also Gutsbezirke als solche niemals durch Zerstückelungen des Gutes allein, sondern nur durch einen entsprechenden Akt der Staatshoheit aufgehoben werden.

4) Der Gutsherr kann sich seiner gutsherrlichen Pflichten nicht willkürlich durch einseitige Handlungen, wie durch Parzellierung des Grund und Bodens, durch Veräußerung oder Ablösung der ihm an demselben zustehenden Rechte, entledigen (§. 2 Nr. 2 des Gesetzes vom 14. April 1876 — G.-S. S. 359 —).

5) Die mit der Gutsherrschaft verbundenen Lasten und insbesondere die Last der öffentlichen Armenpflege haben nicht die Natur der Reallasten. Sie können daher auch nicht auf die einzelnen Teile des Bezirkes als öffentliche Lasten umgelegt werden.

6) Wenn die Leistungen des Gutsbesitzers in einem thatsächlichen Mißverhältnis zu den Rechten stehen, so ist Abhilfe dagegen nur auf dem im §. 8 Abs. 2 des Gesetzes vom 8. März 1871 bezeichneten Wege oder durch die Umgestaltung des Gutes in eine Gemeinde zu suchen.

Nr. 2.

Endurteil vom 7. März 1877 (Entsch. Bd. II. S. 117), vom 30. April 1877 (a. a. O. S. 164) und vom 19. April 1879 (Entsch. Bd. V. S. 120).

1) Die Begriffe „Gemeindebezirk" und „Gutsbezirk" haben sich geschichtlich entwickelt. Ausgangs- und Mittelpunkt der ländlichen Gemeindeverfassung bildete früher das Band der persönlichen Leibeigenschaft oder Erbunterthänigkeit der hörigen Leute zum Gutsherrn.

2) Lediglich in dem Belieben des letzteren stand es, ob er die Feldmark selbst bewirtschaften lassen oder ganz oder zum Teil mit bäuerlichen Wirten besetzen wollte. Er konnte Bauern legen oder früheres Vorwerksland mit bäuerlichen Wirten besetzen. That er letzteres, so trat ohne weiteres das Vorwerksland den Rustikalstellen der Dorfgemeinde hinzu. Das Bauernlegen wurde frühzeitig durch besondere Provinzialgesetze beschränkt, welche teils bestimmten, daß die nach einem gewissen Jahre eingezogenen Stellen hinsichtlich der auf denselben haftenden dinglichen Lasten und persönlichen Lei-

stungen von dem Gutsherrn vertreten werden sollten, teils die Konservierung der in einem gewissen Jahre vorhanden gewesenen Rustikalstellen anordneten (Art. 4 der Deklaration vom 29. Mai 1816 — G.-S. S. 154 —; A. L.-R. II. 7 §§. 14—16, 9 §§. 74 und 75).

3) So lange die Erbunterthänigkeit bestand, blieb das Recht des Gutsherrn, Vorwerksland mit bäuerlichen Wirten zu besetzen, ungeschmälert, durch diese Besetzungen vergrößerte sich von selbst die bäuerliche Gemeinde.

4) Mit der Aufhebung der Erbunterthänigkeit (Edikte vom 9. Oktober 1807 und vom 14. September 1811) trat das Eigentum der bäuerlichen Gemeinde dem Eigentum des Gutsherrn gegenüber, es entstanden Grenzen zwischen Gemeinde- und Gutsbezirk.

Bis zum Erlaß des Gesetzes vom 31. Dezember 1842 (G.-S. 1843 S. 8) war die Frage, ob die vom Gutsherrn abverkauften Parzellen des Gutes Teile des Gutsbezirks bleiben oder als in den Bezirk der Dorfgemeinde ohne weiteres eintretend zu behandeln seien, zweifelhaft; erst durch den §. 6 Nr. 3 des gedachten Gesetzes ist eine feste Basis geschaffen.

5) Die von den Rittergütern u. s. w. abgezweigten Grundstücke, soweit solche vor Publikation des Gesetzes über die Verpflichtung zur Armenpflege vom 31. Dezember 1842 (G.-S. 1843 S. 8) ohne Widerspruch der Beteiligten zu der Dorfgemeinde übergegangen oder als zu derselben gehörig behandelt worden sind, sollen bei letzterer auch ferner verbleiben (§. 6 Nr. 3 des Gesetzes vom 31. Dezember 1842). Die ausdrückliche Zustimmung der Gemeinde und die Genehmigung der Landespolizeibehörde ist dabei nicht erforderlich. Cf. auch §. 74 des Gesetzes vom 8. März 1871 (G.-S. S. 130).

6) Wenn der §. 1 des Gesetzes vom 14. April 1856 bestimmt, daß den Bezirk einer ländlichen Gemeinde alle diejenigen Grundstücke bilden, welche demselben bisher angehört haben, so gehören dazu auch die im §. 6 Nr. 3 des Gesetzes vom 31. Dezember 1842 bezeichneten Trennstücke von Rittergütern. Die Vereinigung solcher Trennstücke mit dem Gutsbezirke in den Formen des §. 1 Abs. 4 des Gesetzes vom 14. April 1856 ist nicht erforderlich.

7) Das A. L.-R. unterscheidet in Titel 7 Teil II herrschaftliche Grundstücke (§. 308) und bäuerliche Grundstücke. Nur die Besitzer der letzteren, und zwar nur die angesessenen Wirte bilden die Dorfgemeinde (§§. 18 und 20 a. a. O.).

8) Der Pfarrer ist hinsichtlich der Pfarrgüter nicht als Genosse des Gutsherrn, sondern als Gemeindeinteressent anzusehen (A. L.-R. II. 11 §§. 775, 776).

9) Mit der obigen Ausführung soll keineswegs gesagt werden, daß lediglich die räumliche Lage in Gemeinde- bezw. Gutsbezirken über die kommunale Zubehörigkeit entscheide. Andernfalls wäre damit nicht nur den thatsächlich bestehenden kommunalen Verhältnissen zahlreicher Gutsenklaven in bäuerlichen Feldmarken und bäuerlicher Enklaven in Gutsbezirken entgegengetreten, sondern auch ein Rechtsprinzip aufgestellt worden, welches vielfach, wo Gut und Gemeinde im Gemenge liegen, praktisch nicht zu verwerten ist. In jedem Falle ist daher die rechtliche Zugehörigkeit eines Grundstückes zum Gemeinde- oder Gutsbezirk zu prüfen, und es kann hierbei nach der oben dargelegten Entwickelung der Gemeinde- und Gutsbezirksverhältnisse allerdings ein Grundstück dem Bezirke einer Landgemeinde dann nicht hinzugerechnet werden, wenn nicht nur erhellt, daß dasselbe niemals ein bäuerliches im Sinne des A. L.-R.'s gewesen, sondern auch, daß dasselbe im Gegenteil von jeher als herrschaftliches Territorium vom Gutsherrn zu

Eigentum besessen ist und keinerlei Anhalt dafür vorliegt, daß es nach Emanation des A. L.-R.'s auf einem der vorstehend angedeuteten Wege in den Gemeindeverband übergegangen wäre.

Nr. 3.

Endurteile vom 26. April 1877 (Entsch. Bd. II. S. 154), und vom 10. September 1879 (Entsch. Bd. V. S. 150).

1) Das Verwaltungsstreitverfahren zur Entscheidung von Streitigkeiten über bestehende Landgemeindegrenzen war nach der Kreisordnung von 1872 nicht zulässig, erst durch den §. 41 des Zuständigkeitsgesetzes vom 26. Juli 1876 und jetzt durch §. 26 des Zust.-Gesetzes von 1883 ist dieser Gegenstand geregelt.

2) Abfindungsländereien sind Surrogate der dafür bei Gemeinheitsteilungen abgetretenen Grundstücke oder abgelösten Berechtigungen. §. 147 der Gemeinheitsteilungsordnung vom 7. Juni 1821 (G.-S. S. 53). Diese Bestimmung bezieht sich auch auf die öffentlich-rechtlichen und insbesondere die Kommunalverhältnisse der Abfindungsländereien. Min.-Reskr. vom 13. August 1860 (Min.-Bl. d. i. V. S. 235.)

3) Im übrigen sind die Kommunalverhältnisse eines Grundstückes unabhängig von privatrechtlichen Bestimmungen, durch welche dasselbe einem anderen Grundstücke zugeschlagen wird.

4) Vergl. das vorhergehende Endurteil Nr. 2 vom 7. März 1877.

Nr. 4.

Endurteil vom 8. Dezember 1877 (Entsch. Bd. III. S. 99).

1) Abfindungsländereien, welche für abgelöste Berechtigungen gewährt wurden, werden in allen — sowohl privat- als öffentlich-rechtlichen — Beziehungen Zubehör der früher berechtigten Grundstücke. Damit tritt ohne weiteres auch eine Änderung der Grenzen der beteiligten Gemeinde- und Gutsbezirke ein. [§§. 4 ff. der V. wegen Organisation der Generalkommissionen vom 20. Juni 1817 (G.-S. S. 161), §. 9 des Gesetzes vom 7. Juni 1821 (G.-S. S. 161), §. 11 der V. vom 30. Juni 1834 (G.-S. S. 96).] Diese im öffentlichen Rechte begründeten Folgen können nicht durch Privatabkommen ausgeschlossen werden, vielmehr bedarf es dazu der Zustimmung der beteiligten politischen Gemeinden und eines ausdrücklichen Ausspruchs der staatlichen Aufsichts- (Landespolizei-) Behörde, durch welchen die durch das Gesetz bestimmten Gemeindegrenzen abgeändert worden wären (§. 6 Nr. 2 des Gesetzes über die Verpflichtung zur Armenpflege vom 31. Dezember 1842 — (G.-S. 1843 S. 8 —).

2) Aus einem etwa in früherer Zeit (1844) stipulierten Vorbehalte der Jagd und der Kriminalgerichtsbarkeit ist nichts für die Gemeindezubehörigkeit zu folgern, da vor Aufhebung der Jagd auf fremdem Grund und Boden und vor Aufhebung der Patrimonialgerichtsbarkeit die Grenzen der Jagdrechts- und der Gerichtsbezirke mit den Grenzen der Gemeinde- und Gutsbezirke keineswegs zusammenfielen.

Nr. 5.

Endurteil des I. Senats vom 3. Juli 1878 (Entsch. Bd. IV. S. 139).

1) Bei der Beurteilung der Frage, ob eine Leistung zu den Kommunallasten zu rechnen ist oder nicht, kommt es lediglich auf die Person des

Pflichtigen an, nicht darauf, für wen oder zu wessen Gunsten die Leistung zu geschehen hat. Die im §. 3 des Polizeiverwaltungsgesetzes vom 11. März 1850 erwähnten Lasten sind solche der bürgerlichen Gemeinde und nach den für Kommunallasten geltenden Bestimmungen zu tragen.

2) Deshalb hat in den zu zusammengesetzten Amtsbezirken gehörigen Gutsbezirken die auf diese repartierten Amtsunkosten der nach §. 31 der Kreisordnung verpflichtete Besitzer des Gutes zu tragen.

3) Aus Entscheidungen, welche wegen öffentlicher, für einen bestimmten Zeitraum geforderten Gemeindelasten und Abgaben getroffen sind, kann nicht der Einwand der rechtskräftig entschiedenen Sache bezüglich späterer Leistungen erhoben werden, vielmehr kann der Abgabenpflichtige für jede neue Periode auch eine neue Reklamation anbringen und von neuem Entscheidung über seine Verbindlichkeit und deren Maß beantragen.

Nr. 6.

Endurteil des I. Senats vom 19. April 1879 (Entsch. Bd. V. S. 116).

1) Herrschaftliche Dorfauen pflegen mit den Grundstücken der Gemeinden im Gemenge zu liegen. Für Schlesien muß als Regel anerkannt werden, daß diese Dorfauen im Eigentum der Gutsherrschaften verblieben sind, weil sie ursprünglich herrschaftliches Territorium waren und nicht an die Unterthanen ausgegeben sind. Hieraus folgt, daß dieselben regelmäßig und überall da, wo und soweit nicht Ausnahmeverhältnisse und namentlich der Übergang in den Bezirk der Landgemeinden dargethan sind, auch jetzt noch nicht zu den letzteren in kommunaler Beziehung gehören.

2) Für einen solchen Übergang sind aber die Zweckbestimmung der Dorfaue und deren Benutzung durch die Einwohner des Dorfes nicht entscheidend, ebensowenig wie das Moment, ob die Dorfauen in räumlicher Verbindung mit einem geschlossenen Gutsbezirk stehen oder nicht. Es sind dies thatsächliche Verhältnisse, denen keine gesetzliche Bestimmung eine rechtliche Bedeutung beigelegt und die sich in Wirklichkeit überaus mannichfaltig gestaltet haben.

3) Von Einfluß könnte der Umstand sein, daß die Vereinigung der Dorfaue mit dem Gemeindebezirke vor der Publikation des Gesetzes vom 31. Dezember 1842 in Ausführung gekommen wäre, d. h. daß die Gutsherrschaft die Dorfaue vor jenem Zeitpunkte veräußert hätte.

4) Aus dem Umstande, daß die Dorfgemeinde über die Dorfaue etwa stets die örtliche Polizei geübt hat, kann ein entscheidendes Moment für die Beurteilung der kommunalen Zubehörigkeit so wenig hergeleitet werden, wie aus der nach der Kreisordnung erfolgten Organisation der Amtsbezirke, bei welcher allerdings regelmäßig gleichfalls nicht die kommunale Stellung der Dorfaue berücksichtigt sein wird. Außerdem stand die Polizei im Dorfe ohne Unterschied zwischen Dorfaue und Dorfgemeinde bis zum Erlaß der Kreisordnung der Gutsherrschaft zu, und wenn sich die letztere der Dorfgerichte in Gemäßheit des §. 59 Titel 7 Teil II A. L.-R.'s dabei als Organe bediente, so änderte das doch nichts an der Befugnis zur Ausübung der Polizeigewalt.

5) Das Auenrecht gilt auch in dem größten Teile der östlichen Provinzen, namentlich auch in Brandenburg und Pommern.

6) Unter dem im §. 1 des Gesetzes vom 14. April 1856 vorkommenden Ausdrucke „bisherige Angehörigkeit" soll nicht etwa nur die thatsächliche Angehörigkeit oder gar die thatsächliche räumliche Lage in den Grenzen eines Gemeinde- oder Gutsbezirks, sondern die rechtliche Zugehörigkeit ver-

standen werden. Das Gesetz ist lediglich eine Novelle zur Ergänzung des bestehenden Verfassungsrechts der ländlichen Gemeinden.

Nr. 7.

Endurteil des I. Senats vom 6. Dezember 1879 (Entsch. Bd. IV. S. 82).

1) Für die Bildung der Hebammenbezirke sind nach gewöhnlicher Annahme die allgemeine Verfügung des Medizinalministers vom 6. August 1883 und die dazu ergangene Ausführungs-Instruktion von demselben Tage (Wochenschrift „Selbstverwaltung" Jahrgang X. S. 281 und XI. S. 5) maßgebend, vergl. jedoch das Endurteil vom 9. Mai 1885 (Entsch. Bd. XII. S. 168), ferner A. K.-O. vom 16. Januar 1817 (v. Kamptz, Annalen Bd. I. S. 270) und Gesetz vom 28. Mai 1875 (G.-S. S. 223).

2) Hebammenbezirke sind nirgends als öffentlich-rechtliche Korporationen mit dem Rechte der Besteuerung ihrer Mitglieder gesetzlich eingeführt oder anerkannt worden, vielmehr kann es sich nur handeln um eine über die Anstellung und Besoldung von Bezirkshebammen zu treffende Vereinbarung der zu einem Hebammenbezirke gewiesenen Gemeinde- und Gutsbezirke durch ihre Organe und die Aufbringung des Gehaltes durch die einzelnen Gemeinden- und Gutsbezirke als solche, nicht aber um eine Besteuerung der einzelnen Eingesessenen eines Hebammenbezirks durch diesen Bezirk bezw. ein Verwaltungsorgan derselben. Im letzteren Falle handelt es sich nicht um eine Gemeindelast im Sinne des §. 49 des Zust.-Ges. von 1876 (jetzt §. 34 des Zust.-Ges. von 1883.)

3) Demgemäß ist auch ein Verwaltungsstreitverfahren über die Beschwerden einzelner Herangezogener nicht zulässig, vielmehr wird die Entscheidung derjenigen Staatsverwaltungsbehörde zustehen, welche die Handhabung der obengedachten allgemeinen Verfügung zu beaufsichtigen hat. Erst wenn von dieser festgestellt wäre, daß die Aufwendungen für die Bezirkshebammen lediglich von den einen Bezirk bildenden Gutsbezirken oder von Einem Gutsbezirke aufzubringen seien, und wenn dann die Last eines einzelnen Gutsbezirks auf dessen Eingesessene seitens des Gutsvorstehers umgelegt würde, könnte ein Streitverfahren hierüber gemäß §. 49 (bezw. §. 34) a. a. O. stattfinden.

Nr. 8.

Endurteil des I. Senats vom 10. September 1879 (Entsch. Bd. VI. S. 89).

1) Abfindungsländereien, welche an den Fiskus (oder einen andern Gutsherrn) für die Aufhebung gewisser bisher an den Gutsherrn zu zahlender Leistungen (Dienstgelder, Baudienste u. s. w.) abgetreten werden, scheiden aus dem bäuerlichen Gemeindeverbande aus und werden als Surrogat der aufgehobenen gutsherrlichen Rechte ein Bestandteil des Gutes (Edikt vom 14. September 1811 — G.-S. S. 281 —).

2) Grenzen zwischen dem gutsherrlichen Eigen und der bäuerlichen Gemeinde wurden erst durch die Regulierung der desfallsigen Verhältnisse geschaffen. Die Abfindung bildet statt der Ehrungen das Gut.

Nr. 9.

Endurteil des I. Senats vom 17. Dezember 1879 (Entsch. Bd. VI. S. 94).

1) Öffentliche Flüsse gehören (insbesondere auch in Ostpreußen) in kommunaler Beziehung zu den sie umgebenden Kommunalbezirken; die Mitte

des Flusses bildet die Grenzscheide der auf diese Weise aneinander grenzenden Kommunalbezirke. (A. L.=R. I. 9 §§. 225 ff. 271 ff., Teil II Tit. 14 §§. 21, 24, Tit. 15 §§. 8, 38, 67, 68.)

2) Angeschwemmte Leichen müssen auf Anordnung des Amtsvorstehers von dem Gutsbesitzer beerdigt werden, in dessen Bezirk dieselben gefunden werden. Aus dem Umstande, daß die Ausübung der Armenpolizei in dem betreffenden Bezirke dem Amtsvorsteher zusteht, läßt sich eine Befreiung des Gutsbesitzers von der obigen Last nicht herleiten.

3) Für die Feststellung der kommunalen Verhältnisse und Grenzen der Gemeinde- und Gutsbezirke ist diejenige Beurteilung derselben nicht entscheidend, welche bei der Bildung der Amtsbezirke leitend war, und es ist rechtlich nicht unbedingt ausgeschlossen, aus Zweckmäßigkeitsgründen Stromstrecken ohne Rücksicht auf ihre kommunale Zugehörigkeit den Amtsverbänden zuzuteilen.

Nr. 10.

Endurteil des I. Senats vom 22. Mai 1880 (Entsch. Bd. VI. S. 100).

1) Die Verordnung, die Regulierung der während der westfälischen Zwischenherrschaft entstandenen Verhältnisse zwischen den Dominien und Gemeinden u. s. w. betreffend, vom 31. März 1833 (G.=S. S. 62) hebt im § 1 die bis dahin bestandene Verbindung der Domänen und Rittergüter mit den Stadt- und Landgemeinden auf und erklärt die gedachten Güter „für sich bestehend". In Gemäßheit dieser Bestimmung schieden mit dem Inkrafttreten dieses Gesetzes die Güter ipso jure aus dem Kommunalverbande aus (Reskript vom 19. April 1837, — v. Kamptz, Annalen Bd. 21 S. 458 —), und von da ab war den Vorstehern der Stadt- und Landgemeinden die rechtliche Möglichkeit genommen, die in Rede stehenden Güter zu Kommunalsteuern zu veranlagen.

2) Eine Ausnahme hiervon trat nur dann ein, wenn beide Teile das Fortbestehen der Vereinigung wünschten. Das Vorhandensein eines solchen Wunsches oder einer derartigen Vereinigung muß event. nachgewiesen werden, ist dies nicht zu ermöglichen, so kann die Gemeinde den Rittergutsbesitzer zu Gemeindeabgaben nicht veranlagen.

3) Was die Regelung der beiden Kommunalverbänden — Rittergut und Landgemeinde — gemeinsam gebliebenen Angelegenheiten betrifft, so findet in Streitfällen das Verwaltungsstreitverfahren nicht statt; nach §. 10 a. a. O. haben die Verwaltungsbehörden die erforderlichen Festsetzungen zu treffen.

4) Über die Repartition der Bedürfnisse für derartige gemeinsame Anlagen disponiert der §. 7 a. a. O. Handelte es sich um die Deckung derartiger Ausgaben, so würde zu prüfen sein, ob nach der angezogenen Gesetzesstelle der Gemeinde überhaupt das Recht zuerkannt werden kann, ihrerseits ohne Beteiligung des Gutsherrn auf den letzteren Beiträge auszuschreiben und ob ein über die Höhe der beiderseitigen Beiträge entstehender Streit durch die Verwaltungsgerichte oder durch die Aufsichtsbehörden zu entscheiden ist. Eines Eingehens auf diese Fragen bedarf es nicht, wenn die Gemeinde die Steuer ausdrücklich als eine Gemeindesteuer von dem Rittergutsbesitzer in der Eigenschaft eines vermeintlichen Mitgliedes der Landgemeinden gefordert hat, und wenn sie dazu nach dem oben Gesagten unter allen Umständen nicht berechtigt war.

Nr. 11.

Endurteil des I. Senats vom 26. März 1881 (Entsch. Bd. VII. S. 177).

1) Das A. L.=R. kennt als kommunalen Verband auf dem Lande nur die Gemeinde. Den Gemeinden, welche als solche bereits bei Publikation des A. L.=R.'s bestanden, verleiht der §. 19 Tit. 7 Teil II die Rechte öffentlicher Korporationen. Neue Gemeinden können diese Rechte nur durch landesherrliche Verleihung nach den Bestimmungen des Tit. 6 Teil II daselbst erhalten. Weder der zweite Abschnitt des Tit. 7, noch der Tit. 6 Teil II finden auf die Rittergüter, adligen Güter, Gutsherrschaften Anwendung. Das A. L.=R. beschränkt sich hinsichtlich dieser auf die Regelung der Rechtsverhältnisse zwischen dem Gutsherrn und seinen Unterthanen und kennzeichnet hiermit das Unterthänigkeitsverhältnis als die Grundlage der Gutsherrschaften. Die Besitzer welcher Güter Unterthanen haben können, bestimmen die §§. 91, 92 Tit. 7.

2) Aus diesen Gutsherrschaften haben sich infolge der Edikte vom 9. Oktober 1807 und 14. September 1811, wie dies in den Endurteilen oben sub 21 näher dargethan ist, die selbständigen Gutsbezirke gebildet, deren Besitzern die spätere Gesetzgebung diejenigen Rechte und Pflichten in kommunaler Beziehung beigelegt hat, welche in den Landgemeinden von deren Organen geübt bezw. von deren Mitgliedern erfüllt werden. Der Bestand dieser Gutsbezirke beruht noch heute — abgesehen von der Erhebung einzelner Besitzungen zu solchen durch besonderen landesherrlichen Akt nach jetzigem Rechte — auf dem ehemaligen Gegensatze des gutsherrlichen Grundbesitzes zu dem bäuerlichen Besitze der Unterthanen.

3) Das A. L.=R. hat den bei seinem Erscheinen thatsächlich bestehenden Gütern nicht die kommunale Rechtsbeständigkeit der Güter verliehen.

4) Ist eine Besitzung notorisch kein Rittergut, kein adliges Gut, so muß der Besitzer, welcher behauptet, daß er Unterthanen haben könne, dies nach §. 92 a. a. O. beweisen und dies durch Berufung auf Provinzialgesetze, Privilegia oder Verjährung besonders begründen. Auf Verjährung kann er sich aber nur stützen, wenn diese vor Aufhebung der Erbunterthänigkeit vollendet war.

5) Den Ausdruck „kommunalfrei" kennen die Gesetze nicht; sie sprechen nur von Grundstücken, welche bisher noch keinem Gemeinde- oder selbständigen Gutsbezirke angehört haben. Eine Entscheidung hierüber setzt voraus, daß von irgend einer Seite, sei es von seiten des Besitzers oder einer Gemeinde oder des Vertreters eines Gutsbezirkes die Zugehörigkeit des Grundstückes zu einem bestimmten Gemeinde- oder Gutsbezirke behauptet und unter ihnen oder mit der Behörde darüber gestritten wird.

Nr. 12.

Endurteile des I. Senats vom 20. Oktober 1880 (Entsch. Bd. VII. S. 201), vom 21. März 1881 (a. a. O. S. 204) und vom 8. Mai 1880 (a. a. O. S. 206).

1) Nach Publikation des A. L.=R.'s bedarf es zur Erlangung der Rechte einer Korporation nach §. 25 Titel 6 Teil II A. L.=R.'s der staatlichen Genehmigung. Diese muß ausdrücklich erteilt werden, und hierzu ist nach gegenwärtiger Lage der Gesetzgebung, insofern es sich um die Konstituierung einer Landgemeinde handelt, nur der Landesherr befugt.

2) Die ausdrückliche Genehmigung der Regierung und des Landratsamtes genügt nicht, um eine Ortschaft zur Landgemeinde zu erheben.

3) Gutsbezirke werden durch Zersplitterung nicht in eine Mehrheit sogenannter (s. oben Nr. 11, 5) kommunalfreier Grundstücke aufgelöst, denn das kommunalrechtliche Bestehen der Gutsbezirke ist von den privatrechtlichen Dispositionen des Eigentümers am Grund und Boden über diesen abhängig; es können also Gutsbezirke als solche niemals durch Zerstückelungen des Gutes allein, sondern nur durch einen entsprechenden Akt der Staatshoheit aufgehoben werden. Vergl. O.=V.=G.=E. vom 13. Oktober 1876 (Entsch. I. S. 102) und vom 22. November 1876 (Entsch. I. S. 147).

4) Ortschaften, welche bereits vor der Emanation des A. L.=R.'s ohne Widerspruch der Aufsichtsbehörde ein Gemeindeleben in Gemäßheit des dazumal hiermit verbundenen Rechtsbegriffes führten, gehören nach §. 19 Tit. 7 Teil II A. L.=R.'s in die Kategorie der Gemeinden als einer mit Korporationsrechten versehenen Klasse der Gesellschaften, so daß sich für jene Periode das Erfordernis einer ausdrücklichen Verleihung jener Rechte nicht rechtfertigen läßt. Allerdings ist zum Nachweise der Gemeindequalität im Streitfalle der Nachweis erforderlich, daß ausreichende Thatsachen vorliegen, die ein thatsächlich bestehendes Gemeindeleben kennzeichnen.

5) Als sicherste Kennzeichen sind solche zu bezeichnen, die sich auf den Organismus der Gemeinde selbst beziehen, das Vorhandensein einer Ortsverfassung, ein verfassungsmäßiger Gemeindevorstand, gemeinsame Objekte und dauernde Einrichtungen, wie sie den Zwecken der Landgemeinde entsprechen (Gemeindeweide, öffentliche Wege, Gräben, Schutzvorrichtungen u. s. w.), endlich eine auf Gemeindezwecke gerichtete Thätigkeit in öffentlichen und privaten Beziehungen nach innen oder außen, oder ein entsprechendes passives Verhalten, Heranziehung der Einzelnen für das Ganze, Verkehr mit nebengeordneten oder übergeordneten Rechtssubjekten, Abschluß von Verträgen u. s. w.

6) Der Name, den eine Gemeinde führt, ist völlig bedeutungslos und deshalb auch eine etwaige Namensänderung für den rechtlichen Bestand derselben als Gemeinde ohne Einfluß. Hat eine Landgemeinde früher als Korporation bestanden und ist sie als solche nicht durch Einverleibung in eine andere Gemeinde oder in einen Gutsbezirk aufgehoben, besteht vielmehr nach ihrer realen Grundlage, dem bäuerlichen Grundbesitze, unter einem anderen Namen fort, so kann dieser die rechtliche Eigenschaft einer Landgemeinde nicht streitig gemacht werden. Daran würde auch eine etwaige Verkleinerung des ursprünglichen Gemeindebezirks nichts ändern, falls ein Überrest verblieben sein würde, in welchem thatsächlich die Handhabung der korporativen Rechte, insbesondere die Organisation der Gemeindeverwaltung, in die später anders genannte Gemeinde überging, und ebenso ist diese Fortsetzung des rechtlichen Bestandes der alten Gemeinde auch dadurch nicht unbedingt ausgeschlossen, daß der die letztere ursprünglich bildende bäuerliche Besitz nicht derselbe ist, welcher jetzt thatsächlich die unter neuem Namen bestehende Gemeinde bildet, da die Grundstücke derartig ausgetauscht werden konnten, daß auch in kommunaler Beziehung das eine an die Stelle des anderen trat, nämlich abgesehen von den In= und Exkommunalisierungen nach Maßgabe des heutigen Gemeinderechts in dem Gemeinheitsteilungsverfahren nach Maßgabe des §. 147 der Gemeinheitsteilungsordnung vom 7. Juni 1821, so wie früher vor der Grenzscheidung zwischen Gemeinde= und Gutsbezirken durch die Aufhebung der Erbunterthänigkeit und die Verleihung des Eigentums am lassitischen Grundbesitz an die bäuerlichen Besitzer infolge des Austausches von herrschaftlichem Vorwerkslande mit Rustikalbesitz. Vergl. O.=V.=G.=E. vom 7. März 1877 (Entsch. II. S. 117).

Nr. 13.

Endurteil des I. Senats vom 18. Mai 1881 (Entsch. Bd. VIII. S. 80).

1) Über die Bildung der Gemeinde- und Gutsbezirke s. oben Nr. 2.

2) Wenn Fiskus in früherer Zeit eine Landfläche nach Erbzinsrecht veräußerte, das Obereigentum behielt und sich einen Kanon oder ein Laudemium ausmachte, so blieb er aus diesem Grunde noch nicht Gutsherr, denn abgesehen davon, daß nach dem Erbzinsrechte die mit der Gutsherrschaft verbundenen Rechte und Pflichten keineswegs dem Obereigentümer als solchem zustehen, sondern gleich allen andern mit dem Besitze des Grundstücks verbundenen publizistischen Rechten und Pflichten ein Ausfluß des nutzbaren Eigentums sind, so ist der Veräußerungsvertrag selbst maßgebend.

3) War der Veräußerungsvertrag landesherrlich bestätigt worden, so konnten die gutsherrlichen Rechte auch einem Erbzinsmanne übertragen werden. Zu diesen Rechten der Gutsherrschaften (Rittergüter) gehörten in älterer Zeit die Jurisdiktion, die Jagd, die Brauerei und Branntweinbrennerei, ingleichen Krug- und Mühlengerechtigkeit, und zwar in der Ausdehnung auf die in dem ausgewiesenen Fundo sich aufhaltenden Familien.

4) Die Gutsherrlichkeit war früher kein Annexum der Gerichtsbarkeit und polizeiobrigkeitlichen Gewalt, beide konnten vielmehr voneinander getrennt in verschiedenen Händen liegen.

Nr. 14.

Endurteil des I. Senats vom 11. Juni 1881 (Entsch. Bd. VIII. S. 86).

1) Von jeher sind Kolonien, welche auf herrschaftlichem Territorium entstanden sind, solange zu letzterem kommunalrechtlich gehörig angesehen und behandelt worden, als sie nicht zu Landgemeinden umgestaltet sind.

2) Die wirtschaftliche Selbständigkeit eines Gutes reicht allein nicht aus, um seine kommunale Selbständigkeit zu begründen (§. 91 Tit. 7 Teil II A. L.-R.'s). Dazu ist erforderlich eine provinzialrechtliche Norm, eine erwerbende Verjährung oder ein Privilegium.

3) Die in den Verordnungen vom 26. und 28. Januar 1809 bezeichneten Domänengüter sind nicht bloße Verwaltungsbezirke, sondern fiskalische Gutsbezirke, in welchen allerdings auch noch besondere kommunale Verbände — Gemeinden und Gutsbezirke — bestehen konnten.

Nr. 15.

Endurteil des I. Senats vom 21. September 1881 (Entsch. Bd. VIII. S. 96).

1) Eine Landgemeinde kann eine Entscheidung darüber verlangen, ob ein benachbartes Gut ganz oder zum Teil zu ihrem Gemeindebezirke gehört, aber nicht darüber, ob ein solches Gut einen selbständigen Gutsbezirk bildet, Teil eines anderen Gutsbezirks, kommunalfrei (siehe oben Nr. 11, 5) sei u. s. w., weil sie kein rechtliches Interesse daran hat. Ein derartiger Streit ist zwischen dem Besitzer des Guts und einem zur Wahrnehmung des öffentlichen Interesses bestellten Kommissar zum Austrag zu bringen. In einem solchen Prozesse können die benachbarten Gemeinden und sonstige beim Ausgange des Prozesses interessierte öffentliche Korporationen beigeladen werden.

2) Ehemalige forstfiskalische Grundstücke, welche durch Kauf in Privathände übergegangen sind, bleiben so lange Teile des forstfiskalischen Gutsbezirks, bis der Nachweis erbracht wird, daß sie auf rechtsgültige Weise der Gemeinde einverleibt sind. Diesen Beweis muß die Gemeinde führen.

3) Schatullkölmische Güter unterscheiden sich von kölmischen Gütern nur dadurch, daß jene ursprüngliches forstfiskalisches Land waren. Das fiskalische Land wurde bäuerlich, wie jedes andere gutsherrliche Land, wenn es vor Aufhebung der Erbunterthänigkeit vom Gutsherrn mit Bauern besetzt und so zur Erweiterung oder Neubegründung von Landgemeinden verwandt wurde.

4) Zu dem bäuerlichen Lande im Sinne des §. 18 Tit. 7 Teil II A. L.-R.'s gehört nicht nur das widerruflich von dem Gutsherrn ausgethane Land, sondern auch das freie Bauerland, in den Provinzen Ost- und Westpreußen das in den Dörfern belegene kölmische, schatullkölmische, erbfreie Land.

5) Auch wenn ein Grundstück zwar erst nach Aufhebung der Erbunterthänigkeit von der fiskalischen Forst abgetrennt worden wäre, würde dasselbe zur Landgemeinde in dem Falle gehören, wenn eine Vereinigung mit der Gemeinde nach Maßgabe des §. 6 Nr. 3 des Gesetzes vom 31. Dezember 1842 (G.-S. 1843 S. 8) stattgefunden hätte.

Nr. 16.

Endurteil des I. Senats vom 22. Februar 1882 (Entsch. Bd. VIII. S. 101).*)

1) Für Hinterpommern ist ein Provinzialgesetz, durch welches das Einziehen der Bauernhöfe (das Bauernlegen) untersagt wäre, nicht ergangen; es gelten hier die desfallsigen allgemeinen Gesetze. Königl. Reskript vom 14. März 1739, Edikt vom 12. August 1749.

2) Den Einziehungen von Bauernhöfen zu den Vorwerken, welche gegen dies Verbot vollzogen wurden, kann nicht die rechtliche Wirkung beigemessen werden, daß dadurch bäuerliches Land in Vorwerksland verwandelt wurde. Für Hinterpommern sind also in dieser Beziehung dem Belieben der Herrschaft nicht erst durch die Edikte vom 9. Oktober 1807 und 14. September 1811 Schranken gesetzt worden.

3) Die vor den vorstehend gedachten Verboten vollzogene Umwandlung des bäuerlichen Landes in Vorwerksland erscheint in allen rechtlichen Beziehungen unanfechtbar. Wenn ein solches Grundstück einer benachbarten Gemeinde später einverleibt ist, so kann es auch nicht als zum Gemeindeverbande gehörig angesehen werden. Diese Einverleibung konnte erfolgen durch einen Akt der Kommunalaufsichtsbehörde in Gemäßheit des §. 6 Nr. 2 des Gesetzes vom 31. Dezember 1842 (G.-S. 1843 S. 8) oder des §. 1 des Gesetzes vom 14. April 1856 (G.-S. S. 359), ist dies nicht geschehen, so kann auch von einer erfolgten Inkommunalisierung nicht die Rede sein. Sollte für das Gegenteil angeführt werden, daß das Vorwerksland oder Teile desselben gemäß §. 6 Nr. 3 des Gesetzes vom 31. Dezember 1842 in der Weise in den Gemeindeverband übergegangen seien, daß dieselben bereits vor Publikation dieses Gesetzes thatsächlich ohne Widerspruch der Beteiligten (also der Gemeinde und der Besitzer und Vorbesitzer der qu. Vorwerksgrundstücke) mit der Gemeinde vereinigt worden seien, so muß dies bewiesen werden.

---

*) In den Entscheidungen Bd. VIII. S. 103 Zeile 16 v. u. lies „rechtlich" statt „recht".

Nr. 17.

Endurteil des I. Senats vom 2. Dezember 1882 (Entsch. Bd. IX. S. 91).

Zum Beweise der rechtlichen Existenz einer Landgemeinde ist nach §§. 18, 19 Tit. 7 Teil II A. L.-R.'s der Nachweis ausreichend, daß die Feldmark als eine bäuerliche mit bäuerlichen Besitzern vor der Emanation des A. L.-R.'s bestanden hat.

Nr. 18.

Endurteile des I. Senats vom 3. Oktober 1883 und des II. Senats vom 20. Februar 1884 (Entsch. Bd. X. S. 90 und 98).

1) Die kommunalen Verhältnisse von Grundstücken sollen nicht anders endgültig geregelt werden, als daß die Besitzer dieser Grundstücke gehört werden (§. 1 des Gesetzes vom 14. April 1856 — G.-S. S. 359 —, §. 41 des Zust.-Ges. von 1876, jetzt §. 26 des Zust.-Ges. von 1883).

2) Durch den §. 29 der Domänen-Veräußerungs-Instruktion vom 25. Oktober 1810 ist den mit der Veräußerung der Domänen betrauten Staatsbehörden die Befugnis übertragen, durch die Veräußerungsverträge — vorbehaltlich Königlicher Genehmigung — Rittergüter abzugrenzen und so auch die Grenzen der Gutsbezirke, sowohl in den etwa im Besitze des Staates verbleibenden Restgütern, als auch in den neu geschaffenen Rittergütern mit der Wirkung zu regeln, daß der Erwerber Gutsherr des erkauften Landes wurde, der Fiskus aber Gutsherr in allen übrigen, nicht veräußerten Teilen des bisherigen Gutsbezirkes blieb. Eines besonderen Ausspruches seitens des Landesherrn bedurfte es nicht.

3) Dieselbe Bewandtnis hatte es mit den durch Edikt vom 30. Oktober 1810 (G.-S. S. 32) eingezogenen (säkularisierten) geistlichen Gütern, welche nur dem Namen nach nicht Domänen waren, ihrer rechtlichen Natur nach aber zu denselben gehörten.

4) Die vor dem Inkrafttreten des A. L.-R.'s veräußerten Stücke solcher Güter sind damals keineswegs aus der Gutsherrlichkeit herausgetreten, sie sind nicht „kommunalfrei" (siehe oben Nr. 11, 5) geworden, sondern blieben in dem alten gutsherrlichen Verbande, wenn sie nicht einem anderen Guts- bezw. Gemeindeverbande einverleibt wurden.

5) Die in Armenstreitsachen ergangenen Erkenntnisse des Bundesamtes für das Heimatwesen über die Gutszubehörigkeit schaffen für Streitigkeiten der vorliegenden Art nicht res judicata.

6) Der §. 6 Nr. 3 des Armenpflegegesetzes vom 31. Dezember 1842 bezieht sich nur auf solche Trennstücke eines Gutes, welche mit einer Gemeinde vereinigt sind, und kann auf Gutsländereien, welche nicht einer Gemeinde zugeteilt, sondern von dem Erwerber mit einem Gute wirtschaftlich vereinigt sind, keine Anwendung finden. Die Norm des §. 3 Nr. 6 setzt zu ihrer Anwendung nicht voraus, daß die Gemeinde zu dem Besitzer des ganzen Gutes, von welchem abverkauft worden ist, in einem Unterthänigkeitsverhältnisse gestanden habe.

Nr. 19.

Endurteil des I. Senats vom 10. Oktober 1885 (Entsch. Bd. XII. S. 163).

1) An die Stelle des §. 64 Nr. 2 des Verwaltungsgerichtsgesetzes vom 3. Juli 1875 ist §. 94 Nr. 2 des Landesverwaltungsgesetzes vom 30. Juli 1883 getreten.

2) Der Vorschrift der Königlichen Konstitution vom 14. Juli 1749 (Kornsche Ediktensammlung Bd. III. S. 517) unter Nr. 6 entspricht das Verlangen des Gutsbesitzers in Schlesien, daß die bei einem herrschaftlichen Vorwerke befindliche Bauerhöfe, welche schon im Normaljahre 1663 eingezogen gewesen und beim Vorwerke kultiviert worden sind, von den „Rustikal-Onera" befreit bleiben. (Vergl. das Endurteil vom 4. April 1877 — Entsch. Bd. II. S. 137 —).

3) Die Benennung der auf wüsten Hufen (seit 1443) angesetzten Wirte als „Freileute" läßt an sich einen untrüglichen Schluß auf deren Zugehörigkeit zum Dominium oder zur Gemeinde nicht zu, da mit dieser Bezeichnung seinerzeit kein feststehender Begriff verbunden war und sogenannte Freileute jedenfalls auch in dem Verhältnisse zum Hofdienste vorkamen.

Nr. 20.

Endurteil des I. Senats vom 9. März 1885 (Entsch. Bd. XII. S. 168).

(Vergl. oben Nr. 7.)

1) Durch die Allerh. Kab.-Ordres vom 16. Januar 1817, vom 21. Mai 1827 und vom 1. Januar 1861, sowie durch die Ministeral-Verfügungen vom 1. November 1823, 28. März 1854, 15. August 1815, 18. Oktober 1851 sind die Hebammenbezirke nicht zu öffentlich-rechtlichen Korporationen konstituiert worden, auch ist ihnen ein Besteuerungsrecht ihrer Mitglieder nicht beigelegt und ebensowenig den politischen Gemeinden und Gutsbezirken eine Verpflichtung zur Dotierung der Bezirkshebeammen auferlegt worden. Letztere waren lediglich auf die nach der Medizinaltaxe zu erhebenden Gebühren und die Unterstützungen aus dem Trauungs- und Taufgelderfonds angewiesen.

2) Wenn das Gegenteil durch den Ministerial-Erlaß vom 2. Januar 1870 (Min.-Bl. d. i. V. S. 187) hat erreicht werden sollen, so steht dem entgegen, daß der Medizinal-Minister nicht berechtigt war, den bestehenden, auf Allerhöchsten Verordnungen beruhenden Rechtszustand zu ändern.

3) Auch durch Polizeiverordnungen hätte dies nicht geschehen können, weil durch solche neue korporative Organe als Träger einer Polizeilast nicht geschaffen werden können. (NB. Gleichwohl bestehen derartige Verordnungen, welche auf Veranlassung des Medizinal-Ministers ergangen sind und selbstredend niemals Wirkungen üben konnten.)

4) Der §. 3 des Gesetzes vom 28. Mai 1875 (G.-S. S. 223) kann nicht dahin gedeutet werden, daß damit den Hebammenbezirken juristische Persönlichkeit beigelegt, den politischen Gemeinden und Gutsbezirken eine neue Last auferlegt worden ist.

5) Was oben von der Ministerial-Verfügung vom 2. Juni 1870 gesagt worden ist, gilt auch von der Ministerial-Verfügung vom 6. August 1883, der dazu ergangenen Instruktion von demselben Tage (Wochenschrift „Selbstverwaltung" Jahrgang 10 S. 281 und Jahrgang 11 S. 5) und von den auf Grund dieser Ministerial-Verfügung erlassenen Polizei-Verordnungen.

Nr. 21.

Endurteil des I. Senats vom 30. Mai 1881 (Entsch. Bd. XII. S. 178).

1) An die Stelle des §. 41 des Zust.-Ges. vom 26. Juli 1876 ist der §. 26 des Zust.-Ges. vom 1. August 1883 getreten; der §. 40 des Verwaltungsgerichtsgesetzes vom 3. Juli 1875 ist durch den §. 70 des Landesverwaltungsgesetzes vom 30. Juli 1883 ersetzt werden.

2) Soll über die Eigenschaft einer Ortschaft als Gemeinde oder eines Gutes als Gutsbezirk entschieden werden, so bedarf es der Beteiligung eines Kommissars zur Wahrnehmung des öffentlichen Interesses als Partei im Streitverfahren.

3) Streitigkeiten der vorliegenden Art können nicht entschieden werden, ohne die Besitzer derjenigen Grundstücke, über deren kommunale Verhältnisse entschieden werden soll, derartig am Streitverfahren zu beteiligen, daß sie in die Lage kommen, ihr rechtliches Interesse zur Sache zu vertreten und nötigenfalls durch Einlegung von Rechtsmitteln zu verteidigen (cf. Endurteil vom 3. Oktober 1883 — Entsch. Bd. X. S. 92 —).

D. Dienstunkostenentschädigungen.

Nr. 1.

Endurteil des I. Senats vom 20. Januar 1877 (Entsch. Bd. II. S. 79).

1) Bei Ansprüchen der Gemeindebeamten auf Amtsunkostenentschädigungen kommt es bezüglich der Anwendung gesetzlicher Bestimmungen nicht auf den Zeitpunkt an, in welchem die betreffenden Anträge bei der Behörde eingegangen sind, sondern nur auf die Zeit, für welche Entschädigung gefordert wird. (Art. 14 der Einleitung zum A. L.-R., Art. 2 der deutschen Reichsverfassung.)

2) Gemeindebeamte, welche für einen zusammengesetzten Bezirk zu Standesbeamten bestellt sind, dürfen eine Entschädigung für die Wahrnehmung der Standesamtsgeschäfte von der Gemeinde ihres Hauptamtes nicht fordern. Dagegen haben sie einen Anspruch auf Entschädigung für die Verwaltung der Standesamtsgeschäfte in denjenigen Gemeinden oder Bezirken, in denen sie nur Standesbeamte und nicht gleichzeitig Gemeindebeamte sind.

Nr. 2.

Endurteile vom 20. März, 28. Mai und 7. Dezember 1878 (Entsch. Bd. IV. S. 92, 94 und 99).

Der §. 47 des Zuständigkeitsgesetzes vom 26. Juli 1876 ist aufgehoben und durch §. 34 a. der Kreisordnungs-Novelle ersetzt. Dadurch wird diese Entscheidung insofern gegenstandslos, als an die Stelle des Verwaltungsstreitverfahrens das Beschlußverfahren nach §§. 115 ff. des L.-V.-Gesetzes vom 30. Juli 1883 getreten ist, es bleiben aber doch auch für die Beschlußbehörden die nachfolgenden Grundsätze maßgebend:

1) Die Beteiligten, auf deren Antrag der Kreisausschuß zu beschließen hat, sind einerseits die Gemeinde als solche und anderseits die betreffenden Gemeindebeamten, nicht aber an Stelle der ersteren eine Anzahl von Gemeindemitgliedern, welche etwa bei der Abstimmung in der Gemeindeversammlung in der Minorität geblieben sind. Diesen fehlt jede Legitimation.

2) Ein Abkommen eines Gemeindevorstehers mit der Gemeinde über die Höhe seiner Dienstunkostenentschädigung ist zwar nicht lediglich ein Privatvertrag, entbehrt vielmehr des öffentlichen Charakters nicht völlig, jedoch behält dasselbe seine bindende Kraft nur so lange, bis das öffentliche Interesse eine anderweite Regelung erfordert.

3) Eine Erhöhung der Entschädigung ist, wenn sie angemessen erscheint, in Zweifelsfällen von dem Zeitpunkte ab zu bewilligen, in welchem darüber Streit entstanden ist, denn so lange ein solcher nicht vorhanden ist, liegt

auch die Notwendigkeit zu einer entscheidenden Beschlußfassung des Kreisausschusses nicht vor.

4) Die in Ansehung der Befreiung des Gemeindevorstehers von Gemeindediensten bestehende Ortsverfassung kann bei der anderweiten Festsetzung der Dienstunkostenentschädigung berücksichtigt werden, jedoch sind die Behörden an diese Ortsverfassung nicht dergestalt gebunden, daß sie nicht auch, sofern dies nach den obwaltenden Verhältnissen angemessen erscheint, unter teilweiser oder gänzlicher Aufhebung der bisherigen Befreiung die für notwendig erachtete Entschädigung ausschließlich in einem baren Geldbetrage festsetzen könnten.

5) Die Festsetzung des Kreisausschusses bezw. das Beschlußverfahren ist nicht darauf beschränkt, in welcher Höhe Dienstunkostenentschädigungen zu gewähren seien, sondern kann sich auch darauf erstrecken, daß eine solche überhaupt, und in welcher Art sie zu leisten sei.

Nr. 3.

Endurteil des I. Senats vom 16. Februar 1881 (Entsch. Bd. VII. S. 164).

1) Wegen des jetzigen Verfahrens vergl. die vorhergehenden Entscheidungen.

2) In Bezug auf die Voraussetzungen und den Gegenstand eines Beschlusses der Kommunalaufsichtsbehörde über die Festsetzung der Dienstunkostenentschädigung der Gemeindevorsteher gilt auch ferner folgendes als Grundsatz: der Antrag der Beteiligten, auf welchen jene Festsetzung zu erfolgen hat, ist nicht darauf beschränkt, in welcher Höhe eine Dienstunkostenentschädigung zu gewähren ist, sondern sie kann sich auch darauf erstrecken, daß eine solche überhaupt und in welcher Art sie zu leisten sei.

3) Die Festsetzung einer Dienstunkostenentschädigung ist auch für die Vergangenheit zulässig, das Gegenteil ergibt sich nicht aus dem Endurteil vom 28. Mai 1878 (oben sub 2).

E. Gemeindewahlen.

Nr. 1.

Endurteil des I. Senats vom 5. Februar 1879 (Entsch. Bd. V. S. 91).

1) Der Einspruch „gegen die Ordnungsmäßigkeit" einer Wahl eines Gemeindebeamten oder Gemeindevertreters kann nicht auf die Behauptung gestützt werden, daß überhaupt kein gesetzlicher Anlaß zur Wahl vorliege. Der §. 45 Abs. 2 des Zuständigkeitsgesetzes von 1876 gab die Klage im Verwaltungsstreitverfahren bei Streitigkeiten über die „Ordnungsmäßigkeit der Wahl eines Gemeindevorstehers". Damit unterstellte derselbe das Wahlverfahren, das auf die Vollziehung der Wahlen der Gemeindevorsteher, Schöffen, Gemeindebeamten und Gemeindevertreter bezügliche Gemeinderecht in seiner praktischen Handhabung der Rechtsprechung der Verwaltungsgerichte. Hiernach war allerdings nicht ausschließlich die formelle Leitung der Wahlen Gegenstand des Einspruchs und der Klage, sondern auch das Wahlrecht in materieller Beziehung. So konnte ein solcher Anspruch beispielsweise auch auf die Behauptung gestützt werden, daß eine Wahlversammlung nicht in rechtlich zulässiger Weise zusammen gesetzt gewesen sei, daß den Teilnehmern an der Wahl das Wahlrecht oder dem Gewählten die Wähl-

barkeit mangele. Dagegen war die Frage, ob überhaupt Anlaß zu einer Wahl vorliege, nicht Gegenstand eines Verwaltungsstreitverfahrens gemäß jener Bestimmung (vergl. auch §. 113 der Kreisordnungs-Novelle, §§. 19 und 23 der Provinzialordnung (Hannover §. 70, Hessen-N. §. 71 der Kr.-O., und §. 20 der Pr.-O., Westfalen §. 58). Ebensowenig war eine Klage auf Vollziehung einer Wahl gegeben. Eine derartige Ausdehnung der maßgebenden Vorschrift würde zur Folge gehabt haben, daß das Einspruchsrecht nicht nur den Mitgliedern der Wahlversammlung, sondern auch den bisherigen Inhabern der Gemeindeämter gewährt werden müßte, denn diese sind keineswegs regelmäßig und notwendig Mitglieder der Wahlversammlung.

2) Diese Entscheidung ist nicht vollständig gegenstandslos, obwohl die Ordnungsmäßigkeit der Wahl eines Gemeindevorstehers, Schöffen oder Gemeindebeamten nach §§. 27, 28 des Zust.-Gesetzes von 1883 nicht mehr Gegenstand des Verwaltungsstreitverfahrens ist, sondern allein der Zuständigkeit der Aufsichtsbehörden anheimgefallen ist. Für die Gültigkeit der Wahlen zur Gemeindevertretung (§. 27 Nr. 2 a. a. O.) bleibt der obige Grundsatz maßgebend.

Nr. 2.

Endurteil des I. Senats vom 16. November 1878 (Entsch. Bd. IV. S. 124).

In einem allgemeinen Gesetze sind die Gemeindevertretungen zuerst durch den §. 8 des Gesetzes vom 14. April 1856 (G.-S. S. 359) in das Auge gefaßt worden. Derselbe bezweckt lediglich, die bereits nach allgemeinen Rechtsnormen und insbesondere nach Tit. 6 Teil II A. L.-R.'s bestehende Autonomie der Landgemeinden zu regeln und ihre Handhabung zu erleichtern. Das in diesem §. 8 vorkommende Wort „gewählte" bringt nur zum Ausdruck, daß an die Stelle der Gemeindeversammlung Gemeindevertreter, welche aus der Wahl der Gemeinde hervorgehen müssen, treten können; es läßt aber die Frage des organischen Zusammenhanges der Gemeindevertretung, welche, wie die Gemeindeversammlung ein Organ der Gemeindeverwaltung ist, mit den sonstigen Organen dieser Verwaltung, insbesondere dem Ortsvorstande, unberührt, auch ist der Autonomie der Gemeinden durch den §. 8 keine Schranke gezogen, insbesondere auch nicht die, daß den Mitgliedern des Ortsvorstandes als solchen, obwohl dieselben zur Zusammenberufung und Leitung der Gemeindevertretung berufen sein können, doch nicht Stimmrecht in dieser eingeräumt werden dürfe. Mithin kann durch das Statut einer Landgemeinde, welches an Stelle der Gemeindeversammlung eine Gemeindevertretung durch gewählte Gemeindeverordnete einführt, in dieser den Mitgliedern des Gemeindevorstandes als solchen auch Sitz und Stimme eingeräumt werden.

Nr. 3.

Endurteil des I. Senats vom 11. Dezember 1878 (Entsch. Bd. IV. S. 131).

1) An die Stelle des §. 42 Nr. 2 und Schlußsatz des Zust.-Gesetzes von 1876 ist der §. 31 des Zust.-Gesetzes von 1883 getreten. Danach gibt es gegen Anordnungen des Kreisausschusses, durch welche die in Ansehung des Stimmrechtes bestehende Verfassung einer Landgemeinde ergänzt oder abgeändert wird, für die beteiligten Gemeindemitglieder nicht mehr die Klage im Verwaltungsstreitverfahren, sondern nur eine Beschwerde an den Bezirksausschuß (§§. 121 und 126 des Landesverwaltungsgesetzes vom 30. Juli 1883).

Danach bedarf es auch nicht mehr der Bestellung eines Kommissars in Gemäßheit des §. 73 Abs. 3 a. a. O. (früher §. 14 des Zust.=Ges. von 1876, §. 44 Abs. 3 des Gesetzes vom 3. Juli 1875).

2) Gegen die Gemeinde als solche oder gegen den Gemeindevorstand als deren Vertreter konnte früher nur dann geklagt werden, wenn die Abänderung des Stimmrechtes auf einem Beschlusse der Gemeinde selbst beruht und mithin den verfassungsmäßigen Ausdruck des Gemeindewillens enthält, nicht aber, wenn ein Gemeindebeschluß überhaupt nicht zustande gekommen ist und die Abänderung auf einer Anordnung des Kreisausschusses beruht (§§. 27, 28 des Zust.=Ges. von 1883).

3) Mit dem Gemeindevorsteher als Beklagten darf in einer Streitsache betreffend die von dem Kreisausschusse gegen den Willen einer Landgemeinde angeordnete anderweite Regelung des Stimmrechtes nicht verhandelt werden.

Nr. 4.

Endurteil des I. Senats vom 25. Oktober 1879 (Entsch. Bd. VI. S. 136).

1) Der Richter im Verwaltungsstreitverfahren war nur zuständig, auf Klagen gegen die Ordnungsmäßigkeit der Wahl eines Gemeindebeamten die als Resultat des Wahlverfahrens verkündete und angefochtene Wahl für ungültig zu erklären, nicht aber ein anderes Wahlresultat als zu Recht bestehend festzustellen.

2) Wenn in einem Orte eine Gemeindevertretung besteht, so hatte lediglich diese den im Absatz 3 des §. 45 des Zust.=Ges. von 1876 (jetzt §. 27 des Zust.=Ges. von 1883) gedachten Bescheid zu erteilen, auch war event. gegen ihren Bescheid die Klage zu richten.

3) Die Gemeindevertretung vertritt die Stelle der Gemeindeversammlung (§. 8 des Gesetzes vom 14. April 1856, G.=S. S. 359). Beide können zur Ausführung der ihr obliegenden Beschlüsse im einzelnen Falle besondere Bevollmächtigte bestellen. Dafür kann es auch statutarische Normen geben. Wo keins von beiden der Fall ist, da ist der Gemeindevorsteher der gesetzliche Vertreter (A. L.=R. II. 7 §. 52, §. 43 des Ges. vom 3. Juli 1875 (jetzt §. 73 des L.=V.=G. von 1883).

4) Zwar hat der Gemeindevorsteher, wo eine Gemeindevertretung besteht, nach den Weisungen der letzteren zu verfahren, es ist aber nicht die Aufgabe des Verwaltungsrichters (der Beschlußbehörde), sich besonders davon Überzeugung zu verschaffen, daß dies in jeder einzelnen Parteihandlung und Erklärung geschieht, denn etwaige Pflichtwidrigkeiten des Gemeindevorstehers machen denselben nur der Gemeinde bezw. der Aufsichtsbehörde gegenüber verantwortlich.

Nr. 5.

Endurteil des I. Senats vom 17. April 1880 (Entsch. Bd. VI. S. 148).

1) Für die Wählbarkeit des Gemeindevorstehers ist nur die Ortsverfassung entscheidend. Die §§. 5 und 6 des Gesetzes vom 14. April 1856 (G.=S. S. 359) haben nur subsidiäre Bedeutung. Nach §. 7 (früher 6) des Wahlreglements entscheidet über die Gültigkeit der Stimmzettel vorläufig der Wahlvorstand. Diese Entscheidung konnte früher nach erhobenem Einspruch und demnächstiger Klage von den Verwaltungsgerichten berichtigt werden. Vergl. jetzt §. 27 des Zust.=Ges. von 1883. Ungültige Stimmen werden als nicht abgegeben betrachtet. Die Unterschrift des Protokolls braucht nicht

im Wahllokale stattzufinden, wenn dies in genügender Weise zu rechtfertigen ist (z. B. bei großer Unruhe in der Versammlung).

2) Wenn die §§. 5 und 6 des Gesetzes vom 14. April 1856 nur subsidiäre Vorschriften enthalten, so sind sie auch nur dann maßgebend, wenn eine Ergänzung oder Abänderung der Ortsverfassung durch einen von dem Kreisausschusse zu bestätigenden Gemeindebeschluß herbeigeführt oder durch den Kreisausschuß vorgeschrieben werden soll. Außer diesen Fällen bildet in betreff des Stimmrechts die Vorschrift des §. 3 a. a. O. die Grundlage, wonach die Teilnahme an dem Stimmrechte und die Art der Ausübung desselben in der Gemeindeversammlung durch die bestehende Ortsverfassung bestimmt wird. Zu den im §. 23 der Kreisordnung als wählbar bezeichneten „stimmberechtigten Gemeindemitgliedern" sind nicht solche Personen zu zählen, welche nur als Vertreter dritter ein Stimmrecht ausüben, vielmehr sind darunter nur solche zu verstehen, welche eine Stimmberechtigung aus eignem Rechte haben.

Nr. 6.

Endurteil des I. Senats vom 21. Mai 1881 (Entsch. Bd. VII. S. 195).

1) Die Ordnungsmäßigkeit der Wahl eines Gemeindevorstehers ist nach §. 27 des Zust.-Ges. von 1883 jetzt nicht mehr Gegenstand des Verwaltungsstreitverfahrens, wie dies nach §. 45 des Zust.-Ges. von 1876 der Fall war.

2) Die rechtswidrige Ausschließung eines stimmberechtigten Gemeindegliedes vom Wahlakt nötigt nicht unter allen Umständen zur Aufhebung der rechtzeitig angefochtenen Wahl.

3) Nach §. 23 der Kreisordnung von 1872 ist jedes stimmberechtigte Gemeindemitglied wahlberechtigt. Die thatsächliche Ausschließung von der Teilnahme an der Wahl verhindert aber nur die Ausübung des aktiven Wahlrechts, das Recht selbst, die Berechtigung, mitzustimmen, wenn sie besteht, wird durch dieselbe nicht beseitigt, und somit auch nicht die Berechtigung, gewählt zu werden.

4) Durch die Ausschließung von der Wahl werden die Gemeindemitglieder in der Ausübung ihrer Individualrechte beschränkt und so in ihren Rechten verletzt. Sie konnten nach §. 45 Abs. 1 des Zust.-Ges. von 1876 auf Anerkennung dieses Rechtes klagen, klagten sie aber nur auf Kassation der Wahl wegen Ordnungswidrigkeit, so gehörte zur Begründung des Antrages auch der Nachweis, daß die Ordnungswidrigkeit eine derartige war, daß sie die angefochtene Wahl ungültig machte. Für die entgegenstehende Ansicht sprechen auch nicht §. 19 Titel 7 Teil II und die §§. 53 und 139 Titel 6 Teil II A. L.-R.'s Jener §. 53 ist für Gemeinde- u. s. w. Wahlen durch §. 1 des Wahlreglements ersetzt.

Nr. 7.

Endurteile des I. Senats vom 22. Juni, 22. Oktober und 3. Dezember 1881 (Entsch. Bd. VIII. S. 115, 116 und 118).

Soweit sich diese Entscheidungen auf die Wahlen der Gemeindevorsteher beziehen, sind dieselben gegenstandslos (s. oben); im übrigen gelten folgende Grundsätze:

1) Der Landrat hat nicht die Obliegenheiten eines Wahlkommissars oder Wahlvorstehers bei Gemeindewahlen zu versehen, dieselben sind vielmehr der Regel nach von dem Gemeindevorsteher wahrzunehmen.

2) Hat der Amtsvorsteher im Auftrage des Landrats die Wahl geleitet,

so hat er nicht als Stellvertreter des Landrats, sondern des Gemeindevorstehers fungiert. Die Frage über die betreffende Befugnis des Landrats bleibt dabei eine offene.

3) Mag der Landrat aber auch die Wahl selbst geleitet oder den Amtsvorsteher selbst damit beauftragt haben, so ist doch der Einspruch bei ihm nicht anzubringen, sondern entweder bei demjenigen, welcher den Bescheid auf den Einspruch zu erteilen hat, d. h. bei dem Gemeindevorsteher bezw. der Gemeindevertretung, oder bei demjenigen, von welchem die Wahl geleitet worden ist. Letzterem liegt es sodann ob, die Beschwerde zur Bescheidung an die zuständige Behörde abzugeben. Die Abgabe des Einspruchs an eine andere Person, z. B. an den Landrat, kann leicht Fristversäumnis zur Folge haben.

4) Gehören die sämtlichen Personen, bei denen der Einspruch zu erheben wäre, zu den Einsprechenden oder zu denen, deren Wahl angefochten wird, so kann der Einspruch ohne Fristversäumnis auch bei dem Landrat abgegeben werden, und zwar mit dem Antrage, die zuständige Behörde zu bezeichnen.

5) Die für die Volksvertretung gegebenen Bestimmungen können auf die Gemeindewahlen analog nicht angewandt werden, deshalb ist es auch unzulässig, eine ungültige, aber unbeanstandet gebliebene, einer früher aus anderen Gründen für ungültig erklärten Wahl zu Grunde gelegte Wählerliste bei einer wiederholten Wahl ohne weiteres für gültig und anwendbar anzusehen. Die Auslegung einer richtigen Liste muß also vor jeder Neuwahl wiederholt werden.

6) Der Einspruch darf auch ein mündlicher sein, er muß aber nach dem Wahlakte erfolgen.

Nr. 8.

Endurteile des I. Senats vom 2. April und 22. Oktober 1881 (Entsch. Bd. VIII. S. 120 und 124).

In betreff der Wahlen der Gemeindevorsteher und Schöffen ist diese Entscheidung gegenstandslos. Gleichwohl gelten wegen der sonstigen Gemeindewahlen folgende Grundsätze:

1) Die gesetzmäßige Bildung des Wahlvorstandes ist die unerläßliche Voraussetzung der Gültigkeit der Wahlen. Maßgebend sind jetzt die §§. 2—4 des Wahlreglements zur Kreisordnungs-Novelle, wobei besonders hervorzuheben ist, daß die Stimmzettel nicht mehr gestempelt zu sein brauchen.

2) Die Wahl der Beisitzer durch Akklamation ist zulässig, jedoch genügt dazu nicht das bloße Stillschweigen der Wählerschaft auf den Vorschlag des Wahlvorstehers, sondern es muß nachzuweisen sein, daß den Wählern die Möglichkeit eines Widerspruchs gewährt wird, also eine bestimmte Frage an dieselben, ob sie einverstanden sind.

3) Ein besonderer Stimmzähler wird jetzt nicht mehr ernannt, auch ernennt jetzt der Vorsitzende allein den Protokollführer, und die Beisitzer haben dagegen kein Widerspruchsrecht.

4) Die Nichtführung der Gegenliste (Art. 12 Nr. 20 der Instruktion vom 10. März 1873) ist für die Entscheidung der Sache nicht von Bedeutung, es darf nur kein Zweifel darüber bestehen, daß der Protokollführer in ordnungsmäßiger Weise verfahren ist.

5) Der Umstand, daß die Wahlverhandlung nicht durch Vorlesung des Wahlreglements und Mitteilung des wesentlichen Inhalts der dazu ergangenen ministeriellen Instruktion eröffnet ist, kann nur dann als eine Nichtigkeit der

Wahl angesehen werden, wenn nachgewiesen wird, daß die Wahl durch den begangenen Fehler irgendwie beeinflußt worden sei.

6) Ebenso zieht der Verlust des Wahlprotokolls die Nichtigkeit nicht nach sich, wenn nur die Ordnungsmäßigkeit der Wahl durch anderweite Beweismittel festgestellt werden kann (§. 169 Tit. 5 Teil I A. L.-R.'s).

Nr. 9.

Endurteile des I. Senats vom 12. November 1881 und 6. April 1882 (Entsch. Bd. VIII. S. 126 und 130).

Der Alleinbesitz ist nicht Bedingung der Stimmberechtigung (§. 5 des Gesetzes vom 14. April 1856), es kann also auch das mit dem Grundbesitz verbundene Stimmrecht durch einen von mehreren Miteigentümern ausgeübt werden. Ein solcher Mitbesitzer repräsentiert denn auch den Vorstand des auf dem gemeinschaftlichen Gute geführten „Hausstandes". In betreff der Form und den Inhalt der Vollmacht zur Vertretung bei Ausübung des Stimmrechtes ist bemerkt, nicht beglaubigte Vollmachten seien keineswegs unter allen Umständen zurückzuweisen, denn der Wahlvorstand ist nur befugt, falls er berechtigte Zweifel an der Echtheit der Unterschriften hegt, eine Beglaubigung derselben zu verlangen. Unzulässig ist ein schriftlicher Auftrag, eine bestimmte Person zu wählen.

Nr. 10.

Endurteil des I. Senats vom 1. April 1882 (Entsch. Bd. VIII. S. 130).

1) Der §. 45 des Zuständigkeitsgesetzes von 1876 unterschied zwei Klagen; die eine wurde, „wenn das Recht zur Teilnahme an dem Stimmrechte in der Gemeindeversammlung oder an den Gemeindewahlen bestritten wird", „dem Stimmberechtigten" gegen den Bescheid des Gemeindevorstehers gegeben, d. h. demjenigen, der ein Stimmrecht für sich in Anspruch nahm, und dem dieses in dem Bescheide des angerufenen Gemeindeverwaltungsorgans bestritten wurde. Bei einer solchen Klage handelte es sich keineswegs notwendig immer um die Frage, ob jemand überhaupt ein Stimmrecht hatte oder nicht; es konnte sich um die Art und den Umfang des Stimmrechts, die Zahl der Stimmen, die jemand zu führen hatte, das Recht zur Führung einer Virilstimme im Gegensatze zur Teilnahme an einer Kollektivstimme handeln.

2) Eine Klage im Verwaltungsstreitverfahren um eine Berichtigung der aus Anlaß von Gemeindewahlen ausgelegten Wählerlisten bezüglich anderer Gemeindeglieder (deren Namen gestrichen oder in die Liste aufgenommen werden sollen) stand den stimmberechtigten Gemeindegliedern der Landgemeinde nicht zu.

Diese Grundsätze sind auch noch heute bei der Anwendung des §. 27 Nr. 1 des Zust.-Ges. von 1883 zu beachten.

3) Die andere Klage aus §. 45 l. c. war die wegen Ordnungswidrigkeit der Wahl. Diese Klage, durch welche eine Wahl angefochten wurde, konnte sich auch auf die Behauptung stützen, daß Personen, die nach der Gemeindeverfassung nicht stimmberechtigt, gleichwohl zur Wahl zugelassen, oder solche, die stimmberechtigt, von derselben ausgeschlossen seien, immer aber nur unter der Voraussetzung, daß durch solche Ordnungswidrigkeiten der Ausfall der Wahl beeinflußt sei. Denn das Recht, welches der §. 45 a. a. O. jedem Mitgliede der Wahlversammlung einräumte, reichte nicht

weiter, als darüber zu wachen, daß die Wahlen in ihrem Resultate dem Rechtszustande der Gemeinde entsprachen. Nur unter diesem Gesichtspunkte kam hier das Stimmrecht der einzelnen Gemeindeglieder in Frage, nicht so wie bei dem Streitfalle, in welchem definitiv über das Recht, in der Gemeindeversammlung überhaupt zu stimmen, entschieden wurde.

Diese andere Klage ist durch die jetzige Fassung des §. 27 Nr. 2 des Zust.-Ges. von 1883 hinsichtlich der Gemeindevorsteher und Schöffen fortgefallen.

Nr. 11.

Endurteil des I. Senats vom 22. November 1882 (Entsch. Bd. IX. S. 63).

1) Die durch Ortsstatut an die Eröffnung des Konkurses oder an die Aberkennung des Rechtes, über sein Vermögen zu verfügen und dasselbe zu verwalten, geknüpften Beschränkungen in der Ausübung des Gemeindestimmrechtes treten nicht schon dann ein, wenn die im Gemeindebezirke belegenen Grundstücke des Stimmberechtigten unter gerichtliche Administration genommen sind.

2) Der Konkurs unterscheidet sich nach zwei Richtungen hin von der gerichtlichen Administration eines Grundstückes, indem letztere nur einzelne Vermögensstücke betrifft und nur das Verwaltungs-, nicht aber das Verfügungsrecht des Schuldners schmälert.

Nr. 12.

Endurteil des I. Senats vom 22. November 1882 (Entsch. Bd. IX. S. 66).

Nach §. 45 Abs. 2—4 des Zust.-Ges. von 1876 (jetzt §. 27 Nr. 2 des Zust.-Ges. von 1883) kann die Wahl eines Vertreters der zur Führung einer Kollektivstimme verbundenen Gemeindeglieder (eines „Abgeordneten", im Gegensatze zu einem „Gemeindeverordneten") mit der Klage im Verwaltungsstreitverfahren nicht angefochten werden.

Nr. 13.

Endurteil des I. Senats vom 25. Oktober 1882 (Entsch. Bd. XI. S. 87).

Wo die Gemeindeverordneten in verschiedenen Abteilungen gewählt werden, kann der einzelne Wähler nicht nur die Wahlen derjenigen Abteilung, welcher er angehört, sondern sämtliche Wahlen anfechten.

An die Stelle des §. 45 des Zust.-Ges. von 1876 ist der §. 27 Nr. 2 des Zust.-Ges. von 1883 getreten.

Nr. 14.

Endurteil des I. Senats vom 27. Februar 1884 (Entsch. Bd. XI. S. 85).

1) Wenn in Frage steht, ob ein öffentliches Amt den bestehenden Gesetzen gemäß verliehen werden soll, oder nicht, so ist bei der Sache das öffentliche Interesse beteiligt (§. 61 des Gesetzes vom 3. Juli 1875, jetzt §. 91 des L.-V.-G. vom 30. Juli 1883).

2) Das im §. 60 des Organisationsgesetzes vom 26. Juli 1880 gegebene Rechtsmittel der Anfechtungsklage, weil die Beschlüsse die Befugnisse der Behörden überschreiten und die Gesetze verletzen, ist der Nichtigkeitsbeschwerde des Zivilprozesses wegen Verletzung von Rechtsgrundsätzen

und dem Rechtsmittel der Revision im Streitverfahren nachgebildet. Abweichend hiervon bestimmt jetzt der §. 126 des L.-V.-G. vom 30. Juli 1883 daß als zweiter Anfechtungsgrund die „Verletzung des bestehenden Rechtes, insbesondere auch der von der Behörde innerhalb ihrer Zuständigkeit erlassenen Verordnungen“ angegeben ist und daß die Anfechtungsklage in allen Fällen direkt an das O.-V.-Gericht geht.

3) Ausgeschlossen ist für den Verwaltungsrichter im Streitverfahren die über das Obige hinausgehende freie Prüfung des Beschlusses nach der thatsächlichen Seite allein, die Würdigung desselben nach seiner Nützlichkeit, Zweckmäßigkeit, Sachgemäßheit überall da, wo das Gesetz das Ermessen der Behörde walten läßt.

4) Zu dem §. 77 der Städte-Ordnung vom 30. Mai 1853 ist jetzt der §. 15 des Zust.-Ges. von 1883 nachzulesen. Das Recht zur Beanstandung (nicht zur Anfechtung) von Beschlüssen, welche das Staatswohl oder das Gemeindeinteresse verletzen, ist jetzt fortgefallen (vergl. §. 69 des Zust.-Ges. von 1876, jetzt §. 178 der Kreisordnungs-Novelle — Hannover §. 106, Hessen-Nassau §. 107, Westfalen §. 94 —, auch §. 17 des Zust.-Ges. von 1883 „Meinungsverschiedenheiten“).

5) Demgemäß kann es als ein Grund zur Anfechtung eines Beschlusses des Kreisausschusses nicht angesehen werden, weil derselbe die gegen die Bestätigung der Wahl eines Gemeindevorstehers geltend gemachten Thatsachen nicht genügend geprüft und berücksichtigt habe (§. 26 der Kreisordnung — Hannover §. 31, Hessen-N. §§. 34 und 35, Westfalen §. 25 —). Diese Frage würde keine der „Befugnis“, d. h. der „Zuständigkeit“ sein, sondern lediglich den Beschluß nach seinem materiellen Inhalt betreffen.

6) Jede Neuwahl, auch die einer früher schon einmal gewählten und nicht bestätigten Person erheischt formell einen Beschluß des Landrates und event. des Kreisausschusses über Bestätigung und Nichtbestätigung. Keine der beiden Instanzen ist hierbei an frühere Beschlüsse gebunden. Letzteres ist um so weniger der Fall, wenn das Kollegium des Kreisausschusses bei einer späteren Beschlußfassung durch den Hinzutritt neuer Mitglieder verstärkt worden ist.

7) Wegen der „Meinungsverschiedenheiten“, über welche der §. 60 des Organisationsgesetzes vom 26. Juli 1880 nichts enthielt, vergl. jetzt den §. 33 Nr. 1 des Zust.-Gesetzes von 1883.

8) Für die Qualifikation eines ländlichen Gemeindevorstehers ist der §. 51 Tit. 7 Teil II A. L.-R.'s maßgebend. Der Ausdruck „von untadelhaften Sitten sein“ ist nicht dahin zu verstehen, daß niemand Schulze sein könne, der sich jemals in seinem Leben mit einem sittlichen Makel behaftet habe. Die Sühne früherer sittlicher Verstöße ist die Wiedererlangung bürgerlicher Ehrbarkeit und allgemeiner Achtung durch späteren tadellosen Wandel. Hierfür ist das freie Ermessen des Kreisausschusses maßgebend und nicht das des Verwaltungsrichters (jetzt der Beschlußbehörde).

Nr. 15.

Endurteil des I. Senats vom 25. Juni 1884 (Entsch. Bd. XI. S. 97).

Wenn bei der Wahl von Gemeindeverordneten mehrere Bevollmächtigte einer Witwe auftreten, so macht die jüngere Vollmacht die ältere nur dann unwirksam, wenn beide Bevollmächtigte zu verschiedenen Zeiten zu dem Wahlakte erscheinen. Erscheinen sie aber gleichzeitig zu dem Wahlakte mit dem Verlangen, von ihrer Vollmacht Gebrauch zu machen, und will keiner von beiden zurücktreten, so sind auch beide zurückzuweisen (A. L.-R. I. 4 §§. 58 ff., Tit. 13 §§. 159, 161, 185; §. 27 Nr. 2 des Zust.-Ges. von 1883).

F. Rechte und Pflichten des Gemeindevorstehers und der Schöppen.

Nr. 1.

Endurteil des I. Senats vom 6. November 1878 (Entsch. Bd. IV. S. 121).

1) Die Gemeindevorsteher sind als Kommunalbehörden nach §. 11 des Gesetzes vom 12. Februar 1850 (G.-S. S. 45) zur Mitwirkung bei den Haussuchungen auch ohne besonderen Auftrag des Amtsvorstehers berufen.

2) Dasselbe gilt von den Schöppen, wenn sie den Gemeindevorsteher in Behinderungsfällen zu vertreten haben.

3) Gemeindevorsteher und Schöppen dürfen beanspruchen, über die gegen Verdächtige sprechenden Anzeichen mit zu befinden, keinesfalls darf aber dies Verlangen dahin ausgedehnt werden, daß ihr Beistand von dem Nachweise der Spuren einer strafbaren Handlung abhängig gemacht werde.

Nr. 2.

Endurteil des I. Senats vom 9. Juni 1880 (Entsch. Bd. VI. S. 155).

1) Anordnungen des Amtsvorstehers darüber, wer in örtlich verbundenen Gemeinden und Gutsbezirken die dem Gemeinde- bezw. Gutsvorsteher obliegenden polizeiamtlichen Handlungen, welche eine einheitliche Vollziehung erfordern, auszuführen hat, sind nicht als polizeiliche Verfügungen im Sinne des §. 30 des Zuständigkeitsgesetzes (§. 63 des Organisationsgesetzes, jetzt §. 127 des Gesetzes vom 30. Juli 1883) anzusehen. Dieselben sind Anweisungen der vorgesetzten Dienstbehörde an die ihr nachgeordneten Behörden (Gemeindevorsteher, stellvertretende Gutsvorsteher), wie bei polizeilichen Aktionen zu verfahren ist, wer eintretenden Falls diese zu leiten hat.

2) Solche amtliche Instruktionen unterliegen im allgemeinen nicht der Erörterung im Verwaltungsstreitverfahren. Der Verwaltungsrichter kann nur dann in die Lage kommen, derartige Anordnungen des Amtsvorstehers auf ihre Gesetzmäßigkeit zu prüfen, wenn letzterer behufs ihrer Durchführung Zwangsmaßregeln gegen Gemeinde- und Gutsvorstände verhängt. Gegen diese Zwangsmaßregeln gewährt die singuläre Bestimmung des §. 37 des Zuständigkeitsgesetzes (§. 65 der Kreisordnungs-Novelle) den nachgeordneten Organen die Klage im Verwaltungsstreitverfahren.

Nr. 3.

Endurteile des I. Senats vom 2. Oktober und 24. November 1880 (Entsch. Bd. VII. S. 129 und 133).

1) Abgesehen von dem dem Armen selbst zustehenden Rechte der Beschwerde über einen Ortsarmenverband wegen versagter oder nicht genügender Unterstützung bei der vorgesetzten Aufsichtsbehörde sind die Polizeibehörden ebenso befugt, wie verpflichtet, in dringenden Fällen im Interesse der Hilfs-

bedürftigen bezw. der öffentlichen Ordnung gegen die event. fürsorgepflichtigen Armenverbände einzuschreiten (§. 59 der Kr.=O. „Armenpolizei").

2) Wenn der Landrat in dieser Beziehung auf Grund des §. 77 Abs. 2 a. a. O. selbständig Anordnungen zu treffen für zweckmäßig befindet, so hat er jedenfalls hierbei dasselbe gesetzliche Verfahren zu beobachten, welches für die Ortspolizeibehörden maßgebend ist, und er kann namentlich die vorläufige Unterstützung nur von demjenigen Ortsarmenverbande verlangen, in dessen Bezirke sich der Arme beim Eintritt der Hilfsbedürftigkeit thatsächlich befindet. O.=V.=G.=E. vom 13. Juni 1876 (Entsch. I. S. 340).

3) Die vorgedachte Befugnis und Verpflichtung steht dem Amtsvorsteher dem Gemeindevorsteher gegenüber unbedenklich zu, auch kann der erstere den letzteren durch angedrohte Geldstrafen zum Gehorsam zwingen. Dem Einwande des Gemeindevorstehers, daß niemand den Hilfsbedürftigen aufnehmen wolle, ist durch die Anordnung zu begegnen, daß die Gemeindemitglieder nach Maßgabe ihrer Steuerpflicht die Unterbringung des Hilfsbedürftigen (Obdachlosen) im Reihezuge zu bewirken haben. Im übrigen ist das Einschreiten der Polizei nur in dringenden Fällen zulässig.

4) Amtliche Handlungen sind regelmäßig nicht fungibel. Die Anwendung der Bestimmung unter Nr. 1 des §. 33 des Zust.=Ges. von 1876 (§. 68 Nr. 1 des Organisationsgesetzes vom 26. Juli 1880, jetzt §. 132 des Gesetzes vom 30. Juli 1883) ist der Natur der Sache nach für dienstliche Funktionen, welche nicht von einem Dritten geleistet werden können, ausgeschlossen.

5) Die Geldstrafe als Exekutivmittel entspricht aber der Vorschrift unter Nr. 2 jener Paragraphen.

VI.

Gemeindeholzungen.

Endurteil vom 3. April 1878 (Entsch. Bd. III. S. 159).

In Beziehung auf das Verhältnis des Magistrats und der Stadtverordnetenversammlnng zu einander und die Rechtsstellung dieser Behörden nach außen hat das Oberverwaltungsgericht für den Geltungsbereich der Städteordnung vom Jahre 1853 (für die sechs östlichen Provinzen) folgende Grundsätze aufgestellt:

1) Nur der Magistrat ist berufen, für die Stadtgemeinde zu klagen (Städteordnung für die sechs östlichen Provinzen der Monarchie vom 30. Mai 1853 §. 56). Allgemeine Verwaltungsangelegenheiten sind hiervon nicht ausgeschlossen.

2) Das Recht der Vertretung nach außen ist nicht zu verwechseln mit dem Rechte der Stadtverordneten, die Entscheidung der Kommunal=Aufsichtsbehörden bei Meinungsverschiedenheiten zwischen Magistrat und Stadtverordneten anzurufen (§. 36 a. a. O.).

3) Waldschutz: Zur Aufstellung der im §. 11 des Gesetzes vom 14. August 1876 dem Waldeigentümer gegebenen Klage ist demnach nur der Magistrat als Vertreter der Stadtgemeinde und nicht die Stadtverordnetenversammlung berechtigt.

4) Der §. 15 des Gesetzes vom 14. April 1856 (G.-S. S. 359), welcher ebenfalls von Gemeindewaldungen handelt, ist durch das vorstehend gedachte Gesetz vom 14. August 1876 aufgehoben.

5) Zur Ausführung des Gesetzes vom 14. August 1876 erging die ministerielle Instruktion vom 21. Juni 1877, welche in den Amtsblättern mitgeteilt worden ist.

Zweite Abteilung.

Kultus, Schule und Personenstand.

VII.

Die evangelische und die katholische Kirche.

Vorbemerkung.

Vergl. über die gegenwärtige Lage der kirchlichen Gesetzgebung: „Die kirchenpolitischen Gesetze Preußens und des Deutschen Reiches in ihrer Gestaltung nach dem Abänderungsgesetze vom 21. Mai 1886" von V. Rintelen, Geheimen Ober-Justizrat, Mitglied des Reichstages und des Preußischen Abgeordnetenhauses. Vierte Auflage. Berlin 1886. Preis 1 ℳ. Ausführlicher ist noch: „Das Preußische Kirchengesetz betreffend die Abänderung der kirchenpolitischen Gesetze vom 21. Mai 1886", erläutert von Dr. Paul Hinschius, Geheimem Justizrat und ordentlichem Professor des Kirchenrechts an der Universität Berlin. Berlin und Leipzig 1886.

Nr. 1.

Endurteil vom 19. Mai 1877 (Entsch. Bd. II. S. 193).

Der Übergang der Verwaltung der Angelegenheiten der evangelischen Landeskirche von dem Minister der geistlichen Angelegenheiten und von den Regierungen auf den Evangelischen Oberkirchenrat und die Konsistorien ist die Voraussetzung einer Klage im Verwaltungsstreitverfahren wegen Zwangseintragung von Leistungen in die Etats der Kirchengemeinden. Diese Entscheidung hat eine vorübergehende Bedeutung. Vergl. die Königliche Verordnung vom 5. September 1877, auch die vom 9. September 1876 (G.-S. S. 395). Art. 1 Nr. 7 und Art. 3 Nr. 4.

Nr. 2.

Endurteile des I. Senats vom 11. Oktober 1878 (Entsch. Bd. IV. S. 147), vom 25. Oktober 1878 (Entsch. Bd. IV. S. 161), vom 18. Januar 1879 (Entsch. Bd. V. S. 168) und vom 1. März 1879 (Entsch. (Bd. V. S. 174).

1) Die Frage über die fristzeitige Anbringung der Klagen gegen Verfügungen der bischöflichen Vermögensverwalter war nach §. 71 des Organisationsgesetzes vom 26. Juli 1880 (§. 135 des L.-V.-G. vom 30. Juli 1883) zu entscheiden.

2) Die gegen solche Bescheide stattfindende Klage war nicht bei derjenigen Behörde fristzeitig anzubringen, gegen deren Verfügung dieselbe gerichtet ist, sondern direkt bei dem O.-V.-G. Es handelt sich hier nicht um die sogenannte Wahlklage (§§. 31, 34 des Zust.-Ges. von 1876, jetzt §§. 128 und 132 des L.-V.-G. vom 30. Juli 1883), sondern um eine mit der Beschwerde nicht konkurrierende Klage, bei welcher die allgemeine Regel des §. 35 des Gesetzes vom 3. Juli 1875 (jetzt §. 63 des L.-V.-G. von 1883) Platz greift. Dieser Grundsatz fand Anwendung auf das Verfahren zur Anfechtung von Zwangsverfügungen der Kommissarien für die bischöfliche Vermögensverwaltung (Gesetze vom 20. Mai 1874 — G.-S. S. 135 —, vom 13. Februar 1878 — G.-S. S. 87 —).

3) Die Kommissarien hatten das Recht zur Führung der bischöflichen Aufsicht über die Vermögensverwaltung der einzelnen Kirchengemeinden.

4) Die Kirchenvorstände waren aus dienstlichen Rücksichten verpflichtet, unfrankiert durch die Post ihnen zugehende dienstliche Sendungen der Kommissarien anzunehmen. Die materielle Frage, wem die Kosten dieser Korrespondenz zur Last fallen, hängt hiermit nicht zusammen und ist nur im Wege der Beschwerde an die Aufsichtsbehörde zur Erledigung zu bringen.

5) Die Anordnungen der Kommissarien unterlagen der Rechtskontrolle im Verwaltungsstreitverfahren nur als Gegenstand der Zwangsübung, die Klage fand mithin nur gegen die angedrohten Zwangsmittel, nicht unmittelbar gegen deren Anordnung selbst statt (cf. §. 71 des Organisationsgesetzes vom 26. Juli 1880, jetzt §. 135 des L.-V.-G. vom 30. Juli 1883).

6) Die katholischen Kirchenvorstände im rechtsrheinischen Teile der Diözese Köln waren verpflichtet, dem Königl. Kommissarius für die erzbischöfliche Vermögensverwaltung in dieser Diözese das Inventar des Gemeinde-Kirchenvermögens und den jährlichen Voranschlag für die Verwaltung desselben einzureichen.

Nr. 3.

Endurteile des I. Senats vom 18. Dezember 1878 (Entsch. Bd. IV. S. 166) und vom 18. Januar 1879 (Entsch. Bd. V. S. 168).

1) Die Vorstände der katholischen Kirchengemeinde sind verpflichtet, ihre und der Gemeindevertretungen Beschlüsse der Kirchenpatronen abschriftlich mitzuteilen.

2) Die gesetzlichen „Verwaltungsnormen", welche durch das Gesetz über die Vermögensverwaltung in den katholischen Kirchengemeinden vom 20. Juni 1875 (G.-S. S. 241) nicht berührt werden (cf. §. 47 Nr. 1), sind zu unterscheiden von den von den Bischöfen und Oberpräsidenten in gegenseitigem Einvernehmen zu erlassenden „Anweisungen über die Geschäftsführung" der Kirchenvorstände und Gemeindevertretungen. Unter jenen sind nur Vorschriften über den Inhalt der Verwaltungsbefugnisse und über die Art der Verwaltung zu verstehen, unter den letzteren rein formelle Bestimmungen über die Geschäftsführung und die Geschäftsverbindung zwischen den einzelnen Organen.

3) Mag auch eine Festsetzungsverfügung unter der Voraussetzung, daß vor dem Zeitpunkte der Zustellung derselben der davon Betroffene der ihm gemachten Auflage nachgekommen ist, ihre Wirksamkeit verlieren, weil der Zweck der Androhung erreicht ist und die Festsetzungsverfügung erst mit ihrer Zustellung in Kraft tritt, so kann doch unter Umständen die Festsetzung aufrecht erhalten werden müssen, z. B. wenn sich aus dem Gebaren des Betroffenen ergibt, daß er der Behörde gegenüber gegen besseres Wissen

gehandelt, die Verzögerung verschuldet und nichts gethan hat, um die letztere etwa durch Nachsuchen um eine Nachfrist zu rechtfertigen. Es gibt solche Handlungen, welche einen „grundsätzlichen Widerspruch" gegen die Anordnungen der Behörden und gegen das Gesetz bekunden, und diese sind nicht geeignet, eine einmal ausgesprochene Festsetzung zu beseitigen.

Nr. 4.

Endurteile des I. Senats vom 1. März 1880 (Entsch. Bd. VI. S. 158 und 171), desgl. vom 27. November 1880 (Entsch. Bd. VII. S. 209).

1) Es ist die Frage:

ob die Konsistorien der evangelischen Landeskirche befugt sind, im Einvernehmen mit dem Regierungspräsidenten die Kirchengemeinden zur Erhöhung der für unauskömmlich erachteten Pfarrgehälter zu zwingen,

für den Fall verneint, daß es sich nicht um die Veränderung bestehender Pfarrbezirke handelt (Art. 23 des Ges. vom 3. Juni 1876). Es ist mithin in einem derartigen Falle auch die Zwangsetatisierung (Art. 27 Abs. 3 a. a. O.) ausgeschlossen.

2) Konsistorium und Regierungspräsident können auf Grund des Art. 27 des Gesetzes vom 3. Juni 1876 eine Kirchengemeinde nur unter der Voraussetzung durch Zwangsetatisierung anhalten, Deichbeiträge für Pfarrländereien zu bezahlen, daß die Deichbehörde nach dem betreffenden Deichstatut jene Beiträge von der Kirchengemeinde fordern durfte und thatsächlich gefordert hatte. In dem betreffenden Falle hatte die Deichbehörde die Wahl, ob sie sich an den Pfarrer oder an die Kirchengemeinde halten wollte; sie hatte den ersten Weg gewählt und der Anspruch gegen die Kirchengemeinde war nicht von ihr, sondern von den kirchlichen Aufsichtsbehörden ausgegangen. Dies war aber unzulässig, denn der Pfarrer konnte seinen Erstattungsanspruch nur im Rechtswege geltend machen.

3) Das Konsistorium und der Regierungspräsident sind nicht befugt, eine Kirchengemeinde durch Zwangsetatisierung anzuhalten, Deichbeiträge für Pfarrländereien zu bezahlen. Die auf Grund des §. 19 des Gesetzes vom 28. Januar 1848 (G.-S. S. 54) und des betreffenden Deichstatuts seitens des Deichamts von der Kirchengemeinde oder dem Stelleinhaber eingezogenen Beiträge können nur im ordentlichen Rechtswege von dem nach Ansicht der Betroffenen eigentlich Verpflichteten reklamiert werden. Das Eingreifen des Konsistoriums und des Regierungspräsidenten nach Art. 27 Abs. 2 des Gesetzes vom 3. Juni 1876 (G.-S. S. 25) würde nur statthaft sein, wenn die Deichbehörde von der Kirchengemeinde ohne Erfolg Beiträge eingefordert hätte. Die Grundlage für die Zwangsetatisierung kann nur die Entschließung der Deichverwaltungsbehörde sein.

4) Eine auf Grund des Abs. 2 des Artikels 27 des Gesetzes betreffend die evangelische Kirchenverfassung vom 3. Juni 1876 (G.-S. S. 125) erlassene, lediglich die exekutivische Etatisierung einer bestimmten Leistung einer Kirchengemeinde betreffende Verfügung der zuständigen Behörde kann Gegenstand eines Streitverfahrens vor dem O.-V.-G. sein, und es kann in dem letzteren darüber erkannt werden, ob der durch die Verfügung in den Etat gesetzte Ausgabeposten ganz oder teilweise wieder zu streichen ist oder nicht. Dagegen ist ein allgemeiner Ausspruch über den Maßstab zur Verteilung von Synodalkosten dem O.-V.-G. durch kein Gesetz übertragen, ein dahin gehender Klageantrag ist mithin unzulässig.

5) Wegen der Eintragung von Synodalkosten, welche durch Beschluß

der Kreissynode umgelegt sind, würde nur die Beschwerde an die Staatsbehörde (den Oberpräsidenten) zulässig sein.

Nr. 5.

Endurteil des I. Senats vom 27. November 1880 (Entsch. Bd. VII. S. 209).

1) Die Grenzen der Rechtskontrolle über die Verfügungen der Konsistorien und der Staatsbehörden, durch welche zwangsweise Leistungen in die Etats der evangelischen Kirchengemeinden in den acht älteren Provinzen der Monarchie eingetragen werden, sind zu entnehmen aus Art. 27 Abs. 2 des Gesetzes vom 3. Juni 1876 (G.-S. S. 125) und aus der Verordnung vom 9. September 1876 (G.-S. S. 395).

2) Der Rechtskontrolle sind die in dem ersteren Gesetze genannten Aufsichtsbehörden in der Übung der ihnen anvertrauten Zwangsbefugnis unterstellt worden, um eine dem Gesetze entsprechende Handhabung der letzteren zu sichern, insbesondere um die Gewähr dafür zu verstärken, daß der Kreis der Verpflichtungen der Kirchen und Kirchengemeinden nicht im Wege der Zwangsvollstreckung gegen das Gesetz erweitert werde. Ist nun auch nach dieser Absicht der gesetzgebenden Faktoren die Rechtskontrolle unbedenklich auf die Prüfung bestrittener Verpflichtungen nach Rechtsgrund und Inhalt auszudehnen, soweit die Entscheidung hierüber von den mit der Zwangsvollstreckung betrauten Aufsichtsbehörden selbst zum Zwecke der letzteren auszugehen hat, so muß sie sich doch anderseits bei denjenigen Leistungen, welche gesetzlich von anderen Organen und Behörden in besonders geregeltem Verfahren festgestellt werden, entsprechend der Kognition der die Zwangsvollstreckung verfügenden Behörden auf diejenigen Rechtsfragen beschränken, welche für die Zwangsvollstreckung allein im Gegensatze zur Feststellung der Verpflichtung maßgebend sind. Dies ergibt sich mit Notwendigkeit aus der Organisation der Rechtskontrolle, welche nach Art. 27 lediglich gegen die mit der Zwangsvollstreckung betrauten Aufsichtsbehörden gerichtet ist, in Verbindung mit der Erwägung, daß ohne jene Beschränkung der Absatz 3 des Art. 27 mit den fundamentalsten Rechtsnormen, namentlich denen über die Rechtskraft der Entscheidungen und die Vollstreckbarkeit obrigkeitlicher Festsetzungen, in einen unlösbaren Widerspruch gesetzt werden würde.

3) Es ist klar, daß, wenn eine Geldsumme nach Absatz 2 des Art. 27 in den Etat eingeschrieben wird, um die Vollstreckung eines zivilgerichtlichen Erkenntnisses mit den etatsmäßig durch Gemeindeumlagen zu beschaffenden Mitteln zu ermöglichen, über die durch jenes Erkenntnis festgestellte Leistung nicht nochmals im Streitverfahren zu entscheiden ist. Dasselbe muß nach Lage der einschlagenden Gesetzgebung von der Vollstreckung polizeilicher Auflagen, die einer Kirchengemeinde gemacht und vollstreckbar sind, dasselbe von der Einziehung öffentlicher Abgaben (Deichbeiträgen u. s. w.), sowie von Vollstreckung interimistischer Entscheidungen in Kirchen-, Pfarr- und Küsterbausachen, die nach Art. 23 Nr. 2 des Gesetzes ergehen, gelten.

4) Synodalkosten sind unbestritten gesetzliche Leistungen der Kirchengemeinden. Dieselben werden gesetzlich durch Beschluß der Kreissynode auf die Gemeinden repartiert und so deren Beiträge bestimmt. Gegen diese Beschlüsse steht den Gemeinden das Recht der Beschwerde an die Staatsbehörde zu, aber nur innerhalb einer Frist von 2 Wochen. In diesem Beschwerdeverfahren können alle Fragen rechtlicher oder thatsächlicher Natur, soweit sie auf die bestrittene Verpflichtung von Einfluß sind, zur Beschlußfassung gestellt werden, und es wird in demselben endgültig entschieden.

5) **Der Schlußsatz** in dem Art. III der Verordnung vom 9. September 1876 lautet:

„Gegen die Verfügung des Regierungspräsidenten geht, sofern nicht die Klage bei dem O.-V.-G. nach Art. 27 Abs. 3 des Ges. vom 3. Juni 1876 stattfindet, die Beschwerde an den Oberpräsidenten. Derselbe beschließt auf die Beschwerde endgültig."

Die hier durch den Hinweis auf die Klage aus Art. 27 Abs. 3 bezeichnete Beschränkung der Beschwerdeinstanzen erklärt sich daraus, daß unmittelbar vorausgehend unter Position 4 des Art. III der Verordnung auch die Zuständigkeit der Staatsbehörden für das Recht der Zwangsvollstreckung geregelt ist. Für die nach dieser letzteren Bestimmung ergehenden Zwangsverfügungen war das Rechtsmittel der Beschwerde auszuschließen, da das Gesetz das Rechtsmittel der Klage gegeben hat. Ein mehreres ist mit dem Zusatze „sofern u. s. w." nicht zum Ausdrucke gekommen, insbesondere die Beschwerde keineswegs überall in soweit ausgeschlossen, als sie etwa an Verfügungen der Staatsbehörde, die nicht auf Grund des Abs. 2 des Art. 27, sondern auf Grund anderer gesetzlicher Bestimmungen ergehen, einmal die Möglichkeit einer Zwangsvollstreckung nach Art. 27 knüpfen und daraus die Zulässigkeit der Klage im Streitverfahren ergeben kann.

Nr. 6.

Endurteil des I. Senats vom 11. November 1882 (Entsch. Bd. IX. S. 94).

1) Die Verpflichtung einer Kirchengemeinde, zu den Kreissynodalkosten Beiträge zu leisten, kann, nachdem die Beschwerde an den letztinstanzlich entscheidenden Oberpräsidenten (Art. III. der V. vom 9. September 1876 — G.-S. S. 395 —) unterblieben, die vorausgehende Verfügung des Regierungspräsidenten also endgültig geworden ist, nicht nochmals Gegenstand eines Streitverfahrens, welches sich an die Exekution anknüpft, werden (vergl. Endurteil vom 27. November 1880 — Entsch. Bd. VII. S. 208 —).

2) Die gesetzlichen Bestimmungen ergeben, daß eine Umlage für landeskirchliche Zwecke bis zu ihrer Erhebung von den einzelnen Gemeinden mehrfachen Repartitionen unterliegt. Jede einzelne dieser Repartitionen kann je nach dem Maßstabe, welcher derselben zu Grunde gelegt wird, zur Folge haben, daß der Prozentsatz an Staatssteuern, welche die Einzelgemeinde oder der einzelne Zensit zu leisten hat, abweicht von dem Prozentsatze derselben Steuern, welche für die Berechnung der von der Gesamtheit der Zensiten in der Landeskirche aufzubringenden Gesamtsumme maßgebend ist.

3) Der Maßstab der Klassen- und Einkommensteuer, wie er im Art. 16 des Staatsgesetzes vom 3. Juni 1876 für die Maximalgrenze der Gesamtbesteuerung für landeskirchliche und provinzielle Zwecke vorgeschrieben worden, ist gesetzlich auch für die Repartition auf die Provinzen und Kreise nicht vorgeschrieben.

4) Daß für jede einzelne, verschiedenen Zwecken dienende Umlage ein besonderer Repartitionsmaßstab matrikelmäßig festgestellt werden müsse, ist nirgends vorgeschrieben.

5) Die einzelnen Kirchengemeinden haben das Recht, die Höhe der auf sie repartierten Steuerbeträge mit dem Nachweise anzufechten, daß der Gesamtbetrag der landesherrlichen Umlagen auf die einzelnen Provinzen unrichtig verteilt sei.

6) Die Provinzialsynodal- und Kreissynodal-Bezirke stellen sich lediglich dar als Verwaltungsbezirke, denen juristische Persönlichkeit nicht beigelegt ist.

7) Die Aufsichtsbehörde hat das Recht zur Einziehung der auf die Gemeinden entfallenden Steuerbeträge im Falle der Weigerung einer Kreissynode, den auf ihren Bezirk repartierten Betrag in ihren Etat aufzunehmen.

Nr. 7.

Endurteil des I. Senats vom 16. Dezember 1882 (Entsch. Bd. IX. S. 107).

1) Die Staatsbehörden und die geistlichen Obern haben das Recht, über die stiftungsmäßige Verwendung des Vermögens der Kirchengemeinden zu wachen. (A.-L.-R. II. 11 §§. 161, 162, 168, Art. 27 des Gesetzes vom 3. Juni 1876, G.-S. S. 125.)

2) Wenn jemand in seinem Testamente bestimmt: „die Kirche erbt zur Wohnung für den Prediger mein Wohnhaus", so hat damit das Haus zum Pfarrhause gewidmet werden sollen. Der Erlös für das Haus im Falle eines Verkaufes fließt deshalb in das Pfarrvermögen und nicht in das Kirchenvermögen, und die Zinsen müssen dazu dienen, das Wohnbedürfnis des Pfarrers zu befriedigen.

Nr. 8.

Endurteil des I. Senats vom 10. März 1883 (Entsch. Bd. IX. S. 110).

Die Kirchengemeinden in der evangelisch-lutherischen Kirche der Herzogtümer Schleswig-Holstein sind verpflichtet, den Propsten freie Fuhren zu den Kirchenvisitationen zu stellen.

Nr. 9.

Endurteil des I. Senats vom 21. März 1883 (Entsch. Bd. IX. S. 118).

1) Die geistlichen Obern haben das Recht, Prozesse für Kirchen durch die von ihnen bestellten Bevollmächtigten im Falle der Weigerung der zur Vertretung der Kirchengemeinden gesetzlich berufenen Organe führen zu lassen (A.-L.-R. II. 11 §§. 659, 660).

2) Durch das Wort „wirkliche" im §. 659 a. a. O. kann das Gesetz unmöglich die Rechtsverbindlichkeit der Bevollmächtigung durch die Aufsichtsbehörde für die Kirchengemeinde von der Bedingung abhängig machen wollen, daß die ausgeführten Rechte demnächst im Prozesse rechtskräftig durch Endurteil als bestehende, begründete und in diesem Sinne „wirkliche" anerkannt werden. Ebensowenig ist das Wort „wirkliche" gleichbedeutend mit „klar und unzweifelhaft".

3) Durch die Worte „wirkliche Rechte" hat im Gesetz nichts weiter gesagt werden sollen, als die Geltendmachung von Ansprüchen aus bestehenden Rechtsverhältnissen, die als erworbene Rechte zum Gegenstand des Zivilprozesses gemacht werden können, im Gegensatze zu Rechtshandlungen und Geschäften zum Zwecke der Erwerbung von vermögensrechtlichen Vorteilen und Rechten.

4) Die Kontrolle über das in dieser Beziehung zu übende freie Ermessen der geistlichen Obern kann nur im Aufsichts- und Beschwerdewege, nicht aber im Verwaltungsstreitverfahren geübt werden.

5) Mit den Worten in §. 660 Tit. 11 Teil II A.-L.-R.'s: „die durch die ungegründete Weigerung — ersetzen" ist nur ein Regreßanspruch der Gemeinde an „Vorsteher, Patron und Kirchenkollegia" geregelt, der zur Voraussetzung hat, daß zunächst der Gemeinde die Kosten der Prozeßführung

zur Last fallen, soweit sie ihr nicht etwa im Falle des Obsiegens vom Gegner zu erstatten sind.

6) Das Zwangsverfahren gegen die Kirchengemeinden, um dieselben zur Bestreitung der aus solcher Prozeßführung erwachsenden Ausgaben anzuhalten, ist gerechtfertigt. (Art. 27 Abs. 2 und 3 des Gesetzes vom 3. Juni 1876 — G.=S. S. 125 —; Art. 1 Nr. 7 und Art. 3 Nr. 4 der V. vom 9. September 1876 — G.=S. S. 395; vergl. auch §§. 52 und 53 des Gesetzes vom 20. Juni 1875 — G.=S. S. 241 —, Art. 1 Nr. 3 der V. vom 27. September 1875, — G.=S. S. 571 —).

Nr. 10.

Endurteil des I. Senats vom 16. Februar 1884 (Entsch. Bd. X. S. 120).

Unter den „protestantischen Predigern“, deren Witwen durch das Ostpreußische Provinzialrecht, Zusatz 212 §. 1, zum Genusse der dort angegebenen Benefizien berufen werden, sind nicht nur die eigentlichen Pfarrer (ersten Geistlichen), sondern auch die Nebengeistlichen (zweiten Prediger, Diakonen u. s. w.) zu verstehen. (A. L.=R. II. 11 §§. 772, 778, 318, 404, 407, 408, 410, 500, 539, Tit. 12 §. 49; Art. 27 des Ges. vom 3. Juni 1876 — G.=S. S. 125 —).

Nr. 11.

Endurteil des I. Senats vom 30. April 1884 (Entsch. Bd. XI. S. 139).

1) Den lebenslänglich angestellten weltlichen Kirchenbedienten (Rechnungsführern, Kassenrendanten u. s. w.), insbesondere den Küstern der Kirchengemeinden der evangelischen Landeskirche steht für den Fall ihrer Versetzung in den Ruhestand wegen körperlicher oder geistiger Gebrechen nach allgemeinen gesetzlichen Bestimmungen ein Anspruch auf Ruhegehalt nicht zu. (A. L.=R. II. 11 §§. 523—538, 550, 567; §. 18 der Regierungsinstruktion von 23. Oktober 1817).

2) Die Nebenintervention des §. 63 der Zivilprozeß=Ordnung vom 30. Januar 1877 kennt das Verwaltungsgerichtsgesetz vom 3. Juli 1875 nicht. An die Stelle des §. 40 des letzteren ist der §. 70 des Landesverwaltungsgesetzes vom 30. Juli 1883 getreten.

Nr. 12.

Endurteil des I. Senats vom 14. November 1885 (Entsch. Bd. XII. S. 184).

1) Die katholische Kirche kennt nur einen Pfarrer an der Pfarrkirche. Eine Parochialveränderung kann sich daher nur durch eine Änderung der Grenzen der Pfarrbezirke vollziehen. Anders in der evangelischen Kirche. In dieser kann eine Gemeinde mehr als einen Pfarrer haben.

2) Die Pfarrer teilen sich in die pfarramtliche Thätigkeit nach bestimmten Regeln. Die Parochie behält ihre äußeren Grenzen, aber durch die Teilung der pfarramtlichen Thätigkeit tritt eine Parochial=Veränderung ein. Die Fälle, wo es sich um die Errichtung neuer Pfarrstellen in einer bereits bestehenden Gemeinde oder um die Kombinierung mehrerer Pfarrstellen in einer und derselben Gemeinde handelt, sind hiernach gleichwertig und nach denselben Grundsätzen zu beurteilen, wie die Fälle, in denen eine Veränderung der Grenzen der Pfarrbezirke, die Bildung neuer Pfarrbezirke in Frage steht.

3) **Das Endurteil vom 1. März 1880 (oben Nr. 4 Rechtsgrundsatz 1)** beantwortet nur die Frage, ob die kirchlichen Behörden berechtigt sind, gegen den Willen der Gemeinde die Dotation bereits bestehender Pfarrstellen zu erhöhen, und zwar nur für den Geltungsbereich des Gesetzes vom 3. Juni 1876 (G.-S. S. 125), nicht aber die Frage, ob etwa da, wo Parochialveränderungen die Regulierung von Pfarrgehältern nötig machen, die kirchlichen und Staatsbehörden gemeinschaftlich befugt sind, die Gehälter mit der Wirkung festzustellen, daß die Gemeinden, wenn nötig, zwangsweise zu ihrer Aufbringung angehalten werden können.

4) Für die Provinz Schleswig-Holstein sind die rechtlichen Zuständigkeiten der Kirchen- und Staatsbehörden in völlig anderer Weise, als in den acht älteren Provinzen der Monarchie geordnet. Hier steht die Beschlußfassung über Parochialveränderungen, mögen die Gemeinden und Patrone darin einwilligen oder nicht, ausschließlich dem Minister der geistlichen Angelegenheiten zu. Ihm liegt die Prüfung der Zweckmäßigkeit, des Bedürfnisses ob, da eine jede Parochialveränderung nur unter dieser Voraussetzung thunlich erscheint. Ein absolutes Recht der Verneinung steht auch nach gemeinem Kirchenrecht den Gemeinden nicht zu, jedoch ist denselben Gelegenheit zu geben, sich zu äußern.

5) Jede öffentlich-rechtliche Korporation hat die Pflicht, für die Deckung ihrer Bedürfnisse aufzukommen und die für die Erfüllung ihrer Zwecke erforderlichen Beamten zu bestellen und zu besolden. Eine Ausnahme hiervon kann nur durch besondere Satzungen, Privilegien oder Gesetze für einzelne Korporationen oder Kategorien derselben geschaffen werden. Solche sind für die Kirchengemeinden der Provinz Schleswig-Holstein nicht vorhanden.

6) Diese Gemeinden sind mit dem Steuerrechte (Besteuerungsrechte) ausgestattet, es liegt ihnen die rechtliche Verpflichtung ob, die Pfarrgeistlichen, deren Anstellung durch das kirchliche Bedürfnis geboten ist, aus Gemeindemitteln zu besolden.

VIII.

Die Synagogengemeinden.

Nr. 1.

Endurteil vom 8. September 1877 (Entsch. Bd. III. S. 324).

Die Festsetzung darüber:

„ob und inwieweit einzelne, zerstreut von dem Mittelpunkte des Synagogenbezirks entfernt wohnende Juden zu den von der Synagogengemeinde aufzubringenden Kosten, insbesondere zu den Kultusbedürfnissen beizutragen haben (§. 58 Abs. 2 des Gesetzes vom 23. Juli 1847)"

ist kein Akt der Judikatur im Steuerbeschwerdeverfahren, sondern ein Aufsichtsakt zur Organisation des Gemeindewesens. Die Befugnis, diese Festsetzung zu treffen, ist den Bezirksregierungen verblieben und nicht durch den §. 164 des Zuständigkeitsgesetzes von 1876 (jetzt §. 54 des Zust.-Ges. von 1883) auf die Verwaltungsgerichte übertragen. Daß in der letzten Bestimmung der §. 58 des Judengesetzes schlechthin anstatt „§. 58 Abs. 1"

citiert sei, beruhe lediglich auf einem Versehen. Letzteres wird in den Gründen ausführlich nachgewiesen.

Nr. 2.

Endurteil vom 3. Oktober 1877 (Entsch. Bd. III. S. 330).

Unter dem Ausdruck im §. 6 b. des Gesetzes vom 28. Juli 1876 „Mitbenutzung des Begräbnisplatzes" kann der Besuch der Gräber der Angehörigen nicht verstanden werden; es ist vielmehr darunter nur das Recht zur Beerdigung von Leichen zu verstehen. Wollte jemand sein Recht weiter verfolgen, so hat er polizeilichen Schutz in Anspruch zu nehmen. Gegen die betreffende polizeiliche Verfügung kann der Synagogenvorstand demnächst Widerspruch erheben, und es kann dann ein Streitverfahren im Sinne der §§. 30, 31 des Zuständigkeitsgesetzes von 1876 (§§. 63 ff. des Organisationsgesetzes, jetzt §§. 127 ff. des L.=V.=G. von 1883) stattfinden.

Nr. 3.

Endurteil des II. Senats vom 8. Dezember 1879 (Entsch. Bd. VI. S. 345.)

1) In dem Statut einer Synagogengemeinde ist die Bestimmung enthalten, daß Reklamationen wegen Überbürdung mit Synagogen=Gemeindeabgaben zunächst binnen 14 Tagen an den Vorsitzenden der Einschätzungskommission zu richten seien mit dem Nachweise, daß der Betrag der jährlichen Einnahme der Besteuerten geringer sei, als von der Kommission angenommen worden, gegen die Festsetzungen der Kommission könne binnen 4 Wochen bei dem Vorstande reklamiert und gegen dessen Entscheidung binnen abermals 4 Wochen der Rekurs an die Königliche Regierung gerichtet werden. Dies Statut ist im Jahre 1856 von dem Oberpräsidium bestätigt, allein da die Bestimmungen über das Reklamationsverfahren und die dabei zu beobachtenden Fristen nach §. 58 des Gesetzes über die Verhältnisse der Juden der statutarischen Regelung nicht vorbehalten sind, so kann den betreffenden Bestimmungen rechtliche Wirksamkeit nicht beigelegt werden, vielmehr sind für das Reklamationsverfahren auch in Angelegenheiten in Synogogen=Gemeindeabgaben lediglich die Vorschriften des Gesetzes über die Verjährungsfristen bei öffentlichen Abgaben vom 18. Juni 1840 maßgebend (cf. auch Gesetz vom 12. April 1882 (G.=S. S. 297).

2) Was insbesondere den §. 3 des vorgedachten Gesetzes von 1840 betrifft, welcher lautet:

> **„Wendet sich der Reklamant an eine inkompetente Behörde, so hat diese das Rekursgesuch an die kompetente Behörde abzugeben, ohne daß dem Reklamanten die Zwischenzeit auf die Frist anzurechnen ist"**

erfährt durch diese Entscheidung ebenfalls eine Erläuterung dahin, daß, wenn die unrichtig angegangene Behörde die Reklamationsschrift an die kompetente Behörde nicht abgiebt, sondern den Reklamanten dahin bescheidet, daß er sich direkt an die kompetente Behörde wende möge, die dem Reklamanten zugestandene Vergünstigung demselben wenigstens so weit gewährt werden muß, daß die zwischen dem Eingange der Beschwerde(Reklamation) bei der unrichtig angerufenen Behörde und dem darauf ergangenen Bescheide der letzteren liegende Zeit auf die Klage nicht anzurechnen ist.

Nr. 4.

Endurteil des II. Senats vom 8. Januar 1880 (Entsch. Bd. VI. S. 346).

Unter den in §. 49 Nr. 3 des Gesetzes über die Verhältnisse der Juden erwähnten Rechten der Einzelnen sind überhaupt nur eigentliche Gemeinde=

nutzungsrechte zu verstehen, Nutzungsrechte, wie sie jedem einzelnen Gemeindemitgliede als solchem und ohne Rücksicht auf dessen zufälligen Beruf oder Gewerbebetrieb — z. B. an dem gemeinsamen Begräbnisplatze — zustehen und der Gemeinde als solcher gegenüber geltend gemacht werden können.

Nr. 5.

Endurteil des II. Senats vom 6. Dezember 1880 (Entsch. Bd. VII. S. 336).

1) Wenn mehrere Judenschaften statutenmäßig zu einer Synagogengemeinde vereinigt sind dergestalt, daß ein Etats- und Besteuerungsrecht nur der vereinigten Synagogengemeinde, nicht aber der einzelnen Judenschaft zusteht und jenes Recht nur durch die geordneten Organe der Gesamtgemeinde, nicht aber durch einzelne Mitglieder der Repräsentantenversammlung ausgeübt werden kann, wenn ferner die vorhandenen Heberollen der angeschlossenen Judenschaft, der sogenannten „Filialgemeinden", weder die Unterschrift des Vorstandes, noch die der Repräsentantenversammlung, noch die der Einschätzungskommission tragen, sondern nur von einigen in der angeschlossenen Judenschaft wohnhaften Repräsentanten (dem statutenmäßigen Kommissarius) aufgestellt sind, so erscheint es, ungeachtet der unter den Heberollen befindlichen Vollstreckbarkeitserklärung, im hohen Grade zweifelhaft, ob die von einem Mitgliede der angeschlossenen Judenschaft geforderten und verweigerten Beträge als Synagogenbeiträge im Sinne des §. 58 des Judengesetzes zu qualifizieren sind. Fehlt ihnen aber diese Eigenschaft, so fehlt es damit auch an jeder Voraussetzung für das Verwaltungsstreitverfahren überhaupt.

2) Wenn die in der angeschlossenen Judenschaft wohnhaften Repräsentanten der Gesamtgemeinde ein Hebungsrecht ausgeübt haben, während ein solches *ihnen* überall nicht zustand, und wenn weiter auf ihr Ersuchen von dem Magistrate des Wohnortes der angeschlossenen Judenschaft ein Zwangsverfahren eingeleitet worden ist, dem es an der rechtlichen Grundlage gebrach, so wird der dadurch Betroffene unzweifelhaft gegen ein solches Vorgehen den Schutz der *Aufsichtsbehörde* anrufen können, wie ihm auch, um seine Befreiung von den geforderten Beträgen herbeizuführen, der *ordentliche Rechtsweg* offen stehen mag. Eine Klage im *Verwaltungsstreitverfahren* würde aber für einen solchen Fall nicht gegeben sein.

3) Angenommen aber auch, die Repräsentanten der angeschlossenen Judenschaft hätten im Einverständnisse mit dem Vorstande der Gesamtgemeinde gehandelt und es könnte auf Grund dessen den von ihnen eingeforderten Beträgen die Eigenschaft von Gemeindebeiträgen im Sinne des Statuts zuerkannt werden, so müßte als Vorbedingung einer Klage doch immer ein *Reklamationsverfahren* vorausgehen (cf. oben sub 3).

Nr. 6.

Endurteil des II. Senats vom 20. September 1883 (Entsch. Bd. X. S. 332).

1) Der Grundsatz, daß es zunächst der eine Überbürdung behauptende Abgabenpflichtige sei, dem der Beweis der thatsächlichen Unterlagen des auf jene Behauptung gegründeten Anspruchs, d. i. der Beweis eines *geringeren* als des der Heranziehung zu Grunde gelegten Einkommens obliege, kann nur in sofern Bedenken unterliegen, wenn in und mit diesem Satze zugleich ausgesprochen wäre, es gäbe für die statuierte Beweislast der klagenden Partei überall keine Grenze, und es bleibe insbesondere die Gegenpartei der Verpflichtung, ihrerseits wieder die Annahme eines Mehreinkommens näher dar-

zulegen, ohne Unterschied der Fälle selbst da enthoben, wo der Kläger zweifellos alle denkbaren, alle ihm irgend zur Verfügung stehenden Mittel, den Richter zu überzeugen, erschöpft habe; denn einer vollständigen Beweisführung in diesem Sinne entzieht sich die Thatsache des Nichtbesitzes eines Mehreinkommens ihrer Natur nach überhaupt.

2) Der Verwaltungsrichter bewegt sich in den Bahnen des §. 49 des V.=G.=G. von 1875 (§. 79 des L.=V.=G. von 1883) und verstößt nicht gegen die §§. 153—163 des Reichs=Straf=Gesetzbuches vom 15. Mai 1871 oder §. 12 des Preuß. Straf=Gesetzbuches vom 14. April 1851, wenn er die eidliche Versicherung eines früher wegen wissentlichen Meineides bestraften Reklamanten für „unthunlich" erachtet. Die Vorschrift des §. 26 des Einkommensteuergesetzes vom 1. Mai 1851 ist auf die Fälle der vorliegenden Art nicht anwendbar.

3) Anträge des Reklamanten, Personen nur im allgemeinen „über die Einkommens= und Vermögensverhältnisse" derselben zu vernehmen, können seitens des Verwaltungsrichters auf Grund des vorgedachten §. 49 (bezw. 79) in Ermangelung jeder näheren Angabe bestimmter einzelner Thatsachen, auf welche die Vernehmung zu richten wäre, als unsubstantiiert wohl zurückgewiesen werden.

4) An die Stelle des §. 64 des V.=G.=G. von 1875 ist der §. 94 des L.=V.=G. von 1883, an die Stelle des §. 164 des Zust.=Ges. von 1876 der §. 54 des Zust.=Ges. von 1883 getreten.

IX.

Die Schule.

A. Feststellung des Geldwertes der Naturalien und des Ertrages der Ländereien bei amtlicher Festsetzung des Einkommens der Elementarlehrer.

Vorbemerkung.

Nach §. 135 X. Nr. 2 der Kreisordnung vom 13. Dezember 1872 und ebenso nach §. 77 Nr. 2 des Zuständigkeitsgesetzes vom 26. Juli 1876 war in diesen Fällen bei Streitigkeiten unter den Beteiligten im Verwaltungsstreitverfahren zu entscheiden. Dies hat sich nach §. 45 des neuen Zuständigkeitsgesetzes vom 1. August 1883 insofern geändert, als an die Stelle des Verwaltungsstreitverfahrens das Beschlußverfahren in Gemäßheit der §§. 115 ff. des Landesverwaltungsgesetzes vom 30. Juli 1883 getreten ist.

Bei dieser Sachlage sind viele ältere Rechtsgrundsätze auf diesem Gebiete gegenstandslos geworden, viele sind aber noch anwendbar oder doch auch für das Beschlußverfahren verwendbar geblieben, worüber hier die näheren Angaben folgen mögen.

Nr. 1.

Endurteil vom 6. Juni 1876 (Entsch. Bd. I. S. 161).

1) Nach §. 45 Nr. 4 der nur für die Provinz Preußen (jetzt Ost- und Westpreußen) geltenden Schulordnung vom 11. Dezember 1845 erhält

der erste Lehrer an der Schule in den Domänedörfern einen kulmischen Morgen Ackerland steuerfrei zu seiner Benutzung oder statt dessen eine dem Ertrage desselben entsprechende Geld- oder Naturalrente aus Königlicher Forst- und Domänenkasse. Diese Rente war in einem Spezialfalle auf 54 ℳ 90 ₰ festgesetzt, die Schulgemeinde war jedoch der Ansicht, daß dieselbe mindestens 135 ℳ betragen müsse, und verklagte den Fiskus auf Bewilligung der Differenz. Fiskus erhob jedoch den Einwand der Unzuständigkeit, und das Oberverwaltungsgericht entschied, daß die Verwaltungsgerichte — nach damaliger Lage der Sache — zur Entscheidung über den Klagepunkt nicht zuständig seien.

2) Die Kreisordnung von 1872 hatte den Kreisausschüssen die Aufsicht über die ländlichen Elementarschulen und Schulgemeinden in vermögensrechtlicher Beziehung keineswegs so allgemein wie über die Amtsbezirke, die politischen Gemeinden und Gutsbezirke übertragen; vielmehr war die Schulaufsicht im wesentlichen bei den bisherigen Organen geblieben, und es waren nur ganz bestimmt abgegrenzte Funktionen derselben den Kreisausschüssen zugewiesen worden. Diese waren, abgesehen von der Schulbaulast:

a. Die Entscheidung von Beschwerden über die Heranziehung zu Schulbeiträgen, die Beschwerde mag auf gänzliche Befreiung oder Ermäßigung gerichtet sein, mit Vorbehalt des Rechtsweges in den gesetzlich zulässigen Fällen (§. 135 X. Nr. 1).

b. Die Feststellung des Geldwertes der Naturalien und des Ertrages der Ländereien bei Regulierung des Einkommens der Elementarlehrer im Falle eines Streites unter den Beteiligten (Nr. 2 a. a. O.).

Die Übung dieser letzteren Befugnis durch die Kreisausschüsse ist noch heute nicht von einem besonderen Antrage der Schulaufsichtsbehörde abhängig, vielmehr steht es bei Regulierung des Einkommens der Elementarlehrer den Beteiligten, d. h. denen, deren vermögensrechtliche Interessen davon berührt werden, zu, im Falle eines Streites die Feststellung des Geldwertes der Naturalien und des Ertrages der Dienstländereien durch eine hierauf gerichtete Klage im Verwaltungsstreitverfahren (jetzt durch einen Antrag) herbeizuführen.

3) Die Neuregulierung des Einkommens einer Elementarlehrerstelle erfordert regelmäßig zunächst die Feststellung des thatsächlich mit der Stelle verbundenen Einkommens, um die Auskömmlichkeit desselben zu prüfen, und hierzu ist eine Schätzung der außer den Geldbezügen mit der Stelle verbundenen Einkünfte erforderlich. Lediglich mit dieser Schätzung hatte die Kreisordnung die Kreisausschüsse für Streitfälle betraut, dagegen ist nicht nur die Normierung der Höhe des künftig dem Lehrer zu gewährenden Gehaltes, sondern auch beim Mangel einer anderweiten gesetzlichen Vorschrift die Bestimmung, von wem und in welchem Umfange das Fehlende nach der Verfassung des einzelnen Schulinstitutes zu leisten sei, die Regelung der Schulunterhaltungslast, der Schulaufsichtsbehörde verblieben.

4) Handelt es sich um die Gewährung einer Rente an Stelle des in natura zu gewährenden preußischen fiskalischen Schulmorgens (§. 45 Nr. 4 der Preußischen Schulordnung vom 11. Dezember 1845), so kann die Frage, ob der Kreisausschuß zu einer solchen Schätzung zuständig sei, erst dann entstehen, wenn die Verpflichtung des Fiskus, die Rente über die früher bestimmte Höhe hinaus nach dem jeweiligen Ertragswerte zu zahlen, durch Anerkenntnis oder Entscheidung der dazu berufenen Behörde festgestellt wäre. Liegt keins von beiden vor, so ist zu letzterer der Kreisausschuß auf An-

rufen der Schulgemeinde nicht zuständig. Die Höhe der Rente hat allein die Schulaufsichtsbehörde zu bestimmen und nur der Fiskus könnte dagegen klagen (jetzt Einwendungen erheben).

Nr. 2.

Endurteil vom 19. September 1876 (Entsch. Bd. I. S. 166).

1) Bei Streitigkeiten über die Feststellung des Wertes der Naturalien und des Ertrages der Ländereien sind, wo nicht Provinzialgesetze Abweichungen statuieren, als legitimiert zur Wahrnehmung der Rolle des Klägers (jetzt des Antragstellers) die durch besonders zu wählende Repräsentanten vertretene Gesamtheit der Hausväter der Schulgemeinde, zur Wahrnehmung der Rolle des Gegners der Lehrer und ein an Stelle der als Hausväter persönlich interessierten Schulvorsteher von der Schulaufsichtsbehörde zu bestellender Vertreter der Schule anzusehen.

2) Die Aufbesserung der Lehrergehälter erfolgt von seiten der Schulaufsichtsbehörde der Regel nach nicht nur für den gegenwärtigen Inhaber der betreffenden Lehrerstelle und auf die Dauer der Dienstzeit desselben, sondern über die Dauer der letzteren hinaus auch für die späteren Inhaber der Stelle. Hieraus ergibt sich, daß bei der Feststellung des Geldwertes der Naturalien und des Ertrages der betreffenden Stelle, von welcher die Höhe des von der Schulgemeinde zu gewährenden Gehaltszuschusses abhängt, sowohl der gegenwärtige Inhaber der Stelle persönlich, als auch die Schulstelle als solche interessiert ist. Der erstere ist daher auch legitimiert, ganz unabhängig von der Vertretung der Stelle zu klagen (jetzt Anträge zu stellen). Ebenso ist er aber auch als „Beteiligter" verpflichtet, sich auf eine Klage (jetzt Beschwerde) einzulassen. Es bleibt ihm unbenommen, darauf hinzuwirken, daß neben ihm und in erster Reihe die Schulstelle selbst vertreten werde. Geschieht dies aber nicht, so kann er sich von der Einlassung auf die Klage (jetzt Beschwerde) nicht anders befreien, als daß er von der Bestreitung des Antrages absieht.

3) Zur Vertretung der Schulstelle sind durch das Gesetz allerdings zunächst die Schulvorsteher berufen. Denn wenn auch die Schulstelle, die Schule, keine für sich bestehende Rechtspersönlichkeit ist, als Subjekt der Rechtsverhältnisse der Schule vielmehr die Gesamtheit der zu einer öffentlichen Elementarschule vom Staate gewiesenen Einwohner, die Schulgemeinde oder Schulsozietät anzusehen ist, welche als solche die Eigenschaft einer Korporation oder folgeweise auch die einer juristischen Person hat, so sind doch die Schulvorsteher das gesetzliche Organ der Schulgemeinde für Ausübung der äußern Rechte der Schule als eines Instituts der Gemeinde.

4) Die Schulvorsteher sind daher bezüglich der Rechtsangelegenheiten der Schule die Repräsentanten und gesetzlich beauftragten Beamten der Schulgemeinde und haben als solche sowohl die Schulgemeinde als korporatives Rechtssubjekt, wie die Schule als Anstalt der Gemeinde in Prozessen als Klägerin oder Beklagte vor Gericht zu vertreten.

5) Wo jedoch eine Kollision zwischen dem Interesse der Schule und dem persönlichen Interesse der einzelnen Schulvorsteher in ihrer Eigenschaft als Hausväter der Schulgemeinde stattfindet, da wird selbstverständlich der Schulvorstand die Vertretung des Schulinstituts nicht wahrnehmen können; es wird vielmehr in solchen Fällen dem Schulinstitute

von der Schulaufsichtsbehörde ein Bevollmächtigter von Amts wegen bestellt werden müssen.

6) Die Verpflichtung des Verwaltungsrichters, auf die Berichtigung des Legitimationspunktes von Amts wegen Bedacht zu nehmen, ergibt sich aus dem Wesen des auf den Prinzipien der Untersuchungsmaxime beruhenden Verfahrens in Verwaltungsstreitsachen. Hiernach ist eine Abweisung „angebrachtermaßen" unstatthaft. Hat der erste Richter es unterlassen, den Legitimationspunkt richtig zu stellen, so ist es Aufgabe des Berufungsrichters, das Versäumte nachzuholen.

Nr. 3.

Endurteil des I. Senats vom 26. März 1879 (Entsch. Bd. V. S. 181).

Um die Zuständigkeit der Verwaltungsgerichte im Sinne des §. 77 Nr. 2*) des Zust.-Ges. von 1876 (jetzt die Zuständigkeit der Beschlußbehörden im Sinne des §. 45 des Zust.-Ges. von 1883) zu begründen, muß die Regulierung des Einkommens eines Elementarlehrers eingeleitet sein, und bei den hierüber stattfindenden Verhandlungen muß ein Streit zwischen den Beteiligten über die Feststellung des Geldwertes des Ertrages der dem Lehrer überwiesenen Ländereien entstehen. Außerhalb der Regulierung seines Einkommens steht einem Lehrer nicht das Recht zu, die Behörden um Festsetzung des Geldwertes der Naturalien u. s. w. anzugehen. Lehnt die Regierung einen Antrag auf Neuregulierung ab, so hat der Lehrer nur das Recht, bei dem Unterrichtsminister Beschwerde zu führen.

Nr. 4.

Endurteil des I. Senats vom 10. Dezember 1884 (Entsch. Bd. XI. S. 166).

1) Die nach dem Reskripte vom 28. Oktober 1812 (Rönne, Unterrichtswesen S. 321) der Vokation beizufügende oder in dieselbe aufzunehmende genaue Spezifikation der mit der Stelle verbundenen Einkünfte (Matrikel) schafft an und für sich kein neues Recht. Sie soll nur die bis dahin maßgebend gewesenen Rechtsverhältnisse konstatieren.

2) Dies schließt nicht aus, daß in einem Einzelfalle in der Vokation selbst statutarische Bestimmungen über die Unterhaltung der Schule von den Verpflichteten getroffen werden, welche demnächst durch die Bestätigung der Schulaufsichtsbehörde öffentlich-rechtliche Gültigkeit erlangen.

Nr. 5.

Endurteil des I. Senats vom 28. Januar 1885 (Entsch. Bd. XI. S. 186).

Im Geltungsbereiche der preußischen Schulordnung vom 11. Dezember 1845 (G.-S. 1846 S. 1) haben die Gutsherren, sofern sie zur Lieferung des Brennmaterials für die Schule verpflichtet sind, bei gesteigertem Bedürfnisse auch den erforderlichen Mehrbedarf in den gesetzlich bestimmten Grenzen aufzubringen.

Nr. 6.

Endurteil des I. Senats vom 4. Februar 1885 (Entsch. Bd. XII. S. 212).

1) Der §. 45 der preußischen Schulordnung vom 11. Dezember 1845 legt dem Fiskus für die Schulen in den Domänendörfern besondere Ver-

*) In den Entscheidungen Bd. V. S. 182 steht „§. 77 Nr. 1".

bindlichkeiten auf. Dabei ist vorausgesetzt, daß zur Schule nur ein oder mehrere Domänendörfer gehören. Sind zu einer Schule außer Domänendörfern noch andere Gemeinden und Ortschaften gelegt, so tritt die Regel der §§. 39 und 40 ein, wonach den sämtlichen Gemeinden und Ortschaften die Unterhaltung der Schule obliegt und den Anteil einer jeden, wenn nicht Verträge oder andere besondere Rechtstitel ein anderes bestimmen, nach der Zahl der Haushaltungen bemißt. Fiskus hat alsdann nur den auf seine Domänendörfer fallenden Teil des Brennmaterials zu leisten.

2) Nach §. 38 a. a. O. behält es bei Leistungen, die auf besondern Stiftungen oder besondern Rechtstiteln beruhen, sein Bewenden.

3) Das Herkommen ist kein besonderer Rechtstitel. Der Schlußsatz des §. 38 spricht nicht von dem Schulpatron, sondern von dem „Kirchenpatron und den Eingepfarrten".

4) „Gutsherr" und „Grundherr" sind in der Schulordnung zwei voneinander streng geschiedene Begriffe. Von dem Gutsherrn handeln die §§. 44—48. Ihre Leistungen sind, weil sie auf der obrigkeitlichen Stellung der Gutsherrschaft beruhen, von dem Vermögen oder Unvermögen der Hintersassen durchaus unabhängig. Sie treffen den Gutsherrn persönlich. Er kann sie nicht auf andere abwälzen. Dagegen sind die Verpflichtungen des Grundherrn nach §§. 55 und 65 stets nur subsidiäre. Derselbe hat nur einzutreten, wenn und soweit die Prinzipalverpflichteten, die Anwohner, zur Tragung der Schullast nicht fähig sind. Er hat die desfallsigen Kosten, wie der §. 56 ausdrücklich besagt, zu tragen, „wie die Kosten der Armenpflege". Wie die Gemeinde, der gegenüber der Gutsherr die Leistungen aus §§. 44—48 zu erfüllen hat, selbst aufkommen muß für die Gemeindeglieder, welche ihren schuldigen Gemeindebeitrag nicht aufbringen können, so hat der Grundherr für die Anwohner auf seinem Vorwerkslande einzutreten.

Nr. 7.

Endurteil des I. Senats vom 1. Mai 1885 (Entsch. Bd. XII. S. 216).

1) Die in der preußischen Schulordnung vom 11. Dezember 1845 in §. 45 Nr. 5 und 6 ausgesprochene Verpflichtung des Fiskus zur Hergabe des Schul-Brennmaterials erstreckt sich auf sämtliche innerhalb des Domaniums belegene Ortschaften und nicht lediglich auf solche mit ländlichen Gemeindeverfassungen.

2) Der §. 46 a. a. O. findet auf den Domänenfiskus keine Anwendung.

3) Schulmatrikeln schaffen kein neues Recht, sondern sie sind nur dazu bestimmt, bestehende Rechtsverhältnisse zu konstatieren. Sie haben daher an sich nicht den Charakter von Verträgen, noch erhalten sie denselben für den Fiskus durch Bestätigung der Schulaufsichtsbehörde; wohl aber können die Festsetzungen der Matrikeln auf Verträgen beruhen, und diese Festsetzungen sind dann maßgebend, soweit die Verträge maßgebend und rechtsverbindlich sind.

4) Das Wort „Dorf" ist nicht gleichbedeutend mit „Gemeinde". „Dorf" bedeutet sprachlich einen ländlichen Wohnplatz, einen Komplex von Wohnhäusern auf dem platten Lande, im engern Sinne die zusammengebauten Gehöfte im Gegensatz zu den bewohnten Außenteilen einer und derselben Ortschaft.

B. Die Heranziehung zu Abgaben und sonstigen nach öffentlichem Rechte zu fordernden Leistungen für Schulen, welche der allgemeinen Schulpflicht dienen.

Vorbemerkung.

Nach §. 135 X Nr. 1 der Kreis-Ordnung vom 13. Dezember 1872 hatte der Kreisausschuß Entscheidung zu treffen bei Beschwerden über die Heranziehung zu Schulbeiträgen, mochte dieselbe auf gänzliche Befreiung oder Ermäßigung gerichtet sein. Diese Entscheidung erfolgte mit Vorbehalt des ordentlichen Rechtsweges in Gemäßheit des §. 15 des Gesetzes vom 24. Mai 1861 (G.-S. S. 241). (Siehe jetzt den §. 160 des Zuständigkeitsgesetzes vom 1. August 1883).

Hierbei blieb es auch nach §. 77 Nr. 1 des Zuständigkeitsgesetzes vom 26. Juli 1876, denn demnach sollte, wenn zwischen den Beteiligten Streit über die Verpflichtung zur Leistung von Schulbeiträgen entstünde, im Verwaltungsstreitverfahren entschieden werden, die Klage sollte die Vollstreckung der von den Schulaufsichtsbehörden kraft ihrer gesetzlichen Befugnis getroffenen Änderung von Schulbeiträgen (Lehrerbesoldungen u. s. w.) nicht aufhalten.

Durch den §. 46 des Zuständigkeitsgesetzes vom 1. August 1883 sind mehrfache Änderungen eingetreten, denn während nach dem Zust.-Ges. von 1876 ein Streit über die Verpflichtung zur Leistung von Schulbeiträgen, abgesehen von den steuerartigen Leistungen, ohne vorgängige Heranziehung der Verpflichteten für die Zulässigkeit des Verwaltungsstreitverfahrens genügte, ist jetzt der ältere Grundsatz der Kreisordnung von 1872 wieder hergestellt worden, nach welchem die Heranziehung der Beitragspflichtigen durch die zuständige Behörde als Voraussetzung des Verwaltungsstreitverfahrens anzusehen ist.

Außerdem ist jetzt das dem Verfahren in Reklamationsangelegenheiten gegen Kommunalabgaben nachgebildete Einspruchsverfahren auch bei den Reklamationen gegen Schulabgaben eingeführt worden.

Handelt es sich lediglich um einen Streit unter den Verpflichteten über die Beitragspflicht, so ist die Heranziehung eines der Beteiligten nicht die Voraussetzung der Zulässigkeit des Verwaltungsstreitverfahrens, vielmehr genügt in diesem Falle das bloße Vorliegen eines Streites.

Nr. 1.

Endurteil vom 29. September 1876 (Entsch. Bd. I. S. 174).

1) Die Schulaufsichtsbehörden sind zur Aufnahme besonderer Unterrichtsgegenstände in den Lehrplan der öffentlichen Volksschule befugt. (Unterricht in weiblichen Handarbeiten.)

2) Die Besoldung der zur Erteilung des Unterrichts in neu eingeführten Lehrgegenständen berufenen Lehrer muß von der betreffenden Schulgemeinde aufgebracht werden, sofern nur der neue Lehrgegenstand (z. B. Unterricht in weiblichen Handarbeiten) als ein obligatorischer anzusehen ist.

3) Wegen des §. 15 des Gesetzes vom 24. Mai 1861 vergl. §. 160 des Zust.-Ges. vom 1. August 1883.

4) Die Schulaufsichtsbehörden sind auch ermächtigt, mit Genehmigung des Ministers neue Lehr- und Schulpläne einzuführen oder die bestehenden zu verändern.

5) Unter „Verwaltungsnormen" im Sinne der Verordnung vom 27. Oktober 1810 (G.-S. S. 3) ist nicht eine jede von einem Minister erlassene allgemeine Verwaltungsvorschrift zu verstehen.

6) Zu der Verordnung vom 30. Juli 1853 (G.-S. S. 909) vergl. jetzt die Verordnung vom 7. September 1879 (G.-S. S. 591).

Nr. 2.

Endurteile vom 10. Oktober 1876 (Entsch. Bd. I. S. 183) und vom 19. Juni 1878 (Entsch. Bd. IV. S. 174).

1) Erfolgt die im §. 31 Titel 12 Teil II A. L.-R.'s vorgeschriebene Verteilung der Beiträge unter die Hausväter nach Verhältnis ihrer Besitzungen und Nahrungen nicht durch einen verbindlichen Gemeindebeschluß, fällt dieselbe daher der Aufsichtsbehörde anheim, so kann sie nicht wohl nach einem anderen Maßstabe als nach dem der direkten Staatssteuern geschehen.

2) Ein Rittergutsbesitzer als Hausvater hat zu den Schullasten nur in dem Falle nicht beizutragen, wenn er an dem Orte der Schule selbst ein Rittergut besitzt, also in Gemäßheit des §. 36 Tit. 12 Teil II A. L.-R.'s als „Schulobrigkeit" anzusehen ist und als solche besondere Lasten zu tragen hat.

3) Die Ausdehnung einer etwa für die Schulbaulast bestehenden Observanz auf die Regelung der Verpflichtung zur Unterhaltung des Lehrers ist unzulässig, und der richtige Maßstab für die Verteilung der Beiträge der Hausväter zum Unterhalte des Lehrers nach Verhältnis der Besitzungen und Nahrungen ist der nach den direkten Staatssteuern, wenn nicht etwa ein anderweiter verbindlicher Gemeindebeschluß vorliegt.

4) Anerkanntermaßen für die Verteilung der Schulbaulast bestehende Observanzen kommen nicht ohne weiteres für alle Beiträge zum Lehrergehalt und sonstigen Bedürfnisse der Schule zur Anwendung.

Nr. 3.

Endurteil vom 29. November 1876 (Entsch. Bd. I. S. 196).

Durch die Kreisordnung vom 13. Dezember 1872 sind die bis dahin gesetzlich begründeten Verpflichtungen der Gutsherrschaften, zum Unterhalt der Lehrer an öffentlichen Elementarschulen beizutragen, nicht aufgehoben worden (A. L.-R. II. 12 §. 33).

Nr. 4.

Endurteil vom 2. Dezember 1876 (Entsch. Bd. I. S. 205).

1) Die Bestimmungen in §. 58 des Schulreglements für die niederen katholischen Schulen in Schlesien vom 18. Mai 1801, wonach die Einführung des Industrieunterrichts (Unterricht in weiblichen Handarbeiten) nur „empfohlen" wird, ist durch die allgemeine Verfügung des Unterrichtsministers vom 15. Oktober 1872 beseitigt, indem jener Unterrichtszweig nach dieser Verfügung als ein obligatorischer erklärt worden ist.

2) Die Gutsherrschaften in Schlesien müssen zur Besoldung der Industrielehrerin ein Drittel beitragen.

Nr. 5.

Endurteil vom 27. Dezember 1876 (Entsch. Bd. I. S. 211).

1) Das Schulreglement von 1801 betrifft vorzugsweise die katholischen Elementarschulen in Schlesien und berührt die niederen evangelischen Schulen

in Schlesien nur in sofern, als es gleichzeitig die auf das Schulwesen bezüglichen Rechtsverhältnisse in den „Dörfern gemischter Religion", d. h. in solchen Dörfern ordnete, in denen zu den beiden Konfessionen sich je mehr als der sechste Teil der Stellenbesitzer im Jahre 1801 bekannte.

2) In Dörfern, in denen die Stellenbesitzer 1801 entweder sämtlich oder doch wenigstens zu ⁵/₆ evangelisch waren, werden die Rechtsverhältnisse der Schule durch das A. L.-R. geregelt, welches an die Stelle des General-Land-Schulreglements vom 12. August 1763 getreten ist.

3) Die §§. 22—24 des Gesetzes vom 18. Mai 1801 beziehen sich nur auf die im §. 6 bezeichneten Dörfer gemischter Religion.

4) Der Landtagsabschied für Schlesien vom 22. Februar 1829 hat nicht die Kraft eines geschriebenen Gesetzes, kann auch hinsichtlich der Beitragspflicht der Gutsherren zur Unterhaltung der Lehrer von evangelischen Elementarschulen in ganz evangelischen Dörfern Schlesiens nicht aufgefaßt werden.

5) Es bleiben deshalb für diese Fälle die §§. 29 und 33 Tit. 12 Teil II A. L.-R.'s maßgebend.

6) Provinzial-Observanzen. Der §. III des Publikations-Patentes des A. L.-R.'s vom 5. Februar 1794 verordnet, daß die in den verschiedenen Provinzen bisher, d. h. also bis zur Publikation des A. L.-R.'s, bestandenen Provinzialgesetze und Statuten vorderhand noch ihre gesetzliche Kraft und Gültigkeit behalten. Diese bisherigen Provinzialgesetze und Statuten sollten innerhalb zweijähriger Frist gesammelt, revidiert und in ordentliche Provinzialgesetzbücher (§§. IV—VI a. a. O.) aufgenommen werden. Bei Entwerfung dieser Provinzialgesetzbücher sollte nach §. VII auch auf die Gewohnheitsrechte und Observanzen, welche in einer Provinz oder an einzelnen Orten bisher stattgefunden haben, die erforderliche Rücksicht genommen werden, und sollten diejenigen, deren Beibehaltung nach erfolgter Prüfung notwendig befunden worden, in das Provinzialgesetzbuch eingerückt werden. Nach Emanation der Provinzialgesetzbücher soll auf Observanzen, welche von den Vorschriften des A. L.-R.'s abweichen, nur in sofern Rücksicht genommen werden, als sie entweder den Provinzialgesetzbüchern einverleibt sind, oder das A. L.-R. selbst auf sie ausdrücklich verweist.

7) Obige Vorschriften sprechen unzweifelhaft von solchen Observanzen, die bei Publikation des A. L.-R.'s bereits vorhanden waren und schon damals in der betreffenden Provinz als ungeschriebene Rechte sich vorfanden. Hieraus folgt, daß seit dem 1. Juni 1794 die Bildung einer von den Vorschriften des A. L.-R.'s abweichenden Observanz gar nicht mehr stattfinden konnte, sofern nicht der im §. VII a. a. O. gedachte Ausnahmefall eintritt, daß das A. L.-R. selbst bei der betreffenden Materie auf das Gewohnheitsrecht ausdrücklich verwiesen hat.

8) Hiermit in Übereinstimmung steht der §. 59 der Einleitung zum A. L.-R., wonach Gesetze so lange ihre Kraft behalten, bis sie von dem Gesetzgeber ausdrücklich wieder aufgehoben sind, und §. 60, wonach vorhandene Gesetze durch Gewohnheiten nicht wieder aufgehoben werden können. Nur hinsichtlich derjenigen Observanzen, welche nicht wider die Gesetze sind, sondern nur etwas bestimmen, was in den Gesetzen unentschieden gelassen worden, soll es — wie der allegierte §. VII und der daselbst in Bezug genommene §. 4 der Einleitung besagt — bis zum Erfolge einer gesetzlichen Bestimmung sein Bewenden haben.

9) Für diejenigen Provinzen, in welchen, wie in Schlesien, noch keine Provinzialgesetzbücher existieren, gilt hiernach folgendes:

a. Unbedingt gelten alle Gewohnheiten, auf welche das A. L.-R. an einzelnen Stellen verweist, oder welche etwas bestimmen, was die Gesetze unentschieden gelassen haben.

b. Gewohnheiten, welche gegen das Gesetz sind, gelten nur dann, wenn sie vor der Publikation des A. L.-R.'s entstanden sind.

Nr. 6.

Endurteil vom 17. Januar 1877 (Entsch. Bd. II. S. 197).

1) Prediger und Lokal-Schul-Inspektoren sowie die Lehrer sind verpflichtet, als „Hausväter" zu den Schullasten beizutragen, wenn nicht etwa die Unterhaltung der Schule durch einen förmlichen, von der Aufsichtsbehörde bestätigten Gemeindebeschluß als eine Last der bürgerlichen (politischen) Gemeinde übernommen worden ist. Zur Unterhaltung der Sozietätsschulen sind sie verpflichtet.

2) Auf die Hausväterschulbeiträge findet das Gesetz betreffend die Heranziehung der Staatsdiener zu den Gemeindelasten vom 11. Juli 1822 (G.-S. S. 181) (vergl. V. vom 23. September 1867 — G.-S. S. 1648 —) keine Anwendung, weil es sich hier um Schulsozietätslasten handelt.

Nr. 7.

Endurteil vom 7. Februar 1877 (Entsch. Bd. II. S. 203).

1) Vor dem Erlaß des Regulativs vom 29. August 1831 (für die neuvorpommerschen Landschulen) hatten die Geistlichen in Neuvorpommern das Vorrecht einer allgemeinen Steuerfreiheit, denn die Pommersche Kirchenordnung (Ausgabe von 1731) von 1535 Tit. 6 S. 110 ist nicht dahin auszulegen, daß die Geistlichen nur rücksichtlich ihrer Amtshäuser abgabenfrei sein sollten, sondern daß ihnen sowohl für ihre Person als auch in betreff ihrer Amtswohnungen Abgabenfreiheit bewilligt war.

2) Unter dem hierin enthaltenen Ausdrucke „Güter" sind die Grundstücke der Geistlichen gemeint, nicht deren bewegliches Vermögen.

3) Dieser Rechtszustand ist durch Artikel 5 des vorgedachten Regulativs geändert. Aus der Fassung desselben ergibt sich die Schulbeitragspflicht (Zahlung von Beiträgen zu den Lehrerbesoldungen) der Geistlichen in Neuvorpommern.

Nr. 8.

Endurteil vom 28. März 1877 (Entsch. Bd. II. S. 208).

1) Bei Umlegung der Schulsteuer nach dem Maßstabe der Grund- und Klassensteuer auf die zur Schule gewiesenen Hausväter darf nur die Grundsteuer von den **im Schulbezirke** belegenen Grundstücken in Rechnung gestellt werden.

2) Wenn in der Klage die Person des Beklagten nicht genau bezeichnet ist, so kann dies als ein wesentlicher Mangel des Verfahrens nicht gelten, da nach § 41 des Gesetzes vom 3. Juli 1875 (jetzt §. 71 des L.-V.-G. vom 30. Juli 1883) der Kläger noch in der mündlichen Verhandlung die Klage ergänzen und abändern kann, und es Aufgabe des Vorsitzenden ist, dahin zu wirken, daß sachdienliche Anträge gestellt werden.

Nr. 9.

Endurteil vom 12. Mai 1877 (Entsch. Bd. II. S. 212).

1) Unter den „Schulbeiträgen" im Sinne des §. 135 X. 1 der Kreisordnung von 1872 (später §. 77 Nr. 1 des Zust.-Ges. vom 26. Juli 1876)

sind die der Schule zu gewährenden Beiträge der **Unterhaltungspflichtigen** zu verstehen. Dazu gehören die Hausväterbeiträge, Gemeindebeiträge, gutsherrlichen Beiträge u. s. w. In der außeramtlichen Sprache wird auch wohl der vom Staate einer Schule bewilligte Zuschuß als Schulbeitrag bezeichnet.

2) Diesen Beiträgen gegenüber steht das **Schulgeld**, d. i. das an die Schule oder den Lehrer zu entrichtende Entgelt für den Schulunterricht. Es wird nur gezahlt für die die Schule besuchende Kindern, und zwar nicht von den Schulunterhaltungspflichtigen, sondern von denjenigen, welchen die Fürsorge für die Kinder, der Unterhalt derselben obliegt.

3) An die Stelle des §. 135 X. 1 der Kr.-O. und des §. 77 des Zust.-Ges. von 1876 ist jetzt der §. 46 des Zust.-Ges. vom 1. August 1883 getreten. Der Ausdruck „Schulbeiträge" ist hier ersetzt durch die Worte „Abgaben und Leistungen".

Nr. 10.

Endurteil vom 31. Oktober 1877 (Entsch. Bd. III. S. 110).

1) Nach §. 39 der (nur für die Provinzen Ost- und Westpreußen geltenden) Schulordnung vom 11. Dezember 1845 (G.-S. 1846 S. 1) hat die Gemeinde die Mittel zur Unterhaltung der Schule in derselben Weise, wie die übrigen Kommunalbedürfnisse aufzubringen.

2) Demnach sind in diesen Provinzen alle Grundstücke, welche kommunalsteuerpflichtig sind, auch schulsteuerpflichtig.

3) Daß aber die zum Gemeindeverbande gehörigen Grundstücke, auch wenn sie im Eigentum des Fiskus oder einer anderen juristischen Person stehen, zu den Kommunallasten beitragspflichtig sind, ist in dem Erkenntnisse des Oberverwaltungsgerichts vom 20. Januar 1877 (Entsch. Bd. II. S. 92) des Nähern nachgewiesen worden.

4) In dem §. 42 jener Schulordnung ist ein Schulsteuerprivilegium für gutsherrliches, einer Gemeinde einverleibtes Vorwerksland nicht zu finden, dagegen hört mit der Inkommunalisierung derartigen Vorwerkslandes die grundherrliche Last auf, welche darin besteht, daß der Grundherr für die Schullasten, soweit die Anwohner zu deren Tragung nicht im stande sind, aufzukommen hat.

5) Trägerin der Schullast ist die Gemeinde als solche. Die Gemeinde hat, wenn sie zu mehreren Schulen gehört, für alle diese Schulen ihre nach der Schulordnung bestimmten Beiträge zu leisten.

Nr. 11.

Endurteil vom 24. November 1877 (Entsch. Bd. III. S. 117).

1) Zur Unterhaltung der Lehrer an solchen Elementarschulen Schlesiens, an welchen bei eintretendem Bedürfnisse auch evangelische Lehrkräfte angestellt werden können (paritätische oder Simultanschulen), sind die Gutsherrschaften nicht beitragspflichtig.

2) Wenn der Gegenstand des Streitverfahrens ein anderer ist, als der des Vorverfahrens, so ist der Einwand der rechtskräftig entschiedenen Sache zu verwerfen.

Nr. 12.

Endurteile vom 28. November 1877 (Entsch. Bd. III. S. 125) und vom 12. und 16. Februar 1881 (Entsch. Bd. VII. S. 224 und 227).

1) Das A. L.-R. gibt keine Definition des Begriffes der „Gemeinde" und ihrer Aufgaben. Nach gemeinem deutschen Rechte gehören aber zu den

Aufgaben der Gemeinde nicht allein die rein ökonomischen Angelegenheiten, sondern namentlich auch das Schulwesen. Auf diesem Gebiete wird die Autonomie der Gemeinde nur durch das staatliche Aufsichtsrecht begrenzt.

2) Nach der feststehenden Annahme der Aufsichtsbehörden sind die politischen Gemeinden befugt, vermöge jener Autonomie und mit Zustimmung der Kommunalaufsichtsbehörde die Schullasten den Schulsozietäten abzunehmen und in Kommunallasten zu verwandeln.

3) Macht eine Gemeinde von der Befugnis, die Schule als Kommunalanstalt zu übernehmen, unter Zustimmung der Aufsichtsbehörde Gebrauch, so werden damit die Schullasten, Kommunallasten und alle diejenigen, welche zu den Kommunallasten beizutragen haben (event. auch die Forensen), verpflichtet, nach dem Kommunalsteuerfuße auch zu den Kosten der Schule beizutragen.

4) Wenn eine Stadt mit umliegenden Ortschaften oder Gütern einen Schulbezirk bildet, so kann sie (auch durch die Schuldeputation) eine zur Erhaltung der Schulen erforderliche Steuer ausschreiben, d. h. nach §. 29 Tit. 12 Teil II A. L.-R.'s auf alle Hausväter nach dem Maßstabe der direkten Staatssteuern umlegen und den auf die Stadtbewohner treffenden Beitrag aus dem Stadtsäckel zahlen, ohne daß die ländlichen Hausväter deshalb eine Minderung ihrer Steuer beanspruchen könnten. Die letzteren können nur verlangen, daß die Beiträge nach einem und demselben, dem Gesetze entsprechenden, Maßstabe auf sämtliche Hausväter, die städtischen wie die ländlichen, verteilt und die beiderlei Beiträge an die Schulkasse abgeführt werden. Ein Anspruch der ländlichen Schulgemeindemitglieder auf Teilnahme an den Benefizien, welche die Stadt ihren Einwohnern gewährt, ist nicht anzuerkennen.

5) Anders läge die Sache, wenn in einer bei der veranlagenden Behörde (hier der städtischen Schuldeputation) rechtzeitig angebrachten Reklamation behauptet würde, daß die städtischen Hausväter nicht zur vollen Schulsteuer veranlagt seien, oder daß gewisse Klassen von städtischen Einwohnern zu Unrecht von der Schulsteuer freigelassen seien, z. B. die katholischen Einsassen, welche in der Stadt keine gemeine Schule haben, Beamte, Lehrer, Prediger u. s. w.

6) Denn schulsteuerpflichtig ist jede wirtschaftlich selbständige, physische Person, welche im Schulbezirke ihren Wohnsitz hat, also auch Gesellen und Dienstboten, welche aus eignem Gewerbe ihren Unterhalt gewinnen, dagegen sind Forensen und Korporationen von dieser Steuer befreit.

Nr. 13.

Endurteil vom 8. Dezember 1877 (Entsch. Bd. III. S. 127).

1) In der Provinz Preußen wird die Unterhaltung der Elementarschulen durch Abschnitt IV. der Schulordnung dahin geregelt, daß zunächst im §. 38 die Verbindlichkeiten, welche auf besonderen Stiftungen oder sonstigen besonderen Rechtstiteln beruhen, aufrecht erhalten werden, sodann werden mangels solcher Leistungen die Gemeinden als die unterhaltungspflichtigen Rechtssubjekte bezeichnet (§§. 39—42) und diesen die Gutsherrschaften mit gleicher bestimmt begrenzter Verbindlichkeit entgegengestellt (§§. 44—47).

2) Hierbei sind die Leistungen des Fiskus in betreff der Schulen in dan Domänendörfern in dem §. 45 nach dem Vorgange der **principia regulativa** vom 30. Juli 1736 und nachdem die Vorschriften derselben schon vorher durch ein besonderes Gesetz, die Königl. Verordnung vom 30. November 1840 (G.-S. S. 1841 S. 11), von neuem als rechtsverbindliche Normen außer Zweifel gestellt waren, besonders umgrenzt worden.

3) Endlich bestimmt der §. 46, daß da, wo die im §. 45 erwähnten Leistungen ganz oder teilweise herkömmlich auch von anderen Gutsherren gewährt werden, es dabei sowohl in betreff der bestehenden, als auch der neu zu errichtenden Schulen sein Bewenden behalte, eine Vorschrift, welche für die Provinz Preußen thatsächlich von großer praktischer Bedeutung ist, nachdem durch den Erlaß der principia regulativa, demnächst durch besondere Verfügungen, wie namentlich die auf Königlichen Spezialbefehl erlassene Verordnung an die preußischen Regierungen (v. Rönne, Schulwesen Bd. I S. 96) und sodann durch die bei der Einverleibung der Westpreußischen Landesteile ergangenen Notifikationspatente, betreffend die Einrichtung des Justizwesens u. s. w., darauf hingewirkt worden ist, daß die adligen Gutsherren die Schulen für ihre Hintersassen entsprechend denen in den Domänendörfern fundierten.

4) Soweit demgemäß den Gutsherren nach der besonderen Verfassung der einzelnen Schulen die gleichen Verbindlichkeiten wie dem Fiskus in den Domänendörfern obliegen, sind die Verwaltungsbehörden unzweifelhaft ebenso befugt wie verpflichtet, deren Erfüllung nach pos. 1 der Königl. Kab.-O. vom 19. Juni 1836 zu überwachen.

5) Soweit der Fiskus gemäß §. 45 der Schulordnung gutsherrliche Beiträge für die Schule oder deren Beamten zu leisten hat, gehören dieselben zu den Schulbeiträgen der gesetzlich zur Unterhaltung der Schule Verpflichteten im Sinne des §. 77 des Zust.-Ges. von 1876 (vergl. jetzt §. 46 des Zust.-Ges. von 1883).

6) Hiernach ist eine im Verwaltungsstreitverfahren gegen den Fiskus erhobene Klage, welche darauf gerichtet ist, daß derselbe für die Schulstelle in einem Domänendorfe der Provinz Preußen den kulmischen Schulmorgen bezw. eine entsprechende Ertragsrente gewähre, zulässig.

7) Unter „Schulbeiträgen" (siehe vorstehend Nr. 9) sind nicht solche Leistungen zu verstehen, welche aus besonderen Privatrechtstiteln entspringen, vorausgesetzt, daß Rechtsgeschäfte privatrechtlicher Natur, wie namentlich derartige Verträge, nicht etwa zur Grundlage der Verfassung des Schulinstituts beziehungsweise der Schulsozietät gemacht worden sind.

8) Wegen des Verfahrens bei Streitigkeiten zwischen dem Schulvorstande und den Schulunterhaltungspflichtigen in Bezug auf Schulbeiträge, welche den Charakter einer Steuer nicht an sich tragen, vergl. das Endurteil vom 16. Februar 1881 (Entsch. Bd. VII. S. 221).

9) Ein Streit zwischen den Schulunterhaltungspflichtigen selbst kann steuerartige und nicht steuerartige Leistungen betreffen, es findet aber bei solchen Streitigkeiten unter den Kontribuenten auch über steuerartige Leistungen das Gesetz vom 18. Juni 1840 **keine** Anwendung. Für sie sind die in den §§. 9 und 79 Tit. 14 Teil II A. L.-R.'s gegebenen Bestimmungen maßgebend. (Vergl. §. 160 des Zust.-Ges. vom 1. August 1883.)

Nr. 14.

Endurteil vom 23. Februar 1878 (Entsch. Bd. III. S. 137).

1) Das Allgemeine Landrecht gibt durch die §§. 29 und 34 Tit. 12 Teil II klar zu erkennen, daß die Schullast von allen im Schulbezirke Wohnenden „ohne Unterschied" und ohne jegliche Exemtion getragen werden soll. Nur Derjenige, welcher überhaupt unvermögend ist, Abgaben zu zahlen, kann auch zur Leistung von Schulbeiträgen nicht herangezogen werden. Darauf weisen die Worte in dem §. 31 a. a. O. hin,

daß die Verteilung nach Verhältnis der Besitzungen und Nahrungen erfolgen soll.

2) Wer eine Nahrung hat, d. h. wer aus eignem Vermögen oder eignem Erwerbe seinen Unterhalt gewinnt, ist als Hausvater, als zur Schule gewiesener Einwohner schulsteuerpflichtig (Erkenntniß des Königl. Obertribunals vom 7. September 1848. Rechtsf. Bd. 4 S. 335).

3) Es begreift die Bezeichnung „Hausvater" alle wirtschaftlich (ökonomisch) selbständigen, physischen Personen in sich, welche im Schulbezirke ihren Wohnsitz haben. Es kommt nicht darauf an, ob dieselben verheiratet sind oder nicht, ob dieselben einen eignen Hausstand führen oder Wohnung und Kost, sei es gegen Bezahlung, sei es als Entgelt für ihre Dienstleistung, von einem dritten erhalten; entscheidend ist allein das eigne Einkommen, die wirtschaftliche Selbständigkeit.

(Erkenntnisse des Königl. Obertribunals vom 8. September 1851, 13. April 1866. — Striethorst Archiv Bd. 3 Seite 269, Bd. 62 Seite 285, Bd. 65 Seite 49. — Erkenntnis des Kgl. Oberverwaltungsgerichts vom 17. Januar 1877. — Entscheidungen Bd. 2 Seite 197 ff. —)

Nr. 15.

Endurteil vom 5. April 1878 (Entsch. Bd. III. S. 144).

1) Die Schulaufsichtsbehörden (Bezirks-Regierungen) sind berechtigt, das Gehalt des Lehrers an einer katholischen Elementarschule Schlesiens auf ein mehreres als die im §. 12 des Schulreglements für die niederen katholischen Schulen u. s. w. vom 18. Mai 1801 bestimmten Minimalsätze festzustellen, mit der Wirkung, daß Gemeinde- und Gutsherrschaft („Herrschaft") zu dem erhöhten Gesamtgehalt nach dem im §. 19 a. a. O. bestimmten Verhältnisse beizutragen haben.

2) Die dem Lehrer erteilte Vokation steht einer Erhöhung des darin zugesicherten Einkommens seitens der Aufsichtsbehörde nicht entgegen, da sie nur einen Vertrag zwischen Lehrer und Schulunterhaltungspflichtigen darstellt, die öffentlich-rechtliche Befugnis der Staatsbehörde zur Bemessung des Lehrergehaltes aber durch einen Privatvertrag nicht beschränkt werden kann.

Nr. 16.

Endurteil vom 1. Mai 1878 (Entsch. Bd. III. S. 155).

1) Unter „Familienvorstand" ist im Sinne des für Neuvorpommern unter dem 29. August 1831 über die Unterhaltung der Landschulen ergangenen Regulativs dasselbe wie unter „Hausvater" (§. 29 Tit. 12 Teil II A. L.-R.'s) zu verstehen.

2) In dem Art. 5 desselben Regulativs ist die fixe Besoldung des Lehrers sämtlichen Familienvorständen des Schulbezirks auferlegt, und zwar „mit Einschluß der Witwen, die eine Wirtschaft selbständig führen, ohne Unterschied, ob sie Kinder haben oder nicht, ohne Unterschied ferner des Standes und des Glaubens, als persönliche Last nach dem Klassensteuerfuße, ungehindert jedoch, dies nach anderem Maßstabe zu thun, wenn sie darüber sich verständigen können".

3) Hiernach sind also auch die Altenteilsbesitzer (Auszügler), welche eine eigne Wirtschaft nicht führen, als Familienvorstände anzusehen. Hausväter sind alle wirtschaftlich (ökonomisch) selbständigen physischen Personen, welche im Schulbezirke ihren Wohnsitz haben, und dazu gehören auch Alten-

teilsbesitzer, wenn sie eigne Wohnungsräume innehaben und darin selbständig einen Haushalt führen, für welche der Hofbesitzer vertragsmäßig gewisse Leistungen übernommen hat.

4) Diese Entscheidung hat also nicht allein für Neuvorpommern, sondern für alle Provinzen Bedeutung, in denen das Allgemeine Landrecht gilt.

5) Das Gesetz vom 18. Juni 1840 (G.-S. S. 140) (cf. Gesetz vom 12. April 1882 — G.-S. S. 297 —) findet nach §. 14 auch auf die Steuern Anwendung, welche von den Schulgemeinden zur Unterhaltung der öffentlichen Schule umgelegt werden. Die Entscheidung im Streitverfahren tritt jetzt bei diesen Steuern an die Stelle des Rekursbescheides im früheren Reklamationsverfahren. Gegenstand der Klage kann daher nur das sein, was früher Gegenstand der Reklamation war, d. h. eine bestimmte Steuerforderung, welche gestellt worden ist. Über diese Steuerforderung allein ist zu erkennen, und die Entscheidung kann sich nicht auf künftige Steuerforderungen erstrecken. Nur eine bestimmte Steuerforderung, nicht die Steuerpflicht in abstracto kann zum Gegenstande des Streites gemacht werden.

Nr. 17.

Endurteil des I. Senats vom 19. Juni 1878 (Entsch. Bd. IV. S. 174).

1) Vergl. unter Nr. 2 das Endurteil vom 10. Oktober 1876.

2) Nach §§. 40 und 62 des Gesetzes vom 3. Juli 1875 (jetzt §§. 70 und 92 des L.-V.-G. vom 30. Juli 1883) **kann** das Gericht auf Antrag oder von Amts wegen die Beiladung dritter, deren Interesse durch die zu erlassende Entscheidung berührt wird, verfügen. Die Beiladung hängt hiernach lediglich von dem Ermessen des erkennenden Gerichts ab, und die Unterlassung derselben stellt daher niemals einen wesentlichen Mangel des Verfahrens dar. Dieselbe hat nur die Folge, daß die Entscheidung dem Nichtbeigeladenen gegenüber keine Geltung erlangt.

3) Der Eigentümer eines Gutes scheidet durch Verleihung der Rittergutsqualität an dieses aus der Zahl der Hausväter der Schulgemeinde nicht aus.

Nr. 18.

Endurteil des I. Senats vom 29. Juni 1878 (Entsch. Bd. IV. S. 180).

Die Festsetzung der Höhe des einem neu anzustellenden Lehrer zu gewährenden Gehalts durch die Schulaufsichtsbehörde ist die Voraussetzung der Heranziehung der Schulunterhaltungspflichtigen zur Aufbringung des Gehalts.

Nr. 19.

Endurteil des I. Senats vom 18. September 1878 (Entsch. Bd. IV. S. 186).

Bei der Erhöhung der Gehälter der Lehrer an den schlesischen katholischen Elementarschulen sind die Gutsherrschaften verpflichtet, über den im §. 19 des Schulreglements vom 18. Mai 1801 bestimmten Mindestbetrag hinaus ein Drittel zu den baren Gehaltszulagen beizutragen.

Nr. 20.

Endurteil des I. Senats vom 28. September 1878 (Entsch. Bd. IV. S. 192).

1) In der Provinz Preußen haben die Anwohner eines Gutsbezirks, welche einer benachbarten Schule angeschlossen sind, den auf den Gutsbezirk

entfallenden Beitrag nach dem von der Schulaufsichtsbehörde (Regierung) in der Schulmatrikel festgesetzten Maßstabe aufzubringen.

2) Solange eine derartige Festsetzung nicht erfolgt, bleibt es bei dem bisherigen Verhältnisse.

3) Schulmatrikeln haben nach §. 66 der Schulordnung die bestehenden Rechtsverhältnisse zu konstatieren, sie schaffen aber nicht neues Recht.

4) Der §. 4 des Zuständigkeitsgesetzes von 1876 ist aufgehoben.

Nr. 21.

Endurteil des I. Senats vom 4. Dezember 1878 (Entsch. Bd. IV. S. 205).

1) Die Beiträge, welche zur Unterhaltung der öffentlichen Volksschule in Schlesien innerhalb der unterhaltungspflichtigen Korporation umgelegt werden, haben den Charakter öffentlicher Abgaben. Ebenso sind die Beiträge, zu welchen in dem §. 19 des schlesischen Reglements von 1801 und des Landtagsabschieds vom 22. Februar 1829 „die Herrschaften" verpflichtet sind, als „öffentliche Abgaben" anzusprechen. Es ist dabei von der landrechtlichen Auffassung des Verhältnisses abgesehen, da das besagte Reglement hierüber besondere Grundsätze enthält und nicht (wie das Landrecht) eine subsidiäre Pflicht des Gutsherrn, für die unvermögenden Unterthanen einzutreten, kennt, sondern den Gutsherrn zum unmittelbaren anteiligen Träger der betreffenden Schullast macht.

2) Das Reglement stellt die Beiträge der Gutsherren mit denen der Stellenbesitzer auf völlig gleiche Linie und schreibt für jede dieser Klassen nur einen besondern Repartitionsmodus vor. Beide Klassen gelten aber als öffentliche Abgaben, und sie unterliegen deshalb den Bestimmungen des Gesetzes über die Verjährungsfristen bei öffentlichen Abgaben vom 18. Juni 1840 (Gesetz vom 12. April 1882).

3) Über das Prinzip der Steuerfreiheit kann nicht entschieden werden.

Nr. 22.

Endurteil des I. Senats vom 18. Dezember 1878 (Entsch. Bd. IV. S. 211).

1) Nach §. 3 des Gesetzes über die Verfassung der Verwaltungsgerichte und das Verwaltungsstreitverfahren vom 3. Juli 1875 wurde die sachliche Zuständigkeit der Verwaltungsgerichte durch besondere Gesetze bestimmt (vergl. jetzt §. 7 des L.-V.-G. vom 30. Juli 1883). Zur Entscheidung der Differenzen, welche bei Aufnahme der Schulmatrikeln seitens der Landräte nach Maßgabe des §. 66 der preußischen Schulordnung vom 11. Dezember 1845 unter den Interessenten hervortreten, hat kein Gesetz die Verwaltungsgerichte berufen. Die Beschlußfassung darüber ist daher der bestätigenden Regierung verblieben, gegen deren Entscheidung den Beteiligten der Weg der Beschwerde an den Unterrichtsminister offen steht.

2) Anders würde die Sache liegen, wenn auf Grund der Matrikel von dem Kläger die Leistung eines bestimmten Schulbeitrages gefordert worden wäre, und er in Gemäßheit der §§. 77, 78 des Zuständigkeitsgesetzes vom 26. Juli 1876 (jetzt §§. 46, 47 des Zust.-Ges. von 1883) bei den Verwaltungsgerichten auf Freilassung von den geforderten Schulbeiträgen geklagt hätte. Die Verwaltungsgerichte würden alsdann ihrerseits behufs Entscheidung des Spezialfalles zu prüfen haben, ob die entsprechende Festsetzung der Matrikel, welche kein neues Recht schafft, sondern nur die bestehenden Rechtsverhältnisse zu konstatieren hat, dem geltenden Rechte gemäß ist.

Nr. 23.

Endurteil des I. Senats vom 8. Januar 1879 (Entsch. Bd. V. S. 178).

1) Unter „Schulbeiträgen" sind nicht nur Geldbeiträge, sondern auch Naturalbeiträge zu verstehen. Die dem Küster zustehenden kirchlichen Abgaben können nicht als Schulbeiträge behandelt werden.

2) Unzulässig ist die Klage im Verwaltungsstreitverfahren gegen Verfügungen der Schulaufsichtsbehörde, durch welche die exekutivische Einziehung von Schulbeiträgen angeordnet worden ist. Vergl. auch O.-V.-G.-E vom 9. März 1881 (Entsch. Bd. 7 S. 233).

3) Die Schulaufsichtsbehörde im Sinne des §. 77 des Zust.-Ges. von 1876 (jetzt §. 46 des Zust.-Ges. von 1883) gehört nicht zu den „Beteiligten", sie übt eine richterliche Thätigkeit, wenn sie auf Grund der Ordre vom 19. Juni 1836 (G.-S. S. 198) Entscheidung trifft.

Nr. 24.

Endurteil des I. Senats vom 19. April 1879 (Entsch. Bd. V. 183).

1) Gegen die Klage auf Rückzahlung eines Schulbeitrages ist der Einwand nicht statthaft, daß der Kläger zur Leistung eines gleich hohen Schulbeitrages nach anderen gesetzlichen Bestimmungen als denjenigen verpflichtet sei, auf Grund deren die Veranlagung und Erhebung erfolgt war.

2) Dem Verwaltungsrichter steht nicht zu, wenn er findet, daß die Grundlage der erfolgten Veranlagung eine unrichtige sei, daß aber nach einem anderen Gesetze eine Beitragspflicht des Klägers für die Schule bestehe, seinerseits die Schulunterhaltungslast nach dem maßgebenden Gesetze auf die Pflichtigen zu verteilen.

Nr. 25.

Endurteil des I. Senats vom 21. Februar 1880 (Entsch. Bd. VI. S. 175).

1) Wenn die Regierung auf Grund des §. 18 Lit. k. der Regierungsinstruktion vom 23. Oktober 1817 eine Schulsozietät einrichtet, d. h. die Hausväter eines bestimmten Bezirks zu einer Sozietät vereinigt und die Schule mit einem Vorstande versieht, so steht dem zur Unterhaltung der Schule verpflichteten Verbande die Eigenschaft einer Korporation zu, deren Vorstand die Schule, das Schulinstitut, nach außen zu vertreten hat. In diesen Fällen liegt die Unterhaltung der Schule „Personen-Gemeinden" ob.

2) Ist dieselbe durch Provinzialgesetze politischen Körperschaften auferlegt, oder ist die Fürsorge für das Elementarschulbedürfnis von den politischen Gemeinden für ihren Bezirk freiwillig übernommen, so besteht weder in dem einen noch in dem anderen Falle eine besondere Schulsozietät, und es hängt die Frage, wer die Schule nach außen zu vertreten hat, und ob der Schule Korporationsrechte zustehen, von der Art der Entstehung solcher Schulen, sowie davon ab, in welcher Weise die Staatsgewalt auf die Einrichtung und Verfassung derselben eingewirkt hat.

3) Im allgemeinen wird man annehmen können, daß einer öffentlichen Schule, welche sich nicht als die Einrichtung einer politischen Gemeinde darstellt und deren Unterhaltung weder einer Personen-Gemeinde, noch einer vertragsmäßig konstituierten Gesellschaft obliegt, die juristische Persönlichkeit obliegt, sofern ihr von der Aufsichtsbehörde ein besonderer Vorstand (Schulvorstand) bestellt worden ist.

4) Dieser Vorstand vertritt die Schule als solche, und ihm liegt es ob, die Beiträge für dieselbe auf die gesetzlich Verpflichteten nach Maßgabe des Gesetzes auszuschreiben und einzuziehen. Hiernach ist die Annahme irrig, daß ein Schulvorstand nur für eine mit Korporationsrechten ausgestattete Schulsozietät bestellt werden könne und daß nur ein derartiger Schulvorstand zur Ausschreibung und Einziehung von Schulbeiträgen berechtigt sei.

5) Die Besitzer von Wohngebäuden in schlesischen Gutsbezirken haben nicht als „Stellenbesitzer" zur Unterhaltnng der katholischen Elementarschulen beizutragen.

Nr. 26.

Endurteil des I. Senats vom 18. Februar 1880 (Entsch. Bd. VI. S. 182).

1) Die Preußische Schulordnung vom 11. Dezember 1845 hat das Kommunalprinzip anerkannt, und die Gutsbezirke sind den Gemeinden koordinierte Körper. Hieraus folgt aber nicht, daß auch die innere Organisation dieser Körper kongruent oder einander nur ähnlich sei und daß, was von Gemeinden gilt, auch ohne weiteres und analog auf Gutsbezirke angewendet werden dürfe.

2) Namentlich ist dies hinsichtlich der Kommunallasten nicht der Fall, ja selbst im Wege der Vereinbarung kann eine Unterverteilung der Ortskommunallasten eines selbständigen Gutsbezirksmit öffentlich-rechtlicher Wirkung nicht stattfindn.

3) Daraus, daß die Unterhaltung der Elementarschulen in der Provinz Preußen eine Kommunallast ist, würde als allgemeine Regel nur folgen, daß ein Gutsbesitzer sich ihretwegen nicht an einen im Gutsbezirke vorhandenen Parzellenbesitzer regressieren dürfe und daß selbstverständlich der für die Landgemeinden vorgeschriebene Repartitiansmodus nicht zur Anwendung kommen könnte, weil eine Repartition überhaupt unstatthaft ist.

4) Der §. 56 der Schulordnung enthält indes hinsichtlich der Schulbeiträge eine hiervon abweichende singuläre Bestimmung: es können im Gutsbezirke auch dritte, die Anwohner, zu Schulleistungen herangezogen werden. Dies darf aber nicht nach den für die Aufbringung der Kommunalsteuern in Landgemeinden geltenden Vorschriften geschehen, sondern nur nach derjenigen des §. 60 der Schulordnung. Die Voraussetzung einer jeden von dem Anwohner eines Gutsbezirks zu beanspruchenden Schulsteuer ist mithin die „Bestimmung" der Regierung.

5) Die Bestimmung unter 1 des §. 77 des Zust.-Gesetzes von 1876 (jetzt §. 46 des Zust.-Ges. von 1883) hat, soweit sie sich auf steuerartige Leistungen für die Schulen bezieht, den Zweck, das im §. 14 des Gesetzes vom 18. Juni 1840 (G.-S. S. 140) (Ges. vom 12. April 1882 — G.-S. S. 297 —) für Schulabgaben vorgeschriebene Reklamationsverfahren dahin zu ordnen, daß die Entscheidung im Streitverfahren an die Stelle des früheren Rekursbescheides tritt. Ein derartiges Verfahren kann aber nur von einem zur Steuer Herangezogenen — nicht auch gegenüber dem Zensiten von der zur Steuerveranlagung berechtigten Behörde — anhängig gemacht werden.

6) Ein Klagerecht zwecks Einziehung der Steuern ist der Behörde nicht gegeben; vielmehr bewendet es bei ihrer Berechtigung, die von ihr für steuerpflichtig Erachteten zu veranlagen und event. die Steuerforderung im Wege der Exekution beizutreiben oder beitreiben zu lassen. Lehnt die mit den Befugnissen der Vollstreckung der Exekution versehene Behörde die Gewährung der Beihilfe ab, so bleibt dem Schulvorstande die Beschwerde an die höheren Instanzen übrig.

7) Unter den im §. 32 der Schulordnung gedachten Klagen, zu deren Anstellung die Autorisation der Regierung erforderlich ist, sind lediglich diejenigen gemeint, welche nach Lage der damaligen Gesetzgebung zur Verfolgung von Rechtsansprüchen vor den ordentlichen Gerichten bestimmt waren.

8) Erkenntnisse, die sich auf Schulbeiträge beziehen (§. 78 des Zust.-Ges. von 1876), waren bisher mit der Revision nicht anfechtbar. Vergl. jetzt §§. 47 und 160 des Zust.-Ges. von 1883.

Nr. 27.

Endurteil des I. Senats vom 12. Februar 1881 (Entsch. Bd. VII. S. 215).

Die Verhängung von Polizeiexekutivstrafen gegen die Eltern schulpflichtiger Kinder zur Erzwingung eines regelmäßigen Schulbesuches ist — insbesondere im Geltungsbereiche der Preußischen Schulordnung vom 11. Dezember 1845 — unzulässig, denn das Schulwesen ist den Ortspolizeibehörden nicht unterstellt. Dieselben können in Bezug auf dieses polizeiliche Verfügungen nur erlassen, insoweit sie das Gesetz dazu ausdrücklich beruft. Nach der Preußischen Schulordnung §. 4 Abs. 2 haben die dortigen Polizeibehörden nur das Recht, die von dem Schulvorstande beantragten Versäumnisstrafen festzusetzen und beizutreiben. Vergl. aber hierzu jetzt das Gesetz vom 6. Mai 1886 (G.-S. S. 144).

Nr. 28.

Endurteil des I. Senats vom 16. Februar 1881 (Entsch. Bd. VII. S. 219).

1) Nach §. 105 X. 1. der Kreis-O. von 1872 konnten in Schulbeitragsangelegenheiten als Parteien im Streitverfahren, nämlich als Kläger nur der Herangezogene, als Beklagter nur die heranziehende Behörde angesehen werden. Dies wurde durch §. 77 des Zuständigkeitsgesetzes geändert, denn die Voraussetzung des Streitverfahrens war nur noch das „Entstehen eines Streites" und zwar zwischen den „Beteiligten". (Vergl. jetzt die Vorbemerkung.) Beteiligt sind aber nicht nur der Schulvorstand (als Vertreter der Schulsozietät und des Schulinstituts) einerseits und Mitglieder des Schulverbandes anderseits, sondern beteiligt bei den Schulbeiträgen ist jeder, von dem die Leistung eines Schulbeitrages verlangt wird. Mit den Worten „zwischen den Beteiligten" ist recht eigentlich zum Ausdruck gelangt, daß das Verwaltungsstreitverfahren auch bei Streitigkeiten unter den Interessenten stattfinden solle. (Vergl. §. 46 Abs. 3 des Zust.-Ges. von 1883).

2) Wenn ein Streit zwischen dem Schulvorstande und einem Schulunterhaltungspflichtigen entsteht, so kann derselbe entweder eine steuerartige oder eine nicht steuerartige Schullast betreffen.

3) Im ersteren Falle ist das Gesetz vom 18. Juni 1840 (G.-S. S. 140) (cf. Ges. vom 12. April 1882 — G.-S. S. 297) maßgebend nicht nur für die Formen, sondern auch für den Umfang des Streits und der Entscheidung. Der Schulvorstand veranlagt, bei ihm ist zu reklamieren; gegen seinen Bescheid ist fristzeitig zu klagen. Gegenstand des Streites ist nur die veranlagte Steuer, nicht die Steuerpflicht. Als Kläger kann nur der Kontribuent (der Steuerpflichtige), nicht der Schulvorstand auftreten.

4) Handelt es sich aber um nicht steuerartige Leistungen, so findet das Gesetz vom 18. Juni 1840 keine Anwendung. Die Zulässigkeit des Klageantrages ist lediglich nach §. 77 a. a. O. (bezw. §. 46) zu beurteilen. Es

kann nicht sowohl über eine einzelne Leistung, als auch „über die Verpflichtung zur Leistung von Schulbeiträgen", d. h. über die Leistungspflicht gestritten und entschieden werden, und es steht nichts im Wege, daß auch der Schulvorstand bei derartigen Streitigkeiten als Kläger auftritt.

5) Auch der Streit zwischen den Schulunterhaltungspflichtigen selbst kann steuerartige und nicht steuerartige Leistungen betreffen, jedoch findet hier das Gesetz vom 18. Juni 1840 keine Anwendung.

Nr. 29.

Endurteile des I. Senats vom 12. und 16. Februar 1881 (Entsch. Bd. VII. S. 224 und 227).

1) Vergl. das Endurteil vom 28. November 1877 oben Nr. 12.

2) Im Falle der Übernahme der Schulunterhaltungslast auf den Etat der politischen Gemeinde ist der von der letzteren zur Schulkasse abzuführende Gesamtsteuerbetrag solchen Schulgemeindemitgliedern gegenüber, welche der politischen Gemeinde nicht angehören, in der Art zu berechnen, daß die Beiträge nach einem und demselben, dem Gesetze entsprechenden Maßstabe auf sämtliche Hausväter verteilt und an die Schulkasse abgeführt werden.

3) Handelt es sich um eine städtische Schule, zu welcher auch ländliche Hausväter gehören, so können die letzteren nichts dagegen einwenden, wenn die Beiträge der städtischen Hausväter aus dem Stadtsäckel bestritten werden.

4) Die veranlagende Behörde — Schuldeputation, Schulvorstand — ist ausschließlich zuständig für Reklamationen gegen die Heranziehung zur Schulsteuer.

5) Gesellen und Dienstboten, welche aus eignem Erwerbe ihren Unterhalt gewinnen, sind von der Schulsteuer nicht befreit.

Nr. 30.

Endurteil des I. Senats vom 9. März 1881 (Entsch. Bd. VII. S. 229).

1) Der §. 33 Tit. 12 Teil II A. L.-R.'s steht in einem engen Zusammenhange mit den §§. 122 und 125 Tit. 7 Teil II A. L.-R.'s, wonach eine jede Gutsherrschaft schuldig ist, sich ihrer Unterthanen in vorkommenden Notfällen werkthätig anzunehmen und besonders für eine gute und christliche Erziehung der Kinder ihrer Unterthanen zu sorgen. Auf diese allgemeine Verpflichtung der Gutsherrschaft ihren Unterthanen gegenüber hat der Gesetzgeber die besondere, im §. 33 l. c. vorgesehene Verpflichtung basiert. Indem der Gesetzgeber den §. 33 unter die von der Unterhaltung der Schullehrer handelnden Vorschriften aufgenommen, hat derselbe unzweideutig zu erkennen gegeben, daß durch die Vorschrift des §. 33 nicht nur ein Rechtsverhältnis zwischen der Gutsherrschaft und ihren Unterthanen, sondern zugleich ein solches zwischen der Gutsherrschaft und der Schule bezw. Schulgemeinde geschaffen werden sollte, und zwar dergestalt, daß letztere unmittelbar gegen erstere Rechte aus demselben geltend machen können. Die Leistung der Gutsherrschaft aus dem §. 33 stellt sich hiernach, soweit dieselbe der Schule bezw. der Schulgemeinde gegenüber in Betracht kommt, als eine öffentlich-rechtliche Verbindlichkeit dar, über welche im Verwaltungsstreitverfahren zu erkennen ist.

2) Vergl. hierzu unter Nr. 37 und den Ministerialerlaß vom 31. März 1886 (Wochenschrift „Selbstverw." Jahrgang XIII. S. 125 und 209), desgl.

vom 1. April 1884 (a. a. O. S. 181), für Schlesien Endurteil des O.-V.-G. vom 29. Dezember 1884 (a. a. O. S. 191).

3) Die Bestimmungen in den §§. 29, 31 Tit. 12 Teil II A. L.-R.'s sind dahin zu verstehen, daß jeder Inhaber eines Hausstandes innerhalb der Schulgemeinde, also auch die Rittergutsbesitzer und Gutsherren, grundsätzlich als beitragspflichtig zu erachten sind. Eine Ausnahme ist nur für den Gutsherrn derjenigen Gemeinde, in welcher die Schule sich befindet, angenommen worden, da diesem als Schulobrigkeit besondere Pflichten obliegen.

4) Soweit sich die ferneren in dieser Entscheidung enthaltenen Ausführungen auf den §. 4 des Zust.-Ges. von 1876 beziehen, sind dieselben mit der Aufhebung dieser Bestimmung gegenstandslos geworden.

5) Die Beiträge und Leistungen der Herrschaften auf Grund der schlesischen katholischen Schulreglements beruhen auf Prinzipien, welche von denen des A. L.-R.'s abweichen.

Nr. 31.

Endurteil des I. Senats vom 10. September 1881 (Entsch. Bd. VIII. S. 166).

1) In der Provinz Preußen (jetzt Ost- und Westpreußen) liegt die Unterhaltung der Volksschule den zur Schule gehörigen Ortschaften, d. h. den Gemeinden und Gutsbezirken, ob.

2) Den Anteil der Gemeinde haben die Mitglieder derselben nach dem Kommunalsteuerfuße aufzubringen, den Anteil des Gutsbezirks tragen der Grundherr und die Anwohner.

3) Der Gemeindevorsteher hat den Anteil der Gemeinde auf die pflichtigen Gemeindemitglieder zu verteilen, einzuziehen und an den Schulvorstand abzuführen. Die gleiche Verpflichtung liegt nach §. 31 der Kr.-O. (Hannover §. 36, Hessen-N. §. 37, Westf. §§. 23 und 26) dem Gutsvorsteher ob.

4) Der Guts- und Gemeindevorsteher haben ihre Veranlagungen im Verwaltungsstreitverfahren zu vertreten.

5) Die Reklamations- und Klagefristen sind im §. 1 des Gesetzes vom 18. Juni 1840 bezw. im §. 49 des Zust.-Ges. vorgeschrieben. (Cf. Ges. vom 12. April 1882 und §. 34 des Zust.-Ges. von 1883).

6) Die Ausschreibung des von dem Guts- resp. Gemeindebezirke aufzubringenden Schulbeitrages kann nicht von dem Guts- oder Gemeindevorsteher nach belieben erfolgen, denn nach §. 60 der Preuß. Schulordnung vom 11. Dezember 1845 ist für sie bei Bestimmung der Beiträge der Anwohner allein die von der Regieruug getroffene Festsetzung maßgebend.

7) Wenn ein Schulverband von der ihm durch §. 1 des Gesetzes vom 29. Juni 1876 (G.-S. S. 177) erteilten Berechtigung, für seinen Haushalt als Etatsjahr statt des Kalenderjahres das Jahr vom 1. April bis 31. März anzurechnen, Gebrauch gemacht hat, so gilt auch für die von ihm ausgeschriebenen Steuern und Abgaben die Bestimmung des Absatz 3 des §. 1 des Gesetzes vom 12. Juli 1876 (G.-S. S. 228), wonach die Berechnung der im Gesetze vom 18. Juni 1840 (G.-S. S. 140, cf. Gesetz vom 12. April 1882) vorgeschriebenen Verjährungsfristen nach dem neuen Etatsjahre zu erfolgen hat.

Nr. 32.

Endurteil des I. Senats vom 7. Dezember 1881 (Entsch. Bd. VIII. S. 170).

Die Aufbringung von Abgaben und Leistungen zum Unterhalte der Lehrer an solchen katholischen Elementarschulen, welche lediglich für einen

Gutsbezirk oder für Teile desselben bestimmt sind — an Gutsschulen —, liegt im Geltungsbereiche der schlesischen Reglements von 1765 und 1801 allein den Gutsherrschaften ob.

Nr. 33.

Endurteil des I. Senats vom 15. April 1882 (Entsch. Bd. VIII. S. 174).

1) Wenn an einem Orte mit Einwohnern verschiedenen Glaubensbekenntnisses sich nur die Schule für die eine Religionsgesellschaft befindet, während die Mitglieder der andern einer auswärtigen Konfessionsschule zugewiesen sind, so sind die letzteren zur Ortsschule nicht beitragspflichtig.

2) Die Grenzen des Rechtsstreite der Mitglieder einer Schulgemeinde untereinander über die Verpflichtung zur Leistung von Schulbeiträgen bestimmen sich dahin, daß der Kläger nur berechtigt ist, von dem Beklagten Erstattung bezw. Übernahme desjenigen Betrages zu verlangen, um welchen er durch Freilassung des Beklagten überbürdet worden, zu welchen er infolgedessen mehr zu leisten hatte.

3) Zu einem Antrage, den Beklagten zur Zahlung seines Beitrages an die Orts- und Schulkasse zu verurteilen, fehlt dem Kläger die Berechtigung, (§. 46 Abs. 3 des Zust.-Ges. vom 1. August 1883).

Nr. 34.

Endurteil des I. Senats vom 30. September 1882 (Entsch. Bd. IX. S. 123).

1) „Hausvater" im Sinne des §. 31 Tit. 12 Teil II A. L.-R.'s ist jeder Einwohner des Schulbezirks, welcher eine Besitzung und Nahrung hat.

2) Bei den heutigen sozialen Verhältnissen, wo das „Gesinde" seinen Erwerb in dem Dienen freiwillig sucht und findet, auch einen eignen Wohnsitz zu begründen vermag, muß angenommen werden, daß der Dienstbote (in diesem Falle Erzieherinnen, Kammerjungfern, Köchinnen) im gleicher Weise eine Nahrung hat, wie der Tagelöhner, Dienstmann (in eigentlichen Sinne), kurz jeder, der aus eignem Gewerbe seinen Unterhalt findet.

3) Da das Landrecht als Maßstab für die Aufbringung der Schulbeiträge ganz allgemein die „Besitzungen und Nahrungen" aufstellt und davon die „Nahrungen" des Gesindes nicht ausnimmt, so sind auch letztere als schulsteuerpflichtig anzusprechen.

4) Art. 5 des Regulativs vom 29. August 1831 für die neuvorpommerschen Landschulen kann zur Interpretation des A. L.-R.'s nicht benutzt werden.

Nr. 35.

Endurteil des I. Senats vom 11. Oktober 1882 (Entsch. Bd. IX. S. 132).

1) Als Besitzer bäuerlicher Grundstücke ist der Gutsherr des Schulortes nicht verpflichtet, zur Unterhaltung der Schule beizutragen.

2) Die Deklaration des Edikts vom 14. September 1811, betreffend die Regulierung der gutsherrlichen und bäuerlichen Verhältnisse vom 29. Mai 1816 (G.-S. S. 154), ist durch §. 1 Nr. 3 des Gesetzes vom 2. März 1850 (G.-S. S. 77) aufgehoben.

Nr. 36.

Endurteil des I. Senats vom 28. Februar 1883 (Entsch. Bd. IX. S. 135).

1) Der §. 77 des Zust.-Ges. von 1876 (vergl. die Vorbemerkung wegen des jetzt geltenden §. 46 des Zust.-Ges. von 1883) eröffnete das Verwaltungs-

streitverfahren, wenn zwischen den Beteiligten Streit entstand über die Verpflichtung zur Leistung von Schulbeiträgen. Hierunter ist nicht nur der Fall begriffen, daß zwischen dem Schulvorstande und einem einzelnen Kontribuenten Streit entsteht. (A. L.-R. II. 14 §§. 9 und 79).

2) Wenn eine Gemeinde gegen andere früher eingeschulte und später ausgeschulte Gemeinden nachträglich Ansprüche erhebt wegen angeblich geleisteter Vorschüsse, so fällt der daraus sich ergebende Streit nicht unter den Begriff der Verwaltungsstreitsachen, sondern der Anspruch nimmt einen privatrechtlichen Titel, sei es die nützliche Verwendung (§§. 268, 269 Tit. 13 Teil I A. L.-R's), sei es ein anderes, dem Privatrechte angehöriges Rechtsverhältnis, zum Ausgange und gehört vor die ordentlichen Gerichte (vergl. jetzt den letzten Absatz des §. 160 des Zust.-Ges. von 1883).

3) Im Geltungsbereiche der preußischen Schulordnung vom 11. Dezember 1845 ist der Gutsvorsteher bei Streitigkeiten über die Schulunterhaltungslast nicht der gesetzliche Vertreter der Vermögensrechte der Grundherren und der Anwohner, vielmehr ist der Erstattungsanspruch des Klägers ein rein persönlicher und allein gegen diejenigen Anwohner und den Gutsherrn zu richten, welchen die Erleichterung von Schulbeiträgen zu statten gekommen ist (§§. 55—59 und 60 der Schulordnung, §. 31 der altländischen Kreisordnung).

Nr. 37.

Endurteil des I. Senats vom 4. April 1883 (Entsch. Bd. IX. S. 139).

1) Für diejenigen Klagen, welche an die Stelle des nach §. 3 des Gesetzes vom 18. Juni 1840 — G.-S. S. 140 — (Ges. vom 12. April 1882 — G.-S. S. 297 —) statthaften Rekurses getreten sind, besteht seit der Geltung des Organisationsgesetzes vom 26. Juli 1880 §. 42 (vergl. jetzt §. 51 des Landes-Verwaltungsgesetzes vom 30. Juli 1883) eine Klagefrist von 2 Wochen.

2) Die Veranlagung zu den Schulsteuern, die Bekanntmachung der Heberollen u. s. w. liegt dem Schulvorstande ob. Kann oder will dieser seinen desfallsigen Verpflichtungen nicht genügen, so ist die Regierung nach §. 18 der Regierungsinstruktion von 23. Oktober 1817 für wohlberechtigt zu erachten, entweder die Obliegenheiten des Schulvorstandes selbst wahrzunehmen, oder dem Schulvorstande einen Vertreter zu bestellen und diesem die officia des Schulvorstandes zu übertragen. Bei diesem Vertreter ist event. auch zu reklamieren.

3) Eine bestimmte Form schreibt das Gesetz für Reklamationen nicht vor. Jede Eingabe an die veranlagende Behörde, in welcher der Veranlagte seine Unzufriedenheit über die Veranlagung zu erkennen gibt und Ermäßigung oder gänzliche Befreiung beantragt, genügt.

4) Es ist unerheblich, ob die Eingabe sich „Reklamation" oder „Protest" nennt.

Nr. 38, 39.

Endurteile des I. Senats vom 21. Mai 1882 und vom 6. Februar 1884 (Entsch. Bd. X. S. 127 und 139).

1) Vergl. oben Nr. 30.

2) Die Verpflichtung der Gutsherrschaften auf dem Lande, ihre Unterthanen, welche zur Aufbringung ihres schuldigen Beitrages zum Unterhalt des Lehrers an der öffentlichen Elementarschule ganz oder zum Teil auf eine Zeitlang unvermögend sind, dabei nach Notdurft zu unterstützen (A. L.-R. II. 12 §. 32), ist nicht aufgehoben.

3) Die Feststellung der Leistungsfähigkeit der Unterthanen und folglich die Festsetzung der Höhe der von der Gutsherrschaft zu gewährenden Beiträge steht der Regierung als der staatlichen Aufsichtsbehörde zu und nicht etwa dem Schulvorstande.

Nr. 40.

Endurteil des I. Senats vom 26. September 1883 (Entsch. Bd. X. S. 143).

1) Aus dem Inhalt des Gesetzes betreffend die Beaufsichtigung des Unterrichts- und Erziehungswesens vom 11. März 1872 (G.-S. S. 183) kann nicht gefolgert werden, daß die Kosten der Visitation der Volksschulen durch den Kreisschulinspektor an die Stelle der bis dahin dazu Verpflichteten vom Staate zu tragen sind.

2) In den vormals Königlich Sächsischen Landesteilen der Provinz Sachsen sind diese Kosten von den Schulunterhaltungspflichtigen aufzubringen.

3) Die Feststellung des Verteilungsmaßstabes durch Vereinbarung der Beteiligten kann eine öffentlich-rechtliche Bedeutuug nur dadurch gewinnen, daß die Aufsichtsbehörde diese Vereinbarung genehmigt.

Nr. 41.

Endurteil des I. Senats vom 23. Januar 1884 (Entsch. Bd. X. S. 148).

1) Die Entscheidung vom 21. Mai 1883 (vorstehend Nr. 39) handelt von §. 33 Tit. 12 Teil II A. L.-R.'s und der auf Grund dessen von der Schulaufsichtsbehörde zu treffenden Entscheidung von Streitigkeiten zwischen Gutsherren und unvermögenden Unterthanen. Diese singuläre Vorschrift duldet keine analoge Anwendung auf das Verhältnis der Mitglieder der Schulsozietät unter sich.

2) Hierfür sind besondere Vorschriften nicht gegeben (vergl. die Vorbemerkung). Jenes Verhältnis ist daher zu beurteilen nach den Bestimmungen, welche überhaupt für die Mitglieder aller öffentlich-rechtlichen Sozietäten (politische Gemeinden, Kirchengemeinden, Deichverbände u. s. w.) gelten.

3) Demnach sind die Ausgaben, welche die Erfüllung der Zwecke der Korporation erfordert, nach dem festgesetzten bezw. gesetzlichen Maßstabe auf die Mitglieder umzulegen. Jedes Mitglied hat den ihn so treffenden schuldigen Beitrag zu entrichten.

4) Ein Ausfall entsteht erst, wenn sich herausstellt, daß dieser Beitrag ganz oder zum Teil von einzelnen Zensiten nicht beizutreiben ist, wenn sich in dieser Beziehung die gesetzlichen Zwangsmittel als erfolglos erwiesen haben. Dieser Ausfall ist dann von neuem zu verteilen.

5) Die Befugnis der Regierung, für einzelne Zensiten den Beitrag ganz oder zum Teil aus Staatsmitteln zu zahlen, wird hierdurch nicht berührt, doch kann dieselbe so wenig, wie ein dritter, der für den Schuldner Zahlung leistet, hieraus ein Recht herleiten, die aus dem Sozietätsverhältnisse sich ergebenden Rechte der nicht bedachten Mitglieder zu schmälern.

6) Aus §. 31 Tit. 12 Teil II A. L.-R.'s ist unmittelbar die Bestimmung des Besteuerungsfußes, des modus collectandi, nicht zu entnehmen; derselbe beschränkt sich, indem er die billige Verteilung nach Verhältnis der Besitzungen und Nahrungen vorschreibt, vielmehr darauf, die Grundsätze, nach welchen der Besteuerungsfuß zu bestimmen ist, aufzustellen.

7) Der Schulsteuerfuß braucht sich weder mit dem Staatssteuerfuß, noch mit dem Gemeindesteuerfuß zu decken, anderseits hat aber auch der §. 31 keineswegs an die Stelle des Steuerfußes das freie Ermessen der Beteiligten oder der Aufsichtsbehörde gesetzt.

8) Bei der Bestimmung des Steuerfußes sind die letzteren durch die obige Vorschrift gebunden, d. h. sie dürfen keinen **modus collectandi** einführen, der nicht Besitzungen und Nahrungen berücksichtigt. Aber **Ein modus collectandi** muß, wie in jeder öffentlich-rechtlichen Korporation, so auch in der Schulsozietät, bestehen, da ohne diesen ein Ausschreiben von Beiträgen der gesetzlichen Unterlage entbehren würde.

9) Bei Schulsteuern so wenig, wie bei anderen Steuern, befreit die Reklamation von der Verpflichtung zur Zahlung, und in fast allen Steuerprozessen handelt es sich daher nicht sowohl darum, nicht zahlen, als vielmehr, das Gezahlte zurückempfangen zu wollen.

10) Die Zahlung der Steuer hebt weder das Recht noch die Pflicht auf, nach Maßgabe des Gesetzes vom 18. Juni 1840 (bezw. vom 12. April 1882) zu reklamieren.

Nr. 42.

Endurteil des I. Senats vom 2. Februar 1884 (Entsch. Bd. X. S. 153).

1) Der Begriff der „Steuer" beschränkt sich nicht nur auf Geldabgaben; es wird vielmehr darunter jeder Beitrag, bestehe er in Geld oder in anderen fungibeln Sachen (z. B. in einer Körnerabgabe) verstanden, welchen die Mitglieder einer öffentlich-rechtlichen Sozietät in dieser ihrer Eigenschaft behufs Erfüllung des Zweckes der Korporation zu entrichten haben und welcher auf sie nach den in dem Gesetze oder in der Grundverfassung bestimmten allgemeinen Grundsätzen und Maßstäben umgelegt wird.

2) Auch das Gesetz vom 18. Juni 1840 (12. April 1882) hat keineswegs nur Geldsteuern ins Auge gefaßt, die ratio legis hat in gleicher Weise bei Natural- wie bei Geldabgaben statt.

3) Der Ausdruck „Abgabe" im §. 14 a. a. O. begreift auch Beiträge in anderen fungibeln Sachen als in Gelde in sich; auch Hausväterbeiträge gibt es nicht nur in Geld, sondern auch in Naturalien, z. B. Getreidedeputaten.

Nr. 43.

Endurteil des I. Senats vom 26. März 1884 (Entsch. Bd. XI. S. 147).

Die öffentlich-rechtliche Stellung der Gutsherren zu den Schulgemeinden in denjenigen Teilen der Provinz Sachsen, welche zu dem ehemaligen Königreiche Westfalen gehört haben, ist dieselbe, wie in den übrigen altpreußischen Landesteilen.

Nr. 44.

Endurteil des I. Senats vom 21. Juni 1884*) (Entsch. Bd. XI. S. 153).

1) Dem Richter steht es zwar zu, ein unzweifelhaft irrig gefaßtes Gesetz nach dem klar erkennbaren Gedanken des Gesetzgebers berichtigend zu interpretieren, er darf aber den Gesetzgeber nicht korrigieren.

2) In der Allerhöchsten Ordre vom 15. August 1833 (Amtsblatt der Regierung zu Stralsund 1833 S. 314) befindet sich im ersten Satze ein Schreibfehler, denn es soll daselbst nicht auf den Art. 5, sondern auf Art. 3 des Regulativs für die Neuvorpommerschen Landschulen vom 29. August 1831 hingewiesen werden.

---

*) In den Entscheidungen Bd. XI. S. 153 steht „1814".

3) Die vorstehend gedachte Ordre macht hinsichtlich der Beiträge zum Unterhalt der Elementarschulen für die 60- und mehrjährigen Hausväter, welche keine schulpflichtigen Kinder haben, eine Ausnahme von der Regel des Art. 5 des Regulativs.

4) Diese Ausnahme, welche für die neuen Schulen nicht gilt, ist für die alten Schulen nur statuiert bezüglich derjenigen Beiträge, welche dazu bestimmt sind, dem Lehrer das frühere Schulgeld zu ersetzen.

Nr. 45.

Endurteil des I. Senats vom 8. November 1884 (Entsch. Bd. XI. S. 164).

1) Im Geltungsbereiche des schlesischen Schulreglements vom 18. Mai 1801 (cf. §§. 18 ff.) sind die nach neuerem Rechte entstandenen selbständigen Gutsbezirke den „Herrschaften und Dominien" jenes Reglements in betreff der Schulunterhaltungslast gleich zu achten.

2) Der §. 31 der altländischen Kreisordnung beabsichtigt nicht, den Gutsbezirken neue Lasten aufzuerlegen, die öffentlich-rechtlichen Verpflichtungen der Inhaber selbständiger Güter neu zu regeln, sondern nur den bisherigen Rechtszustand zum Ausdruck zu bringen (vergl. Kr.-O. für Hannover §. 36, Hessen-N. §. 37, Westfalen §§. 23, 26).

Nr. 46.

Endurteil des I. Senats vom 22. Dezember 1884 (Entsch. Bd. XI. S. 170).

In Schlesien besteht kein bereits beim Erscheinen des A. L.-R.'s in Geltung gewesenes Gewohnheitsrecht, welches die Aufbringung des Unterhaltes der Lehrer an evangelischen Landschulen regelt und insbesondere die unmittelbare Heranziehung der Gutsherren zu diesen Leistungen gestattet.

Nr. 47.

Endurteil des I. Senats vom 3. Januar 1885 (Entsch. Bd. XI. S. 185).

1) Die in den ehemals Kurfürstlich (Königl.) Sächsischen Landesteilen der Provinz Sachsen noch bestehende, auch auf die Aufbringung der Schullasten angewandte Quatembersteuer war früher eine Personal- und Gewerbesteuer, wurde aber durch die Kursächsische Generalordnung vom 30. November 1789 in eine Grundsteuer umgewandelt, welche auf den Häusern, Grundstücken und unveränderlichen Gerechtsamen ruhte. Sie war seitdem, so lange sie bestand, eine dingliche Steuer, und die Zuschlagssteuer hat denselben Charakter, wie die Prinzipalsteuer. Die nach dem Maßstabe der Quatembersteuer ausgeschriebene Schulsteuer ist deshalb keine Personalsteuer.

2) Die Gesetze vom 3. Januar 1845 (G.-S. S. 25) und vom 25. August 1876 (G.-S. S. 405) finden nur bei Zerstückelung von Grundstücken Anwendung. In einem derartigen Falle bleibt das steuerpflichtige Grundstück bestehen; es treten nur an die Stelle des einen Eigentümers mehrere. Die Behörde kann dann vor erfolgter Verteilung der auf dem Grundbesitze haftenden oder mit Rücksicht auf den Grundbesitz zu entrichtenden Abgaben und Leistungen sich an jeden Teilbesitzer für das Ganze halten; der in Anspruch genommene Teilbesitzer aber hat einen Regreß an die übrigen Teilbesitzer.

3) Völlig verschieden hiervon ist der Fall, wenn das steuerpflichtige Objekt ganz oder zum Teil untergeht. Mit dem Untergange des Objektes

erlischt jede Steuerpflicht. Ein nicht mehr vorhandenes Objekt kann nicht besteuert werden.

4) War die Quatembersteuer bemessen nach einem Mühlengrundstück, einer Mühlengerechtigkeit, einem Mühlwerke mit Wasserkraft, so kann die Besteuerung nach dem Fortfall der Mühle und nach dem Verkaufe der Wasserkraft nur noch nach Maßgabe des Grundstückes ohne die Mühle erfolgen.

Nr. 48.

Endurteil des I. Senats vom 17. Januar 1885 (Entsch. Bd. XI. S. 190).

1) An die Stelle der §§. 40, 41 des Verwaltungsgerichtsgesetzes vom 3. Juli 1875 sind die §§. 70, 71 des Landesverwaltungsgesetzes vom 30.*) Juli 1883 getreten.

2) Der Landrat, welcher von der Schulaufsichtsbehörde mit der Ausschreibung von Steuern zur Unterhaltung einer öffentlichen Elementarschule an Stelle des Schulvorstandes betraut ist, ist auch zur Vertretung der Umlage im Streitverfahren auf die Klage der einzelnen Kontribuenten legitimiert.

Beigeladene dritte, deren Interessen durch die im Streitverfahren zu erlassende Entscheidung berührt wird, sind nicht berechtigt, selbständig gegen die in der Sache ergehenden Entscheidungen Rechtsmittel einzulegen.

Vergl. das Endurteil vom 19. Juni 1879 (Entsch. Bd. V. S. 463).

Nr. 49.

Endurteil des I. Senats vom 11. März 1885 (Entsch. Bd. XII. S. 197).

1) „Schulen, welche der allgemeinen Schulpflicht dienen" im Sinne des §. 46 des Zuständigkeitsgesetzes vom 1. August 1883, sind nicht solche, in welchen der Jugend diejenigen Kenntnisse beigebracht werden, deren Erlangung die allgemeine Verfügung des Unterrichtsministers vom 15. Oktober 1872 (Min.-Bl. d. i. V. S. 243) als das Ziel der Volksschulen bezeichnet, vielmehr sind darunter nur diejenigen Schulen zu verstehen, zu deren Benutzung einerseits für Eltern und deren Vertreter, die nicht anderweit für den Unterricht der Kinder gesorgt haben, ein gesetzlicher Zwang besteht und deren Unterhaltung anderseits Schulverbänden, Schulgemeinden, bürgerlichen Gemeinden u. s. w., je nach der Verschiedenheit der gesetzlichen Vorschriften in den einzelnen Landesteilen, durch das Gesetz zur Pflicht gemacht ist.

2) Der Schulzwang beruht auf den Vorschriften des §. 75 Tit. 2, der §§. 7, 43 und 48 Tit. 12 Teil II A. L.-R.'s, der Kab.-O. vom 14. Mai 1825 sub I (G.-S. S. 149) und des Art. 21 Abs. 2 der Verfassungs-Urkunde vom 31. Januar 1850.

3) Die Unterrichtsanstalten, welche die Aufgaben der Verfügung vom 15. Oktober 1872 erfüllen, nennt das A. L.-R. II. 12 §. 12 „gemeine Schulen", die spätere Gesetzgebung „Elementar- und Volksschulen" (Publikandum vom 16. Dezember 1808, Abschnitt 10b — N. C. C. XII. S. 534 —; Instruktion für die städtischen Schuldeputationen vom 26. Juni 1811, Abschn. 10 alin. 2 — v. Kamptz, Annalen Bd. XVII S. 659 —; §. 6 der Dienst-Instruktion für die Konsistorien vom 23. Oktober 1817 — G.-S. S. 237 —; Art. 21 und 24 der Verfassung vom 31. Januar 1850; §. 2 Abs. 2 des Gesetzes vom 11. März 1872 — G.-S. S. 183 —).

4) Die Verpflichtung zur Errichtung und Unterhaltung dieser Elementar- und Volksschulen weist §. 29 Tit. 12 Teil II A. L.-R.'s den zur Schule gehörenden Hausvätern, der Schulsozietät, zu.

*) In den Entscheidungen Bd. XI. S. 190 steht „17. Juli" (Druckfehler).

5) Die politischen Gemeinden sind befugt, mit Zustimmung der Kommunalaufsichtsbehörde, die Schullasten den Schulsozietäten abzunehmen und in Kommunallasten zu verwandeln (siehe oben Nr. 12). Diese Übernahme einer fremden Verbindlichkeit kann indes deren bisherigen Umfang nicht ändern und insbesondere nicht ihre Erweiterung zur Folge haben.

6) Mittelschulen oder höhere Töchterschulen einzurichten, darf eine Kommune nicht gezwungen werden.

7) Schulen der letzteren Art dienen auch dann nicht der allgemeinen Schulpflicht, wenn in ihnen teilweise, in ihren unteren Klassen dieselben Gegenstände gelehrt werden, wie in den außerdem bestehenden obligatorischen Volksschulen.

8) Ohne jeden Einfluß auf den Charakter der Schule ist auch die Qualifikation der an derselben beschäftigten Lehrer, sowie der Umstand, daß dieselbe eine Berechtigung zur Erteilung gültiger Abgangszeugnisse nicht besitzt.

Nr. 50.

Endurteil des I. Senats vom 15. April 1885 (Entsch. Bd. XII. S. 202).

Aus dem §. 31 Tit. 12 Teil II A. L.-R.'s, welcher die Verteilung der Schulbeiträge auf die Hausväter „nach Verhältnis ihrer Besitzungen und Nahrungen" vorschreibt, ist unmittelbar die Bestimmung des Besteuerungsfußes nicht zu entnehmen. Die Klassen- und Einkommensteuer entspricht jenem §. 31 ebenso, wie der Maßstab der Grund-, Gebäude-, Klassen- und Einkommensteuer. In dem letzteren findet nur der Grundbesitz eine stärkere Belastung. Wenn der Schulvorstand die erforderlichen Beiträge nur nach der Klassen- und Einkommensteuer ausschreibt, so können diejenigen, die sich dadurch für benachteiligt halten, bei der Regierung die Festsetzung eines anderen Maßstabes beantragen, dagegen sind die Verwaltungsgerichte nicht befugt, den Schulgemeinden einen bestimmten Maßstab vorzuschreiben.

Nr. 51.

Endurteil des I. Senats vom 16. Mai 1885 (Entsch. Bd. XII. S. 204).

1) Handelt es sich um die Unterhaltung einer städtischen Elementarschule und um die bezügliche Beitragspflicht der Gutsherren in Schlesien (Mediatherren), so bleiben die Vorschriften der §§. 33 und 36 Tit. 12 Teil II A. L.-R.'s außer Anwendung.

2) Für den Gutsherrn einer Stadtschule sind diese Vorschriften nicht gegeben.

3) Ein dem Kirchenpatronat analoges Schulpatronat kennt das Allgemeine Landrecht nicht. Die Rechte, welche gemeinhin als „Patronat" bezeichnet werden, weist das A. L.-R. in den §§. 22 und 31 a. a. O. der Gerichtsobrigkeit zu.

Nr. 52.

Endurteil des I. Senats vom 18. Februar 1885 (Entsch. Bd. XII. S. 209).

1) Das Gesetz vom 25. August 1876 (G.-S. S. 405) bezeichnet im §. 7 den Schulvorstand als diejenige Behörde, welche bei Grundstücksteilungen die aus dem Schulverbande entspringenden Lasten, sofern solche auf dem Grundbesitze haften oder mit Rücksicht auf den Grundbesitz zu entrichten sind, auf die Trennstücke zu verteilen hat. Aus dem §. 11 a. a. O. geht hervor,

daß die Behörde, welche die Verteilung vornimmt, nicht über die Existenz, den Umfang und die rechtliche Natur der zu verteilenden Abgaben und Leistungen zu befinden hat.

2) Der endgültig festgesetzte Verteilungsplan hat nur Kraft, insoweit es sich um die Verteilung selbst, den Verteilungsmaßstab, handelt; daß er jedoch keinen Trennstücksbesitzer hindert, darzuthun, die Voraussetzung, von welcher die verteilende Behörde ausgegangen ist, daß nämlich die verteilte Last eine der im §. 2 a. a. O. gekennzeichneten sei, beruht auf einem Irrtume.

3) Demnach ist der Erwerber eines Trennstückes, nachdem er den Verteilungsplan unangefochten gelassen hat, gegenüber einer darauf gestützten Abgabenforderung noch mit dem Einwande zu hören, die Abgabe sei eine persönliche und unterliege deshalb gesetzlich nicht der Verteilung.

C. Schulbauten.

Vorbemerkung.

An die Stelle des §. 135 X. Nr. 3 der Kreisordnung vom 13. Dezember 1872 trat zunächst der §. 78 des Zust.-Ges. vom 26. Juli 1876, welcher jetzt durch den §. 47 des Zuständigkeitsgesetzes vom 1. August 1883 ersetzt worden ist. Damit ist der Vorbehalt des ordentlichen Rechtsweges beseitigt (§. 160 a. a. O.), auch muß jetzt dem Verwaltungsstreitverfahren ein Beschlußverfahren vorausgehen.

Nr. 1.

Endurteil vom 18. Oktober 1876 (Entsch. Bd. I. S. 188).

Bei der Bemessung des Bedürfnisses der Lehrer an Wohnungsräumen seitens der Verwaltungsgerichte (§. 135 X. 3a der Kr.-O. vom 13. Dezember 1872, §§. 78 und 79 des Gesetzes vom 26. Juli 1876, §. 47 und 49 Abs. 2 des Zust.-Ges. von 1883) liegt es den letzteren ob, das streitige Wohnungsbedürfnis nach der besonderen Lage des vorliegenden Falles zu bemessen, sofern nicht eine für die Verwaltungsberichte maßgebende Verordnung der zuständigen Behörde vorliegt.

Nr. 2.

Endurteil vom 21. Oktober 1876 (Entsch. Bd. I. S. 192).

1) Über die Entscheidung der Frage, ob bei Bestimmung des Umfanges und der Einrichtung eines zu erbauenden Schulhauses auch ein erst in Aussicht stehendes Bedürfnis (die mutmaßliche Vermehrung der Kinderzahl) zu berücksichtigen ist, ist im Verwaltungsstreitverfahren zu befinden, jedoch ist dieselbe zu verneinen, denn die Schulaufsichtsbehörde kann nur die Befriedigung des gegenwärtigen Bedürfnisses verlangen, und die Schulgemeinde ist nicht verpflichtet, für die infolge einer möglichen künftigen Vermehrung der Kinderzahl erforderliche Anstellung eines zweiten Lehrers im voraus zu sorgen.

2) Insbesondere sind die Schulaufsichtsbehörden zur Entscheidung über die Einführung der sog. Halbtagsschule zuständig.

Nr. 3.

Endurteil vom 30. Mai 1877 (Entsch. Bd. II. S. 216).

1) An die Stelle des §. 78 (letzter Absatz) und des §. 173 des Zust.-Ges. vom 26. Juli 1876 sind die §. 49 Abs. 1 des Zust.-Ges. vom 1. August 1883 und § 154 Abs. 3 des L.-V.-G. vom 30. Juli 1883 getreten.

2) Streitige Schulhaus- (Küsterei-) Bausachen (§§. 78 und 173 des Zust.-Ges. von 1876) sind, wenn sie vor dem 1. Oktober 1876 an die bis dahin zuständige Schulaufsichtsbehörde zur Entscheidung gebracht worden sind, auch bei dieser Behörde anhängig geworden und auch dort zu erledigen. Waren die Verfügungen der Aufsichtsbehörde vor dem 1. Oktober 1876 nur vorbereitender Natur und fallen die Widersprüche der Bauverpflichteten erst in die Zeit nach dem 1. Oktober 1876, so machen erst diese Widersprüche die Sache zu einer streitigen und der Zeitpunkt der Anhängigkeit beginnt mit der Anrufung des zuständigen Verwaltungsgerichts.

Nr. 4.

Endurteil vom 2. März 1878 (Entsch. Bd. III. S. 139).

1) In der Zuständigkeit der Verwaltungsgerichte zur Entscheidung über die Notwendigkeit und Art der Ausführung von Schulbauten ist nicht zugleich die Befugnis enthalten, über die Organisation der Schulgemeinden und insbesondere über die Frage zu entscheiden, ob und an welchem Orte innerhalb einer Schulsozietät eine zweite Schule neben der bereits bestehenden einzurichten sei. Hierüber hat allein die Schulaufsichtsbehörde zu befinden (§. 18 der Regierungs-Instruktion vom 23. Oktober 1817 — G.-S. S. 24 —).

2) Der Grundsatz, daß die in der Berufungsinstanz ergangenen Entscheidungen der Bezirks-Verwaltungsgerichte in Schulbausachen auch in dem Falle endgültig und mit der Revision nicht anfechtbar seien, wenn eine wesentliche Vorschrift des Verfahrens verletzt sei, ja wenn das betreffende Verwaltungsgericht mit Unrecht seine Zuständigkeit angenommen habe (Entsch. Bd. IV. S. 204, Bd. VI. S. 183), ist nicht mehr anwendbar seit Beseitigung der §§. 4 und 78 des Zust.-Ges. vom 26. Juli 1876 durch §. 47 und 160 des Zust.-Ges. vom 1. August 1883.

Nr. 5.

Endurteil des I. Senats vom 29. Juni 1878 (Entsch. Bd. IV. S. 183).

1) Die Tische und Bänke der Schulstuben gehören zum Inventarium der Schule, nicht aber „zu den Schulgebäuden und Schulmeisterwohnungen" im Sinne der die Schulbaulast regelnden Bestimmungen des A. L.-R.'s.

2) Das Verwaltungsstreitverfahren über die Verpflichtung der Gutsherrschaften, das Holz zur Beschaffung dieser Utensilien zu liefern, könnte deshalb nur auf Grund des §. 77 des Zust.-Ges. vom 26. Juli 1876 (jetzt §. 46 des Zust.-Ges. von 1883) stattfinden, dagegen ist das Verfahren auf Grund des §. 78 l. c. (jetzt §. 47 des Zust.-Ges. von 1883) überhaupt ausgeschlossen. Wollte man letzteres nicht annehmen, so würde die Entscheidung des Verwaltungsrichters in zweiter Instanz vorbehaltlich des Rechtsweges jedenfalls endgültig gewesen sein (§. 78 Abs. 2 l. c.). (Vergl. §. 160 des Zust.-Ges. von 1883).

Nr. 6.

Endurteil des I. Senats vom 30. Oktober 1878 (Entsch. Bd. IV. S. 198).

1) Die in dem §. 78 des Zust.=Ges. vom 26. Juli 1876 (jetzt §. 49 Abs. 1 des Zust.=Ges. von 1883) enthaltene, die Küstereien betreffende Bestimmung erklärt die Verwaltungsgerichte für zuständig zur Entscheidung von Streitigkeiten in allen Fällen, in denen die Schule mit der Küsterei verbunden ist.

2) Unrichtig ist die gegenteilige Annahme, daß die Verwaltungsgerichte nicht zuständig seien, sobald es sich lediglich um einen Bau in der Küsterei handelt, denn allein die Verbindung der Schule mit der Küsterei ist das Entscheidende.

Nr. 7.

Endurteil des I. Senats vom 18. Dezember 1878 (Entsch. Bd. IV. S. 201).

1) An die Stelle der §§. 52—55, 58, 63 und 83 des Gesetzes vom 3. Juli 1875 sind die §§. 82—86, 93 und 113 des L.=V.=G. vom 30. Juli 1883 getreten (Kompetenzkonflikte).

2) Was in dieser Entscheidung in Betreff der wesentlichen Mängel des Verfahrens (§. 78 Abs. 2 des Zust.=Ges. von 1876) gesagt ist, hat durch §. 160 des Zust.=Ges. von 1883 seine Bedeutung verloren.

Nr. 8.

Endurteil des I. Senats vom 25. November 1885 (Entsch. Bd. XII. S. 223).

1) Über die Anordnung von Neu= und Reparaturbauten bei Schulen, welche der allgemeinen Schulpflicht dienen, haben die Verwaltungsgerichte in demselben Umfange und in demselben Maße zu befinden, wie dies den Regierungen vor Einführung der Verwaltungsgerichtsbarkeit nach §. 18 der Regierungsinstruktion vom 23. Oktober 1817 zustand.

2) Sie können daher sowohl auf ein minus, wie auf ein majus dessen erkennen, was der Beschluß der Schulaufsichtsbehörde bestimmt.

3) Beschränkt sind die Verwaltungsgerichte nur durch die Bestimmungen in Absatz 2 und 3 des §. 49 des Zuständigkeitsgesetzes vom 1. August 1883.

4) Auch der Verwaltungsrichter hat den Kostenaufwand und die Verhältnisse der Beteiligten zu erwägen und zu berücksichtigen.

Nr. 9.

Endurteil des I. Senats vom 4. November 1885 (Entsch. Bd. XII. S. 226).

Dadurch, daß ein Schulhausbau bereits ausgeführt ist, wird die im §. 47 des Zuständigkeitsgesetzes vom 1. August 1883 angeordnete Beschlußfassung der Schulaufsichtsbehörde, wenn über die Notwendigkeit eines Neubaues und die Verteilung der Kosten Streit entsteht, weder ausgeschlossen, noch entbehrlich.

Nr. 10.

Endurteil des I. Senats vom 23. September 1885 (Entsch. Bd. XII. S. 230).

1) Im Geltungsbereiche des schlesischen General=Land=Schul=Reglements vom 3. November 1765 und des Schulreglements für die niederen katholischen Schulen vom 18. Mai 1801 liegt der Bau und die Unterhaltung der Schule

der politischen Gemeinde und der Gutsherrschaft ob; fehlt es an einer politischen Gemeinde, so hat die Gutsherrschaft jene Last allein zu tragen.

2) Der §. 31 der altländischen Kreisordnung (Hannover §. 36, Hessen-Nassau §. 37, Westfalen §§. 23, 26) beabsichtigt nicht, den Gutsbezirken neue Lasten aufzuerlegen, die öffentlich-rechtlichen Verpflichtungen der Inhaber selbständiger Güter neu zu regeln, sondern nur den bisherigen Rechtszustand zum Ausdruck zu bringen.

X.

Zwangserziehung verwahrloster Kinder.

Vorbemerkung.

Hiervon handelt das Gesetz vom 13. März 1878 (G.-S. S. 132). Als guter erläuternder Kommentar, in welchem auf die abändernden Gesetze vom 27. März 1881 (G.-S. S. 275) und vom 23. Juni 1884 (G.-S. S. 306) Rücksicht genommen und welchen eine Übersicht der Entstehung des Gesetzes und eine vollständige Sammlung von Ausführungserlassen, Formularen und Ausführungs-Reglements beigegeben ist, kann der vom Landesrat Wiedemann (Berlin 1887) empfohlen werden. Es dürfte dies bis jetzt das einzige, diesen Gegenstand gründlich behandelnde Hilfsbuch sein.

Nr. 1.

Endurteil des II. Senats vom 1. April 1880 (Entsch. Bd. VI. S. 187).

1) Nach §. 15 des Gesetzes vom 13. März 1878 (G.-S. S. 132) hatte der Oberpräsident noch die Rolle des Klägers zu übernehmen. Voraussetzung war, daß der beklagte Kommunalverband eine von der Behörde innerhalb der Grenzen ihrer Zuständigkeit festgestellte Leistung zu erfüllen verweigerte. Diese Voraussetzung traf im vorliegenden Falle zu, weil der Oberpräsident als Aufsichtsbehörde (§. 114 der Provinzialordnung — Hessen-N. §. 87 —) unter näherer Begründung dieses Anspruchs von der Provinzialverwaltung (Landesdirektor) verlangte, sie solle einen vormundschaftsrichterlichen Beschluß, wonach ein verwahrlostes Kind in einer geeigneten Familie oder in einer Erziehungs- oder Besserungsanstalt untergebracht werden sollte, ohne Rücksicht auf den Umstand zur Ausführung bringen, daß kein Ortsarmenverband vorhanden sei, welcher die Kosten der Einlieferung und ersten Ausstattung bestreite; falls sie — so war hinzugefügt — die Kosten nicht ohne weiteres auf Provinzialfonds übernehmen wolle, bleibe nur übrig, daß der Provinzialverband wegen Erstattung jener Kosten gegen den seiner Meinung nach Verpflichteten klagbar werde; keinesfalls dürfe die Ausführung des Beschlusses unterbleiben oder bis zur definitiven Erledigung der Kostenfrage ausgesetzt werden.

2) Damit war unzweideutig die Forderung ausgesprochen, daß der Provinzialverband die Überführung des Kindes in die Zwangserziehung seinerseits bewirken und insbesondere die Kosten der Einlieferung und ersten Ausstattung — wenigstens einstweilen — trage. Hierin mußte aber eine dem Gesetze entsprechende, von der zuständigen Behörde vorgenommene

Feststellung dessen, was der Provinzialverband leisten sollte, erblickt werden, da bestimmte Formen für eine derartige Feststellung nicht vorgeschrieben sind und weder über die Art, noch über den Umfang der geforderten Leistung ein begründeter Zweifel obwalten konnte.

3) Anderseits war die Unterlassung der geforderten Leistung bezw. die Weigerung darin zu erblicken, daß sich der Landesdirektor außer Stande erklärte, die geforderte Zwangserziehung zur Ausführung zu bringen und selbst anheim gab, die Entscheidung des Oberverwaltungsgerichts herbeizuführen.

4) Nicht um die Anordnung, daß das Kind der betreffenden Anstalt überwiesen werde, handelte es sich, sondern um die Durchführung dieser Anordnung auf dem Wege, daß der Provinzialverband die Kosten der Einlieferung und ersten Ausstattung zunächst seinerseits übernehme.

5) Auch die fernere Frage, ob dem Provinzialverbande nach dem Gesetze obliege, die Kosten für die Einlieferung und erste Ausstattung des Kindes vorbehaltlich ihrer späteren Wiedereinziehung zu zahlen, wurde im bejahenden Sinne beantwortet und dabei auf den §. 7 des Gesetzes vom 13. Mai 1878 Bezug genommen.

6) Nachdem der §. 15 a. a. O. durch den §. 121 der (später ergangenen) Provinzialordnungsnovelle vom 22. März 1881 (G.=S. S. 233) in Bezug auf die Gruppierung der Parteien modifiziert worden ist, wird auch in Zukunft der Oberpräsident hier stets in die Rolle des Beklagten gelangen; dabei bleiben aber doch für ihn die vorstehend mitgeteilten Grundsätze maßgebend, wenn er beabsichtigt, eine Leistung durch Verfügung auf den Provinzialetat zu bringen.

Nr. 2.

Endurteil des II. Senats vom 14. Oktober 1880 (Entsch. Bd. XII. S. 239).

Gegenüber einem Beschlusse des Vormundschaftsgerichts, betreffend die Unterbringung eines verwahrlosten Kindes zur Zwangserziehung (Gesetz vom 13. März 1878 — G.=S. S. 132 —), darf der Kommunalverband (die Provinz, §. 114 der Provinzialordnung, Hessen=N. §. 87), welcher die Unterbringung herbeizuführen hat, die Erfüllung der bezüglichen Leistungen auf Grund des Einwandes, daß der Beschluß sachlich nicht begründet sei, nicht ablehnen.

XXI.

Standesamt und Personenstand.

Unter den vielen, diesen Gegenstand behandelnden Kommentaren sind folgende zu empfehlen:

1) Reichsgesetz über die Beurkundung des Personenstandes und die Eheschließung vom 6. Februar 1875, erläutert von Dr. Hermann von Sicherer, ordentlichem öffentlichem Professor der Rechte an der Ludwig=Maximilians=Universität zu München. Erlangen 1879.

2) Dasselbe Reichsgesetz mit Kommentar in Anmerkungen sowie sämtlichen für das Reich und die einzelnen Bundesstaaten ergangenen Ausführungsbestimmungen. Herausgegeben von Dr. Paul Hinschius, ord. Professor der Rechte an der Universität Berlin, Mitglied des Reichstages, zweite vermehrte Auflage. Berlin 1876.

3) Aus neuester Zeit findet man zahlreiche erläuternde Publikationen in der Wochenschrift „Selbstverwaltung" nach den Registern.

Endurteil des I. Senats vom 29. Juni 1878 (Entsch. Bd. IV. S. 385).

Es ist festgestellt, daß die Festsetzung des Pauschquantums, welches für Wahrnehmung der Geschäfte der Standesbeamten von dem zum Bezirke des Hauptamtes nicht gehörigen Gemeinden zu gewähren ist, in den **Kreis**ordnungsprovinzen durch den Kreisausschuß erfolgt, über Beschwerden aber endgültig das Bezirksverwaltungsgericht (jetzt der Bezirksausschuß) im Streitverfahren entscheidet (§. 7 des Reichsgesetzes vom 6. Februar 1875, §. 5 des preuß. Gesetzes vom 9. März 1874, Nr. 2 der ministeriellen Instruktion vom 1. Dezember 1875).

Dritte Abteilung.

Polizeiliche Angelegenheiten.

XII.

Polizeiliche Verfügungen im allgemeinen, auch Zwangsmittel.

Vorbemerkung.

Die §§. 79—83 der altländischen Kreisordnung vom 13. Dezember 1872 in ursprünglicher Fassung handelten von dem Zwangsverfahren der Behörden des Kreises. An die Stelle dieser Vorschriften traten zuerst die Bestimmungen über die Rechtsmittel gegen polizeiliche Verfügungen und von dem Zwangsverfahren der Orts- und Kreispolizeibehörden in den §§. 30 ff. des Zuständigkeitsgesetzes vom 26. Juli 1876, sodann aber die weiteren Bestimmungen über die Rechtsmittel gegen polizeiliche Verfügungen (§§. 63 ff. des Organisationsgesetzes vom 26. Juli 1880) und über die Zwangsbefugnisse (§§. 68 ff. a. a. O.).

Zur Zeit sind für die Behandlung dieser Angelegenheiten maßgebend die §§. 127 ff. bezw. §§. 132 ff. des Landesverwaltungsgesetzes vom 30. Juli 1883.

Nr. 1.

Endurteil vom 9. Mai 1876 (Entsch. Bd. I. S. 327).

1) Polizeiliche Verfügungen können von Jedem angegriffen werden, dessen rechtlich geschützte Interessen dadurch berührt und in dessen Rechtssphäre durch dieselben eingegriffen wird, wenn auch die Verfügung nicht direkt an ihn gerichtet ist.

2) Die an die Schankwirte eines Ortes ergangene polizeiliche Anordnung, wonach dieselben einer ihnen als Trunkenbold bezeichneten Person keine Getränke verabreichen dürfen, kann von der letzteren im Verwaltungsstreitverfahren angefochten werden.

Nr. 2.

Endurteil vom 6. Juni 1876 (Entsch. Bd. I. S. 333).

1) In einem auf Fortsetzung der Arbeit gerichteten Streit zwischen einem Meister und einem Gesellen hatte die Gemeindebehörde gemäß §. 108 der Reichsgewerbeordnung (jetzt §. 120a der R.-G.-O. neuester Fassung) durch Resolut entschieden, daß der Geselle die Arbeit wieder aufzunehmen

habe. Da der Geselle dies jedoch nicht that, so wurde mit polizeilichen Zwangsmitteln gegen ihn vorgegangen. Dies ist nach obigem nicht zulässig, denn das Resolut ist von der Gemeindebehörde und nicht von der Polizeibehörde erlassen, dasselbe hat nach §. 108 l. c. (jetzt §. 120a.) den Charakter eines zivilrechtlichen Erkenntnisses, nicht den einer polizeilichen Anordnung, und es finden daher in Betreff der Vollstreckung desselben nicht die für die Durchführung polizeilicher Anordnungen gegebenen Bestimmungen, sondern die gesetzlichen Vorschriften über die Exekution in Zivilsachen, insbesondere damals also die Verordnung vom 4. März 1834 (G.-S. S. 31), Anwendung.

2) Wenn damals auf Grund des §. 82 der Kreisordnung von 1872 ein Strafumwandlungsantrag bei dem Kreisausschuß gestellt wurde, so war darüber im Verwaltungsstreitverfahren zu entscheiden (§. 140 a. a. O. §. 1 II. 3 des Geschäftsregulativs vom 20. November 1873) und zwar entweder durch Vorbescheid oder durch Endurteil nach vorgängiger mündlicher Verhandlung, wobei der Antragsteller als Kläger, der Betroffene als Beklagter anzusehen war. (Aus dem eingangs gedachten Grunde war dies Verfahren in diesem Falle nicht anwendbar.) An die Stelle jenes §. 82 ist später der §. 33 Nr. 2 Abs. 2 des Zust.-Ges. v. 1876 getreten, wonach nunmehr die Polizeibehörden nach Maßgabe der §§. 28, 29 des Reichsstrafgesetzbuches die Dauer der Haft gleichzeitig mit der Androhung der Geldstrafe festzusetzen hatten. Hierbei ist es auch nach §. 68 des Organisationsgesetzes vom 26. Juli 1880 und §. 132 des L. V.-G. vom 30. Juli 1883 geblieben, jedoch sind die Haftstrafen hier nach ihrem Höchstbetrage bestimmt.

Nr. 3.

Endurteil vom 13. Juni 1876 (Entsch. Bd. I. S. 337).

1) Bei einem Landrate meldete sich ein Hilfsbedürftiger mit der Angabe, der Gemeindevorsteher seines Wohnortes verweigere die Hilfe. Da die letztere bei dem Zustande des Hilfesuchenden dringend nötig war, die Gemeinde auch bereits früher die Ortsbehörigkeit desselben bestritten hatte, so verfügte der Landrat die Aufnahme in das Kreislazaret und forderte etwa drei Wochen später die vorschußweise Erstattung der bis dahin erwachsenen Kosten, welche der Ortsarmenverband von dem eigentlich resp. vermeintlich Verpflichteten wieder einziehen könne. Die Zahlung erfolgte jedoch nicht und deshalb verfügte der Landrat nach Verlauf von mehr als 5 Monaten, der Gemeindevorsteher solle die Kosten bei Vermeidung einer Strafe von 5 ℳ binnen 10 Tagen bezahlen oder binnen gleicher Frist die Beschwerde bei dem Bezirksverwaltungsgerichte erheben. Dabei bezeichnete der Landrat die Aufnahme des Hilfsbedürftigen in das Krankenhaus ausdrücklich als eine „polizeiliche Maßregel." Dies war ein Fehler. Denn, wenn man auch nicht gerade bestreiten kann, daß der Landrat an Stelle des Amtsvorstehers in dringenden Fällen polizeilich einschreiten kann, so war doch im vorliegenden Falle die Art dieses Einschreitens nicht gerechtfertigt, da die Hilfsbedürftigkeit in der Kreisstadt und nicht in der Gemeinde des angegriffenen Ortsvorstehers hervorgetreten war, also zunächst gegen den Armenverband der Kreisstadt hätte vorgegangen werden müssen.

2) Der Landrat hätte aber die Sache gar nicht als eine polizeiliche behandeln, sondern namens des Kreisausschusses über den Antrag des Hilfsbedürftigen, die ihm fehlende Unterstützung von dem Ortsarmenverbande zu verschaffen, befinden sollen. Hiergegen stand dann dem Ortsarmenverbande zunächst der Antrag auf mündliche Verhandlung vor dem

Kreisausschusse und sodann das weitere Rechtsmittel an die höhere Instanz offen. Der Fall ereignete sich unter der Herrschaft der vor dem Zuständigkeitsgesetze von 1876 geltenden Bestimmungen.

3) Heute würde der Fall zunächst nach §. 67 der Kreisordnungsnovelle zu behandeln sein: Beschluß des Kreisausschusses auf Beschwerde des Betroffenen, weitere Beschwerde an den Bezirksrat, welcher endgültig beschließt. Da es sich aber doch thatsächlich um eine nicht polizeiliche Verfügung des Landrats handelt, so würde nur die Beschwerde an den Regierungspräsidenten zulässig sein.

Nr. 4.

Endurteil vom 1. August 1876 (Entsch. Bd. I. S. 342).

In einem speziellen Falle hatte ein Amtsvorsteher einen Gemeindevorsteher beauftragt, binnen einer bestimmten Frist die Herstellung eines von der Gemeinde zu bessernden Weges zu bewirken. Da der Schulze ungeachtet der angedrohten exekutivischen Ausführung jener Aufforderung keine Folge gab, so ließ der Amtsvorsteher die Wegbesserung durch einen Unternehmer ausführen und zog die entstandenen Kosten durch Exekution von dem Gemeindevorsteher ein. Auf Klage des letzteren mußte aber der Amtsvorsteher die eingezogene Summe erstatten, denn der Amtsvorsteher hatte nur das Recht, auf Grund des §. 65 der Kreisordnung (früher §. 37 des Zust.-Ges. von 1876) den Gemeindevorsteher durch Zwangsmaßregeln zur Verteilung und Einziehung der entstanden Kosten von den Wegebesserungsverpflichteten anzuhalten, er konnte aber diese Kosten nicht aus dem Privatvermögen des Gemeindevorstehers fordern.

Nr. 5.

Endurteil vom 26. September 1876 (Entsch. Bd. I. S. 347).

1) Werden in einer Versammlung zur Erörterung öffentlicher Angelegenheiten die Verhandlungen in einer anderen als der deutschen Sprache (z. B. der polnischen) geführt, so ist aus diesem Grunde allein die Auflösung der Versammlung nicht zulässig. Entscheidend ist dabei, ob die Versammelten in ihrer Mutter- oder gewöhnlichen Umgangssprache verhandelt haben und ob nicht etwa in doloser Weise oder in fraudem legis Veranstaltungen getroffen sind, wodurch dem Abgeordneten der Polizeiverwaltung die Überwachung unmöglich gemacht worden ist.

2) Das im §. 13 des Verwaltungsgerichtsgesetzes von 1875 dem Berichterstatter erteilte Recht, in allen Fällen ein Stimmrecht auszuüben, ist keineswegs auch dem Korreferenten eingeräumt worden. An die Stelle des gedachten §. 13 ist der §. 33 des L.-V.-G. vom 30. Juli 1883 getreten.

Nr. 6.

Endurteil vom 10. Oktober 1876 (Entsch. Bd. I. S. 361).

1) Nach §. 79 der alten Kreisordnung (§. 33 Nr. 2 des Zust.-Ges. von 1876, §. 68 Nr. 2 des Organisationsgesetzes, jetzt §. 132 des L.-V.-G. vom 30. Juli 1883) darf die Erzwingung von Handlungen nur dann durch Androhung und Festsetzung von Geldbußen erfolgen, wenn dieselben nicht durch einen dritten geleistet werden können, oder, wenn dies zwar möglich, es aber feststeht, daß der Verpflichtete nicht im stande ist, die aus der Ausführung durch einen dritten entstandenen Kosten zu tragen.

2) Wenn gegen die Festsetzung einer polizeilichen Exekutivstrafe die Klage erhoben wird, so ist die Sache mit dem Zeitpunkte anhängig, in welchem die Klage bei dem zuständigen Verwaltungsgerichte angebracht ist, nicht etwa mit dem Zeitpunkte, in welchem vorher gegen die polizeiliche Verfügung Beschwerde erhoben ist. Dies kann nach §. 69 Abs. 2 des Organisationsgesetzes von 1880, jetzt §. 133 des L.=V.-G. vom 30. Juli 1883, jetzt nicht mehr vorkommen.

3) Bei der Feststellung des Wertes des Streitgegenstandes war der Kreisausschuß davon ausgegangen, daß hierbei die Kosten maßgebend seien, welche durch die Ausführung der zu erzwingenden Bauten (um solche handelte es sich) maßgebend seien. Dies erschien aber nicht zutreffend, denn nicht jene Bauausführung selbst, sondern lediglich die Art der Zwangsvollstreckung war Gegenstand des Streitverfahrens. Nach §. 69 Abs. 2 des Organisationsgesetzes kann dieser spezielle Fall zwar nicht mehr vorkommen, indessen der allgemeine Grundsatz bleibt deshalb doch noch vielfach anwendbar.

Nr. 7.

Endurteil vom 21. Oktober 1876 (Entsch. Bd. I. S. 365).

1) Wenn eine geschlossene Gesellschaft einen Ball veranstalten will, so braucht sie der Polizeibehörde nur eine Anzeige davon zu machen.

2) Eine Untersagung der Lustbarkeit darf von der Polizeibehörde nur in dem Falle erfolgen, wenn für die Abhaltung des Balles ein Tag gewählt war, an welchem die Gesetze solche Vergnügungen verbieten. Hierbei geschieht auch eines ministeriellen Zirkularerlasses vom 26. November 1859 (M.=Bl. S. 339) Erwähnung, nach welchem Tanzlustbarkeiten, die von Privat= oder sogenannten geschlossenen Gesellschaften gegen Erhebung eines Eintrittsgeldes veranstaltet werden, als öffentlich nur dann betrachtet werden sollen, wenn die Gesellschaft eben zu dem Zwecke, die Tanzlustbarkeit zu veranstalten, zusammentritt, nicht aber, wenn sie bereits anderweitig besteht und die Tanzlustbarkeit für ihre Mitglieder und etwaige Gäste derselben nur gelegentlich neben den Zwecken, welche sie sonst verfolgt, wenn auch gegen besonderes Eintritts= und Tanzgeld, veranstaltet.

Nr. 8.

Endurteil vom 25. Oktober 1876 (Entsch. Bd. I. S. 370).

In einem vor dem Inkrafttreten des Gesetzes vom 25. August 1876 (G.=S. S. 105) anhängig gewordenen Falle wurde ein Antrag auf Erteilung der Erlaubnis zur Gründung einer Ansiedelung auf Grund des §. 27 des Gesetzes vom 3. Januar 1845 und §. 11 des Gesetzes vom 24. Mai 1853 zurückgewiesen, weil sich der Unternehmer der Ansiedlung auf dem kleinen Grundstücke mit seiner zahlreichen Familie nicht ernähren könne. Dieser Grund wurde für stichhaltig nicht erachtet, weil nach jenem §. 27 die Gründung einer Ansiedlung damals nur dann untersagt werden konnte, wenn davon Gefahr für das Gemeinwesen zu besorgen und die polizeiliche Beaufsichtigung mit ungewöhnlichen Schwierigkeiten verbunden war, beide Bedingungen mußten mithin zusammentreffen. Dieser Grundsatz ist jetzt nur noch teilweise anwendbar.

Nr. 9.

Endurteil vom 8. November 1876 (Entsch. Bd. I. S. 375).

1) Vergl. Abschnitt XIX „Gewerbepolizei" Nr. 7.

2) In einer kleinen Stadt besteht ein Handwerkerverein, dessen gesellige

Vergnügungen von Polizeiwegen überwacht wurden. Auf Klage des Vorstandes hat das Oberverwaltungsgericht festgestellt, daß die Polizei in geschlossene Gesellschaften nicht eindringen darf.

3) Unter „geschlossene Gesellschaften" verstehe man einen durch ein Gesellschaftsstatut bestimmten Kreis von Personen, welcher nach diesem seinem Statut zu seinen geselligen Vergnügungen nur die Mitglieder des Vereins und deren erwachsene Familienmitglieder zuläßt, außerdem auch ein ein für allemal gemietetes Lokal hat.

4) Daß dieses Lokal außerhalb der Stunden, in denen es von der Gesellschaft benutzt wird, auch öffentlichen Vergnügungen dient, berührt die Eigenschaft des Vereins als geschlossene Gesellschaft nicht.

5) Die Räume der Gesellschaft sind den Wohnungen gleich zu achten, und diese darf die Polizeibehörde nur unter den Voraussetzungen des Gesetzes zum Schutze der persönlichen Freiheit vom 12. Februar 1850 betreten. Die bloße Möglichkeit strafbarer Handlungen kann für die Polizei keinen Grund zu einer Belästigung abgeben.

6) Den Aufsichtsinstanzen ist die Möglichkeit gewährt, die sich aus ihrer Stellung ergebenden allgemeinen Gesichtspunkte unabhängig von den Anträgen und Ausführungen der Lokalbehörden sowohl durch die Teilnahme an der mündlichen Verhandlung, als auch erforderlichen Falls durch die Einlegung von Rechtsmitteln zur Geltung zu bringen. Hiernach würde der Regierungskommissar z. B. in Schanksachen auch befugt sein, zu Gunsten eines mit seinen Anträgen Zurückgewiesenen ein Rechtsmittel einzulegen (vergl. analog §. 338 Abs. 2 der Strafprozeßordnung vom 1. Februar 1877).

Nr. 10.

Endurteil vom 2. Dezember 1876 (Entsch. Bd. I. S. 382).

1) Ein ländlicher Arbeiter in Schlesien verließ 1875 seinen Dienst, wurde aber vom Amtsvorsteher durch Androhung und Festsetzung einrr Strafe von 15 ℳ zur Fortsetzung der Arbeit angehalten. Hiergegen klagte der Arbeiter bei dem Kreisausschuß, wurde zurückgewiesen und beruhigte sich sodann (§§. 79, 80 der Kr.-O. von 1872). (Wäre dieser Fall nach dem 1. April 1881 anhängig gewesen, so hätte der §. 69 Abs. 2 des Organisationsgesetzes vom 26. Juli 1880 (jetzt §. 133 des L.-V.-G. vom 30. Juli 1883) Platz greifen müssen und der Kreisausschuß hätte sich auf die Klage wegen der Festsetzung gar nicht einlassen dürfen, er hätte dieselbe wegen Unzuständigkeit zurückzuweisen gehabt.)

2) Ungeachtet der Entscheidung des Kreisausschusses setzte der Arbeiter die Arbeit nicht fort, so daß der Amtsvorsteher sich veranlaßt sah, gegen ihn abermals eine Strafe von 20 ℳ zu „verhängen". Auf die hiergegen erhobene Klage wurde der Arbeiter in zwei Instanzen abgewiesen, und zwar wurde in den Erkenntnisgründen zweiter Instanz ausgeführt, es sei dies bereits die zweite Exekutivmaßregel, und die Richtigkeit der ersten exekutivischen Straffestsetzung sei durch rechtskräftiges Erkenntnis ausgesprochen. Da nun die zweite exekutivische Festsetzung auf demselben Grunde basiere, wie die erste, so habe auch die erneute Beschwerde von dem Kreisausschuß zurückgewiesen werden müssen. Dies hielt das O.-V.-G. nicht für zutreffend und führte dagegen aus, der Verwaltungsrichter habe überall, wo es sich um die Anfechtung einer noch nicht endgültig festgesetzten polizeilichen Strafe handle, unabhängig von der Vorentscheidung über andere Straffestsetzungen, auch wenn letztere denselben Zweck verfolgen, zu prüfen, ob die Polizei-

behörde zu dem Verfahren, in welchem die noch nicht endgültige Straffestsetzung erfolgte, überhaupt zuständig war — eine Prüfung, welche stets eintreten müsse, auch wenn die Anträge der klagenden Partei nicht besonders darauf gerichtet seien.

3) Trifft es zu, daß mit dem oben gebrauchten Worte „verhängen" nicht nur eine Strafandrohung, sondern auch eine Straffestsetzung gemeint war, so würde der Kreisausschuß nach der jetzigen Lage der Gesetzgebung überhaupt zur Entscheidung nicht mehr zuständig sein, allein der mitgeteilte Grundsatz hat auch für die jetzt über die Beschwerde entscheidende Aufsichtsbehörde Bedeutung, wenn es sich auch nur darum handelt, festzustellen, ob in diesem Stadium des Zwangsverfahrens etwa Unregelmäßigkeiten vorgekommen sind (cf. Kommissionsbericht des A.-H., Drucks. Nr. 283 S. 60, 14. Legislaturperiode I. Session 1879—80).

4) Abgesehen von dem Geltungsbereich der Allerh. Kab.-O. vom 8. August 1837 (Jahrbücher Bd. 50 S. 82) und der Gesindeordnung für Neuvorpommern sind die Polizeibehörden als solche zu vorläufigen Bestimmungen über die Fortsetzung vertragsmäßiger Arbeitsverhältnisse und zu deren Durchführung mittels polizeilicher Zwangsmaßregeln lediglich durch die Gesindeordnung vom 8. November 1810 berufen. Dabei wird jedoch vorausgesetzt, daß es sich wirklich um ein Gesindeverhältnis handelt.

5) Zu dem Gesinde gehören diejenigen Personen, welche in die Familie des Dienstherrn als vertragsmäßige Mitglieder eintreten, nicht aber solche, die sich an den Dienstherrn lediglich als Arbeiter für die Landwirtschaft gegen ein festbestimmtes Tagelohn und Gewährung einer Familienwohnung für sich und die eigne Familie und einer Ackernutzung vermieten.

Nr. 11.

Endurteil vom 6. Dezember 1876 (Entsch. Bd. I. S. 387).

1) In dem A. L.-R. und in der Gesindeordnung vom 8. November 1810 ist zwar die privatrechtliche Vertragsnatur als Prinzip der Materie an die Spitze gestellt; gleichwohl aber hat der Gesetzgeber — worauf schon die systematische Stellung der bezüglichen Bestimmungen im Familienrechte hinweist — nicht verkannt, daß das Gesindeverhältnis bei der — wenn auch vertragsmäßigen — Zugehörigkeit des Gesindes zum Hausstande und zur Familie nach seinem Inhalte durch die Subsumtion unter den Rechtsbegriff des Vertrages über Handlungen keineswegs erschöpft werde, und hat er dasselbe in gewissen Beziehungen als Teil der polizeilichen Ordnung im Interesse der Wirtschaft und der häuslichen Sitte behandelt.

2) Die hieraus sich ergebende staatliche Beaufsichtigung ist eine polizeiliche, nicht eine richterliche; in einzelnen Fällen ist ihre Übung Vorbedingung der Anrufung des Richters (§. 160 der Gesindeordnung; Entlassung des Gesindes vor Ablauf der Dienstzeit ohne gesetzmäßige Ursache; in anderen ist die Entscheidung der Polizei eine endgültige (§. 33, was an Lohn und Kost gegeben werden muß; §. 37, wann die Livree verdient ist; §. 83, Beschaffenheit der Kost); im Falle des §. 167 (zwangsweise Fortsetzung des verlassenen Dienstes) ist die Entscheidung der Polizei eine interimistische und bis zur definitiven Entscheidung seitens des Prozeßrichters vollstreckbare.

3) Der Zweck dieser Bestimmung geht dahin, eine schleunige Ordnung der streitigen Verhältnisse mit den Mitteln der Polizei zu erlangen, und es

ist dabei kein Raum für die Annahme, daß die vorläufigen Anordnungen, obwohl von der Polizeibehörde und nicht vom Zivilprozeßrichter ausgehend, den Charakter und die Bedeutung eines richterlichen und daher lediglich nach den gesetzlichen Normen über die Exekution in Zivilprozessen vollstreckbaren Erkenntnisses hätten. Jene Anordnungen sind so wenig richterliche Erkenntnisse wie die interimistischen Entscheidungen, welche in wegepolizeilichen Angelegenheiten (jetzt das Einspruchsverfahren) und in Vorflutsachen noch vorkommen (siehe diese Abschnitte selbst).

4) Spezialgerichte für Streitigkeiten zwischen Herrschaften und Gesinde gibt es nach der Gesindeordnung von 1810 nicht; die nach §. 167 daselbst ergehenden vorläufigen Anordnungen werden als polizeiliche erlassen und sind daher auch als solche durchzuführen, im Gebiete der Kreisordnung zuerst nach den Bestimmungen in §§. 79 ff. l. c., sodann in §§. 30 ff. des Zuständigkeitsgesetzes und in §§. 63 ff. des Organisationsgesetzes, jetzt §§. 127 ff. des L.=V.=G. vom 30. Juli 1883.

5) Die Androhung eines Zwangsmittels muß eine schriftliche und darf keine protokollarische sein.

6) Dieselbe Entscheidung handelt von der Festsetzung von Geldstrafen gegen entlaufenes Gesinde und Umwandlung derselben in Haft nach fruchtlos versuchter Exekution durch den Kreisausschuß in Gemäßheit des §. 82 der alten Kreisordnung. Dabei ist ausgeführt, daß über die Frage, ob die Anordnung einer Polizeibehörde, wonach einem Gesinde die Rückkehr in den von ihm verlassenen Dienst aufgegeben wird, aufrecht zu erhalten sei, die Verwaltungsgerichte durch alle Instanzen zu entscheiden hätten. Dabei hat jedoch die Polizeibehörde auf die Frage, ob das Gesinde den Dienst mit Recht verlassen habe, nicht einzugehen, sondern dieselbe dem ordentlichen Straf= oder Zivilrichter zu überlassen.

7) Geschieht dies demungeachtet, so handelt es sich jedenfalls nicht um eine polizeiliche Verfügung, also nicht um eine Straffestsetzung, deren Umwandlung in Haft damals von dem Kreisausschusse erfolgen konnte.

Nr. 12.

Endurteil vom 6. Dezember 1876 (Entsch. Bd. I. S. 396).

1) Der polizeiliche Befehl, daß ein Gesinde seinen Dienst fortsetzen soll, fällt unter den Begriff der polizeilichen Anordnungen des §. 80 der Kreisordnung (jetzt §§. 127 ff. des L.=V.=G. vom 30. Juli 1883), und diese unterliegen, soweit nicht das Gesetz ein anderes bestimmt, der Beurteilung der Verwaltungsgerichte durch alle Instanzen.

2) Neben der Frage, ob die gesetzlich zulässigen Zwangsmittel in formell richtigem Verfahren angewandt seien, ist im Verwaltungsstreitverfahren auch die Frage zu erörtern, ob die Anordnung, welche erzwungen werden soll, eine rechtlich begründete ist.

Nr. 13.

Endurteil vom 20. Dezember 1876 (Entsch. Bd. I. S. 399).

Den Polizeibehörden liegt es ob, die Beobachtung der geltenden Polizeiverordnungen zu überwachen; sie haben diese Polizeiverordnungen durch polizeiliche Anordnungen auszuführen, dürfen dieselben aber nicht ergänzen (die Verpflichtungen der Bevölkerung über den Rahmen der Verordnung hinaus nicht erweitern).

Nr. 14.

Endurteil vom 31. Januar 1877 (Entsch. Bd. II. S. 383).

1) Die Festsetzung angedrohter Geldstrafen ist unzulässig, wenn die zu erzwingende Handlung nicht mehr geleistet werden kann, sei es, daß dieselbe bereits geleistet ist oder daß die Leistung unmöglich geworden ist.

2) Ist die Absicht der Polizeibehörde durch einen Dritten mit Sicherheit nicht zu erreichen, so ist die Behörde berechtigt, die Handlung durch Geldstrafen zu erzwingen.

Nr. 15.

Endurteil vom 14. März 1877 (Entsch. Bd. II. S. 387).

1) Die Zulässigkeit der Straffestsetzung ist davon abhängig, daß die zu erzwingende Handlung noch geschehen kann. Ist sie schon geleistet oder aus einem andern Grunde unmöglich geworden, so muß die Straffestsetzung als gegenstandlos unterbleiben. Auch dies haben die Beschwerdebehörden jetzt zu beachten und sich durch den Einwand nicht irre machen zu lassen, daß die Polizeibehörde von der Ausführung der betreffenden Handlung nichts gewußt habe. Nur darauf kommt es an, daß die Ausführung thatsächlich geschehen ist; damit ist der polizeiliche Zweck erreicht, und die Rücksicht auf das „Ansehen der Polizeibehörde", welche ihre einmal erlassene Verfügung aufrecht erhalten müsse, weil sie einmal gesprochen habe, ist kein Grund zu weiterem Vorgehen.

2) Wenn nach Erlaß einer Strafverfügung an den Dienstboten der Richter im Zivilprozesse dahin erkannt hat, daß der Dienstbote berechtigt gewesen sei, den Dienst zu verlassen, so ist die notwendige Folge der so erfolgten Aufhebung des polizeilichen Rückkehrmandates, daß die zur Vollstreckung desselben getroffenen Anordnungen außer Kraft zu setzen sind.

[Zusatz des Verfassers: In erster Linie erfolgt in diesen Angelegenheiten das polizeiliche Einschreiten zum Schutze eines Privatinteresses; dies Einschreiten ist aber — gegenüber dem die Regel bildenden Grundsatze der Unzulässigkeit eines solchen Einschreitens — nur dadurch zu erklären und zu rechtfertigen, daß in Gesindesachen auch ein öffentliches Interesse konkurriert. Dies öffentliche Interesse verliert aber seine natürliche Grundlage mit dem Fortfall des Vertragsverhältnisses, und damit werden auch alle zur Aufrechterhaltung des öffentlichen Interesses getroffenen polizeilichen Maßregeln hinfällig und gegenstandslos. Dieselben müßten in einem solchen Falle ohnehin seitens der Polizeibehörde, event. auf Anweisung der Aufsichtsbehörde zurückgezogen werden. Selbstredend bezieht sich dies nur auf die sogenannten Exekutivstrafen (Zwangsmittel) und nicht auf die in Gemäßheit der Gesetze vom 14. Mai 1852 und 24. April 1854 festgesetzten bezw. erkannten Strafen, obwohl auch diese in einem gewissen Stadium des Verfahrens jetzt unwirksam gemacht werden können. (Ausführungsinstruktion vom 15. September 1879. Art. III. — Min.-Bl. d. i. V. S. 261 — vergl. jetzt Gesetz vom 23. April 1883 (G.-S. S. 65) und die Ausführungs-Anweisung vom 8. Juni 1883 (Wochenschrift „Selbstverwaltung" Jahrgang X. S. 211).

Nr. 16.

Endurteil vom 21. März 1877 (Entsch. Bd. II. S. 390).

1) Einem berliner Schankwirt war die Erlaubnis erteilt, sein Lokal über die Polizeistunde hinaus bis 4 Uhr morgens offen zu halten. Später, als

Klagen über die nächtliche Ruhestörung einliefen, wurde die Erlaubnis zurückgenommen. Darüber beschwerte sich der Schankwirt bis an den Oberpräsidenten und als er auch hier abschlägig beschieden wurde, klagte er auf Grund des §. 30 Abs. 2 des Zuständigkeitsgesetzes von 1876 (später §. 63 des Organisationsgesetzes, jetzt §. 127 des L.-V.-G. vom 30. Juli 1883) bei dem Oberverwaltungsgerichte. Dasselbe wies jedoch die Klage zurück, weil die Voraussetzungen der allegierten Bestimmung Nr. 1 und 2 nicht zutrafen. (1. Nichtanwendung oder unrichtige Anwendung des bestehenden Rechtes, insbesondere der von den Behörden innerhalb ihrer Zuständigkeit erlassenen Verordnungen, 2. Nichtvorhandensein der thatsächlichen Voraussetzungen, welche die Polizeibehörde zum Erlasse der angegriffenen Verfügung berechtigt haben würden).

2) Zu Punkt 2 ist die Motivierung besonders beachtenswert: Die Klage kann auf das Nichtvorhandensein der thatsächlichen Voraussetzungen zunächst in dem Sinne gestützt werden, daß die Behörde gewisse, für die Entscheidung wesentliche Thatsachen dem klar vorliegenden wahren Sachverhalt zuwider als gegeben vorausgesetzt habe. Im vorliegenden Falle war die Voraussetzung der mehrfachen nächtlichen Ruhestörung thatsächlich erwiesen, der Polizei konnte also nicht der Vorwurf gemacht werden, daß sie von Voraussetzungen geleitet sei, welche nicht vorhanden waren. Aber auch bei überall und vollkommen unstreitigem Sachverhalt ist eine Begründung der Klage gemäß jener Bestimmung an sich möglich — und zwar in der Art, daß der Angriff gegen die in den dortigen Schlußworten besonders betonte Berechtigung der Behörde gerichtet wird. In letzterer Beziehung kommt freilich noch keineswegs überall da diese Berechtigung in Frage, wo nur überhaupt der Vorwurf erhoben wird, die Behörde habe von dem ihr zustehenden freien Ermessen einen verhältnismäßig zu weit reichenden, den Umständen nicht entsprechenden Gebrauch gemacht und dadurch das Intersse der Beteiligten verletzt. Eine solchergestalt unbeschränkte Prüfung findet lediglich im Beschwerdewege statt.

3) Erst dann handelt es sich um die „Berechtigung" und ist nach dieser Richtung hin auch im Verwaltungsstreitverfahren ein Angriff möglich, wenn behauptet wird, die Verfügung überschreite die äußersten, jenem Ermessen gezogenen Grenzen; sie beruhe nicht sowohl auf objektiven polizeilichen Motiven, als vielmehr auf Willkür oder sonstiger Pflichtwidrigkeit der Behörde, also z. B. auf offenbarer Schikane und persönlicher Feindschaft.

4) [Zusatz des Verfassers: Diese Entscheidung ist für alle diejenigen wichtig, welche, wenn sie eine polizeiliche Verfügung angreifen wollen, vor die Wahl zwischen Klage und Beschwerde gestellt sind. In den meisten Fällen wird die letztere das bessere Hilfsmittel sein, denn hier hat die zur Entscheidung berufene Beschwerdeinstanz ein weit freieres Ermessen bei der Beurteilung der polizeilichen Verfügung, als die Streitinstanzen, welche streng an jene beiden Punkte gebunden sind. Der Beweis, daß die Gesetze gar nicht beachtet oder unrichtig angewandt sind oder daß der Polizeibeamte schikanös oder sonst geradezu pflichtwidrig gehandelt habe, wird sich wohl nur selten führen lassen. Darum ist die Beschwerde, wo der Fall danach angethan ist, jedenfalls vorzuziehen, zumal man ja doch schließlich noch bei dem Oberverwaltungsgerichte klagen kann. Hat man aber die Klage von vornherein gewählt, so ist es mit der Beschwerde vorbei.]

5) Die Klage gegen den auf Beschwerden über ortspolizeiliche Verfügungen in letzter Instanz ergangenen Bescheid des Oberpräsidenten konnte nach §. 30 des Zust.-Ges. nur darauf gestützt werden:

a. daß der Bescheid auf Nichtanwendung oder unrichtiger Anwendung des bestehenden Rechts beruhe,

b. daß die thatsächlichen Voraussetzungen nicht vorhanden seien, welche die Polizeibehörde zum Erlaß der Verfügung berechtigt haben würden.

Diese Bestimmung ist fast wörtlich in den §. 63 des Organisationsgesetzes vom 26. Juli 1880 und in §. 127 des L.=V.=G. vom 30. Juli 1883 übergegangen, jedoch lautet nunmehr die

Nr. 1. daß der angefochtene Bescheid durch Nichtanwendung oder unrichtige Anwendung des bestehenden Rechts, insbesondere auch der von den Behörden innerhalb ihrer Zuständigkeit erlassenen Verordnungen den Kläger in seinen Rechten verletze.

Mit diesem Zusatz soll der Klage der individuelle Charakter beigelegt und die Zulässigkeit einer sogen. Popularklage (wegen objektiver Rechtsverletzung schlechthin) ausgeschlossen werden.

6) Die thatsächlichen Voraussetzungen betreffend — kann auf das Nichtvorhandensein derselben die Klage zunächst in dem Sinne gestützt werden, daß die Behörde gewisse, für die Entscheidung wesentliche Thatsachen dem klar vorliegenden wahren Sachverhalt zuwider als gegeben vorausgesetzt habe. Aber auch bei überall und vollkommen unstreitigem Sachverhalt ist eine Begründung der Klage gemäß jener Bestimmung an sich möglich — und zwar in der Art, daß der Angriff gegen die in den dortigen Schlußworten besonders betonte Berechtigung der Behörde gerichtet wird. In letzterer Beziehung kommt freilich noch keineswegs überall da diese Berechtigung in Frage, wo nur überhaupt der Vorwurf erhoben wird, die Behörde habe von dem ihr zustehenden freien Ermessen einen verhältnißmäßig zu weit reichenden, den Umständen nicht entsprechenden Gebrauch gemacht und dadurch das Interesse des Beteiligten verletzt. Eine solchergestalt unbeschränkte Prüfung findet lediglich im Beschwerdewege statt. Erst dann handelt es sich um die „Berechtigung" und ist nach dieser Richtung hin auch im Verwaltungsstreitverfahren ein Angriff möglich, wenn behauptet wird, die Verfügung überschreite die äußersten, jenem Ermessen gezogenen Grenzen; sie beruhe überhaupt nicht sowohl auf objektiven polizeilichen Motiven, als vielmehr auf Willkür oder sonstiger Pflichtwidrigkeit der Behörde.

Nr. 17.

Endurteil vom 30. April 1877 (Entsch. Bd. II. S. 395).

1) Siehe Abschnitt VIII. „Wegepolizei" Nr. 47.

2) In einer Stadt hatte ein Schmied resp. dessen Vorgänger schon seit langen Jahren die Pferde auf dem Bürgersteige beschlagen. Hierüber wurde neuerdings bei der Polizeiverwaltung Klage erhoben, und die letztere sah sich deshalb veranlaßt, diesen Gewerbebetrieb zu untersagen. Hiergegen erhob der Schmied die Klage bei dem Bezirksverwaltungsgerichte, er wurde aber sowohl hier, als in der Berufungsinstanz bei dem Oberverwaltungsgerichte abgewiesen, obwohl er seine Berechtigung zur Benutzung des Trottoirs zu dem gedachten Zwecke dadurch zu beweisen suchte, daß er behauptete, dieselbe durch Verjährung erworben zu haben. Im Verwaltungsstreitverfahren kann es sich aber nur um die Entscheidung der Frage handeln, ob die beklagte Polizeiverwaltung zum Erlaß der fraglichen Verfügung berechtigt war, und dies läßt sich nicht in Abrede stellen.

3) Den durch Verjährung begründeten Anspruch konnte der Schmied

nur im Rechtswege in Gemäßheit des Gesetzes vom 11. Mai 1842 geltend machen. Wenn der Schmied außerdem behauptete, daß der Verkehr durch seinen Gewerbebetrieb gar nicht beeinträchtigt werde, so konnte über diesen Einwand im Streitverfahren und auf Klage gar nicht entschieden werden, weil keiner der beiden im §. 30 unter 1 und 2 des Zuständigkeitsgesetzes (von 1876, später §. 63 des Organisationsgesetzes, jetzt §§. 127 ff. des L.=V.=G. vom 30. Juli 1883) nachgelassenen Anfechtungsgründe als dargethan zu erachten war.

Nr. 18.

Endurteil vom 5. Mai 1877 (Entsch. Bd. II. S. 400).

1) Die Übungen des Heeres (der Truppen) zur Erzielung seiner Kriegstüchtigkeit sind Funktionen des Staatsdienstes in unmittelbarer Ausübung der Staats= (Militär=) Hoheit ganz ebenso, wie die Ausübung der Polizeigewalt selbst. Indem beide Zweige des Staatsdienstes den allgemeinen Endzwecken der Staatsgewalt dienen, ist dadurch nicht ausgeschlossen, daß dieselben in der Verfolgung der ihnen anvertrauten Interessen kollidieren.

2) Eine derartige Kollision liegt z. B. vor, wo die Übung der Truppen auf dem ihnen angewiesenen Schießplatze die Sicherheit eines angrenzenden Amtsbezirks in offenbar weitgehendem Maße gefährdet.

3) Die Kollision ist auch sonst noch mannigfach möglich, wo, wie z. B. bei herrschenden Seuchen, Mißernten u. dergl., den Märschen und Übungen der Truppen, wesentliche Bedenken im Interesse der öffentlichen Sicherheit und Ruhe polizeilicherseits entgegenzustellen sein werden. Derartige Kollisionsfälle unterliegen regelmäßig nicht einseitigen Entscheidungen einzelner Staatsbehörden, sondern der des Staatsministeriums.

4) Die Polizeibehörden haben demnach regelmäßig nicht die Befugnis, anderen ihnen nicht unterstellten, sondern koordinierten Staatsbehörden die Normen der Ausübung von Akten der Staatshoheit durch einseitigen, im polizeilichen Zwangsverfahren zu vollstreckende Anordnungen vorzuschreiben. — Vorstellungen und Beschwerden an die sonst beteiligten Staatsbehörden sind gestattet.

Nr. 19.

Endurteil vom 9. Juni 1877 (Entsch. Bd. II. S. 413).

1) Unzulässig ist es, Exekutivstrafen auch dann noch festzusetzen, wenn das Gesindeverhältnis infolge der Übereinkunft mit der Herrschaft gelöst ist. Dieser Grundsatz gilt für alle Exekutivstrafen, selbst für solche, welche lediglich im öffentlichen Interesse verhängt werden.

2) Von einer Schmälerung des Ansehens der Behörden kann nicht die Rede sein, wenn erreicht ist, was dieselben durch die Strafandrohungen zu erreichen beabsichtigten.

3) Diese Grundsätze sind auch maßgebend für die später nach §. 69 Abs. 2 des Organisationsgesetzes vom 26. Juli 1880 (jetzt §. 133 des L.=V.=G. vom 30 Juli 1883) zur Festsetzung und Ausführung der angedrohten Zwangsmittel berufenen Beschwerde= und Aufsichtsbehörden.

Nr. 20.

Endurteil vom 9. Juni 1877 (Entsch. Bd. II. S. 416).

1) Gegen den Besitzer eines Feldziegelofens, welcher die Nachbarschaft belästigte, war eine polizeiliche, auf Wegräumung des Ofens gerichtete

Anordnung ergangen und dabei eine Strafe angedroht. Da er dem Befehl nicht Folge leistete, so wurde die Strafe festgesetzt. Wegen dieser Straffestsetzung wurde gegen die Polizeibehörde Klage erhoben, jedoch das Verwaltungsgericht wies dieselbe zurück, weil Kläger nicht schon gegen die Anordnung binnen der gesetzlichen Frist geklagt habe. Die spätere Straffestsetzungsverfügung finde ihre Rechtfertigung schon allein in der Thatsache, daß Kläger der ersten, die entsprechende Androhung enthaltenden, Verfügung zuwider gehandelt habe. Diese Auffassung wurde reprobiert und ausgeführt, daß nach dem (in diesem Falle noch geltenden) §. 80 der Kreisordnung sowohl gegen die Anordnung als gegen die Festsetzung der Strafe innerhalb 10 Tagen nach Zustellung des Erlasses Berufung eingelegt werden könne. Die Rechtskontrolle des Streitverfahrens erstrecke sich nicht nur auf die Gesetzlichkeit des Zwangsverfahrens, sondern auch auf die Anordnung selbst, selbst wenn die letztere nicht binnen 10 Tagen angefochten wird. — —

2) Diese Entscheidung könnte in derselben Weise in Streitsachen, welche nach dem 1. April 1881 (cf. §. 88 des Organisationsgesetzes; §. 154 des L.=V.=G. vom 30. Juli 1883) anhängig geworden sind, nicht mehr gefällt werden, denn gegen die Festsetzung eines Zwangsmittels findet die Klage überhaupt nicht mehr, sondern nur die Beschwerde an die Aufsichtsbehörde statt (§. 69 bezw. §. 133 a. a. O.).

3) Aber auch der Satz, daß sich die Rechtskontrolle des Streitverfahrens nicht nur auf die Gesetzlichkeit des Zwangsverfahrens (solange es sich nur um die Androhung handelt), sondern auch auf die Anordnung selbst erstrecke, selbst wenn die letztere nicht fristzeitig (binnen 2 Wochen) angefochten sei, ist nur noch mit der Einschränkung maßgebend, daß die Anordnung für sich nicht bereits Gegenstand eines besonderen Beschwerde= oder Verwaltungsstreit=Verfahrens gewesen ist. Es kann ja der Fall leicht eintreten, daß jemand eine polizeiliche Anordnung ruhig über sich ergehen und auch die Anfechtungsfrist verstreichen läßt; kommt es aber dann zur Androhung eines Zwangsmittels und legt er dagegen die Klage oder die Beschwerde ein, so hat im ersteren Falle der Verwaltungsrichter ungeachtet der Fristversäumnis die Anordnung in dem ihm verstatteten Umfange (§. 64 Abs. 2 bezw. §. 128 a. a. O.) ebenfalls noch zu prüfen. Hat aber der Betroffene sogleich gegen die Anordnung ohne Erfolg ein Rechtsmittel ergriffen und handelt es sich sodann behufs Durchführung dieser Anordnung um die Beurteilung einer Androhung, so kann bei dieser Gelegenheit selbstredend die schon erledigte Klage über die Anordnung nicht noch einmal zum Gegenstande richterlicher Erwägungen gemacht werden.

4) Aus den §§. 60 (Hannover §. 28, Hessen=N. §. 33, Westf. §. 29), 67 Abs. 2 und 77 Abs. 2 der Kreisordnung darf der Landrat nicht die Befugnis herleiten, die Funktionen des Amtsvorstehers an sich zu ziehen. Nur in soweit gestattet das Gesetz einen derartigen Übergriff, als ohne dies die Zwecke der Aufsicht nicht erfüllt werden können, d. h.: für diejenigen Fälle, in welchen — sei es wegen besonderer Dringlichkeit, sei es aus anderen in der Person des Amtsvorstehers und dessen Stellvertreters oder in sachlichen Momenten beruhenden Gründen — der im öffentlichen Interesse polizeilicherseits zu erreichende Erfolg nicht auf dem als Regel gegebenen Wege der Anweisung zum Zwecke der Ausführung durch den Ortspolizeiverwalter, sondern mit Sicherheit nur durch das unmittelbare Einschreiten der Aufsichtsinstanz erwartet werden kann.

5) Hieraus ergibt sich einerseits für die Aufsichtsbehörden die Aufgabe, in jedem einzelnen Falle zu erwägen, ob die Voraussetzungen, unter denen

allein ein Eingriff in die Zuständigkeit eines Amtsvorstehers gesetzlich statthaft erscheint, thatsächlich vorliegen, anderseits für den Verwaltungsrichter in dem Verfahren, in welchem die Gesetzlichkeit einer polizeilichen Anordnung (jetzt gemäß §§. 63 des Organisationsgesetzes vom 26. Juli 1880, jetzt §. 127 des L.-V.-G. vom 30. Juli 1883) angefochten wird, die Verpflichtung zu gleicher Prüfung.

6) Im vorliegenden Falle hatte der Landrat an Stelle des säumigen Amtsvorstehers eine polizeiliche Zwangsverfügung erlassen. Der von jener Verfügung Betroffene klagte bei dem Bezirksverwaltungsgerichte, letzteres aber wies die Klage zurück. In den Gründen wurde ausgeführt, daß der Landrat zwar nicht befugt gewesen sei, die Verfügung für den Amtsvorsteher zu erlassen, daß aber die Klage aus andern Gründen (Fristversäumnis) zurückzuweisen gewesen sei. Hiergegen legte der Landrat Berufung ein, jedoch das Oberverwaltungsgericht erklärte dies für unzulässig, weil das Gesetz vom 3. Juli 1875 (jetzt L.-V.-G. vom 30. Juli 1883) die Rechtsmittel im Streitverfahren lediglich zur Wahrung derjenigen Rechte der Parteien gegeben habe, welche Gegenstand des Streites sind. Nur insofern solche durch die Entscheidung betroffen würden, fänden daher gegen diese die vorgeschriebenen Rechtsmittel statt und somit nur gegen den dispositiven Teil der Entscheidung (den Tenor des Erkenntnisses), nicht gegen die Begründung derselben allein.

7) Im vorliegenden Falle sei zu gunsten des Landrats erkannt worden, er habe also keine Veranlassung zur Einlegung der Berufung.

Nr. 21.

Endurteil vom 27. Juni 1877 (Entsch. Bd. II. S. 427).

1) Das Min.-Reskript vom 16. Februar 1876 (Wochenschrift „Selbstverwaltung" Jahrgang III S. 295) enthält ein Gutachten der Königlichen wissenschaftlichen Deputation für das Medizinalwesen, betreffend die Verwertung finnigen Schweinefleisches.

2) Auf Grund dieses Gutachtens und einer nachfolgenden Anweisung der vorgesetzten Behörde hatte eine Polizeiverwaltung einem Bürger, welcher ein finniges Schwein geschlachtet hatte, die Verwertung des Fleisches zum Genusse untersagt. Diese Verfügung wurde mittelst Klage vor dem Kreisausschusse angefochten und dieser erkannte nach dem Klageantrage, weil die Polizeibehörden nicht befugt seien, dasjenige, was sie als heilsam für die Gesundheit der Bewohner ihres Bezirks zu erkennen glaubten, durch Verfügung im einzelnen Falle anzuordnen und durchzuführen; dazu sei vielmehr stets eine ordnungsmäßig erlassene und publizierte Polizeiverordnung erforderlich und eine solche sei nicht vorhanden.

3) Dieser Grundsatz ist unhaltbar, denn das Gesetz gewährt den Behörden nur die *Befugnis* zum Erlaß polizeilicher Vorschriften, *verpflichtet* sie aber nicht dazu, am wenigsten mit der Maßgabe, daß es den Beteiligten zustände, im Verwaltungsstreitverfahren die Frage zum Austrage zu bringen, ob Veranlassung vorgelegen habe, den Weg des Erlasses polizeilicher Vorschriften zu betreten. — An sich aber und abgesehen hiervon ist der Gegenstand kein solcher gewesen, der sich einem Einschreiten der beklagten Behörde in Ausübung der Polizeigewalt entzog, denn *alles, was zu den Gegenständen der polizeilichen Vorschriften gehört, kann auch — mindestens, so lange Vorschriften solcher Art*

nicht ergangen sind — Gegenstand einer polizeilichen Verfügung sein.

4) Dies gilt auch noch in Beziehung auf Gegenstände der Sanitäts- und Veterinärpolizei, nachdem der §. 82 des Zuständigkeitsgesetzes von 1876, welcher fortgefallen und durch §§. 127 ff. des L.-V.-G. vom 30. Juli 1883 ersetzt ist, zur Beschlußfassung über die zwangsweise Einführung derartiger Einrichtungen, soweit das Gesetz diese Befugnis der Aufsichtsbehörde einräumt, besondere Organe berufen hat.

5) So wenig daher die Befugnis der beklagten Polizeibehörde zu bezweifeln ist, auf Grund des §. 5 des Gesetzes vom 11. März 1850 durch eine allgemeine Polizeiverordnung den Verkauf finnigen Fleisches zum Genusse von Menschen zu verbieten, ebensowenig kann die Befugnis derselben in Abrede gestellt werden, im konkreten Falle ein solches Verbot mittels einzelner Verfügung zu erlassen.

Nr. 22.

Endurteil vom 6. Oktober 1877 (Entsch. Bd. III. S. 333).

Daß die Polizeibehörde das Vermieten von Wohnräumen untersagt, wenn dieselben nicht die für die Anlegung solcher Räume polizeilich vorgeschriebene Minimalhöhe erreichen, ist statthaft.

Nr. 23.

Endurteil vom 10. November 1877 (Entsch. Bd. III. S. 338).

1) Mehreren Weibspersonen, welche wegen gewerbsmäßiger Unzucht der polizeilichen Aufsicht unterstellt waren, wurde von der Polizeibehörde das Bewohnen bestimmter Häuser untersagt. Sie beschwerten sich hierüber bei dem Regierungspräsidenten und Oberpräsidenten und klagten schließlich wegen den hier erlangten abweisenden Bescheide bei dem Oberverwaltungsgerichte. Allein das letztere wies die Klage als unbegründet zurück und führte aus, die Polizeibehörde leite ihr Recht zu der betreffenden Maßnahme ganz richtig aus der Bestimmung im A. L.-R. Teil II Titel 17 §. 10 her, auch lasse schon die Vorschrift im Reichsstrafgesetzbuch §. 361 Nr. 6 erkennen, daß auch die Reichsgesetzgebung die Polizei für grundsätzlich berechtigt erachte, etwaigen Verletzungen der öffentlichen Ordnung und des öffentlichen Anstandes nach den angedeuteten Richtungen hin entgegenzutreten. In diesem Sinne aber würde die Bestimmung des Strafgesetzbuches selbst dann noch von Bedeutung sein, wenn sie in der That den Erlaß förmlicher allgemeiner „Polizei-Vorschriften" zur Voraussetzung hätte und solche für die betreffende Stadt nicht erlassen worden wären.

2) Unter den im Reichsstrafgesetzbuche mehrfach (z. B. im §. 361 Nr. 6) erwähnten „polizeilichen Vorschriften" sind nicht lediglich die im Gesetz vom 11. März 1850, §§. 6, 11 gedachten Polizeivorschriften (Polizeiverordnungen) zu verstehen, sondern alle polizeilichen Einzelverfügungen.

Nr. 24.

Endurteil vom 14. November 1877 (Entsch. Bd. III. S. 340).

1) Es handelte sich in diesem Falle um die Wiederherstellung eines Bretterzaunes an einem Graben, welcher eine öffentliche Straße begrenzte. Der Vorbesitzer hatte diesen Zaun zwischen dem Grabenbord und der öffent-

lichen Straße errichtet, so daß also der Graben innerhalb seines Grundstücks zu liegen kam und der Zaun das verkehrende Publikum vor dem Hineinfallen in den Graben schützte.

Als das Grundstück im Jahre 1872 an einen andern Besitzer überging, nahm der letztere den Zaun ohne weiteres fort, und hierin fand die Polizeibehörde fünf Jahre später eine Gefährdung des öffentlichen Verkehrs, weshalb der Zaun wieder hergestellt werden müsse. Die betreffende Verfügung wurde von dem Oberverwaltungsgerichte aufgehoben, weil dieselbe nicht gegen den Eigentümer des Zaunes oder des Grundstückes, sondern gegen den Wegebauverpflichteten hätte gerichtet werden müssen.

2) Dabei wurde indessen ausdrücklich ausgesprochen, daß die Polizeibehörde das Recht habe, auf denjenigen als Verpflichteten zurückzugehen, der eine Anlage ohne nachweisbares Recht entfernt habe. Insbesondere solle ihr ein solches Recht für diejenigen Fälle nicht abgesprochen werden, wo es sich noch darum handle, einem unbefugten Übergriff selbst entgegenzutreten, die Ausführung zu hindern.

3) Auch noch den unmittelbaren Folgen seiner Handlungen gegenüber möge der Thäter alsbald zur Wiederherstellung des frühern Zustandes polizeilich angehalten werden, es stehe aber ein Vorgehen dieser Art hier nicht in Frage. Denn weder unmittelbar bei oder alsbald nach der Wegräumung des Zaunes im Jahre 1872 sei die Polizei eingeschritten, noch habe sie es im Laufe der nächsten fünf Jahre für geboten erachtet, die Wiederherstellung des Zaunes anzuordnen. Schon hiernach dürfe davon ausgegangen werden, daß zu der Zeit, da der Kläger die Anlage entfernte, und selbst noch jahrelang nachher das Bestehen derselben und ihre Wiederherstellung in einem Bedürfnisse des öffentlichen Verkehrs nicht begründet lagen, daß vielmehr erst neuerlich hinzugetretene Umstände die Abänderung des bisherigen bestehenden Zustandes und die anderweite Herstellung einer entsprechenden neuen Anlage notwendig gemacht hätten.

Nr. 25.

Endurteil vom 12. Dezember 1877 (Entsch. Bd. III. S. 345).

1) Die Klage gegen Bescheide des Regierungspräsidenten und Oberpräsidenten steht den Polizeibehörden, deren Verfügungen Gegenstand dieser Bescheide sind, nicht zu. Die gegenteilige Annahme würde an sich dem Wesen der Staatsaufsicht widersprechen.

2) Die polizeilichen Exekutivbehörden und die Aufsichtsorgane leiten ihre Befugnisse aus einer und derselben Quelle, der Polizeigewalt des Staates, die begrifflich eine einheitliche ist, her. Dem entsprechend bildet auch die in verschiedenen Instanzen gegliederte staatliche Polizeiverwaltung eine Einheit, innerhalb deren die Aufsichtsbehörde, soweit sie die Verfügungen der örtlichen Polizeibehörde aufhebt oder abändert, an deren Stelle tritt. Diese Einheit der Polizeiverwaltung schließt eine Organisation nicht aus, welche die lokalen Organe insofern selbständig stellt, als die Aufsichtsinstanzen deren Befugnisse nicht willkürlich, sondern nur unter bestimmten gesetzlich geordneten Voraussetzungen an sich ziehen können.

3) Unvereinbar mit derselben ist aber ein Klagerecht der einen Instanz gegen die andere zur Ordnung der Aufsicht.

Nr. 26.

Endurteil vom 9. Februar 1878 (Entsch. Bd. III. S. 349).

1) Die von der Fürsorge der Wegepolizeibehörde in Beziehung auf die öffentlichen Wege und die von den Entscheidungen der Verwaltungsgerichte in streitigen Wegebausachen handelnden Bestimmungen (jetzt §§. 55 ff. des Zust.-Ges. vom 1. August 1883) finden — mit Ausnahme der Vorschriften über die Inanspruchnahme für den öffentlichen Verkehr — zunächst nur dem Wegebaupflichtigen gegenüber Anwendung.

2) Die der Wegepolizeibehörde übertragene Sorge dafür, daß den Bedürfnissen des öffentlichen Verkehrs in bezug auf das Wegewesen Genüge geschehe, (frühere Fassung: „daß die öffentlichen Wege in vorschriftsmäßigem Zustande erhalten werden, und daß der Verkehr auf denselben nicht behindert werde") schließt den Fall einer „Verbreiterung" und die „Anlegung eines neuen Weges" nicht aus.

3) Bäume, welche im Privateigentum stehen und dadurch auf dem Wegekörper zu stehen gekommen sind, daß der Weg früher durch den betreffenden Wegestreifen verbreitert worden ist, können durch eine polizeiliche, gegen den Eigentümer der Bäume gerichtete Zwangsverfügung nicht beseitigt werden, denn es handelt sich hier um ein Privatabkommen zwischen dem Wegebauverpflichteten und dem früheren Eigentümer des zur Verbreitung abgetretenen Wegestreifens.

Nr. 27.

Endurteil vom 11. Februar 1878 (Entsch. Bd. III. S. 354).

1) Die den Landespolizeibehörden zustehende Verwaltung der Chausseepolizei wird von den Landräten geübt.

2) Die Sicherung der Chausseegelderhebung ist zweifellos Gegenstand der polizeilichen Fürsorge, und der Landrat kann zu diesem Behufe die zur Umfahrung der Hebestellen dienenden Wege sperren. Der Einwand einzelner, daß ein solcher Weg seit länger als 40 Jahren bestehe, und das hieraus abgeleitete Recht zur ferneren Benutzung können nur in Gemäßheit des Gesetzes vom 11. Mai 1842 (G.-S. S. 192) im ordentlichen Rechtswege erörtert bezw. geltend gemacht werden und sind keinesfalls geeignet, einen im Verwaltungsstreitverfahren zu erörternden Widerspruch gegen die polizeilichen Anordnungen zu begründen.

Nr. 28.

Endurteil vom 2. März 1878 (Entsch. Bd. IV. S. 391).

1) Ein Knecht war seinem Herrn, welcher im Amtsbezirk A. wohnte, entlaufen und hatte sich in den Amtsbezirk B. begeben. Auf Antrag der Herrschaft ließ der Amtsvorsteher in B. den Knecht in den Dienst zurückführen, wodurch 9 Mk. Kosten entstanden. Diese Summe sollte der Dienstherr nach einer Verfügung des Amtsvorstehers in A. dem Amtsvorsteher in B. erstatten. Die hiergegen beim Kreisausschuß angebrachte Klage im Verwaltungsstreitverfahren war zulässig, weil die angefochtene Verfügung als eine polizeiliche im Sinne der §§. 30 ff. des Zuständigkeitsgesetzes von 1876 (später §§. 63 ff. des Organisationsgesetzes, jetzt §§. 127 ff. des L.-V.-G. vom 30. Juli 1883) anzusehen sei, sich in ihrer äußeren Form als eine polizeiliche darstelle und weil die Polizeibehörde die Absicht gehabt habe, dieselbe in Ausübung ihrer Polizeigewalt zu erlassen (!).

2) Dagegen wurde die Frage verneint, ob die qu. Verfügung von dem beklagten Amtsvorsteher zu polizeilichen Zwecken kraft der ihm übertragenen Polizeigewalt erlassen sei. Allerdings sei auch in Gesindestreitigkeiten das öffentliche Interesse unter gewissen Voraussetzungen beteiligt, insbesondere sei es nach §. 167 der Gesindeordnung vom 8. November 1810 und dem Zirkularreskript vom 17. April 1812 (v. Kamptz, Annalen Bd. V. S. 104) Pflicht der Ortspolizeibehörde, das Gesinde, welches vor Ablauf der Dienstzeit ohne gesetzmäßige Ursache den Dienst verläßt, durch Zwangsmittel zu dessen Fortsetzung anzuhalten; um einen derartigen Akt handle es sich aber im vorliegenden Falle nicht, weil bei dem Erlaß der Verfügung die Zurückführung in den Dienst bereits erfolgt war.

3) Nur ein rein finanzielles Interesse habe den Beklagten veranlaßt, dem Kläger die Befriedigung eines benachbarten Amtsvorstehers in der Form einer polizeilichen Verfügung aufzugeben. Hierzu habe dem Beklagten die Berechtigung gefehlt, vielmehr sei die Frage, ob der Kläger verpflichtet sei, die Kosten der Zurückführung zu tragen, von dem ordentlichen Richter zu entscheiden. (§. 41 der Verordnung vom 26. Dezember 1808 wegen verbesserter Einrichtung der Provinzial-, Polizei- und Finanzbehörden. N. C. C. XII. S. 695, 696). Das für diesen Fall gewöhnlich in Bezug genommene Ministerialreskript vom 20. Mai 1850 (Ministerialblatt der innern Verwaltung S. 134) ist also nicht maßgebend.

Nr. 29.

Endurteil vom 27. März 1878 (Entsch. Bd. IV. S. 394).

1) Die protokollarische Androhung und Festsetzung eines Zwangsmittels ist nichts anderes, als die öffentliche Beurkundung einer mündlich erfolgten Androhung. Gegen die protokollarische Aushändigung der schriftlichen Ausfertigung der Strafandrohungsverfügung ist nichts auszusetzen.

2) Die Festsetzung selbst kann hiernach zu Protokoll erfolgen.

Nr. 30.

Endurteil des I. Senats vom 29. Mai 1878 (Entsch. Bd. IV. S. 397).

1) Das Gesetz betreffend die Abwehr und Unterdrückung von Viehseuchen vom 25. Juni 1875 (G.-S. S. 306) ist aufgehoben durch das Reichsgesetz vom 23. Juni 1880 (R.-G.-Bl. S. 153); dazu das preußische Ausführungs-Gesetz vom 12. März 1881 (G.-S. S. 128), und das Zirkular des Ministers für Landwirtschaft vom 22. März 1881 (Min.-Bl. d. i. V. S. 128).

2) Wenn in diesem Endurteil mit Bezug auf den §. 6 des Gesetzes vom 25. Juni 1875 ausgeführt worden ist, die Rechtskontrolle im Verwaltungsstreitverfahren erstrecke sich nicht auf Anordnungen der Landespolizeibehörde, so findet dieser Grundsatz gleichmäßig Anwendung auf §. 2 Abs. 2 des Ausführungs-Gesetzes vom 12. März 1881.

Nr. 31.

Endurteil des Feriensenats vom 10. Juli 1878 (Entsch. Bd. IV. S. 400).

1) Der §. 8 des Gesetzes vom 31. Dezember 1842 über die Aufnahme neu anziehender Personen (G.-S. 1843 S. 5) disponiert über die Aufnahme neu anziehender Personen in einen Gemeinde- und Gutsbezirk. Völlig

verschieden hiervon sind Grund und Zweck polizeilicher Anordnungen, inhaltlich welcher dem Amtsvorsteher binnen bestimmter Frist Verzeichnisse der in einer Privat-Irrenanstalt befindlichen Kranken mit Angabe des Datums der Aufnahme und des vollständigen Nationals zuzustellen, auch die Zu- und Abgänge regelmäßig schriftlich anzuzeigen sind.

2) Diese Anordnungen gehen davon aus, daß die Kranken in den Irrenanstalten, ihre Rechte wahrzunehmen, durch geistige Unfreiheit bezw. durch ihre Einschließung in der Anstalt behindert sind und bezwecken den Schutz der Person und der Freiheit jener Kranken. Die zu diesem Behufe erforderlichen Anstalten zu treffen, ist nach §. 10 Tit. 17 Teil II A. L.-R.'s das Amt der Polizei.

3) Eine Meldung nach §. 8 des oben gedachten Gesetzes steht hier nicht in Frage. Es liegt ein solcher Fall rechtlich nicht anders, wie die Aufnahme von Kostkindern (Haltekinder), hinsichtlich deren den Polizeibehörden von den obersten Staatsbehörden dringend empfohlen ist, den Kostgebern bei Strafe die schriftliche Meldung dieser Kostkinder aufzugeben.

Nr. 32.

Endurteil des Feriensenats vom 10. Juli 1878 (Entsch. Bd. IV. S. 406).

1) Eine Kirchengemeinde hatte mit Genehmigung der Aufsichtsbehörde ein Grundstück zur Erweiterung ihres Friedhofes erworben und begann damit, den neuen Platz mit einer Mauer zu umgeben. Der Amtsvorsteher war jedoch der Meinung, der neue Friedhof liege zu nahe an den benachbarten bewohnten Gebäuden und verbot deshalb die Ummauerung, namentlich, weil er vor Erteilung der Genehmigung der Aufsichtsbehörde nicht gehört worden sei. Auf die Klage des Gemeindekirchenrates wegen der betreffend polizeilichen Verfügung gegen den Amtsvorsteher und die Extrahenten der Verfügung ist entschieden, daß die Verfügung des Amtsvorstehers, soweit dieselbe die Beseitigung der vom Kläger gebauten Mauer anordne, außer Kraft zu setzen, im übrigen aber die Klage abzuweisen sei.

2) In den Gründen ist zunächst ausgeführt, daß der Gemeindekirchenrat zur Anstellung der Klage wohl formell legitimiert gewesen, die gegenteilige Behauptung, nach welcher die Gemeindevertetung dazu ihre Zustimmung hätte geben müssen, also nicht begründet sei.

3) Anderseits habe aber der Gemeindekirchenrat im vorliegenden Falle keineswegs als Behörde in amtlicher Eigenschaft gehandelt und es sei der daraus hergeleitete Einwand, daß der Amtsvorsteher schon um deshalb mit einer polizeilichen Verfügung nicht habe einschreiten dürfen, nicht stichhaltig. Indem der Gemeindekirchenrat ein der Kirchengemeinde gehöriges Stück Land umfriedige, verwalte er eine Angelegenheit der Korporation und unterstehe dabei der Aufsicht der Polizeibehörde ganz ebenso wie jeder Privatmann.

4) Hinsichtlich der dienstlichen Stellung des Amtsvorstehers als Ortspolizeiverwalters zu den staatlichen Aufsichtsbehörden ist bemerkt, daß wenn auch nach A. L.-R. Teil II Tit. 11 §. 764 die Ortspolizeibehörden zweifellos berufen sind, die polizeilichen Interessen zu wahren, soweit solche bei der Anlegung von Begräbnisplätzen in Frage kommen, jene Organe der Polizeigewalt aber doch dadurch keineswegs für diesen Zweig ihrer amtlichen Thätigkeit in eine vollständige Unabhängigkeit von den Aufsichtsbehörden versetzt werden. Auch hier vielmehr richte sich ihr dienstliches Verhältnis zu den letzteren nach den allgemeinen dasselbe regelnden Normen. Nach diesen Normen, wie sie sich aus der Einheit der

Polizeigewalt und aus dem Verhältnisse der nachgeordneten zur vorgesetzten Dienstbehörde ergeben und wie sie auch auf dem Gebiete der Kreisordnung für die durch dieselbe geschaffenen Organe der Ortspolizeiverwaltung in voller Wirksamkeit bestehen, habe regelmäßig keine Ortspolizeibehörde die Befugnis, das Gegenteil von demjenigen zu fordern und zu erzwingen, was die Aufsichtsbehörde angeordnet und erlaubt habe — mag dies die unmittelbar vorgesetzte Behörde oder eine solche höherer Instanz sein.

5) Hat daher die staatliche Aufsichtsbehörde, sei es die Regierung, Abteilung des Innern oder die Ministerialinstanz, die Anlegung eines Begräbnisplatzes ausdrücklich gut geheißen, so steht es der Ortspolizeibehörde auch dann nicht zu, die entsprechende Benutzung des Platzes zu hindern, wenn sie bei der Sache zu Unrecht nicht gehört oder übergangen ist. Die Ortspolizeibehörde kann in solchem Falle höchstens remonstrieren oder Beschwerde führen.

6) Wenn der §. 764 a. a. O. den Ortspolizeibehörden eine amtliche Mitwirkung bei der Anlegung der Begräbnisplätze anweist, so ist doch damit durchaus nicht zum Ausdruck gebracht worden, daß diese Mitwirkung in maßgebender Weise schon bei jeder vorbereitenden Handlung hierzu Platz zu greifen habe, der Amtsvorsteher durfte daher der Umfriedigung des betreffenden Grundstückes nicht hindernd entgegentreten und die bezügliche Verfügung mußte außer Kraft gesetzt werden.

7) Von erheblicher Wichtigkeit ist auch der in diesem Erkenntnisse ausgesprochene Grundsatz, daß die polizeilichen Akte der staatlichen Aufsichtsbehörden nur durch die etwa zulässige Klage der davon betroffenen Personen der Rechtskontrolle des Richters im Streitverfahren unterworfen werden können und daß eine solche Klage hier nicht vorliege. Der Gemeindekirchenrat war also, wie oben nachgewiesen ist, zwar formell zur Klage legitimiert, aber nicht materiell, weil er keine Person ist, welche durch den qu. polizeilichen Akt betroffen worden ist.

8) Die hier als Beklagte zugezogenen Privatpersonen hätten wegen Verletzung ihrer Privatrechte auf den ordentlichen Rechtsweg verwiesen werden sollen.

9) Das allein zu wahrende polizeiliche Interesse ist dies, daß nicht ohne polizeiliche Genehmigung an einem Orte begraben wird. Hierauf kann die Polizeibehörde die Gemeindevertretung in angemessener Weise aufmerksam machen und namentlich darauf hinweisen, daß keiner jener vorbereitenden Akte ein Recht darauf gewährt, das qu. Grundstück thatsächlich zum Begräbnisplatz zu machen. Ja selbst die polizeilich erteilte Genehmigung zur Anlegung eines Begräbnisplatzes verleiht kein unwiderrufliches Recht zur Benutzung desselben. Diese Art der Benutzung kann jederzeit trotz der erteilten Genehmigung widerrufen werden, wenn es das öffentliche Interesse unerläßlich erheischt.

10) Durch die Ummauerung des Platzes kann das öffentliche Interesse nicht geschädigt werden, wenigstens ist dies aus sanitätspolizeilichen Rücksichten nicht wohl denkbar.

11) Auch zur Erbauung von Friedhofsmauern bedarf es eines Baukonsensens. Derselbe ist nicht zu ersetzen durch die Genehmigung der Regierung als Patronatsbehörde.

12) Die Grundsätze über Kollisionen zweier Staatsbehörden, welche beide in Ausübung der Staatshoheit Akte der allgemeinen Landesverwaltung ausüben, sind nicht anwendbar, wenn etwa der Amtsvorsteher dem Gemeindekirchenrate aus Gründen des öffentlichen Interesses die Umfriedigung eines

Stückes Land untersagt. Der Amtsvorsteher befindet sich dabei in der Ausübung eines Staatshoheitsrechtes, der Gemeindekirchenrat aber verwaltet nur eine Angelegenheit der Korporation (der Kirchengemeinde) und untersteht dabei der Aufsicht der Polizeibehörde ganz ebenso wie jeder Privatmann.

Nr. 33.

Endurteil des I. Senats vom 18. September 1878 (Entsch. Bd. IV. S. 415).

1) Unter „Gefahr" im Sinne des §. 10 Tit. 17 Teil II A. L.-R. ist nicht allein eine dem Leben und der Gesundheit, sondern auch eine dem Vermögen des einzelnen drohende Gefahr zu verstehen.

2) „Gefahr" ist aber nicht gleichbedeutend mit „Nachteil", und insbesondere kann, wenn der Nachteil von den freiwilligen Handlungen dritter zu besorgen ist, derselbe — abgesehen von Fällen, wo die öffentliche Ruhe, Sicherheit und Ordnung gefährdet ist — der Polizei nur dann Grund zum Einschreiten geben, wenn die in Frage stehenden Handlungen strafbar sind. Wo dies nicht der Fall ist, liegt ein lediglich privatrechtliches Verhältnis vor, dessen — auch nur vorläufige — Regelung Sache des Richters ist, sofern nicht der Polizei durch ein besonderes Gesetz (wie z. B. in Gesindesachen) eine Mitwirkung übertragen sein sollte.

3) Hiernach sind die Polizeibehörden nicht zuständig bei Streitigkeiten zwischen Vermieter und Mieter zu dem Zwecke zwangsweise einzuschreiten, um den Vermieter an der Ausübung des gesetzlichen Pfandrechtes auf die Sachen des Mieters zu hindern.

Nr. 34.

Endurteil des I. Senats vom 4. Dezember 1878 (Entsch. Bd. IV. S. 419).

1) Die Halle-Sorau-Gubener Eisenbahn hatte in einem Orte mit Genehmigung der Stadtgemeinde eine öffentliche Straße um etwas verlegt und umgebaut und diese Strecke unter Vorbehalt ihrer Rechte eine Zeit lang ordnungsmäßig beleuchtet. Im November 1877 stellte jedoch die Eisenbahngesellschaft die Beleuchtung teilweise ein, indem sie nur noch so viel Laternen unterhielt, als ihres Erachtens lediglich infolge der Unterführung der Straße mehr nötig geworden als früher. Da nunmehr die Straße für den Verkehr nicht genügend beleuchtet war, so gab die Polizeiverwaltung der Eisenbahnkommission auf, die Beleuchtung binnen 48 Stunden wieder herzustellen. Die gegen diese Verfügung von der Kommission erhobene Beschwerde bei dem Regierungspräsidenten und schließlich bei dem Oberpräsidenten waren fruchtlos, und die Eisenbahnkommission klagte beim Oberverwaltungsgericht auf Aufhebung der Verfügung. Das Oberverwaltungsgericht erkannte diesem Antrage gemäß, weil ursprünglich die Kosten für die Beleuchtung einer öffentlichen Straße der Stadtgemeinde zur Last fallen, und über die privatrechtliche Frage, ob die Eisenbahngesellschaft im vorliegenden Falle für die Beleuchtung aufzukommen habe, die Ortspolizeibehörde nicht zuständig ist, auch nur interimistisch zu entscheiden.

2) „Allerdings haben die Polizeibehörden mannigfach die Aufgabe der interimistischen Regulierung privatrechtlicher Streitigkeiten, und zwar nicht nur in den im Gesetz ausdrücklich vorgesehenen Fällen, sondern darüber hinaus auch da, wo die der Polizei gesetzlich gestellten Aufgaben ohne solche vorgängige Entscheidungen nicht gelöst werden können. Allein abgesehen davon, daß solche Regulierungen regelmäßig von der Landespolizeibehörde

auszugehen haben, so liegt auch ein solcher Ausnahmefall nicht vor. Vielmehr greift hier lediglich die Regel Platz, daß **die Polizeibehörden Leistungen im öffentlichen Interesse von denen zu fordern haben, welche dazu nach öffentlichem Rechte verpflichtet sind** (§. 3 des Polizeiverwaltungs-Gesetzes vom 11. März 1850).

Nr. 35.

Endurteil des I. Senats vom 15. November 1878 (Entsch. Bd. V. S. 404).

1) Die Beleuchtung eines Weges gehört nicht zur Wegebaulast. Denn abgesehen davon, daß die Beleuchtungsanstalten nicht in einem konstruktiven Zusammenhange mit dem Wegekörper stehen — was allerdings allein nicht entscheidend sein würde — so gehen auch die öffentlichen Interessen, welchen (z. B. die städtischen) Straßenbeleuchtungen dienen, weit über den Kreis derjenigen hinaus, deren Befriedigung den Inhalt der Wegebaulast bestimmt.

2) Die Beleuchtung der Straßen und Plätze sichert nicht nur den Verkehr *auf* diesen, sondern auch *zu denselben hin*; dieselbe soll die Umgebungen dieser Straßen gegen die Gefahren, welche sich aus der räumlichen Berührung mit den öffentlichen Verkehrswegen ergeben, sichern und dem Publikum den erforderlichen Schutz gegen Nachteile und Unzuträglichkeiten gewähren, welche nicht sowohl aus dem *Zustande* der öffentlichen Straßen, als vielmehr unabhängig von demselben aus dem Anbau *an* den Straßen und der so herbeigeführten Anhäufung der Anwohner hervorgehen.

3) Mit Rücksicht hierauf sind die städtischen Straßenbeleuchtungen von jeher als polizeiliche Anstalten angesehen worden, die als solche von den Gemeinden der Regel nach ohne Rücksicht auf die bezüglich des Wegebaues bestehenden Rechtsverhältnisse zu unterhalten sind (§. 3 des Gesetzes vom 11. März 1850 — G.-S. S. 265 —).

4) Weiter aber auch ergibt sich aus dem Wesen der Beleuchtung als polizeiliche Anstalt, daß sich der Umfang, in dem sie gefordert werden kann, nach dem *thatsächlich* vorhandenen öffentlichen Bedürfnis bestimmt, nicht nach denjenigen Rechtsverhältnissen, welche bezüglich des Eigentums an dem Grund und Boden bestehen, auf dem der öffentliche Verkehr sich thatsächlich bewegt.

Nr. 36.

Endurteil des I. Senats vom 11. Januar 1879 (Entsch. Bd. V. S. 408).

1) Der hier zunächst ausgeführte Grundsatz, daß bei polizeilichen Verfügungen *die Art und Weise* einer Exekutions*vollstreckung* der Prüfung im Verwaltungsstreitverfahren unterliege, ist nicht mehr zutreffend. Dagegen bleibt der Satz bestehen, daß demjenigen, in dessen *Rechts*gebiet wider seinen Willen und somit zwangsweise durch eine polizeiliche Anordnung eingegriffen worden ist, selbstständig das Recht der Klage im Verwaltungsstreitverfahren zusteht, gleichviel, ob zuvor eine polizeiliche Verfügung gegen ihn oder einen dritten erlassen oder die Polizeibehörde überhaupt ohne zuvorigen Erlaß sofort zwangsweise vorgegangen ist, und die im §. 32 Abs. 2 des Zust.-Ges. von 1876 (§. 65 des Organisationsgesetzes) bestimmte Frist läuft in denjenigen Fällen, in welchen dem Betroffenen nicht selbst eine polizeiliche Verfügung zugestellt worden ist, von dem Tage an, an welchem er in einer diese Zustellung ersetzenden Weise von der Zwangsmaßregel Kenntnis erlangt hat.

2) Die zu dem ersten Grundsatze gegebene, sich auf §. 34 des Zust.-Ges. stützende Begründung unterliegt wegen der nach dem 1. April 1881 anhängig gewordenen Streitsachen insofern einer Änderung, als an die Stelle jenes §. 34 der §. 69 Abs. 1 und 2 des Organisationsgesetzes (jetzt §. 133 des L.-V.-G. vom 30. Juli 1883) getreten ist, und jetzt gegen die Festsetzung und Ausführung eines Zwangsmittels nur die Beschwerde im Aufsichtswege stattfindet. Die Nr. 2 im Absatz 2 in jenem §. 34 ist vollständig in Wegfall gekommen.

Nr. 37.

Endurteil des I. Senats vom 10. Mai 1879 (Entsch. Bd. V. S. 413).

Der §. 9 des Preußischen Preßgesetzes vom 12. Mai 1851 (G.-S. S. 275) ist durch den §. 30 Abs. 2 des Reichspreßgesetzes vom 7. Mai 1874 (R.-G.-Bl. S. 65) aufrecht erhalten. Daraus folgt die Zulässigkeit des polizeilichen Einschreitens gegen das öffentliche Anschlagen einer Zeitungsnummer.

Nr. 38.

Plenarentscheidung vom 16. Juni 1879 (Entsch. Bd. V. S. 426).

Diese Entscheidung ist durch §. 63 Abs. 2 des Organisationsgesetzes vom 26. Juli 1880 (jetzt §. 133 des L.-V.-G. vom 30. Juli 1883) gegenstandslos geworden.

Früher bildete im polizeilichen Zwangsverfahren die polizeiliche Anordnung (§§. 30 ff. des Zuständigkeitsgesetzes von 1876), wenn sie weder mittelst Klage noch Beschwerde fristzeitig angegriffen worden war, die endgiltige und unanfechtbare Grundlage für die Androhung, Festsetzung und Ausführung der zur Durchführung dieser Anordnung zulässigen Zwangsmittel (§. 34 ibid.) und konnte daher mittelst Klage gegen die Art und Anwendung der Zwangsmittel nicht angegriffen werden.

Wenn also Jemand eine polizeiliche Anordnung vollstreckbar werden ließ, ohne dieselbe mit Klage oder Beschwerde anzufechten, so konnte dieselbe in den späteren Stadien des Zwangsverfahrens nicht mehr angegriffen, auch hinsichtlich ihres materiellen Inhaltes nicht weiter erörtert werden, sondern der Betroffene mußte die polizeiliche Anordnung über sich ergehen lassen, mochte dieselbe auch noch so sehr gegen das bestehende Recht verstoßen.

Die gegen diese Auffassung in der Praxis vielfach erhobenen Bedenken finden nunmehr ihre Erledigung durch den authentischen Ausspruch des Gesetzgebers.

Nr. 39.

Endurteil des I. Senats vom 10. Dezember 1879 (Entsch. Bd. VI. S. 349).

1) Die Königsberger Schützengilde benutzt zu ihren Übungen einen ihr vor langen Jahren polizeilich genehmigten Schießstand, welcher im Laufe der Zeit durch die Stadterweiterung innerhalb eines zahlreich bevölkerten Stadtteiles zu liegen gekommen ist. Die Bewohner dieses Stadtteils fühlten sich durch die von dem Schießplatz ausgehenden Detonationen belästigt, und die Polizeibehörde sah sich deshalb veranlaßt, das Schießen auf dem qu. Platze zu untersagen. Die desfallsige Verfügung war ungeachtet der bestehenden Polizeiverordnungen, welche das Schießen in bewohnten Stadtteilen verbieten, aufzuheben, weil es sich hier keineswegs um ein „ver-

botenes" Schießen handelte und weil die Detonationen, wie durch ärztliche Gutachten festgestellt war, niemandes Gesundheit beschädigen konnten, wenn dieselben auch manchem lästig waren. Jedes bloß „lästige" Geräusch, namentlich in größeren Städten, zu verhindern, liegt gar nicht in der Macht und in der Befugnis der Polizeibehörde.

2) Wegen des Begriffs „Gefahr" vergl. oben Nr. 33.

Nr. 40.

Endurteil des II. Senats vom 8. März 1880 (Entsch. Bd. VI. S. 355).

1) Ein Kaufmann in Magdeburg hatte in seinem im ersten Festungsrayon belegenen Gebäude mehrere Möbel aufgestellt, welche Thatsache darauf schließen ließ, daß er daselbst Wohnräume einrichten wollte. Dies hielt die Kommandantur für unzulässig und requirierte deshalb die Polizeibehörde wegen schleuniger Entfernung jener Sachen und wegen eines Verbotes, dieselben wieder in das Gebäude zurückzubringen.

Diesem Ersuchen wurde stattgegeben, und nun klagte der Kaufmann auf Aufhebung dieser angeblichen „polizeilichen Verfügung" auf Grund des §. 30 des Zuständigkeitsgesetzes vom 26. Juli 1876 (jetzt §. 127 des L.-V.-G. vom 30. Juli 1883). Die Polizeibehörde machte den Einwand der Inkompetenz, und es entschied das O.-V.-G. auf Grund des §. 83 Abs. 4 des Gesetzes vom 3. Juli 1875 (jetzt der grundsätzlich abgeänderte §. 113 des L.-V.-G. vom 30. Juli 1883), daß dieser Einwand begründet sei, weil es sich hier nicht um eine polizeiliche Verfügung im Sinne des §. 30 cit. handle. Die beklagte Polizeiverwaltung habe jene Anordnung nicht als eine in ihrer Zuständigkeit als Inhaberin gewisser Zweige der Polizeigewalt begründete Maßnahme, in Ausübung ihrer eignen Rechte und zufolge eigner Entschließung erlassen wollen und thatsächlich nicht erlassen, sei auch überhaupt in eine eigne sachliche Prüfung des Anzuordnenden nicht eingetreten, habe sich vielmehr darauf beschränkt, die Anordnungen und Anträge der Kommandantur dem Kläger zu übermitteln und in Vollzug zu setzen. Eine polizeiliche Verfügung der Ortspolizeibehörde liege mithin nicht vor, sondern nur eine Anordnung der Kommandantur, sowie die Ausführung einer solchen seitens eben dieser Behörde im Wege der durch eine andere Behörde geleisteten Rechtshilfe.

2) Gegen die Verfügung der Kommandantur ist aber die Beschwerde oder Klage gemäß §§. 30 ff. des Zuständigkeitsgesetzes vom 26. Juli 1876 nicht statthaft. Die Befugnis der Kommandantur zum Erlaß ihrer Anordnung gründet sich auf den §. 32 des Gesetzes vom 21. Dezember 1871, betreffend die Beschränkungen des Grundeigentums in der Umgebung von Festungen (R.-G.-Bl. S. 459).

3) Der im §. 32 des Reichsgesetzes vom 21. Dezember 1871 (R.-G.-Bl. S. 459) erwähnte „Antrag" ist gleichbedeutend mit dem sonst gebräuchlichen Ausdruck „Requisition" und es ist der requirierten Behörde schon danach eine Stellung angewiesen, welche eine eigne polizeiliche Thätigkeit ausschließt; das Vorgehen der Polizeibehörde findet in dem Antrage (dem Requisitorium) seine Quelle und seine Umgrenzung.

Nr. 41.

Endurteil des I. Senats vom 10. April 1880 (Entsch. Bd. VI. S. 359).

1) Ein polizeiliches Verbot der ferneren Benutzung eines erblichen Familienbegräbnisses ist ungeachtet des Inhalts der A. Kab.-O. vom 17. Ok-

tober 1822 (v. **Kamptz** Annalen Bd. VII. S. 84) aus sanitätspolizeilichen Rücksichten wohl zulässig. Jene A. Kab.-O. ist auch kein Gesetz.

2) Die ortspolizeiliche Thätigkeit muß, und zwar gerade auf ihren wichtigsten Gebieten, nach Inhalt und Wesen die Interessen größerer oder kleinerer Kreise (Gesellschaftsgruppen) der dem Polizeibezirk Angehörigen berühren, indem sie denselben Schutz und Förderung angedeihen läßt, und dies kann sich auch sehr wohl in der Abwehr einer Wertminderung oder selbst in einer Steigerung des Wertes der im Bezirke liegenden Grundstücke fühlbar machen.

3) Ebenso wie die grobe Vernachlässigung der Sicherheits-, der Gesundheits-, der Verkehrs- (Wege-) Polizei u. s. w. eine Herabsetzung der Grundstückswerte eines Polizeibezirks zur Folge haben kann, vermag umgekehrt die sorgsame Pflege dieser Zweige seitens der Polizei zur Hebung derselben beizutragen.

4) Regelmäßig handelt es sich hierbei aber um öffentliche Interessen, um Interessen des Publikums, welche nicht gleichbedeutend sind mit den besonderen Privatinteressen der einzelnen Personen, aus denen das beteiligte Publikum zufällig besteht, und welche allerdings gleichfalls in gewissen Fällen nach Maßgabe besonderer Gesetze den Schutz der Polizei genießen, wie z. B. in Jagdsachen, Gesindestreitsachen u. s. w.

5) Nur ein von dem allgemeinen Interesse verschiedenes besonderes Privatinteresse des Amtsvorstehers würde dessen persönliche Beteiligung im Sinne des §. 57 der Kreisordnung begründen. Jede andere Auslegung des Gesetzes müßte die regelmäßige Zuständigkeit der Amtsvorsteher, da diese ihren Polizeibezirken fast immer durch Wohnsitz angehören, vollständig beseitigen. Der Amtsvorsteher ist also in der Regel ein Teil des Publikums, und es kommt auch nicht darauf an, in welchem Umfange die mit dem öffentlichen Interesse zusammenfallenden Privatinteressen des Amtsvorstehers berührt werden.

Nr. 42.

Endurteil des I. Senats vom 26. Juni 1880 (Entsch. Bd. VI. S. 371).

Die Frage, ob die Polizeibehörde das Recht habe, Versammlungen, in denen öffentliche Angelegenheiten beraten werden sollen, auf eine bestimmte Zahl von Teilnehmern zu beschränken, ist im Allgemeinen zu verneinen, jedoch steht dem gesetzlich gewährleisteten Versammlungsrechte doch immer die Befugnis der Polizeibehörde entgegen, im Interesse der Sicherheit der die Versammlung besuchenden Personen von den letzteren nur so vielen das Betreten des Lokales zu gestatten, als dies nach der baulichen Beschaffenheit des betreffenden Lokales zu tragen vermag. In dem betreffenden Falle sollte die Versammlung in einem gewöhnlichen Zimmer stattfinden, und der Amtsvorsteher ordnete deshalb an, daß außer den Leitern der Versammlung nur 6 Personen anwesend sein sollten, weil bei der Überfüllung des Raumes leicht ein Unglück entstehen könne.

Nr. 43.

Endurteil des I. Senats vom 30. Juni 1880 (Entsch. Bd. VI. S. 376).

1) Es ist Recht und Pflicht der Polizeibehörden, das Treiben der Personen, welche bisher Kuppelei betrieben haben, auf das strengste zu überwachen, sowohl, um womöglich denselben Einhalt zu thun, als auch, wenn dies nicht gelingt, sie zur Bestrafung durch den Strafrichter zu ziehen.

2) Wenn aber die Polizeibehörde die Aufnahme und Beherbergung von Personen, „welche der gewerbsmäßigen Unzucht auch nur verdächtig sind“, bei Strafe verbietet, so ist damit, da es an jeder näheren Umgrenzung des dehnbaren Begriffs der „Verdächtigkeit“ durch objektive Merkmale mangelt, den von der polizeilichen Verfügung Betroffenen das von ihnen geforderte Verhalten derartig unbestimmt vorgezeichnet, daß schon mit Rücksicht hierauf jene Verfügung nicht als rechtlich zulässig erachtet werden kann.

3) Zwar liegt es der Polizeibehörde nach §. 10 Tit. 17 Teil II A. L.-R.'s unzweifelhaft ob, Anstalten zu treffen, um das Begehen strafbarer Handlungen möglichst zu hindern, es kann aber hieraus keineswegs die Befugnis hergeleitet werden, das Verhalten verdächtiger Personen derartig zu regeln, daß ihnen an sich erlaubte Handlungen allgemein verboten werden, nur weil diese die Begehung von Mißthaten erleichtern können oder durch den Hinzutritt gewisser thatsächlicher Voraussetzungen im einzelnen Falle strafbar werden (§. 180 des Reichsstrafgesetzbuchs).

4) Die sittenpolizeiliche Kontrolle über die der gewerbsmäßigen Unzucht ergebenen Weibspersonen dient zur Sicherung der Gesundheit, der öffentlichen Ordnung und des öffentlichen Anstandes, nicht aber zur Verhinderung des strafbaren gewerblichen Betriebes der Unzucht (§. 360 Nr. 6 des Reichsstrafgesetzbuches); sie hat den sonst strafbaren gewerbsmäßigen Betrieb der Unzucht zur Voraussetzung, umgibt denselben gewissermaßen mit Maßregeln zum Schutze des öffentlichen Interesses und hat mit den polizeilich statthaften Maßregeln zur Verhinderung von Missethaten nichts gemein.

5) Haussuchungen (Durchsuchungen) sind nur da gestattet, wo es sich aus Anlaß einer strafbaren Handlung oder des Verdachts eines solchen, um die Ausmittelung des Thatbestandes oder des Thäters handelt. Selbstverständlich kann für diese Fälle von der vorgängigen Androhung und späteren Festsetzung einer Exekutivstrafe, um das Öffnen des Hauses und einzelner Räume zu erzwingen, nicht füglich die Rede sein; es kann in denselben regelmäßig nur darauf ankommen, jeden Widerstand durch die Anwendung unmittelbaren Zwanges sofort zu beseitigen.

6) Wiederkehrende Revisionen behufs sittenpolizeilicher Kontrolle gehören nicht zu den Haussuchungen aus Anlaß des Verdachts einer bestimmten Missethat, sie dienen vielmehr dazu, um sich polizeilicherseits zu vergewissern, daß solche nicht begangen werden, daß jemand sich den ihm auferlegten Beschränkungen gemäß verhalte. Solche Revisionen dürfen nach §. 8 des Gesetzes vom 12. Februar 1850 zur Nachtzeit nicht vorgenommen werden.

Nr. 44.

Endurteil des I. Senats vom 2. Oktober 1880 (Entsch. Bd. VII. S. 341).

1) Mit den Worten in Nr. 2 des §. 132 des L.-V.-G. vom 30. Juli 1883: „Kann die zu erzwingende Handlung nicht durch einen dritten geleistet werden“ hat nicht lediglich der Fall der völligen Unmöglichkeit bezeichnet und insbesondere jedes die Verhältnisse des einzelnen Falles billig berücksichtigende Ermessen der Behörde ausgeschlossen werden sollen. Dagegen spricht das Wort „thunlich“ in Nr. 1, welches deutlich darauf hinweist, daß in gegebenem Falle auch auf die Angemessenheit der Ausführung durch einen dritten Rücksicht genommen werden soll.

2) Das Fortschaffen von einem Quantum auf dem Bürgersteige lagernder und den Verkehr hindernder Steine kann zweckmäßig nur durch den Eigentümer geschehen; die Polizeiverwaltung hat keinen Beruf, sich damit zu be-

fassen und sich etwa Regreßansprüchen dadurch auszusetzen, daß sie die Steine auf einen zur Erhaltung des Eigentums ungeeigneten Lagerplatz bringen läßt.

Nr. 45.

Endurteil des I. Senats vom 20. Oktober 1880 (Entsch. Bd. VII. S. 344).

1) Die Straffestsetzungen in Gemäßheit des §. 33 des Zust.-Ges. v. 1876 (§. 68 des Organisationsgesetzes, jetzt §. 132 des L.-V.-G. vom 30. Juli 1883) sind Zwangsmittel, um den Betroffenen behufs Erreichung eines bestimmten Zwecks zum Gehorsam zu nötigen, sie werden aber nicht zu dem Zwecke verhängt, den Ungehorsam zu ahnden, sie sind also keine Straf-Verfügungen.

2) Ein Amtsvorsteher wollte einen Schankwirt über gewisse in dessen Geschäftsbetriebe vorgekommene Unregelmäßigkeiten vernehmen und lud ihn deshalb zu einem Termine unter der Verwarung vor, daß im Falle seines Ausbleibens eine Strafe gegen ihn festgesetzt werden würde. Der Vorgeladene erschien, ließ sich über einzelne Punkte vernehmen, entfernte sich aber dann und zwar nach der Ansicht des Amtsvorstehers zu früh, bevor die Vernehmung vollständig erfolgt war.

Nunmehr erging eine zweite Vorladung, welcher der Schankwirt auch folgte, so daß nunmehr die Vernehmung in erschöpfender Weise erfolgen konnte.

Dem ungeachtet setzte jetzt der Amtsvorsteher die zuerst angedrohte Exekutivstrafe fest, um den Schankwirt für die angebliche Vereitelung des ersten Termins büßen zu lassen; dies Verfahren hat das O.-V.-G. nicht gutgeheißen und die Straffestsetzungverfügung aufgehoben, namentlich deshalb, weil die Handlung, welche erzwungen werden sollte, inzwischen bereits geleistet war.

3) Vergl. über die Erzwingbarkeit polizeilicher Vorladungen in Strafsachen den Aufsatz von Dr. jur. K. Bornhak in der Wochenschrift „Selbstverwaltung" Jahrgang XIII S. 313.

Nr. 46.

Endurteil des II. Senats vom 10. November 1880 (Entsch. Bd. VII. S. 348).

1) Eine allgemeine Vorschrift, daß alle Kosten, welche durch die Ausführung sanitätspolizeilicher Verfügungen der Ortsbehörden entstehen, von den Kommunen getragen werden sollen, ist in den Bestimmungen des §. 7 der A. Kab.-O. und des Regulativs vom 8. August 1835 (Ges.-S. S. 240) nicht zu finden.

2) Nach §. 3 des Gesetzes über die Polizeiverwaltung vom 11. März 1850 (G.-S. S. 265) sind die Kosten der öffentlichen Polizeiverwaltung von den Gemeinden zu bestreiten, und es unterliegt keinem Zweifel, daß dazu auch die Ausgaben für Maßregeln zu rechnen sind, welche die Abwehr schädlicher Einflüsse auf den örtlichen Gesundheitszustand bezwecken, daß also von diesem Gesichtspunkte aus, wenn sonst die Voraussetzungen jenes §. 3 gegeben sind, auch die Verpflichtung der Gemeinde zu einer streitigen Leistung sich rechtfertigen ließe.

3) Der Rückgriff auf den Träger der Polizeiverwaltungskosten erscheint aber nicht ohne weiteres, sondern nur bedingungsweise, nämlich nur dann statthaft, wenn kein dritter vorhanden ist, welcher zur Ausführung des Erforderlichen auf seine Kosten angehalten werden kann.

4) Ein solcher dritter ergibt sich aus der jedem Eigentümer obliegenden

Pflicht, sein Grundstück in einem solchen Zustande zu erhalten bezw. dasselbe so umzugestalten, daß polizeilich zu schützende Interessen nicht beeinträchtigt oder gefährdet werden, und nicht minder erscheint die Polizeibehörde berechtigt, den jeweiligen Eigentümer eines Grundstückes, dessen Beschaffenheit das Publikum oder den einzelnen mit Gefahr bedroht oder sonst einen polizeilich unzulässigen Zustand aufweist, deshalb, weil er Eigentümer des Grundstückes ist, zur Abstellung der vorhandenen Mängel anzuhalten — ohne Rücksicht darauf, ob er für seine Person dieselben verschuldet hat, oder ob sie auf die Einwirkung eines dritten oder auf einen Zufall zurückzuführen sind.

5) Das Recht und die Pflicht der Polizeibehörden, dem unveränderten Fortbestande eines Grundstückes, welches etwa durch seine Feuergefährlichkeit oder durch die Baufälligkeit eines darauf befindlichen Hauses oder durch seine sonstige Beschaffenheit das Publikum mit Gefahr bedroht, in dieser das Gemeinwohl schädigenden Verfassung mit zweckdienlichen Maßregeln entgegen zu treten, folgen aus den Bestimmungen des §. 10 Tit. 17 Teil II A. L.-R.'s.

6) Diese Maßregeln können sich nur gegen den Eigentümer — den Inhaber der thatsächlichen und rechtlichen Herrschaft über das Grundstück — richten, der auch nach außen hin überall als Vertreter erscheint und sich überdies schon durch den Besitz eines das Publikum schädigenden Objektes innerhalb des Gemeinwesens in Kollision setzt und diesem zu weichen gezwungen werden kann (§§. 73, 74 der Einleitung zum A. L.-R).

7) Der Einwand, er — der Eigentümer — verschulde die unzulässig befundene Beschaffenheit seines Grundstückes nicht, der Mangel beruhe auf Zufällen oder dem rechtlichen Verhalten dritter, kann nicht dazu führen, daß der ungesetzliche Zustand bestehen bleibt oder daß derselbe auf öffentliche Kosten beseitigt werde, sondern der Eigentümer muß das Erforderliche veranlassen und es muß ihm überlassen bleiben, den Ersatz der etwa nötig gewordenen Aufwendungen gegen den zu betreiben, der solchen seiner Auffassung nach zu leisten hat.

Nr. 47.

Endurteil des I. Senats vom 4. Januar 1881 (Entsch. Bd. VII. S. 354).

1) In Berlin wird denjenigen Grundstücken, welche an die allgemeine Kanalisation nicht angeschlossen sind und deshalb mit dem Magistrate, dem Eigentümer der Wasserwerke, wegen ihres Wasserbedarfes in einem kontraktlichen Verhältnisse stehen, das Wasser durch Abschluß der Zuleitungsröhren entzogen, wenn die Grundeigentümer mit der Zahlung des Wasserzinses im Rückstande bleiben. Diese Maßregel hielt das Polizeipräsidium im Interesse der Gesundheitspflege für unzulässig und verbot dem Magistrat in verschiedenen Fällen jene Abschließung. Die hiergegen seitens des Magistrats erhobene Klage wurde für begründet erachtet und die angegriffenen polizeilichen Verfügungen wurden aufgehoben.

2) Denn die städtischen Wasserwerke sind eine kommunale Anstalt und gehören nicht zu den polizeilichen Anstalten, wie: Wege, Plätze, Beleuchtung u. s. w. Ähnliche Kommunal-Anstalten, wie die Wasserwerke, sind Markthallen, Warenhäuser, Lagerhäuser, Docks- und Hafenanlagen, Schlachthäuser, Bade- und Waschanstalten, Pferdebahnen, Omnibus- und Abfuhrunternehmungen, Gasanstalten, höhere Unterrichtsanstalten u. s. w.

3) Die Polizeibehörde ist unter Umständen berechtigt, in das Privateigentum einzelner bei vorhandenen Gefahren Nichtbeteiligter einzugreifen, um diese Gefahren zu beseitigen. Die Voraussetzungen für die Übung dieser

Befugnis sind aber, daß die Gefahr unmittelbar bevorstehend und daß sie auf keine andere Weise abzuwenden ist, als durch den Eingriff in die Eigentumsrechte des dritten, welcher sonst weder bei Erzeugung der Gefahr beteiligt, noch ihr vorzubeugen berufen ist.

Nr. 48.

Endurteil des I. Senats vom 16. März 1881 (Entsch. Bd. VII. S. 364).

1) Die behufs der Einleitung eines Verwaltungsstreitverfahrens angebrachte Klage gegen eine Verfügung, durch welche ein der öffentlichen Armenpflege Anheimgefallener auf Verlangen der Gemeindebehörde aus seinem Aufenthalte ausgewiesen wird, ist zulässig, weil die angefochtene Verfügung sich der Form nach als eine polizeiliche darstellt und auf einem Gebiete erlassen wird, auf welchem der Polizeibehörde die Befugnis zusteht, selbständige Anordnungen zu treffen.

2) Bei Gelegenheit einer Klage gegen eine polizeiliche Ausweisungs-Verfügung darf auch der der letzteren zu Grunde liegende Beschluß der Gemeindebehörde, durch welchen nach §. 5 des Freizügigkeitsgesetzes vom 1. November 1867 die Fortsetzung des Aufenthalts in der Gemeinde untersagt wird, der Prüfung im Verwaltungsstreitverfahren unterzogen werden.

3) Denn es ist nicht anzuerkennen, daß das den Staatsangehörigen zustehende Recht des Aufenthalts lediglich Gegenstand der Erwägung und Entschließung der als Armenverbände beteiligten Gemeinden sei, in welchem Falle allerdings über Beschwerden des Ausgewiesenen die Kommunalaufsichtsbehörden in letzter Instanz zu entscheiden haben würden. Im Gegenteil ist davon auszugehen, daß die Entscheidung über die Ausübung jenes Rechts der Polizeibehörde als Staatsbehörde zusteht (cf. §§. 4, 5, 10 des Gesetzes über Aufnahme neu anziehender Personen vom 31. Dezember 1842; Min.-R. vom 30. Juni 1844 — Min.-Bl. d. i. V. S. 219 —; desgl. vom 30. April 1845 — eod. S. 119 —; §. 12 des Freizügigkeitsgesetzes vom 1. November 1867; Reichstagssitzung vom 21. Oktober 1867 — stenogr. Berichte S. 564 —).

4) Auch der §. 4 des Freizügigkeitsgesetzes spricht nicht gegen diese Auffassung, wie aus §. 5 (Beweislast der Gemeinde) hervorgeht.

5) Das Verwaltungsgericht kann nach dieser Auffassung unter Umständen sehr wohl in die Lage kommen, über Fragen Entscheidung treffen zu müssen, über welche in der Regel nur die Deputationen für das Heimatwesen (in den Kreisordnungsprovinzen die Bezirks-Verwaltungsgerichte (jetzt die Bezirksausschüsse) — §. 3 Abs. 2 des Verwaltungsgerichtsgesetzes — (jetzt §. 7 des L.-V.-G. vom 30. Juli 1883) zu entscheiden haben.

Nr. 49.

Endurteil des I. Senats vom 16. März 1881 (Entsch. Bd. VII. S. 370).

1) Die Polizei ist nach §. 10 Tit. 17 Teil II A. L.-R.'s gesetzlich befugt, auf die Lösung der Konkubinate zu bringen, wenn durch dieselben thatsächlich öffentliches Ärgernis gegeben wird, nach der A. Kab.-O. vom 4. Oktober 1810 aber auch ohne Rücksicht darauf, ob sie öffentliches Ärgernis bereiten.

2) Ein öffentliches Ärgernis liegt vor, wenn bekannt und erwiesen ist, daß unverheiratete Personen verschiedenen Geschlechts in einem Zimmer zusammen schlafen, wenn sie sich als Eheleute gerieren, oder sonst durch

ihr Verhalten die Aufmerksamkeit ihrer Umgebung auf sich ziehen und das Sittlichkeitsgefühl verletzen.

Nr. 50.

Endurteil des I. Senats vom 26. März 1881 (Entsch. Bd. VII. S. 375).

Die Polizeibehörden sind nicht zuständig, bei Streitigkeiten zwischen Herrschaft und Gesinde zwangsweise einzuschreiten, um die erstere an der Ausübung eines Zurückbehaltungsrechtes an den Habseligkeiten des Gesindes zu hindern, denn es handelt sich hierbei um rein privatrechtliche Ansprüche.

Nr. 51.

Endurteil des I. Senats vom 25. Mai 1881 (Entsch. Bd. VII. S. 378).

1) Die Gesetzgebung hat den Schutz der Felder sowohl wie den der Privatwege (obwohl es sich hierbei lediglich um privatrechtliche Interessen handelt) der Strafrechtspflege anvertraut (§. 368 Nr. 9 des Reichs-Straf-Gesetzbuches) und den der Felder außerdem ausdrücklich als Gegenstand der polizeilichen Ordnung bezeichnet (§. 6. h. des Gesetzes über die Polizeiverwaltung vom 11. März 1850; Parey, Polizei-Straf-Verordnungsrecht S. 34).

2) Allein daraus folgt doch zunächst nur dies, daß jener Schutz eben da zu suchen ist, wo er nach dem Gesetz gefunden werden soll, d. h., daß diejenigen, welche z. B. die an den Privatweg anstoßenden Äcker befahren, zur Verantwortung vor den Strafrichter gezogen werden, und daß der Privatweg, sei es durch die Polizeibehörde oder durch die rechtlich an dessen Schutz Beteiligten mit der entsprechenden Warnungstafel versehen und dann ganz ebenso gegen diejenigen eingeschritten wird, welche den Weg unbefugt befahren, beziehungsweise befahren lassen (§. 368 Nr. 9 des R.-Str.-Ges.-B., seit dem 1. Juli 1880 auch §. 10 des Feld- und Forst-Pol.-Ges. vom 1. April 1880 — G.-S. S. 230 —).

3) Eine besondere polizeiliche Verfügung mit Strafandrohung würde sich dem gegenüber nur in dem Falle rechtfertigen lassen, wo besondere polizeilich zu schützende Interessen in Frage ständen, welche nicht in jenem gesetzlich geregelten Verfahren zu machen wären.

Nr. 52.

Endurteil des I. Senats vom 11. Dezember 1880 (Entsch. Bd. VII. S. 383.)

1) Der §. 8 des Gesetzes über die Aufnahme neu anziehender Personen vom 31. Dezember 1842 bestimmt, daß derjenige, welcher an einem Orte seinen Aufenthalt nehmen will, sich bei der Polizeiobrigkeit dieses Ortes melden und über seine persönlichen Verhältnisse die erforderliche Auskunft geben muß.

2) Die Polizeibehörde ist befugt, über die Form der vorgeschriebenen Auskunftserteilung seitens neu anziehender Personen insbesondere auch dahin Bestimmung zu treffen, daß die bezüglichen Anforderungen der Behörde von den persönlich erscheinenden Beteiligten entgegen genommen und durch protokollarische Erklärungen erledigt werden. Begründet wird dieser Ausspruch durch den Hinweis auf §. 30 Nr. 4 der altländischen Kreisordnung, wonach die Meldung schriftlich und mündlich geschehen könne, und der Neuanziehende der ihm durch das Gesetz auferlegten Pflicht erst dann genügt habe, wenn die Polizeibehörde im Besitze der Meldung und derjenigen Anzeigen sei, die sie über seine und seiner Angehörigen persönliche Verhältnisse fordern könne.

3) In dem hier zur Entscheidung vorliegenden Falle hatte sich die

Polizeibehörde genötigt gesehen, das persönliche Erscheinen der Neuanziehenden durch wiederholte Strafandrohungen (3, 10, 60 ℳ) zu erzwingen, und der höchste Gerichtshof stellte zur Entkräftung eines hiergegen erhobenen Einwandes den Grundsatz fest, daß die im §. 33 Nr. 2 des Zust.-Ges. vom 26. Juli 1876 (§. 68 des Organisationsgesetzes vom 26. Juli 1880; jetzt §. 132 des L.-V.-G. vom 30. Juli 1883) für die polizeiliche Zwangsbefugnis gezogenen Schranken nicht auch insoweit bestehen, daß die Gesammtsumme der zur Erzwingung derselben Handlung in mehreren selbständigen Verfügungen angedrohten, beziehungsweise festgesetzten Strafen den zulässigen Höchstbetrag nicht übersteigen darf.

4) Die Polizeibehörde ist demnach nicht befugt, wiederholt und zwar über das im §. 33 des Zust.-Ges. von 1876 (§. 68 des Organisationsgesetzes, §. 132 des L.-V.-G. vom 30. Juli 1883) bestimmte Maß hinaus Strafen anzudrohen und festzusetzen, bevor nicht die Frist zur Anfechtung der ersten Strafverfügung abgelaufen oder im Falle rechtzeitiger Anfechtung über die Klage rechtskräftig entschieden ist (vergl. § 44 des Organisationsgesetzes, jetzt §. 53 des L.-V.-G. vom 30. Juli 1883).

5) Die im §. 68 sub 2 (bezw. §. 132) a. a. O. bestimmte Grenze der Exekutivgewalt bezieht sich nicht auf die Summe aller bei fortlaufendem Ungehorsam anzudrohenden Strafen, sondern auf jeden einzelnen Strafakt.

6) Hiernach bestehen die für die polizeiliche Zwangsbefugnis gezogenen Schranken nicht insoweit, daß die Gesamtsumme der zur Erzwingung derselben Handlung in mehreren selbständigen Verfügungen angedrohten, beziehungsweise festgesetzten Strafen den zulässigen Höchstbetrag nicht übersteigen dürfte.

Nr. 53.

Endurteil des I. Senats vom 2. Juli 1879 (Entsch. Bd. VII. S. 389).

1) Ein Amtsvorsteher verlangte von dem Inhaber einer stark frequentierten Fähre die Herstellung einer Bedürfnisanstalt am Ufer. Das O.-V.-G. hat diesen Anspruch für gerechtfertigt erachtet und dabei auf §§. 59 und 60 der altländischen Kreisordnung und den §. 10 Tit. 17 Tl. II A. L.-R.'s hingewiesen.

2) Jeder Eigentümer oder Besitzer eines Wohnplatzes könne genötigt werden, denselben mit einem dem Bedürfnisse der öffentlichen Ordnung und Sittlichkeit entsprechenden Aborte zu versehen.

Nr. 54.

Endurteil des I. Senats vom 26. November 1881 (Entsch. Bd. VIII. S. 355).

1) Eine auf Grund des Gesetzes vom 11. März 1850 erlassene Polizeiverordnung kann rechtliche Verbindlichkeiten weder neu begründen, noch bestehende Verpflichtungen abändern; durch Polizeiverordnung können vielmehr nur polizeiliche Anordnungen über die Art und Weise der Erfüllung solcher Verbindlichkeiten getroffen werden, welche auf anderweitigen rechtlichen Grundlagen beruhen. Als eine solche Grundlage kommt in häufigen Fällen die Observanz in betracht.

2) Zur Bildung einer Observanz ist ununterbrochene, gleichförmige Übung, welche auf der Überzeugung einer rechtlichen Notwendigkeit beruht, erforderlich.

3) In denjenigen Provinzen, in welchen noch keine Provinzialgesetz-

bücher existieren, gelten alle Observanzen, auf welche das Allgemeine Landrecht an einzelnen Stellen verweist oder welche etwas bestimmen, was die Gesetze unentschieden gelassen haben, oder welche endlich zwar den Gesetzen widersprechen, jedoch schon vor der Publikation des Allgemeinen Landrechts entstanden sind.

4) In Ostpreußen gibt es ein Provinzialrecht (Publikationspatent vom 4. August 1801 und vom 6. März 1802). Hier sollen nur die Observanzen Geltung haben, welche in die Provinzialgesetzbücher aufgenommen sind, oder auf welche das Allgemeine Landrecht an einzelnen Stellen verweist oder durch die etwas bestimmt wird, was in den Gesetzen unentschieden gelassen ist. Insbesondere sind Observanzen, welche von der Vorschrift des Allgemeinen Landrechts abweichen oder welche den Gesetzen widersprechen, nicht zu berücksichtigen.

5) Die Polizeibehörde hat die Leistung einer im öffentlichen Interesse erforderlichen Handlung regelmäßig von demjenigen zu beanspruchen, welcher dazu nach öffentlichem Rechte verpflichtet ist; sie würde ihre Befugnisse überschreiten, wenn sie sich an privatrechtlich Verpflichtete halten wollte.

Nr. 55.

Endurteil des I. Senats vom 6. April 1882 (Entsch. Bd. VIII. S. 363).

1) Der Betrieb des sog. Totalisators auf den Rennbahnen ist dem Halten von Glücksspielen in einem öffentlichen Versammlungsorte gleich zu achten. Das polizeiliche Einschreiten zur Verhinderung desselben erscheint gerechtfertigt. Denn es ist die Aufgabe der Polizeibehörde, zur Erhaltung der öffentlichen Ordnung, insbesondere zur Verhinderung strafbarer Handlungen einzuschreiten (§§. 2 und 10 Tit. 17 Teil II. A. L. R.'s).

2) Wette ist die Übereinkunft, nach welcher sich die Parteien bei einem Widerstreit ihrer Ansichten und Behauptungen im Interesse der Bewährung derselben verpflichten, daß derjenige, dessen Behauptung sich als unrichtig erweist, etwas verwirkt haben solle.

3) Spielverträge liegen vor, wenn nach denselben Gewinn und Verlust abhängig gemacht wird entweder von dem Ausfalle einer von den Parteien in dieser Absicht planmäßig vorgenommenen Thätigkeit, oder von dem Eintreten oder Nichteintreten irgend einer Thatsache, welche die Parteien zur Entscheidung über Gewinn oder Verlust benutzen.*)

[Zusatz des Verfassers: Der Wettvertrag hat immer die Natur einer Buße (Strafe) für hartnäckiges oder eigensinniges Festhalten der eignen Meinung oder Überzeugung an sich. Das Wetten ist stets die Folge einer ernsten Meinungsdifferenz oder das Mittel, eine solche abzuschneiden oder m. a. W. zu verhindern; in beiden Fällen handelt es sich nicht um ein Spiel oder um ein Glücksspiel, welches der Unterhaltung wegen, zum Zeitvertreib, entriert wird. Man kann ja auch zu diesem Behuf Wetten fingieren, dann handelt es sich aber auch nicht mehr um eine wirkliche Wette, sondern um ein Spielen mit Wetten. Die Gelegenheit zum Wetten tritt an den Menschen heran in der Gestalt eines Andersdenkenden, das Spiel und Glücksspiel muß aufgesucht werden. Zum Wetten gehört die Anregung von außen, d. h. nicht zum Wetten, sondern zur Verteidigung einer widersprochenen Meinung, die Anregung zum Spielen kommt von innen. Der Wettende befindet sich in der Defensive, der Spielende geht offensiv vor. Jener hat von Hause aus gar keine gewinnsüchtige Absicht; edle Naturen wetten auch nur, wenn sie dazu gedrängt werden und dann wohl meistens nicht zu Gunsten des eignen Geldbeutels, der Spieler will aber gewinnen und zwar lediglich für sich allein.]

---

*) Auf die Judicatur haben etwaige im Verwaltungswege getroffene Bestimmungen hinsichtlich der milden Beurteilung des Totalisator-Spieles jedenfalls keinen Einfluß.

Nr. 56.

Endurteil des I. Senats vom 11. Mai 1882 (Entsch. Bd. VIII. S. 379).

1) Gegen Verfügungen der mit der Handhabung der Hafenpolizei betrauten Behörden (Hafenpolizei-Kommissionen) findet die unmittelbare Klage bei den Verwaltungsgerichten nicht statt.

2) Es ist rechtsirrig, die Zuständigkeit eines angerufenen Verwaltungsgerichts für die Prüfung einer polizeilichen Verfügung nach dem Inhalte der erlassenen Verfügung und nicht vielmehr zunächst nach dem Charakter und der amtlichen Stellung der verfügenden Behörden zu prüfen.

3) Die §§. 63, 64 ff. des Organisationsgesetzes (jetzt §§. 127 ff. des L.-V.-G. vom 30. Juli 1883) machen die Zuständigkeit zur Entscheidung über Rechtsmittel (Klagen und Beschwerden) gegen polizeiliche Verfügungen nicht in dem Sinne von dem Inhalte der letzteren abhängig, daß es allein darauf ankäme, ob die Verfügung sich äußerlich und nach der Absicht des Beklagten als ortspolizeiliche darstellt, vielmehr ist in erster Reihe das Entscheidende für die Zuständigkeit der Verwaltungsgerichte die Behörde, welche die angefochtene Verfügung erläßt.

4) Die Zuständigkeit des Verwaltungsgerichts richtet sich nicht nach dem, was in der Verfügung steht, sondern nach dem, der die Verfügung erlassen hat. Erläßt der Regierungspräsident eine *ortspolizeiliche* Verfügung, so ist also der Kreisausschuß nicht zuständig.

Nr. 57.

Endurteil des II. Senats vom 27. April 1882 (Entsch. Bd. IX. S. 344).

1) Die Wahrnehmung von *Sonder*interessen liegt außerhalb der polizeilichen Zuständigkeit. Für die Wahrnehmung des öffentlichen Interesses bildet die rechtliche Grundlage §. 10 Tit. 17 Teil II A. L.-R.'s (in Verbindung mit §. 6 des Polizeiverwaltungsgesetzes vom 11. März 1850), welcher u. a. auch die Abwendung einer dem Publikum oder einzelnen Mitgliedern desselben drohenden „*Gefahr*" im Auge hat.

2) Der Begriff „Gefahr" ist aber keineswegs gleichbedeutend mit „Nachteil" oder „Belästigung", und es läßt sich überall da, wo der Nachweis einer Gefahr für Leib, Leben, Gesundheit oder Vermögen des zu Schützenden nicht zu erbringen ist, auch ein polizeiliches Einschreiten *auf dieser Grundlage* nicht rechtfertigen (Ausnahme §. 27 der R.-Gewerbe-O.).

3) Eine wirkliche ortspolizeiliche Verfügung hört nicht *deshalb* auf, eine solche zu sein, wenn sie im Auftrage der Aufsichtsbehörde erlassen ist, sie kann deshalb mit den Rechtsmitteln (der §§. 63, 64, 68 des Organisationsgesetzes vom 26. Juli 1880; jetzt §§. 127, 128, 132 des L.-V.-G. vom 30. Juli 1883) angegriffen werden.

Nr. 58.

Endurteil des II. Senats vom 14. Juni 1882 (Entsch. Bd. IX. S. 354).

1) Die Polizeiverordnung des Polizei-Präsidiums zu Berlin zum Schutze des auf dem Kreuzberge zur Erinnerung an die Siege der Freiheitskriege errichteten, im Jahre 1878 erhöhten Nationaldenkmals vom 10. März 1879 ist als zu Recht bestehend *nicht* anzuerkennen.

2) Durch den §. 2 desselben, welcher vorschreibt, daß in dem das Siegesdenkmal umgebenden Bauviertel fortan Gebäude nur in solcher Höhe

errichtet werden dürfen, daß dadurch die Aussicht von dem Fuße des Denkmals auf die Stadt und deren Umgebung nicht behindert und die Ansicht des Denkmals nicht beeinträchtigt werde, wird den beteiligten Besitzern gegenüber nicht etwa nur in Bezug auf die Höhe, sondern auch in Bezug auf die ganze „Art" der Bebauung ihrer Grundstücke ein völlig *schrankenloses Ermessen* der Polizeibehörde eingeführt. Dem stehen entgegen §§. 65 ff. Tit. 8 Teil I. A. L.-R.'s, Art. 9 der Preuß. Verfassung vom 31. Januar 1850, das Enteignungsgesetz vom 11. Juni 1874, §. 4 des Gesetzes vom 11. Mai 1842, Reichs-Rayon-Gesetz vom 21. Dezember 1871.

3) Die Verwaltungsgerichte haben die Rechtsgültigkeit von Polizeiverordnungen, insbesondere auch in der Richtung zu prüfen, ob die Behörde, von welcher die Verordnung erlassen ist, sich hierbei auf einem ihrer Zuständigkeit unterstellten Gebiete bewegt, mit andern Worten, ob der Gegenstand der Verordnung einer polizeilichen Regelung von seiten jener Behörde überall unterliegt.

4) Das den Polizeibehörden in ihren Polizeiverordnungen selbst gewährte Ermessen darf kein „*schrankenloses*" sein.

5) Die in §. 3 Tit. 13 Teil II. A. L.-R.'s dem Oberhaupte des Staates zugewiesene Pflicht, für Anstalten zu sorgen, wodurch den Einwohnern Mittel und Gelegenheit verschafft werden, ihre Fähigkeiten und Kräfte auszubilden, um dieselben zur Beförderung ihres Wohlstandes anzuwenden, kann nicht als in dem Berufe der Polizei liegend aufgeführt werden.

6) Eine „Verunstaltung" oder eine „grobe Verunstaltung" der Stadt durch einen Bau (§§. 66 und 71 Tit. 8 Teil I. A. L.-R.'s) liegt nicht schon dann vor, wenn nur eine vorhandene *Formschönheit* vermindert oder auch ganz verloren geht. Die künstlerische Anlage einer Straße oder eines Platzes kann auf das Niveau des Gewöhnlichen herabgedrückt werden. Das ist keine Verunstaltung, geschweige denn eine „grobe". Auch nicht schon jede Störung der architektonischen Harmonie fällt unter jenen Begriff. Unerläßlich ist vielmehr zum Begriffe der „Verunstaltung" im Sinne der gesetzlichen Bestimmungen die Herbeiführung eines positiv häßlichen, jedes offene Auge verletzenden Zustandes.

Nr. 58a.

Endurteil des II. Senats vom 10. Juni 1880 (Entsch. Bd. IX. S. 363).

Die Verwaltungsgerichte haben ebenso wie die ordentlichen Gerichte zu prüfen, ob eine Polizeiverordnung die gesetzliche Gültigkeit beiwohnt (§. 17 des Polizeiverwaltungsgesetzes vom 11. März 1850).

Nr. 59.

Endurteil des II. Senats vom 19. Juni 1882 (Entsch. Bd. IX. S. 385).

1) An die Stelle des §. 69 des Organisationsgesetzes vom 26. Juli 1880 ist der §. 133 des L.-V.-G. vom 30. Juli 1883 getreten.

2) Ist die „Anordnung" und „Androhung eines Zwangsmittels" in einer *früheren*, nicht angefochtenen Verfügung bereits enthalten, während die angefochtenen *späteren* Verfügungen sich lediglich auf dem Gebiete der „Festsetzung und Ausführung" des Zwangsmittels bewegen, so ist das Verwaltungsstreitverfahren ausgeschlossen und nur die Beschwerde an die Aufsichtsbehörde gegeben.

Nr. 60.

Endurteil des I. Senats vom 9. September 1882 (Entsch. Bd. IX. S. 389).

1) An die Stelle der §§. 41, 63, 65 des Organisationsgesetzes vom 26. Juli 1880 sind die §§. 50. 127 und 129 des L.-V.-G. vom 30. Juli 1883 getreten.

2) In dem Verfahren zur Anfechtung von Verfügungen der Ortspolizeibehörden der Stadtkreise (ausschließlich Berlin), der Städte mit mehr als 10000 Einwohnern und der Landräte ist das Rechtsmittel der Beschwerde (nicht der den Schluß des Verfahrens an das Ober-Verwaltungsgericht bildenden Klage) bei den verfügenden Behörden, die weitere Beschwerde an den Oberpräsidenten gegen den abweisenden Bescheid des Regierungspräsidenten bei dem letztern und nicht etwa bei der Ortspolizeibehörde anzubringen, weil die Verwaltung in allen ihren Instanzen als eine einheitliche Behörde aufzufassen ist, so daß der Bescheid der Beschwerdeinstanz für das weitere Verfahren an die Stelle der angefochtenen polizeilichen Verfügung als Gegenstand der weiteren Beschwerde tritt und daher schließlich nach Erledigung der Verwaltungsinstanz die Klage nicht gegen die orts- oder kreispolizeiliche Verfügung, sondern gegen den Bescheid des Regierungspräsidenten bezw. Oberpräsidenten gegeben ist.

Nr. 61.

Endurteil des I. Senats vom 3. März 1883 (Entsch. Bd. IX. S. 394).

1) An die Stelle der §§. 63, 66 des Organisationsgesetzes vom 26. Juli 1880 sind die §§. 127, 130 des L.-V.-G. vom 30. Juli 1883 getreten.

2) In dem ganzen Verfahren von der landesherrlichen Prüfung der Eisenbahnprojekte an bis zu deren etwaiger definitiver Feststellung in dem Enteignungsverfahren ist für Klagen im Verwaltungsstreitverfahren aus §. 66 (bezw. 130) kein Raum.

3) Der Satz im §. 63 (bezw. 127) „soweit das Gesetz nicht ausdrücklich anderes bestimmt" greift als subsidiäre Norm auch in den Fällen des §. 66 (bezw. 130) Platz. Das Rechtsmittel der Beschwerde oder der Klage gegen polizeiliche Verfügungen der Regierungspräsidenten, durch welche Eisenbahnunternehmern die Einrichtung von Anlagen für die benachbarten Grundstücke oder im öffentlichen Interesse auf Grund des §. 14 des Enteignungsgesetzes vom 11. Juni 1874 (G.-S. S. 221) oder des §. 14 des Eisenbahngesetzes vom 3. November 1838 (G.-S. S. 505) aufgegeben wird, findet nicht statt.

Nr. 62.

Endurteil des I. Senats vom 17. Dezember 1881 (Entsch. Bd. IX. S. 400).

1) Die bloße Berührung subjektiver Interessen von den Wirkungen polizeilicher Verfügungen gewährt kein Klagerecht im Verwaltungsstreitverfahren gemäß §. 127 des L.-V.-G. vom 30. Juli 1883, vielmehr ist die Voraussetzung der Klage die Rechtsverletzung, der Eingriff in subjektive Rechte, welche als ungesetzlich und rechtswidrig angefochten wird.

2) Das Interesse, welches eine Person daran hat, daß gegen einen andern polizeilich eingeschritten werde, berechtigt den ersteren nicht zur Klage im Streitverfahren gegen die Polizeibehörde auf Erlaß einer polizeilichen Verfügung an und gegen diesen anderen, vielmehr steht hierfür nur das Anrufen der Polizeiaufsichtsbehörde offen. Hier fehlt die Voraussetzung der

Klage im Streitverfahren, der vorgängige Erlaß einer polizeilichen Verfügung (Popularklage).

3) Durchaus verschieden hiervon ist die rechtliche Lage der Sache, wenn Gesetze oder Polizeiverordnungen die Vornahme von Handlungen, welche an sich der Ausfluß des Rechtes der einzelnen Personen sind, an die vorgängige polizeiliche Genehmigung aus Gründen des öffentlichen Interesses knüpfen. Hier handelt es sich, wenn die polizeiliche Genehmigung versagt wird, um einen Eingriff in die Rechtssphäre des Einzelnen ganz ebenso, wie wenn gegen den Einzelnen ein Verbot erlassen wird, welches von der Versagung der erbetenen Erlaubnis eingeschlossen wird, und die Rechtskontrolle findet daher auf die Klage im Streitverfahren nach dem allgemeinen, den (jetzigen) §§. 127, 128 des L.=V.=G. vom 30. Juli 1883 zu Grunde liegenden Prinzip statt, indem es sich darum handelt, die Grenze zwischen der Ausübung der Polizeigewalt und dem kollidierenden Rechte des Einzelnen zu ziehen.

4) Der §. 155 des Zust.=Ges. vom 26. Juli 1876 ist fortgefallen, und der darin behandelte Fall (Versagung des Baukonsenses) der vorgedachten allgemeinen Regel unterworfen; damit ist auch die Ausdehnung des richterlichen Ermessens auf die Fragen der polizeilichen Angemessenheit beseitigt.

5) Die Befugnis, für das Publikum Tanzlustbarkeiten abzuhalten, ist an sich ein Ausfluß der persönlichen Freiheit des Individuums, insbesondere, wo dies in Ausübung eines Gewerbebetriebes (der Gast= und Schankwirtschaft) geschehen soll, also ein Ausfluß des Rechtes zu dem letzteren, und es fragt sich nur, ob und inwieweit die Polizeibehörde berechtigt ist, die Ausübung dieser Befugnis aus polizeilichen Gründen einzuschränken und, falls ihr diese Berechtigung an sich zusteht, ob sich die Versagung der erbetenen Erlaubnis im einzelnen Falle innerhalb dieser Berechtigung hält.

6) Wenn eine Polizeiverordnung für die Erteilung oder Versagung einer erbetenen Erlaubnis den Polizeibehörden keine in allen Beziehungen bestimmten Schranken zieht, so folgt daraus nicht, daß der Verwaltungsrichter eine auf diese Verordnung bezügliche materiell überhaupt nicht zu prüfen hätte. Denn das im gewissen Umfange freie Ermessen, welches nunmehr derartige Verordnungen der Polizeibehörde wahrt, ist nicht gleichbedeutend mit Willkür, hat vielmehr immerhin in dem bestehenden Rechte für seine Übung feste Normen.

7) Das konkurrierende Rechtsmittel der Beschwerde greift unter diesen Umständen insofern weiter, als die Beschwerdeinstanz für die Frage der Erteilung der streitigen Erlaubnis dasselbe freie Ermessen walten lassen soll, wie die Ortspolizeibehörde selbst, während eine solche Befugnis dem Richter im Streitverfahren nicht zusteht. Gleichwohl verbleibt dem letzteren aber gemäß dem Schlußsatze (jetzt) des §. 128 des L.=V.=G. vom 30. Juli 1883 die Prüfung, ob nicht der Versagung ein Rechtsirrtum zu Grunde liegt, oder jede thatsächliche Voraussetzung, d. h. objektive polizeiliche Gesichtspunkte überhaupt mangeln, so daß die versagende Verfügung auf erhobene Klage außer Kraft gesetzt und die Erteilung der streitigen Erlaubnis durch richterlichen Ausspruch angeordnet werden muß, wenn erhellt, daß es an jedem gesetzlichen Grunde der Versagung fehlt.

8) Daß jede öffentliche Tanzlustbarkeit die Sittenlosigkeit fördere, kann als rechtlich zulässige Erwägung nicht anerkannt werden.

Nr. 63.

Endurteil des I. Senats vom 25. April 1883 (Entsch. Bd. IX. S. 407).

1) Die Ausübung des Rechtes geschlossener Gesellschaften, sich ohne vorgängige polizeiliche Erlaubnis in geschlossenen Räumen zu Tanzvergnügungen und theatralischen Aufführungen zu versammeln, ist an eine polizeiliche Erlaubnis nicht gebunden. Die Verfügung des Ministers des Innern vom 6. Mai 1842 (Min.-Bl. d. i. V. S. 204) ist nicht mehr maßgebend.

2) Um eine Tanzlustbarkeit einer geschlossenen Gesellschaft handelt es sich auch dann, wenn jene Lustbarkeit auch in einem Gasthofe stattfindet; es muß nur das Lokal für die regelmäßig wiederkehrenden Vergnügungen der Gesellschaft ein für allemal gemietet und ihr zu diesem Zwecke ausschließlich zur Verfügung gestellt sein (d. h. für die Vergnügungstage). Ist dies der Fall, so handelt es sich nicht um eine öffentliche Tanzlustbarkeit.

3) Vergl. Art. 29, 30 der Verfassung vom 31. Januar 1850, Gesetz über das Versammlungs- und Vereinsrecht vom 11. März 1850 (G.-S. S. 277), §. 6 litt. d und e des Polizeiverwaltungsgesetzes vom 11. März 1850 (G.-S. S. 265), A. L.-R. II. 8 §. 440.

Nr. 64.

Endurteil des I. Senats vom 24. Februar 1883 (Entsch. Bd. IX. S. 416).

Die Landespolizeibehörden haben das Recht, kriminalrechtlich bestraften Personen den Aufenthalt zum Zweck der Niederlassung an bestimmten Orten zu untersagen. Siehe §§. 1, 2, 14 des Gesetzes vom 31. Dezember 1842 (G.-S. 1843 S. 5); §. 3 des Freizügigkeitsgesetzes vom 1. November 1867 (B.-G.-Bl. S. 55); Art. 5 der Verfassung vom 31. Januar 1850; §. 8 des Polizeiaufsichtsgesetzes vom 12. Februar 1850; Reichsstrafgesetzbuch vom 15. Mai 1871, §§. 38, 39; preußisches Strafgesetzbuch vom 14. April 1851 §§. 26—28.

Nr. 65.

Endurteil des I. Senats vom 26. September 1883 (Entsch. Bd. X. S. 336).

1) Die Landespolizeibehörde ist nicht befugt, kriminalrechtlich bestraften Personen auch das vorübergehende (besuchsweise) Verweilen an bestimmten Orten oder die Rückkehr nach demselben zu einem nur vorübergehenden Aufenthalte zu untersagen.

2) Siehe die zu Nr. 64 aufgeführten Gesetzesstellen und §§. 1, 10 des Gesetzes über das Paßwesen vom 12. Oktober 1867 (B.-G.-Bl. S. 33).

Nr. 66.

Endurteil des I. Senats vom 6. Oktober 1883 (Entsch. Bd. X. S. 343).

1) An die Stelle des §. 65 des Organisationsgesetzes vom 26. Juli 1880 ist der §. 129 des L.-V.-G. vom 30. Juli 1883 getreten.

2) Wenn dieser Vorschrift entgegen eine ortspolizeiliche Verfügung nicht gleichzeitig sowohl mit der Beschwerde als mit der Klage durch denselben Beteiligten angefochten worden ist, so bestimmt sich die Frage, welchem der beiden Rechtsmittel, als dem früher angebrachten, Fortgang zu geben ist, lediglich nach der Zeit des Einganges der Beschwerde- oder Klageschrift bei der Ortspolizeibehörde.

3) Der §. 2 im Art. IV der Kreisordnungsnovelle vom 19. März

1881 (jetzt §. 56 des Zust.-Ges. vom 1. August 1883) bezieht sich lediglich auf den Bau der **öffentlichen** Wege im Verkehrsinteresse, handelt es sich aber um die Regelung des Zustandes eines **Privatweges** aus sanitätspolizeilichen Gesichtspunkten, so greift hinsichtlich der prozessualischen Behandlung lediglich die allgemeine Regel der §§. 127 ff. des L.-V.-G. vom 30. Juli 1883 Platz.

4) Hat in dem Falle sub 2 die Beschwerde bereits zu einer sachlichen endgültigen Entscheidung geführt, so ist die weitere Verfolgung des Klageverfahrens unzulässig.

Nr. 67.

Endurteil des I. Senats vom 19. Dezember 1883 (Entsch. Bd. X. S. 347).

1) An die Stelle der §§. 44, 63, 69 des Organisationsgesetzes vom 26. Juli 1880 sind die §§. 53, 127, 133 des L.-V.-G. von 1883 getreten.

2) Wenn man auch bei der Frage, ob ein Schriftsatz als Beschwerde im Sinne des §. 63 (bezw. §. 127) anzusehen sei, von allen formellen Anforderungen absieht, so muß doch außer dem Ausdruck der Unzufriedenheit mit einer polizeilichen Verfügung soviel wenigstens aus dem Inhalte der Eingabe erkennbar sein, daß durch dieselbe die Anrufung irgend einer **höheren Instanz** bezweckt wird. Letzteres kennzeichnet die Beschwerde als **Rechtsmittel** und unterscheidet dieselbe von der **Remonstration** (Gegenvorstellung).

3) Die Polizeibehörden sind befugt, unbegründete Gegenvorstellungen gegen eine Zwangsverfügung zurückzuweisen und gleichzeitig eine neue Strafe anzudrohen.

4) Die Worte in §. 69 (bezw. 133): „die Rechtsmittel erstrecken sich zugleich auf die Anordnung" haben die Bedeutung, daß mit der sich aus den darauf folgenden Schlußworten ergebenden, an sich selbstverständlichen Einschränkung jeder an sich zulässige (rechtzeitige) Angriff auf die Androhung des Zwangsmittels auch darauf gestützt werden kann, daß die Anordnung, welche Gegenstand des Zwangsverfahrens ist, gesetzlich unzulässig sei, es unterscheidet mithin jener §. 69 (bezw. 133) nicht zwischen einer ersten Androhung und späteren wiederholten Androhungen, welche die Durchführung ein und derselben polizeilichen Anordnung zum Gegenstande haben, derartig, daß sich allein die Anfechtung der ersten Androhung auch auf die Anwendung zurückbeziehen dürfe.

5) Der Schlußsatz im §. 69 (bezw. 133) „sofern dieselben (die Anordnungen) nicht bereits Gegenstand eines besonderen Beschwerde- oder Verwaltungsstreitverfahrens geworden sind", hat den Zweck, um das Ergehen mehrerer, gegeneinander selbstständiger Entscheidungen über ein und dieselbe Anordnung auszuschließen.

6) Aus dem Eigentum an einem Wege folgt nicht notwendig die Öffentlichkeit desselben. Es gibt viele Wege, die im Eigentum von Gemeinden stehen, gleichwohl aber, da ihre Benutzung nur einem bestimmten Kreise von Interessenten zu einem bestimmt begrenzten Zwecke zusteht, nicht öffentliche sind (Interessentenwege). Ist ein Weg kein öffentlicher, so kann z. B. eine Polizeibehörde nicht anordnen, daß die Ableitung des Wassers aus einem Garten auf diesen Weg nicht erfolgen dürfe, vielmehr hat sie den privatrechtlich Beteiligten zu überlassen, den Schutz ihrer Rechte im ordentlichen Rechtswege zu suchen.

Nr. 68.

Endurteil des II. Senats vom 20. März 1884 (Entsch. Bd. X. S. 357).

1) An die Stelle des V.-G.-G. vom 3. Juli 1875 ist der §. 91 des L.-V.-G. von 1883 getreten.

2) Handelt es sich bei einem Verbot, Fabrikabgänge in ein Gewässer abzuleiten, um einen Privatfluß, so ist dasselbe an sich nach §. 59 der Kreisordnung von der Ortspolizeibehörde (dem Amtsvorsteher) zu erlassen. Das Eingreifen des Landrates an Stelle des Amtsvorstehers erscheint nur da gerechtfertigt, wo der im öffentlichen Interesse zu erreichende Zweck auf andere Weise nicht sicher gestellt werden kann (Entsch. Band II. S. 424).

3) Ist ein Amtsvorsteher im Sinne des §. 57 Abs. 5 der Kreisordnungsnovelle vom 19. März 1881 als persönlich beteiligt anzusehen, so hat der Kreisausschuß nach seinem Ermessen darüber zu entscheiden, ob er mit Erledigung des Amtsvorstehers dessen Stellvertreter oder einen der benachbarten Amtsvorsteher bezw. Bürgermeister beauftragen will.

4) Der Ausdruck „benachbart" heißt nicht soviel wie „angrenzend", sondern soviel wie „in der Nähe wohnend" oder „nicht durch zu weite Entfernung an der Erledigung des Amtsgeschäftes behindert".

5) Unter „Erledigung eines Amtsgeschäftes" ist beim Mangel einer hinzugefügten Einschränkung die Erledigung eines jeden, in den Wirkungskreis des Amtsvorstehers fallenden Geschäftes zu verstehen, und es läßt sich nicht erkennen, mit welchem Rechte davon eine bestimmte Art von Geschäften (wo z. B. eine ständige, fortlaufende Amtsthätigkeit in Frage steht) sollte ausgeschlossen werden können.

6) Läßt der Fall keinen Aufschub zu, so kann der Vorsitzende des Kreisausschusses namens des letzteren auch den Stellvertreter des Amtsvorstehers berufen (§. 50 des Organisationsgesetzes vom 26. Juli 1880, jetzt §. 117 des L.-V.-G. von 1883), er braucht aber deshalb doch nicht selbst einzugreifen.

7) Die Annahme, daß einem von dem Oberpräsidenten ernannten Amtsvorsteher-Stellvertreter die erforderliche Bildung mangele, ist noch kein Grund, ihn von der Stellvertretung in dem Falle des §. 57 Abs. 5 der Kreisordnung auszuschließen, nötigenfalls kann einem solchen von dem Landrate Konzept und Reinschrift der zu erlassenden Verfügung mit der Weisung zugestellt werden, beides zu unterschreiben und den Betroffenen zu behändigen.

8) Eine persönliche Beteiligung ist in diesem Falle nicht anzunehmen, wenn ein Amtsvorsteher mit irgend einer Fabrik in Verbindung steht, wenn er einer bestimmten Gesellschaftsklasse oder einem bestimmten Kreise, sei es Gewerbetreibender, sei es Besitzer, angehört und Angelegenheiten zu erledigen sind, welche im allgemeinen die Interessen seiner Genossen berühren.

9) Bei offenbarer Widersetzlichkeit aller derjenigen Personen, welche für die Ernennung zum Stellvertreter eines persönlich beteiligten Amtsvorstehers in Frage kommen, erscheint die Frage wegen des persönlichen Einschreitens des Landrates in einem andern Lichte.

10) Auch mit der Behauptung, im vorliegenden Falle reiche eine ortspolizeiliche Verfügung wegen der niedrigen, dem Amtsvorsteher zu Gebote stehenden Strafmittel nicht aus, kann die Befugnis des Landrates, die Ortspolizeibehörde beiseite zu schieben, nicht gerechtfertigt werden.

Nr. 69.

Endurteil des I. Senats vom 9. Januar 1884 (Entsch. Bd. XI. S. 365).

1) Zur Ausführung des Art. 9 der Verfassung vom 31. Januar 1850 hat nicht das Polizeiverwaltungsgesetz vom 11. März 1850 gedient, sondern das Enteignungsgesetz vom 11. Juni 1874. Aus den Vorarbeiten zu dem letzteren ergibt sich, daß an eine mögliche Aufhebung des §. 10 Tit. 17 Teil II A. L.-R.'s dabei nicht gedacht ist.

2) Die Bestimmungen der Verfassung, welche die Unverletzlichkeit des Eigentums gewährleisten, stehen den das Verfügunsrecht des Einzelnen im öffentlichen Interesse beschränkenden Maßnahmen der Verwaltungsbehörden nicht hindernd entgegen (Endurteil vom 5. Dezember 1881, Entsch. Bd. VIII. S. 327).

3) Der Abs. 1 des Art. 42 der Verfassung vom 31. Januar 1850 ist durch das Gesetz vom 14. April 1856 beseitigt.

4) Alles, was Gegenstand einer Polizei-Verordnung sein kann, darf auch zum Gegenstand der polizeilichen Einzelverfügung gemacht werden (Entsch. Bd. I. S. 322, II. S. 427).

5) Wenn der in einem Bauwerke sich vollziehende Geschäftsbetrieb (z. B. die Lagerung von großen Spiritusvorräten) zu polizeilichen Anordnungen Anlaß gibt, so konnte in dieser Weise bei Erteilung des Baukonsenses noch keine Fürsorge getroffen werden, aber wenn auch die Behörde hierbei etwas versäumt haben sollte, so würde doch ihr Recht oder ihre Pflicht fortbestehen, die in Rücksicht auf das Gemeinwohl erforderlichen Anordnungen jederzeit nachzuholen.

6) Ein Verzicht auf nachträgliche Geltendmachung dessen, was das öffentliche Interesse verlangt, ist (weil mit letzterem unverträglich) rechtlich unmöglich (Entsch. Bd. II. S. 422, IV. S. 373).

7) Die gesetzliche Befugnis der Polizeibehörden, nicht nur allgemein durch Polizeiverordnungen, sondern auch durch Einzelverfügungen dasjenige anzuordnen, was zur Erfüllung jener Aufgabe erforderlich ist, wird durch den die Aufgabe der Polizei dem Gegenstande nach bestimmenden § 10 Tit. 17 Teil II A. L.-R.'s begründet, soweit nicht für einzelne Gebiete die Zuständigkeit anderer Behörden bestimmt ist.

Nr. 70.

Endurteil des I. Senats vom 14. Juni 1884 (Entsch. Bd. XI. S. 372).

1) Ablehnung und Versagung von solchen Genehmigungen, Konsensen, Bescheinigungen u. s. w., welcher es nach Gesetz und Verordnung zu einer Handlung der Polizei bedarf, sind zu den Verfügungen im Sinne der §§. 30 ff. des Zuständigkeitsgesetzes vom 26. Juli 1876 (§§. 63 ff. des Organisationsgesetzes vom 26. Juli 1880, jetzt §§. 127 ff. des L.-V.-G. von 1883) zu rechnen, jedoch immer nur in der Voraussetzung, daß es sich dabei um die Handhabung der polizeilichen Verfügungsgewalt nach Maßgabe des §. 10 Tit. 17 Teil II. A. L.-R.'s handelt.

2) Diese Voraussetzung trifft bei Gesuchen um Erteilung eines Unvermögensattestes zur Erlangung des sogenannten Armenrechtes im Zivilprozesse nicht zu (§. 109 der Reichs-Zivilprozeß-Ordnung vom 30. Januar 1877, preußisches Gerichtskostengesetz vom 10. Mai 1851 §. 5. — G.-S. S. 622 —).

Nr. 71.

Endurteil des II. Senats vom 27. Juni 1884 (Entsch. Bd. XI. S. 374).

1) Die in einer Baupolizei-Ordnung enthaltene Bestimmung, daß Gebäude (im vorliegenden Falle ein Schweinestall) in geringerer Entfernung als 10 Fuß vom äußeren Rande der Chausseegräben nicht errichtet werden dürfen, ist zulässig und rechtsgültig (Polizeiverwaltungsgesetz vom 11. März 1850 §. 6 litt. i und §. 12, Ministerial-Verfügung vom 17. September 1827 (v. Kamptz Annalen S. 771), desgl. vom 10. Juni 1834 (a. a. O. S. 551), Anweisung zum Kunststraßenbau vom 21. Dezember 1823, Anweisung zum Bau und zur Unterhaltung der Kunststraßen vom 6. April 1834 §§. 8 und 52).

2) Die Abtrocknung des Chausseekörpers und die Beseitigung aller denselben beeinträchtigenden Anlagen liegt im chausseepolizeilichen Interesse.

3) Unter Umständen sind Dispensationen von den obigen baupolizeilichen Vorschriften zulässig (§. 145 des Zust.-Ges. von 1883).

Nr. 72.

Endurteil des I. Senats vom 11. Oktober 1884 (Entsch. Bd. XI. S. 382).

1) Die Annahme, daß das polizeiliche Verbot einer Versammlung, in welcher öffentliche Angelegenheiten erörtert werden sollen, nach Art. 29 der Verfassung vom 31. Januar 1850 und der Ausführungs-Verordnung vom 11. März 1850 (G.-S. S. 277) unter allen Umständen unzulässig und die Polizei nur berechtigt sei, eine solche Versammlung unter den im letzteren Gesetze ausdrücklich bestimmten Voraussetzungen aufzulösen, ist nicht zutreffend. Das Gegenteil ergibt sich auch nicht aus dem Endurteil vom 6. Juni 1880 (Entsch. Bd. VI. S. 371), vergl. auch das Endurteil vom 26. September 1876 (Entsch. Bd. I S. 347).

2) Der bloße V e r d a c h t unlauterer Motive, der inneren Unwahrhaftigkeit bei der Einrichtung religiöser Versammlungen kann wohl die Gewissen der Nächstbeteiligten belasten und das sittliche Bewußtsein der um den Sachverhalt Wissenden verletzen, allein die Versammlungen selbst bleiben dabei völlig erlaubte.

3) Die Beweggründe, welche den Veranstalter der Versammlung leiten mögen, stehen nicht unter dem Urteil der Polizei, denn diese hat sich lediglich an die Thatsache der Versammlung, wie sie in die Erscheinung tritt, zu halten.

4) In Bezug auf die Sperrung des Verkehrs durch eine Versammlung reicht die Befugnis der Polizei nicht weiter, als thatsächlich polizeiwidrige Zustände eintreten.

5) Die Polizei hat weder die Sorge dafür, daß eine Versammlung nicht gestört werde, noch dafür, daß sich nicht jemand an derselben ärgere.

6) Brüdergemeinden gehören nicht zu den „Sekten"; sie sind nach dem Patent vom 10. April 1789 als „wahre Augsburgische Konfessionsverwandte" anerkannt worden. Hinsichtlich der Andachten derselben bedarf es nicht der Anzeige (§§. 1 und 2 [Schlußsatz] der Verordnung vom 11. März 1850).

7) Aus sanitätspolizeilichen Gründen kann gegen religiöse Versammlungen eingeschritten werden, wenn eine solche derartig überfüllt wäre und ausgedehnt würde, daß die Glieder derselben durch die in dem Versammlungsraume sich bildende Luft einer offenbaren Gefahr für Leben und Gesundheit ausgesetzt würden.

8) Wegen des Begriffes „Gefahr" im Gegensatze zur bloßen „Be-

lästigung" vergl. Entsch. Band IV. S. 418, VI. S. 352, VII. S. 354, 377 u. s. w.

Nr. 73.

Endurteil des I. Senats vom 19. November 1884 (Entsch. Bd. XI. S. 389).

1) Die Polizei hat das Recht, in die Statuten und das Mitgliederverzeichnis auch solcher Vereine Einsicht zu nehmen, welche eine Einwirkung auf öffentliche Angelegenheiten nicht bezwecken.

2) Eine solche Einsicht wird namentlich dann erforderlich, wenn sich die Polizeibehörde in die Lage versetzen will, die öffentliche Ordnung zu überwachen (A. L.-R. II. 17 §. 10; Art. 29 und 30 der Verfassung vom 31. Januar 1850; §. 2 der V. vom 11. März 1850 (G.-S. S. 277)*, §. 6 litt. d und e des Polizeiverwaltungsgesetzes vom 11. März 1850 (G.-S. S. 265).

Nr. 74.

Endurteil des II. Senats vom 29. Januar 1885 (Entsch. Bd. XI. S. 393).

Ein Landrat, welcher eine polizeiliche Verfügung infolge eingelegter Beschwerde des Betroffenen zu Gunsten des letzteren aufgehoben hat, kann diese einmal von ihm aufgehobene Verfügung nicht wieder herstellen, selbst wenn er dazu durch eine Verfügung des Regierungspräsidenten veranlaßt worden ist (§. 127 a. des L.-V.-G. von 1883).

Nr. 75.

Endurteil des I. Senats vom 28. November 1885 (Entsch. Bd. XII. S. 382).

1) Die Polizei kann die Gemeinden, deren Brunnen ein zwar nicht vollständig gutes, aber auch nicht gerade ungesundes Wasser liefern, zu kostspieligen Tiefbohrungen behufs Anlegung neuer Brunnen, um daraus ein absolut reines Trinkwasser zu gewinnen, nur in dem Falle zwangsweise anhalten, wenn sich der gegenwärtige Zustand hinsichtlich des Brunnenwassers als ein wirklicher Notstand darstellt.

2) Dem §. 10 Tit. 17 Teil II A. L.-R.'s darf keine zu weitgehende Bedeutung beigelegt werden (§. 6 des Polizeiverwaltungsgesetzes vom 11. März 1850 — G.-S. S. 265 —; K.-O. vom 24. Februar 1816 (G.-S. S. 108), Gesetz über die Benutzung der Privatflüsse vom 28. Februar 1843 §§. 3, 4 und 6; Reichsstrafgesetzbuch vom 15. Mai 1871 §. 324).

Nr. 76.

Endurteil des I. Senats vom 3. Juni 1885 (Entsch. Bd. XII. S. 388).

Unter bestimmten thatsächlichen Voraussetzungen und lokalen Verhältnissen ist die Polizei wohl befugt, eine Gemeinde zur Herstellung von Bedürfnisanstalten für das auf öffentlichen Straßen verkehrende Publikum anzuhalten (§. 10 Tit. 17 Teil II A. L.-R.'s; §. 3 des Polizeiverwaltungsgesetzes vom 11. März 1850).

Nr. 77.

Endurteil des I. Senats vom 19. September 1883 (Entsch. Bd. XII. S. 391).

1) Die Polizeibehörden sind befugt, von den Eigentümern bewohnter Häuser die Beleuchtung der Hausfluren und Treppen, solange und insofern dieselben durch Tageslicht nicht erhellt werden, zu fordern.

---

*) In den Entscheidungen Bd. XI. S. 389 steht „27" (Druckfehler).

2) Unrichtig ist die Ansicht, daß unter den „Anstalten", welche die Polizei nach §. 17 Tit. 10 Teil II A. L.=R.'s zu treffen hat, nur gemeingültige Gesetze oder Polizeigesetze, nicht aber für den Einzelfall ohne die Unterlage einer polizeigesetzlichen Bestimmung erlassene Verfügungen und Anordnungen zu verstehen seien (A. L.=R. I. 8 §§. 66, 71; II. 17 §§. 10, 11; §. 20 des Polizeiverwaltungsgesetzes vom 11. März 1850).

Nr. 78.

Endurteile des I. Senats vom 1. und 8. April 1885 (Entsch. Bd. XII. S. 397 und 401).

1) Die Polizei ist befugt, in die freie Ausübung der privaten Vermögensrechte, insbesondere des Eigentums und der dinglichen Rechte durch Gebot und Verbot zu Gunsten des gemeinen Wohles einzugreifen.

2) Ausschließlich dem pflichtmäßigen Ermessen der Polizei unterliegt die Frage, ob ein Eingreifen bei „eintretender" Gefahr genügt, oder bereits bei „drohender" Gefahr erforderlich ist, jedenfalls aber bleibt es Voraussetzung der Befugnis zum polizeilichen Einschreiten, daß die Gefahr eine „unmittelbar bevorstehende", eine „imminente" ist und daß sich dieselbe auf andere Weise nicht beseitigen läßt (A. L.=R. I. 8 §§. 33, 34; II. 17 §. 10; Art. 9 der Verfassung vom 31. Januar 1850; Enteignungsgesetz vom 11. Juli 1874; L.=V.=G. von 1883 §§. 127 und 128; Entsch. Band VII. S. 354).

3) Das polizeiliche Eingreifen in Privatrechtsverhältnisse hat überall zur Voraussetzung, daß die mögliche Gefahr von dem betreffenden Dritten bezw. dessen Besitz selbst ausgeht, daß sie für ihre Person oder Sache die Handhabe zu dem polizeilichen Einschreiten bieten.

Nr. 79.

Endurteil des I. Senats vom 24. Juni 1885 (Entsch. Bd. XII. S. 405).

1) Die Bestimmung in §. 2 Nr. 2 des Gesetzes über die Aufnahme neu anziehender Personen vom 31. Dezember 1842 (G.=S. 1843 S. 5) ist nicht unvereinbar mit der Preußischen Verfassungsurkunde und nicht beseitigt durch die spätere Gesetzgebung über die Nebenstrafe der Stellung unter Polizeiaufsicht (cf. das Endurteil des I. Senats vom 24. Februar 1883 — Entsch. Band IX. S. 416 —).

2) Wegen erlittener Vorbestrafungen können Personen von der Landespolizeibehörde aus einem Orte, in welchem sie sich als Neuanziehende einfinden, selbst dann ausgewiesen werden, wenn sie in demselben nach Maßgabe der Armengesetzgebung einen Unterstützungswohnsitz erworben haben.

3) Die beiden Gesetze vom 31. Dezember 1842 (über den Unterstützungswohnsitz und die Aufnahme neu anziehender Personen — G.=S. 1843 S. 5 bezw. S. 8) begründen keineswegs ein „Heimatsrecht" aller Staatsangehörigen in dem Sinne, daß jeder zunächst durch Geburt und event. durch einen längeren Aufenthalt ein Recht erwürbe, in einem gewissen (bestimmten) kommunalen Bezirke unter allen Umständen so lange zu wohnen, bis er das gleiche Recht an einem anderen Orte erworben.

[Anmerkung des Verfassers: Das alte deutsche Heimatsrecht bedeutete nach seinem Gesamtbegriffe die einem Menschen angeborene, volle Angehörigkeit an einem bestimmten Orte. Ausflüsse dieses Heimatsrechtes, welches durch Geburt (Abstammung), ausdrückliche Aufnahme in den Gemeindeverband, auch durch bloßen Zeitablauf (d. h. in bedingter Weise) oder durch Zuweisung einer Heimat seitens der Obrigkeit erworben wurde, waren das Recht auf den Genuß der bürgerlichen Rechte des Aufenthaltes, der Niederlassung, des Gewerbebetriebes, der Verheiratung und Gründung einer Familie, in späterer Zeit auch das Recht auf Armenpflege an dem betreffenden Orte. (Siehe Bornhaks Geschichte des Preußischen Verwaltungsrechtes, Teil I S. 375 ff.) Aus unserer heutigen Reichs-Armengesetzgebung ist der Begriff dieses alten Heimatsrechtes vollständig ausgeschieden, es ist an dessen Stelle das den ursprünglichen ehrwürdigen Begriff der Heimat negierende Recht des Unterstützungswohnsitzes getreten, ein Begriff, welcher, aus der preußischen Armengesetzgebung von 1842 in das Reichsgesetz vom 6. Juni 1870 (B.-G.-Bl. S. 360) und das preußische Ausführungsgesetz vom 8. März 1871 (G.-S. S. 30) übernommen, sich von dem alten Heimatsrechte dadurch unterscheidet, daß das letztere bis zum Erwerbe einer anderen Heimat und zugleich mit dem Verluste der Staatsangehörigkeit verloren gehen konnte. Hierdurch tritt der Begriff der „Heimat" mit deren bezeichnendem Merkmale der Unveränderlichkeit in einen direkten Gegensatz zu dem preußischen System des leicht zu erwerbenden, aber auch leicht zu verlierenden Unterstützungswohnsitzes].

4) „Neu anziehende Personen" sind solche, die einen Wohnsitz oder dauernden Aufenthalt an einem Orte, an dem sie ihn nicht haben, nehmen wollen.

5) Der die Voraussetzungen der Verpflichtung eines bestimmten Ortsarmenverbandes zusammenfassende Ausdruck „Unterstützungswohnsitz" ist keineswegs gleichbedeutend mit dem aktuellen Wohnsitz oder Aufenthalt des Individuums.

6) Wird ein Hilfsbedürftiger thatsächlich durch die Polizei auf Antrag der Kommune an den Ort seines Unterstützungswohnsitzes zurückgewiesen, so erscheint die Anwendung des §. 2 Nr. 2 des Gesetzes vom 31. Dezember 1842, betreffend die neu anziehenden Personen, überhaupt ausgeschlossen, denn es handelt sich in einem solchen Falle überhaupt nicht um den Anzug in Ausübung des Rechtes der Freizügigkeit.

7) Die Polizei ist befugt, nach der Meldung des Anziehenden und aus Anlaß derselben zunächst die erforderliche Information einzuziehen, um auf Grund derselben über die Ausweisung zu beschließen.

8) Eine polizeiliche Ausweisung ist auch ohne vorgängigen Anzug statthaft.

Nr. 80.

Endurteil des I. Senats vom 9. September 1885 (Entsch. Bd. XII. S. 412).

1) Die in §§. 70 und 71 des Reichsmilitärgesetzes vom 2. Mai 1874 (R.-G.-Bl. S. 45) und in den §§. 1 und 2 der Kontrollordnung vom 28. September 1875 (Reichs-Zentralblatt S. 631) genannten Zivilbehörden sind verpflichtet, die Anordnungen, welche die Landwehrbehörden zur Ausübung der Kontrolle treffen, auszuführen, ihren desfallsigen Requisitionen zu genügen und zu diesem Behuf von ihren gesetzlichen Befugnissen der obrigkeitlichen Gewalt Gebrauch zu machen.

2) Gegen eine desfallsige, auf Anweisung der Aufsichtsbehörde erlassene angebliche polizeiliche Verfügung ist das Verwaltungsstreitverfahren aus §§. 127, 128 des L.-V.-G. von 1883 unzulässig.

XIII.

Die Jagd.

A. Jagdscheine.

Vorbemerkung.

Der §. 93 des Zuständigkeitsgesetzes vom 26. Juli 1876, nach welchem gegen Verfügungen des Landrates und der Polizeibehörde eines Stadtkreises, durch welche einem Inländer der Jagdschein versagt oder wieder abgenommen wird, innerhalb zwei Wochen nur die Klage bei den Bezirksverwaltungsgerichten stattfand (§§. 14 u. 15 des Jagdpolizeigesetzes vom 7. März 1850), ist fortgefallen, und es sind jetzt gegen dergleichen Verfügungen die allgemeinen Rechtsmittel (Beschwerde oder Klage) aus §§. 127 ff. des Landesverwaltungsgesetzes vom 30. Juli 1883 gegeben.

Nr. 1.

Bescheid vom 9. Mai 1877 (Entsch. Bd. I. S. 222).

Der Ausdruck „Jagdfrevel" muß auf jedes Zuwiderhandeln gegen eine in Beziehung auf die Jagd und deren Ausübung gegebene Vorschrift bezogen werden (§. 15 des Jagdpolizeigesetzes).

Nr. 2.

Endurteil vom 16. Juni 1877 (Entsch. Bd. II. S. 223).

Die Wiederabnahme eines Jagdscheines unterliegt denselben Voraussetzungen, wie die Versagung desselben.

Nr. 3.

Endurteil vom 19. September 1877 (Entsch. Bd. III. S. 161).

1) Ein neuer Jagdschein kann auf Grund einer Bestrafung wegen Jagdfrevels auch dann noch versagt werden, wenn inzwischen einem früheren Antrage auf Erteilung des Jagdscheines ohne Geltendmachung dieses — bereits damals bekannten — Versagungsgrundes entsprochen worden ist. Es muß nur diese Bestrafung in den Zeitraum von 5 Jahren fallen, welcher im §. 15 Abs. 2 des Jagdpolizeigesetzes bestimmt ist.

2) Nicht mehr anwendbar aus den in der Vorbemerkung angeführten Gründen ist folgender Rechtsgrundsatz:

Die Verfügung, wodurch der Jagdschein versagt wird, ist im Verwaltungsstreitverfahren nicht nur in Bezug auf ihre Gesetzmäßigkeit, sondern — insoweit die Versagung eine fakultative ist — auch in Beziehung auf ihre Angemessenheit zu prüfen, und zwar ebenfalls deshalb, weil es sich hier nicht um eine Wahlklage handelt.

Nr. 4.

Endurteil vom 3. Dezember 1877 (Entsch. Bd. III. 164).

Wenn aus §. 15 des Jagdpolizeigesetzes vom 7. März 1850 geschlossen wird, daß die Versagung oder Entziehung des Jagdscheins nur da, wo das öffentliche Interesse dieselbe erheische, zu erfolgen habe, so liegt darin keineswegs eine Verletzung des Gesetzes, anderseits ist aber hieraus nicht zu entnehmen, es werde in Abrede gestellt, daß bei Ausübung der Jagd durch Private stets das öffentliche Interesse beteiligt sei, denn es soll damit in Beziehung auf die Belassung des Jagdscheines in den Händen dessen, der sich eines Jagdfrevels schuldig gemacht hat, nur ausgeführt werden, daß dieselbe nicht unter allen Umständen das öffentliche Interesse gefährde, und dies entspricht dem Gesetze in sofern, als die Versagung des Jagdscheines nicht geboten, sondern nur zugelassen wird.

Nr. 5.

Endurteil vom 3. April 1878 (Entsch. Bd. IV. S. 214).

1) Wenn der zur Erteilung des Jagdscheines berufene Landrat dieselbe von einer vorgängigen Bescheinigung (einem Leumundszeugnis) des Amtsvorstehers abhängig machen zu dürfen glaubt, so spricht er, indem er es ausdrücklich ablehnt, dem Nachsuchenden die Beibringung dieser Bescheinigung, also die Erfüllung der gestellten Bedingung, zu ermöglichen, dadurch zugleich die Versagung des Jagdscheines selbst aus und muß sich auf eine Klage in Gemäßheit des §. 93 des Zust.-Ges. einlassen. (Siehe jetzt die Vorbemerkung.)

2) Der Nachweis der Berechtigung zur Ausübung der Jagd auf einem bestimmten Jagdgebiete bildet keine Vorbedingung für die Erteilung des Jagdscheines. Die Versagung kann also nicht etwa deshalb erfolgen, weil die Jagd, deren Beschießung der Antragsteller etwa beabsichtigt, bereits anderweit verpachtet sei.

3) Die Erteilung der Jagdscheine gehört ausschließlich zur Zuständigkeit des Landrats bezw. des Polizeiverwalters in den Stadtkreisen.

Nr. 6

Endurteil des II. Senats vom 25. September 1879 (Entsch. Bd. V. S. 200).

1) Auch die Zuwiderhandlung gegen eine auf die Förderung der Sonntagsheiligung abzielende Beschränkung der Jagdausübung fällt unter den Begriff des „Jagdfrevels" im Sinne der Bestimmungen über die Wiederabnahme eines Jagdscheines.

2) Allerdings liegen die Motive derartiger, die Förderung der Sonntagsheiligung bezweckender Beschränkungen der Jagdausübung nicht unmittelbar auf jagdpolizeilichem Gebiete, die dieserhalb ergangenen Verordnungen selbst aber treffen demungeachtet dies Gebiet. Es verhält sich mit ihnen ähnlich wie etwa mit baupolizeilichen Bestimmungen, welche in gesundheits- oder feuerpolizeilichen Motiven wurzeln, oder mit Beschränkungen des Gewerbebetriebes, welche zur Förderung der allgemeinen nächtlichen Ruhe oder ebenfalls der Sonntagsheiligung ergehen. Der Bauhandwerker, der Gewerbetreibende, welcher derartigen Vorschriften zuwider handelt, macht sich einer bau-, einer gewerbepolizeilichen Übertretung schuldig. (R.-Gewerbe-O. §§. 105, 136, 146 Nr. 2).

3) Rechtsmittelrechtfertigungsschrift. (§. 35 Abs. 1 des L.-V.-G. von 1883). Der notwendige Inhalt einer solchen ist vorhanden, wenn sie den Ausdruck der Unzufriedenheit mit der in erster Instanz ergangenen Entscheidung enthält, das Ziel der Beschwerde und etwa in wiederholten Anträgen auf Erhebung eines bereits früher angetretenen Beweises

den Vorwurf gegen den ersten Richter erkennen läßt, daß jener Beweis nicht schon in früherer Instanz erhoben worden sein.

Nr. 7.

Endurteil des II. Senats vom 1. Dezember 1879 (Entsch. Bd. VI. S. 203).

1) Es ist unzulässig, einen einmal erteilten Jagdschein gleich „auf die Dauer von fünf Jahren" wieder zu entziehen. Diese Entziehung kann nur für das eine Jahr erfolgen, für welches der Jagdschein nachgesucht ist.

2) Durch die Schlußworte im Absatz 2 des §. 15 des Jagdgesetzes wird keine andere und weitere Bestimmung als die getroffen, daß eine Versagung des — immer nur für ein Jahr zu erteilenden — Jagdscheines aus den dort angegebenen Gründen dann überhaupt nicht mehr stattfinden dürfe, wenn nach der Verbüßung der Strafe mehr als fünf Jahre abgelaufen sind.

Nr. 8.

Endurteil des II. Senats vom 2. Juni 1881 (Entsch. Bd. VII. S. 253).

1) Die eine-Versagung oder eine Wiederabnahme des Jagdscheines aussprechende Behörde ist dem Betroffenen gegenüber zur Begründung dieser Verfügung in soweit verpflichtet, daß dem Betroffenen die Möglichkeit gewährt wird, die Verfügung in ihren Grundlagen durch das ihm zustehende Rechtsmittel anzugreifen.

2) Mittels Gegenvorstellung gegen eine polizeiliche Verfügung kann eine Verlängerung der Klagefrist in dem Sinne bewirkt werden, daß die Frist erst mit der Zustellung der die Gegenvorstellung zurückweisenden (zweiten) Verfügung beginnt, d. h. vorausgesetzt, daß die Behörde in Veranlassung einer wider ihre Verfügung erhobenen Gegenvorstellung des Betroffenen den Gegenstand der Verfügung einer erneuten Prüfung unterzogen und sich auf Grund dieser Prüfung anderweit in der Sache schlüssig gemacht, auch das Ergebnis dieser ihrer endgültigen Entschließung durch einen neuen, obschon die frühere Verfügung inhaltlich aufrecht erhaltenden Bescheid zum Ausdruck gebracht hat.

Nr. 9.

Endurteil des II. Senats vom 18. September 1884 (Entsch. Bd. XI. S. 293).

1) Der Begriff der „Gefährdung der öffentlichen Sicherheit" im Sinne des §. 15 des Jagdpolizeigesetzes vom 7. März 1850 umfaßt alles, was nach der Sprache des gewöhnlichen Lebens und der Gesetze sonst darunter verstanden wird, insbesondere also das Gesichertsein der Unterthanen des Staates vor gewaltsamen und widerrechtlichen Angriffen in Ansehung ihrer Person, ihrer Ehre, ihrer Rechte und ihres Vermögens. Alle diejenigen, von denen eine Gefährdung der öffentlichen Sicherheit in diesem Sinne zu besorgen wäre, sollen von der Erteilung des Jagdscheines ausgeschlossen sein.

2) Der Verlust des Rechtes, Waffen zu führen, konnte nur in den Landesteilen vorkommen, in denen das rheinische Recht gilt, dasselbe ist dem Reichsstrafgesetzbuche fremd, auch bezieht sich der §. 15 jetzt nur auf solche Personen, welche infolge eines Strafurteils nicht im Besitze der bürgerlichen Ehrenrechte sind oder unter Polizeiaufsicht stehen (§§. 34 und 38 des Reichs-Straf-Gesetzbuches).

Nr. 10.

Endurteil des II. Senats vom 18. Januar 1886 (Entsch. Bd. XII. S. 329).

Es ist auch nach neuerem Rechte daran festzuhalten, daß das Jagdpolizeigesetz vom 7. März 1850 im §. 15 neben der „Versagung" des Jagdscheins — im engeren Sinne — zugleich die „Wiederabnahme" desselben vorsieht. An die Stelle des §. 93 des Zust.-Ges. vom 26. Juli 1876 ist zwar eine gleiche Vorschrift des Zust.-Ges. vom 1. August 1883 nicht getreten (cf. die Vorbemerkung), allein der in dem Endurteil vom 16. Juni 1877 (oben sub 2) mitgeteilte Grundsatz ist unberührt geblieben.

B. Jagdbezirke und Jagdverpachtung.

Vorbemerkung.

An die Stelle der §§. 60 und 87 des Zuständigkeitsgesetzes vom 26. Juli 1876 sind die §§. 24 und 104 Nr. 1 des Zuständigkeitsgesetzes vom 1. August 1883 getreten, der §. 88 des ersteren Gesetzes ist fortgefallen und findet seinen Ersatz in den §§. 7 und 24 des Zust.-Ges. von 1883 in Verbindung mit §. 9 des Jagdpolizeigesetzes vom 7. März 1850.

Nr. 1.

Endurteil vom 14. Januar 1878 (Entsch. Bd. III. S. 169).

1) Als „Gemeindebehörde" im Sinne des Jagdpolizeigesetzes vom 7. März 1850 (G.-S. S. 165) haben diejenigen Organe der Gemeinde zu gelten, welche zuständig sein würden, wenn es sich nicht um eine Jagd-, sondern um eine Gemeindeangelegenheit handelte, und

2) als „Aufsichtsbehörde" die diesen Organen vorgesetzte Behörde, welche die Aufsicht über die Gemeindeangelegenheiten führt.

3) Die Gemeindebehörde in den ländlichen Gemeinden der sechs östlichen Provinzen bilden der Schulze und die Schöppen. Zur Verbindlichkeit eines von der Gemeindebehörde abgeschlossenen Jagdpachtvertrages, wie zur Gültigkeit jeder Urkunde über Rechtsgeschäfte, welche die Besitzer der den gemeinschaftlichen Jagdbezirk bildenden Grundstücke verbinden sollen, ist außer der Unterschrift des Schulzen und der Beidrückung des Gemeindesiegels die Unterschrift der Schöppen erforderlich. Bei Meinungsverschiedenheiten der Mitglieder der Gemeindebehörde untereinander und im Falle der Verweigerung der Unterschrift seitens einzelner derselben hat die Kommunalaufsichtsbehörde zu entscheiden, ob die Gründe des die Unterschrift Verweigernden stichhaltig sind oder nicht. Liegt eine Entscheidung der Kommunalaufsichtsbehörde vor, welche die Weigerung, den Jagdpachtvertrag zu vollziehen, für ungerechtfertigt erklärt, so muß die Disziplinarbehörde für berechtigt erachtet werden, gegen den Widerstrebenden mit Disziplinarstrafen vorzugehen.

4) Was in dieser Entscheidung auf Grund des §. 60 des Zust.-Ges. von 1876 gesagt worden ist, trifft nicht mehr zu (siehe Vorbemerkung). Der Ministerial-Bescheid vom 12. Oktober 1874 (Min.-Bl. d. i. V. S. 247) erhält dadurch wieder Bedeutung.

Nr. 2.

Endurteile des II. Senats vom 27. Juni 1878 (Entsch. Bd. IV. S. 218), desgl. vom 20. Mai, 27. Mai und 7. Oktober 1878 (S. 222—224).

In diesen Erkenntnissen ist die Frage behandelt, inwieweit gegen erstinstanzliche Entscheidungen der Bezirks-Verwaltungsgerichte (jetzt der

Bezirksausschüsse) über Anordnungen der Behörden, welche die Ausübung des Jagdrechtes auf eignem Grund und Boden oder den Ausschluß isoliert belegener Höfe von dem gemeinschaftlichen Jagdbezirke untersagen oder den Ausschluß eines vom Walde begrenzten Grundstückes aus dem gemeinschaftlichen Jagdbezirke verfügen, ein weiteres Rechtsmittel im Verwaltungsstreitverfahren oder nur der ordentliche Rechtsweg stattfindet.

Mit Rücksicht auf den damals noch geltenden Abs. 2 des §. 4 des Zuständigkeitsgesetzes vom 26. Juli 1876 hat das Ober-Verwaltungsgericht jene Frage im Sinne der zweiten Alternative, also dahin entschieden, daß nur der ordentliche Rechtsweg zulässig sei. Dies hat sich jetzt geändert, denn jener §. 4 ist aufgehoben, und es findet nunmehr im Verwaltungsstreitverfahren der volle Instanzenzug statt. (§. 160 des Zust.-Ges. von 1883). Die vorgedachten Endurteile sind also in dieser Beziehung als gegenstandslos anzusehen, indessen enthalten dieselben doch noch folgende wissenswerte Ausführungen:

1) Das Verbot der Ausübung der Jagd auf gewissen Grundstücken, weil diese nicht mehr den Erfordernissen eines selbständigen Jagdbezirks entsprächen, sondern als dem Gemeindejagdbezirke zugehörig zu betrachten seien, und die dieserhalb erlassene Verfügung hat nicht etwa die Wahrung irgend eines neben den Rechten der Teilnehmer des gemeinschaftlichen Jagdbezirks noch besonders bestehenden öffentlichen Interesses im Auge; vielmehr ist dieselbe nur als eine zwischen den Beteiligten ergangene Entscheidung der Frage anzusehen, ob die Jagd auf jenen Grundstücken — sei es persönlich oder mittels Verpachtung an einen Dritten — ausgeübt werden darf, oder ob die Grundstücke dem gemeinschaftlichen Jagdbezirke der Gemeinde einzuverleiben sind. Dies ist eine Rechtsfrage, über welche jetzt aber die Verwaltungsgerichte auch in höherer Instanz zu entscheiden haben.

2) Das Jagdrecht ist ein Teil der im Eigentume liegenden Befugnisse und gehört zu dem Privatvermögen des Grundstückseigentümers als Zubehör des Grund und Bodens. Die Ausübung dieses Rechtes unterliegt nur denjenigen Beschränkungen, welche die allgemeinen und besonderen jagdpolizeilichen Vorschriften dem Eigentümer auferlegen. Das Gesetz vom 7. März 1850 hat die Ausübung unter anderem in der Art geregelt, daß unter den daselbst angegebenen Bedingungen der Grundstückseigentümer die Jagd entweder für sich ausüben darf, oder daß er dem durch das Gesetz selbst gebildeten Verbande der Beteiligten eines gemeinschaftlichen Jagdbezirks beitreten muß — eine Verpflichtung, welcher das Recht der übrigen Verbandsgenossen entspricht, den Beitritt des Einzelnen zu verlangen. Die Frage, ob hiernach ein Grundstückseigentümer einen Teil seines Privatvermögens — die Jagd — lediglich für sich nutzen darf oder vielmehr in das gemeinschaftliche Vermögen einer Gesellschaft einwerfen muß und nur nach deren Verfassung verwerten kann, betrifft Sachen und Rechte, welche einen Gegenstand des Privateigentums ausmachen, und würde endgültig durch den ordentlichen Richter zu entscheiden sein, wenn nicht jetzt die Verwaltungsgerichte zuständig wären.

3) Ebenso werden die verwandten Fragen zu beurteilen sein, ob der Besitzer eines innerhalb des Jagdbezirks einer Gemeinde belegenen Sees oder isolierten Hofes zur eignen Ausübung der Jagd berechtigt ist, ob ferner der Eigentümer eines Waldes zu beanspruchen hat, daß ihm die Ausübung der Jagd auf seiner Waldenklave pachtweise überlassen werde.

4) Als alleinige Ausnahme von der Regel ist die vorläufige Feststellung der Pachtentschädigungen, welche dem Kreis- (Stadt-)Ausschuß an Stelle des

Landrats nach §. 7 Abs. 2 des Gesetzes vom 7. März 1850 „vorbehaltlich des ordentlichen Rechtsweges“ übertragen ist, zu merken.

Nr. 3.

Endurteil des II. Senats vom 31. Oktober 1878 (Entsch. Bd. IV. S. 226).

Eine Verfügung, die den Ausschluß eines von einem Walde begrenzten Grundstückes aus dem gemeinschaftlichen Jagdbezirke ablehnt (§. 7 des Jagdpolizeigesetzes), fällt nicht unter den Begriff derjenigen „polizeilichen Verfügungen“, welche nach Maßgabe der §§. 127 ff. des L.-V.-G. vom 30. Juli 1883 durch Beschwerde oder Klage angefochten werden können. Denn der Gesetzgeber hat — im Gegensatze zur Verweigerung eines polizeilichen Einschreitens für das Publikum oder einzelne Glieder des Publikums — nur positive Anordnungen der Polizeibehörden — Verfügungen, welche eine Handlung oder eine Unterlassung fordern bezw. den Gebrauch eines dem Beteiligten an sich zustehenden Rechts einschränken — im Auge gehabt. Im vorliegenden Falle ist nur die Beschwerde bei der Aufsichtsbehörde zulässig.

Nr. 4.

Endurteil des II. Senats vom 3. Januar 1879 (Entsch. Bd. V. S. 186).

1) In allen Fällen, in welchen die Besitzer zur Ausübung des Jagdrechtes auf eignem Grund und Boden — außerhalb des gemeinschaftlichen Jagdbezirks — kraft des Gesetzes befugt sind, also in den Fällen der §§. 2, 3, 7 Abs. 3 und 4 des Jagdpolizeigesetzes, bedarf es nicht erst der Anerkennung dieser Befugnis durch eine obrigkeitliche Anordnung, um dieses Recht zur Geltung gelangen zu lassen.

2) Der Besitzer des realen Teiles eines Sees ist zur eignen Ausübung des Jagdrechtes auf demselben nur dann befugt, wenn derselbe im Sinne des Jagdgesetzes einen See bildet, d. h. wenn er sich als ein größtenteils umschlossenes, gegen die Nachbargrundstücke abgeschlossenes Gewässer darstellt. (§. 2. lit. c. des Jagdpolizeigesetzes.) Diese Voraussetzungen treffen bei Teilen von Seen der Regel nach nicht zu, da es eben an der gleichmäßigen Abschließung der einzelnen Teile gegeneinander fehlt.

3) Ausnahmen können allerdings eintreten, sofern der fragliche Teil des Sees, auch für sich allein betrachtet, einen See darstellt, und dies kann der Fall sein, nicht allein, wenn ein See aus mehreren miteinander verbundenen Seen besteht, sondern unter Umständen vielleicht sogar schon dann, wenn ein verhältnismäßig unerheblicher, seiner Größe und seiner Lage nach nicht in Betracht zu ziehender Teil der Wasserfläche dem Besitzer des Sees nicht gehört.

Nr. 5.

Endurteil des II. Senats vom 13. März 1879 (Entsch. Bd. V. S. 196).

1) Zu dem Erlaß der im §. 91 des Zuständigkeitsgesetzes von 1876 bezeichneten Anordnungen ist nicht die Gemeindebehörde, auch nicht die Kommunalaufsichtsbehörde, sondern der Landrat als Jagdpolizeibehörde zuständig.

2) Entsteht bei der Bildung der Jagdbezirke Streit zwischen der Mehrheit der Grundbesitzer des Gemeindebezirks und einem einzelnen Besitzer darüber, ob dieser vermöge der Größe oder der Lage seines Grundstücks zur

eignen Ausübung der Jagd berechtigt sei (§. 2 des Jagdpolizeigesetzes), bezw. sich von dem gemeinschaftlichen Jagdbezirke ausschließen dürfe (§. 5 a. a. O.), oder ob vielmehr das Grundstück des einzelnen Besitzers dem gemeinschaftlichen Jagdbezirke zuzuschlagen sei, so ist darüber im Rechtswege zu entscheiden, und daraus, daß das Zuständigkeitsgesetz gegen die vorläufige Anordnung der Polizeibehörde noch eine Klage im Verwaltungsstreitverfahren gegeben hat, folgt keineswegs, daß dieser Weg erst beschritten werden müßte, um einen Anspruch vor dem ordentlichen Richter vorzubereiten.

3) An die Stelle des §. 91 des Zust.-Ges. von 1876 ist jetzt der §. 105 des Zust.-Ges. vom 1. August 1883 getreten, wodurch diese Grundsätze modifiziert werden.

Nr. 6.

Endurteil des II. Senats vom 23. Oktober 1879 (Entsch. Bd. VI. S. 197).

Gegen eine Anordnung des Kreisausschusses, daß von einem die Jagdausübung auf den Grundstücken eines Gemeindebezirks betreffenden Pachtvertrage eine außer räumlichem Zusammenhange mit jenem Grundstücke belegene Parzelle von weniger als 300 Morgen ausgeschlossen bleibe (§. 2 des Jagdpolizeigesetzes), findet das Verwaltungsstreitverfahren nicht statt. Der §. 91 des Zuständigkeitsgesetzes von 1876 ist hier nicht anwendbar, teils weil es sich nicht um die Ausübung der Jagd „auf eigenem Grund und Boden" handelt, teils weil der Kreisausschuß keine Polizeibehörde ist.

Vergl. jetzt den §. 105 des Zust.-Ges. vom 1. August 1883.

Nr. 7.

Endurteil des II. Senats vom 17. März 1881 (Entsch. Bd. VII. S. 246).

1) Die Vorschriften im §. 12 des Jagdpolizeigesetzes (mehrfache Verpachtung einer Jagd) hat die Bedeutung, daß das Jagdrecht auf einem und demselben Jagdbezirke immer nur einmal und zwar höchstens an drei Personen, welche alsdann gemeinschaftlich die Nutzung ausüben und gemeinschaftlich für die Erfüllung des Kontraktes und für die Beobachtung der gesetzlichen Vorschriften verhaftet sind, niemals aber gleichzeitig an mehrere einzelne Personen verpachtet werden darf.

Wird dieser Vorschrift entgegen gehandelt, so liegt es in den Befugnissen der zuständigen Polizeibehörde, den unberechtigten Pächtern die Ausübung der Jagd bis auf weiteres zu untersagen.

2) Die Jagdpolizei ist durch das Gesetz vom 7. März 1850 ausdrücklich dem Landrat übertragen und durch §. 59 der Kr.-O. auf den Amtsvorsteher nicht übergegangen.

Nr. 8.

Endurteil des II. Senats vom 25. September 1882 (Entsch. Bd. IX. S. 143).

Unter einem „Walde" im Sinne des §. 7 des Jagdpolizeigesetzes vom 11. März 1850 kann nach der Sprechweise des gewöhnlichen Lebens, welche auch die des Gesetzgebers ist, zunächst nichts anderes verstanden werden, als eine mit Holz bestandene, oder doch zur Holzzucht oder Holznutzung gebrauchte Fläche, während es unthunlich erscheint, *Vorländereien*, die weder mit Holz bestanden sind, noch nach der bisherigen Art ihrer Benutzung der Holzzucht gedient haben oder dienen, sondern in anderer Art als Äcker, Wiesen oder Weiden verwertet werden, als „Wald" zu bezeichnen oder zu behandeln. Ob derartige Vorländereien mit dem dahinter liegenden Walde in der Hand *eines* Eigentümers sind, ist unerheblich.

Nr. 9.

Endurteil des II. Senats vom 11. Dezember 1882 (Entsch. Bd. IX. S. 149).

1) Der mit dem Rechte auf den Jagdertrag verbundene, aber nicht eigentümliche Besitz eines mindestens 300 Morgen großen Areals begründet nicht im Sinne des §. 2a. des Jagdpolizeigesetzes vom 7. März 1850 eine unmittelbare gesetzliche Befugnis zur eignen Ausübung der Jagd im Gegensatze zu der aus dem Eigentum abgeleiteten Befugnis.

2) Von keinem Einflusse auf die Entscheidung einer Verwaltungsstreitsache ist es, welche Anschauungen die maßgebenden Behörden bisher geleitet haben, entscheidend ist allein das Gesetz. (Vergl. hiermit den Rechtsgrundsatz in dem Endurteile vom 23. Januar 1878 — Entsch. Band III. S. 367 — betreffend den „Standpunkt", auf welchen sich der Verwaltungsrichter hinsichtlich der Rechtsmittelfristen gestellt hat.)

Nr. 10.

Endurteil des II. Senats vom 27. September 1883 (Entsch. Bd. X. S. 156).

Nach Aussonderung der zur eignen Ausübung der Jagd geeigneten Realitäten eines Gemeindebezirks bilden alle übrigen Grundstücke dieses Gemeindebezirks im Sinne der §§. 2 und 4 des Jagdpolizeigesetzes vom 7. März 1850 einen gemeinschaftlichen Jagdbezirk auch dann, wenn sie keinen land- und forstwirthschaftlich benutzten Flächenraum von 300 Morgen im Zusammenhange umfassen.

Nr. 11.

Endurteil des II. Senats vom 8. September 1884 (Entsch. Bd. XI. S. 289).

Das durch §. 7 des Jagdpolizeigesetzes vom 7. März 1850 begründete Recht des Waldeigentümers auf Anpachtung, oder die Pflicht des Grundeigentümers, die Jagd ruhen zu lassen, besteht nicht auch in Ansehung solcher, zum größten Teile von Wald umschlossener Grundflächen, welche sich zugleich als körperliche Teile eines über 300 Morgen großen und einen eignen Jagdbezirk bildenden Areals darstellen.

Nr. 12.

Endurteil des II. Senats vom 22. Dezember 1884 (Entsch. Bd. XI. S. 298).

1) An die Stelle des §. 91 des Zust.-Ges. vom 26. Juli 1876 ist der §. 105 des Zust.-Ges. vom 1. August 1883 getreten. Der in der ersteren Bestimmung vorbehaltene ordentliche Rechtsweg ist jetzt fortgefallen, und es soll auch über die Entschädigungsfrage der Konnexität wegen eine verwaltungsgerichtliche Entscheidung erfolgen. Dieselbe bezweckt aber eine positive Regelung des Pachtverhältnisses und kann deshalb nicht mit einer bloßen Zurückweisung der bezüglichen Anträge wegen Unzulänglichkeit der angebotenen Entschädigung endigen.

2) Wenn nicht allein über die Höhe des Pachtzinses, sondern auch über die Dauer der Pachtzeit gestritten wird, so ist zunächst mit den Parteien auf die Stellung sachgemäßer Anträge hinzuwirken (§. 41 des Gesetzes vom 3. Juli 1875, jetzt §. 71 des L.-V.-G. vom 30. Juli 1883), und wenn es hinsichtlich der Pachtzeit zu einer Einigung nicht kommt, so ist auch darüber zu erkennen, unter der Erwägung, ob etwa in der Vor-

schrift des §. 10 Abs. 2 des Jagdpolizeigesetzes vom 7. März 1850 auch für Verträge der vorliegenden Art ein Anhalt zu finden ist.

3) Die Höhe der Entschädigung ist nach dem „Ertrage der Jagd" zu bemessen, also nach der konkreten Ergiebigkeit der zu verpachtenden Fläche, anderseits sind die Ausdehnung des Terrains und daneben manche andere Faktoren maßgebend, z. B. das häufige Vorkommen gewisser Wildarten.

XIV.

Der Waldschutz.

Nr. 1.

Endurteil des II. Senats vom 7. Februar 1882 (Entsch. Bd. VIII. S. 176).

1) Betreffs der Verteilung der Parteirollen im Streitverfahren über Anträge auf Anordnungen von Waldschutzmaßregeln (Ges. vom 6. Juli 1875 — G.=S. S. 416 —) ist grundsätzlich angenommen, daß der Kreis, welcher den Antrag auf Erlaß der im §. 2 a. a. O. vorgesehenen Anordnungen gestellt hat, als der Kläger anzusehen und zu bezeichnen ist, und daß die dem Kläger widersprechenden Besitzer der gefahrbringenden Grundstücke als die Beklagten auftreten.

2) Die Befugnis des Verwaltungsrichters, die von ihm für erforderlich erachtete Einnahme des Augenscheins an Ort und Stelle durch das ganze Gericht und nicht etwa bloß durch eins seiner Mitglieder stattfinden zu lassen, kann nicht bezweifelt werden (§§. 46, 62 des Verwaltungsgerichtsgesetzes, jetzt §§. 76 und 92 des L.=V.=G. vom 30. Juli 1883).

3) In betreff der Auswahl der zuzuziehenden Sachverständigen, sowie der Bestimmung der Zahl derselben ist der Verwaltungsrichter durch gesetzlichen Bestimmungen nicht beschränkt; ebensowenig ist es ihm versagt, an Stelle der zuerst ernannten nach seinem Ermessen andere zu ernennen (§. 369 der Zivilprozeß=Ordnung vom 30. Januar 1877).

4) Auch besteht keine Verpflichtung für ihn, gerade die von den Parteien vorgeschlagenen Sachverständigen und nur diese zuzuziehen.

5) Eine Verpflichtung des Richters, die zugezogenen Sachverständigen zu beeidigen, ist nicht anzuerkennen, insbesondere auch nicht aus dem §. 46 des Verwaltungsgerichtsgesetzes vom 3. Juli 1875 (jetzt §. 76 des L.=V.=G. vom 30. Juli 1883), welcher in dieser Beziehung ein mehreres nicht als die Befugnis des Gerichts, Sachverständige eidlich zu vernehmen, ausspricht.

6) Ein wesentlicher Mangel des Verfahrens ist nicht darin zu finden, wenn der Richter den Sachverständigen die schriftliche Einreichung ihres Gutachtens aufgibt und eine mündliche Vernehmung derselben nicht stattfindet (§. 376 der Zivilprozeß=Ordnung vom 30. Januar 1877, §. 47 des Gesetzes vom 3. Juli 1875, jetzt §. 77 des L.=V.=G. vom 30. Juli 1883).

7) Hat eine Augenscheinseinnahme stattgefunden, so muß das Ergebnis unter Zuziehung der Parteien gehörig zu Protokoll genommen werden (§. 47 Abs. 2 des Gesetzes vom 3. Juli 1875, jetzt §. 77 des L.=V.=G. vom 30. Juli 1883).

8) Der Entscheidung des zuständigen Waldschutzgerichtes muß darüber, ob und welche Maßregeln in jedem einzelnen Falle auf den bei ihm eingebrachten bezüglichen Antrag anzuordnen sind, eine kommissarische Verhandlung vorausgehen. Ist dies nicht geschehen, so liegt darin ein wesentlicher Mangel des Verfahrens (§§. 2, 7—13 des Gesetzes vom 6. Juli 1875).

9) An die Stelle des §. 34a. des Gesetzes vom $\frac{\text{3. Juli 1875}}{\text{2. August 1880}}$ ist der §. 59 des L.-V.-G. vom 30. Juli 1883 getreten.

Nr. 2.

Endurteil des II. Senats vom 22. Oktober 1883 (Entsch. Bd. X. S. 170).

1) Wenn auch die bei der Bildung einer Waldgenossenschaft Beteiligten, welche dem Statut in der mündlichen Verhandlung vor dem Kommissar (§ 35 des Gesetzes vom 6. Juli 1875) zugestimmt haben, in dem hieran sich anschließenden Streitverfahren vor dem Waldschutzgerichte in die Stellung der Kläger eintreten, so erscheint es doch nicht thunlich, die Grundsätze über die Zulässigkeit der Zurücknahme der Klage, wie sie im allgemeinen für das Verwaltungsstreitverfahren gelten, hier ohne weiteres anzuwenden.

2) Bei dem Verfahren über die Bildung einer Waldgenossenschaft liegt der Schwerpunkt in den Verhandlungen vor dem vom Waldschutzgerichte zu ernennenden Kommissar (§§. 32, 34, 35, 37 des Gesetzes vom 6. Juli 1875).

3) Ein Beteiligter, der zunächst bei der mündlichen Verhandlung vor jenem Kommissar dem Statute zustimmte, kann im Laufe des nachfolgenden Streitverfahrens diese Zustimmung mit der Wirkung, daß durch sein Ausscheiden die frühere Stimmenmehrheit zur Minderheit wird, nicht wieder zurückziehen.

Nr. 3.

Endurteil des II. Senats vom 9. Februar 1885 (Entsch. Bd. XI. S. 279).

1) Was in dieser Entscheidung von der Thätigkeit der „Deputation für das Heimatwesen" in der Provinz Hessen-Nassau gesagt worden ist, trifft nach Einführung der Verwaltungsgesetze von 1883 nicht mehr zu (§. 7 Abs. 3 des Landesverwaltungsgesetzes vom 30. Juli 1883).

2) Den in dem Gesetze vom 6. Juli 1875 vorgesehenen Schutzmaßregeln unterliegen keineswegs ausschließlich Waldgrundstücke und nicht auch bloß nutzbare Grundstücke.

3) Die Frage des Verhältnisses zwischen dem abzuwendenden Schaden und den aus der Einschränkung der Eigentümer erwachsenden Nachteilen scheidet zunächst aus, wenn vorab darüber entschieden wird, ob eine Gefährdung im Sinne des Gesetzes vom 6. Juli 1875 vorliegt (§§. 1, 2, 7, 8, 10, 12 dieses Gesetzes).

4) Hat das Berufungsgericht ein Gesuch um Ablehnung eines Richters für unbegründet erklärt, so darf dasselbe nicht in der Sache selbst erkennen, ohne zunächst der Partei die Beschwerde offen zu halten (§§. 33, 34 des Gesetzes vom 3. Juli 1875, jetzt §§. 61, 62 des Landes-Verwaltungsgesetzes vom 30. Juli 1883).

XV.

Die Fischerei.

Das Fischereigesetz für den preußischen Staat vom 30. Mai 1874 (G.=S. S. 197) hat mancherlei Abänderungen und Ergänzungen erfahren, und zwar sehr wesentliche durch das Gesetz vom 30. März 1880 (G.=S. S. 228) und für die Rheinprovinz und den Regierungsbezirk Wiesbaden durch die Verordnungen vom 23. Juli 1886 (G.=S. S. 189 und 197).

Die früheren Ausführungs=Verordnungen sind zusammengestellt in den Büchlein „Fischerei=Gesetzgebung des preußischen Staates“ von Kletke. Berlin 1874, auch findet man zahlreiche Erläuterungen in den verschiedenen Jahrgängen der Wochenschrift „Selbstverwaltung“, in den dazu 1883 erschienenen R. O. Weberschen und den späteren Spezialregistern unter dem Stichworte „Fischerei“.

Wegen der Zuständigkeiten sind jetzt maßgebend die §§. 98—102 des Zust.=Ges. vom 1. August 1883.

Nr. 1.

Endurteil des II. Senats vom 14. Dezember 1878 (Entsch. Bd. IV. S. 382).

1) Wenn ein zur Fischerei in einem Gewässer Berechtigter behauptet, dieses Gewässer sei als ein geschlossenes im Sinne des §. 4 des Fischereigesetzes vom 30. Mai 1874 (G.=S. S. 523) anzusehen, diese Behauptung aber von dem zuständigen Amtsvorsteher — in dessen Amtsbezirk das Gewässer liegt, der mithin die Fischereipolizei bezüglich des Gewässers zu verwalten hat (§. 59 Nr. 1 der altländischen Kreis=Ordnung, §. 46 des Fischereigesetzes) — bestritten wird, so liegt eine Streitigkeit vor, worüber im Verwaltungsstreitverfahren zwischen dem Fischereiberechtigten einerseits und dem Amtsvorsteher anderseits von dem Bezirks=Verwaltungsgerichte (jetzt dem Bezirksausschusse) auf Grund des §. 120 des Zust.=Ges. von 1876 (jetzt §. 102 des Zust.=Ges. von 1883) zu entscheiden ist. Der Amtsvorsteher hat in diesem Verfahren das öffentliche Interesse zu vertreten.

2) Bei Prüfung der Frage, ob das qu. Gewässer ein geschlossenes sei, hat der Verwaltungsrichter auch die Zwischenfrage, ob der Fischfang in demselben einem Berechtigten zustehe, ebenfalls mit zu entscheiden, ohne daß der später event. anzurufende Zivilrichter hieran gebunden wäre.

3) Daß dem Kläger die Fischerei allein zustehe, hat er selbst zu beweisen, ebenso die andere Voraussetzung, daß ein Fischwechsel in andere Gewässer nicht stattfinden könne. Über das Ergebnis der Beweisführung hat der Verwaltungsrichter auf Grund des §. 49 des Verwaltungsgerichtsgesetzes von 1875 (jetzt §. 79 des L.=V.=G. vom 30. Juli 1883) nach freier Überzeugung zu entscheiden.

4) Ist der Amtsvorsteher etwa als Eigentümer oder als naher Angehöriger des Eigentümers oder sonst bei dem Ausgange der Sache beteiligt, so muß für ihn ein Stellvertreter ernannt werden.

Nr. 2.

Endurteil des II. Senats vom 18. November 1880 (Entsch. Bd. VII. S. 285).

Diejenige Behörde, welche nach §. 16 des Fischereigesetzes vom 30. Mai 1874 (G.=S. S. 197) als „Aufsichtsbehörde“ dazu berufen ist, die Anzeige desjenigen, der in nicht geschlossenen Gewässern die Fischerei betreiben will,

tgegenzunehmen und die Bescheinigung über die erfolgte Anzeige zu er-
len, ist in den Kreisordnungs-Provinzen der Amtsvorsteher.

Gegen eine Verfügung, mittels welcher diese Bescheinigung versagt wird, idet die Klage im Verwaltungsstreitverfahren statt.

Nr. 3.

Endurteil des II. Senats vom 31. Oktober 1881 (Entsch. Bd. VIII. S. 239).

1) In betreff des Begriffes eines geschlossenen Gewässers ist als eine für den Wechsel der Fische geeignete Verbindung" (§. 4 Nr. 2 des Fischerei-esetzes vom 30. Mai 1874 — G.-S. S. 197 —) keineswegs nur eine lche anzusehen, welche

a. neben dem Hinausgehen der Fische nach andern Gewässern auch ein Wiederzurückgehen aus diesen gestattet,

b. und zwar ein Hinaus- und Wiederzurückgehen ohne Hindernisse, Beschwerden und Unterbrechungen.

2) Zugegeben kann nur werden, daß durch eine nur für einzelne außer-rdentliche Gelegenheiten — etwa für Fälle einer Überschwemmung oder ines Durchbruchs — offenbleibende Möglichkeit eines vorübergehenden Übertretens von Fischen eine mit dem Begriff des geschlossenen Gewässers unverträgliche Verbindung noch nicht hergestellt wird, anderseits ist es aber u weit gegangen, wenn man erst in einem dauernden, nahezu ununter-rochenen Zustande eine „geeignete Verbindung" erkennen will. Denn schon as Vorhandensein einer auch nur zeitweise wirksam werdenden, übrigens iber „geeigneten" Verbindung schließt den Begriff des geschlossenen Gewässers aus.

3) Das „Fehlen", an welches das Gesetz diesen Begriff knüpft, muß in wenigstens regelmäßig fortdauerndes, ein auch bei besonderen, immerhin iber naturgemäß periodisch wiederkehrenden Verhältnissen (z. B. bei Hochwasser) noch hinlänglich gesichertes sein. Der Möglichkeit eines „Rückwechsels" bedarf es überall nicht, um im gegebenen Falle den Thatbestand einer für den „Wechsel" der Fische geeigneten Verbindung herzustellen.

4) Unter Fischwechsel ist nur das Aufgeben des bisherigen Aufenthalts zu verstehen, es wird dies auch der „Zug der Fische" genannt. Schon die Möglichkeit des „Hinausgehens" der Fische aus einem Gewässer allein genügt, um einen Fischwechsel als vorhanden anzusehen, die Möglichkeit des „Hinauf- oder Zurückgehens" ist dazu nicht erforderlich.

5) Nach dem Min.-R. vom 17. April 1882 (Wochenschrift „Selbstverwaltung", Jahrgang 9. S. 232; Min.-Bl. d. i. V. 1882 S. 166) haben die Oberfischmeister (wo solche bestellt sind) die besondere Fischereipolizei für ihren Bezirk selbständig wahrzunehmen.

Nr. 4.

Endurteil des II. Senats vom 20. November 1884 (Entsch. Bd. XI. S. 274).

1) Ein auf Grund des §. 120 Nr. 1 des Zust.-Ges. von 1876 (jetzt §. 102 Nr. 1 des Zust.-Ges. von 1883) eingeleitetes Verfahren in Streitfällen über die Frage, ob ein Gewässer als ein geschlossenes anzusehen sei, kann nur unter solchen als Kläger bezw. Beklagte auftretenden Parteien Erledigung finden, welche bezüglich jener Frage entweder das öffentliche Interesse zu vertreten berufen sind (der Amtsvorsteher nach §. 59 Nr. 1 der altländischen Kreisordnung, niemals also der Landrat), oder aber ein berechtigtes Privatinteresse verfolgen.

2) Die **Beiladung** (§. 40 des L.-V.-G. von 1853, jetzt §. 70 des L.-V.-G. vom 30. Juli 1883) darf nicht zu dem Zwecke stattfinden, damit eine vom Kläger überall nicht beantragte Verurteilung des Beigeladenen statt einer solchen des ursprünglichen Beklagten erfolge; sie bezweckt nicht, legitimierte Parteien erst zu schaffen, sondern der zwischen den ursprünglich legitimierten Parteien zu erlassenden Entscheidung auch gegenüber dritter, welche gleichfalls berechtigt sind, Wirksamkeit zu verschaffen und auf diese Weise eine Vervielfältigung der Prozesse zu verhüten. Das bringen insbesondere die Worte „die Entscheidung ist auch den Beigeladenen gegenüber gültig" zum Ausdruck.

3) Nur derjenige kann verurteilt werden, gegen welchen der Kläger seinen Antrag auf Verurteilung richtet; niemals kann von Amts wegen dem unrichtigen Beklagten durch Beiladung der richtige Beklagte substituiert werden, auch nicht in der Berufungsinstanz.

4) An die Stelle der §§. 41 und 62 des G.-V.-G. von 1853 sind die §§. 71 und 92 des L.-V.-G. von 1883 getreten.

XVI.

Das Wasser.

Als unentbehrliche Hilfsbücher bei der Bearbeitung dieser Angelegenheiten sind zu bezeichnen:

1. „Wasserrecht und Wasserpolizei im Preußischen Staate." Von Arnold Nieberding. Breslau 1866.
2. „Die preußische Gesetzgebung über Vorflut, die Ent- und Bewässerungen und das Deichwesen, sowie überhaupt in Bezug auf das Wasserrecht." Von Oskar Hahn, Ober-Verwaltungsgerichtsrat. Mit einem Anhange, enthaltend Provinzialgesetze. Zweite Auflage. Breslau 1886.

Über die heutigen Zuständigkeiten ergeben die nachstehend mitgeteilten Rechtsgrundsätze das Erforderliche.

Nr. 1.

Endurteil vom 4. November 1876 (Entsch. Bd. I. S. 273).

1) An der Spitze des §. 43 des Fischereigesetzes vom 30. Mai 1874 (G.-S. S. 197) steht das allgemeine, im §. 50 Nr. 7 durch eine Strafbestimmung ergänzte Verbot, in die Gewässer aus landwirtschaftlichen oder gewerblichen Betrieben Stoffe von solcher Beschaffenheit und in solchen Mengen einzuführen, daß dadurch fremde Fischereirechte geschädigt werden können.

In dem zweiten Absatze wird sodann die Möglichkeit, bei überwiegendem Interesse der Landwirtschaft oder der Industrie das Einführen gleichwohl zu gestatten, mit der Maßgabe gewährt, daß dabei dem Inhalte der Anlage — soweit örtlich zulässig — Einrichtungen vorgeschrieben werden, welche den Schaden für die Fischerei möglichst zu beschränken geeignet sind.

Nach dem dritten (und vierten) Absatze endlich können bei Vernichtung oder erheblicher Beschädigung des Fischbestandes durch solche Ableitungen, welche bei Erlaß des neuen Gesetzes bereits vorhanden waren, oder nach Maßgabe des vorhergehenden Abschnitts gestattet wurden, auf den Antrag der Fischereiberechtigten dem Inhaber der Anlagen gewisse, den Schaden thunlichst abwendende Vorkehrungen im Verwaltungswege aufgegeben werden, deren Kosten indes die Antragsteller zu erstatten haben.

2) Vergl. jetzt §§. 99 Nr. 1, 110, 113 und 161 des Zust.=Ges. vom 1. August 1883.

Nr. 2.

Endurteil vom 10. März 1877 (Entsch. Bd. II. S. 270).

1) Das Recht der „Vorflut" im engeren Sinne besteht in dem Anspruche, daß dem Wasser der durch die Bodenverhältnisse an sich gegebene Ablauf belassen oder doch wieder eingeräumt werde.

Diesem Anspruche gegenüber steht die Befugnis jedes Eigentümers, sein Grundstück gegen das außerhalb der ordentlichen Kanäle und Gräben wild abfließende Wasser zu decken (A. L.=R. I. 8 §. 102). Die letztere Befugnis unterliegt einer Beschränkung nur unter der zwiefachen Voraussetzung, daß:

a. der oberhalb liegende Besitzer durch Veranstaltungen auf seinem Grundstücke das Wasser abzuführen außer stande ist (§. 103 l. c.) und
b. der unterhalb liegende dagegen in der weiteren Ableitung seinerseits durch ein natürliches Hindernis nicht beschränkt ist (§. 104 l. c.).

2) Nur ausnahmsweise wird von dieser letzteren Voraussetzung da abgesehen und — gegen vollständige Entschädigung des unterhalb liegenden Besitzers — ein ordentliches Recht der Vorflut gewährt, wo der daraus dem oberhalb liegenden Besitzer erwachsende Vorteil den Schaden des andern (unterhalb liegenden) beträchtlich überwiegt (§. 105 l. c.).

3) Lediglich aber in diesem Ausnahmefalle kann in Frage kommen und ist zuweilen in Frage gestellt worden, ob nicht dasjenige, auf zum Teil gleichartigen Voraussetzungen beruhende, Verfahren einzutreten hat, zu welchem zunächst behufs künstlicher Entwässerungen nach dem Gesetze vom 15. November 1811 §§. 15 ff. die Verwaltungsbehörden — gegenwärtig die Verwaltungsgerichte (Zust.=Ges. von 1883 §. 68, früher §. 135 III. 1b. der Kr.=O. vom 13. Dezember 1872) — berufen sind, wohingegen für die übrigen innerhalb des gewöhnlichen Rahmens sich bewegenden Streitigkeiten über das Vorflutsrecht kein Gesetz einen Anhalt dafür bietet, daß hier die an sich begründete Zuständigkeit des ordentlichen Richters ausgeschlossen sei (§. 1 der Einleitung zur A. G.=O., §. 13 des Gerichts=Verfassungsgesetzes vom 27. Januar 1877 — R.=G.=Bl. S. 41 —).

4) Hieraus folgt, daß Streitigkeiten zwischen Beteiligten über das „Recht der Vorflut" im engeren Sinne der Entscheidung im ordentlichen Rechtswege unterliegen, dagegen fallen unter den §. 68 des Zust.=Ges. von 1883 nur Anträge auf „Verschaffung von Vorflut".

5) Stellt der unterhalb liegende Grundbesitzer dem Abflusse des von dem oberhalb liegenden Grundstücke kommenden Wassers ein künstliches Hindernis entgegen, so läßt sich das letztere nur im ordentlichen Rechtswege beseitigen, stößt aber das von oben herabkommende Wasser auf dem unterhalb liegenden Grundstücke auf natürliche Hindernisse, so entsteht das außerordentliche Recht auf Vorflut, welches im Verwaltungswege bezw. im Verwaltungsstreitverfahren durchgeführt werden muß.

Nr. 3.

Endurteil vom 12. Mai 1877 (Entsch. Bd. II. S. 277.)

1) An die Stelle des §. 96 des Zust.=Ges. von 1876 ist der §. 66 des Zust.=Ges. von 1883 getreten.

2) Der §. 10 des Vorflutsgesetzes vom 15. November 1811 faßt die „Räumung" eines Grabens (neben der „Auskrautung") nur als einen einzelnen Akt der „Graben=Unterhaltung" auf, als einen Ausfluß der Unterhaltungspflicht. In dem Begriffe der Unterhaltung liegt es aber begründet, daß sich dieselbe nur auf Bestehendes beziehen kann.

3) Es mag nicht unzweifelhaft sein, ob das Gesetz nur den im natürlichen Verfalle, in einem lediglich passiven Verhalten des Unterhaltungspflichtigen begründeten Störungen des bisherigen Bestandes oder auch willkürlichen, durch positives (aktives) Eingreifen des Pflichtigen herbeigeführten Störungen auf dem hier vorbezeichneten Wege entgegengetreten wissen will, immer aber ist daran festzuhalten, daß das Recht auf der einen Seite, die Pflicht auf der andern nicht weiter reicht, als die Beseitigung der eingetretenen Störung, die Wiederherstellung des Zustandes, wie er bis zu der Störung bestand, in Frage steht.

4) Etwaige auf eine Erweiterung der bestehenden Abflußverhältnisse abzielende Neuanlagen liegen außerhalb des Rahmens der durch die Unterhaltungs= oder doch durch die besondere Räumungspflicht begründeten Leistungen, damit aber auch zugleich außerhalb desjenigen Rahmens, auf welchen nach §. 10 des Vorflutsgesetzes das Eingreifen der Polizei sich zu beschränken hat.

5) Die über die Wiederherstellung des früheren Zustandes hinausgehenden Ansprüche könnten entweder nur im Rechtswege oder in der Form der Eröffnung eines förmlichen Entwässerungsverfahrens zum Austrag gebracht werden. Das erstere würde etwa Platz greifen, wenn es sich um die Wiedereröffnung eines auf Grund eines Übereinkommes zugeworfenen und durch eine Drainröhrenleitung ersetzten Grabens handelte, das letztere, wenn die Voraussetzungen vorlägen, unter denen nach Maßgabe der §§. 15 ff. des Vorflutsgesetzes die polizeiliche Feststellung eines förmlichen Entwässerungsplanes erfolgen kann.

Nr. 4.

Endurteil vom 30. Mai 1877 (Entsch. Bd. II. S. 281).

1) Über die Räumung von Wasserläufen im Interesse der Schiffahrt kann im Verwaltungsstreitverfahren nicht entschieden werden.

2) Das Vorflutsgesetz beschränkt die Thätigkeit der Polizeibehörden zwar nicht lediglich auf die Beschaffung der Vorflut, insofern darunter regelmäßig auch die Ableitung des schädlichen und nicht auch die Zuleitung des nötigen und nutzbaren Wassers verstanden wird, allein nach beiden Seiten hin hat jene Thätigkeit nur da einzutreten, wo es sich um das Interesse der Bodenkultur, nutzbarer Anlagen und der Gesundheitspflege handelt.

Nr. 5.

Endurteil vom 15. Oktober 1877 (Entsch. Bd. III. S. 204).

1) Als Streit unter den Beteiligten im Sinne des §. 98 des Zust.=Ges. von 1876 (jetzt §. 66 des Zust.=Ges. vom 1. August 1883) kann der

Fall eines nur der Behörde gegenüber erfolgenden Bestreitens der Verpflichtung nicht angesehen werden. Hierfür sprechen zunächst die Bezugnahmen auf §. 10 des Vorflutsgesetzes vom 15. November 1811, §. 7 des Gesetzes vom 28. Februar 1843 u. s. w.

2) Aus diesen Gesetzen ergibt sich klar, daß der Fall des Streites über die Verpflichtung nur als Inzidenzpunkt in demjenigen Verfahren gedacht ist, mittels dessen die Polizeibehörde die Verpflichteten zur Räumung anzuhalten hat.

3) Das Gesetz überläßt das Hauptverfahren — das Anhalten der Verpflichteten — der Polizeibehörde, die Entscheidung aber überträgt es für den Fall eines Streites unter den Beteiligten dem Kreisausschuß. Die Polizeibehörde gehört also nicht zu den Beteiligten, vielmehr werden darunter nur diejenigen verstanden, welchen eine Leistung von der Polizeibehörde angesonnen wird.

4) Überhaupt wird in der Verwaltungsgesetzgebung das Wort „Beteiligte" in der Regel als Bezeichnung der Interessenten mit Ausschluß der zur Regelung der Angelegenheit berufenen Behörde gebraucht. Die Entscheidung des Kreisausschusses findet auf Grund des §. 98 des Zust.-Ges. von 1876 erst dann statt, wenn dem Herangezogenen ein dritter gegenüber steht und zwischen diesen beiden Streit über die Verpflichtung besteht.

5) Diese Grundsätze sind jetzt nach §. 66 des Zust.-Ges. von 1883 nicht mehr anwendbar, denn das Verfahren ist nunmehr anderweit geregelt und demjenigen in Wegepolizeisachen nachgebildet.

Nr. 6.

Endurteil vom 7. November 1877 (Entsch. Bd. III. S. 211.)

1) Auf Grund des §. 59 der altländischen Kreisordnung, nach welchem dem Amtsvorsteher auch die Verwaltung der Wasserpolizei übertragen ist, hatte ein Amtsvorsteher gelegentlich der Erneuerung einer Wassertreppe im Interesse der Schiffahrt die Einziehung der letzteren bis zur Fluchtlinie des Bollwerks verlangt. Auf Klage entschied das Oberverwaltungsgericht, daß der §. 59 der Kreisordnung in betreff der Wasserpolizei durch den §. 115 Abs. 1 des Zuständigkeitsgesetzes von 1876 (jetzt §. 59 Abs. 2 der Kreisordnungs-Novelle) deklariert sei. Die letztere Bestimmung lautet:

„Unter der nach §. 59 der Kreisordnung vom 13. Dezember 1872 dem Amtsvorsteher übertragenen Wasserpolizei ist die Strom-, Schiffahrts- und Hafenpolizei nicht begriffen."

2) Der Amtsvorsteher war daher nicht berechtigt, im Interesse der Schiffahrt eine polizeiliche Verfügung zu erlassen, vielmehr stand die Befugnis hierzu nur den Landespolizeibehörden und den unter der Aufsicht derselben zur Ausübung der Strom- und Schiffahrtspolizei bestellten Behörden (Wasserbauinspektionen) zu.

3) Der §. 115 Absatz 1 des Zust.-Ges. von 1876 (§. 59 letzter Abs. der Kr.-O.-N.) schließt die gesamte Strom- und Schiffahrtspolizei von der Verwaltung des Amtsvorstehers aus, macht auch keinen Unterschied, ob das Einschreiten der Strom- und Schiffahrtspolizei im örtlichen oder im allgemeinen Interesse notwendig ist. Dadurch unterscheidet sich die dem Amtsvorsteher in §. 59 der Kr.-O. übertragene Wasserpolizei von der Strom- und Schiffahrtspolizei.

Nr. 7.

Endurteil vom 26. Januar 1878 (Entsch. Bd. III. S. 214).

1) Ein Streitverfahren, um eine Polizeibehörde zum Einschreiten gegen Besitzer von Stauanlagen wegen Aufstauens des Wassers über die durch den Merkpfahl festgesetzte Höhe zu veranlassen, ist nicht zulässig.

Dem Verwaltungsrichter steht im Streitverfahren die Rechtskontrolle darüber zu, ob polizeiliche Verfügungen in subjektive Rechte des Einzelnen zu Unrecht eingreifen — sei es, daß diese Verfügungen Anordnungen enthalten, etwas zu thun oder zu unterlassen, sei es, daß amtliche Akte verweigert werden, von denen die Gesetze die Ausübung von an sich im Eigentume oder in sonstigen Rechten des Einzelnen liegenden Befugnissen abhängig machen (die Erteilung polizeilicher Erlaubnis, Konsense, Konzessionen [Pässe, gewisse Atteste] und dergleichen).

2) Dagegen ist die Kontrolle darüber, daß die Polizeibehörden (welche ihre Schuldigkeit nicht thun) von den ihnen durch das Gesetz beigelegten Befugnissen Gebrauch machen und gegen Einzelne zwingend da einschreiten, wo dies innerhalb ihrer gesetzlichen Machtbefugnisse liegt, regelmäßig nicht Gegenstand der richterlichen Thätigkeit im Streitverfahren, sondern Aufgabe der staatlichen Aufsichtsbehörde. Hierüber kann zunächst da kein Zweifel obwalten, wo es sich um den der Polizei anvertrauten Schutz allgemeiner öffentlicher Interessen handelt. Dasselbe gilt auch der Regel nach da, wo das Gesetz Interessen und Rechte Einzelner um ihrer Bedeutung für das öffentliche Wohl willen, oder weil die Hilfe des ordentlichen Richters nicht mit der sachlich gebotenen Schleunigkeit einzutreten vermag, unter einen besonderen polizeilichen Schutz stellt. Auch hier steht grundsätzlich der Befugnis und amtlichen Pflicht der Polizeibehörde, gegen dritte einzuschreiten, kein subjektives, im Streitverfahren verfolgbares Privatrecht des Interessenten gegen die Behörde auf deren Einschreiten gegenüber (Popularklagen).

3) Der §. 9 des Vorflutsgesetzes vom 15. November 1811 macht hiervon keine Ausnahme.

Nr. 8.

Endurteil vom 9. Februar 1878 (Entsch. Bd. III. S. 218).

1) Die Rechtsprechung des Verwaltungsrichters hat überall da einzutreten, wo seitens eines Rechtssubjektes behauptet wird, daß sein Recht durch eine polizeiliche Verfügung gegen das Gesetz verletzt werde.

2) Lediglich die Behauptung der Rechtsverletzung ist die Voraussetzung der Klage, und es fehlt an einem genügenden Anhalt für die Unterscheidung der Fälle, wo derjenige, dem ein Handeln oder Unterlassen aufgegeben wird, hierin eine Verletzung seiner eignen Rechte behauptet, von denen, wo ein dritter sich beschwert, daß die angeordnete Handlung oder Unterlassung in seine Rechte gesetzwidrig eingreife. Deshalb ist auch die Anfechtung einer polizeilichen, die Räumung bezw. Erweiterung eines Wasserlaufes anordnenden Verfügung durch dritte, deren Grundstücken infolge der Ausführung der Verfügung Wasser zugeführt wird, zulässig.

3) Bei Verfügungen, durch welche eine Räumung herbeigeführt werden soll, muß die Polizeibehörde stets den früher bestandenen, durch Vernachlässigung der Räumungspflicht oder durch positives Eingreifen beeinträchtigten Zustand des qu. Grabens im Auge haben, keineswegs aber den Umfang des bestehenden Vorflutsbedürfnisses.

4) Dergleichen Verfügungen dürfen nur die Erhaltung, nicht aber die Erweiterung des bestehenden Wasserabflusses, entgegen dem bisherigen, rechtlich außer Zweifel stehenden Zustande, einschließen.

Nr. 9.

Endurteil vom 23. Februar 1878 (Entsch. Bd. III. S. 226).

1) Der §. 15 des Vorflutsgesetzes vom 15. November 1811 ist nicht auf „stehende Wasser" im Sinne des §. 14 a. a. O., sondern auf jedes der Ableitung bedürfende Wasser zu beziehen.

2) Derselbe betrifft auch keineswegs ausschließlich den Fall, in welchem die Entwässerungsanlage mittels eines ganz neuen Wasserlaufes hergestellt werden soll, vielmehr ist auch der Fall mit einbegriffen, in welchem die Erweiterung eines bereits bestehenden Wasserlaufes in Frage kommt. (Verbreiterung oder Vertiefung vorhandener Gräben, wodurch dieselben dem Entwässerungsbedürfnisse angepaßt werden.)

Nr. 10.

Endurteil vom 27. März 1878 (Entsch. Bd. III. S. 230).

1) Wenn jemand behufs Berieselung seiner Wiesen einen Graben aufstaut und dadurch die oberhalb liegenden Wiesen eines Nachbars überschwemmt, so darf die Polizeibehörde auf Anruf des letzteren nicht mit einem Aufstau-Verbot einschreiten, denn es handelt sich hierbei um einen Privatrechtsstreit, welcher nur vor dem ordentlichen Richter zum Austrag gebracht werden kann.

2) Jedenfalls handelt es sich dabei nicht um die Beseitigung eines gemeingefährlichen Zustandes, und es kann hier weder der §. 13 des Gesetzes über die Benutzung der Privatflüsse vom 28. Februar 1843, welcher ausschließlich materielles Recht enthält, noch der §. 7 desselben Gesetzes, noch der §. 10 des Vorflutsgesetzes vom 15. November 1811 Platz greifen.

3) Die in den letzteren erwähnte „Auskrautung" oder „Räumung" eines Wasserlaufes bezweckt die Erhaltung des Laufes (des Grabens oder Flußbettes) in den seiner Zweckbestimmung entsprechenden Dimensionen.

4) Die so bezeichnete Thätigkeit ist, wie auch die weitere gesetzliche Voraussetzung eines polizeilichen Einschreitens (sobald aus der Vernachlässigung derselben oder aus Mangel an der erforderlichen Tiefe Nachteil entsteht) ersehen läßt, an erster Stelle gegen die natürlichen Veränderungen des Wasserbettes, Versandung, Verschlammung, Verkrautung u. s. w. gerichtet.

5) Kann man nun auch diesen natürlichen Veränderungen solche gleichstellen, welche durch ein positives (aktives) Eingreifen in die natürliche Beschaffenheit des Flußbettes herbeigeführt werden, so erscheint doch die Annahme nicht zulässig, der Gesetzgeber habe dadurch, daß er den Lokalpolizeibehörden die Kontrolle der Räumungspflicht bei Wasserläufen im Interesse der Vorflut übertragen hat, denselben auch allgemein die Kontrolle über die Anlegung und Benutzung von Stauwerken und damit zugleich die Zuständigkeit zu interimistischen Entscheidungen (jetzt den Bescheid auf Einspruch) über das Recht der Benutzung des Wassers übertragen.

Nr. 11.

Endurteil des II. Senats vom 14. Oktober 1878 (Entsch. Bd. IV. S. 264).

1) Auf Veranlassung der städtischen Polizeibehörde ließ ein Magistrat einen Graben zuschütten, an dessen Erhaltung eine Eisenbahngesellschaft ein

Interesse hatte. Letztere klagte bei dem Kreisausschuß auf Aufhebung der betreffenden polizeilichen Verfügung und Wiederherstellung des Grabens seitens des Magistrats. Infolgedessen lud der Kreisausschuß die Eisenbahndirektion als Klägerin, die Polizeibehörde und den Magistrat als Beklagte vor. Der Magistrat machte den Einwand der Inkompetenz des Kreisausschusses ihm gegenüber und das Oberverwaltungsgericht erachtete denselben für zutreffend.

2) In den Gründen ist zunächst zur Erläuterung des §. 40 des Gesetzes vom 3. Juli 1875 (jetzt §. 70 des L.-V.-G. vom 30. Juli 1883) ausgeführt, die nach dieser Bestimmung statthafte Beiladung eines dritten, dessen Interessen durch die zu erlassende Entscheidung berührt werden, setze zunächst immer das Vorhandensein zweier Parteien voraus, zwischen denen die Entscheidung ergehe und deren Rechte in Ansehung des Verfahrens ausschließlich durch die eigne Stellung zu dem Gegenstande des Streites bestimmt würden, keinesfalls aber durch den Zutritt eines dritten eine Einschränkung erfahren könnten. Die Frage der Zuständigkeit der Verwaltungsgerichte könne daher nicht durch thatsächliche oder rechtliche Momente in irgend einer Richtung beherrscht werden, welche aus der Person des Beigeladenen entnommen seien. In der That sei aber auch im vorliegenden Falle die Stadtgemeinde (der Magistrat) nicht bloß Beigeladene, sondern Prozeßpartei im vollen Sinne des Wortes und Mitbeklagte, und zwar habe ihr diese Stellung der erste Richter (der Kreisausschuß) überall entsprechend den eignen, im Laufe der Verhandlungen wiederholt zum unzweifelhaften Ausdrucke gelangten Absichten der klägerischen Eisenbahn selbst angewiesen. Hieraus beantwortet sich die Vorfrage, ob die Stadtgemeinde überhaupt für legitimiert erachtet werden konnte, den Einwand der Unzuständigkeit des Kreisausschusses zu erheben. Diese Vorfrage war zu bejahen, dagegen ist die andere, ob der Kreisausschuß der Stadtgemeinde gegenüber zur Entscheidung im Verwaltungsstreitverfahren kompetent war, zu verneinen.

3) Denn der Streit zwischen der Eisenbahngesellschaft und der Stadtgemeinde hat die Wiedereröffnung eines zugeschütteten Grabens zum Gegenstande, und darüber kann der Kreisausschuß auf unmittelbares Anrufen der Beteiligten nicht entscheiden. Das Gegenteil kann weder aus dem §. 30 des Zuständigkeitsgesetzes (von 1876, später §§. 63 ff. des Organisationsgesetzes, jetzt §§. 127 ff. des L.-V.-G. vom 30. Juli 1883), noch aus §. 100, noch aus §. 98 l. c. (jetzt §§. 66 und 68 des Zust.-Ges. vom 1. August 1883) geschlossen werden. Der §. 30 handelt von polizeilichen Verfügungen, welche hier nicht vorliegen, der §. 100 von Verschaffung der Vorflut, d. h. von Herstellung einer bis dahin nicht vorhanden gewesenen Vorflutsanlage, und hat mit dem Anspruche auf Wiederherstellung eines verschütteten Grabens überhaupt keinen Zusammenhang; nach §. 98 l. c. und §. 10 des Vorflutsgesetzes vom 15. November ist zunächst nicht der Kreisausschuß, sondern die Polizeibehörde zuständig. Weder diese Bestimmung, noch irgend eine andere gestattet, Anträge auf Räumung eines verfallenen oder auf Wiedereröffnung eines verschütteten Grabens gegen die Beteiligten mit Umgehung der Ortspolizeibehörde unmittelbar bei dem Kreisausschusse anzubringen. Der Eingang des §. 98 l. c.: „Entsteht unter den Beteiligten Streit" bezieht sich lediglich auf den Fall eines in dem polizeilichen Vorverfahren entstehenden Streites.

4) Abgesehen von den bereits angedeuteten Änderungen der Gesetzgebung ist besonders zu beachten, daß das jetzige, den wegepolizeilichen Angelegenheiten nachgebildete Verfahren auf die vorstehenden Grundsätze nicht ohne Einfluß geblieben ist, vergl. unten Nr. 28.

Nr. 12.

Endurteil des II. Senats vom 14. November 1878 (Entsch. Bd. IV. S. 271).

1) Der §. 7 des Gesetzes vom 28. Februar 1843 legt den Uferbesitzern, wo nicht Provinzalgesetze, Lokalstatuten, ununterbrochene Gewohnheiten oder spezielle Rechtstitel ein anderes bestimmen, die Pflicht zur Räumung eines Privatflusses allerdings nur in soweit auf, als es zur Beschaffung der Vorflut notwendig ist.

2) Unter Vorflut in dem hier erheblichen Sinne ist der durch die Bodenverhältnisse gegebene Abfluß des Wassers, unter der „Beschaffung" also die Beseitigung von Hemmnissen der ordnungsmäßigen Strömung in der normalen Breite und Tiefe des Bettes zu verstehen.

3) Die Pflicht und um so mehr das Recht der Polizeibehörden, die Räumung eines Privatflusses anzuordnen, ist weder an sich, noch in Ansehung des Umfanges an die Anträge von angrenzenden Eigentümern gebunden oder davon abhängig. Das Gegenteil folgt auch nicht aus den Worten im zweiten Absatze des §. 7 a. a. O.: die Polizeibehörde sei „ermächtigt" 2c., vielmehr hat damit nur zum Ausdruck gebracht werden sollen, daß die Behörde nicht jedem diesfälligen Antrage ohne weiteres stattzugeben, sondern zunächst über die Notwendigkeit einer entsprechenden Anordnung pflichtmäßig zu befinden und, erst wenn sie eine solche als begründet erkennt, den Verpflichteten zur Räumung anzuhalten hat.

4) Lediglich in das pflichtmäßige Ermessen der Polizeibehörde ist es auch gestellt, auf welche Weise sie sich die thatsächlichen Unterlagen für ihr Vorgehen verschaffen will.

5) Daß der Behörde die von ihr angegebenen faktischen Unterlagen zur Seite stehen, wird so lange vorausgesetzt, bis der etwa von einer desfallsigen polizeilichen Verfügung Betroffene beweist, daß die thatsächlichen Voraussetzungen nicht vorhanden sind, welche die Behörde zum Erlasse der angefochtenen Verfügung berechtigt haben würden. (§. 30 Nr. 2 des Zust.-Ges., §. 63 des Organ.-Ges. vom 26. Juli 1880, §. 127 des L.-V.-Ges. vom 30. Juli 1883.)

6) Zur Räumung im §. 7 des Gesetzes vom 28. Februar 1843 gehört auch der Abstich von Vorlandungen, soweit solche die normale Breite des Flusses überschreiten, mögen sie bereits mit dem Ufer verwachsen sein oder nicht.

7) Hat der Uferbesitzer eine derartige Verminderung des Flußlaufes zugelassen, so können ihm aus einem solchen, dem Gesetze nicht entsprechenden Verhalten wohl Pflichten, nicht aber Rechte erwachsen, am allerwenigsten bietet der §. 225 Teil I Tit. 9 A. L.-R.'s einen Anhalt dafür, dergleichen zur Ungebühr entstandene Landteile (Alluvionen), sobald die Vernachlässigung des Flußbettes sich bis zur Entstehung wirklicher Alluvionen gesteigert hat, als wohlerworbenes, nunmehr unantastbares Eigentum anzuerkennen. Vielmehr ist anzuerkennen, daß, soweit es sich um Räumung im gesetzlichen Sinne, d. h. um Herstellung der normalen Breite und Tiefe des Flusses handelt, auch Anschwemmungen — mögen es nun schon über den Wasserspiegel hervortretende Alluvionen, oder einstweilen nur Erhöhungen des Bettes sein — fortgeschafft werden müssen.

8) In diesem Sinne kann auch bei dieser Fortschaffung nicht von einer Verbreiterung, sondern nur von Erhaltung der vor der unerlaubten Verengung vorhanden gewesenen natürlichen Breite die Rede sein. Man hat sich hierbei zu vergegenwärtigen, daß die angezogene Vorschrift des Landrechts

dem Privatrechte, die des Gesetzes vom 28. Februar 1843 dem öffentlichen Rechte angehört.

Nr. 13.

Endurteil des II. Senats vom 14. November 1878 (Entsch. Bd. IV. S. 276).

1) Der §. 98 des Zust.-Ges. von 1876, an dessen Stelle der §. 66 des Zust.-Ges. von 1883 getreten ist, bestimmte, daß, wenn über die Verpflichtung zur Räumung von Gräben und Wasserläufen Streit entsteht, darüber der Kreis- (Stadt-) Ausschuß zu entscheiden habe. Hatte nun aber die Polizeibehörde jemand durch polizeiliche Verfügung zur Räumung aufgefordert und hatte der Aufgeforderte behauptet, nicht er, sondern ein dritter sei zur Räumung verpflichtet, so lag, wenn der Aufgeforderte die polizeiliche Verfügung im Streitverfahren mit jener Behauptung angriff, noch keineswegs ein Streit über die Räumungspflicht unter den Beteiligten vor, denn die Polizeibehörde war im Sinne des Gesetzes nicht beteiligt.

2) Ein Streit zwischen dem Aufgeforderten und dem vorgedachten dritten lag erst vor, wenn die Klage gegen den letzteren gerichtet oder wenn dieser dritte zu dem Streitverfahren als Partei zugezogen war.

3) Dieser Grundsatz ist durch die Fassung des jetzt geltenden §. 66 des Zust.-Ges. von 1883 in der Hauptsache gegenstandslos geworden, cf. unten Nr. 28.

Nr. 14.

Bescheid des II. Senats vom 19. Dezember 1878 (Entsch. Band IV. S. 279).

1) Ein Streit darüber, ob durch eine Bewässerungsanlage einem seit Publikation des Gesetzes vom 28. Februar 1843 bestehenden Triebwerke das zum Betriebe in dem bisherigen Umfange erforderliche Wasser entzogen wird, ist von den Verwaltungsbehörden gemäß §. 23 Abs. 2 l. c. nur dann zu entscheiden, wenn derselbe *in dem durch die §§. 19—22 daselbst geordneten Verfahren* zwischen dem Besitzer des Triebwerkes und dem Unternehmer anhängig wird und zum Austrag zu bringen ist, während überall da, wo *ohne* ein solches Provokationsverfahren ein Triebwerks- oder Mühlenbesitzer gegen eine Bewässerungsanlage mit einem auf §. 16 zu b. des Gesetzes vom 28. Februar 1843 gestützten Anspruche auftritt, lediglich die ordentlichen Gerichte zu entscheiden haben.

2) Dieser Rechtszustand hat durch §. 109 des Zust.-Ges. vom 26. Juli 1876 (jetzt §. 75 des Zust.-Ges. vom 1. August 1883) nur die Änderung erlitten, daß an die Stelle der Verwaltungsbehörden die Verwaltungsgerichtsbehörden getreten sind.

Nr. 15.

Endurteil des II. Senats vom 20. März 1879 (Entsch. Band V. S. 250).

1) Die Beseitigung der Eisdecke eines zugefrornen Wasserlaufes fällt nicht unter den Begriff der Räumung.

2) Die in §. 10 des Vorflutgesetzes von 1811 und §. 7 des Gesetzes vom 28. Februar 1843 ausgesprochene Verpflichtung zur Räumung bezw. Auskrautung von Gräben, Wasserabzügen und Privatflüssen beschränkt sich begriffsmäßig auf die Erhaltung des Bettes und der Ufer im normalen Zustande, mithin auf die Vornahme von Handlungen, welche einer Verschlammung und einem Verwachsen des Bettes, einer Verstrauchung, Verlandung

und einem Verfalle der Ufer vorbeugen, oder, wenn diese Hemmnisse für einen gehörigen Abfluß bereits eingetreten sind, dieselben wiederum beseitigen.

3) Mit der Erhaltung der Bahn, in welcher das Wasser sich zu bewegen hat, des Bettes und der Ufer in ordnungsmäßiger Beschaffenheit ist die Räumungspflicht, soweit sie lediglich auf Gesetz gegründet wird und polizeilich erzwungen werden darf, erschöpft, sie erstreckt sich aber nicht auf die Entfernung der Substanz des in jenem Bette sich bewegenden Wassers, mag nun solches sich in flüssigem oder gefrorenem Zustande darin befinden.

4) Auch auf Grund der §§. 8 und 9 des Vorflutgesetzes läßt sich eine Eisdecke nicht beseitigen, denn der mit diesen Bestimmungen abschließende erste Abschnitt des Gesetzes steht mit den darauf folgenden Vorschriften des §. 10 in gar keinem Zusammenhange. Eine etwaige Entschädigung für die durch das Stehenlassen der Eisdecke verursachten Beschädigungen könnte nur im ordentlichen Rechtswege erstritten werden.

Nr. 16.

Endurteil des II. Senats vom 17. April 1879 (Entsch. Bd. V. S. 256).

1) Der §. 99 des Zust.-Ges. von 1876 handelt von der Festsetzung der Höhe des Wasserstandes bei Stauwerken und verweist am Schlusse auf die §§. 1—7 des Gesetzes vom 15. November 1811 und die §§. 4—11 des Ges. vom 9. Februar 1867.

2) Wenn der Fall des zweiten Absatzes jenes §. 99 (Klage gegen die durch die Kommissarien beim Mangel rechtsverbindlicher, deutlicher Bestimmungen bewirkte Festsetzung des Wasserstandes. Vergl. die Schlußbestimmung im §. 5 des Vorfluts-Ges. von 1811) nicht vorliegt, so kann auf diesem Gebiete ein Verwaltungsstreitverfahren sich nur in Anlehnung an den im dritten Absatze des §. 99 gedachten Bescheid (interimistische Festsetzung) entwickeln.

3) Nun war aber bisher der Kreis- (Stadt-) Ausschuß in dem dort gegebenen Falle zwar befugt, jedoch wenn er die gestellten Anträge für unzulänglich hielt, nicht verpflichtet, den Wasserstand durch einen Bescheid interimistisch festzusetzen. Gegen diesen — d. i. einen den Wasserstand interimistisch festsetzenden — Bescheid und nur gegen einen solchen stand den Beteiligten der Einspruch auf mündliche Verhandlung im Streitverfahren zu mit der Maßgabe, daß es bei der auf etwaige Berufung in zweiter Instanz ausgesprochenen positiven Bestimmung über die Höhe des Wasserstandes bis zur richterlichen Entscheidung des Streites bewendete, d. h. also die Entscheidung zweiter Instanz war endgültig, und zwar auch nach Fortfall des §. 4 des Zust.-Ges. Machte dagegen der Kreis- (Stadt-) Ausschuß von der ihm beigelegten Befugnis keinen Gebrauch, lehnte er es vielmehr — aus thatsächlichen oder rechtlichen Gründen — überhaupt ab, eine interimistische Festetzung zu treffen, so fehlte es überhaupt an einem Bescheide, gegen welchen das Streitverfahren gegeben war. — In beiden Fällen, sowohl bei der Festsetzung des Wasserstandes als auch bei der Ablehnung eines dahin gehenden Antrages, trat der Kreis- (Stadt-) Ausschuß zunächst als Verwaltungsbeschlußbehörde in Thätigkeit.

4) Die sachliche Zuständigkeit der Verwaltungsgerichte wird, soweit dieselben in erster Instanz zu erkennen haben, durch besondere Gesetze bestimmt (§. 3 des Verwaltungsgerichtsgesetzes von 1875 (jetzt §. 7 des L.-V.-G. vom 30. Juli 1883); für den ersteren Fall, den der Festsetzung des Wasserstandes, fand sich ein solches in dem §. 99 Abs. 3 l. c.; für den zweiten

Fall, den der Ablehnung, fehlte es an einer die Zuständigkeit begründenden Vorschrift überall.

Diese Grundsätze sind der Hauptsache nach gegenstandslos geworden, nachdem der §. 99 des Zust.-Ges. von 1876 durch den §. 67 des Zust.-Ges. von 1883 ersetzt worden ist.

Nr. 17.

Endurteil des II. Senats vom 5. Juni 1879 (Entsch. Bd. V. S. 261).

1) Der Anspruch auf Erlaß einer polizeilichen Verfügung wegen der Räumung eines Privatflusses kann mittels Klage bei dem Ober-Verwaltungsgerichte gegen den in letzter Beschwerdeinstanz ergangenen ablehnenden Bescheid nicht weiter verfolgt werden. Denn die Kontrolle darüber, daß die Polizeibehörden von den ihnen durch das Gesetz beigelegten Befugnissen Gebrauch machen und gegen Einzelne zwingend da einschreiten, wo dies innerhalb ihrer gesetzlich geordneten Machtbefugnis liegt, ist regelmäßig nicht Gegenstand der verwaltungsrichterlichen Thätigkeit, sondern Aufgabe der staatlichen Aufsichtsbehörde.

2) Hiervon macht auch der §. 7 des Gesetzes vom 28. Februar 1843 keine Ausnahme, wenn derselbe die Polizeibehörden „ermächtigt“, diejenigen, welchen die Räumung eines Privatflusses obliegt, hierzu anzuhalten. Dieser amtlichen „Befugnis“ der Polizeibehörden steht kein subjektives, im Streitverfahren verfolgbares Recht der beteiligten Interessenten gegen die Behörden auf deren Einschreiten gegenüber (Popularklagen).

3) Die Annahme des Verlustes eines gesetzlich zulässigen Rechtsmittels wegen Fristversäumnis ist in dem Falle nicht gerechtfertigt, wenn in Bezug auf den Zeitpunkt des Beginnes der Frist (den Tag der Zustellung der Verfügung) überall kein Beweis gebracht worden ist, vielmehr die Feststellung eines solchen Zeitpunktes jeder aktenmäßigen Unterlage entbehrt.

4) Es kommt nicht darauf an, an welchem Tage eine amtliche Verfügung zur Post gegeben, sondern an welchem Tage dieselbe behändigt worden ist (§. 3 des Zust.-Ges. von 1876, §. 43 des Organisationsgesetzes vom 26. Juli 1880, §. 52 des L.-V.-G. vom 30. Juli 1883).

Nr. 18.

Endurteil des II. Senats vom 23. Oktober 1879 (Entsch. Band VI. S. 228).

Der Einwand seitens eines wegen Verschaffung von Vorflut in Anspruch genommenen Mühlenbesitzers, daß das zu fernerem unveränderten Betriebe seines Werkes notwendige Wasser ihm nicht entzogen, die Entwässerungsanlage auch nicht durch seinen Hof geführt werden dürfe, fand keine Berücksichtigung, weil das Gesetz vom 15. November 1811, in dessen Rechtsgebiete dieser Fall sich ereignete, keine Bestimmungen enthält, welche jenen Einwand unterstützen (anders nach dem Rheinischen Gesetze vom 14. Juni 1859 und dem Neuvorpommerschen vom 9. Februar 1867).

Nr. 19.

Endurteil des II. Senats vom 27. November 1879 (Entsch. Bd. VI. S. 234).

1) Dem Extrahenten einer die Räumung eines Grabens betreffenden polizeilichen Verfügung steht ein Klagerecht gegen den in letzter Instanz ergangenen Bescheid des Regierungspräsidenten bezw. Oberpräsidenten, durch

welchen jene Verfügung auf Beschwerde des davon Betroffenen aufgehoben worden, nicht zu (vergl. oben Nr. 17).

2) Die Besitzer A. und B. grenzen mit ihren Grundstücken. A. verlangte, daß B. einen in seinen Grenzen liegenden Graben räume, und bestimmte den Amtsvorsteher, eine dahin gehende Anordnung an B. zu erlassen. Über die demnächst erfolgte zwangsweise Räumung führte B. die Beschwerde bei dem Landrat, wurde aber abgewiesen. Auf die fernere Beschwerde bei dem Regierungspräsidenten erzielte er einen günstigen Bescheid, gegen welchen A. nunmehr bei dem Ober-Verwaltungsgericht klagte. Dasselbe hat jedoch die Klage zurückgewiesen, weil, wenn auch das Interesse des Klägers durch die Verfügung des Regierungspräsidenten berührt werde, nicht einem jeden aus dem Publikum das Recht zustehe, dritten gegenüber abgegebene Erklärungen der Behörden zum Gegenstande einer Klage zu machen. In keinem Falle stehe dem beteiligten Privaten ein im Verwaltungsstreitverfahren verfolgbares Recht auf die ihm erwünschte Thätigkeit der Polizeibehörde zu, in keinem Falle habe er eine Klage des Inhalts, daß die letztere die beantragte Verfügung erlasse, oder die bereits erlassene nicht zurücknehme, oder die schon erfolgte Aufhebung oder Zurücknahme wieder rückgängig mache, wobei es keinen Unterschied mache, ob diese Zurücknahme aus der freien Entschließung der nachgeordneten Behörde oder auf Anweisung von seiten einer höheren Instanz erfolgen soll. Nur bei der Aufsichtsbehörde könne Kläger Abhilfe suchen (Popularklage).

3) Wenn in dem Erkenntnisse des O.-V.-G. vom 9. Februar 1878 (Entscheidungen III. S. 218) ausgesprochen worden sei, daß die Rechtsprechung des Verwaltungsrichters überall da eintreten solle, wo seitens eines Rechtssubjekts behauptet wird, daß sein Recht durch eine polizeiliche Verfügung gegen das Gesetz verletzt worden, so gebe es im vorliegenden Falle eben kein Gesetz, welches dem Kläger ein durch Klage geschütztes Recht zuerkennt und dessen Verfolgung im Verwaltungsstreitverfahren ermöglicht.

Nr. 20.

Endurteil des II. Senats vom 1. April 1880 (Entsch. Band VI. S. 239).

Über die Voraussetzungen des Antrages auf Entwässerung eines ländlichen Grundstückes im Gegensatze zu dem Anspruche auf Ableitung des wild ablaufenden Wassers auf die tiefer belegenen nachbarlichen Ländereien vergl. oben Nr. 2.

Nr. 21.

Endurteil des II. Senats vom 24. April 1880 (Entsch. Band VI. S. 244).

1) Der §. 26 des Vorfluts-Gesetzes vom 15. November 1811 erklärt es für eine Überschreitung der Befugnisse der Schiedsrichter, wenn dieselben von dem durch die Regierungen (jetzt den Kreis- [Stadt-] Ausschuß) genehmigten Entwässerungsplan abweichen. Eine solche Abweichung liegt nicht allein und nicht erst dann vor, wenn die Schiedsrichter den Gegenstand einer in dem Plane ausdrücklich getroffenen Festsetzung in anderer Weise regeln, sondern auch dann schon, wenn sie nur einen, thatsächlich oder doch ihres Dafürhaltens unvollständigen Entwässerungsplan unter Überschreitung der Grenzen ihrer Zuständigkeit ergänzen, den lückenhaften in einen vollständigeren, mithin abweichenden Plan umschaffen und die Rechte und Pflichten der Interessenten auf Gebieten, welche nur der Verwaltungsrichter

zu ordnen, aber dennoch nicht geregelt hat, nun ihrerseits zu bestimmen unternehmen.

2) Nicht nur in dem „Anders", sondern auch in dem „Mehr" liegt eine Abweichung, wenn dieses „Mehr" sich auf einen Gegenstand bezieht, der nur in dem Entwässerungsplane festgesetzt werden darf.

3) Wollte man den Begriff der Abweichung enger, etwa dahin bestimmen, daß nur dem Plane unmittelbar Zuwiderlaufendes als eine Abweichung anzusehen sei, so gelangt man zu dem geradehin unzulässigen Ergebnisse, daß es bei Beobachtung des Entwässerungsplanes — in diesem Sinne — für die in der Richtung neben demselben sich bewegenden Festsetzungen, gleichviel übrigens welchen Umfanges und Inhaltes, überhaupt keine Schranke und keine Abhilfe gäbe.

4) Die Funktionen des Kreisausschusses einerseits und des Schiedsgerichts anderseits sind in den §§. 11 bis 33 a. a. O. des näheren geregelt bezw. auseinandergehalten; dabei ist als Grundsatz anzuerkennen, daß dem ersteren anheimfällt, was nicht ausdrücklich dem Schiedsgerichte überwiesen ist.

5) An die Stelle der §§. 100 und 105 des Zust.-Ges. von 1876 sind die §§. 68 und 71 des Zust.-Ges. von 1883 getreten.

Nr. 22.

Endurteil des II. Senats von 14. Juni 1880 (Entsch. Band VI. S. 251).

Die §§. 11 ff. des Vorfluts-Ges. vom 15. November 1811 und der §. 100 des Zust.-Ges. von 1876 (§. 68 des Zust.-Ges. von 1883) sind nicht anwendbar, wenn der Wasserabfluß von einem mit Gebäuden besetzten Grundstücke, einem sogenannten Hausgrundstücke, beansprucht wird. Jene Beziehungen beziehen sich vielmehr nur auf ländliche Grundstücke (Ländereien, §. 15 a. a. O.), falls diese im Interesse der Bodenkultur oder der Schiffahrt (§. 11 a. a. O.) des Wasserabflusses bedürfen. Von einem solchen Interesse kann bei Hausgrundstücken niemals die Rede sein.

Nr. 23.

Endurteil des II. Senats vom 3. März 1881 (Entsch. Bd. VII. S. 270).

1) Nach §. 1 des Gesetzes vom 28. Februar 1843 (G.-S. S. 41) ist jeder „Uferbesitzer" berechtigt, das an seinem Grundstücke vorüberfließende Wasser unter den in den §§. 13 ff. enthaltenen näheren Bestimmungen zu benutzen; der §. 13 verfügt darüber, welchen Beschränkungen das dem „Uferbesitzer" zustehende Recht unterliegt, während der §. 25, falls in Gemäßheit des §. 19 Nr. 2 die Vermittelung der Polizeibehörde in Anspruch genommen wird, unter Umständen gewisse Erleichterungen in Ansehung der dem „Uferbesitzer" obliegenden Beschränkungen gewährt.

2) Die Vorbedingung der Ausübung des in dem Gesetze vom 28. Februar 1843 geregelten Nutzungsrechtes ist hiernach der Uferbesitz, aber nicht in dem Sinne, daß, wer an irgend einer Stelle des Ufers abjaziert, nunmehr den gesamten Privatfluß oder solche Teile desselben, deren Ufer sich in fremdem Eigentum befinden, für sich in Anspruch nehmen dürfte; vielmehr bildet der Uferbesitz wie einmal die Voraussetzung, so auch zugleich die räumliche Grenze für eine Benutzung des Privatflusses nach Maßgabe des Gesetzes vom 28. Februar 1843.

3) Es folgt das schon daraus, daß Gegenstand des Nutzungsrechtes

lediglich das an dem Grundstücke des Uferbesitzers vorüberfließende Wasser ist. An den Grenzen oberhalb und unterhalb des Uferbesitzes eines Eigentümers beginnt, sofern es sich nur um die gesetzlichen Befugnisse handelt, das gleich starke Recht seiner Nachbarn; deshalb muß er nach unterhalb das Wasser in das Bett zurückleiten, bevor der Fluß das Ufer eines fremden Grundstücks berührt; deshalb dürfen nach obenhin die Wirkungen einer von ihm vorgenommenen Stauung sich nicht über die Grenzen des eignen Grundstücks erstrecken, wobei das Stauwerk, von welchem jene Wirkungen ausgehen, eben als innerhalb der Grenzen liegend gedacht ist (§. 13 Nr. 1 und 2 l. c.).

4) Wenn der §. 25 Nr. 3 eine Ausnahme von dieser Beschränkung zuläßt, so darf nicht übersehen werden, daß damit nur eine stärkere Anspannung des Wassers gestattet, aber nichts darüber bestimmt wird, daß das Stauwerk zwischen Ufern angelegt werden darf, von welchen keins dem Unternehmer zugehört. Darum ist es nicht etwas Zufälliges, sondern eine sich aus dem Zwecke des Gesetzes, die Rechte des Uferbesitzers an dem vorüberfließenden Wasser zu regeln, von selbst ergebende Folge, daß in den §§. 25 Nr. 2, 35 und 27 nur von der Benutzung des „jenseitigen" Ufers die Rede ist; der Fall der Stauung des zwischen zwei fremden Ufern dahinfließenden, d. h. solchen Wassers, auf welches ein dritter für die Regel unmittelbar aus dem Gesetze gar kein Recht hat, liegt völlig außerhalb des Rahmens des Gesetzes von 1843.

5) Wenn die §§. 15 Nr. 1 und 34 bestimmen, daß für Wasserleitungen, insofern solche auf dem eignen Grundstücke nicht ausführbar sind, die Einräumung einer Servitut auf fremden Grundstücken verlangt werden kann, so ist festzuhalten, daß der mit diesem Rechte ausgestattete „Unternehmer" immer kein anderer ist, als der Uferbesitzer, welcher das an seinem Grundstücke vorüber fließende Wasser nutzen will, daß jene Bestimmung ihm also kein Recht gewährt, auf fremden Grundstücken, wo diese in den Fluß stoßen, ihm fremdes Wasser abzuleiten, sondern den Fall im Auge hat, in welchem er das unter Benutzung seines Ufers abgeleitete Wasser nach weiteren ihm gehörigen Grundstücksteilen über dazwischen liegendes fremdes Eigentum führen will.

6) Eigentumsbeschränkungen, welche über die hiernach zu ziehenden Grenzen hinausgehen, sind auf Grund des Gesetzes von 1843 nicht zulässig; dieselben würden sich nur durchsetzen lassen entweder auf Grund spezieller Gesetze (cf. z. B. Wiesenordnung für den Kreis Siegen vom 28. Oktober 1846 — G.=S. S. 485 —), oder im Wege der Genossenschaftsbildung (§§. 56 ff. des Ges. von 1843, Ges. vom 1. April 1879 — G.=S. S. 297 —).

7) Ein Nutzungsrecht des Uferbesitzers an dem Wasser des Privatflusses außerhalb seiner Eigentumsgrenzen gibt es nicht. Der Verwaltungsrichter kann über den Entwässerungsplan (§§. 110 und 111 des Zust.=Ges. von 1876, jetzt §§. 76 und 77 des Zust.=Ges. von 1883) nicht mit solchen Modifikationen entscheiden, daß derselbe dadurch zu einem von der projektierten Anlage essentiell völlig verschiedenen Unternehmen umgestaltet wird.

Nr. 24.

Endurteil des II. Senats vom 14. März 1881 (Entsch. Bd. VII. S. 279).

1) Will jemand aus seinem Grundstücke eine Drainröhrenleitung bis zu einem auf dem Lande des mit dieser Einrichtung einverstandenen Nachbars befindlichen Graben einrichten, um dadurch das abgeleitete Wasser durch das

Land eines dritten hindurch bis zu einem See oder andern Wasserlauf zu führen, so handelt es sich um eine neue Anlage, um die Verschaffung der Vorflut im weiteren Sinne, um einen Antrag, bei welchem die Voraussetzungen des §. 15 des Vorfluts-Ges. zutreffen.

2) Auch wenn man zu solchen als unerläßlich das Vorhaben einer Herrichtung von neuen, oder doch einer Erweiterung von bestehenden Entwässerungsanlagen auf fremdem Grund und Boden rechnen will, fehlt es an diesen Erfordernissen nicht, da die Drainröhrenleitung unbestritten durch den Acker des Nachbarn geführt werden soll.

3) Daß letzterer hiermit einverstanden ist, schließt die Anwendung des in den §§. 15 ff. l. c. geordneten Verfahrens nicht aus, sofern ein dritter der Anlage nicht widerspricht. Denn als beteiligt muß ein jeder angesehen werden, welcher seinen Widerspruch auf die Behauptung stützt, er werde durch die Entwässerungsanlage geschädigt. Hierzu gehören nicht bloß die Besitzer solcher Grundstücke, auf welchen die Anlage gemacht werden soll, sondern auch die Besitzer der ganzen Grundstücke, welchen das abzuleitende Wasser zugeführt werden soll.

4) Zwar berechtigen die §§. 11 bis 13 des Vorfluts-Gesetzes den Grundbesitzer nur zu dem Verlangen, daß künstliche Hindernisse des Abflusses beseitigt werden, allein schon der §. 31 l. c. faßt den Fall ins Auge, daß außer dem Interesse der Stauungsberechtigten und der Inhaber von Grundstücken, welche „Vorflut gewähren" sollen — ein Ausdruck, welcher möglicherweise bereits auf weitere Kreise, als auf solche Grundbesitzer, die eine Ausführung von Gräben auf ihrem Eigentum dulden sollen, zu beziehen ist — noch besondere Interessen gegen die Entwässerung stattfinden, und die hier namhaft gemachten Interessen sind jedenfalls nur als Beispiele anzusehen, nicht aber dazu bestimmt, die zu berücksichtigenden sonstigen Interessen erschöpfend anzugeben.

5) Sodann schreibt der §. 16, welcher nicht lediglich das Verfahren betrifft, sondern, indem er den Gegenstand der vorzunehmenden Ermittelungen näher feststellt, sogleich die Normen enthält, nach welchen die unter §. 18 a. a. O. erwähnten Modalitäten dem Entwässerungsplane beizufügen sind, eine Untersuchung darüber vor, ob durch die beabsichtigte Entwässerung nicht „andere" Grundbesitzer leiden, ohne dabei den Ursachen, auf welche dieses „leiden" zurückzuführen ist, irgend ein Gewicht beizulegen und ohne insbesondere einen Anhalt dafür zu bieten, daß unter den „anderen Grundbesitzern" solche, denen das abfließende Wasser zuströmt, nicht mit verstanden werden dürfen.

6) Die Nachteile, welche durch die Ausführung einer Entwässerungsanlage den unterhalb liegenden Grundeigentümern erwachsen, können auch naturgemäß — so vor allem, indem zu große Nässe erzeugt wird — sehr erheblich sein, und es fehlt deshalb um so mehr an einem inneren Grunde zu der Annahme, der Gesetzgeber habe dieselben unberücksichtigt lassen wollen; wäre dies in der That beabsichtigt, so hätte eine dahin gehende ausdrückliche Anordnung getroffen werden müssen.

7) Unter den im §. 100 des Zust.-Ges. von 1876 (jetzt §. 68 des Zust.-Ges. von 1883) gedachten „Anträgen" sind Klagen zu verstehen. An der Bezeichnung eines Beklagten von seiten des Unternehmers darf es zwar niemals ganz fehlen, indessen steht doch der Kreis der Beteiligten und deshalb bei dem Verfahren Zuzuziehenden nicht immer von vornherein fest, läßt sich vielmehr oft erst infolge der Untersuchung durch die Kommissarien (§. 16 des Vorfluts-Ges.) bestimmt abgrenzen.

8) **Das Verfahren nach §. 15 ff. l. c. soll dazu dienen, Widersprüche gegen eine beabsichtigte Vorfluts-Anlage zu beseitigen, die ermittelten Beteiligten müssen auf Verlangen des Klägers zum Streitverfahren zugezogen werden.**

Nr. 25.

Endurteil des II. Senats vom 28. November 1881 (Entsch. Bd. VIII. S. 217).

1) Die Dienstbarmachung fremden Grund und Bodens in Gemäßheit des Gesetzes vom 15. November 1811 ist nur zulässig, wenn sonst der angestrebte Vorteil für die Bodenkultur nicht erreichbar ist (§. 11 l. c.). Auf demselben Standpunkte steht §. 103 Tit. 8 Teil I A. L.-R.'s. Dies „Nicht erreichen können" kann seinen Grund in technischen Schwierigkeiten oder in einem ganz unverhältnismäßigen Kostenaufwande oder in sonst hervortretenden, in einzelnen Fällen auf ihre Erheblichkeit zu rüfenden Nachteilen haben.

2) Zu den Voraussetzungen des gedachten Rechtes gehört weiter, daß von der Ausführung des Projektes ein offenbar überwiegender Vorteil für die Bodenkultur zu erwarten ist, Provokant muß deshalb nachweisen, welchen Vorteil er von dem Ablassen des Wassers erwartet. Dieser Vorteil muß aber auch den Nachteil des Provokaten überwiegen.

Nr. 26.

Endurteil des II. Senats vom 3. April 1882 (Entsch. Bd. VIII. S. 223).

1) Die Räumungspflicht umfaßt begriffsmäßig die Beseitigung aller Hindernisse, welche dem zur Beschaffung der Vorflut erforderlichen Wasserabflusse daraus erwachsen, daß das Flußbett die hierzu dienenden Eigenschaften mehr oder minder einbüßt, dahin gehört — in eben diesen Grenzen — auch die Erhaltung der Ufer, so daß Anlandungen, Verstrauchung und Abbruch, letzterer insoweit als er das Bett verschlammt, durch geeignete Vorkehrungen zu verhindern sind. Dagegen ist zu weitergehenden Leistungen, insbesondere zu sonstigen Uferbauten, der Räumungspflichtige als solcher gesetzlich nicht verpflichtet.

2) Wenn also etwa dem Räumungspflichtigen durch polizeiliche Verfügung aufgegeben wird, ein durch Hochwasser zum Teil oder gänzlich zerstörtes und zerrissenes Ufer herzustellen, Uferdämme nach Schließung der Bruchstellen neu zu errichten, und zwar dergestalt, daß in Zukunft ein Übertreten und eine Überschwemmungsgefahr ausgeschlossen ist, so liegt ein solches Verlangen gänzlich außerhalb derjenigen Pflege des Ufers, welcher der Räumungspflichtige als solcher sich zu unterziehen hat.

3) Zunächst ist es Sache des Eigentümers, sein Eigentum in einer dem Publikum unnachteiligen Weise zu erhalten; so auch hinsichtlich eines Privatflusses, welcher etwa in dem Eigentum einer Gemeinde stände, dessen Wasser aber seit rechtsverjährter Zeit von einem Müller benutzt wurde.

4) Aus einem solchen angeblichen Nutzungsrechte die Pflicht zur Uferunterhaltung durch Verjährung zu folgern, erscheint nicht angänglich. Wäre dies aber auch zutreffend, so begründete der Titel der Verjährung ein subjektives Recht lediglich zu Gunsten der Gemeinde, wogegen die Polizeibehörde weder zur Ausübung dieses einem dritten zustehenden subjektiven Rechts, noch zu irgendwelcher Verfügung darüber berufen ist, jedenfalls dann nicht, wenn die entsprechende Pflicht bestritten wird. Eine auf die Flußräumung gerichtete polizeiliche Verfügung muß ihre Grundlage

in dem **objektiven** Rechte, also im Gesetze oder in anderen demselben gleichstehenden Normen finden.

5) Soll mit der behaupteten Verjährung etwa ein partikuläres Gewohnheitsrecht gemeint sein, so müßte die Existenz eines solchen nachgewiesen werden. Dies hat besondere Schwierigkeiten, denn abgesehen von dem engen Gebiete, für welches das Allgemeine Landrecht derartigen Rechtsbildungen überhaupt noch Geltung eingeräumt hat, und gegenüber dem Grundsatze, daß zwischen einzelnen Individuen zur Abgrenzung ihrer beiderseitigen Rechte und Pflichten sich eine Observanz oder ein Herkommen nicht bilden kann, müßte nachgewiesen werden, innerhalb welcher Interessentenkreise das Gewohnheitsrecht entstanden und geübt ist, und daß Fälle der Uferzerstörung vorgekommen und von dem Besitzer der Mühle der Neubau des Uferdammes und Sicherstellung der Adjazenten gegen Überschwemmungsgefahr als eine Pflicht gefordert und geleistet sind.

6) Schuldbare Unterlassung der Räumung hat nur eine im Zivilprozesse festzustellende Entschädigungsverbindlichkeit zur Folge.

7) Mit Bezug auf den inzwischen aufgehobenen §. 4 des Zust.-Ges. von 1876 ist ausgeführt, daß den Polizeibehörden ein Klagerecht aus §§. 2 und 5 des Gesetzes vom 11. Mai 1842 (G. S. S. 192) nicht zusteht.

8) Der „Besitzstand" bildet niemals einen speziellen Rechtstitel im Sinne des §. 2 a. a. O. Cf. §. 127 des L.-V.-G. vom 30. Juli 1883, §. 13 des Deutschen Gerichts-Verfassungs-Gesetzes vom 27. Januar 1877.

Nr. 27.

Endurteil des II. Senats vom 13. April 1882 (Entsch. Bd. VIII. S. 232).

1) Die Wiederbeseitigung eines durch Abdämmung eines bestehenden Grabens vorsätzlich geschaffenen Abflußhindernisses wird durch den Begriff der Grabenräumung nicht ausgeschlossen, auch kann der Verpflichtete die polizeilich angeordnete Räumung eines bestehenden Grabens nicht aus dem Grunde ablehnen, daß er — unter Widerspruch der sonst Beteiligten — beschlossen habe, den bisherigen Graben auf seinem Grundstücke eingehen zu lassen und durch einen andern zu ersetzen. Denn es besteht keine Befugnis eines Verpflichteten, einen vorhandenen Wasserlauf nach Belieben zu verlegen; vielmehr hat der Verpflichtete den Richter um Billigung der beabsichtigten Verlegung anzugehen.

2) Jeder eigenmächtige Eingriff in die bestehenden Verhältnisse qualifiziert sich als Besitzstörung.

3) Zwar hat die Polizeibehörde einer Besitzstörung schon allein deshalb, weil eine solche vorliegt, nicht entgegenzutreten, es kommen aber jedenfalls die Aufgaben der Wasserpolizei, für eine ordnungsmäßige Beschaffenheit der ihr unterstellten Wasserabzüge zu sorgen, nicht dadurch in Fortfall, daß ein Grundeigentümer einen solchen Wasserabzug außer Funktion zu setzen beschließt.

4) Bis dahin also, daß ein Unternehmer eine richterliche Entscheidung über die anderweite Regelung der Wasserabzüge vorlegt, ist von dem Zustande, wie er bis zur Abdämmung bestand, auszugehen.

5) Die auf den fortgefallenen §. 4 des Zust.-Ges. von 1876 bezüglichen weiteren Ausführungen dieser Entscheidungen fallen jetzt fort, und die verwaltungsrichterliche Entscheidung erfolgt nunmehr durch alle Instanzen. Der Rechtsweg findet nur noch in der Form der Entschädigungsklage der Unterliegenden gegen diejenigen statt, welchen aus der Durchführung der ange-

griffenen polizeilichen Verfügung die Erlangung von Vorteilen nachgewiesen werden kann, sofern der Nachweis nicht gelingt, daß den Gegnern eine Berechtigung zum Fortbestehen des verlegten Grabens nicht beiwohne.

Nr. 28.

Endurteil des II. Senats vom 26. Juni 1882 (Entsch. Bd. IX. S. 252).

1) An die Stelle des §. 96 des Zust.-Ges. von 1876 ist der §. 66 des Zust.-Ges. von 1883 getreten. Nach dem letzteren unterliegen aber Streitigkeiten der Beteiligten darüber, wem von ihnen die öffentlich-rechtliche Verbindlichkeit zur Räumung von Gräben und sonstigen Wasserläufen obliegt, nicht mehr der Entscheidung im ordentlichen Rechtswege, sondern derjenigen im Verwaltungsstreitverfahren.

2) Durch diese Änderung ist diese Entscheidung gegenstandslos geworden.

Nr. 29.

Endurteil des II. Senats vom 6. April 1883 (Entsch. Bd. IX. S. 257).

1) Für den Bestand einer polizeilichen Verfügung erscheint es, soweit dieselbe sonst haltbar befunden wird, unerheblich, welche Allegate sie aufweist.

2) Der §. 10 des Vorfluts-Gesetzes vom 15. November 1811 hat in gewissen Richtungen auch Privatflüsse im Auge (vergl. Entsch. Bd. II. S. 284).

3) Die im §. 7 des Gesetzes über die Benutzung der Privatflüsse vom 28. Februar 1843 den Uferbesitzern zur Pflicht gemachte Räumung bezweckt die Erhaltung des Bettes und der Ufer in normalem Zustande und erfordert deshalb die Vornahme aller Handlungen, welche einem Verschlammen, Verwachsen und Verlanden des Bettes, sowie dem Verfalle und der Verstrauchung der Ufer vorzubeugen, oder, wo diese Hemmnisse bereits eingetreten, dieselben wieder zu beseitigen geeignet und erforderlich sind.

4) Insbesondere umfaßt die Räumung auch den Abstich und die Beseitigung von Anlandungen, mögen solche schon über dem Wasserspiegel hervortreten oder einstweilen Erhöhungen des Bettes sein.

5) Das A. L.-R. kennt eine lediglich aus dem Gesetze folgende Verbindlichkeit der Uferbesitzer zur Räumung von Privatflüssen noch nicht, insbesondere fallen Wasserläufe dieser Art nicht unter die Vorschrift des §. 100 Tit. 8 Teil I A. L.-R.'s.

6) Auch das Vorfluts-Gesetz vom 15. November 1811 enthält sich noch eines Ausspruches darüber, wem die Unterhaltung der — allerdings Privatflüsse mit umfassenden „Wasserabzüge" — obliegt, und behandelt nur den Fall, daß diese Unterhaltungspflicht feststeht.

7) Erst das Gesetz vom 28. Februar 1843 brachte die neue Bestimmung, daß, wo nicht Provinzialgesetze, Lokalstatuten, ununterbrochene Gewohnheiten oder spezielle Rechtstitel ein anderes vorschreiben, die Uferbesitzer, soweit es zur Beschaffung der Vorflut notwendig, den Privatfluß zu „räumen", d. h. alle diejenigen Handlungen vorzunehmen haben, welche nach dem vorher sub. 3 Gesagten unter den Begriff der Räumung fallen.

8) Die so konstituierte Verbindlichkeit der Uferbesitzer stellt sich als eine durch das Gesetz vom 28. Februar 1843 geschaffene Beschränkung des Eigentums dar, und die Möglichkeit eines Eigentumserwerbes durch Alluvion in Privatflüssen besteht seit der Geltung dieses Gesetzes nur unter der Beschränkung, daß dieses Eigentum, soweit es der Vorflut hinderlich

ist, dem Abstiche, der Störung in seiner Entwickelung und der Zerstörung nach seiner Vollendung unterliegt, und nur unter eben dieser, im öffentlichen Interesse durch das Gesetz geschaffenen, bis zur Zerstörung des Eigentums führenden Beschränkung ist das Eigentum an den Anlandungen denkbar.

9) Auch auf eine Entschädigung hat der in dieser Weise verletzte Eigentümer der Anlandungen keinen Anspruch (§. 262 Tit. 9 Teil I A. L.-R.'s), er muß vielmehr die unter den Begriff der Räumung fallenden Arbeiten ohne Entschädigung vornehmen und kann erforderlichen Falles polizeilich dazu gezwungen werden (cf. Entsch. Bd. IV. S. 271).

10) Daraus allein, daß eine polizeiliche Verfügung sich als ein Eingriff in Privatrechte qualifiziert, folgt nicht die Notwendigkeit, sie zu beanstanden.

11) Die Anwendbarkeit des §. 7 des Gesetzes vom 28. Februar 1843 wird schon dadurch allein nicht ausgeschlossen, daß das im Wege der Räumung zu beseitigende Hemmnis oberhalb des in seinem naturgemäßen Abflusse behinderten Flußteiles liegt, es braucht sich also keineswegs immer um einen die Vorflut behindernden „Rückstau" zu handeln, sondern es können auch durch die Anlandungen Strudel, Auskolkungen, Unterspülungen erzeugt werden, welche die Vorflut nach unten beeinträchtigen.

Nr. 30.

Endurteil des II. Senats vom 24. Mai 1883 (Entsch. Bd. X. S. 236).

1) An die Stelle des §. 99 des Zust.-Ges. von 1876 ist der §. 67 des Zust.-Ges. von 1883 getreten. Damit ist die Zuziehung des Gerichts bei der Festsetzung der Höhe des Wasserstandes an Stauwerken fortgefallen, auch ist in dem Falle von Streitigkeiten über die Festsetzung der Höhe des Wasserstandes für das Verwaltungsstreitverfahren der ordentliche Rechtsweg nicht mehr vorbehalten, vielmehr ist der Kreisausschuß befugt, über die vorläufig zulässige Höhe des Wasserstandes einen endgültigen Beschluß zu fassen.

2) Diese Festsetzung bleibt mithin in Kraft, bis im Verwaltungsstreitverfahren rechtskräftig etwas anderes festgesetzt worden ist.

3) An die Stelle des §. 33 des V.-G.-G. von 1875 ist §. 61 des L.-V.-G. vom 30. Juli 1883 getreten.

4) Hat zu den Kommissarien, welche bei der Festsetzung des Wasserstandes thätig gewesen sind (§§. 2, 4, 5, 6 des Vorfluts-Gesetzes vom 15. November 1811) der Landrat gehört, so ist derselbe von der Mitwirkung als Verwaltungsrichter in dem dagegen anhängig gemachten Streitverfahren ausgeschlossen (Deutsche Zivil-Prozeß-Ordnung vom 30. Januar 1877 §. 41 Nr. 5 und 6).

5) Die Kommissarien haben mit einer Festsetzung des Wasserstandes in Gemäßheit des §. 5 Satz 2 des Vorflutsgesetzes auch dann vorzugehen, wenn durch Einverständnis der Interessenten — außerhalb einer gerichtlichen Erörterung — festgestellt wird und feststeht, daß keine klaren Bestimmungen des Wasserstandes vorgelegt werden können. Bestätigt wird dieser Grundsatz durch den §. 9 des Vorfluts-Gesetzes für Neuvorpommern und Rügen vom 9. Februar 1867 (G.-S. S. 220).

6) Von einer Aufhebung des ersten Urteils und einer Zurückweisung in die Vorinstanz aus dem Grunde nicht gehöriger Besetzung des Gerichtes kann abgesehen werden, wenn eine etwaige Ergänzung der Instruktion nicht in Frage kommt.

7) Die Frage, ob ein Einverständnis der Interessenten über das Fehlen

rechtsgültiger deutlicher Bestimmungen des Wasserstandes als vorhanden anzunehmen sei, kann nur auf Grund klarer, bestimmter, nach Form und Inhalt jeden Zweifel thunlichst ausschließender Erklärungen dieses Einverständnisses entschieden werden. Dazu gehört eine förmliche und feierliche Beurkundung, und es dürfen z. B. rechtliche Ansprüche auf einen bestimmten, durch Verjährung erworbenen Wasserstand nicht ignoriert werden.

Nr. 31.

Endurteil des II. Senats vom 1. Oktober 1883 (Entsch. Bd. X. S. 243).

Die bestehende Verbindlichkeit, einen Wasserlauf, welcher oberhalb belegene Ländereien entwässert, zu räumen, wird durch den Umstand nicht berührt, daß der mit seinen Grundstücken unterhalb liegende Räumungspflichtige befugt ist, den regelmäßigen Wasserabfluß durch periodische Aufstauung des Wasserlaufes zu unterbrechen.

Nr. 32.

Endurteil des II. Senats vom 15. April 1884 (Entsch. Bd. XI. S. 234).

1) Das Bett der Gewässer wird von demjenigen Teile des Landes gebildet, welcher nach den regelmäßigen Verhältnissen des Wasserstandes mit Wasser bedeckt ist; es umfaßt die Bodenfläche, worauf das Wasser steht, und das sich an die Sohle anschließende Seitenland, soweit es regelmäßig unter dem Wasserspiegel liegt.

2) Wo der Spiegel, der Wasserstand, aufhört, da beginnt das Ufer.

3) Verflachungen und Erhebungen in dem Flußbette erscheinen, wenn sie ohne Zusammenhang mit dem Ufer noch mit einem gemeinen Fischernachen umfahren werden können (A. L.-R. I. 9 §. 242), als Inseln, wenn sie aber infolge von Niederschlägen und Anspülen fremder Erdteile als Ansätze und Verbreiterung des Ufers sich aus dem Wasserspiegel erheben, als Degenerationen des Bettes, die man unter den Begriff der Alluvion, des Anwachsens von Erdzungen und Halbinseln bringt (§. 225 a. a. O.).

4) Die Beseitigung von Anlandungen und Alluvionen bildet einen wesentlichen und überall wiederkehrenden Teil der „Räumung" eines Flußbettes.

5) Wohnt einem Flusse die Natur eines öffentlichen Stromes bei, so beschränkt sich diese Eigenschaft nicht auf die Fahrstraße, in welcher sich die Schiffahrt bewegt, nicht auf denjenigen Teil, welchen der Fiskus thatsächlich zum Gegenstande seiner Fürsorge macht (A. L.-R. II. 15 §. 79), sondern sie umfaßt auch seitlich der Fahrstraße den ganzen Strom mit allen zusammenhängenden Windungen und Ausbuchtungen.

6) Unerheblich ist es, ob Fiskus thatsächlich auf derselben eine Fahrstraße unterhält und ob auf derselben ein Schiffahrtsverkehr stattfindet.

7) Handelt es sich darum, die Eigenschaft eines Stromes oder Stromteiles als eines öffentlichen erst aus der Thatsache der Schiffbarkeit herzuleiten, so kommt es nicht darauf an, von wem und zu welchen Zwecken er zum Betriebe der Schiffahrt benutzt wird, sondern nur darauf, ob er überhaupt schiffbar ist.

8) Die öffentlichen Ströme sind in allen ihren drei integrirenden Bestandteilen — dem Wasser, dem Bette und dem Ufer — an sich der Fürsorge der Landespolizeibehörde und nicht der Ortspolizeibehörde unterstellt, und zwar besteht die Unzuständigkeit der letzteren und die Zu-

ständigkeit der ersteren, sofern nicht besondere Gesetze eine abweichende Organisation vorsehen, überall da, wo es sich überhaupt darum handelt, den Strom in einer polizeilich zu überwachenden, durch das öffentliche Interesse erforderten Verfassung zu erhalten.

9) Nicht nur die Sicherheit und Bequemlichkeit der Schiffahrt, für deren Betrieb übrigens gerade die Gestaltung des Bettes sehr wesentlich ins Gewicht fallen kann, gehört hiernach dem Gebiete der Landespolizei an (§. 79 Tit. 15 Teil II A. L.-R.'s spricht von den Pflichten des Staates als Fiskus, nicht von Aufgaben der Landespolizei), sondern neben der Schiffahrtspolizei ist gleichermaßen die Strompolizei von der Zuständigkeit der Ortspolizeibehörde ausgeschlossen, und gerade auch die Überwachung der öffentlichen Ströme in sanitärer Beziehung, die Fernhaltung jeder dem Publikum nachteiligen Verunreinigung (A. Kab.-O. vom 24. Februar 1816 — G.-S. S. 108 —) und anderseits die Bestimmung über die Benutzung öffentlicher Ströme zur Aufnahme unreiner Abflüsse fallen in den Kreis der Rechte und Pflichten der Landespolizeibehörde (vergl. Gesetz, betreffend die Befugnisse der Strombauverwaltung gegenüber den Uferbesitzern, vom 20. August 1883 — G.-S. S. 333 —).

10) Jeder, der — sei es auch unter Benutzung eines fremden Eigentums — eine an sich erlaubte Verrichtung vornimmt, muß sich dabei, sobald sie eine Wirkung nach außen zur Folge hat, berechtigten polizeilichen Anforderungen bezüglich der Art der Ausübung unterwerfen und kann eine Befolgung polizeilicher Gebote, welche der Gefährdung der Gesundheit vorbeugen sollen, nicht mit dem Einwande ablehnen, die durch ihn in einen polizeiwidrigen Zustand versetzte Sache gehöre einem dritten.

11) Bilden also gewisse, angeblich im Eigentum der Provinz stehende Gräben integrierende Teile eines städtischen Entwässerungsunternehmens, so ist es auch die Pflicht der Stadt, diesen Graben zu reinigen und in einem der Gesundheit unschädlichen Zustande zu erhalten. Dagegen besteht eine Verpflichtung der Polizeibehörde, sich an den Eigentümer des Grabens zu halten, nicht.

Nr. 33.

Endurteil des II. Senats vom 19. Mai 1884 (Entsch. Bd. XI. S. 244).

1) Unter den im §. 10 des Vorfluts-Gesetzes vom 15. November 1811 erwähnten „Wasserabzügen" sind nicht nur künstliche, sondern auch natürliche Wasserabzüge, mithin auch Privatflüsse zu verstehen. Derselbe §. 10 trifft aber keine Bestimmung darüber, wem die Unterhaltung eines Grabens oder Wasserabzuges obliegt.

2) Der §. 10 Tit. 8 Teil I A. L.-R.'s, nach welchem in der Regel ein jeder die über sein Eigentum gehenden „Gräben" und „Kanäle", wodurch das Wasser seinen ordentlichen und gewöhnlichen Ablauf hat, zu unterhalten verbunden sei, findet auf natürliche (Privat-) Flüsse keine Anwendung.

3) Wenn etwa das Nichtvorhandensein jedes näher zur Räumung Verpflichteten überhaupt sich ergeben sollte, so würde daraus nicht zu folgern sein, daß die unerläßliche Maßnahme zu unterbleiben hätte, sondern nur, daß die Ausführung auf Kosten der örtlichen Polizeiverwaltung zu erfolgen hätte (§. 3 des Polizeiverwaltungsgesetzes vom 11. März 1850).

4) Ein aus früheren Räumungsfällen etwa herzuleitender Besitzstand läßt noch nicht auf die im §. 10 des Vorfluts-Gesetzes vorausgesetzte Räumungspflicht schließen.

5) Privatflüsse können an und für sich Gegenstand des Privateigentums sein, aber die Eigenschaft des Flußeigentümers und die des Uferbesitzers treffen nicht immer in ein und derselben Person zusammen. Eigentümer und Uferbesitzer können verschiedene Rechtssubjekte sein.

6) Die Räumungspflicht der Adjazenten muß in jedem einzelnen Falle nachgewiesen werden.

Nr. 34.

Endurteil des II. Senats vom 27. Juni 1884 (Entsch. Bd. XI. S. 251).

Wenn sich nach der Ausführung eines Entwässerungs- oder Bewässerungs-Unternehmens herausstellt, daß das Grundstück eines Genossen einer öffentlichen Wassergenossenschaft keinen Vorteil oder sogar einen dauernden Nachteil von dem Unternehmen hat, so läßt sich daraus ein Anspruch auf die Rückzahlung bereits geleisteter Beiträge nicht herleiten, auch kann eine Befreiung von Beiträgen oder ein Recht zum Ausscheiden aus der Genossenschaft nur für die Zeit anerkannt werden, während welcher ein Genosse keinen Vorteil oder wohl gar Nachteil von der Anlage hatte.

§§. 49, 53, 56 Nr. 2, 66, 70, 89 des Gesetzes vom 1. April 1879 (G.-S. S. 297), §. 160 des Zust.-Ges. vom 1. August 1883.

Nr. 35.

Endurteil des II. Senats vom 23. Oktober 1884 (Entsch. Bd. XI. S. 264).

1) Eine Beschränkung des in dem Gesetze vom 28. Februar 1843 (§§. 13, 19) gewährleisteten Wassernutzungsrechtes auf Zwecke der Bodenkultur und die Unzulässigkeit der Benutzung für gewerbliche Anlagen läßt sich aus dem Gesetze nicht herleiten.

2) Wenn der §. 13 des Gesetzes besagt, daß kein Rückstau über die Grenzen des eignen Grundstücks hinaus und keine Überschwemmung und Versumpfung fremder Grundstücke verursacht werden dürfe, so ist nicht zu übersehen, daß diese Vorschrift lediglich zum Besten der Uferbesitzer und keineswegs im öffentlichen Interesse gegeben ist. Daraus folgt, daß ein Widerspruch gegen etwaige Anlagen, durch welche ein Aufstau, eine Überschwemmung u. s. w. herbeigeführt wird, nicht mit Hülfe der Polizeibehörde, sondern nur im ordentlichen Rechtswege zur Durchführung gebracht werden kann.

Nr. 36.

Endurteil des II. Senats von 29. September 1885 (Entsch. Bd. XII. S. 295).

1) Nach §. 10 des Vorfluts-Gesetzes vom 15. November 1811 kann die Polizei im allgemeinen nur demjenigen die Räumung anbefehlen, welchem die Verbindlichkeit dazu (aus öffentlichem Rechte) unstreitig obliegt. Darüber muß, wenn entsprechende Zweifel obwalten, zuvörderst rechtlich erkannt werden. Eine einstweilige Verfügung der Polizei läßt sich nur dann rechtfertigen, wenn ein erhebliches gemeinsames Interesse durch den Aufschub gefährdet erscheint (Reskript vom 12. November 1829 — v. Kamptz, Annalen Band XIII. S. 872 —).

2) Auch hat die Polizei nicht jedem Antrage auf Räumung im Falle des Widerspruches Folge zu geben, sondern denselben auf seine Notwendigkeit und zugleich daraufhin zu prüfen, ob es unthunlich erscheint, die Ausführung der Räumung bis zur richterlichen Entscheidung über die Frage der Verpflichtung auszusetzen (Reskript vom 29. Januar 1847 — Min.-

Bl. d. i. V. S. 18, Entsch. Band III. S. 209, 210, Band IX. S. 247, — §. 7 des Gesetzes vom 28. Februar 1843, §. 2 des Vorfluts-Gesetzes für Neuvorpommern und Rügen vom 9. Februar 1867).

3) Hieraus folgt für die sachliche Zuständigkeit der Wasserpolizeibehörde auf dem Gebiete der Räumung, daß ihre Anordnungen nur von der Notwendigkeit einer einzelnen, im Momente des Erlasses erforderlichen Räumung ihren Ausgang nehmen und lediglich deren Durchführung zum Zwecke und Inhalt haben können, eine Entscheidung über die Frage der Verpflichtung aber ihr nur insoweit und als eine einstweilige dann zusteht, wenn und weil die Räumung des Wasserlaufes bis zu dem Spruche der zuständigen Behörde nicht ausgesetzt werden kann.

4) Diese letztere Behörde ist die Polizei nicht, sie hat den Streit über die Räumungspflicht, der sich aus Veranlassung eines bestimmten Räumungsfalles entspinnt, definitiv nicht zu entscheiden und ist um so weniger dann dazu berufen, wenn mehrere bei der Unterhaltung eines Wasserlaufes Beteiligte über die Räumungspflicht — ganz unabhängig von einer bereits im Gange befindlichen oder polizeilich verlangten Räumung — uneinig sind und ihnen nur eine Regelung und Verteilung der Last erwünscht ist.

5) In einem solchen Falle mag eine vermittelnde Thätigkeit der Polizei zur Erzielung eines Einverständnisses am Platze sein, für eine Entscheidung der Polizeibehörde aber in irgend einer Gestalt gebricht es derselben an jeder sachlichen Zuständigkeit.

6) Dieser Auffassung entspricht auch der §. 66 des Zuständigkeitsgesetzes vom 1. August 1883.

Nr. 37.

Endurteil des II. Senats vom 3. Dezember 1885 (Entsch. Bd. XII. S. 303).

1) Die Kosten der Kartierung und Nivellierung eines Wasserlaufes, welche seitens der Polizeibehörde als Unterlage künftiger Räumungs-Anordnungen für erforderlich erachtet und auf deren Veranlassung ausgeführt werden, gehören nicht zu denjenigen, welche im Sinne des §. 10 des Vorfluts-Gesetzes vom 15. November 1811 und des §. 100 Tit. 8 Teil I A.-L.-R.'s den Grabenräumungspflichtigen zur Last fallen.

2) Damit ist nichts über die Frage entschieden, ob sich Fälle denken lassen, in denen auf speziellen Antrag eines Privaten in dessen Sonderinteresse eine Räumungs-Anordnung ergeht, infolge wovon es notwendig erscheint, besondere technische Ermittelungen vorzunehmen, und in denen damit etwa eine Handhabe geboten wird, den Extrahenten für die entstandenen Kosten verantwortlich zu machen.

Nr. 38.

Endurteil des II. Senats vom 14. September 1885 (Entsch. Bd. XII. S. 306).

1) Wenn ein städtisches Hausgrundstück durch das Zumauern eines nach dem Nachbargrundstücke führenden Ausganges (z. B. eines Thorweges) in einen Zustand versetzt wird, daß dasselbe der unerläßlichen Zugänglichkeit für Feuerlöschgeräthschaften entbehrt und ferner dadurch gesundheitsgefährliche Wasseransammlungen entstehen, so erwächst für die Polizeibehörde das Recht und die Pflicht, die Abstellung dieser Übelstände zu verlangen, und zwar zunächst von demjenigen, welcher nach öffentlichem Rechte für einen den gesetzlichen Anforderungen entsprechenden Zustand des Grundstückes der Polizeibehörde gegenüber verantwortlich ist.

2) Etwaige privatrechtliche Verhältnisse können niemals zur Basis einer polizeilichen Aktion im öffentlichen Interesse bestimmt oder geeignet sein.

3) Die polizeilich allein zu überwachende und erzwingbar öffentlich-rechtliche Verbindlichkeit trifft nach dem bestehenden Rechte den Eigentümer des Grundstückes (Entsch. Bd. VII. S. 348, 351).

4) Deshalb ist auch die Polizeibehörde aus dem Grunde, weil die Weigerung eines Eigentümers, die behufs der Zugänglichkeit und Entwässerung eines Nachbargrundstückes von ihm bis dahin gestattete Benutzung seines Besitztums auch fernerhin zu dulden, polizeilich unzulässige Verhältnisse auf dem Nachbargrundstücke zur Folge habe, nicht berechtigt, dem Weigernden gegenüber die Aufrechterhaltung des bisherigen Zustandes zu erzwingen.

5) Nur wenn eine, auch an sich berechtigte, doch ganz plötzliche und unerwartete Änderung des bestehenden Zustandes ein Grundstück dergestalt zu einem gefährdeten und gefahrdrohenden macht, daß ein Notstand eintritt, welcher sofortige Abstellung erheischt, aber von dem Eigentümer nicht erlangt werden kann, weil dieser nicht zu erreichen ist, oder sonst eine physische Unmöglichkeit besteht, die augenblicklich nötigen Leistungen zu erzwingen, so berühren zwar an sich derartige Ausnahmezustände die öffentlich-rechtliche Verbindlichkeit des Eigentümers in keiner Weise, sie bleiben bestehen und sind, sobald und soweit das thunlich ist, zum Vollzuge zu bringen; allein es läßt sich in einem so gearteten Falle eine Befugnis der Polizeibehörde nicht in Abrede stellen, einstweilen zur Abwendung der imminenten und dringenden Gefahr den bestehenden Zustand — jedoch nur so lange — aufrecht zu erhalten, bis es ihr möglich geworden ist, den Eigentümer des gefahrbringenden Grundstückes zu seiner Schuldigkeit anzuhalten, und bis es bei sofortiger Inangriffnahme seitens des Eigentümers thunlich ist, die erforderlichen Anstalten zu treffen.

Nr. 39.

Endurteil des II. Senats vom 13. Oktober 1885 (Entsch. Bd. XII. S. 317).

Durch das Vorfluts-Gesetz vom 15. November 1811 sind die Vorschriften der schlesischen Mühlenordnung vom 28. August 1777 über den bei Mühlen einzuhaltenden Wasserstand und über die Setzung von Merkpfählen aufgehoben (§. 61 der Einleitung zum A. L.-R.).

XVII.

Die Deiche.

Vorbemerkung.

Vergl. die Vorbemerkung zu dem vorigen Abschnitt XVI. „Das Wasser".

Endurteil des II. Senats vom 8. Oktober 1885 (Entsch. Bd. XII. S. 322).

1) Ortspolizeiliche Verfügungen verlieren diese Eigenschaft nicht dadurch, daß sie im Auftrage des Landrates ergangen sind.

2) Nach §. 13 der Verordnung vom 30. April 1815 (G.-S. S. 85) verwaltet die Regierung als einen Teil der Landespolizei „die Polizei der

allgemeinen Sicherheit"; ihr liegt „die Vorsorge zur Abwendung allgemeiner Beschädigungen" ob und nicht der Ortspolizeibehörde.

3) Versteht man unter der „Deichpolizei" nach Analogie der Bau-, Wege-, Jagdpolizei u. s. w. den Inbegriff der bezüglich der Deiche und ihnen gleichgestellten Anlagen bestehenden Aufgaben und Befugnisse, so können diese da für ausgeschlossen nicht erachtet werden, wo die Existenz oder Beschaffenheit jener Objekte sich mit den darüber bestehenden Gesetzen nicht in Übereinstimmung befinden. Eine Legaldefinition der Deichpolizei findet sich in dem Gesetze nicht.

4) Der §. 1 des Deichgesetzes vom 28. Januar 1848 beruft in seinen beiden ersten Absätzen die Ortspolizeibehörden nicht zu einer amtlichen Thätigkeit, mithin sind im Geltungsbereiche jenes Gesetzes die Ortspolizeibehörden sachlich nicht zuständig, in den Fällen des §. 1 Abs. 2 die Beteiligten zur Wiederherstellung des früheren Zustandes anzuhalten.

5) Im allgemeinen darf es als ein für den Begriffsunterschied zwischen der Landespolizei und der Lokalpolizei wesentliches Merkmal angesehen werden, daß der ersteren solche Angelegenheiten zufallen, durch deren Wahrnehmung ein über den räumlichen Sprengel des Lokalpolizeiverwalters mehr oder minder weit hinausreichender Kreis von Beteiligten berührt wird oder deren Natur eine rein lokale Behandlung nicht zuläßt.

6) Die Erhaltung des Inundationsgebietes eines Gewässers in einem den Anforderungen des Gesetzes vom 28. Januar 1848 entsprechenden Zustande stellt sich weder ganz noch zum Teil als ein Gegenstand dar, bei dessen Regelung den besonderen Interessen eines Gemeindebezirks und seiner Angehörigen eine ausschlaggebende Bedeutung beiwohnt (§. 6 lit. i. des Polizei-Verwaltungsgesetzes vom 11. März 1850) — so wenig, daß dieser Gegenstand seiner Natur nach eine lokale Behandlung gar nicht duldet, weder räumlich, noch sachlich, wenn erwogen wird, daß die Grenzen des Inundationsgebietes in der Regel ungewiß sind, und ebenso der Begriff der Deiche und ähnlicher Erderhöhungen ein keineswegs feststehender ist, daß endlich eine gedeihliche Handhabung des Gesetzes nur nach einheitlichen Grundsätzen möglich und anderseits in dem Falle ausgeschlossen ist, wenn innerhalb eines ausgedehnten Gebietes dem Ermessen der einzelnen Ortsbehörden eine organische Mitwirkung eingeräumt wird.

XVIII.

Die Wege.

Vorbemerkung.

Das Gebiet der Wegepolizei und der Wegebaulast bildet eine eigenartige Gruppe der polizeilichen Angelegenheiten, weil die Durchkreuzung polizeilicher, kommunaler und privatrechtlicher Verhältnisse eine eigentümliche Verbindung und Verteilung der Zuständigkeiten bedingt.

Die Kreisordnung vom 13. Dezember 1872 behandelte diese Angelegenheiten in den §§. 61 und 135 II., die Kreisordnungs-Novelle vom 19. März 1881 im Art. IV. §. 2, und jetzt disponiert das Zuständigkeitsgesetz vom 1. August 1883 darüber im Titel XI. (§§. 55—64).

Die wesentlichen Unterschiede zwischen den Vorschriften der Kreisordnung von 1872 und den §§. 55—57 des jetzigen Zuständigkeitsgesetzes sind folgende:

1. Die letzteren gelten für **alle** Arten öffentlicher Wege, mithin auch für die Chausseen. Soweit es sich um die Erhaltung derselben handelt (Chausseebaupolizei), steht die Wahrnehmung der Chaussee-Wegepolizei dem Regierungspräsidenten zu, dagegen haben für den Schutz der Chausseen und für die Sicherung der Chaussee-Zollerhebung dem Publikum gegenüber die Landräte zu sorgen. Im übrigen, d. h. abgesehen von der Chausseepolizei, sind die Wegepolizeibehörden dieselben wie die Ortspolizeibehörden.
2. Die Bestimmungen des neuesten Zuständigkeitsgesetzes gelten auch für alle Wegepolizeibehörden, und nicht bloß für die Landkreise, sondern auch für die Stadtkreise.
3. Das Verwaltungsstreitverfahren in Wegesachen ist ausgedehnt auf
   a. die Streitigkeiten der Beteiligten untereinander über ihre öffentlich-rechtliche Verpflichtung zur Anlegung und Unterhaltung der öffentlichen Wege,
   b. die Streitfrage, ob ein Weg die Eigenschaft eines öffentlichen habe,
   c. die Einziehung und Verlegung öffentlicher Wege.
4. Das Verfahren hat sich durch die Einführung des Rechtsmittels des Einspruches erweitert und besser gestaltet, so daß dem Verwaltungsstreitverfahren in der Regel ein Beschluß der Wegepolizeibehörde vorausgeht.

Nr. 1.

Endurteil vom 10. Oktober 1876 (Entsch. Bd. I. S. 240).

1) Anhängig wurde eine Wegestreitsache nach §. 82 der altländischen Kreisordnung vom 13. Dezember 1872 mit dem Tage, an welchem die Klage bei dem zuständigen Gerichte eingereicht war. Dies hat sich jetzt geändert, nachdem das ganze Verfahren mit Einschluß des dem Streitverfahren voraufgehenden Einspruchsverfahrens neu geregelt und diese Regelung in der Weise erfolgt ist, daß das gesamte Verfahren ein zusammenhängendes, untrennbares Ganzes bildet. Eine zweifache Anhängigkeit für Beschlußsachen und für Streitsachen gibt es nicht mehr, weil der §. 163 des Zust.-Ges. vom 1. August 1883 lediglich auf den §. 154 Abs. 3 des Landesverwaltungsgesetzes vom 30. Juli 1883 verweist. (Vergl. Endurteil des II. Senats vom 29. April 1886 — Selbstverwaltung Jahrgang XIII. S. 188 —.)

2) Beteiligte in Wegestreitsachen. Eine persönliche Beteiligung ist nicht einem amtlichen Interesse gleichzustellen (§. 4 Absatz 2 der altländischen Provinzialordnung, Hannover §. 4, Hessen-N. §. 2, Westf. §. 3), deshalb würde z. B. die Frage, ob der Polizeiverwalter einer bei einer Wegestreitsache beteiligten Stadt selbst persönlich an der Sache beteiligt sei, sich nach §. 57 Abs. 5 der altländischen Kreisordnung nicht beurteilen lassen, zumal diese Bestimmung nur von „Amtsvorstehern" spricht, denen in den Städten nach §. 47 a. a. O. keine Polizeiverwaltung zusteht.

3) Handelt es sich um einen Weg, welcher nur im Gebiete einer Stadt liegt und unbestritten von dieser allein unterhalten werden muß, so würde, wenn etwa andere Gemeinden nur ein Interesse an der Instandhaltung dieses Weges hätten, auch der §. 61 l. c. (jetzt §. 55 des Zust.-Ges. von 1883) nicht anwendbar sein. Nur die Stadtgemeinde ist beteiligt, nicht

aber sind dies die sonst interessierten Gemeinden, denn jener §. 61 Abs. 3 spricht nur von den rechtlich zur Sache Beteiligten. Der §. 61 Abs. 3 l. c. bezieht sich also hauptsächlich auf den Fall, wo ein zu bessernder Weg mehrere Bezirke des Kreises berührt oder durchschneidet. Vergl. jetzt §. 61 der Kreisordnung in neuester Fassung.

4) Wieder verlassen ist in dem Endurteile des I. Senats vom 7. Dezember 1880 (Entsch. Bd. VIII. S. 187 unter Nr. 34) der nachstehende Grundsatz:

Wenn ein solcher Fall (sub 3) nicht vorliegt, vielmehr die zu bessernde Wegestrecke nur in einem Stadtbezirke liegt, so daß dem Bürgermeister dieser Stadt nach §. 53 der Städteordnung vom 30. Mai 1853 die Instruktion der Sache (jetzt die Anordnung der Wegepolizeibehörde, der Bescheid auf die erhobenen Einsprüche) zustand, und wenn dann trotzdem der Amtsvorsteher für eine bei der Sache nur interessierte Nachbargemeinde die Instruktion ausgeführt hatte, so liegt darin noch kein wesentlicher Mangel des Verfahrens, wenn nur der Verwaltungsrichter für seine darauf folgende Entscheidung selbständige Gründe angegeben hat, und wenn nur die Stadtgemeinde Gelegenheit gehabt hat, ihre Ansichten in den Prozeßschriften zur Geltung zu bringen. Es würde dem Geiste des Verwaltungsgerichtsgesetzes nicht entsprechen, wenn man wegen einer unrichtigen Wahl des Vertreters des öffentlichen Interesses oder des Instruenten das ganze Verfahren kassieren und unter Zuziehung eines anderen Beamten wiederholen lassen wollte.

5) Vergl. unten Nr. 34.

Nr. 2.

Endurteil vom 25. Oktober 1876 (Entsch. Bd. I. S. 245).

Der Einwand der Unzuständigkeit.

Der §. 83 Abs. 4 des Verwaltungsgerichtsgesetzes vom 3. Juli 1875 bestimmte:

„Wird „von einer Partei" die Einrede der Unzuständigkeit erhoben, so „hat" das Verwaltungsgericht über dieselbe „vorab" zu entscheiden. Gegen diese Entscheidung findet innerhalb 10 Tagen — vorbehaltlich der Bestimmung im §. 58 — die Berufung „unmittelbar" an das Ober=Verwaltungsgericht statt."

Dagegen bestimmt das Verwaltungsgerichtsgesetz in der Fassung des Gesetzes vom 2. August 1880 in §. 83 Abs. 4 und jetzt auch in §. 113 Abs. 4 des Landesverwaltungsgesetzes vom 30. Juli 1883:

„Wird von einer Partei „in erster Instanz" die Einrede der Unzuständigkeit erhoben, so „kann" über dieselbe voran entschieden werden."

Nunmehr ist es also in das Ermessen des Richters gestellt, ob er über jenen Einwand vorab entscheiden will. Geschieht dies, so ist für die betreffenden Endurteile der regelmäßige Instanzenzug beizubehalten. Von der Befugnis der Vorabentscheidung wird der Richter dann nicht Gebrauch machen, wenn Grund zu der Besorgnis vorliegt, daß der Einwand der Unzuständigkeit nur zur Verzögerung des Verfahrens dienen soll. Auch ohne Parteiantrag kann jetzt der Richter vorab entscheiden, wenn er sich selbst für unzuständig erachtet; ferner steht es jetzt fest, daß das außerordentliche Rechtsmittel der Berufung in den Fällen nicht Platz greift, in denen die unteren Instanzen endgültig entscheiden; endlich sind die durch die ältere Fassung hervorgerufenen Zweifel darüber gelöst, ob das Rechts=

mittel der Berufung dadurch verloren geht, daß der erste Richter die Entscheidung über den Prinzipaleinwand mit der in der Sache selbst verbindet und, wenn dies zu verneinen, ob mit der Berufung an das Oberverwaltungsgericht die an den Bezirksausschuß in der Sache selbst zur Wahrung der Berufungsfrist zu verbinden ist.

Wenn der Absatz 4 des §. 83 von der Parteieinrede der Unzuständigkeit handelte, so war darunter lediglich der Einwand verstanden, daß überhaupt die Verwaltungsgerichte nicht zuständig seien, daß ein Verwaltungsstreitverfahren über die erhobene Klage nicht stattfinde. (Dies trifft noch jetzt zu.)

Nr. 3.

Endurteil vom 8. November 1876 (Entsch. Bd. I. S. 248).

1) Diese Entscheidung handelt von dem Zusammenhang zwischen §§. 61 und 135 II. 1 der Kreisordnung vom 13. Dezember 1872 und ist insofern für die am 1. April 1881 und später anhängig gewordenen Wegestreitsachen durch die Bestimmungen der Kreisordnungs-Novelle vom 19. März 1881 Art. IV., jetzt §§. 55 ff. des Zust.-Ges. vom 1. August 1883 gegenstandslos geworden.

2) Begriff der „Entschädigung" im Sinne des §. 135 II. 1 b. der Kreisordnung von 1872. Damit war der Fall gemeint, in welchem der Kreisausschuß einen anderen, als den zunächst vom Amtsvorsteher herangezogenen Beteiligten für den definitiv Verpflichteten ansah und es sich sodann um eine Ausgleichung zwischen beiden Beteiligten, um die Schadloshaltung des vom Amtsvorsteher in Anspruch Genommenen seitens des vom Kreisausschuß für pflichtig Erachteten handelte. Diese Entscheidung war dann im Verwaltungsstreitverfahren eine endgültige, und es konnte den Parteien nur überlassen bleiben, ihre Entschädigungsansprüche im ordentlichen Rechtswege oder auf andere geeignete Weise weiter zu verfolgen.

Dies hat sich schon durch den Art. IV der Kr.-O.-N. von 1881 erheblich geändert. Denn an die Stelle des §. 135 II. 1 b. sind jetzt die Sätze getreten: „Gegen die Anordnungen der Wegepolizeibehörde, welche — — die Aufbringung und Verteilung der dazu erforderlichen Kosten — — findet als Rechtsmittel innerhalb zwei Wochen der Einspruch an die Wegepolizeibehörde statt. Über den Einspruch hat die Wegepolizeibehörde zu beschließen. Gegen den Beschluß findet die Klage (auch die Berufung und Revision) im Verwaltungsstreitverfahren statt. Dieselbe ist, soweit der in Anspruch Genommene zu der ihm angesonnenen Leistung aus Gründen des öffentlichen Rechts statt seiner einen anderen für verpflichtet erachtet, zugleich gegen diesen zu richten. — Auch im übrigen unterliegen Streitigkeiten der Beteiligten darüber, wem von ihnen die öffentlich-rechtliche Verpflichtung zur Anlegung oder Unterhaltung eines öffentlichen Weges obliegt, der Entscheidung im Verwaltungsstreitverfahren. — — Durch den Ablauf der Fristen wird die Klage im Verwaltungsstreitverfahren auf Erstattung des Geleisteten gegen einen aus Gründen des öffentlichen Rechts verpflichteten dritten nicht ausgeschlossen."

Vergl. jetzt §. 56 des Zust.-Ges. vom 1. August 1883.

3) Vergl. Endurteile vom 9. Februar 1878 (Entsch. III. S. 353); vom 25. September 1878 (Entsch. IV. S. 237), vom 20. November 1878 (Entsch. IV. S. 263).

Wenn in Wegebausachen auch eine Instruktion gemäß §. 61 der Kreisordnung nicht stattgefunden hatte, der Amtsvorsteher vielmehr sofort mittels

Zwangsverfügung eingeschritten war, so war dennoch auf erhobene Klage die angefochtene Verfügung ihrem materiellen Inhalte nach lediglich nach den Bestimmungen des §. 135 II. 1 a. a. O. zu beurteilen.

a. Die Kreisordnung von 1872 bezeichnete ein Vorverfahren gemäß §. 61 keineswegs als eine notwendige Vorbedingung für die Anwendung der in §. 135 II. 1 enthaltenen Bestimmungen, die letzteren mußten vielmehr in Ermangelung dessen auch in soweit für anwendbar erklärt werden, als es sich um die Beurteilung des materiellen Inhalts einer auf Grund des §. 79 erlassenen polizeilichen Verfügung handelte.

b. War die Wegepolizeibehörde alsbald mittels Zwangsverfügung (§. 79 der Kreisordnung, §. 33 des Zuständigkeitsgesetzes) eingeschritten und wurde gegen diese geklagt, so erging — ohne weitere vorgängige Instruktion seitens der Wegepolizeibehörde, wenn nicht etwa der Kreisausschuß eine solche noch anordnete — die Entscheidung nach Maßgabe des §. 35 II. Nr. 1. Die Eingangsworte des letzteren „in Gemäßheit der Bestimmungen des §. 61" hatten nicht die Bedeutung, daß eine Instruktion gemäß dieser Vorschrift notwendig überall der Entscheidung des Kreisausschusses voranzugehen hatte.

c. Der §. 61 a. a. O. schloß den Erlaß von Zwangsverfügungen der Ortspolizeibehörden auf dem Gebiete der Wegepolizei keineswegs aus, sondern sah dieselben vor, es konnte daher für die Anwendbarkeit des §. 135 II. 1 nicht zwischen den Fällen unterschieden werden, in denen eine polizeiliche Aufforderung zum Wegebau mit einer Androhung polizeilichen Zwanges verbunden ist, und denen, wo nur eine solche Aufforderung ergangen ist, welche den Charakter der polizeilichen Anordnung hat, und endlich denen, in welchen eine streitige Wegebausache ohne eine derartige vorgängige Anordnung von der Ortspolizeibehörde zum Zweck der resolutorischen bezw. interimistischen Entscheidung instruiert worden ist. In dem einen wie in dem anderen Falle sollten dem Kreisausschusse diese in dem §. 135 II. 1 bezeichneten Entscheidungen zustehen und damit zugleich über diejenigen Verfügungen, welche die Ortspolizeibehörden über Gegenstände dieser Entscheidungen erlassen hatten.

d. Wenn auch in Wegebausachen eine Instruktion gemäß §. 61 der Kreisordnung von 1872 nicht stattgefunden hatte, der Amtsvorsteher vielmehr sofort mittels Zwangsverfügung eingeschritten war, so war dennoch auf erhobene Klage die angefochtene Verfügung ihrem materiellen Inhalte nach lediglich nach den Bestimmungen des §. 135 II. 1. zu beurteilen.

Diese Grundsätze (a—d) fanden Anwendung auf die Sätze im §. 61:

„Eben dies (die Ausführung des zur Erhaltung des gefährdeten oder zur Wiederherstellung des unterbrochenen Verkehrs Notwendigen für Rechnung des Verpflichteten) liegt ihm (dem Amtsvorsteher) auch ohne vorgängige Aufforderung des Verpflichteten ob, wenn dergestalt Gefahr im Verzuge ist, daß die Ausführung der vorzunehmenden Arbeit durch den Verpflichteten nicht abgewartet werden kann";

und ferner:

„Wird die Verpflichtung zu einer Handlung oder Leistung in Beziehung auf den Wegebau, welche im Interesse des öffentlichen Verkehrs notwendig ist, von dem dazu Aufgeforderten in Abrede gestellt, so hat der Amtsvorsteher, wenn nach seinem pflichtgemäßen Ermessen die Arbeit bis zur Feststellung der Verpflichtung nicht aufgehoben werden kann, wegen Ausführung des Notwendigen Anordnung zu treffen, zugleich aber eine Instruktion der streitigen Verhältnisse mit Zuziehung der Beteiligten vorzunehmen";

endlich im §. 135:

„In dem Gebiete der allgemeinen Landesverwaltung gehören fortan folgende Angelegenheiten mit den dabei bezeichneten Befugnissen zum Wirkungskreise des Kreisausschusses: — — —

II. In wegepolizeilichen Angelegenheiten:

1) die resolutorische bezw. interimistische Entscheidung in streitigen Wegebausachen in Gemäßheit der Bestimmungen im §. 61 u. s. w.

Es fragt sich, ob diese Grundsätze auch auf die Bestimmungen im Art. IV. der Kreisordnungs-Novelle (jetzt §. 55 ff. des Zuständigkeitsgesetzes vom 1. August 1883) noch anwendbar sind.

Es heißt daselbst im §. 1 (jetzt §. 55 des Zust.-Ges.):

„Auch ist die zuständige Wegepolizeibehörde befugt, das zur Erhaltung des gefährdeten oder zur Wiederherstellung des unterbrochenen Verkehrs Notwendige auch ohne vorgängige Aufforderung des Verpflichteten für Rechnung desselben zur Ausführung bringen zu lassen, wenn dergestalt Gefahr im Verzuge ist u. s. w." (Also fast wörtlich und dem Sinne nach jedenfalls identisch mit §. 61 der Kreisordnung.)

Ferner im §. 2 (jetzt §. 86 a. a. O.):

„Gegen die Anordnungen der Wegepolizeibehörde — — — findet der Einspruch an dieselbe Behörde statt. — — Über den Einspruch hat die Wegepolizeibehörde zu beschließen. Gegen den Beschluß findet die Klage im Streitverfahren statt."

Hieraus ergibt sich zunächst, daß an die Stelle der „Instruktion" im §. 61 jetzt ein besser geregeltes Einspruchsverfahren getreten ist: Hat aber das Verfahren in Gemäßheit der obigen Bestimmung im §. 1 sogleich mit der Androhung des Zwangsmittels zur Durchführung einer wegepolizeilichen Anordnung begonnen (§. 69 des Organisationsgesetzes, jetzt §. 133 des L.-V.-G. vom 30. Juli 1883), so greifen die allgemeinen Rechtsmittel gegen polizeiliche Verfügungen (§§. 63 ff., 66 l. c.) Platz (jetzt §§. 123 ff. des L.-V.-G. vom 30. Juli 1883). Das Einspruchsverfahren findet zwar nebenher auch statt in Fällen, welche das Gesetz besonders erwähnt, aber die Wegepolizeibehörde kann ihre Anordnung, unbeschadet jenes weiteren Verfahrens, nach §. 44 des Organisationsgesetzes, jetzt §. 53 des L.-V.-G. vom 30. Juli 1883 doch zwangsweise zur Ausführung bringen, sofern letztere nach ihrem Ermessen ohne Nachteil für das Gemeinwesen nicht ausgesetzt bleiben kann. Macht die Behörde von dieser Befugnis Gebrauch, so steht dem Verwaltungsrichter die freie Prüfung, ob dieses „Ermessen" zutreffend war, nicht zu, unbeschadet der Frage, ob die Anordnung zulässig war. Handelt es sich also um derartige wegepolizeiliche Zwangsverfügungen in Fällen, welche in den Gesetzen nicht vorgesehen sind, so findet auch nebenher ein anderweites Verfahren nicht statt.

4) Der in diesem Endurteile enthaltene Grundsatz über die Zulässigkeit des Verwaltungsstreitverfahrens in betreff der Polizeiverwaltungen der Stadtkreise in wegepolizeilichen Angelegenheiten ist gegenstandslos geworden (siehe die Vorbemerkung).

Nr. 4.

Endurteil vom 15. November 1876 (Entsch. Bd. I. S. 255).

1) Wenn es sich in einer Wegebesserungsangelegenheit lediglich um die Frage handelt, „was im Interesse des öffentlichen Verkehrs zu geschehen hat", so kann dem Amtsvorsteher gegenüber der Einwand des persönlichen Interesses aus dem Grunde nicht gemacht werden, weil derselbe angeblich oder thatsächlich zur Lieferung des für die Wegebesserung erforderlichen Kieses rechtlich verpflichtet sei. Anders, wenn es sich etwa um die Frage handelte, „von wem und auf wessen Kosten das Erforderliche zu geschehen hatte".

2) Über das pflichtmäßige Ermessen des Amtsvorstehers darüber, w mit einem Wege im Interesse des öffentlichen Verkehrs geschehen müsse, ist zwar im Verwaltungsstreitverfahren durch den Kreisausschuß und das Bezirksverwaltungsgericht zu entscheiden, jedoch bewegt sich diese Feststellung innerhalb der im §. 49 des Verwaltungsgerichtsgesetzes (jetzt §. 79 des L.-V.-G. vom 30. Juli 1883) dem Richter vorgezeichneten Grenzen und entzieht sich damit zugleich einem Angriffe in der Revisionsinstanz um so mehr, als anerkannt werden muß, daß der Begriff des im Interesse des öffentlichen Verkehrs „Erforderlichen" ein seiner Natur nach dehnbarer, lediglich nach Maßgabe der konkreten Verhältnisse des einzelnen Falles und des Gewichtes der einzelnen Beweismittel zu bestimmender ist.

3) Die Frage, was im Interesse des öffentlichen Verkehrs geschehen muß — §. 135 II. 1a. der Kreisordnung von 1872 — („die Sorge dafür, daß den Bedürfnissen des öffentlichen Verkehrs in Bezug auf das Wegewesen Genüge geschieht", „Anordnungen der Wegepolizeibehörde, welche den Bau und die Unterhaltung der öffentlichen Wege betreffen" — Art. IV. §. 1 bezw. §. 2 der Kreisordnungs-Novelle, §. 56 des Zust. von 1883) ist in das Ermessen der Wegepolizeibehörde gestellt und unterliegt der Prüfung im Streitverfahren wohl in der Berufungsinstanz, nicht aber, sofern es sich lediglich um thatsächliche Feststellungen handelt, in der Revisionsinstanz.

Nr. 5.

Endurteil vom 29. November 1876 (Entsch. Bd. I. S. 260).

Nach dem in einer Stadt geltenden örtlichen Rechte hatten die Eigentümer der an die Straße grenzenden „Grundstücke" die Verpflichtung der Straßenreinigung. Nun war auch die sogenannte Bahnhofstraße auf beiden Seiten mit Etablissements besetzt, jedoch lag zwischen der Straße und den Häuserreihen ein der Eisenbahn gehöriges Terrain, welches als „Böschung" bezeichnet wurde und von welchem die Eisenbahngesellschaft behauptete, diese Böschung sei ein Teil der Straße und erst die dahinter liegenden Besitzer der Etablissements seien zur Straßenreinigung verpflichtet. Die Polizei war anderer Ansicht, und es wurde auch in zwei Instanzen gegen die Eisenbahn erkannt. Dagegen hob das Oberverwaltungsgericht die Vorentscheidung auf und forderte zunächst eine Erörterung in thatsächlicher Beziehung, ob und inwieweit dasjenige Terrain, welches ursprünglich „Böschung" gewesen ist und von der Eisenbahn noch dazu gerechnet wird, diese Eigenschaft wirklich gehabt und bisher auch behalten oder etwa inzwischen verloren und die Natur eines selbstständigen, nicht mehr als integrierenden Teil zur Straße gehörenden Grundstücks angenommen habe.

Nr. 6.

Endurteil vom 29. November 1876 (Entsch. Bd. I. S. 265).

1) Es ist der Grundsatz, daß in den Städten zunächst die Kommune für die polizeiliche Reinigung der Straßen (auch der chaussierten) aufkommen müsse, auf den Inhalt des §. 3 des Gesetzes über die Polizeiverwaltung vom 11. März 1850 zurückgeführt worden. Danach sind die Kosten der örtlichen Polizeiverwaltung mit Ausnahme der Gehälter der vom Staate besonders angestellten Beamten von der Gemeinde zu bestreiten.

2) Nach dem gewöhnlichen Sprachgebrauche sind unter „Vorstadt" Etablissements zu verstehen, welche vor der alten Stadt auf städtischem Gebiete belegen sind. Daß zum Begriffe einer Vorstadt die unmittelbare Lage vor den alten Stadtthoren erforderlich ist, findet sich nirgends vorgeschrieben (Min.-R. vom 18. Mai 1854). Wenn es sich z. B. um die Reinigung städtischer Straßen handelt, so erstreckt sich die Berechtigung der Polizeibehörde, dieselbe zu fordern, keineswegs auf die Stadt selbst und deren Vorstädte, sie muß vielmehr in allen Fällen anerkannt werden, in welchen die Polizeibehörde im Interesse des städtischen Verkehrs es für nötig erachtet hat, eine derartige Anordnung zu treffen, so z. B. in dem Falle, wenn es sich um die Reinigung eines Weges handelt, welcher zu einem in der Feldflur entfernt liegenden Begräbnisplatze führt.

Nr. 7.

Endurteil vom 14. Februar 1877 (Entsch. Bd. II. S. 226).

1) Wo ein Weg unbestritten ein Privatweg ist, fand schon ein Streitverfahren gemäß §. 135 II. 1 c. der Kreisordnung und die Inanspruchnahme dieses Weges für den öffentlichen Verkehr in dem durch diese Gesetzesvorschrift geordneten Verfahren nicht statt.

2) Der §. 135 II. 1 a. überträgt aber den Kreisausschüssen ganz allgemein die Entscheidung darüber, „was im Interesse des öffentlichen Verkehrs geschehen muß" (dies ist auch noch jetzt nach §. 1 des Art. IV. der Kreisordnungs-Novelle und §. 55 des Zust.-Ges. vom 1. August 1883 der Fall: „die Sorge dafür, daß den Bedürfnissen des öffentlichen Verkehrs Genüge geschieht, verbleibt in dem bisherigen Umfange den für die Wahrnehmung der Wegepolizei zuständigen Behörden"), und dementsprechend hat der Amtsvorsteher diese Entscheidung in allen Fällen vorzubereiten, in welchen „die Verpflichtung zu einer Handlung oder Leistung in Beziehung auf den Wegebau, welche im Interesse des öffentlichen Verkehrs notwendig ist, von dem dazu Aufgeforderten in Abrede gestellt wird". (An die Stelle dieser Instruktion tritt jetzt das Verfahren in Gemäßheit des §. 2 der Novelle, §. 56 des Zust.-Ges.)

3) Die Fassung dieser Vorschriften ist eine so allgemeine, daß sie jede „Leistung in Beziehung auf den Wegebau", also auch die Anlegung neuer Wege, in sich schließt. Hierbei wird die Frage, wie Entscheidungen, welche die Anlegung eines neuen Weges als im öffentlichen Interesse nötig bezeichnen, zu vollstrecken seien und ob es dazu des Zwangsenteignungsverfahrens bedürfe, unberührt, dieselbe kann auch nicht wohl in Betracht kommen, da die Anlegung neuer Wege und die Zwangsenteignung des erforderlichen Grund und Bodens in keinem notwendigen Zusammenhange stehen.

4) Letztere findet nicht nur in Fällen, wo der Grund und Boden unentgeltlich abgetreten oder auf Grund gütlicher Einigung erworben wird,

nicht statt, sondern namentlich auch überall da nicht, wo, wie regelmäßig in Gutsbezirken, der Wegebauverpflichtete und der Eigentümer des Grund und Bodens eine und dieselbe Person sind.

5) Für die Entscheidung der Frage, ob ein neuer Weg anzulegen sei, ist von Bedeutung:

a. daß der bestehende Weg erheblich abgekürzt werden kann, woraus sich für die Nachbargemeinde wesentliche Vorteile ergeben würden,

b. daß etwa ein einziger Zugang für einen nahe gelegenen Bahnhof unzureichend und wegen der Nähe des Schienenweges gefährlich sei.

6) Es ist einer Reihe der älteren, noch jetzt bestehenden provinziellen Wegeordnungen eigentümlich, daß dieselben nach dem Wortlaute ihrer Bestimmungen die Wegebaulast nur in Beziehung auf die Instandsetzung und Unterhaltung der Wege regeln, womit jedoch die Anwendung der für die Verteilung dieser Last gegebenen Normen auf die Anlegung der nötig werdenden neuen Wege noch keineswegs ohne weiteres ausgeschlossen ist. Jedenfalls ist die Anlegung neuer Wege in dem Landstraßen- und Wegereglement für das Herzogtum Schlesien und die Grafschaft Glatz vom 11. Januar 1767 ebenso wie die Verlegung der Wege ausdrücklich vorgesehen.

Nr. 8.

Endurteil vom 17. Februar 1877 (Entsch. Bd. II. S. 234).

1) Diese Entscheidung ist in mehrfacher Beziehung durch die Novelle zur Kreisordnung und durch das Zust.-Ges. von 1883 beeinflußt. Nämlich:

a. Die Frage, ob ein Weg die Eigenschaft eines öffentlichen oder eines Privatweges habe, ist nicht mehr eine der endgültigen Judikatur der Zivilgerichte anheimfallende Rechtsfrage, denn nach dem Schlußsatze im Absatz 3, §. 2 Art. IV. der Novelle und §. 56 Abs. 4 des Zust.-Ges. vom 1. August 1883 ist „im Verwaltungsstreitverfahren endstehenden Falles auch darüber zu entscheiden, ob der Weg für einen öffentlichen zu erachten ist". Daraus folgt

b. daß die Entscheidung darüber, ob das Bedürfnis des Verkehrs einen streitigen Weg als einen öffentlichen erfordert, über das Urteil des Verwaltungsrichters (nicht mehr des Zivilrichters), durch welches der streitige Weg als Privatweg anerkannt wird, hinaus bis dahin, wo dem Bedürfnisse des öffentlichen Verkehrs durch Umwandlung des privaten in einen öffentlichen Weg genügt ist, wirkt. Nach dem letzten Absatze in §. 2 bleibt demjenigen, welcher privatrechtliche Ansprüche auf den Weg geltend macht, der Antrag auf Entschädigung gegen den Wegebauverpflichteten im ordentlichen Rechtswege nach Maßgabe des §. 4 des Gesetzes vom 11. Mai 1842 (G.-S. S. 192) vorbehalten. (Vergl. §. 56 Abs. 8 des Zust.-Ges. vom 1. August 1883.)

c. Nach den neuen Bestimmungen kann die Wegepolizeibehörde stets nur in die Rolle des Beklagten eintreten.

d. Außer der Wegepolizeibehörde hat daran, daß öffentliche Wege nicht dem öffentlichen Verkehre entzogen werden, auch derjenige ein im Streitverfahren verfolgbares rechtliches Interesse, dem die Verbindlichkeit obliegt, die nötigen öffentlichen Wege herzustellen. Handelte es sich also bisher um die Inanspruchnahme von Wegen für den öffentlichen Verkehr, so war regelmäßig der Wegebauverpflichtete in dem von der Wegepolizeibehörde angestrengten Streitverfahren zuzuziehen, während sich eine derartige Beteiligung des Wegebauverpflichteten durch das eingeführte Einspruchsverfahren von selbst ergibt. Wo dagegen, wie es meistens in Gutsbezirken der Fall ist, der Träger der Wegebaulast und derjenige, welcher einen Weg als Privatweg in Anspruch nimmt, ein und dasselbe Rechtssubjekt sind, stand demselben bisher in einem solchen Streitverfahren lediglich die Wegepolizeibehörde als Kläger gegenüber, jetzt aber aus dem angeführten Grunde ebenfalls als Beklagter.

2) Dieselbe Entscheidung und ebenso die vom 19. Dezember 1877 (Entsch. III. S. 176) und vom 17. April 1878 (Entsch. III. S. 199) handeln von den Voraussetzungen und der Begründung der Inanspruchnahme eines Weges, dessen Eigenschaft — als ein öffentlicher oder privater — streitig ist für den öffentlichen Verkehr. Auch hier macht sich zunächst der neue Grundsatz geltend, daß der Verwaltungsrichter über die Frage, ob der Weg ein öffentlicher oder ein Privatweg sei, mit entscheidet und daß schließlich nur noch für eine Entschädigungsfrage gegen den Wegebauverpflichteten Raum bleibt.

3) Im übrigen sind für die Beurteilung der Bedürfnisfrage folgende Gesichtspunkte auch jetzt noch zu beachten:

a. Wenn etwa ein Weg (auch ein Fußweg) als öffentlicher besteht oder doch seither dem öffentlichen Verkehr ausschließlich gedient hat, und wenn die Wegepolizeibehörde Störungen des so bestehenden öffentlichen Verkehrs in Ausübung der ihr zustehenden Exekutivgewalt entgegentritt, so kann der Richter im Streitverfahren das Einschreiten der Polizei nur dann für nicht gerechtfertigt erklären, wenn entgegen dem bisherigen thatsächlichen Zustande erwiesen wird: entweder, daß der Weg ein Privatweg sei, oder aber, daß ein öffentliches Verkehrsinteresse überhaupt gar nicht in Frage steht, so daß aus diesem Grunde ein polizeiliches Einschreiten nicht zu rechtfertigen ist. Für die Beurteilung der Bedürfnisfrage sind daher in Fällen dieser Art keineswegs dieselben Grundsätze maßgebend, wie bei der Anlegung neuer öffentlicher Wege und Umwandlung von Privatwegen in solche. Es kann sehr wohl von der einen wie von der andern dieser Maßnahmen beim Mangel einer zwingenden Notwendigkeit abgesehen werden, obwohl ein neuer öffentlicher Weg dem Verkehrsinteresse förderlich sein würde, und obwohl, falls derselbe bestände, seine Einziehung zweifellos nicht zu dulden wäre. Gelangt die Wegepolizeibehörde in einem Streitfalle zu der Überzeugung, daß der streitige Weg ein Privatweg ist, so kann sie ihn demungeachtet, vorbehaltlich der Entschädigungsklage gegen den Wegebauverpflichteten, für den öffentlichen Verkehr in Anspruch nehmen, wenn nur ein überwiegendes öffentliches Interesse vorliegt.

b. Behufs Inanspruchnahme eines Weges für den öffentlichen Verkehr ist nicht der Nachweis erforderlich, daß der Weg für denselben notwendig sei, vielmehr genügt es, daß überhaupt ein öffentliches Verkehrsinteresse in Frage steht, falls der Weg thatsächlich unangefochten dem öffentlichen Verkehr gedient hat und die Eigenschaft eines Weges als eines Privatweges nicht erhellt.

Nr. 9.

Endurteil vom 28. März 1877 (Entsch. Bd. II. S. 245).

1) Wegepolizeiliche Verfügungen wegen Gestellung von Vorspann zur Überwindung von Verkehrshindernissen auf öffentlichen Wegen, insbesondere auf Chausseen, sind zulässig, sofern es sich um die Aufrechterhaltung oder die Wiederherstellung des Verkehrs auf öffentlichen Wegen handelt.

2) Wenn eine Eisenbahnverwaltung behufs Überführung einer Chaussee über den die letztere durchschneidenden Eisenbahnkörper die Chaussee in Gestalt einer Rampe erhöht, so kann, wenn dadurch der Chausseeverkehr behindert wird, die Polizeibehörde von der Eisenbahnverwaltung verlangen, daß dieselbe den zum Passieren der Baustelle mit Fuhrwerk erforderlichen Vorspann jederzeit bereithalte und gewähre.

3) Bei Ausführung von Anlagen und Einrichtungen, welche infolge eines Eisenbahnbaues im öffentlichen Interesse erforderlich geworden sind, ist die örtliche Polizeibehörde, wenn auch nicht aus den speziell für die Wegeunterhaltung erlassenen Vorschriften, so doch aus den allgemeinen Bestimmungen über polizeiliche Zwangsmittel zuständig (§. 79 der Kr.-O. von 1872, §. 33 des Zust.-Ges. von 1876, §. 68 des Organisationsgesetzes von 1880, §. 132 des L.-V.-G. vom 30. Juli 1883).

Nr. 10.

Endurteil vom 11. April 1877 (Entsch. Bd. II. S. 250).

1) Soweit dies Erkenntnis und die vom 18. Dezember 1878 (Entsch. Band IV. S. 201) und vom 16. April 1879 (Entsch. Band V. S. 215) die Frage behandeln, ob die Berufung gegen Entscheidungen der Kreisausschüsse darüber, von wem und auf wessen Kosten die öffentlichen Wege zu unterhalten sind, zulässig erscheint und soweit dadurch die rechtliche Natur dieser Entscheidungen als interimistische bezeichnet wurde, sind dieselben aus den vorstehend sub Nr. 3 aufgeführten Gründen gegenstandslos geworden.

2) Wesentliche Mängel des Verfahrens begründen nicht die Zulässigkeit der Berufung gegen die Entscheidungen darüber, von wem und auf wessen Kosten die öffentlichen Wege zu unterhalten sind (§. 135 II. 1 b. der Kreisordnung von 1872). Dies hat sich geändert, denn nach Art. IV. §. 2 Absatz 4 der Novelle zur Kreisordnung (jetzt §. 56 des Zust.-Ges. von 1883) unterliegen Streitigkeiten der Beteiligten darüber, wem von ihnen die öffentlich-rechtliche Verpflichtung zur Anlegung oder Unterhaltung eines öffentlichen Weges obliegt, der Entscheidung im Verwaltungsstreitverfahren durch alle Instanzen.

3) Entscheidungen der Kreisausschüsse darüber, von wem und auf wessen Kosten die öffentlichen Wege zu unterhalten sind, begründen für künftige Streitfälle keineswegs den Einwand der rechtskräftig entschiedenen Sache, wenn derartige Entscheidungen nach der jetzigen Lage der Gesetzgebung auch nicht mehr als Interimistika für die einzelnen Streitfälle gelten.

4) Ein Amtsvorsteher, welcher zugleich Gutsherr und als solcher laut Regulierungsrezeß verpflichtet ist, einen an sich streitigen Anteil an der Wegebesserungslast in der Gemeinde zu übernehmen, muß, wenn er die Räumung eines Weges von Schnee auf Rechnung der von ihm für verpflichtet erachteten Gemeinde zur Ausführung bringt, gleichzeitig dafür Sorge tragen, daß ihm mit Rücksicht auf seine infolge des Widerspruchs der Gemeinde eingetretene persönliche Beteiligung bei der Sache ein Stellvertreter

bestellt werde, welchem es dann obliegen würde, über die vorläufige Einziehung der Kosten zu befinden und das Erforderliche zur Instruktion des streitigen Verhältnisses zu veranlassen. Keinesfalls darf der Amtsvorsteher *selbst* mit Zwangsandrohungen einschreiten, um die von ihm verausgabten Kosten einzuziehen.

5) Die Wegebaulast in Ansehung der Kommunikationswege ist nicht nur durch provinzielle gesetzliche Bestimmungen, sondern auch durch Lokalverfassungen der einzelnen Gemeinden und Gutsbezirke auf das mannigfachste gestaltet*) worden. Ist es z. B. streitig, ob bei der Regulierung der gutsherrlich-bäuerlichen Verhältnisse in dem Gutsbezirke und der Gemeinde die Wegebaulast für beide Kommunalbezirke so geregelt worden ist, daß die Gemeinde die Wege und Brücken im Guts- und Gemeindebezirke zu unterhalten und der Gutsherr nur das Material zu den letzteren unentgeltlich herzugeben, oder ob der Gutsherr die Wegebaulast im Gutsbezirke allein zu tragen und außerdem die Gemeinde für ihren Kommunalbezirk durch jene Materialienleistung beim Wegebau zu unterstützen hat, so handelt es sich hier keineswegs um einen zwischen Privaten über eine Wegeunterhaltung geschlossenen *Vertrag*, sondern um die Frage, wie die *Verfassung* zweier kommunaler Bezirke bezüglich der Wegebaulast unter Genehmigung der Aufsichtsbehörde geregelt ist.

Nr. 11.

Endurteil vom 23. April 1877 (Entsch. Bd. II. S. 257).

1) Über den Inhalt des §. 61 der Kreisordnung von 1872, des Art. IV. §. 1 der Novelle und §. 55 des Zust.-Ges. von 1883 vergl. das oben Gesagte. Beide Fälle (Abs. 1 und 2 des §. 61) liegen nicht in der letzteren, eine Instruktion vorschreibenden Bestimmung, sondern darin, ob eine vorläufige *Aufforderung* desjenigen, welchen der Amtsvorsteher für den Verflichteten erachtet, zur Leistung des Notwendigen stattgehabt hat.

2) Eine solche *Aufforderung* soll nur da unterbleiben, wo die Dringlichkeit des Falles zu derselben keine Zeit läßt; nur in diesen Notfällen sollen die aufgewendeten Kosten von dem Verpflichteten eingezogen werden, obwohl derselbe nicht die Möglichkeit gehabt hat, das Erforderliche selbst zu leisten oder seinen Widerspruch zu begründen. Auch hier kann jederzeit, wenn die Verpflichtung zum Ersatze der Kosten demnächst bestritten wird, eine Instruktion der Sache (jetzt im Einspruchsverfahren) erforderlich werden.

3) Dem gegenüber stehen die Fälle, in denen die Aufforderung des nach der Ansicht des Amtsvorstehers zu einer Wegebauleistung Verpflichteten vorausgegangen und erfolglos geblieben ist. Die hier lediglich um des konstatierten Widerspruchs willen nötige und deshalb vorgeschriebene Instruktion (jetzt Einspruchsverfahren) hat den Zweck, die Entscheidung im Verwaltungsstreitverfahren über die streitigen Verhältnisse und somit auch darüber vorzubereiten, ob der vom Amtsvorsteher in Anspruch Genommene oder ein dritter die Kosten der vom Amtsvorsteher nach pflichtmäßigem Ermessen vorläufig angeordneten Ausführung zu tragen hat; dieselbe ist aber keineswegs auf diesen letzteren Gegenstand beschränkt: sie wird vielmehr regelmäßig über denselben hinausgehen.

4) Die Instruktion (das Einspruchsverfahren) kann ferner auf Anordnung des Kreisausschusses (des zuständigen Verwaltungsgerichts überhaupt)

*) In den Entscheidungen Bd. II. S. 255 steht „gestattet" (Druckfehler).

jederzeit nachgeholt und ergänzt werden, wie sie anderseits entbehrlich wird, sobald der ursprünglich in Anspruch Genommene von seinem Widerspruche abläßt oder ein dritter die ihm angesonnene Verpflichtung anerkennt. Nirgends hat das Gesetz von dieser Vorbereitung des Streitverfahrens die Verbindlichkeit des als Wegebauverpflichteten vom Amtsvorsteher Angegangenen zur Zahlung jener Kosten derartig abhängig gemacht, daß dieselbe infolge der Verzögerung der Instruktion (des Einspruchsverfahrens) aufhörte, und ebensowenig ist es gestattet, die Bestimmung des Absatz 1 des §. 61 der Kreisordnung von 1872 (bezw. der entsprechenden Vorschrift im Artikel IV. §. 1 der Novelle, jetzt §. 55 des Zust.-Ges. von 1883) da anzuwenden, wo deren thatsächliche Voraussetzung die Ausführung einer Wegebauleistung auf Kosten des Verpflichteten ohne dessen Aufforderung gar nicht zutrifft.

5) In allen Fällen der hier in Rede stehenden Art hat der Amtsvorsteher zunächst selbständig zu prüfen, wer der Wegebauverpflichtete ist, und von diesem hat er die Kosten der in Streitfällen als unaufschiebbar im Wege des Zwanges ausgeführten Wegebauten einzuziehen.

6) Zwar macht der §. 61 des Verwaltungsgerichtsgesetzes (jetzt §. 91 des L.-V.-G. von 1883) für den Fall, daß Berufung von dem Vorsitzenden des Kreisausschusses oder von dem Regierungspräsidenten aus Gründen des öffentlichen Interesses eingelegt wird, die Statthaftigkeit dieses Rechtsmittels und das Eingehen auf die Sache selbst von der Entscheidung über die Vorlage abhängig, ob das öffentliche Interesse für beteiligt zu erachten ist, hat jedoch diese Bestimmung auf das in seiner Begründung und somit auch in seinem Gebrauche ohnehin beschränkte Rechtsmittel der Revision nicht ausgedehnt, letzteres vielmehr dem Regierungspräsidenten zur Wahrung des öffentlichen Interesses in gleichem Umfange wie den Parteien selbst gegeben und somit auch nicht für die Zulässigkeit desselben jene Vorfrage gestellt.

Nr. 12.

Endurteil vom 26. Mai 1877 (Entsch. Bd. II. S. 263).

1) Der Polizei liegt es ob, dafür zu sorgen, daß den Bedürfnissen des öffentlichen Verkehrs und der öffentlichen Sicherheit durch einen denselben entsprechenden Zustand der öffentlichen Wege genügt werde. Zu diesem Zwecke werden nützliche Wegeanlagen, wie namentlich der Bau von Kunststraßen, angeregt und gefördert; das im allgemeinen Verkehrsinteresse Notwendige aber ist seitens der Polizei erforderlichenfalls zu erzwingen, und es stehen derselben hierbei als die Verpflichteten lediglich diejenigen gegenüber, denen die Baulast bezüglich der öffentlichen Wege obliegt. Diese Last ist für die meisten Landesteile durch provinzielle Gesetze geregelt worden — und zwar nicht nur durch Bestimmungen über den Kreis der Verpflichteten, sondern auch durch solche über den Umfang der ihnen obliegenden Leistungen, wobei in letzterer Beziehung mehrfach weit über das hergebrachte Maß der Unterhaltung der Kommunikationswege hinausgegangen ist.

2) Wo solche besondere Vorschriften nicht bestehen, kann sich der Inhalt der Wegebaulast nur nach Maßgabe der notwendig zu befriedigenden Anforderungen des öffentlichen Verkehrs und der öffentlichen Sicherheit bestimmen; diesem entsprechend sind die öffentlichen Wege anzulegen, zu erhalten und zu verbessern, wie sie anderseits beim Fortfallen des Bedürfnisses unter Zustimmung der Polizei auch wieder aufgehoben werden können. Es fehlt in der bezüglichen allgemeinen Gesetzgebung jeder Anhalt für die Annahme, daß der Umfang jener Verbindlichkeit im Widerspruche mit dem

Wesen der Sache und den Anforderungen des öffentlichen Interesses sowie im Gegensatze zu den für die Abmessung sonstiger öffentlichen Lasten regelmäßig bestehenden Normen — unveränderlich ohne Rücksicht auf das naturgemäß wechselnde Bedürfnis des öffentlichen Verkehrs, um dessen Berücksichtigung es sich bei den Wegen allein handelt, durch die ursprüngliche Anlage der Wege und die entsprechende Art der bisherigen Unterhaltung bestimmt sein solle.

3) Nur in der Beziehung gilt die Baulast bezüglich der öffentlichen Wege als eine beschränkte, daß nach Lage der einschlagenden Gesetzgebung die Anlegung von Kunststraßen (Chausseen) als nicht in derselben enthalten angesehen wird. In dieser Weise ist auch die Befugnis der Amtsvorsteher als Ortspolizeibehörden gegenüber den Wegebauverpflichteten abgegrenzt.

4) Der Umfang der Wegebaulast bestimmt sich in denjenigen Landesteilen, für welche der Inhalt derselben durch besondere Vorschriften nicht geregelt ist, nach dem Maße der notwendig zu befriedigenden Anforderungen des öffentlichen Verkehrs und der Sicherheit. Diesem entsprechend sind die öffentlichen Wege anzulegen, zu erhalten und zu verbessern, wie sie anderseits beim Fortfallen des Bedürfnisses unter Zustimmung der Polizei auch wieder aufgegeben werden können. Es fehlt in der bezüglichen allgemeinen Gesetzgebung jeder Anhalt für die Annahme, daß der Umfang jener Verbindlichkeit — im Widerspruche mit dem Wesen der Sache und den Anforderungen des öffentlichen Interesses, sowie im Gegensatze zu dem für die Abmessung sonstiger öffentlicher Lasten regelmäßig bestehenden Normen — unveränderlich ohne Rücksicht auf das naturgemäß wechselnde Bedürfnis des öffentlichen Verkehrs, um dessen Berücksichtigung es sich bei den öffentlichen Wegen allein handelt, durch die ursprüngliche Anlage der Wege und die entsprechende Art der bisherigen Unterhaltung bestimmt sein sollte.

5) Für die ehemals sächsischen Landesteile (hier der Kreis Delitzsch im Regierungsbezirk Merseburg) bestehen besondere gesetzliche Bestimmungen über die Art der Wegeunterhaltung nicht. Das sächsische Straßenbaumandat vom 28. April 1781 muß als allgemeines Landesgesetz mit Einführung des A. L.-R.'s für die vormals kursächsischen Landesteile als beseitigt angesehen werden.

6) Die Wegepolizeiordnung für den Regierungsbezirk Erfurt vom 12. November 1853 (Amtsblatt S. 355) kann nur als wesentlich reglementarischer Natur aufgefaßt werden, sie ist nicht dazu bestimmt, die Grenze dessen zu bezeichnen, was unter allen Umständen von dem Wegebaupflichtigen verlangt werden kann.

7) Wegen des Beschüttens der Wege mit Steinknack und Kies vergl. unten Nr. 14.

Nr. 13.

Endurteil vom 19. Dezember 1877 (Entsch. Bd. III. S. 177).

1) Vergl. oben Nr. 8.

2) Auch diese Entscheidung ist in der Hauptsache jetzt gegenstandslos geworden. Dieselbe handelt von der Auslegung des inzwischen aufgehobenen §. 4 Abs. 2 des Zuständigkeitsgesetzes vom 26. Juli 1876 und unterscheidet zwei konkurrierende Fragen, von denen die eine von der ersten Verwaltungsinstanz bisher endgültig und vorbehaltlich des Rechtsweges, die andere aber vorbehaltlich weiterer Verwaltungsstreitinstanzen zu entscheiden

war. Eine solche Unterscheidung hat jetzt keinen Einfluß mehr, sofern es sich nicht etwa um rein privatrechtliche Ansprüche handelt. Früher bildete die Streitfrage über die Eigenschaft eines Weges — als eines öffentlichen oder privaten — im Verwaltungsstreitverfahren nur den Gegenstand einer Vor- oder Zwischenfrage, jetzt gehört dieselbe — abgesehen von den rein privatrechtlichen Ansprüchen — zur ausschließlichen Zuständigkeit der Verwaltungsgerichte.

Nr. 14.

Endurteil vom 9. Januar 1878 (Entsch. Bd. III. S. 180).

1) Lediglich das im öffentlichen Verkehrsinteresse Notwendige kann gefordert werden. Innerhalb dieser Grenze ist für eine Unterscheidung zwischen kunstmäßigem und gewöhnlichem Wegebau kein Raum; das allein Entscheidende ist das nicht abzuweisende Bedürfnis, nicht die Art und Weise, wie demselben zu genügen ist.

2) Die Polizei ist danach befugt, die Beseitigung einzelner Verkehrshindernisse, wie die von Wasserlöchern und Sumpfstellen u. s. w., durch „Kunstbauten" vom Wegebauverpflichteten zu fordern. Auch ist in der Praxis nie bezweifelt worden, daß der Wegebauverpflichtete auch dazu angehalten werden kann, Wegweiser zu setzen und die Wege an abschüssigen Stellen mit Barrieren zu versehen.

3) Das A. L.-R. selbst schließt den Brückenbau über Privatflüsse in die Wegebaulast ein (A. L.-R. Teil II Tit. 15 §. 54). Nirgends ist der Unterschied zwischen künstlichen Arbeiten und dem Wegebau durch Hand- und Spanndienste als eine allgemeine Schranke der Wegebaulast in betreff der öffentlichen Kommunikationswege anerkannt worden.

4) Nach diesen Grundsätzen kann auch die Pflasterung einer Wegestrecke oder die Beschüttung derselben mit Steinkies und Knack im Interesse des öffentlichen Verkehrs geboten und notwendig werden; desgl. die Herstellung von Flutbrücken im Wegezuge (Entsch. V. S. 222).

Nr. 15.

Endurteile vom 20. Februar u. 5. Juni 1878 (Entsch. Bd. III. S. 186 u. IV. S. 232).

1) Privatpersonen sind nicht legitimiert, auf Erhaltung öffentlicher Wege im ordentlichen Zustande zu klagen. Popularklagen im Verwaltungsstreitverfahren sind nicht zugelassen; nur auf gewissen Gebieten ist den Interessen der Einzelnen — regelmäßig der Nachbarn, der adjazierenden Grundbesitzer — neben dem öffentlichen Interesse ein besonderer Rechtsschutz im Streitverfahren oder in einem ähnlichen kontradiktorischen Verfahren eingeräumt worden, z. B. bei gewerblichen Anlagen und Ansiedelungen. Nur eine Beschwerde über die vermeintlich pflichtvergessene Wegepolizeibehörde bei der Aufsichtsbehörde ist zulässig. Vergl. Nr. 18.

2) In einer Reihe von Fällen, namentlich da, wo es streitig ist, wem die Wegebaulast obliegt (Anordnungen der Wegebaupolizeibehörde, welche die Aufbringung und Verteilung der dazu erforderlichen Kosten betreffen — §. 2 Abs. 1 im Art. IV. der Novelle, §. 55 des Zust.-Ges. v. 1883 — Klagen auf Erstattung des Geleisteten gegen einen aus Gründen des öffentlichen Rechts verpflichteten dritten — §. 2 Abs. 5 l. c., §. 56 a. a. O. —), sind mehrere Personen beteiligt.

3) In vielen Fällen kann die Wegepolizeibehörde überhaupt nur mit **einem** Beteiligten verhandeln, so überall da, wo im öffentlichen Interesse nicht erst auf Andringen des Publikums, sondern, was als Regel anzusehen ist, von Amts wegen eingeschritten wird, oder wo der in Anspruch Genommene nicht auf einen dritten als den Verpflichteten verweist, sondern nur die Schätzung des an der Wegearbeit Notwendigen bestreitet, oder wo derjenige, welcher selbst der Wegebauverpflichtete für einen Bezirk ist — der Gutsherr im Gutsbezirke — einen nach der Rechtsauffassung des Amtsvorstehers öffentlichen Weg in diesem Bezirke als Privatweg beansprucht.

4) Die früher in Wegesachen vorgeschriebene Instruktion bildete keinen Teil des Streitverfahrens, sie führt nicht notwendig in allen Fällen zu demselben, sondern nur dann, wenn der Streit nicht ausgeglichen wird. Dasselbe gilt von dem nunmehr eingeführten Einspruchsverfahren.

Nr. 16.

Endurteil vom 6. März 1878 (Entsch. Bd. III. S. 192).

1) Zu der Entscheidung über die Frage: „was im Interesse des öffentlichen Verkehrs geschehen muß" (§. 135 II. Nr. 1 a. der Kreisordnung vom 13. Dezember 1872, Art. IV. §. 1 der Novelle vom 19. März 1881, jetzt §. 55 des Zust.-Ges. von 1883), ist der Kreisausschuß in dem Falle nicht berufen, wenn im Einzelfalle diese Frage darauf hinausläuft, ob der Eisenbahnbetrieb eine Änderung erfahren soll, etwa, wenn Eisenbahnzüge quer über einen Weg rangieren und dadurch der Verkehr auf der Landstraße öfter in störender oder zeitraubender Weise unterbrochen wird.

2) Allerdings ist nach dem, durch die Novelle ebenfalls ersetzten, §. 61 der Kr.-O. vom 13. Dezember 1872 die Ortspolizeibehörde (jetzt speziell „Wegepolizeibehörde" genannt) **allgemein** zur Fürsorge sowohl auf die öffentlichen Wege überhaupt, wie insbesondere dafür berufen, daß der Verkehr auf denselben nicht behindert werde. Dies schließt aber nicht aus, daß derselbe hierbei, wie es die Pflicht eines jeden polizeilichen Organs ist, gegenüber den von **anderer zuständiger Seite** erlassenen polizeilichen Anordnungen oder den auf Grund solcher bereits bestehender Einrichtungen sich innerhalb derjenigen Schranken zu halten hat, welche sich für **seine** Polizeiverwaltung überhaupt aus der gleichberechtigten Stellung **anderer** polizeilicher Verwaltungen von selbst ergeben.

3) Mögen auch diese Beschränkungen nicht so weit reichen, daß das in den §§. 59 ff. der Kr.-O. begründete Recht und die Pflicht der Wegepolizeibehörde ohne weiteres schon da ihre Grenze finden, wo die im Interesse des öffentlichen Verkehrs erforderlichen Maßnahmen ein dieser Behörde nicht überwiesenes Gebiet überhaupt nur **berühren**, so gilt doch ein anderes, wenn die Maßnahmen **ausschließlich** auf diesem Gebiete sich vollziehen sollen oder wenigstens der Schwerpunkt dort bereits bestehende Einrichtungen trifft und deren Fortbestehen mehr oder minder in Frage stellt.

4) Es liegt nicht im Begriffe der Polizeigewalt, steht vielmehr mit demselben im Widerspruche, wenn bei solchergestalt einander gegenüberstehenden Interessen zweier aus gleicher Quelle ihre Befugnisse ableitenden Ressorts das eine, um den Widerspruch des anderen zu beseitigen, von jener zur Aufrechterhaltung der öffentlichen Sicherheit und Ordnung bestimmten Gewalt Gebrauch macht. — —

5) Zur Verwaltung der Eisenbahnpolizei ist so wenig der Amtsvorsteher wie die städtische Polizeiverwaltung berufen. Für dieselben sind

vielmehr besondere Organe bestellt. (Gesetz über die Eisenbahnunternehmungen vom 3. November 1838 §§. 23, 46 — G.-S. S. 505 —; Bahnpolizeireglement.)

6) Die auf den Betrieb der Eisenbahn bezüglichen polizeilichen Bestimmungen haben das öffentliche Interesse in derselben Weise im Auge, wie die sonstigen polizeilichen Bestimmungen, daraus folgt die Gleichberechtigung der Organe beider Zweige der Polizeiverwaltung.

Nr. 17.

Endurteil vom 17. April 1878 (Entsch. Bd. III. S. 199).

(Vergl. oben Nr. 8.)

Nr. 18.

Endurteil des I. Senats vom 5. Juni 1878 (Entsch. Bd. IV. S. 230).

(Vergl. oben Nr. 15.)

1) Die Polizeiverwaltung hat die Anlegung, Besserung und Unterhaltung der im öffentlichen Verkehrsinteresse notwendigen Wege von den Wegebauverpflichteten zu fordern und darüber zu wachen, daß öffentliche Wege nicht zur Schädigung jenes Interesses eingehen. Anträge auf Einziehung eines Weges sind an die Verwaltungs- (Polizei-) Behörden und nicht an die Verwaltungsgerichte (z. B. die Kreisausschüsse) zu richten, da dieselben (die Anträge) die Anerkennung und den Ausspruch fordern, daß ein Weg als für den öffentlichen Verkehr entbehrlich nicht ferner zu erhalten sei.

2) Nach einer allgemein bestehenden Praxis (jetzt nach dem Gesetz) haben auch die Verwaltungsbehörden bisher der Beschlußfassung über einen solchen Antrag die öffentliche Bekanntmachung des Projekts, verbunden mit der Aufforderung zur Erhebung etwaiger Widersprüche binnen einer bestimmten Frist, vorhergehen zu lassen. Dies Verfahren hatte den Zweck, eine sachgemäße Entschließung der Verwaltungsbehörden zu sichern. Über die eingehenden Proteste können die Verwaltungsbehörden nur beschließen, keineswegs können die Verwaltungsgerichte direkt darüber erkennen.

3) Bis hierher wird diese Entscheidung auch noch jetzt für maßgebend erachtet werden müssen, im übrigen ist aber das einzuschlagende Verfahren jetzt durch Art. IV. §. 2 letzter Absatz der Kreisordnungs-Novelle vom 19. März 1881 (§. 56 des Zust.-Ges. von 1883) und durch den Absatz 5 und 6 der Zirkularverfügung vom 17. April 1881 (Min.-Bl. d. i. V. S. 118) ganz neu geregelt.

4) Privatpersonen sind nicht legitimiert, einen Weg, dessen Eigenschaft als öffentlicher oder als Privatweg streitig ist, für den öffentlichen Verkehr in Anspruch zu nehmen und auf Erhaltung öffentlicher Wege zu klagen. Denn den Interessen der Einzelnen — regelmäßig der Nachbarn, der adjazierenden Grundbesitzer) wird nur auf gewissen Gebieten neben dem öffentlichen Interesse ein besonderer Rechtsschutz im Streitverfahren oder in einem ähnlichen kontradiktorischen Verfahren eingeräumt, so z. B. bei gewerblichen Anlagen und Ansiedelungen (§. 16 der Reichs-Gewerbe-Ordnung und Abschnitt II des Gesetzes vom 25. August 1876). Es sind dies aber nur einzelne polizeiliche Gebiete, auf denen das entsprechende Verfahren durch besondere gesetzliche Bestimmungen eingeführt und nach Zweck und Inhalt genau abgegrenzt ist, und auch hier ist regelmäßig die Kontrolle und Aufrechterhaltung des in solchem Verfahren geschaffenen Rechtszustandes lediglich der polizeilichen Fürsorge überlassen worden. (Vergl. Nr. 15.)

5) Weder Privatpersonen, noch öffentlichen Korporationen, welche, wenn sie auf die Benutzung eines öffentlichen Weges angewiesen sind, an der Beschaffenheit und Erhaltung desselben ein Interesse haben, steht ein im Verwaltungsstreitverfahren verfolgbares Recht auf die entsprechenden Leistungen des Wegebauverpflichteten zu.

Nr. 19.

Endurteil des I. Senats vom 25. September 1878 (Entsch. Bd. IV. S. 235).

1) Diese Entscheidung handelt von der (früheren) ausschließlichen Zuständigkeit der Verwaltungsgerichte zu den resolutorischen und interimistischen Entscheidungen in streitigen Wegesachen der Landkreise und führt dazu folgendes aus: Wenn eine Polizeiverwaltung an den Besitzer eines in einer sogenannten Landstadt (welche keinen Stadtkreis bildete) belegenen Hauses die Zumutung stellte, vor seinem Hause Trottoir und Pflaster zu legen, und wenn sie ihn dazu auf Grund einer für diese Stadt erlassenen Baupolizeiverordnung und des §. 33 des Zust.-Ges. von 1876 (jetzt §. 132 des L.-V.-G. vom 30. Juli 1883, zwingen wollte), der Angegriffene aber seine Verpflichtung zu dieser Leistung mit der Behauptung bestritt, daß die Stadtgemeinde selbst die Verpflichtete sei, so handelte es sich nach der früher geltenden Gesetzgebung um eine wegepolizeiliche Angelegenheit, und zwar insbesondere um die interimistische Entscheidung der Frage, wer einen Teil einer öffentlichen Straße in einen ordnungsmäßigen, den polizeilichen Anforderungen entsprechenden Zustand zu versetzen hatte. Da die Straße nicht in einem Stadtkreise lag, so stand die Entscheidung über den von dem Kläger erhobenen Einspruch dem Kreisausschusse zu, da der §. 135 II. Nr. 1b. der Kreisordnung von 1872 vorschrieb, daß die Kreisausschüsse in wegepolizeilichen Angelegenheiten darüber interimistisch entscheiden sollten, „von wem und auf wessen Kosten das Erforderliche geschehen muß". Hiergegen konnte auch der Zusammenhang dieser Gesetzbestimmung mit dem §. 61 l. c. keine Bedenken begründen, weder insofern, als etwa der Ausgangspunkt des von der Polizeiverwaltung eingeschlagenen Verfahrens eine polizeiliche Zwangsverfügung bildete und die Beschwerde des mit jener Verfügung Angegriffenen gegen diese gerichtet war, noch in sofern, als die Verfügung einer städtischen Polizeibehörde und nicht die eines Amtsvorstehers in Frage stand. Dies folgte aus dem Gesetze selbst (§§. 170, 79, 80 der Kreisordnung, §. 175 des Zust.-Ges. von 1886). Der Titel IV. des Zuständigkeitsgesetzes (wie auch die §§. 63 ff. des Organisationsgesetzes, jetzt §§. 127 ff. des L.-V.-G. vom 30. Juli 1883) enthielt die allgemeinen Normen für die Rechtsmittel gegen polizeiliche Verfügungen und des Zwangsverfahrens der Ortspolizeibehörden, die als solche speziellen gesetzlichen Bestimmungen gegenüber keine, bezw. nur eine subsidiäre Geltung hatten und noch jetzt haben.

Diese Verhältnisse haben durch die Kreisordnungs-Novelle (Art. IV §§. 1 und 2, jetzt §§. 55 ff. des Zust.-Ges. von 1883) wesentliche Veränderungen erfahren.

Die neuen Vorschriften sind dazu bestimmt, die Aufsicht über das öffentliche Wegewesen und die Entscheidung in streitigen Wegebausachen, den Grundsätzen des neuen Verwaltungssystems gemäß, einheitlich zu regeln. Nach den Bestimmungen im Eingange des §. 1 (jetzt §. 55) verbleiben den Polizeibehörden (Orts- und Landespolizeibehörden) diejenigen Zuständigkeiten, welche sie nach bestehendem Rechte in Bezug auf das Wegewesen haben. Es gehen aber auf die Polizeibehörden in der gedachten

Beziehung keine Zuständigkeiten über, welche nach den verschiedenen bestehenden Wegegesetzen (z. B. in Hannover) von anderen Behörden oder von kommunalen Organen wahrzunehmen sind. Innerhalb dieser Grenzen legt der §. 1 (jetzt §. 55) den Wegepolizeibehörden diejenigen Befugnisse bei, welche der §. 61 Absatz 1 der Kreisordnung den Amtsvorstehern im Gebiete der Kreisordnung gegeben hat. Hierbei ist aber zu beachten, daß dieser §. 61 jetzt allgemeine Gültigkeit erhalten hat, und zwar insofern, als die neuen Vorschriften sich von den alten unterscheiden:

a. durch ihren allgemeinen Charakter: sie gelten für alle Arten öffentlicher Wege, auch für Chausseen, bezw. für alle Wegepolizeibehörden (z. B. die Landräte) und deren Anordnungen, sie gelten nicht bloß für Land-, sondern auch für Stadtkreise;
b. durch die Veränderung des Verfahrens (siehe unten);
c. durch die Ausdehnung des Verwaltungsstreitverfahrens auf Streitigkeiten der Beteiligten über ihre öffentlich-rechtliche Verpflichtung zur Anlegung oder Unterhaltung der öffentlichen Wege, ferner auf die Streitfrage, ob ein Weg die Eigenschaft eines öffentlichen habe, und auf die Einziehung und Verlegung öffentlicher Wege (§. 2 Abs. 4, 7 und 8).

Über das neue Verfahren und die neuen Zuständigkeiten ist folgendes zu bemerken: Das neue Verfahren, welches auch Platz greift, wenn wegen der Kassation öffentlicher Wege oder wegen Gewährung der sog. Nachbarhilfe Streit entsteht, ist in dem §. 2 (jetzt §. 56) so deutlich beschrieben, daß es einer weiteren Erläuterung nicht bedarf, höchstens ist zu erwähnen, daß von nun an die Wegepolizeibehörde im Streitverfahren immer in die Rolle des Beklagten kommen muß; die neuen Zuständigkeiten dagegen bedürfen einer etwas ausführlicheren Darstellung.

2) Über den Unterschied zwischen einem Interimistikum und einer resolutorischen (vorläufigen polizeilichen) Entscheidung sprach sich das O.-V.-G.-E. vom 14. November 1877 (Entsch. III. S. 364) dahin aus, es sei bei dem ersteren nicht notwendig, nach dem strengen Rechte, sondern auch nach anderen mehr oder minder im Bedürfnisse, in der Billigkeit und Zweckmäßigkeit liegenden Gesichtspunkten zu entscheiden, bei der letzteren dagegen habe die Polizeibehörde — unbeschadet einer mehr summarischen Behandlung — materiell keine anderen als diejenigen Entscheidungsnormen zu Grunde zu legen, nach welchen der Streit demnächst auf dem ordentlichen Rechtswege zu entscheiden sei.

3) Durch §. 13 des deutschen Gerichtsverfassungsgesetzes vom 27. Januar 1877 (R.-G.-Bl. S. 41) sind die Verwaltungsgerichte den besonderen, neben den ordentlichen Gerichten bestehenden Gerichten gleichgestellt, und es ist die gegenseitige Ausschließlichkeit der Zuständigkeit der Verwaltungsgerichte einerseits und der ordentlichen Gerichte anderseits anerkannt worden; ferner ist durch §. 1 des Verwaltungsgerichtsgesetzes den Verwaltungsgerichten der Charakter von Gerichtshöfen des öffentlichen Rechts beigelegt worden, endlich ist durch die Aufhebung des §. 4 des Zuständigkeitsgesetzes der legislatorische Grundsatz aufgegeben, daß durch die Einführung der Verwaltungsgerichtsbarkeit die Zulässigkeit des ordentlichen Rechtsweges weder eingeschränkt noch erweitert werden solle. Hiernach erscheint es als eine der Hauptaufgaben der neuesten Gesetzgebung, die Zuständigkeit der Verwaltungsgerichte auf den einzelnen Gebieten des öffentlichen Rechtes den Zivilgerichten gegenüber dergestalt abzugrenzen, daß ihnen innerhalb dieser Gebiete die Entscheidung voll und ausschließlich zufällt. Dies erscheint notwendig, um ein

einfaches und einheitliches Verfahren herzustellen und um widersprechende Entscheidungen oder in letzter Instanz rechtsprechende Gerichtshöfe zu vermeiden.

4) Selbstredend können privatrechtliche Streitigkeiten der Kognition der Zivilgerichte nicht entzogen werden.

5) Es gibt aber eine Anzahl von Angelegenheiten öffentlich-rechtlichen Charakters, in welchen das Zuständigkeitsgesetz (für Wegesachen bisher noch die Kreisordnung von 1872, §§. 61 und 135 II.) den Verwaltungsgerichten nur eine vorläufige Entscheidungsbefugnis beilegt, den endgültigen Austrag aber dem ordentlichen Rechtswege vorbehält. Diese Angelegenheiten sind durch die neueste Gesetzgebung unter Beseitigung des erwähnten Vorbehalts fortan dem Verwaltungsstreitverfahren überwiesen.

6) Daneben gibt es eine Anzahl von Streitigkeiten des öffentlichen Rechts, in welchen die Verwaltungsgerichte, und zwar auch nach Wegfall des §. 4 des Zuständigkeitsgesetzes, durch alle Instanzen hindurch zu entscheiden haben, in welchen jedoch in einzelnen Beziehungen durch besondere Vorschriften der ordentliche Rechtsweg für zulässig erklärt worden ist. (Vergl. §§. 98, 99 des Zust.-Ges. von 1876, jetzt §§. 66, 67 des Zust.-Ges. von 1883.) Um in diesen Fällen kollidierende Interessen zu vermeiden, muß dann der Wegfall des ordentlichen Rechtsweges ausdrücklich ausgesprochen sein. Jede Besorgnis, daß hierdurch der ordentliche Rechtsweg in Privatrechtsstreitigkeiten (etwa wegen Entschädigung) beeinträchtigt werden könne, muß schwinden im Hinblick auf die allgemeine Vorschrift des §. 1 des Verwaltungsgerichtsgesetzes (jetzt §. 7 des L.-V.-G. vom 30. Juli 1883), wonach die Entscheidung der Verwaltungsgerichte stets „unbeschadet aller privatrechtlichen Verhältnisse" erfolgt.

7) In streitigen Wegeangelegenheiten kommt der Vorbehalt des ordentlichen Rechtsweges in den Fällen der Kreisordnung §. 135 II. 1 b. und c. in Frage, und zwar von sehr verschiedenen Gesichtspunkten aus. Litt. b. handelte von einem Interimistikum, welches nunmehr fortgefallen ist, nachdem das Verfahren in Streitfällen

a. zwischen der Wegepolizeibehörde und den von ihr für Leistungen zum Wegebau in Anspruch Genommenen,

b. zwischen mehreren Beteiligten über die Frage, wer die öffentliche Verbindlichkeit zur Anlegung oder Unterhaltung eines öffentlichen Weges habe,

mit Ausschluß des ordentlichen Rechtsweges den Verwaltungsgerichten übertragen ist.

8) Ebenso ist die Frage sub Litt. c., ob ein Weg, welchen die Polizeibehörde als einen öffentlichen in Anspruch nimmt, für einen öffentlichen zu erachten sei, fortan von den Verwaltungsgerichten zu entscheiden; macht aber jemand Eigentumsansprüche an den Weg geltend, so ist ihm die Klage auf Entschädigung gegen den Wegebauverpflichteten im ordentlichen Rechtswege nach Maßgabe des §. 4 des Gesetzes vom 11. Mai 1842 vorbehalten.

9) Auf dem Gebiete der Wegepolizei ist nur dann ein Streitverfahren nach den §§. 30 ff. des Zuständigkeitsgesetzes, unabhängig von §. 135 II. 1 der Kreisordnung, zulässig, wenn der Widerspruch gegen die angefochtene Verfügung nicht auf eine Frage hinausläuft, welche der §. 135 a. a. O. der Entscheidung des Kreisausschusses überweist.

Derselbe Grundsatz erscheint anwendbar auf die Bestimmungen in den §§. 63 ff. des Organisationsgesetzes vom 26. Juli 1880, in dem Artikel IV. der Kreisordnungs-Novelle vom 19. März 1881 und §§. 55 ff. des Zust.-Ges. von 1883.

10) Nach den letzteren sind einem besonderen, von §§. 63 ff. abweichenden Verfahren überwiesen die Streitigkeiten über Anordnungen der Wegepolizeibehörde, welche
a. den Bau und die Unterhaltung der öffentlichen Wege,
b. die Aufbringung und Verteilung der dazu erforderlichen Kosten,
c. die Inanspruchnahme von Wegen für den öffentlichen Verkehr betreffen; ferner
d. Streitigkeiten der Beteiligten darüber, wem von ihnen die öffentlichrechtliche Verpflichtung zur Anlegung und Unterhaltung eines öffentlichen Weges obliegt,
e. Streitigkeiten (entstehenden Falles) darüber, ob ein Weg für einen öffentlichen zu erachten ist (vorbehaltlich der Geltendmachung privatrechtlicher Ansprüche auf Entschädigung),
f. Streitigkeiten über die Einziehung und Verlegung öffentlicher Wege.

Nr. 20.

Endurteil des I. Senats vom 28. September 1878 (Entsch. Bd. IV. S. 242).

1) Der Einwand der Wegebauverpflichteten, daß die Verpflichtung zum Wegebau gesetzlich auf die Unterhaltung der Wege mit Ausschluß jedes kunstmäßigen Ausbaues beschränkt sei, war auch schon früher nicht Gegenstand der interimistischen, im Verwaltungsstreitverfahren endgültigen Entscheidung des Kreisausschusses, sondern unterlag schon damals der Rechtsprechung der Verwaltungsgerichte nach Maßgabe der allgemeinen, die Anfechtung polizeilicher Verfügungen regelnden gesetzlichen Bestimmungen.

2) Vergl. oben Nr. 12 und 14.

3) Nach dem noch jetzt maßgebenden schlesischen Wegereglement vom 11. Januar 1767 beschränkt sich die Verpflichtung der Wegebaupflichtigen bezüglich der Landstraßen nicht auf die Herstellung gewöhnlicher Kieswege, sondern dieselbe kann sich da, wo das unerläßliche Verkehrsbedürfnis es erheischt, bis zum kunstmäßigen Ausbau der Straßen steigern, insbesondere kann bis zur Pflasterung geschritten werden.

Nr. 21.

Endurteil des I. Senats vom 9. November 1878 (Entsch. Bd. IV. S. 250).

1) Wenn in einer Wegestreitsache der zuständige Amtsvorsteher nur als Beigeladener statt einer Partei zugezogen worden ist, so ist dies als ein wesentlicher Mangel des Verfahrens in dem Falle nicht anzusehen, wenn die Gegenpartei dadurch nur in ihren Interessen nicht verletzt worden ist. Cf. auch Nr. 12.

2) Soweit diese Entscheidung die Regelung der Parteiverhältnisse betrifft, ist dieselbe durch die neue Gesetzgebung gegenstandslos geworden.

3) Das Wegereglement im Herzogtum Pommern und in den Herrschaften Lauenburg und Bütow vom 25. Juni 1752 (N. C. C. Tom. I. S. 335 Nr. 35, Rabe I. S. 310) ordnet zwar im Artikel 14 als regelmäßige Art der Wegebesserung die Legung gut gebundener Faschinen im Grunde und das Auffahren von Sand an; allein diese Vorschrift stellt sich — wie aus dem ganzen Zusammenhange, insbesondere aus dem Hinweis auf die bis dahin üblichen Knüppeldämme, so wie auf das, „falls die Kosten ausfindig zu machen,“ zu beschaffende „ordentliche Steinpflaster“ hervorgeht — als eine wesentlich reglementarische dar, nicht als eine solche, welche die

Grenze dessen bezeichnen soll, was unter allen Verhältnissen von den Wegebaupflichtigen verlangt werden kann.

4) Der leitende Grundsatz für die Wegebesserungspflicht ist vielmehr in dem Artikel 9 ausgesprochen, daß die gemeinen Wege, Dämme und Brücken von den Pflichtigen, sei es auf Grund des Gesetzes oder besonderer rechtlicher Abmachung, in brauchbaren Stand gesetzt und darin erhalten werden sollen (vergl. auch Artikel 6—8), und aus diesem Grundsatze folgt, daß der Umfang der Wegebaulast nach dem Maße der notwendig zu befriedigenden Anforderungen des öffentlichen Verkehrs und der öffentlichen Sicherheit sich bestimmt und bei wachsendem Bedürfnisse des Verkehrs auch über diejenige Art der Wegebesserung hinausgehen kann, welche der Art. 14 als die dem damaligen Bedürfnisse entsprechende für diejenigen Wege, für welche die Kosten eines Steinpflasters nicht zu beschaffen waren, festgesetzt hat.

Nr. 22.

Endurteil des I. Senats vom 13. November 1878 (Entsch. Bd. IV. S. 257).

1) Dies Erkenntnis handelt von der Zulässigkeit des Verwaltungsstreitverfahrens über Verfügungen der Polizeiverwaltungen der Stadtkreise in wegepolizeilichen Angelegenheiten und ist in dieser Beziehung für die nach dem 1. April 1881 anhängig gewordenen Angelegenheiten, wie dies oben sub Nr. 5 des nähern dargelegt ist, gegenstandslos geworden.

2) Ferner wird ausgeführt, daß der Stadtausschuß in streitigen Wegebausachen der Stadtkreise nicht zuständig sei, weil die Stadtausschüsse nur „in den durch das Gesetz vorgesehenen Fällen" an die Stelle der Kreisausschüsse getreten wären (§. 5 des Zuständigkeitsgesetzes von 1876, später §. 4 Abs. 2 des Organisationsgesetzes, jetzt §. 4 Abs. 2 des L.-V.-G. vom 30. Juli 1883), nicht also in allen Fällen, in denen die Kreisausschüsse für die Landkreise zuständig seien und weil kein Gesetz den Stadtausschüssen eine Kompetenz in streitigen Wegebausachen der Stadtkreise überwiesen habe.

3) Für die Landkreise bestand dem Zuständigkeitsgesetze von 1876 gegenüber die besondere Ressortvorschrift des §. 135 II. 1 der Kreisordnung (später Art. IV. der Kreis-O.-Novelle, jetzt §. 55 des Zust.-Ges. vom 1. August 1883) (cf. Erkenntniß des Oberverwaltungsgerichts vom 25. September 1878 — Entsch. Band IV. S. 235); dagegen war für die Stadtkreise nicht nur durch §. 175 des Zuständigkeitsgesetzes von 1876 der §. 170 der Kreisordnung aufgehoben, wonach die Wahrnehmung der in der Kreisordnung aus dem Gebiete der Wegepolizei aufgeführten Geschäfte der allgemeinen Landesverwaltung den bisher zuständigen Behörden bis auf weiteres belassen wurde, sondern es bestand auch kein die Anfechtung wegepolizeilicher Anordnungen (Verfügungen) regelndes Spezialgesetz, wie dies hinsichtlich der Landkreise in der Kreisordnung der Fall ist. Deshalb waren früher die §§. 30 ff. (§§. 63 ff. des Organisationsgesetzes, jetzt §§. 127 ff. des L.-V.-G. vom 30. Juli 1883) des Gesetzes vom 26. Juli 1876 auf wegepolizeiliche Verfügungen in Stadtkreisen anwendbar.

Vergl. im übrigen die Vorbemerkung

Nr. 23.

Endurteil des I. Senats vom 20. November 1878 (Entsch. Bd. IV. S. 262).

1) Die Entscheidung ist hinsichtlich des Grundsatzes, daß die im §. 61 der Kreisordnung von 1876 vorgeschriebene Instruktion nicht als eine notwendige Vorbedingung für die vom Kreisausschusse gemäß §. 135 II. 1

a. a. O. zu treffende Entscheidung anzusehen sei, seit der Einführung des Einspruchsverfahrens gegenstandslos geworden.

2) Wenn die Wegepolizeibehörde sofort (ohne vorgängige Aufforderung des Verpflichteten und ohne den Einspruch abzuwarten) mittels Zwangsverfügung eingeschritten ist, so ist dennoch auf erhobene Klage die angefochtene Verfügung ihrem materiellen Inhalte nach zu beurteilen. Eine Folge dieses Grundsatzes ist, daß, wenn unter den Beteiligten Streit über die Verpflichtung zum Wegebau entsteht, das Verwaltungsgericht einen positiven Ausspruch darüber zu thun hat, wie die erforderlichen Kosten aufgebracht und verteilt werden sollen. Das Verwaltungsgericht darf sich also nicht darauf beschränken, die Rechtsgültigkeit der Zwangsverfügung zu prüfen.

Nr. 24.

Endurteil des I. Senats vom 16. April 1879 (Entsch. Band V. S. 205).

1) Vergl. oben Nr. 10 und 11.

2) Diese Entscheidung enthält unter anderem den Grundsatz, daß die Anfechtung der polizeilichen Aufforderungen, welche nach §. 61 der Kreisordnung an die Wegebaupflichtigen zur Herstellung der Wege ergehen, an eine präklusivische Frist nicht geknüpft ist.

Auch dieser Grundsatz ist für die nach dem 1. April 1881 anhängig gewordenen Wegestreitsachen nicht mehr aufrecht zu erhalten, nachdem das Fristenwesen durch Art. IV. der Kreisordnungs-Novelle (jetzt §§. 55 ff. des Zust.-Ges. von 1883) ganz neu geregelt ist. Man unterscheidet jetzt Einspruchsfristen und Klagefristen.

3) Die Einspruchsfrist beträgt zwei Wochen und hat die Eigentümlichkeit, daß der Einspruch (ähnlich wie die Wahlklage und Beschwerde im §. 63 des Organisationsgesetzes vom 26. Juli 1880 (jetzt §§. 127 ff. des L.-V.-G. vom 30. Juli 1883) bei derjenigen Behörde anzubringen ist, gegen deren Verfügung er gerichtet ist. Die Frist wird aber auch dann für gewahrt erachtet, wenn der Einspruch nur fristzeitig bei derjenigen Behörde eingegangen ist, welche zur Beschlußfassung oder Entscheidung gegen Beschlüsse oder Verfügungen der Wegepolizeibehörde zuständig ist.

4) Diese Behörde gibt sodann den Einspruch an die Wegepolizeibehörde einfach ab, und die Zwischenzeit darf auf die Einspruchsfrist nicht angerechnet werden.

5) Bei der Klagefrist findet die vorgedachte Nichtanrechnung bei etwaigen verirrten Anträgen nicht statt, vielmehr muß die Klage pünktlich binnen zwei Wochen direkt bei dem Verwaltungsgerichte abgegeben werden, welches hierüber zu entscheiden hat (§. 35 des Verwaltungsgerichtsgesetzes, jetzt §. 63 des L.-V.-G. von 1883). Dagegen ist hier zur Vermeidung von Fristversäumnissen eine andere Rechtswohlthat gewährt, welche bei der Einspruchsfrist nicht stattfindet, nämlich die „angemessene“ Nachfrist.

6) Nur in einem Ausnahmefall ist keine Frist bestimmt, wenn nämlich in der Klage gegen den Beschluß der Wegepolizeibehörde zugleich der Antrag gestellt wird, daß ein aus Gründen des öffentlichen Rechts Verpflichteter und deshalb beizuladender dritter verurteilt werden solle, etwas bereits Geleistetes zu erstatten. (Näheres „Selbstverwaltung“, Jahrgang VIII. S. 414, 415).

7) Ferner ist in diesem Erkenntnisse der Gegensatz der Entscheidungen der Verwaltungsgerichte auf Klagen gegen polizeiliche Verfügungen, durch welche die aus der zwangsweisen Wegebesserung erwachsenen Kosten ein-

gezogen werden, einerseits und der (früher zulässigen) interimistischen Entscheidungen darüber, von wem und auf wessen Kosten das Erforderliche an Wegebauten geschehen muß, anderseits dargestellt. Dieser Gegensatz, welcher sich auf die verschiedene Zulässigkeit der Rechtsmittel bezog, ist mit dem Fortfall der interimistischen Entscheidungen gegenstandslos geworden.

8) Es wird weiter ausgeführt, bei der Anfechtung des polizeilichen Zwangsverfahrens in Wegebausachen könne auch die diesem Verfahren zu Grunde liegende Anordnung zum Streite gestellt werden.

Auch dieser Grundsatz ist nicht mehr aufrecht zu erhalten, denn nach Artikel IV. §. 2 der Kreisordnungs-Novelle (jetzt §. 56 des Zust.-Ges. von 1883) findet gegen die Anordnung und Androhung der Wegepolizeibehörde zunächst der Einspruch des Wegebauverpflichteten an die verfügende Behörde und erst gegen den darauf erfolgenden Bescheid die Klage (nicht auch die Beschwerde) statt. In betreff der darauf folgenden Festsetzung und Ausführung des Zwangsmittels greift dann wieder die allgemeine Regel des §. 69 Abs. 2 im Organisationsgesetze (jetzt §. 133 des L.-V.-G. vom 30. Juli 1883) Platz, daß dagegen nur die Beschwerde an die Aufsichtsbehörde zulässig ist.

9) Der Umstand, daß gegen wegepolizeiliche Anordnungen und Androhungen nur die Klage gegeben, die nach der allgemeinen Regel zulässige Beschwerde für dies spezielle Gebiet aber ausgeschlossen ist, hat auch für wegepolizeiliche Entscheidungen den Fortfall der dem Verwaltungsrichter im §. 64 Abs. a. a. O. (jetzt §. 128 a. a. O.) gezogenen Schranken zur Folge. Dieser Satz muß aber mit besonderer Vorsicht gegenüber dem Falle behandelt werden, wenn die Wegepolizeibehörde von dem ihr nach Art. IV. §. 1 der Kreisordnungs-Novelle zustehenden Rechte Gebrauch machend, das zur Erhaltung des gefährdeten oder zur Wiederherstellung des unterbrochenen Verkehrs Notwendige auch ohne vorherige Aufforderung des Verpflichteten für Rechnung desselben in Ausführung bringen läßt, wenn dergestalt Gefahr im Verzuge ist, daß die Ausführung der vorzunehmenden Arbeit durch den Verpflichteten nicht abgewartet werden kann.

10) Von diesem Falle, in welchem die Wegepolizeibehörde von vornherein mit Zwangsmitteln vorgeht, handelt das in dieser Beziehung im wesentlichen noch maßgebende Endurteil vom 30. Juli 1880 (Entsch. Band VI. S. 224).

11) Die Polizeibehörden sind berechtigt, bei der Anordnung von Wegebauten für jede einzelne von mehreren Arbeiten (Anfuhr, Zerkleinern, Schütten und Festwalzen der Steine) eine besondere Frist zu bestimmen, denn unter Umständen kann die Wegepolizeibehörde nur dadurch, daß sie für die einzelnen Arbeiter des Wegebaues Fristen bestimmt, die rechtzeitige Herstellung größerer Bauten sichern.

12) In demselben Erkenntnis (S. 217) findet man folgenden Grundsatz: Der Umstand, daß der Verwalter der Polizei die aus der exekutivischen Durchführung erwachsenen Kosten aus seinen Mitteln vorgeschossen hat, steht der Beitreibung derselben von dem Verpflichteten im Wege des polizeilichen Zwangsverfahrens nicht entgegen. Der Polizeiverwalter hat also nicht nötig, dieserhalb den Weg des Zivilprozesses zu beschreiten; er handelt auch in Wegesachen als Polizeibehörde; die Zwangsvollstreckung polizeilich angeordneter Wegebauten ist keine andere als die polizeilicher Anordnungen überhaupt. Der Wegepolizeibeamte ist bei denselben nicht negotiorum gestor des Exequendus; seine Befugnisse gegen diesen regeln sich nicht nach privatrechtlichen Normen, sondern nach den Bestimmungen des öffentlichen Rechts

über die Vollstreckung polizeilicher Anordnungen, und diese geben der Behörde die Befugnis zur exekutivischen Beitreibung der aus der Vollstreckung erwachsenden Kosten. Dieses Rechtes geht das Organ der Polizeigewalt auch dadurch nicht verlustig, daß dasselbe die Kosten vorstreckt. Die Zahlung derselben ist ein Rechtsakt, welcher sich lediglich zwischen dem Polizeiverwalter und denjenigen vollzieht, welche er zur Leistung der exekutivisch auszuführenden Arbeiten gedungen hat. — Der Exequendus erwirbt aus demselben keine Rechte; sein Rechtsverhältnis zur Polizeibehörde erleidet durch denselben keine Veränderung.

13) Die nach dem Gegenstande des Streitverfahrens an sich zulässige Berufung wird dadurch nicht ausgeschlossen, daß in erster Instanz rechtsirrtümlich auf Grund einer die Berufung ausschließenden Bestimmung erkannt worden ist. Dies ergibt sich daraus, daß die Endgültigkeit gewisser erstinstanzlicher Entscheidungen nach Maßgabe des Gesetzes nicht von etwaiger Bezugnahme des Richters auf dasselbe, sondern davon abhängig ist, daß dieselben ihrem Gegenstande nach unter dasselbe fallen, und ferner daraus, daß hierüber der Berufungsrichter nach seiner Auffassung zu entscheiden hat, da ihm und nicht dem ersten Richter die Entscheidung über die Zulässigkeit der Rechtsmittel zusteht.

Nr. 25.

Endurteil des I. Senats vom 14. Juni 1879 (Entsch. Bd. V. S. 218).

1) Nach dieser Entscheidung sind für die Anfechtung der Zwangsvollstreckung in Wegesachen die für die polizeiliche Zwangsvollstreckung in den §§. 33, 34 des Zust.-Ges. von 1876 allgemein gegebenen Normen maßgebend. Auch dies hat sich durch die neue Gesetzgebung in sofern geändert, als an die Stelle der vorstehend gedachten Bestimmungen des Zuständigkeitsgesetzes die §§. 68 und 69 Abs. 1 und 2 des Organisationsgesetzes (jetzt §§. 132, 133 des L.-V.-G. vom 30. Juli 1883) getreten sind und letztere sich von jenen dadurch wesentlich unterscheiden, daß fortan nur gegen die Androhung des Zwangsmittels dieselben Rechtsmittel stattfinden, wie gegen die Anordnungen, um deren Durchsetzung es sich handelt, während gegen die Festsetzung und Ausführung eines Zwangsmittels in allen Fällen nur die Beschwerde im Aufsichtswege innerhalb zwei Wochen stattfindet.

2) Im übrigen ist die in diesem Erkenntnisse zum Ausdruck gelangte Unterscheidung zwischen Klagen, durch welche die aus der zwangsweisen Wegebesserung erwachsenen Kosten eingezogen werden, einerseits, und den interimistischen Entscheidungen darüber, von wem und auf wessen Kosten das Erforderliche an Wegebauten geschehen muß, anderseits, soweit es sich um die Befugnis zur Einlegung des Rechtsmittels handelt, durch die Aufhebung des §. 4 des Zuständigkeitsgesetzes gegenstandslos geworden.

3) Vergl. auch Nr. 7 des vorhergehenden Endurteils Nr. 24.

Nr. 26.

Endurteile des I. Senats vom 14. Juni 1879 (Entsch. Bd. V. S. 222), und vom 29. Januar 1881 (Entsch. Bd. VII. S. 256).

1) Indem die Kreisordnung bei streitigen Wegebausachen dem Kreisausschuß die Entscheidung darüber zuweist, „was im Interesse des öffentlichen Verkehrs geschehen muß", macht sie keinen Unterschied zwischen der Erhaltung bestehender und der Anlegung neuer Wege. Hiergegen läßt sich auch

nicht einwenden, daß ein vorhandener Privatweg, welcher von dem Kreisausschuß für den öffentlichen Verkehr in Anspruch genommen werde, die Eigenschaft eines öffentlichen Weges nur infolge des Expropriationsverfahrens, mithin nach Entschädigung des betreffenden Eigentümers, erhalten könne. Denn die Frage, auf welche Weise der Grund und Boden zu erwerben sei, dessen Erwerb behufs Herstellung eines im Interesse des öffentlichen Verkehrs für notwendig erachteten neuen Weges sich als erforderlich herausgestellt hat, ist völlig getrennt zu halten von der Frage, ob die Anlegung eines neuen Weges im Interesse des öffentlichen Verkehrs überhaupt notwendig sei. Erst wenn diese Frage bejaht worden, ist jene zu lösen.

2) Bei einer Wegeanlage dürfen nicht einseitig die Interessen des Verkehrs, sondern es müssen auch die übrigen der Obhut der Polizei anvertrauten öffentlichen Interessen beleuchtet werden. Reichen daher diejenigen Anordnungen, welche als Regel zur ordnungsmäßigen Herstellung und Unterhaltung der öffentlichen Wege vorgeschrieben sind, zur Wahrung der letzteren Interessen nicht aus, so ist es Aufgabe der Wegepolizeibehörde, diejenige Art der Wegeherstellung zu wählen, welche allen berechtigten Interessen möglichst entspricht.

3) Die Anwendung dieser Grundsätze kann dahin führen, daß die Anlegung des Weges gänzlich unterbleiben muß, weil es unmöglich oder doch nur mit ganz unverhältnismäßigen Kosten ausführbar sein würde, denselben in der Art herzustellen, daß dadurch den sonstigen öffentlichen Interessen, welche, wie beispielsweise das der Landesverteidigung, von überwiegenderer Bedeutung sind als die Verkehrsinteressen, Genüge geschieht; sie kann aber auch zu dem Ergebnis führen, daß zwar die Herstellung des Weges an sich geboten und zulässig erscheint, aber mit außerordentlichen Auflagen an die Wegebaupflichtigen zu verbinden ist, welche zum Schutz der übrigen berechtigten öffentlichen Interessen sich als notwendig herausstellen.

4) Ob derartige außerordentliche Auflagen im einzelnen Falle verlangt werden dürfen, hängt selbstverständlich einesteils von der Höhe derselben, andernteils von der Bedeutung der zu schützenden Interessen ab.

5) Die Notwendigkeit der Anlage eines öffentlichen Weges ist stets eine mehr oder weniger relative; insbesondere kommen bei der Beurteilung derselben auch die Kosten in Betracht, welche die Herstellung erfordert. Diese können so bedeutend sein, daß um ihretwillen von einem an sich im Interesse des öffentlichen Verkehrs sehr wünschenswerten Wegebau dennoch Abstand zu nehmen sein wird.

6) Der Verwaltungsrichter ist bei Bestimmung dessen, was im Interesse des öffentlichen Verkehrs geschehen muß, verpflichtet, den Einwand der persönlichen Leistungsfähigkeit des in Anspruch Genommenen mit in Betracht zu ziehen, und anderseits berechtigt, über die demselben durch die Wegepolizeibehörde angesonnenen Leistungen und deren Anträge hinauszugehen. Bei jedem Streite über einen Wegebau, dessen Notwendigkeit der Natur der Sache nach stets eine mehr oder minder relative ist, müssen auch alle übrigen der Obhut der Polizei anvertrauten öffentlichen Interessen derart zur Beurteilung gezogen werden, daß deren Gewicht gegeneinander abzuwägen ist und danach zu entscheiden bleibt, welcher Gesichtspunkt überwiege. Zu diesen dem Schutze der Polizei unterstellten Interessen gehört auch die Sorge um die wirtschaftliche Existenz der Wegebaupflichtigen. Eine Ausnahme hiervon findet nur statt, wenn einem Wegebaupflichtigen etwa provinzialgesetzlich der Rückhalt an leistungsfähige Personen von vornherein gesichert ist und des-

halb eine wirkliche Gefahr für die wirtschaftliche Existenz nicht in Frage kommen kann.

7) Mangels besonderer positiver Normen, welche den Umfang der dem Wegebaupflichtigen obliegenden Leistungen bestimmen, kann seitens der Polizei alles, was sich im Interesse des öffentlichen Verkehrs als notwendig herausstellt, von den Wegebaupflichtigen verlangt werden, und ist für diese Frage zwischen kunstmäßigem und gewöhnlichem Wegebau nicht zu unterscheiden. Allerdings können die zur Unterhaltung der Kommunikationswege Verpflichteten nicht gezwungen werden, Landstraßen in Kunststraßen, d. h. nach den für die letzteren eigens bestehenden rechtlichen und technischen reglementarischen Vorschriften, umzuwandeln und sich auf diese Weise zum Zwecke des öffentlichen Verkehrs an dem Ausbau von Chausseenetzen zu beteiligen, es ist aber doch zu bedenken, daß nicht jeder „kunstmäßige" Wegebau schon eine Kunststraße (Chaussee) ist.

8) Wenn die Instruktion der Sache in der zweiten Instanz die Notwendigkeit herausgestellt hat, sich für eine andere Art des Wegebaues zu entscheiden, als diejenige, welche in erster Instanz dem Unterhaltungspflichtigen auferlegt worden ist, so ist um deshalb allein, weil einschlägige Anträge der klagenden Polizeibehörde bis dahin nicht vorgelegen hatten, der Berufungsrichter keineswegs genötigt, ja nicht einmal berechtigt, sich darauf zu beschränken, den einmal erhobenen Anspruch abzuweisen, damit demnächst in einem neuen Verfahren der sachgemäße Antrag gestellt werde, vielmehr erheischt die dem Verwaltungsrichter zugewiesene Aufgabe für alle einmal zur Entscheidung gebrachten Streitfälle einen bestimmten Ausspruch seinerseits über den Inhalt und den Umfang der Wegebaulast, indem ihm die von dem Amtsvorsteher mit dem Beteiligten zu pflegenden polizeilichen Instruktionsverhandlungen und die von demselben zu stellenden Anträge lediglich als informatorische Unterlage für seine Entscheidung zu dienen haben, Notwendigkeit, Zweckmäßigkeit und Angemessenheit des polizeilich Verfügten bezw. Beanspruchten dagegen seiner völlig freien Würdigung unterliegen.

9) Diese Grundsätze waren für den Verwaltungsrichter maßgebend, so lange es sich um die Anwendung der §§. 61 und 135 II. der Kreisordnung von 1872 handelte; während jedoch nach diesen Vorschriften im Falle des Widerspruchs gegen die Anordnungen der Wegepolizeibehörde die Angelegenheit ohne weiteres zur Entscheidung des Verwaltungsgerichtes gelangte, hat nach den neuen Vorschriften im Artikel IV. der Novelle (jetzt §§. 55 ff. des Zust.-Ges. von 1883) die Wegepolizeibehörde selbständig über den erhobenen Einspruch zu beschließen und es findet erst gegen diesen Beschluß die Anrufung des Verwaltungsgerichts mit der Klage statt. Hierdurch gewinnt das Eingreifen der Wegepolizeibehörde eine über den bloßen ersten Angriff hinausgehende Bedeutung, jener Beschluß erfolgt nach reiflicher Erwägung, unter selbständiger Verantwortlichkeit der Behörde, geeigneten Falles nach gründlicher Instruktion der Sache unter Zuziehung der Beteiligten, und gelangt dadurch zu einem bestimmten Abschluß, über welchen in den Streitinstanzen hinauszugehen nicht thunlich erscheint; höchstens könnte auf die Ergänzung oder Wiederholung einer mangelhaften Instruktion hingewiesen werden.

Nr. 27.

Endurteil des I. Senats vom 17. September 1879 (Entsch. Bd. V. S. 229).

1) Nach den Bestimmungen der Kreisordnung unterliegen unstreitige Privatwege nicht der Kognition des Kreisausschusses. Das Wesen der

Privatwege im Gegensatze zu den öffentlichen besteht darin, daß sie ein öffentliches Verkehrsinteresse nicht haben.

2) Die Wegepolizeibehörde, welche nur die öffentlichen Verkehrsinteressen wahrzunehmen hat, kann daher auf sie auch nicht einwirken. Allerdings unterliegen auch sie, gleich anderem Privateigentum, dem Einflusse der Polizei, indessen nur unter den allgemeinen polizeilichen Gesichtspunkten des §. 17 Tit. 10 Teil II A. L.-R.'s, insbesondere aus sicherheits- und gesundheitspolizeilichen Rücksichten. Dagegen können wegepolizeiliche Rücksichten — d. h. Rücksichten auf das öffentliche Verkehrsinteresse — bei Wegen, welche unstreitig Privatwege sind, ein Einschreiten der Polizeibehörde nur behufs Einleitung des „Enteignungsverfahrens" rechtfertigen.

3) Der Umstand, daß der Grund und Boden, über welchen ein Weg führt, sich im Privateigentum befindet, schließt nicht aus, daß der Weg ein öffentlicher sei, und ebensowenig bildet es für die Öffentlichkeit eines Weges eine notwendige Voraussetzung, daß derselbe von demjenigen, welcher ihn angelegt hat, den im allgemeinen zur Erhaltung öffentlicher Wege verpflichteten Verbänden ausdrücklich übergeben oder von diesen Verbänden ausdrücklich übernommen worden sei. Vielmehr kann ein Weg die Eigenschaft eines öffentlichen Weges auch dadurch erlangen, daß er zu dem Zwecke, um dem öffentlichen Verkehr zu dienen, erbaut und von der Landespolizeibehörde innerhalb der ihr zustehenden Befugnisse für den öffentlichen Verkehr bestimmt ist. (Vergl. §. 8 Nr. 5 des Eisenbahngesetzes vom 3. November 1838.)

4) Ein seitens einer Eisenbahngesellschaft nach Maßgabe des landespolizeilich geprüften und festgestellten Eisenbahnprojektes angelegter Weg ist hiernach ein öffentlicher.

5) Ob ein Weg ein öffentlicher oder ein Privatweg sei, kann aus den bloßen Zugeständnissen der Parteien nicht hergeleitet werden, vielmehr muß der Verwaltungsrichter die Entscheidung hierüber in Gemäßheit des §. 49 des Verwaltungsgerichtsgesetzes (jetzt §. 79 des L.-V.-G. von 1883) nach seiner freien, aus dem ganzen Inbegriff der Verhandlungen und Beweise geschöpften Überzeugung treffen, wobei es lediglich Sache seines Ermessens ist, ob er Beweis erheben will. (Vergl. jetzt Abs. 4 des §. 56 des Zust.-Ges. von 1883.)

Nr. 28.

Endurteil des I. Senats vom 8. Juli 1879 (Entsch. Bd. V. S. 240).

1) Die Wegepolizeibehörde kann eine interimistische Anordnung wegen zwangsweiser Beseitigung von Verkehrshindernissen (z. B. Wiederherstellung eines umgepflügten Weges) selbständig erlassen und ausführen, wenn es die Dringlichkeit der Sachlage im öffentlichen Verkehrsinteresse erheischt. Diese Befugnis steht gesetzlich fest (§. 61 Absatz 2 der Kreisordnung von 1872, §. 1 letzter Satz im Artikel IV. der Kreisordnungs-Novelle, §. 55 des Zust.-Ges. von 1883) und zwar ganz allgemein und ohne Rücksicht darauf, ob für eine Feldflur ein Gemeinheitsteilungsverfahren eingeleitet worden ist, oder nicht.

2) Die Orts- (Wege-) Polizeibehörde bedarf zu einer derartigen interimistischen Maßnahme in dringenden Fällen sowenig der vorgängigen Zustimmung der Auseinandersetzungsbehörden wie der des Kreisausschusses. Die landespolizeilichen Funktionen der ersteren in Wegesachen (§. 171 der V. vom 20. Juni 1817 — G.-S. S. 430 —; §. 12 der V. vom 30. Juni

1834 — G.=S. S. 96 —; §. 9 des Gesetzes vom 7. Juni 1821 — G.=S. S. 83 —; Ministerialinstruktion vom 1. August 1837; — Rönne, Wegepolizei und Wegerecht S. 433 —) stehen dem sowenig entgegen, wie die der Regierungen, welche nach §. 135 der Kreisordnung von 1872 in gewissem Umfange auf die Kreisausschüsse übergegangen sind.

3) Unerläßliche Voraussetzung eines derartigen wegepolizeilichen Einschreitens ist aber die, daß sich dasselbe auf einen öffentlichen Weg bezieht. Lediglich und allein der Schutz der öffentlichen Wege ist durch §. 61 a. a. O. und §. 1 des Artikel IV. der Novelle und §. 55 des Zust.=Ges. von 1883 den Wegepolizeibehörden anvertraut worden. Wenn nun etwa durch ein im Auseinandersetzungsverfahren ergangenes rechtskräftiges Erkenntnis der Generalkommission ein Weg als Privateigentum, als Privatweg, anerkannt worden ist, und wenn diese Entscheidung von der Generalkommission als ordentlichem Richter in foro speciali nach kontradiktorischem Verfahren zu dem Zwecke getroffen worden ist, um gemäß §. 135 II. l. c. bezw. §. 2 im Artikel IV der Novelle und §. 56 des Zust.=Ges. von 1883 die infolge des polizeilichen Einschreitens streitig gewordene Eigenschaft des Weges als eines öffentlichen festzustellen, so ist dies auch für den Richter im Verwaltungsstreitverfahren bindend, wenn auch die Wegepolizeibehörde an jenem Verfahren nicht teilgenommen hat und der Natur der Sache nach nicht teilnehmen konnte.

4) Sollte in der Entscheidung der Generalkommission davon ausgegangen sein, daß ein streitiger Weg, auch wenn er thatsächlich vom Publikum benutzt worden, von jeher ein Privatweg gewesen sei, so folgt daraus die Berechtigung des wegen Wiederherstellung eines Weges in Anspruch Genommenen, denselben einzuziehen, sowie die Unstatthaftigkeit des polizeilichen Einschreitens und der Nachprüfung des materiellen Inhalts des Erkenntnisses der Generalkommission.

5) Wird eine Polizeibehörde im Streitverfahren dahin verurteilt, daß ein auf ihre Veranlassung angelegter Weg kassiert werde, so erfolgt diese Kassierung durch die Aufhebung der polizeilichen Verfügung, auf Grund deren jener Weg hergestellt war. Ein mehreres bedarf es zur Kassierung nicht; vielmehr kann es sich nur darum handeln, die Wegestrecke thatsächlich wieder in den früheren Zustand zu versetzen, in das frühere Ackerland wieder umzuwandeln.

6) Will der Betroffene den Polizeiverwalter hierfür persönlich in Anspruch nehmen, so handelt es sich um einen zivilrechtlichen Anspruch, welcher ebenso wie der auf Schadensersatz aus dem Verwaltungsstreitverfahren auszuschließen ist. Der Betroffene ist befugt, denselben im Wege des Zivilprozesses zu verfolgen.

7) Es ist also im Verwaltungsstreitverfahren nicht darüber zu entscheiden, ob und welche Rechtsansprüche für den von der angefochtenen und aufgehobenen polizeilichen Verfügung Betroffenen gegen die verfügende Behörde erwachsen.

Nr. 29.

Endurteil des I. Senats vom 4. Februar 1880 (Entsch. Bd. VI. S. 206).

1) Nach §. 65 in Verbindung mit den §§. 29, 30 Nr. 3 und 31 der altländischen Kreisordnung sind die Gemeinde= und Gutsvorstände ausführende Organe des Amtsvorstehers in polizeilichen Angelegenheiten. Der Amtsvorsteher kann denselben aber nicht die gesetzlich ihm obliegende Polizeiverwaltung zu selbständiger Verwaltung übertragen, also nicht

Dienstobliegenheiten, welche selbständige polizeiliche Entschließungen und Verfügungen erheischen. (Vergl. die Kreis-O. für Hannover §. 36, Hessen-N. §. 37, Westfalen §§. 26, 27.)

2) Gutsvorsteher als solche sind zwar die Organe des Amtsvorstehers bei Ausübung der Wegebaupolizei im Gutsbezirke, sie vertreten jedoch nicht den zum Wegebau verpflichteten Gutsbesitzer dem Amtsvorsteher gegenüber. Veranlassung zu diesem Ausspruch gab folgender Fall: Auf dem Territorium eines Gutes, welches dem A. gehörte, wurde eine Brücke schadhaft, als Gutsvorsteher fungierte B. Der Amtsvorsteher erließ nun an B. eine Verfügung des Inhalts, daß B. die Brücke bei Vermeidung der Ausführung auf seine Kosten binnen einer bestimmten Frist herstellen lassen sollte. Diese Verfügung war nicht aufrecht zu erhalten. Denn nach §. 65 der Kreisordnung von 1872 sind die Gemeinde- und Gutsvorstände zwar verbunden, den Anweisungen und Aufträgen des Amtsvorstehers, welche derselbe in Gemäßheit seiner gesetzlichen Befugnisse in Dienstangelegenheiten an sie erläßt, nachzukommen, auch sind nach derselben Bestimmung in Verbindung mit den §§. 29, 30 Nr. 3 und 31 l. c. die Gemeinde- und Gutsvorstände ausführende Organe des Amtsvorstehers in polizeilichen Angelegenheiten, allein der Amtsvorsteher kann denselben nicht die gesetzlich ihm obliegende Polizeiverwaltung zur selbständigen Verwaltung übertragen, also nicht Dienstobliegenheiten, welche selbständige polizeiliche Entschließungen und Verfügungen erheischen, so beispielsweise auf dem Gebiete der Wegepolizei nicht die selbständige Anordnungen dessen, was an Wegebauten ererforderlich, oder die vorläufige Entscheidung darüber, wer zu ihrer Ausführung verpflichtet ist.

3) Die Verfügung des Amtsvorstehers ist aber auch nicht begründet, wenn dieselbe an den Gutsvorsteher nicht als polizeiliches Ausführungsorgan, sondern an ihn als den Vertreter des zur Herstellung der Brücke verpflichteten Gutsbesitzers, als das an der Spitze der kommunalen Verwaltung des Gutsbezirks stehende amtliche Organ, ergangen ist.

4) Wenn in dem §. 21 der Kreisordnung gesagt ist, es stehe an der Spitze der Verwaltung der Gemeinde der Gemeindevorsteher und für den Bereich eines selbständigen Gutsbezirks führe der Gutsvorsteher die dem Gemeindevorsteher obliegende Verwaltung, so ist dabei nicht zu übersehen, daß es hier sich nur um eine die Gliederung der Ämterverfassung der Kreise in den allgemeinsten Umrissen andeutende Bestimmung handelt, welche ihren Inhalt erst aus den nachfolgenden, die Verwaltung der Gemeinde- und Gutsvorsteher regelnden Vorschriften des Gesetzes, insbesondere der §§. 29, 30, 31 empfängt.

5) In dem §. 31, welcher von den Gutsvorstehern handelt, wird aus der allgemeinen Verpflichtung des Gutsbesitzers im Gutsbezirke zu den Leistungen und Pflichten, welche den Gemeinden für den Bereich ihres Gemeindebezirks im öffentlichen Interesse gesetzlich obliegen, „insbesondere" die hergeleitet, die in den §§. 29, 30 und 79 l. c. (jetzt §. 132 des Landes-Verwaltungsgesetzes von 1883) aufgeführten obrigkeitlichen Befugnisse und Pflichten entweder in Person oder durch einen von ihm zu bestellenden, zur Übernahme des Amtes befähigten Stellvertreter als Gutsvorsteher auszuüben.

6) Der §. 29 bezeichnet den Gemeindevorsteher allgemein als Obrigkeit des Gemeindebezirks, und weiter werden daselbst, wie in den §§. 30 und 79, nur obrigkeitliche Funktionen des Gemeindevorstehers geregelt. Hiernach ist der Gutsvorsteher die Obrigkeit des Gutsbezirks, er führt die obrigkeitliche Verwaltung des Gutsbezirks, er ist aber nicht der gesetzliche Ver-

treter des Gutsbesitzers im Gutsbezirke für alle vermögensrechtlichen Verhältnisse, welche sich für diesen nach öffentlich-rechtlichen Normen aus seiner Stellung als Gutsherrschaft ergeben.

7) Da, wo der Gemeinde als solcher die Wegebaulast obliegt, hat der Amtsvorsteher seine an die Gemeinde zu stellenden Anforderungen an den Schulzen zu richten, da dieser der Vorsteher der Gemeinde ist und ihr Vermögen verwaltet.

8) Die oben sub 2 erwähnte, angegriffene Verfügung des Amtsvorstehers war also nicht an B., sondern an A. zu richten.

Nr. 30.

Endurteil des I. Senats vom 18. März 1880 (Entsch. Bd. VI. S. 212).

1) Bei der Fassung des §. 81 Tit. 8 Teil I A. L.-R.'s kann kein Zweifel darüber obwalten, daß, wenn auch die Verpflichtung des Hauseigentümers zur Unterhaltung des Bürgersteiges durch diese Gesetzesvorschrift nicht konstituiert werden sollte, dennoch das Bestehen dieser Verpflichtung als der gewöhnliche Rechtszustand — mag derselbe durch Observanz, durch Lokalstatut oder durch Privatabkommen begründet sein — vorausgesetzt wurde. Für Berlin besteht ein solches Gewohnheitsrecht. Dasselbe findet sich in der Brunnen- und Gassenordnung vom 14. August 1660 (Mylius C. C. M. Band V. S. 314) Art. V. §. 1 und in späteren Verordnungen (eod. S. 335—346), Min.-R. vom 22. September 1819 (v. Kamptz, Annalen Band III. S. 830), Reglement v. 30. Juni 1835 (eod. XIX. S. 838).

2) Die Erfordernisse des Gewohnheitsrechts (Observanz) — gleichförmige, ununterbrochene Handlungen, welche sich lange Zeit wiederholen und im Gefühle rechtlicher Notwendigkeit vorgenommen sind, — treffen daher hier zu. Auch konnte sich nach Einführung des A. L.-R.'s ein derartiges Gewohnheitsrecht bilden, weil der §. 81 l. c. nur etwas festsetzt, was in den Gesetzen unentschieden gelassen ist.

3) Der Umstand, daß die in diesem Falle in Rede stehenden Grundstücke erst durch eine Allerhöchste Kab.-O. vom 28. Januar 1860 (Amtsblatt Stück 14 S. 120) mit dem Stadtbezirke von Berlin vereinigt worden sind, ist nicht von Einfluß, weil sich aus §. 2 der Städteordnung vom 30. Mai 1853 ergibt, daß nur privatrechtliche Verhältnisse durch eine derartige Veränderung nicht berührt werden sollen, daß dagegen die öffentlich-rechtlichen Verhältnisse nach den für den gesamten Stadtbezirk geltenden Normen zu regeln sind. (Vergl. §. 1 Abs. 6 des Ges. vom 14. April 1856 — G.-S. S. 359 —, §. 5 der Kr.-O.)

4) Ebenso wie die Grundbesitzer in der betreffenden Straße nach der Vereinigung mit dem Stadtbezirke an allen städtischen Rechten der Berliner Grundbesitzer teilnehmen und die Lasten derselben zu tragen haben, ebenso ist auch die 1660 bereits bestehende öffentlich-rechtliche Verpflichtung zur Unterhaltung der Bürgersteige auf sie übergegangen. Die jene Verpflichtung näher regelnde Polizeiverordnung vom 17. Januar 1873 findet daher auch auf den vorliegenden Fall mit voller Rechtsgültigkeit Anwendung. Die letztere steht auch nicht im Widerspruch mit den Bestimmungen des Gesetzes vom 2. Juli 1875 (§§. 15, 19, vergl. Friedrichs Kommentar S. 55 und 62), selbst wenn die hier in Rede stehende Straße eine „neue" im Sinne des §. 15 l. c. wäre, d. h. daß dieselbe noch nicht gemäß der baupolizeilichen Bestimmungen des Ortes für den öffentlichen Verkehr und den An-

bau fertig hergestellt wäre. (O.=V.=G.=E. v. 25. April 1878, Entsch. III. S. 304, vergl. Friedrichs Kommentar S. 43, 57.)

5) Denn der §. 15 enthält nur die fakultative Bestimmung, daß unter gewissen Voraussetzungen durch Ortsstatut dem angrenzenden Eigentümer noch viel umfassendere Verpflichtungen, als die Anlegung und Unterhaltung des Bürgersteigs auferlegt werden können.

6) Diese Möglichkeit steht nicht in Widerspruch mit der bereits observanzmäßig bestehenden Verpflichtung, sondern ergänzt dieselbe nur. Wollte man auch zugeben, daß jemand durch ein in Gemäßheit des §. 15 zu erlassendes Ortsstatut zur Anlegung und Unterhaltung des Bürgersteiges nicht verpflichtet werden könne, so würde er doch dadurch von seiner bereits bestehenden Verbindlichkeit nicht befreit werden. Es wird dies namentlich in dem Falle klar werden, wenn ein Ortsstatut überhaupt nicht zustande kommt. Zu beachten ist auch der Abs. 4 des §. 15 l. c., welcher mit der inzwischen erlassenen Polizeiverordnung und dem Ortsstatut nicht in Widerspruch steht.

7) Mit dieser Entscheidung stimmt auch das Erkenntnis des Reichsgerichts vom 3. November 1881 (S.=B. IX. S. 12) überein; desgl. vom 13. Oktober 1881 (eod. S. 36); vergl. auch das R.=G.=E. vom 22. Dezember 1881 (eod. S. 156). Vergl. ferner das R.=G.=E. vom 8. Juli 1880 (eod. VIII. S. 12, 13), wonach die betr. Pflicht zu den „Reallasten" gerechnet wird; desgl. v. 4. Dezember 1879 (eod. VII. S. 181); das Erkenntnis des ehemaligen Obertribunals vom 9. Januar 1879 (eod. VI. S. 278).

Nr. 31.

Endurteil des I. Senats vom 30. Juli 1880 (Entsch. Bd. VI. S. 220).

1) Vergl. oben Nr. 10, 11 und 24.

2) Über polizeiliche Verfügungen und Zwangsmittel im allgemeinen: Die §§. 30, 31 und 34 des Zuständigkeitsgesetzes von 1876 bestimmten, daß

I. gegen orts= und kreispolizeiliche Verfügungen, soweit das Gesetz nicht ausdrücklich anderes bestimmt, (NB. dies kommt mehrfach vor) die Beschwerde stattfindet, und zwar

a. gegen die Verfügungen der Orts=, Gemeinde=, Gutsvorsteher oder des Amtsvorstehers an den Landrat und gegen dessen Bescheid an den Regierungspräsidenten (d. h. also an die Aufsichtsbehörden);

b. gegen die Verfügung des Polizeiverwalters einer Stadt (ohne Unterschied der Einwohnerzahl) oder des Landrats an den Regierungspräsidenten und gegen dessen Bescheid an den Oberpräsidenten (ebenfalls die Aufsichtsbehörden). Gegen den in letzter Instanz ergangenen Bescheid des Regierungspräsidenten beziehungsweise des Oberpräsidenten fand die Klage bei dem Oberverwaltungsgerichte statt.

Diese Klage konnte aber nur darauf gestützt werden,

1. daß der angefochtene Bescheid auf der Nichtanwendung oder unrichtigen Anwendung des bestehenden Rechts, insbesondere auch der von den Behörden innerhalb ihrer Zuständigkeit erlassenen Verordnungen beruhe,
2. daß die thatsächlichen Voraussetzungen nicht vorhanden seien, welche die Polizeibehörde zum Erlasse der Verfügung berechtigt haben würden.

An die Stelle dieser Bestimmung ist später die des §. 63 des Organisationsgesetzes vom 26. Juli 1880 (jetzt §. 127 des L.-V.-G. vom 30. Juli 1883) getreten, die Änderung besteht nur darin, daß

ad a. die Beschwerde gegen die Verfügungen der Ortspolizeibehörden auf dem Lande oder einer zu einem Landkreise gehörenden Stadt, deren Einwohnerzahl bis zu 10000 Einwohnern beträgt, an den Landrat und gegen dessen Bescheid an den Regierungspräsidenten (also jetzt ein Unterschied in betreff der Größe der Städte),

ad b. gegen die Verfügungen der Ortspolizeibehörden eines Stadtkreises, mit Ausnahme von Berlin, einer zu einem Landkreise gehörigen Stadt mit mehr als 10000 Einwohnern oder des Landrats an den Regierungspräsidenten und gegen dessen Bescheid an den Oberpräsidenten,

ad c. gegen ortspolizeiliche Verfügungen in Berlin an den Oberpräsidenten geht.

Auch hier ist schließlich die Klage an das Oberverwaltungsgericht gegeben. Die Erfordernisse dieser Klage sind nur in sofern geändert, als

ad 1. noch hinzugefügt ist, daß „Kläger durch den angefochtenen Bescheid in seinen Rechten verletzt sei", womit man die Popularklagen ausschließen wollte.

II. An Stelle der im §. 30 des Zust.-Ges. von 1876 gedachten Beschwerde sollte nach §. 31 a. a. O. die Klage stattfinden, und zwar

a. gegen Verfügungen des Ortsvorstehers, des Amtsvorstehers oder des Polizeiverwalters einer zu einem Landkreise gehörigen Stadt, deren Einwohnerzahl bis zu 10000 beträgt, bei dem Kreisausschusse,

b. gegen Verfügungen des Landrats oder des Polizeiverwalters eines Stadtkreises oder einer zu einem Landkreise gehörigen Stadt mit mehr als 10000 Einwohnern bei dem Bezirksverwaltungsgerichte.

Diese Klage kann aber nur auf die gleichen Behauptnngen gestützt werden, wie die Klage bei dem Oberverwaltungsgerichte.

Diese Vorschrift ist ersetzt durch den §. 64 des Organisationsgesetzes (jetzt §. 128 des L.-V.-G. von 1883), aber nicht abgeändert, denn daß statt der Worte „des Ortsvorstehers, des Amtsvorstehers" jetzt der Ausdruck „der Ortspolizeibehörden auf dem Lande" gewählt ist, erscheint nicht von Belang und erklärt sich durch die verschiedenen Bezeichnungen dieser Beamten in den verschiedenen Provinzen.

In beiden Gesetzen erscheint hier eine eigentümliche Klage, welche man, weil sie mit der Beschwerde konkurriert, die „Wahlklage" nennen kann, während die hier konkurrierende Beschwerde im Gegensatz zu andern noch weiter unten zu erwähnenden Beschwerden als die „Wahlbeschwerde" zu bezeichnen wäre. Die sub I. erwähnte Klage an das Oberverwaltungsgericht ist keine Wahlklage, und dies hat, wie sich an einer andern Stelle ergeben wird, verschiedene Folgen in prozessualischer Beziehung.

III. Nach §. 34 des Zust.-Ges. von 1876 konnte gegen die Androhung, Festsetzung und Ausführung eines Zwangsmittels nach Vorschrift der §§. 30–32 a. a. O. ebenfalls entweder Beschwerde oder Klage erhoben werden.

Diese Klage konnte aber nur gestützt werden:

1. auf die gleichen Behauptungen, wie die im §. 30 gedachte Klage bei dem Oberverwaltungsgerichte,
2. auf die Behauptung, daß das Zwangsmittel nach Art und Höhe nicht

gerechtfertigt oder nach Lage der Sache zur Erreichung des angeordneten Zwecks überhaupt nicht erforderlich sei.

Diese Vorschrift hat in dem §. 69 des Organisationsgesetzes (jetzt §. 133 des L.=V.=G. von 1883) eine ganz erhebliche Abänderung erfahren, und zwar in folgenden Punkten:

1. Nur gegen die Anordnung und Androhung finden die Wahlklage und die Wahlbeschwerde statt. Wird die Androhung angefochten, so unterliegt auch die Anordnung einer Nachprüfung, selbst wenn die für die Anbringung des Rechtsmittels gegen die Anordnung vorgeschriebene Frist bereits verstrichen sein sollte.
2. Gegen die Festsetzung und Ausführung des Zwangsmittels findet nur die Beschwerde an die Aufsichtsinstanzen statt. Es ist dies also keine Wahlbeschwerde und verhält sich zu der letzteren etwa so wie die Wahlklage zu der sub I. bezeichneten Klage an das Oberverwaltungsgericht.
3. Die Vorschrift im §. 34 Nr. 2 des Zust.=Ges. von 1876 ist fortgefallen, die Wahlklage kann also jetzt nicht mehr auf die Behauptung gestützt werden, daß das Zwangsmittel nach Art und Höhe nicht gerechtfertigt oder nach Lage der Sache zur Erreichung des angeordneten Zweckes überhaupt nicht erforderlich sei. Es richtete sich diese Behauptung gegen die Angemessenheit und Zweckmäßigkeit des Zwangsmittels und diese soll der Verwaltungsrichter nicht mehr in den Bereich seiner Erwägungen ziehen. Hiernach sind die Angriffsmittel gegen polizeiliche Verfügungen und gegen die Androhungen der Zwangsmittel jetzt ganz gleich gestellt, so daß sich der Verwaltungsrichter nunmehr bei Prüfung der ihm vorgelegten Klagen folgende Fragen vorzulegen hat:
   A. Welches ist das bestehende Recht und welche rite erlassene behördliche Verordnungen liegen bei der Beurteilung des Falles zu Grunde?
   B. Sind bestehendes Recht beziehungsweise jene Verordnungen überhaupt und richtig angewendet?
   C. Ist der Kläger durch die angefochtene polizeiliche Verfügung in seinen subjektiven Rechten verletzt?
   D. Waren die thatsächlichen Voraussetzungen zum Erlaß der angegriffenen polizeilichen Verfügung vorhanden?
   E. War die Polizeibehörde zum Erlaß jener Verfügung berechtigt, d. h. hat sie nicht die äußersten ihrem Ermessen gezogenen Grenzen überschritten, nicht nach Willkür oder Schikane oder sonstigen Pflichtwidrigkeiten gehandelt, sondern nach rein objektiven Momenten?

Dagegen ist der Verwaltungsrichter unter keinen Umständen befugt, die Prüfung einer im Wege der Klage angefochtenen polizeilichen Verfügung bis zu einer freien Würdigung der Notwendigkeit, Angemessenheit und Zweckmäßigkeit auszudehnen. Eine solche Prüfung kann nur die Aufsichtsbehörde in der Instanz der Wahlbeschwerde vornehmen.

3) Das Gesetz sichert für die Frage, ob ein an sich notwendiger und angemessener Wegebau bis zur Entscheidung über den erhobenen Widerspruch aufgeschoben werden kann, dem pflichtmäßigen Ermessen der Ortspolizeibehörde eine derartig maßgebende Bedeutung, daß der Richter im Verwaltungsstreitverfahren hierüber nicht sein eignes freies Ermessen walten lassen

kann. Es ist demselben hierbei im wesentlichen diejenige Stellung angewiesen worden, welche ihm nach den Vorschriften der §§. 30 ff. des Zuständigkeitsgesetzes von 1876 (§§. 63 ff. des Organisationsgesetzes §§. 127 ff. des L.-V.-G. von 1883) für die Beurteilung polizeilicher Verfügungen in thatsächlicher Beziehung allgemein zusteht. Seine Prüfung hat sich darauf zu beschränken, ob überhaupt objektive dem Gesetze entsprechende Motive zu dem die Ausnahme bildenden polizeilichen Einschreiten vorliegen. Wird der gänzliche Mangel derselben dargethan, so bedarf es dann allerdings regelmäßig auch für die Fälle dieser Art nicht des besonderen Nachweises einer bewußt pflichtwidrigen und schikanösen Handlungsweise. Auch dann wird die Polizeibehörde den Vorwurf eines nicht pflichtgemäßen Ermessens nicht von sich abweisen können, wenn dieselbe sich über die thatsächlichen Voraussetzungen ihres Einschreitens aus Mangel an Aufmerksamkeit und Sorgfalt getäuscht hat.

4) Hiermit ist aber im wesentlichen der Inhalt der richterlichen (im Gegensatz zu der seitens der Beschwerdebehörde vorzunehmenden) Nachprüfung erschöpft. Namentlich kann auch nicht aus dem Schlußsatze des §. 34 des Zuständigkeitsgesetzes (§. 69 Absatz 1 und 2 des Organisationsgesetzes, §. 128 des L.-V.-G. von 1883, mit der dort zum Ausdruck gelangten Unterscheidung zwischen Androhung einerseits und Festsetzung und Ausführung anderseits) eine weitergehende Befugnis des Richters im Verwaltungsstreitverfahren hergeleitet werden. Allerdings finden die Vorschriften dieses Gesetzes (§§. 33, 34 des Zuständigkeitsgesetzes von 1876) im allgemeinen auch auf polizeiliche Zwangsvollstreckungen in Wegebausachen Anwendung. Wenn jener (in dem Organisationsgesetze fehlende) Satz des §. 34 aber bestimmte, daß die Klage gestützt werden kann:

> auf die Behauptung, daß das Zwangsmittel nach Art und Höhe nicht gerechtfertigt oder nach Lage der Sache zur Erreichung des angeordneten Zwecks überhaupt nicht erforderlich sei,

so berührte dieses Gesetz die nach §. 61 a. a. O. für Wegebausachen bezw. nach §. 36 des Zuständigkeitsgesetzes für polizeiliche Verfügungen überhaupt in das Ermessen der Ortspolizeibehörde gestellte Frage, ob eine angefochtene polizeiliche Anordnung vor der Entscheidung über dieselbe in Ausführung gebracht werden soll, den „angeordneten Zweck" im Sinne jener Vorschrift überhaupt nicht. Nur dann konnte von einer Anwendung des §. 34 die Rede sein, wenn etwa behauptet wurde, daß die Wegepolizeibehörde bei der Ausführung eines Wegebaues unwirtschaftlich verfahren wäre und den Verpflichteten verhindert hätte, den Bau selbst in der dafür bestimmten Zeit auszuführen.

5) Die Beantwortung der Frage, **ob** in einem gegebenen Falle Gefahr im Verzuge sei, ist lediglich in das Ermessen der Wegepolizeibehörde gestellt, und die Befugnis des Verwaltungsrichters geht mithin nicht soweit, auch hierüber entscheiden zu dürfen, vielmehr kann nur die Aufsichtsbehörde auf eingelegte Beschwerde in diesem Falle noch Remedur treffen. Für den Verwaltungsrichter erübrigt in einem solchen Falle nur ein sehr geringer Spielraum, denn, wenn es zu einer Androhung gar nicht gekommen ist, so kann er sich nur auf eine Prüfung beschränken, ob die der Zwangsmaßregel zu Grunde liegende Anordnung zulässig war. Weiter gehen seine Befugnisse nicht, denn mit der Anwendung des polizeilichen Zwangsmittels tritt das Verfahren mit Überspringung der Androhung sofort in das Stadium der Festsetzung und Ausführung, und hierüber kann nur im Beschwerdewege Abhilfe geschaffen werden.

6) Durch die vollständig veränderte Lage der Gesetzgebung sind zahlreiche andere Entscheidungen erheblich beeinflußt worden, worauf in den übrigen einzelnen Fällen nach Möglichkeit hingewiesen worden ist.

Nr. 32.

Endurteil des I. Senats vom 29. Januar 1881 (Entsch. Bd. VII. S. 256).

1) Siehe oben Nr. 12 und 26.

2) Wenn die Praxis der Verwaltungsgerichte der präzisen Vorschrift des §. 55 des Verwaltungsgerichtsgesetzes (§. 86 des L.-V.-G. von 1883) gegenüber niemals angestanden hat, die bloße Kundgebung der Unzufriedenheit mit einem ergangenen Urtel als die formgerechte Anmeldung des Rechtsmittels zuzulassen, so bietet auch die Fassung des §. 56 desselben Gesetzes (§. 87 des L.-V.-G. von 1883) keine Handhabe, unter allen Umständen auf die wörtliche Angabe des Beitritts zum Rechtsmittel zu bestehen, vorausgesetzt, daß nur die Äußerung an sich keine Zweifel an ihrer wahren Absicht aufkommen läßt. Für die Anschließung gibt noch der Termin zur mündlichen Verhandlung den äußersten Zeitpunkt ab.

Nr. 33.

Endurteil des I. Senats vom 2. Februar 1881 (Entsch. Bd. VII. S. 264).

Wegeverbreiterungen können auch in dem Geltungsbereiche des westpreußischen Wegereglements vom 4. Mai 1796 polizeilich gefordert werden.

Nr. 34.

Endurteil des I. Senats vom 7. Dezember 1880 (Entsch. Bd. VIII. S. 184).

1) Es ist ein wesentlicher Mangel des Verfahrens, wenn in einer streitigen Wegebausache die Instruktion und die Vertretung des öffentlichen Interesses einer anderen als der an sich zuständigen Behörde übertragen worden ist.

Vergl. oben Nr. 1.

2) Die nach §. 57 Abs. 5 der altländischen Kreis-O. seitens des Kreisausschusses zu bewirkende Betrauung eines benachbarten Amtsvorstehers oder Bürgermeisters mit den Geschäften eines zur Sache persönlich beteiligten Amtsvorstehers ist nach Abs. 7 l. c. endgültig. Dies steht aber einer Prüfung der Legitimation des dadurch berufenen Vertreters des öffentlichen Interesses seitens des Verwaltungsgerichts nicht entgegen: denn das Wort „endgültig" bedeutet nichts anderes, als daß im Beschlußverfahren ein weiteres Rechtsmittel, namentlich die Beschwerde an den Bezirksrat (jetzt Bezirksausschuß) in Gemäßheit des §. 24 des Zuständigkeitsgesetzes (§. 55 des Organisationsgesetzes vom 26. Juli 1880, §. 121 des L.-V.-G. von 1883) nicht stattfindet; keineswegs hat der Gesetzgeber beabsichtigt, die Beurteilung des Legitimationspunktes seitens des Verwaltungsrichters irgendwie einzuschränken. Letzterer wird in gleicher Weise, wie es vor dem Inkrafttreten jenes Absatz 7 (früher §. 54 des Zust.-Ges.) der Fall war, den Beschluß des Kreisausschusses dahin zu prüfen haben, ob überhaupt die Voraussetzung des Abs. 5 l. c. — eine persönliche Beteiligung des ordentlichen Amtsvorstehers — vorhanden ist und event. ob der ernannte Stellvertreter bezw. benachbarte Amtsvorsteher nicht ebenfalls als persönlich beteiligt zu betrachten ist.

Nr. 35.

Endurteil des I. Senats vom 19. April 1882 (Entsch. Bd. VIII. S. 189).

1) Handelt es sich um einen Akt der Wegepolizei zum Zwecke der Herbeiführung eines Wegebaues, so findet nach Art. IV. §. 2 Abs. 3 der Novelle (jetzt §. 56 des Zust.-Ges. von 1883) die Klage im Verwaltungsstreitverfahren nur gegen den Beschluß der Wegepolizeibehörde über den erhobenen Einspruch statt. Fehlt es an diesem Beschlusse, so ist die Klage als verfrüht zurückzuweisen. Hier liegt indessen keine definitive Zurückweisung der Klage vor, denn es kommt in Betracht, daß die innerhalb zwei Wochen nach Beendigung der angefochtenen Verfügung bei der Wegepolizeibehörde eingereichte Klage als Einspruch zu betrachten gewesen wäre. Das angerufene Verwaltungsgericht muß daher die Klage an die Wegepolizeibehörde behufs Abfassung des im §. 2 Abs. 3 (bezw. §. 56) a. a. O. gedachten Beschlusses zurückgeben, und gegen diesen Beschluß ist auch dann noch die Klage statthaft.

2) Bürgersteige sind Teile der öffentlichen Straße.

Nr. 36.

Endurteil des I. Senats vom 17. Mai 1882 (Entsch. Bd. VIII. S. 191).

Die sinngemäße Anwendung des durch Artikel IV. der Kreisordnungs-Novelle vorgeschriebenen Verfahrens auf die Einziehung und Verlegung öffentlicher Wege (vergl. jetzt §. 57 des Zust.-Ges. vom 1. August 1883, wodurch die nachfolgende Darstellung eigentlich gegenstandslos wird. Dieselbe ist indessen doch aufgenommen, weil sie Grundsätze enthält, deren Anwendung in anderen Beziehungen nicht ausgeschlossen ist):

Nach §. 61 der Kreisordnung von 1872 stand der Ortspolizei auch die polizeiliche Entschließung über die Einziehung und Verlegung öffentlicher Wege zu. Hierin ist auch durch §. 1 des Art. IV. der Novelle nichts geändert. Dagegen handelt der §. 2 l. c. nicht von der Wegepolizei im allgemeinen; sondern (mit einer Erweiterung der Zuständigkeit der Verwaltungsgerichte gegenüber den Zivilgerichten in der Frage der Wegebaulast in der Eigenschaft der Wege als öffentliche) von den Fällen des §. 135 II. 1 der Kreisordnung von 1872.

Die Vorschrift des Schlußsatzes im §. 2 des Artikel IV. der Novelle hat offenbar nicht die Fälle im Auge, in denen die Polizeibehörde selbst vom Wegebaupflichtigen Veränderungen des Wegenetzes, wie namentlich durch Verlegung, als im öffentlichen Verkehrsinteresse notwendig, fordert. Hier handelt es sich um eine Anordnung nach der Vorschrift des Absatzes 1 des §. 2 l. c., nicht um polizeiliche Maßnahmen, auf welche das Gesetz sinngemäß zu übertragen wäre, und daran ändert auch dies nichts, daß die Polizeibehörde zum Zwecke der Information ihr Projekt vor Erlaß der Anordnung öffentlich bekannt macht, um etwaige Einsprüche zu vernehmen und sich in den Stand zu setzen, die Interessen des Publikums, das öffentliche Interesse, richtig zu würdigen. Dagegen fragt es sich, wie das Gesetz sinngemäß auf diejenigen Fälle anzuwenden ist, wo der zur Unterhaltung eines Weges Verpflichtete einen Weg verlegen oder einziehen will, wozu derselbe regelmäßig namentlich dann Anlaß finden wird, wenn derselbe darin eine mit dem öffentlichen Interesse vereinbarte Erleichterung der ihm obliegenden Wegebaulast erblickt. Zu solcher Verlegung oder Einziehung ist die polizeiliche Genehmigung erforderlich. Wird sie versagt, so liegt ganz ebenso, wie da, wo die Wegepolizeibehörde eine Anordnung zum Wegebau erläßt, welche der Wegebaupflichtige durch das öffentliche Verkehrsinteresse nicht oder nicht im vollen Umfange für geboten erachtet, eine Differenz zwischen demjenigen, was die Polizeibehörde im öffentlichen Verkehrsinteresse fordern zu können, und dem, was der Wegebaupflichtige opfern zu müssen glaubt, vor. In diesem Falle kann also der abgewiesene Wegebaupflichtige Einspruch erheben und klagen, und es ergibt sich daraus der Satz:

daß eine sinngemäße Anwendung des §. 2 Artikel IV. dahin führt, demjenigen, welcher an der Unterhaltung eines öffentlichen Weges nach öffentlichem Rechte beteiligt ist, gegen die polizeiliche **Versagung** der Erlaubnis zur Verlegung oder Einziehung des Weges die Rechtsmittel des Einspruchs und der Klage zu geben.

Dagegen ist die Ansicht nicht zutreffend, daß in dem Falle, wo die Polizeibehörde Einsprüche gegen die Einziehung, welche infolge der öffentlichen Bekanntmachung erhoben sind, zurückweist, der Einsprechende — er, dessen Recht beschränkt werden solle, den in Rede stehenden Weg als einen öffentlichen nach wie vor zu benutzen — die Verwaltungsklage gegen diese Maßregel habe.

Nr. 37.

Endurteil des I. Senats vom 13. Mai 1882 (Entsch. Bd. VIII. S. 201).

Das Verfahren vor den Verwaltungsgerichten in streitigen Wegebausachen nach der K.-O.-Novelle (jetzt §§. 55 ff. des Zust.-Ges. von 1883):

1. Wird in einer Streitsache, betreffend die Herstellung eines Weges seitens des zunächst in Anspruch genommenen Wegebaupflichtigen, eine Kreiskorporation als die eigentlich Verpflichtete bezeichnet, so bildet das Bezirks-Verwaltungsgericht (jetzt der Bezirksausschuß) die erste Instanz und die Kreiskorporation ist nicht als beigeladen, sondern als mitbeklagte Person im Streitverfahren anzusehen.
2. Bei dem Bezirks-Verwaltungsgerichte (Bezirksausschuß) muß auch gemäß §. 35 des Verwaltungsgesetzes (jetzt §. 63 des L.-V.-G. von 1883) in diesem Falle die Klage binnen zwei Wochen eingehen.

Nr. 38.

Endurteil des I. Senats vom 24. Mai 1883 (Entsch. Bd. VIII. S. 204).

Wird eine solche Klage (Nr. 37) wegen Fristversäumnis abgewiesen, so hat dies auf das Rechtsverhältnis zwischen dem von der Polizeibehörde in Anspruch genommenen Kläger und demjenigen, welchen dieser für den zum Wegebau Verpflichteten erachtet, die Wirkung, daß der erstere noch einen Erstattungsanspruch geltend machen kann.

Nr. 39.

Endurteil des I. Senats vom 18. Januar 1882 (Entsch. Bd. VIII. S. 209).

1) Der Richter im Verwaltungsstreitverfahren hat für die Berichtigung des Legitimationspunktes, soweit erforderlich, Sorge zu tragen, er muß auf die Beseitigung aller gegen die Legitimation vorgebrachten Bedenken hinwirken. Deshalb rechtfertigt es sich auch z. B. nicht, eine polizeiliche Anordnung lediglich wegen mangelnder formeller Legitimation eines stellvertretenden Amtsvorstehers zum Erlasse derselben aufzuheben, vielmehr mußte auf eine nachträgliche Remedur hingewirkt werden.

2) Der Kreisausschuß ist nach §. 57 der altländischen Kreis-O. auch befugt, allgemeine Anordnung zu treffen, nach welcher alle diejenigen Geschäftssachen, bei denen die Amtsvorsteher persönlich beteiligt sind, von diesen ohne weiteres an ihre Stellvertreter zur Bearbeitung abzugeben sind, und daß nur in denjenigen Fällen unter Vorlegung der Vorgänge an den Kreisausschuß zu berichten ist, in dem beide, der Amtsvorsteher und sein Stellvertreter, zur Sache persönlich beteiligt sind. Für die Handhabung der in §. 57 Abs. 5 bezeichneten Befugnis ist das Ermessen der Kreisausschüsse nicht so weit beschränkt, daß eine über die Erledigung des einzelnen Behinderungsfalles hinausgehende allgemeinere Anordnung geradezu ausgeschlossen wäre.

3) Vor der Emanation der altländischen Kreisordnung bestand allerdings der Grundsatz, daß es zur Verlegung öffentlicher Wege der landespolizeilichen Genehmigung bedürfe, es ist dies aber gesetzlich nicht ausdrücklich festgestellt. Nach der Emanation der Kreisordnung handhabt jedoch die Ortspolizei die Wegepolizei überall selbständig und der Kreisausschuß entscheidet nur in Streitsachen über die Verlegung der öffentlichen Wege. Eine hiernach von dem zuständigen Amtsvorsteher zu einer Wegeverlegung erteilte Genehmigung ist aber keine unwiderrufliche. Ein solcher Widerruf kann sowohl von der Wegepolizeibehörde selbst als von der Aufsichtsbehörde ausgehen, dabei bleibt es aber immer Sache des Verwaltungsrichters, zu prüfen und zu entscheiden, ob jene Auffassung der Aufsichtsinstanzen begründet sei oder nicht. (Anhängigkeit der Sache vor dem 1. April 1881.)

Vergl. jetzt §. 57 des Zust.-Ges. von 1883.

4) Durch die Erteilung einer polizeilichen Erlaubnis erlangt niemand eine unwiderrufliche Erlaubnis, dementsprechend zu verfahren. Eine derartige Genehmigung schließt keinen Verzicht der Polizeiverwaltung auf eine fernere Wahrung des öffentlichen, gesetzlich geschützten Interesses in sich. Nicht einmal rechtlich möglich ist ein solcher Verzicht, vielmehr bleibt das gesetzlich anerkannte öffentliche Interesse auch dann allein maßgebend, wenn ein Organ der Polizeiverwaltung dasselbe nicht ausreichend wahrgenommen hat. In solchen Fällen ist, wo nicht besondere gesetzliche Bestimmungen entgegenstehen, eine Remedur durch Widerruf der Modifikation der erteilen Erlaubnis, wie beispielsweise bei Baukonsensen durch die nachträgliche Auferlegung von Baubedingungen rechtlich zulässig, und es können die daraus dem Betroffenen etwa erwachsenden Vermögensnachteile immer nur für die Frage der Entschädigungsverbindlichkeit in Betracht kommen.

5) Der Widerruf einer polizeilichen Verfügung, durch welche die Erlaubnis zur Vornahme einer Handlung erteilt wird, ist zulässig, falls sich die erteilte Erlaubnis als mit dem für die polizeiliche Entschließung allein und unbedingt maßgebenden öffentlichen Interesse im Widerspruch stehend herausstellt.

Nr. 40.

Endurteil des I. Senats vom 21. Juni 1882 (Entsch. Bd. IX. S. 155).

1) Die im A. L.-R. II. 15 §. 11 dem Staate auferlegten Verbindlichkeiten zur Unterhaltung der Landstraßen werden in Ostpreußen durch die Vorschriften im Zusatze 226 zum ostpreußischen Provinzialrechte vom 4. August 1801 näher bestimmt. Das Wegereglement im Königreiche Preußen vom 24. Juni 1764 (Rabe Bd. I Abteilung 3 S. 33) ist in seinen die Unterhaltung der Landstraßen betreffenden Bestimmungen aufgehoben.

2) Die Vorschrift in §. 2 Abs. 5 des Art. IV. der Kreisordnungs-Novelle von 1881 (jetzt §. 56 Abs. 6 des Zust.-Ges. von 1883):

„die Klage ist innerhalb zwei Wochen anzubringen. Das Verwaltungsgericht (die zuständige Behörde) kann zur Vervollständigung der Klage eine angemessene Nachfrist gewähren."

hat nicht den Sinn, daß schon alle im §. 35 des Verwaltungsgerichtsgesetzes vom 3. Juli 1875 (jetzt §. 63 des L.-V.-G. vom 30. Juli 1883) bezeichneten wesentlichen Erfordernisse einer Klage innerhalb der präklusivischen Frist von 2 Wochen dem Verwaltungsgerichte unterbreitet werden müßten und daß es nur zulässig sei, innerhalb der gewährten Nachfrist diese Ausführungen zu ergänzen. Eine solche Vorschrift ist bereits in §. 41 des Gesetzes von 1875 (§. 71 des L.-V.-G. von 1883) gegeben. Daß der Gesetzgeber etwas Überflüssiges (Wiederholungen) habe anordnen wollen, ist ohne besondere Gründe nicht anzunehmen. Grund zur Vervollständigung der Klage können auch die Ermittelungen eines in Wegesachen angeblich verpflichteten dritten abgeben.

3) Bloße nebensächlich geäußerte, die Entscheidung selbst nicht beeinflussende irrtümliche Bemerkungen des Vorderrichters können zur Aufhebung des Erkenntnisses in der höheren Instanz nicht führen.

4) Nach §. 2 Abs. 3 in Art. IV. der Kreisordnungs-Novelle von 1881 (§. 56 Abs. 4 des Zust.-Ges. von 1883) ist nur dann, wenn der in Anspruch Genommene zu der ihm angesonnenen Leistung aus Gründen des öffentlichen Rechtes statt seiner einen anderen für verpflichtet erachtet, hierüber im Verwaltungsstreitverfahren zu entscheiden.

5) Zwar kann durch Verjährung ein öffentlich-rechtliches Verhältnis entstehen, auch geht die Tendenz der neueren Gesetzgebung dahin, die Zuständigkeit der ordentlichen Gerichte auf die, neben dem öffentlich-rechtlichen Verhältnis zu besonderer Entstehung gelangten privatrechtlichen Verhältnisse zu beschränken, so daß also der Verwaltungsrichter wohl in die Lage kommen kann, das Fundament der Verjährung seiner Prüfung zu unterwerfen, wie dies namentlich aus §. 63 Abs. 4 des Organisationsgesetzes vom 26. Juli 1880 (§. 127 des L.-V.-G. vom 30. Juli 1883) und §. 19 Abs. 3 der Kreisordnungs-Novelle von 1881 deutlich hervorgeht. Gleichwohl kann das Rechtsverhältnis in dem Falle ein anderes sein, wenn der Kläger nicht dem Vertreter des öffentlichen Interesses, sondern einem dritten gegenüber die Verjährung geltend macht.

6) Behauptet der Kläger, durch Verjährung das affirmative Recht erworben zu haben, daß dieser dritte statt seiner die ihm (dem Kläger) nach öffentlichem Rechte der Behörde gegenüber obliegende Wegebaupflicht erfülle, so handelt es sich um einen Anspruch, welcher neben dem öffentlich-rechtlichen Verhältnis aus einem selbständigen privatrechtlichen Verhältnis entstanden ist, und über einen solchen zu entscheiden sind nach wie vor die ordentlichen Gerichte ausschließlich zuständig.

Nr. 41.

Endurteil des I. Senats vom 23. September 1882 (Entsch. Bd. IX. S. 169).

1) Eine vor dem Erlaß der Kreisordnungs-Novelle von 1881 vom Kreisausschuß erlassene interimistische Entscheidung über die im einzelnen Falle streitig gewordene Wegebaupflicht steht der definitiven Entscheidung des Streitgegenstandes durch die Verwaltungsgerichte nach dem Inkrafttreten jener Novelle nicht entgegen.

2) Gleichwohl bleibt der von dem Bundesamte für das Heimatwesen aufgestellte Grundsatz bestehen, daß der §. 65 des Gesetzes über den Unterstützungswohnsitz vom 6. Juni 1870 dahin auszulegen ist, die auf Grund des §. 34 des preußischen Armengesetzes vom 31. Dezember 1842 erlassenen Resolute der Landespolizeibehörde könnten auch nach dem 1. Juli 1871 nur durch die Urteile der ordentlichen Gerichte außer Kraft gesetzt werden.

Nr. 42.

Endurteil des I. Senats vom 28. März 1883 (Entsch. Bd. IX. S. 174).

1) Die polizeiliche Inanspruchnahme eines Weges für den öffentlichen Verkehr, d. h. der Ausspruch, daß die Benutzung eines Grundstückes, des Wegekörpers, für den öffentlichen Verkehr geboten und nach Maßgabe des für dasselbe bestehenden Rechtsverhältnisses rechtlich zulässig sei, war bereits vor dem Erlasse der Kreisordnung vom 13. Dezember 1872 keineswegs Gegenstand der polizeilichen sog. Interimistika, wie solche auch damals schon zum Zwecke vorläufiger Entscheidungen über die Wegebaulast unter Vorbehalt des Rechtsweges ergingen, vielmehr war sie Gegenstand der polizeilichen Verfügung mit allen sich aus diesem ihrem Charakter ergebenden Folgen. Die polizeiliche Verfügung wirkte als solche definitiv und ohne daß sie ihrem Gegenstande nach, welcher nicht die vorläufige Entscheidung zivilrechtlicher Streitigkeiten unter Privatpersonen war, der Judikatur des Zivilrichters unterstanden hätte. Die von ihr Betroffenen, welche einen unzulässigen Eingriff in ihre Privatrechte durch die polizeiliche Verfügung behaupteten, konnten immer nur im Zivilprozesse Entschädigung, nicht aber die Aufhebung der polizeilichen Verfügung fordern (§. 4 des Gesetzes vom 11. Mai 1842 — G.-S. S. 192 —).

2) An diesem Rechtszustande wurde durch §. 135 II. 1. c der alten Kreisordnung nur in soweit geändert, als der zivilrechtlichen Entschädigungsklage die Klage auf Anerkennung des Weges als eines Privatweges zum Zwecke der eventuellen Eröffnung des Enteignungsverfahrens behufs Erwerbung des streitigen Grundstückes für den öffentlichen Verkehr an die Seite gestellt wurde.

3) Ist nun hierbei auch die polizeiliche Regelung dieser Rechtsverhältnisse — im Gegensatz zu deren definitivem Austrage im Zivilprozesse und Enteignungsverfahren — im Gesetze als „Interimistikum" bezeichnet worden, so ist doch gleichwohl unzweifelhaft auch in der Kreisordnung der Unterschied zwischen der polizeilichen Verfügung und der über sie gegebenen Rechtskontrolle einerseits und der polizeilichen Vorentscheidung zwischen Privatpersonen über deren Zivilrechtsverhältnisse anderseits festgehalten. Dies erhellt daraus, daß, während gegen die interimistischen Entscheidungen des Kreisausschusses über die Wegebaulast nur der ordentliche Rechtsweg zugelassen wurde, die polizeilichen Verfügungen über die Inanspruchnahme eines Weges für den öffentlichen Verkehr der Rechtskontrolle im Verwaltungsstreitverfahren durch alle Instanzen unterliegen sollte

4) Die durch die Kreisordnungs-Novelle Art. IV §. 2 (§. 56 des Zust.-Gesetzes vom 1. August 1883) eingeführte Abänderung besteht lediglich in der Rückkehr zu der Einschränkung des ordentlichen Rechtsweges auf die Entschädigungsfrage. Ist also vor dem Erlaß der Kreisordnungs-Novelle über die Inanspruchnahme eines Weges für den öffentlichen Verkehr bereits endgültig entschieden, so kann über dieselbe Frage und unter denselben Parteien nach Erlaß der Novelle nicht noch einmal entschieden werden.

Nr. 43.

Endurteil des I. Senats vom 25. Oktober 1882 (Entsch. Bd. IX. S. 177).

1) Wenn die Polizeibehörde die Herstellung einer Wasserableitung zur Entwässerung eines öffentlichen Weges und der anliegenden Grundstücke anordnet, indem sie zu diesem Zwecke einen Graben in bestimmter Richtung unter Benutzung vorhandener Furchen als Ableitungsgräben ziehen läßt, um so einen festen Wasserabzug ein für allemal herzustellen, so stellt dies, sofern dieser Graben über fremde Grundstücke geleitet wird, einen Eingriff in die Privatrechtsverhältnisse der Eigentümer dieser Grundstücke dar, und zwar nicht gleich jedem Privatmanne, welcher bemüht ist, das auf seinem Grundstücke sich sammelnde Wasser abzuleiten, sondern kraft der der Polizeibehörde zustehenden Gewalt und mit der Wirkung, daß der Betroffene gegen die Anordnung, solange sie besteht, nicht den Rechtsweg beschreiten, vielmehr auf Entschädigung nur gegen denjenigen klagen kann, zu dessen Gunsten die Anordnung thatsächlich in Wirksamkeit gesetzt worden ist. Eine solche Anordnung ist eine polizeiliche Verfügung im Sinne der §§. 127 ff. des L.-V.-G. vom 30. Juli 1883.

2) Bei der Handhabung der §§. 102–104 Tit. 8 Teil I A. L.-R.'s handelt es sich überall um den natürlichen Abfluß des Wassers außerhalb der ordentlichen Gräben. Nur das so abfließende Wasser ist der unterhalb liegende Besitzer unter gewissen Voraussetzungen abzudämmen nicht befugt. Der oberhalb liegende Besitzer ist dagegen nicht berechtigt, durch künstliche Veranstaltungen, wie namentlich durch das Ziehen von Gräben, den natürlichen Wasserlauf zu ändern und zum Nachteil des unterhalb liegenden Besitzers gleichwohl die Aufnahme des Wassers unentgeltlich zu fordern. In solchen Fällen handelt es sich nicht mehr um die Verschaffung der Vorflut gemäß §. 103 a. a. O., sondern um eine Veränderung des natürlichen Wasserlaufes, bei welcher auch die Entschädigung der unterhalb liegenden Grundbesitzer für die Einräumung der Vorflut in Frage kommt.

3) Außerhalb der Befugnisse der Ortspolizeibehörde liegt es, im wegepolizeilichen Interesse eine Entwässerungsanlage auf fremdem Grund und Boden gegen den Willen der Eigentümer und ohne Rücksicht auf deren Entschädigungsansprüche dauernd herzustellen, ganz ebenso, wie sie nicht befugt ist, Privatgrundstücke zum Zwecke der Verbreiterung oder Anlegung öffentlicher Wege durch bloße Verfügung den bisherigen Eigentümern zu entziehen. Endlich ist auch die Polizeibehörde nicht zuständig, private Rechtsverhältnisse zu regeln, um Zank und Streit zwischen denselben vorzubeugen.

Nr. 44.

Endurteil des I. Senats vom 18. November 1882 (Entsch. Bd. IX. S. 186).

1) Aus dem Umstande, daß sich der Grund und Boden, auf welchem ein Weg läuft, noch im Eigentum einer Eisenbahngesellschaft befindet, folgt nichts für die Frage, wer der zur Unterhaltung des Weges nach öffentlichem Rechte Verpflichtete ist. Das Eigentum am Wegekörper entscheidet nicht über die Eigenschaft eines Weges als eines öffentlichen. Es hat auch nicht stets derjenige die öffentlichen Wege zu unterhalten, der Eigentümer des Grund und Bodens ist.

2) Kein Privater kann nur durch die thatsächliche Herstellung von Wegen und Straßen und durch deren thatsächliche Einräumung für den öffentlichen Verkehr die Verbindlichkeit des nach öffentlichem Rechte Wegebau-

pflichtigen zur Unterhaltung begründen. Die Rechtsverhältnisse sind dagegen andere, wenn es sich um einen Weg handelt, welcher nach der Verfügung der zuständigen Polizeibehörde mit derselben Bestimmung wie jeder andere öffentliche Verkehrsweg hergestellt wird, insbesondere, wenn es sich lediglich um die teilweise Verlegung eines bereits bestehenden öffentlichen Weges handelt.

3) Die Polizeibehörde hat sich nach Art. IV. §. 2 der Kreisordnungs-Novelle (jetzt §. 56 des Zust.-Ges. vom 1. August 1883) lediglich an den nach öffentlichem Rechte Verpflichteten zu halten, um die Befriedigung des öffentlichen Verkehrsbedürfnisses in der Unterhaltung öffentlicher Wege zu erlangen. Dies öffentliche Recht ergibt sich aus allgemeinen Gesetzen, aus Provinzial- und Lokalrechten, welche die Wegebaulast für den Bereich ihrer Gültigkeit allgemein oder nach den verschiedenen Arten der Wege (Chausseen, Land- und Heerstraßen, gewöhnliche Kommunikationswege, Brücken u. s. w.) regeln. Für die Verbindlichkeit der hiernach Unterhaltungspflichtigen ist nicht die Übergabe und Übernahme eines öffentlichen Weges an dieselben und seitens derselben entscheidend, sondern die Notwendigkeit der Unterhaltung im öffentlichen Verkehrsinteresse.

4) Wegen der Verlegung der öffentlichen Wege vergl. jetzt §. 57 des Zust.-Ges. vom 1. August 1883. Ist eine solche Verlegung ohne die Mitwirkung des Wegebaupflichtigen (z. B. der Gemeinde) erfolgt, so daß der letztere wegen der durch die Wegeverlegung entstandenen Mehrlast an Unterhaltung Entschädigung zu fordern berechtigt wäre, so folgt daraus doch keineswegs, daß die gesetzliche Unterhaltungspflicht bis zur Regelung dieser Entschädigung fortfiele. Diese Regelung ist, falls sie praktisch wird, rein privatrechtlicher Natur. Dieselbe steht durchaus in keinem notwendigen rechtlichen Zusammenhange mit der Erfüllung der Wegebaulast nach öffentlichem Rechte. In vielen Fällen, wo eine Erschwerung der Unterhaltungslast infolge von Wegeverlegungen oder Änderungen beim Eisenbahnbau nicht eintritt, kann eine Entschädigungspflicht überhaupt nicht entstehen.

5) Ein Eisenbahnbauunternehmer ist nach öffentlichem Rechte (§§. 4 und 14 des Gesetzes vom 3. November 1838 — G.-S. S. 505) zur Unterhaltung eines von ihm gemäß landespolizeilicher Anordnung verlegten oder umgebauten öffentlichen Weges in soweit verpflichtet, als die zum Ersatze geschaffene Neuanlage die Unterhaltungslast vermehrt. In dieser Beziehung ist auch durch den §. 14 des Enteignungsgesetzes vom 11. Juni 1874 (G.-S. S. 221) nichts Neues angeordnet worden.

Nr. 45.

Endurteil des I. Senats vom 28. Februar 1883 (Entsch. Bd. IX. S. 202).

Hat eine Eisenbahngesellschaft einen Weg über den Eisenbahndamm in dessen Niveau lediglich durch Anschütten von Rampen auf dem alten Wegekörper ausgeführt und ist dann nur die Unterhaltung der Fahrbahn auf den Rampen Gegenstand einer polizeilichen Anordnung, so ist lediglich die Frage zu beantworten, ob und event. in welchem Maße die Unterhaltung des Planums als eine Mehrbelastung des Wegebauverpflichteten im Verhältnisse zu dem früheren Zustande dargethan ist.

Nr. 46.

Endurteil des I. Senats vom 9. Dezember 1882 (Entsch. Bd. IX. S. 203).

1) Ist ein erstinstanzliches Endurteil im Streitverfahren ergangen und ist dagegen die Berufung eingelegt worden, so muß der Bezirksausschuß auf

dieses Rechtsmittel selbst dann entscheiden, wenn der erste Richter sich auch zu Unrecht für zuständig erachtet hätte. Der Bezirksausschuß kann sich also in zweiter Instanz nicht für unzuständig erklären (§. 4 des Verwaltungsgerichtsgesetzes vom 3. Juli 1875, jetzt §. 7 des L.-V.-G. vom 30. Juli 1883).

2) Die Anordnungen betreffend die „Inanspruchnahme für den öffentlichen Verkehr" bezeichnen polizeiliche Anordnungen, welche ergehen, um Terrain für den öffentlichen Verkehr, als öffentliche Wege in Anspruch zu nehmen, und zwar von demjenigen, der auf dieselben privatrechtliche, den öffentlichen Verkehr ausschließende oder beeinträchtigende Eigentums- oder Nutzungsrechte geltend macht.

3) Ob es sich dabei um ganze Wege oder Teilstücke solcher handelt, ist ohne Bedeutung.

4) Handelt es sich dabei um das Zurückrücken einer Umhegung, welche jemand in den Weg hineingesetzt hat, so muß diese erfolgen, wenn die Wegepolizeibehörde das eingehegte Terrain zu Recht als Teil des öffentlichen Weges in Anspruch nimmt.

Nr. 47.

Endurteil des I. Senats vom 3. Juni 1882 (Entsch. Bd. IX. S. 208).

1) Bei der Inanspruchnahme eines Weges für den öffentlichen Verkehr handelt es sich immer um die Kollision einer polizeilichen Anordnung mit „privatrechtlichen Ansprüchen auf den Weg". Zu den letzteren gehört nicht bloß das Eigentum, sondern auch jede Nutzungsberechtigung, z. B. Servituten, sei dieselbe eine ausschließliche oder eine den Gebrauch des Weges zum öffentlichen Verkehr nur beschränkende, mit dem öffentlichen Gebrauche kollidierende. Diese Auffassung entspricht dem Art. IV. der Kreisordnungs-Novelle (§§. 55 des Zust.-Ges. vom 1. August 1883), sie weicht also ab von der nach §. 135 II. 1 c. der alten Kreisordnung früher zulässigen (cf. Endurteil vom 30. April 1877 — Entsch. Bd. II. S. 395 —).

2) Die seit Menschengedenken erfolgte Benutzung eines Weges für den öffentlichen Verkehr kann als Beweismoment für die rechtliche Eigenschaft desselben als eines öffentlichen dienen.

3) Grundgerechtigkeiten, welche an derartigen Wegen erworben werden, bevor dieselben zu öffentlichen Straßen wurden, werden durch die Umwandlung in öffentliche Straßen nicht ohne weiteres aufgehoben. Die Polizeibehörde würde der Ausübung eines solchen Rechtes durch Zwangsmaßregeln nur in dem Falle entgegentreten können, wo dazu besondere, keinen Aufschub duldende Interessen des öffentlichen Verkehrs, Notstände, Gefahren u. s. w. zwängen, und auch dies nur so lange, bis ein ordnungsmäßiger Zustand auf normalem Wege durch die Wegebaupflichtigen geschaffen wäre, nötigenfalls im Wege der Zwangsenteignung (§. 6 des Enteignungsgesetzes vom 11. Juni 1874 — G.-S. S. 221).

4) Öffentliche Wege können zum Gegenstand des Privatverkehrs nur so weit gemacht werden, als dies die Polizeibehörde gestattet. Die letztere disponiert über den Weg als öffentlichen im Interesse des öffentlichen Verkehrs. Ihre öffentlich-rechtliche Verfügungsgewalt über die öffentlichen Wege ist nicht Gegenstand des bürgerlichen Verkehrs; sie kann daher auch so wenig durch Verjährung aufgehoben als beschränkt werden.

5) Die Verjährung könnte nur unter der Voraussetzung Platz greifen, daß sie vor der Umwandlung des Weges in eine öffentliche Straße vollendet wäre.

Nr. 48.

Endurteil des I. Senats vom 17. Januar 1883 (Entsch. Bd. IX. S. 219).

1) Der Art. IV. §. 2 der Kreisordnungs-Novelle von 1881 (jetzt §. 56 des Zust.-Ges. vom 1. August 1883) unterscheidet sich von den bezüglichen Vorschriften der alten Kreisordnung hauptsächlich dadurch, daß hinfort dem Verwaltungsrichter die Entscheidung darüber, ob ein Weg, welchen die Polizei als einen öffentlichen in Anspruch nimmt, für einen solchen zu erachten ist, nicht mehr, wie seither indirekt mit der Inanspruchnahme für den öffentlichen Verkehr und unter Offenhaltung des Rechtsweges für die Frage der Eigenschaft des Weges, sondern direkt und ohne diesen Vorbehalt übertragen wird. Danach steht es dem Verwaltungsrichter zu, einen Weg, von dem es streitig ist, ob es ein öffentlicher oder ein Privatweg sei, jetzt definitiv mit der Wirkung für einen öffentlichen zu erklären, daß nur der Anspruch auf Entschädigung vor dem Zivilgerichte, und zwar ohne Unterscheidung zwischen dem Eigentumsrechte und dem Rechte am Grundeigentum, offen bleibt.

2) Ein offenkundiger Privatweg kann zwangsweise nicht anders als im Wege des Enteignungsverfahrens in einen öffentlichen umgewandelt werden.

3) Die Befugnis der Ortspolizeibehörde, einen notorischen Privatweg durch polizeiliche, gegen den Eigentümer des Weges gerichtete Verfügung für den öffentlichen Verkehr in Anspruch zu nehmen, läßt sich aus Art. IV. §. 2 der Kreisordnungs-Novelle von 1881 (§. 56 des Zust.-Ges. vom 1. August 1883) nicht herleiten. Dieser Grundsatz der alten Kreisordnung ist durch die jetzt geltende Gesetzgebung unberührt geblieben.

4) Die polizeiliche Kognition begreift auch die Neuanlegung öffentlicher Wege bezw. die Umwandlung von privaten Wegen in öffentliche und muß, wenn sich der zur Herstellung Verpflichtete zu der im öffentlichen Verkehrsinteresse für notwendig befundenen Anlage und erforderlichen Falls zu dem Antrage auf Verleihung des Rechtes auf Zwangsenteignung nicht gutwillig versteht, polizeilicherseits zwangsweise gegen denselben vorgegangen werden in einem Verfahren, für welches früher im §. 61 der alten Kreisordnung, jetzt im §. 56 des Zust.-Ges. vom 1. August 1883 die gesetzliche Norm zu finden ist. Die betreffende polizeiliche Verfügung ist hiernach stets an den Wegebauverpflichteten und nicht an den Inhaber des Privatweges zu richten.

5) Der Richter im Verwaltungsstreitverfahren kann nicht einer erlassenen und angefochtenen polizeilichen Verfügung eine neue, auf anderer rechtlicher wie thatsächlicher Grundlage beruhende Anordnung durch sein Urteil substituieren, denn jetzt hat die Wegepolizeibehörde selbständig zu verfügen und auf erhobenen Einspruch in der Sache zu beschließen, also eine förmliche Vorentscheidung zu treffen. Lediglich ihr Beschluß ist Gegenstand der Klage im Verwaltungsstreitverfahren. Zu diesem steht der Richter insofern freier, wie bei der Beurteilung sonstiger polizeilicher Verfügungen gemäß §. 127 des L.-V.-G. vom 30. Juli 1883, als er den Beschluß auch auf seine Zweckmäßigkeit zu prüfen hat.

Nr. 49.

Endurteil des I. Senats vom 24. Januar 1883 (Entsch. Bd. IX. S. 233).

1) Die Gesetzesbestimmung in §. 56 Abs. 4 des Zuständigkeitsgesetzes vom 1. August 1883, wonach die gegen Beschlüsse der Polizeibehörden in

streitigen Wegebausachen gegebene Klage, soweit der in Anspruch Genommene zu der ihm angesonnenen Leistung aus Gründen des öffentlichen Rechtes statt seiner einen andern für verpflichtet erachtet, zugleich gegen diesen zu richten ist, nötigt zwar nicht zu der Annahme, daß eine gegen den Beschluß der Wegepolizeibehörde erhobene Klage schon deshalb zurückgewiesen werden müsse, weil sie nicht gegen den angeblich verpflichteten dritten mitgerichtet ist, dieselbe hat aber doch die Bedeutung, daß eine derartige Negatorienklage des Inhaltes, daß Kläger unter allen Umständen nicht der Verpflichtete sei, der Wegepolizeibehörde gegenüber nicht zulässig ist, vielmehr die gegen den Beschluß derselben erhobene Klage zugleich gegen den als Verpflichteten zu bezeichnenden dritten mitgerichtet werden muß, widrigenfalls der in Anspruch Genommene in dem Klageverfahren gegen die Behörde letzterer gegenüber des Einwandes verlustig geht.

2) Beschränkt sich also Kläger darauf, den Beschluß der Wegepolizeibehörde lediglich aus dem Grunde anzufechten, weil er (der Kläger) nicht der Verpflichtete sei, während der eigentlich Verpflichtete weder benannt, noch die Klage gegen diesen mitgerichtet ist, so ist die Klage unzulässig, wobei indessen dem Kläger unbenommen bleibt, die Frage, ob er zur Herstellung des betreffenden Weges (der Brücke u. s. w.) verpflichtet ist, anderweit in Gemäßheit des §. 56 Abs. 5 des Zust.-Ges. vom 1. August 1883 zur Entscheidung des Verwaltungsrichters zu bringen.

3) Die Entscheidung über die Wegebaulast in materieller Beziehung ist also unzulässig, wenn die Klage nur gegen die Wegepolizeibehörde gerichtet ist.

4) Insoweit aber die Klage darauf gerichtet ist, daß die Wegepolizeibehörde ihre gesetzliche Zuständigkeit überschritten habe, ist dieselbe zulässig, ohne daß der in Anspruch Genommene zugleich einen anderen belangt, so z. B. wenn die Wegepolizeibehörde einen aus einem privatrechtlichen Titel Verpflichteten (Pächter u. s. w.) in Anspruch nimmt, oder wenn sie an Stelle der Landespolizeibehörde einer Eisenbahngesellschaft auf Grund des §. 14 des Gesetzes vom 3. November 1838 neue Auflagen macht und die Gesellschaft auf seine Unzuständigkeit hierzu sowie darauf hinweist, daß die Wegepolizeibehörde sich nur an den ordentlichen Wegebaupflichtigen halten könne (siehe unten Nr. 51).

Nr. 50.

Endurteil des I. Senats vom 21. März 1883 (Entsch. Bd. IX. S. 236).

Erachtet der in Anspruch Genommene einen Weg nicht für einen öffentlichen, sondern für einen Privatweg und daher die Frage der Unterhaltungspflicht als lediglich dem Privatrecht angehörig, so kann er seine Klage gegen den wegepolizeilichen Beschluß allein auf diese Behauptung stützen, die, falls sie zutrifft, die Unzuständigkeit der Polizeibehörde darthut und so durchgreift. Will der Kläger dagegen auch für den Fall, daß der Weg für einen öffentlichen erkannt wird, die ihm angesonnene Baulast von sich abwehren, so kann er dies nur dadurch, daß er seine Klage zugleich für diese Eventualität gegen denjenigen richtet, den er statt seiner nach öffentlichem Rechte für verpflichtet erachtet.

Nr. 51.

Endurteil des I. Senats vom 31. März 1883 (Entsch. Bd. IX. S. 238).

1) Der Amtsvorsteher ist als Ortspolizeibehörde nicht zuständig, Eisenbahnunternehmern auf Grund des §. 14 des Eisenbahngesetzes vom 3. No-

vember 1838 bezw. des Enteignungsgesetzes vom 11. Juni 1874 an Stelle der Landespolizeibehörde oder der im Enteignungsverfahren zuständigen Instanzen (Bezirksausschuß u. s. w.) Auflagen zu machen.

2) Ortspolizeiliche Vorschriften sind, wenn und soweit sie auf jene Gesetzesvorschriften gestützt werden, wegen Unzuständigkeit des Amtsvorstehers aufzuheben.

3) Keineswegs sind aber die Eisenbahnunternehmer durch jene Vorschriften hinsichtlich aller mit den Eisenbahnanlagen in Verbindung stehender, im polizeilichen öffentlichen Interesse jemals auszuführender Anlagen der Zuständigkeit der Ortspolizeibehörden ein für allemal entrückt, und dies gerade dann nicht, wenn etwa auf Grund des §. 14 des Enteignungsgesetzes oder sonst landespolizeiliche Auflagen im öffentlichen Interesse, insbesondere wegen Herstellung, Veränderung und Unterhaltung öffentlicher Wege gemacht sind. Solche landespolizeilichen Auflagen bilden die Grundlagen der Thätigkeit der Ortspolizei, welcher es obliegt, ihre Erfüllung und Beobachtung fortgesetzt zu überwachen und nötigenfalls zu erzwingen.

4) Ist also einem Eisenbahnunternehmer landespolizeilich die Herstellung und Unterhaltung eines öffentlichen Weges auferlegt, so hat der Amtsvorsteher die Unterhaltung unbedenklich von demselben zu fordern, und diese Forderung kann sich auch auf die Verbreiterung des Weges, welche etwa im Laufe der Zeit nach Maßgabe des wechselnden öffentlichen Bedürfnisses erforderlich wird, erstrecken, wenn nur die landespolizeiliche Feststellung dahin zu verstehen ist, daß die Unterhaltungspflicht keine andere sein soll, als die der Wegebaupflichtigen bei einem öffentlichen Wege überhaupt. Es bedarf dann keiner neuen landespolizeilichen Feststellung, denn es handelt sich in solchem Falle nicht um eine neue Anlage, sondern um die Unterhaltung einer bestehenden nach Maßgabe des jeweiligen öffentlichen Bedürfnisses.

5) Aus der bloßen Möglichkeit, daß auf Grund des §. 14 des Enteignungsgesetzes Unternehmern, denen das Enteignungsrecht verliehen worden ist, Anlagen im öffentlichen Interesse zur Sicherung gegen Gefahren und Nachteile zur Pflicht gemacht werden können, folgt noch nicht die Unzuständigkeit der Ortspolizeibehörden, dieselben Anlagen innerhalb ihrer nach gemeinem Rechte bestehenden Zuständigkeit von den nach gemeinem Rechte dazu Verpflichteten zu fordern.

6) Öffentliche Wege, welche als Zufuhrwege zu Eisenbahnhöfen dienen, sind von denen zu unterscheiden, welche Teile der Bahnhofsanlagen selbst sind. Diese letzteren sind keine öffentlichen, sie können aber durch Inanspruchnahme für den öffentlichen Verkehr in öffentliche verwandelt werden. In dieser Beziehung würden aber nicht dem Eisenbahnfiskus als Eigentümer Auflagen zu machen sein, sondern demjenigen, welchem die Wegebaulast in dem betreffenden Bezirke und damit die Verpflichtung obliegt, die nötigen neuen öffentlichen Wege in demselben herzustellen; es würde dazu ferner der Nachweis des Bedürfnisses gehören, daß die Beibehaltung des bisherigen Charakters des Weges mit dem öffentlichen, polizeilich zu schützenden Interesse unverträglich sei; endlich würde dazu die Zustimmung des Ministers der öffentlichen Arbeiten erforderlich sein, da es sich dabei um eine Änderung der ministeriell festgestellten Bahnhofsanlage handeln würde.

7) Die Zuständigkeit der Ortspolizeibehörden hinsichtlich derartiger Wege als Teile einer Bahnhofsanlage aus §. 10 Tit. 17 Teil II A.-L.-R.'s ist auf diejenigen Seiten der polizeilichen Wirksamkeit beschränkt, für welche die Eisenbahnanlagen nicht als besondere, eigengeartete Transport- und Ver-

kehrsanstalten in Betracht kommen, sondern für welche sie jedem Unternehmen eines Privaten gleichstehen.

Nr. 52.

Endurteil des I. Senats vom 29. November 1882 (Entsch. Bd. IX. S. 249).

1) Totgelegte Chausseestrecken, d. h. solche Strecken vormaliger Staatschausseen, welche, aus dem Chausseenetze ausgesondert, zwar nicht mehr als Teile der Chaussee, wohl aber als kunstmäßig hergestellte öffentliche Wege fortbestehen, hat nicht der Chausseefiskus zu unterhalten, sondern derjenige, dem in dem betreffenden Bezirke die Wegebaulast obliegt.

2) Unter dem „Staat" im §. 2 Tit. 15 Teil II A. L.-R. ist die zuständige Polizeibehörde, nicht aber der Fiskus zu verstehen.

3) Die Bestimmung im §. 30 Tit. 19 Teil I A. L.-R. ist nicht anwendbar, wenn der Fiskus dem Gebrauche eines Rechtes nicht freiwillig entsagt hat, sondern die Verlegung einer Chaussee von der zuständigen Behörde angeordnet worden ist.

4) Die Eigenschaft eines Weges als eines öffentlichen ist nicht davon abhängig, daß derselbe dem zur Unterhaltung der öffentlichen Wege Verpflichteten, in dessen Bezirk er liegt, übergeben worden ist.

5) Der Umstand, daß eine totgelegte Chausseestrecke sich noch im Eigentum des Fiskus befindet, hindert nicht, daß die Strecke die Eigenschaft eines öffentlichen Weges (einer städtischen Straße) hat und demgemäß den die Unterhaltung derselben regelnden öffentlich-rechtlichen Vorschriften unterliegt.

6) Wenn die Wegepolizeibehörde auf erhobenen Einspruch ihre ursprüngliche Verfügung aufhebt, weil sie ein anderes Rechtssubjekt als das zuerst in Anspruch genommene für wegebaupflichtig erachtet, so ist dieselbe nicht genötigt, nunmehr erst wiederum eine mit dem Rechtsmittel des Einspruchs anfechtbare Verfügung an denjenigen zu erlassen, dessen Verpflichtung sie durch das bisherige Verfahren dargethan findet, vielmehr kann sie auch gegen den letzteren den ihre erste Verfügung aufhebenden Beschluß richten, und dann steht demjenigen, welchem so durch diesen Beschluß der Wegebau an Stelle des zuerst polizeilich in Anspruch Genommenen aufgegeben wird, hiergegen nicht das Rechtsmittel des Einspruchs, sondern das der Klage zu, immer vorausgesetzt, daß sich der Beschluß nach Form und Inhalt als ein solcher, der auf Einspruch ergangen ist, also nicht als einfache polizeiliche Verfügung darstellt.

7) Über diese Voraussetzung wird da am wenigsten Zweifel entstehen können, wo die Polizeibehörde, sobald gegen ihre Verfügung Einspruch erhoben und dieser auf die Behauptung gestützt wird, daß ein dritter wegebaupflichtig sei, diesen letzteren hierüber ordnungsmäßig hört, bevor sie ihm auf den Einspruch hin den Wegebau durch ihren Beschluß aufgibt.

Nr. 53.

Endurteil des I. Senats vom 22. September 1883 (Entsch. Bd. X. S. 174).

1) Nach Kurmärkischem Wegebaurechte (Edikt vom 18. April 1792) liegt die Verpflichtung zur Unterhaltung einer Brücke, welche die Verbindung zwischen zwei zu beiden Seiten des überbrückten Wasserlaufes bis an diesen, bezw. an die Brücke herangebauten Chausseen bildet, demjenigen ob, welchem die Besserung des betr. Weges obliegt (A. L.-R. II. 15 §. 54).

2) Eine rechtliche Verpflichtung zum Bau von Chausseen besteht überhaupt nicht. Hat der Nachbarkreis beschlossen, eine Chaussee nur bis an

die Brücke heran zu bauen, so geht auch seine Unterhaltungspflicht nicht weiter. Der so beschlossene Chausseebau konnte, wenn er durch den Ausschluß der Brücke Unzuträglichkeiten mit sich brachte, wohl landespolizeilich untersagt und so ein Einfluß auf die Entschließung des Kreises geübt werden, ist dies aber nicht geschehen, so folgt aus der Durchführung des Chausseebaues nicht die Verpflichtung zu seiner Weiterführung bis zur andern Seite der Brücke.

Nr. 54.

Endurteil des I. Senats vom 28. November 1883 (Entsch. Bd. X. S. 178).

1) Die Eigentümer der Ufer von Privatflüssen sind auch nach Schlesischem Wegebaurecht (Schlesisches Wegereglement vom 11. Januar 1767) nicht verpflichtet, die zum Schutze angrenzender öffentlicher Wege erforderlichen Uferbauten auf ihre Kosten auszuführen.

2) Wären die gegen Abbruch zu schützenden Grundstücke nicht öffentliche Wege, sondern nutzbare Äcker Privater, so würde beim Mangel eines öffentlichen polizeilich zu schützenden Interesses der Streitfall auf die Frage auslaufen, ob der Uferbesitzer verpflichtet sei, seinerseits Uferbauten auf seine Kosten vorzunehmen, damit das Land eines einzelnen dritten dadurch vor Abbruch geschützt werde, oder ob es Sache dieses dritten sei, sein Land selbst mit Aufwand seines eignen Vermögens zu sichern. Diese Frage würde nach Preußischem Rechte zu Gunsten des Uferbesitzers zu entscheiden sein.

3) Die Sicherung eines Weges gegen Abbruch durch Wasser ist ein Teil der Wegebaulast.

Nr. 55.

Endurteil des I. Senats vom 1. Dezember 1883 (Entsch. Bd. X. S. 182).

1) Ein Eisenbahnbau- und -Betriebs-Unternehmer ist zur dauernden Unterhaltung eines dem landespolizeilich genehmigten Bauprojekt entsprechend neu angelegten öffentlichen Weges unter der Voraussetzung verpflichtet, daß die Neuanlage dem Eisenbahnunternehmer nach Lage der Umstände nicht anders, als sowohl zum Bau als zur Unterhaltung übergeben werden konnte.

2) Handelt es sich um eine neue Anlage zur Beseitigung der ohnehin mit dem Bahnbau verbundenen Schädigung des öffentlichen Verkehrsinteresses, also darum, die Nachteile auszugleichen, welche mit dem Eingriff in die bestehenden, auf Kosten des Wegebaupflichtigen geordneten Verkehrsverhältnisse durch den Bahnbau verbunden waren, und nicht darum, den durch die Bahnanlage naturgemäß wachsenden Verkehrsbedürfnissen des Publikums gerecht zu werden, so ist für die entsprechende landespolizeiliche Auflage kein Anhalt zur Unterscheidung zwischen der Verpflichtung zur ersten Anlage und zur Unterhaltung gegeben.

Nr. 56.

Endurteil des I. Senats vom 15. Dezember 1883 (Entsch. Bd. X. S. 188).

1) Wenn der zu unterhaltende Wegekörper dem Gebiete verschiedener Kreise angehört, so kann die Bestimmung der zuständigen Wegepolizeibehörde nicht direkt seitens des Regierungspräsidenten erfolgen. Der letztere kann nur gemäß §. 47 des Organisationsgesetzes vom 26. Juli 1880 (jetzt §. 58 Ziffer 2 des Landesverwaltungsgesetzes vom 30. Juli 1883) denjenigen Kreisausschuß bestimmen, dem es obliegt, seinerseits den zuständigen Amtsvorsteher auf Grund des §. 61 der Kreisordnungs-Novelle von 1881 ebenfalls zu bestimmen.

2) Auch die Umwandlung privater Wege in öffentliche kann wohl Gegenstand der Anordnung gegen den Wegebaupflichtigen nach Maßgabe des Art. IV. §. 2 der Kreisordnungs-Novelle (jetzt §. 56 des Zuständigkeitsgesetzes vom 1. August 1883) sein.

Nr. 57.

Endurteile des I. Senats vom 22. und 29. Dezember 1883 (Entsch. Bd. X. S. 192 und 198).

1) Ein gesetzliches Recht auf Zulassung einer Schienenanlage auf einem öffentlichen Wege (gleichviel ob in der Länge oder querüber) ist aus den §§. 2, 3 und 7 Tit. 15 Teil II A. L.-R.'s nicht herzuleiten, auch wenn es sich nicht um eine Land- und Heerstraße, welche der Staat nutzt und zu unterhalten hat, sondern um eine unter das provinzielle Wegerecht fallende Straße handelt.

2) Die Befugnis zum Gebrauche öffentlicher Wege ist durch die gleiche Berechtigung aller Mitglieder des Publikums beschränkt, es ist also ein nicht zu rechtfertigender Anspruch, wenn jemand einen öffentlichen Weg zu einer besonderen, ihm allein gehörenden Transportanstalt durch Hineinlegen von Schienen benutzen will, welche seinem Gewerbe allein dienen.

3) Der Begriff des öffentlichen Weges schließt aber keineswegs die Möglichkeit aus, daß in Bezug auf denselben private Vermögensrechte bestehen. Dahin gehört namentlich das aus dem Eigentum oder der sonstigen Verfügungsgewalt des Wegebaupflichtigen oder aus besonderen, das öffentliche Recht berührenden Rechtstiteln, wie z. B. dem sogenannten Auenrechte originierende Nutzungsrecht am Wegekörper, welches seine Grenzen in dem unbedingt überwiegenden, durch die Polizeigewalt zu bestimmenden Gebrauche des öffentlichen Weges zu Zwecken des öffentlichen Verkehrs findet. Mit Rücksicht hierauf erscheint auch eine Klage des Nutzungsberechtigten im Verwaltungsstreitverfahren gegen die Polizeibehörde statthaft, welche darauf gegründet wird, daß letztere die Verfügung über den Wegekörper ohne jeden polizeilichen Anlaß einschränke.

4) Die Klage gegen eine polizeiliche Verfügung steht nicht nur demjenigen zu, gegen den sie ergangen ist und dem in derselben ein bestimmtes Thun oder Unterlassen aufgegeben wird, sondern auch dem, dessen Rechte die Ausführung der Verfügung durch denjenigen, an den sie ergeht, verletzt. Denn: quod per alium fecimus, ipse fecisse videmur.

5) Die städtischen Straßen sind in der Regel Eigentum der Stadtgemeinden, die Polizeibehörde ist also nicht berechtigt, gegen den Widerspruch der Stadtgemeinden die Anbringung von Schienengleisen in den Straßen durch Privatpersonen anzuordnen, welche den Personentransport vermittelst einer Pferdebahn gewerbsmäßig betreiben wollen.

Nr. 58.

Endurteil des I. Senats vom 13. Februar 1884 (Entsch. Bd. X. S. 203).

1) Der §. 81 Tit. 8 Teil I A. L.-R.'s läßt sich nicht dahin auslegen, daß in demselben zugleich eine Verpflichtung der Hauseigentümer ausgesprochen werde, den Bürgersteig herzustellen und zu unterhalten.

2) Rechtsungültig ist eine diesen Gegenstand regelnde Polizeiverordnung, welche anordnet, daß die Bestimmung darüber, was zum Zwecke der Herstellung und Unterhaltung des Bürgersteiges geschehen muß, einer andern Behörde (z. B. dem Magistrat), als der Polizeibehörde zustehen soll.

Nr. 59.

Endurteil des I. Senats vom 16. Februar 1884 (Entsch. Bd. X. S. 209).

1) Die Wegebaupflicht im Sinne des Art. IV. der Kreisordnungs-Novelle von 1881 (jetzt §. 56 des Zust.-Ges. von 1883) ist öffentlich-rechtlicher Natur, die Wegepolizeibehörde kann also mit ihren Anordnungen nur vorgehen gegen den nach öffentlichem Rechte Verpflichteten (d. h. den Wegebaupflichtigen), und sie überschreitet ihre Zuständigkeit, sobald sie dieselbe auf die Beurteilung privatrechtlicher Verhältnisse zum Zwecke der Feststellung und Heranziehung desjenigen ausdehnt, der etwa auf Grund solcher dem nach öffentlichem Rechte Wegebaupflichtigen für die Erfüllung der Wegebaupflicht haftbar ist.

2) Nach neuvorpommerschem Rechte ist — abweichend von dem altpreußischen Rechte — jeder Besitzer eines Gutes, er sei Eigner, Pfandträger oder Pächter, wegebaupflichtig, und die Wegepolizeibehörde ist danach berechtigt, direkt gegen den Pächter vorzugehen, wenn es sich z. B. um die Bepflanzung eines Weges mit Bäumen handelt.

3) Knüpft sich hieran ein Streit über die Öffentlichkeit des Weges und liegt der letztere etwa auf fiskalischem Domänengrunde, so ist zu diesem Streit der Fiskus als Eigentümer beizuladen.

4) Die Wegepolizeibehörde ist unter Umständen selbst die Anlegung neuer öffentlicher Wege von dem Wegebaupflichtigen zu fordern und zu erzwingen berechtigt, falls sich die Verbindlichkeit des letzteren nicht etwa nach ausdrücklichem Partikularrechte auf die Unterhaltung bestehender Wege beschränkt.

5) Eine solche Aufforderung ist aber von der Inanspruchnahme eines vorhandenen Weges für den öffentlichen Verkehr nach Gegenstand und Voraussetzung völlig verschieden. Denn der Ausgangspunkt für jene Inanspruchnahme ist der Rechtsstreit über die Eigenschaft des Weges als eines öffentlichen oder privaten mit demjenigen, welcher privatrechtliche Ansprüche auf den Weg geltend macht.

6) Die Inanspruchnahme hat lediglich zu erfolgen, um den Bestand der öffentlichen Wege zu erhalten, ihre Voraussetzung ist, daß ein Weg als öffentlicher bereits existiert.

7) Sie richtet sich daher auch nicht sowohl gegen den Wegebaupflichtigen als solchen, sondern gegen denjenigen, der private Rechtsansprüche auf den Weg geltend macht.

8) Ihre Voraussetzung bezüglich der Bedürfnisfrage beschränkt sich endlich darauf, daß der vorhandene Weg nicht völlig entbehrlich, nicht für das Interesse des öffentlichen Verkehrs gleichgültig ist.

9) Dagegen setzt die Forderung der Neuanlage eines öffentlichen Weges ein unabweisbares Verkehrsbedürfnis voraus, dessen Befriedigung unter Berücksichtigung der Leistungsfähigkeit des Wegebaupflichtigen und unter Abwägung der Bedeutung des konkurrierenden Verkehrsbedürfnisses gegen den Umfang der aus der Neuanlage erwachsenden Kostenlast anzustreben ist.

10) Diese Forderung kann sich stets nur gegen den Wegebaupflichtigen richten. Ein etwa vorhandener Privatweg kann dabei zur Umwandlung in einen öffentlichen in Aussicht genommen werden; für Umfang und Richtung des notwendigen neuen Weges ist aber nicht der vorhandene Privatweg das an erster Stelle Entscheidende, sondern das Verkehrsbedürfnis. Hieraus ergibt sich der Gegensatz zwischen dem Anspruche der Wegepolizeibehörde auf

Anerkennung eines Weges als eines öffentlichen einerseits und der Anforderung der Umwandlung eines Privatweges in einen öffentlichen anderseits.

Nr. 60.

Endurteil des I. Senats vom 8. Mai 1884 (Entsch. Bd. X. S. 215).

Wege auf den Eisenbahnhöfen zur Verbindung der Personen-Empfangsgebäude und Güterschuppen mit der nächsten öffentlichen Straße sind nur unter der Voraussetzung als öffentliche anzusehen, daß sie als solche bei der landespolizeilichen Feststellung des Projektes zum Bau des Bahnhofes vorgesehen sind.

Nr. 61.

Endurteile des I. Senats vom 20. Februar und 2. April 1884 (Entsch. Bd. X. S. 221 und 230).

1) In der Neumark gilt als Provinzialrecht, daß die öffentlichen Wege innerhalb der Gemeindefeldmarken von den Gemeinden, in Gutsbezirken von dem Gutsherrn und, wenn sie die Grenze zwischen Gemeinde- und Gutsbezirk bilden, von der Gemeinde und dem Gutsherrn zu gleichen Teilen zu unterhalten sind.

2) Dadurch, daß die einen öffentlichen Weg begrenzenden Grundstücke als Abfindung für abgelöste Berechtigungen in Gemäßheit der Gemeinheitsteilungs-Ordnung vom 7. Juni 1821 aus einem Gutsbezirke in einen Gemeindebezirk übergehen, wird die Verpflichtung zur Unterhaltung des Weges von dem Gutsherrn auf die Gemeinde noch nicht übertragen. Vergl. die Verordnung der Königl. Regierung zu Köslin vom 17. Januar 1848 (Amtsbl. S. 149).

Nr. 62.

Endurteil des I. Senats vom 21. Mai 1884 (Entsch. Bd. XI. S. 194).

Nach schlesischem Provinzialrechte sind die nicht zu den Landstraßen gehörigen, öffentlichen Kommunikationswege (Vizinalwege) regelmäßig von Gemeinden und Dominien ganz so wie die Landstraßen nach Maßgabe ihrer Adjazenz zu unterhalten.

Nr. 63.

Endurteil des I. Senats vom 3. September 1884 (Entsch. Bd. XI. S. 205).

1) Die Handhabung der Chausseepolizei steht nicht der Ortspolizeibehörde (dem Amtsvorsteher) zu, dieselbe ist vielmehr ein Teil der Landespolizei und gebührt jetzt dem Regierungspräsidenten, mithin auch nicht dem Landrat als Kreispolizeibehörde.

2) Anders verhält es sich mit dem polizeilichen Schutz der Chaussee und der mit ihm verbundenen Zollerhebung dem Publikum gegenüber, welcher notwendig ein örtlich nahestehendes Organ zu seiner Übung erheischt und demgemäß stets von den Landräten gehandhabt worden ist.

3) Derjenige, dem die Gerechtigkeit zur Erhebung von Chausseegeld zusteht, ist auch zur chausseemäßigen Unterhaltung der mit dem Chausseegelde belegten Wegestrecke verpflichtet. Um diese Verpflichtung zu erzwingen, ist polizeiliches Einschreiten zulässig.

4) Die Klage dessen, der polizeilich zur chausseemäßigen Unterhaltung einer Chausseestrecke angehalten wird und der Polizeibehörde gegenüber seine Pflicht zu dieser Unterhaltung bestreitet, kann nicht um deswillen zurück-

gewiesen werden, weil sie nicht zugleich gegen einen dritten, dem nach öffentlichem Rechte zu der angesonnenen Leistung Verpflichteten, auf Übernahme derselben gerichtet ist.

Nr. 64.

Endurteil des I. Senats vom 8. Oktober 1884 (Entsch. Bd. XI. S. 219).

1) Der Ausdruck „benachbarter Amtsvorsteher" in §. 57 Abs. 4 der Kreisordnung hat nicht die Bedeutung, daß die Wahl des Kreisausschusses nur auf einen Amtsvorsteher fallen dürfe, dessen Bezirk an denjenigen, für welchen er kommissarisch thätig werden soll, an irgend einem Punkte unmittelbar angrenzen müsse.

2) Die sogenannte Nachbarhilfe beim Wegebau ist für die Kreisordnungsprovinzen mannigfach organisiert. In ganzen Provinzen fehlt sie überhaupt. In Westpreußen ist sie auf Freiwilligkeit gestellt (§. 7 des Wegereglements vom 4. Mai 1796), für andere Landesteile ergeben positive gesetzliche Bestimmungen oder Herkommen die Voraussetzungen und den Umfang der Verpflichtung (Ostpreußen, Herzogtum Magdeburg, Herzogtum Halberstadt), für andere folgt die Verpflichtung zu der Nachbarhilfe nicht unmittelbar aus dem Gesetz, vielmehr sind durch dieses besondere Behörden berufen, welche, sei es im einzelnen Falle, sei es für die Dauer, prüfen und feststellen sollen, ob und in welchem Umfange und von wem sie zu leisten. Letzteres ist insbesondere für Schlesien durch §. 7 des Wegereglements vom 11. Januar 1767 eingeführt, ähnliches für Neuvorpommern (V. v. 14. August 1777). Die zur Regulierung der Nachbarhilfe zuständige Instanz ist nach heutiger Behörden-Organisation der Regierungspräsident.

Nr. 65.

Endurteil des I. Senats vom 11. Oktober 1884 (Entsch. Bd. XI. S. 229).

1) Die Verpflichtung zur Beseitigung einer durch äußere (elementare) Ereignisse herbeigeführten Verkehrsstörung stellt sich als eine wegepolizeiliche dar, insofern als die fraglichen Leistungen regelmäßig den Wegebaupflichtigen obliegen.

2) Die Polizeibehörde ist gar nicht in der Lage, die Räumung der Straße von Schnee, als ein durch ein Naturereignis herbeigeführtes Verkehrshindernis, von einem anderen zu verlangen, als dem zur Wegeunterhaltung Verpflichteten.

3) Auf den fiskalischen Straßen liegt diese Verpflichtung dem Fiskus ob, jedoch kann er sich dabei der Hilfeleistung der Anwohner des Ortes gegen Entgelt bedienen, in dessen Feldmark sich der Schneefall ereignet (V. vom 6. Januar 1849 — G.-S. S. 80 und 378 —).

Nr. 66.

Endurteil des I. Senats vom 2. November 1885 (Entsch. Bd. XII. S. 244).

1) Im Gegensatze zu den Privatflüssen, bezüglich deren die Unterhaltung der Brücken und Fähren als ein Teil der Wegebaulast angesehen wird, also den für den Wegebau betreffenden Ortes geltenden allgemeinen und besonderen Regeln folgt, ist, weil dem Staate die Nutzungen an den öffentlichen Strömen zustehen (A. L.-R. II. 15 §§. 38, 49—54), für die letzteren dem Fiskus auch die Unterhaltung der Brücken und das Halten der Fähren für diese öffentlichen Flüsse auferlegt worden.

2) **Brücken und Fähren über öffentliche Flüsse gehören zu den Regalien (§. 51), sie sind als besondere, für sich bestehende, in keinem Zubehörigkeits-verhältnisse zu den Wegen stehende Kommunikationsanstalten aufzufassen (§. 12 des Gesetzes vom 16. Juni 1838 — G.-S. S. 353 —).**

3) Deshalb wäre es ein ungerechtfertigter Eingriff in die Hoheitsrechte des Staates, wenn die Wegepolizeibehörde (der Amtsvorsteher) die Neuanlegung einer Brücke über einen öffentlichen Strom gegen den Fiskus im öffentlichen Verkehrsinteresse erzwingen wollte.

4) Das entscheidende Kriterium der Öffentlichkeit für Ströme und Flüsse ist landrechtlich deren natürliche Schiffbarkeit, soweit sich dieselbe erstreckt, aber als öffentliche Gewässer müssen auch diejenigen Landseen gelten, welche gleich den öffentlichen Strömen dem Schiffsverkehr des Publikums gewidmet sind, was jedenfalls da anzunehmen sein wird, wo sich ein solcher Schiffsverkehr unter der Obhut der zur Schiffahrtspolizei berufenen staatlichen Organe vollzieht. Auch See-Engen können unter diesen Voraussetzungen als öffentliche Gewässer angesehen werden, jedoch gibt die bloße Holzflößerei ein geeignetes Merkmal für die Öffentlichkeit eines Gewässers nicht ab.

Nr. 67.

Endurteil des I. Senats vom 16. Mai 1885 (Entsch. Bd. XII. S. 253).

1) Das Institut der Verjährung ist zwar nicht absolut untauglich, unter Umständen auch öffentlich-rechtliche Verhältnisse zu begründen (cf. das Endurteil oben sub Nr. 40), allein die Bedingungen, unter denen die Verjährung auch zur Begründung eines öffentlich-rechtlichen Verhältnisses dienen kann, liegen auf keinen Fall dann vor, wenn eine Privatperson gegen eine andere Privatperson auf diesen Titel ihren Anspruch stützt. Unter diesen rechtlichen Voraussetzungen bildet die Verjährung lediglich einen Privatrechtstitel.

2) Die auf den gewöhnlichen Kommunikationswegen befindlichen Brücken sind nach allgemeinen Rechtsgrundsätzen (A. L.-R. II. 15 §. 54), mangels anderer Bestimmung für einen Teil des Weges, in dessen Zuge sie liegen, zu erachten, und es ist, wer zur Unterhaltung des letzteren verpflichtet ist, regelmäßig auch zum Bau und zur Reparatur der zugehörigen Brücke verbunden.

3) Der Satz in §. 5 des schlesischen Wegereglements vom 11. Januar 1767, daß die Feld- und übrigen Wege, welche nur von einem Dorfe zum andern führen und außerhalb der Hauptstraßen liegen, von jeder Gemeinde „vor sich allein" unterhalten werden müssen, hat lediglich die Bedeutung, daß bei der Unterhaltung der bezeichneten, für den öffentlichen Verkehr weniger erheblichen Wege im Unterschied von den Hauptstraßen die Nachbar- und Kreishilfe versagt bleiben soll, daß in diesem Sinne die Baulast jeder Gemeinde „vor sich allein" obliegt.

4) Die Unterhaltungslast bezüglich der bloßen Vizinalwege teilt sich nach dem schlesischen Wegereglement zwischen Gemeinden und Dominien nach den Grenzen ihrer Bezirke, der Zubehörigkeit der an die Wege grenzenden Grundstücke. Diese für die Wege-Unterhaltungslast geltende Regel kann durch Observanz alteriert werden. Die Bildung einer solchen Observanz ist selbst noch für die Zeit nach der Emanation des schlesischen Wegereglements nicht ausgeschlossen, wenigstens kann in betreff des in §. 6 für die Wegebaulast als Gemeindelast vorausgesetzten Verteilungsmaßstabes der Adjazenz eine abweichende Gewohnheit auch nach dem Erscheinen des Reglements entstehen.

5) **Auch das Inkrafttreten des Allgemeinen Landrechtes bildet nicht einen Endtermin der fraglichen Rechtsnorm.**

Nr. 68.

Endurteil des I. Senats vom 11. März 1885 (Entsch. Bd. XII. S. 268).

1) Wenn ein Weg durch polizeiliche Verfügung für den öffentlichen Verkehr in Anspruch genommen wird, so kann derjenige, welcher sich wegen seiner Rechtsansprüche an diesen Weg die Inanspruchnahme für den öffentlichen Verkehr nicht gefallen lassen will, darthun, daß der qu. Weg kein öffentlicher ist, wogegen der Nachweis des freien Eigentums am Wegekörper keineswegs unerläßlich ist.

2) Die polizeiliche Verfügung ist als unbegründet aufzuheben, wenn dargethan wird, daß der Weg ein Privatweg ist, mit andern Worten, daß er kein öffentlicher ist.

3) Die Frage nach dem Eigentum des Weges ist bedeutungslos für die Eigenschaft der Öffentlichkeit.

4) Das Fundament und der Gegenstand der polizeilichen Anordnung ist nicht das Eigentumsverhältnis am Wege, sondern der rechtliche Charakter desselben als eines öffentlichen, und lediglich hiergegen hat sich die Klage zu richten.

5) Zur Begründung dieser Klage dient es selbstverständlich, wenn bewiesen wird, daß der Weg freies Privateigentum des Klägers ist, denn damit ist klar dargethan, daß er kein öffentlicher ist. Es muß aber auch genügen, nachzuweisen, daß der Weg kein öffentlicher ist, mag er nun im Privateigentum des Klägers oder eines Dritten stehen (also doch in irgend einem Eigentum?).

6) Auch in dem letzteren Falle ist die Aktivlegitimation des Klägers nicht zu bestreiten, da es die Aufgabe der Polizeibehörde nicht ist, über die Grenzen des Privateigentums zu wachen. Der Kläger darf um deswillen, weil er einen Weg als den seinigen in Anspruch nimmt, noch nicht schlechter gestellt werden, als jeder dritte, der von der Polizei an der Störung des Verkehrs behindert wird und sich darauf beschränken kann, die Legitimation der Polizei zu beschränken, weil kein Verkehr auf einem öffentlichen Wege gestört sei.

7) Ist der Kläger gleichzeitig Wegebaupflichtiger (z. B. der Gutsherr in einem selbständigen Gutsbezirke), so ist er als solcher, und um sich eine ihm obliegende Wegebaulast fern zu halten, legitimiert, die Nichtöffentlichkeit des Weges darzuthun, mag der Weg sein Privateigentum sein, oder nicht.

8) Als ein Kriterium der Öffentlichkeit eines Wegs ist es anzusehen, wenn derselbe von jeher in allen Teilen rückhaltlos als öffentlicher von den beteiligten Interessenten, den Wegebaupflichtigen, anerkannt wird.

Nr. 69.

Endurteil des I. Senats vom 7. Oktober 1885 (Entsch. Bd. XII. S. 273).

1) Die Observanz im engeren Sinne (im weiteren Sinne wird darunter das Gewohnheitsrecht überhaupt verstanden) bedeutet das partikuläre Gewohnheitsrecht einer gewissen Gemeinheit, einer bestimmten Klasse oder eines Inbegriffs von Personen. Die Observanz wie das Gewohnheitsrecht ist allerdings nicht geeignet — im Gegensatz zur Verjährung — ein

Rechtsverhältnis zwischen zwei einzelnen fremden Rechtssubjekten zu begründen. Sie setzt stets voraus die Teilnahme an einem bestimmten Verbande, für welchen dieselbe gilt, und bezieht sich nur auf die aus solchem hervorgegangenen Rechte und Pflichten, ist aber auch unzweifelhaft unter solcher Bedingung selbst im Kreise ganz lokaler Verhältnisse dienlich als Entstehungsgrund von Rechtsverbindlichkeiten.

2) Dementsprechend ist die Bildung einer Observanz zulässig bei Kirchenbaulasten in dem Verhältnisse zwischen Eingepfarrten und Patron, sowie zwischen mehreren Patronen untereinander und selbst in einem Streite zwischen der politischen und der Kirchengemeinde.

3) Dasselbe ist der Fall (wenn auch mit der durch die besonderen Provinzialgesetze auferlegten Beschränkung) bei Wegebaulasten sowohl innerhalb der Gemeinde, wie in deren Verhältnisse zur Gutsherrschaft, ferner bezüglich der Unterhaltung von Scheidezäunen zwischen Nachbarn, bezüglich der Zahlung des Fährgeldes zwischen der Gutsherrschaft und den Einwohnern eines Dorfes, bezüglich der Raine und Pflugrechte zwischen benachbarten Grundstücken.

4) Ebenso ist die Bildung von Observanzen in betreff der Verteilung der Wegebaulast zwischen Gemeinden und Dominien nach dem für Alt-, Vor- und Hinterpommern geltenden Wegerechte zulässig und die Entstehung derselben auch nach Erlaß des Wege-Reglements vom 25. Juni 1752 möglich.

5) Für das vormals pommersche, dem Pyritzschen Kreise zugehörig gewesene Gut Mandelkow im Soldiner Kreise gilt nicht das Neumärkische, sondern das Pommersche Provinzialrecht.

Nr. 70.

Endurteile des I. Senats vom 25. März und 19. September 1885 (Entsch. Bd. XII. S. 283 und 291).

1) Unter die öffentlichen Wege fallen auch solche, welche nur einem „bestimmten" Gebrauche dienen, wenn sie dabei zu diesem „bestimmten" Zwecke und in dieser beschränkten Art des Gebrauchs jedermann zugänglich sind, z. B. Reit-, Fuß-, Kirch-, Schul-, Kirchhofs-, Mühl-Wege, Treidelsteige oder Leinpfade.

2) Ein, wenn nur zu einem gewissen Zwecke bestimmter und nur für eine beschränkte Art der Benutzung angelegter, mit dieser Maßgabe dem allgemeinen Gebrauch offener Weg hört um dieser Beschränkung willen nicht auf, ein öffentlicher zu sein, vorausgesetzt nur, daß nicht etwa rein privatrechtliche Dispositionen ihn solchen Zwecken dienstbar gemacht haben.

3) Nicht der Mangel der Notwendigkeit, sondern erst ein Mangel jedes öffentlichen Interesses an der Erhaltung eines Weges würde das Einschreiten der Wegepolizeibehörde unbedingt ausschließen.

4) An der Erhaltung eines Weges, welcher unbestritten für gewisse Ortschaften oder Teile derselben die kürzeste Verbindung bildet, besteht für den allgemeinen Verkehr ein öffentliches Interesse, und es ist deshalb das polizeiliche Einschreiten gegen etwaige Sperrmaßregeln desjenigen, der den Weg als sein Privateigentum in Anspruch nimmt, gerechtfertigt.

5) Die Öffentlichkeit eines Weges ergibt sich vielfach aus dem Inhalte der Separationsrezesse.

6) Von dem Eigentum an Grund und Boden, selbst wenn solches — abweichend von den Rezeßbestimmungen über den Weg im allgemeinen —

für diese Strecke dem Grundbesitzer zustehen sollte, wird die Eigenschaft eines Weges als eines öffentlichen nicht beeinflußt.

7) Die Anbringung von Übersteigebänken im Wege, von Privatwarnungstafeln und die Schmalheit des Weges beweisen für die private Eigenschaft eines Weges nichts.

8) Rechtsirrtümlich ist die Annahme, daß durch die Öffentlichkeit eines Weges jede private Einwirkung auf die Benutzung desselben zum Verkehr ausnahmslos für ausgeschlossen zu erachten sei (z. B. die Sperrung eines Weges für Fuhrwerke, während derselbe für Reiter und Fußgänger geöffnet bleibt).

9) Die Verlegung öffentlicher Kommunikationsmittel (z. B. einer Brücke über einen Privatfluß) kann nur mit Zustimmung der Polizeibehörde erfolgen. Die verlassene Strecke verliert ihren Charakter als öffentliches Verkehrsmittel niemals durch bloße Sperrung kraft Privatrechtes, sondern nur durch polizeiliche Einziehung.

XIX.

Die Gewerbe.

A. Die Gast- und Schankwirtschaft.

Vorbemerkung.

Seit dem Inkraftreten des Absatz 4 im §. 114 des Zust.-Ges. vom 1. August 1883 kann das Königliche Ober-Verwaltungs-Gericht nicht mehr in die Lage kommen, über diese Angelegenheiten in dritter Instanz zu befinden, es bewendet vielmehr bei den auch durch die Reichsgewerbeordnung in den §§. 20 und 21 vorgeschriebenen zwei Instanzen. Wer in dieser Änderung eine Benachteiligung der betreffenden Gewerbtreibenden erblicken will, mag nicht übersehen, daß denselben im §. 50 Abs. 3 des Landesverwaltungsgesetzes vom 30. Juli 1883 immer noch Gelegenheit geboten ist, eine Zentralbehörde anzurufen, welche ebenso, wie die Verwaltungsgerichte, die Pflicht hat, über etwaige Beschwerden in objektiver Weise zu befinden, wie dies denn ja auch in den hier bisher bekannt gewordenen Ministerialbescheiden dergestalt geschehen ist, daß die frühere Thätigkeit des höchsten Verwaltungsgerichtshofes auf diesem Gebiete als eine vergebliche auch heute noch nicht angesehen werden kann.

In den Konzessions-Entziehungs-Angelegenheiten ist dem Königl. Ober-Verwaltungs-Gerichte die Zuständigkeit nicht entzogen.

Nr. 1.

Endurteil vom 30. Mai 1876 (Entsch. Bd. I. S. 280).

Diese schon vor dem Inkrafttreten des §. 128 des Zust.-Ges. vom 26. Juli 1876 ergangene Entscheidung, welche von der Zulässigkeit der dritten (Revisions-) Instanz in Schank- u. s. w. Konzessionssachen handelt, ist für die Praxis durch den §. 114 Abs. 4 des Zust.-Ges. vom 1. August 1883, nach welchem die Entscheidung des Bezirksausschusses endgültig ist, gegenstandslos geworden. Gleichwohl gibt dieselbe noch zu folgenden Bemerkungen Veranlassung:

1) Der §. 135 V. 2 der Kreisordnung vom 13. Dezember 1872 erscheint jetzt in vollständig veränderter Fassung in dem vorstehend erwähnten §. 114 des Zust.-Ges. von 1883. Die §§. 5, 63 und 84 des Gesetzes vom 3. Juli 1875 sind ersetzt durch §§. 83, 93 und 157 des Landesverwaltungsgesetzes vom 30. Juli 1883.

2) Nach den allgemeinen Grundsätzen über das Verhältnis zwischen Reichs- und Landesgesetzgebung bleibt die letztere in ihrer freien Bewegung nach allen denjenigen Richtungen hin nach wie vor unbeschränkt, in welchen ihr das Reichsgesetz nicht entgegentritt.

3) Den Absichten des Gesetzgebers entspricht es, daß den Unternehmern und andern Beteiligten möglichst weit reichende Garantien für eine sachgemäße Behandlung und Erledigung der Konzessionsgesuche und etwaiger Einwendungen gewährt werden. Diese dritte — gleichviel wie gestaltete — Instanz könnte immer nur eine Revisions-Instanz sein im Sinne des §. 64 des Gesetzes vom 3. Juli 1875 (jetzt §. 94 des Landesverwaltungsgesetzes vom 30. Juli 1883). (Vergl. auch §§. 20, 21 der Reichs-Gewerbe-O.) Vergl. die Vorbemerkung zu diesem Abschnitt A.

Nr. 2.

Endurteil vom 30. Juni 1876 (Entsch. Bd. I. S. 291).

1) Die Annahme, daß die Erlaubnis zum Betriebe der Gastwirtschaft erst, wenn der Unternehmer ein Betriebslokal besitze, erteilt werden dürfe, ist nicht zutreffend, denn es genügt, wenn sich aus den Vorlagen (Plänen, Zeichnungen) die Beschaffenheit und Lage des Lokals von vornherein übersehen läßt.

2) Was auf Grund des Gesetzes (§. 33 Nr. 2 der Reichs-Gewerbe-O.) gefordert werden darf, beschränkt sich darauf, daß der Unternehmer über Beschaffenheit und Lage des Lokales in Beziehung auf denjenigen Zeitpunkt sich ausweise, in welchem der Betrieb eröffnet werden soll.

3) Gegenüber dem Einwande, daß hierbei keine genügenden Garantien gegen spätere Abweichungen von den Plänen u. s. w. gewonnen würden, bieten die §§. 49 und 53 der Reichs-Gewerbe-O. den erforderlichen Schutz.

4) Dem Grundsatze der Gewerbefreiheit entspricht es, daß nur für bestimmt und möglichst genau bezeichnete, in allgemeinen Interessen begründete Fälle die Versagung der Genehmigung zugelassen ist.

5) An Stelle des §. 68 des Gesetzes vom 3. Juli 1875 gilt jetzt der §. 98 des Landesverwaltungsgesetzes vom 30. Juli 1883. Diese Vorschrift kann aber seitens des Ober-Verwaltungs-Gerichts in dergleichen Schanksachen jetzt nicht mehr in Anwendung kommen, ebensowenig §. 69 (bezw. 99).

6) Der §. 41 des Gesetzes vom 3. Juli 1875 ist ersetzt durch §. 71 des L.-V.-G. vom 30. Juli 1883.

7) Kostenpunkt und Wert des Streitgegenstandes: An Stelle der §§. 72 und 76 Nr. 1 des Gesetzes vom 3. Juli 1875 sind die §§. 103 und 107 des L.-V.-G. vom 30. Juli 1883 getreten. Der Tarif vom 16. August 1875 ist ersetzt durch den vom 27. Februar 1884. Bei

Bestimmung des Wertes des Streitgegenstandes in Angelegenheiten der Erteilung der Erlaubnis zum Betriebe der Gast-, Schank- u. s. w. -Wirtschaften liegt an sich kein Grund vor, den Gegenstand für unschätzbar zu erachten. Der mutmaßliche Betriebs-Umfang und -Ertrag bieten immerhin eine Handhabe für die Beurteilung.

Nr. 3.

Endurteil vom 15. September 1876 (Entsch. Bd. I. S. 295).

1) Für die Beurteilung der Bedürfnisfrage bei der Konzessionierung eines Schankgeschäftes kann der Umstand, daß dieses Geschäft als Nebengewerbe (etwa neben einem Materialwarengeschäfte) betrieben werden soll, nicht maßgebend sein, denn das Gesetz (§. 33 der Reichs-Gewerbe-O. und die Kab.-O. vom 7. Februar 1835 — G.-S. S. 18 —) kennt den Unterschied zwischen Nebengewerbe und alleinigem Gewerbe keineswegs.

2) Kostenpunkt. An die Stelle der §§. 44, 72, 73, 76*) des Gesetzes vom 3. Juli 1875 sind die §§. 74, 103, 104, 107 des Landesverwaltungsgesetzes vom 30. Juli 1883 getreten. Der §. 135 V. 2 der Kreis-O. vom 13. Dezember 1872 ist jetzt ersetzt durch §. 114 des Zust.-Ges. vom 1. August 1883.

3) Der Umstand, daß in einem Lokale seit vielen Jahren das Schankgewerbe betrieben worden sei, ist für die Beurteilung der Bedürfnisfrage so wenig maßgebend, wie die äußere Lage des Nachsuchenden oder dessen kaufmännischer Gewerbebetrieb.

Nr. 4.

Endurteil vom 10. Oktober 1876 (Entsch. Bd. I. S. 301).

1) Die §§. 41, 49, 62 des Gesetzes vom 3. Juli 1875 sind ersetzt durch die §§. 71, 79 und 92 des L.-V.-G. vom 30. Juli 1883.

2) Der aus §. 5 Nr. 10c. der Verordnung vom 14. Dezember 1833 und Nr. 19 der Instruktion vom 7. April 1839 hergenommene Nichtigkeitsgrund des Zivilprozesses, daß einem Beweismittel Beweiskraft beigelegt sei, welchem nach dem Gesetze die Beweiskraft völlig mangelt, gilt im Verwaltungsstreitverfahren überhaupt nicht.

3) Der §. 41 des Verwaltungsgerichtsgesetzes (§. 71 des L.-V.-G. von 1883) handelt nur von der Angabe sämtlicher Beweismittel, der Vorlegung der schriftlichen Beweismittel und der Befugnis der Parteien, Zeugen zur Vernehmung vorzuführen, während eine Verpflichtung des Richters, diese Beweise zu erheben, nicht anerkannt ist. Im Gegenteil würde eine derartige Verpflichtung mit der Vorschrift des §. 49 (bezw. §. 79) a. a. O., daß das Gericht nach seiner freien Überzeugung zu entscheiden habe, in Widerspruch stehen; auch hat der Zusatz „aus dem ganzen Inbegriffe der Verhandlungen und Beweise geschöpften Überzeugung" nicht in den Sinn, daß jedesmal eine Beweisaufnahme stattgefunden haben müsse, vielmehr ist nach den Worten „und Beweise" offenbar hinzuzudenken: „insofern überhaupt eine Beweisaufnahme erfolgt ist". Mit dem Inhalte des §. 49

---

*) In den Entscheidungen Bd. I. S. 299 muß es statt „§. 76" heißen: „§. 76 Nr. 1".

(bezw. §. 79) l. c. würde auch die Annahme nicht vereinbar sein, daß der Verwaltungsrichter einem Gutachten des als Partei beteiligten Amtsvorstehers Beweiskraft beigelegt habe. Die verwaltungsrichterliche Beweisaufnahme ist lediglich eine fakultative, und keine Partei hat ein Recht darauf, die Erhebung eines Beweises zu verlangen, welche der Richter aus materiellen Gründen für einflußlos auf die Entscheidung erachtet. Vergl. jetzt §. 100 des L.-V.-G. vom 30. Juli 1883, §§. 541 ff. der Zivil-Prozeß-Ordnung vom 30. Januar 1877 (R.-G.-Bl. S. 83).

4) Unter den „polizeilichen Anforderungen" im Sinne des §. 33 Nr. 2 der Reichs-Gewerbe-O. sind solche zu verstehen, welche mit den allgemeinen Aufgaben der Polizei zusammenhängen. Näheres darüber findet man in den Ministerialerlassen vom 22. Februar 1870 (Min.-Bl. d. i. V. S. 83—84) vom 7. Januar 1873 (Min.-Bl. d. i. V. S. 11) und vom 26. August 1886 (a. a. O. S. 182).

5) Die Besorgnis, daß unter dem Aushängeschild der Gastwirtschaft ein gewöhnlicher Branntweinschank betrieben werden soll, kann jetzt bei richtiger Anwendung der Gewerbeordnungs-Novelle vom 23. Juli 1879 (R.-G.-Bl. S. 267) und der ministeriellen Bekanntmachung vom 14. September 1879 (Min.-Bl. d. i. V. S. 254) nicht mehr Platz greifen.

6) Die Polizeibehörde hat die Befugnis, die Beschaffenheit des Lokales nach allgemeinen polizeilichen Rücksichten zu prüfen und kann dabei nach dem Gesammteindruck zu der Überzeugung gelangen, daß die Anlage nicht den Anforderungen genügt, welche in einer im Aufschwung begriffenen Ortschaft an eine Gastwirtschaft gestellt werden müssen und daß z. B. der Hauptzweck der Anlage schon wegen des einzigen Einganges direkt von der Straße in dem Betriebe des Schankgewerbes gesucht werden muß.

7) Die Erteilung einer Schankerlaubnis auf Zeit, von welcher §. 40 der Reichs-Gewerbe-O. spricht, ist völlig verschieden von einer bedingten Erteilung. Im ersteren Falle soll das unbedingt eingeräumte Recht nach einer bestimmten Zeit wieder aufhören, im andern Falle soll das Recht erst nach Erfüllung gewisser Bedingungen wirksam werden. Letzteres ist gesetzlich zulässig.

Nr. 5.

Endurteil vom 18. Oktober 1876 (Entsch. Bd. I. S. 308).

1) Nicht zutreffend ist die Annahme, daß die Zurücknahme einer erteilten Schankkonzession aus denselben Gründen erfolgen könne, wie die Versagung einer beantragten neuen Schankkonzession, denn dem widerspricht der Satz in Abs. 2 des §. 53 der Reichsgewerbe-O.:

„wenn aus Handlungen und Unterlassungen der Mangel derjenigen Eigenschaften, welche bei der Erteilung der Genehmigung vorausgesetzt werden mußte, klar erhellt."

2) Diese Vorschrift erfordert die bestimmte Feststellung der Handlungen und Unterlassungen des Inhabers der Konzession; deshalb würde nicht schon durch die Thatsache der Bestrafung des Inhabers (z. B. wegen Gestattung von Glücksspielen) die Konzessionsentziehung gerechtfertigt werden können, sondern erst durch die selbständige, seitens des Verwaltungsrichters vorzunehmende Feststellung und Würdigung der Handlungen und Unterlassungen, welche zu der Bestrafung Anlaß gegeben haben.

Anders bei der Erteilung einer neuen Konzession, denn hier genügt die Thatsache der Bestrafung des die Erlaubnis Nachsuchenden.

3) An die Stelle des §. 135 V. 2 der Kreisordnung vom 13. Dezember 1872 ist, soweit derselbe die Zurücknahme der Schankkonzession betrifft, der §. 119 des Zuständigkeitsgesetzes vom 1. August 1883 getreten.

Nr. 6.

Endurteil vom 18. Oktober 1876 (Entsch. Bd. I. S. 311).

1) Der Verwaltungsrichter kann Gesuche um Erteilung der Konzession zum Betriebe der Schankwirtschaft auch gegen den Antrag der beteiligten Ortspolizeibehörde zurückweisen.

2) Von dem zu den Akten des Verwaltungsgerichtes gebrachten Berichte der Ortspolizeibehörde über den Befund des Lokales braucht dem Antragsteller eine Abschrift nicht zugefertigt zu werden; es genügt die Mitteilung des Inhalts dieses Schriftstückes im Termin zur mündlichen Verhandlung.

3) Vergl. Reichsgewerbe-O. §. 33. An die Stelle des §. 135 V. 2 der Kreis-O. vom 13. Dezember 1872 ist jetzt der §. 114 des Zuständigkeitsgesetzes vom 1. August 1883 getreten; die §§. 49 und 64 des Gesetzes vom 3. Juli 1875 sind ersetzt durch §§. 79 und 94 des Landesverwaltungsgesetzes vom 30. Juli 1883.

Nr. 7.

Endurteil vom 13. Oktober 1876 (Entsch. Bd. I. S. 315).

1) Wenn eine öffentliche Behörde im Verwaltungsstreitverfahren als Kläger oder Beklagter betrachtet werden muß, so ist sie auch in gesetzlichem Sinne Partei und es steht ihr als solcher nach §. 52 des Verwaltungsgerichtsgesetzes (§. 82 des L.-V.-G. von 1883) die Einlegung des Rechtsmittels zu. Positiv bestätigt wird diese Ansicht durch §. 44 (bezw. §. 71) l. c. Überhaupt ist es ein Hauptzweck des Gesetzes, daß auch öffentliche Behörden in einem dem gerichtlichen Verfahren nachgebildeten Streitverfahren ihre Verfügungen zu rechtfertigen und als Partei Recht zu nehmen haben.

2) Das in demselben §. 52 dem Vorsitzenden des Kreisausschusses erteilte Recht, aus Gründen des öffentlichen Interesses die Berufung einzulegen, ist eine völlig selbständige Befugnis, welche mit dem Berufungsrecht der als Partei auftretenden öffentlichen Behörde nicht zusammenfällt.

3) Wenn auf diese Weise die Wahrung des öffentlichen Interesses in derselben Sache verschiedenen Behörden übertragen wird, so geschieht dies in der Absicht, nicht nur die von den Lokalbehörden als Partei geltend zu machenden engeren Gesichtspunkte, sondern auch die von den höher stehenden Behörden darzulegenden allgemeineren Prinzipien der Beurteilung des Gerichts zu unterbreiten.

4) Das Institut der Staatsanwaltschaft kennt man in dem Verwaltungsprozesse nicht, nur eine ähnliche Stellung (zwischen den Parteien) hat der nach §. 44 Abs. 2 (bezw. §. 74) l. c. zu bestellende Kommissar des Regierungspräsidenten einzunehmen, im übrigen aber bildet das Gegenüberstehen von Partei und Gegenpartei die erste Voraussetzung des Streitverfahrens.

5) Die im Verwaltungsstreitverfahren, insbesondere in Schank-Konzessionssachen, als Parteien beteiligten öffentlichen Behörden haben also auch jetzt noch, unabhängig von der gleichen, dem Vorsitzenden des Kreisausschusses und dem Regierungspräsidenten zustehenden Befugnis, die Berechtigung, auch ihrerseits Rechtsmittel einzulegen.

6) An die Stelle der §§. 35, 39, 41, 43, 44, 47, 51 und 62 des

Gesetzes vom 3. Juli 1875 sind die §§. 63, 67, 68, 71, 73, 74, 77, 81 und 92 des L.=V.=G. vom 30. Juli 1883 getreten. Vergl. §. 53 der Reichs=Gewerbe=O.

Nr. 8.

Endurteil vom 1. August 1876 (Entsch. Bd. I. S. 319).

1) Die Polizeibehörden sind berechtigt, zwangsweise die öffentliche Ankündigung eines Gewerbebetriebes (z. B. eines Gast= und Schankwirtschaftsbetriebes) zu hindern, zu welchem die erforderliche polizeiliche Erlaubnis nicht erteilt worden ist.

2) Auch gegen die Möglichkeit einer Gefährdung der öffentlichen Ordnung durch eine an sich straflose Handlung, auch wenn dieselbe den Verdacht erweckt, daß durch sie eine zweite und zwar strafbare Handlung vorbereitet werden solle, ist ein polizeiliches Einschreiten zulässig. Vergl. §§. 59, 60 und 79 der Kreis=O. vom $\frac{\text{13. Dezember 1872}}{\text{19. März 1881.}}$ An Stelle des §. 79 siehe jetzt §§. 127 ff. des Landesverwaltungsgesetzes vom 30. Juli 1883.

3) Die öffentliche Ankündigung eines noch nicht konzessionierten Schankgewerbebetriebes ist also als eine Störung der öffentlichen Ordnung anzusehen.

4) Gasthausschilder, welche diesen Grundsätzen entgegen angebracht werden, dürfen polizeilich, event. durch einen Dritten entfernt werden, event. auch durch Übermalen, Übertünchen, Überstreichen mit nicht durchschimmerndem Kienruß, Teer oder Öl, wenn der Geschäftsinhaber kein besseres Mittel angeben kann, oder wenn in eiligen Fällen das Abschlagen oder Abreiben der Inschrift nicht mehr thunlich war.

5) So wenig die Befugnis des Amtsvorstehers zu bezweifeln ist, durch allgemeine Polizei=Straf=Verordnung das Anheften von Gasthausschildern an Lokalen zu verbieten, für welche eine Konzession zum Betriebe der Gastwirtschaft u. s. w. nicht erteilt ist, ebensowenig darf die Befugnis desselben in Abrede gestellt werden, auch ohne vorherigen Erlaß einer Polizei=Verordnung in einem konkreten Falle, wo das fortdauernde Aushängen eines unbefugt angebrachten Gasthausschildes nach den begleitenden Thatumständen die öffentliche Ordnung zu stören droht, die Entfernung desselben durch Anwendung der gesetzlichen Zwangsmittel herbeizuführen.

Nr. 9.

Endurteil vom 24. März 1877 (Entsch. Bd. II. S. 291).

1) Der Absatz 3 des §. 33 der Reichs=Gewerbe=O. vom 21. Juni 1869 hat jetzt (siehe die Reichs=Gewerbe=O. in der Fassung der Bekanntmachung vom 1. Juli 1883 — R.=G.=Bl. S. 159 —) einen anderen Inhalt. Hiernach erledigt sich die Frage, ob es neuer Bestimmungen in Gesetzesform bedurfte, um nach Erlaß der Reichs=Gewerbe=O. von 1869 das Erfordernis des Nachweises eines vorhandenen Bedürfnisses als Voraussetzung der Erlaubnis zum Ausschänken von Branntwein u. s. w. landesrechtlich fortbestehen zu lassen oder einzuführen. Vergl. die Kab.=O. vom 7. Februar 1835 (G.=S. S. 18) und vom 21. Juni 1844 (G.=S. S. 214). Ministerialerlaß nebst Bekanntmachung vom 14. September 1879 (Min.=Bl. d. i. V. S. 253, 254), Nr. 12 der Ausführungs=Anweisung vom 4. September 1869.

2) Von dem Tage ab, wo die Reichs=Gewerbe=O. in Kraft trat, sind die Bestimmungen derselben für die Ordnung des Gewerbewesens maßgebend gewesen; soweit die Vorschriften des bestehenden (Landes=)Rechtes damit nicht

vereinbar waren, haben sie ihre Kraft verloren; insoweit aber, als sie neben der Gewerbe-O. bestehen können, sind sie in Geltung geblieben.

Nr. 10.

Endurteil vom 7. April 1877 (Entsch. Bd. II. S. 295).

1) Die Frage, ob Exekutivstrafen (Zwangsmittel in der Form der Androhung von Geldbußen) in Gemäßheit des §. 79 der Kreis-O. vom 13. Dezember 1872 (jetzt Geldstrafen, §. 132 des L.-V.-G. vom 30. Juli 1883) auch dann zulässig sind, wenn die Handlung, deren Unterlassung erzwungen werden soll (in diesem Falle die Fortsetzung*) des Schankgewerbebetriebes), gesetzlich bereits mit Strafe bedroht ist (§. 147 Nr. 1 und §. 15 Abs. 2**) der Reichs-Gewerbe-O.), wurde in dieser Entscheidung in bejahendem Sinne beantwortet. (Siehe dagegen die späteren, diesen Gegenstand betreffenden Entscheidungen.)

2) Ähnliche Fälle: A. L.-R. I. 8 §. 75, (jetzt §. 366 Nr. 8 und 9 des Reichs-Straf-Gesetzbuches); §. 9 des Vorfluts-Gesetzes vom 15. November 1811 (§. 274 Nr. 2 des Reichs-Straf-Gesetzbuches); §. 5 des Gesetzes vom 17. Juni 1833 (G.-S. S. 75).

3) Vergl. mit diesem Rechtsgrundsatze sub 1 die Endurteile vom 26. Februar 1879 (Min.-Bl. d. i. V. S. 232), vom 9. April 1879 (Entsch. Bd. V. S. 278), vom 13. Oktober 1880 (Entsch. Bd. VII. S. 300) und Parey, das behördliche Polizei-Straf-Verordnungsrecht S. 20—23. Es handelt sich hier um die vielbesprochene Frage über den Grundsatz: „ne bis in idem". Es mag darüber noch folgendes angeführt werden. In dem Erkenntnisse vom 7. April 1877 ist ausgeführt, die Polizeibehörde könne gegen einen nicht konzessionierten Schankwirt in jedem einzelnen Falle der Ausübung des Gewerbes mit Androhung von Geldstrafen vorgehen und nebenher dennoch dessen Bestrafung bei dem Richter beantragen (§§. 15 und 147 Nr. 1 der Reichs-Gewerbe-O.), weil die Polizeibehörden bei der Auswahl der ihnen zu Gebote stehenden Zwangsmittel (Ausführung durch einen dritten, Geldstrafe, unmittelbarer Zwang) nur durch die von ihnen selbst zu prüfenden Rücksichten der Zweckmäßigkeit beschränkt sind und weil sie sogar verpflichtet sind, das stärkere Zwangsmittel nicht anzuwenden, wenn sie mit dem schwächeren zum Ziele zu gelangen hoffen dürfen, zumal die Ansicht nicht dahin gerichtet ist, zu bestrafen, sondern zu Handlungen zu zwingen, aus denen die Absicht erkennbar wird, die verbotene Handlung nicht fortsetzen zu wollen. Dem ist aber später entgegengehalten worden, es sei unzulässig, das Zwangsmittel in der Form der Androhung einer Geldstrafe auch dann noch anzuwenden, wenn mit demselben thatsächlich nichts anderes gewollt sein kann und auch nichts anderes erreicht wird, als durch die konkurrierende Strafvorschrift. In einem solchen Falle erübrigt dann nur, sogleich zum unmittelbaren Zwange zu schreiten, sofern es nicht auf die Erzwingung einer fungibeln Handlung ankommt, und daraus ergibt sich, daß die Anwendung der Zwangsmittel neben dem strafrichterlichen Verfahren keineswegs grundsätzlich ausgeschlossen ist. In den beiden Entscheidungen von 1879 ist diese Auffassung als die richtige acceptiert, in der von 1877 aber verlassen und dahin berichtigt, daß die

---

*) In den Entscheidungen Bd. II. S. 298 steht „Festsetzung" (Druckfehler).

**) Der Absatz 3 dieses §. 15 ist in der neuesten Fassung der Reichs-Gewerbe-Ordnung fortgefallen.

Androhung der Geldstrafe unzulässig ist, wenn die betreffende Handlung gesetzlich bereits unter Strafe gestellt ist. In diesem Sinne ist auch durch die O.=V.=G.=E. vom 12. April 1878 und 26. Februar 1880 ausgeführt, daß derartige Geldstrafen in Bezug auf einzelne Handlungen nicht angedroht werden dürfen, und dies treffe auch auf Fälle zu, in welchen durch die Androhung der Exekutivstrafe eine ganze Reihe künftiger Handlungen, von denen eine jede einzelne die Ausübung oder Fortsetzung eines Gewerbes in sich schließe, verhütet werden solle, denn jede dieser einzelnen Handlungen sei bereits mit Geldstrafe bedroht.

Selbstredend kann dieser Grundsatz nicht Platz greifen, wenn etwa eine Polizeiverordnung nur eine Unterlassung oder nur eine Handlung unter Strafe gestellt hat und wenn die Polizeibehörde im ersteren Falle eine korrespondierende Handlung, im anderen Falle eine Unterlassung durch Androhung von Geldstrafen durchsetzen will.

4) Unzulässig ist es, die baren Auslagen des Verfahrens einem Stadt- oder Landkreise aufzuerlegen, wenn derselbe in dem betreffenden Streitverfahren gar nicht als Partei beteiligt ist. Hiermit würde, wie gegen das Wesen des Verwaltungsstreitverfahrens überhaupt, so insbesondere gegen die ausdrücklichen Vorschriften des Gesetzes vom 3. Juli 1875 über die Regelung der Kostenlast (§§. 72, 73 und 76, §§. 103, 104, 107 des L.=V.=G. von 1883) verstoßen, indem danach die Entscheidung über den Kostenpunkt gleich der in der Hauptsache nur zwischen den im Streitverfahren aufgetretenen Parteien getroffen werden kann.

5) Ist die Polizeibehörde einmal Partei gegenüber einer Privatperson, so wird auch durch die Bestellung eines Kommissars zur Wahrnehmung des öffentlichen Interesses (§. 44 Abs. 2 bezw. §. 74 a. a. O.) durch den Regierungspräsidenten daran nichts geändert, und beim Obsiegen der Gegenpartei sind daher die baren Auslagen lediglich jener Polizeiverwaltung zur Last zu legen, für welche dieselben gemäß des Schlußsatzes des §. 76 Nr. 1 bezw. §. 107 a. a. O. von der Gemeinde zu tragen sind.

6) Dieser Schlußsatz lautete damals (alte Fassung vom 3. Juli 1875):

„Die baren Auslagen des Verfahrens und des obsiegenden Teiles fallen demjenigen Kommunalverbande zur Last, als dessen Organ die Behörde gehandelt hat."

Die neuere Fassung (Gesetz vom 2. August 1880, jetzt §. 107 des L.=V.=G. von 1883) hat dagegen folgenden Wortlaut:

„fallen demjenigen zur Last, der nach gesetzlicher Bestimmung die Amtsunkosten der Behörde zu tragen hat".

Durch diese Abänderung sollten die in der Praxis hervorgetretenen Zweifel und Inkonvenienzen beseitigt werden, es ist dies aber nicht gelungen. Denn wenn auch nunmehr diejenige Gemeinde oder derjenige Kommunalverband, welcher nach gesetzlicher Vorschrift (vergl. insbesondere §. 3 des Gesetzes vom 11. März 1850 — G.=S. S. 265 —) die Amtsunkosten der unterliegenden Behörde zu tragen hat, die baren Auslagen zu tragen oder zu erstatten verpflichtet ist, so bleibt doch die Frage, wer nach jenem Schlußsatze im gegebenen Falle die Auslagen zu tragen hat, materiellen Inhalts und kann daher in dem Verfahren, welches unter anderen Parteien ergeht, überhaupt nicht im Verwaltungsstreitverfahren entschieden werden.

7) Nach wie vor bleibt es also zunächst immer Sache der unterliegenden Behörde, die Kosten wie andere Amtsunkosten zu beschaffen bezw. unter Umständen vorläufig auszulegen. (!) Vergl. die O.=V.=G.=Verfügung

vom 26. September 1876 Nr. 6 (Entsch. I. S. 438). Dagegen finden die Bestimmungen der Nr. 1 nach dem O.-V.-G.-E. vom 15. Januar 1879 (Entsch. V. S. 441) nur Anwendung, wenn die unterliegende Behörde als solche Partei ist, aber nicht, wenn die Behörde auch in Vertretung eines anderen Rechtssubjektes (Korporation u. s. w.) gehandelt hat. In diesem Falle ist letzteres Partei und sind daher die Kosten nicht der vertretenden Behörde, sondern dem vertretenen Rechtssubjekt im Endurteil aufzuerlegen.

8) Fehlt es an einem solchen Rechtssubjekt in dem obigen ersteren Falle, so werden die Kosten dem Staate zur Last fallen.

9) Eine etwaige Regreßpflicht der Beamten wird durch den Schlußsatz im §. 76 Nr. 1 bezw. §. 107 a. a. O. nicht ausgeschlossen.

Im übrigen vergl. die beruhigenden Zusicherungen des Ministers des Innern bei Beratung des §. 107 des L.-V.-G. von 1883. Anm. 2 des Kommentars von Parey. Preußisches Archiv S. 306 (Berlin 1884).

Nr. 11.

Endurteil vom 16. Mai 1877 (Entsch. Bd. II. S. 302).

1) „Verbotene Spiele" im Sinne des §. 33 Nr. 1 der Reichs-Gewerbe-O. sind nicht nur solche, die den Spieler selbst strafbar machen, also nur das „gewerbsmäßige Glücksspiel" (§. 284 des Reichs-Straf-Ges.-B.) oder „das unbefugte Halten von Glücksspielen in einem öffentlichen Versammlungsorte" (a. a. O. §. 360 Nr. 14), sondern auch solche Spiele, deren Duldung dem Gastwirte verboten ist, wenn er auch sonst nicht strafbar sein mag (a. a. O. §. 285).

2) Auch das Vorhandensein der Gewinnsucht ist nicht in allen Fällen Voraussetzung der Strafbarkeit des Glücksspieles. Ist aber im gegebenen Falle der Nachweis zu führen, daß lediglich zum Zwecke der Unterhaltung (also nicht aus Gewinnsucht) gespielt worden sei, so würde die Anwendbarkeit des §. 285 a. a. O. ausgeschlossen sein.

Anderseits ist der Zweck des Erwerbes zu vermuten, wenn um ein Vermögensobjekt gespielt wird. Aus der Höhe des möglichen Gewinnes oder Verlustes läßt sich die Auffassung rechtfertigen, daß die Gäste keineswegs lediglich zur Unterhaltung gespielt haben.

3) Nicht jeder einzelne Fehltritt im Sinne des §. 33 der Reichs-Gewerbe-O. soll als Versagungs- oder Entziehungsgrund angesehen werden, vielmehr wird dazu eine Feststellung des Inhalts verlangt, daß der Gewerbtreibende nach demjenigen, was gegen ihn bereits vorliegt, auch nicht mehr die erforderlichen Garantien für die Zukunft gewährt. Dieser Grundsatz bezieht sich gleichmäßig auf die Förderung der Völlerei, des verbotenen Spiels und der Unsittlichkeit.

Nr. 12.

Endurteil vom 2. Juli 1877 (Entsch. Bd. II. S. 328).

1) Die Konzession zur Gastwirtschaft (§. 33 der Reichs-Gewerbe-O.) darf auch dann entzogen werden (§. 53 a. a. O.), wenn das zum Betriebe des Gewerbes bestimmte Lokal wegen seiner Beschaffenheit oder Lage den polizeilichen Anforderungen nicht genügt.

2) Die Entziehungsklage (§. 133 des Zust.-Ges. von 1876 — jetzt §. 119 des Zust.-Ges. von 1883) muß aber genügend substanziiert sein, namentlich ist dabei der Nachweis eines bestimmten Handelns oder Unter-

lasses des Konzessionsinhabers zu führen, wie denn auch nach §. 25 der Reichs=Gewerbe=O. die dort genannten Genehmigungen so lange in Kraft bleiben, als keine Änderung in der Lage oder Beschaffenheit der Betriebsstätte vorgenommen wird. Eine mehr oder minder mangelhafte Beschaffenheit der Gastzimmer, welche die Erteilung der Konzession vor Jahren vielleicht zweifelhaft hätte erscheinen lassen, genügt nicht, um den einmal konzessionierten Wirt seiner Nahrung zu entsetzen.

Nr. 13.

Endurteil vom 4. Juli 1877 (Entsch. Bd. II. S. 333).

1) Über Anträge auf Erteilung der Erlaubnis zum Betriebe des Mineralwasserausschankes von einem in den Straßen umherfahrenden Karren (ambulante Trinkhallen), aus Buden an öffentlichen Plätzen oder aus den Fenstern der Häuser auf die öffentliche Straße hinaus hat in Berlin der Stadtausschuß zu befinden, vorbehaltlich der Befugnis des Polizeipräsidiums, in Ausübung der Straßenpolizei über die Benutzung der Straße für den Gewerbebetrieb zu bestimmen.

2) An Stelle des §. 128 des Zust.=Ges. vom 26. Juli 1876 ist der §. 114 des Zust.=Ges. vom 1. August 1883 getreten. Dadurch hat sich das Verfahren in diesen Angelegenheiten geändert.

3) Der §. 83 Abs. 5 des Gesetzes vom 3. Juli 1875 ist in veränderter Fassung ersetzt durch §. 113 Abs. 5 des L.=V.=Gesetzes vom 30. Juli 1883. Das letztere Gesetz handelt nicht bloß von der Verfassung der Verwaltungsgerichte und dem Verwaltungsstreitverfahren, wie dies bei dem Gesetze von 1876 der Fall war; dadurch erledigt sich das in dieser Entscheidung dieserhalb erhobene Bedenken.

4) Der Ausschank von Mineralwasser ist als ein nach den Vorschriften des §. 33 der Reichs=Gewerbe=O. zu konzessionierendes Gewerbe zu betrachten, wenn auch der Verkauf auf der Straße geschieht.

5) Auch die Straße ist ein Lokal (eine Örtlichkeit), welches nicht immer ein geschlossener Raum zu sein braucht. Die Benutzung der Straße ist aber für das Schankgewerbe nur soweit zuzulassen, als durch dieselbe die Straßenordnung nicht gestört und der freie Verkehr nicht behindert wird.

6) Die Handhabung des §. 33 der Reichs=Gewerbe=O. durch die im §. 128 des Zust.=Ges. von 1876 (§. 114 des Zust.=Ges. von 1883) schließt nicht in sich die Handhabung der Straßenpolizei.

7) Indem der §. 1 der Reichs=Gewerbe=O. über die Zulassung zum Gewerbe bestimmt, berührt derselbe die Frage nicht, wie Jemand sich die Verfügungsbefugnis über das zum Gewerbebetriebe erforderliche Lokal verschafft. Hierüber hat die Ortspolizeibehörde nach den geltenden Reglements zu befinden.

8) Ob ein Haus nach Bauart und dergl. zum Gastwirtschaftsbetriebe genügt, ist nach §. 33 der Reichs=Gewerbe=O. zu prüfen, dadurch wird aber die Einholung und Erteilung des polizeilichen Baukonsenses nicht entbehrlich, wenn jene Prüfung vor der Ausführung des Baues zu erfolgen hat (vergl. oben Endurteil Nr. 2). Dasselbe gilt von den gewerblichen Anlagen in §. 16 der Reichs=Gewerbe=O. und von der Ordnung des Marktverkehrs (§. 69 a. a. O.).

Nr. 14.

Endurteil vom 19. September 1877 (Entsch. Bd. III. S. 239).

1) Der §. 52 des Gesetzes vom 3. Juli 1875 ist durch den wesentlich anders lautenden §. 82 des L.-V.-Gesetzes vom 30. Juli 1883 ersetzt worden. Beide setzen aber „Endurteile" voraus, welche in streitigen Verwaltungssachen ergangen sind. Hat also ein Kreisausschuß in Gemäßheit des §. 128 des Zust.-Ges. von 1876 (jetzt §. 114 des Zust.-Ges. von 1883) nicht ein Endurteil erlassen, sondern einen Beschluß gefaßt, und zwar in einer bis zu diesem Beschlusse noch nicht streitigen Sache, so ist der obige §. 52 (82) nicht anwendbar.

2) Hieraus ergibt sich, daß dem Vorsitzenden des Kreis- (Stadt-) Ausschusses gegen einen Beschluß dieser Behörden, wonach die Erlaubnis zum Betriebe einer Gast- oder Schankwirtschaft entsprechend der dem Antrage zustimmenden Erklärung der Gemeinde- und Ortspolizeibehörde erteilt wird, das Recht der Berufung nicht zusteht.

3) Dagegen ist anzuerkennen, daß die dem Vorsitzenden des Kreisausschusses in §. 18 des Zust.-Ges. von 1876 (jetzt §. 129 des L.-V.-Gesetzes vom 30. Juli 1883) gegebene Befugnis auch Fälle dieser Art umfaßt. Allerdings setzen diese Bestimmungen endgültige Beschlüsse des Kreisausschusses, d. h. solche Beschlüsse voraus, bei welchen eine Ausnahme von der Regel des §. 24 Abs. 2 des Zust.-Ges. von 1876 (jetzt der anders lautende §. 121 des L.-V.-G. vom 30. Juli 1883) stattfindet.

4) Nach der Ausdrucksweise des Gesetzes werden endgültige Beschlüsse entweder besonders als solche bezeichnet, oder es wird wenigstens, wenn nur der zustimmende Beschluß endgültig sein soll, gesagt: „die Beschwerde findet nur gegen die Versagung statt". Eine gleiche jeden Zweifel ausschließende Bestimmung findet sich in §. 128 des Zust.-Ges. von 1876 (und auch im §. 114 des Zust.-Ges. von 1883) in Beziehung auf die Beschlüsse, durch welche die Erlaubnis zum Schankwirtschaftsbetriebe erteilt wird, nicht.

5) Die Entscheidung über entsprechende Anträge ist (jetzt) dahin geregelt worden, daß zunächst die Gemeinde- und Ortspolizeibehörde zu hören sind. Wird von einer dieser Behörden Widerspruch erhoben, so darf die Erteilung der Erlaubnis nur auf Grund mündlicher Verhandlung im Verwaltungsstreitverfahren erfolgen. Die darauf event. ergehende Entscheidung des Bezirksausschusses ist dann endgültig (d. h. es gibt keine Revision mehr an das Ober-Verwaltungs-Gericht).

6) Wird von den vorgedachten Behörden gegen zusagende Beschlüsse des in Rede stehenden Inhaltes kein Widerspruch erhoben, so sind sie thatsächlich endgültig und können mithin (jetzt) nach §. 126 des L.-V.-Gesetzes vom 30. Juli 1883 angefochten werden.

7) Das frühere freie Ermessen der Behörden, gewerbliche Konzessionen zu erteilen oder zu versagen, ist aufgehoben und die Versagung (nicht die Erteilung) an bestimmte thatsächliche Voraussetzungen geknüpft und hiermit das subjektive Recht des Einzelnen auf Erlangung von Konzessionen anerkannt, ein Recht, welches eines Rechtsschutzes durch Verwaltungsgerichte ebenso fähig, als bedürftig ist.

8) Eine Frist, innerhalb welcher das Anfechtungsrecht auszuüben ist, ist weder in §. 18 des Zust.-Ges. von 1876, noch in §. 126 des L.-V.-Gesetzes von 1883 bestimmt, allein in gewerbepolizeilichen Sachen beträgt sie doch 14 Tage (§§. 20, 21, 40 der Reichs-Gewerbe-O.). Der Ausdruck „Rekurs" hat hier keine technische Bedeutung, sondern soll alle

Arten von Rechtsmitteln, die in den verschiedenen Bundesstaaten verschiedene Namen haben, umfassen.

9) Der §. 135 des Zust.-Ges. von 1876 ist jetzt fortgefallen; der §. 35 des Gesetzes vom 3. Juli 1875 ist ersetzt durch §. 63 des L.-V.-G. vom 30. Juli 1883.

Nr. 15.

Endurteil vom 10. Oktober 1877 (Entsch. Bd. III. S. 245).

1) Die Zulässigkeit der Erteilung der Erlaubnis zum Betriebe der Schankwirtschaft „auf Zeit" — insbesondere zu einem auf die Dauer der Sommermonate beschränkten Betriebe — ist durch den §. 40 der Reichs-Gewerbe-O. nicht ausgeschlossen.

2) Dies bezieht sich auch auf die Genehmigungen zum Ausschank von Getränken für bestimmte vorübergehende Gelegenheiten, z. B. Schützenfeste, Kirchweihen und andere Volksbelustigungen, größere Truppenzusammenziehungen und dergl. Wegen der Mitwirkung der Polizeibehörde in diesen Fällen vergl. das Endurteil oben Nr. 13.

3) Der §. 40 a. a. O. will nur verhindern, daß die betreffenden Erlaubnisse nur auf eine bestimmte Zeit erteilt werden (wie z. B. früher die Konzession alle Jahr erneuert werden mußte).

Nr. 16.

Endurteil vom 28. November 1877 (Entsch. Bd. III. S. 249).

1) Handelt es sich um eine mit einem Grundstücke verbundene, schon vor dem Jahre 1810 begründete und durch die Erwerbungsurkunde und das Grundbuch nachgewiesene Real-Schank-Berechtigung, so darf die später nachgesuchte Erlaubnis zum Betriebe des Gewerbes in einem derartigen Grundstücke weder von der Nützlichkeit, noch von dem Bedürfnisse der Anlage abhängig gemacht werden.

2) Nach §. 10 der Reichs-Gewerbe-O. sollen derartige Realgewerbeberechtigungen nur fortan nicht mehr neu begründet werden.

3) Die Bezeichnung „Feldschänke" deutet hin auf das Vorhandensein einer Real-Schankgerechtigkeit. Die Verleihung der letzteren wurde ehedem als ein Ausfluß der niederen oder Polizei-Gerichtsbarkeit angesehen.

4) Nur hinsichtlich der Beschaffenheit des Lokals kommt die Vorschrift des §. 33 Nr. 2 der Reichs-Gewerbe-O. dahin zur Anwendung, daß das Lokal den polizeilichen Anforderungen genügen muß.

Nr. 17.

Endurteil vom 27. März 1878 (Entsch. Bd. III. S. 260).

1) Der Begriff des Kleinhandels mit Branntwein oder Spiritus ist im Gesetze (§. 33 der Reichs-Gewerbe-O.) als ein einheitlicher gestaltet, wenigstens wird daselbst nicht, wie zwischen Gastwirtschaft, Schankwirtschaft und Kleinhandel, so auch noch wieder innerhalb des letzteren weiter unterschieden zwischen einem unbeschränkten oder einem beschränkten Handel in der Art, daß die Behörde ausdrücklich ermächtigt würde, die Erlaubnis ausschließlich auf einzelne Arten — Rum, Arrak, Kognak — von weingeisthaltigen Getränken oder auch auf gewisse Formen der Verabreichung — wie in versiegelten Flaschen — zu erteilen. Anderseits

ist aber auch die Erteilung einer derartig beschränkten Konzession, wenn der Nachsuchende dies beantragt, nicht ausgeschlossen.

2) Die Bedürfnisfrage wird schon dann bejaht werden müssen, wenn nur in Beziehung auf den Handel mit denjenigen weingeisthaltigen Getränken, zu deren Vertrieb der Unternehmer die Erlaubnis nachsucht, das Bedürfnis als vorhanden anzuerkennen ist.

Nr. 18.

Endurteil des II. Senats vom 13. Mai 1878 (Entsch. Bd. IV. S. 290).

1) Die Vorschrift in §. 53 Abs. 1 der Reichs-Gewerbe-O., betreffend die Unrichtigkeit der Nachweise, auf deren Grund die Genehmigung erteilt ist, erscheint nicht anwendbar in dem Falle, wenn etwa behauptet würde, daß der Nachsuchende bei seiner Bewerbung um die Erteilung der Erlaubnis etwas verschwiegen habe, daß es sich also um einen Irrtum oder um eine Erschleichung der Konzessions-Urkunde gehandelt habe. Denn die Nachweise, auf deren Grund die Genehmigung zum Betriebe einer Schankwirtschaft erteilt wird, können sich nach §. 33 der Reichs-Gewerbe-O. zunächst nur auf die Person des Nachsuchenden und auf das zum Gewerbebetriebe bestimmte Lokal beziehen. War der die Konzession erteilenden Behörde beides bekannt, so kann nachher nicht behauptet werden, es habe bei der Erteilung der Genehmigung ein Irrtum obgewaltet.

2) Die Konzessions-Urkunde mag im allgemeinen nur als ein Beweismittel dafür, daß eine Konzession erteilt worden ist, anzusehen sein, jedenfalls begründet aber doch eine in gehöriger Form ausgestellte Urkunde zum mindesten die Vermutung, daß bei Erteilung der Konzession seitens der Behörde die gesetzlichen Vorschriften, z. B. die Anhörung der Gemeinde- und Polizeibehörde, beobachtet worden sind. Sollte letzteres unterblieben sein, so findet doch darüber, ob diese Konzession nichtig sei, ein Verwaltungsstreitverfahren nicht statt.

Nr. 19.

Endurteil des II. Senats vom 13. Mai 1878 (Entsch. Bd. IV. S. 294).

1) Der Antrag auf Zulassung einer Stellvertretung für einen Schank- u. s. w. Wirt unterliegt nicht dem Verwaltungsstreitverfahren nach Maßgabe der die Konzessionierung zu diesem Gewerbebetriebe überhaupt regelnden Vorschriften.

2) Der Ausdruck „Betrieb“ in §. 128 des Zust.-Ges. von 1876 (jetzt §. 114 des Zust.-Ges. von 1883) ist auf den Stellvertreter im Gewerbebetriebe nicht anwendbar, sondern nur auf den Unternehmer selbst.

3) Der §. 3 des Gesetzes vom 3. Juli 1875 ist ersetzt durch §. 7 des L.-V.-G. vom 30. Juli 1883.

4) Auf den von den Stellvertretern handelnden §. 45 der Reichs-Gewerbe-O. ist weder in dem Zust.-Ges. von 1876, noch in dem von 1883 verwiesen worden.

Nr. 20.

Endurteil des I. Senats vom 10. Dezember 1878 (Entsch. Bd. IV. S. 300).

1) An die Stelle des §. 83 des Gesetzes vom 3. Juli 1875 ist der §. 113 des L.-V.-G. vom 30. Juli 1883 getreten.

2) Stellvertreter der Gewerbetreibenden bedürfen überhaupt keiner Konzession im Sinne des §. 33 der Reichs-Gewerbe-O. Der Polizeibehörde steht das Recht zu, falls ein nach §. 45 a. a. O. nicht qualifizierter Stellvertreter von dem Inhaber des Gewerbes ernannt wird, dagegen einzuschreiten, demselben (d. h. dem Stellvertreter) die Stellvertretung zu untersagen und dieses Verbot mit allen der Polizei nach den Landesgesetzen zustehenden Mitteln durchzusetzen.

3) In Preußen kann dies im Wege der polizeilichen Zwangsverfügung geschehen (§§. 30 ff. des Zust.-Ges. von 1876, §§. 132 ff. des L.-V.-G. vom 30. Juli 1883).

Nr. 21.

Endurteil des II. Senats vom 24. Juni 1878 (Entsch. Bd. IV. S. 306).

1) Bei der Beurteilung der Frage, ob ein zum Gast- u. s. w. Wirtschaftsbetriebe bestimmtes Lokal den polizeilichen Anforderungen genügt, sind die allgemeinen (orts-) polizeilichen — insbesondere bau- und verkehrspolizeilichen — Vorschriften für den Verwaltungsrichter nicht ohne weiteres bindend, vielmehr ist in jedem einzelnen Falle zu prüfen, ob das zum Betriebe des Gewerbes bestimmte Lokal wegen seiner Beschaffenheit oder Lage den polizeilichen Anforderungen genüge.

2) Wenn eine Baupolizeiverordnung vorschreibt, daß Kellergeschosse nur unter bestimmten Voraussetzungen und Bedingungen zu Wohnungen eingerichtet werden dürfen, so handelt es sich dabei nicht um „polizeiliche Anforderungen" im Sinne des §. 33 Nr. 2 der Reichs-Gewerbe-O., denn jene baupolizeilichen Vorschriften sind nicht zur Regelung des Schankgewerbes erlassen.

3) Unter den Begriff „Wohnungen", d. h. zum Wohnen der Menschen bestimmte Räume, fallen die lediglich zum Betriebe der Schankwirtschaft bestimmten Räume nicht. Die letzteren dienen — im Gegensatze zu den Räumen einer Gastwirtschaft — nur zu dem Zwecke, den Gästen behufs Einnahme von Getränken u. s. w. vorübergehenden Aufenthalt zu gewähren. Weder die ein Schanklokal besuchenden Gäste „bewohnen" dasselbe, so lange sie sich dort aufhalten, noch dient dasselbe als solches und regelmäßig dem die Gäste bedienenden Wirte und dem sonstigen Personal zur Wohnung.

4) An die Stelle der §§. 64 Nr. 1, 68, 69, 70 des Gesetzes vom 3. Juli 1875 sind die §§. 94, 98, 99, 100 des L.-V.-G. vom 30. Juli 1883 getreten.

Nr. 22.

Endurteil des II. Senats vom 24. Juni 1878 (Entsch. Bd. IV. S. 309).

1) In dem vorhergehenden Endurteile war auch gesagt worden, daß, wenn die für Keller-Wohnungen gegebenen Vorschriften ohne weiteres auch auf Schanklokale auszudehnen in der Absicht gelegen hätte, dies zum bestimmten Ausdrucke zu bringen gewesen und gewiß auch gebracht worden wäre.

Letzteres war in diesem Falle geschehen, indem eine Baupolizeiverordnung die Bestimmung enthielt, daß neben den Chausseen auch Krug- und Gastwirtschaftsgebäude nur in einer Entfernung von mindestens 30′ von der Grenze des Chausseegebietes errichtet werden dürften.

2) Erweist sich eine solche Verordnung in dieser Beziehung als unzweckmäßig oder sonst zu weit gehend, so kann eine Änderung nur durch Anrufen der Verwaltungsbehörde herbeigeführt werden. Solange sie besteht, ist der Verwaltungsrichter an ihre positiven Vorschriften gebunden.

3) Die auf die Kellerwohnungen bezüglichen polizeilichen Verbote sind auf den Betrieb des Schankgewerbes nicht ohne weiteres anwendbar.

Nr. 23.

Endurteil des II. Senats vom 24. Juni 1878 (Entsch. Bd. IV. S. 314).

1) Unterschied der beiden in §. 53 der Reichs-Gewerbe-O. angeführten Fälle, in denen eine Konzession zurückgenommen werden kann:

a. wenn die Unrichtigkeit der Nachweise dargethan wird, auf deren Grund solche erteilt worden ist;

b. wenn aus Handlungen oder Unterlassungen des Inhabers der Mangel derjenigen Eigenschaften klar erhellt, welche bei der Erteilung der Genehmigung nach Vorschrift der Reichs-Gewerbe-O. vorausgesetzt werden mußten.

Im ersten Falle waltet in Wahrheit schon vor oder doch bei der Erteilung der Genehmigung eine Nichtübereinstimmung zwischen dem wirklichen und demjenigen Zustande ob, welchen die Behörde auf Grund der ihr vorgelegten Nachweise als vorhanden annehmen mußte; nur treten diese Nichtübereinstimmung und damit die Unrichtigkeit der Nachweise erst später zu Tage.

Im zweiten Falle dagegen fehlt es zwar zunächst nicht an der Übereinstimmung zwischen dem von der Behörde bei der Erteilung der Genehmigung als vorhanden vorausgesetzten und dem damaligen thatsächlichen Zustande, es sind aber nachträglich durch Handlungen oder Unterlassungen des Inhabers Veränderungen eingetreten, infolge deren nunmehr allerdings diejenigen Eigenschaften nicht mehr anzutreffen sind, welche bei der Erteilung der Genehmigung vorausgesetzt werden mußten.

2) Unter dem „Mangel der Eigenschaften" (sub b) sind nicht lediglich Eigenschaften der Person des Unternehmers, sondern auch solche des Lokals zu verstehen (vergl. das Endurteil oben Nr. 16). Sind die letzteren durch Naturereignisse (z. B. durch Erdsturz oder Erdrutsch an dem hohen Ufer eines Flusses) ganz oder teilweise zerstört worden, so findet der §. 53 a. a. O. überhaupt nicht Anwendung.

3) Anders würde sich das Verhältnis gestalten, wenn etwa nachgewiesen werden könnte, daß der Gastwirt über die in der ursprünglichen Konzession für den Gewerbebetrieb ausdrücklich bestimmten Räume anderweit, z. B. durch Vermietung, disponiert hätte.

4) Für die Frage, ob bei dem allein konzessionierten (durch Naturereignisse beseitigten) Lokale die in der erteilten Erlaubnis vorgesehenen Eigenschaften anzutreffen sind, kann die Beschaffenheit der auf einem anderen Grundstücke belegenen Ersatzbaulichkeiten von keiner Bedeutung sein.

5) Die §§. 41 und 62 des Gesetzes vom 3. Juli 1875 sind durch die §§. 71 und 92 des L.-V.-G. vom 30. Juli 1883 ersetzt.

Nr. 24.

Endurteil des I. Senats vom 12. Oktober 1878 (Entsch. Bd. IV. S. 327).

1) Die Ausübung der den Gemeindebehörden in dem Verfahren über Anträge auf Konzessionierung von Schank- u. s. w. Wirtschaften obliegenden

amtlichen Thätigkeit durch einen bei der Sache persönlich beteiligten Gemeindevorsteher ist unzulässig, so z. B., wenn sich der widersprechende Gemeindevorsteher selbst in dem Besitze einer Schankkonzession befindet, und die Polizeibehörde (der Amtsvorsteher) dem Antrage zugestimmt hat.

2) Der Gemeindevorsteher muß in diesem Falle seine Mitwirkung ablehnen und seinen gesetzlichen Stellvertreter mit der Wahrnehmung der betreffenden Amtshandlung betrauen.

Nr. 25.

Endurteil des II. Senats vom 27. Juni 1878 (Entsch. Bd. IV. S. 328) in der Anmerkung.

Derselbe Grundsatz, wie in Nr. 24 in Bezug auf einen Gutsvorsteher. Der §. 14 des Zust.-Ges. von 1876 ist ersetzt durch §. 74 Abs. 3 des L.-V.-G. vom 30. Juli 1883.

Nr. 26.

Endurteil des I. Senats vom 10. Dezember 1878 (Entsch. Bd. IV. S. 329).

1) Der §. 29 des Gesetzes vom 3. Juli 1875 ist fortgefallen, die §§. 41 und 54 I. desselben Gesetzes sind ersetzt durch §§. 71 und 85 des L.-V.-G. vom 30. Juli 1883.

2) Ein Gastwirt, welchem z. B. wegen Duldung der Unsittlichkeit die Konzession entzogen worden ist, darf als Stellvertreter des Geschäftsnachfolgers nicht eingesetzt werden, und die Polizeibehörde ist wohl befugt, diesen Geschäftsnachfolger durch Zwangsmaßregeln anzuhalten, daß er sich des Vorbesitzers als Stellvertreters nicht bediene.

3) Dagegen kann nicht untersagt werden, daß der Geschäftsnachfolger sich des Vorbesitzers als Kellner oder Kellnerin in irgend einer Weise bediene (§. 41 der R.-Gewerbe-O.).

4) Aus §. 45 der R.-Gewerbe-O. folgt auch, daß die Fortsetzung des Betriebes, welcher unzulässigerweise durch einen Stellvertreter ausgeübt wird, auch unmittelbar dem Stellvertreter gegenüber polizeilich verhindert und mithin auch das polizeiliche Zwangsverfahren mit Exekutivstrafen letzterem gegenüber eingeleitet werden kann, die Polizeibehörde hat sich also nicht lediglich an den vertretenen Inhaber des Gewerbes zu halten (Analogie des §. 151 a. a. O.).

Nr. 27.

Endurteil vom 1. Dezember 1877 (Entsch. Bd. IV. S. 339).

1) An die Stelle des §. 128 Abs. 5 des Zust.-Ges. von 1876 ist der §. 114 Abs. 5 des Zust.-Ges. von 1883 getreten. Die bei der Anwendung dieser Bestimmungen sich ergebende Kollision der amtlichen Stellung der Bürgermeister als Vorsitzende der Magistrate oder Stadtausschüsse und als Verwalter der Ortspolizei in dem Verfahren über Anträge auf Konzessionierung von Schank- u. s. w. Wirtschaften sind dadurch zu lösen, daß der Bürgermeister von den beiden ihm gesetzlich obliegenden Funktionen die eine wahrnimmt, während die andere dem gesetzlichen Vertreter zufällt. Welche von beiden Funktionen er selbst übernehmen will, bleibt seinen pflichtmäßigen

Ermessen überlassen. (Vergl. die Verfügung des O.=V.=G. vom 17. November 1877 — Entsch. Bd. III. S. 380 —.)

2) Hat der Bürgermeister als Vertreter der Polizeiverwaltung dem Antrage widersprochen und hiermit die Rolle des Beklagten übernommen, so kann er als Richter nicht mitwirken.

3) Hat diese Mitwirkung gleichwohl stattgefunden, so hat der Bürgermeister doch das Recht, als Partei gegen die Entscheidung des Verwaltungsgerichts Rechtsmittel einzulegen.

4) An die Stelle des §. 64 Nr. 2 des Gesetzes vom 3. Juli 1875 ist §. 94 Nr. 2 des L.=V.=G. vom 30. Juli 1883 getreten. Wird die Einlegung des vorstehend sub. 3 gedachten Rechtsmittels für unstatthaft erklärt, so ist das ein wesentlicher Mangel des Verfahrens.

5) Die §§. 49 und 68 des Gesetzes vom 3. Juli 1875 sind ersetzt durch §§. 79 und 98 des L.=V.=G. vom 30. Juli 1883.

6) Die Bedürfnisfrage ist zu prüfen nach der Zahl der Einwohner und der darauf entfallenden Schankstätten.

Nr. 28.

Endurteil des II. Senats vom 10. Februar 1879 (Entsch. Bd. V. S. 266).

Die Zurücknahme einer Konzession zum Betriebe der Schank= u. s. w. Wirtschaft kann (außerhalb des Falles einer Unrichtigkeit derjenigen Nachweise, auf Grund welcher die Erteilung erfolgte) auf solche Handlungen oder Unterlassungen, welche der Zeit *vor* der Konzessionserteilung angehören, nicht gegründet werden (§§. 33, 53 und 143 der R.=Gewerbe=O.). Denn es ist Sache der zuständigen Behörden, sich *vor* der Konzessionserteilung über die Qualifikationen des Nachsuchenden sichere Nachrichten zu verschaffen.

Nr. 29.

Endurteil des I. Senats vom 9. April 1879 (Entsch. Bd. V. S. 278).

1) Ein Gast= und Schankwirtschaftsbetrieb darf auf Räume, welche bei der Konzessionierung des Gewerbebetriebes für diesen nicht in Betracht gekommen sind, z. B. auf *Kellerräume*, nicht ausgedehnt werden (§. 33 der R.=Gewerbe=O.), denn es bedarf dazu einer neuen, erweiterten Konzession.

2) Wegen der §§. 15 und 147 Nr. 1 der R.=Gewerbe=O. vergl. oben das Endurteil Nr. 10, 3). (Verlassener Rechtsgrundsatz.)

Nr. 30.

Endurteil des I. Senats vom 7. Juni 1879 (Entsch. Bd. V. S. 286).

1) Die Ortspolizeibehörde ist nicht berechtigt, nach erteilter Erlaubnis zum Betriebe der Gast= oder Schankwirtschaft an das dazu dienende Lokal *mit Rücksicht auf diesen Gewerbetrieb* nachträglich neue Anforderungen zu stellen (§§. 1, 33, 53 der R.=Gewerbe=O.). Bei der entgegenstehenden Auffassung würde die Sicherheit, welche der Konzessionierte nach dem Willen des Gesetzgebers dadurch erlangen soll, daß ihm die Erlaubnis nur auf dem im §. 53 a. a. O. bezeichneten Wege wieder entzogen werden kann, völlig illusorisch werden. Diese Anforderungen könnten unter Umständen so erheblich sein, daß sie thatsächlich einer Entziehung gleichkommen.

2) Die landesgesetzlichen Bestimmungen in §. 59 der Kreisordnung vom 13. Dezember 1872, §. 1 Abs. 3 des Gesetzes über die Polizeiverwaltung vom 11. März 1850 (V. vom 20. September 1867 — G.-S. S. 1529 —), §. 10 Tit. 17 Teil II A. L.-R.'s kommen nach dem Grundsatze, daß Reichsrecht dem Landesrechte vorgeht, der sich aus §§. 1. Abs. 1 und 33 der R.-Gewerbe-O. ergebenden Konsequenz gegenüber nicht in Betracht. Es verhält sich dies anders als hinsichtlich des Betriebes der Wirtschaft, welcher z. B. hinsichtlich der Polizeistunde, der Einführung besonderer Erlaubnis für Tanzlustbarkeiten u. s. w. polizeilichen Beschränkungen unterliegt, denn in dieser Beziehung ist reichsgesetzlich nicht die Schranke gezogen, welche bezüglich des Lokals aus §. 33 Abs. 2 der R.-Gewerbe-O. folgt.

3) Ähnliche Beschränkungen enthält die R.-Gewerbe-O. in den Fällen der §§. 16 und 24 hinsichtlich gefährlicher Anlagen bezw. Dampfkessel.

4) Ein Gebot der Zumauerung von Keller- und Ladenthüren, welche nach der Straße aufschlagen, würde sich auf Grund des §. 80 Tit. 8 Teil I A. L.-R.'s nur dann rechtfertigen lassen, wenn sich dem Aufschlagen dieser Thüren nach der Straße durch eine veränderte Einrichtung derselben nicht abhelfen ließe. Die Anlage dieser Art von Thüren bedarf einer polizeilichen Erlaubnis nur, wenn sie nach der Straße aufschlagen und dadurch den Verkehr hemmen, nicht, wenn sie nach innen aufgehen.

Nr. 31.

Endurteil des I. Senats vom 25. Juni 1879 (Entsch. Bd. V. S. 291).

1) Gegenüber einem wiederholten Antrage auf Erteilung der Gast- u. s. w. Wirtschafts-Konzession findet der Einwand, daß ein gleichartiger früherer Antrag desselben Unternehmers bereits durch rechtskräftig gewordene Vorentscheidung zurückgewiesen sei (res judicata), überhaupt nicht statt, ganz abgesehen davon, ob inzwischen Änderungen gewisser thatsächlicher Verhältnisse in der Beschaffenheit der zum Betriebe des Gewerbes bestimmten Räumlichkeiten stattgefunden haben, oder nicht.

2) Jeder neue Antrag erheischt eine neue selbständige Prüfung. Von einem durch Klagekonsumtion wohlerworbenen Rechte im Sinne der (noch maßgebenden) §§. 65, 66 der Einleitung der Prozeßordnung vom 7. Juli 1793, welches zum Schutze gegen fernere Anfechtung durch den Gegner der obsiegenden Partei gewährt worden ist, kann regelmäßig wohl auf seiten einer Privatperson, welche sich gegen eine ihr angesonnene Verpflichtung verteidigt, nicht aber auf seiten des Beamten die Rede sein, welcher dem Klageantrage gegenüber das öffentliche Interesse zu vertreten hat.

3) In Schanksachen kann res judicata überhaupt nicht vorkommen, weil die Anträge auf Erteilung der Schankerlaubnis an sich dem Beschlußverfahren unterliegen und die Verfügungen auf die darauf bezüglichen Anträge sich als eine Verwaltungssache kennzeichnen.

Nr. 32.

Endurteil des I. Senats vom 5. Juni 1880 (Entsch. Bd. VI. S. 265).

1) Die Gemeindebehörde ist ebenso, wie die Polizeibehörde zur Einlegung von Rechtsmitteln gegen die erstinstanzlichen Entscheidungen in Schank- u. s. w. Konzessionsangelegenheiten befugt. §. 128 des Zust.-Ges.

von 1876 (jetzt §. 115 des Zust.=Ges. von 1883). Der letzte Absatz des §. 33 der R.=Gewerbe=O. in der Fassung vom 1. Juli 1883 ist aus der Novelle vom 23. Juli 1879 hervorgegangen.

2) Wenn der Gemeindevorsteher oder der Gutsvorsteher die Zulässigkeit eines Gesuches um Konzessionierung zum Betriebe der Gast= u. s. w. Wirtschaft zu prüfen hat, so handelt es sich um einen obrigkeitlichen Akt, bei welchem er in Behinderungsfällen (z. B. bei persönlichem Interesse) von Einem Schöffen vertreten wird, und zwar ist es gerechtfertigt, dazu den dem Dienst= bezw. Lebensalter nach ältesten zu bestimmen.

3) Die Rechtsregel: „lex ad praeterita trahi nequit" (§. 14 der Einleitung zum A. L.=R.) findet nur auf wohlerworbene Rechtsansprüche Anwendung, nicht also auf allgemeine, abstrakte Befugnisse aller Menschen, welche nur die Möglichkeit gewähren, bestimmte Rechtsverhältnisse zu schaffen. (Rückwirkende Kraft der Gesetze.)

4) Die Einführung der Gewerbefreiheit durch §. 1 der R.=Gewerbe=O. hat nicht jedem einzelnen Staatsbürger den Rechtsanspruch verliehen, danach zum Betriebe eines Gewerbes ohne Rücksicht auf die fortschreitende Gesetzgebung zugelassen zu werden. Die Entscheidung über den Antrag kann daher nur nach dem Gesetze erfolgen, welches zur Zeit besteht.

5) Dem Berufungsrichter steht gemäß §. 62 des Gesetzes vom 3. Juli 1875 (jetzt §. 92 des L.=V.=G. vom 30. Juli 1883) die Entschließung über den Antrag im vollem Umfange und ganz in derselben Weise zu, wie dem Kreisausschuß.

6) Unter „Landesregierungen" (§. 33 Abs. 2 der R.=Gewerbe=O.) sind im Gegensatze zur „Landesgesetzgebung" die Zentralbehörden zu verstehen. Danach war der Minister des Innern zum Erlaß der Bekanntmachung vom 14. September 1879 (Min.=Bl. d. i. V. S. 253) zuständig, auch bedurfte dieselbe nicht der landesherrlichen Bestätigung. Als Publikationsorgan für derartige ministerielle Erlasse gelten die Amtsblätter.

7) Wenn der §. 2 Satz b. der Verordnung über die Einrichtung der Amtsblätter vom 28. März 1811 (G.=S. S. 165) als Inhalt der Amtsblätter bezeichnet: „Alle zur allgemeinen Bekanntmachung geeigneten Verfügungen der verschiedenen Landesbehörden" und dann zur Erläuterung mit dem darauf durch das Wort „also" angeschlossenen Satze nur auf Provinzialbehörden hinweist, so erklärt sich dies daraus, daß die Amtsblätter nur für die einzelnen Regierungsbezirke erscheinen und von den Regierungen herausgegeben werden, so daß jede Publikation, auch die ministerieller Verfügungen, durch Vermittlung der Polizeibehörden erfolgt. Daß aber die Amtsblätter das amtliche Publikationsorgan auch für allgemeine, alle oder mehrere Regierungsbezirke betreffende Verordnungen der Zentralbehörden sind, erhellt klar, wenn in Betracht gezogen wird, daß die Amtsblätter sogar als Publikationsorgane für allgemeine Gesetze bestanden (A. Kab.=O. vom 24. Juli 1826, G.=S. S. 73) und die neuere Gesetzgebung auch die Bekanntmachung landesherrlicher Erlasse durch die Amtsblätter regelt (Ges. vom 10. April 1872, G.=S. S. 357).

8) Der Zeitpunkt, mit welchem die durch die Amtsblätter publizierten ministeriellen Erlasse in Kraft treten, bestimmt sich nicht nach dem Gesetze vom 16. Februar 1874 (G.=S. S. 23), da dieses lediglich die durch die Gesetzsammlung*) verkündeten Erlasse betrifft und keine analoge Anwendung zuläßt, sondern nach der Deklaration vom 14. Januar 1813 (G.=S. S. 2).

---

*) In den Entscheidungen Bd. VI. S. 276 steht „Gesetzgebung" (Druckfehler).

In demselben Sinne entschied das Reichsgericht durch Erkenntnis vom 11. Juni 1880 (Entsch. Straffenat Bd. 2 S. 101).

Nr. 33.

Endurteil des I. Senats vom 6. Oktober 1880 (Entsch. Bd. VII. S. 292).

Als eine den polizeilichen Anforderungen entsprechende Lage des Lokals (§. 33 Ziffer 2 der R.-Gewerbe-O.) ist eine solche zu erachten, welche nach Maßgabe der im einzelnen Falle in Betracht kommenden Verhältnisse die Ausübung der erforderlichen polizeilichen Kontrolle ohne unverhältnismäßige Erschwerung gestatten. Denn nicht der Polizei liegt es ob, ihre Veranstaltungen stets in dem Grade zu erweitern, in welchem der Einzelne es unternimmt, durch eine gewerbliche Anlage der in §. 33 bezeichneten Art zu seinem Privatvorteil den Kreis ihrer Thätigkeit zu vergrößern, sondern der Einzelne hat seine Unternehmungen den öffentlichen Einrichtungen anzupassen. Seine persönlichen Interessen dürfen nicht ungewöhnliche Opfer aus öffentlichen Mitteln erheischen.

Nr. 34.

Endurteil des I. Senats vom 9. Oktober 1880 (Entsch. Bd. VII. S. 294).

1) Die einer Witwe und den minderjährigen Erben eines Gewerbtreibenden nach §. 46 der R.-Gewerbe-O. zustehende Berechtigung besteht nicht, wenn der Unternehmer zwar nach der Verkündigung eines auf Erteilung der Konzession zum Betriebe der Schank- u. s. w. Wirtschaft lautenden Urteiles, aber noch vor der Entscheidung auf das dagegen eingelegte Rechtsmittel verstorben ist. Denn der ursprüngliche Antrag ist mit dem Ableben des Antragstellers erloschen.

2) Der auf die Stellvertretung bezügliche §. 45 a. a. O. hat nur bestehende Konzessionen zur Voraussetzung.

Nr. 35.

Endurteil des I. Senats vom 2. Februar 1881 (Entsch. Bd. VII. S. 301).

1) Die mit einem ländlichen Grundstücke verbundene Realschankgerechtigkeit darf von dem Eigentümer nicht auch auf solche Pertinenzien ausgedehnt werden, welche dem berechtigten Grundstücke erst nach der Entstehung des Realrechtes zugeschlagen und im Grundbuche zugeschrieben sind (§. 48 der R.-Gewerbe-O.).

2) Die gewerblichen Realberechtigungen sind zwar in vermögensrechtlicher Beziehung privatrechtlicher Natur und Gegenstand des freien Verkehrs, aber ihrer Entstehung nach gehören sie dem öffentlichen Rechte an.

3) Soweit dieser öffentlich-rechtliche Charakter in Frage kommt, kann die auf einer gewissen Realität ruhende Gewerbegerechtigkeit nicht nach Willkür des Eigentümers auf ein anderes Objekt übertragen werden.

4) Auf einer anderen Stelle des zum vollberechtigten Stammgute gehörenden Grund und Bodens könnte ein etwa zerstörtes Gasthofsgebäude, unter Umständen ohne Gefährdung der Realschankgerechtigkeit, aufgebaut werden.

Nr. 36.

Endurteil des I. Senats vom 27. April 1881 (Entsch. Bd. VII. S. 305).

1) Wenn die Verlängerung der Polizeistunde über 10 Uhr abends hinaus durch Polizeiverordnung dem freien, durch keine bestimmten Normen begrenzten Ermessen der Ortspolizeibehörde überlassen worden ist, so hören die in Übung dieses Ermessens getroffenen Verfügungen noch nicht auf, polizeiliche Verfügungen im Sinne der §§. 127 ff. des L.=V.=Gesetzes vom 30. Juli 1883 zu sein. Die Berechtigung des freien Ermessens schließt nicht in sich die Zulässigkeit der Willkür oder der Schikane.

2) Hinsichtlich der Zurücknahme der einmal erteilten Erlaubnis zum Halten von Gästen über die gewöhnliche Polizeistunde hinaus ist es nicht dem bestehenden Rechte entsprechend, wenn diese Zurücknahme deshalb erfolgt, weil der Gewerbtreibende weibliche Bedienung hält (§. 41 der R.=Gewerbe=O.).

3) Allerdings liegt in dem Halten der weiblichen Bedienung die Gefahr der Förderung der Völlerei wegen des längeren Verweilens der Gäste, und deshalb entbehrt auch eine polizeiliche Verfügung der vorher gedachten Art nicht jedes objektiven polizeilichen Beweggrundes.

Nr. 37.

Endurteil des I. Senats vom 19. November 1881 (Entsch. Bd. VIII. S. 254).

1) In einem Endurteile des II. Senats vom 5. Mai 1879 (Wochenschrift „Selbstverwaltung" Jahrgang VI. S. 235) war der Grundsatz ausgesprochen, für die Erteilung einer Schankkonzession genüge bereits der Umstand, daß bestimmte Kreise der Bevölkerung in dem zu konzessionierenden Lokale mit Vorliebe verkehrten. Hieraus ist aber nicht zu folgern, daß die Bedürfnisfrage bejaht werden müsse, sobald jener thatsächliche Umstand zutreffe, denn das Gesetz (§. 33 der R.=Gewerbe=O.) stellt die Prüfung der Bedürfnisfrage in das freie Ermessen der konzessionierenden Behörden.

2) Anderseits erscheint es mit dem Sinne und dem Zwecke des Gesetzes sehr wohl vereinbar, den besonderen Ansprüchen bestimmter Gesellschaftsklassen (im Gegensatze zu dem Publikum in seiner Gesamtheit) und des örtlichen Verkehrs in angemessener Weise Rechnung zu tragen, auch erscheint es grundsätzlich wohl zulässig, in dem langjährigen Bestand einer Schankwirtschaft (welcher den Verwaltungsrichter einer Prüfung der Bedürfnisfrage keineswegs überhebt und an dem gesetzlichen Begriffe des Bedürfnisses nichts ändert) und in der Art der bisherigen Benutzung des Lokales ein Anzeichen für das Vorhandensein des Bedürfnisses zu erblicken (sogenannte „Stammlokale").

3) Auch bei einer beabsichtigten Erweiterung eines bestehenden Bierschankgeschäftes zu einem Branntweinschankgeschäfte ist die Bedürfnisfrage zu prüfen.

4) Daß in einer Speisewirtschaft, auch wenn daselbst Vereine zeitweise verkehren, der Ausschank von Branntwein ein Bedürfnis sei, muß in jedem einzelnen Falle besonders nachgewiesen werden.

Nr. 38.

Endurteil des I. Senats vom 1. April 1882 (Entsch. Bd. VIII. S. 272).

1) Realschankgerechtigkeiten bedürfen nicht der Eintragung in das Grundbuch als unerläßliche Voraussetzung. Subjektiv=dingliche Rechte

bedürfen eines Vermerkes im Grundbuche an sich nicht (§. 5 der Grundbuchordnung vom 5. Mai 1872 (G.=S. S. 446).

2) Wenn das Realrecht bereits vor dem Jahre 1810 in dem Hause beziehungsweise auf dem Grundstücke einer sogenannten Dominial=Arrende ausgeübt worden, d. h. mit diesem Dominialteile verbunden gewesen ist, so geht dasselbe bei dem Abverkaufe eines Trennstückes — mangels anderweiter Verabredung unter den Kontrahenten — als Zubehör mit dem Trennstücke, auf welchem es haftet, ipso jure auf den neuen Erwerber über, und es kann so wenig von einer Neubegründung einer Realschankgerechtigkeit im Sinne des §. 10 der Reichs=Gewerbe=O., als von einer (unstatthaften) Übertragung des Realrechtes von dem berechtigten Grundstücke auf ein bisher unberechtigtes die Rede sein.

Nr. 39.

Endurteil des I. Senats vom 19. April 1882 (Entsch. Bd. VIII. S. 276).

1) Nicht eine jede Veränderung der Räumlichkeiten eines zu dem Betriebe der Gast= u. s. w. Wirthschaft bestimmten Lokales hat die Nötigung zur Nachsuchung einer anderweiten oder erneuten Konzessionserteilung zur Folge, denn der Reichsgewerbeordnung liegt das Prinzip zu Grunde, dem gewerblichen Verkehr überall die größtmögliche Freiheit der Bewegung zu gestatten und derselben Schranken nur da aufzurichten, wo das überwiegende öffentliche Interesse dies unabweisbar erheischt (§§. 16 und 33 Ziffer 2 der R.=Gewerbe=O.).

2) Wenn also ein Schankwirt seine zum Gewerbebetriebe bestimmten Räume nur erweitert, etwa durch Entfernung von Zwischenwänden und Einbeziehung von Nebenräumen, so daß dadurch auf eine Änderung des bisherigen Betriebes nicht geschlossen werden kann, vielmehr darin nur eine Verbesserung der Lokalitäten erblickt werden muß, so bedarf er dazu überhaupt keiner polizeilichen Genehmigung.

Nr. 40.

Endurteil des I. Senats vom 30. Dezember 1881 (Entsch. Bd. VIII. S. 278).

1) Unbeschadet des im Falle des §. 49 Abs. 3 der R.=Gewerbe=O. eintretenden Verlustes der Konzession (Einstellung des Gewerbebetriebes während eines Zeitraumes von drei Jahren, ohne eine Fristung nachgesucht und erhalten zu haben) erlischt dieselbe so wenig bei völligem Untergange der genehmigten Lokalitäten, wie bei einer teilweisen Änderung der vorhandenen Räume, und zwar ganz gleich, ob der Untergang die unvermeidliche Folge eines Naturereignisses war (der force majeure, der unabwendbaren höheren Gewalt) oder selbst herbeigeführt wurde durch die freie Entschließung des Besitzers (z. B. wegen eines beabsichtigten Umbaues).

2) Dieselbe Konzession geht ohne weiteres über auf solche Ersatzlokalien, welche in dieser Eigenschaft an Stelle der vorhanden gewesenen (also nicht mehr vorhandenen) Räumlichkeiten auf der alten Betriebsstätte wieder hergerichtet werden.

3) Bestehen bleibt dabei der Grundsatz, daß bei jedem Wechsel wie in der Person so namentlich auch in den Lokalitäten die gewerbliche Konzession in Verlust gerät.

4) Ein teilweises Erlöschen der einmal erteilten gewerblichen Konzession gibt es nicht, es bedarf also auch die Konzession nach Wiederherstellung

eines durch Brand zerstörten Gasthauses keiner teilweisen Erneuerung bezüglich des neu errichteten Gebäudes.

Nr. 41.

Endurteil des I. Senats vom 24. Juni 1882 (Entsch. Bd. IX. S. 275).

1) An die Stelle des §. 74 des Gesetzes vom 3. Juli 1875 ist der §. 105 des Landesverwaltungsgesetzes vom 30. Juli 1883 getreten.

2) Die Polizeibehörde ist keineswegs nur zur Warnung wegen vermuteten Zuwiderhandelns gegen die Strafbestimmungen des §. 147 der R.-Gewerbe-O. unter Androhung der etwaigen Herbeiführung des Strafverfahrens berechtigt, sondern auch zur selbstständigen Verhinderung des drohenden Beginnes oder der Fortsetzung des gesetzlich unstatthaften Gewerbebetriebes durch die ihr als Polizeibehörde zustehenden Mittel (A. L.-R. II. 17 §§. 2 und 10, §. 15 der R.-Gewerbe-O.).

3) Diese Mittel sind namentlich da (gestattet?)*), wo der Gewerbtreibende in seinem Rechte zu sein glaubt oder vorgibt, die untersagende Verfügung, und weiter erforderlichen Falles diejenige Übung polizeilichen Zwanges, welche nicht lediglich auf eine Strafverschärfung hinausläuft, wie namentlich die Anwendung unmittelbaren Zwanges, die Anordnung der Hinwegschaffung der zum Gewerbebetriebe dienenden Einrichtungen u. dergl. mehr.

Vergl. oben das Endurteil Nr. 10.

4) Nach §. 63 des Organisationsgesetzes vom 26. Juli 1880 (jetzt §. 127 des L.-V.-Gesetzes vom 30. Juli 1883) findet gegen die untersagende Verfügung die Klage im Verwaltungsstreitverfahren statt, auf Grund deren der Verwaltungsrichter seine Entscheidung so wenig wie die Polizeibehörde ihre Verfügung auf bloße Bedenken gegen den untersagten Gewerbebetrieb zu stützen hat, sondern auf die Prüfung und Entscheidung der Frage, ob derselbe rechtlich statthaft ist oder nicht. In die Zuständigkeit des Strafrichters (§. 13 des Gerichtsverfassungsgesetzes vom 27. Januar 1877 und §. 147 der R.-Gewerbe-O.) wird damit nicht eingegriffen. Bis zum Ergehen materiell abweichender strafrichterlicher Entscheidungen bleiben die polizeilichen Zwangsmittel, soweit sie überhaupt statthaft sind, in Kraft. (Vergl. §§. 53 und 133 Abs. 3 des Landesverwaltungsgesetzes vom 30. Juli 1883.)

5) Das Wesen und der Zweck der Konsumvereine besteht (§. 1 Nr. 4 des Genossenschaftsgesetzes vom 4. Juli 1868 — B.-G.-Bl. S. 415 —) zunächst und abgesehen von der Ausdehnung ihres Geschäftsbetriebes auf Nichtmitglieder (Ges. vom 19. Mai 1871 — R.-G.-Bl. S. 101 —) darin, daß dieselben auf gemeinschaftliche Rechnung der Mitglieder Lebensbedürfnisse einkaufen und an ihre Mitglieder ablassen, um den letzteren diese Bedürfnisse gut und billig zu beschaffen und so deren Ausgaben zu vermindern. Die so beschränkte Thätigkeit solcher Vereine ist demnach nicht auf Erwerb gerichtet; sie treiben daher durch dieselbe keinen Handel, insbesondere auch nicht durch die Beschaffung von Branntwein und Spiritus für die Mitglieder keinen nach §. 33 der R.-Gewerbe-O. konzessionspflichtigen Kleinhandel mit diesen Gegenständen. Nicht maßgebend hierfür ist, ob solche Konsumvereine eingetragene Genossenschaften sind oder nicht.

6) Wenn aus den Statuten eines solchen Konsumvereins hervorgeht,

*) Dies Wort oder ein anderes scheint in Bd. IX. S. 280 ausgelassen zu sein.

daß er nicht auf seine Rechnung Lebensbedürfnisse (z. B. Branntwein) einkauft und an seine Mitglieder zu deren Vorteil abläßt, und daß er sich hierzu des angeblichen Lagerhalters nicht lediglich als Geschäftsführers bedient, der letztere vielmehr allein Einkauf und Verkauf (gegen Rabatt, wie jeder andere Kaufmann) besorgt, so treibt dieser angebliche Geschäftsführer auch Handel auf seine eigne Rechnung, und er bedarf der polizeilichen Erlaubnis zum Handel mit Branntwein und Spiritus.

Nr. 42.

Endurteil des I. Senats vom 16. September 1882 (Entsch. Bd. IX. S. 286).

1) An die Stelle des §. 62 des Gesetzes vom 3. Juli 1875 ist der §. 92 des L.=V.=Gesetzes vom 30. Juli 1883 getreten, der §. 128 des Zust.=Ges. von 1876 ist ersetzt durch den §. 114 des Zust.=Ges. von 1883.

2) Anderen als physischen Personen, insbesondere Aktiengesellschaften kann die Erlaubnis zum Betriebe der Gastwirtschaft, der Schankwirtschaft oder des Kleinhandels mit Branntwein oder Spiritus nicht erteilt werden.

Nr. 43.

Endurteil des II. Senats vom 27. Oktober 1882 (Entsch. Bd. IX. S. 294).

1) Der §. 53 der R.=Gewerbe=O. geht, wenn er von „Unterlassungen" spricht, zwar einerseits davon aus, daß eine gewisse, auf Erhaltung eines mit den Gesetzen verträglichen Betriebes gerichtete Thätigkeit zu den Pflichten des Konzessionsinhabers gehört, anderseits erfordert er aber auch, daß in dem einzelnen Falle, in welchem ihm eine Unterlassung der beregten Art zugerechnet werden soll, nach Lage der Umstände angezeigt und am Platze war, für den Inhaber auch die Möglichkeit und Gelegenheit bestand oder doch bei ordnungsmäßigem und gewöhnlichem Verlaufe der Dinge bestehen mußte, jene Thätigkeit zu entwickeln, er dies aber nichtsdestoweniger unterlassen hat.

2) Es ist das Obwalten von Umständen irgend einer Art unerläßlich, welche es gestatten, das passive Verhalten des Inhabers auf ein Verschulden desselben, auf seine Willensrichtung zurückzuführen, welche zu der Annahme einer vertretbaren Unterlassung berechtigen — ein Thatbestand, der z. B. auch überall da gegeben wäre, wo der Inhaber sich der Wahrnehmung unerlaubter Vorgänge geflissentlich entzieht.

3) Von diesem Gesichtspunkte aus läßt sich ein vereinzelter Exzeß, welchen ein Gast, während der Wirt aus nicht zu mißbilligenden Gründen abwesend ist, ungehindert ausführt, nicht ohne weiteres zur Konstruktion einer Unterlassung auf seiten des Wirtes verwerten, und ebensowenig folgt allein schon daraus, daß in den Fällen entschuldigter Behinderung der Inhaber eine Person, über deren Unzuverlässigkeit oder Neigung zur Förderung der Unsittlichkeit u. s. w. nichts bekannt ist, zu seiner Vertretung beruft, wenn in der Folge sich dieser Vertreter nicht bewährt, eine Unterlassung im Sinne des §. 53 a. a. O.

4) Die korrespondierende, gesetzliche Pflicht besteht in diesem Falle darin, eine ungeeignete Person fern zu halten. Eine Verletzung dieser Pflicht und damit eine Unterlassung im Sinne des Gesetzes wäre nur dann zu statuieren, wenn dem Inhaber die Untauglichkeit bekannt war oder doch füglich bekannt sein mußte, er also, obschon in der Lage, dem Gesetze nachzuleben, dies gleichwohl nicht gethan hat.

Nr. 44.

Endurteil des II. Senats vom 20. September 1883 (Entsch. Bd. X. S. 247).

1) Nicht jede anderweite Benutzung eines zum Gastwirtschaftsbetriebe bei der Erteilung der Konzession bestimmten Raumes schließt einen derartigen Mangel des Lokales in sich, daß damit die Zurücknahme der Konzession in Gemäßheit des §. 53 der R.=Gewerbe=O. gerechtfertigt werden könnte. Dazu bedarf es vielmehr einer Benutzung, durch welche der Raum dem Gewerbebetriebe entzogen, d. h. die Möglichkeit, den Raum jederzeit für den Gewerbebetrieb zu verwenden, ausgeschlossen oder mindestens beeinträchtigt wird. Deshalb kann auch die zeitweise Benutzung eines Fremdenzimmers durch den Wirt selbst oder dessen Familie nicht ohne weiteres als ein Konzessionsentziehungsgrund gelten.

2) Entscheidend sind die bei der Konzessionserteilung vorausgesetzten polizeilichen Anforderungen.

Nr. 45.

Endurteil des I. Senats vom 22. September 1883 (Entsch. Bd. X. S. 251).

1) Es ist rechtlich zulässig, eine Schankkonzession für einen bestimmt begrenzten Teil des Publikums zu gewähren. Dies ist auch längst in der Praxis anerkannt für Marketendereien und Schankwirtschaften in Kasernen. Will aber jemand seinen Gewerbebetrieb als Schänker u. s. w. auf einen bestimmten Kreis von Personen beschränken, so muß derselbe thatsächlich für die praktische Ausübung des Gewerbes derartig unterscheidbar und zu begrenzen sein, daß sowohl die Beurteilung der Bedürfnisfrage, als auch die der Zulänglichkeit des Lokals mit Sicherheit erfolgen kann und demgemäß auch die polizeiliche Kontrolle der Ausübung der Konzession überall möglich ist.

2) Die Erteilung einer Konzession zum Betriebe einer Speise= und Schankwirtschaft durch einen Eisenbahn=Restaurateur „für das mit der Eisenbahn reisende Publikum" ist zu unbestimmt.

Nr. 46.

Endurteil des I. Senats vom 17. Oktober 1883 (Entsch. Bd. X. S. 254).

1) Wenn die Militärverwaltung selbst eine sogenannten Kantine in einer Kaserne einrichtet, um ihrerseits das Militär, wie es mit Brot und sonstigem Essen geschieht, so auch mit Getränken zu versehen, so könnte es sich fragen, ob überhaupt ein Gewerbebetrieb im Sinne des §. 33 der R.=Gewerbe=O. vorliegt; wenn aber ein Privatmann die polizeiliche Genehmigung zum Betriebe der Schankwirtschaft, welche er zwar auf Militärpersonen beschränken, „anscheinend" auch unter eine „gewisse" militärische Aufsicht stellen will, so bedarf er dazu einer polizeilichen Konzession.

2) Der Ausspruch der Militärverwaltung (des Regiments=Kommandos), durch welchen sie die Konzessionierung der Schankstätte befürwortet oder fordert, ist für die Beurteilung der Bedürfnisfrage seitens der Verwaltungsgerichte nicht maßgebend.

3) Dagegen kann das Bedürfnis zur Errichtung einer Kantine aus militärischen Rücksichten als begründet anerkannt werden, und das Privatinteresse, welches einzelne bereits konzessionierte Schankwirte im Orte daran haben mögen, daß ihnen die Kundschaft der Garnison entzogen wird, kann nicht in Betracht kommen.

4) Die Beschränkung des Gewerbebetriebes auf die Garnison ist

zulässig, weil die auf diese Weise gezogene Grenze thatsächlich jederzeit zu erkennen und ihre Innehaltung sowohl dem Gewerbtreibenden möglich, als auch von der Polizeibehörde ohne Schwierigkeit zu überwachen ist.

Nr. 46.

Endurteil des I. Senats vom 17. Oktober 1883 (Entsch. Bd. X. S. 259).

1) Bei der Prüfung des Bedürfnisses nach der Errichtung einer neuen Schankstätte sind keineswegs nur die Verhältnisse desjenigen örtlichen Kommunalverbandes in Betracht zu ziehen, in welchem die neue Anlage errichtet werden soll. Die Fassung des §. 128 des Zust.-Ges. von 1876 (jetzt §. 114 des Zust.-Ges. von 1883) steht dem nicht entgegen.

2) An die Stelle der §§. 64 und 68 des Gesetzes vom 3. Juli 1875 sind die §§. 94 und 98 des L.-V.-Gesetzes vom 30. Juli 1883 getreten.

Nr. 47.

Endurteil des I. Senats vom 12. März 1884 (Entsch. Bd. X. S. 288).

1) An die Bedingung, daß für die Gäste in den Schanklokalen weibliche Bedienung nicht gehalten werde, darf die Erlaubnis zum Betriebe der Schankwirtschaft auch dann nicht geknüpft werden, wenn der die Erlaubnis Nachsuchende mit dieser Einschränkung einverstanden ist (§. 41 der R.-Gewerbe-O.).

2) Ein Gewerbtreibender darf von der einmal getroffenen Wahl seiner Gehilfen wieder abgehen, es steht ihm jederzeit frei, sich Gehilfen nach seinem Belieben anzunehmen. Das Gesetz wird auch durch einen Verzicht nicht unwirksam gemacht; die Vorschriften des öffentlichen Rechtes bleiben auch demjenigen gegenüber in Kraft, der von den Vorteilen, welche sie ihm bieten, keinen Gebrauch machen will.

3) Aus der gesetzlichen Unzulässigkeit einer Bedingung folgt notwendig auch deren Undurchführbarkeit, denn bindet sich der Gewerbtreibende, nachdem er die nachgesuchte Erlaubnis erhalten hat, an dieselbe nicht, so kann er durch Zwangsverfügung der Polizeibehörde nach §§. 68 ff. des Organisationsgesetzes vom 26. Juli 1880 (jetzt §§. 132 ff. des L.-V.-Gesetzes vom 30. Juli 1883) zur Abschaffung der weiblichen Bedienung nicht angehalten werden.

4) Aus demselben Grunde würde sich auch die Konzessionsentziehung (§. 53 der R.-Gewerbe-O.) nicht rechtfertigen lassen.

Nr. 48.

Endurteil des I. Senats vom 26. November 1884 (Entsch. Bd. XI. S. 322.)

1) Kunstwein, ein Getränk, welches einen Alkoholextrakt von gewissen Prozenten des Gewichtes und des Volumens enthält und deshalb, auch in geringen Quantitäten genossen, eine berauschende Wirkung auszuüben geeignet ist, fällt unter den Begriff des Branntweins, es ist mithin zum Ausschank desselben eine polizeiliche Erlaubnis erforderlich (§. 33 der R.-Gewerbe-O.).

2) Unter „Branntwein" versteht man alle gebrannten Wasser, d. h. solche Flüssigkeiten, welche in der Hauptsache aus dem mittels Destillation von gegorenen Stoffen ausgeschiedenen Weingeist (Alkohol) bestehen, während die sonstigen geistigen Getränke, wie Bier, Wein, Obstwein, zwar ebenfalls Alkohol, aber nur solchen enthalten, welcher auf dem natürlichen Wege der Gärung entstanden ist.

3) Die Entscheidung der Frage, ob ein Getränk unter den Begriff des Branntweins fällt, ist Sache der richterlichen thatsächlichen Feststellung, an technische Gutachten ist er dabei nicht gebunden.

Nr. 49.

Endurteil des I. Senats vom 17. Dezember 1884 (Entsch. Bd. XI. S. 324).

1) Die Fortsetzung des Gewerbes der Schankwirtschaft nach dem Tode einer zu demselben konzessioniert gewesenen Ehefrau für Rechnung ihrer minderjährigen Kinder durch deren Vater wäre nur in dem Falle unzulässig, wenn die Rechte des Vaters an dem Vermögen der Kinder es unbedingt ausschlössen, daß ein Gewerbe für die letzteren, für Rechnung und im Namen derselben durch einen Stellvertreter, insbesondere auch den Vater als Stellvertreter, betrieben werde.

2) Der Prüfung der persönlichen Qualifikation des Vaters als Stellvertreter wird durch diesen Rechtsgrundsatz nicht vorgegriffen.

Nr. 50.

Endurteil des I. Senats vom 30. Dezember 1884 (Entsch. Bd. XI. S. 328).

1) An die Stelle der §§. 3 und 64 des Gesetzes vom 3. Juli 1875 sind die §§. 7 und 94 des L.=V.=Gesetzes vom 30. Juli 1883 getreten. Der §. 128 des Zust.=Ges. von 1876 ist ersetzt durch den §. 114 des Zust.=Ges. von 1883.

2) Eine Bestimmung, welche die Kreis= (Stadt=) Ausschüsse berechtigte, ausschließlich und ohne Wahrnehmung der bei der Konzessionserteilung zu beobachtenden sämtlichen Gesichtspunkte darüber zu entscheiden, ob ein Lokal, in welchem der Kleinhandel betrieben werden soll, den zu stellenden polizeilichen Anforderungen entspricht, oder ob die erhobenen polizeilichen (z. B. auf die Zumauerung einer nach der Straße führenden Thür gerichteten) Ansprüche zu weit gehen und deshalb der Aufhebung unterliegen, gibt es nicht.

3) Wird die Beschaffenheit eines Lokales durch Beseitigung eines Teiles seiner Einrichtung, welche bei Erteilung der Konzession als eine wesentliche angesehen worden, von dem Eigentümer verändert, so verliert die Erlaubnis wegen des Wegfalles ihrer Voraussetzungen den Boden. Die ganze Konzession wird hinfällig, und der Geschäftsinhaber bedarf zum rechtssichern, weitern Betriebe des Gewerbes einer anderweiten Erlaubnis.

Nr. 51.

Endurteile des I. Senats vom 1. April und 21. November 1885 (Entsch. Bd. XII. S. 339 und 343).

1) Stellvertreter eines Gewerbtreibenden ist der, welcher das Geschäft oder einzelne Zweige desselben im Namen oder auf Rechnung des Inhabers verwaltet, d. h. Rechtsgeschäfte für denselben abschließt, und zwar nicht einzelne, ihm nur hin und wieder übertragene, sondern alle, welche den ganzen Umfang des Gewerbes oder der ihm anvertrauten Zweige desselben umfassen, einschließlich der öffentlich=rechtlichen, dem Inhaber zustehenden oder obliegenden Befugnisse und Verpflichtungen.

2) Soweit die Thätigkeit des Stellvertreters öffentlich=rechtliche Verhältnisse zum Gegenstande hat, ist er der Polizeibehörde, soweit die=

selbe sich auf **privatrechtliche** Geschäfte erstreckt, den **Mitgliedern des Publikums** an Stelle seines Machtgebers verantwortlich.

3) Ob die Polizeibehörde seine Zulassung zur Stellvertretung zuvor genehmigt hat, ist für die Natur des zwischen ihm und dem Inhaber des Geschäftes bestehenden Rechtsverhältnisses ohne jede Bedeutung, zumal der Stellvertreter einer vorgängigen Erlaubnis der Polizeibehörde in gleicher Weise, wie der Inhaber, gar nicht bedarf. Die Behauptung, daß derjenige, welcher thatsächlich die Stellvertretung ausübt, nur dann mittels polizeilichen Zwanges beseitigt werden könne, wenn er bei der Behörde vorher angemeldet worden sei, entbehrt daher jeder Begründung, kann auch aus §. 45 der R.-Gewerbe-O. nicht entnommen werden.

4) Die geschehene Stellvertretung läßt sich durch Thatsachen und eigene Zugeständnisse erweisen.

5) Einem ungeeigneten Stellvertreter kann die Polizeibehörde diese Thätigkeit untersagen und den Machtgeber durch Zwangsmittel anhalten, den Stellvertreter zu entlassen, dagegen kann die Entfernung des Stellvertreters aus dem Schanklokale nicht gefordert werden.

6) Die Polizeibehörde ist nicht befugt, einem Gast, dessen freie Bewegung nicht auf Grund allgemeiner polizeilicher Bestimmungen durch besondere Verbote, z. B. Polizeiaufsicht beschränkt ist, den Besuch eines Schanklokales zu untersagen, und ebensowenig darf dieselbe nach §. 41 der Reichs-Gewerbe-O. den Inhaber in der freien Wahl seiner Gewerbegehilfen hindern (Entsch. Band IV. S. 335).

7) Unrichtig ist die Annahme, daß die Verhinderung der Stellvertretung nur durch Entfernung des Stellvertreters aus dem Lokale möglich sei, denn dasselbe läßt sich auch durch fortgesetzte Überwachung und Strafandrohungen gegen den Inhaber des Lokales und den Stellvertreter erreichen.

8) Der Vorbehalt, daß ein Stellvertreter verbunden ist, gewisse Genußmittel von seinem Machtgeber zu beziehen, schließt nicht aus, daß ersterer nicht im übrigen die volle rechtliche Vertretung des Geschäftes übernommen habe. Die Art, in welcher derselbe für seine Mühewaltung belohnt wird, ob durch Tantieme, freie Wohnung und dergl., hat hierauf keinen Einfluß.

9) Zu den Rechtshandlungen, welche die Polizeibehörde von dem Inhaber einer Gastwirtschaft zu fordern berechtigt ist, gehören z. B. die Ausübung des Hausrechtes, die Beobachtung der Polizeistunde, Verhalten gegen angetrunkene Personen u. s. w. Sind diese Befugnisse und Obliegenheiten dem Inhaber nicht vorbehalten, so ist die Annahme gerechtfertigt, daß es sich um eine vollständige Stellvertretung handelt.

B. Schauspielunternehmer.

Nr. 1.

Endurteil vom 23. Mai 1877 (Entsch. Bd. II. S. 306).

1) Der §. 32 der Reichs-Gewerbe-O. vom 21. Juni 1869 hat in der Fassung der Bekanntmachung vom 1. Juli 1883 insofern einen andern Inhalt bekommen, als **Schauspielunternehmern** früher die Erlaubnis nicht versagt werden konnte, wenn nicht Thatsachen vorlagen, welche die **Unzuverlässigkeit** des Nachsuchenden in Beziehung auf den beabsichtigten Gewerbebetrieb darthaten, während jetzt die Erlaubnis zu **versagen** ist, wenn die Behörde auf Grund von Thatsachen die Überzeugung gewinnt,

daß der Nachsuchende die zu dem beabsichtigten Gewerbebetriebe erforderliche Zuverlässigkeit, insbesondere in sittlicher, artistischer und finanzieller Hinsicht nicht besitzt.

2) Der §. 129 des Zust.-Ges. vom 26. Juli 1876 ist ersetzt durch §. 115b. des Zust.-Ges. vom 1. August 1883.

3) Diese Änderungen haben zur Folge, daß diese Angelegenheiten sowohl in materieller als in formeller Beziehung einer anderen Beurteilung und Behandlung zu unterziehen sind, und daß namentlich die Frage, ob die „ungünstige Vermögenslage" eines Nachsuchenden denselben als „unzuverlässig" im Sinne des Gesetzes erscheinen läßt, jetzt wohl in anderer Weise zu beantworten wäre.

4) Nach der hier vorliegenden Entscheidung war der Begriff „Zuverlässigkeit" genau festgestellt und hervorgehoben, daß in denselben kein Moment hineingetragen werden darf, welches nicht schon der gemeine Sprachgebrauch regelmäßig damit verbindet. Namentlich können die mangelnde Bildung oder fehlende Geldmittel nicht allein und für sich einen Grund abgeben, einen Schauspielunternehmer für „unzuverlässig" zu erachten, vielmehr würde doch immer und in erster Linie ein sittlicher Mangel nachgewiesen werden müssen.

5) In einem ähnlichen Sinne äußert sich das Erkenntnis desselben Gerichtshofes vom 9. Juni 1877 (nachstehend Nr. 14). In diesem letzteren ist auch die Behauptung des klagenden Schauspielunternehmers, daß der Verwaltungsrichter nicht befugt sei, im Streitverfahren bei Beurteilung der Klage andere als die im Vorbescheide des (beklagten) Regierungs- bezw. Polizeipräsidenten angeführten thatsächlichen Momente zu berücksichtigen, für nicht zutreffend erachtet worden. In diesem letzteren Falle wollte ein Hutmacher ein Theater errichten. Der höchste Gerichtshof nahm an, daß, da der klagende Unternehmer jetzt das erlernte Handwerk aufgeben wolle, um ein Gewerbe zu ergreifen, zu dessen ersprießlichem Betriebe ihm nicht nur die erforderlichen Mittel, sondern auch jede genügende Bildung mangelten, allerdings „nach der Gesamtheit" der gegen den Kläger vorliegenden Thatsachen das Urteil der „Unzuverlässigkeit" für begründet erachtet werden müsse.

Nr. 2.

Endurteil vom 9. Juni 1877 (Entsch. Bd. II. S. 314).

1) Wegen §. 32 der Reichs-Gewerbe-O. und §. 129 des Zust.-Ges. von 1876 vergl. das vorhergehende Endurteil Nr. 1.

2) Der Mangel der intellektuellen Befähigung (Bildung) eines Schauspielunternehmers ist als ein Grund der Versagung der Erlaubnis anzusehen, wenn auch eine in früher Jugend erfolgte und im Gnadenwege erlassene gerichtliche Bestrafung wegen Diebstahls einen derartigen Grund für sich allein nicht abgibt.

Nr. 3.

Endurteil vom 2. Juli 1877 (Entsch. Bd. III. S. 235).

1) Wegen §. 32 der Reichs-Gewerbe-O. und §. 129 des Zust.-Ges. vom 26. Juli 1876 vergl. oben die Endurteile Nr. 1 und 2. Damit erledigen sich die Bedenken hinsichtlich der Parteistellung des Regierungspräsidenten im Streitverfahren, betreffend die Erlaubnis zum Betriebe des Gewerbes der Schauspielunternehmer.

2) In der Sache selbst ist in dem Erkenntnisse der Begriff „Unzuverlässigkeit" dahin ausgelegt, daß das Gesetz jedenfalls die sittliche Unzuverlässigkeit, die Fernhaltung unlauterer und gefährlicher Elemente im Auge hat. Bei gerichtlichen Bestrafungen sei allerdings die thatsächliche Feststellung des Strafrichters für den Verwaltungsrichter nicht maßgebend, da die entgegengesetzte Annahme mit den Bestimmungen des §. 49 des Gesetzes vom 3. Juli 1875 (§. 79 des L.=V.=G. von 1883) unvereinbar sein würde. Die in einem Gasthofe vorgekommenen Unsittlichkeiten sind also als ein Zeichen der Unzuverlässigkeit anzusehen, selbst wenn der Gasthofsbesitzer keine Kenntnis davon gehabt haben sollte.

3) Wegen der Bedeutung der thatsächlichen Feststellungen des Strafrichters vergl. oben das Endurteil A. Nr. 5.

C. Straßengewerbe und Geschäftsvermittler.

Nr. 1.

Endurteil vom 23. Juni 1877 (Entsch. Bd. II. S. 318).

1) An die Stelle der §§. 33 ff. und 133 des Zust.=Ges. vom 26. Juli 1876 sind die §§. 127 ff. des L.=V.=G. und 119 des Zust.=Ges. vom 1. August 1883 getreten. Danach werden auch jetzt die Formen in welchen die Entziehung der sogenannten Fahrlegitimationen der Berliner Droschkenkutscher, insbesondere des Fahrscheins zu erfolgen hat, gegenüber solchen konzessionierten Fuhrherren beurteilt, welche ihr Fuhrwerk selbst führen (sogenannte Einspänner oder Eigenspänner).

2) In Bezug auf die sogenannten Straßengewerbe ist alles der polizeilichen Regelung überlassen, und diese ist absolut unbeschränkt — bis auf den einen Punkt der Untersagung des Betriebes (§. 40 der Reichs=Gewerbe=O.) — die nach der Terminologie des Gesetzes ein an sich von vorgängiger Genehmigung überhaupt unabhängiges Gewerbe voraussetzt.

3) Wo zufolge ortspolizeilicher Regelung der Betrieb des Gewerbes an eine Konzession geknüpft ist, ist die Entziehung (Zurücknahme) dieser Konzession formell gleich dem Falle der Untersagung des Betriebes — oder mit anderen Worten, ebenso, wie der Fall der Entziehung einer gesetzlich unmittelbar vorgeschriebenen Konzession — zu behandeln.

4) Droschkenkutscher, welche im Auftrage und für Rechnung ihres Dienstherrn die von dem letzteren dem Publikum gegen Entgelt zur Verfügung gestellten Fahrzeuge führen, sind um deshalb, weil sie zum Führen der Droschken sogenannter „Fahrlegitimationen" bedürfen, nicht als selbständige Gewerbetreibende im Sinne der Gewerbeordnung anzusehen, dieselben sind vielmehr zu den Gewerbegehilfen zu zählen. Dasselbe gilt von den Hand= und Fabrikarbeitern.

5) Die Droschkenkutscher gehören auch nicht zu den Personen (§. 37 der Reichs=Gewerbe=O.), welche ihre Dienste, sondern welche die Benutzung des von ihnen geführten Fuhrwerkes anbieten. Die formlose Versagung sowohl, wie die Entziehung der Fahrlegitimation von seiten der Ortspolizeibehörde nach Maßgabe der geltenden Reglements erscheint hiernach gesetzlich zulässig, den Schutz gegen derartige polizeiliche Verfügungen haben diese Gewerbegehilfen lediglich in den §§. 30 ff. des Zust.=Ges. vom 26. Juli 1876 (jetzt §§. 127 ff. des L.=V.=G. vom 30. Juli 1883) zu suchen.

6) Die sogenannten „Eigenspänner", welche ihre eigene Droschke

fahren, werden hinsichtlich der Fahrlegitimation wie die Droschkenkutscher behandelt, hinsichtlich der Entziehung der Fahrscheine aber wie die Konzessionare.

Nr. 2.

Endurteil des II. Senats vom 1. Juli 1878 (Entsch. Bd. IV. S. 321).

1) An die Stelle des §. 133 Nr. 1 des Zust.-Ges. von 1876 ist der §. 119 Nr. 1 des Zust.-Ges. von 1883 getreten.

2) Wenn der Betrieb des Gewerbes der Dienstmänner (Gepäckträger) bereits vor dem Erlaß der Reichs-Gewerbe-O. durch Polizeiverordnung geregelt worden war, so kann einem auf Grund dieser Verordnung konzessionierten Dienstmanne (§. 49 der preuß. Gewerbe-O. vom 17. Januar 1845 und 22. Juni 1861 — G.-S. S. 441 —) der Gewerbebetrieb auf Grund des §. 37 der Reichs-Gewerbe-O. (§. 14 der Ausführungs-Anweisung vom 4. September 1869) nicht untersagt werden, sofern nicht nach dem Erlaß der Reichs-Gewerbe-O. eine hierauf bezügliche Polizeiverordnung erlassen worden ist.

3) Die auf Grund jener älteren Verordnungen erteilten Konzessionen sind durch die Reichs-Gewerbe-O. rechtlich wirkungslos geworden, sie können also nicht mehr entzogen werden.

Nr. 3.

Endurteil des II. Senats vom 6. Oktober 1884 (Entsch. Bd. XI. S. 307).

1) Ein Vorbescheid in Gemäßheit des §. 64 des L.-V.-G. vom 30. Juli 1883 ist in gewerblichen Angelegenheiten nicht zulässig (§. 157 Nr. 1 a. a. O.).

2) Der Betrieb des Gewerbes als „Vermittler von Kommissionsgeschäften" fällt nicht unter die in §. 35 der Reichs-Gewerbe-O. in der Fassung der Bekanntmachung vom 1. Juli 1883 aufgeführten Geschäfte, deren Untersagung unter gewissen Voraussetzungen erfolgen kann.

3) Die erste Voraussetzung zu einem Vorgehen auf Grund des §. 35 a. a. O. ist die, daß der zu untersagende Gewerbebetrieb thatsächlich bereits begonnen hat, oder daß seine Eröffnung unmittelbar bevorsteht.

4) Ist der hier in Rede stehende Gewerbebetrieb vor dem 1. Januar 1884 (dem Tage des Inkrafttretens des Gesetzes vom 1. Juli 1883) begonnen, so sind Handlungen, welche etwa vor dem 1. Januar 1884 begangen und bestraft sind, für sich allein — abgesehen von dem Geschäfte des Gesindevermieters — zur Untersagung des Gewerbebetriebes nicht geeignet.

5) Als „zum Betriebe des Gewerbes berechtigt" im Sinne des §. 1 Abs. 2 der Reichs-Gewerbe-O. ist derjenige anzusehen, welcher beim Inkrafttreten des neuen Gesetzes das Gewerbe beabsichtigterweise schon betrieb, schon vorher den Betrieb begonnen hatte.

Nr. 4.

Endurteile des II. Senats vom 26. und 29. Januar 1885 (Entsch. Bd. XI. S. 311 in der Anmerkung).

Auf die Untersagung der Abfassung schriftlicher Aufsätze für andere (gegen Bezahlung) u. s. w. kann seitens der zuständigen Behörde geklagt werden (§. 119 Nr. 1 des Zust.-Ges. von 1883). (Winkelkonsulenten.)

Nr. 5.

Endurteil des II. Senats vom 5. Januar 1885 (Entsch. Bd. XI. S. 311 in der Anm.).

Dasselbe wie sub Nr. 4 gilt von dem Gewerbebetriebe des Konzipienten. Das Geschäft der Besorgung fremder Rechtsangelegenheiten und bei Behörden wahrzunehmender Geschäfte, insbesondere der darauf bezüglichen schriftlichen Aufsätze, ist als ein einheitliches Gewerbe anzusehen.

Nr. 6.

Endurteil des II. Senats vom 13. September 1884 (Entsch. Bd. XI. S. 312 in der Anm.).

Wiederholung des Grundsatzes 3 in dem Endurteil Nr. C. 3.

Eine Untersagung ist da ausgeschlossen, wo ein angefangener Gewerbebetrieb bereits wieder eingestellt worden ist, und eine Wiederaufnahme nicht in Aussicht genommen wird. Ob die Einstellung vor oder nach Erhebung der Klage erfolgt, begründet — abgesehen von dem Kostenpunkte — hierfür keinen Unterschied; auch im letzteren Falle ist eine Untersagung nicht mehr thunlich, sofern nur die Einstellung ernstlich gemeint und nicht etwa bloß zum Schein oder unter dem Vorbehalte, das Geschäft alsbald wieder in Gang zu bringen, geschehen ist.

Nr. 7.

Endurteil des II. Senats vom 6. Oktober 1884 (Entsch. Bd. XI. S. 316).

Vermittelungsagenten für Immobiliar-Versicherungs-Verträge gehören nicht zu den Vermittelungsagenten für Immobiliarverträge im Sinne des §. 35 der Reichs-Gewerbe-O.

Nr. 8.

Endurteil des II. Senats vom 27. November 1884 (Entsch. Bd. XI. S. 317).

Hinsichtlich der Gesindevermieter enthielt der §. 35 der Reichs-Gewerbe-O. in der ursprünglichen Fassung andere Bestimmungen, als jetzt in der Fassung der Bekanntmachung vom 1. Juli 1883. Diese Änderung bleibt aber ohne Einfluß, wenn ein Gesindevermieter schon vor dem 1. Januar 1884 eine Bestrafung wegen Handlungen erlitten hat, welche die Untersagung der Fortsetzung des Gewerbes rechtfertigen.

Nr. 9.

Endurteil des II. Senats vom 18. Dezember 1884 (Entsch. Bd. XI. S. 318).

Wenn das Gewerbe, betreffend die Besorgung fremder Rechtsangelegenheiten, schon vor dem 1. Januar 1884 an einem Orte betrieben, dann aber am 1. Januar 1884 an einem anderen Orte fortgesetzt oder neu eröffnet worden ist, so wird der §. 1 Abs. 2 der Reichs-Gewerbe-O. durch Nichtanwendung nicht verletzt, wenn die Fortsetzung des Gewerbes an dem neuen Wohnorte auf Grund von Thatsachen untersagt wird, welche vor dem 1. Januar 1884 liegen, denn es handelt sich in diesem Falle nicht um einen unveränderten Fortbetrieb des Gewerbes.

Nr. 10.

Endurteil des II. Senats vom 27. April 1885 (Entsch. Bd. XII. S. 336).

1) Die Bestimmung in §. 35 der Reichs-Gewerbe-O. (Gesetz vom 1. Juli 1883), daß das Geschäft der gewerbsmäßigen Vermittelung von Darlehen zu

untersagen ist, wenn Thatsachen vorliegen, welche die Unzuverlässigkeit des Gewerbetreibenden in Bezug auf den Gewerbebetrieb darthun, findet auch auf den Betrieb eines „Bankagenturgeschäftes“, soweit das letztere in der Vermittelung von Darlehen besteht, Anwendung.

2) Der Betrieb eines Bankagenturgeschäftes schließt seiner Natur nach eine Thätigkeit zur Vermittelung von Darlehen nicht nur nicht aus, sondern umfaßt dieselben präsumtiv mit (§§. 2, 5, 6 der Bankordnung vom 5. Oktober 1846 — G.-S. S. 435 —, §. 13 Nr. 3, §. 44 Nr. 1 des Bankgesetzes vom 14. März 1875 — R.-G.-Bl. S. 177 —). Dahin gehören auch die Vermittelung von Wechseldiskontierungen, von Hypothekenkapitalien und von börsengängigen Effekten u. s. w.

D. Erfindungspatente.

Endurteile vom 1. u. 8. Dezember 1877 (Entsch. Bd. III. S. 252 u. 258).

Die Bestimmungen der §§. 142, 143 des Zust.-Ges. von 1876 betreffend die Erfindungspatente sind fortgefallen und ersetzt durch die Reichsgesetzgebung. Art. 4 Nr. 5 der Reichsverfassung. Ges. vom 25. Mai 1877 (R.-G.-Bl. S. 501) nebst zahlreichen Bekanntmachungen. (Vergl. die im Verlage von J. Guttentag in Berlin erschienene „Gesetzgebung des deutschen Reiches“ 1886 Bd. IV. S. 406.)

E. Hebeammen und Entbindungsanstalten.

Nr. 1.

Endurteil vom 24. April 1878 (Entsch. Bd. III. S. 265).

1) Die Zurücknahme des einer Hebeamme erteilten Prüfungszeugnisses (§. 30 Abs. 2 der Reichs-Gewerbe-Ordnung) erfolgt jetzt in Gemäßheit des §. 121 Ziffer 5 des Zust.-Ges. vom 1. August 1883.

2) Auf die Ausübung der Heilkunde findet die R.-Gewerbe-O. (§. 6) keine Anwendung mit alleinigem Vorbehalt der in den §§. 29, 30, 53, 80 und 144 enthaltenen Bestimmungen. Außerhalb dieses Rahmens sind die Landesgesetze ihrem vollen Umfange nach in Kraft geblieben.

3) Unter den „Genehmigungen“ im §. 53 der R.-Gewerbe-O. hat auch die Genehmigung zum Betriebe des Hebeammengewerbes verstanden werden sollen. (§. 71 des preußischen Gesetzes vom 22. Juni 1861 — G.-S. S. 441 —).

4) Auf die früher in Preußen erteilten „Approbationen“ der Hebeammen, an deren Stelle jetzt nach der allgemeinen Verfügung vom 2. Juni 1870 (Min.-Bl. d. i. V. S. 184) die „Prüfungszeugnisse“ getreten sind, sind diejenigen Bestimmungen anzuwenden, welche für die staatlichen Genehmigungen zum Betriebe des Hebeammengewerbes im §. 53 der Reichs-Gewerbe-O. gegeben sind.

5) Die Worte „nach den Vorschriften dieses Gesetzes“ im §. 53 Abs. 2 können nur dahin verstanden werden, daß hierfür die in den einzelnen Bundesstaaten bestehenden Bestimmungen maßgebend sind.

6) Die Thatsache, daß eine Hebeamme, als sie zur Prüfung zugelassen wurde, bereits mehrfach außerehelich geboren hatte, daß sie also ein „gefallenes Mädchen“ war, rechtfertigt die Zurücknahme des Prüfungs-

zeugnisses, selbst wenn dies dem Gemeindevorstande bei der Ausstellung des Unbescholtenheitszeugnisses bekannt gewesen war, und derselbe von der Ansicht ausging, daß die Moralität der betreffenden Person durch die unehelichen Geburten nicht beeinträchtigt sei.

Nr. 2.

Endurteil des I. Senats vom 28. September 1878 (Entsch. Bd. IV. S. 337).

1) An die Stelle des §. 129 des Zust.-Ges. von 1876 ist der §. 115 des Zust.-Ges. von 1883 getreten.

2) Lesens- und Schreibensunkunde gilt als „Unzuverlässigkeit" in Beziehung auf den Gewerbebetrieb für den Unternehmer einer Privat-Entbindungsanstalt (§. 30 der R.-Gewerbe-O.).

Nr. 3.

Endurteil des I. Senats vom 2. April 1884 (Entsch. Bd. I. S. 302).

1) Die Zurücknahme des einer Hebeamme in Preußen erteilten Prüfungszeugnisses kann auch um deswillen erfolgen, weil die Inhaberin durch ihr Verhalten diejenigen Eigenschaften verloren hat, welche nach preußischem Landesrechte bei der Erteilung des Zeugnisses vorausgesetzt werden mußten (§. 53 der R.-Gewerbe-O.).

2) Die Worte „nach Vorschrift dieses Gesetzes" in Abs. 2 des §. 53 beziehen sich nicht nur auf die in die R.-Gewerbe-O. selbst aufgenommenen Bestimmungen, sondern auf die durch diese Gewerbeordnung unberührt gebliebenen Landesgesetze (§. 6 a. a. O.).

F. Apotheker.

Endurteil des I. Senats vom 14. Dezember 1878 (Entsch. Bd. IV. S. 343).

1) Die Bekanntmachung betreffend die Prüfung der Apotheker u. s. w. vom 25. September 1869 Tit. IV. und Anlage C. (B.-G.-Bl. S. 635) ist durch die Bekanntmachung vom 5. März 1875 (R.-G.-Bl. S. 174) aufgehoben und ersetzt durch die im Reichs-Zentralblatt für 1875 S. 167 abgedruckten Bestimmungen.

2) Die Ortspolizeibehörde ist befugt, diejenigen, welche die „Approbation als Apotheker" erlangt haben, zu hindern, ihrem Namen das Prädikat „Apotheker" auf den Firmenschildern kaufmännischer Geschäfte, insbesondere von Drogenhandlungen, beizufügen.

3) Der §. 61 des Gesetzes vom 3. Juli 1875 ist ersetzt durch §. 91 des L.-V.-G. vom 30. Juli 1883. Die vorstehende Frage berührt das öffentliche Interesse.

4) Orts- und kreispolizeiliche Verfügungen verlieren ihre Eigenschaft als solche dadurch nicht, daß sie im Auftrage der Aufsichtsbehörde erlassen werden, sie werden dadurch nicht zu landespolizeilichen (§. 30 des Zust.-Ges. von 1876, §. 127 des Zust.-Ges. von 1883).

5) Das Verwaltungsstreitverfahren dient bei Anfechtung polizeilicher Verfügungen wesentlich zum Schutze subjektiver Rechte; allein im vorliegenden Falle besteht ein solches Recht nicht allein darin, sich „Apotheker" zu nennen, sondern auch darin, diese Bezeichnung auf seinem Firmaschilde in der ihm zweckmäßig erscheinenden Größe anzuwenden.

G. Privat-Irrenanstalten.

Endurteil des I. Senats vom 12. Mai 1880 (Entsch. Bd. VI. S. 256).

1) An die Stelle des §. 129 des Zust.-Ges. von 1876 ist der §. 115 des Zust.-Ges. von 1883 getreten. Die §§. 41 und 49 des Gesetzes vom 3. Juli 1875 sind ersetzt durch die §§. 71 und 79 des L.-V.-G. vom 30. Juli 1883.

2) Der §. 30 der Reichsgewerbe-O. in der Fassung vom 1. Juli 1883 ist hervorgegangen aus dem Art. 2 der Novelle vom 23. Juli 1879.

3) Der Verwaltungsrichter hat nach denjenigen Vorschriften zu entscheiden, welche dann in Geltung stehen, wenn er sich über die zu seiner Entscheidung gestellte Frage schlüssig zu machen hat, nicht aber nach denen, welche zur Zeit der Entstehung des Streitfalles in Kraft waren. Deshalb erscheint die Anwendung des Reichsgesetzes vom 23. Juli 1879 auf die Beurteilung der vor dem Inkrafttreten desselben angebrachten Konzessionsgesuche der Unternehmer von Privat-Irren-Pflegeanstalten nicht gerechtfertigt.

4) Beharrlicher Widerstand des Unternehmers gegen die vorausgegangene zwangsweise Schließung einer derartigen Anstalt ist als Unzuverlässigkeit des Unternehmers in Bezug auf die Leitung und Verwaltung der Anstalt im Sinne jenes Gesetzes anzusehen.

5) Gewerbsmäßig betriebene Pensionate für Geisteskranke unterscheiden sich nicht von Privat-Irrenanstalten.

6) Der strafrechtlichen Verfolgung eines Renitenten bedarf es nach §. 15 der R.-Gewerbe-O. nicht.

7) Wenn der §. 2 des Bundesgesetzes, betreffend den Betrieb der stehenden Gewerbe, vom 8. Juli 1868 (B.-G.-Bl. S. 406) welches als ein Notgesetz (cf. Jacobi, Gewerbeordnung, Ausgabe von 1874 S. 5) jetzt nur noch für solche Fälle in Betracht kommt, welche unter der Herrschaft jenes Gesetzes sich ereigneten, bestimmt:

> „Für den Betrieb eines Gewerbes ist ein Befähigungsnachweis nicht mehr erforderlich",

so ist der Sinn dieses Satzes lediglich darin zu finden, daß Prüfungen über technische Befähigung zum Gewerbebetriebe nicht statthaft seien, dagegen war damit keineswegs ausgesprochen, daß alle Gewerbe, zu deren Beginn nach Maßgabe der bestehenden Landesgesetze vorher eine polizeiliche Genehmigung erforderlich war, einer solchen fortan nicht mehr bedürfen.

H. Wander-Gewerbescheine.

Nr. 1.

Endurteil des Ferien-Senats vom 27. August 1880 (Entsch. Bd. VI. S. 277).

1) An die Stelle des §. 131 des Zust.-Ges. von 1876 ist der §. 117 des Zust.-Ges. von 1883 getreten. In dem letzteren wird aber auf §§. 33 b., 55, 57 Nr. 5, 60, 60 a. und 61 der R.-Gewerbe-O. (vergl. deren Fassung in der Bekanntmachung vom 1. Juli 1883) nicht verwiesen.

2) Hierdurch wird das obige Endurteil gegenstandslos. Vergl. §. 63 Abs. 2 der R.-Gewerbe-O. in der Fassung vom 1. Juni 1883 und den Ministerialerlaß vom 29. Dezember 1883 („Selbstverwaltung" Jahrgang XI. S. 29).

3) Im übrigen heißt es jetzt „Wander-Gewerbeschein", nicht mehr „Legitimationsschein".

Nr. 2.

Endurteil des II. Senats vom 1. Juni 1882 (Entsch. Bd. IX. S. 266).

1) Die im §. 57 der R.-Gewerbe-O. früher enthaltene Vorschrift betreffend das 21. Lebensjahr der Personen, welche ein Gewerbe im Umherziehen betreiben wollen, steht jetzt in anderer Fassung („wenn der Nachsuchende noch nicht großjährig ist") im §. 57a der R.-Gewerbe-O. in der Fassung vom 1. Juli 1883. Auf diese Vorschrift ist aber in dem §. 117 des Zust.-Ges. von 1883, welcher an die Stelle des §. 113 des Zust.-Ges. von 1876 getreten ist, nicht weiter verwiesen. Dasselbe gilt von den §§. 4 und 5 der V. vom 31. Dezember 1883 (G.-S. 1884 S. 7).

2) Hierdurch und durch den letzten Absatz des §. 117 des Zust.-Ges. von 1883 ist diese Entscheidung nicht gegenstandslos geworden, sofern es sich um einen versagenden Beschluß des Bezirksausschusses handelt. (Ein Konflikt zwischen dem Regierungspräsidenten und dem Verwaltungsgerichte ist allerdings jetzt nicht mehr möglich).

3) Deshalb steht auch einem Reichsangehörigen, welcher noch nicht großjährig ist, gegen einen ihm den Wander-Gewerbeschein versagenden Beschluß des Bezirksausschusses zu einen Antrag auf mündliche Verhandlung im Verwaltungsstreitverfahren zu stellen, und der Verwaltungsrichter ist zuständig, in eine materielle Prüfung darüber einzutreten, ob einer noch nicht großjährigen Person der beantragte Wander-Gewerbeschein zu gewähren ist. (Eine Ausnahme besteht hinsichtlich der herumziehenden Musiker. Cf. oben das Endurteil Nr. 1.)

4) Eine Altersgrenze ist weder im §. 117 des Zust.-Ges. von 1883, noch im §. 1 der R.-Gewerbe-O. gezogen.

Nr. 3.

Endurteil des II. Senats vom 1. Juni 1882 (Entsch. Bd. IX. S. 272).

Vergl. des Endurteil oben Nr. 1.

Nr. 4.

Endurteil des II. Senats vom 11. Mai 1885 (Entsch. Bd. XII. S. 344).

Nach §. 56 Nr. 2 der R.-Gewerbe-O. (Gesetz vom 1. Juli 1883) sind nur „gebrauchte" Bettfedern, nicht also alle Bettfedern vom Ankaufe oder Feilbieten im Umherziehen ausgeschlossen.

J. Gewerbliche Anlagen.

Nr. 1.

Endurteil des I. Senats vom 13. Oktober 1880 (Entsch. Bd. VII. S. 297).

1) Unter den „Einrichtungen", welche die Gewerbeunternehmer nach §. 120 der R.-Gewerbe-O. in der Fassung vom 1. Juli 1883 zu treffen haben, sind auch alle Anordnungen der zuständigen Polizeibehörden begriffen, welche bezwecken, den Betrieb gefahrloser zu machen.

2) Über die Angemessenheit und Zweckmäßigkeit dieser Anordnungen

kann nur im Wege der Beschwerde, nicht im Verwaltungsstreitverfahren erkannt werden.

3) Unzulässig ist die polizeiliche Vorschrift, nach welcher die Gewerbeunternehmer angehalten werden sollen, einen Arbeiter sofort zu entlassen, wenn derselbe den polizeilichen Anordnungen zuwider handelt; es kann nur verlangt werden, daß die Verwendung des betreffenden Arbeiters bei einer gefährlichen Beschäftigung unterbleibe.

Nr. 2.

Endurteil des II. Senats vom 30. März 1883 (Entsch. Bd. IX. S. 301).

1) Ist das dem Verwaltungsrichter vorliegende streitige Rechtsverhältnis, vermöge seines Gegenstandes wie seiner Natur ein derartiges, daß es allen klagenden Streitgenossen gegenüber nur einheitlich festgestellt werden kann, so vertritt prozessualisch jeder einzelne der Genossen zugleich die übrigen, so daß auf die von dem einen rechtzeitig eingelegte Berufung allen Klägern gegenüber in der Berufungsinstanz zu entscheiden ist, namentlich, wenn die übrigen Streitgenossen später in das Berufungsverfahren mit eingetreten sind.

2) Bei der Unteilbarkeit eines streitigen Rechtsverhältnisses müssen auch die Folgen der Versäumung der Klagefrist den sämtlichen Streitgenossen gegenüber ausgeschlossen bleiben, wenn nicht von ihnen allen die Frist versäumt worden ist. (§. 59 der Reichs-Zivil-Prozeßordnung vom 30. Januar 1877, §. 81 des Gesetzes vom 3. Juli 1875 — jetzt §. 52 des L.-V.-Gesetzes vom 10. Juli 1883 —).

3) Wenn einem Gewerbtreibenden eröffnet wird, daß eine auf seinem Grundstücke ruhende Konzession zu einer gewerblichen Anlage (in diesem Falle zu einer Gerberei) gemäß §. 49 Abs. 3 der R.-Gewerbe-O. erloschen sei, und daß es für den Betrieb einer bloßen Subelei an der erforderlichen Genehmigung fehle, so stellt diese Eröffnung eine polizeiliche Verfügung dar im Sinne der §§. 63, 64 des Organisationsgesetzes vom 26. Juli 1880 (jetzt §§. 127 ff. des L.-V.-Gesetzes vom 30. Juli 1883).

4) Den Gewerbebetrieb „einstellen" bedeutet in §. 49 Abs. 3 der R.-Gewerbe-O., sich der ferneren Ausübung des Gewerbebetriebes überhaupt enthalten. Unter diesen Begriff fällt es nicht, wenn ein Gewerbe, bei dessen Betrieb der Unternehmer das Rohmaterial mehr oder minder regelmäßig mittels einer längeren Kette von einzelnen Stufen der Verarbeitung zur fertigen Ware herstellt, nur in der Weise ausgeübt wird, daß der Betrieb sich auf eins oder das andere jener Mittelglieder der Produktion beschränkt. Auch in diesem Falle wird, wenn nur das bezügliche Mittelglied sich noch als ein Bestandteil des Ganzen darstellt, der Gewerbebetrieb fortgesetzt. Ein Einstellen des letzteren liegt erst da vor, wo der Unternehmer sich jeder Betriebsausübung, also bei einem in einzelne Abschnitte zerlegbaren Gewerbebetriebe sich einer fortgesetzten Betriebsausübung in allen diesen Abschnitten enthält.

5) Die Subelei — das Entfernen der Wolle von frischen Schaffellen mittels Gaskalkes nebst Waschen von Wolle und Fellen — bildet einen Teil der Lohgerberei.

Nr. 3.

Endurteil des II. Senats vom 29. Oktober 1883 (Entsch. Bd. X. S. 261).

1) Kunstwollfabriken sind erst durch die Bekanntmachung vom 12. Juli 1882 (R.-G.-Bl. S. 123) in das Verzeichnis des §. 16 der

R.=Gewerbe=O. aufgenommen worden. War eine solche Fabrik vorher (ohne Genehmigung) angelegt worden, und wollte die Polizeibehörde vor jenem Zeitpunkte gegen die Art des Gewerbebetriebes einschreiten, so konnte dies nicht in dem durch §§. 17 ff. a. a. O. vorgeschriebenen Verfahren geschehen, die Behörde war aber befugt, gegen den Inhaber der gewerblichen Anlage wie gegen jede andere Privatperson auf Grund der in den Gesetzen (namentlich §. 10 Tit. 17 Teil II A. L.=R.'s) erteilten allgemeinen Ermächtigung bei gegebener Veranlassung einzuschreiten.

2) Soweit es sich um Anlagen handelt, welche in Gemäßheit der §§. 16 ff. konzessioniert sind, findet das öffentliche Interesse seinen Schutz in den §§. 18, 24 Abs. 2 und 51.

3) Das Erfordernis einer besonderen Genehmigung nach voraufgegangener Prüfung in einem speziell geordneten Verfahren dient nicht bloß zum Schutze der Besitzer und Bewohner benachbarter Grundstücke, sowie des Publikums überhaupt, sondern bezweckt zugleich die Sicherung des Unternehmers gegen künftige Anfechtungen. Die Genehmigung bleibt deshalb so lange in Kraft, als nicht eine Änderung im Sinne des §. 25 a. a. O. vorgekommen ist. (Vergl. das Endurteil oben Nr. 41.)

4) Auf gewerbliche Anlagen, welche zur Zeit ihrer Errichtung noch nicht konzessionspflichtig waren und später erst für solche erklärt wurden, hat nur der §. 25 a. a. O. einen Einfluß.

5) An die Stelle des §. 126 des Zust.=Ges. von 1876 ist der §. 112 des Zust.=Ges. von 1883 getreten. Der „ferneren Benutzung einer gewerblichen Anlage" steht nicht ohne weiteres gleich das „Gebot der Einführung einer anderen Betriebsweise". Letzteres involviert lediglich Zweckmäßigkeitsfragen und entzieht sich dem Verwaltungsstreitverfahren (§§. 63, 64 des Organisationsgesetzes vom 26. Juli 1880, jetzt §§. 127 ff. des L.=V.=Gesetzes vom 30. Juli 1883).

6) Bei einer Klage aus §. 64 des Org.=Ges. (jetzt §. 128 des L.=V.=Gesetzes vom 30. Juli 1883) kann nur auf Wiederaufhebung oder Aufrechterhaltung einer angefochtenen polizeilichen Verfügung erkannt werden. Zu einer Modifikation der letzteren ist der Verwaltungsrichter nicht befugt.

7) Wird von seiten der Polizeibehörde die Feuergefährlichkeit einer gewerblichen Anlage behauptet, so liegt dem von der polizeilichen Verordnung Betroffenen der Beweis der Nichtfeuergefährlichkeit ob.

8) Handelt es sich um Zwangsmittel nach §. 68 des Organisationsgesetzes vom 26. Juli 1880 (jetzt §. 132 des L.=V.=Gesetzes vom 30. Juli 1883), so muß der Ausführung durch dritte immer eine schriftliche Androhung vorausgehen, und in dieser ist, sofern eine Handlung erzwungen werden soll, die Frist zu bestimmen, innerhalb welcher die Ausführung gefordert wird. Jedes andere Verfahren widerspricht dem Gesetze.

9) Der Verwaltungsrichter kann keine polizeiliche Anordnung aufrecht erhalten, welche das von ihm anzuwendende, d. h. das zur Zeit des Spruches bestehende (in diesem Falle durch Polizei=Verordnung geschaffene) Recht verletzt.

10) Unerfüllbare Bedingungen, welche einer Schließung der Anlage gleichkommen würden, kann die Polizeibehörde dem Unternehmer ohne Entschädigung nicht auferlegen.

Nr. 4.

Endurteil des II. Senats vom 17. Dezember 1883 (Entsch. Bd. X. S. 277).

1) Stauanlagen für Wassertriebwerke gehören nach §. 16 der Reichs-Gewerbe-O. zu den genehmigungspflichtigen gewerblichen Anlagen.

2) Die Aufstellung einer Turbine an Stelle eines Wasserrades bedarf einer gewerbepolizeilichen Genehmigung überhaupt nicht (§. 25 a. a. O.).

3) Daß die Ersetzung eines hölzernen Wassergerinnes durch ein steinernes, die eines alten Fachbaumes und der alten Schützen durch neue, wenn auch dabei ein anderes Material Verwendung gefunden hat, wesentliche Veränderungen der Stauanlagen darstellen, ist nicht anzuerkennen. Nur für wesentliche Änderungen der Betriebsstätte ist eine Genehmigung erforderlich.

4) Wesentlich sind Veränderungen, wenn sie auf diejenigen Rücksichten einwirken können, welche im Eingange des §. 16 als solche hervorgehoben werden, nämlich die Rücksichten, daß die Anlagen durch die Beschaffenheit der Betriebsstätte für die Besitzer oder Bewohner der benachbarten Grundstücke oder für das Publikum überhaupt erhebliche Nachteile, Gefahren oder Belästigungen herbeiführen können.

Nr. 5.

Endurteil des II. Senats vom 28. Januar 1884 (Entsch. Bd. X. S. 283).

1) Der Ausdruck „Errichten" und „Errichtung" gewerblicher Anlagen in §. 28 der Reichs-Gewerbe-O. bezieht sich im allgemeinen nur auf den Fall der Neuherstellung bisher nicht vorhanden gewesener genehmigter Anlagen, nicht auch auf den Fall der Rekonstruktion solcher Anlagen, welche, nach der Errichtung durch höhere Gewalt zerstört, ohne Änderung der Betriebsstätte u. s. w. in den Grenzen der früher erteilten Genehmigung wieder hergestellt werden.

2) Deshalb kann auch die Wiederherstellung einer durch Sturm zerstörten Windmühle an derselben Stelle nicht untersagt werden, namentlich wenn die örtliche Baupolizei-Verordnung die Bestimmung enthält, daß Windmühlen nur in einer gewissen Entfernung von den Wegen „angelegt" werden dürfen.

K. Marktverkehr.

Nr. 1.

Endurteil des II. Senats vom 15. September 1881 (Entsch. Bd. VIII. S. 246).

1) An die Stelle des §. 3 des Gesetzes vom 3. Juli 1875 ist der §. 7 des L.-V.-G. vom 30. Juli 1883 getreten.

2) Wenn die Ortspolizeibehörde dem Unternehmer eines Privatwochenmarktes die Eröffnung des letzteren untersagt hat, so ist dagegen eine Klage mit dem Antrage, der Behörde die Genehmigung zu dieser Eröffnung aufzugeben, nicht in den Gesetzen gegeben.

3) Dagegen kann diese Versagung als eine ortspolizeiliche Verfügung im Sinne der §§. 30 ff. des Zust.-Ges. von 1876 (jetzt §§. 127 ff. des Zust.-Ges. von 1883) aufgefaßt werden. Die durch diese Bestimmungen gegebenen Rechtsmittel sind auch in dem Falle nicht ausgeschlossen, wenn der Bezirksrat in Gemäßheit des §. 136 Nr. 4 des Zust.-Ges. von 1876 (jetzt der Bezirks-

ausschuß nach §. 128 des Zust.-Ges. von 1883) auf Anrufen des Unternehmers bereits einen ablehnenden Beschluß gefaßt haben sollte.

4) Ebensowenig vermag der Umstand, daß das Verbot etwa zur Durchführung des vom Bezirksrate (jetzt dem Bezirksausschusse) erlassenen Bescheides hat dienen sollen, der Anordnung der Ortspolizeibehörde den Charakter einer polizeilichen Verfügung im Sinne der vorgedachten §§. 30 ff. (§§. 127 ff.) zu nehmen.

5) Polizeiliche Verfügungen verfolgen in außerordentlich häufigen Fällen derartige Zwecke. Ob sie zur Durchführung von gesetzlichen Bestimmungen oder der auf Grund des Gesetzes von den zuständigen Behörden getroffenen Entscheidungen (Beschlüsse) ergehen, begründet für ihr Wesen überhaupt keinen Unterschied.

6) Märkte sind gewerbepolizeiliche Einrichtungen mit besonderen Vorrechten für den Einkauf oder Verkauf von Waren, welche unbedingt eine Anordnung oder Zulassung von seiten der dazu berufenen Autorität voraussetzen.

7) Wo ein von der zuständigen Behörde nicht genehmigter Marktverkehr sich entwickelt, da gehört es zu den Aufgaben der Ortspolizeibehörde, dagegen einzuschreiten, d. h. sie kann die Eröffnung eines derartigen Wochenmarktes verbieten.

8) Als ein „marktmäßiger" Verkehr mag nicht schon jeder nur nach seiner äußeren Erscheinung einem Marktverkehr sich gleichstellende, sondern erst derjenige Verkehr anzusehen sein, bei welchem es zugleich darauf abgesehen ist, die sonst für den Gewerbebetrieb bestehenden Beschränkungen in derselben Weise, wie bei den öffentlichen Märkten, außer Anwendung treten zu lassen, aber wenn Thatsachen für diese letztere Absicht sprechen, so handelt es sich doch um einen Marktverkehr.

9) Ob die Verkäufer nur einheimische sind, oder auch „auswärtige", kommt nicht in Betracht.

Nr. 2.

Endurteil des II. Senats vom 23. April 1883 (Entsch. Bd. IX. S. 307).

Ein ortspolizeiliches Verbot des Feilhaltens von anderen als Wochenmarktsartikeln auf sogenannten Privatmärkten ist nicht gestattet (Tit. IV. der Reichs-Gewerbe-O. §. 66 Abs. 1 a. a. O.). Unterschied zwischen „legitimen" und Privatwochenmärkten.

2) An die Stelle der §§. 136 Nr. 4 und 170 Nr. 1 des Zust.-Ges. von 1876 sind die §§. 128 und 161 des Zust.-Ges. von 1883 getreten.

L. Innungen.

Nr. 1.

Endurteil des II. Senats vom 5. Januar 1882 (Entsch. Bd. VIII. S. 260).

1) Bei Entscheidungen der Gemeindebehörden über Streitigkeiten betreffend die Wahl von Innungsvorständen (§. 95 Abs. 1 und wegen der neuen Innungen §. 104 Abs. 3 der Reichs-Gewerbe-O. in der Fassung vom 1. Juli 1883), ist es nicht zulässig, die dagegen gegebene Klage gegen die Gemeindebehörde als Beklagte zu richten, vielmehr können die durch die Entscheidung der Aufsichtsbehörde in ihren Rechten sich verletzt Fühlenden, z. B. die Innung oder die beteiligte Einzelperson, nur gegen die anderen

Beteiligten klagen (§. 137 des Zust.-Ges. von 1876, jetzt §. 125 Abs. 2 des Zust.-Ges. von 1883).

2) Die Stellung der „entscheidenden" Gemeindebehörde ist im wesentlichen eine richterliche, deshalb kann sie nicht Partei sein.

Nr. 2.

Endurteil des II. Senats vom 16. Januar 1881 (Entsch. Bd. VIII. S. 264).

1) Diejenigen Bestimmungen der Statuten älterer mit ihrer bisherigen Verfassung fortbestehender Innungen — im Gegensatze zu den nach Maßgabe des Reichsgesetzes vom 18. Juni 1881 neugebildeten oder umgestalteten Innungen —, durch welche die gänzliche Entziehung der Mitgliedschaft für zulässig erklärt bezw. geregelt wird, sind als rechtsbeständig nicht anzusehen.

2) Eine dem Statute älterer Innungen nachträglich einverleibte Vorschrift des Inhaltes, daß die Einstellung des Gewerbebetriebes am Orte das Ausscheiden aus der Innung zur Folge habe, überschreitet die der Selbstbestimmung der Innungen bei Normierung ihrer Grundverfassungen gesetzten Schranken (§. 86 der Reichs-Gewerbe-O., §. 137 des Zust.-Ges. von 1876, jetzt §. 125 des Zust.-Ges. von 1883).

Nr. 3.

Endurteil des II. Senats vom 8. Januar 1885 (Entsch. Bd. XI. S. 332).

1) An die Stelle des §. 136 Nr. 3 und §. 137 des Zust.-Ges. von 1876 sind die §§. 124 und 125 des Zust.-Ges. von 1883 getreten.

2) Für die Frage, ob der Anspruch eines Gewerbtreibenden, ohne Ablegung einer Prüfung in eine neue Innung aufgenommen zu werden, begründet sei, ist nicht die Rechtslage der Innungsverfassung in dem Zeitpunkte der Anbringung des Aufnahmegesuchs, vielmehr der gegenwärtig (d. h. zur Zeit der Entscheidung) bestehende Rechtszustand maßgebend.

3) Der Erwerb der Mitgliedschaft der Innung vollzieht sich nicht infolge einseitiger Schritte des Bewerbers, namentlich nicht durch die Eintrittserklärung (Anmeldung), sondern erst durch eine zustimmende Willenserklärung der Innung oder ihrer berufenen Organe — eine Äußerung, die entweder freiwillig oder, wenn sie ohne gesetzlichen Grund verweigert worden ist, auf Anrufen des Beteiligten durch die Gemeinde-(Aufsichts-)Behörde und schließlich durch die definitive Entscheidung des zuständigen Verwaltungsgerichts ergänzt wird, so daß in einem solchen Falle der Erwerb der Mitgliedschaft erst auf Grund einer dem Bewerber günstigen Entscheidung stattfindet.

4) Aus dem §. 84 Abs. 1 der Reichs-Gewerbe-O. kann nicht gefolgert werden, daß ein Gewerbsgenosse, welcher den Aufnahmeantrag stellt, unter den gesetzlichen oder statutenmäßigen Bedingungen desjenigen Zeitpunktes aufgenommen werden müsse, in welchem der Antrag angebracht wird.

Nr. 4.

Endurteil des II. Senats vom 6. November 1885 (Entsch. Bd. XII. S. 349).

Über die Genehmigung der Statuten von Fischerinnungen oder Fischergilden hat der Bezirksausschuß nicht zu beschließen oder zu entscheiden (§§. 6, 81 ff., 92 und 98b der Reichs-Gewerbe-O. — Gesetz vom 1. Juli 1883 —, §. 7 des L.-V.-G. vom 30. Juli 1883, §. 124 des Zust.-Ges. vom 1. August 1883).

M. Zwangs- und Bannrechte.

Endurteil des II. Senats vom 26. November 1883 (Entsch. Bd. X. S. 272).

1) An die Stelle des §. 144 Nr. 1 des Zust.-Ges. von 1876 ist der §. 133 des Zust.-Ges. von 1883 getreten.

2) Für ein mit ausschließlicher Gewerbeberechtigung (aufgehoben durch §. 1 der preuß. Gewerbe-O. vom 17. Januar 1845) verbundenes, erst durch die Reichs-Gewerbe-O. §. 7 Nr. 2 aufgehobenes Zwangs- und Bannrecht (in diesem Falle eines Backhauses) können Entschädigungsforderungen gegen die Verpflichteten nicht mehr geltend gemacht werden. Die Reichs-Gewerbe-O. enthält hierüber keine Bestimmung, und landesgesetzliche Vorschriften sind in dieser Beziehung ebenfalls nicht ergangen. Aus dem Entschädigungsgesetz vom 17. Januar 1845 läßt sich eine Entschädigungspflicht nicht herleiten.

N. Pfandleiher und Rückkaufshändler.

Nr. 1.

Endurteil vom 27. Januar 1877 (Entsch. Bd. II. S. 286).

1) Die Vorschrift in §. 35 der Reichs-Gewerbe-O. in der ursprünglichen Fassung vom 21. Januar 1869, nach welcher das Geschäft des Pfandleihers demjenigen untersagt werden konnte, welcher wegen aus Gewinnsucht begangener Vergehen oder Verbrechen gegen das Eigentum bestraft worden war, ist jetzt fortgefallen und ersetzt durch die Bestimmung in §. 34 der Reichs-Gewerbe-O. in der Fassung der Bekanntmachung vom 1. Juli 1883 (R.-G.-Bl. S. 159), nach welchem die Erlaubnis zum Betriebe des Geschäftes eines Pfandleihers zu versagen ist, wenn Thatsachen vorliegen, welche die Unzuverlässigkeit des Nachsuchenden in Bezug auf den beabsichtigten Gewerbebetrieb darthun.

2) Der §. 38 der Reichs-Gewerbe-O. vom 21. Juni 1869 bezog sich lediglich auf die Verpflichtung zur Führung von Büchern seitens der Pfandleiher und auf die polizeiliche Kontrolle über Umfang und Art des Geschäftsbetriebes. Die Novelle vom 1. Juli 1883 hat aber noch hinzugefügt das Recht der Landeszentralbehörden zum Erlaß von Verordnungen über den Umfang der Befugnisse und Verpflichtungen der Pfandleiher, Höhe der Zinsen, Abschätzung der Pfandsachen u. s. w.

3) Dasselbe gilt jetzt nach §. 34 Abs. 2 der Novelle vom 1. Juli 1883 auch von den Rückkaufshändlern, und dadurch erledigt sich die in diesem Erkenntnisse behandelte Frage, inwieweit die polizeilichen Beschränkungen des Gewerbebetriebes der Pfandleiher auch auf den Betrieb der Rückkaufshändler Anwendung finden. Vergl. Gesetz vom 17. März 1881 (G.-S. S. 265), Ausführungs-Verordnung vom 16. Juli 1881 (Min.-Bl. d. i. V. S. 169), §. 360 Nr. 12 des Reichs-Straf-Gesetzbuches vom 26. Februar 1876.

Nr. 2.

Endurteil des II. Senats vom 1. Mai 1882 (Entsch. Bd. VIII. S. 280).

1) Auf die Untersagung des Gewerbebetriebes konnte früher gegen einen Rückkaufshändler, welcher diesen Betrieb bereits vor der Geltung der

Novelle zur Gewerbeordnung vom 23. Juli 1879 (R.-G.-Bl. S. 267) begonnen hat, nicht erkannt werden (§§. 34, 35, 53 der Reichs-Gewerbe-O.). Vergl. jetzt §. 53 Abs. 3 der Reichs-Gewerbe-O. in der Fassung der Bekanntmachung vom 1. Juli 1883.

2) Die Vorschriften in §. 1 Abs. 1 und 2 der Reichs-Gewerbe-O. haben die Gewerbefreiheit grundsätzlich eingeführt, sie enthalten ein Prinzip, das für den ganzen Bereich des durch die Reichs-Gewerbe-O. geregelten Gebietes Geltung hat und folglich auch Anwendung leidet auf Gesetze, durch welche die Gewerbeordnung später abgeändert worden ist.

3) Wegen unrichtiger Formulierung darf ein Klageantrag nicht sogleich zurückgewiesen werden, vielmehr hat der Verwaltungsrichter zu untersuchen und festzustellen, welche Absicht den Kläger geleitet hat, und danach ist in die Verhandlung der Sache einzutreten. Daß eine Ergänzung oder Abänderung des Klageantrages zulässig ist, ergibt sich aus §. 41 des Verwaltungsgerichtsgesetzes von 1876 (jetzt §. 71 des L.-V.-G. von 1883), durch welchen der Richter nicht nur ermächtigt, sondern geradezu verpflichtet wird, die wirklichen „Intentionen" des Klägers zu ermitteln und dahin zu wirken, daß von ihm die sachdienlichen Anträge gestellt werden.

XX.

Hilfskassen (eingeschriebene).

Vorbemerkung.

Vergl. die §§. 149, 150 des Zust.-Ges. vom 26. Juli 1876 und die an deren Stelle getretenen §§. 141, 142 und 161 Abs. 2 des Zust.-Ges. vom 1. August 1883.

Nr. 1.

Endurteil vom 5. Dezember 1877 (Entsch. Bd. III. S. 275.)

1) Wenn in einem nach Maßgabe der früheren Gesetzgebung (Gesetz, betreffend die gewerblichen Unterstützungskassen vom 3. April 1854 — G.-S. S. 138) gebildeten Statute die Arbeitgeber verpflichtet sind, sich mit einem bestimmten Beitrage zu beteiligen, so können dieselben jetzt zu einem mehreren nicht verpflichtet werden, so lange das alte Statut nicht durch ein anderes, dem Reichsgesetze vom 8. April 1876 (R.-G.-Bl. S. 134) entsprechendes ersetzt worden ist.

2) Dies ist auch dann der Fall, wenn das frühere Statut eine Klausel erhält, wonach die Erhöhung der Beiträge der Fabrikinhaber mittels Anordnung der Regierung nach §. 3 des Gesetzes vom 3. April 1854 zulässig sein soll. Mindestens müßte doch nachgewiesen werden, daß eine derartige bezügliche Anordnung bereits ergangen wäre, oder auch nur die Voraussetzungen einer solchen gegeben seien.

3) Das Gesetz vom 8. April 1876 ist inzwischen durch §. 87 Abs. 1 des Krankenversicherungsgesetzes vom 15. Juni 1883 ebenfalls aufgehoben und ersetzt in dem Gesetze vom 1. Juni 1884 (siehe unten 4).

4) Wenn der Lohnbetrag eines gewöhnlichen Tagearbeiters nach dem

Urteile der Gemeindebehörde im Jahresdurchschnitte 1 ℳ beträgt, so ist der Vorschrift des §. 11 des Gesetzes vom 7. April 1876, wonach

Krankenunterstützungen für Männer mindestens die Hälfte, für Frauen mindestens ein Drittel jenes Lohnbetrages erreichen sollen,

auch dann schon genügt, wenn in dem Statute für Männer auch nur 30 ₰ neben freier ärztlicher Behandlung und freien Kurmitteln gewährt wird.

5) Der vorstehend gedachte §. 11 ist durch Art. 9 des Gesetzes vom 1. Juni 1884 (R.=G.=Bl. S. 54) aufgehoben. Vergl. den Kommentar zu dem Gesetze vom 7. April 1876, in der Fassung des Gesetzes vom 1. Juni 1884, von Parey, Berlin 1885, S. 21 und 22.

Nr. 2.

Endurteil des II. Senats vom 20. März 1879 (Entsch. Bd. V. S. 300).

(Vergl. auch hierzu den sub 1 gedachten Kommentar.)

Wenn es sich um die Errichtung einer neuen, nach Maßgabe des Gesetzes vom 7. April 1876 (R.=G.=Bl. S. 125) zu begründenden Hilfskasse handelt, so gelten folgende Grundsätze:

1) Das Gesetz schließt zwar die Aufnahme von Bestimmungen über die privatrechtlichen Verpflichtungen der Arbeiter und der Unternehmer gegenüber der Kasse in das Kassenstatut nicht aus und die bezüglichen Bestimmungen eines Statutes werden keinem Bedenken unterliegen, wenn dieselben etwa dahin gingen, daß die Arbeiter einer Fabrik bei ihrem Eintritt durch Unterzeichnung des Statuts die Verpflichtung übernähmen, der Kasse beizutreten, oder wenn einer andern Bestimmung etwa die Fassung gegeben würde, daß der zeitige Geschäftsinhaber sich verpflichte, die Hälfte der von den Arbeitern entrichteten Beiträge zu zahlen. Wenn aber das Statut von vornherein allen Arbeitern der qu. Fabrik die Verpflichtung auferlegt, der Kasse beizutreten, oder wenn die andere Bestimmung des Geschäftsinhabers schlechthin — also ohne Rücksicht auf einen etwaigen Personenwechsel — gedenkt, mithin eine Fassung vorliegt, welche die Annahme zuläßt, daß bei Abfassung des Statuts von der Voraussetzung ausgegangen ist, es bestehe eine gesetzliche — öffentlich=rechtliche — Beitritts= und Beitragspflicht der Arbeiter und des Unternehmers, oder es könne eine solche durch das Kassenstatut begründet werden, so ist beides nicht zutreffend.

2) Ist für eine Ortschaft ein Ortsstatut auf Grund des Gesetzes vom 8. April 1876 (R.=G.=Bl. S. 134) noch nicht ergangen, so kann ein etwa vorhandenes älteres Statut jedenfalls einer neuen Kasse, die als eventuelle Zwangskasse (Reichsgewerbeordnung §. 141 a.) fungieren soll, nicht zu Grunde gelegt werden. Der Charakter als eventuelle Zwangskasse kann einer neu zu bildenden Kasse auch nicht durch das Kassenstatut, sondern nur durch das Ortsstatut gegeben werden. Ob ältere Statuten überhaupt noch zu Recht bestehen, ist nach den oben sub 1 angeführten Ministerialreskripten zu prüfen.

Nr. 3.

Endurteil des II. Senats vom 16. Juni 1879 (Entsch. Bd. V. S. 303).

1) Beschlüsse der Generalversammlung einer Hilfskasse, durch welche Bestimmungen der bisherigen Organisation geändert werden sollen, müssen in beweisender Form vorliegen und erlangen eine rechtliche Bedeutung für die Kasse erst mit ihrer Zulassung in Gemäßheit des §. 4 Abs. 2, 3 des

Reichsgesetzes vom 7. April 1876, auch wenn darin nicht die Auflösung der bisherigen und die Begründung einer neuen Kasse, sondern nur eine Änderung des Statuts zu erblicken wäre.

2) Eingeschriebene Hilfskassen sind wegen Hervortretens sozial-demokratischer Bestrebungen zu schließen. Gesetze vom 21. Oktober 1878 (R.-G.-Bl. S. 351), vom 31. Mai 1880 (R.-G.-Bl. S. 117), vom 28. Mai 1884 (R.-G.-Bl. S. 53), vom 20. April 1886 (R.-G.-Bl. S. 77).

3) Auf dem hier fraglichen Gebiete sind nur die speziellen, im §. 29 des Gesetzes vom 7. April 1876 und §. 2 Absatz 2 des Gesetzes vom 21. Oktober 1878 aufgeführten Fälle der Rechtsprechung der Verwaltungsgerichte überwiesen. (Vergl. den oben sub Nr. 1,5) erwähnten Kommentar.)

Nr. 4.

Endurteil des II. Senats vom 12. Oktober 1885 (Entsch. Bd. XII. S. 358).

1) Unter dem Ausdruck „Kasse" versteht man einerseits ein zu gemeinschaftlichen oder sonst bestimmten Zahlungszwecken errichtetes Institut als solches, die Einrichtung als Ganzes, die Körperschaft und dergl., z. B. Feuerkasse (statt Feuerversicherungsgesellschaft), Sterbekasse, Krankenkasse, Hilfskasse u. s. w., anderseits das zur lokalen Vereinnahmung, Aufbewahrung und Verausgabung von Geldern u. s. w. bestimmte Organ oder auch den Aufbewahrungsort (Steuerkasse, Forstkasse, Institutenkasse u. s. w.).

2) In dem ersteren Sinne finden die Bestimmungen über Schließung eingeschriebener Hilfskassen keine Anwendung in der Beschränkung auf örtliche Verwaltungsstellen. (Gesetz vom 7. April 1876 und vom 1. Mai 1884, §§. 1—4, 19a.—19d., 29, 33 — R.-G.-Bl. 1884 S. 54 —, §. 142 des Zust.-Ges. vom 1. August 1883.)

XXI.

Das Bauwesen.

Vorbemerkung.

An die Stelle der §§. 153, 154 und 156 des Zuständigkeitsgesetzes vom 26. Juli 1876 sind die §§. 143—146 des Zuständigkeitsgesetzes vom 1. August 1883 getreten. Die dadurch veranlaßten Änderungen in der Rechtsprechung ergeben sich aus den nachstehend mitgeteilten Beispielen.

Nr. 1.

Endurteil vom 8. September 1876 (Entsch. Bd. I. S. 324).

1) In betreff der Grenzen des polizeilichen Einschreitens zur Beseitigung der Feuergefährlichkeit eines ohne Genehmigung der Ortspolizeibehörde genehmigten Baues ist zu bemerken, daß, wenn es sich z. B. um die bloße Beseitigung eines Ofens oder einer sonstigen Feuerstelle in einem nicht feuersicheren Zimmer handelt, nicht deshalb das ganze Zimmer, sondern nur eben jene Feuerstelle polizeilich beseitigt werden kann.

2) Auf die Beseitigung dieser letzteren ist zunächst hinzuwirken, auf

die des ohne Erlaubnis angelegten Zimmers aber erst dann, wenn den im Interesse der öffentlichen Sicherheit zu stellenden Anforderungen auf keine andere Weise genügt werden kann.

3) Auch hat die unterlassene Nachsuchung des an sich nötigen polizeilichen Baukonsenses (abgesehen von der Bestrafung) den Abbruch eines Baues nur dann zur Folge, wenn der Bau überhaupt gegen die polizeilichen Vorschriften ausgeführt ist, mithin niemals hätte genehmigt werden können, wenn der Baukonsens nachgesucht worden wäre.

4) Die Thatsache der etwa sonst noch fehlenden Erlaubnis, z. B. der Schulvertretung bei Bauten in Schulhäusern, liegt außerhalb der polizeilichen Kognition.

5) Die Vorladung des Beklagten zum Termine zur mündlichen Verhandlung vor dem Bezirksverwaltungsgerichte (jetzt dem Bezirksausschusse) dürfte nur dann unterbleiben, wenn der im Termine zur mündlichen Verhandlung zur Wahrnehmung des öffentlichen Interesses erschienene Kommissar auf den Antrag des Beklagten zur Vertretung desselben bestimmt worden wäre (§. 41 Abs. 1, §. 64 des V.-G.-Gesetzes, jetzt §§. 71 und 94 des Landesverwaltungsgesetzes vom 30. Juli 1883).

Nr. 2.

Endurteil vom 30. April 1877 (Entsch. Bd. II. S. 351).

1) Ein Baukonsens ist, wie das Wort selbst andeutet, keine Anordnung im Sinne der Bestimmungen in §§. 79, 80 der Kreisordnung vom 13. Dezember 1872 (§§. 33, 34 des Zust.-Ges., §§. 68, 69 des Organisationsgesetzes vom 26. Juli 1880, jetzt §§. 132 und 133 des L.-V.-G. vom 30. Juli 1883), keine Verfügung, an welche sich ohne weiteres ein Zwangsverfahren anknüpfen kann.

2) An sich gehört vielmehr der Baukonsens in die Reihe derjenigen polizeilichen Verfügungen, welche an die freiwillige Vornahme oder Ausübung bestimmter Handlungen oder Thätigkeiten geknüpft sind, deren verbindende Kraft demnach innerhalb dieser Grenzen eine bedingte ist.

3) An den Baukonsens können sich Anordnungen anschließen — in der Art, daß der Unternehmer, wenn anders er überhaupt von dem Konsense Gebrauch macht, hierbei an gewisse — gleichviel ob seinen Plänen entsprechende oder ihnen zuwiderlaufende — Schranken gebunden ist, aber jedenfalls sind sie dritten gegenüber Anordnungen in keiner Beziehung.

4) Der dieser Entscheidung zu Grunde liegende Fall mußte noch nach den nunmehr aufgehobenen Bestimmungen der Kreisordnung vom 13. Dezember 1872 beurteilt werden. In Bezug hierauf wurde das Vorstehende sub 1 ausgeführt, und hieraus wurde damals gefolgert, daß gegenüber einem den allgemeinen baupolizeilichen Bestimmungen zuwiderlaufenden Baukonsense ein dritter nicht berechtigt sei, von der Polizeibehörde im Verwaltungsstreitverfahren die Anordnung einer Umgestaltung des Baues nach Maßgabe jener Bestimmungen zu beanspruchen.

5) Ferner ist ausgeführt: „Im weiteren Umfange — ohne die Beschränkung auf „Anordnungen" — findet nun zwar nach (dem inzwischen ebenfalls aufgehobenen und durch die weiter unten zu erwähnenden Vorschriften ersetzten) §. 135 VI. der ursprünglichen Kr.-O. gegen Verfügungen gerade in baupolizeilichen Angelegenheiten die Klage im Verwaltungsstreitverfahren statt und ebenso bedient sich der dritte Absatz des §. 80 daselbst des Ausdrucks „Verfügungen" in einem Zusammenhange, welcher eine Deu-

tung in demselben weiteren Sinne zu gestatten scheint, gleichwohl gewähren auch diese Bestimmungen einem dritten ein Klagerecht nicht.

6) Denn zunächst ist das Verwaltungsstreitverfahren überhaupt seiner ganzen Anlage und Aufgabe nach — wie jedes andere gerichtliche Streitverfahren — darauf beschränkt und nur dazu bestimmt, dem Schutze solcher Interessen zu dienen, deren Verletzung zugleich eine Verletzung subjektiver Rechte in sich schließt.

7) Wie alle polizeilichen Vorschriften ihrer Natur nach nicht das Einzelinteresse, sondern lediglich die Interessen der Gesamtheit oder doch diejenigen eines weiteren unbestimmten Kreises von Beteiligten (Gesellschaftsgruppe) zur Grundlage und zugleich zum Ziele haben, so sind auch die baupolizeilichen Vorschriften zunächst auf Rücksichten des Gemeindewohles zurückzuführen.

8) Der Grundeigentümer, der an der Bebauung seines Grundstückes durch die Polizeibehörde behindert wird, kann die Verwaltungsklage anstellen, ein dritter aber, ja selbst der benachbarte Grundbesitzer kann nur Beschwerde über die Polizeiverwaltung führen oder gegen den Nachbar gerichtlich klagen u. s. w."

9) An die Stelle des §. 79 der Kreisordnung vom 13. Dezember 1872 ist der §. 33 des Zuständigkeitsgesetzes vom 26. Juli 1876, an dessen Stelle der §. 68 des Organisationsgesetzes vom 26. Juli 1880 und endlich der §. 132 des L.-V.-G. vom 30. Juli 1883 getreten.

10) Für den §. 80 der Kreisordnung galt später der §. 34 des Zust.-Ges., später der §. 69 Abs. 1 und 2 des Organisationsgesetzes und jetzt gilt der §. 133 des L.-V.-G. vom 30. Juli 1883.

11) Der §. 136 VI. der Kreisordnung ist durch §. 155 des Zust.-Ges. vom 26. Juli 1876 ersetzt; dieser ist aber nunmehr gänzlich fortgefallen, weil Verfügungen der darin erwähnten Art fortan lediglich nach §§. 127 ff. des L.-V.-G. vom 30. Juli 1883 als polizeiliche behandelt werden sollen.

12) Ferner wird in dieser Entscheidung ausgeführt, der vorstehende Grundsatz schließe zwar nicht aus, daß der Eigentümer von Grund und Boden, insoweit er an dessen Bebauung durch derartige Bestimmungen behindert werde, hiergegen kraft subjektiven Rechtes im Verwaltungsstreitverfahren klagbar werden könne.

13) Das Recht zur freien Verfügung über das Eigentum begreife an sich auch die unbeschränkte Befugnis zum Bauen in sich; nur insoweit, wie das positive Gesetz oder die in solchem zugelassenen polizeilichen Bestimmungen Schranken ziehen, trete jene Befugnis zurück; wo beides miteinander in Kollision gerate, finde, wenn das Hindernis der Bebauung im öffentlichen Rechte begründet liege, die Klage im Verwaltungsstreitverfahren statt. Der dritte dagegen, der Nichteigentümer, könne zwar unter Umständen ein nicht minder dringendes Interesse daran haben, als der Eigentümer selbst, daß der Baukonsens nach einer bestimmten Richtung hin erteilt oder nicht erteilt werde; ein subjektives Recht hierauf habe er aber nicht, und das selbst dann nicht, wenn etwa die einzelne baupolizeiliche Bestimmung, welche er zur Geltung gebracht zu sehen wünsche, neben den zunächst maßgebenden öffentlichen allgemeinen bis zu einem gewissen Grade auch die besondern Interessen der Nachbarn zu schützen bestimmt sein möge. Sein Interesse stehe, wie das der Gesamtheit, lediglich unter dem allgemeinen Schutze einer geordneten Verwaltung; er könne dasselbe — gleich jedem andern Staatsbürger — durch Hinweisung der Polizeiverwaltung auf das Gesetz, durch Anzeigen von Zuwiderhandlungen und durch Beschwerden im Verwaltungswege zur Geltung zubringen versuchen. Eine Klage stehe so wenig ihm wie irgend einem ganz

unbeteiligten andern dritten zu, es sei denn die privatrechtlich zu begründende Klage bei dem ordentlichen Richter. Das Oberverwaltungsgericht will hiermit sagen, daß, wenn die Polizeibehörde jemandem einen Baukonsens erteilt, der Nachbar oder sonst ein dritter nicht das Recht hat, dieserhalb im Verwaltungsstreitverfahren gegen die Polizeibehörde klagbar zu werden. Es kann ja wohl vorkommen, daß jemand in seinen Interessen dadurch verletzt wird, wenn der Nachbar von der Polizeibehörde die Erlaubnis erhält, so oder so zu bauen. Dann kann man sich aber höchstens über die Polizeibehörde im ordentlichen Instanzenwege beschweren, oder man kann gegen den, welcher den Bau nach Maßgabe des Konsenses ausführen will, im ordentlichen Rechtswege vorgehen, namentlich wenn ein gesetzlicher Rechtstitel zur Seite steht, auf Grund dessen man verlangen kann, daß der Bau, so wie ihn die Polizei gestattet hat, nicht zur Ausführung kommen darf, beziehungsweise kommen dürfte.

Nr. 3.

Endurteil vom 19. Mai 1877 (Entsch. Bd. II. S. 356).

1) Gegenüber dem Nachfolger im Besitze eines Hauses, bei dessen Erbauung von dem Baukonsense abgewichen ist, kann diese Bauausführung als eine konsenswidrige nur unter der Voraussetzung gelten, daß die gestellten Bedingungen ihre rechtliche Basis nicht ausschließlich in den besonderen Satzungen, welche der Baukonsens dem Unternehmer vorschreibt, sondern weiter in gemeingültigen, unmittelbar gesetzlichen oder doch denjenigen, dem Gesetze gleichstehenden, baupolizeilichen Bestimmungen fanden, auf Grund und nach Maßgabe welcher der Baukonsens überhaupt erteilt worden ist.

2) Nur in diesem Sinne kann der Besitznachfolger polizeilich angehalten werden, in den abweichenden Punkten den Bau dem Konsense entsprechend umzugestalten.

Nr. 4.

Endurteil vom 2. Juni 1877 (Entsch. Bd. II. S. 362).

1) Ein nachgesuchter Baukonsens darf allein um deswillen nicht versagt werden, weil eine dem Gesetze vom 2. Juli 1875 entsprechende Festsetzung von Baufluchtlinien für das zu bebauende Terrain noch nicht stattgefunden hat. (Cf. Friedrichs S. 15, 16.)

2) Bei baupolizeilichen Verfügungen konnten früher Zweifel darüber entstehen, ob eine gegen dieselben gerichtete Klage nach §. 155 oder nach §. 31 des Zuständigkeitsgesetzes von 1876 (§. 64 des Organisationsgesetzes) zu beurteilen war; es war aber das erstere jedesmal der Fall, wenn durch die betreffende Verfügung überhaupt nur „ein Baukonsens versagt worden war". Diese Zweifel können nach dem gänzlichen Fortfall des §. 155 des Zust.-Ges. von 1876 und Ersetzung desselben durch die §§. 127 ff. des L.-V.-G. vom 30. Juli 1883 jetzt nicht mehr stattfinden.

3) Die Festsetzung der Baufluchtlinien ist auch ohne gleichzeitige Festsetzung einer Straßenfluchtlinie möglich.

4) Die Festsetzung von Fluchtlinien kann auch da erfolgen, wo die Straßen, an welchen das zu bebauende Terrain liegt, bereits gepflastert, mit Rinnsteinen versehen und dem Verkehr übergeben sind.

5) Bei den wegen Festsetzung der Fluchtlinien gepflogenen Verhandlungen ist es in der Regel nicht lediglich darauf abgesehen, nur Baufluchtlinien festzusetzen; vielmehr geht die Absicht meistens dahin, Bau- und

Straßenfluchtlinien in der Art festzusetzen, daß beide zusammenfallen, und zwar so, daß die neue Linie gegen die thatsächlich bereits bestehende zum Zweck einer Verbreiterung, also einer Veränderung der Straße zurückgerückt werde.

6) Das Gesetz besagt keineswegs, daß zu solchem Zwecke die Festsetzung von Fluchtlinien, weil einmal die Straßen in anderen Grenzen bestehen, unzulässig wäre, vielmehr gestattet dasselbe die Festsetzung „für die Anlegung oder Veränderung von Straßen" (§§. 1, 13 Abs. 2 des Gesetzes vom 2. Juli 1875 — G.-S. S. 561). Es kann aber auch, weil das Gesetz dies nicht verbietet, eine Festsetzung von Baufluchtlinien erfolgen ohne eine anderweite Festsetzung von Straßenfluchtlinien.

7) Anderseits darf, nachdem das Gesetz vom 2. Juli 1875 in Kraft getreten ist, ein Baukonsens an sich ausschließlich aus dem Grunde nicht versagt werden, weil eine diesem Gesetze entsprechende Festsetzung von Fluchtlinien für das zu bebauende Terrain thatsächlich noch nicht stattgefunden hat.

8) Zwar ist zuzugeben, daß, wenn die zur Festsetzung von Fluchtlinien berufenen Behörden (Gemeinde- und Polizeibehörde) sich hierüber nicht verständigen, dem Einzelnen einem solchen negativen Ergebnisse der Verhandlungen gegenüber ein Rechtsmittel nicht zusteht; es folgt aber daraus keineswegs, daß, so lange ein Fluchtlinienplan nicht festgestellt worden, auf dem bezüglichen Terrain, für welches eine in Aussicht genommene Festsetzung gelten sollte, überall nicht gebaut werden dürfe; vielmehr spricht der Vordersatz für das Gegenteil.

9) Unbedingt vorgeschrieben ist die Festsetzung von Fluchtlinien überhaupt nicht (§. 1 des Gesetzes), dieselbe erfolgt event. nur da, wo mindestens eine der beteiligten beiden Behörden dies nach Lage der Verhältnisse für angezeigt erachtet.

10) Mit dem Tage, an welchem die im §. 8 l. c. vorgeschriebene Offenlegung des Planes beginnt, tritt „die Beschränkung" des Grundeigentümers, daß Neu-, Um- und Ausbauten über die Fluchtlinie hinaus versagt werden können, „endgültig" ein. Wäre bis zum Zustandekommen des Planes der Eigentümer überhaupt nicht in der Lage, zu bauen, so würden seine Rechte von jenem Zeitpunkt ab nicht sowohl eine „Beschränkung" als eine Erweiterung erfahren. (Cf. §. 11 l. c.)

11) Die Tendenz des ganzen Gesetzes ist einerseits, den Gemeinden thunlichst entgegen zu kommen und ihnen über die Schwierigkeiten hinwegzuhelfen, denen sie vorher vielfach begegnet waren, anderseits sollen aber auch die Privateigentümer geschützt werden. Dagegen lag es keineswegs in der Absicht, die bisherigen Befugnisse der Polizeibehörden gegenüber dem Einzelnen zu erweitern.

12) S. Friedrichs, Gesetz betreffend die Anlegung und Veränderung von Straßen und Plätzen in Städten und ländlichen Ortschaften vom 2. Juli 1875 (G.-S. S. 561). Berlin und Leipzig. 1882.

Nr. 5.

Endurteil vom 10. Oktober 1877 (Entsch. Bd. III. S. 281).

1) Wenn an Stelle der Ortspolizeibehörde ein Magistrat (Gemeindebehörde) einen Baukonsens versagt hat, so ist gegen den letzteren eine Klage im Verwaltungsstreitverfahren nicht zulässig.

2) Allerdings sind durch das Gesetz vom 2. Juli 1875 gewisse baupolizeiliche Rechte auf die Gemeindebehörde übergegangen, daraus folgt aber

nicht, daß der Magistrat, wenn er sich im Sinne dieses Gesetzes für die Ablehnung eines Baukonsenses erklären zu sollen glaubt, berechtigt wäre, den Antragsteller unmittelbar ablehnend zu bescheiden. (Cf. Friedrichs, Kommentar S. 35.)

Nr. 6.

Endurteil vom 13. Oktober 1877 (Entsch. Bd. III. S. 286).

1) Nach §. 12 des Gesetzes vom 2. Juli 1875 kann durch Ortsstatut festgestellt werden, daß an Straßen oder Straßenteilen, welche noch nicht gemäß der baupolizeilichen Bestimmungen des Orts für den öffentlichen Verkehr und den Anbau fertig hergestellt sind, Wohngebäude, die nach diesen Straßen einen Ausgang haben, nicht errichtet werden dürfen.

2) Auf Grund dieser Vorschrift und des danach errichteten Ortsstatutes wurde jemandem, der ein neues Haus bauen wollte, von der Polizeibehörde der Baukonsens verweigert. Es stellte sich aber infolge der von dem Bauherrn angestrengten Klage heraus, daß die gedachten baupolizeilichen Bestimmungen bisher noch gar nicht erlassen waren, und deshalb erkannte das Ober-Verwaltungsgericht, daß die Verfügung der Polizeibehörde aufzuheben sei.

S. Friedrichs, Kommentar S. 48.

Nr. 7.

Endurteil vom 24. November 1877 (Entsch. Bd. III. S. 288).

1) Gegen Verfügungen der Ortspolizeibehörde, durch welche ein Baukonsens versagt wird, fand nach der früher geltenden Gesetzgebung (§. 155 des Zust.-Ges. vom 26. Juli 1876) an Stelle der Klage im Streitverfahren nicht die durch §. 30 l. c. (§. 63 des Organisationsgesetzes vom 26. Juli 1880) eingeführte Beschwerde statt. Die Anstellung jener Klage war an eine Frist nicht gebunden.

2) Eine den Baukonsens nur zur Zeit versagende Verfügung fiel unter den §. 155 des Zust.-Ges. — Die dem Verwaltungsrichter im Falle der Wahlklage gezogenen Grenzen, welche es nicht gestatten, die Prüfung einer Beschwerde bis zu einer freien Würdigung der polizeilichen Notwendigkeit, Angemessenheit und Zweckmäßigkeit auszudehnen, fielen fort in den Fällen, in denen nur die Klage und nicht die Wahlklage stattfand. Dies alles (bis auf den Satz betreffend die den Baukonsens „zur Zeit" versagenden Verfügungen) hat sich geändert, seitdem an die Stelle des gedachten §. 155 die §§. 127 ff. des L.-V.-G. vom 30. Juli 1883 getreten sind.

Nr. 8.

Endurteil vom 12. Dezember 1877 (Entsch. Bd. III. S. 292).

1) Nach §. 15 des Gesetzes betreffend die Anlegung von Straßen u. s. w. vom 2. Juli 1875, kann durch Ortsstatut festgestellt werden, daß bei der Anlegung einer neuen oder bei der Veränderung einer schon bestehenden Straße, wenn solche zur Bebauung bestimmt ist, sowie bei dem Anbau an schon vorhandenen bisher unbebauten Straßen und Straßenteilen von dem Unternehmer der neuen Anlage oder von den angrenzenden Eigentümern — von letzteren, sobald sie Gebäude an der neuen Straße errichten — die Freilegung, erste Einrichtung, Entwässerung und Beleuch-

tungsvorrichtung der Straße in der dem Bedürfnisse entsprechenden Weise beschafft, so wie deren zeitweise, höchstens jedoch fünfjährige Unterhaltung, beziehungsweise ein verhältnismäßiger Beitrag oder der Ersatz der zu allen diesen Maßnahmen erforderlichen Kosten geleistet werde. Zu diesen Verpflichtungen können die angrenzenden Eigentümer nicht für mehr als die Hälfte der Straßenbreite und, wenn die Straße breiter als 26 m ist, nicht für mehr als 13 m der Straßenbreite herangezogen werden.

2) Auf Grund dieser Vorschrift hatten ein Magistrat und eine Stadtverordnetenversammlung ein Statut beschlossen und darin folgende Bestimmung aufgenommen:

„Bei der seitens der Stadtgemeinde erfolgenden Anlage einer neuen oder bei der Verlängerung einer schon bestehenden Straße, welche zur Bebauung bestimmt ist, sind die Besitzer der angrenzenden Grundstücke verpflichtet, der Stadtgemeinde diejenigen gesamten, beziehungsweise einzelnen speziellen Kosten zu ersetzen, welche ihr für die Freilegung, erste Einrichtung, Pflasterung und Entwässerung der Straße erwachsen. Diese Verpflichtung der angrenzenden Eigenthümer ruht so lange, als auf ihren Grundstücken Gebäude an der Straße nicht errichtet sind."

In dieser statutarischen Bestimmung fand der damalige Bezirksrat, welcher nach dem oben angezogenen §. 15 beziehungsweise §. 12 l. c. zur Bestätigung des Statutes berufen war, eine Verletzung der vorstehenden gesetzlichen Vorschrift, weil durch das Statut auch denjenigen angrenzenden Eigentümern eine entsprechende Verpflichtung auferlegt werde, welche bereits vor der Anlegung der neuen Straße Gebäude, die hiernächst an die neue Straße zu liegen kommen, errichtet haben. Diese Eigentümer befänden sich in andern Verhältnissen, als die erst später sich Anbauenden. Sie würden den Anbau vielleicht ganz unterlassen haben, wenn sie gewußt hätten, daß sie eine Entschädigung für die Straßenanlage an die Gemeinde zu zahlen haben würden, während die erst später sich Anbauenden — von vornherein bekannt mit der ihnen zufallenden Entschädigungsverpflichtung — sich danach frei entschließen könnten, ob sie unter solchen Umständen bauen wollten oder nicht.

Aus diesen Gründen verweigerte der Bezirksrat die Bestätigung des Statuts. Diese Ansicht teilte der im Beschwerdewege angerufene Provinzialrat nicht, derselbe hielt die älteren Eigentümer ebenfalls für verpflichtet, die Kosten der Straßenanlage zu erstatten, da ihnen die letztere zu gute käme. Der Provinzialrat beschloß also, das Statut zu bestätigen.

Nun gelangte aber die Angelegenheit zur Kenntnis des Ministers des Innern, welcher den Oberpräsidenten veranlaßte, nach Maßgabe des §. 118 der Provinzialordnung vom 29. Juni 1875 (Hessen-N. §. 91) die Anfechtungsklage (jetzt Beanstandung) bei dem Ober-Verwaltungsgerichte anzustellen. Der höchste Verwaltungsgerichtshof erkannte im Sinne des Klageantrages dahin, daß der Beschluß des Provinzialrates für ungültig zu erachten, das Ortsstatut also zu ändern sei.

S. Friedrichs, Kommentar S. 56.

Nr. 9.

Endurteil vom 25. April 1878 (Entsch. Bd. III. S. 304).

1) Der §. 12 des Gesetzes vom 2. Juli 1875 betreffend die Anlegung und Veränderung von Straßen u. s. w. bestimmt in seinem ersten Absatze:

„Durch Ortsstatut kann festgestellt werden, daß an Straßen und

Straßenteilen, welche noch nicht gemäß der baupolizeilichen Bestimmungen des Ortes für den öffentlichen Verkehr und den Ausbau fertig gestellt sind, Wohngebäude, die nach diesen Straßen einen Ausgang haben, nicht errichtet werden dürfen."

2) Diese Bestimmung ist nicht auf bereits bestehende Straßen zu beziehen, welche von den Kommunen längst ohne Widerspruch zur Pflasterung, Beleuchtung und zu den sonstigen kommunalen Verpflichtungen für öffentliche Straßen übernommen worden sind, sondern nur auf neue, noch nicht fertig gestellte oder polizeiwidrig angelegte Straßen und Straßenteile.

3) Ältere Straßen werden von dieser Bestimmung selbst dann nicht betroffen, wenn vor dem Neubau eines Hauses neue baupolizeiliche Bestimmungen erlassen oder die Fluchtlinien anderweit festgesetzt sind.

4) Entsprechen die ältern Straßen diesen neuen Bestimmungen nicht, so sind sie deshalb keineswegs als noch nicht fertig gestellte im Sinne des Gesetzes anzusehen.

5) Ohne Entschädigung können deshalb Hausbesitzer in solchen älteren Straßen nicht angehalten werden, den neuen Bestimmungen entsprechend zu bauen.

S. Friedrichs, Kommentar S. 43 u. 57.

Nr. 10.

Endurteil des II. Senats vom 20. Juli 1878 (Entsch. Bd. IV. S. 351.)

1) Auf Grund einer allgemeinen baupolizeilichen Vorschrift, daß an der Nachbargrenze stehende Wände keine Öffnungen „erhalten" dürfen, darf die Schließung bereits vorhandener Öffnungen auch in Beziehung auf eine solche Wand polizeilich angeordnet werden, welche erst nach ihrer Herstellung mittels Grundstücksteilung zu einer Grenzwand geworden ist.

2) Die baupolizeilich vorgeschriebene Sicherheit kann in jedem Zeitpunkte gefordert werden, in welchem eine Wand diejenige Eigenschaft erhält, welche dieselbe als Brandmauer kennzeichnet.

3) Das A. L.-R. gibt im allgemeinen nur Vorschriften für Neubauten und Änderungen bestehender Bauten (§§. 65 ff. I. 8), und das auf der Grundlage dieser Bestimmungen entwickelte Baurecht wird von der Regel beherrscht, daß die Anordnungen der Behörden, mögen dieselben als generelle Normen (baupolizeiliche Verordnungen) oder als spezielle Verfügungen erlassen sein, in Ansehung vorhandener Bauten nur ausnahmsweise Änderungen verlangen dürfen.

4) Die — allerdings zahlreichen — Ausnahmen von der Regel betreffen vorzugsweise das die Wahrnehmung feuerpolizeilicher Interessen betreffende Gebiet der Baupolizei, und die Zahl der Vorschriften, welche die Beseitigung bestehender feuerunsicherer Anlagen (z. B. hölzerne Dachrinnen, hölzerne Schornsteine, Windbretter, Strohdächer, Backöfen, Feuerungsanlagen, auch vorschriftswidrige Brandmauern) zum Gegenstande haben, ist sehr erheblich.

5) Handelt es sich um bauliche Verhältnisse, welche zwar früher unter anderen Umständen von der Behörde genehmigt, später aber ohne deren Zustimmung Veränderungen unterworfen worden sind, so liegt eben ein Eingriff der Baupolizeibehörde in einen vorhandenen baulichen Zustand nicht mehr vor.

6) Die Verlegung der Grenze an eine bestehende Wand (bei Grundstücksteilungen oder Abzweigungen), wenn letztere auch hierdurch in ihrer

physischen Beschaffenheit nicht verändert wird, hat doch nicht ausschließlich eine Änderung in den Rechtsverhältnissen, sondern auch eine Änderung in den konkreten, thatsächlichen, insbesondere in den wirtschaftlichen Verhältnissen, eine vollständige Änderung des Charakters, der Bedeutung und der Bestimmung der Wand zur Folge.

7) Mit der durch die Änderung der Rechtsverhältnisse herbeigeführten realen Teilung eines Grundstücks (Gebäudes) geht diejenige wirtschaftliche Einheit verloren, welche der Behörde die Gewähr dafür gibt, daß bei Benutzung einzelner Teile des Grundstücks die bau- und feuerpolizeilichen Interessen anderer Teile desselben Grundstücks allezeit ausreichende Beachtung finden. — —

8) Eine zweite in diesem Erkenntnisse erörterte Frage ist lediglich in Gemäßheit des §. 4 Zust.-Ges. vom 26. Juli 1876 beantwortet worden, würde also jetzt, nachdem jener §. 4 fortgefallen ist, mindestens nicht in derselben Weise zum Austrag gebracht werden können.

9) Die in den Bau-P.-O. enthaltenen Bestimmungen sind der Regel nach zunächst nur für die unter ihrer Herrschaft auszuführenden Bauten gegeben, sollen sie ausnahmsweise auch auf bereits vorhandene Bauten angewendet werden, so muß eine dahin gehende Absicht aus der betreffenden Vorschrift erkennbar sein.

Nr. 11.

Endurteil des II. Senats vom 6. Dezember 1878 (Entsch. Bd. IV. S. 364).

1) Die polizeiliche Erlaubnis zum Anbau an einer neuen Straße darf nicht zu dem Zwecke an Bedingungen geknüpft werden, um die Erfüllung der dem Bauunternehmer in betreff der Kosten der Straßenanlagen obliegenden (kommunalen) Verpflichtungen herbeizuführen. Vergl. Friedrichs S. 46, 47 und 59, auch die Endurteile vom 19. Juni 1879 (Entsch. V. S. 465) und vom 29. März 1882 (Selbstv. IX. S. 147).

2) Das V.-G.-G. vom 3. Juli 1875 kannte eine absolute Nichtigkeit der Endurteile nicht, auch erwähnte dasselbe nicht die Möglichkeit der Zurückweisung einer Streitsache in die Vorinstanz seitens des Berufungsrichters; anderseits besteht in dieser Hinsicht keine Nötigung für den Berufungsrichter, in Fällen, in welchen ein Mangel des Verfahrens behauptet wird, eine solche Zurückweisung eintreten zu lassen.

3) Wenn in einer in erster Instanz ergangenen Entscheidung zwei Brüder als Richter mitgewirkt haben, so liegt darin kein absoluter Nichtigkeitsgrund, event. müßte ein Ablehnungsgesuch vorliegen (V.-G.-G. §. 33, Zivilprozeßordnung vom 30. Januar 1877 §§. 41 ff.) und eine etwaige Benachteiligung durch die bemängelte Zusammensetzung des Gerichts I. Instanz behauptet werden. (Vergl. jetzt §. 100 des L.-V.-G. vom 30. Juli 1883.)

Nr. 12.

Endurteil des II. Senats vom 1. Juli 1878 (Entsch. Bd. IV. S. 370).

1) Wenn neben einer bereits bestehenden Schornsteinanlage ein Gebäude errichtet wird, in dessen Giebelwand sich Fenster befinden, so kann die Polizeibehörde in Gemäßheit des §. 17 Titel 10 Teil II A. L.-R.'s die Zumauerung dieser Fenster aus feuerpolizeilichen Rücksichten verlangen.

2) Dabei fällt es auch nicht ins Gewicht, wenn etwa der Schornstein nach Erlaß der betreffenden polizeilichen Zwangsverfügung abgebrochen und später wieder aufgebaut war, also insofern als die neuere Anlage angesehen

werden mußte, denn dadurch wird an der Zulässigkeit der polizeilichen Verfügung nichts geändert, sofern der von der Polizeibehörde für unzulässig erachtete Zustand nur derselbe war wie früher.

Nr. 13.

Endurteil des II. Senats vom 7. November 1878 (Entsch. Bd. IV. S. 375).

1) Nach §§. 66, 71, 78 Tit. 8 Teil I A. L.=R's. **wohnt der Polizeibehörde die Befugnis bei, Verunstaltungen von Straßen zu verhindern oder, falls ein ohne vorhergegangene Anzeige unternommener Bau zur groben Verunstaltung der Straße gereicht, eine solche auch nachträglich zu beseitigen, allein diese Befugnis kann nicht weiter reichen, als der Zweck des polizeilichen Einschreitens es bedingt.**

2) **Mithin darf der Konsens zur Ausführung eines für sich bestehenden Hintergebäudes, um eine Verunstaltung der Straße abzuwenden, nicht an die Bedingung geknüpft werden, daß nach letzterer hinaus der Bauplatz durch eine andere Baulichkeit (z. B. ein Wohnhaus) abgeschlossen werde, denn zur Erreichung dieses Zweckes genügt behufs Entziehung des Anblicks der Hintergebäude von der Straße aus die Anlegung einer Mauer oder eines festen, dichten Zaunes (Bretterwand) — Bewährungen, wie sie beispielsweise in Berlin als Abschlüsse von Holzplätzen nach der Straße polizeilicherseits selbst in den besten Stadtteilen für ausreichend erachtet werden.**

3) **Eine Baukonsensbedingung kann auch dann noch mit Erfolg angefochten werden, nachdem der Unternehmer den Konsens ohne Einspruch entgegengenommen und den genehmigten Bau entsprechend ausgeführt hat, weil die Klage nach §. 155 des Zust.=Ges. an eine Frist nicht gebunden ist.**

Letzteres hat sich seit der Beseitigung des §. 155 und Ersetzung desselben durch §§. 127 ff. des L.=V.=G. vom 30. Juli 1883 geändert.

Nr. 14.

Endurteil des II. Senats vom 5. September 1878 (Entsch. Bd. V. S. 324).

1) **Zur Ausführung eines an sich konsenspflichtigen Bauwerkes bedarf es auch dann der ortspolizeilichen Genehmigung (des Baukonsenses), wenn das Unternehmen von einer Staatsbehörde ausgeht und den Gegenstand desselben ein bereits ministeriell genehmigter Hochbau auf einem Eisenbahnhofe bildet.**

2) **Das Verwaltungsstreitverfahren ist zur Rechtskontrolle der öffentlichen Verwaltung gegeben und findet folgeweise nur da statt, wo rechtlich geschützte Interessen, subjektive Rechte, sei es physischer Personen, sei es einer Korporation — also auch des Staates als Subjekt von Privatrechten (Fiskus) — mit den durch die Verwaltungsbehörden vertretenen Anforderungen des öffentlichen Interesses in Kollision geraten. Eine Kollision der von verschiedenen Behörden wahrzunehmenden öffentlichen Interessen dagegen würde nur durch das Zusammenwirken der höheren und höchsten Verwaltungsbehörden zum Ausgleiche gebracht werden können.**

3) **Wenn also eine Ortspolizeibehörde einer Königlichen Eisenbahndirektion einen Baukonsens durch Verfügung versagt, und wenn dann die Direktion gegen diese Verfügung auf Grund des §. 155 des Zust.=Ges. von 1876 (jetzt §§. 127 ff. des L.=V.=G. von 1883) klagt, so steht der Ortspolizeibehörde der Eisenbahn*fiskus* und nicht die Eisenbahn*polizeibehörde* streitend gegenüber und das Verwaltungsstreitverfahren ist zulässig.**

4) **In einer Zirkularverfügung des Handelsministers vom 12. Oktober 1872 (Min.-Bl. d. i. V. S. 258) ist ausgeführt, es sei in Ansehung aller für Rechnung des Staats und unter** Leitung von Staatsbaubeamten **aus-geführten Bauten ein förmlicher Baukonsens** entbehrlich. Dabei ging aber **die Absicht des Ministers nicht dahin** — und konnte auch angesichts der ge-**setzlichen Vorschriften** (§. 67 Tit. 8 Teil I A. L.-R's., Ges. vom 11. März 1850 — G.-S. S. 265 —) nicht dahin gehen —, die Kognition der Lokal-**polizeibehörden in materieller** Beziehung irgendwie zu beschränken. Vielmehr **sollte nur die Form des Baukonsenses** vermieden werden. Die Orts-**polizeibehörde sollte daher**, wenn sie von ihrem Standpunkte aus gegen den **Baukonsens nichts** zu erinnern fand, einfach ihre Zustimmung aussprechen, **wenn sie aber Bedenken gegen** den beabsichtigten Bau hegte, solche dem **Unternehmer mitteilen, um danach** eine Änderung des Projektes herbeizu-**führen. Dieser Auffassung steht auch der §. 4 des Eisenbahngesetzes vom 3. November 1838 nicht entgegen, wie dies in dem Erlasse vom 14. Juli 1870 (Min.-Bl. d. i. V. S. 213)** bestätigt wird.

5) **Die Voraussetzung, daß das Handelsministerium als höchste Aufsichts-instanz sämtlicher Eisenbahnbauten und des gesamten Bauwesens über etwaige Differenzen mit der Lokalpolizeibehörde Entscheidung zu treffen habe, ist nicht mehr zutreffend, seitdem durch den 17. Abschnitt des fünften Titels des Zuständigkeitsgesetzes von 1876 das Streit- und Beschlußverfahren vor anderen Behörden eingeführt ist.**

Nr. 15.

Endurteil des II. Senats vom 2. Dezember 1878 (Entsch. Bd. V. S. 341).

1) Für die Frage, ob eine Straße zu den noch nicht gemäß der bau-polizeilichen Bestimmungen des Orts für den öffentlichen Verkehr und den Anbau fertig hergestellten Straßen (§. 12 des Ges. vom 2. Juli 1875) ge-hört, ist es nicht von Bedeutung, daß die angrenzenden Grundstücke — wenigstens beiderseits — noch nicht bebaut, zum Teil überhaupt noch nicht bebauungsfähig sind, oder daß in Beziehung auf eine längst bestehende Straße neuerlich die bis dahin eingehaltene Fluchtlinie anderweit festgesetzt worden ist.

2) Maßgebend bleibt zunächst die Beschaffenheit des Straßenkörpers, nicht die Beschaffenheit der angrenzenden Grundstücke.

S. Friedrichs, Kommentar S. 43.

Nr. 16.

Endurteile des II. Senats vom 10. Februar 1879 (Entsch. Bd. V. S. 350) und vom 11. April 1877 (Entsch. Bd. II. S. 440).

1) Die in dem jetzt nicht mehr geltenden §. 155 des Zust.-Ges. von 1876 gedachten Verfügungen sind als „polizeiliche Verfügungen" im Sinne des §. 54 I. Nr. 1 des V.-G.-G. vom 3. Juli 1875 (jetzt §§. 85 und 127 ff. des L.-V.-G. vom 30. Juli 1883) anzusehen, und es hat diese Be-stimmung auch nach dem Inkrafttreten des Zuständigkeitsgesetzes in soweit Gültigkeit behalten, als es sich um die Feststellung des Begriffs „polizeiliche Verfügungen" handelt; dagegen ist derselbe hinsichtlich der Fristen durch den §. 42 des Organisationsgesetzes vom 26. Juli 1880 (jetzt §. 51 des L.-V.-G. vom 30. Juli 1883) abgeändert.

2) In ersterer Beziehung ist zu bemerken, daß der §. 54 I. 1 keines-

wegs nur solche „polizeiliche Verfügungen" umfaßte, durch welche eine bestimmte Handlung oder Unterlassung erzwungen werden soll (vergl. §. 79 der Kreisordnung vom 13. Dezember 1872 in der ursprünglichen Fassung). Die nach der (alten) Kreisordnung noch zulässige Unterscheidung zwischen „Anordnungen" (§. 80 l. c.) einerseits und „sonstigen polizeilichen Verfügungen" anderseits ist, soweit es sich um die prozessualischen Fristen handelt, durch jenen §. 54 I. 1 fortgefallen. Übrigens sind Baukonsense unzweifelhaft als „polizeiliche Verfügungen" zu betrachten (O.-T.-E. Entsch. Band 35 S. 279, Erk. des Gerichtshofes zur Entsch. der Kompetenzkonflikte (Justiz-Min.-Bl. 1853 S. 92).

3) Der sonstige, an sich sehr wertvolle Inhalt dieser Entscheidung dürfte für die nach dem 1. April 1881 anhängig gewordenen Bau-Angelegenheiten gegenstandslos geworden sein. (§. 80 des Verwaltungsgerichtsgesetzes vom 2. August 1880 in Verbindung mit §. 88 des Organisationsgesetzes vom 26. Juli 1880, jetzt §. 154 des L.-V.-G. vom 30. Juli 1883.)

4) Der §. 68 Tit. 8 Teil I A. L.-R.'s bestimmt zwar, die Obrigkeit solle dahin sehen, daß durch eine richtige und vollständige Beschreibung eines abzutragenden Gebäudes nach seiner Lage, den Grenzen und der übrigen Beschaffenheit künftigen Streitigkeiten bei dem Wiederaufbau in Ansehung des Winkelrechts und sonst möglichst vorgebeugt werde, und es ist aus dieser Vorschrift schon in dem Reskripte des Min. d. J. u. d. P. vom 6. April 1835 (Annalen XIX. S. 497) die Verpflichtung der Polizeibehörde abgeleitet worden, bei Beurteilung der Baugesuche die nachbarlichen Verhältnisse nicht unberücksichtigt zu lassen, es ist aber in jenem Reskripte nur das als die Aufgabe der Polizei bezeichnet, künftigen Streitigkeiten vorbehaltlich dessen, was nur Gegenstand der gerichtlichen Entscheidung sein kann, vorzubeugen, und daß, wenn es nicht gelingt, die in Ansehung solcher Punkte streitenden Interessenten zu vereinigen, dieselben an die Gerichte zu verweisen und die Baugesuche im übrigen nach den bestehenden baupolizeilichen Bestimmungen zu prüfen und zur Erledigung zu bringen sind. Letztere bis zur Entscheidung der bestehenden Streitpunkte auszusetzen, ist unzulässig.

5) Nach diesen Gesichtspunkten ist die Frage zu beantworten, inwieweit die Versagung des Baukonsenses auf privatrechtliche Streitpunkte, insbesondere darauf gegründet werden darf, daß über das Eigentum an der Baustelle Streit entsteht. In ähnlicher Weise hat sich das O.-V.-G. in dem E. vom 23. Februar 1880 (Entsch. VI. S. 304) ausgesprochen.

6) Entsteht während eines bei den Zivilgerichten anhängig gemachten Verfahrens vor den Verwaltungsgerichten ein Streit, dessen Entscheidung davon abhängt, wer der Eigentümer der zu bebauenden Landfläche ist, so ist es für die Polizeibehörde unerläßlich, sich nach Lage des Falles für einen der Prätendenten auszusprechen und die sich daraus ergebenden rechtlichen Folgen eintreten zu lassen, vorbehaltlich des Rechtes des Unterliegenden, auf der Grundlage einer etwaigen anderweiten, ihm günstigeren endgültigen Feststellung seine Anträge zu erneuern.

7) In diesem Sinne steht beispielsweise der Durchführung einer polizeilichen Vorschrift, inhalts deren eine auf der Grenze des Nachbargrundstücks belegene Wand als Brandmauer zu behandeln ist, der Umstand nicht entgegen, daß das Eigentum an dem Nachbargrundstücke zwischen dem Eigentümer der Wand und einem dritten streitig ist.

8) Wenn die Versagung des Baukonsenses ausschließlich auf privatrechtliche Streitpunkte gegründet worden ist, so hat sich das hieran an-

schließende Verwaltungsstreitverfahren nicht zugleich auf weitere, erst in diesem erhobene Anstände eigentlich baupolizeilichen Inhalts zu erstrecken; vielmehr ist die Sache der Polizeibehörde zur anderweiten Instruktion zurückzugeben.

9) Wegen der Nachfristen vergl. das Endurteil sub Nr. 27 im vierten Abschn. XXVI. (Streitverfahren) und sub Nr. 10 im vierten Abschn. XXVII. (Verfügungen).

Nr. 17.

Endurteil des II. Senats vom 13. März 1879 (Entsch. Bd. V. S. 355).

1) Das entscheidende Moment dafür, ob in betreff der polizeilichen Verfügung einer Ortspolizeibehörde die Vorschriften des Zust.-Ges. von 1876, insbesondere die Bestimmung in dem früher geltenden §. 155 Anwendung erleiden, ist keineswegs darin zu finden, daß die betreffende Verfügung ihrem Inhalte nach sich als eine ortspolizeiliche, zum Wirkungskreise der Ortspolizeibehörde gehörige darstellt. Es genügt, wenn die betreffende Verfügung thatsächlich von der Ortspolizeibehörde erlassen ist, ohne Unterschied des Inhalts der polizeilichen Verfügung und ohne Unterschied, ob die Verfügung von der Ortspolizeibehörde aus eigner Machtbefugnis oder auf Grund besonderer Ermächtigung oder auch auf Anweisung einer höheren Behörde erlassen ist — mit der selbstverständlichen Einschränkung, daß in letzterem Falle es sich überhaupt noch um eine selbstständige Verfügung der Ortspolizeibehörde handelt.

2) Die Klage (jetzt auch die Beschwerde) ist also auch statthaft gegen Verfügungen der Ortspolizeibehörde, mittels welcher ein Baukonsens aus einem auf landespolizeilichem Gebiete liegenden Grunde versagt wird.

3. Bei der Beurteilung der aus dem §. 155 l. c. angestellten Klagen trat der Verwaltungsrichter vollständig an die Stelle einer Verwaltungsbehörde im engeren Sinne und hatte seinerseits frei über die Zweckmäßigkeit und Angemessenheit der angegriffenen Verfügung zu befinden. Dies letztere hat sich jetzt geändert, seitdem an die Stelle des aufgehobenen §. 155 die §§. 127 ff. des L.-V.-G. vom 30. Juli 1883 getreten sind.

4) Handelt es sich um die durch lokalpolizeiliche Verordnungen geregelte Errichtung von Gebäuden in der Nähe von Eisenbahnen, so hat sich die die baupolizeilichen Vorschriften handhabende Behörde dabei auch in den Schranken jener Polizeiverordnungen zu halten.

5) Für die verwaltungsrichterliche Entscheidung kommt es nicht darauf an, ob die Polizeibehörde selbst bei Erlaß der empfohlenen Verfügung überall von zutreffenden rechtlichen Gesichtspunkten ausgegangen ist, als vielmehr nur darauf, ob diese Verfügung objektiv dem betreffenden Rechte entspricht.

Nr. 18.

Endurteil des II. Senats vom 1. Mai 1879 (Entsch. Bd. V. S. 360).

1) Eine Stadtgemeinde beabsichtigte, zur Abführung des Regen- (Tage-) Wassers — der atmosphärischen Niederschläge — und des Wirtschaftswassers — der Abfallwässer — in einzelnen Stadtteilen Thonrohrleitungen anzulegen, für welche zum Teil ein Anschluß an den nach einem öffentlichen Flusse abwässernden Kanal in Aussicht genommen war. Die Polizeibehörde, welche um ihre Genehmigung hierzu angegangen wurde, erteilte die letztere unter verschiedenen Bedingungen, unter anderen der, daß die eine Straße mit einer unterirdischen Entwässerungsanlage versehen, und der gedachte fiskalische Kanal bis an den öffentlichen Fluß überwölbt werde. Es entstand

bei dem O.-V.-G. die jetzt gegenstandslos gewordene Frage, ob die hiergegen seitens der Stadtgemeinde erhobene Klage nach §. 155 oder nach §§. 30 ff. des Zust.-Gesetzes von 1876 (§§. 63 ff. des Organisationsgesetzes, §§. 127 ff. des L.-V.-G. vom 30. Juli 1883) zu behandeln sei.

2) Zunächst wurde die Vorfrage der Kollision verschiedener Behörden auf polizeilichem Gebiete erörtert, sodann aber wurde in der Sache selbst erkannt, daß die erstere der vorgedachten Bedingungen in ihrem ganzen Umfange, die andere, insoweit sie sich auf die nicht nach dem fiskalischen Kanal entwässernden Anlagen mitbezog, für nicht gerechtfertigt zu erachten, der weitergehende Klageantrag (vollständige Aufhebung der zweiten Bedingung) aber zurückzuweisen sei.

3) Dabei wurde grundsätzlich ausgeführt, daß die Polizeibehörde die angefochtene Verfügung in Wahrnehmung polizeilicher Interessen erlassen hatte, und daß es sich in diesem Falle um die Versagung eines Baukonsenses im Sinne des §. 155 des Zust.-Ges. von 1876 nicht handelte, denn das entscheidende Moment für die Anwendbarkeit dieser Spezialbestimmung ist nicht in dem Bestehen baupolizeilicher Vorschriften zu finden, sondern darin, daß sich eine — sei es projektierte, sei es ausgeführte — Anlage als ein „Bau" oder als ein Teil eines „Baues" darstellt und daß „baupolizeiliche" Interessen in Frage stehen.

4) Zwar ist das Gebiet der „Baupolizei" nicht scharf begrenzt, denn neben baupolizeilichen Gesichtspunkten im engern Sinne (bautechnischen) machen sich auch noch anderweite polizeiliche Interessen, namentlich solche der Feuerpolizei und der Gesundheitspflege geltend, und die Baupolizeiverordnungen greifen, namentlich insoweit es sich bei einem Bau um Nebenanlagen handelt, nicht selten aus dem eigentlichen engern baupolizeilichen Gebiete in verwandte polizeiliche Gebiete hinüber, so z. B. die Baupolizeiverordnungen, welche unter anderm das Setzen von Bäumen, Pfählen u. s. w., die Einrichtung der Bürgersteige, die Anlegung von Wasserabzügen nach den Straßen, die Anlegung von Rinnsteinbrücken u. s. w. regeln; auch bezieht sich die Baupolizei keineswegs nur auf Hochbauten, sondern auch auf bauliche Anlagen im weiteren Umfange, so daß bei Entwässerungsanlagen auch eigentlich baupolizeiliche Interessen, etwa in Ansehung der Konstruktion, des Baumaterials u. s. w. berührt werden —, allein wenn es sich um die Kanalisation einzelner Stadtteile mittels Thonrohrleitungen und um die Abführung des Tage- und Wirtschaftswassers aus den öffentlichen Straßen und den anstoßenden Grundstücken nach einem fiskalischen Kanale und einem öffentlichen Flusse handelt, fehlt es an jedem zulänglichen Anhalte dafür, daß irgend ein baupolizeiliches Interesse in Frage stehe, oder daß die angegriffene polizeiliche Verfügung irgendwie aus baupolizeilichen Gründen hervorgegangen sei.

5) Die baupolizeilichen Interessen, welche bei dieser Kanalisation sich etwa auffinden lassen möchten, treten nach Lage der Sache hinter den selbständigen wasser-, straßen-, gesundheits-polizeilichen Interessen soweit zurück, daß es nur verwirrend auf die Verwaltung der Polizei wirken könnte, wenn angenommen werden sollte, eine Verfügung, mittels welcher aus Gründen der letzteren Art die Anlage einer Kanalisation verboten oder unter Bedingungen genehmigt oder nachträglich mit Bedingungen beschwert werde, sei um deswillen mittels einer Klage aus §. 155 a. a. O. anzufechten, weil neben den maßgebenden sonstigen polizeilichen Interessen noch baupolizeiliche Interessen geltend gemacht werden könnten.

6) Hiernach war also in diesem Falle die allgemeine Klage gegen

polizeiliche Verfügungen (§§. 63 ff. des Organisationsgesetzes, jetzt §§. 127 ff. des L.=V.=G. vom 30. Juli 1883) gegeben. Die Vorbedingungen derselben erschienen insofern erfüllt, als die angegriffene Verfügung einen Eingriff in die subjektiven Rechte der Stadtgemeinde enthielt.

7) Aufgehoben mußte aber die polizeiliche Verfügung werden, weil sich aus dem Inbegriff der Verhandlungen ergab, daß die Nachsuchung der Genehmigung zu den in Rede stehenden Anlagen polizeilicherseits als Gelegenheit benutzt werden sollte, um einen Druck auf den Magistrat auszuüben und diesen zur Kanalisierung gewisser Straßenteile und zur Überwölbung des fiskalischen Kanals geneigt zu machen. Eine derartige Vermischung nicht zusammengehöriger Interessen seitens der Polizeibehörde und die Untersagung der Benutzung oder Ausführung von Anlagen, gegen welche an und für sich Bedenken nicht obwalten, lediglich aus außerhalb der Sache liegenden Erwägungen, fallen aus dem Rahmen der polizeilichen Thätigkeit heraus. Erachtet die Polizeibehörde jene Kanalisation für notwendig, so mag sie hierauf gerichtete besondere Anordnungen erlassen.

8) Befugt war die Polizeibehörde nur zu dem Verbot, den fiskalischen Kanal zu benutzen, falls er nicht bis zu dem öffentlichen Flusse überwölbt werde, denn dies erstreckt sich auf solche Entwässerungen, welche mit dem gedachten Kanal in Verbindung gebracht werden sollten.

9) Wenn zwei Behörden auf polizeilichem Gebiete mit einander in Kollision geraten, so findet ein Verwaltungsstreitverfahren zwischen ihnen zum Zwecke der Erledigung eines solchen Falles nicht statt, indes doch nur unter der Voraussetzung nicht, daß beide Behörden ihre amtlichen Befugnisse aus derselben Quelle der Landeshoheit ableiten und die von ihnen wahrzunehmenden Interessen gleichberechtigt neben einander stehen. Trifft diese Voraussetzung zu, so bleibt das Verwaltungsstreitverfahren auch dann ausgeschlossen, wenn die Meinungsverschiedenheit das Gebiet des Austausches der Ansichten bereits verlassen und in die Gestalt von polizeilichen Verfügungen übergegangen sein sollte.

10) Von einer solchen Identität der Quellen der beiderseitigen Befugnisse kann indes füglich nicht die Rede sein, wenn sich ein Magistrat, während die als Partei ihm gegenüberstehende Polizeibehörde in Ausübung des polizeilichen Hoheitsrechtes auftritt, ihr als Verwalter der kommunalen Angelegenheiten der Stadtgemeinde in Wahrnehmung wirtschaftlicher Interessen gegenüberstellt, wenn die Stellung des Magistrats im wesentlichen nur als solche eines Unternehmers in Betracht kommt.

11) Auch zwischen zwei Zweigen der Polizeiverwaltung können derartige Kollisionen vorkommen.

Nr. 19.

Endurteil des Feriensenats vom 18. August 1879 (Entsch. Bd. V. S. 370).

1) Klagen gegen Verfügungen der Ortspolizeibehörde, durch welche ein Baukonsens versagt oder nur unter Bedingungen erteilt ist, oder nachträgliche Bedingungen auferlegt werden (früher §. 155 des Zust.=Ges.), sind an die im §. 32 l. c. (§. 65 des Organisationsgesetzes vom 26. Juli 1880, jetzt §. 129 des L.=V.=G. vom 30. Juli 1883) für die Anfechtung polizeilicher Verfügungen bestimmte Frist nicht geknüpft. Dieser Grundsatz gilt heute nicht mehr.

2) Es fragt sich, was unter einer „nachträglich auferlegten Baubedingung" zu verstehen ist und wie sich eine solche von der „polizeilichen Anordnung

der Wiederbeseitigung einer in dem erteilten Baukonsense nicht vorgesehenen baulichen Einrichtung" unterscheidet.

Jede Bedingung setzt begrifflich eine Willenserklärung voraus, der sie als Nebenbestimmung beigefügt wird, um von ihrer Erfüllung oder Nichterfüllung die Wirkung jener ganz oder teilweise abhängig zu machen. Auch im Sinne des ehemaligen §. 155 a. a. O. kann daher von der Beifügung oder nachträglichen Auferlegung von Baubedingungen nicht ohne die Genehmigung eines Baues, ohne die Erteilung eines polizeilichen Baukonsenses, auf den sie sich beziehen, die Rede sein.

3) Wenn ein Bau ohne polizeilichen Konsens ausgeführt wird und wenn dann die Polizeibehörde die Beseitigung der dabei vorgekommenen polizeiwidrigen Einrichtungen verlangt, auch dieserhalb die erforderlichen Verfügungen oder Anordnungen trifft, so kann man doch nicht sagen, daß es sich um eine nachträglich auferlegte Baubedingung handle, gegen welche früher eine Klage ohne Frist gegeben war, vielmehr handelt es sich dann um eine gewöhnliche baupolizeiliche Verfügung, welche nur fristzeitig mit der Klage oder Beschwerde angefochten werden kann.

4) Bedeutungslos ist es dem gegenüber, ob die ohne Konsens erfolgten Bauausführungen sich als die notwendige Folge der polizeilich genehmigten Bauten ergeben oder nicht. Wäre ersteres der Fall gewesen, so folgt doch daraus keineswegs, daß die erteilten Konsense sich demnächst ohne weiteres auf diese Bauten mit erstrecken, denn auch zur Ausführung dieser bedarf es der polizeilichen Genehmigung.

Nr. 20.

Endurteil des II. Senats vom 16. Oktober 1879 (Entsch. Bd. V. S. 376).

1) Der Bauunternehmer hat keinen Anspruch darauf, daß Beschränkungen der Baufreiheit, welche erst nach der Einbringung des Baukonsensgesuches in Kraft getreten sind — insbesondere eine dann erst förmlich erfolgte Festsetzung der Fluchtlinien — bei Beurteilung seines Unternehmens außer Anwendung bleiben. (Vergl. Friedrichs Kommentar zu dem Gesetze vom 2. Juli 1875 S. 37 sub Nr. 4.)

2) Die Polizeibehörden haben bei Erteilung von Baukonsensen sich nicht an ältere, etwa aufgehobene und modifizierte Bestimmungen anzulehnen, dürfen sich vielmehr ausschließlich nur durch diejenigen Bestimmungen leiten lassen, welche zu eben der Zeit in Kraft sind, da die Erlaubnis erteilt wird.

Nr. 21.

Endurteil des II. Senats vom 6. Februar 1879 (Entsch. Bd. V. S. 381).

1) Eine polizeiliche Anordnung ist keine Polizeiverordnung, braucht also nicht in der Form wie diese publiziert zu werden.

2) Der Bebauungsplan für Charlottenburg vom Jahre 1862 ist, wie alle ähnlichen Bebauungspläne, auch ohne erfolgte Publikation für die Bevölkerung verbindlich, weil Bebauungspläne nur dann in die Kategorie der Polizeiverordnungen fallen, wenn darin das unbefugte Bebauen der in dem Plane vorgesehenen Straßen und Plätze unter Androhung von Strafen verboten werden soll.

3) Besonderer Polizeiverordnungen über einen Bebauungsplan bedarf es aber nicht, da bereits durch die Bestimmungen des A. L.-R. T. I Tit. 8 §§. 65 ff. und die allgemeinen Baupolizei-Verordnungen dafür gesorgt ist,

daß niemand ohne Konsens der Polizeibehörde bauen darf, wenn er sich nicht der Bestrafung und der Abänderung oder Beseitigung des unbefugt errichteten Baues aussetzen will.

4) Bebauungspläne sind Sammlungen ortspolizeilicher Anordnungen, durch welche vorweg festgestellt wird, welche auf dem Weichbilde einer Stadt belegenen Grundstücke mit Gebäuden besetzt werden können und welche Grundstücke, als zu öffentlichen Straßen und Plätzen bestimmt, unbebaut gelassen werden sollen.

5) Jedenfalls kann aus der nicht erfolgten Publikation kein Einspruchsrecht gegen den Bebauungsplan hergeleitet werden.

Nr. 22.

Endurteil des II. Senats vom 2. Oktober 1879 (Entsch. Bd. V. S. 385).

Eine polizeiliche Anordnung, betreffend die Wiederbeseitigung eines Ausganges, welcher ein bereits errichtetes Wohngebäude dem Baukonsense zuwider mit einer noch nicht gemäß dem baupolizeilichen örtlichen Rechte fertig hergestellten Straße verbindet, ist als ein berechtigter anzusehen. S. Friedrichs Kommentar zum Gesetze vom 2. Juli 1875 S. 43 und 46.

Nr. 23.

Endurteil des II. Senats vom 8. Dezember 1879 (Entsch. Bd. VI. S. 290).

1) Nach allgemeinen Grundsätzen und nach §§. 65 ff. Titel 8 Teil I A. L.-R.'s liegt es der Polizeibehörde ob, Bauwerken gegenüber, für welche die polizeiliche Erlaubnis erforderlich aber nicht erteilt ist, oder welche in Abweichung von den gestellten Bedingungen ausgeführt sind, im öffentlichen Interesse eine Umänderung nach Maßgabe der bestehenden gesetzlichen Bestimmungen zu fordern.

2) Wenn die Änderung nicht stattfindet — aber auch nur in diesem Falle — muß das Gebäude wieder abgetragen und alles auf Kosten des Bauenden in den vorigen Stand gesetzt werden (§. 72 a. a. O.).

3) Die unerläßliche Voraussetzung einer den Abbruch eines Gebäudes bedingungslos fordernden polizeilichen Anordnung ist vor allem die Unmöglichkeit, das Gebäude in einen dem Gesetze entsprechenden und die etwa behauptete Gefährlichkeit des Baues beseitigenden Zustand zu versetzen.

4) Den Anforderungen des Baukonsenses und des Gesetzes muß genügt werden, jede darüber hinausreichende Pflicht, namentlich aber das Gebäude abzubrechen, ist daraus nicht abzuleiten.

5) Sollte die baupolizeiliche Genehmigung nur auf Widerruf erteilt sein, so könnte die Sache später nur in die Lage kommen, daß es für den Bau an der erforderlichen polizeilichen Genehmigung überhaupt fehlte, woraus aber nach dem vorher Gesagten bei der nachgewiesenen Möglichkeit, eine dem Gesetze entsprechende Beschaffenheit des Gebäudes herbeizuführen, die Anordnung des Abbruchs sich nicht herleiten läßt.

Nr. 24.

Endurteil des II. Senats vom 12. Februar 1880 (Entsch. Bd. VI. S. 295).

1) Diese Entscheidung handelt zunächst von der Auslegung des §. 83 Abs. 4 des Verwaltungsgerichtsgesetzes vom 3. Juli 1875, nach welchem, wenn von einer Partei die Einrede der Unzuständigkeit erhoben wird, das

Verwaltungsgericht „vorab“ über dieselbe zu entscheiden hat und die Berufung dagegen unmittelbar an das O.-V.-G. stattfindet. Diese Bestimmung ist auf die nach dem 1. April 1881 anhängig gewordenen Streitsachen nicht mehr anwendbar, vielmehr ist es nach dem neuen Verwaltungsgerichtsgesetze vom 2. August 1880 (jetzt §. 113 des L.-V.-G. vom 30. Juli 1883) jetzt in das Ermessen des Richters gestellt, über jenen Einwand vorab zu entscheiden. Für die Endurteile, in denen dies geschieht, ist mit Rücksicht auf den untrennbaren Zusammenhang der Vorfrage mit der sachlichen Beurteilung der Klageanträge lediglich der regelmäßige Instanzenzug beizubehalten.

2) Über den Unterschied zwischen den §§. 155 und 156 des Zust.-Ges. von 1876 ist bemerkt, daß sich die im §. 156 getroffene Bestimmung lediglich auf solche Fälle erstreckt, in welchen nach Inhalt der einzelnen Baupolizeiverordnungen das Recht, von baupolizeilichen Vorschriften zu dispensieren, den Bezirksregierungen übertragen ist; sie setze die damaligen Bezirksräte an deren Stelle und sei überall da nicht anwendbar, wo jene Befugnisse andern Organen beigelegt seien. Wenn es aber darauf ankomme, ob die Polizeibehörde auf Grund weitgehaltener gesetzlicher Vollmachten unbeschränkt nach ihrem pflichtmäßigen Ermessen verfahren dürfe, so sei das Verwaltungsstreitverfahren nicht ohne weiteres grundsätzlich ausgeschlossen, zumal da, wo — wie gegenüber einer den Baukonsens versagenden Verfügung — die Verwaltungsgerichte ausdrücklich und besonders zur Entscheidung berufen seien. Hier greife also der §. 155 l. c. Platz. Dieser Grundsatz ist seit dem Fortfall des §. 155 und Ersetzung desselben durch §§. 127 ff. des L.-V.-G. vom 30. Juli 1883 nicht gegenstandslos geworden. Vergl. unten Nr. 42.

3) In einem anderen Falle stellte das O.-V.-G. folgenden Grundsatz auf: Wenn in einer Baupolizeiverordnung die gänzliche oder teilweise Erneuerung von Stroh- und Rohrdächern auf Gebäuden mit Feuerungsanlagen untersagt und wenn eine Abweichung von diesem Grundsatze nur ausnahmsweise (wegen Baufälligkeit des Hauses, welches ein schweres Dach nicht tragen kann, oder wegen Mittellosigkeit des Besitzers, welcher die Kosten des Neubaues nicht bestreiten kann) von der Erlaubnis des Landrats abhängig gemacht wird, so ist die Erteilung eines derartigen Dispenses lediglich Sache des freien administrativen Ermessens des Landrats, und keineswegs wird dem Einzelnen ein im Verwaltungsstreitverfahren verfolgbares, subjektives Recht auf die Erteilung eines solchen Dispenses zugestanden. (O.-V.-G.-E. vom 13. Oktober 1879.) Es handelte sich also damals um einen Dispens, auf welchen der Einzelne allerdings kein subjektives, im Verwaltungsstreitverfahren verfolgbares Recht hatte. (O.-V.-G.-E. vom 1. Juni 1882.)

Nr. 25.

Endurteil des II. Senats vom 23. Februar 1880 (Entsch. Bd. VI. S. 300).

1) Vergl. oben Nr. 16.

2) Der Durchführung einer polizeilichen Vorschrift, inhalts deren eine auf der Grenze des Nachbargrundstückes belegene Wand als Brandmauer zu behandeln ist, steht der Umstand nicht entgegen, daß das Eigentum an dem Nachbargrundstücke zwischen dem Eigentümer und einem dritten streitig ist.

3) Straßenflächen selbst sind als Nachbargrundstücke im gesetzlichen Sinne nicht anzusehen.

4) **Ein erhöhter, auf einem Erdwalle (Deiche) laufender Weg kann ohne Dossierungen nicht bestehen; daraus folgt aber nicht, daß jede Erderhöhung, gleichviel zu welchem Zwecke und in welcher Ausdehnung sie besteht dadurch, daß ihre Krone als Weg benutzt wird, den ihr sonst eigentümlichen Charakter** in allen Teilen verliert und sie nun in ihrer Gesamtheit als Weg zu beurteilen ist.

5) Deiche werden angelegt, nicht um eine Unterlage für einen Fußweg zu verschaffen, sondern um die Überflutung der dahinter liegenden Ländereien zu hindern, und es muß derselbe seit seiner Fertigstellung und in Zukunft in normalmäßigem Zustande unterhalten werden, ganz unabhängig davon, ob der Fußweg dem öffentlichen Verkehre dient oder nicht. Letzterer nimmt zwar einen Teil des Deiches ein; dadurch werden aber andere, davon völlig unberührte Flächen des Deichkörpers nicht zu Teilen des Weges, insbesondere läßt sich nicht behaupten, daß, wenn der Deich Gegenstand des Privateigentums war und ist, dieses Eigentum etwa um deswillen auch in Ansehung der die Böschung bildenden Teile des Ganzen aufgehört habe und als solches nicht mehr in Betracht käme, weil die Krone als Fußweg benutzt wird.

6) Deiche, auch an öffentlichen Flüssen, können, abgesehen von den aus ihrer hauptsächlichsten Bestimmung sich ergebenden Beschränkungen, an sich Gegenstand des Privateigentums sein.

7) Die Deichböschungen können mithin im gesetzlichen Sinne auch als „Nachbargrundstücke" angesehen werden.

8) Die Ausübung der Grasnutzung an den Deichböschungen läßt wohl einen Schluß auf den Besitz des Nutzungsrechts, nicht aber darauf zu, wer der Eigentümer der fruchttragenden Sache ist.

9) Die Unterhaltungspflicht ist bis zur Führung eines schlüssigen Gegenbeweises als ein Zeichen des Eigentums an dem Deiche anzusehen; dasselbe gilt von dem Erbauer eines Deiches, welcher so lange als Eigentümer desselben gilt, bis ein dritter sich als solcher legitimiert.

10) Daß das Eigentum einerseits an der Abdachung des — doch ein Ganzes bildenden — Deiches und anderseits an diesem selbst sich in verschiedenen Hände befinde, dagegen streitet die Vermutung. Selbst der Thatsache, daß zwischen dem Deich und der Deichböschung eine Scheidung — ein Zaun — vorhanden ist, wird so lange nicht jedes Gewicht abgesprochen werden können, als es an einer glaubhaften Angabe über den sonstigen Zweck einer solchen — für die Regel gerade als Grenzmarke hergerichteten — Anlage fehlt. Schließlich muß hier der Zivilrichter entscheiden.

Nr. 26.

Endurteile des II. Senats vom 1. April und 10. Mai 1880 (Entsch. Bd. VI. S. 307 und 314).

1) **Wenn nach einer baupolizeilichen Vorschrift Wände auf der Grenze** des Nachbargrundstückes als Brandmauern gelten und keine Öffnungen „erhalten" dürfen, so läßt sich aus diesem Worte „erhalten" für sich und ohne **weiteres nicht schließen, daß die Polizeibehörde die Vermauerung von Öffnungen, welche bei der Verkündigung jener Vorschrift bereits vorhanden waren, nicht anordnen dürfe, zumal, wenn sich nachweisen läßt, daß die Anlegung derartiger Öffnungen bereits bei Erbauung der betreffenden Mauer oder schon früher polizeilich untersagt war.** [Hiermit ist die Entscheidung unter Nr. 10 zu vergleichen, bei welcher es sich um etwas anderes

(Verlegung der Grenze) handelt.] **Zu den Voraussetzungen der Anwendbarkeit einer solchen Vorschrift gehört es nicht, daß das Nachbargrundstück bebaut wird oder nicht.**

2) Wenn der Wortlaut in den seitens der Polizeibehörden innerhalb ihrer Zuständigkeit erlassenen Verordnungen auch gewisse unhaltbare Auslegungen zuläßt, so kann doch der Sinn der unzweideutigen Worte der einmal in Kraft stehenden Verordnung dadurch kein anderer werden, wenn auch jene Folgerungen bei Abfassung der bezüglichen Vorschrift hätten Berücksichtigung finden können.

Nr. 27.

Endurteil des II. Senats vom 22. April 1880 (Entsch. Bd. VI. S. 318).

1) Wenn die Polizei sich veranlaßt sieht, gegen den Unternehmer eines mit baupolizeilicher Genehmigung begonnenen demnächst aber unvollendet gelassenen Neubaues einzuschreiten, so kann dies nicht auf Grund der §§. 36 bis 58 Titel 8 Teil I A. L.-R.'s, welche nur von der Erhaltung und der Wiederherstellung schon vorhandener Gebäude handeln, geschehen, sondern nur in Gemäßheit der §§. 65 ff. l. c., insbesondere des §. 66 l. c. in Verbindung mit §. 10 Titel 17 Teil II A. L.-R.'s.

2) Ob durch einen liegengebliebenen Bau eine Verunstaltung der Straße herbeigeführt wird, läßt sich nur nach den thatsächlichen Verhältnissen beurteilen.

3) Wenn schon bei nicht konsentierten Bauten die polizeiliche Einwirkung sich zunächst nur auf eine entsprechende Änderung des Baues zu richten hat, während die Beseitigung des ganzen Werkes erst für den Fall gefordert werden darf, daß den im öffentlichen Interesse zu stellenden Anforderungen auf keine andere Weise genügt werden könnte, so kann der, welcher der Anzeigepflicht genügte, jedenfalls in keine ungünstigere Lage kommen.

Nr. 28.

Endurteil des II. Senats vom 3. Mai 1880 (Entsch. Bd. VI. S. 325).

Über den Begriff der „Um- und Ausbauten" über die festgesetzte Fluchtlinie hinaus im Sinne des §. 11 des Gesetzes vom 2. Juli 1875 vergl. Friedrichs, Kommentar S. 33 und 34.

Nr. 29.

Endurteil des II. Senats vom 5. Mai 1881 (Entsch. Bd. VII. S. 315).

1) Durch das Streitverfahren in betreff einer Ansiedelungsgenehmigung ist noch keineswegs rechtskräftig festgestellt, daß auf dem betreffenden Grundstücke ein Wohnhaus erbaut, der Baukonsens zu demselben nicht versagt werden dürfe.

2) Die Erteilung einer Ansiedelungsgenehmigung gibt dem Unternehmer keineswegs unbedingt ein Recht, auf dem fraglichen Grundstücke ein Wohnhaus zu erbauen (cf. den Schlußsatz in Abs. 3 des §. 13 des Gesetzes vom 25. August 1876 — G.-S. S. 405 —).

3) **Durch die Ansiedelungsgenehmigung wird der Baukonsens nicht entbehrlich gemacht, die Ansiedelungsgenehmigung fällt mit der Bauerlaubnis nicht zusammen. Soweit also die Verweigerung eines Baukonsenses auf andere als in §§. 14, 15 des Ansiedelungsgesetzes angegebene Gründe gestützt wird, ist weder die Polizeibehörde noch der Verwaltungsrichter durch die in dem Ansiedelungsverfahren ergangene Entscheidung gebunden.** (cf. §. 24

Abs. 2 des Ans.-Ges.); es sind hiernach viele Fälle denkbar, in denen die Ansiedelungsgenehmigung den Unternehmer nicht davor schützt, daß ihm nachträglich jeder Baukonsens verweigert werde.

4) Dies kann unter anderm auch geschehen, wenn es sich um den Bau eines Wohnhauses handelt, aus dessen Lage den künftigen Bewohnern Gefahr erwachsen könnte (A. L.-R. I. 8. §. 66).

Nr. 30.

Endurteil des II. Senats vom 14. Juni 1881 (Entsch. Bd. VII. S. 321).

1) Über den Begriff der „Bebauung" bezw. der „Errichtung von Neubauten" im Sinne der §§. 1 und 11 des Gesetzes vom 2. Juli 1875 vergl. Friedrichs, Kommentar S. 33 und 36.

2) Der §. 11 des Gesetzes vom 2. Juli 1875 (G.-S. S. 561), betreffend die Anlegung und Veränderung von Straßen, hat den Zweck mit im Auge, die Kommunen vor Wertsteigerungen des für die Straßen bestimmten Terrains nach erfolgter Offenlegung des Fluchtlinienplanes zu schützen. Da dessen Handhabung ausschließlich der Baupolizei überlassen ist, gehört es recht eigentlich zu deren Aufgaben, bei Beurteilung etwa vorgelegter Baugesuche den Kommunen jenen Schutz angedeihen zu lassen. Damit bewegt sich dieselbe innerhalb der Grenzen des der polizeilichen Fürsorge anvertrauten Gebietes.

3) Erachtet die Behörde es für zweckdienlich, die Durchführung der dieserhalb auferlegten Bedingungen auch gegen einen dritten durch Eintragung derselben in das Grundbuch sicher zu stellen, so ist darin nichts Gesetzwidriges zu erblicken.

Vergl. Friedrichs, Kommentar zu dem oben gedachten Gesetze S. 36.

4) In einer größeren Stadt beantragte jemand die Erlaubnis zur Errichtung eines Bretterzaunes behufs Einfriedigung eines Grundstückes. Die Polizeibehörde stellte dabei die Bedingung, daß bei Regulierung der Fluchtlinie in der betreffenden Straße der Zaun auf Verlangen der Behörde durch den jeweiligen Besitzer auf seine Kosten in die neue Fluchtlinie zurückgerückt und diese Verpflichtung innerhalb 4 Wochen in das Grundbuch das Grundstückes eingetragen werde. Die auf die Aufhebung dieser Bedingung gerichtete, in Gemäßheit des nunmehr beseitigten §. 155 des Zust.-Ges. von 1876 angestellte Klage, sowie die Widerklage der Polizeibehörde, daß event. der Baukonsens überhaupt versagt werden möge, wurden zurückgewiesen.

5) Die Anstellung einer „Widerklage" ist ohne weiteres und allgemein für das Verwaltungsstreitverfahren nicht als ausgeschlossen zu erachten, nicht minder folgt aber aus dem Wesen einer Widerklage, als einer von der Gegenseite angestellten Klage, daß an die erstere alle Anforderungen ihrer Zulässigkeit gestellt werden müssen, welchen die letztere unterliegt — darunter als erste und unerläßlichste die, daß der im Wege der Widerklage geltend gemachte Anspruch überhaupt durch ein Klagerecht geschützt ist.

6) Für die Befugnis der Baupolizeibehörde, gegen einen Unternehmer ihrerseits auf Versagung der nachgesuchten Bauerlaubnis vor den Verwaltungsgerichten Klage zu erheben, und für eine Ermächtigung der Gerichte, auf eine derartige Klage Entscheidung zu treffen, bietet weder der angezogene früher geltende §. 155 eine Grundlage, noch bestehen solche, noch sonstige Vorschriften, weshalb die auf Grund des §. 56 des Verwaltungsgerichts-

gesetzes (jetzt §. 87 des L.-V.-G. vom 30. Juli 1883) erhobene Widerklage zurückgewiesen werden muß.

7) Außerdem würde ein Eingehen auf die Widerklage den Schlußbestimmungen des §. 49 des Verwaltungsgerichtsgesetzes (jetzt §. 79 des L.-V.-G. vom 30. Juli 1883) widersprechen, wonach nur die Klageanträge den Gegenstand des Streitverfahrens bilden.

8) In der Sache selbst war als unstreitig festgestellt, daß der projektierte Zaun die Straßenfluchtlinie überschreiten sollte, wobei es gleichgültig erschien, ob man einen Zaun als ein „Gebäude" ansehen wollte oder nicht, weil es nur darauf ankommt, ein verkehrstörendes „Bebauen" über die gesetzlich festgestellte Fluchtlinie zu verhindern.

Nr. 31.

Endurteil des II. Senats vom 9. Mai 1881 (Entsch. Bd. VIII. S. 290).

1) Das Verbot der Anlegung von straßenseitigen Hausausgängen mittels Polizeiverordnung ist zulässig, d. h. bei bereits vorhandenen älteren Gebäuden. Einen anderen Fall betrifft der §. 12 des Gesetzes vom 2. Juli 1875 (G.-S. S. 561). Cf. Friedrichs, Kommentar S. 42.

2) Wenn die Bezirksregierung eine Lokalpolizeiverordnung genehmigt hat, so wird dieselbe dadurch noch nicht zu einer bezirkspolizeilichen.

3) Der Verwaltungsrichter hat regelmäßig nach denjenigen polizeilichen Vorschriften (Polizeiverordnungen) zu erkennen, welche zu der Zeit in Geltung stehen, wenn er sich über die zu seiner Entscheidung gestellte Frage schlüssig zu machen hat, nicht aber nach denen, welche zur Zeit der Entstehung des Streitfalles in Kraft waren.

Nr. 32.

Endurteil des II. Senats vom 15. September 1881 (Entsch. Bd. VIII. S. 294).

1) In betreff der Gesichtspunkte für die Beurteilung der Frage, ob im Sinne des §. 11 des Gesetzes vom 2. Juli 1875 ein Um- und Ausbau über die Fluchtlinie hinaus vorliegt, vergl. Friedrichs, Kommentar zu dem vorstehenden Gesetze S. 41.

2) Während bei der „Reparatur" der Ersatz einzelner abgängig gewordener Teile das Charakteristische ist, spricht man von einem „Umbau" da, wo es sich um eine mehr oder minder eingreifende, das Bauwerk teilweise umgestaltende Veränderung der Substanz im Äußern oder Innern handelt, insbesondere, wenn dabei beabsichtigt wird, dem Bauwerk eine andere Zweckbestimmung zu geben, z. B. ein bisher zu ökonomischen Zwecken dienendes Gebäude zu Wohnzwecken umzugestalten.

3) Ein Umbau setzt aber keineswegs (Entsch. vom 30. Januar 1882 — VIII. S. 309 —) notwendig eine von der bisherigen abweichende Zweckbestimmung des Gebäudes voraus.

4) Das Wort „Ausbau" wird im technischen Sprachgebrauch gewöhnlich als Gegensatz zum „Rohbau" oder „Massenbau" angewendet — zur Bezeichnung derjenigen Operationen, welche namentlich die innere Einrichtung des Gebäudes für seine besonderen Zwecke im Auge haben.

5) In diesem Sinne spricht man daher auch vom „innern Ausbau" und bezeichnet damit die Arbeiten des Tünchers, Tischlers, Schlossers, Glasers, Anstreichers u. s. w. zur Herstellung der Decken, Wände, Fußböden, Thüren, Fenster, Öfen u. s. w., kurz gesagt: alles, was zur innern Einrichtung notwendig ist.

Nr. 33.

Endurteil des II. Senats vom 30. Januar 1882 (Entsch. Bd. VIII. S. 303).

1) Wegen des Begriffes „Umbau" vergl. die vorhergehende Entscheidung Nr. 32.

2) Die rechtliche Wirkung einer vor der Geltung des Gesetzes vom 2. Juli 1875 erfolgten Fluchtliniengesetzgebung folgt aus §§. 65 ff. Tit. 8 Teil I A. L.-R.'s.

Vergl. Friedrichs, Kommentar S. 41.

Nr. 34.

Endurteil des II. Senats vom 19. September 1881 (Entsch. Bd. VIII. S. 311).

Die in dem aufgehobenen §. 155 des Zuständigkeitsgesetzes von 1876 gegebene Klage fand in dem Falle nicht statt und mußte, wenn sie demungeachtet erhoben wurde, zurückgewiesen werden, wenn der Baukonsens für eine Anlage versagt war, für welche es eines solchen überhaupt nicht bedurfte. Dieser Grundsatz findet nur noch in der Weise Anwendung, als dies die an die Stelle des §. 155 getretenen Vorschriften in §§. 127 ff. des L.-V.-G. vom 30. Juli 1883 gestatten.

Nr. 35.

Endurteil des II. Senats vom 10. November 1881 (Entsch. Bd. VIII. S. 316).

1) Wohngebäude im Sinne des §. 12 des Gesetzes vom 2. Juli 1875 (G.-S. S. 561) sind keineswegs auch solche, welche nur zum dauernden Aufenthalte von Menschen dienen, wie z. B. Schulen, Fabriken, Werkstätten, Restaurants, Bahnhöfe, Wachtgebäude, in denen es an Wohnräumen, d. h. zum Bewohnen bestimmten oder benutzten Räumen, gänzlich fehlt.

2) Ausschließlich zum Gewerbebetriebe bestimmte Fabrik- und Geschäftsräume lassen sich niemals als Wohnräume bezeichnen, denn das bei dem Gewerbebetriebe beschäftigte Personal wohnt nicht in ihnen.

Nr. 36.

Endurteil des II. Senats vom 24. November 1881 (Entsch. Bd. VIII. S. 319).

1) Die Befugnis des Gemeindevorstandes, von einem Bebauungsplane, hinsichtlich dessen das Verfahren noch schwebt, einzelne Teile herauszunehmen und für sich allein festzustellen, ist nur nach den Verhältnissen des einzelnen Falles zu beurteilen.

2) Es sind sehr wohl Fälle denkbar, wo ein Bebauungs- oder Fluchtlinienplan mehrere, von einander unabhängige und in keinem Zusammenhange stehende Teile umfaßt, für welche ebenso gut verschiedene, von einander getrennt zu haltende Pläne hätten aufgestellt werden können. Solchen Falles unterliegt es keinem Bedenken, wenn die Gemeindebehörde den Plan, soweit er einen unangefochten gebliebenen Teil betrifft, förmlich feststellt, obgleich im übrigen noch wegen der gegen den Plan erhobenen Einwendungen verhandelt wird. Notwendiges Erfordernis für ein derartiges Vorgehen ist aber, daß eine Rückwirkung des noch unerledigten Feststellungsverfahrens auf den endgültig festzustellenden Teil nicht stattfinden kann.

3) Unzulässig würde ein solches Herausgreifen sein in der Weise, daß auf derselben Fläche die Straßenanlage festgestellt worden, während die Grabenanlagen noch in der Schwebe bleiben.

4) Anderseits dürfen aber die Polizeibehörden in gewissem Umfange auch schon vor der förmlichen Feststellung des Planes Bauten, welche den Plan durchkreuzen, verhindern.

S. Friedrichs, Kommentar S. 37.

Nr. 37.

Endurteil des II. Senats vom 5. Dezember 1881 (Entsch. Bd. VIII. S. 327).

1) Durch eine Polizeiverordnung, durch welche die Einrichtung oder Beibehaltung von Ofenklappen verboten wird, wird eine baupolizeiliche Anordnung getroffen, welche ihren Grund in der Fürsorge für Leben und Gesundheit hat.

2) Für eine Bestimmung, betreffend die vorherige Entschädigung der betroffenen Hausbesitzer, ist in einer derartigen Polizeiverordnung kein Raum, dieselbe bleibt deshalb auch ohne einen solchen Zusatz zu Recht bestehen.

3) Zu den Eigentumsbeschränkungen im Sinne des Art. 9 der Verfassungsurkunde vom 31. Januar 1850 gehören nur solche polizeiliche Anordnungen, welche von dem Eigentümer ein mehreres verlangen, als wozu ihn in seiner Eigenschaft als Eigentümer die bestehende Rechtsordnung schon an und für sich verpflichtet.

Nr. 38.

Endurteil des II. Senats vom 14. März 1882 (Entsch. Bd. VIII. S. 332).

1) Bei einer Klage aus dem früher geltenden §. 155 des Zuständigkeitsgesetzes von 1876 konnte der Verwaltungsrichter nicht auf Erteilung des Baukonsenses erkennen, wenn dieselbe durch eine landespolizeiliche Anordnung, z. B. bei Bauten an öffentlichen Flüssen (A. L.-R. II. 15 §. 57; Kab.-O. vom 24. Februar 1816 — G.-S. S. 108 —) ausgeschlossen wird.

2) Die Organisation des Polizeipräsidiums in Berlin beruht im wesentlichen noch gegenwärtig auf den Allerhöchsten Erlassen vom 18. September 1822 und 16. Mai 1830 (v. Kamptz, Annalen VIII. S. 491 und XIV. S. 359), sowie auf der von dem Minister des Innern unter dem 26. Juli 1830 erlassenen Geschäftsinstruktion. Die Organisation ist keine kollegialische.

Nr. 39.

Endurteil des II. Senats vom 20. März 1882 (Entsch. Bd. VIII. S. 342).

1) Es ist ausgeführt: Der §. 12 des Baufluchtgesetzes vom 2. Juli 1875 ermächtige die Polizeibehörde, auch dann die Anlegung von Thüren zu versagen, wenn letztere bei bereits vorhandenen Gebäuden an nicht regulierten Straßen geschehen soll, auch komme es nicht darauf an, ob die Thür nicht direkt dem Wohnhause, sondern dem anderen Teile des Grundstücks zum Ausgange dienen soll, denn thatsächlich diene sie auch dem Wohnhause als solcher.

2) Die fragliche Straße sei nicht eine „historische" (siehe unten Nr. 41), auf welche der §. 12 des Baufluchtgesetzes keine Anwendung finde; die prinzipiell wichtige Frage, ob eine baupolizeiliche Verordnung, welche, wie im vorliegenden Falle, auf Grund des Gesetzes vom 2. Juli 1875 erlassen wird, zu ihrer Gültigkeit den Vorschriften des Polizeiverwaltungs-Gesetzes vom 11. März 1850 zu entsprechen und auf dieselben Bezug zu nehmen habe, müsse verneint werden, und sei unter „städtische Behörden", welche

eine Ausnahme nach dem betreffenden Ortsstatut bewilligen können, die Polizeiverwaltung nicht zu verstehen.

Vergl. Friedrichs, Kommentar S. 46.

Nr. 40.

Endurteil des II. Senats vom 28. September 1882 (Entsch. Bd. IX. S. 315).

1) Dem ortsstatutarischen Verbote, an noch nicht fertig hergestellten Straßen „Wohngebäude zu errichten, welche nach diesen Straßen einen Ausgang haben", unterliegt auch der Anbau an ein älteres Wohngebäude (Erweiterungsbau), selbst wenn solcher nicht mit einem neuen eignen Ausgange dorthin versehen, vielmehr lediglich auf die Mitbenutzung eines derartigen Ausganges aus dem älteren Gebäudeteil angewiesen werden soll.

2) Der Zweck des §. 12 des Gesetzes, betreffend die Anlegung und Veränderung von Straßen u. s. w., vom 2. Juli 1875 (G.-S. S. 561) besteht darin, daß die Gemeinden gegen den Nachteil geschützt werden sollen, welchen erfahrungsmäßig das wilde Bauen herbeiführt, indem schließlich die Gemeinden zur Herstellung von Straßen gezwungen werden, die an sich hätten entbehrt werden können.

3) Hierfür ist es gleichgültig, ob die Bewohner der neuen Gebäude ihren Ausgang nach der unfertigen Straße direkt aus dem Hause vermittelst des im Gebäude selbst angelegten neuen Ausganges oder mittelbar durch einen bereits vorhandenen anderweiten Ausgang — etwa über einen Hof, durch den Garten oder durch ein anstoßendes Gebäude — nehmen.

Nachzutragen bei Friedrichs, Kommentar zum Gesetze vom 2. Juli 1875 S. 42 ff.

Nr. 41.

Endurteil des II. Senats vom 6. November 1882 (Entsch. Bd. IX. S. 319).

1) Wenn in den „baupolizeilichen Vorschriften" (Polizeiverordnungen, cf. §. 12 des Gesetzes vom 2. Juli 1875) unterschieden werden:

1) Straßen, welche nach Erlaß der qu. Verordnung angelegt werden,
2) gegenwärtig vorhandene Straßen,

so kann man die letztere Kategorie auch „historische" Straßen nennen (O.-V.-G.-E. vom 25. April 1878 — Entsch. Bd. III. S. 304 —). Das Merkmal einer älteren fertigen Straße bestimmt sich nicht bloß durch den älteren fertigen Zustand, sondern ist auch da nicht gegeben, wo die thatsächliche Anlage den bisherigen baupolizeilichen Bestimmungen des Ortes nicht entspricht.

2) Zu den „neuen" Straßen im Sinne des Gesetzes müssen auch die noch nicht für den öffentlichen Verkehr und den Anbau nach früherem Rechte fertig hergestellten oder die polizeiwidrig angelegten Straßen gezählt werden.

3) Privatstraßen können zwar „vorhanden", aber doch den baupolizeilichen Bestimmungen des Ortes nicht entsprechende, also unfertige sein, und dann gehören sie zu den „neuen" und nicht zu den „historischen". Dieselben unterliegen mithin auch den etwa durch Polizeiverordnung höher gestellten Anforderungen.

Ebenfalls nachzutragen bei Friedrichs S. 46.

Nr. 42.

Endurteil des II. Senats vom 30. November 1882 (Entsch. Bd. IX. S. 332).

1) Der Bezirksrat (jetzt der Bezirksausschuß), in höherer Instanz der Provinzialrat darf Dispensation von baupolizeilichen Bestimmungen in solchen

Fällen nicht erteilen, für welche in der zur Anwendung kommenden Baupolizeiordnung eine Dispensation nicht vorgesehen ist.

2) Bei dieser Entscheidung ist auf die §§. 155 und 156 des Zuständigkeitsgesetzes vom 26. Juli 1876 Bezug genommen. In dem am 1. April 1884 in Kraft tretenden neuen Zuständigkeitsgesetze von 1883 ist eine dem §. 155 l. c. entsprechende Bestimmung nicht mehr zu finden, vielmehr sollen Verfügungen der Ortspolizeibehörden, durch welche ein Baukonsens versagt oder nur unter Bedingungen erteilt ist, oder nachträglich Baubedingungen auferlegt sind, in Zukunft nach der allgemeinen Regel der §§. 63 ff. des Organisationsgesetzes vom 26. Juli 1883 (§§. 127 ff. des Gesetzes über die allgemeine Landesverwaltung von 1883) beurteilt werden.

3) Dagegen wird der §. 156 des Zust.=Ges. von 1876, nach welchem der Bezirksrat an Stelle der Bezirksregierung nach Vorschrift der bestehenden Baupolizeiordnungen über Anträge, welche auf Dispensation von baupolizeilichen Bestimmungen gerichtet sind, zu beschließen hat, in dem §. 145 des Zust.=Ges. von 1883 in der Weise aufrecht erhalten, daß über Dispense von Bestimmungen der Baupolizeiordnungen nach Maßgabe dieser Ordnungen der Kreisausschuß und in Stadtkreisen und Landstädten von mehr als 10000 Einwohnern der Bezirksausschuß beschließt, soweit diese Angelegenheit nicht nach diesen Ordnungen zur Zuständigkeit anderer Organe gehört. Der Bezirksausschuß soll aber doch überall an die Stelle der Bezirksregierung treten.

4) Der obige Grundsatz wird durch diese Änderung nirgends berührt, wohl aber erfahren die in dem O.=V.=G.=E. vom 12. Februar 1880 (Entsch. Bd. VI. S. 295) niedergelegten Grundsätze infolge der durch §. 145 l. c. herbeigeführten Erweiterungen über den Rahmen des §. 156 l. c. hinaus ganz erhebliche Modifikationen.

Nr. 43.

Endurteil des II. Senats vom 30. November 1882 (Entsch. Bd. IX. S. 326).

1) Es ist nicht zutreffend, daß der §. 42 des Organisationsgesetzes vom 26. Juli 1880 allgemein für die Anbringung von Beschwerden und Klagen eine Frist von zwei Wochen vorschrieb, derselbe bestimmte vielmehr nur, daß da, wo bisher in den Gesetzen für Beschwerden und Klagen eine Frist vorgeschrieben, aber nicht auf zwei Wochen normiert war, in Zukunft die Frist zwei Wochen betragen sollte.

2) Der §. 42 handelte also nur von Fristbestimmungen in anderen früher erlassenen Gesetzen und konnte deshalb auf den §. 60, welcher von den „Anfechtungen" handelte, nicht bezogen werden. Wenn nun der §. 60 selbst die darin zugelassene Klage an keine Frist band, so bestand auch eine solche nicht.

3) An die Stelle jenes §. 42 ist der §. 51 des L.=V.=G. vom 30. Juli 1883 getreten mit der Abänderung, daß für den Ausdruck „Bezirksrat" nunmehr „Bezirksausschuß" gesetzt worden ist.

4) An die Stelle des §. 60 des Organisationsgesetzes ist der §. 126 des L.=V.=G. mit derselben Abänderung getreten, ferner ist an Stelle der Worte „oder die Gesetze verletzen" gesagt: „oder das bestehende Recht, insbesondere auch die von den Behörden innerhalb ihrer Zuständigkeit erlassenen Verordnungen verletzen". Der dann folgende Satz im ersten Absatze ist ersetzt durch die Worte: „die Anfechtung erfolgt mittels Klage beim Oberverwaltungsgericht".

5) Eine Frist für die Klage ist auch in dieser neuen Fassung nicht bestimmt, so daß der obige Grundsatz vollständig aufrecht erhalten bleibt.

6) Beide Vorschriften, §§. 60 und 126, gestatten übrigens nur die Anfechtung „endgültiger" Beschlüsse. Unter „endgültig" versteht man aber, wie sich aus §. 55 des Org.-Ges. (jetzt §. 121 des L.-V.-G.) ergibt, solche Beschlüsse, welche nach ausdrücklicher Vorschrift des Gesetzes einer Anfechtung mittels des ordentlichen Rechtsmittels der Beschwerde nicht unterliegen, dagegen bezieht sich der Ausdruck nicht auf solche Beschlüsse, welche dadurch endgültig werden, daß ein an sich zulässiges Rechtsmittel im gegebenen Falle überhaupt nicht, oder nicht rechtzeitig eingelegt wird. Zum Beweise dieser Behauptungen ist hingewiesen auf §. 154 des Zust.-Ges. von 1876 (§. 144 des Zust.-Ges. von 1883, in welchem aber das Wort „endgültig" nicht mehr vorkommt), auf §. 4 des Ges. vom 3. Juli 1875 (jetzt L.-V.-G. von 1883 §. 82), auf §. 5 a. a. O. (§. 83 a. a. O.), §§. 77 und 78 (jetzt §§. 108 und 109), §. 79 (jetzt §. 60).

7) Die altländische Provinzialordnung von 1875 gab in §. 74 für alle Fälle, wo gegen die Beschlüsse des Bezirksrates die Beschwerde an den Provinzialrat zulässig war, auch dem Vorsitzenden des Bezirksrates die Beschwerde aus Gründen des öffentlichen Interesses, desgl. hatte nach §. 118 a. a. O. (in älterer Fassung) der Oberpräsident ein Anfechtungsrecht. Dieser §. 118 (Hessen-N. §. 91) besteht noch heute, spricht aber in der neuen Fassung vom 22. März 1881 nicht mehr von Bezirksräten, dagegen ist der §. 74 durch §. 57 des Org.-Ges. von 1880 beseitigt, und an Stelle des letzteren ist §. 123 des L.-V.-G. von 1883 getreten.

8) Dieses Beschwerderecht richtet sich also nunmehr, wie aus dem Hinweis auf §. 121 hervorgeht, auch gegen Beschlüsse, welche „endgültig" im obigen Sinne nicht zu sein brauchen.

9) Der hiermit nicht im Einklange stehende §. 18 des Zust.-Ges. von 1876 kehrt jetzt wieder in dem §. 126 des L.-V.-G. von 1883, und damit ist die Regel festgestellt, daß der Oberpräsident nur endgültige Beschlüsse anfechten, der Regierungspräsident aber auch gegen nicht endgültige Beschlüsse Beschwerde einlegen kann.

10) Der nach §. 156 des Zust.-Ges. von 1876 zu fassende Beschluß war kein endgültiger, noch viel weniger ist dies aber der nach §. 145 des Zust.-Ges. von 1883 zu fassende; daraus folgt, daß der Oberpräsident solche Beschlüsse auch heute noch nicht anfechten kann.

Nr. 44.

Endurteil des II. Senats vom 7. Juni 1883 (Entsch. Bd. X. S. 298).

1) Die an sich in dem Eigentum liegende Befugnis, von dem Besitze und der Nutzung desselben jeden andern auszuschließen, geht dadurch nicht verloren, daß ein Grundstück als für eine künftige Straße oder einen öffentlichen Platz bestimmt in einem Bebauungsplan verzeichnet wird.

2) War der bisherige Eigentümer an sich und bis zum Abschlusse des aufgestellten Bebauungsplanes berechtigt, jeden dritten daran zu hindern, daß er sein Eigentum befuhr oder betrat — eine Befugnis, die ihm nicht zu bestreiten ist —, so bleibt ihm dies Recht auch nach Aufstellung und Abschluß des Bebauungsplanes und nach Auslegung der Fluchtlinien so lange, als das Terrain noch in seinem Besitze belassen wird.

3) Nur Bauten darf er darauf nicht errichten, das Setzen von Sperrpfählen ist aber als eine bauliche Anlage nicht anzusehen.

Nr. 45.

Endurteil des II. Senats vom 22. Oktober 1883 (Entsch. Bd. X. S. 303).

Baupolizeiliche Vorschriften, nach deren Inhalt Wände als Brandmauern in dem Falle herzustellen sind, daß es an der darin vorgesehenen Entfernung von der gegenüber liegenden Grenze des Nachbars fehlt, finden auf solche Wände keine Anwendung, welche an einer so schmalen Straße liegen, daß die Breite der letzteren geringer ist, als die für Nachbargrundstücke vorgeschriebene Entfernung von einander.

Nr. 46.

Endurteil des II. Senats vom 19. November 1883 (Entsch. Bd. X. S. 310).

1) Der §. 12 des Gesetzes vom 2. Juli 1875 handelt von projektierten oder doch von solchen Straßen, deren Hineinziehung in das städtische Straßennetz und dereinstige Verwendung als städtische Straße nach dem voraussichtlichen Bedürfnisse der näheren Zukunft oder einer absehbar ferneren Zeit bereits in Aussicht genommen, welche aber zu der Zeit, da der Anbau vorgenommen werden soll, noch nicht fertig gestellt sind (vergl. oben Nr. 9 und 22).

2) Das Gesetz spricht von „Straßen", d. h. von Verkehrswegen, die an sich zum Anbau und zur Vermittelung des Verkehrs nach den adjazierenden Häusern bestimmt sind und zwar von solchen Straßen, die „noch nicht" fertig gestellt sind, aber (das bildet die notwendige Ergänzung des „noch nicht") demnächst fertig gestellt werden sollen und werden, die überhaupt als städtische Straßen projektiert und ins Auge gefaßt sind.

3) Das Baurecht an diesen „noch nicht" fertig gestellten Straßen ist durch das Gesetz nicht kassiert, sondern nur suspendiert und vertagt bis dahin, daß die Fertigstellung bewirkt ist für den Fall, daß eine solche überhaupt geplant und beabsichtigt ist, wobei es die Aufgabe der Polizeibehörde bildet, da, wo das Bedürfnis zu Tage tritt, auf die Projektierung der Straße zu bringen.

4) Dagegen erscheint es mit dem Zwecke und der Fassung des Gesetzes unvereinbar, in Fällen, in welchen feststeht, daß die Umwandlung oder Verwendung eines Kommunikationsmittels zu einer Straße, die Fertigstellung überhaupt nicht bewirkt werden soll, die baulustigen Adjazenten unter Verweisung auf das Gesetz am Anbau aus dem Grunde zu hindern, weil die Straße „noch nicht fertig gestellt" sei.

5) Das Gesetz enthält keinen Zwang, sondern nur die Ermächtigung zur Aufstellung von Bebauungsplänen; völlig zwecklos wäre es aber, mit einer solchen Aufstellung für Terrainabschnitte vorzugehen, die nach menschlichem Ermessen niemals Teile der betreffenden Stadt oder ländlichen Ortschaft bilden werden.

Nr. 47.

Endurteil des II. Senats vom 20. Dezember 1883 (Entsch. Bd. X. S. 316).

1) Die in den §§. 39—59 Tit. 8 Teil I A. L.-R.'s der Obrigkeit in Ansehung des Eigentümers verfallener oder durch einen Unfall zerstörter städtischer Gebäude beigelegte Berechtigung, in dem ebendort geordneten Verfahren auf Wiederherstellung zu bringen, besteht nicht in gleicher Weise gegenüber dem Erwerber und Eigentümer eines unbebauten, dereinst bebaut gewesenen, städtischen Grundstückes.

2) Die Lage des städtischen Haushaltes, auf dessen günstigen Abschluß eine Polizeibehörde in Ausübung des dem Staate vorbehaltenen Rechtes durch Umgestaltung des unbebauten Grundstückes zu einem bebauten und damit ertragreicheren und steuerfähigeren hinwirken zu dürfen glaubt, steht in keinem erkennbaren Zusammenhange mit dem „gemeinen Wohle" im Sinne des §. 34 a. a. O.

Nr. 48.

Endurteil des II. Senats vom 16. Februar 1885 (Entsch. Bd. XII. S. 363).

Die einstweilige Vorenthaltung (Versagung) des Baukonsenses seitens der Polizeibehörde ist als eine zur Beschwerde oder Klage berechtigende „polizeiliche" Verfügung im Sinne der §§. 127 ff. des Landesverwaltungsgesetzes vom 30. Juli 1883 anzusehen.

Nr. 49.

Endurteil des II. Senats vom 5. Oktober 1885 (Entsch. Bd. XII. S. 366).

1) Durch die Versagung des Konsenses für einen Bau, zu welchem es einer polizeilichen Erlaubnis überhaupt nicht bedarf, wird ein subjektives Recht nicht verletzt, und eine dieserhalb angestellte Klage ist zurückzuweisen. (Cf. oben Nr. 34.)

2) Zu den „baulichen Anlagen", deren Herstellung in den Baupolizeiordnungen von einer polizeilichen Erlaubnis abhängig gemacht wird, gehört auch die Aufstellung eines eisernen Gitters an Stelle eines vorhandenen Bretterzaunes. Eine solche Anlage fällt auch unter den Begriff der „Gebäude".

3) Die Versagung des Baukonsenses wegen einer in das Grundbuch eingetragenen baulichen Beschränkung ist ungerechtfertigt, weil aus einer Eintragung in das Grundbuch, mag sie zu Gunsten der Gemeinde oder etwa auch der Polizeibehörde erfolgt sein, immer nur ein privatrechtlicher Anspruch hervorgeht, über welchen im Verwaltungsstreitverfahren nicht erkannt werden kann.

4) In dem letzteren ist zu untersuchen und festzustellen, ob die Polizeibehörde nach Maßgabe des bestehenden öffentlichen Rechtes die Genehmigung zu dem Bau verweigern durfte.

5) Die der Polizeibehörde überwiesene Prüfung der Baugesuche darf nicht dazu benutzt werden, um Privatrechte, welche einem dritten oder auch der Behörde selbst zustehen, zur Geltung zu bringen, vielmehr hat die Behörde bei der von ihr zu treffenden Entscheidung allein das öffentliche Interesse wahrzunehmen, und selbst wo letzteres durch Privatrechte geschützt werden sollte, kann der Grund, auf welchen sich die Behörde stützt, nicht aus den Privatrechten, sondern lediglich aus dem öffentlichen Interesse selbst bezw. aus den in diesem Interesse gegebenen Bestimmungen des öffentlichen Rechtes entnommen werden (A. L.-R. I. 8 §§. 65 ff., II. 17 §. 10).

6) Eine polizeiliche Anordnung ist nach Verabsäumung rechtzeitiger Anfechtung für den Beteiligten verbindlich und bildet infolge dessen eine sichere Grundlage für das weitere Vorgehen der Polizeibehörde.

7) Der Ausdruck „rechtskräftig" ist gleichwohl auf polizeiliche Verfügungen nicht wohl anwendbar.

8) Nach der Beseitigung des §. 155 des Zuständigkeitsgesetzes vom 26. Juli 1876 ist auch die Klage wegen Versagung eines Baukonsenses aus §§. 127 ff. des L.-V.-G. vom 30. Juli 1883 an eine Frist gebunden.

XXII.

Ansiedlungen und Kolonien.

Vorbemerkung.

Vergl. §§. 147—149 des Zuständigkeitsgesetzes vom 1. August 1883. Über den Entwickelungsgang, welchen diese zu der „Agrargesetzgebung" gehörenden Angelegenheiten seit dem Edikt vom 9. Oktober 1807 genommen haben, vergl. den Aufsatz: „Über Zerstückelung von Grundstücken und Gütern aller Art (Parzellierungen, Dismembrationen)" in der Wochenschrift „Selbstverwaltung" Jahrgang X. S. 1.

Nr. 1.

Endurteil vom 13. Juni 1877 (Entsch. Bd. II. S. 377).

1) Ein auf der Grundlage der früheren Gesetze vom 3. Januar 1845 und 24. Mai 1853 entstandener Klageanspruch kann nur nach dem Inhalte dieser Gesetze beurteilt werden.

2) Das Gesetz vom 25. August 1876 ist am 1. Januar 1877 in Kraft getreten, dasselbe kann mithin auf einen Antrag nicht angewendet werden, welcher vorher bei dem Kreisausschuß gestellt und bis zu einem gewissen Stadium verhandelt ist.

3) Das Gesetz von 1876 unterscheidet sich von den früheren Gesetzen einmal grundsätzlich darin, daß es ein Recht zur Ansiedlung anerkennt, das freie Ermessen der Polizeibehörden ausschließt und einen Einspruch gegen die Ansiedlung nur einem bestimmten Kreise von Beteiligten und auf Grund von Thatsachen gewährt, welche eine Beeinträchtigung des Widersprechenden im Genusse bestimmter Rechte befürchten lassen. Anderseits führt dasselbe ein ganz neues Verfahren für die Erteilung der Ansiedlungs-Genehmigung ein und überträgt die erste Entscheidung, welche früher dem Landrate bezw. dem Magistrate (§. 29 des Gesetzes vom 3. Januar 1845) und seit Einführung der Kr.-O. dem Kreisausschusse (§§. 135 VII., 140) zustand, der Ortspolizeibehörde.

Vergl. jetzt §. 147 des Zust.-Ges. vom 1. August 1883.

4) In der Unterlassung der rechtzeitigen Mitteilung der Gegenerklärung auf die Klage kann ein wesentlicher Mangel des Verfahrens nicht gefunden werden. Kläger erhalten in der mündlichen Verhandlung noch Kenntnis von dem Inhalte aller abgegebenen Erklärungen und haben auch in der Berufungsinstanz noch Gelegenheit, alle zur Wahrung ihrer Interessen dienlichen Ergänzungen und Berichtigungen nachzubringen.

Nr. 2.

Endurteil vom 2. März 1878 (Entsch. Bd. III. S. 319).

1) Unter der Anlegung einer Kolonie versteht man die Errichtung einer größeren Anzahl von Ansiedlungen im räumlichen Zusammenhange. (Vergl. unten das Endurteil Nr. 11.) Wieviel Häuser zu einer „größeren Anzahl" gehören, bleibt dahin gestellt. Da nun aber der Begriff der Kolonie und die daran sich knüpfende Bestimmung über die Zuständigkeit der Verwaltungsbehörden lediglich unter dem einen Gesichtspunkte in das Gesetz

(§. 19) aufgenommen worden sind, daß dabei die Gemeinde-, Kirchen- und Schulverhältnisse besonders geordnet werden sollen, so erhellt daraus so viel, daß der Plan zur Errichtung mehrerer Ansiedlungen dann — und zwar unabhängig von dem Antrage (und den Absichten?) des Unternehmers, der nicht das allein Entscheidende sein kann — als Anlegung einer Kolonie geschäftsmäßig zu behandeln sein wird, sobald nach der Zahl und der örtlichen Lage der beabsichtigten Bauten das Bedürfnis ersichtlich wird, dabei die Regelung jener korporativen Verhältnisse in Betracht zu ziehen.

2) Ob im einzelnen Falle diese Voraussetzung zutrifft, dies zu prüfen ist ebenso Sache der Verwaltungsbehörde, wie der Beschluß über den Antrag auf Genehmigung von Neuansiedlungen und die etwaige Neuordnung der Kommunal- u. s. w. Verhältnisse überhaupt. Auch mag nach der gesetzlichen Lage der Sache für die Verwaltungsbehörden unter Umständen Anlaß vorliegen, durch zweckentsprechende Weisungen an die Amtsvorsteher Vorkehrung zu treffen, daß, wo es sich um die Errichtung mehrerer Wohnhäuser handelt, die Kreisausschüsse von den Amtsvorstehern in die Lage gesetzt werden, über die geschäftliche Behandlung und ihre Zuständigkeit zu beschließen, bevor die Amtsvorsteher Endbescheide erteilen.

3. An das Verfahren der Verwaltungsbehörden schließt sich das Streitverfahren nicht zu dem Zwecke einer allgemeinen Superrevision der Verwaltung, sondern zu dem der Rechtskontrolle für im Gesetze bestimmt bezeichnete Rechte und Interessen an.

4) Den außer dem Unternehmer rechtlich nächstbeteiligten politischen Kirchen- und Schulgemeinden hat das Gesetz nicht das Recht zur Anfechtung von Bescheiden gegeben, mittels welcher die Gründung von Ansiedlungen oder die Anlegung von Kolonien genehmigt wird, beziehungsweise die Kommunalverhältnisse geordnet werden.

5) Das Interesse der adjazierenden Grundbesitzer aber, welches das Gesetz unter den Rechtsschutz des Streitverfahrens stellt, ist hierbei nicht etwa derartig mit der Regelung der Gemeinde-, Kirchen- und Schulverhältnisse einer Kolonie in Verbindung gesetzt worden, daß die Adjazenten eine dem Schutze der Nutzungen ihrer Grundstücke möglichst entsprechende Ordnung der Gemeinde- u. s. w. Verhältnisse der Ansiedlungen im Streitverfahren verfolgen könnten. Im letzteren ist vielmehr die Frage, ob und wie weit jener Schutz gefährdet ist, lediglich nach Maßgabe der korporativen Verhältnisse, wie sie bestehen, beziehungsweise (im Verwaltungswege) neu geordnet sind, zu beurteilen.

6) Die Beurteilung des vom Adjazenten gemäß §. 15 des Gesetzes vom 25. August 1876 erhobenen Einspruchs ist thatsächlicher Natur und unterliegt an sich nicht der Prüfung seitens des Revisionsrichters.

Nr. 3.

Endurteil des I. Senats vom 14. September 1879 (Entsch. Bd. IV. S. 379).

1) Der Grundsatz, daß neuere Gesetze auf ältere Handlungen und Begebenheiten nicht zurückbezogen werden sollen (Publikationspatent vom 5. Februar 1794 Nr. VIII., Einleitung zum A. L.-R. §. 14), welcher auch im Privatrechte nur in Beziehung auf den Erwerb von Rechten, nicht aber in Beziehung auf das Dasein der Rechte Geltung hat, so daß, wenn ein neues Gesetz ein Rechtsinstitut nicht mehr anerkennt oder umbildet, es grundsätzlich sogleich in Wirksamkeit tritt, greift im öffentlichen Rechte nicht in gleicher Weise wie auf dem Gebiete des Privatrechts statt.

2) Wenn jener Grundsatz in der Entscheidung sub 1 scheinbar gleichwohl Anwendung gefunden hat, so liegt dies darin, daß in dem damaligen Falle die Sache, als die Entscheidung des Berufungsrichters einzutreten hatte, nach den früheren, von den neueren verschiedenen Vorschriften bereits so weit unter den Parteien verhandelt war, daß die Anwendung des neueren Gesetzes den rechtlichen Standpunkt der letzteren zu einander völlig verschoben haben würde. Wenn aber etwa ein Ansiedelungsantrag im September 1876 bei dem Amtsvorsteher einging, dieser die Angelegenheit längere Zeit vorbereitete und erst im Januar 1877 das Material so weit gesammelt hatte, daß er dasselbe dem Kreisausschuß vorlegen konnte, so kam das neuere Gesetz zur Anwendung, zumal die dazu erforderlichen Unterlagen sämtlich vorhanden waren.

3) In Bezug auf die Fristen ist diese Entscheidung jetzt gegenstandslos geworden.

Nr. 4.

Endurteil des I. Senats vom 25. Juni 1879 (Entsch. Bd. V. S. 393).

1) Auch für Wohngebäude der Bahnwärter mit Rücksicht auf ihre Bestimmung zu Eisenbahnzwecken ist eine Ansiedelungsgenehmigung erforderlich, weil der §. 13 des Ansiedelungsgesetzes für dieselben keine Ausnahme macht.

2) Die Einholung dieser Genehmigung kann nicht entbehrt werden, mögen die Wärterhäuser im (fiskalischen) Privatinteresse der Bahn, oder im Interesse des Eisenbahnbetriebs für notwendig erachtet werden.

3) Der Inhalt des §. 4 des Gesetzes vom 3. November 1838 (G.-S. S. 605) steht dieser Auffassung nicht entgegen.

4) Die zu den Bahnwärterhäusern führenden Schutzstreifen an der Bahn haben, wenngleich sie nur Privatwege sind, doch die Eigenschaften von offenen Wegen (§. 14 des Ansiedelungsgesetzes).

5) Um auf Grund des §. 15 l. c. diese Art von Ansiedelungen zu untersagen, müssen doch ganz besondere Gründe vorliegen; bloße Vermutungen in betreff der persönlichen Eigenschaften der Bahnwärter sind nicht ausreichend.

6) Die Frage, ob auf Grund feuer- oder baupolizeilicher Vorschriften die Errichtung von Ansiedelungen verhindert werden kann, ist in diesem Verfahren nicht zu erörtern. (§. 24 Abs. 2 l. c.)

Nr. 5.

Endurteil des I. Senats vom 4. Juni 1879 (Entsch. Bd. V. S. 400).

1) Regelung der Parteirollen: Die Nachbarn, welche gegen die Genehmigung der neuen Ansiedelung Einspruch erheben, sind nicht bloß beizuladen, denn dieselben sind ebenso wie der Amtsvorsteher Parteien im Streitverfahren.

2) Begriff der „im Zusammenhange gebauten Ortschaften": Unter einer Ortschaft im Sinne des §. 13 des Gesetzes sind nicht nur eine Stadt- oder Dorfgemeinde, sondern auch ein selbständiger Gutsbezirk, ein Häuserkomplex und ein thatsächlich im Zusammenhange gebauter Teil einer Ortschaft zu verstehen; es kommt nicht auf einen wirtschaftlichen oder mechanischen, sondern auf einen räumlichen Zusammenhang, die räumliche Nähe an.

Nr. 6.

Endurteile des I. Senats vom 3. April und 5. Mai 1880 (Entsch. Bd. VI. S. 330 und 335).

1) Die „Thatsachen" (§. 15 des Gesetzes) können den Eigenschaften des Grundstückes, welches bebaut werden soll (Lage, Größe), und dem Bauprojekte wie auch den persönlichen Eigenschaften dessen, der bauen will bezw. für den gebaut werden soll (Mietskaten), entnommen werden.

2) Unzulässig ist es, die Klage darauf zu stützen, daß durch die Ansiedelung die Armenlast der Gemeinde in bedenklichem Maße erhöht werden würde.

3) Die Besorgnis des Viehübertritts auf die benachbarten Äcker, wogegen man sich durch Pfändung u. s. w. schützen kann, ist allein nicht ausreichend, um die Erlaubnis zur Ansiedelung zu versagen.

4) „Thatsachen" sind z. B.: Eine Entfernung der Ansiedelung vom Dorfe, wodurch die polizeiliche Aufsicht erschwert wird; die Umgebung der Ansiedelung durch Wald und Buschwerk, wodurch der freie Überblick entzogen wird; ein so geringer Umfang des betreffenden Grundstücks, daß eine Familie aus dessen Erträgnissen den Lebensunterhalt zu gewinnen nicht im stande wäre; die Nähe von Wäldern und Fischteichen u. s. w., welche eine Verlockung dazu bieten, sich auf unerlaubte Weise einen Gewinn zu verschaffen, der mühe- und gefahrlos zu erreichen und leicht zu verheimlichen wäre; das Vermieten der Wohnungen auf der Ansiedelung an Instleute, Arbeiter u. s. w. Gegen diese Gefahren sich durch Wächter zu schützen, kann man niemandem zumuten.

Nr. 7.

Endurteil des I. Senats vom 5. Januar 1881 (Entsch. Bd. VII. S. 332).

1) Ein Antrag auf Erteilung der Ansiedelungsgenehmigung ist die notwendige Voraussetzung desjenigen Verfahrens, welches im Interesse der Nutzungsberechtigten der benachbarten Grundstücke der Genehmigung vorausgehen muß.

2) Bewirbt sich jemand um einen Baukonsens, so muß ihm derselbe versagt werden, wenn zu dem Bau nach Lage der Sache ein Ansiedelungskonsens erforderlich ist; es ist dann nach dem jetzt fortgefallenen und durch §§. 127 ff. des L.-V.-G. vom 30. Juli 1883 ersetzten §. 155 des Zust.-Ges. von 1876 über das Erfordernis des Ansiedelungskonsenses als Hinderungsgrund für die Erteilung des Baukonsenses zu entscheiden. Dies Verfahren vollzieht sich aber lediglich zwischen der Polizeibehörde und dem Antragsteller; etwaige Nachbarn sind durchaus noch nicht rechtlich beteiligt. Ihre Beteiligung beginnt nach dem Ansiedelungsgesetze erst dann, wenn die Polizeibehörde angenommen hat, daß zu dem beabsichtigten Bau eine Ansiedlungsgenehmigung erforderlich ist, wenn sie den Baukonsens so lange verweigert, bis ein Antrag auf Erteilung der Genehmigung zur Gründung einer Ansiedelung gestellt ist, und endlich sobald ein solcher Antrag vorliegt.

3) Hat jemand überhaupt ohne Baukonsens gebaut (etwa um nicht in die Lage zu kommen, den ihm unbequemen Ansiedelungskonsens nachsuchen zu müssen), so hat die Polizeibehörde zu verfügen, daß der Unternehmer binnen bestimmter Frist die Ansiedelungsgenehmigung nachzusuchen, oder das Haus als Wohnhaus zu beseitigen, jedenfalls es vorläufig nicht als solches zu benutzen habe.

4) Diese Verfügung wäre nach §. 30 des Zust.-Ges. (§. 63 des Organisationsgesetzes vom 26. Juli 1880, §§. 127 ff. des L.-V.-G. vom 30. Juli

1883) anfechtbar, infolgedessen wiederum zwischen dem Unternehmer und der Polizeibehörde zu entscheiden ist, ob der Fall der Ansiedelung vorliegt oder nicht.

5) Hat dagegen die Polizeibehörde den Baukonsens erteilt, weil sie annahm, daß es sich um eine Ansiedelung nicht handelte, so steht den Nachbarn, welche entgegengesetzter Meinung sind, frei, die Intervention der Aufsichtsbehörde anzurufen, ganz ebenso wie wenn etwa eine Ansiedelungsgenehmi- erteilt worden ist, ohne daß ein Verfahren nach §§. 16 ff. des Gesetzes stattgefunden hat. Die Aufsichtsbehörde hat dann materiell zu prüfen und event. die Polizeibehörde anzuweisen, daß dieselbe so verfährt, als wenn ein Baukonsens nicht vorläge.

Nr. 8.

Endurteile des I. Senats vom 21. September 1881 und 1. März 1882 (Entsch. Bd. VIII. S. 349 und 352).

1) Der Richter im Verwaltungsstreitverfahren kann die materielle Entscheidung über einen die Ansiedelung genehmigenden polizeilichen Bescheid zwischen dazu legitimierten Personen um deswillen nicht versagen, weil das dem Streitverfahren vorangegangene Verfahren an Mängeln leidet, insbesondere die Bekanntmachung des Antrages auf Ansiedelungsgenehmigung an die beteiligten Gemeinde- und Gutsvorsteher nicht ordnungsmäßig erfolgt ist.

2) Die Verpflichtung des Richters zur Prüfung des Legitimationspunktes ist nur auf das eigentliche Streitverfahren, nicht auch auf das Vorverfahren zu beziehen; für die materielle Entscheidung genügt, daß die streitenden Parteien als Kläger bezw. Beklagte vollständig legitimiert sind.

3) Gegen einen wiederholten Antrag auf Ansiedelungsgenehmigung findet nicht der Einwand statt, daß der frühere gleichartige Antrag rechtskräftig abgewiesen sei. Res judicata ist in Verwaltungsangelegenheiten überhaupt schwer nachzuweisen.

Nr. 9.

Endurteil des I. Senats vom 29. November 1882 (Entsch. Bd. IX. S. 340).

1) Aus dem §. 13 des Gesetzes vom 25. August 1876 ist nicht zu folgern, daß es zur Errichtung eines Wohnhauses innerhalb wie außerhalb einer nicht im Zusammenhange gebauten Ortschaft der polizeilichen Genehmigung nicht bedarf.

2) Der Gegensatz von den Worten: „außerhalb einer im Zusammenhange gebauten Ortschaft" ist in dem Worte: „innerhalb" zu suchen. Steht es also fest, daß eine Ortschaft eine im Zusammenhange gebaute ist, so ist auch die Errichtung eines Wohnhauses innerhalb derselben nach dem Ansiedelungsgesetze an eine polizeiliche Erlaubnis nicht gebunden.

3) Bei Ortschaften mit zerstreut liegenden Gebäuden ist dann auch noch festzustellen, ob etwa der Teil des Ortes, innerhalb dessen die qu. Gebäude errichtet werden sollen, als eine solche im Zusammenhange gebaute zu erachten ist.

4) Die Ansicht, daß die Errichtung eines Wohnhauses die Ansiedelung auch dann erheischt, wenn sie zwar innerhalb einer geschlossenen Ortschaft liegt, aber doch nicht in den Grenzen eines nach dem Gesetze vom 2. Juli 1875 festgestellten Bebauungsplanes, ist nicht zutreffend, denn das angezogene Gesetz macht die Festsetzung eines Bebauungsplanes keineswegs obligatorisch.

Die §§. 146—149 des Zust.-Ges. von 1883 haben hieran nichts geändert.

Nr. 10.

Endurteil des I. Senats vom 13. Februar 1884 (Entsch. Bd. X. S. 322).

1) Die Frage, ob die Genehmigung zur Errichtung von Feuerstellen innerhalb einer Entfernung von 75 m von mehr als 100 Hektaren im räumlichen Zusammenhange umfassenden Waldungen ganz zu versagen **oder** an Bedingungen zum Zwecke der Verhütung von Feuersgefahr zu knüpfen ist (§§. 47—50, 52, 91 des Feld- und Forst-Polizei-Gesetzes vom 1. April 1880 — G.-S. S. 230 —), ist dahin zu beantworten, daß das Gesetz zwar beide Wege mit dem Worte „oder" zur Auswahl stellt, ohne für diese Auswahl irgend eine Norm auszusprechen, daß aber doch eine solche Norm nicht völlig fehlt. Denn es folgt aus dem Wesen der Sache, daß die Genehmigung mit Auferlegung zweckmäßiger Bedingungen als das die Freiheit des Eigentümers des Schutzstreifens von 75 m minder belastende Mittel gewählt werden muß, wenn mit demselben die Abwehr der Feuersgefahr vom Walde ebenso vollkommen erreicht wird, wie durch die gänzliche Versagung der Genehmigung.

2) Wenn in Gemäßheit des §. 50 a. a. O. gegen den Bescheid der Ortspolizeibehörde die Klage gegeben ist, so wird dadurch die letztere Partei im Verwaltungsstreitverfahren.

3) Der Bescheid der Behörde ist keine interimistische Entscheidung über Privatrechte, sondern ein polizeilicher, vom Standpunkte des öffentlichen Interesses aus zu fassender Beschluß. Diesen Beschluß hat die Polizeibehörde wie jede polizeiliche Verfügung in dem zum Zwecke der Rechtskontrolle gegebenen Streitverfahren zu verteidigen.

4) Wenn das Gesetz den Interessen der beteiligten Privatpersonen, dem Waldeigentümer und dem Antragsteller, durch Einräumung eines Klagerechtes den Rechtsschutz gewährt, so folgt daraus allerdings, daß jede Klage gegen den Bescheid der Polizeibehörde **auch** gegen diejenige Privatperson zu richten ist, deren rechtliches Interesse im Sinne des Gesetzes (§. 50) mit dem des Klägers kollidiert, nicht aber, daß die so zu verklagende Privatperson auch die Polizeibehörde vertritt. Immer sind vielmehr *beide* als Beklagte zu behandeln und am Streitverfahren zu beteiligen. In diesem Sinne sind die völlig gleichartigen Vorschriften des Ansiedelungsgesetzes vom 25. August 1876 in konstanter Praxis der Verwaltungsgerichte gehandhabt worden.

5) Der Begriff der „im Zusammenhange gebauten Ortschaft" (§. 48 des Feld- und Forst-Polizei-Gesetzes vom 1. April 1880) ist hier kein anderer, als in dem Ansiedelungsgesetze vom 25. August 1876. Dieser Begriff hat keineswegs die Feststellung eines Bebauungsplanes nach dem Gesetze vom 2. Juli 1875 (G.-S. S. 561) zur Voraussetzung, und unter „Ortschaft" ist nicht nur ein Wohnplatz mit kommunaler Selbständigkeit, eine Stadt- oder Landgemeinde, sondern auch ein Häuserkomplex und ein thatsächlich im Zusammenhange gebauter Teil einer Gemeinde zu verstehen.

6) Auch feuerpolizeiliche Rücksichten sind selbstredend bei der Beurteilung der Frage maßgebend, ob die Genehmigung zu versagen oder unter Bedingungen zu erteilen ist.

Nr. 11.

Endurteil des I. Senats vom 30. April 1884 (Entsch. Bd. XI. S. 360).

1) Unter einer „im Zusammenhange gebauten Ortschaft" ist schon ein Häuserkomplex, überhaupt jeder räumlich zusammenhängende Teil einer Gemeinde, eine in sich geschlossene Gesamtheit von Niederlassungen zu verstehen, es ist mithin nicht richtig, wenn man darunter nur eine solche Mehrheit von Wohnungen begreifen will, welche im Bewußtsein der Inhaber und Nachbarn, sowie durch offizielle Beilegung oder Benutzung eines Ortsnamens als für sich bestehende örtliche Einheit öffentliche Anerkennung gefunden habe (vergl. Entsch. Bd. V. S. 400).

2) Rechtsirrtümlich ist die Auffassung von dem Rechtsbegriffe der „Anlegung einer Kolonie", daß es sich auch dann um eine solche handle, wenn ein Unternehmer außerhalb einer im Zusammenhange gebauten Ortschaft nach und nach Wohnhäuser „in größerer Anzahl" errichte, von denen jedes einzelne zwar als eine Kolonie nicht gelten könne, mit Rücksicht auf die bereits vorhandenen Anbauten desselben Unternehmers jedoch weit über den Rahmen einer Einzelhandlung hinausgreife, weil die Anlage in ihrer Gesamtheit den gewöhnlichen Begriff einer Kolonie als einer für eine erhebliche Menge von Bewohnern bestimmte Wohnstätte oder als „einer größeren Anzahl von Ansiedelungen im räumlichen Zusammenhange" nach Maßgabe der §§. 18—20 des Gesetzes vom 25. August 1876 unzweifelhaft erfülle. Denn, abgesehen von dem Falle, wo die beabsichtigte Ansiedelung sich zu vorhandenen Anbauten etwa als Teil eines einheitlich angelegten, aber bruchstücksweise durchgeführten Kolonisationsplanes verhält, kann von der „Anlegung einer Kolonie" überhaupt nur die Rede sein, wenn das neue Unternehmen, ohne Rücksicht auf sich anschließende, bereits bestehende Wohngebäude, erst eine Kolonie „entstehen" läßt, so daß sich für die dadurch geschaffene Gruppe von Wohnstätten die Neuordnung der Gemeinde-, Kirchen- und Schulverhältnisse dem öffentlichen Interesse und den bestehenden gesetzlichen bezw. statutarischen Bestimmungen gemäß notwendig macht.

3) Die Anlegung der Kolonie muß demnach ein Gegenstand des Unternehmens sein, nicht etwa erst dessen mögliche oder zufällige Folge. Darum wird auch von dem Unternehmer die Vorlegung eines Planes verlangt mit Vorschlägen über die Art der künftigen Ordnung der Kommunal-, Kirchen- und Schulverhältnisse.

4) Ein auf die Regelung dieser Verhältnisse bezüglicher Einwand der Gemeinde steht derselben nicht zu (s. Entsch. Bd. III. S. 318).

5) Der Einwand, daß „möglicherweise" seitens der Ansiedler Felddiebstähle vorkommen könnten, muß durch Thatsachen begründet werden.

6) Unter dem „Zusammenhange mit einem bewohnten Gebäude" im Sinne des letzten Absatzes des §. 13 des Gesetzes vom 25. August 1876 ist nicht lediglich ein mechanischer Zusammenhang zu verstehen. Derselbe kann, die unter allen Umständen erforderliche räumliche Nähe immer vorausgesetzt, auch in der wirtschaftlichen Beziehung, in die ein Neubau zu dem vorhandenen Wohnplatze treten soll, verstanden werden. Eine solche wirtschaftliche Beziehung ist jedoch nicht allein darin zu erblicken, daß beiderlei Anlagen, das vorhandene und das projektierte Wohnhaus, einem dritten zu gemeinschaftlichem Zwecke dienen, sondern es muß diese Beziehung des einen zu dem andern eine unmittelbare sein der Art, daß die Neuanlage zum wirtschaftlichen Gebrauche des bestehenden Gebäudes selbst bestimmt ist.

Nr. 12.

Endurteil des I. Senats vom 27. Juni 1885 (Entsch. Bd. XII. S. 371).

1) Die Frage, ob eine erbetene polizeiliche Genehmigung zur Gründung einer Ansiedelung oder einer Kolonie um deswillen zu versagen sei, weil zunächst für den letzteren Fall die Gemeinde- und Schulverhältnisse zu regeln seien, entzieht sich der Erörterung im Verwaltungsstreitverfahren.

2) Bei den Ansiedelungen handelt es sich — so zu sagen — um ein Grundrecht der einzelnen Staatsangehörigen, welches zur Geltung kommen muß, wo nicht bestimmte konkurrierende Rechte dies verhindern, während die Gründung von Kolonien sich meist als spekulative oder industrielle Unternehmungen darstellt, von denen man fordern darf, daß sie berechtigten Interessen der Gemeinde-, Kirchen- und Schulverbände gerecht werden. Jene erstere Kollision entgegenstehender Rechte bei der Gründung der Ansiedelungen ist der Entscheidung durch die Verwaltungsgerichte überwiesen, die Ordnung der Gemeinde-, Kirchen- und Schulverhältnisse ist dies aber nicht.

3) Der Gegensatz der im §. 13 des Ansiedelungsgesetzes mit den Worten „außerhalb einer im Zusammenhange gebauten Ortschaft" ausgedrückten Voraussetzung der Notwendigkeit der polizeilichen Ansiedelungsgenehmigung ist in dem Worte „innerhalb", keineswegs aber etwa in einer „zusammenhangslos" gebauten Ortschaft zu suchen; es handelt sich also stets um eine der Genehmigung bedürfende Neuansiedelung, wenn ein Wohnhaus nicht innerhalb einer „im Zusammenhange" gebauten Ortschaft errichtet wird.

4) Eine Arbeiter-Menage, welche, isoliert belegen, in einem einzigen Gebäude Wohnungsräume für die Familie des Menage-Vorstehers und für 100 männliche Arbeiter darbietet, kann unter Umständen als eine Kolonie angesehen werden, weil es sich dabei um die Regelung, wenn auch nicht der Schulverhältnisse, so doch der Kirchen- und Gemeindeverhältnisse handeln kann.

Nr. 13.

Endurteil vom 27. Juni 1885 (Entsch. Bd. XII. S. 381, Anmerkung).

1) Glaubt ein Unternehmer, daß er zur Errichtung der von ihm projektierten Häuser weder einer Ansiedelungsgenehmigung, noch der Genehmigung zur Anlegung einer Kolonie bedürfe, so hat er ausschließlich die polizeiliche Bauerlaubnis (den gewöhnlichen Baukonsens) nachzusuchen. Wird ihm diese nach §. 13 Abs. 1 des Gesetzes vom 25. August 1876 versagt, so steht es ihm offen, die Ansiedelungsgenehmigung bei der Ortspolizeibehörde nachzusuchen. Geht er davon aus, daß es sich jedenfalls um die Anlegung einer Kolonie handelt, so liegt der Ortspolizeibehörde ob, letztere Frage zu prüfen und im Verneinungsfalle die Ansiedelungsgenehmigung zu versagen.*) Gegen den entsprechenden Bescheid ist die Klage im Verwaltungsstreitverfahren gegeben und in letzterem ist dann zu entscheiden, ob es sich um die Anlegung einer Kolonie handelt oder nicht, die Ortspolizeibehörde also zuständig ist oder nicht.

2) Wird die Erteilung der Genehmigung zur Anlegung einer Kolonie bei der zuständigen Behörde nachgesucht, so hat dieselbe entweder erst die Frage der Ordnung der Gemeinde- u. s. w. Verhältnisse zum Abschluß zu bringen, bevor das Verfahren aus den §§. 14—17 des Gesetzes vom 25. August

*) Die hier gewählte Fassung weicht ab von der durchaus nicht verständlichen im Jahrgang XII. S. 381 in der Anmerkung unter dem Texte. Es muß hier wohl ein Druckfehler vorliegen.

1876 eingeleitet wird, oder aber, wenn letzteres vorangeht, in diesem immer nur unter Vorbehalt jener Ordnung zu befinden.

3) Für das Verfahren aus den §§. 14—17 a. a. O. darf von der zuständigen Behörde niemals unberücksichtigt gelassen werden, daß von ihr zunächst ein Bescheid zu erlassen und, wenn gegen diesen von einer Seite auf mündliche Verhandlung im Streitverfahren angetragen wird, für letzteres von ihm ein besonderer Kommissarius zu ernennen ist, welcher als Partei im Streitverfahren das öffentliche polizeiliche Interesse zu vertreten hat.

4) Der §. 14 des Zust.-Ges. von 1876 ist aufgehoben und jetzt ersetzt durch §. 74 des L.-V.-G. von 1883.

XXIII.

Versicherungen.

Vorbemerkungen.

Der Abschnitt XIV. (§. 148) des Zuständigkeitsgesetzes vom 26. Juli 1876 ist in das neue Zuständigkeitsgesetz vom 1. August 1883 nicht übergegangen, weil man von der Annahme ausging, daß die polizeilichen Verfügungen in diesen Angelegenheiten nach der allgemeinen Regel der §§. 127 ff. des Landes-Verwaltungsgesetzes vom 30. Juli 1883 zu behandeln seien. Während also früher in diesen Angelegenheiten gegen polizeiliche Verfügungen nur die Klage gegeben war, hat der davon Betroffene jetzt ebenfalls die Wahl zwischen der Beschwerde und der Klage. Die Folgen dieser Änderung sind etwa dieselben, welche die Aufhebung des §. 155 des Zuständigkeitsgesetzes vom 26. Juli 1876, betreffend die Versagung u. s. w. der Baukonsense, nach sich gezogen hat.

Nr. 1.

Endurteil vom 17. Februar 1877 (Entsch. Bd. II. S. 342).

Ein Amtsvorsteher hatte in Gemäßheit des §. 148 des Zuständigkeitsgesetzes von 1876 den Versicherungsbetrag eines Hauses auf den gemeinen Wert zurückgeführt und zwar auf Grund einer Taxe vereidigter Sachverständiger. Die Kosten, welche die letzteren liquidierten, forderte der Amtsvorsteher von dem Versicherer ein, allein das Oberverwaltungsgericht erklärte diesen Anspruch für nicht gerechtfertigt. Zur Begründung dieser Entscheidung wurde folgendes ausgeführt:

1) „Indem das Gesetz über das Mobiliar-Feuerversicherungswesen vom 8. Mai 1837 und die Königliche Kab.-Ordre vom 30. Mai 1841 einerseits die Freiheit im Abschlusse der Versicherungsverträge in sofern beschränkt, als die Aushändigung der Police an den Versicherungsnehmer von der vorausgegangenen Erklärung der Ortspolizeibehörde, daß derselben keine Bedenken entgegenstehen, abhängig gemacht wird, überläßt dasselbe anderseits ausdrücklich der Polizeibehörde, sich durch Besichtigung an Ort und Stelle oder durch andere dienlich scheinende Mittel die Überzeugung von der Angemessenheit der Versicherungssumme zu verschaffen.

2) Die zur Einziehung dieser Information gemachten Aufwendungen

dienen dem Zwecke, die Polizeiobrigkeit zur Ausübung der ihr lediglich im öffentlichen Interesse übertragenen Funktion in den Stand zu setzen. Dieselben gehören daher zu den Kosten der Polizeiverwaltung und sind als solche von den dazu gesetzlich verpflichteten Verbänden (Amtsverbänden), nicht aber von den einzelnen Versicherungsnehmern zu tragen.

3) Die letzteren können überall da, wo Zweifel und Bedenken entstehen, sehr wohl Anlaß haben, der Polizeibehörde durch Beibringung genügenden Beweismaterials die Überzeugung von der Angemessenheit der Versicherungssumme zu verschaffen; nirgends aber ermächtigt das Gesetz die Polizeibehörde, nach eigenem Ermessen die Privatinteressen der Versicherungsnehmer auf deren Kosten wahrzunehmen."

4) An diesen Grundsätzen ist durch den gänzlichen Fortfall des §. 148 des Zust.=Gesetzes von 1876 und dessen Ersetzung durch die §§. 127 ff. des L.=V.=G. vom 30. Juli 1883 nichts geändert worden. Die polizeilichen Verfügungen in Versicherungsangelegenheiten werden nunmehr wie andere polizeiliche Verfügungen behandelt.

Nr. 2.

Endurteil vom 17. November 1877 (Entsch. Bd. III. S. 272).

Die Frage:

> ob die Polizeibehörde, wenn Mobiliar nach Gattungen gegen Feuersgefahr versichert werden soll, die Erlaubnis zur Aushändigung der Police von der Eintragung der Stückzahl der zu versichernden Gegenstände in die Police abhängig machen darf,

ist im verneinenden Sinne entschieden. Man kann daher z. B. Pferde, Kühe, Schweine u. s. w. nach Gattungen versichern, ohne in der Police die Stückzahl anzugeben. Dagegen hat die Polizeibehörde das Recht, die Angemessenheit der Versicherungsbeträge zu prüfen, und zu diesem Behuf durch die ihr dienlich scheinenden Mittel, namentlich auch durch Rückfrage bei dem Antragsteller festzustellen, wie viele Stücke der versicherten Gattung zur Zeit des Abschlusses des Versicherungsvertrages vorhanden waren.

Nr. 3.

Endurteil des II. Senats vom 9. Juni 1879 (Entsch. Bd. V. S. 296).

1) Ein Antrag, die Polizeibehörde zu einer von ihr abgelehnten amtlichen Thätigkeit im Verwaltungsrechtswege anzuhalten, findet im Gesetze keine Unterstützung.

2) Auch der §. 148 des Zust.=Ges. von 1876, welcher sich an die §§. 14 und 15 des Ges. vom 8. Mai 1837 anlehnt, gab ein Klagrecht nur gegen diejenigen Ortspolizeibehörden, welche in den angezogenen Paragraphen zu einer Thätigkeit berufen werden.

3) Die örtliche Zuständigkeit derjenigen Polizeibehörde, welche über die Genehmigung zur Aushändigung der Versicherungspolice zu befinden hat, bestimmt sich nach dem Wohnorte des Versichernden, nicht nach dem Orte, wo die versicherte unbewegliche Sache belegen ist.

Nr. 4.

Endurteil des II. Senats vom 20. Mai 1880 (Entsch. Bd. VI. S. 283).

1) Bei der Auslegung des §. 5 in dem Gesetze über das Mobiliar-Feuerversicherungswesen vom 8. Mai 1837 (G.=S. S. 102) hat das O.=V.=G.

einen Unterschied aufgestellt zwischen **Gattungsversicherung** und **Ausnahmeversicherung**.

a. Die Gattungsversicherung. Die §§. 32, 36 Tit. 2 Tl. I A. L.-R.'s lauten:

§. 32. Mehrere besondere Sachen, die mit einem gemeinschaftlichen Namen bezeichnet zu werden pflegen, machen einen Inbegriff von Sachen aus und werden zusammengenommen als ein Ganzes betrachtet.

§. 36. An den Befugnissen und Lasten eines Inbegriffes nehmen alle einzelne darunter begriffene und demselben in der Folge zuwachsende oder einverleibte Stücke teil.

Eine solche Gattungsversicherung (z. B. einer Herde) trifft nicht bloß diejenigen unter die Gattung fallenden Gegenstände, welche zur Zeit der Versicherung bereits vorhanden sind, sondern ergreift auch solche Sachen, welche erst später Teile des Ganzen werden; es kann also das Versicherungsobjekt ebenfalls einem Wechsel unterworfen sein. Der Inbegriff der Sachen steht seinem Bestande und seinem Werte nach zur Zeit der Versicherungsnahme mehr oder weniger fest; soweit nicht eine Verminderung durch Abnutzung oder Verbrauch stattfindet, wird der Gegenstand im großen und ganzen nicht verändert; der Wechsel einzelner Teile bleibt auf den Gesamtbestand ohne entscheidenden Einfluß; deshalb richtet sich auch die Höhe der Versicherungssumme nach dem Wert des vorhandenen Bestandes zur Zeit der Versicherung. Über diesen Wert hinaus darf nach §. 1 des Gesetzes vom 8. Mai 1837 nicht versichert werden, auch dann nicht, wenn der Versicherungsnehmer den Bestand im Laufe der Versicherung zu erhöhen beabsichtigt.

b. Die Ausnahmeversicherung. Dabei unterliegt der Bestand nach Größe und Wert einem steten Wechsel, es kommen Ab- und Zugänge vor, welche den Bestand erheblich verändern. Die Versicherungssumme braucht demzufolge auch nicht nach dem Werte des Bestandes zur Zeit der Versicherung bemessen zu werden, sie kann vielmehr bis auf den höchsten, demnächst zu erwartenden Wert festgesetzt werden.

2) Wendet man obige Sätze auf Erntevorräte an, so ergibt sich, daß diese sowohl nach der Regel wie nach der Ausnahme versichert werden können. Der Versicherung einer bestimmten Jahresernte nach den einzelnen Fruchtgattungen steht an sich nichts entgegen, namentlich auch der Umstand nicht, daß die betreffenden Vorräte in steter Abnahme begriffen sind. Allerdings wird hierbei aber vorausgesetzt, daß die Ernte bereits eingebracht ist, denn zufolge §. 1 l. c. kann ein zur Zeit der Versicherungsnahme noch nicht vorhandener Gegenstand nach der Regel überhaupt nicht versichert werden, weil es an einem gemeinen Werte desselben fehlt.

3) Sollen deshalb Vorräte versichert werden, die erst künftig zu ernten sind, so bleibt hierfür nur eine Versicherung nach der Ausnahme übrig.

4) Schon hieraus ergibt sich, daß eine Versicherung mehrerer auf einander folgender Ernten nach der Regel, d. h. nach Gattungen nicht thunlich ist. Sie läßt sich auch unter den Begriff einer Gattungsversicherung überhaupt nicht bringen. Denn jede Ernte bildet ein Ganzes für sich, das mit der nächsten Ernte nicht zusammenhängt, der Bestand jeder Ernte wird mehr oder weniger vollständig aufgeräumt, und mit der neuen Ernte beginnt wieder ein neuer Inbegriff von Sachen. Die Versicherung mehrerer Ernten kann immer nur eine Versicherung auf den durchschnittlichen oder den mutmaßlichen höchsten Betrag sein.

5) Wenn also dem Amtsvorsteher eine Police zur Aushändigungs-

genehmigung vorgelegt wird, in welcher die Versicherung der „laufenden Ernte an Felderzeugnissen" in Aussicht genommen wird, so handelt es sich um eine Ausnahmeversicherung im Sinne des §. 5 Satz 2 des Gesetzes, und der Amtsvorsteher kann verlangen, daß ihm vor der Erteilung der Genehmigung zur Aushändigung der Police die in jenem §. 5 gedachten Bücher vorgelegt werden.

Nr. 5.

Endurteil des II. Senats vom 28. Oktober 1880 (Entsch. Bd. VII. S. 311).

1) Der polizeiliche Einspruch wider die Auszahlung einer Immobiliar-Brandentschädigung berechtigt den Versicherten zur Klage im Verwaltungsstreitverfahren, wenn auch nicht aus dem §. 18 des Gesetzes über das Mobiliar-Feuerversicherungswesen vom 8. Mai 1837 (G.-S. S. 102), so doch aus §§. 30 ff. des Zuständigkeitsgesetzes (§§. 63 ff. des Organisationsgesetzes vom 26. Juli 1880, jetzt §§. 127 ff. des L.-V.-G. vom 30. Juli 1883), namentlich wenn sich aus dem Zusammenhange der Verhandlungen ergibt, daß die Polizeibehörde bei der Versagung des betreffenden Attestes die Absicht gehabt hat, die Versicherungsgesellschaft zur Vorenthaltung der Zahlung zu bestimmen.

2) Es steht demjenigen, in dessen Rechtsgebiet wider seinen Willen durch eine polizeiliche Anordnung eingegriffen worden ist, selbständig das Recht der Klage im Verwaltungsstreitverfahren zu — gleichviel, ob die polizeiliche Verfügung in ihrer äußern Gestalt sich unmittelbar gegen ihn oder zunächst gegen einen dritten richtet.

Nr. 6.

Endurteil des II. Senats vom 19. September 1881 (Entsch. Bd. VIII. S. 285).

1) Der Verwaltungsrichter hat, wenn eine wider die polizeiliche Beanstandung des Versicherungsbetrages gerichtete Klage sich als begründet erweist, nicht nur die Aufhebung der angefochtenen Verfügung auszusprechen, sondern auch zugleich zu bestimmen, wieweit die Polizeibehörde in ihrer Forderung überhaupt gehen durfte.

2) Auf Grund des §. 148 des Zust.-Ges. von 1876 hatte eine unbeschränkte Prüfung des Verwaltungsrichters stattzufinden, sein Ermessen trat an die Stelle des Ermessens der Polizeibehörde, er hatte durch seinen Spruch den Fall *definitiv zu erledigen*. Dieser Grundsatz kann jetzt nicht mehr Platz greifen, seitdem der §. 148 des Zust.-Ges. von 1876 gänzlich fortgefallen und durch die §§. 127 ff. des Zust.-Ges. von 1883 ersetzt worden ist.

3) Erntevorräte in Schobern dürfen nur nach dem gemeinen Werte und nicht auch nach dem durchschnittlichen bezw. dem mutmaßlich höchsten Betrage gegen Feuersgefahr versichert werden. (Gesetz vom 8. Mai 1837 — G.-S. S. 102 —).

Nr. 7.

Endurteil des II. Senats vom 22. Mai 1882 (Entsch. Bd. IX. S. 322).

1) Siehe die Vorbemerkung zu diesem Abschnitte.

2) Für das spezielle Erfordernis einer durch einen Sachverständigen aufgenommenen „Taxe" als Vorbedingung zur Aushändigung der Versicherungspolice gewährt das Gesetz keine Grundlage. Das Verlangen einer

mit der Versicherung verbundenen „Deklaration" ist deshalb nicht als unzulässig anzusehen.

3) Die Mobilien sind entweder nach einzelnen Stücken oder nach Gattungen zu bezeichnen. Diese Angaben bilden den Inhalt der Deklaration. (§. 14 des Ges. vom 8. Mai 1837 — G.-S. S. 102 —, A. Kab.-O. vom 30. Mai 1841 — G.-S. S. 122 —.)

Nr. 8.

Endurteil des II. Senats vom 21. Juni 1883 (Entsch. Bd. X. S. 291).

Nur bei der Ausnahmeversicherung von Warenlagern, nicht bei der Regelversicherung, ist die Führung der sogenannten Lagerbücher und die Vorlegung derselben bei der Polizeibehörde vorgeschrieben. (§§. 1, 5, 14, 15, 18 und 19 des Gesetzes vom 8. Mai 1837 — G.-S. S. 102 —.)

Nr. 9.

Endurteil des II. Senats vom 15. September 1884 (Entsch. Bd. XII. S. 338).

Es möge hier zunächst folgende Rekapitulation in etwas anderer Fassung gestattet sein:

1) Die Kosten, welche der Polizeibehörde daraus erwachsen, daß sie sich durch Besichtigung an Ort und Stelle oder durch andere dienlich scheinende Mittel die Überzeugung von der Angemessenheit der Versicherungssumme verschafft, dienen dem Zwecke, die Polizeiobrigkeit zur Ausübung der ihr lediglich im öffentlichen Interesse übertragenen Funktionen in den Stand zu setzen. Dieselben gehören daher zu den Kosten der Polizeiverwaltung und sind nicht von den einzelnen Versicherungsnehmern zu tragen. (§§. 14, 15 des Gesetzes vom 8. Mai 1837, O.-V.-G.-E. vom 17. Februar 1877 — Entsch. Bd. II. S. 341, 350.)

2) Die Polizeibehörde kann nicht verlangen, daß in den Versicherungsantrag bezw. die Police die Stückzahl eingesetzt werde, wenn die Kontrahenten nur eine Versicherung nach Gattungen beabsichtigen. (O.-V.-G.-E. vom 17. November 1877 — Entsch. Bd. III. S. 274.)

3) Zuständig für die Genehmigung zur Aushändigung der Police ist die Polizeibehörde des Wohnortes des Versicherungsnehmers, nicht diejenige, in deren Bezirk sich das zu versichernde Objekt befindet. (O.-V.-G.-E. vom 9. Juni 1879 — Entsch. Bd. V. S. 298.)

4) Die O.-V.-G.-E. vom 20. Mai 1880 (Entsch. Bd. VII. S. 283) unterscheidet (S. 287) zwischen der regelmäßigen Gattungsversicherung und der Ausnahmeversicherung (§. 5 Abs. 1 Satz 2 des Gesetzes). Der Versicherung einer bestimmten Jahresernte nach den einzelnen Fruchtgattungen steht an sich nichts entgegen, jedoch nur in der Voraussetzung, daß die Ernte bereits eingebracht ist. Für Vorräte, die erst künftig zu ernten sind, bleibt nur die Ausnahmeversicherung übrig. Die Versicherung mehrerer aufeinander folgenden Ernten nach der Regel, d. h. nach Gattungen, ist nicht thunlich. Dieselbe kann immer nur eine Versicherung auf den durchschnittlichen oder mutmaßlichen höchsten Betrag sein (Ausnahmeversicherung). Siehe unten Nr. 6.

5) Die Polizeibehörde hat das Recht, in diesem Falle die Aushändigung der Police von der Vorlegung der Lagerbücher über die Zu- und Abgänge abhängig zu machen (§. 5 Abs. 2 und 3 a. a. O).

6) Erntevorräte, welche in Schobern aufgestellt, also bereits eingebracht

sind, dürfen nur nach dem gemeinen Werte zur Zeit der Versicherungsnahme und nicht nach dem durchschnittlichen bezw. nach dem mutmaßlich höchsten Betrage gegen Feuersgefahr versichert werden. (O.-V.-G.-E. vom 19. September 1881 — Entsch. Bd. VIII. S. 289.)

7) Die Polizeibehörde kann unter Umständen, sofern sie dies im öffentlichen Interesse für geboten erachtet, eine Abschätzung der zu versichernden Gegenstände von Amts wegen veranlassen, sie ist aber nicht berechtigt, die Prüfung des Versicherungsantrages von der vorgängigen Beibringung einer von einem Sachverständigen aufgenommenen Taxe seitens des Versicherungsnehmers abhängig zu machen (s. oben Nr. 2). Was die im §. 14 Abs. 2 des Gesetzes erwähnte „Deklaration" betrifft, so ist dem Gesetze schon dadurch genügt, wenn in dem Versicherungsantrage die Angaben über die einzelnen versicherten Stücke oder Gattungen (§. 1 Abs. 2 des Gesetzes) und über die Versicherungssumme enthalten sind. (O.-V.-G.-E. vom 22. Mai 1882 — Entsch. Bd. IX. S. 313.)

8) Der §. 19 des Gesetzes (Versicherungen auf Warenlager im Werte von mindestens 10000 Thalern bei Kaufleuten und mit kaufmännischen Rechten versehenen Fabrikanten, welche ordnungsmäßig eingerichtete Bücher führen) spricht keineswegs aus, daß die darin erwähnten Versicherungen von den Vorschriften des §. 5 Abs. 2 und 3 a. a. O. (Haltung und Vorlegung der Lagerbücher — s. oben Nr. 5) befreit seien; er nimmt die durch ihn getroffenen Fälle nur von denjenigen Bestimmungen der §§. 14 und 15 aus, welche anordnen, daß keine Police und kein Prolongationsschein ausgehändigt werden soll, bevor nicht die Polizeibehörde erklärt hat, daß der Aushändigung in polizeilicher Hinsicht kein Bedenken entgegen stehe. Gegen die Annahme, daß bei jenen Kaufleuten u. s. w. jede polizeiliche Kontrolle ausgeschlossen sei, spricht schon der Inhalt des im §. 19 ausdrücklich in Bezug genommenen §. 18 des Gesetzes.

9) Auch ein Warenlager, dessen Bestand nach Größe und Wert einem steten Wechsel unterworfen ist, kann nach der Regel versichert werden, wenn der Eigentümer von den Vorteilen, welche ihm die Ausnahmeversicherung gewährt, absehen will. Dies kann vorkommen, wenn ein Geschäftsmann sich vor der Gefahr bewahren will, daß seine geschäftlichen Verhältnisse allgemein bekannt werden und dadurch etwa sein Kredit leide. Gibt er diesen Rücksichten den Vorzug vor den Vorteilen der Ausnahmeversicherung, so kann er polizeilich auch nicht zum Halten von Lagerbüchern angehalten werden. (O.-V.-G.-E. vom 21. Juni 1883 — Entsch. Bd. X. S. 293.)

10) Die einseitige, von dem Versicherer nicht ausdrücklich acceptierte und gutgeheißene Willenserklärung des Versicherungsnehmers, den Versicherungsvertrag nicht ferner aufrecht zu erhalten, entbehrt in dem Falle jeder Rechtswirkung, wenn ein Versicherungsvertrag bereits rechtsgültig zustande gekommen ist (§. 2300 Tit. 8 Teil II A. L.-R's). Eine derartige einseitige Erklärung gehört also nicht unter allen Umständen zu den Gründen für die Versagung der amtlichen Erklärung, daß der Aushändigung der Feuer-Versicherungs-Police in polizeilicher Beziehung kein Bedenken entgegenstehe.

11) Zu diesen Gründen gehören auch nicht die Gesichtspunkte, daß es dem Versicherungsvertrage an der privatrechtlichen Gültigkeit oder dem Versicherungsuchenden an den ihn legitimierenden Beziehungen zu dem zu versichernden Gegenstande fehle, sofern sich aus diesem Zweifel über die Gültigkeit nicht zugleich polizeiliche — das öffentliche Interesse berührende — Bedenken ergeben.

Nr. 10.

Endurteil des II. Senats vom 5. Januar 1885 (Entsch. Bd. XI. S. 346).

1) Die Polizeibehörde ist befugt, die Geschäftsbücher der Feuerversicherungsagenten zu jeder Zeit einzusehen, sowohl um die Führung dieser Bücher zu beaufsichtigen, als um Kontraventionen zu ermitteln und zu verhüten.

2) Dagegen sind die Agenten nicht verpflichtet, der Polizeibehörde die Gesamtversicherungssumme mitzuteilen, die Polizeibehörde kann mithin auch nicht fordern, daß ihr seitens der Agenten die Bücher zur Feststellung dieser Gesamtresultate vorgelegt werden. (§. 13 des Ges. vom 8. Mai 1837 — G.-S. S. 102 —, A. Kab.-O. vom 30. Mai 1841 — G.-S. S. 122 —, §. 132 des L.-V.-G. von 1883.)

Nr. 11.

Endurteil des II. Senats vom 16. Februar 1885 (Entsch. Bd. XI. S. 354).

Eine gesetzlich unstatthafte Doppelversicherung liegt auch in dem Falle vor, wenn jemand sein Mobiliar bei zwei verschiedenen Versicherungsgesellschaften mit der Maßgabe versichert, daß dies Mobiliar nach einer bestimmten Quote der Gesamtversicherungssumme bei der einen Gesellschaft, nach dem Rest aber bei der anderen versichert sein soll (Konsortial- und Korrealversicherung), wobei es unbestimmt bleibt, welche Stücke des Mobiliars bei der einen und welche bei der anderen versichert sein sollen. (A. L.-R. II. 8 §§. 1984 und 2000, §. 2 des Ges. vom 8. Mai 1837 — G.-S. S. 302 —, Ges. vom 17. Mai 1853 — G.-S. S. 293 —, Art. III. des Ges. vom 22. Juni 1861 — G.-S. S. 441 —, §. 360 Nr. 9 des R.-Straf-Gesetzbuches vom 15. Mai 1871.)

XXIV.

Die Handelskammern.

Vergl. den Tit. XVII. (§§. 134—138) des Zuständigkeitsgesetzes vom 1. August 1883, welche an die Stelle der §§. 134, 135, 146 u. 147 des Zuständigkeitsgesetzes vom 26. Juli 1876 getreten ist.

Endurteil des II. Senats vom 22. Juni 1885 (Entsch. Bd. XII. S. 355).

1) Muß die Wahl eines Mitgliedes der Handelskammer für ungültig erklärt werden, so darf zu einer Neuwahl nicht früher geschritten werden, als bis sich die Handelskammer selbst über die Ungültigkeit der früheren Wahl schlüssig gemacht hat. Diesen Beschluß kann die bloße Verfügung des Vorsitzenden der Handelskammer nicht ersetzen. (§§. 12, 13, 14 und 28 des Handelskammergesetzes vom 24. Februar 1870 — G.-S. S. 134 —, §. 135 des Zust.-Ges. vom 1. August 1883.)

2) Ist gegen diesen Grundsatz verstoßen, so findet eine Ratihabition durch einen nachträglichen Beschluß der Handelskammer nicht statt. (A. L.-R. I. 3 §§. 42, 43 u. 13 §. 142.)

3) Handelskammern sind öffentliche Behörden im Sinne des §. 107 des L.-V.-G. vom 30. Juli 1883.

XXV.

Veterinärangelegenheiten.

Vorbemerkung.

Die Vorschrift im §. 135 XI. der Kreisordnung vom 13. Dezember 1872, welche als §. 82 in das Zuständigkeitsgesetz vom 26. Juli 1876 überging, hat in dem neuen Zuständigkeitsgesetze vom 1. August 1883 keine Aufnahme mehr gefunden, weil sich ein Bedürfnis zur praktischen Anwendung derselben bisher nicht herausgestellt hatte (Begründung des Regierungsentwurfes, Drucksachen des A.-H. von 1882/83 Nr. 44 I. S. 24).

Nr. 1.

Endurteil vom 25. Oktober 1876 (Entsch. Bd. I. S. 236.)

1) Die Frist zur Anfechtung der Gesetzmäßigkeit polizeilicher, auf Unterdrückung von Viehseuchen (§. 6 des Gesetzes vom 25. Juni 1875 — G.-S. S. 306 —) gerichteter Anordnungen betrug früher 10 Tage. Dies hat sich vollständig geändert, denn nach §. 2 Abs. 2 des zur Ausführung des Reichsgesetzes vom 23. Juni 1880 (R.-G.-Bl. S. 153) ergangenen preußischen Ausführungsgesetzes vom 12. März 1881 (G.-S. S. 128) findet ein Verwaltungsstreitverfahren in diesen Angelegenheiten überhaupt nicht mehr statt. Hierdurch war auch der Abs. 2 des §. 70 des Organisationsgesetzes vom 26. Juli 1880 aufgehoben, und es war eine Ausnahme von der Regel desselben Gesetzes in §§. 63 ff. entstanden.

Vergl. jetzt §§. 127 ff. des Landesverwaltungsgesetzes vom 30. Juli 1883.

2) Als allgemeiner Grundsatz ließe sich aus dieser Entscheidung jetzt nur noch der entnehmen, daß, wenn Gesetze, die unter der Herrschaft der Kreisordnung und der nachfolgenden bezüglichen Verwaltungsgesetze ergangen sind, Fristbestimmungen für die Anfechtung der auf Grund derselben zu erlassenden polizeilichen Verfügungen nicht enthalten, doch angenommen werden muß, daß sie an die für gleiche Verfügungen bestimmten Fristen gebunden sind.

Nr. 2.

Endurteil des I. Senats vom 29. Mai 1878 (Entsch. Bd. IV. S. 397).

Auch diese Entscheidung beschäftigt sich mit der Auslegung des vorgedachten §. 6 und ist aus demselben Grunde gegenstandslos geworden.

Vierte Abteilung.

Der Verwaltungsprozeß.

Vorbemerkung.

Zahlreiche hierauf bezügliche Rechtsgrundsätze sind bereits in den vorstehenden Abschnitten enthalten. Von mehreren Seiten war der Wunsch zu erkennen gegeben, auch diese Grundsätze mit in diesem Abschnitte zu sammeln; allein es konnte diesem Verlangen doch nicht Rechnung getragen werden, wenn man sich nicht entschließen wollte, jene mit den einzelnen Fällen oft nahe zusammenhängenden Aussprüche des höchsten Verwaltungsgerichtshofes aus diesem Zusammenhange herauszureißen und dadurch das Verständnis nur zu erschweren. Wenn hierdurch die systematische Darstellung gelitten hat, so dürfte dieser Fehler durch die sehr ausführlichen alphabetischen und chronologischen Register, nach denen man die Erläuterungen zu den einzelnen prozessualischen Vorschriften leicht auffinden kann, vollkommen ausgeglichen werden.

XXVI.

Das Streitverfahren.

Nr. 1.

Endurteil vom 26. September 1876 (Entsch. Bd. I. S. 404).

1) Bei der Frage, ob der Berufungsrichter überhaupt berechtigt ist, ohne seinerseits materiell zu entscheiden, die Sache zur anderweitigen Entscheidung in die erste Instanz zurückzuweisen, ist von den Normen, welche für die Revisionsinstanz in den §§. 68—70 (§§. 68—70a. des Verwaltungsgerichtsgesetzes, jetzt §§. 98—101 des L.-V.-G. vom 30. Juli 1883) gegeben sind und eine analoge Anwendung nicht zulassen, abzusehen, auch sind die dem Verwaltungsrichter in den §§. 41, 46, 62 a. a. O. (beziehungsweise §§. 71, 76 und 92 des L.-V.-G.) erteilten Befugnisse mit der Zurückweisung in die Vorinstanz wenig vereinbar; gleichwohl ist eine Unzulässigkeit der Verweisung in die erste Instanz nicht anzunehmen, und es wird eine solche insbesondere da mit Recht erfolgen, wo es sich um die Beurteilung spezieller örtlicher Verhältnisse handelt, die beim Untergerichte durch Notorietät, durch Auskunft der Ortsbehörden und nachbarliche Zeugen leicht festzustellen sind, während diese Feststellungen beim Obergerichte unverhältnismäßige Kosten und Weiterungen verursachen würden.

2) Nach §. 1 des Gesetzes über die Verjährungsfristen bei öffentlichen Abgaben vom 18. Juni 1840 (G.-S. S. 140) (Gesetz vom 12. April 1882 — G.-S. S. 297 —) mußten Reklamationen gegen Abgaben binnen 3 Monaten vom Tage der Bekanntmachung der Heberolle, oder, wenn die Steuer im Laufe des Jahres auferlegt worden, binnen 3 Monaten nach erfolgter Benachrichtigung von deren Betrage, oder endlich, im Falle eine periodische Veranlagung und Anfertigung der Heberolle nicht stattfindet, binnen der ersten 3 Monate jedes Jahres bei der Behörde angebracht werden.

3) Wenn nun der zur Forderung der Abgabe Berechtigte dem Reklamanten gegenüber den Einwand der Verjährung erhebt, so ist es seine Sache, denselben näher zu substantiieren und eventuell nachzuweisen, namentlich aber ist nachzuweisen, **wann** die Heberolle bekannt gemacht oder (im zweiten Falle) die Benachrichtigung erfolgt ist, eventuell ist (im dritten Falle) nachzuweisen, daß es sich um eine periodische Veranlagung gehandelt hat und die Anfertigung einer Heberolle nicht stattgefunden hat. Die Heberolle ist mit dem Etat und der zu demselben gehörigen Repartition nicht identisch. (Die Entscheidung betrifft Schulunterhaltungskosten.)

4) Die Heberolle mag mit dem Etat und der zu demselben gehörigen Repartition nicht identisch sein, die mit der Reklamation gegen Gemeindeabgaben angegriffene Behörde hat aber jedenfalls nachzuweisen, **wann** die Heberolle bekannt gemacht ist, wenn sie den Einwand der Verjährung (Fristversäumnis) erheben will.

Nr. 2.

Endurteil vom 18. Oktober 1876 (Entsch. Bd. I. S. 409).

In der Begründung des Endurteils eines Berufungsgerichts ist ein wesentlicher Mangel zu finden, wenn der Richter es unterläßt, speziell anzugeben, welche von den in zweiter Instanz angeführten Behauptungen für *thatsächlich* unerwiesen und welche für *rechtlich* unerheblich zu erachten sind.

Nr. 3.

Endurteil vom 21. Oktober 1876 (Entsch. Bd. I. S. 412).

Ein Amtsvorsteher, welcher einen Gasthof besitzt und denselben verpachtet hat, erscheint persönlich zur Sache beteiligt und darf als Polizeibehörde nicht gehört werden, wenn ein Antrag um Erteilung der Erlaubnis zum Betriebe des Schankgewerbes in einem anderen (zweiten) Gasthofe vorliegt. Dies gilt auch, wenn etwa der Amtsvorsteher von seinem Krugpächter eine so hohe Kaution erhalten hätte, daß ein Verlust an Pachtgeldern nicht leicht zu besorgen wäre.

Nr. 4.

Endurteil vom 11. November 1876 (Entsch. Bd. I. S. 415).

1) Die Frist zur Einlegung der Revision gegen ein Erkenntnis zweiter Instanz, durch welche über die Erteilung oder die Versagung eines Baukonsenses Entscheidung getroffen wird, betrug früher (§. 54 I. Nr. 1 des Verwaltungsgerichtsgesetzes vom 3. Juli 1875) 10 Tage, später (§. 42 des Organisationsgesetzes vom 26. Juli 1880, jetzt §. 51 des L.-V.-G. vom 30. Juli 1883) 2 Wochen, weil auch ein den Baukonsens *versagender* Bescheid zu den polizeilichen Verfügungen gehört. Um positive mit Zwangsverfahren verbundene Anordnungen braucht es sich nicht zu handeln.

2) Seit dem Fortfall des §. 155 des Zust.-Ges. von 1876 und Ersetzung desselben durch §. 127 des L.-V.-G. vom 30. Juli 1883 ist in dieser Hinsicht jeder Zweifel geschwunden.

Nr. 5.

Endurteil vom 31. Januar 1877 (Entsch. Bd. II. S. 433).

1) Der Wortlaut des §. 55 Abs. 1 des Gesetzes vom 3. Juli 1875 (§. 86 des L.-V.-G. vom 30. Juli 1883) ergibt, daß zur Einlegung des Rechtsmittels die Anmeldung allein nicht genügt, vielmehr noch die Rechtfertigung hinzutraten muß, die, wenn sie auch im übrigen an keine Form gebunden ist und sowohl vor als in der mündlichen Verhandlung ergänzt werden darf, doch wenigstens Gegenstand und Ziel der Beschwerde über das ergangene Endurteil erkennbar machen muß.

2) Das Gericht erster Instanz, bei welchem die Berufung angemeldet und gerechtfertigt werden muß, hat seine Prüfung ausschließlich auf die Wahrung der gesetzlichen Frist zur Anmeldung zu beschränken, die Frage dagegen, inwiefern es einer Rechtfertigung überhaupt bedürfe, sollte hierdurch nicht berührt, vielmehr die Prüfung der gesetzlichen Erfordernisse derselben dem Berufungsrichter überlassen werden.

3) Aus diesen Grundsätzen ergibt sich, daß, wenn jemand seine Berufung bei dem Kreisausschusse nur anmeldet und nicht rechtfertigt, der Kreisausschuß die Akten demungeachtet an die nächste Instanz einreichen muß und die Berufung nicht etwa aus dem Grunde zurückweisen darf, weil die Berufung nicht gerechtfertigt ist.

4) Die Erteilung eines Vorbescheides nach §§. 37 und 59 des Verwaltugsgesetzes involviert lediglich eine Befugnis, nicht eine Verpflichtung des Richters. Vergl. jetzt §§. 64 und 89 desL.-V.-G. vom 30. Juli 1883.

Nr. 6.

Endurteile vom 4. April und 2. Juni 1877 (Entsch. Bd. II. S. 436 und 447).

1) Eine Nullitätsklage (A. Gerichts-O. §. 2 Tit. 16 Teil I., jetzt §§. 541 ff. der Reichs-Zivil-Prozeß-O.) konnte früher im Verwaltungsstreitverfahren nicht vorkommen.

2) Ein Erkenntnis konnte rechtskräftig und unanfechtbar, aber dabei doch gegen solche, die als Parteien nicht zugezogen oder im Rubrum als Parteien nicht aufgeführt waren, wirkungslos sein, denn in dem Erkenntnisse werden nur die Rechtsverhältnisse der Parteien festgestellt und nur gegen diese kann eine Exekution aus dem Erkenntnisse vollstreckt werden.

3) Nach der A. Gerichts-O. (Einleitung §§. 66, 67) kann ein unter den gesetzmäßigen Erfordernissen gefälltes rechtskräftiges Urtel nur in Fällen, in denen es an einem wesentlichen Erfordernisse der gesetzmäßigen Untersuchung mangelt, als nichtig nach näherer Bestimmung des Tit. 16 §. 2 a. a. O. angefochten werden.

4) Von der Nichtigkeitsbeschwerde handelte die V. vom 14. Dezember 1833 (G.-S. S. 302) nebst mehreren Ergänzungen (zu vergleichen ist hiermit etwa die Vorschrift in §. 64 des Verwaltungsgerichtsgesetzes, wo es sich aber um das Rechtsmittel der Revision handelt).

5) Im Verwaltungsprozeß haben wir jetzt die Wiedereinsetzung in den vorigen Stand (§. 70 des Verwaltungsgerichtsgesetzes und §. 100 des L.-V.-G. vom 30. Juli 1883, §§. 543 ff. der Reichs-Zivil-Prozeß-O.).

Nr. 7.

Endurteil vom 11. April 1877 (Entsch. Bd. II. S. 440).

Zu den polizeilichen Verfügungen gehören auch die Baukonsense. Im übrigen ist diese Entscheidung infolge wesentlicher Abänderung der einschlagenden Gesetzgebung (Fortfall des §. 155 des Zust.-Ges. von 1876) gegenstandslos geworden.

Nr. 8.

Endurteil vom 20. Juni 1877 (Entsch. Bd. II. S. 450).

Das Tagen des Kreisausschusses (Kreisverwaltungsgerichtes) außerhalb des Amtssitzes des Landrates ist als ein Mangel des Verfahrens nicht anzusehen. (§. 2 des V.-G.-G. von 1875, jetzt §. 4 des L.-V.-G. vom 30. Juli 1883.)

Nr. 9.

Endurteil vom 20. Januar 1877 (Entsch. Bd. III. S. 357).

In einem von der Bezirksregierung als Vertreterin des Domänenfiskus wider eine Landgemeinde anhängig gemachten Streitverfahren unterlag die Klägerin. Das O.-V.-G. hat angenommen, daß dem Kläger nur die baren Auslagen des Verfahrens und des obsiegenden Teiles zur Last zu legen, die Kosten des Verfahrens aber außer Ansatz zu lassen seien. Die Regierung wurde als Vertreterin des Fiskus als „öffentliche Behörde" im Sinne des §. 76 Nr. 1 des Gesetzes vom 3. Juli 1875 (§. 107 des L.-V.-G. vom 30. Juli 1883) angesehen. Hieraus folgt, daß Fiskus ausnahmslos und überall Kostenfreiheit genießt. Aus ähnlichen Gründen werden auch die Königl. Eisenbahnkommissionen, desgl. die Provinzialschulkollegien als Vertreter der unter Königl. Patronat stehenden Gymnasien zu den öffentlichen Behörden im Sinne obiger Bestimmungen gerechnet.

Nr. 10.

Endurteile vom 19. Mai 1877 und 11. Oktober 1878 (Entsch. Bd. III. S. 359 und Bd. IV. S. 151).

Die gegen in letzter Instanz ergangene Bescheide des Regierungspräsidenten bezw. Oberpräsidenten stattfindende Klage ist nicht bei der Behörde fristzeitig anzubringen, gegen deren Verfügung dieselbe gerichtet ist, sondern direkt bei dem Ober-Verwaltungsgerichte. Es handelt sich hier nicht um die sogenannte Wahlklage (§§. 31, 34 des Zust.-Ges. vom 1876, §§. 64, 69 Abs. 1, 2 des Organisationsgesetzes, §§. 128 und 133 des L.-V.-G. vom 30. Juli 1883), sondern um eine mit der Beschwerde nicht konkurrierende Klage, hinsichtlich welcher die allgemeine Regel des §. 35 des Verwaltungsgerichtsgesetzes (§. 63 des L.-V.-G.) Platz greift. Dieser Grundsatz fand auch Anwendung auf das Verfahren zur Anfechtung der Zwangsverfügungen der Kommissarien für die bischöfliche Vermögensverwaltung (Gesetz vom 20. Mai 1874 — G.-S. S. 135 —; Ges. vom 13. Februar 1878 — G.-S. S. 87 —).

Wegen der Gültigkeit dieser letzteren vergl. Hinschius, „Preußische Kirchengesetze". Berlin 1886.

Nr. 11.

Endurteil vom 3. November 1877 (Entsch. Bd. III. S. 361).

Daß die Orts- und Kreispolizeibehörden Belehrungen über die Rechtsmittel zu erteilen hätten, war auch früher nicht vorgeschrieben. Thun sie es dennoch, so geschieht dies auf ihre eigne Verantwortung, und zwar sowohl den Parteien als ihren vorgesetzten Behörden gegenüber, denn die Belehrungen sollen nicht mehr stattfinden.

Nr. 12.

Endurteil vom 14. November 1877 (Entsch. Bd. III. S. 364).

Diese Entscheidung beruht auf der Anwendung des nunmehr aufgehobenen §. 4 Abs. 2 des Zuständigkeitsgesetzes und ist insofern gegenstandslos. Anderseits enthält dieselbe folgende auch ferner festzuhaltende Grundsätze:

1) Es ist ein Unterschied zu machen zwischen der polizeilichen Regulierung eines eigentlichen Interimistikums und der vorläufigen polizeilichen Entscheidung. Bei der ersteren ist nicht notwendig nach dem strengen Rechte, sondern auch nach anderen mehr oder minder im Bedürfnisse, in der Billigkeit und Zweckmäßigkeit liegenden Gesichtspunkten zu entscheiden; bei der letzteren dagegen hat die Polizeibehörde — unbeschadet einer mehr summarischen Behandlung — materiell keine anderen als diejenigen Entscheidungsnormen zu Grunde zu legen, nach welchen der Streit demnächst auch auf dem ordentlichen Rechtswege zu entscheiden ist.

2) Zu der zweiten Kategorie gehören unzweifelhaft gewisse Gesindestreitsachen (vergl. Parey, Das Verfahren in Gesindestreitsachen. Magdeburg 1881), über welche nunmehr zwischen der Polizeibehörde einerseits und dem von der polizeilichen Anordnung Betroffenen anderseits die Verwaltungsgerichte durch alle Instanzen entscheiden, d. h. nur so lange, bis etwa dies Verfahren durch eine inzwischen extrahierte richterliche Entscheidung unterbrochen wird. Neben dem Verwaltungsstreitverfahren ist nämlich über die Frage, ob ein Gesindeverhältnis für gelöst zu erachten sei, ein zivilrechtliches Verfahren zulässig, und zwar hier lediglich zwischen Herrschaft und Gesinde, so daß die Polizeibehörde hierbei gar nicht beteiligt erscheint.

3) Bei diesem wesentlichen Unterschiede zwischen den beiden Arten des nebeneinander herlaufenden Verfahrens ist eine Kollision gar nicht denkbar. Wünschenswert wäre es aber, wenn die Polizeibehörden und die Verwaltungsgerichte in der Form einer von Aufsichtswegen zu erlassenden Instruktion angewiesen würden, in diesen Gesindestreitsachen überall „vorbehaltlich zivilrechtlicher Entscheidung" zu beschließen, beziehungsweise zu erkennen. Denn der Rechtsweg kann in diesen Fragen niemals verschränkt werden.

Nr. 13.

Endurteil vom 23. Januar 1878 (Entsch. Bd. III. S. 367).

1) Besteht in einem einzelnen Falle darüber Zweifel, welche Rechtsfrage die zur Entscheidung stehende Streitfrage „betrifft" (cf. §. 54 des Verwaltungsgerichtsgesetzes in der früheren Fassung des Gesetzes vom 3. Juli 1875), so kommt es in Ansehung der Rechtsmittelfrist lediglich darauf an, auf welchen Standpunkt sich der den Anlaß zur Beschwerde gebende Richter gestellt, worüber er zu erkennen beabsichtigt, auch thatsächlich erkannt hat.

2) Dieser Grundsatz war hier aufzunehmen ungeachtet des Umstandes, daß die Fristen jetzt durch den §. 54 des Verwaltungsgerichtsgesetzes in der Fassung des Gesetzes vom 2. August 1880, §. 42 des Organisationsgesetzes, §. 51 des L.-V.-G. vom 30. Juli 1883, fast überall zwei Wochen betragen, weil von dieser Regel doch noch Ausnahmen vorkommen, z. B. bei Verteilung der Kreistagsabgeordneten auf die einzelnen Wahlbezirke (vier Wochen),

in gewissen Innungsangelegenheiten (4 W.), in Disziplinarstrafen (4 W.), wobei jedoch auf §. 157 des L.-V.-G. von 1883 zu verweisen ist.

Nr. 14.

Endurteil vom 20. März 1878 (Entsch. Bd. III. S. 372).

In dem auf Entfernung aus dem Amte gerichteten Disziplinarverfahren gegen Amtsvorsteher, Gemeindevorsteher, Gutsvorsteher, sowie die sonstigen Beamten der Amtsverbände und Landgemeinden ist die Einlegung der Revision unzulässig. (§. 84 Nr. 2 des Verwaltungsgerichtsgesetzes, §. 157 Nr. 2 des L.-V.-G. vom 30. Juli 1883, §§. 24 und 41 des Gesetzes vom 21. Juli 1852 — G.-S. S. 465 —.) Es gibt für dieses Verfahren nur zwei gesetzliche Instanzen.

Nr. 15.

Plenarentscheidung vom 15. Januar 1879 (Entsch. Bd. V. S. 441).

1) In einer für eine Stadt erlassenen Polizeiverordnung war vorgeschrieben, daß die Bürgersteige in einer gewissen Breite mit Granitplatten und auf beiden Seiten mit Pflastersteinen zu belegen seien (Trottoirs). Nur vor den Einfahrten der angrenzenden Grundstücke sollte die Pflasterung der Bürgersteige mit quadratisch behauenen Granit*steinen* von einer bestimmten Größe anstatt der Granit*platten* genügen. Auf Grund dieser Verordnung wurde eine Königliche Eisenbahnkommission seitens der Polizeiverwaltung aufgefordert, den an das Eisenbahnterrain angrenzenden Bürgersteig mit Granit*platten* belegen zu lassen. Infolge des Widerspruchs erkannte das Bezirksverwaltungsgericht auf die Aufrechthaltung der polizeilichen Verfügung, jedoch mit der Maßgabe, daß auf dem Teil des Bürgersteiges vor der auf dem Eisenbahn-Grundstück liegenden Einfahrt nur Granit*steine* der vorgeschriebenen Beschaffenheit zu legen seien. In der Revisionsinstanz behauptete die Eisenbahnkommission, der Berufungsrichter habe seiner Entscheidung nicht jene Polizeiverordnung zu Grunde legen dürfen, vielmehr habe er bei der ihm obliegenden freien Prüfung zu der Überzeugung gelangen müssen, daß der qu. Weg durch Schüttung und Festwalzung von Räumasche völlig genügend hergestellt sei. Dagegen nahm das O.-V.-G. an, daß die über die Anlegung öffentlicher Straßen ergangenen Polizeiverordnungen als Normen für die Entscheidungen der Verwaltungsgerichte darüber, was im Interesse des öffentlichen Verkehrs geschehen müsse, zu gelten hätten.

2) Einer im Verwaltungsstreitverfahren unterliegenden Eisenbahngesellschaft steht nach §. 76 Nr. 1 des Verwaltungsgerichtsgesetzes (§. 107 des L.-V.-G. von 1883) um deswillen Kostenfreiheit *nicht* zu, weil diese Gesellschaft von einer öffentlichen Behörde vertreten wird. Die angezogene Bestimmung findet nur dann Anwendung, wenn die unterliegende Behörde *als solche* Partei ist, aber *nicht*, wenn die Behörde auch in Vertretung eines andern Rechtssubjekts (Korporation u. s. w.) gehandelt hat. In diesem Falle ist dies Rechtssubjekt Partei, und es sind daher die Kosten ihm und nicht der vertretenden Behörde aufzuerlegen.

Nr. 16.

Endurteil des I. Senats vom 18. Juni 1879 (Entsch. Bd. V. S. 456).

1) Die Zusammensetzung der *Magistrate* als Spruchkollegien für Streitsachen (§. 128 des Zust.-Ges. von 1876, §. 114 des Zust.-Ges. von

1883) regelt sich nicht nach den gesetzlichen Bestimmungen über Stadtausschüsse.

2) Die Bezirksregierungen entscheiden als Spruchkollegien für die Dismembrations- und Ansiedelungssachen (§. 23 des Gesetzes vom 25 August 1876 — G.-S. S. 405 —) an Stelle der Bezirks-Verwaltungsgerichte (jetzt der Bezirksausschüsse) in ihrer regelmäßigen Zusammensetzung und nicht nach Maßgabe der Bestimmungen im §. 13 des Verwaltungsgerichts-Gesetzes (L.-V.-G. §. 33).

Nr. 17.

Endurteil des II. Senats vom 19. Juni 1879 (Entsch. Bd. V. S. 463).

1) Wenn in einem Verfahren, betreffend die Nachsuchung eines Baukonsenses, die Gemeindebehörde (der Magistrat) deshalb als Beklagter beigeladen ist, weil er nach dem Gesetze vom 2. Juli 1875 ein Interesse daran hat, daß nicht an Straßen gebaut werde, welche für den öffentlichen Verkehr und den Anbau noch nicht fertig gestellt sind, und wenn dann in erster Instanz der Baukonsens erteilt wird, so kann gegen dieses Urteil wohl die Polizeibehörde, nicht aber der beigeladene Magistrat allein, ohne die Polizeibehörde, das Rechtsmittel einlegen.

2) Sollte der Magistrat mit einer solchen Berufung die Befriedigung oder Sicherstellung wegen derjenigen Ansprüche der Gemeinde zu erreichen beabsichtigen, welche dieser im Falle eines Anbaues an Straßen aus §. 15 des Gesetzes vom 2. Juli 1875 und nach Maßgabe der statutarischen Bestimmungen erwachsen, so ist darauf hinzuweisen, daß die Versagung oder Vorenthaltung eines Baukonsenses kein zulässiges Mittel darstellt, die — ohnehin im Verwaltungsstreitverfahren überhaupt nicht verfolgbaren — lediglich vermögensrechtlichen Ansprüche der Stadtgemeinde an bauende Private zur Geltung zu bringen.

3) Rechte dritter aber, insonderheit solche der Polizeidirektion, oder das öffentliche Interesse auf dem Gebiete der Baupolizei wahrzunehmen, fehlt es dem beigeladenen Magistrate an der erforderlichen Legitimation.

4) Nach §. 40 des V.-G.-G. (§. 70 des L.-V.-G. vom 30. Juli 1883) ist die Entscheidung in dem Falle der gerichtsseitig erfolgenden Beiladung eines dritten auch dem Beigeladenen gegenüber gültig. Mit Rücksicht auf diese gesetzliche Vorschrift kann dem Beigeladenen an sich das Recht allerdings nicht versagt werden, auch seinerseits und selbständig gegen die ergangene Entscheidung ein Rechtsmittel einzulegen; nur bleibt es einmal in Ansehung der Sachlegitimation eine unerläßliche Voraussetzung, wie einer jeden, so auch der dem Beigeladenen zuständigen, im Verwaltungsstreitverfahren durchzuführenden Beschwerde, daß der Beschwerdeführer durch die getroffene Entscheidung in seinen eignen, seiner Verfügung unterliegenden Rechten verletzt zu sein behauptet und sodann in Ansehung des Verfahrens eine gleich wesentliche Voraussetzung, daß dabei solche Rechte in Frage stehen, welche im Verwaltungsstreitverfahren und vor den Verwaltungsgerichten Schutz finden (§. 3 des Verwaltungsgerichtsgesetzes, §. 7 des L.-V.-G. von 1883). Fehlt es an einer dieser beiden Voraussetzungen, so muß das von dem Beigeladenen eingelegte Rechtsmittel, der formellen Zulässigkeit ungeachtet, ohne weiteres zurückgewiesen werden.

Nr. 18.

Endurteil des II. Senats vom 23. Juli 1879 (Entsch. Bd. V. S. 466).

1) Die Vereinbarung der Parteien über den Gerichtsstand (stillschweigende und ausdrückliche) auf dem Gebiete des Verwaltungsstreitverfahrens ist un-

zulässig. In Streitsachen zwischen preußischen Armenverbänden ist bisher angenommen worden, daß die Prorogation zulässig ist. (Selbstverwaltung, Jahrg. VI. S. 50.)

2) Als das örtlich zuständige Bezirks-Verwaltungsgericht (jetzt der Bezirksausschuß) in Bezug auf Klagen wider den Provinzialverband (oder den Provinzialausschuß) der Provinz Brandenburg galt bisher das für den Stadtkreis Berlin. Vergl. jetzt §. 57 Abs. 3 des L.-V.-G. vom 30. Juli 1883.

Nr. 19.

Endurteil des I. Senats vom 20. September 1879 (Entsch. Bd. VI. S. 381).

Dem Vorsitzenden des Kreisausschusses, welcher in Gemäßheit des §. 52 des Gesetzes vom 3. Juli 1875 (§. 82 des L.-V.-G. vom 30. Juli 1883) gegen ein Endurteil des Kreisausschusses aus Gründen des öffentlichen Interesses die Berufung eingelegt hat, steht nicht das Recht zu, gegen die Entscheidung des Berufungsrichters das Rechtsmittel der Revision einzulegen. Letzteres würde — abgesehen von den Parteien, zu denen der Vorsitzende des Kreisausschusses nicht gehört — nach §. 63 l. c. (§. 93 des L.-V.-G. vom 30. Juli 1883) nur Sache des Regierungspräsidenten sein.

Nr. 20.

Endurteil des II. Senats vom 1. April 1880 (Entsch. Bd. VI. S. 383).

Das Rechtsmittel der Berufung ist durch dessen nach der Verkündigung, jedoch noch vor der Zustellung des angegriffenen Urteils erfolgte Anmeldung und Rechtfertigung als gewahrt zu erachten.

Nr. 21.

Endurteil des II. Senats vom 22. April 1880 (Entsch. Bd. VI. S. 388).

1) Wenn eine Partei erklärt, daß sie ein bereits eingelegtes Rechtsmittel zurücknehme, so ist damit der Streitfall erledigt.

2) Das Gesetz vom 3. Juli 1875 enthält zwar ausdrückliche Bestimmungen über die Zurücknahme von Rechtsmitteln nicht, während der auf Grund des §. 75 dieses Gesetzes (§. 106 des L.-V.-G. vom 30. Juli 1883) von dem Finanzminister und dem Minister des Innern aufgestellte Kostentarif vom 8. November 1876 (jetzt vom 27. Februar 1884) unter Nr. II. den Fall der Zurücknahme eines eingelegten Rechtsmittels ausdrücklich voraussetzt. Indes muß die Befugnis der Prozeßpartei, ein von ihr eingelegtes Rechtsmittel — sofern darüber noch nicht entschieden ist — wieder zurückzunehmen, im allgemeinen auch für das Verwaltungsstreitverfahren anerkannt werden.

3) Die Berufung „steht“ gemäß §. 52 des Gesetzes vom 3. Juli 1875 (§. 82 des L.-V.-G. vom 30. Juli 1883) „den Parteien zu“; sie ist ein Recht der Partei, dessen Ausübung von ihrem freien Willen abhängt und von dessen weiterer Verfolgung — sofern nicht positive gesetzliche Vorschriften oder sonstige besondere Gründe entgegenstehen — sie auch zur Zurücknahme des Rechtsmittels wieder Abstand zu nehmen für befugt erachtet werden muß.

4) In formeller Beziehung genügt zur Zurücknahme eines Rechtsmittels die schriftliche Form, auch bedarf es zur rechtlichen Wirksamkeit derselben keineswegs noch einer der Gegenpartei gegenüber abzugebenden Erklärung, geschweige denn einer Annahmeerklärung derselben.

5) Anlangend sodann die prozessualischen Folgen der Zurücknahme eines Rechtsmittels, so ist mit der Zurücknahmeerklärung, sobald dieselbe einmal bei der zuständigen Behörde abgegeben ist, auch das eingelegte Rechtsmittel von selbst erledigt; dasselbe ist fernerhin nicht mehr als eingelegt anzusehen und das anzufechtende Urteil wird sofort rechtskräftig, so daß auch ein Widerruf der Zurücknahme, selbst wenn die präklusivische Frist noch nicht abgelaufen sein sollte, die Wiederaufnahme des Rechtsmittels nicht zur Folge haben kann.

Nr. 22.

Endurteil des I. Senats vom 8. September 1880 (Entsch. Bd. VI. S. 393).

1) Der Verwaltungsrichter ist nach §. 49 des Verwaltungsgerichtsgesetzes (§. 79 des L.-V.-G. vom 30. Juli 1883) frei in dem Ermessen, was er aus dem Inbegriffe der Verhandlungen und Beweise als seine Überzeugung entnehmen will, er ist aber nicht unbedingt frei, ist vielmehr gebunden darin, in welcher Weise er die Verhandlungen und Beweise gewinnt.

2) Wie die Grundlage für das richterliche Urteil herzustellen ist, dafür gibt das Gesetz positive Vorschriften, welche nicht zu umgehen sind. Zu denselben gehört insbesondere die Bestimmung im Abs. 2 des §. 47 l. c. (§. 77 des L.-V.-G. vom 30. Juli 1883), betreffend die Zuziehung eines vereidigten oder durch Handschlag zu verpflichtenden Protokollführers. Über die Verletzung dieser Vorschrift kann nur dann hinweggesehen werden, wenn der Richter die mangelhaften Beweisverhandlungen aus dem Bereiche seiner Erwägungen ausschließt.

Nr. 23.

Endurteil des I. Senats vom 1. Juni 1881 (Entsch. Bd. VII. S. 393).

1) Wenn nach §. 41 Abs. 3 des V.-G.-G. von 1875 (§. 71 des L.-V.-G. vom 30. Juli 1883) in der mündlichen Verhandlung die Parteien oder ihre mit Vollmacht versehenen Vertreter zu hören sind, und wenn nach §. 43 Abs. 1 (bezw. §. 73) a. a. O. die ersteren in der Wahl der letzteren nicht beschränkt sind, so ergibt sich aus diesen Bestimmungen, daß den Parteien die möglichste Freiheit in der Rechtsverfolgung hat gewährt werden sollen, also auch, daß zur mündlichen Verhandlung nicht nur an Stelle der Parteien erscheinende Bevollmächtigte, sondern auch die mit den Parteien erscheinenden Beistände zugelassen werden sollen.

2) Unter dem Ausdruck „Vertreter" im §. 43 Abs. 2 (bezw. §. 73) sind auch die Beistände zu verstehen.

3) Die Zurückweisung solcher Vertreter ist lediglich von dem freien Ermessen des Gerichts abhängig.

Nr. 24.

Endurteil des I. Senats vom 21. Dezember 1881 (Entsch. Bd. VIII. S. 384).

1) Durch den Verzicht der Parteien auf die Einlegung eines Rechtsmittels ist das Streitverfahren für dieselben beendigt und die ergangene Entscheidung für dieselben rechtskräftig.

2) Gleichgültig ist es dabei, ob sich die Parteien zur Abgabe einer solchen Erklärung aus eigner Bewegung entschlossen haben, oder ob sie dazu durch eine Frage des Richters veranlaßt worden sind.

3) Ein Widerruf des Verzichtes ist unzulässig.

Nr. 25.

Endurteil des II. Senats vom 20. Oktober 1882 (Entsch. Bd. IX. S. 432).

1) An die Stelle der §§. 54, 55, 64, 82 des V.-G.-G. vom 3. Juli 1875 sind die §§. 85, 86, 94 und 112 des L.-V.-G. von 1883 getreten.

2) Der in erster Instanz erteilten unrichtigen Belehrung über die innezuhaltenden Rechtsmittelfristen kann niemals die Wirkung beiwohnen, die angegebene Frist an die Stelle der gesetzlich festgestellten treten zu lassen.

3) Die daraus für die Partei erwachsenden Nachteile können nur im Wege des Regresses gegen denjenigen ausgeglichen werden, der für die Erteilung der unrichtigen Belehrung verantwortlich ist.

4) Darin, daß der Verwaltungsrichter es unterlassen hat, die verspätet eingegangene Berufungsschrift unter dem Gesichtspunkte eines Antrages auf Wiedereinsetzung in den vorigen Stand zu prüfen, liegt kein wesentlicher Mangel des Verfahrens.

5) Zur Begründung des Antrages auf Wiedereinsetzung in den vorigen Stand reicht die Behauptung eines Rechtsirrtums nicht aus; denn weder der §. 82 des V.-G.-G. von 1875, noch der jetzt geltende §. 112 des L.-V.-G. von 1883 enthalten eine solche Bestimmung, der letztere (§. 112) enthält nur den Zusatz, daß als unabwendbarer Zufall es auch anzusehen ist, wenn der Antragsteller von einer Zustellung ohne sein Verschulden keine Kenntnis erhalten hat.

Nr. 26.

Endurteil des I. Senats vom 18. Februar 1885 (Entsch. Bd. XII. S. 433).

1) Ein Kreisausschußmitglied, welches als Richter an der Entscheidung erster Instanz teilgenommen hat, kann als Gutachter in der Berufungsinstanz nicht angehört werden. Ist dies gleichwohl geschehen, so liegt darin ein wesentlicher Mangel des Verfahrens (§. 41 Nr. 6 und §. 371 der Deutschen Zivilprozeß-Ordnung vom 30. Januar 1877 — R.-G.-Bl. S. 83 bis 243 —; §§. 33 ff. des V.-G.-G. von 1875, jetzt §§. 61 ff. des L.-V.-G. von 1883).

2) Ein derartiges Verfahren muß auch im Verwaltungsstreitverfahren trotz des dem Richter in demselben für die Auswahl der Sachverständigen nach §. 46 des V.-G.-G. von 1875 (jetzt §. 76 des L.-V.-G. von 1883) an sich zustehenden freien Ermessens für unstatthaft erachtet werden, da dasselbe darauf hinausläuft, dem Richter erster Instanz eine gewisse Teilnahme an der Judikatur der höheren Instanz zu gestatten.

3) Ein in der Berufungsinstanz erfordertes, demnächst näher zu erörterndes schriftliches Gutachten braucht nicht zu gerichtlichem Protokoll erstattet und beeidet zu werden (§. 47 des V.-G.-G. von 1875, jetzt §. 77 des L.-V.-G. von 1883; §. 376 der Deutschen Zivil-Prozeß-O. vom 30. Januar 1877).

Nr. 27.

Endurteil des I. Senats vom 19. September 1885 (Entsch. Bd. XII. S. 436).

1) Wegen der Nachfristen vergl. die Verfügung sub Nr. 10 im Abschnitt XXVII. (Instruktionelle Verfügungen über das Streitverfahren). Nach §. 202 Abs. 3 der Deutschen Zivil-Prozeß-O. vom 30. Januar 1877 wird jetzt im Falle der Verlängerung die neue Frist von dem Ablauf der vorigen Frist an gerechnet, wenn in der Frist-Verlängerungs-Verfügung nicht ein anderes bestimmt ist. Dies ist nach §. 81 des V.-G.-G. von 1875

(1880) (jetzt §. 52 des L.-V.-G. von 1883) auch für das Verwaltungsstreitverfahren maßgebend.

2) Die von den Vorständen der öffentlich-rechtlichen Korporationen nach §. 7 des Gesetzes vom 25. August 1876 (G.-S. S. 405) aufgestellten Abgabenverteilungspläne haben nur den Zweck festzustellen, welcher Teil der auf dem Stammgute haftenden Last auf jedes Trennstück und auf das Restgut trifft.

3) Auch wenn feststeht, daß die Trennstückserwerber oder einer derselben wegen eines persönlichen Privilegiums oder wegen des Zweckes, dem das Grundstück künftig gewidmet sein soll, die auf ihn treffende Last nicht zu tragen hat, muß die Verteilung in der sub 2 beschriebenen Weise erfolgen.

4) Der Teil, welcher auf ein so befreites Grundstück entfällt, muß für alle Fälle bestimmt werden, da denselben der Stammgutsbesitzer und die übrigen Parzellenbesitzer nicht zu übernehmen haben, der Ausfall vielmehr von sämtlichen Kontribuenten zu übernehmen ist.

5) Den Vorständen der öffentlich-rechtlichen Korporationen steht nach §. 7 a. a. O. eine Entscheidung darüber, welche Lasten auf dem Grundbesitz haften und ob der Erwerber eines Trennstückes von Entrichtung der verteilten Reallast Befreiung beanspruchen kann, nicht zu.

6) Der von jenen Vorständen endgültig festgestellte Verteilungsplan hat nur Kraft, insoweit es sich um die Verteilung selbst, also um den Verteilungsmaßstab handelt.

7) Kein Trennstücksbesitzer ist behindert, darzuthun, daß er zu der Abgabe, welche von ihm gefordert wird, nicht verpflichtet ist. Der Trennstücksbesitzer steht in dieser Beziehung dem Besitzer eines ungeteilten Grundstückes vollständig gleich.

Nr. 28.

Endurteil des I. Senats vom 9. Mai 1885 (Entsch. Bd. XII. S. 439).

1) Nach §. 84 des L.-V.-G. von 1883 kann der Vorsitzende des Kreisausschusses (in diesem Falle des Amtsausschusses in Hohenzollern) aus Gründen des öffentlichen Interesses nur die Berufung einlegen, dagegen steht ihm eine weitere Vertretung des Rechtsmittels nicht zu, sondern nur dem Regierungspräsidenten durch den von ihm zu bestellenden Kommissar.

2) Die Klage auf Wiederaufnahme des Verfahrens kann nur von demjenigen Organe ausgehen, welches das öffentliche Interesse bis zum Erlaß des Endurteils, gegen welches die Klage gerichtet wird, vertritt, und das ist der Regierungspräsident (§. 93 a. a. O.). (Cf. Entsch. Bd. VI. S. 381.)

3) In §. 41 Nr. 4 der Deutschen Zivil-Prozeß-O. vom 30. Januar 1877 kann unter dem Worte „Sache" nur die einzelne Prozeßsache, der einzelne Rechtsstreit in prozessualer Beziehung verstanden werden. Trotz der Gleichheit des Gegenstandes können zwei Verfahren prozessualisch ganz verschieden voneinander sein.

XXVII.

Instruktionelle Verfügungen über das Streitverfahren.

Nr. 1.

Verfügung vom 8. Februar 1876 (Entsch. Bd. I. S. 421).

1) Das Kreisverwaltungsgericht (der Kreisausschuß) kann nicht als die dem Unternehmer einer Schankwirtschaft in der Berufungsinstanz gegenüber stehende Partei gelten (auch nicht im Falle einer Berufung seitens des Amtsvorstehers oder der städtischen Polizeibehörde). Parteien sind der Unternehmer einerseits und die zur Wahrnehmung des öffentlichen Interesses berufenen Organe anderseits. Die Parteistellung der letztern ist nur eine formelle.

2) Nach dieser Entscheidung sollte der Amtsvorsteher in einem Streitverfahren, betreffend Schankangelegenheiten, auch dann Partei sein und Kosten tragen, wenn er auch einen Widerspruch gegen das Unternehmen nicht für angezeigt erachtete. Entschuldigt wurde diese „unerwünschte Konsequenz" mit dem Umstande, „daß die Kosten schließlich eben diejenigen treffen, die im allgemeinen auch das nächste Interesse daran haben, derartige Unternehmungen auf das richtige Maß und die geeigneten Fälle beschränkt und zugleich durch ein Organ sich beteiligt zu sehen, welches besser als irgend ein anderes die maßgebenden Gesichtspunkte zu übersehen, zu würdigen und zu vertreten in der Lage ist". Diese Betrachtungen erscheinen bei den heutigen geläuterten Anschauungen nicht mehr maßgebend.

Nr. 2.

Verfügung vom 22. Februar 1876 (Entsch. Bd. I. S. 424).

1) Die in dem Falle des §. 34 Abs. 3 des V.-G.-G. von 1875 (§. 62 des L.-V.-G. vom 30. Juli 1883) zu bewirkende Bestimmung des zuständigen Gerichts ist keine prozeßrichterliche Handlung, sondern ein Akt der Justizverwaltung.

2) Jene Bestimmung und die des §. 34 a. a. O. gehört lediglich zu denen, welche die Organisation der Verwaltungsgerichte betreffen und zu dem Streitverfahren des einzelnen Falles keine andere Beziehung haben als die, daß sie dasselbe ermöglichen.

Nr. 3.

Verfügung vom 15. April 1876 (Entsch. Bd. I. S. 428).

1) Nach §. 55 des Verwaltungsgerichtsgesetzes (§. 86 des L.-V.-G. vom 30. Juli 1883) hat die Instanz, bei welcher das Rechtsmittel der Berufung oder Revision anzumelden und zu rechtfertigen ist, zu prüfen, ob die Anmeldung rechtzeitig erfolgt ist.

2) Dieselbe Instanz hat die ihres Erachtens verspätet angemeldeten Rechtsmittel selbständig durch einen Bescheid zurückzuweisen, gegen welchen dem Berufungs-(Revisions-)Kläger binnen zwei Wochen die Beschwerde an das Berufungs-(Revisions-)Gericht zusteht.

3) Die Prüfung des Gerichts erster Instanz, bei welchem das Rechtsmittel der Berufung oder Revision anzumelden und zu rechtfertigen ist, hat sich ausschließlich auf die Wahrung der gesetzlichen Frist zur Anmeldung zu beschränken.

4) Für den Bescheid, durch welchen das Gericht erster Instanz eines jener Rechtsmittel wegen Fristversäumnis zurückweist, ist eine besondere Form nicht vorgeschrieben, und derselbe hat nicht die Eigenschaft eines in Gemäßheit des §. 37 a. a. O. (§. 64 des L.-V.-G. vom 30. Juli 1883) ergehenden (Vor-)Bescheides.

5) Dasselbe gilt von der Entscheidung, welche in der Berufungs- (Revisions-) Instanz auf eine gegen einen solchen Bescheid der ersten Instanz gemäß Abs. 4 des §. 55 (bezw. §. 86) geführte Beschwerde ergeht.

6) Hat dagegen das Gericht erster Instanz auf das bei diesem eingelegte Rechtsmittel der Berufung oder Revision, indem dasselbe die Frist zur Anmeldung für gewahrt erachtete, das weitere Verfahren eingeleitet, so kann der angerufene Richter auch dann nicht, wenn er jene Frist für versäumt erachtet, das Rechtsmittel durch eine einfache Verfügung zurückweisen, vielmehr muß dies entweder durch einen förmlichen Vorbescheid (§§. 37 bezw. 64) oder durch Erkenntnis geschehen.

7) Hat dagegen ein Kreisausschuß das Rechtsmittel der Berufung wegen Versäumung der Frist zur Anmeldung gemäß dem Absatz 4 des §. 55 (bezw. §. 86) zurückgewiesen und ist dieser Bescheid von dem Berufungsgericht auf die Beschwerde des Berufungsklägers aufrecht erhalten worden (oder ist auch die Beschwerdefrist wieder versäumt), so findet hiergegen eine weitere Beschwerde nicht statt.

Nr. 4.

Bescheid vom 4. Juli 1876 (Entsch. Bd. I. S. 430).

Über die Frage, wann eine Sache im Sinne des §. 82 des Gesetzes vom 3. Juli 1875 (vergl. damit den §. 80 Abs. 2 der Novelle zum Verwaltungsgerichtsgesetze vom 2. August 1880 — G.-S. S. 315 und §. 154 des L.-V.-G. vom 30. Juli 1883) als anhängig gemacht worden ist, läßt sich dieser Bescheid dahin aus:

1) Anhängigkeit und Rechtshängigkeit (Litispendenz) sind zwei verschiedene Begriffe. Die Rechtshängigkeit des bürgerlichen Rechtes mit ihren Folgen, die Streitverkündigung an die Gegenpartei, kennt das Gesetz vom 3. Juli 1875 nicht. Ein Verwaltungsstreitverfahren kann in erster bezw. zweiter Instanz mit Vorbehalt des Rechtsmittels der Berufung bezw. Revision zum Austrage gebracht werden, ohne daß die Gegenpartei davon Kenntnis erhält, wenn der erste bezw. der Berufungsrichter von dem ihm nach §. 37 des Verwaltungsgerichtsgesetzes (§. 64 des L.-V.-G. von 1883) zustehenden Rechte (Erteilung des Vorbescheides, Aufforderung zur Klaglosstellung) Gebrauch macht. (Vergl. auch § 142 der Kr.-O. vom 13. Dezember 1872, §. 65 Nr. 6 des Reichsgesetzes vom 6. Juni 1870, §. 73 des Gesetzes vom 8. März 1871.)

2) Den Ausdruck Anhängigkeit hat die Rechtsprechung nicht anders zu verstehen vermocht, als daß die Entscheidung der in den vorgedachten Bestimmungen bezeichneten, berufenen Spruchbehörden hiernach für alle diejenigen Fälle ausgeschlossen ist, in welchen der Streit unter der Herrschaft des alten Verfahrens „zur Kognition (Kenntnis) der damals zuständigen Behörden" gebracht war.

3) Unter „anhängig gemacht" ist nur zu verstehen, daß ein Verwaltungsstreitverfahren durch die Anrufung der zuständigen Behörde zur Entscheidung der entstandenen Streitigkeiten in Gang gebracht sei. Vergl. auch O.-V.-G.-E. vom 10. Oktober 1876 (Entsch. I. S. 241).

Nr. 5.

Verfügung vom 26. September 1876 (Entsch. Bd. I. S. 432).

1) a. ad §. 35 des Verwaltungsgerichtsgesetzes (§. 63 des L.-V.-G. von 1883). In jeder Klage muß ein bestimmter Antrag enthalten und letzterer gegen eine bestimmte Person als Beklagte gerichtet sein.

b. ad §. 40 (bezw. §. 70) a. a. O. Beiladung dritter. Sachgemäße Übung dieser Befugnis in Verbindung mit einem dem §. 41 (bezw. §. 71) a. a. O. entsprechenden Instruktionsverfahren. Beiladung der Extrahenten der behördlichen Verfügungen. (Siehe unten Nr. 8.) Die Behörden, deren Verfügung angegriffen wird, haben regelmäßig die Parteistellung des Beklagten zu vertreten.

c. ad §. 14 des Zust.-Ges. von 1876 (später §. 44 Abs. 3 des V.-G.-G., jetzt §. 74 des L.-V.-G. von 1883). Ernennung des Kommissars zur Vertretung des öffentlichen Interesses, wenn das Gesetz die öffentliche Behörde, welche als Partei aufzutreten hat, nicht bezeichnet. (Siehe unten Nr. 9.)

d. Der Tenor der Entscheidungen soll klar ergeben, zwischen welchen Parteien als Kläger, Beklagter, Beigeladener der Streitfall entschieden worden ist.

2) ad §. 44 des L.-V.-G. (§. 74 des L.-V.-G. von 1883). Dieser regelt zwei verschiedene Fälle.

a. Abs. 1. Die zur Wahrnehmung des öffentlichen Interesses berufene Behörde kann bei dem Regierungspräsidenten die Ernennung eines Kommissars zu ihrer Vertretung beantragen. Wird diesem Antrage Folge gegeben, so ist der ernannte Kommissar an Stelle der von ihm vertretenen Behörde allein zu dem weiteren Verfahren zuzuziehen; es ist dann aber geboten, namentlich für die höhere Instanz dieses Sachverhältnis in den Akten ausdrücklich zu konstatieren.

Dasselbe gilt für den Fall in dem Abs. 3 des §. 44 des V.-V.-G. (früher §. 14 des Zust.-Ges. von 1876), jetzt §. 74 des L.-V.-G. von 1883.

b. Abs. 2. Der Regierungspräsident kann auch ohne den Antrag einer Partei einen besonderen Kommissar zur Wahrnehmung des öffentlichen Interesses für die mündliche Verhandlung bestellen.

In diesem Falle tritt der ernannte Kommissar neben die öffentliche Behörde, wenn eine solche Partei ist, und diese muß ganz ebenso, als wenn ein Kommissar nicht ernannt wäre, fortgesetzt zu dem Streite zugezogen werden.

3) a. Prozeßschriften sollen von Behörden, bei welchen sie zu Unrecht eingereicht sind, ohne jeden Zeitverlust der zuständigen Instanz, sobald sich diese nur irgend sicher aus dem Schriftstück ersehen läßt, übermittelt werden, anstatt dieselben den Parteien mit dem Anheimstellen der weiteren Veranlassung zurückzugeben. — Was außerdem in dieser Nr. 3 über die Verhütung von Fristversäumnissen gesagt ist, trifft nach Aufhebung des §. 29 des Zust.-Ges. von 1876 jetzt nicht mehr zu. Mittel gegen Fristversäumnisse speziell bei polizeilichen Verfügungen sind jetzt nur im §. 65 letzter Absatz des Organisationsgesetzes und im §. 82 des Ver-

waltungsgerichtsgesetzes (Wiedereinsetzung in den vorigen Stand) zu finden. Siehe §§. 112 und 129 des L.-V.-G. von 1883.

b. Die Zustellungsurkunden sollen zu den Akten gebracht und es soll der Tag des Eingangs der Prozeßschriften und dergl. deutlich vermerkt werden (Präsentatum).

4) ad §. 37 des V.-G.-G. (§. 64 des L.-V.-G. von 1883) — Vorbescheid —. Dieser Passus 4 ist seinem Inhalte nach in sofern nicht mehr zutreffend, als nach §. 37 nicht allein Kläger mit seinen unbegründeten Anträgen zurückgewiesen, sondern auch dem Beklagten in derselben Weise die Klaglosstellung des Klägers aufgegeben werden kann. Die Unterlassung der im §. 37 Abs. 4 des V.-G.-G. (§. 64 des L.-V.-G. von 1883) vorgeschriebenen Eröffnung in den Bescheiden (jetzt auch in den Zahlungsmandaten) über die gegen die letzteren zulässigen Schritte würde als ein wesentlicher Mangel im Sinne des §. 64 (bezw. §. 94) a. a. O. anzusehen sein.

5) ad §. 138 der Kreisordnung, §. 13 des Verwaltungsgerichtsgesetzes, §§. 53, 54 des Organisationsgesetzes, §§. 33, 34 des Verwaltungsgerichtsgesetzes (§§. 33, 61, 62, 115 und 116 des L.-V.-G. von 1883). Wenn eine gerade Anzahl von Mitgliedern anwesend ist, so ist es nicht erforderlich, daß das jüngste gewählte und nicht referierende Mitglied die Sitzung verlasse; es genügt, daß dasselbe an der Entscheidung nicht teilnimmt und dementsprechend auch nicht in den Ausfertigungen der Entscheidung aufgeführt wird.

6) Kosten des Verfahrens.

a. Die Festsetzung des Wertes des Streitgegenstandes darf im Endurteil, mag dieses als Vorbescheid gemäß §. 37 des V.-G.-G. (§. 64 des L.-V.-G. von 1883), oder auf Grund mündlicher Verhandlung ergehen, unter keinen Umständen fehlen, also auch dann nicht, wenn von der Erhebung eines Pauschquantums abgesehen wird und die Parteien sich bis dahin der Hülfe von Rechtsanwälten nicht bedient haben. Ferner ist diese Festsetzung als Teil der Entscheidung nicht in den Gründen der Endurteile und auch nicht in gesonderten Verfügungen über die Kostenlast, sondern in dem dispositiven Teile der Erkenntnisse bezw. Vorbescheide (im Tenor) vorzunehmen.

b. ad §. 76 Nr. 1 des V.-G.-G. (§. 107 des L.-V.-G. von 1883). Handelt es sich um berechtigte Beschwerden wegen Heranziehung oder Veranlagung zu den Kreisabgaben (§. 19 der Kreisordnung), so stehen lediglich Haushaltungsinteressen der Kreiskommunen in Frage, und letztere sind kostenpflichtig. Das Pauschquantum darf also nicht außer Ansatz gelassen werden.

c. Der §. 76 Nr. 1 des V.-G.-G. (§. 107 des L.-V.-G. von 1883) hat am Schlusse jetzt eine andere Fassung.

7) ad §. 55 Abs. 2 und §. 65 des V.-G.-G. (§§. 86 und 95 des L.-V.-G. von 1883).

a. Von der Aufforderung des Revisionsbeklagten zur Gegenerklärung kann überhaupt nur abgesehen werden, wenn die Revision verspätet angemeldet ist oder wenn die Sache vor dem 1. Oktober 1875 anhängig geworden ist. Im ersteren Falle tritt das Verfahren vor dem Verwaltungsgerichte erster Instanz gemäß dem letzten Satze des §. 55 (bezw. §. 86) ein.

b. Wo zu den Parteien ein besonderer Vertreter des öffentlichen Interesses hinzutritt, sind beide Parteien bezw. die eine derselben und der Vertreter des öffentlichen Interesses zur Gegenerklärung aufzufordern, und es muß ein vollständiger Austausch der eingehenden Schriftsätze zwischen diesen drei Personen herbeigeführt werden, bevor die Akten zur Entscheidung des O.-V.-G. vorgelegt werden.

8) Die sachgemäße Übung der den Verwaltungsgerichten durch §. 40 des Verwaltungsgerichtsgesetzes (§. 70 des L.-V.-G. von 1883) beigelegten Befugnis zur Beiladung an dem Rechtsstreit Beteiligter von Amtswegen wird es in Verbindung mit einem durch §. 41 (bezw. §. 71) a. a. O. entsprechenden Instruktionsverfahren regelmäßig ermöglichen, auch innerhalb der Grenzen des Streitverfahrens eine erschöpfende Erörterung und Entscheidung der einzelnen Streitfälle ebenso wie früher in dem nicht an bestimmte Normen geknüpften Beschwerdeverfahren herbeizuführen. Am häufigsten wird namentlich von jener Befugnis da Gebrauch zu machen sein, wo eine durch den Antrag einer Privatperson hervorgerufene Verfügung einer öffentlichen Behörde von demjenigen, gegen den sie gerichtet ist, angefochten wird.

9) Die Ernennung eines Kommissars im Sinne des §. 14 des Zust.-Ges. (später §. 44 Abs. 3 des Verwaltungsgerichtsgesetzes, jetzt §. 74 des L.-V.-G. von 1883) schließt die Beteiligung von Personen, auf deren Antrag die angegriffenen Verfügungen öffentlicher Behörden ergangen sind und deren rechtliche Interessen durch dieselben berührt werden, nicht aus, vielmehr sind dieselben, wo dies angezeigt erscheint, zu dem Streitverfahren gemäß §. 40 (bezw. §. 70) l. c. beizuladen.

10) Die im Streitverfahren als Partei unterliegenden öffentlichen Behörden haben die baren Auslagen der Gegenpartei zu erstatten, und zwar für ihre Person. Die Erstattungspflicht seitens der beauftragenden Behörde ist dadurch nicht ausgeschlossen (§. 76 l. c., vergl. dagegen die Motive zu §. 107 des L.-V.-G. von 1883).

11) Sache der Kommunalaufsichtsbehörde wird es nötigen Falles sein, auf den Antrag der unterliegenden (Polizei-) Behörde oder auf Requisition des mit der Vollstreckung der Entscheidung betrauten Verwaltungsgerichts den beteiligten Kommunalverband zur Erfüllung der ihm gemäß jener Bestimmung obliegenden Verbindlichkeiten anzuhalten.

Nr. 6.

Verfügung vom 31. Oktober 1876 (Entsch. Bd. I. S. 440).

An der Beschlußfassung der Bezirks-Verwaltungsgerichte (jetzt der Bezirksausschüsse) bei der Anwesenheit von vier Mitgliedern nehmen nur drei Mitglieder teil; das jüngste gewählte (nicht etwa das jüngste ernannte) Mitglied scheidet aus, kann aber an der Beratung teilnehmen, ohne in der Ausfertigung der Entscheidung mit aufgeführt zu werden.

Nr. 7.

Verfügung vom 22. November 1876 (Entsch. Bd. I. S. 443).

1) Rechtsanwälte sollen zur Vertretung der Parteien im Verwaltungsstreitverfahren ebenso, wie andere Vertreter, zugelassen werden.

2) Aus der Eigenschaft Amtsvorsteher, als der zur Vertretung des öffentlichen Interesses berufenen Behörden als Partei ergibt sich auch deren Befugnis, sich im Streitverfahren durch Rechtsanwälte vertreten zu lassen (§. 41 Abs. I. des V.-G.-G., §. 71 des L.-V.-G. von 1883).

Nr. 8.

Verfügung vom 29. Dezember 1876 (Entsch. Bd. I. S. 445).

Über Beweisresolute im Verwaltungsstreitverfahren sind Beschwerden unzulässig.

Nr. 9.

Verfügungen vom 17. September und 17. November 1877 (Entsch. Bd. III. S. 379).

1) Wenn einem Antrage auf Erteilung der Erlaubnis zum Betriebe der Gast- u. s. w. Wirtschaft sowohl von der Ortspolizei- als von der Gemeindebehörde widersprochen wird, so fällt die Rolle der Gegenpartei beiden zu, andernfalls nur der einen widersprechenden Partei, unbeschadet der Befugnis des Gerichts, die andere gemäß § 40 des Verwaltungsgerichtsgesetzes (§. 70 des L.-V.-G. von 1883) geeigneten Falles beizuladen.

2) Erfolgt von keiner Seite Widerspruch, so würde zur Wahrnehmung des öffentlichen Interesses im Streitverfahren ein besonderer Kommissar gemäß §. 14 des Zuständigkeitsgesetzes von 1876 (§. 44 Abs. 3 des Verwaltungsgerichtsgesetzes in der Fassung des Gesetzes vom 2. August 1880, jetzt §. 74 des L.-V.-G. von 1883) zu ernennen sein.

3) In Städten mit mehr als 1000 Einwohnern ist bei Anträgen auf Erteilung der Schankkonzession die Gemeindebehörde gar nicht zu hören, der die Polizei verwaltende Bürgermeister hat entweder den Vorsitz beim Verwaltungsgericht zu führen, oder das öffentliche Interesse zu vertreten. Eins von beiden ist nur zulässig, die andere Funktion hat er seinem gesetzlichen Stellvertreter zu überlassen. In der Wahl, welche Rolle er in dem einzelnen Falle übernehmen will, ist er nicht beschränkt.

Nr. 10.

Verfügung vom 12. Februar 1878 (Entsch. Bd. III. S. 382).

(Vergl. das Endurteil sub Nr. 27 im Abschnitt XXVI. (Streitverfahren).

1) Nachfristen zur Rechtfertigung rechtzeitig angemeldeter Rechtsmittel (§. 55 Abs. 3, §. 65 des V.-G.-Gesetzes, jetzt §§. 86 und 95 des L.-V.-G. von 1883) sind in einer Form zu bewilligen, welche den Tag des Ablaufs der Nachfrist klar und unzweifelhaft erkennen läßt. Die Fassung kann entweder so sein, daß die Nachfrist vom Tage des Ablaufs der gesetzlichen Frist ablaufen soll, oder vom Tage der Behändigung der die Fristbewilligung aussprechenden Verfügung ab. Letzterenfalls soll ein Behändigungsschein (Insinuationsdokument) zu den Akten gebracht werden.

2) Die Bewilligung einer Nachfrist von dem „Datum" der zu diesem Zwecke ergehenden Verfügung soll vermieden werden, ebenso der Ausdruck „achttägige Frist" oder „Frist von 8 Tagen". An Stelle dessen ist „Frist von einer Woche" zu sagen.

Nr. 11.

Verfügung vom 16. März 1878 (Entsch. Bd. III. S. 383).

Von der Festsetzung des Wertes des Streitgegenstandes soll auch in den nach §. 37 des Verwaltungsgerichtsgesetzes (§. 64 des L.-V.-G. von 1883) ergehenden Vorbescheiden nicht abgesehen werden.

Nr. 12.

Verfügung vom 30. März 1878 (Entsch. Bd. III. S. 385).

1) In derselben ist ausgeführt, daß die Bezirks-Verwaltungsgerichte (jetzt die Bezirksausschüsse) mit der Erledigung ihrer Beweisbeschlüsse sowohl die Kreisausschüsse als die Königlichen Landräte betrauen können. In dem erstern Falle liegt ein Auftrag an eine unterstellte Behörde vor, im zweiten Falle kann aber nicht beauftragt, sondern nur ersucht werden. Dies dürfte jetzt nicht mehr zutreffen.

2) Anlangend die dienstliche Stellung der Königlichen Landräte als Vorsitzende der Kreisausschüsse, so ist als Grundsatz anzunehmen, daß die Landräte in dieser Stellung die ihnen von den Bezirks-Verwaltungsgerichten (jetzt den Bezirksausschüssen) innerhalb deren Zuständigkeit erteilten Aufträge zu erledigen haben. (Vergl. Min.-Reskr. vom 8. August 1874 — Min.-Bl. d. i. V. S. 171). Gleichwohl ist davon abzusehen, die Landräte als Vorsitzende des Kreisausschusses direkt mit der Ausführung von Beweisresoluten zu beauftragen, da die Landräte als Vorsitzende der Kreisausschüsse keine Behörden sind. (§. 47 des Gesetzes vom 3. Juli 1875, §. 77 des L.-V.-G. vom 30. Juli 1883.)

Nr. 13.

Verfügung vom 10. Mai 1878 (Entsch. Bd. I. S. 387).

Die Verwaltungsgerichtsgesetze kennen nicht die Ablehnung der Einleitung einer Klage (angebrachtermaßen), auch nicht bei Versäumung der Klagefrist. Also entweder Vorbescheid oder Erkenntnis.

Nr. 14.

Verfügung vom 1. Juni 1880 (Entsch. Bd. VII. S. 399).

Fristen im Streitverfahren, deren Ende auf einen Sonntag oder staatlich anerkannten Festtag fällt, laufen erst ab mit dem nächsten Werktage (§. 200 der Reichs-Zivilprozeßordnung vom 30. Januar 1877, R.-G.-Bl. S. 83).

Nr. 15.

Verfügung vom 22. Dezember 1880 (Entsch. Bd. VII. S. 400).

1) Die im Streitverfahren das öffentliche Interesse vertretenden Behörden (mithin auch die Amtsvorsteher) haben das Recht, von der unterliegenden Gegenpartei die Erstattung der baren Auslagen zu fordern.

2) Der Umstand, daß die Reisekosten des Amtsvorstehers den Charakter der Amtsunkosten haben, berührt lediglich das Rechtsverhältnis zum Amtsverbande, nicht aber das des Amtsvorstehers zur unterliegenden Gegenpartei im Streitverfahren.

3) Der Amtsvorsteher ist Partei wie jede andere Privatperson und nimmt keineswegs eine dem Staatsanwalte analoge Stellung ein. Die Möglichkeit der Vertretung in Gemäßheit des §. 44 des V.-G.-G. (§. 74 des L.-V.-G. von 1883) steht dieser Auffassung nicht entgegen, auch kann der Amtsvorsteher ein wesentliches Interesse dabei haben, seine Angelegenheit persönlich zu führen, z. B. wegen der möglichen Regreßansprüche.

4) Die geforderten baren Auslagen müssen allerdings „erforderlich“ und nicht etwa nutzlos oder überflüssig aufgewendet sein.

5) Nach der Fassung des §. 72 (Novelle vom 2. August 1880, §. 103 des L.=V.=G. von 1883) können übrigens auch diese Behörden nicht mehr Kosten fordern, als ihnen durch die Annahme eines Rechtsanwalts erwachsen sein würden, es sei denn, daß ihr persönliches Erscheinen von dem Gerichte angeordnet war.

Nr. 16.

Verfügung vom 22. Mai 1882 (Entsch. Bd. VIII. S. 425).

1) Wenn der Vorsitzende des Kreisausschusses im Falle des §. 58 des Verwaltungsgerichtsgesetzes (§. 82 des L.=V.=G. von 1883) die Absicht, gegen eine Entscheidung des letzteren die Berufung einlegen zu wollen, erklärt hat, und wenn dann die Entscheidung einstweilen, jedoch längstens drei Tage, ausgesetzt werden soll, so bedarf es in diesem Falle zum Behufe der ausgesetzten Verkündigung der Entscheidung der Anberaumung einer besonderen Sitzung des Kreisausschusses nur in denjenigen gewerbepolizeilichen Angelegenheiten, auf welche der §. 21 der Reichsgewerbeordnung Anwendung findet.

2) Zu der neuen Sitzung sind die Parteien mündlich zu laden, die ausgebliebenen Parteien gar nicht.

3) In den nicht gewerblichen Angelegenheiten genügt an Stelle der Verkündigung in öffentlicher Sitzung die Zustellung der mit Gründen versehenen Entscheidung an die Parteien, verbunden mit der Eröffnung, daß seitens des Vorsitzenden die Berufung eingelegt sei; diese Zustellung muß dann aber binnen drei Tagen nach Aussetzung der Verkündigung der Entscheidung erfolgen.

Nr. 17.

Verfügung vom 12. Juni 1882 (Entsch. Bd. VIII. S. 427).

Eine Zufertigung der Entscheidungen der Berufungs=(Revisions=)Instanz an diejenigen als Partei das öffentliche Interesse wahrnehmenden Behörden, welchen im Streitverfahren für die mündliche Verhandlung vor dem Bezirksausschusse (Ober=Verwaltungsgerichte) auf ihren Antrag von dem Regierungspräsidenten (Ressortminister) ein Vertreter bestellt wird, muß jedenfalls erfolgen, dagegen haben diese letztgedachten Vertreter eine Ausfertigung nicht zu beanspruchen. (§. 44 des Verwaltungsgerichtsgesetzes, §. 74 des L.=V.=G. von 1883).

Nr. 18.

Bescheid vom 11. März 1882 (Entsch. Bd. VIII. S. 428).

1) Gebührenerstattungspflicht nach §. 72 des Verwaltungsgerichtsgesetzes (§. 103 des L.=V.=G. von 1883). Maßgebend ist derjenige Gebührensatz, welchen der obsiegende Teil dem ihn vertretenden Anwalte auch dann zu zahlen gesetzlich verpflichtet ist, wenn letzterer zu keiner amtlichen Thätigkeit, als lediglich zur Wahrnehmung der mündlichen Verhandlung Auftrag erhalten hat.

2) Nach §. 43 der Gebührenordnung vom 7. Juli 1879 (R.=G.=Bl. S. 176) steht dem Rechtsanwalte, welchem von der Partei nur die Vertretung in der mündlichen Verhandlung übertragen ist, neben der Verhandlungsgebühr auch die Prozeßgebühr zu $^1/_2$ zu. Letztere wird zwar nach §. 13 a. a. O. für den Geschäftsbetrieb einschließlich der Information gewährt,

steht jedoch mit der mündlichen Verhandlung insofern im untrennbaren Zusammenhange, als auch der Rechtsanwalt, welcher nur die Vertretung in der mündlichen Verhandlung übernommen hat, für seine Thätigkeit der Information bedarf, welche durch die Hälfte der Prozeßgebühr mit vergütet wird (Informationsgebühr). Diese letztere erhält der Rechtsanwalt auch für die wiederholte mündliche Verhandlung.

XXVIII.

Das Verfahren in Disziplinarsachen.

Nr. 1.

Plenarentscheidung vom 26. Mai 1883 (Entsch. Bd. X. S. 371).

1) Ein gewähltes Kreisausschußmitglied kann seiner Stelle im Wege des Disziplinarverfahrens nicht mehr enthoben werden, wenn vor der Beendigung desselben eine solche freiwillige Niederlegung des Amtes stattgefunden hat, welche nach den maßgebenden gesetzlichen Bestimmungen das Aufhören des Amtsverhältnisses zur Folge hat.

2) Darüber, daß während der Dauer des Disziplinarverfahrens eine Amtsniederlegung unzulässig oder wirkungslos sei, oder daß während der Dauer des Disziplinarverfahrens das Fortbestehen des Amtsverhältnisses zu fingieren sei, besteht eine besondere Vorschrift nicht.

3) Der §. 16 Nr. 2 des Gesetzes vom 21. Juli 1852 (G.=S. S. 465), zu welchem übrigens hinsichtlich der Lehrer und Lehrerinnen der Art. II. des Gesetzes vom 16. Juli 1886 (G.=S. S. 186) nachzulesen ist, bestimmt nur, daß die Strafe der Entfernung aus dem Amte den Verlust des Titels und des Pensionsanspruches von selbst nach sich zieht und daß hierauf nicht besonders erkannt werden kann, es sei denn, daß vor der Beendigung des Disziplinarverfahrens aus irgend einem von dessen Ergebnis unabhängigen Grunde das Amtsverhältnis bereits aufgehört hat und daher auf Dienstentlassung nicht mehr zu erkennen ist. (Siehe auch §§. 75 und 100 des Reichsbeamten=Gesetzes vom 31. März 1873, R.=G.=Bl. S. 61).

4) Der §. 32 des Organisationsgesetzes vom 26. Juli 1880 (jetzt §. 39 des L.=V.=G. von 1883) will ausschließlich die Mittel gewähren, um einen ungeeigneten Beamten aus seiner Stelle zu entfernen; wo dies Resultat objektiv schon vorliegt, ist für eine Anwendung jenes Gesetzes, soweit es sich nur darum handelt, einen Beamten seiner Stelle zu entheben, kein Raum.

5) Ob die Amtsniederlegung als eine gerechtfertigte anzusehen ist, darüber hat nur der Kreisausschuß zu befinden. (§§. 8, 131, 133 der altländischen Kreisordnung, Hannover §§. 8, 88, 90, Hessen=N. §§. 8, 89, 91, Westf. §§. 8, 76, 78.)

6) Bei derjenigen Instanz, von welcher die Besetzung eines Amtes abhängt, muß auch die Entlassung aus demselben nachgesucht werden. Dieser Grundsatz findet auch auf Ehrenämter Anwendung. (A. L.=R. II. 10 §§. 94, 97.)

7) Es ist unerläßlich, daß die erklärte Amtsniederlegung eines Kreisausschußmitgliedes von zuständiger Stelle aus (§. 118 der altl. Kreis=O.,

Hannover §. 74, Hessen=N. §. 75, Westf. §. 62) zum Gegenstande der Verhandlung auf dem Kreistage bestimmt, auf diesem Wege amtlich zur Kenntnis der Versammlung gebracht und von dieser ihre Zustimmung erklärt oder das Verhalten des Beamten durch Verhängung der im §. 8 der Kreis=Ordnung gedachten Nachteile gemißbilligt wird.

Nr. 2.

Endurteil des I. Senats vom 8. April 1885 (Entsch. Bd. XII. S. 423).

1) Unter Umständen schließt die Art und Weise, wie einer Verfügung der Aufsichtsbehörde, auch wenn sie unzulässig ist, Ungehorsam entgegengesetzt wird, ein Dienstvergehen in sich und ist daher disziplinarisch zu ahnden.

2) Die Dienstaufsichtsbehörde kann in der Würdigung einer derartigen Verfügung namentlich nach der Seite der thatsächlichen Begründung, der Notwendigkeit und Zweckmäßigkeit hin ein freieres Ermessen walten lassen, als der Disziplinarrichter, zu dessen Beurteilung die Sache durch den bewiesenen Ungehorsam des Betroffenen gelangt.

3) Aus diesen Grundsätzen und aus der Aufsichtsstellung des Landrats zu dem Amtsvorsteher folgt aber nicht, daß der Amtsvorsteher alle Anordnungen des Landrats, so lange sie nicht im Instanzenzuge aufgehoben sind, unbedingt und unter allen Umständen ausführen müsse.

4) Der Ungehorsam gegen eine Anordnung der Aufsichtsbehörde kann, wie namentlich in den Fällen, wo diese gegen Verbotsgesetze verstößt, Pflicht des Amtsvorstehers sein, und endlich kann jedenfalls dann der erwiesene Ungehorsam nicht die härteste Strafe der Dienstentlassung rechtfertigen, wenn die Verfügung, gegen welche sich der Ungehorsam richtet, gar nicht erlassen werden durfte, rechtlich unzulässig, thatsächlich unbegründet ist, auf Irrtum oder gar auf Willkür beruht, materielle Interessen des Dienstes gar nicht in Frage stehen.

5) Dem Amtsvorsteher ist es nicht verwehrt, sich für gewisse Arbeiten, namentlich die mehr mechanischen, der Beihilfe von Privatpersonen zu bedienen. Bei der Auswahl dieser Personen liegt ihm die durch das dienstliche Interesse gebotene Pflicht ob, alles zu vermeiden, was geeignet ist, die Würde seines Amtes und das Vertrauen zu seiner Amtsführung zu schmälern und den Dienstbetrieb zu beeinträchtigen und zu gefährden. Die Aufsicht über die Erfüllung dieser Pflicht übt der Landrat (§. 67 der Kreis O.).

6) Die bloße Möglichkeit, einen Beamten wegen Verletzung von Amtspflichten zur Verantwortung zu ziehen, entbindet die Aufsichtsbehörde noch keineswegs von der Aufgabe, darüber zu wachen, daß der öffentliche Dienst in ordnungsmäßiger, allen Schaden fern haltender Weise gehandhabt werde; das soll heißen: diese Fürsorge der Aufsichtsbehörde ist auch dann geboten, wenn ein offenbarer Schaden durch das Verhalten des Beamten auch nur möglich ist.

7) Das Einschreiten der Aufsichtsbehörde ist dann berechtigt und geboten, wenn Thatsachen vorliegen, welche die Befürchtung rechtfertigen, daß die Integrität des Amtes und das Vertrauen zu der Behörde durch den Mangel sittlicher Zuverlässigkeit und Unbescholtenheit der zu der Geschäftsführung des Amtsvorstehers zugezogenen Privatpersonen gefährdet werden könnte.

Nr. 3.

Endurteil des I. Senats vom 8. September 1883 (Entsch. Bd. XII. S. 429).

1) In der Vorschrift des §. 9 des Disziplinargesetzes vom 21. Juli 1852 ist lediglich eine Vorschrift des materiellen Disziplinarstrafrechtes gegeben.

2) Das Verfahren wegen Entlassung aus dem Amte ist in diesem Gesetze dahin geregelt, daß der betreffenden Entscheidung eine schriftliche Voruntersuchung voranzugehen hat, welche von einem hierzu bestellten Kommissar zu führen ist. Die Verabsäumung dieser prozessualen Vorschrift, welche selbst für den Fall keine Ausnahme zuläßt, daß das Disziplinarvergehen ohnedies feststeht, hat die Aufhebung der Entscheidung zur Folge. (§§. 11, 12, 22 32 des Disziplinargesetzes.)

3) Zu beachten ist bei derartigen Vorkommnissen namentlich der §. 11 desselben Gesetzes, nach welchem die Folgen der Entfernung aus dem Amte ohne Urlaub von dem Grade der Schuld des Beamten abhängig gemacht werden.

Nr. 4.

Endurteil des I. Senats vom 20. Dezember 1884 (Entsch. Bd. XII. S. 431).

1) Nach §. 42 des Disziplinargesetzes vom 21. Juli 1852 beträgt die Berufungsfrist 4 Wochen. Diese 4 Wochen werden gleich $4 \times 7 = 28$ Tagen gerechnet.

2) Die Wiedereinsetzung in den vorigen Stand ist für das Disziplinarverfahren nicht vorgesehen wie im §. 44 der Deutschen Straf-Prozeß-O. vom 1. Februar 1877, §. 82 des V.-G.-G. von 1875 (1880), jetzt §. 112 des L.-V.-G. von 1883.

3) Ebensowenig findet in Disziplinarstrafsachen die Vorschrift im §. 343 der Deutschen Straf-Prozeß-O. Anwendung, wonach jedes von der Staatsanwaltschaft eingelegte Rechtsmittel die Wirkung hat, daß die angefochtene Entscheidung auch zu Gunsten des Angeschuldigten abgeändert oder aufgehoben werden kann. (Die Berufung in Disziplinarsachen ist kein beneficium commune).

4) Die Bestimmungen des Disziplinargesetzes vom 21. Juli 1852 kennen auch sowenig wie die Strafprozeßordnung den Anschluß an ein vom Gegner angebrachtes Rechtsmittel (§. 84 des V.-G.-G., jetzt §. 87 des L.-V.-G. von 1883).

XXIX.

Konflikte.

Nr. 1.

Endurteil des I. Senats vom 21. September 1881 (Entsch. Bd. VIII. S. 386).

1) Ein Staatsanwalt überschreitet dadurch seine Amtsbefugnisse nicht, daß derselbe die durch Beleidigungen (z. B. in der Presse) Betroffenen (insbesondere Behörden und Beamte) nicht nur von dem Sachverhalt zum Zwecke der Entschließung über die Stellung des Strafantrages in Kenntnis setzt, sondern auch zu diesem Antrage auffordert.

2) Ein Redakteur, welcher sich durch ein derartiges Verfahren des Staatsanwalts beleidigt fühlt, kann nicht dieserhalb die Privatklage gegen den Staatsanwalt wegen Beleidigung erheben, denn der Rechtsweg ist unzulässig und ein etwa vom Oberstaatsanwalt erhobener Konflikt ist für begründet zu erachten.

Denn das öffentliche Interesse ist auch bei Antragsdelikten beteiligt. Die Absicht, zu beleidigen, muß allerdings dem Staatsanwalt fern liegen.

Nr. 2.

Endurteil des I. Senats vom 4. Oktober 1881 (Entsch. Bd. VIII. S. 391).

1) Die Erhebung des Konfliktes ist unzulässig, wenn die gerichtliche Verfolgung wegen einer von einem Geistlichen der anerkannten Religionsgesellschaften (insbesondere der evangelisch-lutherischen Kirche der Provinz Hannover) in Ausübung seines kirchlichen Amtes vorgenommenen Handlung eingeleitet ist. Dieser Grundsatz gelangte zur Anwendung gelegentlich eines Falles, in welchem ein Geistlicher dem Bräutigam bei der Trauung und später auch in dem darüber aufgenommenen Zeugnisse Trunkenheit vorgeworfen hatte.

2) In beiden Fällen befand sich der Geistliche zwar in der Ausübung seines Kirchenamtes, aber nicht in einer staatsamtlichen Funktion. Nur in letzterer Beziehung findet das Gesetz vom 13. Februar 1854, betreffend die Konflikte bei gerichtlichen Verfolgungen wegen Amts- und Diensthandlungen (G.-S. S. 86), auf die Geistlichen Anwendung.

3) Die von dem Gerichtshof zur Entscheidung der Kompetenzkonflikte in dem Erkenntnisse vom 23. Juni 1858 (Just.-Min.-Bl. S. 238) verfochtene entgegenstehende Ansicht ist deshalb aufzugeben. Denn die Geistlichen der anerkannten Religionsgesellschaften sind nicht Staatsbeamte nach Maßgabe des bei Emanation des Gesetzes vom 13. Februar 1854 geltenden Staatsrechtes, sie gehören nicht zu den „Zivilbeamten".

Nr. 3.

Endurteil des I. Senats vom 16. November 1881 (Entsch. Bd. VIII. S. 403).

1) Hat sich einmal eine freiwillige Feuerwehr unter polizeilicher Genehmigung gebildet, so wird sie hierdurch ein zur Aufrechterhaltung der öffentlichen Ordnung dienendes Organ; sie selbst sowohl als ihr Führer müssen sich also den höheren polizeilichen Anweisungen unterwerfen. Maßgebend bei der Beurteilung sind die betreffenden Feuerlöschordnungen.

2) Weigert sich ein Führer (Hauptmann) einer freiwilligen Feuerwehr, den Anordnungen der Ortspolizei, welche zur Aufrechterhaltung der öffentlichen Sicherheit und Ruhe bei Feuersbrünsten getroffen werden, zu entsprechen, so ist seine Verhaftung gerechtfertigt (§. 6 des Ges. vom 12. Februar 1850 — G.-S. S. 45 —), wenn dies durch die allgemeinen polizeilichen Interessen erfordert wird.

3) Zu unterscheiden ist die Verhaftung eines den polizeilichen Anordnungen gegenüber Widerspenstigen und die wörtliche Beleidigung desselben

Nr. 4.

Endurteil des I. Senats vom 4. Februar 1882 (Entsch. Bd. VIII. S. 409).

1) Die Frage, ob zufolge §. 6 des Gesetzes vom 11. Mai 1842 (G.-S. S. 191) die, wie im Wege der Beschwerde, so auch durch rechtskräftiges verwaltungsgerichtliches Urteil (§. 35 des Zust.-Ges. von 1876, § 67 des Organis.-Ges. von 1880, §. 131 des L.-V.-G. von 1883) erfolgte Aufhebung einer polizeilichen Verfügung den Konflikt grundsätzlich ausschließt, den ordentlichen Rechtsweg also bedingungslos eröffnet, ist dahin

zu beantworten, daß durch jene **Aufhebung** der Frage nicht vorgegriffen wird, ob nach den **allgemeinen** gesetzlichen Bestimmungen über die Vertretungsverbindlichkeit der Beamten, auf welche jener §. 6 hinweist, der Regreßklage Raum zu geben ist oder nicht.

2) Die letztere tritt alsdann mit andern Regreßklagen wegen Amtshandlungen der Beamten auf gleiche Linie, so daß deren Zulässigkeit der Entscheidung nach Maßgabe des Konfliktsgesetzes vom 13. Februar 1854 unterliegt.

3) Es muß daher da, wo die Behörde behauptet, daß dem betreffenden Beamten eine zur gerichtlichen Verfolgung geeignete Überschreitung seiner Amtsbefugnisse oder Unterlassung einer ihm obliegenden Amtshandlung nicht zur Last fällt, in Gemäßheit des § 3 jenes Gesetzes auf die materielle Beurteilung der Sache eingegangen werden.

4) Die Versagung der Erlaubnis zum Abbrennen eines Feldziegelofens (Erdbrandes) seitens des Amtsvorstehers ist nach Maßgabe der darüber bestehenden Vorschriften zulässig.

5.

Endurteil des I. Senats vom 15. Februar 1882 (Entsch. Bd. VIII. S. 417).

1) Dasselbe betrifft die Zulässigkeit des polizeilichen Einschreitens zur Verhindernng des Feilbietens verfälschter Nahrungsmittel in casu übermäßig durch Wasser verdünnter Milch. (Anwendung des Laktometers).

2) Der Auftrag der die Polizei verwaltenden Behörde an die ihr unterstellten Beamten bildet die Norm der Amtsbefugnisse der letzteren.

3) Der nachgewiesene Irrtum des Beamten in den thatsächlichen Voraussetzungen des polizeilichen Einschreitens schließt die Annahme der Überschreitung der Amtsbefugnisse aus.

Nr. 6.

Endurteil des I. Senats vom 18. November 1882 (Entsch. Bd. IX. S. 436).

1) Die Nrn. 4 und 5 der Allerh. Kab.-O. vom 14. Mai 1825, betreffend die Schulzucht u. s. w. (G.-S. S. 149), sind durch das Reichsstrafgesetzbuch nicht aufgehoben, bestehen vielmehr als Landesgesetz vollständig zu Recht.

2) Dagegen ist der §. 1 des Gesetzes, betreffend die Konflikte bei gerichtlichen Verfolgungen wegen Amts- und Diensthandlungen, vom 13. Februar 1854 (G.-S. S. 86), nach welchem in Konfliktssachen darüber zu erkennen war, ob dem Beamten eine zur gerichtlichen Verfolgung geeignete Überschreitung seiner Amtsbefugnisse zur Last falle, durch den §. 11 des Einführungsgesetzes zum Gerichtsverfassungsgesetze vom 27. Januar 1877 aufgehoben, welcher die von dem obersten Verwaltungsgerichtshofe zu treffende Vorentscheidung ausdrücklich auf die Feststellung beschränkt, ob der Beamte sich überhaupt (objektiv) einer Überschreitung seiner Amtsbefugnisse schuldig gemacht habe. Es kommt mithin jetzt nicht mehr darauf an, festzustellen, ob diese Überschreitung sich zur gerichtlichen Verfolgung eignet.

3) Ist eine solche Überschreitung festgestellt, z. B. wenn ein Lehrer einen Schüler mit einem fingerdicken Stock züchtigt, ihn vor die Stirn schlägt und dabei drohende Ausrufe hören läßt, so hat er das ihm nach Nr. 4 und 5 der Kab.-O. von 1825 zustehende Züchtigungsrecht überschritten, und der

zu seinen Gunsten erhobene Konflikt ist für nicht begründet, mithin der Rechtsweg für zulässig zu erachten.

Nr. 7.

Endurteil des I. Senats vom 1. März 1882 (Entsch. Bd. IX. S. 438).

1) Wenn ein Landrat als Vorsitzender des Kreisausschusses dem Kreisboten den Auftrag erteilt, ein Mitglied des Kreisausschusses, welches sich ungebührlich beträgt, aus dem Kreishause zu entfernen, und wenn dann der Kreisbote jenem Mitgliede einen Stoß in das Genick gibt und ihn mehrfach mit Gewalt gegen die Hausthür wirft, so kann ein Konflikt, welcher gegen die aus §. 185 des Reichsstrafgesetzbuchs gegen diesen Boten eingeleitete Klage erhoben ist, für begründet nicht erachtet werden.

2) Denn ein Konflikt kann nur dann für begründet erachtet werden, wenn die thatsächlichen Voraussetzungen, unter denen eine angefochtene Amtshandlung rechtlich zulässig ist, außer Zweifel gestellt sind, namentlich wenn nach den Aussagen der bei dem Vorgang gegenwärtig gewesenen Zeugen sich die Überzeugung nicht gewinnen läßt, daß der beauftragte Kreisbote sich innerhalb der Grenzen des Zulässigen gehalten hat.

3) Der Gerichtshof darf ein an sich zur richterlichen Zuständigkeit gehöriges Vergehen der richterlichen Beurteilung nur dann entziehen, wenn er die vollständige Überzeugung davon gewonnen hat, daß dem verklagten Beamten eine Überschreitung seiner Amtsbefugnisse oder eine Unterlassung einer ihm obliegenden Amtshandlung **nicht** zur Last gefallen war.

4) Der zur Entscheidung der Konflikte berufene Gerichtshof kann sich nicht an die Stelle des ordentlichen Strafrichters setzen und über Schuld und Unschuld des angeklagten Bewerbers entscheiden, seine Befugnis ist vielmehr dahin beschränkt, eine materiell wirkende Entscheidung durch Ausschließung des Rechtsweges lediglich in dem Falle zu treffen, wenn er die Anschuldigung eines Vergehens für widerlegt und demnach es für zweifellos erachtet, daß der Beamte sich innerhalb seiner Befugnisse gehalten habe.

Nr. 8.

Endurteil des I. Senats vom 4. Oktober 1882 (Entsch. Bd. X. S. 376).

1) Ein Polizeibeamter befindet sich in der rechtmäßigen Ausübung seines Amtes, wenn er bei seiner dienstlichen Funktion in einem öffentlichen Lokale (Wirtshause) auf die drohende Gefahr, daß sich in demselben eine Schlägerei entwickeln könnte, dem Andrange der Gäste aus dem einen Zimmer nach einem anderen, als dem Thatorte, zu wehren sucht. Wer dieser verständigen und vollkommen berechtigten Sperrmaßregel Widerstand entgegensetzt, macht sich einer Handlung schuldig, welche die strafrechtliche Verfolgung nach §. 113 event. §. 114 des Reichs-Straf-Gesetzbuches vom 15. Mai 1871 rechtfertigt.

2) Der Polizeibeamte ist befugt, einem solchen Verhalten gegenüber so viel physische Gewalt anzuwenden, als zur Überwindung des ihm entgegengesetzten aktiven Widerstandes erforderlich ist. Kommen dabei Verletzungen des Widerspenstigen vor, so befindet sich der Beamte gleichwohl in der Ausübung seiner Amtsbefugnisse. Ein dieserhalb erhobener Konflikt ist für begründet zu erachten.

3) Ob sich der Beamte den geschilderten Angriffen gegenüber im Stande der Notwehr befand, ist eine Frage, deren Beantwortung ausschließlich dem Strafrichter zusteht.

4) Wird der Beamte bei dergleichen Vorkommnissen von einem Widerspenstigen thätlich angegriffen und beleidigt und erwidert er dergleichen gelegentlich der dienstlichen Behauptung seines Postens ihm zugefügte Realinjurien, so überschreitet er objektiv seine Amtsbefugnisse und der zu seinen Gunsten etwa erhobene Konflikt ist unbegründet.

5) Ob und inwieweit der Beamte durch die Art der voraufgegangenen Realinjurie entlastet erscheint, und ob er in dem gegebenen Falle das Retorsionsrecht für sich hatte, ist von dem ordentlichen Gerichte zu entscheiden, entzieht sich also der Zuständigkeit des höchsten Verwaltungsgerichtshofes.

Nr. 9.

Endurteil des I. Senats vom 13. Juni 1883 (Entsch. Bd. X. S. 381).

1) Für diejenigen neu erworbenen Landesteile, in welchen das Gesetz betreffend die Konflikte bei gerichtlichen Verfolgungen wegen Amts- und Diensthandlungen vom 13. Februar 1854 (G.-S. S. 86), z. B. in Schleswig-Holstein durch Allerh. V. vom 16. September 1867 (G.-S. S. 1515), erst nachträglich, d. h. nach der Amtshandlung, wegen welcher später der Konflikt erhoben wird, eingeführt worden ist, gilt es als Grundsatz, daß der Konflikt positiv für alle zur Zeit des Inkrafttretens des Gesetzes noch nicht rechtskräftig entschiedenen Zivil- und Strafprozesse ohne Unterschied des Alters der ihren Gegenstand bildenden Amtshandlungen eingeführt worden ist.

2) Neue Prozeßvorschriften sind auf alle erst nach ihrem Erlaß anhängig werdenden Rechtsstreitigkeiten ohne Rücksicht auf das Alter des streitigen Rechts anwendbar, aber auch für den Fall, daß das Gesetz vom 13. Februar 1854, indem dasselbe dem Klagerechte der Partei ein selbständiges Recht der dem Beklagten vorgesetzten Behörde auf Konfliktserhebung entgegenstellt und dabei die (jetzt allerdings nicht mehr zu Recht bestehende) Begründung des Konflikts dahin zuläßt, daß dem Beamten keine zur gerichtlichen Verfolgung geeignete Überschreitung seiner Amtsbefugnisse zur Last falle, auch materielle Rechtsvorschriften enthalten sollte, steht es doch fest, daß das Gesetz von 1854 für den dem öffentlichen Rechte angehörigen Konflikt nicht zwischen früheren und späteren Amtshandlungen und den aus denselben hergeleiteten Rechtsansprüchen unterscheidet.

3) Damit ist die Frage noch nicht entschieden, ob das Gesetz von 1854 auch auf andere Amtshandlungen Anwendung finden könne, als auf solche, welche von Preußischen Staatsbeamten in dieser ihrer Eigenschaft ausgegangen sind.

4) Nicht die einzelnen Menschen, auch nicht die Unterthanen eines Staates zusammen, sondern die Staaten selbst, und zwar die mit einer organisierten, ausschließlichen und unabhängigen Gewalt versehenen, die souveränen Staaten, sind die unmittelbaren Subjekte der nach Völkerrecht sich regelnden Rechtsverhältnisse. Nur unmittelbar und objektiv werden auch Rechte der einzelnen Unterthanen zum Gegenstande des internationalen Rechts.

5) Das Herzogtum Holstein war während des preußisch-österreichischen Krieges (1866) völkerrechtlich weder ein neutraler Staat, noch ein Teil eines solchen. Es ist völkerrechtlich keineswegs ausgeschlossen, daß bei einer rein persönlichen Union mehrerer Staaten unter einem gemeinschaftlichen Oberhaupte ohne Realverband (Kondominat) der eine Staat Krieg führt, während der andere seine Neutralität bewahrt. Holstein befand sich also 1866 im Kriegszustande.

6) Die Entfernung der öffentlichen Beamten eines okkupierten Landes aus ihren Ämtern durch die Kriegsgewalt ist eine völkerrechtlich zulässige Maßregel.

7) Unter der Bestellung zum Gouverneur eines okkupierten Landesteiles in den außerordentlichen Verhältnissen eines Krieges wird die Übertragung der zur Führung der inneren Landesverwaltung erforderlichen Exekutive im weitesten Umfange verstanden.

8) Ein solcher Gouverneur ist nach Völkerrecht auch befugt, Beamte eines okkupierten Landes ihres Dienstes zu entlassen, und er macht sich keiner Amtsüberschreitung schuldig, wenn er von dieser Befugnis Gebrauch macht. Ein dagegen erhobener Konflikt ist nicht begründet.

9) Das Kriegsrecht rechnet nicht mit Dienstpragmatik und Disziplinarrecht nach der Verfassung des okkupierten Landes, sondern nur mit den Bedürfnissen des Krieges und der diesem entsprechenden Brauchbarkeit der Mittel.

10) Der stellvertretende Gouverneur eines von Preußen okkupierten Landes gehört zu den preußischen Beamten im Sinne des §. 1 des Gesetzes vom 13. Februar 1854.

Nr. 10.

Endurteil des I. Senats vom 15. September 1883 (Entsch. Bd. X. S. 400).

1) Beamte sind nicht verpflichtet zur Annahme unfrankierter, amtlicher Postsendungen; deshalb macht sich ein Amtsvorsteher einer Überschreitung seiner Amtsbefugnisse oder der Unterlassung einer ihm obliegenden Amtshandlung allein dadurch nicht schuldig, daß er die Annahme eines ihm von einer Privatperson zugehenden unfrankierten Briefes wegen der Belastung mit Porto ablehnt.

2) Dem steht auch nicht die Befugnis der Postbehörden gegenüber, das Porto für unfrankiert eingehende Vorstellungen an Gerichts- und Verwaltungsbehörden auf die zurückgehenden Adressen einzuziehen, ebensowenig die Berechtigung der Postanstalten, unbezahlt gebliebenen Porti nach den für die Beitreibung öffentlicher Abgaben bestehenden Vorschriften einzuziehen, oder die Befugnis der Reichs- und Staatsbehörden, auch nach erfolgter Annahme und Eröffnung portopflichtiger Sendungen die Briefumschläge zu dem Zwecke an die Postanstalt zurückzugeben, das Porto von dem Absender nachträglich einzuziehen. (A. Kab.-O. vom 17. März 1839 — G.-S. S. 101 —; desgl. vom 4. Mai 1840 — G.-S. S. 117; Bescheid des General-Postamtes vom 7. September 1846 — Min.-Bl. d. i. V. S. 227 —, §. 25 des Reichs-Post-Gesetzes vom 28. Oktober 1871 — R.-G.-Bl. S. 347 —; §. 44 Nr. VI. der Postordnung vom 8. März 1879 / 12. März 1883 / 21. März 1886 (abgedruckt in der im Verlag von J. Guttentag in Berlin erschienenen „Gesetzgebung des Deutschen Reiches" von Gaupp u. s. w. Bd. II. S. 498 ff.)

3) Eine ausdrückliche Gesetzes- oder Dienstvorschrift, welche den Gerichts- oder Verwaltungsbeamten ausnahmslos zur Entgegennahme aller mit Porto belasteten, von Privaten ausgehenden Postsendungen verpflichtete, besteht nicht, es ist vielmehr dem Ermessen der bezeichneten Beamten überlassen, wie sie sich im einzelnen verhalten wollen.

4) Anders verhält sich dies mit der Zurückweisung von Dienstbriefen, welche sich schon äußerlich als solche erkennbar machen.

Nr. 11.

Endurteil des I. Senats vom 13. Dezember 1884 (Entsch. Bd. XI. S. 399).

1) Die Regierungen haben in ihrer Eigenschaft als Schulaufsichtsbehörden das Recht, einem Unternehmer von Privatschulen das Halten der letzteren und die Erteilung von Privatunterricht zu untersagen.

2) Die mit dieser Befugnis der Regierungen verbundene Exekutivgewalt auf die ihnen unterstellten Behörden ist nicht zulässig.

3) Gleichwohl ist der Landrat befugt, von den ihm (außerdem) gesetzlich zustehenden Zwangsmitteln bei der ihm von der Aufsichtsbehörde übertragenen Durchführung von Anordnungen der ihm vorgesetzten Behörde Gebrauch zu machen, ohne daß er sich dadurch bei Entschädigungsprozessen dem Vorwurfe aussetzt, seine Amtsbefugnisse überschritten zu haben. Vergl. §. 48 Nr. 2 der V. vom 26. Dezember 1808 (N. C. C. XII. S. 679), §§. 11 und 18 der Regierungsinstruktion vom 23. Oktober 1817 (G.-S. S. 248), A. Kab.-O. vom 10. Juni 1834 (G.-S. S. 135), Staatsministerialinstruktion vom 31. Dezember 1839, §. 33 des Gesetzes vom 30. April 1815 (G.-S. S. 85), §. 76 der Kreisordnung (Hannover §. 24, Hessen-N. §. 26, Westfalen §. 32), §. 132 des L.-V.-G. vom 30. Juli 1883, §. 1 des Gesetzes vom 11.*) März 1872 (G.-S. S. 183), §. 3 des Gesetzes vom 13. Februar 1854 (G.-S. S. 86), §. 11 des Einführungsgesetzes zum Gerichtsverfassungsgesetze vom 27. Januar 1877 (R.-G.-Bl. S. 77).

Nr. 12.

Endurteil des I. Senats vom 24. Januar 1885 (Entsch. Bd. XI. S. 403).

1) Die in dem preußischen Gesetze vom 13. Februar 1854 (G.-S. S. 86) den preußischen Behörden gegebene Befugnis der Konfliktserhebung ist auf die Reichs-Verwaltungsbehörden nicht ausgedehnt worden.

2) Die Zulässigkeit des Konflikts ist nach demselben Gesetze keineswegs davon abhängig, daß der Umstand, der Beklagte habe die betreffende Handlung in Ausübung seines Amtes vorgenommen, vom Kläger anerkannt und die Klage ausdrücklich auf Amtsüberschreitung gerichtet wird, vielmehr nur davon, ob objektiv die den Klageanspruch auf Schadensersatz begründende Handlung vom Beklagten in der Ausübung des von ihm bekleideten Amtes begangen ist, worüber lediglich der zur Entscheidung über den Konflikt berufene Gerichtshof zu befinden hat.

3) *Ein Reichsbeamter ist, wer im Reichsdienste nach Vorschrift der Reichsverfassung den Anordnungen des Kaisers Folge zu leisten verpflichtet ist* (§. 1 des Gesetzes, betreffend die Rechtsverhältnisse der Reichsbeamten, und Art. 50 Absatz 3 der Reichsverfassung).

4) Das obengedachte preußische Gesetz vom 13. Februar 1854 ist kein **Kompetenzgesetz** im gewöhnlichen Wortsinne und handelt gar nicht von der Erhebung von *Kompetenzkonflikten***), sondern von der Erhebung der *Konflikte*. Dasselbe hat die Zuständigkeit der Zivil- und Strafgerichte bei der gerichtlichen Verfolgung der Beamten wegen Überschreitung ihrer Amtsbefugnisse oder wegen pflichtwidriger Unterlassung einer Amts-

---

*) In den Entscheidungen Bd. XI. S. 399 steht „21".

**) Wegen der *Kompetenzkonflikte* vergl. die Verordnung vom 1. August 1879 (G.-S. S. 573), §. 28 des Disziplinargesetzes vom 21. Juli 1852 (G.-S. S. 465), §. 113 des Landes-Verwaltungsgesetzes v. 30 Juli 1883 (G.-S. S. 222).

handlung im Prinzip zur Voraussetzung; gleichwohl soll die Dienstaufsichtsbehörde die diskretionäre Befugnis haben, im Falle der gerichtlichen (gleichviel, ob zivil- oder strafgerichtlichen) Verfolgung eines Beamten den Gang des ordentlichen Rechtsverfahrens durch Erhebung des Konfliktes zu hemmen und zum Zweck der völligen Einstellung desselben die materielle Entscheidung einer besonderen Behörde, früher des Gerichtshofes zur Entscheidung der Kompetenzkonflikte, seit dem Inkrafttreten des §. 11 des Einführungsgesetzes zum Gerichtsverfassungsgesetze des Ober-Verwaltungsgerichtes, herbeizuführen.

5) Gegenstand dieser Entscheidung war bis zu der letztgedachten Gesetzänderung die Frage, ob dem Beamten eine zur gerichtlichen Verfolgung geeignete Überschreitung seiner Amtsbefugnisse zur Last falle, so daß also die rechtliche Möglichkeit vorlag, auch dann die Verantwortung des Beamten vor Gericht auszuschließen, wenn ihm eine Amtsüberschreitung zur Last fiel; dies hat sich jetzt aber vollständig geändert, denn nach §. 11 a. a. O. ist die Entscheidung des Ober-Verwaltungsgerichtes darauf beschränkt, ob der Beamte sich einer Überschreitung seiner Amtsbefugnisse oder der Unterlassung einer ihm obliegenden Amtshandlung schuldig gemacht habe. Muß diese Frage bejaht werden, so kann jetzt die Verantwortung des Beamten vor Gericht nicht mehr ausgeschlossen werden, das Ober-Verwaltungsgericht entscheidet jetzt also nur über eine Vorfrage.

6) Das so gestaltete Rechtsmittel des Konfliktes aus dem §. 19 des Reichs-Beamtengesetzes vom 31. März 1873 (R.-G.-Bl. S. 61) zuzulassen, erscheint aus einem zweifachen Grunde unstatthaft, nämlich:

a. Der Wortlaut des §. 19, seine Entstehungsgeschichte und seine Motivierung bei den Beratungen des Reichstages lassen darüber keinen Zweifel zu, daß durch denselben die Partikularrechte der Einzelstaaten nicht zum Subsidiarrecht für die ganze Rechtsmaterie des Reichs-Beamtendienstes gemacht worden sind, daß vielmehr unter dem Ausdrucke: „Rechtsverhältnisse der Reichsbeamten" lediglich die persönlichen (reine Status- oder Vermögens-) Rechte der Beamten, mögen sie im Privat- oder im öffentlichen Rechte wurzeln, begriffen sind. Dem gegenüber bildet die Erhebung des Konfliktes nach dem preußischen Gesetze kein Recht des Beamten, sondern ein Recht der Aufsichtsbehörde, welche von diesem ihrem Rechte ganz unabhängig von dem Willen des Beamten und diesem Willen entgegen Gebrauch machen kann, und zwar um deswillen, weil die ganze Institution in erster Reihe nicht sowohl den Schutz des Beamten, in dessen persönlichem Interesse, als vielmehr den Schutz des Amtes, der Verwaltung, im Interesse des Staatsdienstes, bezweckt. Dem entsprechend regelt das preußische Gesetz den Gebrauch des Rechtsmittels durch die Aufsichtsbehörden und den Gang des Verfahrens nach Maßgabe des preußischen Behördenorganismus, während sich das Reichsgesetz jeder Andeutung über eine analoge Anwendung dieser Bestimmungen auf die Reichsbehörden enthält.

b. Der §. 19 a. a. O. nimmt ausdrücklich diejenigen Rechtsverhältnisse aus, über welche in Reichsgesetzen Bestimmung getroffen ist, und dies ist bezüglich der Verantwortlichkeit der Reichsbeamten in einer die Zulässigkeit des Konfliktverfahrens positiv ausschließenden Weise geschehen.

7) Der §. 13 a. a. O. bestimmt:

„Jeder Reichsbeamte ist für die Gesetzmäßigkeit seiner amtlichen Handlungen verantwortlich."

Die Bedeutung dieser Vorschrift kann nur unter Berücksichtigung ihrer Entstehungsgeschichte und ihres Zusammenhanges mit §. 154 a. a. O. gewürdigt werden. Es ergibt sich hieraus die klare Absicht, die Reichsbeamten hinsichtlich der gerichtlichen Verfolgbarkeit lediglich auf den Boden des gemeinen Rechts zu stellen, alle dem System des französischen Rechtes*) in einzelnen deutschen Staaten zu Gunsten der Verwaltung entnommenen Beschränkungen und Kautelen zu beseitigen. Vor allem war es das preußische Gesetz vom 13. Februar 1854, dessen Übertragung auf den Reichs-Beamtendienst für völlig unthunlich erachtet wurde.

8) Mit den Worten des §. 13 hat lediglich zum Ausdruck gebracht werden sollen, daß die Reichsbeamten verbunden sind, sich wegen Gesetzwidrigkeiten in ihrem amtlichen Verhalten zu verantworten, und zwar uneingeschränkt und bedingungslos, nach Maßgabe der für die strafrechtliche uud zivilrechtliche Verfolgung wegen strafbarer oder unerlaubter Handlungen allgemein bestehender Normen. Indem man dies statuierte und gleichzeitig die Schwierigkeit der Durchführung dieses Grundsatzes bei dem gänzlichen Mangel gemeinsamer zivilrechtlicher Vorschriften über den materiellen Inhalt der Verantwortlichkeit berücksichtigte, suchte man eine Gewähr für die Einheitlichkeit und Sachgemäßheit der unbedingt zugelassenen zivilgerichtlichen Judikatur in der durch §. 154 a. a. O. getroffenen Ordnung der Rechtsmittel und des Instanzenzuges. Ein außerordentliches Konfliktsverfahren hat in dieser Ordnung keinen Platz gefunden.

9) Zu dem Reichsbeamtengesetze vom 31. März 1873 vergl. den vortrefflichen Kommentar vom Reichsgerichtsrat W. Turnau. Berlin und Leipzig 1886.

Nr. 13.

Endurteil des I. Senats vom 3. Juli 1885 (Entsch. Bd. XII. S. 416).

1) Über den Unterschied zwischen „Konflikt" und „Kompetenzkonflikt" vergl. die vorhergehende Entscheidung Nr. 12.

2) Ein Oberförster-Kandidat, welchem mit Genehmigung der Regierung während der Behinderung des zuständigen Forstbeamten der Forstschutz in einem Bezirke übertragen worden ist, befindet sich mit dem Augenblicke des Betretens dieses Bezirks in der Ausübung seines Amtes, mochte der Anlaß, der ihn in den Bezirk führte, ein amtlicher sein oder nicht.

3) Nach dem §. 9 der Jagd-Polizei-Verordnung des General-Gouverneurs vom Nieder- und Mittelrhein vom 16. August 1814 ist die Tötung der in einem fremden Jagdrevier frei umherlaufenden Hunde zulässig.

4) Dies bezieht sich auch auf die Jagd- und Windhunde, welche dem Wildstande gerade sehr gefährlich sind.

5) Die §§. 65, 66 und 67 Tit. 16 Teil II A. L.-R.'s gestatten unter gewissen Umständen auch das Töten von Jagdhunden, der §. 65 darf nur nicht aus dem Zusammenhange mit den beiden folgenden Paragraphen gerissen werden.

6) Wird ein solcher frei und ohne Aufsicht herumlaufender Hund von

---

*) Wegen der sogenannten „évocations" in Frankreich und der sich daraus entwickelnden Lehre vergl. Tocqueville, L'ancien régime et la révolution.

einem Jagdpolizeibeamten erschossen, so überschreitet der letztere damit nicht seine Amtsbefugnisse und ein im Entschädigungsprozesse erhobener Konflikt ist begründet.

Nr. 14.

Endurteil des I. Senats vom 28. November 1885 (Entsch. Bd. XII. S. 421).

1) Ein Fischerei-Aufsichtsbeamter macht sich ebensowenig, wie ein anderer Polizeibeamter, mit Rücksicht auf §. 368 Nr. 9 des Reichsstrafgesetzbuches vom 15. Mai 1871 und des §. 10 des Feld- und Forstpolizeigesetzes vom 1. April 1880 strafrechtlich verantwortlich, wenn bei der Verfolgung von Fischerei-Übertretungen behufs Feststellung der Thäter und hierbei zu beschlagnahmender und zu pfändender Gegenstände das Betreten bestellter Äcker und Wiesen erforderlich wird.

2) Fischerei-Aufsichtsbeamte, welche vom Staate bestellt sind, haben nach §§. 46—48 des Fischereigesetzes vom 30. Mai 1874 (G.-S. S. 197) die Befugnisse und Verpflichtungen der Lokalpolizeibehörden.

3) Polizeibeamte, welche einen bei der Ausführung eines Diebstahls Betroffenen und sich der Verhaftung Entziehenden verfolgen, dürfen dabei ebenfalls bestellte Äcker und Wiesen betreten, ohne sich einer Überschreitung ihrer Amtsbefugnisse schuldig zu machen. (§. 3 des Gesetzes vom 13. Februar 1854, §. 11 des Einführungsgesetzes zum Gerichtsverfassungsgesetze vom 27. Januar 1877.)

Chronologisches Register.

Abkürzungen: E. = Endurteil. V. = Verordnung

1535.

Pommersche Kirchenordn. Tit. 6, S. 110, 188.

1660.

Brunnen- und Gassenordnung vom 14. August, S. 322.

1736.

Principia regulativa vom 30. Juli, S. 190.

1739.

Königl. Reskr. vom 14. März, S. 155.

1749.

Konstitution vom 14. Juli Nr. 6, S. 109, 157.
Edikt vom 12. August, S. 155.

1752.

Pommersches Wegereglement vom 25. Juni, S. 136, 347.
— — Art. 9 u. 14, S. 312, 313.

1756.

Viehordnung vom 22. Juli, S. 112.

1763.

Schlesisches General-Land-Schul-Reglement vom 12. August, S. 187.

1764.

Wegereglement vom 24. Juni, S. 330.

1765.

Schulreglement vom 3. November, S. 200, 209.

1767.

Schlesisches Wegereglement vom 11. Januar, S. 300, 312, 340.
— — §§ 5 und 6, S. 345.

Schlesisches Wegereglement vom 11. Januar § 7, S. 344.

1777.

V. vom 14. August, S. 344.
Mühlen-Ordnung vom 28. August, S. 291.

1781.

Straßen-Bau-Mandat vom 28. April, S. 305.

1789.

Patent vom 10. April, S. 252.
Kursächsische General-Ordnung vom 30. November, S. 204.

1792.

Wegeedikt vom 18. April, S. 339.

1793.

Preuß. Allgemeine Gerichtsordnung vom 6. Juli.

Einleitung § 1, S. 269.
— §§ 65, 66, S. 365.
— §§ 66, 67, S. 439.
Teil I, Tit. 16, § 2, S. 439.
— — 24, § 45 ⎫
— — 35, § 33 ⎬ S. 101.
Anhang § 135 ⎭

1794.

Preuß. Allgemeines Landrecht.

Publikations-Patent vom 5. Februar.

§§ III—VII, S. 187.
§ VIII, S. 422.
Einleitung §§ 3 und 4, S. 123.
— §§ 4, 59, 60, S. 187.
— § 14, S. 158, 366, 422.
— §§ 21 und 61, S. 53.
— §§ 59—61, S. 76.

Einleitung § 61, S. 291.
— § 70, S. 53.
— §§ 73, 74, S. 239.
— §§ 99, 102, S. 17.
Teil I, Tit. 2, §§ 32, 36, S. 431.
— — 3, §§ 42, 43, S. 435.
— — 4, §§ 58 ff., S. 167.
— — 7, § 126, S. 105.
— — 8, § 10, S. 288.
— — — §§ 33, 34, S. 254.
— — — §§ 39—59, S. 419.
— — — § 58, S. 411.
— — — §§ 65 ff., S. 245, 399, 407, 408, 411, 414, 420.
— — — § 66, S. 412, 254, 245, 401.
— — — § 67, S. 402.
— — — § 68, S. 408.
— — — § 71, S. 245, 254, 401.
— — — § 72, S. 408.
— — — § 75, S. 354.
— — — § 80, S. 365.
— — — § 81, S. 322, 341.
— — — § 100, S. 285, 290.
— — — §§ 102—104, S. 269, 333.
— — — § 103, S. 283.
— — 9, §§ 225 ff., S. 151, 225, 275.
— — — § 242, S. 287.
— — — § 262, S. 286.
— — — §§ 263, 264, S. 62.
— — — §§ 271 ff., S. 151.
— — — § 309, S. 105.
— — — §§ 576, 577, S. 105.
— — — §§ 625, 628, 656 ff., S. 141.
— — — §§ 655 ff., S, 114.
— — 11, § 382, S. 17.
— — 13, §§ 18, 31, S. 17.
— — — § 142, S. 435.
— — — §§ 159, 161, 185, S. 167.
— — — §§ 268, 269, S. 201.
— — 17, § 16, S. 132.
— — 19, § 30, S. 339.
Teil II, Tit. 2. § 75, S. 205.
— — 6, S. 54, 160.
— — — § 25, S. 152.
— — — §§ 26, 33, S. 129.
— — — §§ 53, 139, S. 162.
— — — § 57, S. 129.
— — — § 64, S. 113.
— — — §§ 64—66, S. 122, 136.
— — — § 72, S. 132.
— — — § 160, S. 126.
— — — §§ 161, 162, S. 144.
— — — §§ 171—173, S. 74.
— — 7, §§ 14—16, S. 147.
— — — § 18, S. 119, 155.
— — — §§ 18, 19, S. 156.
— — — §§ 18, 20, S. 147.
— — — §§ 18, 40, 41, 48, S. 106.
— — — § 19, S. 152, 153, 162.
— — — § 22, S. 129.
— — — § 23, S. 105, 123.
— — — §§ 23—27, 31, 39, 41, S. 124.
— — — §§ 29, 31, 37, 39, S. 139.
— — — § 31, S. 114, 119, 132.
— — — §§ 31, 39, S. 110, 135.
Teil II, Tit. 7, §§ 31, 44, S. 123.
— — — § 38, S. 131.
— — — § 41, S. 134.
— — — § 43, S. 105, 119.
— — — § 44, S. 123.
— — — §§ 46, 57, S. 128.
— — — § 51, S. 166.
— — — § 52, S. 161.
— — — § 59, S. 149.
— — — §§ 74, 75, S. 147.
— — — § 91, S. 154.
— — — §§ 91, 92, S. 152.
— — — §§ 122, 125, S. 198.
— — — § 308, S. 147.
— — 8, § 440, S. 248.
— — — §§ 1984, 2000, S. 435.
— — — § 2300, S. 434.
— — 10, §§ 68, 69, 98—100, S. 74.
— — — § 69, S. 82, 126.
— — — §§ 94, 97, S. 456.
— — 11, § 59, S. 90.
— — — §§ 161, 162, 168, S. 175.
— — — §§ 165, 166, S. 122.
— — — § 174, S. 122.
— — — §§ 523—538, 550, 567, S. 176.
— — — §§ 659, 660, S. 175.
— — — § 764, S. 230.
— — — § 407, } S. 176.
— — — § 408,
— — — § 410,
— — — § 500,
— — — § 539,
— — — §§ 775, 776, S. 111, 775, 776.
— — 12, §§ 7, 43, 48, S. 205.
— — — §§ 11, 28, 529, S. 92.
— — — § 12, S. 205.
— — — §§ 22, 31, S. 206.
— — — § 29, S. 190, 192, 205.
— — — §§ 29, 31, S. 199.
— — — §§ 29, 33, S. 187.
— — — §§ 29—34, S. 191, 192.
— — — § 31, S. 186, 200, 202, 206.
— — — § 32, S. 201.
— — — § 33, S. 186, 198, 202.
— — — §§ 33, 36, S. 206.
— — — § 36, S. 186.
— — — § 49, S. 176.
— — 13, § 3, S. 245.
— — — § 7, S. 77.
— — 14, §§ 9, 79, 137, 191, 201.
— — — § 21, S. 39.
— — — §§ 21, 24, S. 151.
— — 15, § 2, S. 339.
— — — §§ 2, 3, 7, S. 341.
— — — §§ 8, 38, 67, 68, S. 151.
— — — § 11, S. 330.
— — — §§ 38, 49—54, S. 344.
— — — § 54, S. 306, 339, 345.
— — — § 57, S. 415.
— — — § 79, S. 287, 288.
— — — §§ 141 ff., S. 40.
— — 16, §§ 65—67, S. 466.
— — 17, §§ 1, 3, S. 98.
— — — §§ 2, 10, S. 243, 370.

Teil II Tit. 17 § 10, S. 226, 230, 232, 237, 239, 240, 242, 244, 251, 253, 319, 338, 385, 400, 411, 420.
Teil II, Tit. 17, §§ 10, 11, S. 254.
— — 18, § 56, S. 60.
— — 19, § 27, S. 91, 141.

1796.

Wegereglement vom 4. Mai, S. 327.
— § 4, S. 344.

1801.

Schlesisches Schulreglement vom 18. Mai, S. 199, 200, 209.
— §§ 12. 19, S. 192.
— § 18 ff., S. 204.
— § 19, S. 193. 194.
— § 58, S. 186.
Ostpreußisches Provinzialrecht vom 4. August.
Publikations-Patent S. 243.
Zusatz 212, § 1, S. 176.
— 226, S. 330.

1802.

Publikations-Patent vom 6. März, S. 243.

1807.

Edikt vom 9. Oktober, S. 147, 152, 155, 421.
— §§ 6, 7, S. 132.

1808.

Publikandum vom 16. Dezember, Abschnitt 10b, S. 205.
V. vom 26. Dezember, § 41, S. 229.
— § 48 Nr. 2, S. 464.

1809.

V. vom 26. und 28. Januar, S. 154.

1810.

Kab.-O. vom 4. Oktober, S. 240.
Instruktion vom 25. Oktober, § 29, S. 156.
V. vom 27. Oktober, S. 186.
— Nr. 6, S. 77.
Edikt vom 30. Oktober, S. 156.
— vom 2. November, S. 42, 124.
Gesinde-Ordnung vom 8. November, §§ 33, 37, 83, 160, 167, S. 218, 229.

1811.

V. vom 28. März, § 2, S. 366.
Instruktion vom 26. Juni, Abschn. 10. Alin. 2, S. 205.
Edikt vom 14. September, S. 147, 150, 152, 155.
— §§ 13, 16, S. 132.
Vorflutsgesetz vom 15. November, S. 291.
— §§ 1—7, (§ 5), S. 277.
— §§ 2, 4, 5, S. 286.
— § 9, S. 354.
— § 10, S. 270, 271, 273, 274, 276, 285, 288, 289, 290.
— § 11, S. 283.
Vorflutsgesetz vom 15. November, §§ 11, 15, S. 280.
— §§ 11—13, 16, 18, S. 282.
— §§ 11—33, S. 280.
— § 15, S. 282.
— §§ 15 ff., S. 269, 273.
— § 26, S. 279.

1812.

Zirkularreskript vom 17. April, S. 229.
Min.-Erlaß vom 12. Oktober, S. 183.

1813.

Deklaration vom 14. Januar, S. 366.

1814.

Jagd-Polizei-Verordnung vom 16. August, § 9, S. 466.

1815.

V. vom 30. April, S. 140.
— § 13, S. 291.
— § 33, S. 464.
Min.-Reskr. vom 15. August, S. 157.

1816.

Kab.-O. vom 24. Februar, S. 253, 288, 415.
Deklaration vom 29. Mai.
Art. 4, S. 147.
„ 78, S. 132.

1817.

Kab.-O. vom 16. Januar, S. 150, 157.
Verordnung vom 20. Juni, §§ 3, 4, 43 Nr. 4, 95 und 159, S. 132.
— §§ 4 ff., S. 148.
— § 171, S. 319.
Konsistorialinstruktion vom 23. Oktober, § 6, S. 205.
Regierungsinstruktion vom 23. Oktober, S. 208.
— § 2, Nr. 5, S. 84.
— § 6, S. 98.
— §§ 11, 18, S. 464.
— § 15, S. 77.
— § 18, S. 92, 176, 201, 209.
— § 18 k., S. 195.

1819.

Min.-Reskr. vom 22. September, S. 322.

1820.

Abgaben-Gesetz vom 30. Mai, S. 116.
— § 2, S. 66.
— § 13, S. 105, 124, 125, 140.
— § 25, S. 42.

1821.

Gesetz vom 7. Juni, S. 153.
— § 9, S. 320.

Gemeinheitsteilungs-Ordnung, § 147, S. 148.
V. vom 30. Juni, § 9, S. 148.

1822.

Gesetz vom 11. Juli, S. 27, 86, 112, 125, 126, 133, 188.
— § 2, S. 62.
— §§ 3 und 7, S. 82.
— § 6, S. 53, 85.
— § 8, S. 3, 38, 65, 90, 126.
— §§ 9, 10, S. 91.
— § 10, S. 58, 90.
Königl. Erlaß vom 18. Sept., S. 415.
Kab.-O. vom 17. Okt., S. 235, 136.

1823.

Min.-Reskr. vom 1. November, S. 157.
Anweisung vom 21. Dezember, S. 252.

1825.

Kab.-O. vom 14. Mai I., S. 205.
— Nr. 4, 5, S. 460.

1826.

A. K.-O. vom 24. Juli, S. 366.

1827.

Kab.-O. vom 21. Mai, S. 157.
Min.-Reskr. vom 17. Sept., S. 252.

1829.

Landtagsabschied vom 22. Februar, S. 187, 194.
Kab.-O. vom 29. April, S. 111.
Reskr. vom 12. November, S. 289.

1830.

Königl. Erlaß vom 16. Mai, S. 415.
Min. Instr. vom 26. Juli, S. 415.

1831.

A. K.-O. vom 21. März, S. 18.
Regulativ vom 29. August (Neuvorpommern), S. 188, 200, 203.
— Art. 5, S. 192.

1832.

Kab.-O. vom 14. Mai, S. 58, 82, 112, 126.

1833.

V. vom 31. März, §§ 1, 7, 10, S. 151.
Ges. vom 17. Juni, § 5, S. 354.
V. v. 14. Dezember, S. 439.
— § 5, Nr. 10 c., S. 350.
Kab.-O. vom 15. August, S. 203.
— vom 17. Dezember, S. 44.

1834.

V. vom 4. März, S. 214.
Anweisung vom 6. April, S. 252.
Kab.-O. vom 8. Juni, S. 81, 109, 118, 130.
— vom 10. Juni, S. 464.
Min. Erlaß vom 10. Juni, S. 252.
V. v. 30. Juni, § 11, S. 148.
— § 12, S. 319, 320.
Kab.-O. vom 18. Oktober, S. 111.

1835.

Kab.-O. vom 7. Februar, S. 350, 353.
Min.-Reskr. vom 6. April, S. 403.
Instruktion vom 25. Mai, S. 91.
Reglement vom 30. Juni, S. 322.
Kab.-O. vom 8. August, § 7, S. 238.

1836.

Kab.-O. vom 19. Juni, S. 191, 195.

1837.

Min.-Reskr. vom 19. April, S. 151.
Versicherungs-Gesetz vom 8. Mai, § 1, S. 431, 433.
— § 1 Abs. 2, S. 434.
— § 2, S. 435.
— § 5, S. 430, 432, 433.
— § 13, S. 435.
— § 14, S. 430, 433, 434.
— § 15, S. 430, 433, 434.
— § 18, S. 432, 433, 434.
— § 19, S. 433, 434.
Min.-Instr. vom 1. August, S. 320.
Kab.-O. vom 8. August, S. 218.

1838.

V. vom 16. Juni, § 9, S. 7.
— § 12, S. 345.
Gesetz vom 3. November, § 4, S. 402, 423.
— § 14, S. 246, 384, 387.
— §§ 23, 46, S. 308.

1839.

Kab.-O. vom 17. März, S. 463.
Deklaration vom 6. April, § 11, S. 135.
Instruktion vom 7. April, Nr. 19, S. 350.
— vom 31. Dezember, S. 464.

1840.

Kab.-O. vom 4. Mai, S. 463.
Gesetz vom 18. Juni, S. 38, 39, 103, 105, 113, 120, 121, 191, 194, 197, 198, 203.
— § 1, S. 27, 30, 114, 199, 438.
— § 1, Abs. 4, S. 85.
— § 2, S. 107.
— § 3, S. 128, 178, 201.
— §§ 5 und 6, S. 45, 89, 106.
— §§ 5, 6, 14, S. 45, 57, 139.
— § 7, S. 107.
— § 14, S. 193.
V. v. 30. November, S. 190.
Min.-Reskr. v. 30. Dezember, S. 114.

1841.

Kab.-O. vom 30 Mai, S. 433, 435.

1842.

Min.-Reskr. v. 6. Mai, S. 248.
Gesetz vom 11. Mai, S. 223, 228.
— §§ 2—5, S. 234.
— § 4, S. 245, 300, 311, 332.
— § 6, S. 459.
Kab.-O. vom 30. Juli, S. 75.
Armengesetz vom 31. Dezember, S. 149, 254.
— § 3, Nr. 6, S. 156.
— § 6, Nr. 2, S. 148, 155, 156.
— § 6, Nr. 3, S. 109, 131, 147.
— § 8, S. 12, 229, 230.
— § 34, S. 332.
— § 37, S. 76.
Aufnahmegesetz vom 31. Dezember, S. 254.
— §§ 1, 2, 14, S. 248.
— § 2, Nr. 2, S. 254.
— §§ 4, 5, 10, S. 240.
— § 8, S. 241.

1843.

Gesetz vom 28. Februar, S. 271.
— §§ 1. 13 ff., 19, Nr. 2, 25, S. 280, 281.
— § 2, S. 290.
— §§ 3, 4, 6, S. 253.
— § 7, S. 275, 276, 285.
— §§ 7, 18, S. 273.
— §§ 13, 19, S. 289.
— §§ 16 b., 19—23 Abs. 2, S. 276.
— §§ 56 ff., S. 281.

1844.

Eisenbahn-Vertrag vom 19. April, S. 53.
Westpreußisches Prov.-Recht vom 19. April, § 23, S. 122.
Kab.-O. vom 21. Juni, 353.
Min.-Reskr. vom 30. Juni, S. 240.

1845.

Gesetz vom 8. Januar, S. 118, 130, 143, 204, 421.
— §§ 12—14, S. 131.
— § 23, S. 138.
— § 24, S. 131.
— § 27, S. 216.
Preuß. Gewerbe-Ordnung vom 17. Januar,
— § 1, S. 389.
— § 49, S. 378.
— § 71, § 84.
Min.-Reskr. vom 30. April, S. 240.
Preuß. Schul-Ordnung vom 11. Dezember
— § 4 Abs. 2, S. 197.
— § 32, S. 197.
— §§ 38—42, 45, S. 190.
— §§ 38—40, 44—48, 55, 65, S. 184.
— §§ 39, 42, S. 189.
— § 45, Nr. 4, S. 180, 181.
— §§ 55—60, S. 201.
— §§ 56, 60, S. 196.
— § 60, S. 199.
— § 66, S. 194.
Bescheid vom 7. September, S. 463.

1846.

Bankordnung vom 5. Oktober, §§ 2, 5, 6, S. 380.
Wiesenordnung vom 28. Oktober, S. 281.

1847.

Reskript vom 29. Januar, S. 289.
Gesetz vom 23. Juli, §§ 49 Nr. 3, 58, Nr. 2, S. 177, 178.
Deklaration vom 16. Juli, § 3, S. 132.

1848.

Deichgesetz vom 28. Januar.
— § 1 Abs. 2, S. 292.
— § 19, S. 172.
Ob.-Trib. Erk. vom 7. Sept., S. 192.

1849.

V. v. 6. Januar, S. 344.
Ges. vom 11. Juli, S. 75.

1850.

Preuß. Verfassung vom 31. Januar, Art. 5, S. 248.
— 9, S. 245, 251, 254, 415.
— 21 Abs. 2, S. 205.
— 21, 24, S. 205.
— 29, S. 252.
— 29, 30, S. 248, 253.
— 42 Abs. 1, S. 251.
— 45, S. 76.
— 50, S. 77.
Gesetz vom 12. Februar, S. 217.
— § 6, S. 459.
— § 8, S. 237, 248.
— § 11, S. 167.
Gesetz vom 24. Februar, § 2 S. 60, 81, 82.
Jagd-Polizeigesetz vom 7. März, § 2 a., S. 263.
— §§ 2, 3, 7 Abs. 3 und 4, S. 261.
— §§ 2, 7, 12, S. 262.
— §§ 2, 4, S. 263.
— § 7 Abs. 2, S. 261, 263.
— § 9, S. 259.
— § 10 Abs. 2, S. 264.
— § 11, S. 115.
— § 15, S. 258, 259.
— §§ 14, 15, S. 256.
Polizei-Verwaltungsgesetz vom 11. März, S. 242, 251, 402, 415.
— § 1 Abs. 3, S. 365.
— § 2, S. 98.
— §§ 2, 3, S. 92.
— § 3, S. 79, 98, 99, 149, 233, 238, 253, 288, 299, 355.
— § 5, S. 226.
— § 6, S. 244, 253.
— § 6 d und e, S. 248, 253.
— § 6 h, S. 241.
— § 6 i, S. 252.
— §§ 6, 11, S. 226.
— § 17, S. 245.
— § 20, S. 254.

Vereinsgesetz vom 11. März, S. 248.
— §§ 1, 2, S. 252.
— § 2, S. 253.
Min.=Reskr. vom 20. Mai, S. 229.

1851.

Preußisches Strafgesetzbuch v. 14. April.
§ 12, S. 180.
— §§ 26—28, S. 248.
Ges. v. 1. Mai, S. 32, 56.
— § 18, S. 119.
— §§ 19, 30, S. 34.
— § 26, S. 180.
— § 28, S. 31, 35, 57, 58, 65, 84.
— § 28 Abs. 3, S. 34, 56.
— §§ 28, 30, S. 41, 67.
— § 30, S. 36, 37, 38, 47, 49, 58, 87.
— § 30 Abs. 2, S. 64.
— § 36, S. 86.
— § 36 Abs. 3, S. 46.
— § 36 Abs. 4, S. 34.
Ges. v. 10. Mai § 5, S. 251.
Ges. v. 12. Mai § 9, S. 234.
Gothaer Vertrag vom 15. Juli, § 1, S. 5.
Ob.=Trib. Erk. v. 8. September, S. 192.
Min.=Reskr. v. 18. Oktober, S. 157.

1852.

Ges. v. 14. Mai, S. 220.
Ges. v. 21. Juli, S. 74.
— § 9, S. 457.
— §§ 11, 12, 22, 32, 42, S. 458.
— § 16 Nr. 2, S. 456.
— § 21, S. 144.
— §§ 24, 41, S. 442.
— § 28, S. 464.

1853.

Ges. v. 13. Februar, § 3, S. 464.
— v. 17. Mai, S. 84, 435.
— v. 24. Mai, S. 421.
— § 11, S. 216.
— v. 30. Mai, S. 37, 49.
Städte=Ordnung v. 30. Mai, § 2, S. 322.
— § 4, S. 90, 91.
— § 4 Abs. 3, S. 30, 38, 88.
— § 4 Abs. 4, S. 31.
— § 4 Abs. 7, S. 81.
— § 17 Nr. 2, S. 93.
— §§ 29, 33, 64, 81, S. 91.
— § 36, S. 168.
— § 53, S. 30, 81, 91, 294.
— § 56, S. 92, 168.
— § 77, S. 166.
Instruktion v. 20. Juni, XIII, S. 91.
V. v. 20. Juli, S. 186.
Min.=Erlaß v. 29. Septbr., S. 36.
Wege=Ordnung v. 12. Novbr., S. 305.

1854.

Ges. v. 13. Febr., S. 459.
— § 1, S. 460, 463.
— § 3, S. 460, 467.

Ges. v. 20. März, § 3, S. 135.
Min.=Reskr. v. 26. März, S. 157.
Ges. v. 3. April, § 3, S. 390.
— v. 24. April, S. 220.
Min.=Reskr. v. 18. Mai, S. 299.

1856.

Westfäl. Städte=Ordnung v. 19. März § 4 Abs. 4, S. 117.
Ges. v. 14. April, S. 106, 108, 123, 129, 133, 134, 140, 251.
— § 1, S. 109, 147, 149, 155.
— § 1 Abs. 2, S. 13.
— § 1 Abs. 6, S. 322.
— § 3, S. 161.
— § 5, S. 164.
— § 5 Nr. 1—4, § 12, S. 124.
— § 5 Nr. 2, S. 105.
— § 5 Nr. 5, S. 127.
— §§ 5, 6, S. 161, 162.
— § 6, S. 21.
— § 8, S. 161, 162.
— § 10 Nr. 1, S. 135.
— § 11, S. 110, 131.
— §§ 11, 12, S. 105, 118, 119.
— §§ 11—13, S. 140.
— § 15, S. 169.
— § 18, S. 141.
Instruktion vom 14. Juli Art. 1, S. 141.
Ob.=Trib. Erk. v. 11. November, S. 99.

1858.

Entscheidung des Kompetenz=Gerichtshofes v. 23. Juni, S. 459.

1859.

Hannöversches Gesetz vom 28. April, S. 25.
Ges. v. 14. Juni, S. 278.
Min.=Reskr. v. 26. November, S. 216.

1860.

Kab.=O. v. 28. Januar, S. 322.
Ges. v. 14. Mai, § 9, S. 107.
Min.=Reskr. v. 13. August, S. 148.

1861.

Kab.=O. vom 1. Januar, S. 157.
Anweisung v. 21. Mai, § 2a, § 5, Muster 1, 3, 7, Anlage C, § 13 Anlage D, S. 39.
Gesetze vom 21. Mai, S. 109, 118.

Grundsteuergesetz.

— § 3 Nr. 2, S. 8, 47, 60.
— § 4, S. 34.
— § 4 IV c. d. e, S. 32, 39, 60, 129, 130.
— §§ 4, 10, S. 39.

Gebäudesteuergesetz.

§ 5, S. 40, 41.
Ges. v. 24. Mai, § 15, S. 185.
— 22. Juni, S. 84.
— Art. III, S. 435.

Novelle v. 22. Juni, S. 378, 380.
Ges. v. 19. Juli, S. 42.
Anweisung v. 12. August, S. 44.

1862.

Kab.=O. v. 20. Oktober, S. 44.

1864.

Min.=Erlaß v. 22. Januar, S. 90.
Reglement v. 26. September, S. 76.

1865.

Berggesetz v. 24. Juni, § 56, S. 43.
— §§ 65 ff., 94 ff., 212, S. 60.

1866.

Eisenbahnvertrag v. 12. Januar, S. 53.

1867.

Ges. v. 8. Februar § 2a, § 32i, S. 109.
— § 45, S. 63.
— § 45 Abs. 3, S. 106.
Ges. v. 9. Februar, S. 278.
— § 2, S. 290.
— §§ 4—11, S. 277.
— § 9, S. 286.
Ges. v. 22. Februar, S. 43.
Ges. v. 2. März, S. 107.
Ges. v. 16. März, S. 37.
V. v. 28. April, S. 28.
Ges. v. 8. Mai, S. 43.
V. v. 11. Mai, S. 28.
Anweisung v. 28. Mai, S. 44.
V. v. 4. Juni, S. 28.
V. v. 16. September, S. 462.
V. v. 20. September, siehe Polizeiverwaltungs=Ges. v. 11. März 1850.
V. v. 23. September, siehe Ges. v. 11. Juli 1822.
Ges. v. 1. November, § 3, S. 248.
— § 5, S. 240.
— § 8, S. 113, 116, 143.
— § 12, S. 240.

1868.

Ges. v. 25. Juni § 1, S. 121.
Ges. v. 4. Juli, S. 54.
— § 1 Nr. 4, S. 370.
Ges. r. 8. Juli, § 2, S. 382.

1869.

Ges. vom 1. Januar, S. 43.
— 22. Februar, S. 60.
— 12. März, S. 43.
— 17. April, § 14, S. 100.
Gewerbe=O. vom 21. Juli, siehe Gesetz vom 1. Juli 1883.
Anweisung vom 4. September, S. 353.
— § 14, S. 378.
Bekanntmachung vom 25. September, S. 381.

1870.

Min.=Restr. vom 2. Januar, S. 157.
Lauenburgisches Gesetz vom 7. Januar, siehe Polizei=Verwaltungsgesetz vom 11. März 1850.
Min.=Erlaß vom 22. Februar, S. 351.
Gesetz vom 24. Februar, §§ 12, 13, 14, 28, S. 435.
Allgemeine Verfügung vom 2. Juni, S. 380.
Reichs=Gesetz vom 6. Juni (System), S. 6.
— § 4, S. 13.
— §§ 28, 33, S. 6.
— §§ 34 ff., S. 5.
— § 65, S. 332.
— § 65 Nr. 6, 449.
Min.=Erlaß vom 14. Juli, S. 402.

1871.

Ges. vom 8. März, § 8, S. 78, 143, 146.
— § 8, Abs. 2, S. 146.
— § 28, S. 76.
— § 37, S. 6.
— §§ 37, 40 ff., S. 5.
— § 43, S. 75.
— § 73, S. 449.
— § 74, S. 91, 141, 147.
Ges. vom 10. März, § 10, S. 94.
Reichs=Verfassung vom 16. April, Art. 2, S. 158.
— Art. 4, 5, S. 380.
— Art. 50, Abs. 3, S. 464.
Reichs=Straf=Ges.=Buch vom 15. Mai, S. 461.
— §§ 28, 29, S. 214.
— §§ 34, 38, S. 258.
— §§ 38, 39, S. 248.
— §§ 113, 114, S. 461.
— §§ 153—163, S. 180.
— § 180, S. 237.
— §§ 284, 285, 360 Nr. 14, S. 356.
— § 324, S. 253.
— § 360 Nr. 6, S. 237.
— § 360 Nr. 9, S. 435.
— § 360 Nr. 12, S. 389.
— § 361 Nr. 6, S. 226.
— § 366 Nr. 8 und 9, S. 354.
— § 368 Nr. 9, S. 241, 467.
Deklaration vom 19. Mai, S. 54.
Ges. vom 19. Mai, S. 370.
Haftpflichtgesetz vom 7. Juni, S. 64.
Ges. vom 28. Oktober, § 25, S. 463.
Reichs=Postgesetz vom 28. Oktober, S. 40.
Ges. vom 21. Dezember, S. 245.
— § 32, S. 235.

1872.

Ges. v. 11. März, S. 202.
— § 1, S. 464.
— § 2 Abs. 2, S. 205.
Ges. vom 27. März, § 19, S. 80.
— 10. April, S. 366.
— 5. Mai, § 9, S. 1.
Grundbuch=Ordnung vom 5. Mai, § 5, S. 369.
— § 10, S. 54.

Min.=Erlaß vom 12. Oktober, S. 402.
— 15. Oktober, S. 186, 205.
Altländische Kreis=Ordnung vom 13. Dezember siehe Gesetz vom 19. März 1881.
Min.=Erlaß vom 20. Dezember, S. 61.

1873.

Min.=Erlaß vom 7. Januar, S. 351.
Berliner Pol.=V. vom 17. Januar, S. 322.
Instruktion vom 10. März, S. 21.
— Art. 12, Nr. 11, S. 18, 19.
— Art. 12, Nr. 20, S. 163.
Ges. vom 24. März, § 8 Abs. 3, S. 104.
— 31. März, § 1, S. 464.
— §§ 13, 154, S. 466.
— § 19, S. 65, 465.
— §§ 75, 100, S. 456.
Ges. vom 30. April, S. 70, 72, 98.
— 25. Mai, S. 34, 49, 58.
— Art. I. § 9 a., S. 108.
Min=Erlaß vom 10. Juni, S. 96, 102.

1874.

Ges. vom 16. Februar, S. 366.
— 9. März, § 2, S. 212.
Min. Erlaß vom 20. März, S. 126.
Ges. vom 2. Mai, §§ 70, 71, S. 255.
— 7. Mai, § 30 Abs. 2, S. 234.
— 20. Mai, S. 171, 440.
— 30. Mai, S. 266.
— §§ 4, 16, 43, 46, 50, Nr. 7, S. 266—268.
— §§ 46—48, S. 467.
Ges. vom 9. Juni, § 3, S. 69, 70.
— 11. Juni, S. 245, 251.
— § 6, S. 335.
— § 14, S. 246, 334.
Ges. vom 11. Juli, S. 254.
Min.=Erlaß vom 8. August, S. 454.
— 12. Oktober, S. 259.

1875.

Ges. vom 6. Februar, §§ 4—10, S. 115.
— § 7, S. 211, 212.
Ges. vom 13. Februar, § 7, S. 119.
Bekanntmachung vom 5. März, S. 381.
Ges. vom 14. März, § 13 Nr. 3, § 44 Nr. 1, S. 380.
Min.=Erlaß vom 12. April, S. 74.
Ges. vom 28. Mai, S. 150.
— § 3, S. 157.
Ges. vom 20. Juni, § 47 Nr. 1, S. 171.
— §§ 52, 53, S. 176.
Ges. v. 25. Juni, § 6, S. 229, 436.
Altländische Provinzialordnung vom 29. Juni, siehe Gesetz vom 22. März 1881.
Ges. vom 2. Juli, S. 395.
— §§ 1, 11, S. 412.
— §§ 1, 13, Abs. 2, S. 396.
— § 8, S. 396.
— § 11, S. 407, 411, 413.
— § 12, S. 402, 408, 413, 414, 415, 416, 419.
— §§ 12 und 15, S. 398.
— § 14, S. 89.
— § 15, S. 322, 323, 397, 443.
Vormundschaftsordnung vom 5. Juli, S. 60.
— § 52, S. 143.
Ges. v. 6. Juli, §§ 1, 2, 7—13, 32, 34, 35, 37, S. 264, 265.
Ges. vom 8. Juli, S. 70, 72, 98.
— § 18, S. 7.
— § 18 Abs. 2, S. 4, 5.
— §§ 18, 22, S. 80.
Min.=Erlaß vom 15. September, S. 98.
V. vom 27. Sept., Art. I. Nr. 3, S. 176.
Kontroll=Ordnung vom 28. Sept., S. 255.
Instruktion vom 1. Dez., Nr. 2, S. 212.

1876.

Verfügung vom 8. Februar, S. 448.
Min.=Erl. vom 16. Februar, S. 225.
Verfügung vom 22. Februar, S. 448.
Reichs=Straf=Ges.=B. vom 26. Februar, siehe 15. Mai 1871.
Reglement vom 7. März, S. 41.
Bekanntmachung vom 13. März, S. 41.
Ges. vom 7. April, S. 392.
— § 4 Abs. 2 und 3, S. 391, 392.
— § 11, S. 391.
— § 29, S. 392.
Ges. vom 8. April, S. 390.
— 14. April, § 2 Nr. 2, S. 146.
Verfügung vom 15. April, S. 448.
E. vom 25. April, S. 1, 16.
E. vom 2. Mai, S. 1, 15, 27, 62.
E. vom 9. Mai, S. 27, 60, 213.
E. vom 23. Mai, S. 26, 28, 30.
E. vom 30. Mai, S. 28, 348.
Ges. vom 3. Juni, Art. 16, S. 174.
— Art. 23, 27, Abs. 3, S. 172—176.
E. vom 6. Juni, S. 180, 213.
E. vom 13. Juni, S. 168, 214.
E. vom 27. Juni, S. 28.
Ges. vom 29. Juni, § 1, S. 48, 49, 199.
E. vom 30. Juni, S. 105, 349.
E. vom 3. Juli, S. 177.
Bescheid vom 4. Juli, S. 449.
Ges. vom 12. Juli, S. 199.
— § 1, S. 67.
— § 2, litt. b., S. 49.
Zirkularverfügung vom 21. Juli, S. 20.
Zuständigk.=Ges. vom 26. Juli, § 29, S. 47.
— § 155, S. 394.
Im übrigen siehe Gesetz vom 1. August 1883.
Ges. vom 28. Juli, § 6 b., S. 178.
E. vom 1. August, S. 215, 353.
Ges. vom 14. August, § 11, S. 168, 169.
Ges. vom 25. August, S. 118, 187, 204, 216, 308, 421, 426.
— § 2, S. 131.
— §§ 2, 7, 11, S. 206, 207.
— § 7, S. 131, 447.
— § 13, S. 423, 425, 428.
— § 13, Abs. 3, 14, 15, 24, S. 411, 412.
— § 13 letzter Absatz, S. 427.
— §§ 14, 15, 24 Abs. 2, S. 423.
— §§ 14—17, S. 428, 429.
— § 15, S. 422, 424.
— §§ 16 ff., S. 425.

Ges. vom 25. August, §§ 18—20, S. 427.
— § 19, S. 422.
— § 23 S. 443.
E. vom. 8. September, S. 28, 392.
B. vom 9. Septbr. Art. 1 Nr. 7, S. 170.
— Art. 3 Nr. 4, S. 170, 174, 176.
E. v. 12. Septbr., S. 29, 44, 61.
— — 15. „ S. 350.
— — 19. „ S. 29, 53, 182.
— — 26. „ S. 215, 252, 355, 356, 437.
Verfügung vom 26. Septbr., S. 450.
E. vom 29. Septbr., S. 105, 123, 185.
— — 10. Oktbr., S. 186, 193, 215, 293, 350, 449.
— — 13. Oktober, S. 12, 93, 153, 352.
— — 18. „ S. 30, 59, 207, 351, 352, 438.
— — 21. „ S. 143, 207, 216, 438.
— — 25. „ S. 216, 294, 436.
Verfügung vom 31. Oktober, S. 452.
E. vom 4. November, S. 268.
— — 8. „ S. 13, 216, 295.
— — 11. „ S. 31, 438.
— — 15. „ S. 298.
— — 20. „ S. 186.
— — 22. „ S. 143, 145, 153, 452.
— — 29. „ S. 298, 299.
— — 2. Dezember, S. 105, 116, 122, 186, 217.
— — 6. „ S. 218, 219.
— — 9. „ S. 32.
— — 20. „ S. 219.
— — 27. „ S. 186, 187.
Verfügung v. 29. Dezember, S. 453.

1877.

E. vom 3. Januar, S. 33.
Instruktion vom 3. Januar, S. 49, 56.
— § 3, S. 57.
— § 4, II a, § 10, S. 58.
— § 7, S. 56.
— § 19 b., S. 64.
E. vom 17. Januar, S. 106, 188, 192.
— — 20. „ S. 106, 117, 158, 189, 440.

Gerichts-Verfassungsgesetz vom 27. Januar.

Einführungsgesetz § 11, S. 460, 464, 467.
Des Gesetzes § 13, S. 269, 284, 310, 370.

Zivil-Prozeß-Ordnung vom 30. Januar.

Einführungsgesetz § 15 Nr. 4, S. 101.
Des Gesetzes § 41 Nr. 1 u. 6, S. 93.
— §§ 41 ff., S. 400.
— § 41 Nr. 4, S. 447.
— § 41 Nr. 5, 6, S. 286.
— § 41 Nr. 6 und § 371, S. 446.
— § 59, S. 384.
— § 63, S. 176.
— § 109, S. 251.
— §§ 152 ff., S. 129.
— § 200, S. 454.
Des Gesetzes § 202, S. 446.
— §§ 369, 376, S. 264.
— § 376, S. 446.
— §§ 541 ff., S. 351, 439.
— §§ 543 ff., S. 439.
E. vom 31. Januar, S. 34, 220, 439.
Straf-Prozeß-Ordnung vom 1. Februar.
— §§ 44, 343, S. 458.
— § 338 Nr. 2, S. 217.
E. vom 7. Februar, S. 188.
— — 10. „ S. 34.
— — 14. „ S. 299.
— — 17. „ S. 300, 433.
— — 28. „ S. 68, 70, 71.
— — 3. März, S. 48, 107, 108, 116.
— — 7. „ S. 111, 146, 148, 153.
— — 10. „ S. 113, 269.
Gesetz vom 12. März Art. IV, S. 34.
E. vom 14. März, S. 34, 47, 220.
— — 17. „ S. 108.
— — 24. „ S. 109, 353.
— — 28. „ S. 188, 302.
— — 4. April, S. 109, 157.
— — 7. „ S. 354.
— — 11. „ S. 302, 402, 440.
— — 18. „ S. 110.
— — 23. „ S. 303.
— — 26. „ S. 148.
— — 30. „ S. 111, 146, 222, 335, 393.
— — 5. Mai, S. 223.
— — 9. „ S. 111, 256.
— — 12. „ S. 188, 270.
— — 16. „ S. 35, 36, 37, 58, 356.
— — 19. „ S. 170, 395, 440.
— — 23. „ S. 375.
Gesetz vom 25. Mai, S. 380.
E. vom 26. Mai, S. 304.
— — 30. „ S. 208, 277.
— — 2. Juni, S. 395, 439.
— — 6. „ S. 111, 144.
— — 9. „ S. 223, 256, 376.
— — 13. „ S. 112, 421.
— — 16. „ S. 259.
— — 20. „ S. 440.
— — 21. „ S. 220.
Instruktion vom 21. Juni, S. 169.
E. vom 23. Juni, S. 38, 112, 113, 377.
— — 27. „ S. 69, 71, 225.
— — 30. „ S. 94, 142.
— — 2. Juli, S. 356, 376.
— — 4. „ S. 357.
B. vom 5. September, S. 170.
E. vom 8. „ S. 38, 177.
— — 12. „ S. 114.
Verfügung vom 17. September, S. 453.
E. vom 19. September, S. 256, 358.
— — 3. Oktober, S. 178.
— — 6. Oktober, S. 226.
— — 10. „ S. 359, 396.
— — 13. „ S. 18, 397.
— — 15. „ S. 270.
— — 17. „ S. 118.
— — 20. „ S. 114.
— — 31. „ S. 189.
— — 2. November, S. 108.

E. vom 3. November, S. 38, 123, 440.
— — 7. „ S. 271.
— — 10. „ S. 14, 21, 226.
— — 14. „ S. 15, 226, 227, 310, 441.
— — 17. „ S. 114, 125, 430, 433.
Verfügung vom 17. November, S. 364, 453.
E. vom 21. November, S. 116.
— — 24. „ S. 189, 397.
— — 28. „ S. 16, 189, 198, 359.
— — 1. Dezember, S. 363.
— — 2. „ S. 227.
— — 3. „ S. 256.
— — 5. „ S. 390.
— — 8. „ S. 120, 148, 190, 380.
— — 12. „ S. 397.
— — 15. „ S. 39.
— — 19. „ S. 16, 301, 305.
— — 22. „ S. 16.

1878.

E. vom 5. Januar, S. 39, 40.
— — 9. „ S. 306.
— — 12. „ S. 72.
— — 14. „ S. 259.
— — 19. „ S. 112.
— — 23. „ S. 17, 22, 73, 77, 263, 441.
— — 26. „ S. 272.
— — 30. „ S. 113.
Ges. vom 8. Februar, S. 70.
E. vom 9. Februar, S. 95, 228, 272, 279, 295.
— — 11. „ S. 228.
Verfügung vom 12. Februar, S. 453.
Ges. vom 13. Februar, S. 171, 440.
E. vom 16. Februar, S. 17, 40.
— — 20. „ S. 306.
— — 23. „ S. 191, 273, 306.
— — 2. März, S. 208, 228, 421.
— — 6. „ S. 307.
Ges. vom 13. März, § 15, S. 210.
V. vom 16. März, S. 5.
Verfügung vom 16. März, S. 453.
E. vom 20. März, S. 158, 442.
— — 27. „ S. 229, 273, 359.
Verfügung vom 30. März, S. 454.
E. vom 3. April, S. 168, 257.
— — 5. „ S. 192.
— — 12. „ S. 355.
— — 17. „ S. 301, 308.
— — 24. „ S. 380.
— — 25. „ S. 323, 398, 416.
— — 1. Mai, S. 41, 192.
Verfügung vom 10. Mai, S. 454.
E. vom 13. Mai, S. 360.
Ges. vom 13. Mai, § 7, S. 211.
E. vom 16. Mai, S. 47.
— — 20. „ S. 259.
— — 27. „ S. 259.
— — 28. „ S 158.
— — 29. „ S. 229, 436.
— — 5. Juni, S. 306, 308.
— — 19. „ S. 117, 186, 193.
— — 20. „ S. 41, 208.
— — 22. „ S. 115, 118, 123.
E. vom 24. Juni, S. 42, 361, 362.
— — 26. „ S. 115, 118, 125, 131.
— — 27. „ S. 42, 259, 363.
— — 29. „ S. 193, 212.
— — 1. Juli, S. 18, 378, 400.
— — 3. „ S. 148.
— — 10. „ S. 229, 230.
— — 20. „ S. 399.
— — 4. September, S. 232.
— — 5. „ S. 18, 401.
— — 14. „ S. 108—120.
— — 18. „ S. 97.
— — 25. „ S. 313.
— — 26. „ S. 44.
— — 28. „ S. 193, 312, 381.
— — 7. Oktober, S. 44, 259.
— — 11. „ S. 170, 440.
— — 12. „ S. 108, 115, 119, 122, 363.
— — 14. „ S. 273.
Ges. vom 21. Oktober, S. 392.
— § 2 Abs. 2, S. 392.
E. vom 25. Oktober, S. 170.
— — 28. „ S. 46.
— — 30. „ S. 209.
— — 31. „ S. 261.
— — 4. November, S. 47.
— — 6. „ S. 167.
— — 7. „ S. 401.
— — 9. „ S. 312.
— — 13. „ S. 313.
— — 14. „ S. 275, 276.
— — 15. „ S. 233.
— — 16. „ S. 160.
— — 20. „ S. 295, 313.
— — 21. „ S. 47.
— — 2. Dezember, S. 402.
— — 4. „ S. 194.
— — 6. „ S. 400.
— — 7. „ S. 158.
— — 9. „ S. 11, 45.
— — 10. „ S. 360, 363.
— — 11. „ S. 160.
— — 12. „ S. 48, 63.
— — 14. „ S. 119, 121, 266, 381.
— — 18. „ S. 171, 194, 209, 302.
— — 19. „ S. 276.

1879.

E. vom 8. Januar, S. 195.
Ob.-Trib.-Erk. vom 9. Januar, S. 323.
E. vom 11. Januar, S. 233.
— — 13. „ S. 261.
— — 15. „ S. 356, 442.
— — 18. „ S. 170, 171.
— — 19. „ S. 116.
— — 23. „ S. 19.
— — 29. „ S. 123.
— — 1. Februar, S. 117, 120.
— — 5. „ S. 159.
— — 6. „ S. 407.
— — 10. „ S. 364, 402.
— — 15. „ S. 117.
— — 17. „ S. 19, 48, 58, 61.

E. vom 22. Februar, S. 100.
— — 26. „ S. 354.
— — 1. März, S. 114, 120, 170.
Ges. vom 4. März, § 6, S. 101.
E. vom 6. März, S. 48.
Post-Ordnung vom 8. März, § 44, Nr. VI., S. 463.
Polizei-V. vom 10. März, S. 244.
E. vom 12. März, S. 123, 132.
— — 13. „ S. 261, 404.
— — 20. „ S. 276, 391.
Ausführungs-Gesetz vom 24. März, § 1, S. 129.
E. vom 25. März, S. 120.
— — 26. „ S. 121, 183.
— — 29. „ S. 144.
Ges. vom 1. April, S. 281.
— — §§ 49, 53, 56 Nr. 2, 66, 70, 89, S. 289.
E. vom 7. April, S. 19.
— — 9. „ S. 354, 364.
— — 16. „ S. 302, 314.
— — 17. „ S. 53, 76, 277.
— — 19. „ S. 146, 149, 195.
— — 1. Mai, S. 404.
— — 3. „ S. 74.
— — 5. „ S. 368.
— — 9. „ S. 116, 122.
— — 10. „ S. 234.
— — 14. „ S. 97, 116.
— — 19. „ S. 49, 58.
— — 23. „ S. 50.
— — 4. Juni, S. 423.
— — 5. „ S. 278.
— — 7. „ S. 122, 364.
— — 9. „ S. 97, 430, 433.
— — 14. Juni, S. 316.
— — 16. „ S. 234, 391.
— — 18. „ S. 442.
— — 19. „ S. 205, 400, 443.
— — 25. „ S. 145, 365, 423.
— — 2. Juli, S. 97, 100, 242.
Gebühren-Ordnung vom 7. Juli, S. 455.
E. vom 8. Juli, S. 319.
— — 23. „ S. 443.
Novelle vom 23. Juli, S. 351, 382, 390.
B. vom 1. August, S. 464.
E. vom 18. „ S. 406.
B. vom 7. September, S. 186.
— — 9. „ S. 173.
E. vom 10. September, S. 148, 150.
Bekanntmachung vom 14. September, S. 351, 366.
Min.-Erlaß vom 14. September, S. 353.
E. vom 14. September, S. 422.
Instruktion vom 15. September, S. 220.
E. vom 17. September, S. 119, 120, 122, 318.
— — 20. September, S. 444.
— — 25. „ S. 257.
— — 2. Oktober, S. 408.
— — 13. „ S. 409.
— — 15. „ S. 101.
— — 16. „ S. 407.
— — 23. „ S. 262, 278.
— — 25. „ S. 161.
— — 17. November, S. 51.
— — 20. „ S. 51, 63.
E. vom 27. November, S. 278.
— — 1. Dezember, S. 258.
Reichs-Ger.-Erk. vom 4. Dezember, S. 323.
E. vom 6. Dezember, S. 69, 150.
— — 8. „ S. 79, 178, 408.
— — 10. „ S. 234.
— — 11. „ S. 52.
— — 17. „ S. 150.
Ges. vom 20. Dezember, § 8, S. 58.
Vertrag vom 24. Dezember, S. 59.

1880.

E. vom 8. Januar, S. 178.
— — 19. „ S. 52.
— — 4. Februar, S. 116, 124, 320.
— — 5. „ S. 53.
— — 7. Februar, S. 120, 125, 126.
— — 9. „ S. 126.
— — 12. „ S. 408, 417.
Ges. vom 14. Februar, § 9, S. 58
E. vom 18. Februar, S. 127, 196.
— — 21. „ S. 195.
— — 23. „ S. 403, 409.
— — 26. „ S. 355.
— — 1. März, S. 172, 177.
— — 8. „ S. 235.
— — 18. „ S. 322.
Ges. vom 30. März, S. 266.
E. vom 1. April, S. 210, 279, 410, 444.
Feld- und Forst-Polizei-Gesetz vom 1. April, § 10, S. 241, 467.
— — §§ 47—50, 52, 91, S. 426.
E. vom 3. April, S. 424.
— — 5. „ S. 77.
— — 10. „ S. 235.
— — 17. „ S. 161.
— — 22. „ S. 411, 444.
— — 24. „ S. 279.
— — 3. Mai, S. 411.
— — 5. „ S. 424.
— — 8. „ S. 152.
— — 10. „ S. 410.
— — 12. „ S. 77, 382.
— — 20. „ S. 430, 433.
— — 22. „ S. 151.
Ges. vom 31. Mai, S. 392.
Verfügung vom 1. Juni, S. 454.
E. vom 2. Juni, S. 125.
— — 5. „ S. 365.
— — 6. „ S. 252.
— — 9. „ S. 130, 131, 167.
— — 10. „ S. 245.
Reichs-Gerichts-Erk. vom 11. Juni, S. 367.
E. vom 12. Juni, S. 130.
— — 14. „ S. 20, 280.
Ges. vom 23. März, S. 229.
— § 2 Abs. 2, S. 436.
E. vom 26. Juni, S. 236.
— — 30. „ S. 236.
Reichs-Gerichts-Erk. vom 8. Juli, S. 323.
E. vom 30. Juli, S. 315, 323.
— — 27. August, 382.
— — 8. September, 445.
— — 16. September, S. 54.
— — 2. Oktober, S. 167, 237.

E. vom 4. Oktober, S. 55.
— — 6. " S. 367.
— — 8. " S. 56.
— — 9. " S. 367.
— — 13. " S. 354, 383.
— — 14. " S. 211.
— — 20. " S. 127, 152, 238.
— — 25. " S. 56.
— — 28. " S. 432.
— — 2. November, S. 20.
— — 3. " S. 130.
— — 6. " S. 127.
— — 10. " S. 238.
— — 18. " S. 266.
— — 20. " S. 114, 128.
— — 22. " S. 70.
— — 24. " S. 167.
— — 25. " S. 71.
— — 27. " S. 172, 173, 174.
— — 2. Dezember, S. 57.
— — 6. " S. 179.
— — 7. " S. 294, 327.
— — 11. " S. 116, 241.
— — 13. " S. 54.
Verfügung vom 22. Dezember, S. 454.

1881.

E. vom 3. Januar, S. 78.
— — 4. " S. 239.
— — 5. " S. 424.
— — 8. " S. 101.
— — 16. " S. 388.
— — 19. " S. 129.
— — 22. " S. 129.
— — 29. " S. 316 327.
— — 2. Februar, S. 327, 367.
— — 12. " S. 189, 197, 198.
— — 14. " S. 4, 5.
— — 16. " S. 159, 189, 197, 198.
— — 24. " S. 5, 21.
— — 3. März, S. 280.
— — 5. " S. 111, 130.
— — 9. " S. 195, 198.
Ges. v. 10. " § 8, S. 8.
— — 12. " S. 436.
— § 2 Abs. 2, S. 229.
E. vom 14. März, S. 281, 282.
— — 16. " S. 240.
— — 17. " S. 58, 262.
Ges. vom 17. März, S. 389.

Die altländische Kreisordnung in der Fassung des Gesetzes vom 19. März 1881.

§ 2, S. 73.
§ 3, S. 68, 69, 70.
§ 4, S. 69, 71, 72.
§ 5, S. 322.
§ 6, S. 31, 65, 66.
§ 8, S. 72, 73, 75, 104, 144, 456.
§ 9, S. 31, 38, 65.
§ 10, S. 27, 31, 38, 43, 44, 46, 49, 53, 55, 57, 59, 66, 67, 71.
§ 11, S. 10, 27, 29, 30, 44, 45, 46, 49, 53, 57, 59, 61, 62.
§ 12, S. 56, 71, 95.
§ 13, S. 39, 40, 50, 56, 68.
§ 14, S. 27, 28, 29, 30, 31, 34, 36, 38, 42, 43, 44, 46, 47, 48, 51, 52, 53, 54, 57, 59, 60. 61, 63, 65, 66, 95, 105, 106.
§ 15, S. 27, 31, 34, 35, 37, 39, 43, 46, 47, 49, 52, 53, 57, 59, 60, 61, 65, 66, 67, 95.
§ 16, S. 37, 44, 51, 52, 57, 60, 65, 66.
§ 17, S. 18, 32, 34, 39, 40, 66.
§ 18, S. 27, 31, 58, 60 61, 65.
§ 19, S. 25, 27, 29, 30, 32, 39, 44, 47, 52, 59, 60, 65, 139, 331, 451.
§ 20, S. 18.
§ 21, S. 109, 321.
§ 23, S. 162.
§ 25, S. 144.
§ 26 a S. 144, 166.
§ 29, S. 128, 144, 321.
§ 30, S. 321.
§ 31, S. 12, 95, 109, 125, 146, 149, 199, 201, 204, 210, 321.
§ 34, S. 145, 241.
§ 34 a, S. 125, 145, 158.
§ 47, S. 97, 98, 293.
§ 49, S. 103.
§ 49 a, S. 103.
§ 50, S. 97, 365.
§ 52, S. 97, 102.
§ 53, S. 93, 94.
§ 55, S. 94, 97, 102.
§ 55 b, S. 101.
§ 55 c, S. 102.
§ 56, S. 75.
§ 57, S. 104, 236, 250, 293, 327, 344.
§ 59, S. 97, 98, 250, 262, 266, 267, 271, 353.
§ 60, S. 224, 353.
§ 61, S. 79, 294, 307, 340.
§ 62, S. 94.
§ 65, S. 321.
§ 66, S. 103.
§ 67, S. 215, 224, 457.
§ 68, S. 75, 100.
§ 69, S. 95, 96, 97, 102, 104.
§ 70, S. 95, 97, 98, 99, 100, 102.
§ 70 a, S. 95, 97, 102.
§ 71, S. 97, 102.
§ 72, S. 97, 102.
§ 75, S. 17, 23.
§ 76, S. 464.
§ 77, S. 224.
§ 79, S. 353.
§ 86, S. 12, 13, 19, 42, 59, 74.
§ 87, S. 12, 42, 59, 74.
§ 92, S. 20.
§ 95, S. 13.
§ 96, S. 22, 24.
§ 97, S. 13, 16, 17, 18, 19.
§ 98, S. 12.
§ 99, S. 24.
§ 100, S. 21, 25.
§ 101, S. 24.
§ 103, S. 22, 24.
§ 104, S. 17, 19, 24.
§ 106, S. 1, 16, 17, 19, 22.
§ 107, S. 20.
§ 108, S. 16, 20, 21.

§ 110, S. 12, 22, 23, 24.
§ 111, S. 20.
§ 112, S. 20.
§ 112a, S. 12, 20.
§ 113, S. 14, 15, 16, 18, 20, 21, 22, 23, 24, 160.
§ 115, S. 76.
§ 116, S. 45, 48, 50, 76.
§ 118, S. 16, 17, 18, 456.
§ 125, S. 56.
§ 127, S. 40, 48.
§ 130, S. 76.
§ 131, S. 456.
§ 133, S. 75, 456.
§ 134, S. 17, 43, 45, 48, 73, 75, 76.
§ 136, S. 17.
§ 138, S. 451.
§ 142, S. 449.
§ 167, S. 76.
§ 169, S. 52.
§ 170, S. 313.
§ 176, S. 50, 56, 65, 68.
§ 177, S. 40, 80.
§ 178, S. 14, 18, 20, 21, 24, 40, 59, 74, 77, 78, 79, 98, 166.
§ 180, S. 78, 79, 80, 97, 99.
§ 183, S. 19.
§ 185, S. 94.
§ 199, S. 53, 76.
§ 200, S. 47.

Wahlreglement.

§ 1, S. 162.
§ 2, S. 17, 19, 163.
§ 3, S. 163.
§ 4, S. 2, 163.
§ 5, S. 15.
§ 6, S. 19, 21.
§ 7, S. 19, 21, 161.
§ 8, S. 15.
E. vom 21. März, S. 152.
Min.-Erlaß vom 22. März, S. 229.

Altländische Provinzialordnung in der Fassung des Gesetzes vom 22. März 1881.

§ 4, S. 293.
§ 7, S. 2.
§ 14, S. 2.
§§ 16, 17, S. 1, 2.
§ 19, S. 160.
§ 23, S. 2, 3, 21, 160.
§ 24, S. 2.
§ 51, S. 75.
§ 58, S. 2.
§ 62, S. 75.
§ 67, S. 75.
§ 68, S. 75.
§ 74, S. 418.
§ 87, 90, S. 2.
§ 106, S. 7, 9, 10, 12, 59.
§ 108, S. 10, 59.
§ 112, S. 11, 59.
§ 114, S. 5, 210, 211.
§ 118, S. 398, 418.
§ 121, S. 4, 5, 6, 78, 80, 210.

Wahlreglement.

§ 6 Nr. 2, 3, 6, 8, S. 2, 3.
E. vom 26. März, S. 152, 241.
Ges. vom 27. März, S. 210.
E. vom 2. April, S. 163.
— — 4. „ S. 58, 59.
— — 7. „ S. 63.
Zirkularverfügung vom 17. April, S. 308.
E. vom 21. April, S. 60.
— — 23. „ S. 145.
— — 27. „ S. 368.
— — 5. Mai S. 411.
— — 9. „ S. 413.
— — 18. „ S. 154.
— — 19. „ S. 59.
— — 21. „ S. 162.
— — 25. „ S. 241.
— — 30. „ S. 157.
— — 1. Juni, S. 445.
— — 2. „ S. 258.
— — 11. „ S. 154.
— — 14. „ S. 412.
Ges. vom 18. Juni, S. 388.
E. vom 22. Juni, S. 162.
— — 23. „ S. 60.
— — 24. „ S. 132.
Kammer-Gerichts-Erkenntnis vom 9. Juli, S. 101.
Ausführungs-V. vom 16. Juli, S. 389.
E. vom 10. September, S. 199.
— — 12. „ S. 60.
— — 15. „ S. 386, 413.
— — 19. „ S. 414, 432, 434.
— — 21. „ S. 154, 425, 458.
— — 22. „ S. 63.
— — 4. Oktober, S. 459.
Reichs-Gerichts-Erk. vom 13. Oktober, S. 323.
E. vom 22. Oktober, S. 162, 163.
— — 31. „ S. 267.
Reichs-Gerichts-Erk. vom 3. November, S. 323.
E. vom 16. November, S. 459.
— — 10. „ S. 414.
— — 12. „ S. 164.
— — 19. „ S. 368.
— — 24. „ S. 61, 414.
— — 26. „ S. 242, 283.
Min.-Erlaß vom 30. November, S. 92.
E. vom 3. Dezember, S. 162.
— — 5. „ S. 251, 415.
— — 7. „ S. 103, 199.
— — 17. „ S. 246.
— — 21. „ S. 445.
Reichs-Gerichts-Erk. vom 22. Dezember, S. 323.
E. vom 30. Dezember, S. 369.

1882.

E. vom 5. Januar, S. 387.
— — 14. „ S. 133.
— — 18. „ S. 329.
— — 21. „ S. 133.
— — 23. „ S. 7.
— — 30. „ S. 413, 414.

E. vom 4. Februar, S. 459.
— — 7. „ S. 264.
— — 13. „ S. 22.
— — 15. „ S. 460.
— — 22. „ S. 134, 155.
— — 1. März, S. 425, 461.
— — 6. „ S. 80.
Bescheid vom 11. März, S. 455.
E. vom 14. März, S. 415.
— — 20. „ S. 415.
— — 27. „ S. 62, 106.
Ges. vom 28. März, § 10, S. 66.
E. vom 29. März, S. 400.
— — 1. April, S. 368.
— — 3. „ S. 283.
— — 6. „ S. 164, 243.
Ges. vom 12. April, siehe Ges. vom 18. Juni 1840.
E. vom 13. April, S. 284.
— — 15. „ S. 200.
Min.-Erlaß vom 17. April, S. 267.
E. vom 19. April, S. 328, 369.
— — 26. „ S. 131.
— — 27. „ S. 244.
— — 1. Mai, S. 389.
— — 11. „ S. 244.
— — 13. „ S. 329.
— — 16. „ S. 2.
— — 17. „ S. 328.
— — 20. „ S. 134, 136.
— — 21. „ S. 201.
— — 22. „ S. 432, 434.
Verfügung vom 22. Mai, S. 455.
Justiz-Min.-Erlaß vom 24. Mai, S. 101.
E. vom 1. Juni, S. 383, 409.
— — 3. „ S. 335.
— — 4. „ S. 370.
— — 12. „ S. 330.
Verfügung vom 12. Juni, S. 455.
E. vom 14. Juni, S. 244.
— — 19. „ S. 245.
— — 21. „ S. 330.
— — 24. „ S. 135, 370.
— — 26. „ S. 285.
Bekanntmachung vom 12. Juli, S. 384.
Finanz-Min.-Erlaß vom 22. Juli, S. 66.
E. vom 4. September, S. 22.
— — 9. „ S. 246.
— — 16. „ S. 371.
— — 23. „ S. 331.
— — 25. „ S. 262.
— — 28. „ S. 416.
— — 30. „ S. 200.
— — 4. Oktober, S. 461.
— — 9. „ S. 7, 9.
— — 11. „ S. 200.
— — 12. „ S. 64.
— — 14. „ S. 135.
— — 20. „ S. 446.
— — 25. „ S. 137, 165, 383.
— — 27. „ S. 65, 371.
— — 6. November, S. 65, 416.
— — 11. „ S. 174.
Finanz-Min.-Erlaß vom 11. November, S. 66.
E. vom 13. November, S. 65.
E. vom 18. November, S. 333, 460.
— — 20. „ S. 425.
— — 22. „ S. 165.
— — 29. „ S. 339.
— — 30. „ S. 416, 417.
— — 2. Dezember, S. 156.
— — 9. „ S. 334.
— — 11. „ S. 263.
— — 16. „ S. 175.

1883.

E. vom 17. Januar, S. 336.
— — 24. „ S. 336.
— — 7. Februar, S. 135.
— — 14. „ S. 136.
— — 24. „ S. 248, 254.
— — 28. „ S. 200, 334.
— — 3. März, S. 246.
— — 10. „ S. 175.
Post-Ordnung vom 12. März, S. 463.
E. vom 21. März, S. 175, 337.
— — 28. „ S. 332.
— — 30. „ S. 384.
— — 31. „ S. 337.
— — 4. April, S. 201.
— — 6. „ S. 285.
Ges. vom 23. April, S. 220.
E. vom 23. April, S. 387.
— — 25. „ S. 248.
— — 10. Mai, S. 65.
— — 17. „ S. 23.
— — 21. „ S. 202.
— — 24. „ S. 286, 329.
Plenarentscheidung vom 26. Mai, S. 456.
E. vom 31. Mai, S. 3.
— — 6. Juni, S. 137.
— — 7. „ S. 418.
Anweisung vom 8. Juni, S. 220.
E. vom 11. Juni, S. 23.
— — 13. „ S. 462.
Ges. vom 15. Juni, § 87. Abs. 1, S. 390.
E. vom 20. Juni, S. 137.
— — 21. „ S. 433, 434.
— — 28. „ S. 72.
Reichsgewerbe-Ordnung vom 1. Juli, § 1, S. 357, 366.
— Abs. 1, S. 365.
— Abs. 1 und 2, S. 378, 390.
§§ 1, 3, 33, 53, S. 364.
§§ 6, 53, S. 381.
§§ 6, 29, 30, 53, 80, 144, S. 380.
§§ 6, 31 ff., 92, 98 b, S. 388.
§ 7, S. 389.
§ 10, S. 359, 369.
§ 15, S. 354, 370, 382.
§§ 15, 33, 53, 143, 147 Nr. 1, S. 364.
§ 16, S. 308, 384, 386.
§§ 16, 24, S. 365.
§§ 16, 33 Nr. 4, S. 369.
§§ 16, 69, S. 357.
§§ 17 ff., S. 385.
§§ 18, 24 Abs. 2, 51, S. 385.
§§ 20, 21, S. 348 ff.
§§ 20, 21, 40, S. 358, 359.

§ 21, S. 455.
§ 25, S. 357, 385.
§ 27, S. 244.
§ 28, S. 386.
§ 30, S. 380, 382.
§§ 30, 53, S. 381.
§ 33, S. 350, 351, 352 ff, 375, 376.
§§ 33 Nr. 2, 40, 53, S. 349.
§§ 33 b, 55, 57 Nr. 5, 60, 60 a, 61, 63, S. 382.
§ 34, S. 389.
§ 34 Abs. 2, S. 389.
§§ 34, 35, 53 Abs. 3, S. 390.
§ 35, S. 378, 379.
§ 37, S. 377, 378.
§ 38, S. 389.
§ 40, S. 377.
§ 41, S. 373.
§§ 41, 43, S. 368.
§§ 41, 45, S. 375.
§§ 41, 45, 151, S. 363.
§ 45, S. 360.
§§ 45, 46, 48, S. 367.
§ 49 Abs. 2, S. 369.
— Abs. 3, S. 384.
§ 53, S. 353, 362, 371, 373.
§ 53 Abs. 1, S. 360.
— Abs. 2, S. 351.
§ 56 Nr. 2, S. 383.
§§ 57, 57 a, S. 383.
§ 66, S. 387.
§ 84 Abs. 1, S. 388.
§ 86, S. 388.
§§ 95 Abs. 1, 104 Abs. 3, S. 387.
§§ 105, 136, 146 Nr. 2, S. 257.
§ 120, S. 383.
§ 120 a, S. 213.
§ 147, S. 370.
§ 147 Nr. 1, S. 354.

Das Gesetz über die allgemeine Landesverwaltung vom 30. Juli 1883.

§ 4, S. 313, 440.
§ 6, S. 84.
§ 7, S. 14, 23, 70, 97, 99, 100, 144, 194, 240, 265, 277, 311, 335, 360, 374, 386, 388, 443.
§ 18, S. 101.
§ 24, S. 101.
§ 28, S. 12, 26.
§ 32, S. 75.
§ 33, S. 215, 443, 451.
§ 34, S. 33.
§ 39, S. 75, 456.
§ 41, S. 137.
§ 48, S. 96.
§ 49, S. 96.
§ 50, S. 23, 70, 99, 144, 246, 348.
§ 51, S. 201, 402, 417, 438, 441.
§ 52, S. 16, 96, 278, 384, 447.
§ 53, S. 100, 242, 249, 297, 370.
§ 55, S. 96.
§ 57, S. 96, 444.
§ 58, S. 96, 340.
§ 59, S. 72, 96, 97, 99, 168, 242, 265.
§ 60, S. 96, 242, 418.
§ 61, S. 93, 265, 286, 446, 451.
§ 62, S. 73, 265, 448, 451.
§ 63, S. 47, 75, 171, 314, 329, 331, 353, 359, 440, 450.
§ 64, S. 224, 378, 439, 449, 451.
§ 65, S. 167.
§ 67, S. 353.
§ 68, S. 353.
§ 69, S. 224.
§ 70, S. 2, 97, 99, 117, 157, 176, 193, 205, 268, 274, 443, 450, 452, 453.
§ 71, S. 9, 50, 137, 188, 205, 263, 268, 331, 349, 350, 352, 353, 362, 363, 382, 390, 393, 437, 445, 450, 452.
§ 73, S. 161, 353, 445.
§ 74, S. 74, 134, 350, 352, 353, 355, 429, 450, 452, 453, 454, 455.
§ 76, S. 264, 355, 437, 446, 452.
§ 77, S. 264, 353, 363, 445, 446, 454.
§ 79, S. 12, 23, 180, 266, 298, 319, 350, 352, 364, 377, 382, 413, 445.
§ 81, S. 353.
§ 82, S. 99, 209, 352, 358, 418, 444, 455.
§ 83, S. 209, 349, 418.
§ 84, S. 23, 209, 447.
§ 85, S. 209, 363, 446.
§ 86, S. 209, 327, 439, 446, 448, 449, 451, 453.
§ 87, 133, 327, 413, 458.
§ 89, S. 439.
§ 91, S. 23, 74, 165, 250, 304, 381.
§ 92, S. 8, 50, 193, 264, 268, 350, 353, 362, 366, 371, 437.
§ 93, S. 209, 349, 444.
§ 94, S. 73, 82, 156, 180, 349, 352, 361, 364, 373, 474, 393, 446, 451.
§ 95, S. 133, 451, 453.
§ 97, S. 115.
§ 98, S. 135, 266—268, 349, 361, 364, 373, 437.
§ 99, S. 266—268, 349, 361, 437.
§ 100, S. 73, 266—268, 351, 361, 400, 437, 439.
§ 101, S. 135, 266—268, 437.
§ 102, S. 266—268.
§ 103, S. 19, 33, 91, 349, 350, 355, 455.
§ 104, S. 350, 355.
§ 105, S. 370.
§ 106, S. 444.
§ 107, S. 78, 79, 91, 349, 350, 355, 356, 435, 440, 442, 451, 452.
§ 108, S. 418.
§ 109, S. 33, 418.
§ 112, S. 16, 128, 446, 451, 458.
§ 113, S. 74, 97, 209, 235, 294, 357, 360, 409, 464.
§ 115, S. 96, 158, 451.
§ 116, S. 96, 451.
§ 117, S. 96, 250.
§ 118, S. 96.
§ 119, S. 96.
§ 121, S. 24, 95, 96, 136, 160, 327, 358, 418.

§ 122, S. 96.
§ 123, S. 24, 96, 297, 418.
§ 126, S. 24, 73, 74, 77, 78, 96, 160, 166, 358, 417, 418.
§ 127, S. 6, 167, 178, 219, 221, 222, 223, 225, 226, 228, 235, 244, 246, 247, 249, 251, 253, 254, 255, 256, 261, 274, 275. 284, 309, 313, 314, 331, 333, 336, 353, 368, 370, 381, 384, 385, 386, 387, 394, 397, 401, 402, 404, 405, 406, 409, 414, 417, 420, 424, 429, 430, 432, 436, 439.
§ 128, S. 171, 224, 247, 254, 255, 324, 326, 385, 387, 440.
§ 129, S. 246, 248, 358, 451.
§ 130, S. 246.
§ 132, S. 100, 128, 135, 168, 171, 214, 215, 237, 242, 244, 302, 309, 316, 321, 354, 361, 373, 385, 393, 394, 435, 464.
§ 133, S. 100, 117, 135, 216, 217, 223, 224, 234, 245, 249, 297, 315, 316, 325, 370, 393, 394, 440.
§ 135, S. 171.
§ 147, S. 421.
§ 148, S. 421.
§ 149, S. 421.
§ 154, S. 26, 208, 224, 293, 403, 449.
§ 157, S. 349, 378, 442.

Das Zuständigkeitsgesetz vom 1. August 1883.

§ 1, S. 11.
§ 2, S. 68—72.
§ 3, S. 26, 67.
§ 4, S. 79.
§ 6, S. 103.
§ 7, S. 54, 132, 259.
§ 9, S. 116.
§ 15, S. 166.
§ 17, S. 166.
§ 18, S. 84, 85, 88, 89, 120.
§ 19, S. 91.
§ 24, S. 54, 122, 132, 136, 140, 144, 259.
§ 26, S. 74, 116, 148, 156, 157.
§ 27, S. 107, 160, 161, 162, 164, 165, 167.
§ 28, S. 160, 161.
§ 31, S. 107, 110, 131, 134, 136, 160.
§ 32, S. 95.
§ 33, S. 101, 166.
§ 34, S. 54, 107, 111, 114, 117—128, 132, 133, 137, 138, 140, 142, 150, 199.
§ 35, S. 97.
§ 36, S. 75, 145.
§ 40, S. 78.
§ 41, S. 6.
§ 45, S. 183 ff.
§ 46, S. 189, 191, 194, 195, 196, 197, 200, 205, 208.
§ 47, S. 127, 142, 194, 197, 207, 208.
§ 49, S. 207, 208, 209.
§ 50, S. 120.
§ 51, S. 121.
§ 54, S. 177, 180.
§ 55, S. 228, 292, 293, 295, 297, 299, 303, 304, 306, 307, 309, 311, 314, 318, 319, 329, 335.
§ 56, S. 249, 292, 293, 295, 298, 299, 300, 302, 308, 315, 319, 331, 332, 334, 336, 337, 341, 342.
§ 57, S. 292, 293, 328, 330, 334.
§ 58, S. 292.
§ 59, S. 292.
§ 60, S. 292.
§ 61, S. 292.
§ 62, S. 292.
§ 63, S. 292.
§ 64, S. 292.
§ 66, S. 270, 274, 276, 285, 290, 311.
§ 67, S. 84, 277, 278, 286, 311.
§ 68, S. 269, 274, 280, 282.
§ 71, S. 280.
§ 75, S. 276.
§ 76, S. 281.
§ 77, S. 281.
§ 99, S. 269.
§ 102, S. 266, 267.
§ 104, S. 259.
§ 105, S. 262, 263.
§ 106, S. 115.
§ 110, S. 269.
§ 112, S. 385.
§ 113, S. 269.
§ 114, S. 348, 349, 350 ff., 442.
§ 115, S. 366, 376, 381, 382.
§ 117, S. 382, 383.
§ 119, S. 352, 356, 377, 378.
§ 121, S. 380.
§ 124, S. 388.
§ 125, S. 388.
§ 128, S. 387.
§ 133, S. 389.
§ 134, S. 112, 115, 435.
§ 135, S. 435.
§ 136, S. 435.
§ 137, S. 435.
§ 138, S. 435.
§ 141, S. 390.
§ 142, S. 390, 392.
§ 143, S. 392.
§ 144, S. 392, 418.
§ 145, S. 252, 392, 417.
§ 146, S. 392, 426.
§ 147, S. 426.
§ 148, S. 426.
§ 149, S. 426.
§ 160, S. 100, 125, 126, 132, 137, 185, 191, 197, 201, 207, 208, 209, 260, 289.
§ 161, S. 269, 387, 390.
§ 163, S. 16, 293.
Min.-Erlaß vom 6. August, S. 150, 157.
Ges. vom 28. August, S. 288.
E. vom 6. September, S. 248.
— — 8. „ S. 457.
— — 13. „ S. 66.
— — 15. „ S. 463.
— — 19. „ S. 258.
— — 20. „ S. 179, 372.
— — 22. „ S. 339, 372.

E. vom 26. September, S. 202.
— — 27. „ S. 263.
— — 1. Oktober, S. 287.
— — 3. „ S. 156, 158.
— — 6. „ S. 137, 248.
— — 11. „ S. 66.
— — 17. „ S. 372, 373.
— — 22. „ S. 265, 419.
— — 29. „ S. 384.
— — 12. November, S. 67.
— — 14. „ S. 138.
— — 19. „ S. 67, 419.
— — 26. „ S. 389.
— — 28. „ S. 340.
— — 1. Dezember, S. 340.
— — 15. „ S. 340.
— — 17. „ S. 386.
— — 19. „ S. 249.
— — 20. „ S. 9, 419.
— — 22. „ S. 341.
— — 29. „ S. 341.
Min.-Erlaß vom 29. Dezember, S. 382.
B. vom 31. Dezember, §§ 4 und 5, S. 383.

1884.

E. vom 9. Januar, S. 251.
Min.-Erlaß vom 17. Januar, S. 88.
E. vom 23. Januar, S. 202.
— — 28. „ S. 386.
— — 2. Februar, S. 203.
— —, 6. „ S. 201.
— — 13. „ S. 341, 426.
— — 16. Februar, S. 176, 342.
— — 20. „ S. 156, 343.
— — 27. „ S. 165.
Tarif vom 27. Februar, 19, 349, 444.
E. vom 12. März, S. 373.
— — 26. „ S. 203.
— — 30. „ S. 250.
Min.-Erlaß vom 1. April, S. 199.
E. vom 15. April, S. 287.
— — 23. „ S. 139.
— — 26. „ S. 140.
— — 30. „ S. 176, 427.
Ges. vom 1. Mai, §§ 1—4, 19 a—d, S. 392.
E. vom 2. Mai, S. 343.

Die Hannoversche Kreis-Ordnung vom 6. Mai 1884.

Vorbemerkung.

Vor der Benutzung dieses Registers ist wiederholt darauf aufmerksam zu machen, daß die Paragraphen dieser Kreisordnung neben den korrespondierenden Vorschriften der altländischen Kreisordnung nur zu dem Zwecke angeführt sind, um für die Auslegung derselben einen „ungefähren" Anhalt zu geben. Wo diese korrespondierenden Paragraphen vollständig übereinstimmen, wird dieser Zweck auch in der Regel erreicht werden, wo diese Übereinstimmung aber nicht vorliegt, wird auch meistens der betreffende Rechtsgrundsatz nicht vollständig anwendbar erscheinen. Demgemäß ist in jedem einzelnen Falle durch Vergleichung mit der altländischen Kreisordnung festzustellen, ob eine derartige, zur unbedingten Anwendung des in Frage stehenden Rechtsgrundsatzes geeignete Übereinstimmung vorliegt oder nicht.

§§ 1—21, vergl. die altländische Kreisordnung vom 19. März 1881.
§ 23, S. 17, 23.
§ 24, S. 464.
§ 28, S. 224.
§ 31, S. 144, 166.
§ 36, S. 12, 95, 109, 125, 146, 149, 199, 201, 204, 210, 320, 321.
§ 39, S. 145.
§ 42, S. 13, 19, 42, 59.
§ 43, S. 12, 42, 59.
§ 48, S. 20.
§ 51, S. 13.
§ 52, S. 22, 24.
§ 53, S. 13, 16, 17, 18, 19.
§ 54, S. 12.
§ 55, S. 24.
§ 56, S. 21, 25.
§ 57, S. 24.
§ 59, S. 22, 24.
§ 60, S. 17, 19, 24.
§ 62, S. 1, 16, 17, 19, 22.
§ 63, S. 20.
§ 64, S. 16, 20, 21.
§ 66, S. 12, 22, 23, 24.
§ 67, S. 20.
§ 68, S. 20.
§ 69, S. 12, 20.
§ 70, S. 14, 15, 16, 18, 20, 21, 22, 23, 24, 160.
§ 72, S. 76.
§ 73, S. 45, 48, 50, 76.
§ 74, S. 16, 17, 18, 457.
§ 75, S. 16.
§ 81, S. 56.
§ 83, S. 40, 48.
§ 87, S. 76.
§ 88, S. 456.
§ 90, S. 75, 456.
§ 91, S. 17, 45, 48, 73, 75, 76.
§ 92, S. 17.
§ 99, S. 76.
§ 101, S. 52.
§ 103, S. 50, 56, 65, 68.
§ 104, S. 40, 80.
§ 106, S. 14, 18, 20, 21, 24, 40, 59, 74, 77, 78, 79, 98, 166.
§ 111, S. 19.
§ 121, S. 53, 76.
§ 122, S. 47.
Wahlreglement, siehe die altländische Kreisordnung vom 19. März 1881.
Hannoversche Provinzial-Ordnung vom 7. Mai, siehe die altländische Provinzial-Ordnung vom 22. März 1881.
E. vom 8. Mai, S. 343.
Instruktion vom 11. Mai, Art. 1 Nr. 1, S. 25.
E. vom 19. Mai, S. 288.
— — 21. „ S. 343.

Ges. vom 28. Mai, S. 392.
— — 1. Juni, S. 390, 391.
— — 11. „ § 14, S. 338.
E. vom 14. Juni, S. 251.
— — 23. „ S. 78.
Ges. vom 23. Juni, S. 210.
E. vom 25. Juni, S. 166.
— — 27. „ S. 252, 289.
Handelsgesetzbuch vom 18. Juli, §§ 250 ff., S. 88.
E. vom 21. Juli, S. 203.
— — 3. September, S. 343.
— — 8. „ S. 263.
— — 13. „ S. 379.
— — 15. „ S. 433.
— — 18. „ S. 258.
— — 2. Oktober, S. 91.
— — 6. „ S. 378, 379.
— — 8. „ S. 344.
— — 9. „ S. 9.
— — 11. „ S. 252, 344.
— — 22. „ S. 140.
— — 23. „ S. 289.
— — 2. November, S. 344.
— — 3. „ S. 140.
— — 8. „ S. 204.
— — 17. „ S. 91.
— — 19. „ S. 253.
— — 20. „ S. 81, 267.
— — 26. „ S. 373.
— — 27. „ S. 379.
— — 8. Dezember, S. 81.
— — 10. „ S. 183.
— — 13. „ S. 464.
— — 17. „ S. 374.
— — 18. „ S. 379.
— — 20. „ S. 458.
— — 22. „ S. 204, 263.
— — 29. „ S. 199.
— — 30. „ S. 141, 374.

1885.

E. vom 3. Januar, S. 204.
— — 5. „ S. 379, 435.
— — 8. „ S. 388.
— — 12. „ S. 26.
— — 17. „ S. 205.
— — 18. „ S. 259.
— — 24. „ S. 464.
— — 26. „ S. 378.
— — 28. „ S. 183.
— — 29. „ S. 253, 378.
— — 4. Februar, S. 183.
— — 5. „ S. 82.
— — 9. „ S. 67, 265.
— — 12. „ S. 82.
— — 16. „ S. 420, 435.
— — 18. „ S. 206, 446.
— — 19. „ S. 86.
— — 25. „ S. 142.
— — 9. März, S. 157.
— — 11. „ S. 205, 346.
— — 25. „ S. 347.
— — 1. April, S. 374.
E. vom 8. April S. 254, 457.
— — 9. „ S. 90.
— — 15. „ S. 206.
— — 22. „ S. 68, 104.
— — 27. „ S. 379.
— — 30. „ S. 85.
— — 9. Mai, S. 150, 447.
— — 11. „ S. 24.
— — 16. „ S. 206, 345.
— — 18. „ S. 86.
— — 28. „ S. 89.
— — 1. Juni, S. 88.
— — 3. „ S. 253.

Hessen-Nassauische Kreis-Ordnung vom 7. Juni 1885.

Vorbemerkung.

Siehe die Vorbemerkung zu der Hannoverschen Kreisordnung vom 6. Mai 1884.
§§ 1—21. Siehe die altländische Kreisordnung vom 19. März 1881.
§ 25, S. 17, 23.
§ 26, S. 464.
§ 33, S. 224.
§ 34, S. 114, 166.
§ 35, S. 114, 166.
§ 37, S. 12, 95, 109, 125, 146, 149, 199, 201, 204, 210, 320, 321.
§ 40, S. 145.
§ 43, S. 12, 13, 19, 42, 59, 74.
§ 44, S. 12, 42, 59, 74.
§ 49, S. 20.
§ 52, S. 13.
§ 53, S. 22, 24.
§ 54, S. 13, 16, 17, 18, 19.
§ 55, S. 21.
§ 56, S. 24.
§ 57, S. 21, 25.
§ 58, S. 24.
§ 60, S. 22, 24.
§ 61, S. 17, 19, 24.
§ 63, S. 1, 16, 17, 19, 22.
§ 64, S. 20.
§ 65, S. 16, 20, 21.
§ 67, S. 12, 22, 23, 24.
§ 68, S. 20.
§ 69, S. 20.
§ 70, S. 12, 20.
§ 71, S. 14, 15, 16, 18, 20, 21, 22, 23, 24, 160.
§ 72, S. 76.
§ 74, S. 45, 48, 50, 76.
§ 75, S. 16, 17, 18, 457.
§ 76, S. 16, 17.
§ 82, S. 56.
§ 84, S. 40, 48.
§ 88, S. 76.
§ 89, S. 456.
§ 91, S. 75, 456.
§ 92, S. 17, 43, 45, 48, 73, 75, 76.
§ 93, S. 17.
§ 100, S. 76.
§ 102, S. 52.
§ 104, S. 50, 56, 65, 68.
§ 105, S. 40, 80.

§ 107, S. 14, 18, 20, 21, 24, 40, 59, 74 77, 78, 79, 98, 166.
§ 109, S. 78, 79, 80, 97, 99.
§ 112, S. 19.
§ 120, S. 53, 76.
§ 121, S. 47.
Wegen des Wahlreglements vergl. die altländische Kreisordnung vom 19. März 1881.

Hessen-Nassauische Provinzial-Ordnung vom 8. Juni 1885.

Siehe die Vorbemerkung zur Hannoverschen Kreisordnung vom 6. Mai 1884.
§ 3, S. 293.
§§ 7, 20, 21, S. 2.
§§ 11, 13, S. 2.
§ 14, S. 1, 3.
§ 20, S. 3, 21, 160.
§ 56, S. 2.
§§ 60, 63. S. 2.
§ 81, S. 10, 59.
§ 84, S. 11.
§ 87, S. 5, 210, 211.
§ 91, S. 398, 418.
§ 94, S. 4, 5, 6, 79, 80, 210.
Wahlreglement.
§ 6. Nr. 2, 3, 6, 8. S. 2.

E. vom 11. Juni, S. 85.
— — 17. „ S. 141.
— — 22. „ S. 435.
— — 24. „ S. 254.
— — 27. „ S. 143, 428.
— — 29. „ S. 75.
— — 3. Juli, S. 466.
Ges. vom 27. Juli, S. 28, 30, 34, 35, 36, 37, 48, 42, 44, 47, 48, 50, 51, 52, 54, 60, 61, 81, 88, 90, 105, 109, 113, 117, 119, 133, 140.
— — § 3, Abs. 3, S. 84.
— — §§ 7 ff., S. 66.
— — § 12, S. 3, 38, 58, 62, 65, 126.
— — § 13, S. 7.
— — § 14, S. 26, 58, 66.
E. vom 7. September, S. 84, 89.
— — 10. „ S. 91, 347.
— — 14. „ S. 90, 290.
— — 19. „ S. 446.
— — 23. „ S. 143, 209.
— — 26. „ S. 92.
— — 29. „ S. 289.
— — 5. Oktober, S. 420.
— — 7. „ S. 346.
— — 8. „ S. 84, 291.
— — 10. „ S. 156.
— — 10. „ S. 156.
— — 12. „ S. 392.
— — 13. „ S. 291.
— — 28. „ S. 93.
— — 2. November, S. 89, 344.
— — 4. „ S. 209.
— — 6. „ S. 388.
— — 14. „ S. 176.
E. vom 16. November, S. 86.
— — 20. „ S. 87.
— — 21. „ S. 374.
— — 25. „ S. 209.
— — 26. „ S. 3.
— — 28. „ S. 253, 467.
— — 29. „ S. 103.
— — 30. „ S. 88, 90.
Eisenbahn-Polizei-Reglement vom 30. November, S. 112.
E. vom 3. Dezember, S. 290.
— — 9. „ S. 255.
— — 14. „ S. 24.
— — 20. „ S. 8.

1886.

Post-Ordnung vom 21. März, S. 463.
Min.-Erlaß vom 31. März, S. 198.
Ges. vom 20. April, S. 392.
E. vom 29. April, S. 293.
Ges. vom 6. Mai, S. 197.
Kirchenges. v. 21. Mai, S. 170.
Ges. vom 16. Juli, S 456.
B. vom 23. Juli, S. 266.

Die Westfälische Kreisordnung vom 31. Juli 1886.

Vorbemerkung.

Siehe die Vorbemerkung zu der Hannoverschen Kreisordnung vom 6. Mai 1884.
§§ 1—21. Siehe die altländische Kreisordnung vom 19. März 1881.
§ 23, S. 12, 95, 109, 125, 146, 149, 199, 201, 204, 210,
§ 24, S. 125.
§ 25, S. 144, 166.
§ 26, S. 12, 95, 109, 145, 146, 149, 199, 201, 204, 210, 320, 321.
§ 27, S. 75, 320, 321.
§ 29, S. 224.
§ 31, S. 17, 23.
§ 32, S. 464.
§ 35, S. 13, 19, 42.
§ 36, S. 12, 19, 42.
§ 40, S. 20.
§ 43, S. 13.
§ 44, S. 12, 22, 24.
§ 45, S. 13, 16, 17, 18, 19.
§ 46, S. 12, 21, 22, 24.
§ 47, S. 12.
§ 48, S. 17, 19, 24.
§ 50, S. 1, 22, 16, 17, 19, 22.
§ 51, S. 20.
§ 52, S. 16, 20, 21.
§ 54, S. 12, 22, 23, 24.
§ 55, S. 20.
§ 56, S. 20.
§ 57, S. 12. 20.
§ 58, S. 14, 15, 16, 18, 20, 21, 22, 23, 24, 160.
§ 60, S. 76.
§ 61, S. 45, 48, 50, 76.

§ 62, S. 16, 17, 18, 457.
§ 69, S. 56.
§ 71, S. 40, 48.
§ 72, S. 17.
§ 75, S. 76.
§ 76, S. 456.
§ 78, S. 75, 456.
§ 79, S. 17, 43, 45, 73, 75, 76,
§ 80, S. 17.
§ 89, S. 52.
§ 91, S. 50, 56, 65, 68.
§ 92, S. 40, 80.
§ 93, S. 40.
§ 94, S. 14, 18, 20, 21, 24, 40, 59, 74, 77, 78, 79, 98, 106.
§ 96, S. 78, 79, 80, 97, 99.
§ 103, S. 53, 76.
§ 104, S. 47.

Wahlreglement.

Siehe das Wahlreglement für die altländische Kreisordnung vom 19. März 1881.

Westfälische Provinzial-Ordnung vom 1. August 1886., siehe die altländische Provinzial-Ordnung vom 22. März 1881.
— — § 3, S. 293.
Min.-Erlaß vom 26. August, S. 351.

Alphabetisches Register.

Die beigefügten Zahlen verweisen auf die Seiten.

A.

Abänderung der Klage 188; des Klageantrages 390; der Ortsverfassung, zeitweilige und vorübergehende 118; —**en** der Reichs-Gewerbe-Ordn. 390; der Reklamationsbescheide, nicht zulässig 50; der Steuerpflicht 89; von Bauten, ohne Konsens 408.

Abbauten als Teile der Amtsbezirke 94.

Abbruch der Ufer, Räumung 283; Wegebau 340; von konsenswidrigen Bauten 408.

Abdämmung des Wassers 333; von Gräben 284.

Abfallwässer, Ableitung 404.

Abfindungsländereien als Surrogate von abgelösten Berechtigungen 148; an den Fiskus abgetretene 150; Wegeunterhaltung 343.

Abflußhindernisse, künstliche 282; Abflußverhältnisse der Gräben, Erweiterung 270.

Abführung des Kreisabgabensolls 27.

Abfuhrunternehmungen 239.

„**Abgabe**“, Begriff 203; —**n**, dingliche, Abzug 58; in Rücksicht auf den Besitz 121; öffentliche, deren Entrichtung, Wohnsitz 3; Schmälerung des Ertrages 37; und „Steuern“ 139; verirrter Prozeßschriften an die zuständige Behörde 450; Regulirungspläne 118, 143; Regulirungspläne, Lücken und Mängel 137; und Leistungen für die Schule 189.

Abgabenbeträge, Bekanntmachung 30; Feststellung 29.

Abgabenbewilligungsrecht, Beeinträchtigung 45.

Abgabenforderungen, Änderung der Grundlagen seitens des Hebungsberechtigten 143.

Abgabenfreiheit von den Gemeinde- und Amtsbezirkslasten 94.

Abgabenpflicht der Forensen 51; im Prinzip 32; Synagogengemeinden 179; Übernahme seitens der Stadtgemeinden 45.

Abgabensoll der Provinzialabgaben, Erhöhung derselben 11.

Abgabensystem der Amtsbezirke 94.

Abgabenverfassung der Landgemeinden. Neuregulirung 119.

Abgabenverteilung, Privatabreden 138.

Abgabenverteilungsmaßstab, Abänderung 120.

Abgabenverteilungspläne 130, 131, 133, 207, 447.

Abgabenwesen, Neuregelung in den Landgemeinden 110.

„**Abgang** am Einkommen“ 86.

Abgänge, Kreisabgaben 27; und Zugänge 30, 46; der Staatssteuern 10; Versicherungen 431.

Abgangszeugnisse, gültige. Recht der Schule zur Erteilung derselben 206.

Abgeordnete und Gemeindeverordnete 165; zum Provinziallandtage. Wahl von mehreren in einem Wahlakte 2.

Abhängigkeitsverhältnis als Hindernis zur Erlangung der Eigenschaft als Stadtverordneter 93.

Abkommen mit dem Gemeindevorsteher wegen seiner Dienstunkostenentschädigung 158.

Ablehnende Beschlüsse des Kreistages 14; Verfügungen 261.

Ablehnung amtlichen Eingreifens, kein Verwaltungsstreitverfahren 430; der Einleitung einer Klage 454; der Richter 400; des Richters 265; eines Amtes 72; eines Richters 73; von Ämtern 143, 144; —**en**, polizeiliche 251.

Ableitung schädlichen Wassers 270.

Ableitungsgräben zur Entwässerung von Wegen 333.

Ablösbare Rechte 146.

Ablösung gutsherrlicher Rechte ohne Einfluß auf den kommunalrechtlichen Bestand des Gutes 146; von Dienstgeldern und Baudiensten 150.
Ablösungen 118; gutsherrlicher Rechte 132.
Abmeldung, Wohnsitz 112.
Abnutzung bei gewerblichen Unternehmen 67; der Gebäude und Utensilien 38; gewöhnliche 66.
Aborte an jedem Wohnplatze 242.
Abrechnung mit den Kreisen (Provinzialabgaben) 8; mit den Kreisen (Provinzialabgaben) nach Ablauf des Etatsjahres 8.
Abschätzung in Versicherungssachen 434; von Pfandsachen 389.
Abschiebung des Entschlusses der Partei wegen Einleitung der Klage auf den Richter 54.
Abschluß des Wahlverfahrens, Einspruch 4.
Abschreibungen vom Reingewinn 66.
Abschriften in Schankkonzessionssachen 352.
Absetzung der vom auswärtigen Grundbesitz in jener Gemeinde gezahlten fingierten Klassensteuerbeträge von der Gemeindeabgabe des Wohnortes 136; —**en** vom Reingewinn 66.
Absicht bei Erlaß polizeilicher Verfügungen 244.
Absolute Stimmenmehrheit bei den Wahlen 2; Stimmenmehrheit für mehr als einen Gewählten bei den Provinziallandtagswahlen 3.
Absplisse von ländlichen Gutsbezirken 13.
Abstammung, Heimatsrecht 254.
Abstich von Vorlandungen 275.
Absticke, Privatflüsse 286.
Abstimmung bei den Kreistagswahlen 15.
Abstufungen des Grundbesitzes 134.
Abteilungen bei den Wahlen 165.
Abtragung von Bauten, ohne Konsens 408.
Abtrocknung der Chausseekörper 252.
Ab- und Zugänge 53, 64, 30.
Abweichung des Etatsjahres des Steuerberechtigten von dem der Steuerpflichtigen 48; —**en** bei der Steuerverwaltung 45; von dem Entwässerungsplane 279; von den vorgelegten Plänen, Gastwirtschaft 349.
Abweisung der Klage in Reklamationssachen 50.
Abwesende, Behändigungen 130.
Abzug von Lasten. Kreisabgaben 58.
Abzüge von dem Einkommen aus Bergbau 38; von den seitens des Kreises zu besteuernden Erträgen 28.
Abzugsfähige Lasten und Steuern bei Pachtgütern. Kreisabgaben 31.
Abzugsfähigkeit der Schulden 37; der Rücklagen in den Erneuerungsfonds 64; der Zinsen 83; Steuern 86; von Ausgaben 37.
Abzweigungen bei Gebäuden 399; größerer Distrikte von den Kreisen 68; von Rittergütern 147.
Äcker, Befahren derselben 241; bei Wäldern. Jagd 262; Verbot des Betretens 467.
Ackerbesitzer, Begriff 106.
Ackernutzung der Tagelöhner 218.
Adjazenten, Ansiedlungen 422; der Flüsse, Aneignung der Anlandungen 62; Räumungspflicht 289; Wegeunterhaltung in Schlesien 345.
Adlige Güter, Korporationsrechte 152.
Administration, gerichtliche, Stimmrecht 165.
Administrativexekution 101.
Affirmative Rechte, Verjährung 331.
Agenten der Feuerversicherungen 435.
Agiogewinn eines Bankgeschäftes 88.
Agrargesetzgebung 421.
Aichmeister 100; Zuziehung 97.
Akklamation, Wahlen 163.
Akt der Staatshoheit, erforderlich zur Erlangung der Eigenschaft eines selbständigen Gutsbezirks 13.
Aktienbierbrauerei, Kreisabgaben 52.
Aktien - Feuer - Versicherungs - Gesellschaften städtische Gemeindeabgaben 82.
Aktiengesellschaften 60, 88, 122; deren Gewinn 37; Erträge des Unternehmens 36; Haushalt und Unterhalt der Angehörigen 83; Kohlengruben 35; Kreisabgaben 48; Schankkonzessionen 371; Steuerpflicht ihrer Beamten 112.
Aktionäre der Eisenbahnunternehmungen, Einkommen 37; Gemeindeabgaben außerhalb des Gemeindebezirks wohnender 140; keine Gewerbtreibende 88.
Aktivlegitimation in Reklamationssachen 103; in Wegesachen 346; Unterschied von der Zuständigkeit der Gerichte 5.
Aktivvermögen der Kreise 71; dazu gehören nicht die Kreischausseen 69.
Alkoholgehalt der Getränke 373.
Allegate in polizeilichen Verfügungen 285.
Alleinbesitz, Stimmberechtigung 164.
Allgemeine Landesverwaltung, Angelegen-

heiten derselben, Unterschied von den Kommunalangelegenheiten 73.
Allgemeines Landrecht, dessen Inkrafttreten 346; Entstehung selbständiger Gutsbezirke nach der Einführung desselben 13.
Alluvionen 275, 285, 287.
Altenteilsbesitzer, Schullasten 192.
Ältere Straßen, Fluchtlinien 399.
Altersgrenze, Wandergewerbeschein 383.
Altpommern, Chausseebauwesen 70; Zuschlagung neuvorpommerscher Distrikte 70.
Amortisation des Anlagekapitals beim Bergbau 38; —**squoten**, Abrechnung 36; —**srente** 66.
Amt als Kreistagsabgeordneter 22; als Wahlmann bei den Kreistagswahlen 22; Entfernung aus demselben 442; Erlaubnis zur Übernahme 126; öffentliches, Verleihung desselben, öffentliches Interesse 165; Übernahmepflicht, Interesse des Staates daran 73.
Ämter, mehrere, in einer Person 93; städtische, Organisation und Besetzung 91; unbesoldete des Kreises 75.
Amtliche Wirksamkeit eines Beamten, Besteuerung am Orte 90; —**r** Wohnsitz mehrerer Beamten an demselben Orte 3; —**s** Interesse und persönliche Beteiligung 293.
Amtsablehnung 143; oder Niederlegung 72.
Amtsausschuß als Partei 97.
Amtsbefugnisse, Überschreitung derselben 458.
Amtsbezirk als Träger der Kosten der Polizeiverwaltung 98; —**e**, aus Teilen von Gemeinden und Gutsbezirken zusammengesetzte 95; Bildung ohne Einfluß auf die Kommunalgrenzen 151; deren Bildung 94; Organisation, ohne Einfluß auf die Zugehörigkeit der Dorfauen 149; zusammengesetzte 149.
Amtsblätter, Publikationsorgane 366.
Amtsdiener, Behändigungen der Verfügungen des Amtsvorstehers 144.
Amtsentlassung Verfahren 458.
Amtsentsetzung 74.
Amtsetat, Festsetzung 102.
Amtsperiode des Amtsvorstehers 96.
Amtshandlungen, pflichtwidrige Unterlassung 464, 465.
Amtskasse 125.
Amtslasten 94.
Amtsniederlegung, Disziplinarsachen 456.
Amtssekretär 125, 126; —**e**, vereidigte 112.
Amtsunkosten des Gutsbesitzers 149; Gemeindelasten 115; Verteilung 95.
Amtsunkostenentschädigung, Ausgaben aus derselben 102; des Amtsvorstehers, Festsetzung 95; des Amtsvorstehers, Herabsetzung 96; für den Amtsvorsteher 101; Gemeindebeamte 158.
Amt-Amtsverband 97.
Amtsverband als Träger von Kommunalangelegenheiten 93.
Amtsverbände 93.
Amtsverwaltung, Bestreitung der Kosten derselben 72; Kosten 97, 102.
Amtsverwaltungskosten, Reklamation 103.
Amtsvorsteher als Mittelsperson bei der Aufsicht über die Kommunalangelegenheiten 101; als Partei kein Staatsanwalt 454; als Vertreter des öffentlichen Interesses 452; Anordnungen hinsichtlich der polizeiamtlichen Handlungen 167; Armenpolizei 151, 168; Aufträge an den Gemeindevorsteher 144; Ausführung der landrätlichen Anordnungen 457; Beihilfe von Privatpersonen 457; benachbarter 344; beteiligter 330; dessen Vertretung 104; dienstliche Stellung 230; Dienstreisen 104; Ehrenamt 104; Eingriff in dessen Zuständigkeit 225; Entfernung aus dem Amte 442; Entschädigung der Amtsunkosten 95; Erstattung der baren Auslagen des Streitverfahrens an denselben 454; Fabrikabgänge, Privatfluß 250; Fischereipolizei 266; kann keine neuen Auflagen machen 337, 338; Kosten für Amtshandlungen in fremden Amtsbezirken 79; Mühewaltungen 102; Leitung der Gemeindewahlen 162, 163; Ordnungsstrafen 100; Partei in Ansiedelungssachen 423; persönlich beteiligter 327; persönliche Beteiligung 250, 438; persönliches Interesse 298; Privatinteresse 236; Reisekosten 454; Schankkonzessionssachen 448; Regreßansprüche an denselben 454; Stellvertreter 75; Stellvertreter, Berufung 250; Überbürdung 101; unbesoldes Amt des Kreises 75; und Gemeinde- und Gutsvorsteher, Verhältnis 320; und Kommunalangelegenheiten, kein Aufsichtsrecht 101; Ungehorsam, Dienstentlassung 457; Versicherungswesen 429; Verweigerung der Annahme unfrankierter Briefe 463; Wasserpolizei 271; Zwangsmaßregeln gegen Gemeinde- und Gutsvorstände 167.

Anbau an den öffentlichen Straßen 233; an neuen Straßen 400, 416.
Anbringung der weiteren Beschwerde gegen polizeiliche Verfügungen 246.
Anderer Verpflichteter in Wegesachen 331.
Änderung der Statuten, Hilfskassen 292; von Statuten 84; —**en** gewerblicher Betriebsstätten 386; an Bauten, Landrecht 399.
Androhung der Zwangsmittel 316; eines Zwangsmittels, gegenstandslos wegen Erfüllung (Ausnahme) 171, 172; schriftliche, Zwangsmittel 385; von Zwangsmitteln, schriftliche, protokollarische 219.
Anerkenntnis der Öffentlichkeit eines Weges 346.
Anerkennung einer Ortschaft als Gemeinde oder Gut 116; eines Weges als öffentlicher und Inanspruchnahme 342, 343.
Anfechtung der Wahlen 4; siehe Abteilungen 165; —**en**, Fristen 417; in Wegesachen 315; künftige, gegen gewerbliche Unternehmungen 385; und Beanstandung 14, 59, 74, 76, 77, 79, 166, von Bescheiden in Ansiedlungssachen 422.
Anfechtungsklage 165.
Anfechtungsrecht 358; des Oberpräsidenten 418.
Anforderungen, polizeiliche, Schanksachen 351.
Anfuhr des Schulholzes 127; von Steinen zum Wegebau 315.
Angebrachtermaßen 454.
Angehörigkeit an einem Orte 254; bisherige, eines Grundstücks zum Kommunalbezirk 149; einjährige an die Provinz 1; längere, dem Kreistage 24.
Angemessenheit der Ausführung einer zu erzwingenden Handlung 237; gewerblicher Einrichtungen 383, 384; Prüfung bei der Bestätigung von Gemeindebeschlüssen 107; Prüfung bei polizeilichen Verfügungen 325.
„**Angeordneter Zweck**“ 326.
Angeschuldigter, Staatsanwalt zu Gunsten desselben 458.
Angesessene Wirte als Mitglieder der Dorfgemeinden 147.
Angriffe auf Polizeibeamte 462.
„**Anhängig gemacht**“. Bedeutung 449.
Anhängigkeit 16, 17, 26, 234, 449, 462; Exekutivstrafen 216; Schulbausachen 208; Wegestreitsachen 293.
Anhörung der Besitzer von Grundstücken vor der Regelung der kommunalen Verhältnisse 156; der Gemeinde vor Abänderung des Stimmrechts 134.
Anklam, Kreis 70.
Ankündigung, öffentliche, eines Gewerbebetriebs 353.
Anlagen, bauliche, neue, unzulässiger Zustand 400, 401; des Kreises 68; gefährliche 365; gewerbliche 357, 383; gewerbliche, Popularklagen 306; neue, eines Schornsteins 400; nutzbare, Vorflut 270; öffentlichen Zwecken dienende 33.
Anlagekapital 89; beim Bergbau. Amortisation 38; Erneuerung 38.
Anlandungen 283, 285; in Strömen 62.
Anlaß, gesetzlicher, zu einer Gemeindewahl 159, 160.
„**Anlegung**“ von Windmühlen 386; einer Kolonie“. 427.
Anleihen, Tilgung, Abzugsfähigkeit 37.
Anleiheschuld der Gemeinden 65.
Anmeldung der Rechtsmittel 439, 448; Innungen 388.
Annahmeerklärung der Gegenpartei bei Zurücknahme von Rechtsmitteln 444.
Anordnung gleichzeitige Erstreckung der Rechtsmittel auf dieselbe 249; —**en** im Anschluß an Baukonsense 393; polizeiliche 272; und polizeiliche Verfügungen 403; der Kommunalaufsichtsbehörden, deren Prüfung durch die Verwaltungsgerichte 189.
Anpachtung der Jagd seitens des Waldeigentümers 263.
Ansatz, zu geringer, bei den Steuern und gänzliche Übergehung 57.
Anschauungen der Behörden bei der Verwaltungsrechtsprechung 263.
Anschlagen von Zeitungsnummern 234.
Anschließung an das Rechtsmittel 327; an ein Rechtsmittel 133.
Anschluß an das Rechtsmittel in Disziplinarsachen 458.
Anschwemmungen 275.
Ansehen der Behörden 220; 223.
Ansiedlung und Kolonie, Unterschied 428.
Ansiedlungen 216, 421; Popularklagen 306.
Ansiedlungsgenehmigung und Baukonsens 411.
Ansiedlungssachen, Bezirksregierungen, außerhalb der Kreisordnungsprovinzen 443.
Ansprüche auf Freilassung von Abgaben und Herabminderung der Abgabenbeträge 9.

Anstalten des Kreises 68; für die Schiffahrt 33; im Sinne des §. 10 Tit. 17 Teil II A. L.R.'s 254; öffentliche, Kosten der Unterhaltung 139; polizeiliche, Straßenbeleuchtung 233; polizeiliche und kommunale 239.

Anstand, öffentlicher 237.

Anstellung des Beamten 126; städtischer Beamter 92.

Anstreicherarbeiten bei Bauten 413.

„**Anteil** an der Provinzialdotation" im §. 9 des Dotationsgesetzes vom 8. Juli 1875 7; **—e** der Landgemeinden und Gutsbezirke, Kreisabgaben 29; der Städte an den Kreisabgaben 45.

Antrag auf Anberaumung eines Termins zur mündlichen Verhandlung 84; auf Beiladung 99; bei Ansiedlungen 424; und „Requisition" 235.

Anträge-Klagen 282.

Anweisungen der vorgesetzten Dienstbehörde 167; des Regierungspräsidenten 92, 93; des Regierungspräsidenten an die Polizeibehörden 98, 99; über die Geschäftsführung, Begriff 171; zur Handhabung der Polizei 100.

Anwendung, unrichtige, des Gesetzes 59.

Anwesenheit, ununterbrochene, Gemeindeabgaben 143.

Anwohner des Gutsbezirkes in der Provinz Preußen. Schulbeiträge 193, 194; in Gutsbezirken. Schullasten 196.

Anzahl, gerade, der Mitglieder des Gerichtshofes 451.

Apotheker 381.

Approbation der Apotheker 381; der Hebeammen 380.

Arbeiter, aus dem Dienst entlaufener 217; Entlassung zwangsweise, auf polizeiliche Anordnung 384.

Arbeitgeber, Hilfskassen 390.

Arbeiter-Menage, Kolonie 428.

Arbeitskräfte, Abzugsfähigkeit 86.

Arbeitslöhne, Chausseeunterhaltung 7.

Arbiträre Schätzung des Einkommens 35.

Ärgernis, öffentliches 240.

Arme, Beschwerde über die Versagung von Unterstützungen 167, 168.

Armengesetzgebung, Ausweisung 254.

Armen-Kommissionen, kreisständische 76.

Armenlasten in Ansiedelungssachen 424; Statut 143.

Armenpflege 120, 240; Statuten 78; Forensen 121; in den Gutsbezirken 146; Kosten 184; Landrat 214.

Armenpflegelasten des Gutsbezirks, keine Reallasten 146.

Armenpolizei 167, 168; des Amtsvorstehers 151.

Armenrecht im Zivilprozeß 251.

Armensachen, vereinbarter Gerichtsstand 444.

Armenstreitsachen und Gutszubehörigkeit 156; Zuständigkeit 6.

Armenzwecke, Abgaben für dieselben 141.

Arrak, Kleinhandel 359.

Arrenden 369.

Artillerieschießplätze, fiskalische. Kreisabgaben 33.

Atmosphärische Niederschläge, Ableitung 404.

Atteste, polizeiliche 272; Versicherungswesen 432.

Attribute eines selbständigen Gutsbezirks 13.

Auenrecht 149, 341.

Aufbringung der Kreisabgaben 55; gleich „Unterverteilung" der Provinzialabgaben 10; u. Verteilung d. Provinzialabgaben 10.

Aufbringungsmaßstab der Amtslasten 94.

Aufenthalt, bleibender und Wohnsitz 3; dreimonatlicher, Gemeindeabgaben 143; in Schankstätten, Verbot für bestimmte Personen 375; Recht dazu 240; und Wohnsitz 31; und „Wohnung" 361, 362; von Menschen, Wohngebäude 414; vorübergehender 116.

Aufenthaltsuntersagung, landespolizeiliche 248.

Aufforderung in Wegesachen 303; **—en** polizeiliche in Wegesachen 314.

Aufgaben der Gemeinde 142; der Polizei, Aufsicht über die Mittel zur Erfüllung derselben 100; materielle, der Polizei 102.

Aufgeben des Wohnsitzes 112, 113; eines Weges 305.

Aufhebung der früheren Gesetze 76; der Reklamationsbescheide, nicht zulässig 50; einer polizeilichen Verfügung, Folgen. Konflikt 459; gutsherrlicher Pflichten 146; und Wiederherstellung einer polizeilichen Verfügung 253; wegepolizeilicher Verfügungen durch die Behörden selbst 339.

Aufhören der Steuerpflicht 85; der Wählbarkeit zum Kreistage 17.

„**Aufkommen**" bedeutet „Soll- und Ist-Aufkommen" 8.

Auflassung, simulierte, Provinziallandtagswahlen 1.

Auflösung der Hilfskassen 392; des Haushaltes, Einfluß auf den Wohnsitz 3; von Versammlungen 252.
Aufmerksamkeit, mangelnde, der Polizeibehörden 326.
Aufnahme neu anziehender Personen 229, 230.
Auf Probe, Anstellung 92.
Aufräumung der Brandstätte, Abzug bei den Kreisabgaben 58.
Aufrechterhaltung eines Wahlprotestes durch Wahlenthaltung 4; polizeilicher Verfügungen 385.
Aufsätze, schriftliche, Untersagung der Abfassung 378.
„Aufschiebende Wirkung“ 77; der Klage 60.
Aufschub einer Amtshandlung, unzulässiger 250.
Aufsicht, polizeiliche, Enführung in Ansiedelungssachen 424; Synagogengemeinden 179; über den Amtsvorsteher 230; über die Mittel, welcher sich die Polizeibehörde bedient 100; über die Ortspolizeibehörden 98; über die Schule 181; über die Stadtgemeinden 91; Wesen derselben 227.
Aufsichtsbeamte bei Eisenbahnen 134.
Aufsichtsbehörden, Anrufung bei Ansprüchen gegen Gemeinden 54; Anweisungen in nicht polizeilichen Angelegenheiten 255; Begriff 259; des Kreises 80; Fischerei 266; Prüfung der Anordnungen derselben durch die Verwaltungsgerichte 139; und Autonomie der Gemeinden 142; Zwangsetatisierungen 80.
Aufsichtsbehördliche Akte und Sonderrechte 140.
Aufsichtsinstanzen, Rechtsmittel 217.
Aufsichtsrecht; Ausfluß desselben ist die Bestätigung von Gemeindebeschlüsse 108; des Staats über die Kreistage 76.
Aufstauen des Wassers 272.
Aufstauungsrecht 287.
Auftrag an die Polizei als Norm der amtlichen Befugnisse 460; (Bestellung) des stellvertretenden Gutsvorstehers 145; der Aufsichtsbehörden, polizeiliche Verfügung 244; des stellvertretenden Gutsvorstehers 145; schriftlicher. bei den Wahlen 164.
„Auf Zeit“, Schankkonzession 351, 359.
Augenschein, Einnahme durch den Verwaltungsrichter oder durch das ganze Gericht 264.
Augsburgische Konfessionsverwandte 252.
Ausbauten 411, 413; Fluchtlinien 396.
Ausbuchtung der Ströme 287.
„Aus dem ganzen Inbegriffe der Verhandlungen“ 350.
„Ausdrückliche“ Aufhebung früherer Gesetze 76.
Auseinandersetzung bei der Veränderung der Kreisgrenzen 68; **en** bei gutsherrlich-bäuerlichen Regulierungen 132; bei Veränderung der Kreisgrenzen, Benutzung zur Ausgleichung von Überbürdungen 71; zwischen Amtsbezirken und Landgemeinden 103.
Auseinandersetzungsbehörden in Wegesachen 319, 320.
Auseinandersetzungsrezesse 111, 118; Sanktionierung von Privatabreden 138.
Ausfälle 30.
Ausfall an Abgabenbeträgen, Kreisabgaben 27; an Staatssteuern, Einfluß auf die Provinzialabgaben 8; bei den Provinzialabgaben 11; von Lasten bei der Abgabenverteilung 447.
Ausfälle bei den Einnahmen der Korporationen 202.
Ausfertigungen der Entscheidungen 455.
Ausführung der Kreistagsbeschlüsse 77; eines Zwangsmittels 234.
Ausgabe behufs Kapitalansammlung 64; **—n** aus der Amtsunkostenentschädigung des Amtsvorstehers 102; beim Bergbau 35; Belastung der Gemeinden mit neuen 122; etatsmäßige der Kreise, gehören nicht zum Passivermögen 71.
Ausgänge nach der Straße 416; Wiederbeseitigung 408.
Ausgleichung, minutiöse, der finanziellen Interessen 30; von Überbürdungen bei den Auseinandersetzungen 71.
Aushändigung der Versicherungspolice 433.
Auskolkungen 286.
Auskrautung 273; eines Grabens 270.
Auskunft neu Anziehender 241.
Auslagen, bare, des Verfahrens 33, 79, 355, 452; bare, Erstattung 454; bare müssen „erforderlich“ gewesen sein 454; für die Stellvertretung des Amtsvorstehers 104; im Verwaltungsstreitverfahren 355.
Ausland, Hilfsbedürftige 5; Übernahme von Hilfsbedürftigen aus demselben 6.
Ausländer, Besteurung wegen ihres Grundbesitzes im Inlande 119.

Auslegung, öffentliche, der Wählerliste 22; unrichtige, des Gesetzes 59.
Auslosung, Kreistagsabgeordnete 20.
Ausmittelung des Thatbestandes strafbarer Handlungen 237.
Ausnahmeversicherung 431, 433.
Ausscheiden aus dem Kreisverbande, Besteuerungsrecht 53; der Gerichtsmitglieder bei Anwesenheit einer geraden Anzahl 452; der Kreiseingesessenen aus dem Kreisverbande 71; der Landgemeinden aus dem Amtsbezirke 103; der Städte aus den Kreisen 68, 69; der Wahlmänner, Kreistagswahlen 22; von Kreistagsabgeordneten nach 3 Jahren 20.
Ausschließung von dem Besitze und Genusse eines Grundstückes 418; von dem Wahlakte 162; vom Kreistage 22.
Ausschreiben der Provinzialabgaben, Unzulässigkeit des Klageantrags auf Ungültigkeitserklärung 8; der Kreisabgaben 45.
Ausschreibung der Kreisabgaben als bestimmter Zeitpunkt 49, 50; der Gemeindelasten 137; der Schulbeiträge 196, 199; der Steuern 107; Unterbleiben einer früheren 107.
Ausschulungen 201.
Aussetzung der Entscheidung 455.
Austausch der Schriftstücke unter den Parteien 452.
Ausübung des Jagdrechtes 260.
Auswahl unter mehreren Gesetzen seitens des Verwaltungsrichters in Reklamationssachen 195.
Auswärtige Verkäufer auf Wochenmärkten 387.
Ausweisung aus dem Aufenthaltsorte 240; —en, polizeiliche 254.
Auszahlung der Versicherungssumme, polizeilicher Einspruch 432.
Auszüge aus Gemarkungskarten 61.
Auszügler, Schullasten, 192.
Autonomie der Gemeinden 119, 123, 135, 141, 142, 160, 190; der Landgemeinden 108.
Autonomische Bestimmung, besondere, bei Besteuerung der Forensen 119.

B.

Badeanstalten 239.
Bahn des Wassers, ordnungsmäßige Beschaffenheit 277.
Bahnhöfe, keine Wohngebäude 414; Kreisabgaben 41, 61; Verbindungswege mit der öffentlichen Straße 343; Zugang zu denselben 300.
Bahnhofsanlagen, fiskalische, Gemeindeabgaben 109; Wege als Teile derselben 338.
Bahnpolizei siehe Eisenbahnpolizei.
Bahnwärter, öffentlicher Aufsichtsbeamter, Hundesteuer 111.
Bahnwärterhäuser, Ansiedlungen 423.
Backhaus mit Zwangs- und Bannrecht 389.
Backöfen, Baupolizei 399.
Bälle (Lustbarkeiten) Besteuerung 91; Tanzvergnügen 216.
Bankagenturgeschäfte 380.
Bänke in Schulstuben 208.
Bankgeschäfte, Gemeindeabgaben 87.
Bannrechte 389.
Barrieren an Wegen 306.
„**Bau**“, Begriff 405.
Baubedingungen, nachträglich auferlegte 406, 407.
Baudienste, Ablösung 150.
Bauen, wildes 416.
Bauern, Holzfuhren 127.
Bauerhöfe bei Rittergütern 132; Einziehung 109, 146, 147, 155; eingezogene in Schlesien 157.
Bäuerliche Enklaven in Gutsbezirken 147; Grundstücke 147; —s Land 155.
Bauernlegen 146, 155.
Baufälligkeit 239.
Baufluchtlinien 395.
Baufreiheit, Beschränkung, Fluchtlinien 407.
Bauhandwerker 413.
Baukonsense, ältere Vorschriften 407; deren es nicht bedurfte 414, 420; einstweilige Vorenthaltung 420; Erteilung, Rechtsmittel 443; fehlender, Beseitigung des Baues 393; Fristen 438; für Spirituslagereien 251; Gastwirtschaft 357; keine Verfügung mit Zwangsverfahren 393; oder Ansiedlungsgenehmigung. Zweifel 423; polizeiliche Verfügungen 403, 440; und Ansiedlung 424; Versagung 247; Widerruf 330; zur Erbauung von Friedhofsmauern 231.
„**Bauliche Anlagen**“. Begriff 420.
Baulichkeiten auf Dienstgrundstücken 60.
Bäume an Wegen, deren Beseitigung 223; Setzen in den Straßen 405.
Baumpflanzungen an den Wegen 342.

Baumschulen, Gemeindeabgaben 130; Kreisabgaben 32.
Baupolizei 100, 257; Ansiedlungen 423; Begriff 405; Gemeinwohl 394; Schanklokale 361.
Baupolizeiliche Bestimmungen, Fluchtlinien 379.
Baupolizeiordnungen 100; rückwirkende Kraft 400.
Baupolizei- Verordnungen, allgemeine 407.
Baurecht, landrechtliches 399.
Bauten an öffentlichen Flüssen 415; auf Grundstücken innerhalb des Bebauungsplanes 418; der Gemeinde 139; konsenswidrige, Besitznachfolger 395; polizeiliche Anforderungen an dieselben 100; ohne Konsens 407, 411; unbefugte, Beseitigung 408; Verhinderung vor der Feststellung des Bebauungsplanes 415; Wert des Streitgegenstandes 216.
Bauwerke, ohne Konsens, Abänderungen 408.
Bauwesen 392.
Bayern, Ausland in Armensachen 5, 6.
Beamte, Anstellung 126; Berufung 126; Besoldung 125; Besteuerung des Diensteinkommens 61; der Korporationen, Anstellung 177; Diensteinkommen, Begriff 135; Dienstwohnungen 28; Disziplinarsachen 456; Ernennung dazu und Folge für die Steuerpflicht 85; Kollision der Berufspflichten mit ihren bürgerlichen Pflichten 133; Kreisabgaben 53, 65; mittelbare und unmittelbare 27; Privateinkommen, städtische Gemeindeabgaben 82.
Beamtenqualität 82; Verlust während des Steuerjahres 86.
Beamte, Regreßpflicht 356; städtische, Anstellung und Entlassung 92.
Beamtentum, Begriff 93.
Beamte, Übung der Disziplin über dieselben 75; unfrankierte Postsendungen 463; Vertretungsverbindlichkeit und Regreß 460; Vorzugsrecht bei der Besteuerung 111, 112; Wohnsitz 3; Wohnsitzverlegung 85.
Beamtenwohnungen auf Bahnhöfen, Gemeindeabgaben 109; Kreisabgaben 61.
Beanstandungen, Fristen 77; der Kreistagswahlen durch den Kreistag ist unzulässig 15; eines Beschlusses betr. den Ort der Kreisversammlung 18; Kreistagswahlen 21.
Beanstandungsrecht, Frist für die Ausübung 25.
Beanstandung siehe „Anfechtung"; und Anfechtung 14, 59, 74, 76, 79, 166; von Beschlüssen des Kreisausschusses 24.
„Bebauung", Begriff 412.
Bebauungspläne 418, 426; Begriff 408; Herausnahme einzelner Teile 414; Publikation 407; und Ansiedlungen 425; Zwang oder Ermächtigung zur Aufstellung 419.
Bedenken, polizeiliche, gegen Gewerbebetriebe 370.
Bedingte Schankkonzession 351; Urteile im Verwaltungsstreitverfahren unzulässig 8.
Bedingungen bei Anlage von Thonrohrleitungen 405; bei Baukonsensen, Anfechtung 401; bei Bauten nachträglich auferlegte 406; bei Schankkonzessionen 373; der Erlaubnis zum Anbau an eine neue Straße 400; unerfüllbare bei Genehmigung gewerblicher Anlagen 385.
Bedürfnisse der Korporationen, Pflicht zu deren Deckung 177; der Kreise, Vermehrung 68; Prüfung bei der Bestätigung von Gemeindebeschlüssen 107.
Bedürfnisfrage bei der Erweiterung eines Bierschankes zu einem Branntweinschanke 368; beim Kleinhandel mit Getränken 360; bei Realschankberechtigungen 359; Schankgewerbe 350; Schankkonzession 373; in Schanksachen 364; bei Wegeanlagen 342; in Wegesachen 301.
Bedürfnisanstalten an den Fähren 242; auf den Straßen 253.
Beeidigung von Gutachten 446; der Sachverständigen 264.
Befähigungsnachweis, Gewerbebetrieb 382.
Befreiungen von Amtslasten 94; Gemeindeabgaben 118; von Gemeindeabgaben durch Verjährung 105; von den Kreisabgaben 27, 28; dingliche, von den Kreisabgaben 66; von Kreisabgaben durch Privilegien 53; von städtischen Kommunalabgaben 81.
Befugnisse der Behörden, Überschreitung 77; 165.
Begräbnisplätze der Juden 178, 179; einer Kirchengemeinde 230; Kommunalsteuer 122; Wege zu denselben 299.
Begründung der Endurteile 438; neuer Hilfskassen 392; des Wohnsitzes 112, 113.
Behändigungen 129; der Beschlüsse, Kreisabgaben 60.
Behändigungsscheine, Nachrichten 458.

Behinderung des Landrates, sein Amt zu verwalten 23.
Behörden, Dienstgebäude 28; dazu gehören nicht die Landräte als Vorsitzende des Kreisausschusses 454; öffentliche, Handelskammern 435; öffentliche, Kosten des Streitverfahrens 440; öffentliche, Partei im Streitverfahren, Rechtsmittel 352; Rechtfertigungspflicht im Streitverfahren 352; im Streitverfahren, unterliegende, Vollstreckung 452; Überschreitung der Befugnisse 165, 166.
Beigeordnete, Übergehung bei der Stellvertretung des Bürgermeisters 91.
Beiladung 116, 154, 173, 205, 268, 274, 329, 450; Amtsvorsteher, Wegestreitigkeiten 312; der Kreiskorporation 99; der von einer ortspolizeilichen Verfügung Betroffenen 137; des Gewählten bei Angriffen auf seine Wahl 2; in Ansiedlungssachen 428; nähere Angaben des Verfahrens 452; wesentliche Voraussetzungen der Zulässigkeit 443.
Beisitzer bei den Kreistagswahlen 15, 19.
Beistände der Parteien 445.
Beitragspflicht, vertragsmäßige (gerichtliche) Regelung. Gemeindeabgaben 110; zu den Gemeindelasten, streitige, in abstracto 115.
Beitragssoll der Gemeinden zu den Kreisabgaben 29.
Beitreibung der Abgaben wird durch die Reklamation nicht aufgehalten 126; der Gemeindelasten, keine polizeiliche Aktion 117; exekutivische, vorgeschossener Kosten 316.
Beitritt zum Rechtsmittel 327.
Bekanntmachung der Abgabenbeträge 30; der Bildung der Amtsbezirke 94; von Statuten 141; der Veranlagung zu den Steuern 107.
Belästigungen 244; bei gewerblichen Anlagen 386; im Gegensatz zu Gefahren 235.
Belehrung. fakultative 16; **en,** irrige 16; über Rechtsmittel 440, 441; unrichtige über Rechtsmittelfristen 446.
Beleidigung der Polizeibeamten 462; durch die Presse 458.
Beleuchtung der Flure und Treppen 253; polizeilicher Anstalten 239; der Straßen 232. 397, 398; von Wegen 233.
„**Benachbart**“ im § 57 der A. K.O. 250.
„**Benachbarter**“ Amtsvorsteher 344.
Benachrichtigung eines Dritten von dem Betrage einer Gemeindeabgabe 137.
Benefizien der Städte, Schulabgaben 190.
Benutzung gewerblicher Anlagen, fernere 385.
Bepflanzung öffentlicher Plätze 33.
Bergbau als Gewerbe 42; auswärtiger 63; Einkommen aus demselben 37; Fiskus, Kreisabgaben 28, 34, 35, 38, 41; Kosten 35.
Bergwerksabgaben 44.
Bergwerksbesitzer, Kreisabgaben 42; verschiedene in denselben Feldesgrenzen 43.
Berggewerkschaften 60; Kreisabgaben 54.
Bergwerksgesellschaften 60.
Berechnung der Kreisabgaben 45.
Berechtigung zum Gewerbebetriebe 378; der Polizeibehörde 221; **—en,** abgelöste, 148.
Berichterstatter, Stimmrecht 215.
Berichtigung der Klage 9; der Veranlagung 47, 85; der Verzeichnisse der Wahlberechtigten 22, 23; **—santräge,** Kreistagswahlen 20.
Berieselung von Wiesen 273.
Berlin, Bürgersteige, Unterhaltung 322; Polizeipräsidium, Organisation 415; Potsdam-Magdeburger-Eisenbahn 58, 59; Stadtkreis 444; Wasserwerke 239.
Berufung des Beamten 126; des Kreistages 18; des Vorsitzenden 358, 455; als Recht der Parteien 444; Einlegung seitens des Kreisausschuß - Vorsitzenden 444; Einlegung aus Gründen des öffentlichen Interesses 447; Rechtsmittel 294, 295; wenn dieselbe als Rechtsmittel für gewährt zu erachten 444; Zulässigkeit des Rechtsmittels 316.
Berufungsfrist in Disziplinarsachen 458.
Berufungsinstanz, Streitgenossen 384.
Berufungsrecht des Kreisausschuß - Vorsitzenden 352.
Berufungsrichter, Entscheidung im vollen Umfange 366; Unzuständigkeitserklärung 334, 335.
Berufungsschriften, verspätet eingegangne 446.
Beschädigungen, allgemeine, Landespolizei 292.
„**Beschaffung**“ der Vorflut 275.
Bescheid in Ansiedlungssachen 429.
Bescheide. Folgen der unterlassenen Eröffnungen in denselben 451; und Reklamationen 120.
Bescheinigungen, polizeiliche 251; Versagung. Fischerei 267.
Beschlüsse, Hilfskassen 391.

Beschränkungen des Eigentums, Fluchtlinien 396; polizeilich auferlegte 237.
Beschwerde und Klage, Wahl zwischen beiden 221; nicht gleichzeitig angebracht 248.
Beschwerdefristen, Zurückweisung der Rechtsmittel 449.
Beschwerdeschrift, formelle Anforderungen 249.
Beschwerdeverfahren, Ausschließung des Klageverfahrens 249.
Beseitigung von Ansiedlungen 424.
Besichtigungskosten in Versicherungs-Angelegenheiten 433.
„**Besitz**" und „Besitzer". Begriff 106; von Grundeigentum im §. 14 der Kr.-O. 63; innerhalb des Kreises (§. 14 der Kr.-O.) 106; langjähriger eines Gutsbezirks 13.
Besitznachfolger, konsenswidrige Bauten 395.
„**Besitzstand**" kein spezieller Rechtstitel 284; Räumungspflicht 288.
Besitzstörung 284.
Besitzungen, nicht verpachtete 67; und Nahrungen 200; verpachtete 57.
Besoldung der Beamten 125; —**en** und Tantiemen 93.
„**Besonderes Gesetz**" 130.
Bestand der öffentlichen Wege, dessen Erhaltung 342.
Bestandteile der Gewerbebetriebe 384.
Bestätigung der Kreistagsbeschlüsse 56; von Gemeindebeschlüssen 107; Kreisausschuß-Beschlüssen 78; der Reklamationsbescheide, nicht zulässig 50; eines Wahlprotestes durch Wahlenthaltung 4.
„**Bestehende Ortsverfassung**" 129.
Bestellung des stellvertretenden Gutsvorstehers 145.
Besteuerung der Gemeindeglieder, innere Angelegenheit der Korporation 138.
Besteuerungsfuß, Korporation 202.
Besteuerungsrecht, Aufhören desselben 50; der Gemeinden 95, 125; der Hebammenbezirke 150, 157; der Kirchengemeinden 177; der Kreise 40, 50; der Landgemeinden 106, 107, 140; der Synagogengemeinden 179; des Staates und der Gemeinden 122; Grenzen derselben 48.
„**Bestimmt**" in §. 17 der A. K.-O. 32.
„**Bestimmter Gebrauch**" bei öffentlichen Wagen 347.
„**Bestimmungen**", Begriff 76.
„**Bestimmung**" der Regierung, Schullasten in Preußen 196; des zuständigen Gerichts 448.
Bestrafung eines Schankwirts, Konzessionsentziehung 351; gerichtliche, und Verwaltungsrichter 377.
Besuch, außerhalb des Wohnortes, unterbricht nicht den Aufenthalt 143.
Besuchsweiser Aufenthalt 116.
Beteiligte 276; am Streitverfahren 158; bei der Einigung über den Aufbringungsmaßstab der Amtslasten 94; freies Ermessen an Stelle des Steuerfußes 202; Schulaufsichtsbehörde 195; in Schulbeitragssachen 197; Streit über die Dienstunkostenentschädigung 158; Streit über Schulbeiträge 200, 201; Vorflut 269, 270, 271; Wegestreitsachen 293.
Beteiligung mehrerer Personen, Wegestreitsachen 306; persönliche 266, 327; des Amtsvorstehers 250; der Beamten 236; des Gemeindevorstehers 128, 363; des Gemeinde- oder Gutsvorstehers in Schanksachen 366.
Betrag der Gemeindeabgaben, Benachrichtigung eines dritten 137; der Steuerermäßigung, Feststellung desselben auf Reklamation 85.
„**Betrieb**" der Schankwirtschaft 350, 360; Erweiterung oder Fortführung 35.
Betriebsausgaben 38; aus dem Reservefonds 64.
Betriebsbeamte bei Eisenbahnen 134.
Betriebsjahr der Eisenbahngesellschaften 49.
Betriebskapital der Bankgeschäfte 87.
Betriebskommissionen der Provinzial-Feuersozietäten, städtische Gemeindeabgaben 82.
Betriebsschulden, abzugsfähige 37.
Betriebsstätten, Eisenbahnstationen 60, 61; gewerbliche, Änderungen 386.
Betriebsunkosten, Abzugsfähigkeit 86.
Betriebsweise, Einführung einer neuen bei gewerblichen Anlagen 385.
Betroffene von polizeilichen Akten 231.
Bettfedern, Handel 383.
Beunruhigungen, fortgesetzte, der Steuerpflichtigen 139.
Bevölkerungsklassen im modernen Sprachgebrauche 134.
Bevollmächtigte der Gemeindevertretung und der Gemeindeversammlung 161; der Parteien 445.
Bewässerungen 289.
Beweis hinsichtlich der Feuergefährlichkeit

gewerblicher Anlagen 385; —e, Art und Weise, wie der Verwaltungsrichter dieselben gewinnt 445.
Beweisaufnahme in Schanksachen 350; verwaltungsrichterliche, fakultative 350, 351.
Beweisbeschlüsse, Erledigung 454.
Beweislast 240; der Parteien in Reklamationssachen 179.
Beweisresolute 453.
Beweisverhandlungen, mangelhafte, Ausschließung 445.
„**Bewohner**“, Begriff 414.
Bezirksausschuß, Bestätigung von Beschlüssen des Kreisausschusses 78.
Bezirkshebeammen, Anstellung und Besoldung 150.
Bezirksregierungen als Spruchkollegien 443.
Bezirksveränderungen, Entschädigungsansprüche 68.
Bier, Alkohol 373.
Bierabgabe in den Landgemeinden 140.
Bierbrauerei, Kreisabgaben 28, 52.
Bilanz beim Bergbau 35; zwischen den Einkünften des städtischen Korporationsvermögens und den Gesamtabgaben des Kreises 69.
Bildung, mangelnde, des Amtsvorsteher-Stellvertreters 250; der Schauspielunternehmer 376.
Billet-Ausgabe auf Bahnhöfen, Kreisabgaben 41.
Billigkeit, Prüfung bei der Bestätigung von Gemeindebeschlüssen 107.
Bischöfe, katholische 171.
Bischöfliche Vermögensverwaltung, Kommission 440.
„**Bisherige Angehörigkeit**“ im §. 1 des Ges. vom 14. April 1856 149.
Bodenkultur, Vorflut 270, 280; Wassernutzungsrecht 289.
Bodenprodukte der öffentlichen Zwecken dienenden Anlagen 33.
Bollwerks, Fluchtlinien 271.
Böschungen an den Deichen 410; an Eisenbahnen und Chausseen 33, 298.
Börsengängige Effekten, Vermittelung 380.
Botendienste des Gemeindevorstehers für den Amtsvorsteher 144.
Botenlöhne, Kosten der Polizeiverwaltung 100.
Brandenburg, Auenrecht 149; Provinzialverband, Gerichtsstand 444.
Brandentschädigung 432.
Brandfälle, Kreisabgaben 58; Schankwirtschaften 370.
Brandmauern 399, 403, 409, 410, 419.
Branntwein, Begriff 373.
Branntweinbrennerei, gutsherrliche Rechte 154.
Branntweinschank, Ausdehnung eines Bierschankes auf denselben 368; Bedürfnisfrage 353.
Brauerei, gutsherrliche Rechte 154.
Braumalzschrot und Surrogate, Gemeindeabgaben von denselben 140.
Brennholz für die Schule 183.
Bretterwände an der Straße 401.
Bretterzäune, Gebäude 412, 420; an Gräben, Wiederherstellung 226, 227.
Briefe, unfrankierte, Verweigerung der Annahme 463.
Broterwerb und Beamte 93.
Brüder als Richter 400.
Brüdergemeinden, Sekten 252.
Bruchrechnung bei den Provinzialabgaben 11.
Brücken im Chausseezuge 339; Herstellung 321, 337; Unterhaltung 313, 334, 44, 345; Unterhaltungslast 303; Verlegung 348; im Wegezuge 345; im Zuge der Chausseen 4.
Brückenbauten 306.
Brunnenwasser, gesundes 253.
„**Brutto-Revenue**“ und „Einkommen“ 32.
Bruttoerträge des Reineinkommens 36.
Buchwert eines Unternehmens 66, 67.
Büdner, observanzmäßige Befreiung von den Kommunalabgaben 114.
Büffetträume auf Bahnhöfen, Kreisabgaben 41.
Buhnenwerke 62.
Bullengenossenschaften 114.
Büreaukosten 92.
Büreaus auf Bahnhöfen, Kreisabgaben 41.
Bürgermeister als Vertreter des Landrats bei der Leitung der Wahlen in den Städtewahlbezirken 17; Diäten und Reisekosten für die Stellvertretung des Amtsvorstehers 104; Doppelstellung, Kollision in Schanksachen 363; Eintreten für den persönlich beteiligten Amtsvorsteher 250; Instruktion von Wegestreitsachen 294; Obliegenheiten in Schankkonzessionssachen 453; Stellvertretung 91; und Bürgerrecht 19; Vertretung des Amtsvorstehers 104.
Bürgersteige 442, 341, 405; als Teile der

öffentlichen Straße 328; Benutzung zum Beschlagen der Pferde 222; Unterhaltung 322; Verkehrshindernisse 237.
Bürgerrecht, Kreistagswahlen 19.
Bürgerrechtsgeld, städtisches 107.
Buschwerk bei Ansiedlungen 424.

C.

Chatoull-kölmische Güter 155.
Chausseeaufseher, Gehaltsansprüche 80.
Chausseebau bis an eine Brücke heran 339, 340; keine rechtliche Verpflichtung 339.
Chausseebaufonds 71.
Chausseebaumaterial als Aktivvermögen des Kreises 71.
Chausseebaupolizei 293.
Chausseebauschulden 71; des Kreises, Tilgung 50.
Chausseebauten, Förderung 304; zum Vorteil der Gemeinden 113; Unterhaltungsfonds 4; kein Zwang 318.
Chausseebauwesen in Pommern 70; in der Provinz Sachsen 5.
Chaussee-Böschungen 33.
Chausseegelderhebung, deren Sicherung 228.
Chausseegeld-Erhebungsrecht und Pflicht zur Unterhaltung 343.
Chausseegräben, Entfernung der Schweineställe von denselben 252.
Chausseekörper, Abtrocknung 252.
Chausseen, Baulast 305; des Staats, Übergang auf die Provinz 4; Ermittlung der Unterhaltungskosten 7; Gastwirtschaften an denselben 361; gemeinnützige Unternehmungen 70; Pflicht zur Instandhaltung 71; polizeilicher Schutz, Handhabung 343; unmittelbares und mittelbares Interesse an denselben 71; Verlegung 339; Vorspann 302; Zweckbestimmung 69.
Chausseenetze 71, 318.
Chausseepolizei, Handhabung 343; Landrat 228.
Chausseeschulden bei der Veränderung der Kreisgrenzen 69.
Chausseestrecken, totgelegte 339; Unterscheidung hinsichtlich der darauf verwendeten Kosten 72.
Chausseeunterhaltung 334; durch Pferdebahngesellschaften 7; und Verwaltungsstreit zwischen dem Provinzialverbande und einer Stadtgemeinde 7.
Chausseeunterhaltungslast, Auseinandersetzung 69, 71.
Chausseewärterhäuser, Gemeindeabgaben 130.
Chaussee-Zollerhebung, Schutz derselben 293, 343.
Chikane der Polizeibehörden 326.
Coloradokäfer 100.

D.

Dachrinnen, hölzerne 399.
Dämme, Unterhaltung 313.
Dampfkessel, Anlagen 365.
Dampfschiffe auf den Haffen 39.
Darlehne, Vermittlung 379.
„Das aus diesen Quellen fließende Einkommen" in §. 14 der Kr.-O. 36.
Dasein von Rechten 422.
Datum bei Nachfristen 453.
Defizit bei mehreren Einnahmequellen 58; in der Gemeindekasse 139.
Degeneration des Flußbettes 287.
Deichanlagen, Steuerpflicht 118.
Deichbeiträge der Pfarrländereien 172.
Deichböschungen 410.
Deichbrüche, Verpflichtung 283.
Deichdurchbrüche, Fischerei 267.
Deiche, Wege auf denselben 410; zum öffentlichen Nutzen und Gebrauche 33.
„Deichpolizei", Begriff 291, 292.
Deichverbände 202.
Deichverbandschulden 57.
Decken, Herstellung bei Bauten 413.
Deklarationen bei Versicherungen 433, 434.
Delitzsch, Kreis, Wegebaulast 305.
Demmin, Kreis 70.
Deputationen für das Heimatswesen 240, 265.
Desuetudo, Aufhebung der Gesetze 76.
Detonationen von den Schießständen der Schützengilden 234.
„Deutliche" Aufhebung der Gesetze 76.
Diakonen, protestantische 176.
Diäten des stellvertretenden Amtsvorstehers 104.
Diebe, Verfolgung durch Polizeibeamte 467.
Dienstboten, entlaufene 228; Schulsteuern 190, 198
Dienstbriefe, unfrankierte 463.
Dienstkleid der Ortssteuererheber 93.
Diensteinkommen der Beamten. Begriff 135;

Besteuerung 61; der Geistlichen 90; der Schulstelle, Entnahme der Lehrerpension aus derselben 92.
Dienstentlassung der Beamten 456.
Dienstgelder, Ablösung 150.
Dienstgrundstücke der Geistlichen, Kreisabgaben 60.
Dienstinstruktion der Geistlichen 90.
Dienstkleidung der städtischen Exekutivbeamten 92.
Dienstleistungen, persönliche, als Ausgaben 56.
Dienstmänner, Gewerbe 378.
Dienstmann, Hausvater 200.
Dienstordnung, öffentliche 75.
Dienstpragmatik 463.
Diensträume, städtische 92.
Dienstreisen des Amtsvorstehers 104.
Dienstunkostenentschädigung 158; des Gemeindevorstehers, Gemeindelasten 115; des stellvertretenden Gutsvorstehers 145; Festsetzung der Höhe 159; für die Vergangenheit 159; städtischer Beamter 93; Zeitpunkt der Erhöhung 158.
Dienstwohnungen 28; der Staatsbeamten 40; der städtischen Beamten 92.
Dienstzeit des Gesindes, Entlassung vor Ablauf derselben 218.
Differenz zwischen Kaufwert und taxmäßigem Wert 66.
Dingliche Befreiung von den Kreisabgaben 66; Lasten und Abgaben 58; Steuer 204.
Dismembrationen 421.
Dismembrationspläne 131.
Dismembrationssachen, Bezirksregierungen außerhalb der Kreis-Ordnungs-Provinzen 443.
Dispense, baupolizeiliche 252, 409, 416, 417.
Disziplinarangelegenheiten der Gemeindebeamten 143; Fristen 441.
Disziplinarrecht im Kriege 463.
Disziplinarsachen 456; in Angelegenheiten der Kreise 72.
Disziplinarstrafen gegen Schulzen und Schöppen 259.
Disziplinarverfahren, Entfernung aus dem Amte, Revision 442.
Dividenden aus Aktienunternehmen, Gemeindeabgaben 140; aus Handelsunternehmungen 89; beim Bergbau 35; der Eisenbahnunternehmungen 37.
Docksanlagen 239.
Domänen, Gemeindeabgaben 110; im ehemaligen Königreich Westfalen 151; und geistliche Güter 156.
Domänendörfer, Schule 181, 184.
Domänenfiskus, Komunal-Realsteuern 106; Kosten im Streitverfahren 440.
Domänengrund, fiskalischer, Wege auf demselben 342.
Domänengüter als fiskalische Gutsbezirke 154.
Domänen-Veräußerungs-Verträge 156.
Dominialarrende 369.
„Dominien“, Schulunterhaltung 204; und Gemeinden, Verhältnisse während der westfälischen Zwischenherrschaft 151.
Domizil siehe Wohnsitz.
Domizil- und Forensalkreis 52.
Domizilveränderung der Steuerpflichtigen 64.
Doppelbesteuerung 44, 46, 51, 52, 65, 113.
Doppelversicherung 435.
„Dorf“, Begriff 184.
Dorfauen 149.
Dorfeinwohner, unangesessene 106.
„Dörfer gemischter Religion“ in Schlesien 187.
Dorfgemeinden, Bildung der letzteren aus den Besitzen der bäuerlichen Grundstücke 147; deutsche Entstehungsgeschichte 113; Hinzutritt der Rustikalstellen zu denselben 146; Ortschaften 423; Übergang von Teilen der Rittergüter an dieselben 147.
Dorfgerichte und Polizeigewalt 149.
Dorfstraße, Unterhaltung 114.
Dotationen der Geistlichen, Kreisabgaben 60; der Pfarrstellen. Erhöhung und Regulierung 177.
Dotationsangelegenheiten, Provinzialverbände 7.
Dotationsfonds 70.
Dotationsgesetze 98.
Dotationsmittel der Kommunalverbände 80.
Drainröhrenleitungen 270, 281.
Drei Jahre. Einstellung des Gewerbebetriebes 369.
Dringlichkeit in Wegesachen 303; polizeilicher Maßnahmen, Landrat 224.
Dritter, Anforderungen hinsichtlich der Baukonsense 393; Ausführung einer zu erzwingenden Handlung durch dieselben 237; als Wegebauverpflichteter 314, 339; Chausseeunterhaltung 343, 344; durch polizeiliche Verfügung Betroffene 432; Eigentum an

einem Wege 346; in Wegeangelegenheiten 306, 307; Leistung von Handlungen durch denselben 215; Rechtsverletzung durch polizeiliche Verfügungen 341; Übertragung der Ausübung staatsbürgerlicher Rechte auf dieselben 17; zur Räumung verpflichtete 276; zur Tragung von Kosten der Polizeiverwaltung verpflichtete 238.

Drogenhandlungen 381.

Droschkenkutscher, Entziehung des Fahrscheins 377.

Druck, polizeilicher 406.

Dunkele Ortsverfassung 110.

Durchführung der Kreisordnung 72.

Durchschnitt der Chaussee = Unterhaltungskosten 7; der letzten 3 Jahre 34, 35, 41, 47, 48, 49, 56, 64, 67, 86, 87.

Durchsuchungen 237.

E.

Effekten, börsengängige, Vermittlung 380.

Ehefrau, als Besitznachfolgerin im Grundbesitz, welcher Voraussetzung der Wählbarkeit zum Kreistage ist 17; Schankwirtschaft. Fortsetzung nach deren Tode 374.

Ehrenamt des Amtsvorstehers 104; städtische 93.

Ehrungen eines Gutes 150.

„**Eichung**" siehe „Aichung".

Eide der Parteien 137.

Eidliche Vernehmung der Sachverständigen 264; Versicherungen in Reklamationssachen 180.

Eigenschaften, mangelnde des Konzessionsinhabers 362.

Eigenspänner, Droschkengewerbe 377.

Eigentum an Äckern u. s. w. bei einem Walde, Jagd 262; an der Baustelle, Streitigkeiten und Polizei 403; an den Chausseen 4; an den Deichen, Unterhaltungspflicht 410; an Grund und Boden eines Weges 249, 319, 346, 347; beschränktes und geteiltes, uneingeschränktes und ausschließliches 106; Erhaltung desselben in polizeimäßigem Zustande 283; fremdes, Benutzung 288; „gemeines" oder besonderes 39; gemeinschaftliches 132; Eingreifen der Polizei 254; Recht zur Verfügung, Baukonsense 394; und „Eigentümer", Begriff 106; und Wegeunterhaltung; 33; Unverletzlichkeit 251.

Eigentümer, Gemeindeabgaben 106; Nachtwachtdienste 123; Pflichten in Bezug auf sein Grundstück 238, 239; und Besitzer 63; Zustand seines Grundstückes 290, 291.

Eigentumsbeschränkungen der Uferbesitzer 281; durch Polizeiverordnungen 415; Fluchtlinien 396.

Eigenthumsverleihung an die bäuerlichen Besitzer 145.

Einberufung eines nach der Meinung der Kreisversammlung Gewählten 21.

Einfahrten, Bürgersteige vor denselben 442.

Einforderung der Provinzialabgaben 8.

Einfriedigung von Grundstücken durch Bretterzäune 412.

Einführung der Geistlichen 90.

Eingang der Beschwerde- oder Klageschrift 248; einziger in eine Schankwirtschaft 351.

Eingehenlassen eines Grabens 284.

Eingepfarrte, Kirchenbaulast 347.

Eingesessene und Forensen 119.

Eingetragene Genossenschaften. Juristische Personen 54.

Eingezogene, geistliche Güter 156; Hufen 109.

Einheimische Verkäufer auf Wochenmärkten 387.

Einheitlichkeit der Polizeibehörden 246; der Polizeigewalt 98, 227, 230, 231.

Einjähriger Besitz oder Wohnsitz, Kreistagswahlen 16.

Einkaufsgeld, städtisches 107.

Einkommen, Abgang, Verminderung, Verringerung 86; arbiträres und wirkliches 35; aus Grundbesitz, Berechnung 36; aus Grundbesitz, Gewerbebetrieb und Bergbau 37; aus verpachteten Grundstücken 35; Begriff 83; des Fiskus 48; im §. 14 der Kr.-O. 46; kreisabgabenpflichtiges, Unterscheidung nach der Zweckbestimmung 31; steuerlicher Begriff 37; thatsächliches vorhandenes und mögliches 86; und „Brutto-Revenue" 32; und Reineinkommen 56; und Reinertrag 36; zu besteuerndes, Veranschlagung 61.

Einkommensquellen, Besteuerung 28; mehrere, gegenseitige Anrechnung des Defizits 58; Lasten und Schulden 36.

Einkommensteuer 38; der Kreisforensen 29, 30; Kommunale und juristische Personen 105; und Ertragssteuern 38.

Einkommensteuerkasse 8.

Einkommensteuerquote, Ermittlung 51.

Einkommen unter 420 Mark 108.
Einkünfte gewerblicher Unternehmungen 36.
Einladungen der Behörden 129.
Einlagen bei Handelsgesellschaften durch Dritte 88, 89.
Einlegung der Rechtsmittel 439.
Einleitung der Klage 54; des Verwaltungsstreitverfahrens 137.
Einmischung in die Angelegenheiten der Ortspolizeiverwaltung 98.
Einnahmesoll, etatsmäßiges, Überschreitung und Nichterreichung 11.
Einnahmequellen, Verlust. Kreisabgaben 34.
„**Einrichten**" gewerblicher Anlagen. „Einrichtung" 386.
Einrichtung, erste der Straßen 397; häusliche, Wohnsitz 3; —**en** der Gewerbeunternehmer 383; für die Zwecke der Landgemeinden als Kennzeichen der Gemeindequalität 153.
Einrede der Unzuständigkeit 294, 295.
Einschätzung des Einkommens juristischer Personen 31; zu den Kreisabgaben 27; —**snormen** 27.
Einschulungen 201.
Einspruch als Klage 339; gegen die Gemeindewahlen 163; gegen Kreistagswahl 14; polizeilicher bei Auszahlung der Versicherungssumme 432; und Klage bei Reklamationen, Übereinstimmung 87; gegen Anlegung von Kolonien 427; gegen Bebauungspläne 408; gegen die Provinziallandtagswahlen 3; gegen die Wahlen, gesetzliche Grundlage 4; in Ansiedlungssachen 422; in Wegesachen 328; und Reklamationen 60.
Einspruchsfristen und Klagefristen 314.
Einspruchsrecht der Mitglieder der Wahlversammlung 160.
Einspruchsverfahren, Schulabgaben 185.
Einstellung des Gewerbebetriebes 379, 384, 388; während dreier Jahre 369.
Eintrittserklärung, Innungen 388.
Eintrittsgeld, Tanzbelustigungen 216.
Einundzwanzigstes Lebensjahr, Hausiergewerbe 383.
Einverständnis der Interessenten, Wasserstand 287; der Parteien bei der Berechnung des Durchschnitts der letzten 3 Jahre 49.
Einwand der Unzuständigkeit in Disziplinarsachen 75.
Einwendungen, nachträgliche gegen die Zahlung der Kreisabgaben 31.
Einziehung der Schulbeiträge 196; des Kreisabgabensolls 27; von Bauernhöfen 146; von Wegen, siehe auch „Aufgeben" 308, 328.
Einzugsgeld, städtisches 107.
Eisenbahnen, fiskalische, Gemeindeabgaben 109; Gebäude in der Nähe derselben 404; Hergabe des Grund und Bodens dazu 68; Böschungen 33; Schutzstreifen 423; Verstaatlichung 58, 85; Wärterhäuser, Ansiedlungen 423; Wegeanlagen, landespolizeiliche Feststellung 338.
Eisenbahnabgabe 37.
Eisenbahnbau, Verkehrshindernisse 302.
Eisenbahnbauprojekte, landespolizeiliche Genehmigung 340.
Eisenbahnbauten, Wegeverlegung 334.
Eisenbahnbeamte bei verstaatlichten Bahnen, städtische Gemeindeabgaben 86; mittelbare Staatsbeamte 111; verstaatlichter Bahnen. Gemeindeabgaben 134.
Eisenbahnbehörden, Behändigungen 130.
Eisenbahnfiskus und Eisenbahnpolizei 338, 401.
Eisenbahngesellschaften als Forensen 105; Kommunal-Einkommensteuern 105; Kosten im Streitverfahren 442; Kreisabgaben 47, 48, private, Gemeindeabgaben 111, 112; Wege 319; Wegebau 337; Wegeunterhaltung 333.
Eisenbahngewerbe 37, 40.
Eisenbahnhöfe, Baukonsense 401; Zufuhrwege 338.
Eisenbahnkommissariat 48; Kosten des Streitverfahrens 440.
Eisenbahnkörper, Anschüttung von Rampen 334.
Eisenbahnpolizei 111, 307, 308.
Eisenbahnprojekte, landespolizeiliche Feststellung 343; Prüfung 246, 319.
Eisenbahnrampen 302.
Eisenbahn-Restaurationen 372.
Eisenbahnschulden bei Veränderung der Kreisgrenzen 69.
Eisenbahnstation als Betriebsstätte 60, 61; einzelne, Kreisabgaben 48; teilweise auf dem Gebiete der besteuernden Gemeinde belegen 61.
Eisenbahntelegraphenbüreaus. Kreisabgaben 41.
Eisenbahnunternehmer als Gewerbetreibender, Einkommen 60, 61; neue Auflagen durch den Amtsvorsteher 337, 338; und

Ortspolizeibehörde 338; steuerbares Reineinkommen 37; Wegebau 340.
Eisenbahnzüge, über öffentliche Wege rangierende 307.
Eisdecke auf Wasserläufen 276.
Elektive Verteilung der Provinzialabgaben 9.
Elementare Ereignisse, Verkehrsstörung 344.
Elementarereignisse und die dadurch verursachten Betriebsausgaben 64.
Elementarlehrer siehe Lehrer oder Schule.
„**Elementarschulen**" 205.
Eltern schulpflichtiger Kinder, Exekutivstrafen 197; Vertretung durch ihre Söhne bei den Kreistagswahlen 18.
Emeritengehalt der Geistlichen 91.
Empfangsgebäude auf Bahnhöfen, Verbindungswege mit der öffentlichen Straße 343.
Empfangszimmer auf Bahnhöfen, Kreisabgaben 41.
„**Endgültig**". Begriff 327.
Endgültige Beschlüsse 60, 74, 358, 418;
Endgültiger Abschluß der Entscheidungen auf Reklamationen 85.
Endgültige Fürsorge für Hülfsbedürftige 6.
„**Endurteile**", Bedeutung 358; deren Begründung 438.
Engere Wahl bei den Kreistagswahlen 15.
Enklaven, gutsherrliche und bäuerliche 147.
Entbindungsanstalten 380.
Enteignungen 338; Wegebau 299.
Enteignungsverfahren, Privatwege 319, 332.
Entgegenstehende Gesetze 76.
Entlassung aus dem Amte 92, 456.
Entledigung gutsherrlicher Rechte ohne Einfluß auf das Bestehen der Pflichten 146.
Entrichtung der Kreisabgaben, Zeitpunkt 53.
Entstehen eines Streites in Schulbeitragssachen 197.
„**Entstehung**" einer Kolonie 427.
Entschädigung, Anlandungen 286; bei Schließung gewerblicher Anlagen 385; bei Wegesachen 295; beim Widerruf polizeilicher Erlaubnisse 330; Eisdecke 277; für die Inanspruchnahme eines Weges für den öffentlichen Verkehr 332; für Führung der Gutsvorsteher Geschäfte ohne Auftrag 145; Vorflut 269; wegen der Inanspruchnahme für den öffentlichen Verkehr 336; Zwangs- und Bannrechte 389.
Entschädigungsansprüche bei Bezirksveränderungen 68.
Entschädigungsfrage, Jagd 263.
Entschädigungsklage, Rechtsweg 284.
Entscheidungen, mehrere über dieselbe Anordnung 249.
Entschließung, freie in Betreff der Verwendung gewisser Kreisfonds 72.
Entwässerungen 270, 289; der Straße 397; künstliche 269; ländlicher Grundstücke 279; öffentlicher Wege 333.
Entwässerungsanlagen auf fremdem Grund und Boden 282; und Polizei 333; unterirdische in den Städten 404.
Entwässerungspläne Abweichungen 279; 281.
Entwässerungsunternehmen, städtische 288.
Equipagengelder 92.
Erbbegräbnisse 235, 236.
Erben, minderjährige der Gewerbtreibenden 367.
Erbfreies Land 155.
Erbpacht, Pfarrländereien 111.
Erbpächter und Erbzinsherren 145.
Erbunterthänigkeit der hörigen Leute 146; nach Aufhebung derselben Vereinigung von forstfiskalischen Grundstücken mit der Gemeinde 155.
Erbzinsmann, gutsherrliche Rechte 154.
Erbzinsrecht 154.
Erdbrand 460.
Erderhöhungen, Wege 410.
Erdstich, Kreisabgaben 55.
Erfindungspatente 380.
Erdsturz, Erdrutsch, Schankstellen 362.
„**Erforderliche**" baare Auslagen 454.
„**Erforderliches**" in Wegebausachen 298.
Ergänzung der Klage 9, 188; des Klageantrages 390.
Ergänzungswahlen 24; zum Kreistage 20; regelmäßige des Kreistages 16.
Ergebnis der Kreistagswahlen 21; des Wahlverfahrens, Einspruch dagegen 3.
„**Erhalten**", Brandmauern, Öffnungen 410.
Erkenntnisse, Exekution, Wirkungslosigkeit 439; Vollstreckbarkeit 78.
Erlaß von Klassensteuern und klassifizierten Einkommensteuern 8.
Erlaubnisse, polizeiliche 272.
Erledigung des Landratsamtes 23; eines Amtsgeschäfts 250.
Erlöschen der Konzessionen gewerblicher Anlagen 384; der Mandate der Kreistagsabgeordneten 20; der Schankkonzession 369;

der Steuerpflicht 86; teilweises, gewerblicher Konzessionen 369.
Erlöschende Verjährung 105.
„**Ermächtigt**" im § 7 des Gesetzes vom 28. Februar 1843 275.
Ermäßigung der Gemeindesteuer infolge der Herabsetzung der Staatssteuer 84; der Steuern 86; Kreisabgaben 34.
Ermessen des Amtsvorstehers 298, 303; des Beamten 463; der Behörden 166, 292; der Behörden bei den Zwangsmitteln. Ausführung durch dritte 237; der Behörden in Schankkonzessionssachen 358; der Beschwerdeinstanz 247; in Disziplinarsachen 457; freies, administratives, Baudispense 409; an Stelle des Steuerfußes 202; der geistlichen Oberen 175; des Gemeindevorstehers 128; des Kreisausschusses 166, 250, 330; pflichtgemäßes der Regierungen 92; der Polizeibehörden 221, 254, 275, 325, 368; der Polizeibehörden bei Baudispensen 409; des Richters 247, 294; Unzuständigkeit 409; schrankenloses 245; des Verwaltungsrichters 319, 445, 446; in Versicherungssachen 432; der Wegepolizeibehörde 297.
Ernte, Versicherung 431.
Erntevorräte in Schobern Versicherungswesen 432; Versicherungen 431, 433.
Erneuerung des Anlagekapitals 38; des stellvertretenden Gutsvorstehers 145; jährliche der Schankkonzessionen 359.
Erneuerungsfonds 63, 64.
Eröffnung in den Bescheiden, Folgen der Unterlassung 451.
„**Errichtung** von Neubauten", Begriff 412.
Ersatzbaulichkeiten für untergegangene Schanklokalitäten 362.
Ersatzlokalien in Schankwirtschaften 369.
Ersatzwahlen 22, 24.
Ersparnisse aus Kreisfonds 72; der Provinz und Leistungen der Stadtgemeinden 7.
Erschleichung der Konzession 360.
Erstattungsanspruch in Wegesachen 329.
„**Ertrag** der Jagd" 264; einer einzelnen Einnahmequelle 47.
Ertragssteuern und Einkommenssteuern 38.
Erweiterung der Schankräume 369; des Geschäftsbetriebes 83; eines Bierschankes zu einem Branntweinschank 368; oder Fortführung des Betriebes 35.
Erweiterungsbauten 416.
Erwerb von Rechten 422.
Erwerbende Verjährung 105.
Erwerbung eines Grundstücks durch Fiskus 81.
Erworbene Rechte 175.
Erzgruben, Kreisabgaben 44.
Erzieherinnen, als Hausväter 200.
Erzielung der Einnahme 56.
Erzwingung von Handlungen 215.
Etat, Klage gegen die Feststellung desselben 40; und Heberolle in Reklamationssachen 438.
Etatsjahr 48; für Schulverbände 199; Nachforderungen im Laufe desselben 57; Provinzialabgaben 8; Veranlagung im Laufe desselben 51; Verlegung 67.
Etatsmäßiges Einnahmesoll. Überschreitung und Nichterreichung 11.
Etatsposition, Streichung 40.
Etatsrecht der Kreise 40.
Evangelische Kirche 170: Vereinshäuser, Steuerpflicht ihrer Geistlichen 90.
Eventuelle Klagen 54.
Evocations in Frankreich 466.
Exzesse in Schankwirtschaften 371.
Exekution, administrativen 101; als Nachweis der Bekanntmachung der Heberolle 113; aus Erkenntnissen 439; der Kreisabgaben 31; in Zivilsachen 214.
Exekutionskosten bei Gemeindeabgaben 126.
Exekutionsvollstreckung, Art und Weise 233.
Exekutivgewalt der Regierungen 464.
Exekutivstrafen 215 ff.
Exekutivstrafgewalt der Polizei. Schranken 242.
Exerzierplätze, fiskalische, Kreisabgaben 33; reichsfiskalische, Steuerfreiheit 133.
Existenz, wirtschaftliche der Wegebauverpflichteten 317.
Exkommunalisierungen 153.
Extrahent, Beiladung 452; polizeilicher Verfügungen, Klagerecht 278, 279; der Verfügungen, Beiladung 450.

F.

Fabrik, Anlage ohne Genehmigung 385; Gesellschafter bei derselben 88; Kreisabgaben 28, 52; —en keine Wohngebäude 414.
Fabrikabgänge, Privatfluß 250.
Fabrikarbeiter, Gewerbegehilfen 377.
Fabrikation und Handel, jedes in verschiedene Kreise. Kreisabgaben 52.
Fabrikgesellschafter als Forense 89.
Fabrikinhaber, Hilfskassen 390.

Fabrikation und Produktion 56.
Fachbauen, Änderung 386.
Fähren, Bedürfnisanstalten 242; Unterhaltung 344.
Fährgelder 347.
Fahrlegitimationen der Droschkenkutscher 377.
Fahrstraße des Stromes 287.
Familie, Gesinde 218; Lebensunterhalt, Ansiedlungen 424.
Familienbegräbnisse 235, 236.
Familiengüter, Königl. Kreisabgaben 56.
„**Familienvorstand**“, Schullasten 192.
Familienwohnung der Tagelöhner 218.
Faschinen zum Wegebau 312.
Fehler der Staatssteuerbehörden 9.
„**Fehlen**“ geeigneter Verbindung, geschlossene Gewässer, Fischerei 267.
Fehltritte der Schankwirte 356.
Felddiebstähle, Ansiedlungen 427.
Felder, deren Schutz 241.
Felderzeugnisse, Versicherung 432.
Feldesgrenzen verschiedener Bergwerksbesitzer 43.
Feldmark der Landgemeinde 156.
Feldmarksgrenzen, nicht erkennbare 61.
Feldschänke 359.
Feldwege, Unterhaltung 345.
Feldziegelöfen 223, 224, 460.
Feindschaft, persönliche der Polizei 221.
Felsen, in den Strom hineinragende 33.
Fenster, Herstellung bei Bauten 413; Zumauerung, polizeiliche 400.
Festsetzung der Fluchtlinien 396, 414; des Zwangsmittels 234.
Feststellung des Kreisabgabenbetrages in Reklamationssachen 50; gesetzlicher Leistungen 80.
Festungsrayon, Einrichtung von Wohnungen 235.
Festwalzen der Steine beim Wegebau 315.
Feuergefährlichkeit, Bauten 392; gewerblicher Anlagen 385.
Feuerkasse 392.
Feuerlöschgerätschaften, Hauseingänge 290.
Feuerpolizei 257, 399, 405, 423.
Feuersbrünste, Aufrechterhaltung der Ordnung 459.
Feuersgefahr 239.
Feuerstellen bei Waldungen 426.
Feuerungsanlagen 399.
Feuerversicherungen 429; siehe Versicherung 435.
Feuerversicherungsgesellschaft 392; auf Aktien; städtische Gemeindeabgaben 82.
Feuerwehr, freiwillige, als Organ der öffentlichen Ordnung 459.
Fideikommiß-Güter, Königl. 56.
Fiktionen, unzulässige 87.
Filialen von Bankgeschäften 88.
Filialgemeinden der Juden 179.
Filtriertes Wasser, dessen Verkauf, Gewerbebetrieb 66.
Finanzabteilungen der Regierungen, Regulierungsrezesse 119.
Finanzielle Interessen, deren Verfolgung in der Form polizeilicher Verfügungen 229.
Fingierte Klassensteuer in auswärtigen Gemeinden 136; Steuersätze 28, 43, 67, 108.
Finniges Schweinefleisch 225.
Firmenschilder mit der Bezeichnung „Apotheker“ 381.
Fischer, Verkehr auf den Haffen 39.
Fischerei-Aufsichtsbeamte 467.
Fischereipachtverträge des Fiskus 39.
Fischereipolizei 266.
Fischergilden 388.
Fischerinnungen 388.
Fischfang, Berechtigung 266.
Fischteiche bei Ansiedlungen 424.
Fischwechsel 266; geeignete Verbindung 267.
Fiskalische Stationen 81; —r Domänengrund, Wege auf demselben 342; Schulmorgen 180, 181; —s Land, Umwandlung in bäuerliches 155.
Fiskus als Gutsherr 156; Brücken- und Fähren-Unterhaltung 344; Eisenbahnen und Bahnhofsanlagen, Gemeindeabgaben 109; juristische Person 81; Kommunal-Realsteuern 106; Kosten im Streitverfahren 440; Kreisabgaben 28, 31, 39, 48; Reklamation, Kostenpunkt 33; Schneeschippen 344; Schulleistungen 190; Steuerfreiheit 133; Stromunterhaltung 287; subjektive Rechte 401; Abfindungsländereien 150; und Polizei 339; Veräußerungen an Grundbesitz 154; Zwangsvollstreckungen gegen denselben 101.
Flächeninhalt bei kreissteuerpflichtigen Objekten 41.
Flaschen, versiegelte, Kleinhandel 359.
Fluchtlinien 395, 402; eines Bollwerkes 271.
Fluchtliniengesetz, dessen Zweck 412; Tendenz 396.

Fluchtliniengesetzgebung, ehemalige 414.
Fluchtlinienpläne, teilbare 414.
Flurbeleuchtung 253.
Flußadjazenten, Anlandungen 62, 63.
Flußbett 287; Veränderungen 273.
Flußeigentümer und Uferbesitzer 289.
Flußräumung 283.
Flüsse, öffentliche, Ableitungen in dieselben 404—406.
Flüsse, öffentliche, Bauten an denselben 415; öffentliche, kommunale Zubehörigkeit 150; Öffentlichkeit 355.
Flutbrücken im Wegezuge 306.
Force majeure, Schanklokalitäten 369.
Fonds für gemeinnützige Zwecke, städtische Gemeindeabgaben 82.
Forensalbesteuerung 27, 88, 122.
Forensalischer Besitz. Folgen des Verlustes desselben 50.
Forensalkreis, Besteuerungsrecht 65.
Forensal- und Domizilkreis 52.
Forensen 29; Abgaben für Wohlfahrtseinrichtungen 114; Abgabenpflicht 51; Armenpflege 121; auswärts veranlagte 67; Begriff 105; Besteuerungsrecht der Landgemeinden 108; der Landgemeinden in der Provinz Hannover 25; der Städte 44, 45; Einkommen 36; Gemeindeabgaben 119; keine Schulsteuern 190; Kreisabgaben 34, 43, 46, 49; Schullasten 190.
Forum speciale in Gesindesachen 219.
Form der Rechtsmittel 439; **—en** des Streites über Schulbeiträge 197; unerläßliche bei dem Wahlverfahren 18.
Förmlichkeiten bei den Wahlen, über deren Nichtbeachtung frei zu befinden ist 18.
Formschönheit bei Bauten 245.
Formulierung, unrichtige des Klageantrages 390.
Forstbedienstete, Beamte 28.
Forstbewirtschaftung 56.
Forsten, Abtreibung, Kreisabgaben 55; im Kämmereivermögen 132.
Forstfiskalische Grundstücke 154.
Forstkasse 392.
Forstschutz 466.
Forstservitut-Ablösungen 114.
Fortführung des Gewerbes, Ausgaben 64; oder Erweiterung des Betriebes 35.
Fortsetzung des Gewerbes, strafbare 354, 355.
Frachtschiffe auf den Haffen 39.
Fragen des Verwaltuugsrichters 445.
Freifuhren der Propste in Schleswig-Holstein 175.
Freilassung des Klägers in Reklamationssachen 50; von Abgaben. Anträge 9; von Steuern. Antrag 9.
Freilegung der Straßen 397.
Freileute in Schlesien 157.
„**Freiwillige**" Zahlung der Kreisabgaben 31.
Friedhöfe siehe Begräbnisplätze.
Frist für das Anfechtungsrecht in gewerblichen Angelegenheiten 358; von einer Woche", Nachfristen 453.
Fristen, Arten derselben 314; bei Anfechtungen 417; für Beanstandungen 77; für einzelne Arbeiten beim Wegebau 315; in Viehseucheangelegenheiten 436; Prüfung der Wahrnehmung derselben 439; verschiedene 441.
Fristenablauf am Sonntage 454.
Fristzeitige Anbringung der Klage gegen Bescheide der Ober- und Regierungs-Präsidenten 440.
Fristenlauf, Beginn 233.
Fristenverlängerung, Berechnung 446.
Fristversäumnis 278; bei den Einsprüchen gegen die Gemeindewahlen 163; bei der Streitgenossenschaft 384; bei Reklamationen 85, 438; in Wegesachen 329; polizeiliche Verfügungen. Sichere Grundlage für weiteres polizeiliches Vorgehen 420; Rechtsmittel 448, 449; unverschuldete 16; Verhütung 450; wegen einiger Belehrungen 16.
Fruchtgattungen, Versicherung 431.
„**Fuhre**" als Einheit für Holzlieferungen 127.
Fuhren zu den Kommunalwegen 127.
Fuhrkosten der städtischen Beamten 92.
Fünfjährige Unterhaltung der Straßen 398.
Fungible Handlungen 168.
Furchen zur Entwässerung von Wegen 333.
Fußböden, Herstellung bei Bauten 413.
Fußwege 301, 347; auf Deichen 410.

G.

Garantien für sachgemäße Behandlung der Konzessionsgesuche 349.
Garnison, Einrichtung von Schankstätten für dieselbe 372, 373.
Gärten, Ausgänge über dieselben 416.
Gärung, Alkohol 373.
Gasanstalten 239.

Gaskalk, Verwendung bei der Gerberei 384.
Gäste, Untersagung des Aufenthaltes in Schankwirtschaften 375.
Gasthausschilder, Übertünchung durch die Polizei 353.
Gast- und Schankwirtschaft. Tanzlustbarkeiten 247.
Gastwirtschaft 348; als Vorwand für Branntweinhandel 351; an den Chausseen 361.
Gastzimmer in Gastwirtschaften, Beschaffenheit 357.
Gattungsversicherung 430, 431, 433.
Gebäude, abgetragene, Wiederaufbau 403; Abnutzung 38; Begriff 420; Errichtung an neuen Straßen 89; der Staatsbahnen 40; Unterhaltungskosten, notwendige 58; verfallene, Wiederherstellung 419; Vorflut 280; zum öffentlichen Dienst oder Gebrauch bestimmte 28.
Gebäudesteuer 28, 38; teilweise Befreiung 40.
Gebührenerstattungspflicht 455.
Geburt, Heimatsrecht 254.
Gefahren, Abwendung, Polizei 291; auf öffentlichen Verkehrswegen 233; aus der Erbauung von Wohnhäusern 412; Begriff 232, 244; bei gewerblichen Anlagen 386; Eingreifen der Wegepolizei 335; eintretende, drohende, unmittelbar bevorstehende, imminente 254, 240; für Leben und Gesundheit durch schädliche Luft 252; im Verzuge 326; Möglichkeit derselben 338.
„Gefährdung der öffentlichen Sicherheit" 258.
Gegenerklärungen auf Klagen, rechtzeitige Anbringung 421; der Parteien 452; des Revisionsbeklagten, absehen davon 451.
Gegenlisten bei den Wahlen 163.
Gegenpartei, Kenntnis von der Einlegung der Rechtsmittel 449.
Gegenstand der Beschwerde, Rechtsmittel 439; der Veranlagung 47.
Gegenstandslose Exekutivstrafen 220.
Gegenstandslos gewordene polizeiliche Anforderungen 238.
Gegenvorstellungen 44, 249; polizeiliche Verfügungen 258.
Gehälter der städtischen Beamten 92.
Gehaltsklassen, Aufrücken in höhere 80.
Gehaltsverbesserungen, Anspruch der Beamten auf dieselben 80.
Geistige Entwicklung des Einzelnen, deren Förderung Aufgabe der Gemeinde 142.
„Geistliche". Begriff 90, 91; Dienstgrundstücke, Kreisabgaben 60; erste 176; Güter 156; keine Staatsbeamten 459; Kommunalsteuerfrei 90; Kreisabgaben 58; Schullasten 188; Überschreitung der Amtsbefugnisse 459.
Geisteskranke, Pensionate 382.
Geisteskrankheit der Wahlmänner 22.
Geldabgaben 203.
Geldbeiträge als Schulbeiträge 194.
Geldbußen, Androhung und Festsetzung 215.
Geldforderungen an den Fiskus siehe Zwangsvollstreckungen 101.
Geldleistungen für Handdienste 139, 140.
Geldrente aus der Provinzial-Dotation 7; unveränderliche 7.
Geldstrafen als Executivmittel 168, 220; ne bis in idem 354.
Gemarkungskarten, Auszüge 61.
„Gemäßigte Taxen" bei Erhebung der Steuern von Lustbarkeiten 141.
Gemeinden als Glieder des Amtsverbandes 94; Anerkennung als solche 116; Aufgaben und Zweck 142; Begriff 142, 184, 189, 190; bürgerliche, als Trägerin von Kommunallasten 149; Eigentum an Wegen 249; Einkommen 36; grundbuchliche Eintragungen zu Gunsten derselben 420; Kreisabgaben 65; landrechtlicher kommunaler Verband 152; Pflicht zur Erstattung der Straßen-Herstellungskosten. Unzulässigkeit der Repartition auf die Besitzer unbebauter Grundstücke 89; politische 202; politische. Übernahme der Schulunterhaltungslasten 198; Schulunterhaltung 199; und Dominium, Verhältnisse während der westfälischen Zwischenherrschaft 151; und Gutsbezirke, koordinierte Körper 196; Wegeunterhaltung 343; Zwangsvollstreckungen 101.
Gemeindeabgaben 105; der Eisenbahngesellschaften, Abzugsfähigkeit 37, 38; der Städte 81; im Einklang mit den Staatssteuern 116; oder Schulbaulasten? 142.
Gemeindeämter, Ordnung derselben. Unabänderlich durch Zweckmäßigkeitsrücksichten 140.
Gemeindeanlagen in Schlesien 109.
Gemeindeärar, Ergänzung desselben 37.
Gemeindearbeiten, Bestimmung des Zeitpunktes des Beginnes 117.
Gemeindebeamte, besoldete 93; Besteuerung

112; Disziplinarangelegenheiten 143; Titel 77; Wahlen 159.
Gemeindebehörden, baupolizeiliche Rechte 396; Bedeutung 259; Rechtsmittel in Schanksachen 365, 366; richterliche Eigenschaft 388; Verteilung und Ausschreibung der Gemeindeabgaben 137.
Gemeindebeschluß als Voraussetzung der Zulässigkeit von Gemeindeumlagen 125.
Gemeindebeschlüsse, deren Bestätigung 107; die Gemeinden mit neuen Ausgaben belastend 122; Prüfung ihrer rechtlichen Zulässigkeit 116; Sanktionierung von Privatabreden 138; stillschweigende Genehmigung 135; über Sonderrechte 140; Verpflichtung der Minderheit 113; ohne Aufnahme einer Verhandlung 135.
Gemeindebezirk. Aufnahme neu anziehender Personen 229, 230; geschichtliche Entwicklung 146; mehrere, Erstreckung einer Eisenbahnstation über dieselben 60, 61; örtlich verbundene, Polizei 167.
Gemeindedienste 105; Befreiung des Gemeindevorstehers 159; Befreiung der Staatsdiener von denselben 132; mit Gespannen 134; Reklamationen 120; Verweigerung 135.
Gemeindegliedervermögen 124; Kämmereivermögen 132; Umwandlung in Kämmereivermögen 140.
Gemeindemitglieder, Amtslasten 94.
Gemeindegrenzen 145.
Gemeindehaushalt, Abänderung 140; Bedürfnisse 37.
Gemeindeholzungen 168.
Gemeindejagdbezirke 260.
Gemeindeinteressent, der Pfarrer 147.
Gemeindeinteresse, Verletzung durch Gemeindebeschlüsse 166.
Gemeindekassen, Revisionen 101.
Gemeindekirchenrat als Organ einer Korporation 232; Mitglieder 90; Recht zur Klage 230.
Gemeindelasten, allgemeine Verbindlichkeit zur Tragung derselben 139; Streit darüber der Gemeindemitglieder unter einander 137; Übernahme als solche von einzelnen, verpflichteten Gemeindemitgliedern 136.
Gemeindeleben als Kennzeichen der Gemeindequalität 153.
Gemeindenutzungen, Jagdpachtgelder 115.
Gemeindenutzungsrechte an den Begräbnisplätzen der Juden 179.
Gemeindequalität 158; Kennzeichen 151.
Gemeinderecht, Geltungsbereich in territorialer Beziehung 137; unanfechtbares, Schaffung durch Anordnungen der Aufsichtsbehörden 139.
Gemeindesiegel 259.
Gemeindesteuererheber 93.
Gemeindesteuerfuß 202.
Gemeindesteuer-Regulative, Abänderungen während des Steuerjahres 89.
Gemeindesteuerreklamationen 29.
Gemeindeumlagen, Zulässigkeit 125.
Gemeinde- und Gutsvorsteher, keine selbständigen polizeilichen Entschließungen 320, 321.
Gemeindeverband, Aufnahme 254; Übergang von Grundstücken in denselben 147, 148.
Gemeindeverfassung, Fortbildung, Abänderung 135.
Gemeindeverhältnisse, Ansiedlungen 422; Kolonien 427, 428.
Gemeindevermögen 105, 124; Nutzung 138.
Gemeindeverordnete und Abgeordnete 165.
Gemeindeversammlungen und Gemeindevertretung 161.
Gemeindevertreter, Wahlen 159.
Gemeindevertretung, Abänderung 140; erste Erwähnung 160; Erteilung des Bescheides in Wahlangelegenheiten 161; Wahl 160.
Gemeindeverwaltungsbehörde, Streit mit derselben 138.
Gemeindevorstand, Verteilung und Ausschreibung der Gemeindeabgaben 137.
Gemeindevorsteher, Abkommen mit demselben wegen der Dienstunkostenentschädigung 158; Berufspflichten 128; Botendienste für den Amtsvorsteher 144; disziplinare Stellung 144; Entfernung aus dem Amte 442; Pflichtwidrigkeiten 161; persönliche Beteiligung in Schanksachen 366, Qualifikation 166; selbst Gastwirt, persönliche Beteiligung 363; verfassungsmäßiger, Kennzeichen der Gemeindequalität 153; Wahl 160, 162; Wahl-Anfechtung 166; Wählbarkeit 161; Wegepolizei 320; Zwangsbefugnisse 135; Zwangsmittel 128.
Gemeindewahlen 159.
Gemeindewaldungen 169.

Gemeindeweiden als Gemeindeeinrichtungen 153.
„**Gemeine Schulen**“ 205.
„**Gemeines Wohl**“ und städtischer Haushalt 420.
Gemeinheitsteilungen 118, 132; rechtliche Natur der Abfindungsländereien 148.
Gemeinheitsteilungs-Rezesse 114; als Teile der Ortsverfassung 127.
Gemeinheitsteilungsverfahren 153, 319.
Gemeinsame Zwecke, Kreischausseen 69.
Gemeinnützige Anstalten in der Gemeinde 142.
Gemenge, Lage der Grundstücke in demselben 147.
„**Genehmigungen**“. Bedeutung 380.
Genehmigung der Statuten, Konzession 84; des Überganges von Rittergutsparzellen an die Dorfgemeinden 147; polizeiliche 251.
Genehmigungsklausel des Kreisausschusses, fehlende unter Statuten 141.
Generalkommissionen 132; Wegesachen 320.
Generalverwaltungskosten, Abzug, Kreisabgaben 56.
Genossenschaften, eingetragene 370; Gemeindeabgaben 117; juristische Personen 54.
Gepäckträger, Gewerbe 378.
Gerbereien 384.
Gericht bei der Markpfahlsetzung 286; ordentliche, Zuständigkeit in Armenstreitsachen 5; Willenserklärungen iu demselben 17; Zuständigkeit, Unterschied von der Frage der Aktiv- oder Passivlegitimation 5; zuständiges, Bestimmung desselben 448.
Gerichtsbarkeit, Bedeutung für die Eigenschaft des Gutsbezirks 13; siehe auch Jurisdiktion 154.
Gerichtsbezirke, ehemalige und Gemeinde- oder Gutsbezirke 148.
Gerichtsobrigkeit an Stelle des Patronats 206.
Gerichtsstand, vereinbarter 443.
Gesamtarmenverbände, Abgabenfreiheit 94
Gesamteinkommen, steuerpflichtiges 37; Verminderung, Kreisabgaben 34; zur Staatssteuer veranlagtes, im §. 16 der Kr.-O. 51; zur Staatssteuer veranlagtes 63.
Gesamtgemeinden der Juden 179.
Gesamtsumme von Geldexekutivstrafen 242.
Geschäftsbetrieb, Kosten der Erweiterung 83.
Geschäftsbücher der Versicherungsagenten 435.
Geschäftsführer der Provinzial-Feuersozietäten, städtische Gemeindeabgaben 82.
Geschäftsräume, keine Wohngebäude 414.
Geschäftsunkosten 83.
Geschäftsvermittler 377.
Geschäftszweige, mehrere in verschiedenen Kreisen. Kreisabgaben 52.
Geschlossene Gesellschaften, Eindringen der Polizei 216, 217.
Geschlossenheit eines Gutes 19.
Gesellen, Streitigkeiten mit dem Meister 213; Schulsteuer 190, 198.
Gesellschaften, Besteuerung 91; geschlossene 216, 248.
Gesellschaftsklasse, Angehörigkeit des Amtsvorstehers einer bestimmten 250.
Gesetze, Angriffe auf dieselben wegen Unzulässigkeit ihrer Entstehung 53; Anwendung der bei Entstehung des Streitfalles geltenden 382; Anwendung neuerer 423; Aufhebung 76; Auslegung 203; Auswahl derselben seitens des Verwaltungsrichters in Reklamationssachen 195; Erwerbung der juristischen Persönlichkeit durch dasselbe 54; für die Korporationen 177; rückwirkende Kraft 422; Anschauungen der Behörden 263; Gesetzesverletzung 77; Begriff 59.
Gesichtspunkte, zutreffende, bei Erlaß polizeilicher Verfügungen 404.
Gesinde, entlaufenes 217, 218; Grund zum Verlassen des Dienstes. Richterliche Feststellung 220; heutiger rechtlicher Standpunkt 200.
Gesindedienst, Fortsetzung 219.
Gesindepolizei 232.
Gesindestreitigkeiten 228, 229, 236, 441.
Gesindestreitsachen, Polizei 241.
Gesindeverhältnis, gelöstes, Unzulässigkeit von Exekutivstrafen 223.
Gesindevermieter 379.
Gesindevertrag 218.
Gespanne, Gemeindedienste 134.
Gestütverwaltung, Kreisabgaben 47.
Gestütvorwerke 47.
Gesundheit, Gefahr für dieselbe 244.
Gesundheitspolizei 100, 236, 257, 288, 405; auf Privatwegen 319.
Getreidedeputate 203.

„**Gewählte**“ im §. 8 des Gesetzes vom 14. April 1856 160.
Gewählte, Zweifel über die auf den Stimmzetteln aufgeführte Person 1.
Gewalt, höhere, Zerstörung gewerblicher Anlagen 386.
Gewässer, geschlossene. Fischerei 266, 267; Verunreinigung, Fischerei 268.
Gewerbe, Begriff 34; Begriff und Kriterien 81; der Eisenbahnen 37; der Eisenbahnunternehmer 37; des Bergbaues 42; Ermittelung des Einkommens 36; Gewinn aus demselben 87.
Gewerbeberechtigungen, ausschließliche 389.
Gewerbebetrieb, Ausgaben zur Fortführung desselben 64; auswärtiger 63; außerhalb des Domizils eines Kreisabgabenpflichtigen 65: der Forensen 51; der Pächter 34; Einkommen aus demselben 37; Einkommen, städtische Gemeindeabgaben 81; Fiskus 28; in mehreren Kreisen 54, 55; Verhinderung der Fortsetzung 363; Zulassung und Ausübung 357.
Gewerbefreiheit 366, 349, 390.
Gewerbegehilfen sind keine Gewerbetreibenden 377; Wahl derselben 373, 375.
Gewerbe-Ordnung und Landesrecht 353, 354.
Gewerbepolizei 348.
Gewerbesteuer 38, 204; als Aufbringungsmaßstab für die Gemeindeabgaben 105; fingierte 42; keine dingliche Steuer 66; Prinzip 54, 55; Übergehung derselben bei den Kreisabgaben 57; vom Gewerbe im Umherziehen, Provinzialabgaben 8; —**system** 42.
Gewerbetreibende bilden keine Klasse der Gemeindemitglieder 124; direkte Besteuerung 61; Einschätzung 42; Einkommen 60, 61; keine Klasse der Landgemeindemitglieder 105.
Gewerbliche Etablissements als Teile der Amtsbezirke 94.
Gewerbliche Konzessionen 128.
Gewerbliche Unternehmungen 36.
Gewerkschaften, Bergbau betreibende 44; Kreisabgaben 54.
Gewichtsrevisionen 97, 99.
Gewinnanteil dritter an einer Fabrik 89.
Gewinnzweck als Kriterium des Gewerbes 81.
Gewohnheiten, hergebrachte, siehe Observanzen.
Glaserarbeiten bei Bauten 413.
Glaubensbekenntnisse, verschiedene, der Einwohner. Schule 200.
Glieder des Amtsverbandes 94.
Glücksspiele in Schankwirtschaften 351, 356.
Gnadenjahr für die Hinterbliebenen der Geistlichen 58.
Gouverneure okkupierter Länder 463.
Gräben, Erweiterung und Vertiefung 273; gemeinsame, als Einrichtungen der Gemeinden 153; Unterhaltung 288; Zäune an denselben 226, 227; zur Entwässerung von Wegen 333; —**anlagen,** Feststellung der Fluchtlinien 414; —**räumungen** 100; öffentlich rechtliche Verbindlichkeit 285; —**unterhaltung** 270.
Granitplatten, Bürgersteige 442.
Grasnutzung 33; Kreisabgaben 39.
Grenzen, Anerkennung derselben 116; der Gemeinde- und Gutsbezirke 145; der Gutsbezirke, Regelung 156; der Gutsbezirke, Unzulässigkeit der Abänderung durch privatrechtliche Verfügungen 13; eingezogener Hufen 109, 110; zwischen Gebäuden, deren Verlegung 410, 411; zwischen Landgemeinden und Gutsbezirken 109.
Grenzflüsse zwischen Kommunalbezirken 150, 151.
Grenzstreitigkeiten zwischen Landgemeinden 148.
Grenzübertritt Hilfsbedürftiger 6.
Grenzwände, Öffnungen 399.
Großjährigkeit, Hausiergewerbe 383.
Größe eines Gutsbezirks 13.
„**Größeres Gut**“ im Sinne des §. 97 Nr. 2 der A. K. O. 19.
Grube, deren Reinertrag, Kreisabgaben 34.
Grundbesitz, Abstufungen 134; als Bedingung der Klasseneinteilung der Landgemeindemitglieder 124; auswärtiger 63; außerhalb des Domizilkreises 67; Begriff 63; Bedingung zur Wählbarkeit zum Kreistage 16; Berechnung des aus demselben fließenden Einkommens 36; einjähriger, Provinziallandtagswahlen 1; Einkommen aus demselben 37, 57; Einkommen aus demselben, städtische Gemeindeabgaben 81; Fiskus 28; gemeindeforensalischer der Kreisforensen 30; größerer, Abzug der Verwaltungskosten von dem Einkommen 56; Kreisabgaben 106; Schullasten, stärkere Belastung 206; selbstbewirtschafteter 86

simulierter, Provinziallandtagswahlen 1.
Grundbesitzer, größere 19.
Grundbuch, Beschränkungen, Versagung des Baukonsenses 420; Eintragungen, Fluchtlinien 412; Eintragung, Provinziallandtagswahlen 1; Eintragung, Zeichen der Eigenschaft eines selbständigen Gutsbezirks 13; Realschankgerechtigkeiten 368; subjektiv-dingliche Rechte. Realschankgerechtigkeiten 369.
Grundbuchschulden, Abrechnung 36; abzugsfähige 37; Zinsen 58.
Gründe des Erkenntnisses 32, 78, 225; des Klägers zur Rechtfertigung seiner Anträge in der Revisionsinstanz 116.
Grundeigentum als Träger des Wahlrechtes, Kreistagswahlen 13; Begriff 63.
Grundgerechtigkeiten an den Wegen 335.
Grundherren 184.
Grundherr in Preußen, Schulunterhaltung 199; Gutsherren Schulunterhaltung 201.
Grundlagen der Abgabenforderung, Abänderung 143.
Grundrecht, Ansiedelungen 428.
Grundsätze der Veranlagung, Erkennen darüber 38, 39; der Vererbung 85.
Grundsteuer 28; die nach Verhältnis derselben umgelegten Gemeindeabgaben 106; staatliche, Nachforderungen 57.
Grundsteuerkataster 39; Berichtigung 108, 109.
Grundsteuermutterrollen 61.
Grundsteuerreinertrag, Ermittelung 61.
Grundsteuerzuschläge 46.
Grundstücke, Abtretung für Berechtigungen 148; Änderung des bisherigen Zustandes 291; Begriff 60, 298; ertragslose 39; Freiheit von Staatssteuern und Gemeindeabgaben 118; fremde, Wasserableitungen von den Wegen über dieselben 333; Heranziehung zu den Gemeindelasten 108; herrschaftliche und bäuerliche 147; im Kämmereivermögen 132; kommunale Verhältnisse, deren Regelung 156; Verminderung und Steigerung des Wertes 236; unbebaute 419.
Grundstücksteilungen, Grenzwände, Öffnungen 399; Schulvorstand 206, 207.
Grund und Boden, Hergabe desselben zu einer Staatseisenbahn 68; Teilbarkeit 145.
Grund- und Gebäudesteuer 38.
Grundvermögen, Einkommen aus demselben 83.
„Gut“, Begriff 19; Besitz desselben, die Voraussetzung seiner Existenz 145; größeres, bei den Kreisatgswahlen 19; Umgestaltung in eine Gemeinde 146; wirtschaftliche Selbständigkeit 154.
Gutachten, technische. Nichtgebundensein des Richters 374; und gerichtliches Protokoll 446; Kreisausschußmitglied 446.
„Güter“, Begriff 188; geistliche, säkularisierte 156; im kommunalen Verbande der Landgemeinden 12; selbständige, Begriff 12.
Güterschuppen auf Bahnhöfen. Verbindungswege mit der öffentlichen Straße 343; Kreisabgaben 41.
Gutheißung, nachträgliche, einer ohne Auftrag geführten Verwaltung der Gutsvorsteher-Angelegenheiten 145.
Gutsbesitzer, Amtsunkosten 149; gleich „Gutsherr“ 146; Organ der kommunalen und nicht der polizeilichen Gutsverwaltung 321.
Gutsbezirke 104; als Glieder des Amtsverbandes 94; Anerkennung als solche 116; Anteile, Kreisabgaben 29; Armenpflege, Statuten 78; Auferlegung neuer Lasten 210; Aufnahme neu anziehender Personen 229, 230; fiskalische 154; geschichtliche Entwicklung 146; kommunalrechtlicher Bestand 146; örtlich verbundene, Polizei 167; Ortschaften 423; Regelung der Grenzen 156; Schullasten der Anwohner 193, 194; Schulunterhaltung 199; selbständige, Entstehung 152; selbständige, nach neuerem Rechte entstandene 204; und Gemeinden, koordinierte Körper 196; und Hebeammenbezirke 150; und Landgemeinden, Grenzen 109; Umgestaltung der Rechtsverhältnisse derselben 145, 146; Verleihung der Eigenschaft eines solchen 13; Verteilung der Kommunallasten innerhalb derselben 143; Wegebau 300; Wegebaulast 301; Zersplitterung 153; Zubehörigkeit zu einer Landgemeinde und Existenzberechtigung als solche 154.
Gutsbezirksqualität 158.
Gutsenklaven der bäuerlichen Feldmarken 147.
Gutsherren, Aktivlegitimation in Wegesachen 346; als Besitzer bäuerlicher Grundstücke 131; Amtsunkosten 103; außerhalb des Schulortes wohnende 199; einer Stadtschule 206; Entledigung seiner Rechte ohne Einfluß auf den Bestand der Pflichten 146; Fiskus

154; in Schlesien. Schulabgaben 194; nicht Genosse des Pfarrguts-Nutznießers 147; Schulbrennholz 183; Stellung zur Schulgemeinde 203; Träger der gutsherrlichen Rechte und Pflichten 146; und Abfindungsländereien 150; und „Grundherr“ 184; und Grundherren, Schulunterhaltung 201; Wegebaupflicht 307, 343.

Gutsherrlich-bäuerliche Regulierungen 118, 132; Verhältnisse 145; —**es** Eigentum, Hinzutritt des bäuerlichen 147; Pflichten, Aufhebung 146; Polizei 149; Rechte des Erbzinsmanns 154; Rechte im Einzelnen 154; Rechte sind nicht die Träger des Wahlrechts, Kreistagswahlen 13.

Gutsherrschaften als Eigentümer der Dorfauen 149; Erhöhung der Lehrergehälter 193; in Preußen. Schullasten 190, 191; Korporationsrechte 152; Lehrerunterhalt 186; Schullasten 198, 201; und Rustikalen in Schlesien 141; und unvermögende Unterthanen 202.

Gutsländereien, einer Gemeinde zugeteilte und Trennstücke von Gütern 156.

Gutsschulen in Schlesien 200.

Gutsvorsteher, Amtsablehnung 144; Beamter 125; disziplinare Stellung 144; Entfernung aus dem Amte 442; Geschäfte. Führung ohne Auftrag 145; —**grenzen** 145; persönliche Beteiligung, Schankkonzession 363, 366; stellvertretender, Voraussetzung seiner Existenz 145; Stellvertreter 144; Stellvertreter, Dienstbezüge 125; Stellvertreter, Entfernung aus dem Amte 145; und Gutsbesitzer 321; Wegepolizei 320.

Gutszubehörigkeit und Armenstreitsachen 156.

Gymnasien, Kosten des Streitverfahrens 440; Kreisabgaben 39.

H.

Hafenanlagen 239.

Hafenpolizei 244, 271.

Haffe, Kreisabgaben 39.

Haft, gerichtliche 24.

Haftstrafen 214.

Halberstadt, Herzogtum, Nachbarhilfe beim Wegebau 344.

Halbvieh 112.

Halbtagsschulen 207.

Haltekinder, polizeilicher Schutz 230.

Hammerwerke, Kreisabgaben 44.

Handarbeiter, Gewerbegehilfen 377.

Handarbeiten, Unterricht in weiblichen 185.

Handdienste 142; bei Kommunalbauten 139; Reklamationen 120.

Handel als Gewerbe 34; Ermittlung des Einkommens 36; Gewinn aus demselben 67, 86, 87; Kreisabgaben 41.

Handelsbetrieb der Konsumvereine 371.

Handelsgesellschaften, juristische Personen 54; stille Gesellschafter 88.

Handelskammer 435.

Handelsminister, Aufsichtsinstanz für das Eisenbahnwesen 402.

Handel und Fabrikation, jedes in verschiedenen Kreisen, Kreisabgaben 52.

Handlungen, Erzwingung 215; ganze Reihe künftiger, Zwangsmittel 355; prozeßrichterliche und Akte der Justizverwaltung 448; strafbare, Polizei 232; strafbare, Verhinderung durch die Polizei 237.

Hand- und Spanndienste 306.

Handschlag an Eidesstatt. Kreistagswahlen 19; Verpflichtung des Protokollführers 445.

Handwerkervereine, Lustbarkeiten 216, 217.

Hannover, Landgemeindeforensen 25.

Harmonie, architektonische 245.

Haubare Bestände in Holzungen 56.

Hauptbestimmung der Dienstgebäude 40, 41; eines steuerpflichtigen Objekts 39; von Liegenschaften, Kreisabgaben 33.

Hauseingänge, straßenseitige Verbote 413.

Häuser, bestimmte, Verbot des Bewohnens derselben 226.

Häuserkomplexe, Ortschaften 423.

Hausgrundstücke, Vorflut 280; Zugänglichkeit 290.

Haushalt bei Aktiengesellschaften 83; dessen Auflösung, Einfluß auf den Wohnsitz 3; städtischer 37; städtischer, dessen Lage und das „gemeine Wohl“ 420.

Haushaltsetat, städtischer, kein Ausweis für die Eigenschaft als besoldeter Beamter 93.

Haushaltungsinteressen, Gerichtskosten 451.

Hausiergewerbe 383.

Haussuchungen 237; Gemeindevorsteher 167.

Hausstand, Gesinde 218; Stimmrecht 164.

Hausväter, Begriff 192, 200; über 60 Jahre 204; und Verleihung der Ritterguts qualität 193.

Hausväterbeiträge 203.

Hauswesen, Ausgaben für dasselbe 56.

Heilkunde, Ausübung 380.
Heimatsrecht 254.
Hebeammen 380.
Hebeammenbezirke, kein Besteuerungsrecht 150; sind keine öffentlich rechtlichen Korporationen 157.
Heberollen 30; bei Reklamationen 438; Bekanntmachung 113; der Synagogengemeinden 179; Schulsteuern 201; an den Chausseen, Umfahrung 228.
Hebungsberechtigte, Abänderung der Grundlagen der Abgabenforderung 143.
Heerstraßen, Unterhaltung 334.
Herabminderung der Abgaben, Anträge 9; von Steuerbeträgen 8.
Herabsetzung der Amtsunkostenentschädigung des Amtsvorstehers 96; der Steuer ist allein Gegenstand der Reklamation, nicht die Erhöhung 123.
Heranziehung und Überbürdung 26; zu den Gemeindeabgaben 139; zu den Kommunalabgaben 10; zu den Schulbeiträgen 185.
Herden (Viehherden), Versicherung gegen Feuersgefahr 431.
Herkommen, kein Rechtstitel 184.
„**Herrschaften**", Schulunterhaltung 204.
Herrschaft und Gesinde, Streitsachen 441.
Herrschaftliche Grundstücke 147.
Hilfsbedürftige, Fürsorgepflicht, vorläufige und definitive 6; Unterstützung durch die Provinz 5; Zurückweisung 255.
Hilfsdomizil 6.
Hilfskassen, eingeschriebene 390; neue 391.
Hinterbliebene der Geistlichen, Gnadenjahr 58.
Hintergebäude, Verunstaltungen der Straße 401.
Hinterpommern, Bauanlagen 155.
Hintersassen, scharwerkspflichtige, Gutsbezirke 13.
„**Historische**" Straßen 415, 416.
Hochbauten auf Bahnhöfen, Konsense 401.
Höchstbetrag, zulässiger der Exekutivstrafen 242.
Hochwasser 283; Fischerei 267.
Hofdienste, Freileute 157.
Höfe, Ausgänge über dieselben 416.
Hofkammer, Kosten für die Unterhaltung 56.
Hofstaat, Kosten für die Unterhaltung 56.
Hoheitsrechte 77, 345.
Höhere Töchterschulen 206.
Holz zur Beschaffung der Schulutensilien 208.
Holzfällung, Aussetzung für 1 Jahr 56.
Holzflößerei 345.
Holzfuhren für den Lehrer 127.
Holzhandel aus einem Walde, Kreisabgaben 51.
Holzhändler, Gewerbebetrieb, Kreisabgaben 55.
Holzlagerung auf den Bürgersteigen 237.
Holzplätze an den städtischen Straßen 401.
Holznutzungen, Kreisabgaben 39.
Holzungen, Einkommen aus denselben 56.
Holzzucht 262.
Hörigkeit der Landbewohner 146.
Hufen, eingezogene (wüste) 109.
Hunde, umherlaufende, Tötung 466.
Hundehandel und Züchtereien 111.
Hundesteuern 111, 130.
Hutmacher als Schauspielunternehmer 376.
Hüttenbetriebe, Kreisabgaben 54.
Hüttenwerke, Kreisabgaben 44.
Hütungsrechte 132.
Hypothekenbuch siehe Grundbuch.
Hypothekenkapitalien, Vermittlung 380.
Hypothekenschulden siehe Grundbuchschulden, der Gemeinden 65.

J.

Jagd, gutsherrliche Rechte 154; Vorbehalt, Einfluß auf die Gemeindezubehörigkeit eines Grundstückes 148.
Jagdangelegenheiten 256.
Jagdareal von 300 Morgen 263.
Jagdbezirke, land- und forstwirtschaftlich benutzte Flächen 263; selbständige 259, 260; Streit bei deren Bildung 261, 262.
Jagdertrag 264.
„**Jagdfrevel**", Begriff 256; und Sonntagsheiligung 257.
Jagdgebiete, bestimmte, Jagdscheine für dieselben 257.
Jagdhunde, Tötung 466.
Jagdpachtgelder 115.
Jagdpachtvertrag, Verbindlichkeit 259.
Jagdparzellen, Ausschließung 262.
Jagdpolizei 236.
Jagdrecht als Teil der im Eigentum liegenden Befugnisse 260; auf eigenem Grund und Boden 260.
Jagdscheine 256; Entziehung für 5 Jahre 258; Wiederabnahme 256.
Jagdverpachtung, mehrfache 262.

Jahresbeträge, Zahlung der Kreisabgaben 53.
Jahresernte, Versicherung 431.
Jahresrollen bei den Steuern 107.
Ideale Rechtssubjekte 54.
„**Im Ganzen**“, im §. 11 der Kr.=O. 53.
„**Im Laufe des Rechnungsjahres**“ Minderbeträge, Provinzialabgaben 8.
Immobiliar-Versicherungs-Verträge 379.
In abstracto 125, 193; Abgabenpflicht 32; Reklamationen 119; und in concreto. Klagen wegen Steuerüberbürdung 47.
Inanspruchnahme für den öffentlichen Verkehr 299; von Wegen für den öffentlichen Verkehr 228, 332, 333, 336, 342, 346.
Inbegriff von Sachen, Versicherung 431.
„**In den Gesetzen vorgeschriebene Steuersätze**“ in §. 3 des Ges. v. 10. März 1881 8.
Indirekte Steuern der Landgemeinden 140.
Individualbesteuerung 27.
Individualbeträge, Kreisabgaben 29.
Individualrechte bei den Gemeindewahlen 162.
Individualrepartition der Steuern, nachträgliche Korrektur 139.
Industrieunterricht 186.
Informationsgebühr 456.
Inhalt der polizeilichen Verfügung 244.
Initiative der Kreisversammlung. Einberufung eines angeblich Gewählten 21.
Inland, Mangel des Unterstützungswohnsitzes in demselben 6.
Inkommunalisierungen 153, 155, 322; von Vorwerksland, Schulsteuern 189.
Inkompetente Behörde, Abgabe der Reklamationen an dieselbe 128; deren Anrufung bei Reklamationen 178.
Inkrafttreten der Amtsblattserlasse 366.
Innere Angelegenheiten der Korporationen 138.
Innere Mission und die dabei thätigen Geistlichen 90.
Innerer Ausbau 413.
Innungen 387.
Innungs-Angelegenheiten, Fristen 442.
Innungsvorstände, Wahlen 387.
Inschriften, Gasthausschilder 353.
Inseln, Begriff 287.
Insinuationen 129.
Insinuationsdokumente, Nachfristen 453.
Insthäuser auf den Pfarrländereien 60.
Instanz, zuständige. Abgabe verirrter Prozeßschriften an dieselbe 450.
Institutenkasse 392.
Instruktionen, amtliche, unterliegen nicht der Erörterung im Verwaltungsstreitverfahren 167.
Instruktion in Wegestreitsachen 295, 296, 318.
Instruktionsverfahren 452.
„**Intentionen**“ des Klägers 390.
Interesse an dem polizeilichen Einschreiten gegen einen dritten 246; des öffentlichen Verkehrs 298; Korporation 128.
Interessentenklasse, Einschätzung in eine niedrigere 50.
Interessentenvermögen 124; Jagdpachtgelder 115.
Interessentenwege 249.
Interimistikum, polizeiliches 232; und vorläufige polizeiliche Entscheidung 441.
Interimistische Entscheidungen 426; in Wegesachen 309, 310, 315, 331.
Interimistische Festsetzung, Vorflut 277.
Interpretation der Gesetze 203.
Inundationsgebiet, Erhaltung 292.
Inventar des Kirchenvermögens, katholisch 171; zu Festsetzung des Betriebes 38; der Schule 208.
„**In verschiedenen Kreisen**“ im §. 16 der Kr.=O. 46.
Inzidenzpunkt 23; Vorflutsangelegenheiten 271.
Irrenanstalten, private 230, 382.
Irrtum bei Erteilung der Konzession 360; des Beamten 460
Irrtümliche Nebenbemerkungen des Vorderrichters 331.
Isolierte Höfe, Jagd 260.
Juden, Begräbnisplätze 122; Kultusbedürfnisse 177.
Judenschaften, angeschlossene 179.
Judikatur in höherer Instanz, Teilnahme des Richters in unterer Instanz 446.
Jüngstes Gerichtsmitglied, Ausscheiden bei Anwesenheit einer geraden Anzahl von Richtern 452.
Jurisdiktion, gutsherrliches Recht 154.
Juristische Person 29; Fiskus 81; im Amtsbezirke, Abgaben 94; in den Städten 45; Kommunal-Einkommensteuer 117; Kommunal-Realsteuern 106; Kreisabgaben 28, 30, 39, 43, 46, 49, 58; (nicht Forensen) 105;

Schankkonzessionen 371; Schulsozietät 182; solche sind die Hebeammenbezirke nicht 157; staatsrechtlicher Begriff 54; städtische Abgabe 81; und Kommunal-Einkommensteuern 105; Unterscheidung 31; Zwangsvollstreckungen 101; Persönlichkeit der Schule 195.
Justizverwaltung und Prozeß 448.

K.

Kabinetts-Ordres sind nicht immer Gesetze 236.
Kalenderjahr, Nachforderungen 45.
Kämmereikassen, Übernahme der Kreisabgabenanteile 45.
Kämmereivermögen 138; Bildung aus Gemeindegliedervermögen 132, 140.
Kammerjungfern, Hausväter 200.
Kämpen, Kreisabgaben 32.
Kanäle, schiffbare, Kreisabgaben 39; Unterhaltung 288.
Kanalisation, städtische 239.
Kanalisierungen in den Städten 404.
Kanon, Pfarrländereien 111; vorbehaltener des Fiskus 154.
Kantinen in Kasernen 372.
Kartierungskosten, Wasserläufe 290.
Kasernen, Schankwirtschaften 372.
Kassation der Wahlen 162.
„Kasse", Begriff 392.
Kassenrendanten, kirchliche 176.
Kassenstatuten, Hilfskassen 391.
Kassenrevisionen, Gemeindekassen 101.
Kassierung von Wegen 320.
Kapitalansammlung gilt nicht als abzugsfähige Ausgabe 64.
Kapitalbesitz des Kreises 72.
Kapitalvermögen, Einkommen aus demselben 84, 88.
Kataster, Quartierleistung 121.
Katholische Kirchenvorstände 171.
Kaufleute, Versicherungen 434.
Kaufmännischer Betrieb, Kreisabgaben 28, 52.
Kaufwert und taxmäßiger Wert, Differenz 66.
Kautionen der Krugpächter, Schankkonzessionen 438.
Kellner und Kellnerinnen in Gastwirtschaften 363.
Kellerräume, Ausdehnung des Schankbetriebes auf dieselben 364.
Kellerthüren nach der Straße 365.
Kellerwohnungen, Ausschank 361.
Kies auf den Wegen 305.
Kieslieferung zum Wegebau 298.
Kieswege 312.
Kinder, schulpflichtige, Exekutivstrafen gegen die Eltern 197; Sorge für Unterricht 198; verwahrloste. Zwangserziehung 210.
Kinderzahl, mutmaßliche Vermehrung, Schulbauten 207.
Kirchen, deren Prozesse 175; Kreisabgaben 32, 46.
Kirchenamt und Staatsamt 459.
Kirchenbaulasten, Observanz 347.
Kirchenbausachen 173.
Kirchenbediente 176.
Kirchengemeinden 202; als Korporationen 177; Anfechtungsrecht der auf sie repartierten Steuerbeträge 174; Begräbnisplätze 230; Zwangsetatisierungen 170; Zwangsverfahren gegen dieselben 176.
Kirchengemeindevermögen, stiftungsmäßige Verwendung 175.
Kirchengüter, Steuerpflicht 122.
Kirchhöfe, siehe Begräbnisplätze.
Kirchhofswege 347.
Kircheninspektor, städtischer 90.
Kirchliche Institutionen zur Förderung der Wohlfahrt der Gemeinden 142.
Kirchenpatron 184; Beschlüsse der katholischen Gemeindevertretungen 171.
Kirchenpatronat 206.
Kirchenverhältnisse, Ansiedlungen 422; Kolonien 427, 428.
Kirchenvermögen und Pfarrvermögen 175.
Kirchwege 347.
Kirchweihe, Schank 359.
Kirchenzwecke, Übernahme der Ausgaben als Gemeindelast 142.
Klage, Bezeichnung der Person des Beklagten, Ergänzung und Abänderung derselben 188; gegen polizeiliche Verfügungen 221, 222; hinsichtlich der Geltendmachung des Stimmrechts 164; in Wegesachen, als Einspruch zu behandeln 328; nach Reklamationen, Aufgabe des Verwaltungsrichters hinsichtlich der Prüfung 121; ist Rechtsmittel 47; und Beschwerde, Wahl zwischen beiden 221; Zurücknahme 265.
Klageabänderung 9.
Klageanstellung, Autorisation der Regierung 197.
Klageantrag, bestimmter 450; unrichtige Formulierung 390; als Gegenstand des

Streitverfahrens 413; des Landrats 20; Ergänzung und Berichtigung 9; unzulässiger 8.
Klagebeantwortung, nicht ersetzt durch den Bescheid des Gemeindevorstehers 120.
Klagefristen 44; Beginn 60; bei den Kreistagswahlen 15; in Reklamationssachen 201; und Einspruchsfristen 314.
Klagefundament 120; Ergänzung und Berichtigung 9.
Klagekonsumtion 365.
Klagelegitimation, formelle und materielle 231.
Klagerecht des Extrahenten einer polizeilichen Verfügung 278, 279; der Stadtgemeinden 168; zwecks Einziehung der Steuern 196.
Klaglosstellung, Aufforderung zu derselben 449, 451.
Klassen der Landgemeindemitglieder 105; der Gemeindemitglieder 123; der Gemeindemitglieder, als Nutzungsberechtigte am Gemeindevermögen 132; der Gemeindemitglieder, Gemeindenutzungen 140; der Gemeindemitglieder, Sonderrechte hinsichtlich der Gemeindeabgaben 140; der gespannhaltenden Gemeindemitglieder 134; von Einwohnern 124; von Gemeindeangehörigen 114; von Gemeindemitgliedern 120.
Klassenrechte, ausschließliche 140.
Klassensteuer 38; der Kreisforensen 29.
Klassen- und Einkommensteuern. Schullasten 206.
Klassensteuererlasse 8.
Klassensteuersätze als Maßstab der Besteuerung in mehreren Gemeinden 136.
Klassenverhältnis, Einreihung der Parzellenerwerber in ein solches 138.
Kleinhandel mit Getränken, unbeschränkter und beschränkter 359.
Knack als Wegebesserungsmittel 305, 306.
Knüppel am Insinuationsmodus 129.
Knüppeldämme 312.
Kognak, Kleinhandel 359.
Köchinnen, Hausväter 200.
Kohlengruben, Kreisabgabe 35.
Kollektivstimmen 24, 164, 165.
Kollisionen, Baukonsense 394, 395; der Behörden 223, 401, 406; der Berufspflichten der Beamten mit den bürgerlichen Pflichten 133; gleichberechtigter Behörden307; zwischen Eigentümer und Publikum 239; zwischen Polizeigewalt und Einzelinteresse 247; zwischen polizeilichen und Privatansprüchen 335; zwischen Staatsbehörden 231; zwischen Zweigen der Polizeiverwaltung 406.
Kölmische Güter 155.
Kolonien 421; als Teile der Amtsbezirke 94; kommunale Zubehörigkeit 154; und Ansiedlung, Unterschied 428.
Kolonisationsplan 427.
Kommandantur, deren Anordnungen 235.
Kommanditgesellschaften auf Aktien, Kreisabgaben 30.
Kommissar des Regierungspräsidenten, ähnlich dem Staatsanwalt 352; in Ansiedlungssachen 429; in Disziplinarsachen 458; Waldschutzgericht 265; zur Wahrnehmung des öffentlichen Interesses 154, 158, 161, 450, 452; zur Vertretung des öffentlichen Interesses in Schanksachen 453; zur Vertretung des öffentlichen Interesses. Mitteilung der Entscheidungen 455.
Kommissionen bei der Festsetzung der Höhe des Wasserstandes 286; der bischöflichen Vermögensverwaltung 440.
Kommissarische Amtsvorsteher 95, 96, 104; Remuneration 102.
Kommissarische Beschäftigung eines Beamten, Wohnsitz 3.
Kommissionen, Kreisständische 76; und Kommissare des Kreistags, Einsetzung 76, 77.
Kommissionsgeschäfte, Vermittlung 378.
Kommunalangelegenheiten, dem Amtsverbande überwiesen 93; des Kreises 24; und Amtsvorsteher 101; Unterschied von den Angelegenheiten der allgemeinen Landesverwaltung 73.
Kommunalaufsichtsbehörde, Einschreiten in Armenangelegenheiten 6.
Kommunale Anstalten 239.
Kommunalbauten 139.
Kommunalbehörden im Sinne des Ges. vom 12. Februar 1850 167.
Kommunal-Einkommensteuer 105.
Kommunale Verpflichtungen als Bedingung zum Anbau 400.
„**Kommunalfrei**" 156; Grundstücke 12, 131; ein der Gesetzgebung fremder Ausdruck 152.
Kommunallasten, welche Leistungen dazu gehören 148, 149.
Kommunalprinzip in Schulsachen 196.
Kommunal-Real-Steuern 122.

Kommunalrechtlicher Bestand der Gutsbezirke 146.
Kommunalsteuer der Eisenbahngesellschaften, Abzugsfähigkeit 37; Regulative der Städte 81.
Kommunalsteuerfuß bei der Schulunterhaltung 199.
Kommunalverhältnisse, Ansiedlungen 422.
Kommunalzugehörigkeit 128.
Kommunikationsabgaben 7.
Kommunikationsanstalten, Unterhaltung 345.
Kommunalbeamte, städtische 92.
Kommunikationsmittel, Umwandlung in eine Straße 419; Verlegung 348.
Kommunikationswege in Schlesien 343; Unterhaltungslast 303, 334.
Kompetenzkonflikte 464.
Konfessionsschulen 200.
Konflikte 458.
„Königlich" als Prädikat bei Titeln 77.
Königliche Familiengüter, Kreisabgaben 56.
Königliche Verordnungen 76.
Konkludente Handlungen der Aufsichtsbehörden statt der Genehmigung von Gemeindebeschlüssen 135.
Konkubinate 240.
Konkurs, Gemeindestimmrecht 165.
Konsense, polizeiliche 251, 272.
Konservierung eines Resteinkommens 86.
Konsistorien 170; Zwangsetatisierung gegen Kirchengemeinden 172; Berufung der Geistlichen 90.
Konsortialversicherung 435.
Konstituierung von Landgemeinden 152.
Konsumverein, Schankwesen 370.
Kontingente der Provinzialabgaben 59.
Kontingentierung 27; der Steuern 8; der Provinzialabgaben 11.
Kontor, Kreisabgaben 28, 52.
Kontrolle der Amtsverwaltung 97; polizeiliche der Schanklokale 367; sittenpolizeiliche 237.
Konzept- und Reinschrift einer polizeilichen Verfügung. Anweisung, dieselbe zu unterschreiben 250.
Konzessionen, als Beweismittel, nichtige 360; der Pferdebahngesellschaften 7; gewerbliche 128; gewerblicher Anlagen, Erlöschen 384; polizeiliche 272; wird ersetzt durch ministerielle Genehmigung 84.
Konzessionsentziehung 348, 356, 360, 362, 372; Versicherungs-Gesellschaften 84; wegen Handlungen, welche vor der Konzessionserteilung liegen 364.
Konzessionsgesuche, Garantien für sachgemäße Behandlung 349.
Konzessionspflichtigkeit gewerblicher Unternehmungen, später eintretende 385.
Konzessionsurkunde, Erschleichung 360.
Konzipienten 379.
Körnerabgaben 203.
Korporationen, Anspruch auf Benutzung eines Weges 309; Ausgaben 202; Interessen 128; keine Schulsteuer 190; kommunale, gesetzlich vorgeschriebene Vermögensverwendung. Kreisabgaben 32; Schutz subjektiver Rechte 401; Titelverleihung 77; Verpflichtungen 177.
Korporationsbeamte, Besteuerung 112.
Korporationsangelegenheiten und Staatshoheitsrechte 232.
Korporationsrechte der Amtsverbände 97; der Gemeinden 152; deren Erlangung 152; des Schulinstituts 195.
Korrealversicherung 435.
Korreferent, Stimmrecht 215.
Korrektionsanstalten, städtische Gemeindeabgaben 86.
Korrektur der Gesetze 203.
Korrespondenz, amtliche, deren Kosten 171.
Kossäten, Holzfuhren 127.
Kost des Gesindes 218.
Kosten beim Bergbau 35; der amtlichen Korrespondenz 171; der Amtsverwaltung 97, 102; der Armenpflege, Erstattung 6; der Chausseeunterhaltung 7, 71; der dem Amtsverbande überwiesenen Kommunalangelegenheiten 93, 94; der Herstellung unbebauter Straßen in den Städten 89; der örtlichen Polizeiverwaltung, Amtsbezirke 97; der Polizeiverwaltung 97, 98; der Polizeiverwaltung, Entscheidung über deren Höhe 103, 104; der Polizeiverwaltung in Versicherungsangelegenheiten 433; der Polizeiverwaltung, Versicherungen 430; der Prozesse der Kirchengemeinden 175, 176; der Straßenanlagen, Übernahme derselben als Bedingung für die Erlaubnis 400; des Verfahrens 451; im Streitverfahren 355, 440; in Wegesachen. Einziehung durch den Amtsvorsteher 302, 303; unverhältnismäßige bei Wegeanlagen 317; von der Polizeibehörde vorgeschossene, Beitreibung

315; sächliche der Polizeiverwaltung 92; Sanitätspolizei 238; der Zurückführung des entlaufenen Gesindes 228, 229.
Kostenaufwand der Beteiligten bei Schulbauten 209; Vorflut 283.
Kostenfreiheit im Streitverfahren 442.
Kostenpunkt 33; im Streitverfahren 19; in Verwaltungsstreitsachen 91, 349.
Kostentarif in Verwaltungsstreitsachen 444.
Kostkinder, polizeilicher Schutz 230.
Krankheit der Wahlmänner 22.
Krankheiten, ansteckende, Kosten 97.
Krankenkassen 392.
Krankenställe, Kreisabgaben 47.
Krankenunterstützungen 391.
Krankenversicherung 390.
Kredit, kaufmännischer, Wahrung in betreff der Versicherungen 434.
Kreidelager, Kreisabgaben 55.
Kreis als Auftraggeber oder Mandant im Sinne des §. 61 der Kr.-O. 79.
Kreise als Parteien, Tragung der baren Auslagen 355; als Steuerpflichtige hinsichtlich der Provinzialabgaben 10, 11; Beitragspflicht zu den Provinzialabgaben 9; Bildung neuer 68; Zwangsetatisierungen gegen dieselben 79.
Kreisabgaben 25 ff., 122; deren Berichtigung als Folge der Berichtigung des Staatssteuersolls 9; Gerichtskosten 451; Reklamationsfuß 27; Verteilung 67.
Kreisabgabenbetrag, absolute Übereinstimmung desselben mit der Ausschreibung 45; Feststellung in Reklamationssachen 50.
Kreisabgabenpflicht, deren Quelle der „Besitz" 63.
Kreisabgaben-Soll, Berechnung 64; Einziehung und Abführung 27; Festsetzung 44.
Kreisangehörige; nicht allein diese sind kreisabgabenpflichtig 31.
Kreisangelegenheiten 12 ff.; und Landarmenangelegenheiten in Ostpreußen 76.
Kreisanteile hinsichtlich der Provinzialabgaben-Berechnung 12.
Kreisaufsichtsbehörden 80.
Kreisausschuß, Bestreitung der Kosten desselben 72; Substituierung 97, 99; Substituierung, Wegesachen 340; Tagen desselben außerhalb des Sitzes des Landrates 440; Träger der Kreisverwaltung 76; Verweigerung von Leistungen 80; Zwangsetatisierungs-Verfügungen an denselben 79; Beschlüsse, Bestätigung 78.
Kreisausschußmitglied als Gutachter in derselben Sache 446; Disziplinarverfahren 456; Vorsitzender, Einlegung der Berufung 444.
Kreisbeamte, Disziplin 74; Ordnungsstrafen 73.
Kreisblatt, Bekanntmachung der Abgabenbeträge und der Repartition 30.
Kreischausseen, keine Erwerbsquelle der Kreise 69; siehe auch Chausseen 71.
Kreischausseeschulden 50, 69.
Kreischausseenetze, deren Verkehrsmittelpunkte 69.
Kreisdeputierte 23; Stellung des ersten zum zweiten 23.
Kreiseinkommensteuern, Fiskus 28.
„Kreiseinrichtung", Begriff 68.
Kreisforensen 27, 28, 29, 105.
Kreisgläubiger, deren Sicherheit 68.
Kreisgrenzen, Veränderung 68.
Kreishaus 72.
Kreishilfe beim Wegebau 345.
Kreiskommunalbeamte, Disziplin 75.
Kreiskommunalfonds 71.
Kreiskommunalkasse 27.
Kreiskontingente 11.
Kreiskorporation als Partei 97, 99; Besteuerungs-, Verwaltungs- und Etatsrecht 40; eigene Angelegenheiten 24; nicht verpflichtet zur Tragung der Kosten der Polizeiverwaltung 98; Wegebaupflicht 329.
Kreislazarett 214.
Kreisordnungsfonds 71, 72.
Kreisorgane, Befugnisse 76.
Kreispolizeiliche Verfügungen im Auftrage 381.
Kreisschulden 72.
Kreissparkasse 72; städtische Gemeindeabgaben 81.
Kreissteuer-Verteilungsmaßstab, unveränderlich 95.
Kreissteuerjahre, abweichend von den Etatsjahren der Steuerpflichtigen 48.
Kreissteuerpflicht 31.
Kreissteuersystem 95.
Kreissynode, Mitglieder 90.
Kreissynodalbezirke 174.
Kreissynodalkosten 174.
Kreistag, „alter" und „neuer" 16; Angreifung der Beschlüsse desselben, betreffend die

Kreistagswahlen mit der Klage 18; Bedingung zur Wählbarkeit 16; besondere Befugnisse 53; Bestellung von Kommissionen 76, 77; Disziplinarsachen 457; Prüfung der Legitimation seiner Mitglieder 14; Wahl der Provinziallandtagsabgeordneten 2; Recht der freien Organisation 76; Verweigerung von Leistungen 80.
Kreistagsabgeordnete 12; Verteilung auf die Wahlbezirke, Fristen 441.
Kreistagsbeschlüsse, Beanstandung 77; bestätigte, Rechtsungültigkeit 65; deren Verbindlichkeit 56; fehlender, Ergänzung 40.
Kreistagswahlen 12; Angreifen derselben mit der Klage 18; Einspruch 14; Landgemeinde 20; siehe auch Verzeichnisse; Verlust der Wirkung 16.
Kreisteilungen 68.
Kreisveränderungen 70.
Kreisverwaltungsgericht 448.
Kreuzberg bei Berlin 244.
Kriegsrecht 463.
Kriegszustand, Konflikt 462.
Kriminalgerichtsbarkeit, Vorbehalt, Folgerungen 148.
Kruggerechtigkeit 154.
Krugpächter, Schankkonzession 438.
Krugwirtschaften an Chausseen 361.
„**Kühe halten**“ 132.
„**Kühe halten**“ kein Kennzeichen als Zugehörigkeit zu einer Klasse 124.
Kühe, Versicherung 430.
Kulmischer Schulmorgen 191.
Kultusbedürfnisse der Juden 177.
Kündigung städtischer Beamter 92.
Künftige Handlungen, ganze Reihe derselben. Zwangsmittel 355.
„**Kunstbauten**“ an Wegen 306.
Kunstmäßiger Wegeausbau, Ausschluß 312.
Kunststraßen siehe Chausseen.
Kunstweine 373.
Kunstwollfabriken 384.
Kuppelei 236, 237.
Kurgäste 116.
Kurmärkisches Wegerecht 339.
Kurmittel, Hilfskassen 391.
Küster, Disziplin 75; kirchliche Abgaben 195; Ruhestand 176.
Küstereibausachen 173, 208, 209.
Küsterhaus-Bauten 142.
Kuxe, Einkommen aus denselben 44.

L.

Ladenthüren nach der Straße 365.
Lagerbücher, Versicherung 433, 434.
Lagerhalter der Konsumvereine 371.
Lagerhäuser 239.
Laktometer 460.
Landarmenangelegenheiten in Ostpreußen 76.
Landarmenanstalten, städtische Gemeindeabgaben 86.
Landarmenverbände, Verpflichtungen 5.
Landarmenverband, Verpflichtung zur Fürsorge 6.
Landbildungen in Strömen 62.
Landesdirektor 210, 211; kann den Provinziallandtag nicht vertreten 2.
Landes- und Reichsgesetzgebung, Verhältnis 349.
Landeshoheit, Ableitung von Befugnissen aus derselben 406.
Landesherr, Verleihung der Eigenschaft eines selbständigen Gutsbezirks 13.
Landeskirchliche Zwecke, Umlagen 174.
Landeskulturgesetzgebung 145.
Landespolizei 100; und Ortspolizei. Unterschied 292; und ortspolizeiliche Baukonsense 415.
Landespolizeibehörde, öffentliche Wege 319; Interimistika 232, 233; Wasserpolizei 271; Zustimmung zu dem Übergang von Rittergutsparzellen an die Dorfgemeinden 147.
Landespolizeiliches Gebiet für ortspolizeiliche Verfügungen 404.
Landesrecht und Reichsrecht 365.
„**Landesregierungen**“ im §. 33 der Gewerbe-O. 366.
Landesverwaltung, allgemeine, dazu gehören nicht die Landarmenangelegenheiten in Ostpreußen 76.
Landesverwaltungsgesetz handelt nicht bloß von der Verfassung der Verwaltungsgerichte und dem Verwaltungsstreitverfahren 357.
Landgemeinden 104; Anteile, Kreisabgaben 29; Beitrag zu den Kosten städtischer Polizeiverwaltungen 103; Beweis der rechtlichen Existenz 156; deren Konstituierung 152; im Gegensatz zu selbständigen Gütern 12; Kreistagswahlen 20.
Landgemeindegrenzen, Streit darüber 148.
Landgemeinden und Gutsbezirke, Grenzen 109.

Landgemeinde und Stadtgemeinde, Vereinigung in polizeilicher Beziehung 103.
Landgestüte, Kreisabgaben 47.
Landrat als Aufsichtsbehörde 144; als Kreisausschußvorsitzende keine Behörden 454; an Stelle des Schulvorstandes 205; Armenpolizei 168; Aufhebung einer polizeilichen Verfügung 253; Aufsicht über die Kommunalangelegenheiten 101; Aufsichtsbehörde über Landgemeinden 140; Beanstandung 14, 21, 76, 77, 79; bei den Gemeindewahlen 162; Berufung des Kreistages 18; Chausseepolizei 228, 343; Chaussee-Zoll-Erhebung 293; dienstliche Stellung als Vorsitzender des Kreisausschusses 454; Disziplinarverfügungen, Beschwerden darüber 144; Eingreifen für den Amtsvorsteher 250; Eingreifen in die Funktionen des Amtsvorstehers 224; Einlegung der Berufung 44; Ernennung des stellvertretenden Gutsvorstehers 145; Festsetzung der Höhe des Wasserstandes 286; Hilfsbedürftige 214; Hundesteuern 111; Jagdpolizei 261, 262; Jagdscheine 257; kann keine Ortschaft zur Gemeinde erheben 152; Klageanträge 20; Leitung der Wahlen 17, 22; Mißhandlung eines Kreisausschußmitgliedes 461; nachträgliche Gutheißung der Verwaltung der Gutsvorstehergeschäfte 145; Nichtbeteiligung bei Amtsablehnungsangelegenheiten 73; nicht Partei in Fischerei-Angelegenheiten 267; Organ des Kreisverbandes oder Vertreter der Aufsichtsbehörde 78; ortspolizeiliche Verfügungen in dessen Auftrage 291; polizeiliches Einschreiten 214; Prüfung der Legitimation der Kreistagsmitglieder 16, 17; Sitz desselben, Tagen des Kreisausschusses außerhalb dieses Sitzes 440; Stellvertretung durch Kreisdeputierte oder Beamte 28; und Amtsvorsteher 457; Zwangsmittel 464.
Landratsamt, Erledigung 23.
Landschaftliche Beamte, Besteuerung 112.
Landseen, Schiffbarkeit 345.
Landstraßen, Unterhaltung 330, 334.
Landtagsabschiede, Eigenschaft des Gesetzes 23; Kraft der Gesetze 187.
Landwehrbehörden 255.
Landwirtschaftsschulen, Gemeindeabgaben der Lehrer 126.
Lassitischer Grundbesitz 153.
Lasten, abzugsfähige, Kreissteuern 31; auf dem Grundbesitze ruhende 84; der Einkommensquelle 36; des Verpächters 35; dingliche, Abzug 58; gewerblicher Unternehmungen 36; in den Abgabenregulierungsplan übergangene 131; in Rücksicht auf den Besitz 121; kommunale, Regelung der Rechtsverhältnisse derselben 135; Schmälerung des Ertrags 37; und Abgaben, dingliche, Abzugsfähigkeit 46.
„Lästige“ Geräusche 235.
Laudemien 154.
Leben, Gefahr für dasselbe 244.
Legitimation der Mitglieder des Kreistages, Prüfung 14, 16, 19, 20, 21, 24.
Legitimationspunkt, Berichtigung 329; Feststellung durch den Verwaltungsrichter 183; Prüfung seitens des Richters 327, 425.
Legitimationsscheine 383.
„Legitime“ Wochenmärkte 387.
Lehmgruben, gemeinschaftliche, Nutzungen 115.
Lehrer an Landwirtschaftsschulen. Gemeindeabgaben 126; Qualifikation, Einfluß auf den Charakter der Schule 206; Schullasten 188; Züchtigungsrecht 460; und Lehrerinnen. Disziplinarangelegenheiten 456.
Lehrergehälter, Erhöhung 193; Feststellung des Wertes 180, 182 ff.
Lehrergehaltsfestsetzung durch die Aufsichtsbehörde, Voraussetzung der Heranziehung zu Schulbeiträgen 193.
Lehrerunterhalt, kathol. Elementarschulen 199, 200.
Lehrerwohnungen, Raumbedürfnis 207.
Lehrpläne für Schulen 185.
Leib, Gefahr für denselben 244.
Leibeigenschaft, persönliche, als Ausgangs- und Mittelpunkt der ländlichen Gemeindeverfassung 146.
Leichen, angeschwemmte, Beerdigung 151.
Leinpfade 347.
Leistungen der Stadtgemeinden und Ersparnisse der Provinz 7; des Gutsherrn, Mißverhältnis zu den Rechten 146; für den Wegebau, Umfang 304; gesetzliche der Provinzialverbände 4—6, 210; gesetzliche des Amtsverbandes 102; im öffentlichen Interesse, Verpflichtung 233; neu entstehende, deren künftige Verteilung 138; unmögliche Exekutivstrafen 220; vermögensrechtliche, Übernahme für Pachtgegenstände 35; Verweigerung, siehe Zwangsetatisierungen;

welche zu den Kommunallasten gehören 148, 149.
Leistungsfähigkeit der Steuerpflichtigen 110, 111; der Unterthanen, Schullasten 202; der Wegebaupflichtigen 317, 342.
Leitung der Gemeindevertretung 160; der Kreistagswahlen 17; der Wahlen, Landrat 22.
Lesen und Schreiben, mangelnde Kenntnis 381.
Leumundszeugnisse, Jagdscheine 257.
lex generalis non derogat legi speciali 53.
Liberalität, als Grund für rechtliche Verpflichtungen 83.
Liegenschaften, deren Nutzung. Kreisabgaben 33, 34; Ermittelung der Reinerträge 39.
Litispendenz 449.
Livree des Gesindes 218.
Lohgerberei, einzelne Bestandteile derselben 384.
Lohn der Tagearbeiter, Hilfskassen 390; des Gesindes 218.
Lokal, Beschaffenheit bei Real-Schankberechtigungen 359; der Gastwirtschaften, polizeiliche Prüfung 351; der Schankwirte 356; in Schankwirtschaften, Beseitigung eines Teiles der Einrichtungen 374; in Schankwirtschaften, Veränderung der Räumlichkeiten 369; in Schankwirtschaften, Verbesserung 369; ist auch die öffentliche Straße 357; Schankwirtschaften, anderweite Benutzung 372; Schankwirtschaft, Lage derselben 367; Schankwirtschaft, mangelnde Eigenschaften 362; Schankwirtschaft, nachträgliche Anforderungen 364; Schankwirtschaft, polizeiliche Anforderungen 361; Schankwirtschaften, polizeiliche Anforderungen. Entscheidung durch den Kreisausschuß 374.
Lokalpolizei, siehe Ortspolizei 292.
Lokalpolizeiliche Verordnungen werden durch die Genehmigung der Regierungen keine bezirkspolizeiliche 413.
Lokalrechte in Wegesachen 334.
Lokalschulinspektoren, Schullasten 188.
Lokomotivschuppen, Kreisabgaben 61.
Los, Entscheidung durch dasselbe bei den Wahlen 2; Ziehung desselben bei den Kreistagswahlen 15.
Löschungen an schiffbaren Kanälen, Kreisabgaben 39.
Luft, schädliche bei Versammlungen 252.
Lücken der Abgabenregulierungspläne 137; der Steuerverfassung der Landgemeinden 108.
Lustbarkeiten 216; Besteuerung 91, 141.
Lustgärten, Kreisabgaben 39.
Luxusausgaben, Besteuerung 141.

M.

Mädchen, gefallene 380.
Magdeburg, Herzogtum, Nachbarhilfe beim Wegebau 344; Unterhaltung der Vizinalwege 128.
Magistrat als Spruchkollegium in Streitsachen 442, 443; als Unternehmer von Anlagen 406; als Vertreter des Kommunalverbandes 103; Beiladung 443; und Stadtverordnete, Rechtsstellung 168; unzuständig in Angelegenheiten betreffend den Bau der Bürgersteige 341; Versagung eines Baukonsenses 396.
Mahnzettel, Gemeindeabgaben 113.
Majestätsbeleidigung 24.
Majorität der Wahlversammlung bei den Kreistagswahlen 14; zu Kreistagsbeschlüssen, Konkurrenz mehrerer 68.
Mandate der Kreistagsabgeordneten, Erlöschen 20.
Mandelkow, Gut im Pyritzer Kreise 347.
Mängel der Abgabenregulierungspläne 137; des Verfahrens in Ansiedelungssachen; kein Grund der Versagung materieller Entscheidung 425; des Wahlverfahrens 3, 22, 23.
Marketendereien 372.
„**Märkte**", Begriff 387.
Markthallen 239.
Marktverkehr 357, 386.
Märsche der Truppen. Kollisionen 223.
Marställe, Kreisabgaben 47.
Massenbauten 413.
„**Maßstab der Staatssteuern**", Unterschied von den „Zuschlägen" 10.
Maß- und Gewichtsrevisionen 97, 99, 100.
Material, altes, dessen Verkauf 64.
Materialienpreise, Chausseeunterhaltung 7.
Materialwarengeschäfte, Schankgewerbe 350.
Materielle Interessen der Gemeinden 142.
Matrikel, Schullasten 194; siehe Schule.
Mauern an der Straße 401; um Friedhöfe 230.
Mediatherren in Schlesien 206.
Medizinaltaxe, Gebühren 157.
Mehrbelastung der Wegebaupflichtigen 334.

Mehrheitsbeschlüsse, Gemeindeabgaben 113.
Mehrlasten infolge von Wegeverlegungen 334.
Mehr- oder Minderbelastung 68; einzelner Kreisteile 50; mit Kreisabgaben 39, 40, 56.
Meineid in Reklamationssachen 180.
Meinungsverschiedenheiten 166, 168; unter den Mitgliedern der Gemeindebehörden 259.
Meister und Gesellen, Streitigkeiten 213.
Merkpfähle 272.
Merkpfahlsetzung 286.
Meldung neu Anziehender 230, 241, 255; polizeiliche, des Stellvertreters eines Gewerbtreibenden 375.
Meliorationen bei Pachtgütern 35.
Menschengedenken, seit; Benutzung eines Weges 335.
Mergelgruben, gemeinschaftliche, Nutzungen 115.
Milch, Verfälschung 460.
Mieter, Nachtwachtdienste 123.
Mietskaten 424.
Mietssteuer 125.
Mietsstreitigkeiten und Polizei 232.
Militärische Kontrolle, Requisitionen der Polizei 255.
Militärpersonen, servisberechtigte 31.
Mindestbetrag bei den Lehrergehältern 193.
Minderbeträge, Provinzialabgaben 8.
Minderheit, Verpflichtung durch Gemeindebeschlüsse 113.
Minderjährige Erben der Gewerbtreibenden 367.
Mineralien, Gewinnung 43.
Minimalsätze, Lehrergehälter 192.
Mineralwasserausschank 357.
Minister des Innern, Zuständigkeit an Stelle der „Landesregierungen" 366.
Minister, nicht berechtigt, einen bestehenden Rechtszustand zu ändern 157.
Ministerialbeschlüsse, Eigenschaft des Gesetzes 23.
Ministerielle Bestätigung der Kreistagsbeschlüsse 56; Genehmigung der Statuten, Konzession 84.
Minorität der Gemeindeversammlung. Legitimation in Dienstunkostenentschädigungs-Angelegenheiten 158; der Wahlversammlung bei den Kreistagswahlen, kein Klagerecht gegen die Majorität 14.
Minus oder Majus bei Schulbauten 209.
Mission, innere, Geistliche bei derselben 90.
Mißernten, Kollisionen 233.
Mißverhältnisse, erhebliche, beim Abgabenwesen der Landgemeinden 110; zwischen den gutsherrlichen Pflichten und den Lasten 146.
Mitbesitzer zersplitterter Gutsbezirke, Stimmrecht 13.
Miteigentümer, Stimmrecht 164.
Mitglieder des Gerichtshofes, gerade Anzahl 451; des Kreistages, Begriff 14, 21.
Mitgliedschaft der Innungen, Entziehung 388.
Mitgliederverzeichnisse der Vereine, Einsichtnahme der Polizei 252.
Mittel der Polizeibehörden, Aufsicht darüber 100.
Mittellosigkeit, Baudispense 409.
Mittelsätze bei den Kreisabgaben 63.
Mittelsatz der Gewerbesteuer 42.
Mittelschulen 206.
Mobiliar-Feuer-Versicherung 429, 433.
Modifikation polizeilicher Verfügungen 385.
Modus collectandi 202, 203.
Möglichkeit strafbarer Handlungen 217; von Gefahren 338.
Mühewaltungen des Stellvertreters eines Amtsvorstehers 104.
Mühlen, Entziehung des notwendigen Wassers 278; siehe auch „Triebwerke".
Mühlengerechtigkeit 154.
Mühlengrundstück, als Steuerobjekt 205.
Mühlwege 347.
Mündliche Form der Beauftragung eines dritten, für die Steuerpflichtigen die Gemeindeabgaben zu bezahlen 137; Reklamationen 114, 129; Verhandlung in Beschlußsachen 96; Verhandlung, Rechtsanwälte 456; Wahleinsprüche 163; —r Reklamationsbescheid 133.
Muttersprache 215.
Muttervieh 112.

N.

Nachbargemeinden, Veranlagung von Grundstücken bei denselben 108, 109.
Nachbargrundstücke, Brandmauern 408; Straßenflächen 409.
Nachbarhilfe beim Wegebau 344, 345.
„Nach den Vorschriften des Gesetzes" 380.
Nachforderungen, angeblich zu hohe 57;

Gemeindeabgaben 106; Kreisabgaben 44, 45, 57; und Rückstände bei Gemeindeabgaben 139.
Nachfristen 314, 404, 446; Form der Bewilligung 453; für Klagen 331.
„**Nach Maßgabe der Staatssteuern**" im §. 106 (bezw. 79) der A. P.-O. bezw. H. R. P.-O. 7, 8.
Nachprüfung, richterliche 326.
Nachteile 244; auf öffentlichen Verkehrswegen 233; der Mitglieder einer Wassergenossenschaft 289; und Gefahren, Unterschied 232.
Nachträgliche Abgabenregulirung 131, 137, 138; Anforderungen an Schanklokale 364; Veranlagung zu den Kreisabgaben 38.
Nachtwächter, Gemeindeabgaben 114; —**dienste** 123.
Nachtzeit, polizeiliche Revisionen 237.
„**Nach Verhältnis der aufzuwendenden Kosten**" im Dotationsgesetze vom 8. Juli 1875 §. 9 7.
„**Nach Vorschrift dieses Gesetzes**" 381.
Nachweise des Reklamanten und Klägers, welche nicht verlangt werden sollen 12.
„**Nahrung**", Begriff 200; —**en**, Schullasten 192.
Nahrungsmittel, Verfälschung 460.
Nahrungszustand der Steuerpflichtigen 110, 111.
Name einer Gemeinde 153; eines Wahlberechtigten. Nichtaufnahme in das Verzeichnis 23.
Nässe, Erzeugung auf Grundstücken, Vorflut 282.
Naturalabgaben 203.
Naturalbeiträge als Schulbeiträge 195.
Naturalleistungen bei verpachteten Grundstücken 35; im Frieden 119.
Naturalien der Lehrer 180—184.
Naturereignisse, Einfluß auf Schanklokale 362; Schanklokalitäten 369; Verkehrsstörungen 344.
Nebenämter der Kreiskommunalbeamten, Disziplin 75.
Nebenanlagen bei Bauten 405.
Nebenbemerkungen des Vorderrichters, irrtümliche 331.
Nebengeistliche 176.
Nebengewerbe, Schankwirtschaft 350.
Nebenintervention 176.
Nebenleistungen bei verpachteten Grundstücken 35.
Nebennutzung von Liegenschaften, Kreisabgaben 33, 34.
Ne bis in idem 354.
Negatorienklage 337.
Nettoerträge 28.
Neuanlegung öffentlicher Wege 336.
Neu anziehende Personen 229, 230, 255; Ausweisung 254; Begriff 116; Meldung 241.
Neubauten, Fluchtlinien 396; infolge von Brandfällen, Kreisabgaben 58; und Landrecht 399; bei Schulen 209; unvollendete 411.
Neue Gemeinden, deren Rechte 152.
Neu entstehende Leistungen, künftige Verteilung 138.
„**Neue" Straßen** 416.
Neue Wege 299, 316, 342; Anlegung derselben 228.
Neuherstellung gewerblicher Anlagen 386.
Neumärkisches Wegerecht 343.
Neuvorpommern, Chausseebauwesen 70; Gesindesachen 218; Nachbarhilfe beim Wegebau 344; Schulwesen 188; Wegerecht 342.
Neuvorpommersche Distrikte, Vereinigung mit Altpommern 70.
Neuwahlen der Gemeindebeamten; stets neuer Beschluß des Landrates wegen der Bestätigung 166; zum Kreistage 20.
Nichtanwendung des Gesetzes 59; der Gesetze, Grund der Aufhebung 76.
Nichtbestreiten von Thatsachen 143.
Nichterreichung des etatsmäßigen Einnahmesolls 11.
Nichtigkeit der Endurteile 400; Erkenntnisse 439; Wahlen 163, 164.
Nichtigkeitsbeschwerde 165, 166.
Nichtigkeitsgrund des Zivilprozesses 350.
Nichtigkeitsklage 73.
Nichtpolizeiliche Angelegenheiten 255; Verfügungen 215.
Niederlassungen, Ansiedlungen 427; häusliche, Wohnsitz 3.
Niederlegung eines Amtes 72; des Amtes als Kreistagsabgeordneter 22.
Niederschläge, atmosphärische Ableitung 404.
Nivellierungskosten, Wasserläufe 290.
„**Noch nicht**" fertig gestellte Straßen 419.
Normaljahr 1663 in Schlesien 157.
Notfälle, Wegesachen 308.
Notstände, Kreisabgaben 58.

Notstände, Nichtberücksichtigung von Grundgerechtigkeiten an Wegen 335; Polizei 291.
Notwehr der Polizeibeamten 461.
Notwendige Leistungen 84.
Notwendiges für das öffentliche Verkehrsinteresse. Wegesachen 306; in Wegebausachen 304.
Notwendigkeit der Unterhaltung eines Weges 334; eines Schulbaues. Beschluß darüber nach der Ausführung 209; mangelnde bei den Wegen 347; Prüfung bei polizeilichen Verfügungen 325.
Novelle zum Verfassungsrecht der Landgemeinden 150.
Nullitätsklagen 439.
Nutzbarmachung der Anpflanzungen, verschiedene Arten 32.
Nützlichkeitsfrage bei Real-Schankberechtigungen 359.
Nutzungen am Gemeindevermögen 124, 132; des Gemeindevermögens, Recht zur Teilnahme 138; vorbehaltene bei verpachteten Grundstücken 35.
Nutzungsberechtigungen an Wegen 335.
Nutzungsrechte am Kämmereivermögen 132.

O.

Obereigentum, Aufhebung 145; des Fiskus 154.
Oberfischmeister, Polizei 267.
Oberförsterkandidat, Forstschutz 466.
Oberkirchenrat 170.
Oberpräsident, Anfechtungsrecht 418; Aufsicht über die Provinz 5; fristzeitige Anbringung der Klage gegen Bescheide desselben 440; Klage der Polizeibehörden gegen Bescheide desselben 227; und katholische Kirche 171; Zwangsetatisierungen 4.
Ober-Verwaltungsgericht, Konflikte 465; Zuständigkeit in Angelegenheiten der Zwangsetatisierungen 5; Zuständigkeit in Armenstreitsachen 6; Zuständigkeit in Wahlangelegenheiten 2.
Objekte, gemeinsame, als Kennzeichen der Gemeindequalität 153; kreissteuerpflichtige, Veränderungen 27.
Obrigkeit des Gemeindebezirks 321; in der Gemeinde 144.
Obrigkeitliche Akte in Schanksachen 366; Gewalt 128; Gewalt, Begriff 117.
Observanzen 135, 136, 137, 140, 242, 243, 284, 285, 322, 345; Begriff 346, 347; Bedingungen für deren Bildung 123; Bildung 128, 129; deren Bildung nach der Emanation des A. L.-R's. 123; Gemeindeabgaben 106; hinsichtlich der Befreiung der Büdner von den Kommunalabgaben 114; Lehrerunterhalt 204; Nachbarhilfe beim Wegebau 344; Schulbaulast 186; siehe auch Gewohnheit, Herkommen; siehe auch Provinzinlobservanzen 187; ungeschriebene Ortsverfassung 129; Vorbedingungen 129.
Observanzmäßige Bestreitung von Ausgaben 46.
Obstbäume, Kreisabgaben 39.
Obstnutzung 33.
Obstwein, Alkohol 373.
„Oder“, alternativ 426; im §. 14 der Kr.-O. 46.
Ofen, feuergefährliche, Beseitigung 392; Herstellung bei Bauten 413.
Ofenklappen, Beseitigung 415.
Offene Handelsgesellschaften 88.
Offenlegung des Planes, Fluchtlinien 396.
Öffentliche Abgaben, Schulbeiträge 194.
Öffentliche Behörde, Kosten des Streitverfahrens 440.
Öffentlicher Dienst oder Gebrauch 32, 39, 40, 47; Gebäude 28; später eintretender 82.
Öffentliche Flüsse, kommunale Zubehörigkeit 150.
Öffentliches Interesse bei der Ausübung der Jagd 257; den Zwangsetatisierungen 80; beteiligt 23; des Postbetriebes 40; dessen Vertretung durch nicht zuständige Behörden 327; Einlegung der Berufung 444; Fürsorge für dasselbe 14; Armenstreitsachen 5; verschiedene bei Wegeanlagen 317; Wahrung durch mehrere Behörden 352; Wahrung durch die Polizei 244; zwei Arten der Wahrnehmung desselben 450.
Öffentliche Lustbarkeiten, Besteuerung 91.
Öffentliche oder Privatwege 300.
Öffentliches Recht und Privatabkommen 148.
Öffentliche und gemeinnützige Zwecke 109, 118, 130.
Öffentliches und Privatrecht 84.
Öffentliche Wege, Schutz durch die Wegepolizei 320.
Öffentlichkeit der Ströme und Flüsse 287, 345; der Wege 319, 347; eines Weges, Anerkenntnis 346.

Öffentlich-rechtliche Natur des Gutsbezirks 13.
Öffnungen in Brandmauern 410; Wänden 399.
Okkupation eines Landes, Kriegszustand 463.
Omnibusunternehmungen 239.
Opfer, ungewöhnliche, bei der polizeilichen Kontrolle der Schanklokale 367.
Ordnung, öffentliche, Überwachung seitens der Polizei in Vereinen 253.
Ordnungsmäßigkeit der Gemeindewahlen 159.
Ordnungsstrafen gegen Amtsvorsteher 100; gegen Beamte, welche der betreffenden Behörde nicht unterstellt sind 145; gegen Kreisbeamte 73.
Ordnungswidrigkeit der Wahlen 162; der Wahlen, Klage 164.
Organisation der Ämter 75; der Amtsbezirke 94; der Ortspolizeiverwaltung 98; der Polizeigewalt 98; der Schulgemeinden 208; der Verwaltungsgerichte 446; Recht der freien, Kreistag 76.
Organismus der Gemeinde 153.
Ort der Kreistagsversammlungen 18.
Örtlichkeiten als Teile der Amtsbezirke 94.
Ortsarmenverbände, vorläufige Fürsorge 6.
Ortschaften, Ansiedlungen 425; Begriff 184; Eigenschaft als Gemeinde 158; Erhebung zur Gemeinde 152; im Zusammenhange gebaute 423, 426, 427, 428; und Gemeinden 153.
Ortsnamen 153.
Ortsobrigkeitliche Akte der Steuerverteilung und Ausschreibung 137.
Ortsobservanzen, siehe Observanzen.
Ortspolizei, Ausübung derselben über die Dorfaue 149.
Orts-, Landes- und Reichspolizei 100.
Ortspolizeiverwaltung, Organisation 98.
Ortspolizei und Landespolizei, Unterschied 292.
Ortspolizeiliche Verfügungen im Auftrage 381; Kennzeichen 404.
Ortsstatuten 323; Fluchtlinien 397, 398; für Erhebung der Abgaben von Lustbarkeiten 141; Hilfskassen 391.
Ortssteuererheber, Fähigkeit zum Stadtverordneten 93.
Ortsverfassung, Abänderung 110, 162; Abänderung und Ergänzung 118; dunkle und zweifelhafte 110, Kennzeichen der Gemeindequalität 153; maßgebende bei mehrfacher Besteuerung am Wohnsitze und in auswärtigen Gemeinden 136; Umgestaltung 129.
Ostpreußen, Bauernland 155; kommunale Zubehörigkeit der öffentlichen Flüsse 150; kreisständische Kommissionen 76; Landarmen-Angelegenheiten 76; Landstraßen: Unterhaltung 330; Nachbarhilfe beim Wegebau 344; Observanzen 243; protestantische Prediger 176.

P.

Pächter, Gemeindeabgaben 106; Kreisabgaben 34; Pfarrländereien 60; Wegebauverpflichtung 337, 342.
Pacht ist nicht gleich Verwaltung im Sinne des §. 97 N. 3 der A. K.-O. 18.
Pachtentschädigungen, Jagd 260, 261.
Pachtgegenstände, Übernahme vermögensrechtlicher Leistungen für dieselben 35.
Pachtgrundstücke, Kreisabgaben des Verpächters 35.
Pachtrente 34.
Pachtung, Gewerbe 34; Gewinn aus derselben 87.
Pachtverträge, simulierte 35.
Pachtzins 35; Kreisbesteuerung 31; und Pachtzeit, Jagd 263.
Paritätische Schulen 189.
Parks, öffentliche, Kreisabgaben 39.
Parochialveränderungen 176.
Parteien in Beschlußsachen über Festsetzung der Unkosten-Entschädigung der Amtsvorsteher 96; Eide 137; Möglichkeit der Verteidigung 85; bei den Streitigkeiten betreffend die Feststellung des Wertes der Lehrergehälter 182; in Schulbeitrags-Angelegenheiten 197; Gruppierung in Angelegenheiten der Zwangserziehung 210, 211; Fischerei 267; im Streitverfahren, öffentl. Behörde, Rechtsmittel 352; in Schankkonzessions-Angelegenheiten 448; Rechtsverhältnis aus Erkenntnissen 439.
Parteirollen in Ansiedlungssachen 423; Waldschutz 264.
Parteiverhältnis in Feld- und Forst-Polizeisachen 426.
Partikularrechte der Einzelstaaten 465.
Parzellenbesitzer in Gutsbezirken, Schullasten 196; Lasten bei der Abgabenverteilung 447.

Parzellenerwerber, Einreihung in ein Klassenverhältnis 138.
Parzellen, von Gütern abverkaufte 131.
Parzellierungen 118, 131, 421; als Mittel, sich der gutsherrlichen Pflichten zu entledigen 146.
Passagiergepäckraum auf Bahnhöfen, Kreisabgaben 41.
Pässe, polizeiliche 272.
Passivlegitimation, Unterschied von der Zuständigkeit der Gerichte 5.
Passivvermögen der Kreise 69, 71.
Patente, Erfindungen 380.
Patrimonialgerichtsbarkeit, Aufhebung 148.
Patron, Kirchenbaulast 347.
„**Patronat**" 206; Bedeutung für die Eigenschaft des Gutsbezirks 13.
Patronatsbehörde, deren Genehmigung als Ersatz eines Baukonsenses 231.
Patronatslasten 142.
Pauschquantum des Amtsvorstehers 96, 102, 104; für Standesbeamte 212; Gerichtskosten 451.
Pension, siehe Ruhegehalt; der städtischen Beamten 92; aus städtischen Mitteln: kein Ausweis über die Eigenschaft als besoldeter Beamter 93.
Pensionate für Geisteskranke 382.
Pensionsansprüche, Verlust 486.
Personalbesteuerung 27.
Personalsteuer 204.
Personen-Gemeinde, Schulsozietät 195.
Personen, kreissteuerpflichtige Veränderungen 27; physische, Amtslasten 94.
Persönliche Beteiligung, Amtsvorsteher 250, 302; und amtliches Interesse 293.
Persönliches Erscheinen vor der Polizeibehörde. Zwang 242; Interesse der Wegepolizeibehörde 298.
Personenstand 211.
Pertinenzien, Ausdehnung der Real-Schankgerechtigkeiten auf dieselben 367.
Pfähle, Setzen derselben 405.
Pfandbriefe, Abrechnung der Zinsen 36.
Pfandbriefschulden, Zinsen 58.
Pfandleiher 389.
Pfandträger, Wegebaupflicht 342.
Pfandrecht des Vermieters und Polizei 232.
Pfändung, Viehübertritt, Ansiedlungen 424.
Pfändungsbefehle, Gemeindeabgaben 113.
Pfarreinkünfte, Kreisabgaben 58.
Pfarrbausachen 173.
Pfarrbezirke, Veränderung 172.
Pfarrer, hinsichtlich der Pfarrgüter nicht Genosse des Gutsherrn 147; katholischer und evangelische 176.
Pfarrgehälter, zwangsweise Erhöhung 172.
Pfarrgüter 147; Kommunalsteuer 122.
Pfarrhaus, Erbeseinsetzung 175.
Pfarrländereien 60; Kommunalabgaben 111.
Pfarrstellen, Errichtung, Kombinierung 176; Erhöhung und Regulierung der Dotation 177.
Pfarrvermögen und Kirchenvermögen 175.
Pferde, beschlagene, auf dem Bürgersteige 222; Versicherung 430.
Pferdebahnen 239, 341; Abnutzung der neben denselben belegenen Flächen 7.
Pferdebahngesellschaften, Chausseeunterhaltung, laut Konzession 7.
Pferdegelder 92.
Pflasterung von Straßen 396; der Straßen, Fluchtlinien 395; der Wege 309, 312.
Pflasterungsarbeiten an den Wegen 118.
Pflichtvergessene Behörden 306.
Pflichtwidrigkeiten der Polizei 221, 326.
Pflugrechte 347.
Physische Personen 27; Amtslasten 94; Schankkonzession 371.
Plätze, öffentliche, Bepflanzung 33; künftige, Ausschließung des Besitzrechtes 418; polizeiliche Anstalten 239; unbebaute in den Städten 408.
Plenum der Regierung, Ressort 92.
Police, Aushändigung 429; Versicherungen, Einsetzung der Stückzahl 433.
Polizei, Ausübung derselben über die Dorfaue 149; materielle Aufgaben 102; Befugnisse, keine Erweiterung, Fluchlinien 396; Partei im Streitverfahren. Kostenpunkt 355; und Fiskus 339; Privatrecht 291; Privatwege und Straßen 333, 334; Räumung 289; Vereinigung von Stadt- und Landgemeinden 103; Vermeidung von Regreßansprüchen 238.
Polizeiaufsicht 254; Verbot des Aufenthalts in den Schankstätten 375.
Polizeibeamte, Verfolgung von Dieben 467; bei Schlägereien 461; städtische, Beschaffung der Uniform 92.
Polizeibehörde, Baudispense 409; Belehrungen über Rechtsmittel 440, 441; Folgen des unterlassenen Einschreitens 227; grundbuchliche Eintragungen zu Gunsten der-

selben 420; Klagen gegen Bescheide ihrer Aufsichtsbehörden 227; Rechtsmittel in Schanksachen 365, 366; deren Mittel, Aufsicht darüber 100; Einschreiten in Armenangelegenheiten in dringenden Fällen 6.
Polizeiexekutivstrafen gegen die Eltern schulpflichtiger Kinder 197.
Polizeigewalt, Bedeutung für die Eigenschaft des Gutsbezirks 13; Einheitlichkeit 230, 231; Einheitlichkeit. Organisation 98; des Staates 227.
Polizeiliche Akte und die davon betroffenen Personen 231.
„**Polizeiliche Anforderungen**“, Schanksachen 351.
Polizeiliche Angelegenheiten, Begriff 117.
Polizeiliche Anstalten 239.
Polizeiliche Verfügungen 113 ff.; Begriff 402, 403; und Charakter der verfügenden Behörde 244; Anspruch auf Erlaß derselben 278; Gegenstand derselben und der Polizeiverordnungen 225, 226; mit Zwangsverfahren verbundene 438; im Auftrage 381.
Polizeiobrigkeitliche Gewalt, kein Annexum der Gutsherrlichkeit 154.
Polizeipräsidium zu Berlin, Organisation 415.
Polizeistunde 220, 221, 365, 368.
Polizeiverordnungen 100; und Einzelverfügungen 254; und Einzelverfügungen, Gegenstände 225, 226; Überwachung der Beobachtung, Ausführung, Ergänzung, Erweiterung 219; durch dieselben können neue korporative Lasten nicht geschaffen werden 157; als Rechtsquelle 107, 108; und Verwaltungsrichter 361; Bürgersteige 442; Gegenstände derselben, wie die der Einzelverfügungen 251; Prüfung der Rechtsgültigkeit 245; nicht Quelle neuer Verbindlichkeiten 242; Eigentumsbeschränkungen 415; in Kraft stehende 413; gegen straßenseitige Hauseingänge 413; und polizeiliche Anordnung 407; Aushängen von Gasthausschildern 353.
Polizeiverwalter in Stadtkreisen, Jagdscheine 257.
Polizeiverwaltung, sächliche Kosten 92.
Polnische Sprache 215.
Pommer, Auenrecht 149; Kreisveränderungen 70; Wegerecht 136; Wegebaulast 347.
Popularklagen 222, 247, 261, 272, 278, 279, 306.
Portierstube auf Bahnhöfen, Kreisabgaben 41.
Porti, Kosten der Polizeiverwaltung 100.
Porto, Einziehung 463.
Porzellan-Manufaktur in Berlin, städtische Gemeindeabgaben 81.
Post, Abgabe von Verfügungen bei derselben 278; deren Transportbetrieb 40; Beförderung der Schreiben des Amtsvorstehers 144.
Postamt, Verlegung des „Sitzes“ 90.
Postbehörden, Einziehung des Portos 463.
Postsendungen, unfrankierte, Verpflichtung zur Annahme 171; unfrankierte, Pflicht zur Annahme 463.
Präjudizialpunkt 23.
Präsentatum 451.
Prediger, protestantische 176; und Schullasten 188.
Preußen, Kreisveränderungen 70; Provinz, Schulunterhaltung 189, 199.
Prinzipalsteuer 204.
Prinzipalsteuersätze 43, 46, 95, 123, 136; Feststellung in Reklamationssachen 50.
Prinzipal-Einkommensteuersätze. Reklamationen 103.
Principia regulativa 190.
Privatabkommen über öffentlich-rechtliche Verhältnisse 148.
Privatabreden bei der Abgabenverteilung 138.
Privatansprüche an einen Weg 342.
Privateigentum, Wege 319; polizeiliches Eingreifen 239, 240.
Privateinkommen der Beamten 82.
Privat-Entbindungsanstalten 381.
Privatflüsse 285; Brücken 348; Brückenunterhaltung 344; Fabrikabgänge 250; Nutzungsrecht der Uferbesitzer 281; Räumung 275; im Privateigentum 289; Wasserabzüge 288; Wegeunterhaltungspflicht der Uferbesitzer 340.
Privatgesellschaften, Tanzlustbarkeit 216.
Privatgrundstücke, Einziehung zur Anlage und Verbreiterung von Wegen 333.
Privatinteressen kann die Polizei nicht schützen 244.
Privat-Irrenanstalten 230, 382.
Privatmärkte 387.
Privatpersonen, Anspruch auf Benutzung eines Weges 309; Anträge auf Räumung 290; Ausübung der Jagd, öffentliches Interesse 257; Titelverleihung 77.

Privatrecht und öffentliches Recht 84; und Polizei 291; —e, keine polizeiliche Einwirkung behufs Geltendmachung derselben 420.
Privatrechtlich Verpflichtete, gegen diese kein polizeilicher Zwang 243; —e Verfügungen. Unzulässigkeit der Abänderung der Grenzen von Kommunalbezirken durch dieselben 13; Dispositionen ohne Einfluß auf den kommunalrechtlichen Bestand der Gutsbezirke 146; Bestimmungen ohne Einfluß auf die Kommunalverhältnisse 148; Dispositionen über kommunalrechtliche Verhältnisse 153; Angelegenheiten und Polizei 232; Ansprüche auf einen Weg 300; Ansprüche, Wegesachen 306; Streitigkeiten 311; Verhältnisse und Wegebaupflicht 342; Verpflichtungen, Hilfskassen 391; Streitpunkte, Baukonsense 403.
Privatrechtstitel, Verjährung 345.
Privatschulen 464.
Privatstraßen 416; Unterhaltung 333;
Privattransportunternehmer 40.
Privatunterricht, Untersagung der Erteilung 464.
Privatverhältnisse, polizeiliches Eingreifen 254.
Privatverkehr mit öffentlichen Wegen 335.
Privatwochenmarkt 386.
Privat-Warnungstafeln 348.
Privatwege 249, 299, 307, 320, 332, 337, 346; Expropriation 317; deren Schutz 241; oder öffentliche 300; streitiger oder offenkundiger 336; unstreitiger 318, 319; Umwandlung in öffentliche 341, 342; Unterhaltung 333.
Privilegium und Sonderrecht 58; Erwerb 66; Aufhebung 53; ältere, wegen der Befreiung von Kreisabgaben 53; kommunale Selbständigkeit eines Gutes 154; als Beweis des Besitzers gutsherrlicher Rechte 152; der Korporationen 177; der Trennstücksbesitzer bei der Abgabenverteilung 447.
Probe, Anstellung auf 92.
Produktion und Fabrikation 56.
Prolongationsscheine, Versicherungen 434.
Pröpste in Schleswig-Holstein, Freifuhren 175.
Prorogation 444.
Proteste gegen die Wahlen 4; gegen die Kreistagswahlen, sofortige 15; und Reklamation 201.
Protestantische Prediger 176.
Proteste bei Einziehung von Wegen 308.
Protokoll, gerichtliches, und Aufnahme von Gutachten in dasselbe 446; über die Augenscheinseinnahme 264.
Protokollarische Androhungen 219; Androhung und Festsetzung von Zwangsmitteln 229.
Protokollführer bei den Kreistagswahlen 19; Zuziehung und Verpflichtung 445; bei den Wahlen 163.
Provinzen, Zwangsetatisierungen 79.
Provinzialabgaben 7—12; deren Natur 59.
Provinzialanstalten, städtische Gemeindeabgaben 86.
Provinizalausschuß als Vertreter des Provinziallandtages bei Klagen über die Gültigkeit der Wahlen 2.
Provinzialdotationen 7.
Provinzial-Feuersozietäten, deren Beamte, städtische Gemeindeabgaben 82.
Provinzialgesetze, als Rückhalt der Wegebauverpflichteten 317; Observanzen 243.
Provinzialkonsistorium, Berufung der Geistlichen 90.
Provinziallandtag, Wählbarkeit 1; vertreten durch den Provinzialausschuß 2.
Provinzial-Observanzen 187.
Provinzialrechte in Wegesachen 334.
Provinzialschulkollegien, Kosten des Streitverfahrens 440.
Provinzialsynodalbezirke 174.
Provinzialverbände 1—12; Kreisabgaben 31; gesetzliche Leistungen 210; Vertretung bei Zwangsetatisierungen 4; Verpflichtungen 5; und Stadtgemeinden, Streitigkeiten 6; und Staat, Streit 4; Erstattung von Kosten für Armenpflege 6.
Provokationsverfahren, Bewässerungen 276.
Prozentgelder 125.
Prozentsatz der Staatssteuern. Einforderung von den Kreisen seitens der Provinzen 11; von den Staatssteuern 10; bei der städtischen Gemeindeabgabe 82.
Prozesse der Kirchen 175.
Prozeßgebühr 455.
Prozeßschriften, verirrte, Abgabe an die zuständige Behörde 450.
Prozeßvorschriften, neue, Anwendbarkeit 462.

Prozessualische Handlungen und Justizverwaltung 448.
Prozeßzinsen, Anspruch des obsiegenden Reklamanten auf dieselben 60.
Prüfung, Innungen 388; freie, eines Beschlusses seitens des Verwaltungsrichters 166.
Prüfungszeugnisse der Hebammen 380; Zurücknahme 381.
Publikation der Bebauungspläne 407; von Statuten 141.
Publikum, reisendes, Interesse an der Chaussee 71.
Pyritz, Kreis, Wegebaulast 347.

Q.

Quartierleistung 121.
Quatemberstenern 204.
Quittungsbücher, Gemeindeabgaben 113.
„**Quoten der Gemeindeabgaben**" im §. 13 der Kr.-O. 68.

R.

Raine, Observanz 347.
Rampen am Eisenbahnkörper 302; an Eisenbahndämmen 334.
Rangierende Eisenbahnzüge, Verkehrsstörungen 307.
Rasenplätze, auf öffentlichen Spaziergängen 83; Kreisabgaben 39.
Ratenzahlungen der Kreisabgaben 53.
Ratihabition in Handelskammersachen 435.
Räumasche, Befestigung des Bürgersteiges 442.
Räumliche Lage eines Grundstückes 149, 150; der Grundstücke in Gemeinde- und Gutsbezirken 147.
Räumung 273; Begriff 285; eines Grabens 270; und Polizei 289; Sonderinteressen 290; schuldbare Unterlassung 284.
Räumungspflicht, Vernachlässigung 272; Umfang 283.
Räumungspflichtige, nicht vorhandene 288.
Realbesteuerung 27.
Realinjurien seitens der Polizeibeamten 462.
Reallasten 131; und Armenpflegelasten des Gutsbezirks 146; Bürgersteige 323; Verteilung bei Parzellierungen 447.
Realrechte, Zubehör der Trennstücke 369.
Realsteuern 122; kommunale 106.
Real-Schankberechtigungen 349, 367.
Real-Schankgerechtigkeiten Grundbuch 368.
Rechnerische Ausführung der Veranlagung zu denselben 10.
Rechnungsführer, kirchliche 176.
Rechnungslegung des Amtsvorstehers 96, 102.
Recht, bestehendes. Prüfung bei der Bestätigung von Gemeindebeschlüssen 107; Verletzung des bestehenden 166; auf Vorflut 269; zur Teilnahme an den Nutzungen des Gemeindevermögens 138; Erwerb und Dasein 422; Erwerbung aus der Überschreitung der Befugnisse der Behörden 77; subjektives, Eingriff in dasselbe 246.
Rechtfertigung der Rechtsmittel 439, 448.
Rechtfertigungspflicht der Behörden im Streitverfahren 352.
Rechtliche Verpflichtungen 83.
Rechtsangelegenheiten, Besorgung fremder 379.
Rechtsansprüche an einen Weg 342.
Rechtsanwalte vor den Verwaltungsgerichten 452; Erstattung der Gebühren 455.
Rechtsanwaltskosten als Maßstab der Erstattungspflicht 455.
Rechtsauffassungen der Parteien. Bedeutung für den Verwaltungsrichter 124.
Rechtsgebiet, polizeiliche Eingriffe 233.
Rechtsgrundsätze, Verletzung 165.
Rechtsgültigkeit einer Zwangsverfügung in Wegesachen. Prüfung 314.
Rechtshängigkeit 449.
Rechtshilfe für die Kommandantur seitens der Polizeibehörde 235.
Rechtsirrtümer 73; und Wiedereinsetzung in den vorigen Stand 446.
Rechtskontrolle und Verwaltung 422.
Rechtskraft infolge der Zurücknahme eines Rechtsmittels 445; infolge des Verzichts auf Einlegung der Rechtsmittel 445.
„**Rechtskräftig**" 420.
Rechtsmittel, Einspruch 3; dazu gehören die Klagen 47; der Aufsichtsbehörde zu Gunsten eines zurückgewiesenen Antragstellers 217; zur Wahrung der Rechte, welche Gegenstand des Streites sind 225; gegen die Entscheidungen, welche der dieselben einlegenden Partei zu Gunsten sind 225; der Beschwerde oder Klage, nicht gleichzeitig angebracht 248; Zulässigkeit 316; der öffentl-

lichen Behörde als Partei im Streitverfahren 352; Beitritt 327; in Schanksachen. Gemeinde- und Polizeibehörde 365, 366; des Bürgermeisters in Schanksachen 364; Belehrungen 440, 441; in Fluchtlinien-Angelegenheiten 443; Zurücknahme 444; Einlegung und Anmeldung 439; Vertretung des aus Gründen des öffentlichen Interesses eingelegten 447; Anmeldung und Rechtfertigung 448; Verspätung 448; Mitteilung an die Gegenpartei 449.

Rechtsmittelfristen, unrichtige Belehrung 446; zweifelhafte 441.

Rechtsmittel-Rechtfertigungsschrift, Inhalt 257.

Rechtsquelle, Gemeindebeschlüsse und Polizeiverordnungen 107, 108.

Rechtsschutz des Publikums im Verwaltungsstreitverfahren 14.

Rechtssphäre, Eingriffe in dieselbe, Rechtsschutz 213.

Rechtssubjekte, ideale 54.

Rechtsungültigkeit von Kreistagsbeschlüssen 65.

Rechtsverhältnisse, streitige, Unteilbarkeit 384.

Rechtsverletzung durch polizeiliche Verfügungen 272; als Voraussetzung der Klage 246.

Rechtsweg gegen vorläufige polizeiliche Entscheidungen 441; Vorbehalt 311.

Referent, Stimmrecht 215; in den Sitzungen 451.

Regalien 355; Post 40.

Regalversicherung 433.

Regenwasser, Ableitung 404.

Regierungen, Exekutivgewalt 464.

Regierungspräsident, Zwangsetatisierungen 78; Ausschließung von dem Richteramte bei den Verwaltungsgerichten 92; Aufsicht über die Ortspolizeibehörden 98; und Regulierungsrezesse 119; Prüfung der Beschwerden über Disziplinarverfügungen des Landrates 144; Zwangsetatisierungen gegen Kirchengemeinden 172; Klage der Polizeibehörden gegen Bescheide desselben 227; etatspolizeiliche Verfügung 244; Chausseepolizei 293, 343; Berufung im öffentlichen Interesse 304; Parteistellung, Schauspielunternehmer 376; fristzeitige Anbringung der Klage gegen Verfügungen desselben 440; Einlegung der Revision im öffentlichen Interesse 444; Wiederaufnahme des Verfahrens 447; dessen Kommissar zur Wahrnehmung des öffentlichen Interesses 450.

Regierungs-Verordnung vom 17. Januar 1848 343.

Regreß gegen Beamte 460; wegen unrichtiger Belehrung über Rechtsmittelfristen 446; an Kirchenvorsteher, Patron und Kirchenkollegien 175.

Regreßansprüche an die Polizeibehörde 238; an den Amtsvorsteher 454.

Regreßpflicht der Beamten 356.

Regulierungsrezesse, Wegebausachen 302.

Reichsangehörigkeit, fortdauernde, Kreistagswahlen 17.

Reichsangehörige, Wandergewerbeschein 383.

Reichsbeamte, Verantwortlichkeit 465, 466; Begriff 464.

Reichsfiskus, Steuerfreiheit 133; Kreisabgaben 34.

Reichspolizei 100.

Reichsrecht und Landesrecht 365.

Reichs- und Landesgesetzgebung, Verhältnis 349.

Reichs-Telegraphen-Anstalt, Kreisabgaben 41.

Reichs-Verwaltungsbehörde, Konflikte 464.

Reihezug, Armenpflege 121, 168.

Reineinkommen 83; und Einkommen 56; steuerpflichtiges 31; beim Bergbau 35; Ermittelung im Wege der Schätzung 86.

Reinertrag und Einkommen 36; gewerblicher Unternehmungen 36; der Liegenschaften 33, 34; verringerter beim Bergbau, Kreisabgaben 34.

Reisekosten des Amtsvorstehers 454; des stellvertretenden Amtsvorstehers 104.

Reisendes Publikum, mittelbares Interesse an den Chausseen 71.

Reitbahnen, Kreisabgaben 47.

Reitwege 347.

Reklamant, obsiegender, Anspruch auf Prozeßzinsen 60.

Reklamationen und Bescheide 120; in Schulsachen 199; bei den Schulabgaben 185; gegen Synagogenbeiträge 178; keine bestimmte Form 201; in Steuersachen 438; Versehen des Verwaltungsrichters 137; Abgabe an die inkompetente Behörde 128; bei den Gemeindelasten, Einspruch (Remonstration) unerläßlich 126; gegen die Veranlagung zu den Kosten der Amtsverwaltung 103; die Klage darf nicht weiter gehen, als der Einspruch 87; endgültiger Abschluß der Entscheidungen 84; städtische Gemeindeabgaben 84; bei der Staatssteuer, Einfluß auf die Gemeindesteuer 84; Einspruch 60; eine Ermäßigung der Steuer beanspruchende. Obliegenheiten 42; Obliegenheit des Verwaltungsrichters 36; ziffermäßige Begründung 8; Unzulässigkeit der Forderung gewisser Nachweise 12; Provinzialabgaben 8; Einfluß derselben auf die Kreiskontingente 11; der Kreise und der Einzelnen, Provinzialabgaben 10.

Reklamationsantrag, nur auf Herabsetzung der Steuer 123.

Reklamationsbescheid 121; des Verwaltungsrichters. Behandlung desselben 50; besondere Form nicht vorgeschrieben 133.

Reklamationsfrist 27, 28; Kreisabgaben 65; Prüfung von Amts wegen 120; Berechnung 137.

Reklamationsrecht 203; in mehreren Kreisen 63.

Rekonstruktion gewerblicher Anlagen 386.

„**Rekurs**", Bedeutung 358, 359; in Reklamationssachen 201; Provinzialabgaben 8.

Religionsgesellschaften, geduldete 90.

Religiöse Versammlungen 252.

Remonstration 249; Kreisabgaben 26; Provinzialabgaben 8; Gegenvorstellungen 44.

Remuneration, siehe Kommissarische Amtsvorsteher.

Renitente, strafrechtliche Verfolgung 382.

Rente, siehe Geldrente; für den fiskalischen Schulmorgen 181; Abzugsfähigkeit beim Bergbau 38.

Rentenbanken 146.

Repartition und Heberolle in Reklamationssachen 438; Bekanntmachung durch das Kreisblatt 30; der Umlagen für landeskirchliche Zwecke 174.

Repartitionsmaßstab, allgemeiner, Zulässigkeit der Aufstellung desselben 138.

„**Reparaturen**" an Bauten, Begriff 413; Bergbau 35.

Reparaturbauten bei Schulen 209.

Repräsentanten der Judengemeinden 179.

„**Requisition**" und „Antrag" 235.

Requisitionen der Landwehrbehörden 255.

Res judicata 12, 32, 189, 425; in Reklamationssachen 149; in Armenstreitsachen 156; in polizeilichen Exekutivstrafsachen 217, 218; in Wegestreitsachen 302; in Schanksachen 365.

Reservefonds 64; Rücklagen in denselben 63; der Kreissparkasse 72.

Resolute in Armenstreitsachen 332; in Sachen betreffeud die Streitigkeiten zwischen Meister und Gesellen 214.

Resolutorische Entscheidung in Wegesachen 309, 310.

Ressourcen, Besteuerung 91.

Restaurants, keine Wohngebäude 414.

Restaurationen auf Bahnhöfen 372.

Restaurationslokale auf Bahnhöfen, Kreisabgaben 41.

Restgüter im Besitze des Staates 156.

Restkreise, Leistungsfähigkeit 68.

Restparzelle bei Parzellierungen 118.

Resultat des Wahlverfahrens, Einspruch dagegen 3, 4; der Kreistagswahlen 21; der Wahlen, Anfechtung 164, 165.

Retentionsrecht der Flußadjazenten in Bezug auf Anlandungen 62, 63; der Herrschaft in Gesindestreitsachen 241.

Revision, Rechtsmittel 73; Rechtsmittel, Nachbildung der Richtigkeitsbeschwerde 165, 166; in Schulbausachen 208; sittenpolizeiliche 237; unzulässige 442; in Sachen der Schulbeiträge 197; seitens des Kreisausschuß-Vorsitzenden 444.

Revisionsbeklagter, Absehung von der Gegenerklärung desselben 451.

Revisionsinstanz, Auslegung von Verträgen und Würdigung thatsächlicher Vorgänge 110.

Rezeßabschlüsse 115.

Rezesse der Generalkommissionen 132.

Rheinische Verwaltungsbeamte, Disziplin 75.

Richter, Ablehnung 265; ordentlicher, siehe Gerichte.

Richterliche Eigenschaft der Gemeindebehörde 388; Erkenntnisse in Gesindesachen 218, 219; Thätigkeit der Schulaufsichtsbehörde 195.

Richtung neuer Wege 342.

Rieselelen 273.

Rinderpest 100.

Rinnsteine, Fluchtlinien 395.

Rinnsteinbrücken 405.

Rittergüter, Gemeindeabgaben 110; mit Bauerhöfen 132; Abzweigung von Grundstücken 147; im ehemaligen Königreich Westfalen 151; und Landgemeinden, gemeinsame

Angelegenheiten 151; Korporationsrechte 152; Rechte 154; Abgrenzung 156.
Rittergutsbesitzer, Schulbau- und Gemeindelasten 142; als Hausvater, Schule 186; Schullasten 199.
Rittergutsqualität, Ausscheiden aus der Zahl der Hausväter infolge der Verleihung 193.
Roßbauten 413.
Rohprodukte, Lieferung zur Fabrik 88.
Rohrdächer 409.
Rubrum des Prozesses 439.
Rückerstattung des infolge einer Zwangsetatisierung Gezahlten 91; der Wassergenossenschaftsbeiträge 289.
Rückkaufshändler 389.
Rückkehr in den Gesindedienst, Zwang 219.
Rücklagen 64; beim Bergbau 38; in den Reservefonds 63.
Rückstände und Nachforderungen bei Gemeindeabgaben 139.
Rückstau 286, 289.
Rückwechsel, Fischerei 267.
Rückwirkende Kraft der Gesetze 366, 422; der Baupolizeiordnungen 400.
Rückzahlung von Schulbeiträgen 195.
Ruhe, nächtliche 257.
Ruhegehalt der Geistlichen 90, 91; Elementarlehrer 91, 92.
Ruhenlassen der Jagd 263.
Ruhestand der weltlichen Kirchenbedienten 176.
Rum, Kleinhandel 359.
Rustikalstellen, Hinzutritt zu den Dorfgemeinden 146.
Rustikalstellenbesitzer in Schlesien, Gemeindeabgaben 141.

S.

„Sache“, Prozeßsache 447.
Sachsen, Kreisveränderungen 70; Provinz, Unterhaltung der Vizinalwege 128; Provinz, Landarmenverband 5.
Sächsische Landesteile 204; ehemals 202, 203; Wegebaulast 305.
Sachverständige 446; Auswahl und Zahl 264.
Säkularisierte Güter 156.
Salzbergwerke, Fiskus, Kreisabgaben 28.
Samenvieh-Genossenschaften 114.
Sand, Auffahren auf Wege 312.
Sandgruben, gemeinschaftliche, Nutzungen 115.
Sanitätspolizei 226; Kosten 238; Versammlungen 252.
Satzungen der Korporationen 177.
Schankgerechtigkeit 154.
Schankgewerbe, Ausdehnung auf nicht konzessionirte Räume 364.
Schankkonzessionen, Parteien im Streitverfahren 453; persönliche Beteiligung des Amtsvorstehers 438; gegen den Antrag der Ortspolizeibehörde 352; Zurücknahme und Versagung, Unterschied 351.
Schankkonzessionsangelegenheiten, Parteien im Streitverfahren 448.
Schankräume, Erweiterung 369.
Schankwirte und Trunkenbolde 213.
Schankwirtschaft 348; langjähriger Betrieb und äußere Lage des Nachsuchenden 350.
Scharwerkspflichtige Hintersassen, Gutsbezirke 13.
Schatullgüter, siehe Chatoulgüter.
Schätzung, annähernde, des Einkommens 86.
Schauordnungen 100.
Schauspielunternehmer 375.
Scheidezäune, Unterhaltung 347.
Schein, bei Einstellung des Gewerbebetriebes 379.
Schiedsrichter, Vorflut 279.
Schiedsrichterliches Verfahren 70; bei der Auseinandersetzung infolge der Veränderung der Kreisgrenzen 68.
Schienenanlagen auf öffentlichen Wegen 341.
Schienenwege, Gemeindeabgaben 109.
Schießen in bewohnten Stadtteilen 234.
Schießplätze der Truppen 223.
Schießstände von Schützengilden 234.
Schiffahrt auf öffentlichen Flüssen 287; auf den Haffen 39; nötige Anstalten des Staates 33; Vorflut 280; Wasserläufe, Räumung 270.
Schiffahrtspolizei 271.
Schiffbarkeit 345.
Schikane, polizeiliche 221, 368.
Schlachthäuser 239.
Schlägerei in Wirtshäusern 461.
Schlesien, Dorfauen 149; Gemeindeabgabem von eingezogenen Bauernhöfen 109; Kommunalsteuerfreiheit eingezogener Rustikalem 157; Nachbarhilfe beim Wegebau 344; Rustikalen, Gemeindeabgaben 141; Schulbauten, politische Gemeinde oder Guts-

herrschaft 209, 210; Unterricht in weiblichen Handarbeiten 186.
Schlesisches Provinzialrecht, Wegebaulast 136.
Schleswig-Holstein, Kirchen- und Staatsbehörden 177; Propste, Freifuhren 175.
Schließung der Hilfskassen 392; gewerblicher Anlagen 385.
Schlosserarbeiten bei Bauten 413.
Schmälerung des Einkommens 84.
Schneeschippen auf öffentlichen Wegen 302; Landstraße 344.
Schober, Erntevorräte, Versicherung 432.
Schöffen als Stellvertreter des Gemeindevorstehers in Schanksachen 366; disziplinare Stellung 144; Wahl 160.
Schöppen, Haussuchungen 167.
Schornsteinanlagen 400.
Schornsteine, hölzerne 399.
Schreiben und Lesen, mangelnde Kenntnis 381.
Schreibfehler im Gesetz 203.
Schreibmaterialien, Kosten 92; Kosten der Polizeiverwaltung 100.
Schriftliche Androhungen 219; Androhung, Zwangsmittel 385; Gutachten der Sachverständigen 264.
Schulabteilung der Regierung, Zwangsetatisierung 92.
Schulämter, Disziplin 75.
Schulaufsicht 202.
Schulaufsichtsbehörden 464; Beteiligte 195.
Schulbaulast 181; oder Gemeindeabgaben? 142; Observanz, Ausdehnung derselben 186.
Schulbauten 207 ff.
Schulbeiträge 120; Begriff 188, 189, 191, 195; Verteilung nach Verhältnis der Besitzungen und Nahrungen 206; exekutivische Einziehung. Unzulässigkeit der Klage 195; Antrag, einen andern zur Zahlung derselben zu verurteilen 200; Heranziehung 185; (Lehrergehalt), Voraussetzung der Heranziehung 193; öffentliche Abgaben 194; Rückzahlung 195.
Schulbrennholz 183.
Schuld des Eigentümers an dem polizeiwidrigen Zustand seines Grundstückes 239.
Schulden, Abzugsfähigkeit 37, 46, 83; auf Grundbesitz und Gewerbe lastend. Betriebsausgaben 38; der Einkommensquelle 36; des Kreises 69, 72; gewerblicher Unternehmungen 36; Schmälerung des Ertrages 37.
Schuldenzinsen 36; Abzug 58.
Schuldeputation 190, 198, 205.
Schuldotationspläne 131.
Schuldverbindlichkeiten, privatrechtliche, Kreisabgaben 30, 31.
Schulen, alte und neue 204; „welche der allgemeinen Schulpflicht dienen“ 205; Einfluß der Qualifikationen der Lehrer auf den Charakter der Schule 206; gemeinnützige Anstalten der Gemeinde 142; Kreisabgaben 32; und Schulstelle keine für sich bestehende Rechtspersönlichkeit 182; städtische und Gutsherren 206; keine Wohngebäude 414.
Schulfonds 92.
„Schulgebäude“ 208.
Schulgeld. Begriff 189.
Schulgemeinde, Subjekt von Rechtsverhältnissen 182.
Schulgemeindemitglieder, Streitigkeiten untereinander 200.
Schulhaus-Bauten 142.
Schulhäuser, Baukonsens 393; Umfang und Einrichtung 207.
Schulinstitut 182; vertreten durch den Schulvorstand 197.
Schullasten, Umwandlung in Kommunallasten 190.
Schullehrer, Holzgewährung 127.
Schulmatrikel 183, 184, 194.
„Schulmeisterwohnungen“ 208.
Schulmorgen in der Provinz Preußen 180, 181.
Schulobrigkeiten 186, 199.
Schulort, zweite Schule innerhalb einer Schulsozietät 208.
Schulpatron 184.
Schulpatronat 206.
Schulsozietäten, Einrichtung 195; Subjekt in Rechtsverhältnissen 182.
Schulsozietätslasten, Umwandlung in Kommunallasten 205; Übernahme als Gemeindelast 142.
Schulsozietätsmitglieder, Streitigkeiten unter sich 202.
Schulstelle, Diensteinkommen 92; Legitimation zur Klage 182.
Schulsteuerfuß 202.
Schulsteuern 204; Umlegung 188, 201.
Schulsteuerpflicht, Begriff 190.

Schulsteuerprivilegium 189.
Schulunterhaltungskosten, Reklamationen 438.
Schulunterhaltungslast-Übernahme auf den Etat der politischen Gemeinde 198; verschiedene maßgebende Gesetze 195.
Schulunterhaltungspflichtige 92; Streit untereinander 198.
Schulutensilien 208.
Schulverhältnisse, Ansiedlungen 422; Kolonien 427, 428.
Schulversäumnisstrafen 197.
Schulvisitationen 202.
Schulvorstand 195, 198; als Vertreter der Schulsozietät und des Schulinstituts 197; dessen Vertretung 201; Grundstücksteilungen 206, 207.
Schulvorsteher als Vertreter der Schulstelle 182.
Schulwege 347.
Schulwesen, Aufgabe der Gemeinde 189, 190; Aufsicht 181.
Schulze, siehe Gemeindevorsteher 166.
Schulzucht 460.
Schulzwang 197, 205.
Schütten von Steinen beim Wegebau 315.
Schützen bei Wasserbetriebswerken 386.
Schützenfeste, Schank 359.
Schützengilden, Übungen 234.
Schutzstreifen an Eisenbahnen, offene Wege 423; bei Waldungen 426.
Schutzvorrichtungen als Einrichtungen der Gemeinden 153.
Schweine, Versicherung 430.
Schweinefleisch, finniges 225.
Schweineställe, Entfernung von Chausseegräben 252.
Seen, Ausübung der Jagd 260, 261; Schiffbarkeit 345.
See-Engen 345.
Sekten, religiöse 252.
„Selbständige Güter“, Begriff 12.
Selbständigkeit, wirtschaftliche, eines Gutes 19; eines Gutes in kommunaler (politischer) Beziehung 19.
Selbstbewirtschaftete Besitzungen 58.
Selbstbewirtschaftung, Forensen, Kreisabgaben 34.
Selbstverwaltung, Begriff 80.
Separationen 114.
Separationsinteressenten 115.
Separationsrezesse 118, 119, 128, 130; Öffentlichkeit der Wege 347.
Servituten an den Wegen 335.
Seuchen, Kollisionen 223.
Sicherheit, baupolizeiliche 399; des Konzessionsinhabers, Schanksachen 364; gewerblicher Unternehmer gegen künftige Anfechtungen 385; öffentliche 393; öffentliche, auf den Wegen 304.
Sicherheitspolizei 236; Landespolizei 291, 292; auf Privatwegen 319.
Simulierte Pachtverträge 35.
Simulierung des Grundbesitzes, Provinziallandtagswahlen 1.
Simultanschulen 189.
Sitten, untadelhafte, des Gemeindevorstehers 166.
Sittenlosigkeit und Tanzlustbarkeiten 247.
Sittenpolizei 237.
Sittlichkeitsgefühl, Verletzung 241.
Sitz im Kreistage, einstweiliger 21; der Behörde, Verlegung 90.
Skrutinium, Wahlen 2.
Söhne, Vertreter der Eltern bei den Kreistagswahlen 18.
Sommergäste 116; Gemeindeabgaben 113.
Sonderinteressen kann die Polizei nicht wahr 244; Räumung 290.
Sonderrechte einzelner Klassen der Gemeindemitglieder hinsichtlich der Gemeindeabgaben 140; Privilegium 58.
Sonntag, Fristenablauf 454.
Sonntagsheiligung und Jagdfrevel 257.
Sorgfalt, mangelnde, der Polizeibehörden 326.
Sozialdemokraten 392.
Sozietätsschulen 188.
Spanndienste 127, 128, 134, 142; bei Kommunalbauten 139; Reklamationen 120.
Spanndienstpflicht 120.
Sparkasse des Kreises 72.
Spaziergänge, öffentliche 33; Kreisabgaben 39; über die Weichbildgrenze, unterbricht nicht den Aufenthalt 143.
Speisewirtschaften, Konzession 368.
Sperrmaßregeln bei Wegen 347, 348.
Sperrpfähle zum Abschluß von Grundstücken 418.
Spezialgerichte in Gesindesachen 269.
Spiegel des Wassers 287.
Spiel und Wette 243; verboten in Schankwirtschaften 356.

Spiritusvorräte, Lagerung 251.
Sprechweise des gewöhnlichen Lebens 262.
Spruchbehörden in Armenstreitsachen 6.
„Staat“, Begriff 339; als Träger der baren Auslagen des Verfahrens 79; Kosten des Verwaltungsstreitverfahrens 356; Kosten der Polizeiverwaltung 98; und Provinzialverband, Streit 4; Rechtssubjekt 462.
Staatliche Veranlagung, fehlende 67.
Staatsanwalt und Amtsvorsteher 454; in Disziplinarsachen 458; Überschreitung seiner Amtsbefugnisse 458.
Staatsanwaltschaft im Verwaltungsstreitverfahren 352.
Staatsbahnen, Gebäude 40.
Staatsbeamte, mittelbare und unmittelbare 27; preußische und nichtpreußische, Konflikt 462.
Staatsbehörden, Baukonsense 401.
Staatsbürgerliche Rechte, Unstatthaftigkeit der Übertragung auf dritte 17.
Staatschausseen, siehe Chausseen.
Staatsdiener, Befreiung von den Gemeindediensten 132; mittelbare, Titel 77; Kreisabgaben 53.
Staatsdienst, Begriff 93.
Staatsforensen 119.
Staatshoheitsakt erforderlich zur Erwerbung der Eigenschaft eines selbständigen Gutsbezirkes 13.
Staatshoheitsrechte und Angelegenheiten der Korporationen 232; Disziplinarangelegenheiten 74.
Staatsministerium, Kollisionen der Behörden 223.
Staatsmittel für zahlungsunfähige Korporationsmitglieder 202.
Staatsrecht und Völkerrecht, Befreiung von Kommunalabgaben 53.
Staatssteuerbehörden, deren Fehler, Einfluß auf die Beitragspflicht der Kreise zu den Provinzialabgaben 9.
Staatssteuer und Gemeindesteuer, Verhältnis zu einander 84.
Staatssteuerfuß 202.
Staatssteuern, deren Entrichtung als Zeichen der Kreisabgabenpflicht 59; als Maßstab der Verteilung der Provinzialabgaben 8; Ermäßigung, Einfluß auf die Gemeindeabgaben 84; als Verteilungsmaßstab für die Hausväterbeiträge 186; Zuschläge zu denselben 57.
Staatssteuersoll, ursprünglich veranlagtes und berichtigtes 9, 59.
Staatssteuersystem 27.
Staatssteuern und Gemeindeabgaben 116; Gleichheit 118, 130, 124, 125.
Staats- und Gemeindelasten, allgemeine Verbindlichkeit zur Tragung derselben 139.
Staatswohl, Verletzung durch Gemeindebeschlüsse 166.
Staatszuschüsse zur Schulunterhaltung 189.
Stadtausschuß, nicht Magistrat 442, 448.
Städte, Angelegenheiten derselben 81; Ausscheiden aus den Kreisen 68, 69, 71, 72; Beamtenbesteuerung 62; Beteiligung bei Wegestreitsachen 293; Kreisabgaben 27; Kreistagswahlen 19; Schulbezirke mit umliegenden Ortschaften 190; Vertretung nach außen 168; unmittelbare Einforderung der Kreisabgaben 49.
Stadtanleihen 37.
Stadthaushalt 37.
Städtische Beamte, Titel 77.
„Städtische Behörde“ und Polizeibehörde, Fluchtlinie 415, 416.
Städtische Elementarschulen und Gutsherren 206.
Städtische Schulen, Zugehörigkeit ländlicher Hausväter 198.
Stadtforensen 29, 105.
Stadtgemeinde, Anerkennung einer solchen 116; Aufsicht 91; Klagerecht 168; Kreisabgaben 44; mit Eisenbahnstationen 61; ohne Einkommen, Kreisabgabe 36; und §. 11 der Kr.-O. 29, 30; und Provinzialverbände, Streitigkeiten 7; Ortschaften 423.
Stadtkreise, Bildung 69; Jagdscheine 257; Wegebaulast 313; Wegepolizei 297.
Stadtverordnetenversammlung, Charakter 93.
Stadtverordnete, Wählbarkeit 93.
Städtewahlbezirke, Leitung der Kreistagswahlen 17.
Stadt und die einzelnen Zensiten 46.
Stadt- und Landgemeinden, Vereinigung in polizeilicher Beziehung 103.
Stammgut, Lasten bei der Abgabenverteilung 447.
Stammhof bei Parzellirungen 131.
Stammlokale, Schankwirtschaft 368.
Ständehaus des Kreises 72.
Standesamt 211.

Standesamtsführung, Kosten, Gemeindelasten 115.
Standesherren Kreisabgaben 27.
Ständische Rechte, Bedeutung für die Eigenschaft des Gutsbezirks 13.
Standpunkt des Richters, verschiedene Möglichkeiten bei Rechtsmittelfristen 441; des Richters im Verwaltungsstreitverfahren 263.
Stationen, fiskalische 81.
Statut, geschriebene Ortsverfassung 129.
Statutarische Verpflichtungen, Erzwingbarkeit 84.
Statuten, Änderung 84; sind nicht Quellen des Besteuerungsrechts 48; Armenpflege 78; der Hilfskasse 390; der Innungen 388; betreffend den Ort der Kreisversammlung 18; für Armenlasten der Gutsbezirke 143; ministerielle Genehmigung ersetzt die Konzession 84; von Vereinen, Einsichtnahme der Polizei 252; wegen der Naturalleistungen im Frieden 120; Publikation derselben 141.
Stationsgebäude, Kreisabgaben 41.
Stationsvorsteher-Zimmer auf Bahnhöfen, Kreisabgaben 41.
Stauanlagen 272, 386.
Stauungsrecht hinsichtlich eines Wasserlaufes 287.
Stauwerke 281, 286, 273, 277.
„**Stehendes Wasser**" 273.
Steinbruch, Ausbeutung, Kreisabgaben 55.
Steinkies auf Wegen 305, 306.
Steinknack auf Wegen 305.
Stellenbesitzer in Schlesien, Schulbeiträge 196.
Stellvertreter des Gewerbetreibenden 374; des Gutsvorstehers 144, 321; des Gutsvorstehers, Dienstbezüge 125; bei den Kreistagswahlen 16.
Stellvertretung bei der Ausübung bürgerlicher Pflichten 133; im Gewerbebetrieb 367; Schankwirtschaft 360, 363.
Stellvertretungskosten, Amtsvorsteher 104.
Sterbekasse 392.
„**Steuer**". Begriff 203.
Steuerartige und nicht steuerartige Schulleistungen 196, 197.
Steuerbetrag, Benachrichtigung 113; der Kirchengemeinden, Einziehung 175.
Steuererlasse 8.
Steuerforderungen, Exekution, nicht Klage 196.
Steuerfreiheiten 81; als Prinzip 194; der Dienstwohnungen 40.
Steuerjahr, Berichtigung der Veranlagung im Laufe desselben 85; Veranlagung während desselben 89.
Steuern, abzugsfähige, Kreissteuern 31.
Steuer-Ist des Vorjahres 8.
Steuerkasse 392.
Steuerklassen, städtische Gemeindeabgaben 82.
Steuerkraft des Kreises, Verminderung 68.
Steuerlicher Charakter der Schulbeiträge 191.
Steuern und Umlagen 106, 107.
Steuerobjekt, Verlust 86.
Steuerpflicht 27; als Gegenstand des Verwaltungsstreitverfahrens 139; deren Aufhören 85; nicht Gegenstand eines Streites 197.
Steuerpflichtige, Vermeidung der fortgesetzten Beunruhigung derselben 139.
Steuerpolitische Rücksichten 141.
Steuerrechte der Gemeinde, siehe Besteuerungsrecht 125; der Kirchengemeinden 177.
Steuerreklamationen, siehe Reklamationen.
Steuerregulative der Städte 90; der Gemeinden 89.
Steuersatz, Feststellung 51.
„**Steuersätze**" gleich „Veranlagungssoll" 9.
Steuersoll des laufenden Jahres, Provinzialabgaben 8.
Steuerstufe, Berechnung 63; städtische Gemeindeabgaben 82.
Steuerüberbürdungsklage 39.
Stiftungen, milde, städtische Gemeindeabgaben 83.
Stiftungsbriefe und Stiftungs-Verfassung 113.
Stille Gesellschafter bei Handelsgesellschaften 88.
Stillschweigen bei den Wahlen 163.
Stimmabgabe, nachträgliche, bei den Kreistagswahlen 15.
„**Stimmberechtigte Gemeindemitglieder**" im § 23 der A. K.-O. 162.
Stimmberechtigung aus eignem Rechte 162.
Stimmen im Kreistage, einstweilige 21.
Stimmengleichheit bei den Wahlen 2; bei den Wahlmännerwahlen zum Kreistage 15.
Stimmrecht, Abänderung 161; in der Gemeinde 131, 160; in der Gemeinde, Abänderung 134; Alleinbesitz 164; Ausübung in der Gemeindeversammlung 138; des Referenten und Korreferenten 215; Klagen

164; Observanzen 129; bei den Kreistagswahlen 13.
Stimmzähler 163; bei den Kreistagswahlen 19.
Stimmzettel 161; gestempelte 163; Provinziallandtagswahlen 2.
Strafakte, mehrere, Gesamtsumme 242.
Straffestsetzung, Zulässigkeit 220; als Zwangsmittel 238.
Strafrechtliche Verfolgung von Renitenten 382.
Strafrichter, thatsächliche Feststellungen 377.
Strafumwandlung 214, 219.
Strafverfügungen, Unterschied von Zwangsmitteln 238.
Strafverschärfungen, Zwangsmittel 370.
„Straßen“, Begriff 419; als Lokal 357; ältere und gegenwärtig vorhandene 416; fertig gestellte 402; fertig gestellte und unfertige 416; künftige, Ausschließung des Besitzrechtes 418; schmale, Brandmauern 419; städtische 339; städtische, Eigentum der Stadt 341.
Straßenbeleuchtung 232, 233.
Straßenbreite 398.
Straßenflächen, keine Nachbargrundstücke 409.
Straßenfluchtlinien 395.
Straßengewerbe 377.
Straßenkörper 402.
Straßennetze, städtische 419.
Straßenordnung, Störung derselben 357.
Straßenpolizei 357, 405.
Straßenreinigung 298, 299.
Streichung einer Position des Etats 40.
Streitfall, Entstehung. Anwendung der Gesetze 382.
Streitgenossen in der Berufungsinstanz 384.
Streitigkeiten, Vorbeugung durch die Polizei, bei Bauten 403; Vorbeugung durch die Polizei 333.
Streitverfahren 437.
Strohdächer 399, 409.
Ströme, Bestandteile: Wasser, Bett, Ufer 287; schiffbare, Anstalten 33; Öffentlichkeit 345.
Strombauten 62; Materialiengewinnung 32.
Strombauwerke 33.
Stromfiskus, Kreisabgaben 63.
Strompolizei 271, 288.
Stromregulierung, Verpflichtung des Staates 33.
Stromstrecken, kommunale Zugehörigkeit 151.
Strudel in Privatflüssen 286.
Stubensteuer 116, 125.
Stückzahlversicherung 430.
Subjektiv-dingliche Rechte 368, 369.
Subjektive Rechte, Baukonsense 394; Schutz derselben 381; des Einzelnen, polizeiliches Eingreifen 272; Eingriff in dieselben 246.
Subsidiäre Bedeutung der Bestimmungen des Gesetzes v. 14. April 1856 161, 162.
Subsidiäres Rechtsmittel 5.
Substituierung eines Kreisausschusses 97, 99; geschützter Erträge an Stelle der wirklichen 49.
Sudeleien 384.
Sumpfstellen in Wegen 306.
Surrogate für abgelöste Berechtigungen 148; gutsherrlicher Rechte 150.
Synagogenbezirke 177.
Synodalkosten 173; Maßstab der Verteilung 172.
System der Kreisabgaben 27; der Kreisbesteuerung 27; der Kreissteuern 95.

T.

Tagearbeiter, Hilfskassen 390.
Tagelöhner 218; Hausvater 200.
Tagewasser, Ableitung 404.
Tantieme der Ortssteuererheber 93.
Tanzbelustigungen 216.
Tanzgeld 216.
Tanzlustbarkeiten 365; Abgaben 141; polizeiliche Erlaubnis 247, 248.
Tarif bei der Quartierleistung 121; der Kosten im Verwaltungsstreitverfahren 444.
Taufgelderfonds 157.
Taxen bei der Erhebung der Steuern von Lustbarkeiten 141; bei Versicherungen 432 433.
Taxmäßiger Wert und Kaufwert, Differenz 66.
Technische Beihilfe bei polizeilichen Aktionen 97—100.
Teilbarkeit des Grund und Bodens 145.
Teile von Seen, Jagdrecht 261.
Teileinkommen, Kreisabgabe 67.
Teilstücke von Wegen, Inanspruchnahme 335; von ehemaligen Gütern. Aufrechterhaltung des kommunalen Zusammenhanges 13.
Teilvieh 112.
Telegraphenbüreaus, Kreisabgaben 41.
Tenor des Erkenntnisses 32, 225; der Entscheidungen 450.

Termin zur mündlichen Verhandlung 84, 85; zur Erhebung der Kreisabgaben 53.
Territorium, herrschaftliches 147, 149.
Thäter einer unerlaubten Störung des öffentlichen Verkehrs 227.
Thätigkeit, volle, des Beamten 93.
Thatsachen, nicht zur Verhandlung gekommene, deren Nichtbestreiten 143; in Ansiedlungsangelegenheiten 424.
Theatralische Aufführungen 248.
Thonrohrleitungen 404.
Thüren, Herstellung bei Bauten 413; Zumauerung in Schankwirtschaften 374; an den Straßen-Fluchtlinien 415.
„**Thunlich**" im §. 132 des L.-V.-G. 237.
Tiefbauten, Kosten beim Bergbau 35.
Tiefbohrungen bei Brunnen 253.
Tilgung von Anleihen, Abzugsfähigkeit 37; von Kreischausseebauschulden 50.
Tische in Schulstuben 208.
Tischlerarbeiten bei Bauten 413.
Titel, Verlust desselben 456.
Titelverleihungen 77.
Töchterschulen, höhere 206.
Todesfall des Schankwirtes 374.
Torflager, Kreisabgaben 55.
Totalverlust des Einkommens 86.
Totalisatoren 243.
Totgelegte Chausseestrecken 339.
Transportanstalten, Eisenbahnen 338, 339.
Transportgewerbe der Eisenbahnen 109, 112.
Transportbetrieb der Posten und Eisenbahnen 40.
Trauungsfonds 157.
Treidelsteige 347.
Trennstücke bei Parzellirungen, Haftbarkeit 131; Realrechte 369; von Rittergütern 147; Lasten bei der Abgabenverteilung 447; eines Gutes und die einer Gemeinde zugeteilten Gutsländereien 156.
Trennstücksbesitzer 207.
Treppenbeleuchtung 253.
Triebwerke, Entziehung des Wassers 276.
Trinkhallen 357.
Trinkwasser, gesundes 253.
Trottoir, siehe Bürgersteig; Granitplatten 442; Zwang zur Legung desselben 309.
Trunkenbolde 213.
Truppenübungen 223.
Truppenzusammenziehungen, Schank 359.
Tüncherarbeiten bei Bauten 413.
Turbinen 386.

U.

Überblick, freier, in Ansiedlungssachen 424.
Überbürdung der Amtsvorsteher 101; mit Kreisabgaben 26; Kreisabgaben, thatsächliche 51; deren Ausgleichung bei Auseinandersetzungen 71; Gemeindeabgaben, Behauptung einer solchen 139.
Übereinstimmung des Kreisabgabenbetrages mit der Ausschreibung 45.
Überflüssiges in den Gesetzen, nicht zu vermuten 331.
Übergabe eines Weges 339; eines Weges zur Unterhaltung 334.
Übergehung bei den Kreisabgaben 38, 57; von Steuerpflichtigen 45; gänzliche, im Gegensatz zu dem zu geringen Ansatz der Steuern 57; mit Steuern 107.
Übernachtungsgebäude auf Bahnhöfen, Kreisabgaben 41.
Übernahme eines Weges zur Unterhaltung 334.
Überschreitung der Befugnisse der Behörden 77, 165; des etatsmäßigen Einnahmesolls 11; des Kreisabgabensolls 45.
Überschüsse aus der Kreissparkasse 72.
Überschwemmungen 283, 289; Fischerei 267.
Übersiedlung, Wohnsitz 3; mit der Familie und dem gesamten Hausrat, als Zeichen der Aufgabe des Wohnsitzes, Kreistagswahlen 17.
Übersteigebänke an Wegen 348.
Überwachung, polizeiliche, der Versammlungen 215.
Überzeugung des Verwaltungsrichters 445.
Übungen des Heeres 223.
Ufer, Beginn derselben 287.
Uferbauten 283.
Uferbesitzer und Flußeigentümer 289; Wasserbenutzung 280; Räumung 275; Wegeunterhaltung 340.
Ultra petitum 12, 32.
Umbau, Schanklokalitäten 369.
Umbauten 411, 413, 414; Absetzung der Kosten bei den Kreisabgaben 66; Fluchtlinien 396; der Wege 334.
Umfahrung der Chausseegeldhebestellen 228.
Umfang des Betriebes, Fortsetzung desselben beim Bergbau 38; bisheriger Bergbaubetrieb 41; des Streites über Schulbeiträge 197; neuer Wege 342.
Umfriedigung von Begräbnisplätzen 231.

Umgangssprache 215.
Umhegungen an Wegen, zurückrücken 335.
Umherziehen, Gewerbebetrieb 383.
Umlage der Amtslasten 94; für landeskirchliche Zwecke 174; und Steuern 106, 107.
Umlegung der Schulsteuern 188.
Umpflügen von Wegen 319.
Umwandlung von Privatwegen in öffentliche 336.
Umzug, Wohnsitz 3.
Unbebaute Grundstücke 419.
Unbescholtenheit der Hebeammen 380, 381.
Unbesoldete Ämter des Kreises 75.
Unfälle, vermehrte Betriebsausgaben 64.
Unfreiheit, geistige, polizeilicher Schutz 230.
Ungehorsam, disziplinarische Ahndung 457.
Ungehorsamsstrafen, Gesamtsumme 242.
Ungleichheit der Besteuerung 40.
Unglücksfälle, Absetzung bei den Kreisabgaben 66.
Ungültigkeit der Provinziallandtagswahlen 2; der Kreistagswahlen 15, 22.
Ungültigkeitserklärung einer Wahl durch den Gewählten selbst 23.
Uniform der städtischen Exekutivbeamten 92.
Unmittelbare Einforderung der Kreisabgaben 49.
Unregelmäßigkeiten bei den Wahlmännerwahlen für den Kreistag 15.
Unrichtige Auslegung und Anwendung des Gesetzes 59.
„**Unrichtigkeit der Nachweise**“. Konzessionsentziehung 362.
Unruhe in den Wahlversammlungen 162.
Unschätzbar, Wert des Streitgegenstandes 349.
Unsittlichkeit in Gastwirtschaften 363, 371; in Gasthöfen. Schauspielunternehmer 377.
Unteilbarkeit streitiger Rechtsverhältnisse 384.
Unterbeamte, nicht Stadtverordnete 93.
Untergang von Schanklokalitäten 369; des Steuerobjektes 204.
Unterhalt der Angehörigen bei Aktiengesellschaften 83.
Unterhaltung der Chausseen 4; der Gräben 270.
Unterhaltungskosten der Gebäude, notwendige 58.
Unterlagen für Reklamationen 42.
„**Unterlassungen**“ im §. 53 der R.-Gewerbe-Ordnung 371.
Unterrichtsanstalten, höhere 239.
Untersagende polizeiliche Verfügungen 370.
Unterschrift, fehlende, unter dem Reklamationsbescheid 133; des Wahlprotokolls 161, 162; deren Mangel bei Abgabenregulierungsplänen 143; der Schulzen und Schöppen 259; unter Wahlvollmachten 164.
Unterspülungen 286.
Unterstützung Hilfsbedürftiger Frage, ob dieselbe dem Armenverband obliegt 6.
Unterstützungskassen, gewerbliche 390.
Unterstützungswohnsitz, letzter 6; Ausweisung 254; Wiederaufleben desselben 6.
Untersuchungshaft, gerichtliche 24.
Unterthanen, Sorge für den Unterricht ihrer Kinder 198.
Unterthänigkeitsverhältnis 152.
„**Unterverteilung**“ gleich „Aufbringung“ der Provinzialabgaben 10.
Unvereinbarkeit der Gesetze 76.
Unvermögensatteste 251.
Unvollständige Abgaben-Regulierungspläne 137, 138.
Unwirtschaftliches Verfahren in Wegesachen 326.
Unzucht, gewerbsmäßige 226, 237.
Unzufriedenheit, Ausdruck derselben in der Beschwerdeschrift 249; Äußerung derselben, Rechtsmittel 327; Ausdruck derselben in Rechtsmittelschriften 257; des Veranlagten, Reklamationen 201.
Unzuständige Behörden, Vertretung des öffentlichen Interesses 327.
Unzuständigkeit, Einwand 294, 408; des Kreisausschusses 274; des Kreisausschusses in Disziplinarsachen, Einwand 75; Vorabentscheidung 74; des Verwaltungsgerichts 27.
Unzuständigkeitserklärung des Berufungsrichters 334, 335.
Unzuträglichkeiten auf öffentlichen Verkehrswegen 233.
Unzuverlässigkeit, Begriff 377; Hebeammen 381; der Pfandleiher 389; der Schauspielunternehmer 376; beharrlicher Widerstand 382.
Urbarium als Gemeindestatut 135.
Urkunden über Rechtsgeschäfte der Gemeinden 259; gerichtliche, Abgaben-Verteilungspläne 138.
Urlaub der Beamten 458.

Urtel, Verkündigung und Zustellung, Rechtsmittel 444.
Utensilien, Abnutzung 38; der Schule 208.

V.

Veränderung von Straßen 396; gewerblicher Betriebsstätten, wesentliche 386; in den kreissteuerpflichtigen Objekten und Personen 27.
Verantwortlichkeit der Behörden wegen der Rechtsmittel—Belehrungen 440, 441; des Stellvertreters eines Gewerbtreibenden 374, 375; der Schankwirte 371.
Veranlagung, Gegenstand und Ertrag 46, 47; zu den Abgaben, rechnerische Ausführung derselben 10; staatliche, fehlende 67; zu den Kreisabgaben 27, 59; nachträgliche, Kreisabgaben 38; zu den Kreisabgaben, Zeitpunkt 51; Berichtigung derselben im Laufe des Steuerjahres 85; zu den Steuern, Bekanntmachung 107; zu den Gemeindelasten, keine polizeiliche Aktion 117; zu den Gemeindeabgaben im Gegensatz zur Heranziehung 139; während des Steuerjahres 89; der Schulsteuern 201.
Veranlagungsgrundsätze 85; und Verwaltungsrichter 103; Reklamation dagegen 10.
Veranlagungsmodus 55.
„Veranlagungssoll“ gleich „Steuersätze“ 9.
Veräußerung gutsherrlicher Rechte 146.
Veräußerungsverträge des Fiskus 154.
Verbesserung der Schanklokalitäten 369.
Verbindung, kürzeste, zwischen Ortschaften 347.
Verbindungswege zwischen Bahnhöfen und öffentlichen Straßen 343.
Verbote, polizeiliche 247.
Verbreiterung von Straßen 396; der Wege 228.
Verdacht unlauterer Motive bei Versammlungen 252.
„Verdächtigkeit“. Begriff 237.
Vereinbarungen über Feststellung des Verteilungsmaßstabes bei den Schullasten 202; über Unterverteilung der Ortskommunallasten in Gutsbezirken 196; der Parteien über den Durchschnitt der letzten 3 Jahre 87; über den Verteilungsmaßstab der Amtslasten 94.
Vereine, Besteuerung 91; Statuten. Einsichtnahme seitens der Polizei 253; ohne den Zweck der Einwirkung auf öffentliche Zwecke 253; Titelverleihung 77.
Verengungen der Flußbetten 276.
Verfallene Gebäude, Wiederherstellung 419.
Verfall von Gräben 270.
Verfassungsrecht der Landgemeinden 150.
Verfügungen, polizeiliche, im allgemeinen 323; einfache, Zurückweisung der Rechtsmittel durch dieselben 449; polizeiliche 113 ff.
Verfügungsgewalt, polizeiliche 251.
Vergleiche mit dem Bergwerksbetriebe 43, 44.
Vergütigung für die Vertretung des Amtsvorstehers 104.
Verhaftung eines Führers der freiwilligen Feuerwehr 459.
Verhandlungsgebühr 455.
„Verhängung“ von Strafen 218.
Verhandlungen, über die Gemeindebeschlüsse aufzunehmende 135.
Verhinderung strafbarer Handlungen 237; polizeiliche, des Gewerbebetriebes 370.
Verjährung als Beweis des Besitzes gutsherrlicher Rechte 152; bei den Gemeindeabgaben 105, 131, 141; kommunale Selbständigkeit eines Gutes 154; Benutzung des Bürgersteiges 222; Recht der Benutzung eines bestimmten Weges 228; Nutzungsrechte am Wasser 283; Wasserstand 287; öffentliche Rechte 331; hinsichtlich der öffentlich-rechtlichen Verfügungsgewalt über Wege 335; öffentlich-rechtliche Verhältnisse, Privatrechtstitel 345; und Observanz 346, 347; als Einwand in Reklamationssachen 438; qualifizierte 114.
Verjährungsfristen, Schulabgaben 199.
Verirrte Prozeßschriften 450.
Verkäufer auf Wochenmärkten, einheimische oder auswärtige 387.
Verkehr, Gebäude, zur Förderung desselben bestimmte 41; Gefährdung desselben an Wegen 227.
Verkehrsanstalten, Eisenbahnen 338, 339.
Verkehrshindernisse auf Wegen 319.
Verkehrsinteressen, deren Befriedigung durch den Wegebau 100; notwendige 334.
Verkehrsmittelpunkte, durch die Kreischausseen geschaffene 69.
Verkehrspolizei 236; Schanklokale 361.
Verkehrssperrung durch Versammlungen 252.
Verkehrsstörungen, Maßnahmen gegen den

Thäter 227; durch elementare Ereignisse 344.
Verkündigung der Kreistagswahlen 21; der Entscheidung 455; des Urtels. Rechtsmittel 444.
Verlängerung von Straßen 396.
Verlassene Rechtsgrundsätze 294, 354, 364.
Verlegung eines Grabens 284; von Wegen 328.
Verleihung der juristischen Persönlichkeit 54; landesherrliche als Beweis gutsherrlicher Rechte 152; landesherrliche der Eigenschaft als selbständiger Gutsbezirk 13.
Verlust des Steuerobjektes 86.
Vermietung von Gastzimmern 362.
Vermietungssteuern 116.
Verminderung des Einkommens 86; Kreisabgaben 34.
Vermittler von Kommissionsgeschäften 378.
Vermögen, Gefahr für dasselbe 244; gerichtliche Entziehung der Befugnis, über dasselbe zu verfügen 22; die demselben drohenden Gefahren 232.
Vermögenslage der Schauspielunternehmer 376.
Vermögensschätzung, thatsächliche Fragen, Verwaltungsstreitverfahren 139.
Vermögensverfügung. Stimmrecht 165.
Vermögensverhältnisse der Beteiligten bei Schulbauten 209.
Vermögensverwalter, bischöfliche, Klage gegen dieselben 170, 171.
Vermögensverwendung, gesetzlich vorgeschriebene, der Korporationen 32.
Vermutungen, Ansiedlungen 423.
Veröffentlichung der Kreistagsbeschlüsse 56.
Verordnungen, Königliche 76; der Behörden, Verletzung der innerhalb ihrer Zuständigkeit erlassenen 166.
Verpächter, Kreisabgaben 35.
Verpachtete Besitzungen 57.
Verpachtete Güter, Kreisabgaben 56.
Verpflichtungen, rechtliche 83.
Verringerung des Einkommens 86.
Versagungen, polizeiliche 251.
„Versagung“ der Schankkonzession 358; des Baukonsenses 397; des Wandergewerbescheins 383; der Erlaubnis zur Verlegung eines Weges 329.
Versammlung zur Erörterung öffentlicher Angelegenheiten 215.
Versammlungen, Polizei 236; Auflösung 252.
Versammlungslokale, bauliche Beschaffenheit 236.
Versammlungsort des Kreistages 18.
Versandung, Verkrautung und Verschlammung eines Wasserlaufes 273.
Versäumungen der Behörden, Baukonsense 251.
„Verschaffung von Vorflut“ 269.
Verschulden eines Konzessionsinhabers 371.
Versehen seitens der Staatsregierung werden nicht vermutet 4; des Kreisausschusses 45.
Versicherungen 429.
Versicherungsagenten 379; Geschäftsbücher 435.
Versicherungs-Gesellschaften, Konzessions-Entziehungen 84.
Versicherungspolice, Aushändigung 430.
Versicherungspolizei 100.
Versicherungsvertrag, einseitige Aufhebung 434.
Verspätung der Rechtsmittel 448.
Verstrauchung 283.
Verteilung der Amtsunkosten 95; der Chaussee-Unterhaltungskosten 71; der Gemeindelasten 137; des Gesamteinkommens auf mehrere Geschäftszweige 52; der Hausväterbeiträge, Schule 186; der Kreisabgaben 29, 59, 67; des Einkommens. Kreisabgaben 61; der Provinzialabgaben 7, 8; der Provinzialabgaben auf die Kreise und später auf die Einzelnen 9; der Provinzialabgaben, elektiv 9; künftige, neu entstehender Leistungen 138.
Vertrag, Unterschied von einem auf Vertrauen begründeten Rechtsverhältnis 18.
Verträge, Auslegung, Revision 110; „und hergebrachte Gewohnheiten“, Ortsverfassung 110; privatrechtliche über die Steuerpflicht 89.
Vertrauensmänner in Reklamationssachen 180.
Vertreter des Provinzialverbandes bei Zwangsetatisierungen 4, siehe Stellvertreter; der Parteien 445.
Vertretung des Landrats bei der Leitung der Wahlen in den Städtewahlbezirken 17; des Provinziallandtages 2; der Schule nach außen 195.
Vertretungsverbindlichkeit der Beamten 460.
Vertretungsvollmachten, mehrere bei den Kreistagswahlen 20, 21.

Verunreinigung der Fischgewässer 268; der Ströme 288.
Verunstaltung, Begriff 245; der Straßen, nachträgliche Beseitigung 401; durch Bauten 411.
Vervollständigung der Klage 331.
Verwaltung der Chausseen 4; der Nutzungen des Gemeindevermögens 132; und Rechtskontrolle 422; selbständiger Güter durch die Söhne, Kreistagswahlen 18.
Verwaltungsbamte und richterliche Beamte 80; rheinische 75.
Verwaltungsgerichte und ordentliche Gerichte 310.
Verwaltungsgerichtsbarkeit, Begriff 14.
Verwaltungskosten, deren Abzug, Kreisabgaben 56.
Verwaltungsnormen 186; Begriff 171.
Verwaltungsorganismus, dessen Thätigkeit 102.
Verwaltungsprozeß 437.
Verwaltungsrecht der Kreise 40.
Verwaltungsrichter, Aufgabe bei den Reklamationen 103; Obliegenheit bei der Entscheidung über Reklamationen 36; Obliegenheiten in Reklamations-Angelegenheiten 50, 137; und Veranlagungsgrundsätze 103.
Verwaltungsstellen, örtliche, Hilfskassen 392.
Verwaltungsstreitverfahren 437; Einleitung 137; Zweck 394.
Verwaltungsvorschriften 76.
Verweigerung der Erfüllung gesetzlicher Leistungen, siehe Zwangsetatisierungen; polizeilichen Einschreitens 261; der Steuern 107.
Verweise gegen Untergebene 74.
Verwendung, nützliche 201.
Verzeichnisse für die bevorstehenden Kreistagswahlen bilden das Fundament, nicht frühere Verzeichnisse 12; der Wähler 22.
Verzicht auf Einlegung der Rechtsmittel 445; der Polizeibehörden 251; der Polizei auf die Wahrung öffentlicher Interessen 330.
Verzögerung des Verfahrens, absichtliche 294.
Vestibül auf Bahnhöfen, Kreisabgaben 41.
Veterinärangelegenheiten 436.
Veterinärpolizei 226.
Vieh auf halben Gewinn 112; Versicherung gegen Feuersgefahr 430.
Viehseuchen 229; Unterdrückung 436.
Viehtränken, gemeinschaftliche, Nutzungen 115.
Viehübertritt, Ansiedlungen 424.
Viehverstellungsverträge 112.
Vier-, Drei- und Zweispänner bei den Spanndiensten 134.
Virilstimmen 164.
Vizinalwege, Unterhaltung 128; in Schlesien 343, 345.
Vokation der Geistlichen 90; der Lehrer 183, 192.
Völkerrecht und Staatsrecht. Befreiung von Kommunalabgaben 53.
Völkerrechtliche Maßregeln 463.
Volksbelustigungen, Schank 359.
„Volksschulen“ 205.
Volksvertretungs- und Gemeindewahlen 163.
Völlerei in Schankwirtschaften 368.
Vollmachten bei den Wahlen 164; der Vertreter bei den Kreistagswahlen 16; schriftliche, bei der Beauftragung eines dritten, die Gemeindeabgaben für den Steuerpflichtigen zu bezahlen 137; Gemeindewahlen, mehrere 166; Kreistagswahlen 20.
Vollstreckung der Exekution, Art und Weise 233; der Exekution aus Erkenntnissen 439.
Vollstreckbarkeit richterlicher Erkenntnisse 78.
Vollziehung der Wahl, Klage unstatthaft 160.
„Von Staatswegen“ verliehene Titel 77.
„Von vornherein“, Zweckbestimmung des Einkommens 83.
„Vorab“, Einrede der Unzuständigkeit 409.
Vorabentscheidungen 294; über den Einwand der Unzuständigkeit 74.
Voraussetzungen, thatsächliche, deren Vorhandensein 275; thatsächliche bei polizeilichen Verfügungen 221, 222.
Vorbehalt, Feststellung des Wahlergebnisses 21; bei der Zahlung von Kreisabgaben 31; bei der Festsetzung des Pauschquantums für den Amtsvorsteher 96; der Rückzahlung der Gemeindeabgaben 126; der Jagd und Kriminalgerichtsbarkeit, Folgerungen daraus 148; bei Einstellung des Gewerbebetriebs 379.
Vorbereitende Akte, polizeiliches Eingreifen 231; bei den Kreistagswahlen 19; Verhandlungen bei Amtsübertragungen 75.
Vorbereitung des Streitverfahrens, Wegesachen 304.
Vorbescheide 84, 85, 449, 451; in gewerblichen Angelegenheiten 378; Befugnis, nicht Verpflichtung des Richters 439; und Zu-

rückweisung verspäteter Rechtsmittel 449; Wert des Streitgegenstandes 453.
Vorbestrafungen, Ausweisung 254.
Voreilige Einsprüche gegen die Wahlen 3, 4.
Vorenthaltung, einstweilige des Baukonsenses 420.
Vorentscheidung in Wegesachen 336.
„Vorflut“, Begriff 275, 333; im engeren und weiteren Sinne 269.
Vorflutsachen 219.
Vorgänge, thatsächliche, deren Würdigung, Revision 110.
Vorhandene Bauten 399.
„Vorhandene“ Straßen 416.
Vorjahr, Steuern aus demselben, Provinzialabgaben 8.
Vorjahre der Durchschnittsjahre 49.
Vorinstanz, Zurückweisung in dieselbe 73.
Vorladungen, siehe Einladungen; zum Kreistage 17; polizeiliche 238, 242; des Beklagten, Unterlassung 393; mündliche 455.
Vorländereien bei Wäldern, Jagd 262.
Vorlandungen, Abstich 275.
Vorläufige Fürsorge für Hilfsbedürftige, Landarmenverbände und Ortsarmenverbände 5; polizeiliche Entscheidung und Interimistikum 441; Unterstützungspflicht Hilfsbedürftiger als ausnahmlose Regel 6.
Vorlesung des Wahlreglements 163.
Vormundschaft, Ablehnung 144.
Vormundschaftsgericht und Kreisabgaben 60; Zwangserziehung 210, 211.
Vorräte, Versicherung 431.
Vorschlagsrecht und Wahlrecht 75.
Vorschläge des Kreistages für die Ernennung der Amtsvorsteher 75.
Vorschußleistung, Nichtverpflichtung der Gemeinde 53.
Vorschußvereine, Kreisabgaben 54.
„Vor sich allein“ im schlesischen Wegereglement 345.
Vorsitzender des Provinzialausschusses kann den Provinziallandtag nicht vertreten 2; bei den Kreistagswahlen 15.
Vorspann, Wegesachen 302.
Vorspannleistung 120.
„Vorstadt“, Begriff 299.
Vorsteuer 68.
Vorteile, überwiegende, Vorflut 283.
Voruntersuchung in Disziplinarsachen 458.
Vorwerksland, kommunalfreies 131; früheres Besetzung mit bäuerlichen Wirten 146; Umwandlung der Bauerhöfe in solches 155.
Vozierung der Geistlichen durch die Kirche 90.

W.

Warenhäuser 239.
Warenlager, Versicherung 433, 434.
Wachtbuden, Steuerpflicht 118.
Wächter, Anstellung bei Ansiedlungen 424.
Wachtgebäude, keine Wohngebäude 414.
Waffen der städtischen Exekutivbeamten 92.
Waffenführung, Recht dazu 258.
Wagenbesitzer 120.
Wahl, Angreifen derselben 2; engere 2; der Gemeindebeamten 161; bei den Handelskammern 435; der Innungsvorstände 387; in Kreisangelegenheiten 12.
Wahlablehnungen, Ämter 75.
Wahlabteilungen 165.
Wahlakte 2; **—e,** Ausschließung von denselben 162.
Wahlangelegenheiten in den Provinzialverbänden 1—4.
Wählbarkeit zum Kreistage, Bedingungen 16; zum Provinziallandtage 1.
Wahlberechtigung, persönliche, nicht auf den Gütern ruhend 22; Ausschließung von derselben 162.
Wahlenthaltung 4.
Wählerlisten 22, 163; Berichtigung 164.
Wahlklagen 171, 324, 440.
Wahlkommissar, dessen einleitende Schritte 4.
Wahlmänner, Kreistagswahlen, Rechtsmittel gegen die Ungültigkeitserklärung der eignen Wahl 21.
Wahlort, Bestimmung 24.
Wahlperiode, Ablauf, Kreistagsabgeordnete 20.
Wahlproteste 4.
Wahlprotokoll, Unterschrift 161, 162; dessen Verlust 164.
Wahlrecht und Vorschlagsrecht 75; Wahlverfahren 159.
Wahlreglements zu den Kreisordnungen, Inhalt 18; Provinziallandtagswahlen 1.
Wahlresultate, Feststellung anderer 161.
Wahlurne, Herausnahme der Stimmen bei den Kreistagswahlen 15.
Wahlverfahren, bereits stattgehabtes 3; Formen und Förmlichkeiten 18.

Wahlversammlung, Einspruchsrecht der Mitglieder 160; Unruhe in derselben 162; für die Kreistagswahlen. Einsprüche der Mitglieder 14.

Wahlverzeichnisse, Berichtigung 23, 24.

Wahlvorstand, gesetzmäßige Bildung 163; bei den Kreistagswahlen. Zusammensetzung 19.

Waisenerziehung; Landgüter, welche hierzu bestimmt sind 31.

Waisenrat, Amtsablehnung 143.

„**Wald**“, Begriff 262; Begrenzung der Jagdbezirke 260; Betrieb des Holzhandels aus demselben, Kreisabgaben 51.

Waldeigentümer, Anpachtung der Jagd 263.

Wälder bei Ansiedlungen 424.

Waldgenossenschaften 265.

Waldschutz 264; Klagerecht 168.

Waldschutzgericht, kommissarische Verhandlung 265.

Waldungen, Feuerstellen 421; Einkommen aus denselben 56.

Wände, deren Bestimmung, Abänderung 400; auf Nachbargrundstücken 403; Herstellung bei Bauten 413.

Wander-Gewerbeschein 382.

Warnungen, polizeiliche, der Schankwirte 370; gegen Untergebene 74.

Warnungstafeln 241, 348.

Wartesalons auf Bahnhöfen, Kreisabgaben 41.

Waschanstalten 239.

„**Was im Interesse des öffentlichen Verkehrs geschehen muß**“ 307.

Wasser, Ableitung auf Wege 249; stehendes 273; unentgeltliche Entnahme zu kommunalen Zwecken 66.

Wasserabfluß, Erhaltung und Erweiterung 273.

Wasserableitungen von Wegen 333.

Wasserabzüge 288; Regelung 284; Unterhaltung 285; an den Wegen 333; nach den Straßen 405.

Wasseransammlungen, gesundheitsschädliche 290.

Wasserbaufonds 4.

Wasserbauinspektion 271.

Wasserbetriebwerke 386.

Wasserbett, Versandung 273.

Wassergenossenschaften 281, 289.

Wassergerinne, hölzerne 386.

Wasserhebewerke auf Bahnhöfen, Kreisabgaben 41.

Wasserkraft als Steuerobjekt 204.

Wasserlauf, Änderung 333.

Wasserläufe, Räumung, Schiffahrt 270.

Wasserlöcher in Wegen 306.

Wassernutzungsrecht, Bodenkultur 289.

Wasserpolizei 268, 405.

Wasserpolizeibehörde, Zuständigkeit 290.

Wasserräder 386.

Wasserspiegel 287.

Wasserstand, Festsetzung 277, 286.

Wassertreppen für die Schiffahrt 271.

Wasserwerke, städtische 66; in Berlin 239.

„**Wechsel**“ der Fische 267; des Lokals oder der Person bei Schankwirtschaften 369.

Wechseldiskontierungen, Vermittlung 380.

Wege, öffentliche, als Einrichtungen der Gemeinden 153; polizeiliche Anstalten 239; Eigentum an denselben und Öffentlichkeit 249; mehrere Bezirke berührende 294; neue 299; Umwandlung in öffentliche Straßen 335; Öffentlichkeit 347; zum „bestimmten“ Gebrauch 347; auf Deichen 410; offene, Schutzstreifen an den Eisenbahnen 423.

Wegeanlagen, Einziehung von Privatgrundstücken 333.

Wegebau, kunstmäßiger, Ausschluß 312; öffentlicher und Privatwege 249.

Wegebaukosten, Aufbringung und Verteilung 314.

Wegebaulast nach schlesischem Provinzialrechte 136; Observanzen 347; Umfang 305, 313.

Wegebaumaterialien, fiskalische, Beschlagnahme 101.

Wegebaupflicht, Umfang 318; als Voraussetzung des Verwaltungsstreitverfahrens 342.

Wegebaupflichtige, Klage gegen dieselben 228.

Wegebauverpflichtete 304.

Wegebauverpflichtung 227; im allgemeinen 334.

Wegebeleuchtung 233.

Wegebesserung, zwangsweise. Amtsvorsteher und Gemeindevorsteher 215.

Wegekörper in verschiedenen Kreisen 340.

Wegepolizei 100, 219, 236, 292; nur zum Schutz der öffentlichen Wege 320; und Vorflut 271.

„**Wegepolizeibehörde**“ 307; Rolle des Beklagten 300.

Wegepolizeiordnungen 100.

Wegerecht in Pommern 136.
Wegesperrungen behufs Verhinderung der Umfahrung von Chausseegeldhebestellen 228.
Wegestreitigkeiten, verschiedene Fälle 312.
Wegeunterhaltung, Fuhren dazu 127.
Wegeverbreiterung 327, 338; Einziehung von Privatgrundstücken 333.
Wegeverlegung 330, 333.
Wegweiser 306.
Weibliche Bedienung in Schankwirtschaften 363, 368, 373.
Weibspersonen unter polizeilicher Kontrolle 226.
Weichbild, städtisches, Bebauungspläne 408; Eisenbahnstationen 61.
Weiden bei Wäldern, Jagd 262.
Weidenanpflanzungen, fiskalische, an Strömen, Kreisabgaben 32.
Wein, Alkohol 373.
Werkstätten, keine Wohngebäude 414.
Wert eines Gutsbezirks 13; des Streitgegenstandes 19, 216, 349, 451; in Vorbescheiden 453; taxmäßiger 66; wirklicher eines Unternehmens 66; gemeiner Versicherungen 429; Versicherung über denselben hinaus 431.
Wertminderung der Grundstücke, Polizei 236.
Wertpapiere, Ankauf zinstragender, keine abzugsfähige Ausgabe 64.
Wertsteigerung der Grundstücke. Polizei 236.
Wesentliche Veränderungen bei gewerblichen Anlagen 386.
Westfälische Zwischenherrschaft 151.
Westpreußen, Bauernland 155; Nachbarhilfe beim Wegebau 344.
Wette und Spiel 243.
Widerklage 412.
Widerruf, auf. Erteilung von Baukonsensen 408.
Widerruf der Zurücknahme eines Rechtsmittels 445; eines Verzichtes auf Einlegung eines Rechtsmittels 445; polizeilicher Erlaubnisse 231, 330.
Widersetzlichkeit der Amtsvorsteher-Stellvertreter 250.
Widerspenstigkeit gegen Polizeibeamte 461; 462; gegen polizeiliche Anordnungen 459.
Widersprechende Gesetze 76.
Widerspruch der Behörden in Schanksachen. Parteienverhältnis 453; der Gemeinde- und Polizeibehörde in Schanksachen 358; grundsätzlicher, gegen die Anordnungen der Behörden 171; gegen Vorflutsanlagen 283.
Widerstand, beharrlicher, Unzuverlässigkeit 382.
Wiederabnahme des Jagdscheins 256, 259.
Wiederaufbau abgetragener Gebäude 403.
Wiederaufhebung polizeilicher Verfügungen 385.
Wiederaufleben des verlorenen Unterstützungswohnsitzes 6.
Wiederaufnahme des Verfahrens 447.
Wiederbeseitigung von Einrichtungen bei Bauten 406, 407.
Wiedereinsetzung in den vorigen Stand 16, 439, 446, 451; Disziplinarsachen 458.
Wiederherstellung einer aufgehobenen polizeilichen Verfügung 253; verfallener Gebäude 419.
Wiederholungen in demselben Gesetze, nicht zu vermuten 331.
Wiederwahl eines Kreistagsmitgliedes, welches wegen Majestätsbeleidigung eine Freiheitsstrafe verbüßt hat 24.
Wiesen bei Wäldern, Jagd 262; im Kämmereirermögen 132; Verbot des Betretens 467.
Wiesenberieselung 273.
Wild ablaufendes Wasser 279.
Wildstand, Gefährdung 466.
„Willkür“ bei der Normierung des Durchschnitts der letzten 3 Jahre 87; der Polizei 221, 247, 368.
Windbretter 399.
Windhunde, Tötung 466.
Windmühlen an Wegen 386.
Windungen der Ströme 287.
Winkelkonsulenten 378.
Winkelrecht 403.
„Wirkliche“ im §. 659 Tit. 11 Teil II A. L.-R.'s 175.
Wirkung richterlicher Erkenntnisse 78.
Wirkungslosigkeit der Erkenntnisse 439.
Wirte, angesessene, in der Landgemeinde 106; angesessene, Mitglieder der Dorfgemeinde 147; Erhebung der Lustbarkeitssteuer 141.
Wirtschaft, eingerichtete, Wohnsitz 112.
Wirtschaftliche Einheit bei Gebäuden 400.
Wirtschaftsbetrieb, Ausgaben für denselben 56.
Wirtschaftsbücher, ordnungsmäßige Führung 35.
Wirtschaftsordnung der Landgemeinden, die zur Erhaltung derselben erforderlichen Mittel 139.

Wirtschaftsperiode bei Bankgeschäften 87.
Wirtschaftsplan bei Holzungen 56.
Wirtschaftswasser, Ableitung 404.
Witwen der Gewerbetreibenden 367; der Prediger 176; Gemeindewahlen 166; Schullasten 192.
Wochenmarktsartikel 387.
Wochenmärkte, Verbot 386, 387.
Wohlfahrt der Gemeinde, Zweck und Aufgabe der Förderung derselben 142.
Wohlfahrtseinrichtungen, Gemeindeabgaben 114.
„**Wohlhabende** Einwohner" und Tanzlustbarkeiten 141.
Wohlstandsbeförderung gehört nicht zu den Aufgaben der Polizei 245.
Wohngebäude, deren Besitzer, Schulbeiträge 196; mit Ausgängen nach der Straße 416; und Wohnräume, Begriff 414.
Wohnhaus, Ansiedlungen 425.
Wohnhäuser, gemeinschaftliche Zwecke 427.
Wohnort der Versicherten, Aushändigung der Police 430.
Wohnräume, polizeiliche Untersagung der Vermietung derselben 226.
Wohnsitz, amtlicher, mehrerer Beamter an demselben Orte 3; Anzeichen für die Absicht, denselben aufzugeben 17; Bedingung zur Wählbarkeit zum Kreistage 16; Begriff 112; der Beamten 3; einjähriger, Provinziallandtagswahlen 1; mehrfacher der Beamten 3; mehrfacher 112; seit einem Jahre festgehaltener, Kreistagswahlen 17; und Aufenthalt 31; Verlegung seitens eines Beamten 85.
„**Wohnungen**", Begriff 362; Eindringen der Polizei in dieselben 237; in Kellern, Schankgewerbe 361; Räume der geschlossenen Gesellschaften 217.
Wohnungsverlegung der Steuerpflichtigen 64.
Würdigung thatsächlicher Vorgänge in der Revisionsinstanz 110.
Wüste Hufen 109.

Z.

Zählgelder bei Grundstücksverkäufen 125.
Zahlung der Gemeindeabgaben, jahrelange, unweigerliche 106; wird durch die Reklamation nicht aufgehalten 126.
Zahlungsmandate 451.
Zahlungsverbindlichkeit hinsichtlich der Kreisabgaben 31; hinsichtlich der Steuern 106.
Zäune an Gräben, Wiederherstellung 226, 227; an und auf den Deichen 410; an der Straße 401; Fluchtlinien 412, 413; Gebäude 420; Unterhaltung 347.
Zank und Streit, Vorbeugung durch die Polizei 333.
Zensiten, die einzelnen und die Stadt 46; verziehende 64.
Zentralbehörden 366.
Zeitpunkt der Einsprüche gegen die Wahlen 3; der Erhöhung der Dienstunkostenentschädigung 158; der Entrichtung der Kreisabgaben 53; entscheidender für die Ansprüche auf Amtsunkostenentschädigung 158.
Zeitraum zwischen Feststellung einer Leistung und Zwangsetatisierungen 80.
Zeitungsnummern, öffentliches Anschlagen 234.
Zerkleinern von Steinen beim Wegebau 315.
Zersplitterung von Gutsbezirken 153.
Zersplitterte Güter, Aufrechterhaltung kommunaler Beziehungen der einzelnen Teile 13.
Zerstörung gewerblicher Anlagen 386.
Zerstückelungen eines Gutes, ohne Einfluß auf dem privatrechtlichen Bestand der Gutsbezirke 146; von Grundstücken 204; 421.
Ziegelei, Kreisabgaben 55.
Ziel der Beschwerde, Rechtsmittel 439.
Ziffernmäßige Begründung des Reklamationsanspruches 8.
Zimmer, ohne Erlaubnis angelegtes 392, 393.
Zinsen, Abzug bei Berechnung des Reineinkommens 36; Abzugsfähigkeit 83; als Einnahme aus Handel und Gewerbe 88; aus dem Reservefonds 64; der Anleiheschuld einer Gemeinde 65; der Pfandleiher 389; von Hypothekenschulden 58; von Hypothekenschulden, abzugsfähige 37.
Zinseszins 66.
Zivilansprüche gegen den Wegepolizeiverwalter 320.
Zivilbeamte, Geistliche 459.
Zögerungszinsen siehe Prozeßzinsen.
Zubehör der berechtigten Grundstücke werden die Abfindungsländereien in privat- und öffentlich-rechtlicher Beziehung 148.
Zubußen, Abzugsfähigkeit 41.
Züchtigungsrecht der Lehrer 460.
Zuckerfabriken, Besteuerung der Aktionäre, Gemeindeabgaben 140.

Zufall, polizeiwidriger Zustand eines Grundstückes 239; unabwendbarer, Wiedereinsetzung in den vorigen Stand 446.
Zufertigung der Entscheidungen 455.
Zufuhrwege zu Bahnhöfen 338.
Zugänge und Abgänge 30, 46; Versicherungen 431; Kreisabgaben 27.
Zugänglichkeit der Hausgrundstücke 290.
„Zug der Fische" 267.
Zugehörigkeit, kommunale der Dorfauen 149; kommunale der öffentlichen Flüsse 150, 151; rechtliche eines Grundstückes 147.
Zugeständnisse, hinsichtlich der Öffentlichkeit eines Weges 319.
Zu Gunsten der Partei, Rechtsmittel gegen derartige Entscheidungen 225.
Zugtierbesitzer 120.
Zugviehhalten auf einem Grundstücke 127.
Zulassung zum Gewerbe und Art des Betriebes 357.
Zuleitung nutzbaren Wassers 270.
„Zum gemeinen Besten" 40.
Zurückführung des Gesindes in den Dienst 228.
Zurücknahme der Klage 265; eines Rechtsmittels 444.
Zurücknahmeerklärung bei Rechtsmitteln, Folgen 445.
Zurückrechnung von Minderbeträgen, Provinzialabgaben 8; von Steuerbeträgen, Provinzialabgaben 8.
Zurückrücken von Umhegungen an Wegen 335.
Zurückweisung in die Vorinstanz 73, 135, 286, 400, 437; der Vertreter der Parteien 445; verspäteter Rechtsmittel 449; von Vollmachten, Kreistagswahlen 21.
Zurückzahlung von Gemeindeabgaben 126.
„Zur Staatssteuer veranlagtes Gesamteinkommen" im §. 16 der Kr.=O. 51, 63.
„Zur Zeit". Versagung des Baukonsenses 397.
Zusammenberufung der Gemeindevertretung 160.
Zusammenhang mit einem bewohnten Gebäude, Ansiedlungen 427.
Zuschläge 67; Begriff 59; zu den Staatssteuern 46, 57, 122; Unterschied von dem „Maßstabe" 10.
Zuschlagssteuern 95, 204.
Zuschlagssystem 27.
Zuschlagungen einzelner Ortschaften zu anderen Kreisen 70.
Zuschüttung von Gräben 273, 274.
Zustand der öffentlichen Straßen 233; polizeiwidriger eines Grundstückes 239.
Zuständigkeit in Armenstreitsachen 6; Überschreitung derselben 145; Überschreitung in Wegesachen 337.
Zustellung an den Antragsteller, welcher ohne sein Verschulden keine Kenntnis davon erhalten hat 446; des Urtels, Rechtsmittel 444; einer Zwangsverfügung 233; Feststellung des Tages derselben 278.
Zustellungsurkunden 451.
Zustimmung der Kirchen= und Schulgemeinden zu Gemeindebeschlüssen 142; des Überganges von Rittergutsparzellen an die Dorfgemeinden 147.
Zu- und Abgänge der Staatssteuern 10.
Zuverlässigkeit, Begriff 376.
Zwangsbefugnisse behufs der Erfüllung statutarischer Verpflichtungen 84; der Gemeindevorsteher 135.
Zwangseinziehung, Gemeindeabgaben 113.
Zwangsenteignung, Wegebau 299; polizeiliche an Wegen 335.
Zwangserziehung verwahrloster Kinder 210.
Zwangsetatisierungen 78, 79; Kirchengemeinden 170, 172, 173; in Provinzialangelegenheiten 4—6; in betreff der Städte 91.
Zwangskassen, Hilfskassen 391.
Zwangsmaßregeln gegen Gemeinde= und Gutsvorstände 167.
Zwangsmittel im allgemeinen 323; Anordnung und Androhung in der einen und Festsetzung in der anderen, späteren 245; Auswahl 354; bei bereits erfolgten oder unmöglichen Leistungen 220; der Gemeindevorsteher 128; formell richtiges Verfahren 219; ganze Reihe künftiger Handlungen 355; gegenstandslose 220; in Wegesachen, von vorn herein 315; polizeiliche 370; protokollarische Androhung 229; schriftliche Androhung 385; sind keine Strafverfügungen 238.
Zwangsrechte 389.
Zwangsverfahren, verbunden mit polizeilichen Verfügungen 438; gegen Kirchengemeinden 176.
Zwangsvollstreckungen gegen den Fiskus, juristische Personen und Gemeinden 101.
Zwang zur Rückkehr in den verlassenen Gesindedienst 219; zur Zahlung der Kreisabgaben 31.
Zweckbestimmung des Einkommens 83; eines

kreisabgabenpflichtigen Einkommens 31; eines Gebäudes 413.

Zweck, polizeilicher 220; —e gemeinnützige Fonds für dieselben, städtische Gemeindeabgaben 82, 83.

Zweckmäßigkeit gewerblicher Einrichtungen 383, 384; Prüfung bei polizeilichen Verfügungen 325; Prüfung bei der Bestätigung von Gemeindebeschlüssen 107.

Zweckmäßigkeitsfragen bei gewerblichen Anlagen 385; in Wegesachen 336.

Zweckmäßigkeitsrücksichten, unzulässiger Grund für Beseitigung von Sonderrechten 140.

Zweifelhafte Ortsverfassung 110.

Zweite Schule, innerhalb einer Schulsozietät 208.

Zwischenbescheide 60.

Druckfehler.

Seite 38, Zeile 4 von unten lies: sondern statt fordern.
„ 46, „ 20 von oben „ veranlagten.
„ 46, „ 21 „ „ „ Principal- statt Präzipual-.
„ 311, „ 2 „ „ „ der in letzter Instanz rechtsprechenden statt: oder in letzter Instanz rechtsprechende.

Otto Hauthal (G. Pätz'sche Buchdr.) Naumburg a/S.

FSC
www.fsc.org
MIX
Papier | Fördert
gute Waldnutzung
FSC® C083411

Kolibri 360 GmbH
Ferdinand-Jühlke-Straße 7
99095 Erfurt, Deutschland
produktsicherheit@kolibri360.de